# 2017
# 中国工业统计年鉴

# CHINA INDUSTRY STATISTICAL YEARBOOK

中华人民共和国国家统计局工业统计司　编
*Compiled by* Department of Industry Statistics,
National Bureau of Statistics of China

中国统计出版社
China Statistics Press

图书在版编目（CIP）数据

中国工业统计年鉴. 2017 / 中华人民共和国国家统计局工业统计司编. -- 北京 : 中国统计出版社, 2017.11
ISBN 978-7-5037-8377-7

Ⅰ. ①中… Ⅱ. ①中… Ⅲ. ①工业统计—中国—2017—年鉴 Ⅳ. ①F42-54

中国版本图书馆 CIP 数据核字(2017)第 237218 号

**中国工业统计年鉴-2017**

编　　者/中华人民共和国国家统计局工业统计司
责任编辑/许立舫
封面设计/何　平　张　冰　李雪燕
出版发行/中国统计出版社
通信地址/北京市丰台区西三环南路甲 6 号　邮政编码/100073
电　　话/邮购（010）63376909　书店（010）68783171
网　　址/http://www.zgtjcbs.com/
印　　刷/河北鑫兆源印刷有限公司
经　　销/新华书店
开　　本/880mm×1230mm　1/16
字　　数/940 千字
印　　张/37.75
版　　别/2017 年 11 月第 1 版
版　　次/2017 年 11 月第 1 次印刷
定　　价/580.00 元

如有印装差错，由本社发行部调换。

# 《中国工业统计年鉴—2017》

# 编辑出版人员


顾　　问：宁吉喆　毛有丰

总 编 辑：文兼武

副总编辑：张卫华　江　源　杨玉民　赵淑焕

编　　委：于新华　何　平　李　阳　隋秀芹　刘玉麒　于建勋

编辑主任：何　平　郑淼淼

编　　辑：王　新　陈　星　常文莉　徐　涛　余传鑫

参与编辑：（按姓氏笔画排列）

于卫宁　万舒晨　王　力　王显坤　孙　晓　刘　瑛

刘　畅　刘耀东　许立舫　李晓冬　吴清华　张　琪

陈颖婷　董咏梅　蒋　睿

# 编 者 说 明

一、《中国工业统计年鉴—2017》是一部全面反映中国工业经济发展情况的资料性年刊，系统地收录了2016年全国各经济类型、各工业行业和各省、自治区、直辖市等工业经济统计数据，以及主要指标历史数据。

二、全书包括四大部分内容：综合数据、分行业数据、分地区数据和附录。主要反映中国工业经济的发展、中国工业经济的行业结构、中国工业经济的地区布局，以供社会各界了解和研究我国工业经济发展情况使用和参考。

三、本书所涉及的全国工业统计数据均未包括香港特别行政区、澳门特别行政区和台湾省的数据。1997年及以前，我国工业统计范围按隶属关系划分；1998年及以后年份按企业规模划分，其中，1998年至2006年为全部国有及年主营业务收入在500万元及以上非国有工业企业，2007年至2010年为年主营业务收入在500万元及以上的工业企业，2011年及以后年份为年主营业务收入在2000万元及以上的工业企业。

# 目　录

## 一、综合数据



## 二、分行业数据



## 三、分地区数据

## 四、附录

# 一、综合数据

# 1-1 工业企业单位数

单位：万个

| 年 份 | 全国总计 | 国有控股 | 私 营 | 外商投资和港澳台商投资 |
|---|---|---|---|---|
| 1999 | 16.20 | 5.07 | 1.46 | 2.68 |
| 2000 | 16.29 | 5.35 | 2.21 | 2.84 |
| 2001 | 17.13 | 4.68 | 3.62 | 3.14 |
| 2002 | 18.16 | 4.11 | 4.92 | 3.45 |
| 2003 | 19.62 | 3.43 | 6.76 | 3.86 |
| 2004 | 27.65 | 3.56 | 11.94 | 5.72 |
| 2005 | 27.18 | 2.75 | 12.38 | 5.64 |
| 2006 | 30.20 | 2.50 | 14.97 | 6.09 |
| 2007 | 33.68 | 2.07 | 17.71 | 6.75 |
| 2008 | 42.61 | 2.07 | 24.59 | 7.78 |
| 2009 | 43.44 | 2.05 | 25.60 | 7.54 |
| 2010 | 45.29 | 2.03 | 27.33 | 7.41 |
| 2011 | 32.56 | 1.71 | 18.06 | 5.72 |
| 2012 | 34.38 | 1.79 | 18.93 | 5.69 |
| 2013 | 36.98 | 1.86 | 20.84 | 5.74 |
| 2014 | 37.79 | 1.88 | 21.38 | 5.52 |
| 2015 | 38.31 | 1.93 | 21.65 | 5.28 |
| 2016 | 37.86 | 1.90 | 21.43 | 4.96 |

注：1. 统计范围1998～2006年为全部国有及年主营业务收入在500万元及以上非国有工业企业。
2. 2007年至2010年为年主营业务收入在500万元及以上的工业企业。
3. 2011年及以后年份为年主营业务收入在2000万元及以上的工业企业(下表同)。

# 1-2 资产总计

单位：亿元

| 年 份 | 全国总计 | 国有控股 | 私 营 | 外商投资和港澳台商投资 |
|---|---|---|---|---|
| 1999 | 116968.89 | 80471.69 | 2289.21 | 23018.92 |
| 2000 | 126211.24 | 84014.94 | 3873.83 | 25714.06 |
| 2001 | 135402.49 | 87901.54 | 5901.98 | 28354.46 |
| 2002 | 146217.78 | 89094.60 | 8759.62 | 31513.76 |
| 2003 | 168807.70 | 94519.79 | 14525.29 | 39260.26 |
| 2004 | 215358.00 | 109708.25 | 23724.80 | 55601.79 |
| 2005 | 244784.25 | 117629.61 | 30325.12 | 64308.47 |
| 2006 | 291214.51 | 135153.35 | 40514.83 | 77108.65 |
| 2007 | 353037.37 | 158187.87 | 53304.95 | 96367.04 |
| 2008 | 431305.55 | 188811.37 | 75879.59 | 112145.01 |
| 2009 | 493692.86 | 215742.01 | 91175.60 | 124477.56 |
| 2010 | 592881.89 | 247759.86 | 116867.83 | 148552.32 |
| 2011 | 675796.86 | 281673.87 | 127749.86 | 161987.74 |
| 2012 | 768421.20 | 312094.37 | 152548.13 | 172320.28 |
| 2013 | 870751.07 | 343985.88 | 187704.40 | 188661.42 |
| 2014 | 956777.20 | 371308.84 | 213114.42 | 198162.05 |
| 2015 | 1023398.12 | 397403.65 | 229006.48 | 201302.69 |
| 2016 | 1085865.94 | 417704.16 | 239542.71 | 212744.42 |

# 1-3 流动资产合计

单位：亿元

| 年 份 | 全 国 | 国有控股 | 私 营 | 外商投资和港澳台商投资 |
|---|---|---|---|---|
| 1999 | 49630.23 | 31042.81 | 1217.04 | 11127.85 |
| 2000 | 54338.15 | 32628.81 | 1910.75 | 12849.54 |
| 2001 | 57804.97 | 33239.63 | 3130.00 | 14029.75 |
| 2002 | 63468.46 | 33468.77 | 4686.53 | 16237.04 |
| 2003 | 76163.74 | 36125.14 | 7838.48 | 21489.84 |
| 2004 | 97183.74 | 39376.20 | 13080.46 | 30615.15 |
| 2005 | 111031.41 | 42155.31 | 16426.01 | 35303.97 |
| 2006 | 132310.12 | 46713.09 | 22035.64 | 42674.93 |
| 2007 | 163259.62 | 54997.45 | 29412.56 | 53781.51 |
| 2008 | 195681.75 | 65493.98 | 40572.42 | 60340.18 |
| 2009 | 223038.68 | 74113.99 | 47550.43 | 69082.13 |
| 2010 | 279227.32 | 90810.23 | 61798.67 | 84328.64 |
| 2011 | 327778.65 | 106550.42 | 69059.45 | 95334.64 |
| 2012 | 368200.71 | 115385.64 | 81049.07 | 100289.94 |
| 2013 | 413490.92 | 124529.35 | 99272.00 | 108770.23 |
| 2014 | 445742.36 | 131827.32 | 108457.83 | 113723.57 |
| 2015 | 469207.26 | 138438.19 | 114893.16 | 114480.95 |
| 2016 | 500852.80 | 147311.79 | 120053.62 | 122079.20 |

# 1-4 固定资产原价

单位：亿元

| 年 份 | 全 国 | 国有控股 | 私 营 | 外商投资和港澳台商投资 |
|---|---|---|---|---|
| 1999 | 71847.09 | 53146.30 | 1034.21 | 12747.02 |
| 2000 | 78646.30 | 57294.96 | 1651.37 | 14318.30 |
| 2001 | 86293.10 | 61782.45 | 2741.06 | 16700.30 |
| 2002 | 93887.95 | 64521.95 | 3959.95 | 18726.88 |
| 2003 | 105557.09 | 69701.11 | 6228.85 | 21818.93 |
| 2004 | 125761.85 | 76599.42 | 9992.56 | 29387.92 |
| 2005 | 143143.63 | 83515.49 | 12983.32 | 34266.82 |
| 2006 | 168850.20 | 96085.32 | 17316.09 | 40865.54 |
| 2007 | 198739.27 | 110084.72 | 22383.18 | 49543.59 |
| 2008 | 245352.80 | 129146.64 | 34437.22 | 60440.68 |
| 2009 | 278541.09 | 145330.28 | 42366.46 | 65507.53 |
| 2010 | 334839.41 | 165601.04 | 56459.89 | 77608.97 |
| 2011 | 386086.72 | 185896.57 | 65621.77 | 84358.88 |
| 2012 | 434474.27 | 204603.12 | 79904.05 | 91410.29 |
| 2013 | 499404.09 | 226435.38 | 103175.81 | 102638.41 |
| 2014 | 563859.94 | 255218.27 | 120249.25 | 109131.50 |
| 2015 | 603273.76 | 272563.10 | 128858.36 | 112222.44 |
| 2016 | 650592.73 | 293838.46 | 137033.69 | 121290.53 |

## 1-5 负债合计

单位：亿元

| 年份 | 全国 | 国有控股 | 私营 | 外商投资和港澳台商投资 |
|---|---|---|---|---|
| 1999 | 72322.98 | 49877.69 | 1367.12 | 13287.86 |
| 2000 | 76743.84 | 51239.61 | 2208.83 | 14658.92 |
| 2001 | 79843.42 | 52025.60 | 3527.40 | 15558.91 |
| 2002 | 85857.42 | 52837.08 | 5192.26 | 17136.03 |
| 2003 | 99527.97 | 55990.53 | 8781.24 | 21763.06 |
| 2004 | 124847.41 | 62005.79 | 14529.31 | 31278.34 |
| 2005 | 141509.84 | 66653.58 | 18038.87 | 36459.37 |
| 2006 | 167322.23 | 76012.52 | 23946.79 | 43398.56 |
| 2007 | 202913.68 | 89372.34 | 31120.19 | 55168.22 |
| 2008 | 248899.38 | 111374.72 | 42825.30 | 62831.00 |
| 2009 | 285732.81 | 130098.87 | 50495.45 | 69928.77 |
| 2010 | 340396.39 | 149432.08 | 64068.41 | 82038.76 |
| 2011 | 392644.64 | 172289.91 | 69744.77 | 92130.82 |
| 2012 | 445371.75 | 191349.97 | 82699.28 | 97414.09 |
| 2013 | 505694.32 | 214230.57 | 101333.98 | 106197.33 |
| 2014 | 547031.43 | 230132.08 | 111130.10 | 109924.35 |
| 2015 | 579310.47 | 246147.12 | 118651.48 | 109679.81 |
| 2016 | 606641.53 | 257235.38 | 121386.12 | 114911.32 |

## 1-6 所有者权益

单位：亿元

| 年份 | 全国 | 国有控股 | 私营 | 外商投资和港澳台商投资 |
|---|---|---|---|---|
| 1999 | 44618.80 | 30566.88 | 922.10 | 9730.41 |
| 2000 | 49406.88 | 32714.81 | 1664.99 | 11054.36 |
| 2001 | 55424.40 | 35741.27 | 2374.59 | 12794.29 |
| 2002 | 60242.01 | 36139.17 | 3567.35 | 14359.94 |
| 2003 | 69129.56 | 38381.02 | 5743.95 | 17473.30 |
| 2004 | 90286.70 | 47479.25 | 9195.48 | 24298.79 |
| 2005 | 102882.02 | 50625.00 | 12286.22 | 27770.72 |
| 2006 | 123402.54 | 58656.37 | 16567.96 | 33663.65 |
| 2007 | 149876.15 | 68568.59 | 22184.60 | 41198.76 |
| 2008 | 182353.38 | 77388.89 | 33051.48 | 49307.20 |
| 2009 | 206688.83 | 85186.57 | 40383.67 | 54251.47 |
| 2010 | 251160.35 | 98085.57 | 52295.51 | 66258.92 |
| 2011 | 282003.81 | 109233.21 | 57479.12 | 69702.34 |
| 2012 | 320614.07 | 120336.83 | 68946.35 | 74485.85 |
| 2013 | 361263.38 | 128655.24 | 84938.19 | 81845.13 |
| 2014 | 405981.71 | 141476.81 | 99880.35 | 87595.32 |
| 2015 | 440932.66 | 151107.60 | 108660.59 | 91126.75 |
| 2016 | 476105.14 | 160022.43 | 116858.30 | 97296.67 |

# 1-7 主营业务收入

单位：亿元

| 年 份 | 全 国 | 国有控股 | 私 营 | 外商投资和港澳台商投资 |
|---|---|---|---|---|
| 1999 | 69851.73 | 35950.70 | 2921.58 | 17966.55 |
| 2000 | 84151.75 | 42203.12 | 4791.50 | 22545.74 |
| 2001 | 93733.34 | 44443.52 | 7982.43 | 26022.08 |
| 2002 | 109485.77 | 47844.21 | 11971.63 | 31189.27 |
| 2003 | 143171.53 | 58027.15 | 19733.77 | 43607.63 |
| 2004 | 198908.87 | 71430.99 | 33487.25 | 65105.85 |
| 2005 | 248544.00 | 85574.18 | 45801.43 | 78564.46 |
| 2006 | 313592.45 | 101404.62 | 64817.70 | 98936.12 |
| 2007 | 399717.06 | 122617.13 | 90277.81 | 125497.96 |
| 2008 | 500020.07 | 147507.90 | 131525.40 | 146613.62 |
| 2009 | 542522.43 | 151700.55 | 156603.57 | 150263.06 |
| 2010 | 697744.00 | 194339.68 | 207838.22 | 188729.41 |
| 2011 | 841830.24 | 228900.13 | 247277.89 | 216304.29 |
| 2012 | 929291.51 | 245075.97 | 285621.48 | 221948.78 |
| 2013 | 1038659.45 | 257816.87 | 342002.60 | 242964.16 |
| 2014 | 1107032.52 | 262692.28 | 372175.70 | 252630.07 |
| 2015 | 1109852.97 | 241668.91 | 386394.60 | 245697.55 |
| 2016 | 1158998.52 | 238990.23 | 410188.06 | 250392.99 |

# 1-8 主营业务成本

单位：亿元

| 年 份 | 全 国 | 国有控股 | 私 营 | 外商投资和港澳台商投资 |
|---|---|---|---|---|
| 1999 | 57339.52 | 28919.13 | 2485.20 | 14824.32 |
| 2000 | 68653.95 | 33473.62 | 4121.97 | 18583.27 |
| 2001 | 77259.89 | 35522.47 | 6947.43 | 21677.74 |
| 2002 | 90243.76 | 38048.00 | 10433.80 | 25907.35 |
| 2003 | 118638.47 | 45987.63 | 17194.65 | 36604.09 |
| 2004 | 167246.40 | 57187.96 | 29452.27 | 55649.54 |
| 2005 | 209862.52 | 69302.41 | 39914.50 | 67862.98 |
| 2006 | 264696.60 | 81957.80 | 56316.16 | 84903.31 |
| 2007 | 334598.64 | 98515.08 | 77335.75 | 106981.42 |
| 2008 | 423295.75 | 122504.18 | 112220.27 | 125931.62 |
| 2009 | 457510.01 | 124590.48 | 134374.58 | 127247.80 |
| 2010 | 585256.80 | 158727.43 | 177049.48 | 159273.10 |
| 2011 | 708091.99 | 187783.79 | 210191.52 | 183931.68 |
| 2012 | 784541.19 | 202600.35 | 243192.10 | 189558.50 |
| 2013 | 880679.68 | 213204.73 | 293764.75 | 207255.74 |
| 2014 | 943369.58 | 217409.68 | 322482.84 | 215004.20 |
| 2015 | 944857.26 | 199927.31 | 334569.19 | 208266.54 |
| 2016 | 984668.37 | 196284.81 | 355823.84 | 211127.92 |

# 1-9 利润总额

单位：亿元

| 年 份 | 全 国 | 国有控股 | 私 营 | 外商投资和港澳台商投资 |
|---|---|---|---|---|
| 1999 | 2288.24 | 997.86 | 121.52 | 753.93 |
| 2000 | 4393.48 | 2408.33 | 189.68 | 1282.48 |
| 2001 | 4733.43 | 2388.56 | 312.56 | 1442.95 |
| 2002 | 5784.48 | 2632.94 | 490.23 | 1877.22 |
| 2003 | 8337.24 | 3836.20 | 859.64 | 2777.44 |
| 2004 | 11929.30 | 5453.10 | 1429.74 | 3875.97 |
| 2005 | 14802.54 | 6519.75 | 2120.65 | 4140.81 |
| 2006 | 19504.44 | 8485.46 | 3191.05 | 5384.06 |
| 2007 | 27155.18 | 10795.19 | 5053.74 | 7527.38 |
| 2008 | 30562.37 | 9063.59 | 8302.06 | 8242.63 |
| 2009 | 34542.22 | 9287.03 | 9677.69 | 10107.05 |
| 2010 | 53049.66 | 14737.65 | 15102.50 | 15019.55 |
| 2011 | 61396.33 | 16457.57 | 18155.52 | 15494.22 |
| 2012 | 61910.06 | 15715.99 | 20191.90 | 13965.94 |
| 2013 | 68378.91 | 15917.68 | 23327.08 | 15802.58 |
| 2014 | 68154.89 | 14508.02 | 23550.42 | 16577.31 |
| 2015 | 66187.07 | 11416.72 | 24249.73 | 15905.78 |
| 2016 | 71921.43 | 12324.34 | 25494.90 | 17597.47 |

# 1-10 平均用工人数

单位：万人

| 年 份 | 全 国 | 国有控股 | 私 营 | 外商投资和港澳台商投资 |
|---|---|---|---|---|
| 1999 | 5805.05 | 3394.58 | 229.06 | 791.86 |
| 2000 | 5559.36 | 2995.25 | 346.42 | 852.96 |
| 2001 | 5441.43 | 2675.11 | 541.52 | 938.98 |
| 2002 | 5520.66 | 2423.63 | 732.90 | 1054.34 |
| 2003 | 5748.57 | 2162.87 | 1027.61 | 1258.67 |
| 2004 | 6622.09 | 1973.20 | 1515.43 | 1755.26 |
| 2005 | 6895.96 | 1874.85 | 1692.06 | 1899.64 |
| 2006 | 7358.43 | 1804.00 | 1971.01 | 2118.07 |
| 2007 | 7875.20 | 1742.99 | 2252.91 | 2353.04 |
| 2008 | 8837.63 | 1794.10 | 2871.89 | 2579.42 |
| 2009 | 8831.22 | 1803.37 | 2973.84 | 2450.43 |
| 2010 | 9544.71 | 1836.34 | 3312.06 | 2645.73 |
| 2011 | 9167.29 | 1811.98 | 2956.41 | 2574.14 |
| 2012 | 9567.32 | 1892.77 | 3121.30 | 2573.82 |
| 2013 | 9791.46 | 1889.49 | 3359.39 | 2536.07 |
| 2014 | 9977.21 | 1842.67 | 3505.32 | 2472.38 |
| 2015 | 9775.02 | 1777.83 | 3463.98 | 2355.44 |
| 2016 | 9475.57 | 1695.93 | 3397.76 | 2182.42 |

# 1-11 分登记注册类型规模以上

| 分　组 | 企业单位数（个） | 工业销售产值（当年价格） | 出口交货值 | 资产总计 | 固定资产合　计 |
|---|---|---|---|---|---|
| **总　计** | **378599** | **1151950.07** | **117842.74** | **1085865.94** | **390279.36** |
| 一、按登记注册类型分组: | | | | | |
| 内资企业 | 329045 | 903305.29 | 46614.00 | 873121.52 | 327537.79 |
| 国有企业 | 2459 | 38986.83 | 359.43 | 67394.10 | 29692.89 |
| 中央企业 | 554 | 31269.37 | 280.50 | 55280.25 | 23739.95 |
| 地方企业 | 1905 | 7717.47 | 78.93 | 12113.85 | 5952.95 |
| 集体企业 | 2092 | 5845.28 | 291.36 | 4923.39 | 1091.93 |
| 股份合作企业 | 946 | 1318.17 | 71.63 | 769.77 | 211.14 |
| 联营企业 | 110 | 225.64 | 4.42 | 108.96 | 41.83 |
| 国有联营企业 | 10 | 16.98 | 0.18 | 28.42 | 6.89 |
| 集体联营企业 | 49 | 72.06 | 2.38 | 32.40 | 14.36 |
| 国有与集体联营企业 | 22 | 20.20 | | 16.97 | 4.90 |
| 其他联营企业 | 29 | 116.40 | 1.86 | 31.16 | 15.67 |
| 有限责任公司 | 96240 | 340022.81 | 16865.05 | 405782.67 | 162427.43 |
| 国有独资公司 | 3434 | 43753.45 | 1300.41 | 91056.80 | 39185.52 |
| 其他有限责任公司 | 92806 | 296269.37 | 15564.64 | 314725.87 | 123241.91 |
| 股份有限公司 | 12007 | 101668.29 | 7880.76 | 153952.57 | 49815.44 |
| 私营企业 | 214309 | 413614.49 | 21086.86 | 239542.71 | 84008.55 |
| 私营独资企业 | 12337 | 18227.70 | 491.64 | 7337.72 | 3235.19 |
| 私营合伙企业 | 2102 | 2896.63 | 112.08 | 1349.18 | 577.54 |
| 私营有限责任公司 | 190690 | 361990.57 | 18511.19 | 207197.72 | 73224.75 |
| 私营股份有限公司 | 9180 | 30499.60 | 1971.95 | 23658.08 | 6971.08 |
| 其他企业 | 882 | 1623.79 | 54.49 | 647.35 | 248.57 |
| 港、澳、台商投资企业 | 23429 | 98236.86 | 31119.74 | 88299.99 | 24919.16 |
| 合资经营企业(港或澳、台资) | 7037 | 33803.81 | 5690.32 | 32788.43 | 10077.05 |
| 合作经营企业(港或澳、台资) | 580 | 2373.13 | 461.09 | 1717.79 | 698.80 |
| 港澳台商独资经营企业 | 15175 | 57303.45 | 24168.98 | 47499.44 | 12549.37 |
| 港澳台商投资股份有限公司 | 478 | 3936.58 | 650.38 | 5112.38 | 1108.08 |
| 其他港澳台商投资企业 | 159 | 819.88 | 148.98 | 1181.97 | 485.86 |
| 外商投资企业 | 26125 | 150407.93 | 40109.00 | 124444.43 | 37822.41 |
| 中外合资经营企业 | 9037 | 70097.65 | 9590.85 | 60295.15 | 19034.09 |
| 中外合作经营企业 | 540 | 2405.52 | 547.68 | 2106.75 | 586.70 |
| 外资企业 | 15858 | 72431.52 | 28760.21 | 55055.44 | 16336.84 |
| 外商投资股份有限公司 | 454 | 4702.25 | 1104.70 | 6321.58 | 1620.93 |
| 其他外商投资企业 | 236 | 771.00 | 105.56 | 665.52 | 243.84 |
| 二、在总计中: 亏损企业 | 40720 | 79944.50 | 9824.96 | 175937.66 | 69585.88 |
| 在总计中: 国有控股企业 | 19022 | 227532.62 | 8548.33 | 417704.16 | 178816.32 |
| 在总计中: 大型企业 | 9631 | 419158.05 | 65737.12 | 508070.40 | 176090.89 |
| 中型企业 | 52681 | 289440.19 | 28981.91 | 258989.44 | 96200.02 |
| 小型企业 | 316287 | 443351.84 | 23123.71 | 318806.10 | 117988.45 |

# 工业企业主要经济指标

单位：亿元

| 固定资产原价 | 累计折旧 | 流动资产合计 | 应收账款 | 存货 | 产成品 | 负债合计 |
|---|---|---|---|---|---|---|
| **650592.73** | **286223.98** | **500852.80** | **126847.19** | **106962.71** | **40492.79** | **606641.53** |
| 529302.21 | 224726.80 | 378773.59 | 87484.67 | 83026.04 | 31663.05 | 491730.20 |
| 53485.66 | 25774.19 | 17029.78 | 2325.48 | 3495.04 | 907.88 | 36399.19 |
| 44276.73 | 21799.22 | 12535.47 | 1670.94 | 2800.04 | 700.51 | 28697.92 |
| 9208.93 | 3974.97 | 4494.31 | 654.54 | 694.99 | 207.36 | 7701.27 |
| 1878.81 | 860.71 | 2646.95 | 447.89 | 457.93 | 276.89 | 3062.19 |
| 350.43 | 166.84 | 455.28 | 142.79 | 99.01 | 45.77 | 376.80 |
| 73.58 | 32.09 | 47.61 | 13.57 | 10.68 | 5.53 | 63.16 |
| 15.00 | 7.99 | 12.08 | 4.58 | 2.35 | 1.25 | 30.26 |
| 25.67 | 11.58 | 13.33 | 3.43 | 2.96 | 1.72 | 10.70 |
| 10.62 | 5.77 | 9.91 | 3.93 | 2.64 | 0.91 | 11.98 |
| 22.29 | 6.75 | 12.29 | 1.63 | 2.74 | 1.65 | 10.21 |
| 247817.88 | 97426.84 | 171232.57 | 38245.80 | 38474.95 | 13039.15 | 251482.79 |
| 60494.01 | 25584.60 | 32121.28 | 5164.95 | 7441.29 | 1812.82 | 57845.60 |
| 187323.87 | 71842.25 | 139111.29 | 33080.85 | 31033.67 | 11226.33 | 193637.19 |
| 88180.40 | 41289.35 | 67010.69 | 13983.15 | 12971.13 | 4994.81 | 78668.51 |
| 137033.69 | 58918.19 | 120053.62 | 32257.50 | 27468.53 | 12364.78 | 121386.12 |
| 5241.44 | 2192.18 | 3031.95 | 770.43 | 528.52 | 278.55 | 2666.08 |
| 863.67 | 329.52 | 527.20 | 133.82 | 85.90 | 43.95 | 554.98 |
| 120185.18 | 52139.09 | 104319.02 | 28194.79 | 24378.67 | 10988.42 | 107489.61 |
| 10743.39 | 4257.40 | 12175.46 | 3158.46 | 2475.44 | 1053.86 | 10675.44 |
| 481.75 | 258.58 | 297.10 | 68.49 | 48.76 | 28.25 | 291.45 |
| 45655.35 | 21830.28 | 50934.76 | 16411.32 | 9750.34 | 3796.48 | 48263.82 |
| 18144.91 | 8368.37 | 17567.28 | 4784.86 | 3176.46 | 1315.62 | 18518.80 |
| 1489.74 | 903.52 | 903.38 | 200.60 | 155.66 | 44.97 | 762.32 |
| 23289.29 | 11394.77 | 29265.04 | 10629.96 | 5859.05 | 2237.81 | 26213.66 |
| 2069.66 | 981.16 | 2603.98 | 682.94 | 444.08 | 167.87 | 2064.22 |
| 661.75 | 182.47 | 595.08 | 112.96 | 115.09 | 30.21 | 704.82 |
| 75635.18 | 39666.90 | 71144.44 | 22951.19 | 14186.33 | 5033.26 | 66647.51 |
| 33892.01 | 16163.97 | 32870.53 | 9050.15 | 6243.54 | 2302.24 | 34370.52 |
| 1506.78 | 941.05 | 1133.25 | 299.81 | 221.16 | 76.66 | 1017.80 |
| 36783.61 | 20954.51 | 33960.04 | 12819.25 | 7047.38 | 2468.20 | 27823.59 |
| 3088.12 | 1478.95 | 2847.63 | 672.15 | 600.15 | 156.27 | 3039.95 |
| 364.65 | 128.44 | 332.99 | 109.83 | 74.09 | 29.89 | 395.65 |
| 108851.96 | 44918.92 | 72318.53 | 16790.58 | 16132.11 | 5914.48 | 132298.27 |
| 293838.46 | 126203.15 | 147311.79 | 28354.43 | 32462.33 | 9304.76 | 257235.38 |
| 307404.22 | 143770.66 | 229886.23 | 51897.69 | 48739.10 | 15858.36 | 295918.12 |
| 159758.32 | 69962.16 | 120769.47 | 31102.51 | 25176.38 | 10238.40 | 142524.09 |
| 183430.19 | 72491.15 | 150197.10 | 43846.98 | 33047.23 | 14396.03 | 168199.31 |

注：表头层级——应收账款、存货列于“流动资产合计”之下，产成品列于“存货”之下。

1-11 续表 1

| 分 组 | 流动负债合计 | 应付账款 | 所有者权益合计 | 实收资本 | 国家资本 |
|---|---|---|---|---|---|
| **总 计** | **456468.84** | **128214.21** | **476105.14** | **239844.82** | **59163.10** |
| 一、按登记注册类型分组: | | | | | |
| 内资企业 | 359758.11 | 91060.65 | 378808.48 | 187534.26 | 56080.04 |
| 国有企业 | 23670.24 | 6896.81 | 30801.19 | 17262.30 | 15601.85 |
| 中央企业 | 18580.94 | 5595.12 | 26465.65 | 15568.03 | 14330.98 |
| 地方企业 | 5089.31 | 1301.68 | 4335.54 | 1694.27 | 1270.88 |
| 集体企业 | 2440.97 | 606.23 | 1829.52 | 392.13 | 2.39 |
| 股份合作企业 | 305.23 | 87.83 | 387.43 | 128.63 | 1.04 |
| 联营企业 | 51.74 | 9.92 | 45.80 | 29.25 | 6.42 |
| 国有联营企业 | 27.13 | 1.59 | -1.85 | 4.52 | 3.66 |
| 集体联营企业 | 7.49 | 2.39 | 21.70 | 12.63 | 0.51 |
| 国有与集体联营企业 | 10.10 | 4.89 | 5.00 | 3.59 | 2.21 |
| 其他联营企业 | 7.02 | 1.06 | 20.95 | 8.50 | 0.03 |
| 有限责任公司 | 176649.81 | 43860.58 | 153519.72 | 92304.44 | 30150.54 |
| 国有独资公司 | 37179.56 | 8781.79 | 33177.36 | 16862.70 | 12685.82 |
| 其他有限责任公司 | 139470.25 | 35078.79 | 120342.36 | 75441.75 | 17464.73 |
| 股份有限公司 | 57932.18 | 15200.86 | 75016.82 | 29325.87 | 10101.00 |
| 私营企业 | 98507.80 | 24356.02 | 116858.30 | 47970.79 | 215.70 |
| 私营独资企业 | 2031.67 | 438.58 | 4501.02 | 1540.82 | 3.57 |
| 私营合伙企业 | 384.24 | 86.98 | 772.29 | 296.50 | 0.86 |
| 私营有限责任公司 | 87714.95 | 21876.81 | 98711.90 | 41942.17 | 191.37 |
| 私营股份有限公司 | 8376.94 | 1953.65 | 12873.09 | 4191.30 | 19.90 |
| 其他企业 | 200.14 | 42.41 | 349.69 | 120.86 | 1.10 |
| 港、澳、台商投资企业 | 40991.27 | 14934.08 | 39853.95 | 20144.67 | 953.91 |
| 合资经营企业(港或澳、台资) | 15077.38 | 4376.28 | 14235.94 | 6896.00 | 698.61 |
| 合作经营企业(港或澳、台资) | 609.61 | 146.37 | 948.32 | 410.03 | 84.44 |
| 港澳台商独资经营企业 | 23008.46 | 9829.22 | 21155.06 | 11492.49 | 119.04 |
| 港澳台商投资股份有限公司 | 1658.90 | 450.91 | 3037.28 | 1147.59 | 49.87 |
| 其他港澳台商投资企业 | 636.92 | 131.29 | 477.35 | 198.57 | 1.95 |
| 外商投资企业 | 55719.46 | 22219.49 | 57442.71 | 32165.88 | 2129.16 |
| 中外合资经营企业 | 27939.23 | 10267.39 | 25720.92 | 13185.20 | 1857.66 |
| 中外合作经营企业 | 765.91 | 265.19 | 1085.95 | 534.93 | 81.59 |
| 外资企业 | 24397.94 | 10910.99 | 27098.86 | 17046.27 | 82.07 |
| 外商投资股份有限公司 | 2285.41 | 661.59 | 3267.95 | 1217.05 | 103.37 |
| 其他外商投资企业 | 330.97 | 114.33 | 269.04 | 182.43 | 4.48 |
| 二、在总计中:亏损企业 | 95598.20 | 22106.37 | 43075.59 | 46087.76 | 12441.32 |
| 在总计中:国有控股企业 | 172671.70 | 45763.92 | 160022.43 | 88731.47 | 56310.84 |
| 在总计中:大型企业 | 221921.73 | 66142.60 | 212333.96 | 89556.96 | 37151.54 |
| 中型企业 | 109348.01 | 29314.01 | 116507.61 | 54538.70 | 10141.20 |
| 小型企业 | 125199.11 | 32757.61 | 147263.57 | 95749.15 | 11870.36 |

单位：亿元

| 集体资本 | 法人资本 | 个人资本 | 港澳台资本 | 外商资本 | 主营业务收入 | 主营业务成本 |
|---|---|---|---|---|---|---|
| **3970.20** | **81531.30** | **57920.80** | **13252.84** | **23977.69** | **1158998.52** | **984668.37** |
| 3561.51 | 70508.27 | 55743.09 | 575.78 | 1037.77 | 908605.53 | 773540.45 |
| 24.15 | 1607.78 | 32.09 | 0.80 | 4.98 | 40648.98 | 35837.03 |
| 2.54 | 1240.04 | 2.40 |  | 1.43 | 31159.57 | 27297.02 |
| 21.61 | 367.74 | 29.69 | 0.80 | 3.55 | 9489.41 | 8540.01 |
| 168.19 | 96.89 | 120.47 | 3.04 | 1.16 | 5919.95 | 4939.65 |
| 9.91 | 36.09 | 80.72 | 0.87 |  | 1321.61 | 1130.74 |
| 4.38 | 5.47 | 12.98 |  |  | 226.82 | 191.55 |
| 0.12 | 0.74 |  |  |  | 16.54 | 13.53 |
| 3.76 | 1.68 | 6.69 |  |  | 72.75 | 64.13 |
| 0.49 | 0.82 | 0.06 |  |  | 20.17 | 17.19 |
| 0.01 | 2.23 | 6.23 |  |  | 117.37 | 96.69 |
| 1695.59 | 38123.04 | 21465.53 | 230.32 | 634.41 | 344805.22 | 291468.87 |
| 38.52 | 3855.28 | 125.07 | 48.36 | 110.60 | 46872.46 | 38668.84 |
| 1657.07 | 34267.77 | 21340.46 | 181.96 | 523.81 | 297932.76 | 252800.03 |
| 985.05 | 11197.80 | 6542.10 | 218.52 | 249.89 | 103912.04 | 82785.98 |
| 668.24 | 19387.18 | 27432.99 | 121.16 | 144.88 | 410188.06 | 355823.84 |
| 10.03 | 602.96 | 906.68 | 5.22 | 12.35 | 18110.40 | 15566.45 |
| 1.73 | 125.55 | 168.21 | 0.15 | 0.01 | 2836.11 | 2399.42 |
| 552.51 | 16898.58 | 24092.31 | 101.67 | 105.08 | 359305.58 | 312473.49 |
| 103.97 | 1760.09 | 2265.79 | 14.12 | 27.43 | 29935.97 | 25384.48 |
| 5.99 | 54.03 | 56.21 | 1.07 | 2.46 | 1582.84 | 1362.79 |
| 175.75 | 4335.59 | 991.09 | 11395.84 | 2292.24 | 99172.80 | 84747.06 |
| 115.88 | 2651.73 | 500.92 | 2181.81 | 747.05 | 33639.15 | 28531.09 |
| 6.03 | 121.00 | 21.46 | 131.37 | 45.73 | 2392.26 | 1969.34 |
| 40.84 | 1138.53 | 285.35 | 8482.19 | 1426.30 | 58383.78 | 50510.59 |
| 12.37 | 398.29 | 174.17 | 456.39 | 56.49 | 3960.94 | 3063.53 |
| 0.64 | 26.04 | 9.19 | 144.07 | 16.68 | 796.68 | 672.50 |
| 232.94 | 6687.43 | 1186.62 | 1281.23 | 20647.69 | 151220.19 | 126380.86 |
| 192.87 | 4769.34 | 709.72 | 522.53 | 5133.08 | 70409.04 | 57844.68 |
| 20.74 | 127.91 | 14.67 | 16.09 | 273.94 | 2454.20 | 2039.73 |
| 16.83 | 1395.75 | 319.11 | 690.58 | 14541.10 | 72703.57 | 61758.66 |
| 2.06 | 326.81 | 134.10 | 47.14 | 603.58 | 4872.65 | 4034.45 |
| 0.44 | 67.63 | 9.02 | 4.88 | 95.98 | 780.72 | 703.34 |
| 844.18 | 18422.32 | 7040.07 | 2445.29 | 4890.32 | 81806.47 | 77030.63 |
| 896.88 | 26596.77 | 2131.36 | 569.58 | 2232.51 | 238990.23 | 196284.81 |
| 1213.54 | 29645.47 | 8003.96 | 4752.12 | 8806.60 | 436444.53 | 364999.38 |
| 1172.19 | 19996.42 | 11860.96 | 4429.85 | 6901.92 | 286489.86 | 242783.33 |
| 1584.48 | 31889.40 | 38055.88 | 4070.88 | 8269.17 | 436064.14 | 376885.67 |

1-11 续表 2

| 分　组 | 销售费用 | 管理费用 | 财务费用 | 利息收入 | 利息支出 |
|---|---|---|---|---|---|
| **总　计** | **31174.87** | **45490.74** | **12650.57** | **1752.84** | **12505.14** |
| 一、按登记注册类型分组: | | | | | |
| 内资企业 | 22921.19 | 34696.03 | 11114.25 | 1402.99 | 10897.41 |
| 国有企业 | 612.09 | 1278.63 | 461.43 | 56.92 | 774.05 |
| 中央企业 | 436.80 | 834.65 | 358.33 | 47.95 | 389.76 |
| 地方企业 | 175.29 | 443.97 | 103.10 | 8.97 | 384.29 |
| 集体企业 | 226.49 | 274.57 | 38.21 | 6.53 | 42.80 |
| 股份合作企业 | 31.14 | 47.93 | 7.24 | | 6.54 |
| 联营企业 | 3.37 | 11.29 | 2.36 | 0.02 | 1.33 |
| 国有联营企业 | 0.24 | 1.08 | 0.97 | | 0.37 |
| 集体联营企业 | 0.89 | 2.08 | 0.45 | 0.01 | 0.18 |
| 国有与集体联营企业 | 0.44 | 2.51 | 0.12 | 0.01 | 0.05 |
| 其他联营企业 | 1.80 | 5.62 | 0.82 | | 0.73 |
| 有限责任公司 | 8772.00 | 14241.74 | 5702.51 | 504.55 | 5603.34 |
| 国有独资公司 | 790.53 | 2183.68 | 1107.43 | 123.55 | 1233.56 |
| 其他有限责任公司 | 7981.47 | 12058.06 | 4595.09 | 381.01 | 4369.78 |
| 股份有限公司 | 4044.55 | 5650.58 | 1381.70 | 695.61 | 1600.68 |
| 私营企业 | 9202.46 | 13142.60 | 3506.21 | 139.13 | 2858.18 |
| 私营独资企业 | 388.34 | 498.07 | 124.89 | 2.46 | 85.60 |
| 私营合伙企业 | 75.31 | 97.12 | 22.08 | 0.48 | 13.30 |
| 私营有限责任公司 | 7905.45 | 11418.20 | 3053.28 | 118.03 | 2474.93 |
| 私营股份有限公司 | 833.36 | 1129.21 | 305.97 | 18.17 | 284.36 |
| 其他企业 | 29.09 | 48.68 | 14.59 | 0.23 | 10.50 |
| 港、澳、台商投资企业 | 2909.61 | 4172.95 | 627.54 | 148.55 | 705.04 |
| 合资经营企业(港或澳、台资) | 962.53 | 1368.82 | 311.33 | 41.76 | 332.22 |
| 合作经营企业(港或澳、台资) | 37.46 | 73.01 | 20.10 | 1.80 | 19.07 |
| 港澳台商独资经营企业 | 1703.76 | 2476.12 | 260.55 | 95.69 | 307.39 |
| 港澳台商投资股份有限公司 | 169.48 | 227.35 | 18.39 | 7.26 | 34.68 |
| 其他港澳台商投资企业 | 36.37 | 27.64 | 17.18 | 2.03 | 11.68 |
| 外商投资企业 | 5344.07 | 6621.76 | 908.77 | 201.30 | 902.70 |
| 中外合资经营企业 | 2402.93 | 2940.45 | 509.25 | 101.40 | 504.62 |
| 中外合作经营企业 | 88.73 | 93.54 | 23.71 | 3.95 | 21.59 |
| 外资企业 | 2602.83 | 3323.97 | 321.58 | 80.96 | 311.75 |
| 外商投资股份有限公司 | 231.09 | 234.24 | 46.30 | 13.91 | 59.07 |
| 其他外商投资企业 | 18.49 | 29.56 | 7.93 | 1.08 | 5.67 |
| 二、在总计中: 亏损企业 | 2474.80 | 5654.58 | 3117.59 | 192.42 | 2846.45 |
| 在总计中: 国有控股企业 | 5507.33 | 11340.53 | 4877.62 | 1063.64 | 5591.81 |
| 在总计中: 大型企业 | 13239.69 | 18115.52 | 5024.10 | 882.31 | 5586.12 |
| 中型企业 | 7663.18 | 11723.38 | 3182.62 | 673.59 | 3307.36 |
| 小型企业 | 10271.99 | 15651.83 | 4443.85 | 196.95 | 3611.67 |

单位：亿元

| 投资收益(损失以“-”号记) | 营业利润 | 利润总额 | 亏损企业亏损额 | 平均用工人数(万人) |
|---|---|---|---|---|
| **2906.60** | **69612.16** | **71921.43** | **8289.55** | **9475.57** |
| 2339.65 | 52590.51 | 54323.96 | 6740.39 | 7293.15 |
| 343.14 | 1637.37 | 1748.72 | 427.82 | 253.41 |
| 307.10 | 1468.16 | 1495.92 | 297.47 | 164.27 |
| 36.04 | 169.21 | 252.80 | 130.35 | 89.14 |
| 32.92 | 423.47 | 433.16 | 13.08 | 53.66 |
| -1.02 | 97.98 | 100.05 | 4.05 | 12.59 |
| 0.03 | 16.65 | 12.20 | 1.86 | 2.14 |
|  | 0.02 | 0.06 | 0.61 | 0.21 |
| 0.03 | 4.61 | 4.72 | 0.02 | 0.86 |
|  | -0.18 | -0.09 | 0.95 | 0.32 |
|  | 12.20 | 7.50 | 0.29 | 0.75 |
| 494.71 | 17672.37 | 18747.09 | 3723.01 | 2765.04 |
| 334.25 | 1524.15 | 1907.08 | 742.69 | 404.66 |
| 160.46 | 16148.22 | 16840.01 | 2980.32 | 2360.38 |
| 1595.90 | 7137.23 | 7678.99 | 1719.36 | 794.76 |
| -124.62 | 25496.87 | 25494.90 | 846.38 | 3397.76 |
| -15.39 | 1353.27 | 1342.51 | 12.13 | 158.85 |
| -2.23 | 192.91 | 190.90 | 5.21 | 33.84 |
| -167.00 | 21832.33 | 21813.27 | 771.08 | 2980.09 |
| 60.00 | 2118.36 | 2148.22 | 57.97 | 224.98 |
| -1.41 | 108.57 | 108.86 | 4.83 | 13.80 |
| 278.11 | 6437.75 | 6604.11 | 560.60 | 1097.86 |
| 68.25 | 2393.26 | 2413.14 | 171.02 | 284.54 |
| 1.82 | 203.95 | 206.49 | 7.93 | 19.74 |
| 103.32 | 3361.98 | 3472.56 | 324.39 | 754.00 |
| 102.72 | 436.51 | 465.24 | 45.34 | 33.41 |
| 2.01 | 42.06 | 46.68 | 11.92 | 6.16 |
| 288.84 | 10583.89 | 10993.36 | 988.56 | 1084.56 |
| 194.67 | 5522.44 | 5775.46 | 468.26 | 374.36 |
| 2.31 | 189.39 | 193.31 | 9.00 | 19.36 |
| 16.45 | 4501.67 | 4619.42 | 478.01 | 649.67 |
| 74.09 | 352.46 | 382.04 | 22.06 | 33.52 |
| 1.32 | 17.92 | 23.12 | 11.24 | 7.66 |
| -51.86 | -8494.06 | -8289.55 | 8289.55 | 1171.53 |
| 2135.83 | 10861.24 | 12324.34 | 4962.47 | 1695.93 |
| 2572.20 | 25378.64 | 26787.79 | 3780.28 | 3197.69 |
| 248.09 | 18813.44 | 19405.01 | 2296.66 | 2853.87 |
| 86.31 | 25420.07 | 25728.63 | 2212.61 | 3424.01 |

# 1-12 分行业规模以上工业企业主要效益指标

| 行　业 | 主营业务收入利润率(%) | 人均主营业务收入(万元/人) | 每百元资产实现的主营业务收入(元) | 资产负债率(%) | 产成品存货周转天数(天) | 应收账款平均回收期(天) |
|---|---|---|---|---|---|---|
| **总　计** | **6.21** | **122.31** | **106.73** | **55.87** | **14.80** | **39.40** |
| 煤炭开采和洗选业 | 5.19 | 56.23 | 41.84 | 69.53 | 17.24 | 43.41 |
| 石油和天然气开采业 | -8.76 | 91.78 | 32.36 | 46.03 | 6.10 | 14.40 |
| 黑色金属矿采选业 | 6.75 | 129.09 | 62.91 | 56.52 | 14.10 | 36.86 |
| 有色金属矿采选业 | 7.43 | 138.92 | 104.93 | 53.38 | 13.98 | 15.53 |
| 非金属矿采选业 | 7.46 | 102.33 | 136.04 | 47.10 | 12.87 | 20.72 |
| 开采辅助活动 | -4.37 | 53.05 | 54.95 | 49.82 | 2.79 | 134.31 |
| 其他采矿业 | 5.12 | 86.73 | 137.69 | 43.63 | 8.83 | 30.51 |
| 农副食品加工业 | 5.26 | 165.07 | 202.88 | 49.15 | 12.70 | 14.79 |
| 食品制造业 | 8.70 | 113.20 | 154.58 | 44.08 | 13.47 | 25.55 |
| 酒、饮料和精制茶制造业 | 10.30 | 114.01 | 110.60 | 43.92 | 23.51 | 20.45 |
| 烟草制品业 | 11.95 | 405.13 | 85.08 | 25.71 | 40.78 | 34.97 |
| 纺织业 | 5.60 | 93.63 | 166.56 | 51.71 | 14.72 | 23.58 |
| 纺织服装、服饰业 | 6.02 | 55.15 | 172.69 | 46.08 | 18.26 | 30.09 |
| 皮革、毛皮、羽毛及其制品和制鞋业 | 6.52 | 55.21 | 205.01 | 44.99 | 11.84 | 28.00 |
| 木材加工和木、竹、藤、棕、草制品业 | 6.12 | 106.16 | 227.63 | 40.51 | 10.93 | 14.95 |
| 家具制造业 | 6.54 | 71.90 | 158.11 | 49.02 | 14.83 | 30.03 |
| 造纸和纸制品业 | 5.93 | 115.04 | 103.58 | 54.79 | 12.34 | 37.74 |
| 印刷和记录媒介复制业 | 7.14 | 81.63 | 135.63 | 42.97 | 12.65 | 41.51 |
| 文教、工美、体育和娱乐用品制造业 | 6.00 | 73.18 | 190.25 | 49.99 | 22.04 | 27.16 |
| 石油加工、炼焦和核燃料加工业 | 5.46 | 394.07 | 130.27 | 65.25 | 14.36 | 15.98 |
| 化学原料和化学制品制造业 | 5.93 | 181.64 | 114.75 | 55.43 | 13.40 | 27.63 |
| 医药制造业 | 11.04 | 119.56 | 97.97 | 40.31 | 25.83 | 43.06 |
| 化学纤维制造业 | 5.00 | 164.24 | 108.87 | 56.98 | 17.79 | 21.52 |
| 橡胶和塑料制品业 | 6.41 | 97.27 | 143.40 | 46.84 | 15.53 | 38.83 |
| 非金属矿物制品业 | 6.84 | 107.41 | 121.89 | 50.97 | 13.57 | 40.74 |
| 黑色金属冶炼和压延加工业 | 2.86 | 190.33 | 97.56 | 66.38 | 15.75 | 18.70 |
| 有色金属冶炼和压延加工业 | 3.73 | 273.19 | 132.96 | 63.38 | 12.92 | 19.85 |
| 金属制品业 | 5.99 | 109.48 | 149.36 | 49.87 | 15.04 | 38.76 |
| 通用设备制造业 | 6.59 | 107.27 | 111.23 | 51.88 | 20.43 | 62.30 |
| 专用设备制造业 | 6.09 | 109.26 | 101.56 | 52.17 | 21.26 | 67.32 |
| 汽车制造业 | 8.43 | 168.26 | 118.69 | 58.34 | 16.01 | 50.17 |
| 铁路、船舶、航空航天和其他运输设备制造业 | 6.08 | 106.28 | 81.67 | 63.20 | 14.73 | 62.19 |
| 电气机械和器材制造业 | 6.99 | 118.41 | 116.63 | 55.59 | 18.00 | 67.78 |
| 计算机、通信和其他电子设备制造业 | 5.09 | 111.91 | 126.02 | 57.56 | 14.28 | 74.35 |
| 仪器仪表制造业 | 8.61 | 91.30 | 107.96 | 43.88 | 18.99 | 73.30 |
| 其他制造业 | 6.31 | 66.98 | 119.28 | 54.19 | 17.90 | 37.37 |
| 废弃资源综合利用业 | 5.24 | 222.74 | 192.09 | 60.81 | 11.19 | 23.26 |
| 金属制品、机械和设备修理业 | 1.20 | 69.48 | 53.86 | 66.25 | 8.15 | 162.82 |
| 电力、热力生产和供应业 | 7.50 | 190.94 | 40.89 | 62.12 | 0.69 | 23.35 |
| 燃气生产和供应业 | 8.32 | 209.19 | 73.14 | 55.78 | 3.51 | 20.24 |
| 水的生产和供应业 | 9.72 | 48.34 | 18.35 | 55.94 | 2.40 | 52.98 |

# 1-13 分地区规模以上工业企业主要效益指标

| 地 区 | 主营业务收入利润率(%) | 人均主营业务收入(万元/人) | 每百元资产实现的主营业务收入(元) | 资产负债率(%) | 产成品存货周转天数(天) | 应收账款平均回收期(天) |
|---|---|---|---|---|---|---|
| **全 国** | **6.21** | **122.31** | **106.73** | **55.87** | **14.80** | **39.40** |
| 北 京 | 8.14 | 189.06 | 45.82 | 45.94 | 17.58 | 80.08 |
| 天 津 | 7.91 | 176.13 | 103.24 | 61.36 | 17.60 | 43.04 |
| 河 北 | 5.95 | 128.82 | 106.18 | 54.87 | 12.72 | 26.85 |
| 山 西 | 2.07 | 74.59 | 42.31 | 76.08 | 22.35 | 58.87 |
| 内蒙古 | 6.70 | 166.16 | 64.91 | 62.93 | 12.58 | 33.70 |
| 辽 宁 | 2.61 | 96.64 | 61.04 | 64.46 | 25.08 | 62.03 |
| 吉 林 | 5.41 | 163.32 | 123.52 | 52.36 | 14.29 | 22.85 |
| 黑龙江 | 2.60 | 96.66 | 75.90 | 56.18 | 16.89 | 41.01 |
| 上 海 | 8.49 | 159.35 | 86.14 | 49.17 | 19.60 | 72.00 |
| 江 苏 | 6.75 | 140.84 | 136.72 | 51.92 | 12.85 | 43.73 |
| 浙 江 | 6.83 | 94.82 | 94.22 | 55.14 | 21.63 | 61.33 |
| 安 徽 | 5.31 | 127.66 | 125.70 | 56.73 | 13.53 | 38.44 |
| 福 建 | 6.79 | 100.88 | 132.59 | 52.30 | 14.94 | 37.09 |
| 江 西 | 6.80 | 133.62 | 164.87 | 48.36 | 10.21 | 21.60 |
| 山 东 | 5.85 | 166.31 | 143.40 | 54.11 | 12.47 | 21.46 |
| 河 南 | 6.58 | 109.99 | 131.76 | 47.65 | 9.09 | 26.54 |
| 湖 北 | 5.92 | 133.34 | 120.84 | 53.65 | 15.44 | 34.34 |
| 湖 南 | 5.18 | 116.37 | 153.36 | 52.29 | 10.77 | 29.61 |
| 广 东 | 6.49 | 89.95 | 122.30 | 56.17 | 16.52 | 52.19 |
| 广 西 | 6.27 | 127.31 | 138.74 | 61.32 | 15.21 | 24.55 |
| 海 南 | 6.10 | 153.57 | 60.38 | 55.65 | 21.64 | 40.24 |
| 重 庆 | 7.02 | 120.38 | 116.09 | 61.22 | 13.78 | 39.41 |
| 四 川 | 5.63 | 122.81 | 100.04 | 58.38 | 14.02 | 35.69 |
| 贵 州 | 7.58 | 108.04 | 78.02 | 63.37 | 13.66 | 32.68 |
| 云 南 | 3.30 | 112.54 | 52.12 | 63.83 | 24.62 | 40.81 |
| 西 藏 | 9.86 | 86.11 | 15.47 | 49.57 | 29.24 | 46.16 |
| 陕 西 | 7.56 | 120.15 | 68.21 | 56.38 | 18.75 | 40.67 |
| 甘 肃 | 0.93 | 131.47 | 64.01 | 65.86 | 24.32 | 38.69 |
| 青 海 | 3.57 | 111.50 | 36.53 | 68.41 | 21.81 | 51.41 |
| 宁 夏 | 3.93 | 117.15 | 42.79 | 67.75 | 31.20 | 57.65 |
| 新 疆 | 4.66 | 115.98 | 42.48 | 64.10 | 23.69 | 47.81 |

# 1-14 历年主要工业产品产量

| 年份 | 铁矿石原矿<br>(万吨) | 硫铁矿石<br>(折含硫35%)<br>(万吨) | 磷矿石<br>(折含五氧化二磷30%)<br>(万吨) | 原盐<br>(万吨) |
|---|---|---|---|---|
| 1957 | 1937.00 | 149.00 | 31.00 | 828.00 |
| 1963 | 2422.00 | 213.00 | 23.00 | 1056.00 |
| 1964 | 2674.00 | 245.00 | 74.00 | 501.00 |
| 1965 | 3149.00 | 336.00 | 158.00 | 1147.00 |
| 1966 | 3929.00 | 315.00 | 352.00 | 998.00 |
| 1967 | 2962.00 | 276.00 | 256.00 | 1043.00 |
| 1968 | 2679.00 | 220.00 | 101.00 | 1325.00 |
| 1969 | 4333.00 | 206.00 | 198.00 | 966.00 |
| 1970 | 6422.00 | 346.00 | 394.00 | 1109.00 |
| 1971 | 8146.00 | 392.00 | 563.00 | 1235.00 |
| 1972 | 8460.00 | 460.00 | 551.00 | 1386.00 |
| 1973 | 9164.00 | 431.00 | 530.00 | 1076.00 |
| 1974 | 8681.00 | 458.00 | 694.00 | 1456.00 |
| 1975 | 9693.00 | 519.00 | 1018.00 | 1481.00 |
| 1976 | 8970.00 | 588.00 | 866.00 | 1401.00 |
| 1977 | 9384.00 | 659.00 | 1117.00 | 1710.00 |
| 1978 | 11779.00 | 687.00 | 1138.00 | 1953.00 |
| 1979 | 11876.00 | 634.00 | 852.00 | 1477.00 |
| 1980 | 11259.00 | 589.00 | 1081.00 | 1728.00 |
| 1981 | 10459.00 | 588.00 | 1087.00 | 1832.00 |
| 1982 | 10732.00 | 620.00 | 1169.00 | 1638.00 |
| 1983 | 11339.00 | 742.00 | 1160.00 | 1613.00 |
| 1984 | 12670.00 | 203.00 | 1345.00 | 1642.00 |
| 1985 | 13819.00 | 692.00 | 681.00 | 1479.00 |
| 1986 | 14751.00 | 783.00 | 962.00 | 1766.00 |
| 1987 | 16143.00 | 1087.00 | 1517.00 | 1764.00 |
| 1988 | 16854.00 | 1119.00 | 1824.00 | 2264.00 |
| 1989 | 17145.00 | 1269.00 | 1983.00 | 2829.00 |
| 1990 | 17941.00 | 1275.00 | 2155.00 | 2023.00 |
| 1991 | 19016.00 | 1413.00 | 2140.00 | 2410.00 |
| 1992 | 21022.00 | 1585.00 | 2320.00 | 2838.00 |
| 1993 | 22599.00 | 1490.00 | 2116.00 | 2943.00 |
| 1994 | 25056.00 | 1724.00 | 2482.00 | 2996.00 |
| 1995 | 26210.00 | 1770.70 | 3120.00 | 2977.72 |
| 1996 | 25228.00 | 1828.07 | 3104.00 | 2903.57 |
| 1997 | 26699.00 | 2583.00 | 3476.00 | 3082.66 |
| 1998 | 24689.00 | 1284.00 | 2703.00 | 2242.52 |
| 1999 | 23723.00 | 1194.00 | 2510.00 | 2812.36 |
| 2000 | 22256.19 | 963.87 | 1937.00 | 3128.00 |
| 2001 | 21701.47 | 883.99 | 2100.79 | 3410.51 |
| 2002 | 23143.00 | 926.00 | 2301.00 | 3602.43 |
| 2003 | 26138.83 | 871.47 | 2447.00 | 3437.70 |
| 2004 | 34634.27 | 1270.00 | 3726.53 | 4043.44 |
| 2005 | 42049.27 | 1146.00 | 3044.00 | 4661.06 |
| 2006 | 58888.27 | 1189.00 | 3895.95 | 5663.13 |
| 2007 | 70665.53 | 1200.54 | 4541.72 | 6166.97 |
| 2008 | 82673.50 | 1571.01 | 6135.12 | 6664.43 |
| 2009 | 88122.34 | 1247.96 | 6020.89 | 6662.79 |
| 2010 | 107770.51 | 1512.90 | 6807.00 | 7037.76 |
| 2011 | 130749.01 | 1583.80 | 8122.30 | 6742.16 |
| 2012 | 130963.70 | 1547.40 | 9529.60 | 6911.78 |
| 2013 | 148636.41 | 1703.99 | 11139.40 | 7367.60 |
| 2014 | 152671.67 | 1738.50 | 12043.80 | 7049.71 |
| 2015 | 138128.90 | 1651.60 | 14203.70 | 6665.54 |
| 2016 | 127173.09 | 1466.21 | 14439.81 | 6620.10 |

注：1.2004年、2008年、2013年为全国经济普查数据。
2.硫铁矿、磷矿石1995年及以后年份为实物量。
3.本书不包括能源产品产量(以下相关表同)。

1-14 续表 1

| 年 份 | 精制食用植物油（万吨） | 成品糖（万吨） | 乳制品（万吨） | 罐头（万吨） | 饮料酒（万千升） | #啤酒 |
|---|---|---|---|---|---|---|
| 1957 | 110.00 | 86.00 | 1.27 | 6.20 | 67.00 | 5.00 |
| 1963 | 84.00 | 44.00 | 1.33 | 7.30 | 90.00 | 9.00 |
| 1964 | 113.00 | 107.00 | 1.76 | 10.10 | 97.00 | 8.00 |
| 1965 | 139.00 | 146.00 | 2.12 | 12.20 | 89.00 | 9.00 |
| 1966 | 149.00 | 159.00 | 2.35 | 14.10 | 94.00 | 9.00 |
| 1967 | 145.00 | 148.00 | 2.31 | 12.20 | 87.00 | 11.00 |
| 1968 | 120.00 | 151.00 | 2.31 | 13.10 | 96.00 | 12.00 |
| 1969 | 100.00 | 121.00 | 2.62 | 15.20 | 105.00 | 15.00 |
| 1970 | 103.00 | 135.00 | 2.96 | 19.30 | 121.00 | 16.00 |
| 1971 | 124.00 | 141.00 | 3.03 | 20.00 | 133.00 | 18.00 |
| 1972 | 132.00 | 155.00 | 3.40 | 24.10 | 152.00 | 20.00 |
| 1973 | 136.00 | 191.00 | 3.45 | 28.40 | 163.00 | 23.00 |
| 1974 | 166.00 | 184.00 | 3.53 | 32.20 | 185.00 | 23.00 |
| 1975 | 156.00 | 174.00 | 3.66 | 35.10 | 212.00 | 27.00 |
| 1976 | 148.00 | 165.00 | 3.67 | 35.30 | 212.00 | 30.00 |
| 1977 | 154.00 | 182.00 | 3.92 | 44.20 | 238.00 | 35.00 |
| 1978 | 177.00 | 227.00 | 4.65 | 48.80 | 247.00 | 40.00 |
| 1979 | 214.00 | 250.00 | 5.36 | 50.10 | 310.00 | 52.00 |
| 1980 | 222.00 | 257.00 | 6.32 | 57.20 | 368.00 | 69.00 |
| 1981 | 292.00 | 317.00 | 7.91 | 68.40 | 447.00 | 91.00 |
| 1982 | 345.00 | 338.00 | 9.97 | 78.50 | 493.00 | 117.00 |
| 1983 | 360.00 | 377.00 | 11.22 | 84.50 | 604.00 | 163.00 |
| 1984 | 382.00 | 380.00 | 13.02 | 109.00 | 711.00 | 224.00 |
| 1985 | 401.00 | 451.00 | 16.37 | 142.50 | 851.00 | 310.00 |
| 1986 | 441.00 | 525.00 | 22.58 | 164.10 | 985.00 | 413.00 |
| 1987 | 478.00 | 506.00 | 27.22 | 161.50 | 1195.00 | 540.00 |
| 1988 | 480.00 | 461.00 | 29.53 | 220.90 | 1357.00 | 656.00 |
| 1989 | 494.00 | 501.00 | 26.68 | 232.50 | 1285.00 | 643.00 |
| 1990 | 544.00 | 582.00 | 31.37 | 157.10 | 1386.00 | 692.00 |
| 1991 | 644.00 | 640.00 | 37.66 | 193.00 | 1539.00 | 838.00 |
| 1992 | 661.00 | 829.00 | 41.29 | 224.30 | 1753.00 | 1021.00 |
| 1993 | 965.00 | 771.00 | 41.73 | 230.30 | 1971.00 | 1192.00 |
| 1994 | 724.00 | 592.00 | 42.46 | 247.30 | 2233.00 | 1415.00 |
| 1995 | 1144.00 | 558.64 | 52.57 | 310.60 | 2560.00 | 1568.82 |
| 1996 | 947.00 | 640.20 | 50.41 | 282.60 | 2651.00 | 1681.91 |
| 1997 | 894.00 | 702.58 | 56.48 | 254.60 | 2834.00 | 1888.94 |
| 1998 | 603.00 | 826.00 | 54.03 | 156.50 |  | 1987.67 |
| 1999 | 734.00 | 861.00 | 69.10 | 169.10 | 2706.00 | 2098.77 |
| 2000 | 835.00 | 700.00 | 82.92 | 178.20 | 2846.00 | 2231.32 |
| 2001 | 1383.00 | 653.10 | 74.29 | 290.37 | 2803.00 | 2288.93 |
| 2002 | 1531.00 | 926.00 | 84.55 | 375.20 | 2887.00 | 2402.70 |
| 2003 | 1584.29 | 1083.94 | 140.59 | 436.38 | 3001.33 | 2540.48 |
| 2004 | 1682.63 | 1033.70 | 1060.11 | 533.56 | 4532.60 | 2948.59 |
| 2005 | 2071.00 | 912.37 | 1204.37 | 500.30 | 3566.00 | 3126.05 |
| 2006 | 2335.23 | 949.07 | 1441.78 | 513.88 | 4072.00 | 3543.58 |
| 2007 | 2636.98 | 1271.38 | 1761.80 | 603.62 | 4601.65 | 3954.07 |
| 2008 | 2805.09 | 1432.61 | 1809.21 | 764.77 | 5394.94 | 4156.91 |
| 2009 | 3433.43 | 1338.35 | 1924.08 | 811.65 | 5066.52 | 4162.18 |
| 2010 | 3878.54 | 1117.59 | 2157.77 | 980.52 | 5668.13 | 4490.16 |
| 2011 | 4331.80 | 1187.43 | 2316.44 | 1093.41 | 6168.41 | 4834.50 |
| 2012 | 5172.97 | 1409.47 | 2537.91 | 1043.01 | 6239.37 | 4778.58 |
| 2013 | 5590.55 | 1592.76 | 2636.87 | 1163.62 | 6558.26 | 4982.79 |
| 2014 | 6534.10 | 1642.67 | 2651.80 | 1256.32 | 6543.70 | 4936.29 |
| 2015 | 6734.30 | 1474.11 | 2782.60 | 1309.93 | 6412.50 | 4715.60 |
| 2016 | 6907.54 | 1443.30 | 2993.23 | 1394.86 | 6274.20 | 4506.44 |

注：1.精制食用植物油2005年及以前名称为食用植物油。
2.成品糖1997年及以前名称为糖，产量包括土糖，1998-2004年名称为机制糖。
3.饮料酒、啤酒2003年及以前计量单位为万吨。

1-14 续表 2

| 年 份 | 卷烟 (亿支) | 纱 (万吨) | 布 (亿米) | #棉布 | 印染布 (亿米) | 绒线(毛线) (万吨) |
|---|---|---|---|---|---|---|
| 1957 | 446.00 | 84.40 | 50.50 | | 29.40 | 0.57 |
| 1963 | 323.00 | 67.80 | 33.40 | 30.70 | 23.40 | 0.80 |
| 1964 | 413.00 | 97.00 | 47.10 | 43.80 | 29.80 | 0.93 |
| 1965 | 478.00 | 130.00 | 62.80 | 57.40 | 35.90 | 1.10 |
| 1966 | 540.00 | 156.50 | 73.10 | 64.80 | 40.40 | 1.25 |
| 1967 | 490.00 | 135.20 | 65.60 | 58.10 | 35.10 | 1.11 |
| 1968 | 521.00 | 137.70 | 64.40 | 56.00 | 37.10 | 1.21 |
| 1969 | 677.00 | 180.50 | 82.10 | 71.00 | 48.80 | 1.70 |
| 1970 | 783.00 | 205.20 | 91.50 | 78.00 | 53.00 | 2.17 |
| 1971 | 701.00 | 190.00 | 84.20 | 71.00 | 47.60 | 2.35 |
| 1972 | 745.00 | 188.60 | 83.50 | 70.00 | 46.50 | 2.21 |
| 1973 | 846.00 | 196.70 | 87.10 | 72.20 | 51.60 | 2.32 |
| 1974 | 872.00 | 180.30 | 80.80 | 66.50 | 51.30 | 2.36 |
| 1975 | 992.00 | 210.80 | 94.00 | 77.70 | 58.90 | 2.66 |
| 1976 | 982.00 | 196.00 | 88.40 | 71.70 | 53.60 | 2.78 |
| 1977 | 1211.00 | 223.00 | 101.50 | 81.60 | 59.80 | 3.11 |
| 1978 | 1182.00 | 238.20 | 110.30 | 81.50 | 65.00 | 3.78 |
| 1979 | 1303.00 | 263.50 | 121.50 | 82.20 | 71.80 | 4.44 |
| 1980 | 1520.00 | 292.60 | 134.70 | 87.10 | 80.70 | 5.73 |
| 1981 | 1704.00 | 317.00 | 142.70 | 85.10 | 82.90 | 7.65 |
| 1982 | 1885.00 | 335.40 | 153.50 | 101.30 | 80.80 | 9.25 |
| 1983 | 1938.00 | 327.00 | 148.80 | 90.40 | 73.30 | 10.21 |
| 1984 | 2132.00 | 321.90 | 137.00 | 70.10 | 68.10 | 11.00 |
| 1985 | 2370.00 | 353.50 | 146.70 | 82.10 | 75.30 | 12.59 |
| 1986 | 2596.00 | 397.80 | 164.70 | 100.60 | 79.50 | 14.91 |
| 1987 | 2881.00 | 436.80 | 173.10 | 107.65 | 83.10 | 20.47 |
| 1988 | 3096.00 | 465.70 | 187.90 | 118.74 | 95.10 | 22.50 |
| 1989 | 3195.00 | 476.70 | 189.20 | 117.95 | 94.90 | 25.00 |
| 1990 | 3298.00 | 462.60 | 188.80 | 108.25 | 91.60 | 23.80 |
| 1991 | 3226.00 | 460.80 | 181.70 | 108.58 | 99.50 | 28.30 |
| 1992 | 3285.00 | 501.70 | 190.70 | 111.88 | 125.70 | 35.06 |
| 1993 | 3376.00 | 501.50 | 203.00 | 122.07 | 137.60 | 34.35 |
| 1994 | 3432.00 | 489.50 | 211.30 | 115.73 | 137.00 | 43.94 |
| 1995 | 3485.02 | 542.20 | 260.18 | 131.84 | 136.50 | 51.38 |
| 1996 | 3401.92 | 512.21 | 209.10 | 105.23 | 120.60 | 48.25 |
| 1997 | 3377.42 | 559.83 | 248.79 | 118.85 | 141.40 | 48.80 |
| 1998 | 3374.00 | 542.00 | 241.00 | 114.27 | 146.50 | 30.70 |
| 1999 | 3340.00 | 567.00 | 250.00 | 118.46 | 159.10 | 38.56 |
| 2000 | 3397.00 | 657.00 | 277.00 | 139.22 | 158.19 | 42.32 |
| 2001 | 3402.10 | 760.68 | 290.00 | 153.98 | 178.30 | 46.21 |
| 2002 | 3467.08 | 850.00 | 322.39 | 172.54 | 210.87 | 51.50 |
| 2003 | 3580.86 | 983.58 | 353.52 | 200.86 | 251.32 | 65.74 |
| 2004 | 18736.35 | 1291.34 | 482.10 | 242.00 | 427.57 | 61.78 |
| 2005 | 19389.08 | 1450.54 | 484.39 | 196.58 | 362.15 | 38.70 |
| 2006 | 20218.13 | 1742.96 | 598.55 | 235.49 | 430.30 | 40.55 |
| 2007 | 21438.84 | 1958.42 | 675.26 | 271.12 | 490.19 | 35.84 |
| 2008 | 22199.20 | 2055.72 | 723.05 | 423.64 | 754.03 | 38.13 |
| 2009 | 22901.50 | 2266.45 | 753.42 | 319.62 | 539.80 | 32.55 |
| 2010 | 23752.60 | 2572.82 | 800.00 | 383.30 | 601.50 | 29.90 |
| 2011 | 24474.00 | 2717.86 | 814.14 | 365.26 | 593.10 | 30.40 |
| 2012 | 25160.90 | 2984.00 | 848.94 | 369.59 | 566.20 | 39.23 |
| 2013 | 25603.86 | 3200.00 | 897.59 | 398.81 | 577.84 | 37.93 |
| 2014 | 26098.49 | 3379.20 | 893.68 | 388.00 | 536.90 | 40.70 |
| 2015 | 25890.70 | 3538.00 | 892.58 | 390.12 | 509.50 | 40.40 |
| 2016 | 23825.76 | 3732.60 | 906.75 | 392.60 | 533.70 | 41.20 |

注：1.卷烟2003年及以前计量单位为万箱。
2.根据2012年纱专项调查,对2007–2011年纱产量进行了修订。

1-14 续表 3

| 年份 | 毛机织物(呢绒)(万米) | 服装(亿件) | 皮革鞋靴(万双) | 胶合板(万立方米) | 家具(万件) | 机制纸及纸板(万吨) | #新闻纸 |
|---|---|---|---|---|---|---|---|
| 1957 | 1817.00 | | 2529.00 | 7.00 | | 91.00 | 12.20 |
| 1963 | 4369.00 | 2.56 | 2635.00 | 10.40 | | 128.00 | 17.70 |
| 1964 | 4809.00 | 3.07 | 2114.00 | 12.00 | | 145.00 | 19.40 |
| 1965 | 4240.00 | 3.85 | 1808.00 | 13.90 | | 173.00 | 20.80 |
| 1966 | 4383.00 | 4.41 | 1970.00 | 15.00 | | 209.00 | 23.50 |
| 1967 | 3577.00 | 4.08 | 2023.00 | 12.20 | | 196.00 | 20.70 |
| 1968 | 3976.00 | 3.25 | 2204.00 | 10.60 | | 177.00 | 19.20 |
| 1969 | 4975.00 | 3.54 | 2283.00 | 14.70 | | 217.00 | 23.50 |
| 1970 | 5776.00 | 3.66 | 4729.00 | 17.10 | | 241.00 | 23.70 |
| 1971 | 6153.00 | 4.14 | 4710.00 | 17.20 | | 263.00 | 24.00 |
| 1972 | 6046.00 | 4.86 | 4647.00 | 18.20 | | 282.00 | 25.90 |
| 1973 | 6211.00 | 5.47 | 5468.00 | 18.80 | | 313.00 | 28.90 |
| 1974 | 6357.00 | 5.68 | 5794.00 | 17.60 | | 299.00 | 28.40 |
| 1975 | 6943.00 | 6.73 | 6646.00 | 19.20 | | 341.00 | 29.00 |
| 1976 | 7072.00 | 7.18 | 7382.00 | 18.40 | | 341.00 | 30.60 |
| 1977 | 7840.00 | 7.17 | 9119.00 | 20.90 | | 377.00 | 32.70 |
| 1978 | 8885.00 | 6.73 | 10053.00 | 25.20 | | 439.00 | 33.90 |
| 1979 | 9017.00 | 7.44 | 11608.00 | 29.20 | | 493.00 | 35.70 |
| 1980 | 10095.00 | 9.45 | 15745.00 | 33.00 | | 535.00 | 37.60 |
| 1981 | 11308.00 | 10.08 | 20239.00 | 35.10 | | 540.00 | 35.50 |
| 1982 | 12669.00 | 9.85 | 18661.00 | 39.50 | | 589.00 | 37.60 |
| 1983 | 14291.00 | 10.04 | 18361.00 | 45.50 | | 661.00 | 39.60 |
| 1984 | 18049.00 | 11.06 | 19676.00 | 49.00 | | 756.00 | 41.30 |
| 1985 | 21816.00 | 12.67 | 23162.00 | 23.90 | 11641.00 | 911.00 | 42.50 |
| 1986 | 25187.00 | 27.00 | 26440.00 | 28.60 | 12008.60 | 998.00 | 41.40 |
| 1987 | 26537.00 | 23.00 | 30910.00 | 77.60 | 14484.50 | 1141.00 | 36.60 |
| 1988 | 28609.00 | 29.11 | 34720.00 | 82.70 | 16583.50 | 1270.00 | 34.20 |
| 1989 | 27962.00 | 30.04 | 35433.00 | 72.80 | 16660.20 | 1333.00 | 38.70 |
| 1990 | 29505.00 | 31.75 | 43770.00 | 75.90 | 16372.40 | 1372.00 | 40.00 |
| 1991 | 31141.00 | 36.30 | 53592.00 | 105.40 | 21437.90 | 1479.00 | 43.80 |
| 1992 | 33792.00 | 42.66 | 77068.00 | 156.50 | 21650.70 | 1725.00 | 48.90 |
| 1993 | 35382.00 | 63.68 | 115059.00 | 212.50 | 30867.40 | 1914.00 | 73.60 |
| 1994 | 41900.00 | 79.37 | 154284.00 | 260.60 | 50514.50 | 2138.00 | 73.30 |
| 1995 | 65392.00 | 179.96 | 320207.00 | 759.30 | 61865.00 | 2812.30 | 78.30 |
| 1996 | 45954.00 | 126.64 | 237528.00 | 490.30 | 50164.20 | 2638.20 | 90.10 |
| 1997 | 38791.00 | 136.74 | 247343.00 | 758.40 | 43894.30 | 2733.20 | 73.00 |
| 1998 | 26777.00 | 150.29 | 120562.00 | 446.50 | 10038.10 | 2125.63 | 95.60 |
| 1999 | 27317.00 | 160.90 | 101375.00 | 727.60 | 9968.70 | 2159.30 | 112.90 |
| 2000 | 27832.37 | 209.34 | 146837.90 | 992.54 | 9212.34 | 2486.93 | 145.53 |
| 2001 | 34303.39 | 228.44 | 133586.35 | 904.50 | 10923.10 | 3777.07 | 172.95 |
| 2002 | 32691.21 | 252.37 | 152282.44 | 1135.20 | 13376.00 | 4666.99 | 182.56 |
| 2003 | 44294.58 | 363.08 | 181646.92 | 2102.35 | 17199.08 | 4849.33 | 207.11 |
| 2004 | 81689.47 | 375.18 | 274393.13 | 5190.59 | 83589.21 | 5413.27 | 335.19 |
| 2005 | 32960.00 | 147.98 | 252547.52 | 2418.98 | 33990.14 | 6205.42 | 340.96 |
| 2006 | 44482.54 | 170.02 | 300300.15 | 2919.17 | 41628.59 | 6863.02 | 392.90 |
| 2007 | 54548.22 | 201.66 | 322902.11 | 4054.42 | 48480.56 | 7792.43 | 425.81 |
| 2008 | 85040.15 | 362.91 | 331533.00 | 7112.33 | 80799.21 | 8404.30 | 463.28 |
| 2009 | 49506.01 | 237.50 | 354616.80 | 6578.95 | 60819.04 | 8965.13 | 428.71 |
| 2010 | 56630.00 | 285.21 | 419308.30 | 9804.00 | 77032.70 | 9832.63 | 402.07 |
| 2011 | 51835.60 | 254.20 | 426642.35 | 11848.80 | 69895.60 | 11010.89 | 368.60 |
| 2012 | 47872.18 | 267.28 | 449662.50 | 14106.54 | 65444.30 | 10956.54 | 389.50 |
| 2013 | 49423.89 | 276.59 | 452369.42 | 15221.15 | 66833.02 | 11323.06 | 364.50 |
| 2014 | 60003.30 | 298.95 | 449879.80 | 17388.85 | 77374.62 | 11785.80 | 358.50 |
| 2015 | 63326.10 | 308.27 | 455800.30 | 18354.90 | 76961.70 | 11742.77 | 332.14 |
| 2016 | 46388.12 | 298.37 | 461815.73 | 19278.96 | 79464.15 | 12319.22 | 291.90 |

注：皮革鞋靴2008年及以前名称为皮鞋。

1-14 续表 4

| 年 份 | 硫酸(折100%)(万吨) | 浓硝酸(折100%)(万吨) | 盐酸(氯化氢含量31%)(万吨) | 纯碱(万吨) | 烧碱(折100%)(万吨) | 合成氨(万吨) |
|---|---|---|---|---|---|---|
| 1957 | 63.20 | 3.87 | 8.20 | 50.60 | 19.80 | 15.30 |
| 1963 | 130.60 | 5.59 | 19.30 | 66.40 | 33.80 | 64.40 |
| 1964 | 170.40 | 7.61 | 21.80 | 69.50 | 41.10 | 93.10 |
| 1965 | 234.00 | 11.56 | 29.00 | 88.00 | 55.60 | 148.40 |
| 1966 | 290.90 | 16.45 | 32.90 | 106.60 | 69.30 | 212.40 |
| 1967 | 198.30 | 11.25 | 29.80 | 91.50 | 57.80 | 152.10 |
| 1968 | 141.50 | 10.57 | 26.70 | 70.10 | 49.60 | 103.40 |
| 1969 | 234.30 | 17.95 | 37.80 | 89.40 | 70.40 | 160.30 |
| 1970 | 291.40 | 22.72 | 47.10 | 107.70 | 89.20 | 244.50 |
| 1971 | 357.90 | 28.49 | 52.80 | 115.50 | 105.50 | 310.00 |
| 1972 | 400.50 | 28.84 | 59.60 | 119.70 | 111.50 | 395.60 |
| 1973 | 468.10 | 29.36 | 63.10 | 120.40 | 121.00 | 474.40 |
| 1974 | 442.70 | 25.38 | 63.10 | 110.60 | 112.60 | 452.50 |
| 1975 | 484.70 | 30.23 | 78.00 | 124.30 | 128.90 | 607.70 |
| 1976 | 450.80 | 28.96 | 83.70 | 111.70 | 121.50 | 618.50 |
| 1977 | 537.50 | 32.88 | 96.20 | 107.70 | 138.60 | 870.30 |
| 1978 | 661.00 | 33.76 | 111.50 | 132.90 | 164.00 | 1183.50 |
| 1979 | 699.80 | 28.19 | 107.80 | 148.60 | 182.60 | 1348.20 |
| 1980 | 764.30 | 22.77 | 117.70 | 161.30 | 192.30 | 1497.40 |
| 1981 | 780.70 | 19.26 | 129.20 | 165.20 | 192.30 | 1483.40 |
| 1982 | 817.50 | 24.61 | 148.30 | 173.50 | 207.30 | 1546.30 |
| 1983 | 869.60 | 25.60 | 158.30 | 179.30 | 212.30 | 1677.10 |
| 1984 | 817.20 | 25.78 | 170.40 | 188.00 | 222.20 | 1837.40 |
| 1985 | 676.40 | 27.40 | 185.60 | 201.10 | 235.30 | 1718.80 |
| 1986 | 763.10 | 27.53 | 206.00 | 214.60 | 251.80 | 1672.90 |
| 1987 | 983.30 | 29.02 | 227.00 | 236.30 | 273.90 | 1940.60 |
| 1988 | 1111.30 | 30.33 | 246.20 | 260.90 | 300.50 | 1986.30 |
| 1989 | 1153.30 | 32.82 | 257.90 | 304.20 | 321.10 | 2068.10 |
| 1990 | 1196.90 | 31.80 | 262.30 | 379.50 | 335.40 | 2129.00 |
| 1991 | 1332.90 | 34.34 | 285.20 | 393.60 | 354.10 | 2201.60 |
| 1992 | 1408.70 | 44.41 | 302.80 | 455.00 | 379.50 | 2298.10 |
| 1993 | 1336.50 | 56.13 | 323.90 | 534.90 | 395.40 | 2192.50 |
| 1994 | 1536.50 | 49.31 | 336.20 | 581.40 | 429.60 | 2436.80 |
| 1995 | 1811.00 | 56.01 | 370.60 | 597.71 | 531.82 | 2765.90 |
| 1996 | 1883.57 | 64.17 | 403.90 | 669.29 | 573.78 | 3094.20 |
| 1997 | 2036.87 | 66.96 | 409.20 | 725.76 | 574.40 | 3000.30 |
| 1998 | 2171.00 | 75.50 | 371.60 | 744.00 | 539.37 | 3134.20 |
| 1999 | 2356.00 | 75.05 | 408.00 | 766.00 | 580.14 | 3431.70 |
| 2000 | 2427.00 | 82.48 | 442.10 | 834.00 | 667.88 | 3363.70 |
| 2001 | 2696.32 | 87.97 | 470.57 | 914.37 | 787.96 | 3427.28 |
| 2002 | 3050.40 | 99.15 | 492.60 | 1033.15 | 877.97 | 3675.30 |
| 2003 | 3371.22 | 116.16 | 527.60 | 1133.56 | 945.27 | 3822.70 |
| 2004 | 3928.89 | 184.79 | 737.91 | 1334.70 | 1041.12 | 4135.06 |
| 2005 | 4544.66 | 156.97 | 658.18 | 1421.08 | 1239.98 | 4596.30 |
| 2006 | 5033.17 | 181.78 | 730.58 | 1560.03 | 1511.78 | 4936.81 |
| 2007 | 5412.56 | 200.89 | 747.60 | 1765.00 | 1759.29 | 5171.05 |
| 2008 | 5097.95 | 197.74 | 730.44 | 1854.60 | 1926.01 | 4876.24 |
| 2009 | 5960.91 | 205.57 | 803.44 | 1944.77 | 1832.37 | 5136.35 |
| 2010 | 7090.47 | 235.60 | 839.00 | 2034.82 | 2228.39 | 4964.59 |
| 2011 | 7482.70 | 255.10 | 841.00 | 2294.03 | 2473.52 | 5252.70 |
| 2012 | 7876.63 | 262.40 | 876.60 | 2395.93 | 2696.82 | 5528.40 |
| 2013 | 8154.49 | 269.19 | 899.28 | 2431.63 | 2927.44 | 5739.00 |
| 2014 | 8901.55 | 288.10 | 938.30 | 2525.84 | 3063.51 | 5699.50 |
| 2015 | 8975.70 | 276.70 | 845.00 | 2591.80 | 3020.66 | 5791.40 |
| 2016 | 9133.03 | 273.73 | 867.35 | 2584.98 | 3201.68 | 5708.27 |

1-14 续表 5

| 年 份 | 农用氮、磷、钾化肥(万吨) | #氮肥 | 磷肥 | 钾肥 | 化学农药原药(万吨) | 纯苯(万吨) | 碳化钙(电石)(万吨) |
|---|---|---|---|---|---|---|---|
| 1957 | 15.10 | 12.90 | 2.10 | | 6.50 | 5.00 | 4.90 |
| 1963 | 64.80 | 45.80 | 18.90 | 0.10 | 10.80 | 6.70 | 25.40 |
| 1964 | 100.80 | 67.50 | 33.20 | 0.10 | 12.90 | 8.30 | 32.50 |
| 1965 | 172.60 | 103.70 | 68.80 | 0.10 | 19.30 | 11.80 | 44.00 |
| 1966 | 240.90 | 146.10 | 94.60 | 0.20 | 26.20 | 15.10 | 56.10 |
| 1967 | 164.10 | 101.50 | 62.20 | 0.40 | 22.40 | 10.20 | 4.20 |
| 1968 | 110.90 | 68.40 | 42.20 | 0.30 | 17.10 | 8.20 | 36.00 |
| 1969 | 174.90 | 102.30 | 72.30 | 0.30 | 26.20 | 12.90 | 55.90 |
| 1970 | 243.50 | 152.30 | 90.70 | 0.50 | 32.10 | 16.70 | 69.60 |
| 1971 | 299.40 | 190.40 | 107.80 | 1.20 | 38.70 | 19.20 | 78.00 |
| 1972 | 370.10 | 244.40 | 124.90 | 0.80 | 40.20 | 20.50 | 81.30 |
| 1973 | 459.20 | 299.60 | 158.90 | 0.70 | 45.60 | 21.00 | 89.60 |
| 1974 | 422.20 | 282.70 | 139.00 | 0.50 | 37.10 | 18.80 | 91.30 |
| 1975 | 524.70 | 370.90 | 153.10 | 0.70 | 42.20 | 21.30 | 98.30 |
| 1976 | 524.40 | 381.50 | 141.80 | 1.10 | 39.10 | 21.10 | 96.30 |
| 1977 | 723.80 | 550.90 | 170.80 | 2.10 | 45.70 | 22.50 | 98.90 |
| 1978 | 869.30 | 763.90 | 103.30 | 2.10 | 53.30 | 32.00 | 123.80 |
| 1979 | 1065.40 | 882.10 | 181.70 | 1.60 | 53.70 | 33.90 | 140.70 |
| 1980 | 1232.10 | 999.30 | 230.80 | 2.00 | 53.70 | 36.00 | 152.00 |
| 1981 | 1239.00 | 985.70 | 250.80 | 2.50 | 48.40 | 35.20 | 151.30 |
| 1982 | 1278.10 | 1021.90 | 253.70 | 2.50 | 45.70 | 39.30 | 167.50 |
| 1983 | 1378.90 | 1109.40 | 266.60 | 2.90 | 33.10 | 42.50 | 180.80 |
| 1984 | 1460.20 | 1221.00 | 236.00 | 3.20 | 29.90 | 41.60 | 184.60 |
| 1985 | 1322.20 | 1143.80 | 176.00 | 2.40 | 21.10 | 39.00 | 195.30 |
| 1986 | 1395.70 | 1159.20 | 234.00 | 2.50 | 20.30 | 42.60 | 215.00 |
| 1987 | 1672.20 | 1342.30 | 325.90 | 4.00 | 16.10 | 49.40 | 241.20 |
| 1988 | 1740.20 | 1365.60 | 369.20 | 5.40 | 17.90 | 57.10 | 225.60 |
| 1989 | 1802.50 | 1424.10 | 372.80 | 5.70 | 20.80 | 59.80 | 246.10 |
| 1990 | 1879.70 | 1463.10 | 411.40 | 4.60 | 22.80 | 65.40 | 228.00 |
| 1991 | 1979.50 | 1510.10 | 459.70 | 9.90 | 25.50 | 77.50 | 235.80 |
| 1992 | 2047.90 | 1570.50 | 462.20 | 15.30 | 28.10 | 81.90 | 242.50 |
| 1993 | 1956.30 | 1525.60 | 419.00 | 11.70 | 25.70 | 81.70 | 264.20 |
| 1994 | 2272.80 | 1736.30 | 504.40 | 32.70 | 29.00 | 89.40 | 292.00 |
| 1995 | 2548.14 | 1859.18 | 662.60 | 26.30 | 41.65 | 102.30 | 345.70 |
| 1996 | 2809.04 | 2136.00 | 651.20 | 21.80 | 44.75 | 113.50 | 309.20 |
| 1997 | 2820.96 | 2075.00 | 714.60 | 31.50 | 52.67 | 135.80 | 344.70 |
| 1998 | 3010.00 | 2225.67 | 666.79 | 62.52 | 55.90 | 143.10 | 281.30 |
| 1999 | 3251.00 | 2471.96 | 636.07 | 77.86 | 62.50 | 165.70 | 273.10 |
| 2000 | 3186.00 | 2398.11 | 663.03 | 85.98 | 60.70 | 184.70 | 340.40 |
| 2001 | 3383.01 | 2527.37 | 752.56 | 100.49 | 78.72 | 198.80 | 346.30 |
| 2002 | 3791.00 | 2808.48 | 801.03 | 89.42 | 92.90 | 213.10 | 425.60 |
| 2003 | 3881.31 | 2814.50 | 978.10 | 88.60 | 76.72 | 240.80 | 530.00 |
| 2004 | 4804.82 | 3357.73 | 1246.78 | 200.31 | 82.08 | 262.77 | 796.20 |
| 2005 | 5177.86 | 3809.03 | 1206.20 | 159.09 | 114.73 | 306.10 | 894.57 |
| 2006 | 5345.05 | 3911.54 | 1225.46 | 207.51 | 138.46 | 344.08 | 1177.36 |
| 2007 | 5824.98 | 4233.13 | 1339.28 | 252.53 | 176.48 | 405.88 | 1471.30 |
| 2008 | 6028.05 | 4392.42 | 1385.50 | 250.13 | 209.99 | 444.67 | 1295.64 |
| 2009 | 6385.01 | 4553.36 | 1513.14 | 318.51 | 208.92 | 463.77 | 1503.27 |
| 2010 | 6337.86 | 4458.67 | 1532.91 | 346.28 | 223.52 | 553.10 | 1471.43 |
| 2011 | 6419.39 | 4500.97 | 1561.22 | 357.20 | 230.00 | 665.90 | 1725.54 |
| 2012 | 6832.10 | 4865.58 | 1564.41 | 402.11 | 290.88 | 662.30 | 1858.83 |
| 2013 | 7026.18 | 4832.61 | 1673.08 | 520.48 | 303.14 | 728.55 | 2287.52 |
| 2014 | 6876.85 | 4564.24 | 1743.01 | 569.51 | 374.40 | 733.51 | 2521.93 |
| 2015 | 7431.99 | 4970.57 | 1857.20 | 604.47 | 374.00 | 782.90 | 2482.50 |
| 2016 | 6629.62 | 4105.47 | 1859.11 | 665.02 | 320.97 | 805.22 | 2564.78 |

注：农用化肥按100%有效成分计算。

1-14 续表 6

| 年 份 | 乙烯 (万吨) | 初级形态的塑料 (万吨) | 合成橡胶 (万吨) | 冰乙酸(冰醋酸) (万吨) | 合成洗涤剂 (万吨) | 化学药品原药 (万吨) |
|---|---|---|---|---|---|---|
| 1957 | | 1.30 | | 0.24 | | 0.22 |
| 1963 | 0.18 | 4.80 | 0.69 | 0.98 | 2.20 | 0.77 |
| 1964 | 0.20 | 6.40 | 0.94 | 1.18 | 2.30 | 0.85 |
| 1965 | 0.30 | 9.70 | 1.59 | 2.08 | 3.00 | 1.05 |
| 1966 | 0.54 | 13.90 | 3.06 | 3.22 | 4.20 | 1.45 |
| 1967 | 0.36 | 11.00 | 1.90 | 2.33 | 3.70 | 1.30 |
| 1968 | 0.37 | 10.60 | 1.47 | 2.36 | 4.20 | 1.18 |
| 1969 | 0.51 | 15.10 | 1.85 | 3.66 | 6.20 | 1.67 |
| 1970 | 1.51 | 17.60 | 2.54 | 3.54 | 9.30 | 2.15 |
| 1971 | 3.19 | 21.60 | 3.54 | 4.41 | 10.90 | 2.56 |
| 1972 | 4.44 | 24.80 | 3.57 | 4.96 | 15.20 | 2.75 |
| 1973 | 5.10 | 29.50 | 4.09 | 5.09 | 17.90 | 2.90 |
| 1974 | 6.10 | 30.40 | 4.73 | 5.22 | 19.30 | 2.51 |
| 1975 | 6.47 | 33.00 | 5.67 | 6.69 | 22.30 | (2.73)3.05 |
| 1976 | 13.35 | 34.50 | 5.99 | 6.66 | 21.70 | 3.12 |
| 1977 | 30.27 | 52.40 | 7.75 | 8.79 | 25.70 | 3.52 |
| 1978 | 38.03 | 67.90 | 10.19 | 10.46 | 32.40 | 4.07 |
| 1979 | 43.49 | 79.30 | 12.06 | 11.55 | 39.70 | 4.17 |
| 1980 | 48.99 | 89.80 | 12.30 | 12.46 | 39.30 | 4.01 |
| 1981 | 50.48 | 91.60 | 12.49 | 13.85 | 47.80 | 3.73 |
| 1982 | 56.49 | 100.30 | 13.60 | 15.54 | 56.90 | 4.22 |
| 1983 | 65.37 | 112.10 | 16.89 | 18.94 | 67.70 | 4.80 |
| 1984 | 64.80 | 118.00 | 17.41 | 17.79 | 81.00 | 5.35 |
| 1985 | 65.21 | 123.40 | 18.11 | 18.68 | 100.50 | 15.77 |
| 1986 | 69.52 | 132.10 | 18.84 | 20.82 | 117.50 | 15.14 |
| 1987 | 93.72 | 152.60 | 21.87 | 23.44 | 119.20 | 18.05 |
| 1988 | 123.21 | 190.40 | 25.76 | 28.16 | 131.90 | 20.72 |
| 1989 | 139.57 | 200.80 | 29.22 | 26.15 | 146.60 | 20.83 |
| 1990 | 157.20 | 227.00 | 31.76 | 35.85 | 151.40 | 22.10 |
| 1991 | 176.10 | 283.00 | 33.64 | 40.15 | 146.20 | 24.25 |
| 1992 | 200.30 | 330.80 | 37.26 | 44.37 | 166.60 | 28.06 |
| 1993 | 202.70 | 359.90 | 39.26 | 43.44 | 188.30 | 35.08 |
| 1994 | 212.90 | 401.40 | 44.35 | 43.65 | 217.50 | 33.09 |
| 1995 | 240.10 | 516.87 | 58.56 | 51.83 | 299.80 | 48.68 |
| 1996 | 304.00 | 576.86 | 59.97 | 51.65 | 262.20 | 42.90 |
| 1997 | 358.60 | 685.76 | 64.23 | 59.82 | 279.90 | 44.28 |
| 1998 | 377.30 | 692.58 | 58.90 | 59.87 | 280.30 | 41.55 |
| 1999 | 435.00 | 871.10 | 73.28 | 73.66 | 286.50 | 43.63 |
| 2000 | 470.00 | 1087.51 | 86.52 | 86.51 | 297.47 | 52.57 |
| 2001 | 480.60 | 1288.71 | 121.98 | 86.14 | 330.40 | 76.22 |
| 2002 | 543.02 | 1455.67 | 136.21 | 84.09 | 348.30 | 73.93 |
| 2003 | 611.77 | 1652.08 | 134.83 | 94.68 | 386.79 | 99.42 |
| 2004 | 629.85 | 2366.50 | 184.04 | 106.84 | 465.17 | 103.05 |
| 2005 | 755.54 | 2308.86 | 205.13 | 136.96 | 516.95 | 126.70 |
| 2006 | 940.51 | 2602.60 | 199.81 | 142.05 | 527.68 | 176.55 |
| 2007 | 1027.80 | 3184.54 | 228.92 | 162.79 | 582.97 | 205.07 |
| 2008 | 987.58 | 3680.23 | 296.03 | 287.01 | 655.31 | 209.70 |
| 2009 | 1072.62 | 3629.97 | 274.91 | 272.06 | 699.66 | 201.22 |
| 2010 | 1421.34 | 4432.59 | 319.52 | 383.90 | 752.59 | 226.14 |
| 2011 | 1527.50 | 4992.31 | 367.13 | 424.80 | 888.14 | 248.85 |
| 2012 | 1486.80 | 5330.92 | 397.39 | 430.20 | 933.80 | 292.19 |
| 2013 | 1599.31 | 6293.03 | 480.64 | 454.21 | 1094.27 | 263.30 |
| 2014 | 1696.69 | 7088.84 | 549.55 | 537.10 | 1209.73 | 303.40 |
| 2015 | 1714.60 | 7807.66 | 534.17 | 586.80 | 1311.08 | 334.81 |
| 2016 | 1781.14 | 8307.81 | 559.97 | 594.66 | 1338.01 | 340.83 |

注：1.初级形态的塑料2004年及以前名称为塑料树脂及共聚物，简称塑料。
2.化学药品原药1975年括号内数字及以前年份数字为七大类药品。1975年括号外数字及以后各年为十二大类药品。

1-14 续表 7

| 年 份 | 化学纤维（万吨） | #合成纤维 | 塑料制品（万吨） | 橡胶轮胎外胎（万条） | 水泥（万吨） | 平板玻璃（万重量箱） |
|---|---|---|---|---|---|---|
| 1957 | 0.02 | | 1.40 | 88.00 | 686.00 | 430.00 |
| 1963 | 1.89 | 0.09 | 6.10 | 167.00 | 806.00 | 497.00 |
| 1964 | 3.21 | 0.19 | 9.20 | 202.00 | 1209.00 | 539.00 |
| 1965 | 5.01 | 0.52 | 13.00 | 232.00 | 1634.00 | 599.00 |
| 1966 | 7.58 | 1.77 | 17.60 | 262.00 | 2015.00 | 719.00 |
| 1967 | 5.22 | 1.54 | 17.80 | 238.00 | 1462.00 | 578.00 |
| 1968 | 3.60 | 0.97 | 17.10 | 247.00 | 1262.00 | 573.00 |
| 1969 | 6.66 | 2.11 | 24.60 | 310.00 | 1829.00 | 807.00 |
| 1970 | 10.09 | 3.62 | 32.80 | 425.00 | 2575.00 | 928.00 |
| 1971 | 11.99 | 4.39 | 32.50 | 474.00 | 3258.00 | 1051.00 |
| 1972 | 13.73 | 5.03 | 39.30 | 525.00 | 3547.00 | 1048.00 |
| 1973 | 14.88 | 5.66 | 50.70 | 578.00 | 3731.00 | 1042.00 |
| 1974 | 14.26 | 5.73 | 52.10 | 553.00 | 3709.00 | 1024.00 |
| 1975 | 15.48 | 6.57 | 60.70 | 700.00 | 4626.00 | 1262.00 |
| 1976 | 14.61 | 7.84 | 64.20 | 676.00 | 4670.00 | 1261.00 |
| 1977 | 18.98 | 10.57 | 76.80 | 770.00 | 5565.00 | 1481.00 |
| 1978 | 28.46 | 16.94 | 92.30 | 936.00 | 6524.00 | 1784.00 |
| 1979 | 32.63 | 21.36 | 94.90 | 1169.00 | 7390.00 | 2083.00 |
| 1980 | 45.03 | 31.41 | 114.40 | 1146.00 | 7986.00 | 2466.00 |
| 1981 | 52.73 | 38.47 | 138.40 | 729.00 | 8290.00 | 2701.00 |
| 1982 | 51.70 | 37.53 | 166.10 | 864.00 | 9520.00 | 3154.00 |
| 1983 | 54.07 | 40.20 | 191.80 | 1271.00 | 10825.00 | 3647.00 |
| 1984 | 73.49 | 57.58 | 215.30 | 1569.00 | 12302.00 | 4190.00 |
| 1985 | 94.78 | 77.06 | 248.00 | 1926.00 | 14595.00 | 4942.00 |
| 1986 | 101.73 | 83.07 | 274.50 | 1924.00 | 16606.00 | 5202.00 |
| 1987 | 117.50 | 98.20 | 297.10 | 2333.00 | 18625.00 | 5803.00 |
| 1988 | 130.12 | 112.47 | 334.60 | 2991.00 | 21014.00 | 7293.00 |
| 1989 | 148.09 | 128.20 | 352.50 | 3226.00 | 21029.00 | 8442.00 |
| 1990 | 165.42 | 143.43 | 366.80 | 3209.00 | 20971.00 | 8067.00 |
| 1991 | 191.03 | 167.03 | 443.50 | 3940.00 | 25261.00 | 8712.00 |
| 1992 | 213.04 | 188.17 | 536.80 | 5183.00 | 30822.00 | 9359.00 |
| 1993 | 237.37 | 208.86 | 669.00 | 6391.00 | 36788.00 | 11086.00 |
| 1994 | 280.33 | 246.72 | 843.00 | 9302.00 | 42118.00 | 11925.00 |
| 1995 | 341.17 | 308.87 | | 7945.00 | 47560.59 | 15731.71 |
| 1996 | 375.45 | 337.05 | 1574.10 | 8806.00 | 49118.90 | 16069.37 |
| 1997 | 471.62 | 428.46 | 1534.20 | 9599.00 | 51173.80 | 16630.70 |
| 1998 | 510.00 | 441.64 | 843.30 | 9513.00 | 53600.00 | 17194.03 |
| 1999 | 600.00 | 548.75 | 937.60 | 10970.00 | 57300.00 | 17419.79 |
| 2000 | 694.00 | 629.52 | 1035.76 | 12157.87 | 59700.00 | 18352.20 |
| 2001 | 841.38 | 759.68 | 1184.33 | 13573.00 | 66103.99 | 20964.12 |
| 2002 | 991.20 | 915.16 | 1400.50 | 16306.59 | 72500.00 | 23445.56 |
| 2003 | 1181.15 | 1069.17 | 1650.50 | 19311.96 | 86208.11 | 27702.60 |
| 2004 | 1699.80 | 1581.35 | 3760.71 | 39058.33 | 96681.99 | 37026.17 |
| 2005 | 1664.79 | 1496.66 | 2198.54 | 34390.00 | 106884.79 | 40210.24 |
| 2006 | 2073.18 | 1859.63 | 2801.87 | 43547.08 | 123676.48 | 46574.70 |
| 2007 | 2413.78 | 2173.47 | 3305.23 | 55832.97 | 136117.25 | 53918.07 |
| 2008 | 2453.29 | 2244.68 | 5723.68 | 51956.94 | 142355.73 | 59890.39 |
| 2009 | 2747.28 | 2494.05 | 4479.28 | 65601.56 | 164397.78 | 58574.07 |
| 2010 | 3090.00 | 2850.27 | 5830.60 | 77611.83 | 188191.17 | 66330.80 |
| 2011 | 3390.07 | 3096.68 | 5474.40 | 83566.22 | 209925.86 | 79107.55 |
| 2012 | 3837.37 | 3448.48 | 5781.80 | 89370.49 | 220984.08 | 75050.50 |
| 2013 | 4160.28 | 3735.56 | 6938.65 | 110440.12 | 241923.89 | 79285.80 |
| 2014 | 4389.75 | 4017.49 | 7387.80 | 111913.11 | 249207.08 | 83128.16 |
| 2015 | 4831.71 | 4446.37 | 7566.78 | 92831.39 | 235918.83 | 78651.63 |
| 2016 | 4886.36 | 4484.69 | 7717.52 | 94974.05 | 241030.98 | 80408.45 |

1-14 续表 8

| 年 份 | 生铁（万吨） | 粗钢（万吨） | 成品钢材（万吨） | #重轨 | 轻轨 | #大型型钢 |
|---|---|---|---|---|---|---|
| 1957 | 594.00 | 535.00 | 415.00 | 41.10 | 8.90 | 32.70 |
| 1963 | 741.00 | 762.00 | 533.00 | 28.20 | 12.90 | 9.90 |
| 1964 | 902.00 | 964.00 | 688.00 | 43.60 | 10.50 | 18.10 |
| 1965 | 1077.00 | 1223.00 | 881.00 | 53.50 | 13.80 | 21.50 |
| 1966 | 1334.00 | 1532.00 | 1035.00 | 49.90 | 16.70 | 30.40 |
| 1967 | 663.00 | 1029.00 | 718.00 | 24.00 | 11.30 | 35.70 |
| 1968 | 857.00 | 904.00 | 666.00 | 21.70 | 14.90 | 14.60 |
| 1969 | 1280.00 | 1333.00 | 926.00 | 32.20 | 13.90 | 29.60 |
| 1970 | 1706.00 | 1779.00 | 1188.00 | 61.90 | 16.60 | 41.30 |
| 1971 | 2100.00 | 2132.00 | 1389.00 | 66.70 | 24.80 | 50.10 |
| 1972 | 2355.00 | 2338.00 | 1561.00 | 82.10 | 22.50 | 52.20 |
| 1973 | 2490.00 | 2522.00 | 1684.00 | 77.90 | 26.40 | 53.30 |
| 1974 | 2062.00 | 2112.00 | 1466.00 | 41.50 | 19.70 | 38.70 |
| 1975 | 2449.00 | 2390.00 | 1622.00 | 49.50 | 14.90 | 64.70 |
| 1976 | 2233.00 | 2046.00 | 1466.00 | 49.00 | 15.50 | 49.40 |
| 1977 | 2505.00 | 2374.00 | 1633.00 | 66.10 | 19.70 | 54.60 |
| 1978 | 3479.00 | 3178.00 | 2208.00 | 81.80 | 26.30 | 88.60 |
| 1979 | 3673.00 | 3448.00 | 2497.00 | 81.30 | 21.60 | 83.00 |
| 1980 | 3802.00 | 3712.00 | 2716.00 | 67.30 | 22.00 | 69.40 |
| 1981 | 3417.00 | 3560.00 | 2670.00 | 55.60 | 26.00 | 73.00 |
| 1982 | 3551.00 | 3716.00 | 2902.00 | 63.50 | 26.70 | 89.10 |
| 1983 | 3738.00 | 4002.00 | 3072.00 | 78.40 | 27.50 | 64.70 |
| 1984 | 4001.00 | 4347.00 | 3372.00 | 85.20 | 28.90 | 61.50 |
| 1985 | 4384.00 | 4679.00 | 3693.00 | 86.80 | 25.30 | 84.70 |
| 1986 | 5064.00 | 5220.00 | 4058.00 | 88.10 | 22.00 | 79.10 |
| 1987 | 5503.00 | 5628.00 | 4386.00 | 95.70 | 24.30 | 86.90 |
| 1988 | 5704.00 | 5943.00 | 4689.00 | 98.80 | 25.10 | 87.00 |
| 1989 | 5820.00 | 6159.00 | 4859.00 | 100.50 | 25.10 | 90.60 |
| 1990 | 6238.00 | 6635.00 | 5153.00 | 92.20 | 34.40 | 105.10 |
| 1991 | 6765.00 | 7100.00 | 5638.00 | 93.30 | 29.90 | 68.40 |
| 1992 | 7589.00 | 8094.00 | 6697.00 | 92.50 | 21.70 | 87.10 |
| 1993 | 8739.00 | 8956.00 | 7716.00 | 125.60 | 14.10 | 129.30 |
| 1994 | 9741.00 | 9261.00 | 8428.00 | 137.40 | 30.50 | 103.40 |
| 1995 | 10529.27 | 9535.99 | 8979.80 | 101.70 | 23.80 | 118.10 |
| 1996 | 10722.50 | 10124.06 | 9338.02 | 73.20 | 34.20 | 115.30 |
| 1997 | 11511.41 | 10894.17 | 9978.93 | 96.40 | 22.40 | 130.60 |
| 1998 | 11863.67 | 11559.00 | 10737.80 | 114.69 | 13.70 | 102.90 |
| 1999 | 12539.24 | 12426.00 | 12109.78 | 111.87 | 11.30 | 115.40 |
| 2000 | 13101.48 | 12850.00 | 13146.00 | 116.86 | 12.96 | 161.52 |
| 2001 | 15554.25 | 15163.44 | 16067.61 | 126.35 | 16.83 | 226.17 |
| 2002 | 17084.60 | 18236.61 | 19251.59 | 135.70 | 25.70 | 267.80 |
| 2003 | 21366.68 | 22233.60 | 24108.01 | 122.50 | 28.20 | 309.30 |
| 2004 | 26830.99 | 28291.09 | 31975.72 | 172.07 | 58.49 | 809.46 |
| 2005 | 34375.19 | 35323.98 | 37771.14 | 192.67 | 40.21 | 752.04 |
| 2006 | 41245.19 | 41914.85 | 46893.36 | 201.70 | 90.62 | 917.28 |
| 2007 | 47651.63 | 48928.80 | 56560.87 | 179.32 | 102.66 | 1008.11 |
| 2008 | 47824.42 | 50305.75 | 60460.29 | 322.42 | 95.92 | 962.45 |
| 2009 | 55283.46 | 57218.23 | 69405.40 | 442.07 | 100.83 | 947.10 |
| 2010 | 59733.34 | 63722.99 | 80276.58 | 433.50 | 97.20 | 946.54 |
| 2011 | 64050.88 | 68528.31 | 88619.57 | 291.50 | 121.60 | 1085.25 |
| 2012 | 66354.40 | 72388.22 | 95577.83 | 321.50 | 155.60 | 1134.07 |
| 2013 | 71149.88 | 81313.89 | 108200.54 | 428.20 | 140.13 | 1282.61 |
| 2014 | 71374.78 | 82230.63 | 112513.12 | 405.40 | 120.30 | 1349.40 |
| 2015 | 69141.30 | 80382.50 | 112349.60 | 359.70 | 87.30 | 1435.70 |
| 2016 | 70227.33 | 80760.94 | 113460.74 | 348.56 | 72.86 | 1551.74 |

1-14 续表 9

| 年 份 | | | | 铁合金（万吨） | 发动机（万千瓦） | 金属切削机床（万台） | 泵（万台） |
|---|---|---|---|---|---|---|---|
| | 线材 | 无缝钢管 | 焊接钢管 | | | | |
| 1957 | 55.60 | 7.80 | 8.20 | 10.50 | 50.78 | 2.80 | 5.10 |
| 1963 | 92.40 | 18.40 | 13.70 | 22.50 | 94.94 | 2.22 | 8.50 |
| 1964 | 103.00 | 22.80 | 21.80 | 26.20 | 131.01 | 2.81 | 11.10 |
| 1965 | 107.40 | 29.00 | 30.30 | 33.90 | 205.34 | 3.96 | 15.10 |
| 1966 | 139.20 | 34.20 | 35.90 | 48.70 | 283.36 | 5.49 | 29.70 |
| 1967 | 98.10 | 22.70 | 25.00 | 42.50 | 198.72 | 4.07 | 24.70 |
| 1968 | 94.90 | 22.70 | 27.20 | 28.80 | 204.61 | 4.64 | 22.30 |
| 1969 | 118.50 | 34.20 | 37.50 | 46.60 | 299.55 | 8.56 | 28.90 |
| 1970 | 150.30 | 38.80 | 44.30 | 59.50 | 539.49 | 13.89 | 58.20 |
| 1971 | 170.10 | 45.20 | 50.30 | 67.00 | 796.35 | 14.57 | 76.40 |
| 1972 | 186.60 | 49.40 | 55.40 | 75.70 | 978.14 | 16.22 | 83.20 |
| 1973 | 218.90 | 53.80 | 66.20 | 85.00 | 1218.08 | 18.33 | 110.00 |
| 1974 | 189.20 | 47.80 | 67.10 | 69.10 | 1340.99 | 16.45 | 112.80 |
| 1975 | 216.80 | 56.20 | 65.20 | 76.90 | 1728.13 | 17.49 | 118.80 |
| 1976 | 195.20 | 49.40 | 69.20 | 65.90 | 1715.62 | 15.70 | 109.30 |
| 1977 | 215.20 | 62.60 | 65.40 | 73.20 | 2017.38 | 19.87 | 121.40 |
| 1978 | 290.90 | 81.50 | 86.70 | 93.90 | 2074.05 | 18.32 | 133.10 |
| 1979 | 360.90 | 91.00 | 89.10 | 117.30 | 2140.29 | 13.96 | 125.60 |
| 1980 | 443.20 | 96.10 | 120.70 | 99.40 | 1868.70 | 13.36 | 109.60 |
| 1981 | 462.90 | 91.90 | 129.60 | 79.90 | 1474.94 | 10.26 | 115.60 |
| 1982 | 414.10 | 101.20 | 149.80 | 88.90 | 1689.86 | 9.98 | 156.50 |
| 1983 | 445.40 | 115.10 | 159.70 | 108.80 | 2133.66 | 12.10 | 185.10 |
| 1984 | 509.80 | 127.70 | 172.10 | 127.50 | 2996.99 | 13.35 | 220.20 |
| 1985 | 598.30 | 139.20 | 181.80 | 149.40 | 4082.59 | 16.72 | 210.90 |
| 1986 | 632.20 | 146.20 | 229.20 | 159.70 | 3625.54 | 16.37 | 261.90 |
| 1987 | 691.70 | 162.90 | 244.80 | 184.60 | 4335.84 | 17.22 | 332.00 |
| 1988 | 798.20 | 178.30 | 223.80 | 208.40 | 5932.08 | 19.17 | 411.50 |
| 1989 | 882.10 | 194.10 | 214.20 | 238.20 | 5905.23 | 17.87 | 420.90 |
| 1990 | 999.00 | 211.10 | 220.90 | 244.20 | 5402.32 | 13.45 | 366.40 |
| 1991 | 1099.90 | 231.40 | 261.60 | 246.00 | 6690.23 | 16.39 | 399.20 |
| 1992 | 1257.10 | 265.60 | 315.40 | 265.00 | 9252.53 | 22.87 | 515.00 |
| 1993 | 1389.50 | 283.10 | 298.70 | 299.90 | 10080.53 | 26.20 | 663.20 |
| 1994 | 1571.40 | 303.90 | 413.80 | 336.10 | 12181.52 | 20.65 | 645.30 |
| 1995 | 1687.20 | 327.00 | 497.10 | 431.90 | 15819.00 | 20.34 | 1060.60 |
| 1996 | 1834.00 | 334.00 | 430.10 | 418.00 | 22152.79 | 17.74 | 887.50 |
| 1997 | 1953.80 | 360.50 | 566.50 | 404.40 | 20641.85 | 18.65 | 1016.60 |
| 1998 | 2203.10 | 346.90 | 463.90 | 354.06 | 16034.30 | 11.91 | 674.60 |
| 1999 | 2594.90 | 345.80 | 425.20 | 381.40 | 17801.62 | 14.22 | 736.80 |
| 2000 | 2635.37 | 414.83 | 518.93 | 402.92 | 18857.30 | 17.66 | 1045.60 |
| 2001 | 3109.71 | 535.68 | 602.44 | 450.82 | 20531.17 | 25.58 | 1539.30 |
| 2002 | 3562.40 | 608.30 | 701.40 | 483.70 | 28505.75 | 30.86 | 1744.70 |
| 2003 | 4026.70 | 699.90 | 1070.20 | 634.06 | 31851.30 | 30.58 | 2263.87 |
| 2004 | 5148.51 | 1005.65 | 1722.13 | 1173.00 | 31893.56 | 48.72 | 2898.40 |
| 2005 | 6094.74 | 1033.32 | 1567.06 | 1067.00 | 36563.46 | 51.14 | 2904.30 |
| 2006 | 7207.40 | 1528.04 | 1977.14 | 1442.75 | 45267.36 | 57.30 | 3752.50 |
| 2007 | 7919.02 | 1881.50 | 2371.30 | 1743.60 | 56641.90 | 64.69 | 5946.90 |
| 2008 | 8053.55 | 2359.86 | 2683.64 | 1991.30 | 54977.10 | 71.73 | 10466.70 |
| 2009 | 9604.13 | 2192.88 | 3100.57 | 2210.56 | 84892.52 | 58.55 | 5915.46 |
| 2010 | 10572.67 | 2549.90 | 3246.85 | 2442.83 | 138592.03 | 69.73 | 7815.39 |
| 2011 | 12461.56 | 2680.75 | 4077.68 | 2795.64 | 137099.43 | 88.68 | 9739.20 |
| 2012 | 13659.94 | 2836.70 | 4775.40 | 3129.30 | 136111.48 | 88.23 | 8502.00 |
| 2013 | 15001.38 | 3192.83 | 5319.62 | 3709.57 | 193670.93 | 87.55 | 9981.31 |
| 2014 | 15313.91 | 3133.77 | 5784.42 | 3797.63 | 214105.40 | 85.80 | 12402.60 |
| 2015 | 14723.30 | 2857.70 | 6969.50 | 3666.40 | 203179.40 | 75.50 | 11749.10 |
| 2016 | 14158.75 | 2735.34 | 7016.41 | 3554.65 | 226001.13 | 67.28 | 12073.70 |

注：2009年起内燃机指标名称改为发动机。

1-14 续表 10

| 年 份 | 风机（万台） | 气体压缩机（万台） | 大中型拖拉机（万台） | 小型拖拉机（万台） | 两轮脚踏自行车（万辆） |
|---|---|---|---|---|---|
| 1957 | 5.40 | 0.63 | | | 80.60 |
| 1963 | 1.60 | 0.53 | 0.87 | 0.02 | 148.90 |
| 1964 | 4.20 | 0.85 | 0.98 | 0.09 | 170.50 |
| 1965 | 5.80 | 1.23 | 0.96 | 0.36 | 183.80 |
| 1966 | 5.30 | 1.32 | 1.18 | 1.16 | 205.30 |
| 1967 | 3.90 | 0.52 | 0.85 | 0.97 | 177.10 |
| 1968 | 3.50 | 0.35 | 0.89 | 1.11 | 201.10 |
| 1969 | 4.90 | 0.90 | 1.34 | 1.94 | 292.10 |
| 1970 | 6.40 | 0.92 | 3.19 | 5.14 | 368.80 |
| 1971 | 7.50 | 1.05 | 4.45 | 8.09 | 412.60 |
| 1972 | 8.20 | 1.52 | 4.93 | 8.95 | 440.40 |
| 1973 | 10.20 | 1.95 | 5.79 | 11.93 | 496.80 |
| 1974 | 11.30 | 2.11 | 6.27 | 13.80 | 519.60 |
| 1975 | 13.80 | 2.54 | 7.84 | 20.94 | 623.20 |
| 1976 | 12.70 | 2.10 | 7.37 | 24.00 | 668.10 |
| 1977 | 12.70 | 2.10 | 9.93 | 32.05 | 742.70 |
| 1978 | 20.10 | 2.63 | 11.35 | 32.42 | 854.00 |
| 1979 | 23.70 | 2.13 | 12.56 | 31.75 | 1009.50 |
| 1980 | 20.40 | 1.85 | 9.77 | 21.79 | 1302.40 |
| 1981 | 19.90 | 1.14 | 5.28 | 19.89 | 1745.30 |
| 1982 | 20.00 | 1.65 | 4.03 | 29.83 | 2420.00 |
| 1983 | 22.10 | 1.77 | 3.70 | 49.77 | 2758.20 |
| 1984 | 30.20 | 2.69 | 3.97 | 68.86 | 2861.40 |
| 1985 | 38.30 | 7.59 | 4.50 | 82.25 | 3227.70 |
| 1986 | 40.10 | 5.32 | 2.86 | 77.45 | 3568.30 |
| 1987 | 44.60 | 4.46 | 3.71 | 110.60 | 4116.70 |
| 1988 | 54.80 | 6.77 | 4.72 | 133.57 | 4140.10 |
| 1989 | 48.10 | 7.68 | 3.98 | 111.81 | 3676.80 |
| 1990 | 34.10 | 5.47 | 3.94 | 110.14 | 3141.60 |
| 1991 | 42.90 | 6.22 | 5.27 | 134.78 | 3676.80 |
| 1992 | 61.90 | 8.83 | 5.70 | 139.07 | 4083.60 |
| 1993 | 58.50 | 9.88 | 3.77 | 96.14 | 4149.60 |
| 1994 | 138.40 | 10.48 | 4.67 | 135.54 | 4364.90 |
| 1995 | 223.80 | 86.90 | 6.33 | 206.30 | 4472.20 |
| 1996 | 183.50 | 62.80 | 8.37 | 209.66 | 3361.20 |
| 1997 | 121.60 | 40.10 | 8.24 | 201.64 | 2999.30 |
| 1998 | 94.60 | 47.91 | 6.78 | 187.40 | 2312.50 |
| 1999 | 53.40 | 53.16 | 6.54 | 205.52 | 2397.60 |
| 2000 | 66.93 | 25.20 | 4.10 | 193.43 | 2906.79 |
| 2001 | 65.84 | 18.99 | 3.82 | 192.45 | 2902.30 |
| 2002 | 76.17 | 31.13 | 4.54 | 184.50 | 3957.50 |
| 2003 | 123.33 | 41.09 | 4.88 | 186.46 | 5451.70 |
| 2004 | 1215.24 | 7289.56 | 11.38 | 193.98 | 7906.22 |
| 2005 | 263.80 | 1442.72 | 16.33 | 201.01 | 6900.64 |
| 2006 | 263.96 | 1841.05 | 19.93 | 191.51 | 7886.63 |
| 2007 | 432.33 | 3093.30 | 20.31 | 213.80 | 7475.20 |
| 2008 | 1679.65 | 11788.17 | 28.44 | 175.80 | 7185.18 |
| 2009 | 931.72 | 10164.02 | 37.13 | 190.56 | 5757.65 |
| 2010 | 1376.70 | 15932.90 | 33.68 | 228.10 | 6819.48 |
| 2011 | 1085.10 | 19250.30 | 40.19 | 237.27 | 7169.11 |
| 2012 | 2162.20 | 25776.90 | 52.73 | 178.70 | 7612.85 |
| 2013 | 1708.60 | 29339.50 | 66.56 | 184.86 | 7545.25 |
| 2014 | 1778.23 | 33648.50 | 64.37 | 167.80 | 7910.14 |
| 2015 | 1816.80 | 32526.60 | 68.82 | 140.10 | 6882.24 |
| 2016 | 2364.86 | 35937.11 | 61.84 | 106.90 | 6615.22 |

注：气体压缩机中2004年包括空调压缩机，2008年包括规模以下工业。

1-14 续表 11

| 年份 | 表(万只) | 照相机(万台) | 铁路机车(辆) | 铁路客车(辆) | 铁路货车(万辆) | 汽车(万辆) | #载货汽车 | 轿车 |
|---|---|---|---|---|---|---|---|---|
| 1957 | 0.40 | 0.01 | 167 | 454 | 0.73 | 0.79 | 0.62 | |
| 1963 | 91.80 | 1.22 | 20 | 341 | 0.14 | 2.06 | 1.67 | |
| 1964 | 101.50 | 1.08 | 59 | 321 | 0.24 | 2.81 | 2.08 | |
| 1965 | 108.30 | 1.72 | 146 | 160 | 0.29 | 4.05 | 2.65 | |
| 1966 | 137.40 | 2.79 | 353 | 114 | 0.50 | 5.59 | 3.41 | |
| 1967 | 145.00 | 4.40 | 269 | 87 | 0.56 | 2.04 | 1.09 | |
| 1968 | 183.80 | 4.45 | 280 | 117 | 0.64 | 2.51 | 1.20 | |
| 1969 | 268.60 | 4.98 | 397 | 284 | 0.99 | 5.31 | 3.04 | |
| 1970 | 358.10 | 4.04 | 573 | 576 | 1.38 | 8.72 | 4.71 | |
| 1971 | 429.20 | 4.48 | 598 | 674 | 1.44 | 11.10 | 5.81 | |
| 1972 | 491.70 | 5.80 | 595 | 672 | 1.35 | 10.82 | 6.05 | |
| 1973 | 573.20 | 7.69 | 665 | 829 | 1.87 | 11.62 | 6.44 | |
| 1974 | 673.50 | 11.10 | 573 | 635 | 1.65 | 10.48 | 5.69 | |
| 1975 | 809.00 | 18.49 | 526 | 804 | 1.57 | 13.98 | 7.76 | |
| 1976 | 949.60 | 22.50 | 327 | 556 | 0.80 | 13.52 | 7.45 | |
| 1977 | 1152.80 | 24.66 | 293 | 538 | 0.64 | 12.54 | 7.59 | |
| 1978 | 1410.80 | 17.89 | 521 | 784 | 1.70 | 14.91 | 9.61 | |
| 1979 | 1750.40 | 23.81 | 573 | 856 | 1.60 | 18.57 | 11.67 | |
| 1980 | 2267.50 | 37.28 | 512 | 1002 | 1.06 | 22.23 | 13.55 | 0.54 |
| 1981 | 2906.60 | 62.30 | 398 | 1159 | 0.88 | 17.56 | 10.83 | 0.34 |
| 1982 | 3313.20 | 74.23 | 486 | 1153 | 1.06 | 19.63 | 12.18 | 0.51 |
| 1983 | 3478.10 | 92.56 | 589 | 1230 | 1.58 | 23.98 | 13.71 | 0.60 |
| 1984 | 3807.10 | 126.18 | 658 | 1200 | 1.81 | 31.64 | 18.18 | 0.65 |
| 1985 | 5447.10 | 178.96 | 746 | 1447 | 1.93 | 43.72 | 26.90 | 0.90 |
| 1986 | 7332.00 | 202.54 | 818 | 1522 | 2.06 | 36.98 | 22.91 | 1.17 |
| 1987 | 6159.40 | 256.70 | 909 | 1791 | 1.16 | 47.18 | 29.84 | 1.79 |
| 1988 | 6788.90 | 312.26 | 844 | 1980 | 2.33 | 64.47 | 40.33 | 2.96 |
| 1989 | 7559.60 | 245.18 | 680 | 2000 | 2.41 | 58.35 | 36.34 | 3.58 |
| 1990 | 8671.30 | 213.22 | 655 | 1866 | 1.86 | 51.40 | 28.97 | 3.50 |
| 1991 | 7824.90 | 478.18 | 706 | 1674 | 1.85 | 71.42 | 38.25 | 6.87 |
| 1992 | 8658.80 | 526.48 | 798 | 1652 | 2.16 | 106.67 | 47.67 | 16.17 |
| 1993 | 19290.80 | 1136.49 | 922 | 1847 | 2.90 | 129.85 | 59.79 | 22.29 |
| 1994 | 47776.80 | 2830.02 | 992 | 1837 | 3.76 | 136.69 | 66.30 | 26.87 |
| 1995 | 48191.30 | 3326.15 | 974 | 2395 | 3.73 | 145.27 | 59.60 | 33.70 |
| 1996 | 47975.60 | 4120.77 | 1050 | 2616 | 3.28 | 147.52 | 62.51 | 38.29 |
| 1997 | 29504.60 | 4686.89 | 1069 | 2535 | 3.12 | 158.25 | 57.36 | 48.60 |
| 1998 | 23642.20 | 5521.87 | 278 | 1576 | 2.35 | 163.00 | 73.56 | 50.71 |
| 1999 | 24051.50 | 4832.29 | 300 | 1778 | 1.86 | 183.20 | 83.96 | 57.10 |
| 2000 | 21430.69 | 5514.52 | 243 | 3244 | 2.73 | 207.00 | 86.29 | 60.70 |
| 2001 | 18431.60 | 5962.09 | 303 | 3273 | 3.07 | 234.17 | 89.01 | 70.36 |
| 2002 | 18391.90 | 5309.61 | 336 | 2856 | 3.13 | 325.10 | 109.20 | 109.20 |
| 2003 | 18136.85 | 6198.14 | 323 | 1525 | 3.12 | 444.39 | 112.44 | 207.08 |
| 2004 | 50154.42 | 7891.40 | 442 | 1867 | 3.17 | 509.11 | 111.56 | 227.63 |
| 2005 | 15498.86 | 8199.00 | 838 | 2001 | 3.92 | 570.49 | 149.46 | 277.01 |
| 2006 | 14178.25 | 8551.51 | 984 | 2143 | 3.93 | 727.89 | 179.76 | 386.94 |
| 2007 | 12266.55 | 8689.60 | 1002 | 2425 | 4.22 | 888.89 | 218.31 | 479.78 |
| 2008 | 11919.20 | 8193.03 | 1235 | 1835 | 5.73 | 930.59 | 202.70 | 503.81 |
| 2009 | 13306.38 | 8457.81 | 1753 | 7107 | 4.28 | 1379.53 | 308.00 | 748.48 |
| 2010 | 14631.80 | 9327.70 | 2571 | 7450 | 4.81 | 1826.53 | 391.57 | 957.59 |
| 2011 | 13162.50 | 8241.34 | 2530 | 6853 | 6.69 | 1841.64 | 324.74 | 1012.67 |
| 2012 | 15795.80 | 8801.71 | 1622 | 7562 | 5.92 | 1927.62 | 302.04 | 1077.00 |
| 2013 | 18354.82 | 4690.89 | 1351 | 3631 | 5.19 | 2212.09 | 321.50 | 1210.43 |
| 2014 | 18253.50 | 3123.00 | 1658 | 3438 | 3.44 | 2372.52 | 312.90 | 1248.31 |
| 2015 | 18024.21 | 2845.40 | 1979 | 2572 | 2.73 | 2450.35 | 272.92 | 1162.97 |
| 2016 | 16186.61 | 2306.77 | 1292 | 1303 | 2.46 | 2811.91 | 301.24 | 1211.12 |

注：铁路客车2008年、2010年及以后年份不包括动车组产量。铁路客车1998-2004年计量单位为万千瓦。

1-14 续表 12

| 年 份 | 发电设备（万千瓦） | #水轮发电机组 | 交流电动机（万千瓦） | 变压器（万千伏安） | 家用电冰箱（万台） | 家用洗衣机（万台） |
|---|---|---|---|---|---|---|
| 1957 | 19.80 | 7.20 | 146.00 | 420.00 | 0.16 | |
| 1963 | 40.40 | 27.80 | 313.00 | 437.00 | 0.14 | |
| 1964 | 44.00 | 32.50 | 308.00 | 572.00 | 0.17 | |
| 1965 | 68.30 | 28.00 | 405.00 | 818.00 | 0.30 | |
| 1966 | 132.30 | 38.20 | 615.00 | 1303.00 | 0.54 | |
| 1967 | 61.90 | 5.20 | 496.00 | 999.00 | 0.59 | |
| 1968 | 137.50 | 30.20 | 460.00 | 650.00 | 0.67 | |
| 1969 | 203.10 | 69.80 | 810.00 | 1490.00 | 0.66 | |
| 1970 | 291.80 | 90.20 | 1456.00 | 2741.00 | 0.52 | |
| 1971 | 353.30 | 151.40 | 1831.00 | 3011.00 | 0.61 | |
| 1972 | 432.50 | 177.50 | 2195.00 | 3173.00 | 0.76 | |
| 1973 | 501.80 | 157.50 | 2717.00 | 3490.00 | 1.00 | |
| 1974 | 461.60 | 131.60 | 2626.00 | 3989.00 | 1.34 | |
| 1975 | 496.50 | 113.60 | 2799.00 | 4097.00 | 1.80 | |
| 1976 | 400.20 | 57.40 | 2609.00 | 3656.00 | 2.12 | |
| 1977 | 318.10 | 62.60 | 2696.00 | 3581.00 | 2.46 | |
| 1978 | 483.80 | 144.60 | 3195.00 | 4862.00 | 2.80 | 0.04 |
| 1979 | 621.20 | 171.70 | 3563.00 | 5823.00 | 3.18 | 1.81 |
| 1980 | 419.30 | 123.80 | 2570.00 | 4461.00 | 4.90 | 24.53 |
| 1981 | 139.50 | 63.20 | 2126.00 | 2734.00 | 5.56 | 128.08 |
| 1982 | 164.50 | 57.50 | 2420.00 | 3143.00 | 9.99 | 253.26 |
| 1983 | 274.00 | 66.90 | 2868.00 | 4228.00 | 18.85 | 365.86 |
| 1984 | 467.40 | 85.80 | 3051.00 | 5030.00 | 54.74 | 578.06 |
| 1985 | 563.60 | 140.20 | 3484.00 | 8045.00 | 144.81 | 887.20 |
| 1986 | 722.40 | 188.40 | 3967.00 | 7729.00 | 225.02 | 893.40 |
| 1987 | 941.10 | 177.70 | 4172.00 | 9297.00 | 401.34 | 990.20 |
| 1988 | 1109.30 | 198.40 | 4511.00 | 10039.00 | 757.63 | 1046.80 |
| 1989 | 1174.00 | 203.50 | 4096.00 | 9931.00 | 670.79 | 825.40 |
| 1990 | 1225.40 | 210.10 | 3528.00 | 7443.00 | 463.06 | 662.68 |
| 1991 | 1164.20 | 354.00 | 3825.00 | 7748.00 | 469.94 | 678.20 |
| 1992 | 1297.00 | 411.00 | 5243.00 | 9949.00 | 485.76 | 707.90 |
| 1993 | 1472.80 | 247.30 | 5450.00 | 14332.00 | 596.66 | 895.90 |
| 1994 | 1674.10 | 609.00 | 5946.00 | 39398.00 | 768.12 | 1094.20 |
| 1995 | 1667.90 | 297.00 | 6011.00 | 16449.00 | 918.54 | 948.40 |
| 1996 | 2353.50 | 333.80 | 5313.00 | 15104.00 | 979.65 | 1074.70 |
| 1997 | 2405.10 | 326.90 | 5127.00 | 16134.00 | 1044.43 | 1254.50 |
| 1998 | 1608.00 | | 4310.00 | 14910.00 | 1060.00 | 1207.31 |
| 1999 | 1369.00 | 468.91 | 4602.00 | 17719.00 | 1210.00 | 1342.17 |
| 2000 | 1249.00 | 391.50 | 5134.20 | 21670.39 | 1279.00 | 1442.98 |
| 2001 | 1340.14 | 303.16 | 6263.27 | 25137.00 | 1351.26 | 1341.61 |
| 2002 | 2120.84 | 353.27 | 7004.80 | 29605.79 | 1598.87 | 1595.76 |
| 2003 | 3700.62 | 608.56 | 8920.00 | 37651.00 | 2242.56 | 1964.46 |
| 2004 | 9233.01 | 1079.56 | 19534.76 | 240476.62 | 3007.59 | 2533.41 |
| 2005 | 9200.00 | 1200.86 | 12934.88 | 63115.84 | 2987.06 | 3035.52 |
| 2006 | 11694.27 | 1834.90 | 15826.48 | 73645.50 | 3530.89 | 3560.50 |
| 2007 | 12990.98 | 2836.08 | 18848.22 | 91020.78 | 4397.13 | 4005.10 |
| 2008 | 13942.42 | 2249.05 | 24053.72 | 122165.87 | 4799.95 | 4447.00 |
| 2009 | 11729.25 | 2303.96 | 18710.14 | 126075.27 | 5930.45 | 4973.63 |
| 2010 | 12880.21 | 2033.90 | 23212.90 | 134630.40 | 7295.72 | 6247.73 |
| 2011 | 14410.52 | 2644.05 | 26563.92 | 141804.05 | 8699.20 | 6715.94 |
| 2012 | 13005.52 | 2337.95 | 25691.20 | 143132.40 | 8427.00 | 6791.12 |
| 2013 | 14197.66 | 2492.01 | 27900.94 | 157294.27 | 9255.74 | 7300.53 |
| 2014 | 15053.02 | 2396.20 | 30134.40 | 170076.50 | 8796.09 | 7114.40 |
| 2015 | 12431.38 | 1727.90 | 28258.00 | 165398.00 | 7992.75 | 7274.50 |
| 2016 | 13119.78 | 1407.14 | 27764.76 | 166476.05 | 8481.57 | 7620.85 |

注：家用电冰箱1979年以前为主要电冰箱厂的电冰箱数字，1979年及以后各年为全国家用电冰箱数字。

1-14 续表 13

| 年份 | 家用电风扇（万台） | 房间空气调节器（万台） | 家用吸尘器（万台） | 半导体分立器件（亿只） | 集成电路（万块） | 彩色电视机（万台） |
|---|---|---|---|---|---|---|
| 1957 | | | | | | |
| 1963 | | | | 0.02 | | |
| 1964 | | | | 0.04 | | |
| 1965 | | | | 0.12 | | |
| 1966 | | | | 0.28 | | |
| 1967 | | | | 0.34 | 2 | |
| 1968 | | | | 0.37 | 8 | |
| 1969 | | | | 0.66 | 78 | |
| 1970 | | | | 1.55 | 423 | |
| 1971 | | | | 2.32 | 406 | 0.02 |
| 1972 | | | | 1.94 | 264 | 0.01 |
| 1973 | | | | 1.77 | 186 | 0.07 |
| 1974 | | | | 2.27 | 388 | 0.24 |
| 1975 | | | | 3.15 | 579 | 0.29 |
| 1976 | | | | 3.75 | | 0.28 |
| 1977 | | | | 4.52 | | 0.25 |
| 1978 | 137.80 | 0.02 | 0.41 | 4.42 | 3041 | 0.38 |
| 1979 | 233.10 | 0.86 | 0.57 | 4.01 | | 0.95 |
| 1980 | 723.70 | 1.32 | 1.48 | 6.96 | 1684 | 3.21 |
| 1981 | 1049.90 | 1.40 | 1.73 | 9.96 | 1279 | 15.21 |
| 1982 | 918.60 | 2.44 | 2.23 | 6.75 | 1352 | 28.81 |
| 1983 | 1045.70 | 3.45 | 4.43 | 8.22 | 2604 | 53.11 |
| 1984 | 1770.70 | 6.12 | 9.10 | 11.76 | 4148 | 133.95 |
| 1985 | 3174.60 | 12.35 | 8.82 | 14.79 | 6385 | 435.28 |
| 1986 | 3528.70 | 9.65 | 8.40 | 10.99 | 5720 | 414.60 |
| 1987 | 3660.70 | 13.22 | 35.34 | 15.14 | 9544 | 672.72 |
| 1988 | 4495.50 | 25.91 | 182.93 | 19.77 | 13160 | 1037.66 |
| 1989 | 4991.90 | 37.47 | 218.98 | 24.80 | 13156 | 940.02 |
| 1990 | 5799.30 | 24.07 | 71.67 | 33.38 | 10838 | 1033.04 |
| 1991 | 6219.10 | 63.03 | 68.61 | 54.69 | 17049 | 1205.06 |
| 1992 | 6837.00 | 158.03 | 112.92 | 67.19 | 16099 | 1333.08 |
| 1993 | 7387.30 | 346.41 | 149.00 | 95.06 | 20101 | 1435.76 |
| 1994 | 8613.00 | 393.42 | 321.81 | 167.02 | 48462 | 1689.15 |
| 1995 | 12966.70 | 682.56 | 805.50 | | 551686 | 2057.74 |
| 1996 | 10291.70 | 786.21 | 879.74 | 187.67 | 388987 | 2537.60 |
| 1997 | 8171.40 | 974.01 | 976.40 | 313.37 | 255455 | 2711.33 |
| 1998 | 6724.49 | 1156.87 | 519.18 | 223.83 | 262577 | 3497.00 |
| 1999 | 6158.14 | 1337.64 | 574.99 | 278.76 | 415000 | 4262.00 |
| 2000 | 7661.61 | 1826.67 | 1010.30 | 511.98 | 588000 | 3936.00 |
| 2001 | 9616.10 | 2333.64 | 1141.17 | 476.91 | 636288 | 4093.70 |
| 2002 | 10761.33 | 3135.11 | 1611.16 | 593.39 | 963101 | 5155.00 |
| 2003 | 12980.92 | 4820.86 | 2185.35 | 875.45 | 1483100 | 6541.40 |
| 2004 | 14169.67 | 6390.33 | 5015.42 | 1956.43 | 2355100 | 7431.83 |
| 2005 | 12022.39 | 6764.57 | 4679.31 | 2062.90 | 2699700 | 8283.22 |
| 2006 | 14465.85 | 6849.42 | 5319.13 | 2224.70 | 3357500 | 8375.40 |
| 2007 | 15440.04 | 8014.28 | 6514.22 | 2504.60 | 4116200 | 8478.01 |
| 2008 | 15866.85 | 8147.37 | 8324.32 | 2902.10 | 4387700 | 9187.14 |
| 2009 | 15955.05 | 8078.25 | 6534.66 | 2637.38 | 4144000 | 9898.79 |
| 2010 | 18067.92 | 10887.47 | 7669.36 | 3403.80 | 6525000 | 11830.03 |
| 2011 | 18845.89 | 13912.50 | 8400.46 | 4067.78 | 7195200 | 12231.34 |
| 2012 | 16593.59 | 12398.72 | 8145.09 | 4256.30 | 7796100 | 12823.52 |
| 2013 | 15875.50 | 13069.30 | 8981.07 | 4905.17 | 9034600 | 12745.21 |
| 2014 | 16551.17 | 14463.27 | 8799.80 | 5359.30 | 10155300 | 14128.90 |
| 2015 | 17173.56 | 14200.35 | 8703.60 | 5780.40 | 10872000 | 14475.73 |
| 2016 | 17631.87 | 14342.37 | 8765.79 | 6433.15 | 13179500 | 15769.64 |

注：半导体器件从1995年及以后年份为半导体分立器件。

1-14 续表 14

| 年 份 | 改装汽车 (万辆) | 摩托车整车 (万辆) | 家用吸排油烟机 (万台) | 微波炉 (万台) | 电饭锅 (万个) | 电话单机 (万部) |
|---|---|---|---|---|---|---|
| 1985 | 11.26 | 91.70 | | | 511.85 | 274.10 |
| 1986 | 8.61 | 65.57 | | | 711.41 | 471.68 |
| 1987 | 10.90 | 73.77 | | | 1078.74 | 451.96 |
| 1988 | 14.91 | 117.18 | | | 849.02 | 721.64 |
| 1989 | 11.97 | 104.83 | | | 918.42 | 880.00 |
| 1990 | 11.05 | 97.85 | | | 711.88 | 880.00 |
| 1991 | 14.99 | 134.10 | | | 1183.35 | 1482.00 |
| 1992 | 22.67 | 204.61 | | | | 1982.27 |
| 1993 | 26.87 | 355.63 | | | | 2663.59 |
| 1994 | 22.42 | 535.39 | | | | 5722.92 |
| 1995 | 27.26 | 825.41 | 522.50 | 99.79 | 2149.83 | 9956.36 |
| 1996 | 24.19 | 916.75 | 309.18 | 302.26 | 1697.55 | 7960.82 |
| 1997 | 22.13 | 1033.42 | 287.59 | 432.40 | 1642.09 | 8653.71 |
| 1998 | 21.17 | 829.09 | 258.15 | | 1057.99 | 6520.48 |
| 1999 | 25.26 | 978.20 | 351.41 | 824.28 | 871.65 | 7139.93 |
| 2000 | 28.52 | 960.19 | 366.15 | 1257.16 | 1355.46 | 9597.99 |
| 2001 | 31.42 | 1041.45 | 456.28 | 1817.70 | 1442.47 | 10302.74 |
| 2002 | 40.80 | 1198.80 | 426.46 | 2270.89 | 2109.32 | 11892.42 |
| 2003 | 39.45 | 1461.34 | 477.25 | 3660.40 | 3691.02 | 12935.90 |
| 2004 | 59.41 | 1674.92 | 677.44 | 4353.33 | 10781.90 | 19515.71 |
| 2005 | 48.16 | 1690.93 | 730.10 | 4931.89 | 6154.14 | 18861.52 |
| 2006 | 61.82 | 2054.50 | 1118.07 | 5570.17 | 8879.82 | 18647.83 |
| 2007 | 69.17 | 2508.32 | 1216.88 | 6289.09 | 11463.29 | 16516.46 |
| 2008 | 104.94 | 2837.87 | 1709.71 | 6286.02 | 13356.50 | 18244.72 |
| 2009 | 100.20 | 2758.72 | 1714.48 | 6107.28 | 14313.89 | 14537.70 |
| 2010 | 120.36 | 2734.17 | 2028.33 | 6781.70 | 17086.20 | 16769.68 |
| 2011 | 123.57 | 2735.50 | 2032.06 | 6692.10 | 18329.40 | 14017.91 |
| 2012 | 119.19 | 2603.02 | 2235.37 | 6999.40 | 18404.80 | 12773.84 |
| 2013 | 135.07 | 2527.10 | 2783.55 | 7277.64 | 21730.79 | 12519.67 |
| 2014 | 132.90 | 2691.70 | 3082.25 | 7750.10 | 28028.60 | 12286.80 |
| 2015 | 134.20 | 2502.80 | 3046.39 | 8774.90 | 32237.80 | 11664.70 |
| 2016 | 146.08 | 2390.69 | 3180.31 | 10325.85 | 34595.71 | 10524.80 |

注：电饭锅1991年以前包括电热蒸煮器具。

1-14 续表 15

| 年 份 | 传真机（万部） | 微型计算机设备（万台） | 移动通信手持机（万台） | 程控交换机（万线） | 复印和胶版印制设备（万台） |
|---|---|---|---|---|---|
| 1985 | | | | | 2.37 |
| 1986 | | 4.21 | | | 1.80 |
| 1987 | | 5.12 | | | 1.81 |
| 1988 | | 11.61 | | | |
| 1989 | | 7.54 | | | |
| 1990 | | 8.21 | | | |
| 1991 | | 16.25 | | | |
| 1992 | | 12.62 | | | 4.38 |
| 1993 | | 14.66 | | | 6.06 |
| 1994 | | 24.57 | | | 4.10 |
| 1995 | 136.12 | 83.57 | | 2091.60 | 21.75 |
| 1996 | 137.87 | 138.83 | | 2274.80 | 63.87 |
| 1997 | 162.51 | 206.55 | | 2787.30 | 107.75 |
| 1998 | 128.69 | 291.40 | | 4219.90 | 117.93 |
| 1999 | 159.99 | 405.00 | | 4726.00 | 210.29 |
| 2000 | 196.29 | 672.00 | 5247.88 | 7136.00 | 156.63 |
| 2001 | 318.19 | 877.65 | 8031.66 | 7223.50 | 144.12 |
| 2002 | 297.29 | 1463.51 | 12146.35 | 5860.70 | 207.39 |
| 2003 | 746.58 | 3216.70 | 18231.37 | 7379.93 | 264.17 |
| 2004 | 851.16 | 5974.90 | 23751.58 | 7625.22 | 324.57 |
| 2005 | 1068.15 | 8084.89 | 30354.21 | 7720.90 | 403.56 |
| 2006 | 1188.63 | 9336.44 | 48013.79 | 7404.63 | 467.80 |
| 2007 | 888.53 | 12073.38 | 54857.86 | 5387.05 | 452.36 |
| 2008 | 749.40 | 15853.65 | 55945.10 | 4583.95 | 517.70 |
| 2009 | 683.51 | 18215.07 | 68193.37 | 4152.51 | 421.02 |
| 2010 | 181.09 | 24584.46 | 99827.36 | 3137.97 | 534.82 |
| 2011 | 268.13 | 32036.93 | 113257.71 | 3034.04 | 655.05 |
| 2012 | 263.57 | 31806.71 | 118154.57 | 2829.08 | 609.69 |
| 2013 | 172.08 | 35348.41 | 152343.90 | 2698.53 | 698.20 |
| 2014 | 175.18 | 35079.63 | 168202.75 | 2148.15 | 712.90 |
| 2015 | 168.04 | 31418.70 | 181261.40 | 1880.30 | 734.20 |
| 2016 | 178.48 | 29008.51 | 205819.34 | 1457.69 | 684.41 |

# 1-15 主要工业产品产量(2016年、2015年)

| 产品名称 | 计量单位 | 2016年 | 2015年 |
|---|---|---|---|
| 铁矿石原矿 | 万吨 | 127173.09 | 138128.90 |
| 硫铁矿石(折含硫35%) | 万吨 | 1466.21 | 1651.60 |
| 磷矿石(折含五氧化二磷30%) | 万吨 | 14439.81 | 14203.70 |
| 原盐 | 万吨 | 6620.10 | 6665.54 |
| 饲料 | 万吨 | 29051.57 | 27775.30 |
| 精制食用植物油 | 万吨 | 6907.54 | 6734.30 |
| 成品糖 | 万吨 | 1443.30 | 1474.11 |
| 鲜、冷藏肉 | 万吨 | 3637.06 | 3761.20 |
| 乳制品 | 万吨 | 2993.23 | 2782.60 |
| 罐头 | 万吨 | 1394.86 | 1309.93 |
| 饮料酒 | 万千升 | 6274.20 | 6412.50 |
| #白酒(折65度，商品量) | 万千升 | 1358.36 | 1312.80 |
| 啤酒 | 万千升 | 4506.44 | 4715.60 |
| 葡萄酒 | 万千升 | 113.74 | 114.80 |
| 软饮料 | 万吨 | 18345.24 | 17661.10 |
| 卷烟 | 亿支 | 23825.76 | 25890.70 |
| 纱 | 万吨 | 3732.60 | 3538.00 |
| 布 | 亿米 | 906.75 | 892.58 |
| #棉布 | 亿米 | 392.60 | 390.12 |
| 印染布 | 亿米 | 533.70 | 509.50 |
| 绒线(俗称毛线) | 万吨 | 41.20 | 40.40 |
| 毛机织物(呢绒) | 万米 | 46388.12 | 63326.10 |
| 蚕丝 | 吨 | 151359.87 | 172113.90 |
| 蚕丝及交织机织物(含蚕丝≥50%) | 万米 | 65797.43 | 62410.90 |
| 无纺布(无纺织物) | 万吨 | 463.10 | 442.80 |
| 服装 | 万件 | 2983668.05 | 3082722.80 |
| 鞋 | 万双 | 902724.01 | 834017.70 |
| #皮革鞋靴 | 万双 | 461815.73 | 455800.30 |
| 人造板 | 万立方米 | 31922.16 | 31043.20 |
| #胶合板 | 万立方米 | 19278.96 | 18354.90 |
| 家具 | 万件 | 79464.15 | 76961.70 |
| 机制纸及纸板(外购原纸加工除外) | 万吨 | 12319.22 | 11742.77 |
| #新闻纸 | 万吨 | 291.90 | 332.14 |
| 纸制品 | 万吨 | 7190.28 | 7037.70 |
| 硫酸(折100%) | 万吨 | 9133.03 | 8975.70 |
| 盐酸(氯化氢，含量31%) | 万吨 | 867.35 | 845.00 |
| 浓硝酸(折100%) | 万吨 | 273.73 | 276.70 |
| 烧碱(折100%) | 万吨 | 3201.68 | 3020.66 |
| 纯碱(碳酸钠) | 万吨 | 2584.98 | 2591.80 |
| 碳化钙(电石，折300升/千克) | 万吨 | 2564.78 | 2482.50 |
| 乙烯 | 万吨 | 1781.14 | 1714.60 |
| 纯苯 | 万吨 | 805.22 | 782.90 |
| 冰乙酸(冰醋酸) | 万吨 | 594.66 | 586.80 |
| 合成氨(无水氨) | 万吨 | 5708.27 | 5791.40 |

1-15 续表 1

| 产品名称 | 计量单位 | 2016年 | 2015年 |
|---|---|---|---|
| 农用氮、磷、钾化学肥料(折纯) | 万吨 | 6629.62 | 7431.99 |
| #1.氮肥(折含氮100%) | 万吨 | 4105.47 | 4970.57 |
| #尿素(折含氮100%) | 万吨 | 2950.30 | 3446.70 |
| 2.磷肥(折五氧化二磷100%) | 万吨 | 1859.11 | 1857.20 |
| 3.钾肥(折氯化钾100%) | 万吨 | 665.02 | 604.47 |
| 化学农药原药(折有效成分100%) | 万吨 | 320.97 | 374.00 |
| 涂料 | 万吨 | 1899.78 | 1717.60 |
| 初级形态塑料 | 万吨 | 8307.81 | 7807.66 |
| 合成橡胶 | 万吨 | 559.97 | 534.17 |
| 合成纤维单体 | 万吨 | 3770.27 | 3636.80 |
| 合成纤维聚合物 | 万吨 | 1653.18 | 1678.23 |
| 合成洗涤剂 | 万吨 | 1338.01 | 1311.08 |
| 化学药品原药 | 万吨 | 340.83 | 334.81 |
| 中成药 | 万吨 | 374.60 | 350.35 |
| 化学纤维 | 万吨 | 4886.36 | 4831.71 |
| #人造纤维(纤维素纤维) | 万吨 | 401.54 | 385.20 |
| 合成纤维 | 万吨 | 4484.69 | 4446.37 |
| 橡胶轮胎外胎 | 万条 | 94974.05 | 92831.39 |
| 塑料制品 | 万吨 | 7717.52 | 7566.78 |
| #农用薄膜 | 万吨 | 241.86 | 237.10 |
| 水泥 | 万吨 | 241030.98 | 235918.83 |
| 商品混凝土 | 万立方米 | 179210.69 | 164131.10 |
| 砖 | 亿块 | 5677.94 | 5413.90 |
| 瓦 | 亿片 | 137.77 | 128.50 |
| 瓷质砖 | 万平方米 | 836083.62 | 820406.90 |
| 陶质砖 | 万平方米 | 271529.28 | 251301.80 |
| 平板玻璃 | 万重量箱 | 80408.45 | 78651.63 |
| 钢化玻璃 | 万平方米 | 53055.45 | 45518.00 |
| 夹层玻璃 | 万平方米 | 8969.25 | 8639.80 |
| 中空玻璃 | 万平方米 | 10073.75 | 11987.40 |
| 卫生陶瓷制品 | 万件 | 20843.14 | 19894.10 |
| 生铁 | 万吨 | 70227.33 | 69141.30 |
| 粗钢 | 万吨 | 80760.94 | 80382.50 |
| 钢材 | 万吨 | 113460.74 | 112349.60 |
| #铁道用钢材 | 万吨 | 457.64 | 483.80 |
| #轻轨 | 万吨 | 72.86 | 87.30 |
| 重轨 | 万吨 | 348.56 | 359.70 |
| 大型型钢 | 万吨 | 1551.74 | 1435.70 |
| 中小型型钢 | 万吨 | 5159.33 | 5660.40 |
| 棒材 | 万吨 | 7095.78 | 7131.00 |
| 钢筋 | 万吨 | 19955.28 | 20430.60 |
| 线材(盘条) | 万吨 | 14158.75 | 14723.30 |
| 特厚板 | 万吨 | 748.84 | 770.50 |

1-15 续表 2

| 产品名称 | 计量单位 | 2016年 | 2015年 |
|---|---|---|---|
| 厚钢板 | 万吨 | 2530.36 | 2542.50 |
| 中板 | 万吨 | 3581.38 | 4019.90 |
| 热轧薄板 | 万吨 | 1140.62 | 777.60 |
| 冷轧薄板 | 万吨 | 3858.93 | 3820.80 |
| 中厚宽钢带 | 万吨 | 13188.47 | 12334.80 |
| 热轧薄宽钢带 | 万吨 | 5777.11 | 5417.50 |
| 冷轧薄宽钢带 | 万吨 | 5345.63 | 4560.80 |
| 热轧窄钢带 | 万吨 | 6578.05 | 6363.20 |
| 冷轧窄钢带 | 万吨 | 1329.35 | 1350.70 |
| 镀层板(带) | 万吨 | 5922.90 | 5210.10 |
| 涂层板(带) | 万吨 | 870.96 | 809.90 |
| 电工钢板(带) | 万吨 | 904.09 | 880.90 |
| 无缝钢管 | 万吨 | 2735.34 | 2857.70 |
| 焊接钢管 | 万吨 | 7016.41 | 6969.50 |
| 铁合金 | 万吨 | 3554.65 | 3666.40 |
| 十种有色金属 | 万吨 | 5345.11 | 5155.82 |
| #精炼铜(电解铜) | 万吨 | 843.63 | 796.20 |
| 铅 | 万吨 | 424.28 | 385.90 |
| 锌 | 万吨 | 627.35 | 615.40 |
| 镍 | 万吨 | 21.84 | 23.21 |
| 锡 | 万吨 | 18.27 | 16.69 |
| 原铝(电解铝) | 万吨 | 3264.53 | 3141.00 |
| 镁 | 万吨 | 91.03 | 85.30 |
| 氧化铝 | 万吨 | 6090.60 | 5897.90 |
| 单一稀土金属 | 万千克 | 3036.39 | 2893.50 |
| 铝合金 | 万吨 | 749.82 | 629.70 |
| 铜材 | 万吨 | 2095.99 | 1913.70 |
| 铝材 | 万吨 | 5718.87 | 5236.40 |
| 金属切削工具 | 万件 | 893571.22 | 882902.70 |
| 金属集装箱 | 万立方米 | 9986.25 | 11516.00 |
| 锻件 | 万吨 | 1219.22 | 1198.21 |
| 电站锅炉 | 万蒸发量吨 | 36.87 | 43.50 |
| 工业锅炉 | 蒸发量吨 | 458103.74 | 438878.10 |
| 发动机 | 万千瓦 | 226001.13 | 203179.40 |
| #汽车用发动机 | 万千瓦 | 197308.44 | 174919.70 |
| 电站用汽轮机 | 万千瓦 | 7758.10 | 7666.80 |
| 燃气轮机 | 万千瓦 | 266.88 | 329.70 |
| 电站水轮机 | 万千瓦 | 218.98 | 204.70 |
| 金属切削机床 | 万台 | 67.28 | 75.50 |
| #数控金属切削机床 | 万台 | 24.57 | 23.30 |
| 金属成形机床 | 万台 | 30.36 | 30.60 |
| 铸造机械 | 万台 | 224.35 | 189.32 |
| 电焊机 | 万台 | 677.13 | 571.90 |
| 起重机 | 万吨 | 984.80 | 1121.19 |
| 电动车辆(电动叉车) | 万台 | 19.46 | 18.40 |

1-15 续表 3

| 产品名称 | 计量单位 | 2016年 | 2015年 |
|---|---|---|---|
| 内燃叉车 | 万台 | 25.46 | 23.30 |
| 输送机械(输送机和提升机) | 万吨 | 251.41 | 267.50 |
| 电梯、自动扶梯及升降机 | 万台 | 63.78 | 60.23 |
| 泵 | 万台 | 12073.70 | 11749.10 |
| 气体压缩机 | 万台 | 35937.11 | 32526.60 |
| 阀门 | 万吨 | 910.29 | 994.20 |
| 齿轮 | 万吨 | 274.01 | 258.10 |
| 风机 | 万台 | 2364.86 | 1816.80 |
| 气体分离及液化设备 | 台 | 50203.00 | 60948.00 |
| 电动手提式工具 | 万台 | 25404.62 | 24600.80 |
| 包装专用设备 | 台 | 104245.00 | 100507.00 |
| 照相机 | 万台 | 2306.77 | 2845.40 |
| #数码照相机 | 万台 | 1527.27 | 1922.70 |
| 复印和胶版印制设备 | 万台 | 684.41 | 734.20 |
| 自动柜员机(ATM机) | 万台 | 17.12 | 20.07 |
| 减速机 | 万台 | 581.77 | 592.20 |
| 矿山专用设备 | 万吨 | 794.85 | 730.00 |
| 石油钻井设备 | 台(套) | 213742.00 | 235078.00 |
| 挖掘、铲土运输机械 | 台 | 261225.00 | 259961.00 |
| #挖掘机 | 台 | 111395.00 | 92592.00 |
| 装载机 | 台 | 112086.00 | 128500.00 |
| 压实机械 | 台 | 31460.00 | 34721.00 |
| 水泥专用设备 | 吨 | 865540.31 | 798050.70 |
| 混凝土机械 | 台 | 413409.00 | 393756.00 |
| 金属冶炼设备 | 吨 | 546059.51 | 655542.90 |
| 金属轧制设备 | 吨 | 490007.44 | 512186.30 |
| 炼油、化工生产专用设备 | 万吨 | 186.73 | 217.30 |
| 饲料生产专用设备 | 台 | 477227.00 | 517489.00 |
| 印刷专用设备 | 吨 | 173814.47 | 135741.70 |
| 大中型拖拉机 | 万台 | 61.84 | 68.82 |
| 小型拖拉机 | 万台 | 106.90 | 140.10 |
| 收获机械 | 台 | 684531.00 | 827101.00 |
| 环境污染防治专用设备 | 台(套) | 866749.00 | 629055.00 |
| #大气污染防治设备 | 台(套) | 490737.00 | 354074.00 |
| 自动售货机、售票机 | 台 | 43580.00 | 40457.00 |
| 工业机器人 | 套 | 72426.00 | 55549.00 |
| 汽车 | 万辆 | 2811.91 | 2450.35 |
| #基本型乘用车(轿车) | 万辆 | 1211.12 | 1162.97 |
| 多功能乘用车(MPV) | 万辆 | 221.49 | 205.77 |
| 运动型多用途乘用车(SUV) | 万辆 | 914.39 | 602.43 |
| 客车 | 万辆 | 60.85 | 80.42 |
| 载货汽车 | 万辆 | 301.24 | 272.92 |
| #新能源汽车 | 万辆 | 45.89 | 32.78 |
| 改装汽车 | 万辆 | 146.08 | 134.20 |
| 铁路机车 | 辆 | 1292.00 | 1979.00 |
| 动车组 | 辆 | 3474.00 | 3666.00 |
| 铁路客车 | 辆 | 1303.00 | 2572.00 |
| 铁路货车 | 辆 | 24590.00 | 27264.00 |
| 民用钢质船舶 | 万载重吨 | 4255.51 | 4843.71 |
| 摩托车整车 | 万辆 | 2390.69 | 2502.80 |

1-15 续表 4

| 产品名称 | 计量单位 | 2016年 | 2015年 |
|---|---|---|---|
| 两轮脚踏自行车 | 万辆 | 6615.22 | 6882.24 |
| 电动自行车 | 万辆 | 3214.98 | 3003.10 |
| 发电机组(发电设备) | 万千瓦 | 13119.78 | 12431.38 |
| #水轮发电机组 | 万千瓦 | 1407.14 | 1727.90 |
| 汽轮发电机组 | 万千瓦 | 8715.41 | 7373.90 |
| 风力发电机组 | 万千瓦 | 2553.38 | 2924.02 |
| 交流电动机 | 万千瓦 | 27764.76 | 28258.00 |
| 变压器 | 万千伏安 | 166476.05 | 165398.00 |
| 电力电缆 | 万千米 | 4635.39 | 5582.00 |
| 光缆 | 万芯千米 | 32949.22 | 31014.75 |
| 锂离子电池 | 万只(自然只) | 784158.08 | 559778.30 |
| 太阳能电池(光伏电池) | 万千瓦 | 7680.97 | 5382.10 |
| 家用电冰箱(家用冷冻冷藏箱) | 万台 | 8481.57 | 7992.75 |
| 家用冷柜(家用冷冻箱) | 万台 | 2147.97 | 2225.30 |
| 房间空气调节器 | 万台 | 14342.37 | 14200.35 |
| 家用电风扇 | 万台 | 17631.87 | 17173.56 |
| 家用吸排油烟机 | 万台 | 3180.31 | 3046.39 |
| 电饭锅 | 万个 | 34595.71 | 32237.80 |
| 微波炉 | 万台 | 10325.85 | 8774.90 |
| 家用洗衣机 | 万台 | 7620.85 | 7274.50 |
| 家用电热水器 | 万台 | 3909.66 | 3958.70 |
| 家用吸尘器 | 万台 | 8765.79 | 8703.60 |
| 家用燃气热水器 | 万台 | 1782.57 | 1492.10 |
| 电子计算机整机 | 万台 | 33144.34 | 36043.50 |
| #微型计算机设备 | 万台 | 29008.51 | 31418.70 |
| #笔记本计算机 | 万台 | 16498.14 | 17436.03 |
| 显示器 | 万台 | 19727.80 | 17365.40 |
| 打印机 | 万台 | 5021.10 | 5425.70 |
| 程控交换机 | 万线 | 1457.69 | 1880.30 |
| #数字程控交换机 | 万线 | 762.41 | 1118.60 |
| 电话单机 | 万部 | 10524.80 | 11664.70 |
| 移动通信基站设备 | 万信道 | 34083.60 | 30659.60 |
| 传真机 | 万部 | 178.48 | 168.04 |
| 移动通信手持机(手机) | 万台 | 205819.34 | 181261.40 |
| #智能手机 | 万台 | 153764.05 | 139943.11 |
| 彩色电视机 | 万台 | 15769.64 | 14475.73 |
| #液晶电视机 | 万台 | 15713.60 | 14391.93 |
| #智能电视 | 万台 | 9310.06 | 8383.49 |
| 组合音响 | 万台 | 9037.85 | 9665.90 |
| 数字激光音、视盘机 | 万台 | 15858.47 | 16705.40 |
| 电视接收机顶盒 | 万台 | 12816.30 | 10386.90 |
| 半导体分立器件 | 亿只 | 6433.15 | 5780.40 |
| 集成电路 | 亿块 | 1317.95 | 1087.20 |
| 光电子器件 | 亿只(片、套) | 9301.14 | 6394.47 |
| 电子元件 | 亿只 | 37455.16 | 34394.30 |
| 电工仪器仪表 | 万台 | 20091.30 | 17717.20 |
| 汽车仪器仪表 | 万台 | 5551.08 | 5219.40 |
| 钟 | 万只 | 13538.07 | 12847.00 |
| 表 | 万只 | 16186.61 | 18024.21 |

# 1-16 全国规模以上工业主要产品生产能力(2016年、2015年)

| 产品名称 | 计量单位 | 2016年 | 2015年 |
|---|---|---|---|
| 天然原油 | 万吨 | 20776.52 | 22082.89 |
| 卷烟 | 亿支 | 38585.23 | 38680.01 |
| 原油加工能力 | 万吨 | 70998.48 | 68940.87 |
| 焦炭 | 万吨 | 64601.63 | 65979.59 |
| 烧碱 | 万吨 | 3872.28 | 3694.57 |
| 碳化钙(电石,折 300升/千克) | 万吨 | 3342.26 | 3312.05 |
| 农用氮、磷、钾化学肥料总计(折纯) | 万吨 | 10235.77 | 10404.16 |
| 初级形态塑料 | 万吨 | 9927.33 | 9241.50 |
| 化学纤维 | 万吨 | 5612.33 | 5482.07 |
| 水泥 | 万吨 | 343645.94 | 344190.83 |
| 平板玻璃 | 万重量箱 | 99260.47 | 96984.06 |
| 粗钢 | 万吨 | 107332.91 | 112688.17 |
| 钢材 | 万吨 | 151655.16 | 154389.91 |
| 原铝(电解铝) | 万吨 | 3744.39 | 3701.92 |
| 金属切削机床 | 万台 | 91.21 | 116.58 |
| 汽车 | 万辆 | 3445.37 | 3341.12 |
| 家用电冰箱 | 万台 | 12584.33 | 12150.79 |
| 房间空气调节器 | 万台 | 24047.23 | 23575.62 |
| 微型计算机设备 | 万台 | 46848.50 | 49418.78 |
| 移动通信手持机(手机) | 万台 | 268313.71 | 245468.76 |
| 彩色电视机 | 万台 | 23479.10 | 21888.37 |
| 发电设备容量总计 | 万千瓦 | 154594.50 | 143630.43 |
| #火电设备容量 | 万千瓦 | 105345.00 | 99232.01 |
| 水电设备容量 | 万千瓦 | 28970.57 | 28446.94 |
| 核电设备容量 | 万千瓦 | 3364.43 | 2643.95 |
| 风电设备容量 | 万千瓦 | 12656.53 | 10244.89 |

# 二、分行业数据

# 2-1 规模以上工业企业

| 行　业 | 企业单位数(个) | 工业销售产值(当年价格) | 出口交货值 | 资产总计 |
|---|---|---|---|---|
| **总　计** | **378599** | **1151950.07** | **117842.74** | **1085865.94** |
| **采矿业** | **12546** | **46200.00** | **78.39** | **95769.18** |
| 煤炭开采和洗选业 | 5049 | 19843.01 | 20.14 | 53371.26 |
| 烟煤和无烟煤开采洗选 | 4842 | 18639.40 | 18.78 | 51000.40 |
| 褐煤开采洗选 | 166 | 1129.80 | 1.12 | 2235.69 |
| 其他煤炭采选 | 41 | 73.82 | 0.24 | 135.17 |
| 石油和天然气开采业 | 136 | 6774.18 | 8.18 | 19995.66 |
| 石油开采 | 87 | 5119.07 | 0.97 | 16860.82 |
| 天然气开采 | 49 | 1655.11 | 7.21 | 3134.83 |
| 黑色金属矿采选业 | 1878 | 6213.82 | 2.83 | 9674.29 |
| 铁矿采选 | 1734 | 5815.60 | 2.45 | 9395.35 |
| 锰矿、铬矿采选 | 106 | 221.33 | 0.38 | 166.44 |
| 其他黑色金属矿采选 | 38 | 176.88 | | 112.50 |
| 有色金属矿采选业 | 1655 | 6322.35 | 22.67 | 5884.61 |
| 常用有色金属矿采选 | 973 | 2588.05 | 6.27 | 2937.13 |
| 铜矿采选 | 257 | 694.75 | 0.04 | 1051.29 |
| 铅锌矿采选 | 417 | 1176.72 | 2.39 | 1159.55 |
| 镍钴矿采选 | 17 | 69.14 | | 79.18 |
| 锡矿采选 | 33 | 85.29 | 0.38 | 169.42 |
| 锑矿采选 | 24 | 41.17 | | 24.21 |
| 铝矿采选 | 95 | 328.97 | 0.73 | 266.23 |
| 镁矿采选 | 50 | 30.06 | 2.73 | 65.24 |
| 其他常用有色金属矿采选 | 80 | 161.96 | | 122.02 |
| 贵金属矿采选 | 422 | 2759.38 | 9.11 | 2044.43 |
| 金矿采选 | 394 | 2644.62 | 9.11 | 1977.37 |
| 银矿采选 | 26 | 110.83 | | 66.12 |
| 稀有稀土金属矿采选 | 260 | 974.91 | 7.29 | 903.05 |
| 钨钼矿采选 | 218 | 848.74 | 7.21 | 745.46 |
| 稀土金属矿采选 | 22 | 73.18 | 0.05 | 96.08 |
| 其他稀有金属矿采选 | 19 | 50.38 | 0.04 | 60.87 |
| 非金属矿采选业 | 3634 | 5603.91 | 22.05 | 3995.55 |
| 土砂石开采 | 2742 | 3923.34 | 13.60 | 1938.26 |
| 石灰石、石膏开采 | 751 | 1005.78 | 5.26 | 511.56 |
| 建筑装饰用石开采 | 619 | 814.69 | 2.69 | 452.81 |
| 耐火土石开采 | 303 | 459.93 | 2.69 | 229.68 |
| 粘土及其他土砂石开采 | 1069 | 1642.95 | 2.96 | 744.21 |
| 化学矿开采 | 316 | 637.62 | 0.81 | 785.96 |
| 采盐 | 109 | 344.36 | 1.47 | 793.14 |
| 石棉及其他非金属矿采选 | 467 | 698.59 | 6.18 | 478.20 |
| 石棉、云母矿采选 | 16 | 29.74 | 0.68 | 19.62 |
| 石墨、滑石采选 | 96 | 220.09 | 2.96 | 210.28 |
| 宝石、玉石采选 | 8 | 5.55 | | 36.27 |
| 其他未列明非金属矿采选 | 347 | 443.21 | 2.54 | 212.03 |
| 开采辅助活动 | 168 | 1412.00 | 2.52 | 2825.78 |
| 煤炭开采和洗选辅助活动 | 10 | 11.29 | | 10.11 |
| 石油和天然气开采辅助活动 | 154 | 1392.08 | 2.52 | 2814.21 |
| 其他开采辅助活动 | 4 | 8.63 | | 1.46 |
| 其他采矿业 | 26 | 30.73 | | 22.03 |
| **制造业** | **355518** | **1041824.16** | **117590.43** | **835602.89** |
| 农副食品加工业 | 26011 | 68857.76 | 2836.34 | 33924.50 |

# 主要经济指标(大、中、小类行业)

单位：亿元

| 固定资产合计 | 固定资产原价 | 累计折旧 | 流动资产合计 | 应收账款 | 存货 | 产成品 |
|---|---|---|---|---|---|---|
| **390279.36** | **650592.73** | **286223.98** | **500852.80** | **126847.19** | **106962.71** | **40492.79** |
| **41646.06** | **69311.81** | **32821.13** | **30504.37** | **4735.51** | **3503.70** | **1515.16** |
| 18925.61 | 27025.96 | 11003.05 | 18929.41 | 2692.54 | 2006.43 | 846.32 |
| 18086.51 | 25947.91 | 10607.17 | 18201.75 | 2575.83 | 1933.19 | 796.29 |
| 782.87 | 1011.02 | 380.29 | 685.61 | 112.16 | 68.21 | 46.04 |
| 56.24 | 67.03 | 15.59 | 42.04 | 4.54 | 5.04 | 4.00 |
| 15048.87 | 30425.78 | 16890.71 | 2909.66 | 258.77 | 230.10 | 94.62 |
| 13200.45 | 27310.83 | 15448.79 | 2370.56 | 190.06 | 195.03 | 88.79 |
| 1848.42 | 3114.95 | 1441.91 | 539.09 | 68.71 | 35.07 | 5.83 |
| 2895.26 | 4527.54 | 1856.16 | 3483.81 | 623.07 | 386.60 | 201.87 |
| 2797.24 | 4387.04 | 1800.80 | 3380.78 | 605.60 | 364.21 | 186.33 |
| 45.56 | 57.88 | 24.21 | 75.50 | 14.59 | 11.43 | 7.50 |
| 52.45 | 82.62 | 31.16 | 27.53 | 2.88 | 10.96 | 8.04 |
| 2285.72 | 3056.38 | 1055.89 | 2090.49 | 266.38 | 449.30 | 202.11 |
| 1019.52 | 1396.26 | 502.11 | 1076.72 | 165.49 | 194.57 | 91.48 |
| 400.64 | 575.20 | 214.04 | 303.44 | 39.36 | 59.04 | 31.62 |
| 410.00 | 553.47 | 203.46 | 440.94 | 71.83 | 67.85 | 31.22 |
| 24.53 | 32.27 | 9.54 | 21.22 | 2.82 | 10.43 | 2.88 |
| 36.01 | 55.11 | 26.07 | 89.23 | 9.45 | 7.28 | 2.04 |
| 8.18 | 12.68 | 4.85 | 9.18 | 1.12 | 4.16 | 3.38 |
| 93.61 | 102.52 | 21.70 | 113.58 | 20.66 | 23.14 | 10.45 |
| 9.73 | 17.64 | 9.00 | 46.03 | 13.98 | 9.01 | 4.05 |
| 36.82 | 47.37 | 13.44 | 53.11 | 6.28 | 13.65 | 5.84 |
| 874.24 | 1122.94 | 365.64 | 703.39 | 65.53 | 164.57 | 58.11 |
| 846.53 | 1089.22 | 353.14 | 672.56 | 64.27 | 159.11 | 54.18 |
| 27.29 | 33.25 | 12.45 | 30.41 | 1.18 | 5.45 | 3.92 |
| 391.97 | 537.18 | 188.15 | 310.37 | 35.35 | 90.16 | 52.52 |
| 341.01 | 460.32 | 162.14 | 248.63 | 26.80 | 69.48 | 40.89 |
| 24.07 | 32.39 | 8.71 | 35.62 | 6.27 | 10.75 | 8.89 |
| 26.25 | 43.83 | 17.24 | 26.11 | 2.28 | 9.93 | 2.74 |
| 1421.86 | 2070.33 | 834.83 | 1692.52 | 312.91 | 263.46 | 157.57 |
| 783.11 | 1218.90 | 501.46 | 755.05 | 177.98 | 121.17 | 77.16 |
| 209.80 | 381.61 | 188.48 | 199.14 | 55.26 | 23.57 | 14.68 |
| 174.16 | 237.97 | 86.36 | 172.49 | 33.17 | 27.41 | 20.13 |
| 95.27 | 153.32 | 62.03 | 92.28 | 18.12 | 18.03 | 10.01 |
| 303.87 | 445.99 | 164.59 | 291.14 | 71.43 | 52.15 | 32.35 |
| 189.63 | 277.74 | 100.55 | 367.63 | 67.38 | 66.20 | 35.43 |
| 306.07 | 375.43 | 160.83 | 375.04 | 31.57 | 42.88 | 23.70 |
| 143.05 | 198.26 | 71.99 | 194.81 | 35.98 | 33.22 | 21.27 |
| 8.84 | 13.32 | 6.29 | 8.39 | 0.77 | 2.94 | 2.14 |
| 57.03 | 83.10 | 34.96 | 95.55 | 12.70 | 10.11 | 5.71 |
| 2.98 | 4.08 | 1.25 | 6.89 | 0.27 | 4.03 | 3.96 |
| 74.20 | 97.77 | 29.48 | 83.98 | 22.25 | 16.13 | 9.47 |
| 1058.47 | 2190.24 | 1174.81 | 1390.39 | 579.27 | 166.16 | 12.12 |
| 3.48 | 5.76 | 2.27 | 6.35 | 1.37 | 1.80 | 1.47 |
| 1054.51 | 2183.54 | 1172.30 | 1383.08 | 577.57 | 164.18 | 10.52 |
| 0.47 | 0.94 | 0.24 | 0.96 | 0.33 | 0.19 | 0.12 |
| 10.27 | 15.58 | 5.68 | 8.10 | 2.57 | 1.65 | 0.55 |
| **257172.48** | **434227.83** | **194742.67** | **444882.47** | **117887.96** | **101856.08** | **38823.32** |
| 11859.17 | 20975.05 | 10101.27 | 17230.77 | 2826.78 | 4968.92 | 2156.74 |

2-1 续表 1

| 行　　业 | 企业单位数（个） | 工业销售产值（当年价格） | 出口交货值 | 资产总计 |
|---|---|---|---|---|
| 谷物磨制 | 6679 | 14387.00 | 35.30 | 5478.07 |
| 饲料加工 | 4241 | 11724.72 | 46.29 | 4675.32 |
| 植物油加工 | 2090 | 10489.20 | 54.76 | 5512.26 |
| 食用植物油加工 | 1945 | 10228.83 | 50.56 | 5385.88 |
| 非食用植物油加工 | 145 | 260.38 | 4.20 | 126.38 |
| 制糖业 | 281 | 1037.93 | 0.45 | 1586.70 |
| 屠宰及肉类加工 | 4069 | 14010.16 | 218.27 | 6856.66 |
| 牲畜屠宰 | 1381 | 5929.44 | 36.60 | 2642.00 |
| 禽类屠宰 | 771 | 3379.13 | 71.83 | 1680.16 |
| 肉制品及副产品加工 | 1917 | 4701.59 | 109.83 | 2534.50 |
| 水产品加工 | 2203 | 5558.61 | 1461.33 | 3176.65 |
| 水产品冷冻加工 | 1448 | 3884.70 | 1273.20 | 2365.95 |
| 鱼糜制品及水产品干腌制加工 | 409 | 797.00 | 136.23 | 347.54 |
| 水产饲料制造 | 204 | 600.60 | 3.15 | 284.44 |
| 鱼油提取及制品制造 | 17 | 34.64 | 3.20 | 16.79 |
| 其他水产品加工 | 125 | 241.67 | 45.55 | 161.93 |
| 蔬菜、水果和坚果加工 | 3603 | 5873.91 | 761.25 | 3036.48 |
| 蔬菜加工 | 2308 | 3889.86 | 547.65 | 1834.87 |
| 水果和坚果加工 | 1295 | 1984.04 | 213.60 | 1201.61 |
| 其他农副食品加工 | 2845 | 5776.24 | 258.70 | 3602.36 |
| 淀粉及淀粉制品制造 | 855 | 2794.46 | 63.47 | 2047.67 |
| 豆制品制造 | 654 | 884.81 | 32.63 | 436.82 |
| 蛋品加工 | 209 | 307.37 | 4.48 | 141.06 |
| 其他未列明农副食品加工 | 1127 | 1789.60 | 158.12 | 976.80 |
| 食品制造业 | 9043 | 23544.40 | 1114.45 | 15496.83 |
| 焙烤食品制造 | 1639 | 3151.54 | 34.72 | 1798.62 |
| 糕点、面包制造 | 889 | 1254.16 | 16.43 | 875.76 |
| 饼干及其他焙烤食品制造 | 750 | 1897.38 | 18.29 | 922.86 |
| 糖果、巧克力及蜜饯制造 | 812 | 1850.91 | 143.10 | 1219.81 |
| 糖果、巧克力制造 | 435 | 1227.24 | 76.28 | 866.10 |
| 蜜饯制作 | 377 | 623.67 | 66.82 | 353.71 |
| 方便食品制造 | 1618 | 3991.01 | 80.72 | 2282.28 |
| 米、面制品制造 | 675 | 1164.29 | 15.98 | 513.16 |
| 速冻食品制造 | 519 | 957.89 | 47.97 | 685.30 |
| 方便面及其他方便食品制造 | 424 | 1868.83 | 16.76 | 1083.82 |
| 乳制品制造 | 605 | 3222.60 | 5.78 | 2851.43 |
| 罐头食品制造 | 873 | 1790.44 | 308.82 | 926.16 |
| 肉、禽类罐头制造 | 106 | 304.87 | 25.22 | 140.35 |
| 水产品罐头制造 | 49 | 123.03 | 27.68 | 56.12 |
| 蔬菜、水果罐头制造 | 648 | 1216.38 | 251.98 | 665.12 |
| 其他罐头食品制造 | 70 | 146.16 | 3.94 | 64.57 |
| 调味品、发酵制品制造 | 1248 | 3142.45 | 156.05 | 2400.99 |
| 味精制造 | 77 | 467.44 | 9.40 | 457.16 |
| 酱油、食醋及类似制品制造 | 416 | 1070.17 | 15.07 | 774.29 |
| 其他调味品、发酵制品制造 | 755 | 1604.84 | 131.57 | 1169.54 |
| 其他食品制造 | 2248 | 6395.44 | 385.26 | 4017.54 |
| 营养食品制造 | 305 | 907.79 | 19.39 | 498.24 |
| 保健食品制造 | 380 | 1820.39 | 26.00 | 957.84 |
| 冷冻饮品及食用冰制造 | 181 | 394.59 | 1.25 | 209.11 |
| 盐加工 | 68 | 116.53 | 0.55 | 159.42 |

单位：亿元

| 固定资产合计 | 固定资产原价 | 累计折旧 | 流动资产合计 | | | |
|---|---|---|---|---|---|---|
| | | | | 应收账款 | 存货 | |
| | | | | | | 产成品 |
| 2190.54 | 4979.28 | 2898.44 | 2588.58 | 398.60 | 929.01 | 293.75 |
| 1536.56 | 2602.51 | 1222.24 | 2278.90 | 399.47 | 610.86 | 174.09 |
| 1395.37 | 2440.35 | 1145.45 | 3498.16 | 404.72 | 1120.14 | 490.54 |
| 1345.96 | 2360.44 | 1108.33 | 3446.00 | 393.57 | 1103.85 | 480.03 |
| 49.41 | 79.91 | 37.12 | 52.16 | 11.16 | 16.30 | 10.52 |
| 369.24 | 658.24 | 329.51 | 1026.30 | 111.76 | 141.50 | 85.19 |
| 2538.51 | 4008.38 | 1619.68 | 3247.85 | 519.28 | 733.97 | 390.74 |
| 885.11 | 1345.26 | 517.50 | 1329.91 | 204.85 | 239.66 | 160.73 |
| 693.90 | 1186.25 | 521.90 | 762.84 | 98.91 | 215.54 | 90.40 |
| 959.50 | 1476.87 | 580.28 | 1155.09 | 215.51 | 278.77 | 139.61 |
| 1092.04 | 1892.58 | 1018.94 | 1679.93 | 413.46 | 555.42 | 301.04 |
| 827.89 | 1457.89 | 819.12 | 1255.02 | 322.67 | 442.71 | 243.62 |
| 113.29 | 190.99 | 96.40 | 184.41 | 46.69 | 54.68 | 28.61 |
| 77.15 | 119.38 | 47.69 | 153.98 | 26.77 | 32.56 | 15.25 |
| 8.84 | 23.44 | 18.66 | 7.40 | 1.81 | 2.94 | 1.20 |
| 64.87 | 100.88 | 37.07 | 79.12 | 15.53 | 22.52 | 12.37 |
| 1194.75 | 1917.41 | 817.93 | 1419.63 | 312.22 | 435.03 | 200.85 |
| 752.25 | 1236.26 | 525.94 | 821.99 | 198.45 | 251.24 | 122.70 |
| 442.50 | 681.15 | 291.99 | 597.64 | 113.77 | 183.79 | 78.14 |
| 1542.15 | 2476.29 | 1049.09 | 1491.41 | 267.27 | 443.00 | 220.53 |
| 940.41 | 1457.35 | 586.12 | 772.36 | 113.52 | 213.11 | 101.09 |
| 188.96 | 295.99 | 122.61 | 197.26 | 35.66 | 56.60 | 24.15 |
| 60.21 | 93.31 | 36.72 | 60.65 | 15.22 | 16.41 | 9.19 |
| 352.58 | 629.65 | 303.64 | 461.15 | 102.87 | 156.88 | 86.10 |
| 5438.31 | 9038.97 | 3950.76 | 7475.01 | 1700.35 | 1552.12 | 715.69 |
| 700.37 | 1353.16 | 712.07 | 833.18 | 174.52 | 154.75 | 59.37 |
| 286.24 | 383.59 | 126.71 | 433.86 | 82.49 | 61.90 | 22.61 |
| 414.13 | 969.57 | 585.36 | 399.32 | 92.03 | 92.85 | 36.76 |
| 451.77 | 713.75 | 289.33 | 571.70 | 152.62 | 124.16 | 56.88 |
| 331.66 | 534.19 | 216.03 | 416.89 | 109.77 | 81.13 | 38.11 |
| 120.11 | 179.56 | 73.29 | 154.81 | 42.85 | 43.03 | 18.77 |
| 870.09 | 1385.93 | 546.32 | 1072.20 | 247.68 | 225.51 | 97.82 |
| 213.30 | 300.53 | 95.97 | 218.80 | 43.23 | 68.07 | 32.87 |
| 226.54 | 346.85 | 130.27 | 352.43 | 87.83 | 89.69 | 39.99 |
| 430.25 | 738.54 | 320.07 | 500.97 | 116.62 | 67.75 | 24.97 |
| 774.09 | 1390.96 | 672.51 | 1391.84 | 330.06 | 193.16 | 91.50 |
| 355.64 | 555.77 | 232.02 | 457.73 | 90.64 | 167.56 | 107.72 |
| 79.58 | 91.81 | 28.98 | 51.39 | 10.10 | 16.83 | 9.01 |
| 17.16 | 26.56 | 10.57 | 34.37 | 6.08 | 11.19 | 6.48 |
| 232.77 | 399.27 | 178.38 | 343.48 | 65.63 | 131.32 | 88.84 |
| 26.13 | 38.13 | 14.09 | 28.48 | 8.83 | 8.22 | 3.38 |
| 1010.69 | 1509.23 | 549.46 | 1049.49 | 180.53 | 259.86 | 99.52 |
| 190.84 | 256.56 | 82.35 | 173.47 | 44.59 | 36.00 | 12.00 |
| 326.97 | 465.78 | 152.24 | 357.86 | 39.50 | 89.25 | 26.04 |
| 492.87 | 786.90 | 314.88 | 518.16 | 96.43 | 134.60 | 61.48 |
| 1275.66 | 2130.17 | 949.05 | 2098.88 | 524.31 | 427.12 | 202.88 |
| 171.42 | 333.60 | 170.18 | 246.49 | 43.92 | 43.14 | 21.17 |
| 195.79 | 385.13 | 196.25 | 614.34 | 172.19 | 80.80 | 43.95 |
| 105.75 | 165.05 | 64.81 | 79.84 | 16.16 | 23.38 | 9.69 |
| 64.07 | 151.88 | 88.35 | 60.31 | 18.99 | 12.74 | 6.95 |

2-1 续表 2

| 行　　业 | 企业单位数(个) | 工业销售产值(当年价格) | 出口交货值 | 资产总计 |
|---|---|---|---|---|
| 食品及饲料添加剂制造 | 927 | 2253.90 | 257.21 | 1711.06 |
| 其他未列明食品制造 | 387 | 902.23 | 80.86 | 481.88 |
| 酒、饮料和精制茶制造业 | 6962 | 19034.28 | 256.21 | 16761.53 |
| 酒的制造 | 2760 | 10109.04 | 81.41 | 10620.05 |
| 酒精制造 | 127 | 818.50 | 3.56 | 663.69 |
| 白酒制造 | 1595 | 6341.62 | 54.81 | 6514.21 |
| 啤酒制造 | 448 | 1908.28 | 15.08 | 2238.23 |
| 黄酒制造 | 119 | 200.81 | 2.36 | 269.66 |
| 葡萄酒制造 | 241 | 461.88 | 5.15 | 483.29 |
| 其他酒制造 | 230 | 377.95 | 0.44 | 450.98 |
| 饮料制造 | 2113 | 6593.97 | 100.12 | 4864.77 |
| 碳酸饮料制造 | 181 | 776.97 | 1.44 | 535.48 |
| 瓶(罐)装饮用水制造 | 719 | 1421.51 | 6.26 | 973.54 |
| 果菜汁及果菜汁饮料制造 | 536 | 1333.74 | 71.67 | 1179.52 |
| 含乳饮料和植物蛋白饮料制造 | 292 | 1192.33 | 4.13 | 818.99 |
| 固体饮料制造 | 123 | 614.21 | 13.08 | 350.76 |
| 茶饮料及其他饮料制造 | 262 | 1255.20 | 3.55 | 1006.49 |
| 精制茶加工 | 2089 | 2331.28 | 74.67 | 1276.70 |
| 烟草制品业 | 128 | 8855.80 | 41.24 | 10210.17 |
| 烟叶复烤 | 39 | 183.13 |  | 391.58 |
| 卷烟制造 | 51 | 8543.71 | 34.31 | 9648.67 |
| 其他烟草制品制造 | 38 | 128.96 | 6.93 | 169.92 |
| 纺织业 | 19752 | 40287.42 | 3521.73 | 24522.83 |
| 棉纺织及印染精加工 | 10097 | 25584.72 | 1401.76 | 14872.06 |
| 棉纺纱加工 | 5243 | 15657.11 | 361.64 | 8572.86 |
| 棉织造加工 | 3316 | 6235.47 | 542.13 | 3741.08 |
| 棉印染精加工 | 1538 | 3692.13 | 498.00 | 2558.12 |
| 毛纺织及染整精加工 | 1114 | 2282.03 | 206.51 | 1687.02 |
| 毛条和毛纱线加工 | 645 | 1281.52 | 96.87 | 1023.44 |
| 毛织造加工 | 324 | 774.84 | 88.68 | 522.05 |
| 毛染整精加工 | 145 | 225.67 | 20.96 | 141.54 |
| 麻纺织及染整精加工 | 279 | 610.81 | 57.91 | 373.20 |
| 麻纤维纺前加工和纺纱 | 121 | 292.46 | 16.20 | 179.00 |
| 麻织造加工 | 154 | 310.57 | 40.58 | 187.49 |
| 麻染整精加工 | 4 | 7.77 | 1.13 | 6.71 |
| 丝绢纺织及印染精加工 | 788 | 1266.53 | 89.50 | 743.52 |
| 缫丝加工 | 367 | 761.75 | 37.45 | 358.67 |
| 绢纺和丝织加工 | 349 | 425.11 | 46.07 | 287.24 |
| 丝印染精加工 | 72 | 79.67 | 5.98 | 97.61 |
| 化纤织造及印染精加工 | 1266 | 1333.95 | 141.27 | 1062.57 |
| 化纤织造加工 | 1092 | 1079.38 | 120.94 | 842.86 |
| 化纤织物染整精加工 | 174 | 254.58 | 20.33 | 219.71 |
| 针织或钩针编织物及其制品制造 | 2327 | 3331.54 | 520.05 | 2369.03 |
| 针织或钩针编织物织造 | 1782 | 2526.20 | 427.07 | 1778.56 |
| 针织或钩针编织物印染精加工 | 145 | 275.15 | 11.90 | 243.24 |
| 针织或钩针编织品制造 | 400 | 530.19 | 81.08 | 347.24 |
| 家用纺织制成品制造 | 1904 | 2801.24 | 605.86 | 1554.10 |
| 床上用品制造 | 1030 | 1462.64 | 363.85 | 795.90 |
| 毛巾类制品制造 | 281 | 626.67 | 88.90 | 358.00 |

单位：亿元

| 固定资产合计 | 固定资产原价 | 累计折旧 | 流动资产合计 | 应收账款 | 存货 | 产成品 |
|---|---|---|---|---|---|---|
| 590.16 | 877.83 | 345.91 | 826.55 | 221.92 | 203.50 | 96.91 |
| 148.47 | 216.68 | 83.55 | 271.35 | 51.13 | 63.57 | 24.22 |
| 5426.99 | 8254.61 | 3405.01 | 8867.68 | 1052.98 | 2570.73 | 907.04 |
| 3123.43 | 4733.59 | 2018.40 | 6025.34 | 447.74 | 1957.19 | 613.93 |
| 326.90 | 455.24 | 199.19 | 281.20 | 40.74 | 80.23 | 20.85 |
| 1450.22 | 2228.12 | 952.30 | 4189.92 | 253.86 | 1374.75 | 455.68 |
| 983.82 | 1555.69 | 672.72 | 873.85 | 94.75 | 254.07 | 46.92 |
| 62.77 | 109.30 | 49.71 | 142.62 | 12.82 | 84.36 | 40.97 |
| 194.58 | 256.84 | 104.29 | 232.71 | 31.90 | 111.05 | 31.33 |
| 105.15 | 128.40 | 40.19 | 305.03 | 13.67 | 52.72 | 18.19 |
| 1875.03 | 2959.95 | 1207.64 | 2200.08 | 449.54 | 384.97 | 166.27 |
| 219.67 | 411.98 | 200.36 | 235.24 | 47.87 | 48.21 | 28.06 |
| 448.28 | 695.81 | 279.11 | 366.51 | 72.56 | 47.80 | 19.54 |
| 472.19 | 703.17 | 259.51 | 498.18 | 87.35 | 124.97 | 64.52 |
| 277.81 | 439.04 | 161.92 | 422.33 | 77.48 | 62.88 | 17.59 |
| 71.29 | 131.42 | 62.74 | 199.72 | 42.49 | 45.45 | 12.34 |
| 385.78 | 578.53 | 244.01 | 478.09 | 121.80 | 55.66 | 24.23 |
| 428.53 | 561.07 | 178.96 | 642.26 | 155.70 | 228.57 | 126.84 |
| 1488.62 | 2774.07 | 1501.20 | 7156.67 | 843.86 | 4578.94 | 281.02 |
| 105.04 | 179.00 | 89.68 | 254.89 | 20.93 | 52.37 | 48.46 |
| 1330.80 | 2516.95 | 1381.29 | 6799.24 | 785.21 | 4496.33 | 217.24 |
| 52.79 | 78.12 | 30.23 | 102.55 | 37.73 | 30.25 | 15.33 |
| 8976.09 | 15587.06 | 7273.49 | 12343.89 | 2675.48 | 3480.92 | 1488.12 |
| 5806.80 | 9945.46 | 4597.67 | 7147.49 | 1321.55 | 2033.11 | 825.80 |
| 3743.65 | 5772.03 | 2381.53 | 3815.02 | 543.91 | 1215.25 | 439.60 |
| 1183.44 | 2295.74 | 1169.07 | 2017.21 | 459.26 | 534.21 | 273.36 |
| 879.71 | 1877.69 | 1047.07 | 1315.26 | 318.37 | 283.66 | 112.84 |
| 472.38 | 959.96 | 534.62 | 990.67 | 238.82 | 380.26 | 164.34 |
| 271.03 | 489.28 | 252.81 | 629.76 | 152.95 | 248.58 | 114.58 |
| 150.07 | 341.46 | 201.37 | 287.52 | 66.09 | 107.19 | 41.77 |
| 51.29 | 129.21 | 80.44 | 73.39 | 19.77 | 24.49 | 7.99 |
| 152.67 | 232.12 | 85.53 | 173.87 | 34.45 | 61.37 | 33.20 |
| 79.77 | 114.35 | 38.83 | 81.03 | 12.69 | 25.82 | 12.37 |
| 69.94 | 112.46 | 44.37 | 90.19 | 21.21 | 34.82 | 20.71 |
| 2.97 | 5.30 | 2.34 | 2.64 | 0.54 | 0.73 | 0.11 |
| 219.55 | 364.00 | 157.88 | 394.46 | 80.58 | 135.06 | 64.31 |
| 108.50 | 179.15 | 81.34 | 190.43 | 30.86 | 73.69 | 31.79 |
| 84.82 | 142.56 | 59.68 | 163.29 | 39.86 | 54.31 | 29.47 |
| 26.23 | 42.28 | 16.86 | 40.74 | 9.85 | 7.07 | 3.04 |
| 363.03 | 594.48 | 246.49 | 577.87 | 154.11 | 151.71 | 76.68 |
| 269.79 | 434.95 | 175.20 | 484.78 | 127.02 | 132.12 | 69.41 |
| 93.25 | 159.53 | 71.29 | 93.09 | 27.09 | 19.59 | 7.27 |
| 787.55 | 1434.68 | 684.18 | 1219.56 | 349.15 | 280.44 | 129.55 |
| 514.48 | 1042.97 | 554.79 | 946.98 | 278.87 | 225.58 | 103.73 |
| 141.10 | 188.74 | 50.45 | 93.89 | 17.39 | 13.10 | 5.82 |
| 131.97 | 202.97 | 78.94 | 178.69 | 52.90 | 41.75 | 20.00 |
| 499.61 | 882.12 | 403.45 | 855.68 | 225.31 | 225.26 | 98.51 |
| 217.97 | 344.04 | 138.33 | 455.41 | 137.45 | 116.41 | 55.50 |
| 138.93 | 310.52 | 173.43 | 188.39 | 24.33 | 47.73 | 19.69 |

2-1 续表 3

| 行 业 | 企业单位数(个) | 工业销售产值(当年价格) | 出口交货值 | 资产总计 |
|---|---|---|---|---|
| 窗帘、布艺类产品制造 | 223 | 240.30 | 78.91 | 133.89 |
| 其他家用纺织制成品制造 | 370 | 471.62 | 74.20 | 266.32 |
| 非家用纺织制成品制造 | 1977 | 3076.61 | 498.87 | 1861.32 |
| 非织造布制造 | 907 | 1538.48 | 242.82 | 865.52 |
| 绳、索、缆制造 | 252 | 313.29 | 41.43 | 133.68 |
| 纺织带和帘子布制造 | 253 | 567.54 | 82.44 | 431.36 |
| 篷、帆布制造 | 216 | 252.64 | 81.36 | 164.23 |
| 其他非家用纺织制成品制造 | 349 | 404.66 | 50.81 | 266.53 |
| 纺织服装、服饰业 | 15445 | 23664.77 | 4748.25 | 13748.08 |
| 机织服装制造 | 10551 | 17824.37 | 3064.77 | 10306.14 |
| 针织或钩针编织服装制造 | 3423 | 4395.61 | 1373.28 | 2585.65 |
| 服饰制造 | 1471 | 1444.79 | 310.20 | 856.29 |
| 皮革、毛皮、羽毛及其制品和制鞋业 | 8727 | 15189.99 | 3382.59 | 7396.26 |
| 皮革鞣制加工 | 608 | 1834.76 | 85.47 | 915.99 |
| 皮革制品制造 | 2380 | 3394.29 | 882.72 | 1734.63 |
| 皮革服装制造 | 276 | 571.50 | 92.37 | 360.05 |
| 皮箱、包(袋)制造 | 1506 | 1778.36 | 586.38 | 803.67 |
| 皮手套及皮装饰制品制造 | 247 | 314.94 | 120.10 | 130.02 |
| 其他皮革制品制造 | 351 | 729.50 | 83.88 | 440.89 |
| 毛皮鞣制及制品加工 | 618 | 961.21 | 160.41 | 438.52 |
| 毛皮鞣制加工 | 145 | 326.14 | 17.80 | 143.11 |
| 毛皮服装加工 | 262 | 331.25 | 65.42 | 159.91 |
| 其他毛皮制品加工 | 211 | 303.83 | 77.19 | 135.49 |
| 羽毛(绒)加工及制品制造 | 532 | 1055.32 | 119.61 | 480.34 |
| 羽毛(绒)加工 | 270 | 520.80 | 33.47 | 250.14 |
| 羽毛(绒)制品加工 | 262 | 534.51 | 86.14 | 230.20 |
| 制鞋业 | 4589 | 7944.41 | 2134.38 | 3826.78 |
| 纺织面料鞋制造 | 607 | 1058.70 | 210.34 | 434.61 |
| 皮鞋制造 | 2614 | 4836.19 | 1377.67 | 2578.53 |
| 塑料鞋制造 | 597 | 858.68 | 256.32 | 245.91 |
| 橡胶鞋制造 | 543 | 828.01 | 197.73 | 417.24 |
| 其他制鞋业 | 228 | 362.84 | 92.32 | 150.49 |
| 木材加工和木、竹、藤、棕、草制品业 | 9123 | 15119.70 | 892.23 | 6498.02 |
| 木材加工 | 1614 | 2135.15 | 30.76 | 855.00 |
| 锯材加工 | 637 | 926.66 | 9.45 | 351.85 |
| 木片加工 | 466 | 632.95 | 7.98 | 235.67 |
| 单板加工 | 357 | 443.28 | 7.66 | 205.42 |
| 其他木材加工 | 154 | 132.26 | 5.66 | 62.07 |
| 人造板制造 | 4646 | 8934.32 | 305.26 | 3794.05 |
| 胶合板制造 | 3297 | 5812.34 | 245.90 | 1848.82 |
| 纤维板制造 | 510 | 1598.31 | 11.25 | 1168.08 |
| 刨花板制造 | 226 | 401.68 | 2.79 | 276.12 |
| 其他人造板制造 | 613 | 1121.99 | 45.31 | 501.03 |
| 木制品制造 | 2048 | 3065.86 | 354.09 | 1453.15 |
| 建筑用木料及木材组件加工 | 392 | 682.77 | 95.14 | 273.50 |
| 木门窗、楼梯制造 | 436 | 526.14 | 21.75 | 281.79 |
| 地板制造 | 424 | 806.65 | 110.73 | 477.04 |
| 木制容器制造 | 276 | 290.98 | 22.23 | 154.51 |
| 软木制品及其他木制品制造 | 520 | 759.32 | 104.25 | 266.31 |

单位：亿元

| 固定资产合计 | 固定资产原价 | 累计折旧 | 流动资产合计 | 应收账款 | 存货 | 产成品 |
|---|---|---|---|---|---|---|
| 39.71 | 62.62 | 27.30 | 82.55 | 21.65 | 26.16 | 8.84 |
| 102.99 | 164.94 | 64.39 | 129.33 | 41.88 | 34.95 | 14.47 |
| 674.49 | 1174.26 | 563.68 | 984.29 | 271.52 | 213.72 | 95.73 |
| 332.24 | 647.54 | 335.44 | 433.98 | 133.63 | 89.59 | 39.20 |
| 63.33 | 107.01 | 45.13 | 58.14 | 16.51 | 14.80 | 6.23 |
| 152.11 | 210.97 | 95.89 | 249.94 | 52.51 | 50.35 | 23.69 |
| 41.05 | 66.72 | 27.21 | 103.19 | 25.90 | 27.97 | 12.28 |
| 85.76 | 142.03 | 60.00 | 139.04 | 42.98 | 31.00 | 14.33 |
| 3954.59 | 7043.96 | 3288.55 | 7696.88 | 1984.10 | 1996.30 | 1033.55 |
| 2949.41 | 5264.58 | 2463.82 | 5697.42 | 1384.93 | 1479.57 | 821.74 |
| 750.88 | 1347.26 | 638.82 | 1526.16 | 457.99 | 402.02 | 167.13 |
| 254.30 | 432.11 | 185.91 | 473.29 | 141.18 | 114.71 | 44.67 |
| 2068.29 | 3674.35 | 1698.59 | 4292.60 | 1179.55 | 1080.39 | 429.83 |
| 261.41 | 436.46 | 179.49 | 514.39 | 102.08 | 188.69 | 70.27 |
| 473.58 | 734.31 | 287.14 | 1014.89 | 270.80 | 257.56 | 87.76 |
| 90.62 | 118.36 | 30.18 | 167.08 | 46.06 | 50.33 | 23.13 |
| 231.38 | 385.23 | 169.93 | 470.63 | 141.22 | 120.77 | 44.67 |
| 52.73 | 96.56 | 45.50 | 62.25 | 19.02 | 17.90 | 6.31 |
| 98.84 | 134.16 | 41.53 | 314.93 | 64.50 | 68.56 | 13.65 |
| 146.36 | 220.74 | 79.84 | 225.00 | 41.67 | 74.03 | 22.76 |
| 53.44 | 68.78 | 16.87 | 63.34 | 12.01 | 16.41 | 5.20 |
| 41.16 | 83.28 | 43.91 | 87.30 | 16.58 | 25.03 | 9.24 |
| 51.76 | 68.69 | 19.05 | 74.35 | 13.08 | 32.59 | 8.32 |
| 116.21 | 222.27 | 112.20 | 298.10 | 95.03 | 90.34 | 34.05 |
| 58.76 | 100.41 | 45.60 | 152.10 | 50.78 | 46.36 | 19.72 |
| 57.45 | 121.86 | 66.61 | 146.01 | 44.25 | 43.98 | 14.33 |
| 1070.73 | 2060.57 | 1039.92 | 2240.23 | 669.96 | 469.77 | 214.98 |
| 188.69 | 298.35 | 121.24 | 195.74 | 51.59 | 47.95 | 20.41 |
| 644.08 | 1123.31 | 505.96 | 1574.13 | 480.20 | 313.34 | 146.04 |
| 64.27 | 343.76 | 281.30 | 152.66 | 50.76 | 37.32 | 14.08 |
| 139.56 | 243.91 | 113.78 | 223.07 | 55.50 | 51.19 | 25.87 |
| 34.12 | 51.24 | 17.65 | 94.62 | 31.91 | 19.97 | 8.58 |
| 2595.41 | 4673.15 | 2234.85 | 2889.58 | 614.20 | 830.83 | 391.55 |
| 332.23 | 586.32 | 281.62 | 406.79 | 82.27 | 101.80 | 49.26 |
| 133.90 | 250.51 | 133.08 | 178.21 | 36.35 | 42.98 | 21.52 |
| 114.32 | 177.83 | 75.11 | 87.49 | 16.91 | 23.20 | 10.33 |
| 60.94 | 129.45 | 66.31 | 110.00 | 21.57 | 27.07 | 13.77 |
| 23.06 | 28.54 | 7.11 | 31.09 | 7.44 | 8.55 | 3.64 |
| 1624.69 | 2958.80 | 1412.32 | 1570.45 | 298.99 | 442.22 | 214.86 |
| 835.28 | 1609.72 | 794.97 | 752.36 | 157.34 | 207.57 | 104.27 |
| 460.27 | 815.32 | 400.54 | 493.87 | 69.79 | 157.61 | 74.26 |
| 107.19 | 177.64 | 73.82 | 118.81 | 22.49 | 30.69 | 15.93 |
| 221.95 | 356.12 | 142.99 | 205.41 | 49.37 | 46.35 | 20.41 |
| 489.45 | 929.33 | 477.71 | 732.82 | 184.50 | 232.52 | 100.65 |
| 97.86 | 243.21 | 148.39 | 120.71 | 25.99 | 38.12 | 17.87 |
| 108.50 | 171.27 | 74.44 | 135.62 | 36.66 | 34.51 | 12.63 |
| 123.13 | 239.18 | 122.62 | 269.80 | 65.71 | 97.54 | 43.31 |
| 52.31 | 71.65 | 25.55 | 76.64 | 26.00 | 16.84 | 6.43 |
| 107.65 | 204.02 | 106.72 | 130.04 | 30.14 | 45.51 | 20.41 |

2-1 续表 4

| 行业 | 企业单位数(个) | 工业销售产值(当年价格) | 出口交货值 | 资产总计 |
|---|---|---|---|---|
| 竹、藤、棕、草等制品制造 | 815 | 984.37 | 202.11 | 395.82 |
| 竹制品制造 | 663 | 787.00 | 149.77 | 308.05 |
| 藤制品制造 | 27 | 27.97 | 6.76 | 21.19 |
| 棕制品制造 | 16 | 13.77 | 0.24 | 8.08 |
| 草及其他制品制造 | 109 | 155.63 | 45.34 | 58.49 |
| 家具制造业 | 5777 | 8826.79 | 1786.33 | 5552.82 |
| 木质家具制造 | 3747 | 5657.81 | 828.07 | 3513.54 |
| 竹、藤家具制造 | 105 | 181.64 | 48.34 | 96.38 |
| 金属家具制造 | 989 | 1603.33 | 518.97 | 1079.36 |
| 塑料家具制造 | 89 | 100.02 | 51.28 | 65.79 |
| 其他家具制造 | 847 | 1283.98 | 339.67 | 797.75 |
| 造纸和纸制品业 | 6586 | 14832.74 | 569.82 | 14117.32 |
| 纸浆制造 | 45 | 141.29 | 0.10 | 285.71 |
| 木竹浆制造 | 32 | 112.40 | | 214.79 |
| 非木竹浆制造 | 13 | 28.89 | 0.10 | 70.92 |
| 造纸 | 2699 | 8842.73 | 304.55 | 10036.21 |
| 机制纸及纸板制造 | 2330 | 8300.52 | 292.78 | 9697.65 |
| 手工纸制造 | 83 | 125.45 | 0.32 | 67.06 |
| 加工纸制造 | 286 | 416.76 | 11.46 | 271.51 |
| 纸制品制造 | 3842 | 5848.73 | 265.16 | 3795.40 |
| 纸和纸板容器制造 | 2298 | 3345.02 | 96.11 | 1990.87 |
| 其他纸制品制造 | 1544 | 2503.70 | 169.05 | 1804.53 |
| 印刷和记录媒介复制业 | 5578 | 8178.51 | 481.31 | 5941.04 |
| 印刷 | 5396 | 7921.74 | 453.35 | 5762.01 |
| 书、报刊印刷 | 691 | 1007.29 | 68.59 | 896.36 |
| 本册印制 | 212 | 437.06 | 77.75 | 285.45 |
| 包装装潢及其他印刷 | 4493 | 6477.39 | 307.01 | 4580.20 |
| 装订及印刷相关服务 | 142 | 197.00 | 9.22 | 116.52 |
| 记录媒介复制 | 40 | 59.77 | 18.74 | 62.51 |
| 文教、工美、体育和娱乐用品制造业 | 9263 | 16897.37 | 4397.74 | 8932.02 |
| 文教办公用品制造 | 780 | 1105.14 | 183.26 | 605.96 |
| 文具制造 | 368 | 564.60 | 103.24 | 340.80 |
| 笔的制造 | 247 | 317.85 | 72.61 | 159.05 |
| 教学用模型及教具制造 | 92 | 152.30 | 1.81 | 63.65 |
| 墨水、墨汁制造 | 13 | 21.06 | 0.58 | 9.62 |
| 其他文教办公用品制造 | 60 | 49.33 | 5.01 | 32.83 |
| 乐器制造 | 249 | 398.78 | 112.44 | 259.59 |
| 中乐器制造 | 35 | 46.27 | 15.15 | 19.32 |
| 西乐器制造 | 141 | 223.63 | 62.70 | 169.20 |
| 电子乐器制造 | 26 | 75.50 | 27.93 | 43.24 |
| 其他乐器及零件制造 | 47 | 53.38 | 6.66 | 27.83 |
| 工艺美术品制造 | 5292 | 10964.99 | 2411.83 | 5635.96 |
| 雕塑工艺品制造 | 906 | 1284.95 | 106.47 | 599.88 |
| 金属工艺品制造 | 480 | 709.02 | 136.86 | 383.19 |
| 漆器工艺品制造 | 103 | 173.83 | 28.26 | 90.35 |
| 花画工艺品制造 | 158 | 256.40 | 75.38 | 84.16 |
| 天然植物纤维编织工艺品制造 | 665 | 921.86 | 273.46 | 335.76 |
| 抽纱刺绣工艺品制造 | 643 | 1123.53 | 313.61 | 555.33 |
| 地毯、挂毯制造 | 362 | 778.54 | 153.91 | 459.56 |

单位：亿元

| 固定资产合计 | 固定资产原价 | 累计折旧 | 流动资产合计 | 应收账款 | 存货 | 产成品 |
|---|---|---|---|---|---|---|
| 149.04 | 198.70 | 63.20 | 179.52 | 48.44 | 54.28 | 26.79 |
| 109.27 | 146.95 | 50.28 | 143.43 | 42.32 | 45.61 | 21.70 |
| 11.02 | 12.70 | 1.70 | 6.85 | 1.13 | 1.37 | 0.68 |
| 2.47 | 4.21 | 1.70 | 2.94 | 0.43 | 1.21 | 0.87 |
| 26.27 | 34.84 | 9.52 | 26.31 | 4.56 | 6.10 | 3.54 |
| 1738.38 | 2700.18 | 1085.45 | 3032.60 | 732.28 | 758.98 | 305.52 |
| 1177.59 | 1766.09 | 678.62 | 1839.85 | 396.56 | 502.02 | 210.03 |
| 23.33 | 33.38 | 10.79 | 58.80 | 13.79 | 15.09 | 6.31 |
| 296.04 | 500.20 | 217.95 | 641.62 | 192.10 | 126.37 | 46.17 |
| 22.51 | 36.45 | 14.40 | 34.58 | 10.15 | 10.43 | 3.19 |
| 218.91 | 364.06 | 163.70 | 457.75 | 119.68 | 105.07 | 39.81 |
| 5524.70 | 8867.17 | 3704.91 | 6393.39 | 1533.15 | 1162.93 | 432.44 |
| 142.61 | 200.34 | 62.16 | 87.59 | 12.92 | 22.10 | 5.95 |
| 118.71 | 167.64 | 51.14 | 70.62 | 8.48 | 17.77 | 4.21 |
| 23.90 | 32.71 | 11.01 | 16.97 | 4.44 | 4.33 | 1.73 |
| 4128.08 | 6578.75 | 2730.19 | 4342.23 | 867.69 | 734.48 | 271.43 |
| 3997.73 | 6375.19 | 2650.79 | 4172.82 | 814.60 | 695.38 | 253.73 |
| 22.94 | 34.44 | 12.17 | 34.85 | 10.81 | 8.41 | 4.78 |
| 107.42 | 169.12 | 67.23 | 134.56 | 42.29 | 30.69 | 12.93 |
| 1254.01 | 2088.08 | 912.56 | 1963.57 | 652.53 | 406.35 | 155.06 |
| 644.06 | 1164.62 | 552.51 | 1022.97 | 349.63 | 210.96 | 71.09 |
| 609.94 | 923.46 | 360.04 | 940.60 | 302.90 | 195.39 | 83.97 |
| 2059.44 | 3684.37 | 1732.49 | 3003.29 | 929.09 | 580.22 | 239.31 |
| 1990.43 | 3556.05 | 1669.34 | 2909.39 | 902.90 | 564.33 | 232.35 |
| 347.06 | 673.85 | 344.14 | 420.67 | 124.32 | 86.27 | 30.08 |
| 85.12 | 156.61 | 77.20 | 149.31 | 52.25 | 25.42 | 11.29 |
| 1558.25 | 2725.59 | 1248.01 | 2339.41 | 726.33 | 452.64 | 190.98 |
| 47.55 | 77.71 | 32.99 | 58.76 | 15.28 | 10.18 | 4.00 |
| 21.46 | 50.62 | 30.16 | 35.13 | 10.91 | 5.71 | 2.96 |
| 2517.07 | 4126.29 | 1789.43 | 5262.73 | 1282.01 | 1772.13 | 906.72 |
| 198.99 | 306.33 | 137.45 | 339.44 | 89.22 | 85.74 | 44.98 |
| 108.60 | 151.99 | 69.07 | 196.46 | 51.21 | 48.76 | 26.05 |
| 54.65 | 93.64 | 41.83 | 87.21 | 22.25 | 24.00 | 12.64 |
| 19.61 | 31.55 | 12.83 | 32.61 | 9.12 | 6.89 | 3.67 |
| 3.08 | 11.06 | 8.11 | 6.15 | 1.25 | 1.13 | 0.37 |
| 13.05 | 18.07 | 5.61 | 17.01 | 5.40 | 4.96 | 2.25 |
| 85.00 | 146.11 | 64.53 | 135.36 | 23.39 | 47.50 | 16.30 |
| 8.82 | 14.52 | 5.79 | 9.41 | 1.63 | 3.82 | 1.45 |
| 44.94 | 77.24 | 34.42 | 91.73 | 13.59 | 32.95 | 10.75 |
| 22.27 | 32.03 | 9.79 | 19.40 | 3.94 | 6.43 | 2.36 |
| 8.97 | 22.32 | 14.52 | 14.82 | 4.24 | 4.30 | 1.73 |
| 1402.29 | 2369.37 | 1072.02 | 3509.28 | 784.69 | 1285.51 | 708.82 |
| 211.00 | 347.06 | 178.86 | 305.56 | 57.09 | 105.61 | 50.20 |
| 108.67 | 181.89 | 76.68 | 216.93 | 52.28 | 72.24 | 30.38 |
| 31.30 | 59.31 | 29.87 | 44.67 | 8.15 | 16.94 | 7.24 |
| 39.69 | 94.00 | 57.67 | 35.98 | 7.38 | 7.55 | 3.45 |
| 149.91 | 280.76 | 136.37 | 140.08 | 39.96 | 41.37 | 22.85 |
| 207.43 | 338.40 | 144.75 | 279.21 | 67.23 | 64.71 | 31.23 |
| 146.10 | 293.43 | 156.94 | 250.76 | 56.73 | 78.25 | 34.80 |

2-1 续表 5

| 行　　业 | 企业单位数(个) | 工业销售产值(当年价格) | 出口交货值 | 资产总计 |
|---|---|---|---|---|
| 珠宝首饰及有关物品制造 | 561 | 3476.57 | 613.98 | 2137.32 |
| 其他工艺美术品制造 | 1414 | 2240.29 | 709.90 | 990.42 |
| 体育用品制造 | 1076 | 1494.61 | 551.81 | 868.59 |
| 球类制造 | 145 | 180.30 | 67.37 | 88.67 |
| 体育器材及配件制造 | 307 | 439.28 | 158.67 | 282.54 |
| 训练健身器材制造 | 276 | 377.67 | 126.43 | 218.46 |
| 运动防护用具制造 | 124 | 161.79 | 58.68 | 71.31 |
| 其他体育用品制造 | 224 | 335.57 | 140.66 | 207.62 |
| 玩具制造 | 1559 | 2371.55 | 957.39 | 1206.99 |
| 游艺器材及娱乐用品制造 | 307 | 562.30 | 181.00 | 354.92 |
| 露天游乐场所游乐设备制造 | 129 | 170.45 | 35.74 | 129.92 |
| 游艺用品及室内游艺器材制造 | 91 | 238.62 | 104.04 | 140.79 |
| 其他娱乐用品制造 | 87 | 153.24 | 41.23 | 84.20 |
| 石油加工、炼焦和核燃料加工业 | 1876 | 34077.50 | 610.21 | 26508.18 |
| 精炼石油产品制造 | 1347 | 28355.91 | 597.83 | 18344.02 |
| 原油加工及石油制品制造 | 1229 | 28090.52 | 596.16 | 17757.97 |
| 人造原油制造 | 118 | 265.39 | 1.67 | 586.05 |
| 炼焦 | 524 | 5606.35 | 12.37 | 7902.02 |
| 化学原料和化学制品制造业 | 24583 | 86789.56 | 4333.64 | 76073.78 |
| 基础化学原料制造 | 5578 | 24717.69 | 927.79 | 22329.69 |
| 无机酸制造 | 391 | 970.04 | 42.14 | 716.88 |
| 无机碱制造 | 214 | 1700.18 | 40.92 | 2351.49 |
| 无机盐制造 | 995 | 2807.96 | 141.78 | 2911.15 |
| 有机化学原料制造 | 2728 | 16301.52 | 623.37 | 13560.48 |
| 其他基础化学原料制造 | 1250 | 2937.99 | 79.57 | 2789.70 |
| 肥料制造 | 2498 | 9017.21 | 156.06 | 11280.82 |
| 氮肥制造 | 254 | 2238.62 | 73.15 | 4661.89 |
| 磷肥制造 | 207 | 928.35 | 55.12 | 1315.13 |
| 钾肥制造 | 66 | 336.82 | 0.19 | 1297.02 |
| 复混肥料制造 | 1145 | 4497.32 | 24.03 | 3301.27 |
| 有机肥料及微生物肥料制造 | 741 | 869.06 | 2.21 | 509.56 |
| 其他肥料制造 | 85 | 147.02 | 1.36 | 195.95 |
| 农药制造 | 817 | 3275.40 | 340.49 | 2445.70 |
| 化学农药制造 | 671 | 2901.55 | 332.95 | 2193.54 |
| 生物化学农药及微生物农药制造 | 146 | 373.84 | 7.53 | 252.16 |
| 涂料、油墨、颜料及类似产品制造 | 3290 | 6809.78 | 278.89 | 5104.02 |
| 涂料制造 | 2028 | 4331.12 | 92.87 | 2780.14 |
| 油墨及类似产品制造 | 345 | 435.28 | 21.09 | 401.34 |
| 颜料制造 | 418 | 962.75 | 86.83 | 844.67 |
| 染料制造 | 291 | 777.92 | 67.83 | 869.77 |
| 密封用填料及类似品制造 | 208 | 302.71 | 10.28 | 208.10 |
| 合成材料制造 | 2829 | 14481.78 | 710.00 | 14019.21 |
| 初级形态塑料及合成树脂制造 | 1672 | 9038.03 | 459.55 | 9488.92 |
| 合成橡胶制造 | 401 | 1719.81 | 67.44 | 1151.25 |
| 合成纤维单(聚合)体制造 | 194 | 2505.91 | 112.13 | 2424.33 |
| 其他合成材料制造 | 562 | 1218.02 | 70.87 | 954.72 |
| 专用化学产品制造 | 6741 | 21721.54 | 1217.21 | 15936.23 |
| 化学试剂和助剂制造 | 2495 | 6193.68 | 226.25 | 4214.89 |
| 专项化学用品制造 | 2047 | 8803.33 | 333.44 | 5439.91 |

单位：亿元

| 固定资产合计 | 固定资产原价 | 累计折旧 | 流动资产合计 | 应收账款 | 存货 | 产成品 |
|---|---|---|---|---|---|---|
| 175.07 | 281.91 | 111.11 | 1708.55 | 356.31 | 745.55 | 473.20 |
| 333.12 | 492.60 | 179.77 | 527.54 | 139.56 | 153.29 | 55.46 |
| 333.91 | 529.92 | 208.24 | 451.67 | 147.03 | 123.94 | 50.58 |
| 29.21 | 42.43 | 14.28 | 47.15 | 13.95 | 16.71 | 5.60 |
| 119.78 | 193.24 | 75.60 | 140.98 | 47.72 | 41.02 | 17.51 |
| 72.36 | 104.00 | 33.72 | 121.72 | 42.49 | 24.48 | 9.72 |
| 25.62 | 46.25 | 24.24 | 37.86 | 11.03 | 12.56 | 4.28 |
| 86.95 | 144.00 | 60.41 | 103.97 | 31.84 | 29.18 | 13.47 |
| 389.28 | 622.42 | 256.66 | 665.62 | 199.48 | 178.81 | 66.82 |
| 107.61 | 152.14 | 50.54 | 161.36 | 38.20 | 50.63 | 19.21 |
| 45.28 | 65.44 | 21.91 | 68.99 | 14.96 | 20.11 | 4.71 |
| 31.18 | 40.62 | 12.95 | 52.89 | 11.88 | 17.06 | 6.73 |
| 31.14 | 46.08 | 15.68 | 39.48 | 11.36 | 13.47 | 7.78 |
| 11384.61 | 18735.31 | 8886.42 | 11631.12 | 1532.88 | 3099.47 | 1064.45 |
| 8489.29 | 14349.86 | 7104.54 | 7835.51 | 815.90 | 2272.61 | 718.40 |
| 8167.83 | 14046.31 | 7072.25 | 7705.65 | 802.26 | 2249.18 | 708.67 |
| 321.46 | 303.56 | 32.29 | 129.86 | 13.63 | 23.43 | 9.73 |
| 2731.30 | 4130.74 | 1677.33 | 3725.14 | 698.28 | 805.52 | 333.77 |
| 30802.67 | 49728.96 | 21057.26 | 31939.51 | 6699.73 | 6356.76 | 2772.20 |
| 10006.18 | 16778.19 | 7274.38 | 8230.07 | 1415.48 | 1591.70 | 644.78 |
| 299.94 | 471.50 | 213.21 | 311.62 | 63.18 | 63.71 | 29.54 |
| 1027.15 | 1690.27 | 725.69 | 779.37 | 133.63 | 131.68 | 53.02 |
| 1242.54 | 1721.46 | 622.28 | 1148.06 | 200.40 | 206.93 | 94.68 |
| 6123.79 | 10667.38 | 4687.93 | 4932.82 | 775.56 | 1020.70 | 396.71 |
| 1312.75 | 2227.58 | 1025.27 | 1058.20 | 242.70 | 168.69 | 70.82 |
| 4975.08 | 7468.14 | 2937.18 | 4168.24 | 441.77 | 933.06 | 406.06 |
| 2316.86 | 3519.54 | 1432.82 | 1461.39 | 116.51 | 252.77 | 106.77 |
| 529.55 | 762.82 | 244.49 | 576.93 | 72.35 | 137.29 | 68.46 |
| 571.25 | 723.12 | 181.61 | 350.14 | 17.40 | 79.53 | 27.67 |
| 1304.02 | 2058.83 | 906.28 | 1477.14 | 176.70 | 399.25 | 172.47 |
| 208.23 | 336.25 | 148.41 | 218.30 | 45.95 | 52.84 | 25.00 |
| 45.16 | 67.58 | 23.57 | 84.35 | 12.85 | 11.38 | 5.70 |
| 806.85 | 1415.78 | 665.83 | 1141.91 | 228.25 | 313.54 | 158.97 |
| 698.58 | 1248.60 | 596.68 | 1045.27 | 213.50 | 288.19 | 145.05 |
| 108.27 | 167.18 | 69.15 | 96.64 | 14.75 | 25.34 | 13.92 |
| 1313.21 | 2418.96 | 1186.42 | 2827.08 | 888.80 | 535.19 | 252.80 |
| 713.15 | 1424.50 | 750.74 | 1618.03 | 564.47 | 275.01 | 120.58 |
| 91.13 | 165.94 | 80.43 | 237.66 | 94.69 | 41.73 | 17.36 |
| 278.87 | 461.78 | 201.53 | 336.44 | 77.92 | 87.64 | 46.08 |
| 168.86 | 272.18 | 114.44 | 517.25 | 109.09 | 108.11 | 57.90 |
| 61.19 | 94.56 | 39.28 | 117.70 | 42.63 | 22.68 | 10.88 |
| 6219.26 | 9710.14 | 3723.13 | 5587.03 | 1151.87 | 1165.36 | 460.67 |
| 4342.93 | 6435.39 | 2258.99 | 3597.60 | 743.49 | 748.37 | 302.41 |
| 475.97 | 1167.17 | 713.54 | 498.04 | 100.68 | 115.03 | 53.50 |
| 1083.79 | 1619.63 | 574.77 | 1029.75 | 163.33 | 200.97 | 59.76 |
| 316.56 | 487.96 | 175.82 | 461.64 | 144.38 | 101.00 | 45.01 |
| 6055.76 | 9659.10 | 4318.66 | 7317.38 | 1945.84 | 1370.45 | 636.45 |
| 1353.04 | 2329.11 | 1107.59 | 2116.45 | 616.98 | 360.12 | 181.95 |
| 2138.83 | 3249.66 | 1400.58 | 2543.59 | 588.00 | 548.99 | 254.03 |

2-1 续表 6

| 行　　业 | 企业单位数（个） | 工业销售产　值（当年价格） | 出口交货值 | 资产总计 |
|---|---|---|---|---|
| 林产化学产品制造 | 527 | 892.22 | 48.35 | 389.68 |
| 信息化学品制造 | 455 | 3115.63 | 524.37 | 3926.07 |
| 环境污染处理专用药剂材料制造 | 279 | 617.30 | 20.68 | 375.68 |
| 动物胶制造 | 66 | 125.26 | 1.07 | 71.15 |
| 其他专用化学产品制造 | 872 | 1974.11 | 63.05 | 1518.85 |
| 炸药、火工及焰火产品制造 | 1322 | 2090.35 | 374.94 | 1515.34 |
| 炸药及火工产品制造 | 236 | 493.00 | 13.10 | 960.85 |
| 焰火、鞭炮产品制造 | 1086 | 1597.35 | 361.84 | 554.48 |
| 日用化学产品制造 | 1508 | 4675.82 | 328.26 | 3442.77 |
| 肥皂及合成洗涤剂制造 | 382 | 1603.40 | 76.61 | 1153.08 |
| 化妆品制造 | 430 | 1560.09 | 121.47 | 1170.78 |
| 口腔清洁用品制造 | 48 | 195.72 | 19.58 | 189.31 |
| 香料、香精制造 | 351 | 655.19 | 86.50 | 518.50 |
| 其他日用化学产品制造 | 297 | 661.42 | 24.09 | 411.10 |
| 医药制造业 | 7541 | 28417.72 | 1460.42 | 28789.11 |
| 化学药品原料药制造 | 1301 | 4935.43 | 619.96 | 5283.21 |
| 化学药品制剂制造 | 1120 | 7543.19 | 176.42 | 8764.44 |
| 中药饮片加工 | 1202 | 2045.46 | 30.97 | 1520.42 |
| 中成药生产 | 1640 | 6898.47 | 66.93 | 7068.99 |
| 兽用药品制造 | 510 | 1370.24 | 49.20 | 780.12 |
| 生物药品制造 | 959 | 3435.53 | 311.24 | 3842.69 |
| 卫生材料及医药用品制造 | 809 | 2189.41 | 205.70 | 1529.25 |
| 化学纤维制造业 | 1820 | 7879.83 | 559.96 | 7148.68 |
| 纤维素纤维原料及纤维制造 | 339 | 2330.73 | 235.52 | 2376.72 |
| 化纤浆粕制造 | 63 | 238.17 | 12.08 | 232.71 |
| 人造纤维(纤维素纤维)制造 | 276 | 2092.55 | 223.43 | 2144.01 |
| 合成纤维制造 | 1481 | 5549.10 | 324.44 | 4771.96 |
| 锦纶纤维制造 | 190 | 881.03 | 37.76 | 680.39 |
| 涤纶纤维制造 | 791 | 3765.32 | 208.85 | 3210.50 |
| 腈纶纤维制造 | 13 | 103.76 | 30.25 | 127.40 |
| 维纶纤维制造 | 9 | 35.67 | 6.39 | 97.81 |
| 丙纶纤维制造 | 44 | 65.37 | 2.19 | 33.51 |
| 氨纶纤维制造 | 57 | 238.07 | 22.98 | 352.70 |
| 其他合成纤维制造 | 377 | 459.88 | 16.01 | 269.65 |
| 橡胶和塑料制品业 | 18298 | 32764.61 | 3743.29 | 22633.58 |
| 橡胶制品业 | 3076 | 9664.11 | 1553.64 | 7721.04 |
| 轮胎制造 | 494 | 5642.24 | 1106.19 | 4969.02 |
| 橡胶板、管、带制造 | 824 | 1422.20 | 94.23 | 1107.59 |
| 橡胶零件制造 | 669 | 962.13 | 160.30 | 704.78 |
| 再生橡胶制造 | 177 | 271.13 | 1.79 | 127.58 |
| 日用及医用橡胶制品制造 | 246 | 431.04 | 85.86 | 223.72 |
| 其他橡胶制品制造 | 666 | 935.37 | 105.27 | 588.34 |
| 塑料制品业 | 15222 | 23100.50 | 2189.65 | 14912.53 |
| 塑料薄膜制造 | 1664 | 2826.23 | 251.68 | 2198.76 |
| 塑料板、管、型材制造 | 2884 | 5439.17 | 234.85 | 3768.20 |
| 塑料丝、绳及编织品制造 | 1907 | 2967.02 | 114.06 | 1410.41 |
| 泡沫塑料制造 | 814 | 1006.27 | 34.08 | 525.18 |
| 塑料人造革、合成革制造 | 464 | 1236.84 | 65.30 | 707.31 |
| 塑料包装箱及容器制造 | 1586 | 1905.93 | 143.03 | 1310.91 |

单位：亿元

| 固定资产合计 | 固定资产原价 | 累计折旧 | 流动资产合计 | 应收账款 | 存货 | |
|---|---|---|---|---|---|---|
| | | | | | | 产成品 |
| 137.82 | 213.87 | 87.75 | 179.37 | 42.70 | 53.80 | 32.78 |
| 1590.30 | 2530.40 | 1193.01 | 1626.89 | 485.80 | 249.89 | 99.00 |
| 106.64 | 158.80 | 58.22 | 218.87 | 64.75 | 40.99 | 16.65 |
| 28.40 | 49.15 | 21.45 | 30.69 | 6.59 | 10.26 | 4.80 |
| 700.74 | 1128.12 | 450.06 | 601.52 | 141.03 | 106.42 | 47.24 |
| 579.03 | 773.83 | 248.35 | 600.29 | 142.80 | 92.64 | 41.29 |
| 290.29 | 422.16 | 168.14 | 420.58 | 92.93 | 55.74 | 18.52 |
| 288.75 | 351.66 | 80.21 | 179.71 | 49.86 | 36.89 | 22.77 |
| 847.30 | 1504.83 | 703.31 | 2067.49 | 484.94 | 354.82 | 171.17 |
| 231.08 | 504.87 | 292.33 | 739.60 | 158.73 | 106.78 | 48.37 |
| 279.99 | 441.00 | 164.38 | 714.87 | 155.28 | 124.89 | 65.10 |
| 36.52 | 71.82 | 37.58 | 126.69 | 51.71 | 21.40 | 11.74 |
| 158.20 | 245.49 | 103.80 | 278.67 | 66.14 | 62.40 | 26.35 |
| 141.51 | 241.66 | 105.24 | 207.66 | 53.07 | 39.36 | 19.61 |
| 7853.02 | 12046.95 | 5079.22 | 15119.30 | 3373.80 | 3124.82 | 1418.58 |
| 1842.60 | 2926.17 | 1248.91 | 2222.70 | 451.77 | 486.72 | 218.20 |
| 1978.17 | 2973.33 | 1233.13 | 5201.93 | 1162.61 | 1046.47 | 504.05 |
| 423.66 | 611.58 | 224.23 | 851.41 | 289.82 | 248.36 | 113.16 |
| 1684.26 | 2680.89 | 1160.71 | 3788.35 | 833.07 | 797.80 | 334.53 |
| 331.20 | 550.70 | 240.33 | 337.17 | 58.08 | 62.89 | 28.31 |
| 1084.88 | 1616.51 | 715.82 | 1881.21 | 348.17 | 337.83 | 129.81 |
| 508.25 | 687.77 | 256.10 | 836.53 | 230.28 | 144.74 | 90.52 |
| 2550.38 | 4507.22 | 2084.61 | 3336.88 | 465.12 | 771.40 | 343.70 |
| 1006.17 | 1606.83 | 658.71 | 1090.18 | 137.66 | 288.22 | 92.07 |
| 115.20 | 146.59 | 47.86 | 105.27 | 15.62 | 30.13 | 9.02 |
| 890.97 | 1460.24 | 610.86 | 984.92 | 122.03 | 258.09 | 83.05 |
| 1544.21 | 2900.39 | 1425.90 | 2246.69 | 327.46 | 483.18 | 251.63 |
| 253.09 | 456.52 | 210.61 | 353.27 | 59.98 | 83.52 | 45.57 |
| 973.54 | 1821.74 | 904.15 | 1475.77 | 185.30 | 317.79 | 159.43 |
| 35.55 | 84.60 | 49.48 | 62.11 | 8.50 | 10.39 | 6.55 |
| 39.52 | 67.86 | 28.42 | 22.19 | 5.19 | 5.80 | 3.17 |
| 7.98 | 15.15 | 7.63 | 22.88 | 5.41 | 4.24 | 1.59 |
| 144.55 | 305.38 | 164.74 | 162.31 | 26.92 | 30.73 | 19.45 |
| 89.98 | 149.14 | 60.87 | 148.16 | 36.16 | 30.71 | 15.87 |
| 7664.85 | 13099.30 | 5911.56 | 11825.35 | 3500.73 | 2551.16 | 1202.42 |
| 3036.66 | 5044.55 | 2206.51 | 3733.66 | 1000.35 | 786.90 | 424.28 |
| 2116.01 | 3460.05 | 1492.55 | 2267.79 | 484.15 | 483.21 | 276.10 |
| 387.31 | 564.24 | 191.86 | 582.68 | 193.79 | 118.16 | 60.37 |
| 214.92 | 469.05 | 274.82 | 392.70 | 141.92 | 83.64 | 41.42 |
| 56.80 | 84.87 | 30.49 | 52.90 | 15.56 | 14.16 | 8.14 |
| 74.63 | 145.46 | 77.15 | 117.28 | 33.47 | 26.50 | 11.27 |
| 186.99 | 320.88 | 139.63 | 320.32 | 131.45 | 61.23 | 26.99 |
| 4628.19 | 8054.75 | 3705.06 | 8091.69 | 2500.38 | 1764.25 | 778.14 |
| 755.73 | 1309.26 | 609.72 | 1129.98 | 289.15 | 233.98 | 100.96 |
| 1133.04 | 1846.16 | 804.10 | 1986.62 | 558.40 | 444.72 | 222.40 |
| 507.74 | 853.98 | 377.05 | 684.78 | 175.55 | 155.23 | 76.01 |
| 168.86 | 285.53 | 129.89 | 297.96 | 109.42 | 51.18 | 26.84 |
| 212.01 | 393.47 | 189.22 | 392.09 | 94.42 | 101.60 | 33.67 |
| 431.74 | 780.00 | 368.68 | 671.09 | 224.90 | 116.13 | 53.81 |

2-1 续表 7

| 行　　业 | 企业单位数（个） | 工业销售产值（当年价格） | 出口交货值 | 资产总计 |
|---|---|---|---|---|
| 日用塑料制品制造 | 1678 | 1960.12 | 446.30 | 1171.24 |
| 塑料零件制造 | 1345 | 1769.51 | 333.41 | 1296.86 |
| 其他塑料制品制造 | 2880 | 3989.41 | 566.93 | 2523.65 |
| 非金属矿物制品业 | 35026 | 63057.45 | 1776.09 | 50865.83 |
| 水泥、石灰和石膏制造 | 3736 | 10014.86 | 40.05 | 13740.87 |
| 水泥制造 | 3059 | 9114.39 | 31.03 | 13272.07 |
| 石灰和石膏制造 | 677 | 900.47 | 9.02 | 468.79 |
| 石膏、水泥制品及类似制品制造 | 9995 | 13387.14 | 41.81 | 10286.55 |
| 水泥制品制造 | 7876 | 10397.54 | 23.20 | 8061.04 |
| 砼结构构件制造 | 913 | 1295.35 | 2.82 | 950.00 |
| 石棉水泥制品制造 | 67 | 157.46 | 0.66 | 132.98 |
| 轻质建筑材料制造 | 697 | 1075.25 | 5.84 | 824.77 |
| 其他水泥类似制品制造 | 442 | 461.53 | 9.29 | 317.77 |
| 砖瓦、石材等建筑材料制造 | 9973 | 16231.11 | 317.54 | 8992.11 |
| 粘土砖瓦及建筑砌块制造 | 3424 | 4106.50 | 17.52 | 1943.86 |
| 建筑陶瓷制品制造 | 1394 | 4691.34 | 82.58 | 2673.83 |
| 建筑用石加工 | 2807 | 4061.55 | 143.62 | 2007.11 |
| 防水建筑材料制造 | 569 | 989.17 | 9.81 | 615.08 |
| 隔热和隔音材料制造 | 637 | 898.41 | 24.55 | 571.30 |
| 其他建筑材料制造 | 1142 | 1484.14 | 39.45 | 1180.94 |
| 玻璃制造 | 815 | 1583.02 | 116.57 | 2439.77 |
| 平板玻璃制造 | 225 | 659.66 | 29.66 | 1518.07 |
| 其他玻璃制造 | 590 | 923.36 | 86.91 | 921.70 |
| 玻璃制品制造 | 2158 | 4288.68 | 310.60 | 3399.94 |
| 技术玻璃制品制造 | 584 | 1358.48 | 95.76 | 1443.27 |
| 光学玻璃制造 | 262 | 520.63 | 100.27 | 463.17 |
| 玻璃仪器制造 | 63 | 179.13 | 3.33 | 80.60 |
| 日用玻璃制品制造 | 513 | 739.28 | 56.25 | 434.90 |
| 玻璃包装容器制造 | 328 | 858.05 | 21.28 | 490.42 |
| 玻璃保温容器制造 | 46 | 52.27 | 7.12 | 44.78 |
| 制镜及类似品加工 | 74 | 90.77 | 5.96 | 93.63 |
| 其他玻璃制品制造 | 288 | 490.08 | 20.64 | 349.18 |
| 玻璃纤维和玻璃纤维增强塑料制品制造 | 1169 | 2762.88 | 172.11 | 1980.62 |
| 玻璃纤维及制品制造 | 706 | 1677.85 | 142.84 | 1412.56 |
| 玻璃纤维增强塑料制品制造 | 463 | 1085.03 | 29.27 | 568.06 |
| 陶瓷制品制造 | 2232 | 4715.68 | 540.93 | 2833.51 |
| 卫生陶瓷制品制造 | 340 | 949.39 | 114.80 | 575.56 |
| 特种陶瓷制品制造 | 642 | 1537.69 | 63.06 | 1019.06 |
| 日用陶瓷制品制造 | 667 | 1174.85 | 185.81 | 779.23 |
| 园林、陈设艺术及其他陶瓷制品制造 | 583 | 1053.75 | 177.26 | 459.66 |
| 耐火材料制品制造 | 2106 | 4132.30 | 88.01 | 2980.09 |
| 石棉制品制造 | 105 | 178.14 | 1.99 | 72.37 |
| 云母制品制造 | 44 | 57.34 | 6.69 | 22.75 |
| 耐火陶瓷制品及其他耐火材料制造 | 1957 | 3896.81 | 79.33 | 2884.96 |
| 石墨及其他非金属矿物制品制造 | 2842 | 5941.80 | 148.47 | 4212.37 |
| 石墨及碳素制品制造 | 958 | 2448.07 | 79.35 | 1963.84 |
| 其他非金属矿物制品制造 | 1884 | 3493.73 | 69.12 | 2248.53 |
| 黑色金属冶炼和压延加工业 | 8498 | 60343.78 | 2320.08 | 63537.39 |
| 炼铁 | 210 | 1517.72 | 13.65 | 1693.55 |

单位：亿元

| 固定资产合计 | 固定资产原价 | 累计折旧 | 流动资产合计 | 应收账款 | 存货 | 产成品 |
|---|---|---|---|---|---|---|
| 373.69 | 686.86 | 329.76 | 635.95 | 196.15 | 149.87 | 61.80 |
| 341.02 | 707.45 | 380.33 | 783.41 | 305.23 | 173.49 | 71.60 |
| 704.36 | 1192.04 | 516.31 | 1509.80 | 547.14 | 338.04 | 131.04 |
| 20178.87 | 31964.28 | 12993.20 | 23290.97 | 7016.13 | 4176.07 | 1989.32 |
| 6697.96 | 10515.86 | 4074.28 | 5060.53 | 840.25 | 790.56 | 258.09 |
| 6483.07 | 10154.77 | 3914.23 | 4872.10 | 769.86 | 761.63 | 245.38 |
| 214.89 | 361.09 | 160.05 | 188.43 | 70.39 | 28.93 | 12.71 |
| 2882.34 | 4871.01 | 2149.17 | 6108.15 | 2980.22 | 691.55 | 295.56 |
| 2119.68 | 3699.91 | 1699.86 | 5015.99 | 2609.88 | 523.44 | 215.18 |
| 269.21 | 476.15 | 225.03 | 572.18 | 230.80 | 92.22 | 41.56 |
| 56.81 | 82.07 | 25.83 | 59.16 | 5.13 | 3.43 | 1.77 |
| 319.95 | 443.50 | 138.13 | 314.27 | 66.30 | 50.67 | 27.84 |
| 116.69 | 169.37 | 60.33 | 146.55 | 68.10 | 21.78 | 9.21 |
| 3877.40 | 5946.55 | 2383.31 | 3777.63 | 974.04 | 952.28 | 573.94 |
| 912.97 | 1416.62 | 571.40 | 708.32 | 184.19 | 139.64 | 83.30 |
| 1274.81 | 2157.12 | 962.06 | 1071.99 | 211.42 | 389.76 | 257.55 |
| 887.82 | 1123.51 | 362.55 | 812.00 | 195.14 | 224.05 | 127.92 |
| 194.90 | 310.70 | 122.81 | 328.63 | 130.97 | 49.30 | 23.50 |
| 237.43 | 347.37 | 124.62 | 241.68 | 79.68 | 50.47 | 26.22 |
| 369.46 | 591.23 | 239.87 | 615.02 | 172.63 | 99.06 | 55.45 |
| 879.54 | 1336.79 | 515.42 | 1123.90 | 191.48 | 194.79 | 81.69 |
| 562.73 | 838.23 | 320.70 | 656.37 | 58.56 | 115.47 | 46.94 |
| 316.81 | 498.56 | 194.73 | 467.53 | 132.91 | 79.33 | 34.75 |
| 1244.56 | 2123.23 | 940.86 | 1607.75 | 477.53 | 385.01 | 173.60 |
| 505.81 | 809.61 | 331.84 | 678.09 | 206.84 | 152.54 | 47.93 |
| 178.37 | 320.49 | 144.45 | 240.48 | 79.49 | 56.33 | 21.32 |
| 31.09 | 62.74 | 33.18 | 35.09 | 8.64 | 6.93 | 4.37 |
| 164.22 | 251.49 | 96.26 | 190.12 | 54.02 | 57.62 | 33.62 |
| 194.40 | 427.90 | 240.55 | 225.06 | 51.46 | 64.44 | 42.54 |
| 14.28 | 15.25 | 5.24 | 23.40 | 5.40 | 6.99 | 3.43 |
| 28.26 | 36.65 | 16.23 | 56.28 | 16.00 | 10.69 | 5.19 |
| 128.14 | 199.09 | 73.11 | 159.23 | 55.67 | 29.46 | 15.20 |
| 810.62 | 1285.57 | 508.93 | 875.71 | 250.34 | 155.23 | 80.79 |
| 629.95 | 969.09 | 367.22 | 567.85 | 143.44 | 103.39 | 54.99 |
| 180.67 | 316.48 | 141.70 | 307.86 | 106.90 | 51.83 | 25.79 |
| 1246.34 | 1975.79 | 794.86 | 1101.50 | 257.49 | 287.83 | 158.58 |
| 200.10 | 322.45 | 125.28 | 300.76 | 56.53 | 80.42 | 37.19 |
| 512.53 | 837.00 | 342.55 | 351.93 | 101.11 | 76.80 | 41.60 |
| 330.39 | 511.22 | 206.51 | 262.06 | 57.85 | 77.83 | 46.71 |
| 203.32 | 305.12 | 120.53 | 186.75 | 42.00 | 52.78 | 33.08 |
| 938.53 | 1327.91 | 503.92 | 1627.11 | 517.69 | 279.06 | 163.27 |
| 33.32 | 45.92 | 14.12 | 23.54 | 8.50 | 4.94 | 2.77 |
| 9.59 | 15.67 | 6.67 | 10.04 | 3.35 | 2.85 | 1.00 |
| 895.63 | 1266.32 | 483.13 | 1593.53 | 505.83 | 271.28 | 159.49 |
| 1601.58 | 2581.56 | 1122.45 | 2008.68 | 527.10 | 439.76 | 203.80 |
| 785.61 | 1168.83 | 445.47 | 953.72 | 220.09 | 234.26 | 101.52 |
| 815.97 | 1412.72 | 676.98 | 1054.96 | 307.01 | 205.50 | 102.28 |
| 26111.48 | 45216.82 | 20482.08 | 24691.76 | 3219.64 | 6854.13 | 2461.06 |
| 699.25 | 1073.64 | 479.40 | 674.74 | 116.62 | 163.22 | 55.18 |

2-1 续表 8

| 行 业 | 企业单位数(个) | 工业销售产值(当年价格) | 出口交货值 | 资产总计 |
|---|---|---|---|---|
| 炼钢 | 173 | 6574.95 | 240.85 | 9463.00 |
| 黑色金属铸造 | 3043 | 6229.36 | 246.76 | 3371.12 |
| 钢压延加工 | 3984 | 42655.70 | 1800.46 | 46262.13 |
| 铁合金冶炼 | 1088 | 3366.04 | 18.35 | 2747.59 |
| 有色金属冶炼和压延加工业 | 7021 | 48879.02 | 1124.06 | 40157.03 |
| 常用有色金属冶炼 | 1238 | 15925.27 | 160.23 | 18570.88 |
| 铜冶炼 | 198 | 5063.04 | 43.92 | 4679.27 |
| 铅锌冶炼 | 338 | 2943.29 | 13.03 | 2361.33 |
| 镍钴冶炼 | 73 | 1291.70 | 51.82 | 2395.32 |
| 锡冶炼 | 49 | 301.44 | 5.88 | 420.14 |
| 锑冶炼 | 48 | 146.16 | 14.98 | 82.23 |
| 铝冶炼 | 270 | 5283.22 | 29.06 | 7485.83 |
| 镁冶炼 | 97 | 237.45 | 1.39 | 254.73 |
| 其他常用有色金属冶炼 | 165 | 658.96 | 0.15 | 892.03 |
| 贵金属冶炼 | 264 | 2896.99 | 15.94 | 2371.42 |
| 金冶炼 | 166 | 2227.35 | 2.10 | 1951.23 |
| 银冶炼 | 64 | 468.19 | 12.82 | 258.86 |
| 其他贵金属冶炼 | 34 | 201.45 | 1.02 | 161.34 |
| 稀有稀土金属冶炼 | 377 | 1895.08 | 78.34 | 2021.51 |
| 钨钼冶炼 | 119 | 700.56 | 38.62 | 1098.42 |
| 稀土金属冶炼 | 170 | 897.33 | 30.32 | 663.62 |
| 其他稀有金属冶炼 | 88 | 297.19 | 9.40 | 259.47 |
| 有色金属合金制造 | 952 | 4017.17 | 178.55 | 2802.69 |
| 有色金属铸造 | 215 | 506.65 | 23.35 | 392.88 |
| 有色金属压延加工 | 3975 | 23637.86 | 667.65 | 13997.64 |
| 铜压延加工 | 1239 | 9869.53 | 231.82 | 3961.94 |
| 铝压延加工 | 1953 | 10979.88 | 326.78 | 7977.43 |
| 贵金属压延加工 | 81 | 470.62 | 2.32 | 472.75 |
| 稀有稀土金属压延加工 | 206 | 800.53 | 38.29 | 713.95 |
| 其他有色金属压延加工 | 496 | 1517.32 | 68.44 | 871.58 |
| 金属制品业 | 20731 | 39334.97 | 3630.42 | 26725.62 |
| 结构性金属制品制造 | 6885 | 13102.67 | 396.72 | 8851.60 |
| 金属结构制造 | 4800 | 10068.78 | 304.28 | 6753.68 |
| 金属门窗制造 | 2085 | 3033.89 | 92.44 | 2097.92 |
| 金属工具制造 | 1734 | 2694.44 | 532.46 | 1687.36 |
| 切削工具制造 | 544 | 828.70 | 80.04 | 725.73 |
| 手工具制造 | 375 | 572.96 | 106.52 | 257.98 |
| 农用及园林用金属工具制造 | 173 | 205.65 | 61.96 | 121.69 |
| 刀剪及类似日用金属工具制造 | 201 | 409.61 | 190.00 | 211.14 |
| 其他金属工具制造 | 441 | 677.52 | 93.94 | 370.82 |
| 集装箱及金属包装容器制造 | 1325 | 2934.55 | 504.00 | 2429.33 |
| 集装箱制造 | 90 | 611.95 | 406.88 | 398.72 |
| 金属压力容器制造 | 484 | 899.79 | 42.99 | 890.75 |
| 金属包装容器制造 | 751 | 1422.80 | 54.13 | 1139.87 |
| 金属丝绳及其制品制造 | 1430 | 3379.90 | 206.52 | 2255.30 |
| 建筑、安全用金属制品制造 | 2464 | 4067.36 | 632.52 | 2972.21 |
| 建筑、家具用金属配件制造 | 878 | 1309.71 | 267.20 | 686.50 |
| 建筑装饰及水暖管道零件制造 | 1053 | 1877.67 | 315.16 | 1581.56 |
| 安全、消防用金属制品制造 | 289 | 552.69 | 23.10 | 443.21 |
| 其他建筑、安全用金属制品制造 | 244 | 327.30 | 27.06 | 260.93 |

单位：亿元

| 固定资产合计 | 固定资产原价 | 累计折旧 | 流动资产合计 | 应收账款 | 存货 | 存货：产成品 |
|---|---|---|---|---|---|---|
| 4784.28 | 7590.71 | 3362.88 | 3013.61 | 276.39 | 953.30 | 493.53 |
| 1426.72 | 2383.99 | 1023.61 | 1507.87 | 435.59 | 348.00 | 179.08 |
| 18195.78 | 32706.78 | 15079.32 | 18172.85 | 2144.33 | 5023.81 | 1571.77 |
| 1005.46 | 1461.70 | 536.87 | 1322.69 | 246.70 | 365.80 | 161.51 |
| 13412.95 | 20421.92 | 7810.82 | 18947.15 | 2944.17 | 5608.29 | 1753.38 |
| 6766.21 | 10466.72 | 4006.89 | 8392.30 | 885.52 | 2820.86 | 669.35 |
| 1193.74 | 2035.73 | 905.29 | 2664.79 | 244.27 | 946.17 | 185.97 |
| 736.02 | 1223.74 | 543.64 | 1153.66 | 84.71 | 535.34 | 122.13 |
| 758.85 | 1151.81 | 394.91 | 1108.13 | 128.78 | 421.81 | 168.10 |
| 164.53 | 231.01 | 71.01 | 142.01 | 11.39 | 60.05 | 28.95 |
| 27.55 | 86.97 | 60.43 | 39.81 | 8.80 | 11.75 | 3.76 |
| 3618.23 | 5311.07 | 1921.85 | 2809.69 | 346.50 | 661.82 | 114.32 |
| 100.25 | 139.55 | 45.27 | 106.11 | 22.98 | 26.71 | 14.64 |
| 167.05 | 286.84 | 64.49 | 368.09 | 38.08 | 157.20 | 31.48 |
| 512.54 | 712.36 | 252.86 | 1100.77 | 64.06 | 363.74 | 74.07 |
| 408.76 | 583.66 | 215.58 | 853.47 | 44.83 | 254.71 | 50.45 |
| 54.84 | 66.30 | 22.87 | 171.15 | 6.05 | 74.06 | 14.14 |
| 48.94 | 62.41 | 14.40 | 76.15 | 13.17 | 34.97 | 9.48 |
| 516.82 | 854.86 | 391.59 | 941.44 | 144.48 | 303.44 | 146.97 |
| 324.62 | 501.21 | 205.43 | 416.82 | 43.51 | 98.79 | 41.17 |
| 122.13 | 266.69 | 152.41 | 402.04 | 84.65 | 172.45 | 85.85 |
| 70.07 | 86.96 | 33.75 | 122.58 | 16.32 | 32.20 | 19.95 |
| 908.10 | 1364.87 | 476.41 | 1440.81 | 381.67 | 382.80 | 144.36 |
| 68.71 | 119.62 | 56.50 | 179.32 | 51.36 | 36.28 | 15.71 |
| 4640.58 | 6903.48 | 2626.57 | 6892.50 | 1417.08 | 1701.17 | 702.92 |
| 1066.96 | 1651.33 | 686.11 | 2341.14 | 521.80 | 471.17 | 177.72 |
| 3035.47 | 4361.46 | 1582.51 | 3392.04 | 663.27 | 783.94 | 269.08 |
| 55.40 | 68.67 | 15.42 | 385.11 | 37.82 | 214.80 | 162.82 |
| 181.57 | 353.77 | 184.73 | 320.88 | 65.94 | 82.33 | 35.89 |
| 301.18 | 468.24 | 157.80 | 453.33 | 128.26 | 148.93 | 57.40 |
| 8267.85 | 14186.85 | 6415.97 | 14656.91 | 4297.75 | 3503.07 | 1450.00 |
| 2455.66 | 3862.15 | 1571.88 | 5085.70 | 1477.15 | 1289.21 | 508.29 |
| 1881.38 | 2972.56 | 1202.62 | 3862.77 | 1142.71 | 991.65 | 373.37 |
| 574.28 | 889.59 | 369.26 | 1222.93 | 334.44 | 297.55 | 134.92 |
| 622.32 | 1090.40 | 496.05 | 858.55 | 262.15 | 215.87 | 94.81 |
| 238.14 | 452.86 | 229.11 | 384.25 | 114.13 | 100.43 | 47.21 |
| 93.55 | 166.94 | 78.82 | 141.04 | 47.67 | 34.12 | 16.25 |
| 38.97 | 58.19 | 22.43 | 62.36 | 17.84 | 16.30 | 5.68 |
| 132.95 | 186.90 | 60.03 | 69.92 | 18.98 | 12.88 | 6.38 |
| 118.71 | 225.52 | 105.66 | 200.98 | 63.54 | 52.15 | 19.29 |
| 692.08 | 1119.39 | 481.42 | 1393.77 | 403.38 | 327.87 | 120.20 |
| 93.51 | 165.37 | 73.08 | 265.71 | 77.43 | 79.56 | 37.20 |
| 232.64 | 350.80 | 134.04 | 524.95 | 146.57 | 138.86 | 41.87 |
| 365.93 | 603.22 | 274.30 | 603.11 | 179.39 | 109.44 | 41.12 |
| 737.65 | 1194.69 | 492.76 | 1188.62 | 357.83 | 250.21 | 131.85 |
| 1195.01 | 1697.98 | 547.37 | 1352.97 | 396.73 | 318.71 | 128.22 |
| 229.23 | 383.70 | 168.55 | 369.31 | 125.25 | 96.58 | 34.85 |
| 755.09 | 1000.04 | 264.96 | 707.73 | 181.94 | 159.80 | 61.98 |
| 116.93 | 150.55 | 40.03 | 151.79 | 49.33 | 32.46 | 16.97 |
| 93.76 | 163.69 | 73.82 | 124.14 | 40.22 | 29.86 | 14.42 |

2-1 续表 9

| 行　业 | 企业单位数（个） | 工业销售产值（当年价格） | 出口交货值 | 资产总计 |
|---|---|---|---|---|
| 金属表面处理及热处理加工 | 1417 | 2631.20 | 89.29 | 1727.17 |
| 搪瓷制品制造 | 146 | 275.97 | 42.94 | 199.18 |
| 生产专用搪瓷制品制造 | 32 | 62.58 | 6.25 | 51.67 |
| 建筑装饰搪瓷制品制造 | 8 | 12.00 | 2.85 | 26.01 |
| 搪瓷卫生洁具制造 | 46 | 78.92 | 14.36 | 49.67 |
| 搪瓷日用品及其他搪瓷制品制造 | 60 | 122.47 | 19.47 | 71.83 |
| 金属制日用品制造 | 1869 | 2791.29 | 617.32 | 1499.35 |
| 金属制厨房用器具制造 | 290 | 387.81 | 69.25 | 249.32 |
| 金属制餐具和器皿制造 | 754 | 1181.69 | 351.88 | 619.47 |
| 金属制卫生器具制造 | 102 | 121.40 | 24.16 | 104.86 |
| 其他金属制日用品制造 | 723 | 1100.39 | 172.02 | 525.70 |
| 其他金属制品制造 | 3461 | 7457.60 | 608.65 | 5104.12 |
| 锻件及粉末冶金制品制造 | 1614 | 4028.29 | 182.47 | 2440.66 |
| 交通及公共管理用金属标牌制造 | 105 | 133.54 | 3.75 | 92.25 |
| 通用设备制造业 | 23680 | 48337.12 | 4930.98 | 43335.59 |
| 锅炉及原动设备制造 | 1673 | 5735.23 | 324.19 | 7130.77 |
| 锅炉及辅助设备制造 | 781 | 2160.56 | 63.01 | 2145.13 |
| 内燃机及配件制造 | 623 | 2425.29 | 156.68 | 3133.40 |
| 汽轮机及辅机制造 | 95 | 461.34 | 33.93 | 1049.43 |
| 水轮机及辅机制造 | 48 | 99.59 | 6.18 | 89.27 |
| 风能原动设备制造 | 102 | 567.91 | 62.72 | 694.25 |
| 其他原动设备制造 | 24 | 20.53 | 1.66 | 19.30 |
| 金属加工机械制造 | 3383 | 5892.98 | 235.84 | 5283.61 |
| 金属切削机床制造 | 722 | 1695.65 | 69.02 | 2220.94 |
| 金属成形机床制造 | 556 | 938.41 | 45.59 | 770.11 |
| 铸造机械制造 | 612 | 1056.05 | 19.90 | 549.15 |
| 金属切割及焊接设备制造 | 400 | 501.97 | 52.30 | 459.83 |
| 机床附件制造 | 386 | 585.37 | 19.26 | 410.35 |
| 其他金属加工机械制造 | 707 | 1115.54 | 29.77 | 873.23 |
| 物料搬运设备制造 | 2208 | 6943.34 | 690.30 | 7146.40 |
| 轻小型起重设备制造 | 241 | 438.94 | 91.87 | 401.82 |
| 起重机制造 | 658 | 2600.40 | 270.06 | 3093.69 |
| 生产专用车辆制造 | 155 | 459.22 | 74.31 | 391.39 |
| 连续搬运设备制造 | 286 | 446.96 | 24.49 | 359.38 |
| 电梯、自动扶梯及升降机制造 | 710 | 2738.02 | 200.75 | 2635.85 |
| 其他物料搬运设备制造 | 158 | 259.79 | 28.81 | 264.28 |
| 泵、阀门、压缩机及类似机械制造 | 4701 | 8751.10 | 931.77 | 7408.22 |
| 泵及真空设备制造 | 1290 | 2216.54 | 260.26 | 1976.52 |
| 气体压缩机械制造 | 515 | 1866.26 | 219.23 | 1777.42 |
| 阀门和旋塞制造 | 1704 | 2534.64 | 328.17 | 1995.66 |
| 液压和气压动力机械及元件制造 | 1192 | 2133.66 | 124.11 | 1658.62 |
| 轴承、齿轮和传动部件制造 | 2704 | 5021.50 | 393.19 | 3976.75 |
| 轴承制造 | 1546 | 2605.73 | 203.07 | 2113.54 |
| 齿轮及齿轮减、变速箱制造 | 848 | 1890.42 | 126.24 | 1493.92 |
| 其他传动部件制造 | 310 | 525.35 | 63.88 | 369.28 |
| 烘炉、风机、衡器、包装等设备制造 | 3045 | 6587.14 | 987.20 | 6014.30 |
| 烘炉、熔炉及电炉制造 | 224 | 264.27 | 18.78 | 464.85 |
| 风机、风扇制造 | 481 | 936.15 | 46.26 | 1046.24 |

单位：亿元

| 固定资产合计 | 固定资产原价 | 累计折旧 | 流动资产合计 | 应收账款 | 存货 | 产成品 |
|---|---|---|---|---|---|---|
| 446.27 | 806.69 | 372.94 | 1053.18 | 300.93 | 208.81 | 103.15 |
| 50.59 | 92.61 | 45.69 | 101.82 | 29.88 | 20.59 | 8.59 |
| 15.18 | 31.67 | 17.58 | 32.01 | 12.90 | 4.98 | 1.44 |
| 4.22 | 8.35 | 4.13 | 13.20 | 4.29 | 1.90 | 0.92 |
| 15.51 | 28.30 | 13.30 | 29.00 | 7.43 | 6.88 | 2.80 |
| 15.67 | 24.29 | 10.68 | 27.60 | 5.26 | 6.84 | 3.42 |
| 422.96 | 1661.93 | 1260.39 | 865.09 | 232.77 | 208.61 | 91.90 |
| 58.72 | 935.71 | 880.45 | 163.20 | 41.32 | 37.82 | 16.83 |
| 186.77 | 384.70 | 207.56 | 339.77 | 82.68 | 81.06 | 34.58 |
| 23.21 | 35.93 | 16.07 | 52.70 | 13.29 | 21.24 | 13.15 |
| 154.26 | 305.60 | 156.31 | 309.42 | 95.48 | 68.49 | 27.34 |
| 1645.31 | 2661.02 | 1147.48 | 2757.20 | 836.92 | 663.20 | 263.00 |
| 823.44 | 1299.46 | 565.92 | 1259.94 | 377.01 | 300.59 | 134.11 |
| 25.68 | 64.14 | 39.39 | 53.50 | 13.27 | 9.64 | 3.50 |
| 10922.95 | 18050.36 | 7993.30 | 25768.57 | 8341.25 | 6257.11 | 2304.12 |
| 1468.71 | 2634.73 | 1243.07 | 4525.17 | 1332.79 | 1086.21 | 282.72 |
| 478.03 | 898.37 | 441.60 | 1444.00 | 430.78 | 393.57 | 66.21 |
| 735.46 | 1193.88 | 499.01 | 1683.69 | 357.57 | 314.69 | 136.36 |
| 124.48 | 261.58 | 149.27 | 834.89 | 271.19 | 270.10 | 30.35 |
| 19.65 | 53.41 | 33.45 | 57.71 | 26.93 | 8.16 | 2.36 |
| 103.73 | 217.45 | 116.61 | 494.70 | 241.99 | 97.11 | 46.27 |
| 7.37 | 10.05 | 3.14 | 10.18 | 4.32 | 2.58 | 1.17 |
| 1409.22 | 2239.99 | 942.73 | 3062.92 | 785.51 | 968.33 | 350.18 |
| 456.81 | 705.27 | 324.76 | 1386.98 | 335.84 | 493.73 | 177.93 |
| 228.90 | 375.58 | 161.05 | 452.05 | 111.76 | 136.20 | 42.62 |
| 212.04 | 332.52 | 132.79 | 262.53 | 72.15 | 73.62 | 39.80 |
| 85.59 | 147.97 | 61.09 | 307.07 | 83.74 | 75.12 | 28.85 |
| 149.70 | 241.85 | 98.66 | 190.12 | 54.28 | 50.32 | 17.07 |
| 276.17 | 436.79 | 164.38 | 464.18 | 127.74 | 139.35 | 43.90 |
| 1433.18 | 2353.00 | 1008.60 | 4531.45 | 1466.71 | 1061.81 | 370.58 |
| 121.51 | 150.05 | 54.86 | 246.68 | 72.47 | 62.49 | 19.50 |
| 713.75 | 1252.23 | 564.06 | 1755.63 | 621.26 | 519.24 | 156.10 |
| 82.00 | 149.23 | 74.31 | 253.95 | 67.26 | 56.71 | 23.22 |
| 79.68 | 118.07 | 41.50 | 213.68 | 83.04 | 56.42 | 20.08 |
| 370.52 | 576.49 | 231.08 | 1903.62 | 570.12 | 329.04 | 142.18 |
| 65.72 | 106.94 | 42.79 | 157.89 | 52.56 | 37.92 | 9.50 |
| 2023.97 | 3335.62 | 1546.29 | 4277.87 | 1483.00 | 1002.99 | 404.71 |
| 587.60 | 781.60 | 326.59 | 1087.73 | 349.84 | 276.53 | 91.17 |
| 373.24 | 807.58 | 454.11 | 1074.46 | 405.34 | 232.44 | 108.60 |
| 558.87 | 917.84 | 395.04 | 1182.10 | 447.77 | 276.30 | 116.11 |
| 504.26 | 828.61 | 370.56 | 933.58 | 280.04 | 217.71 | 88.83 |
| 1355.12 | 2239.16 | 942.37 | 2048.18 | 727.40 | 503.38 | 230.22 |
| 715.62 | 1160.34 | 481.88 | 1056.61 | 366.27 | 265.16 | 133.58 |
| 521.97 | 873.27 | 372.96 | 788.80 | 295.19 | 191.23 | 78.31 |
| 117.53 | 205.54 | 87.53 | 202.78 | 65.94 | 46.99 | 18.33 |
| 1372.36 | 2088.43 | 867.95 | 3637.54 | 1214.81 | 787.75 | 291.89 |
| 61.92 | 89.49 | 30.92 | 250.37 | 52.91 | 53.93 | 13.46 |
| 214.32 | 325.98 | 137.84 | 673.90 | 256.17 | 128.37 | 41.76 |

2-1 续表 10

| 行　　业 | 企业单位数(个) | 工业销售产　值(当年价格) | 出口交货值 | 资产总计 |
|---|---|---|---|---|
| 气体、液体分离及纯净设备制造 | 471 | 755.57 | 69.18 | 895.64 |
| 制冷、空调设备制造 | 993 | 2823.89 | 309.19 | 2016.43 |
| 风动和电动工具制造 | 357 | 1073.66 | 446.00 | 991.81 |
| 喷枪及类似器具制造 | 93 | 123.53 | 25.06 | 93.68 |
| 衡器制造 | 140 | 224.74 | 36.43 | 149.91 |
| 包装专用设备制造 | 286 | 385.35 | 36.29 | 355.74 |
| 文化、办公用机械制造 | 477 | 1706.19 | 837.93 | 1327.55 |
| 电影机械制造 | 10 | 29.27 | 4.54 | 26.82 |
| 幻灯及投影设备制造 | 42 | 110.22 | 31.93 | 78.07 |
| 照相机及器材制造 | 125 | 304.27 | 178.57 | 277.47 |
| 复印和胶印设备制造 | 122 | 714.56 | 461.70 | 353.49 |
| 计算器及货币专用设备制造 | 119 | 462.89 | 134.72 | 510.05 |
| 其他文化、办公用机械制造 | 59 | 84.98 | 26.47 | 81.64 |
| 通用零部件制造 | 4536 | 6377.32 | 464.19 | 3998.03 |
| 金属密封件制造 | 349 | 651.95 | 82.14 | 423.48 |
| 紧固件制造 | 1141 | 1456.11 | 165.04 | 1042.51 |
| 弹簧制造 | 264 | 335.43 | 19.73 | 222.49 |
| 机械零部件加工 | 2015 | 2809.92 | 70.90 | 1580.17 |
| 其他通用零部件制造 | 767 | 1123.90 | 126.38 | 729.37 |
| 其他通用设备制造业 | 953 | 1322.32 | 66.37 | 1049.96 |
| 专用设备制造业 | 17603 | 37672.91 | 3024.39 | 36841.47 |
| 采矿、冶金、建筑专用设备制造 | 4529 | 14274.15 | 784.58 | 16095.77 |
| 矿山机械制造 | 1728 | 4148.19 | 82.20 | 4012.93 |
| 石油钻采专用设备制造 | 847 | 2748.88 | 311.44 | 2788.76 |
| 建筑工程用机械制造 | 844 | 4110.10 | 265.28 | 5315.59 |
| 海洋工程专用设备制造 | 71 | 734.64 | 53.57 | 1067.50 |
| 建筑材料生产专用机械制造 | 576 | 1308.53 | 18.23 | 1065.51 |
| 冶金专用设备制造 | 463 | 1223.80 | 53.86 | 1845.47 |
| 化工、木材、非金属加工专用设备制造 | 3370 | 5126.41 | 610.89 | 4778.25 |
| 炼油、化工生产专用设备制造 | 452 | 961.78 | 39.03 | 1078.94 |
| 橡胶加工专用设备制造 | 142 | 234.50 | 21.42 | 208.58 |
| 塑料加工专用设备制造 | 399 | 598.73 | 92.46 | 660.55 |
| 木材加工机械制造 | 143 | 208.58 | 14.07 | 118.83 |
| 模具制造 | 2132 | 2929.37 | 434.47 | 2599.27 |
| 其他非金属加工专用设备制造 | 102 | 193.44 | 9.43 | 112.08 |
| 食品、饮料、烟草及饲料生产专用设备制造 | 831 | 1351.19 | 73.70 | 836.86 |
| 食品、酒、饮料及茶生产专用设备制造 | 279 | 342.42 | 40.86 | 234.69 |
| 农副食品加工专用设备制造 | 433 | 794.95 | 28.59 | 419.57 |
| 烟草生产专用设备制造 | 64 | 108.11 | 2.15 | 145.37 |
| 饲料生产专用设备制造 | 55 | 105.71 | 2.09 | 37.23 |
| 印刷、制药、日化及日用品生产专用设备制造 | 866 | 1549.65 | 156.07 | 1345.64 |
| 制浆和造纸专用设备制造 | 190 | 409.29 | 23.48 | 279.08 |
| 印刷专用设备制造 | 301 | 444.64 | 45.64 | 378.76 |
| 日用化工专用设备制造 | 41 | 40.61 | 0.70 | 30.38 |
| 制药专用设备制造 | 127 | 181.68 | 18.39 | 230.73 |
| 照明器具生产专用设备制造 | 60 | 78.39 | 3.84 | 65.31 |
| 玻璃、陶瓷和搪瓷制品生产专用设备制造 | 103 | 268.81 | 23.60 | 286.37 |
| 其他日用品生产专用设备制造 | 44 | 126.23 | 40.42 | 75.00 |
| 纺织、服装和皮革加工专用设备制造 | 957 | 1577.09 | 175.74 | 1329.29 |

单位：亿元

| 固定资产合计 | 固定资产原价 | 累计折旧 | 流动资产合计 | 应收账款 | 存货 | |
|---|---|---|---|---|---|---|
| | | | | | | 产成品 |
| 228.43 | 345.60 | 142.57 | 518.67 | 189.97 | 102.69 | 38.93 |
| 455.88 | 773.88 | 351.63 | 1260.12 | 427.28 | 286.31 | 127.69 |
| 253.95 | 308.52 | 102.98 | 577.37 | 189.28 | 115.11 | 31.44 |
| 20.52 | 45.96 | 25.95 | 60.28 | 20.20 | 14.19 | 4.96 |
| 41.07 | 59.49 | 22.43 | 83.35 | 26.20 | 19.01 | 6.90 |
| 96.27 | 139.52 | 53.63 | 213.49 | 52.80 | 68.15 | 26.76 |
| 213.69 | 488.52 | 288.46 | 906.50 | 361.85 | 190.80 | 77.25 |
| 1.10 | 2.17 | 1.07 | 24.20 | 4.96 | 4.69 | 1.98 |
| 10.87 | 26.21 | 16.52 | 59.89 | 19.21 | 14.66 | 5.36 |
| 69.38 | 165.59 | 98.12 | 169.39 | 56.50 | 40.45 | 16.64 |
| 75.35 | 191.30 | 121.30 | 255.60 | 110.20 | 49.95 | 19.56 |
| 46.48 | 79.43 | 38.18 | 342.79 | 148.20 | 70.61 | 30.36 |
| 10.50 | 23.83 | 13.27 | 54.63 | 22.79 | 10.44 | 3.35 |
| 1338.56 | 2219.39 | 965.39 | 2151.81 | 753.03 | 493.16 | 233.57 |
| 160.91 | 235.60 | 90.69 | 201.38 | 75.41 | 44.68 | 21.39 |
| 314.47 | 565.86 | 268.28 | 595.96 | 218.96 | 146.33 | 76.25 |
| 75.97 | 121.79 | 47.77 | 124.42 | 44.07 | 30.09 | 17.63 |
| 567.77 | 918.35 | 390.48 | 820.05 | 273.54 | 178.11 | 76.05 |
| 219.44 | 377.79 | 168.17 | 409.99 | 141.04 | 93.95 | 42.24 |
| 308.15 | 451.53 | 188.44 | 627.13 | 216.15 | 162.67 | 62.99 |
| 9292.37 | 15143.27 | 6505.13 | 21938.54 | 6997.02 | 5332.82 | 1851.98 |
| 3972.27 | 6633.14 | 2859.24 | 9769.37 | 3377.88 | 2427.79 | 835.98 |
| 1156.63 | 1789.66 | 741.80 | 2308.33 | 819.77 | 641.70 | 212.37 |
| 754.54 | 1416.77 | 699.39 | 1659.35 | 532.81 | 456.14 | 182.26 |
| 995.40 | 1694.93 | 712.76 | 3388.55 | 1218.94 | 671.15 | 289.13 |
| 275.96 | 403.65 | 132.48 | 636.90 | 195.02 | 247.44 | 22.99 |
| 306.83 | 484.65 | 204.10 | 585.99 | 189.03 | 139.49 | 45.94 |
| 482.91 | 843.48 | 368.72 | 1190.25 | 422.31 | 271.87 | 83.29 |
| 1254.42 | 2309.70 | 1101.37 | 2859.65 | 881.65 | 736.27 | 241.32 |
| 272.38 | 456.07 | 199.70 | 637.31 | 208.27 | 152.90 | 50.65 |
| 52.52 | 88.23 | 33.89 | 123.40 | 34.70 | 37.61 | 8.64 |
| 148.51 | 252.39 | 108.40 | 433.91 | 110.79 | 109.74 | 31.06 |
| 36.24 | 157.15 | 124.39 | 66.16 | 9.05 | 20.16 | 9.69 |
| 707.56 | 1293.96 | 610.01 | 1536.19 | 498.06 | 396.85 | 134.39 |
| 37.22 | 61.90 | 24.98 | 62.67 | 20.78 | 19.02 | 6.89 |
| 275.85 | 477.54 | 219.49 | 477.53 | 118.21 | 144.29 | 53.27 |
| 65.85 | 103.42 | 40.65 | 140.27 | 40.66 | 42.12 | 13.81 |
| 157.67 | 291.25 | 145.80 | 220.84 | 49.65 | 61.32 | 28.75 |
| 38.21 | 60.33 | 24.10 | 95.68 | 23.65 | 36.13 | 9.28 |
| 14.13 | 22.55 | 8.94 | 20.73 | 4.26 | 4.73 | 1.44 |
| 354.62 | 615.80 | 284.00 | 724.46 | 190.97 | 199.54 | 57.64 |
| 105.46 | 183.01 | 84.83 | 146.87 | 31.34 | 43.47 | 11.64 |
| 90.29 | 183.78 | 96.64 | 210.09 | 54.75 | 59.83 | 20.41 |
| 8.71 | 13.57 | 4.87 | 16.99 | 4.86 | 3.89 | 1.70 |
| 39.83 | 61.12 | 22.68 | 139.20 | 39.31 | 38.20 | 9.12 |
| 26.13 | 53.69 | 27.73 | 32.21 | 11.79 | 6.51 | 3.38 |
| 65.20 | 86.84 | 28.20 | 132.49 | 36.62 | 31.97 | 8.64 |
| 19.00 | 33.79 | 19.04 | 46.61 | 12.30 | 15.68 | 2.75 |
| 346.06 | 576.33 | 272.27 | 753.52 | 195.32 | 193.20 | 74.53 |

2-1 续表 11

| 行 业 | 企业单位数（个） | 工业销售产值（当年价格） | 出口交货值 | 资产总计 |
|---|---|---|---|---|
| 纺织专用设备制造 | 672 | 1180.76 | 63.38 | 996.83 |
| 皮革、毛皮及其制品加工专用设备制造 | 40 | 52.85 | 5.28 | 36.41 |
| 缝制机械制造 | 228 | 310.26 | 106.15 | 278.92 |
| 洗涤机械制造 | 17 | 33.21 | 0.92 | 17.13 |
| 电子和电工机械专用设备制造 | 963 | 1861.69 | 226.46 | 1874.93 |
| 电工机械专用设备制造 | 337 | 479.10 | 35.35 | 354.23 |
| 电子工业专用设备制造 | 626 | 1382.60 | 191.10 | 1520.70 |
| 农、林、牧、渔专用机械制造 | 1578 | 3120.25 | 186.37 | 2035.16 |
| 拖拉机制造 | 174 | 616.44 | 28.32 | 547.83 |
| 机械化农业及园艺机具制造 | 729 | 1409.70 | 130.75 | 936.58 |
| 营林及木竹采伐机械制造 | 8 | 15.26 |  | 13.32 |
| 畜牧机械制造 | 106 | 130.12 | 14.87 | 70.99 |
| 渔业机械制造 | 22 | 28.98 | 2.06 | 14.84 |
| 农林牧渔机械配件制造 | 366 | 709.83 | 8.45 | 327.84 |
| 棉花加工机械制造 | 15 | 10.40 | 0.36 | 20.71 |
| 其他农、林、牧、渔业机械制造 | 158 | 199.51 | 1.55 | 103.05 |
| 医疗仪器设备及器械制造 | 1449 | 2816.91 | 501.09 | 2729.25 |
| 医疗诊断、监护及治疗设备制造 | 377 | 896.43 | 167.80 | 918.01 |
| 口腔科用设备及器具制造 | 52 | 46.06 | 14.65 | 33.95 |
| 医疗实验室及医用消毒设备和器具制造 | 61 | 95.82 | 4.08 | 57.19 |
| 医疗、外科及兽医用器械制造 | 420 | 998.86 | 187.28 | 871.05 |
| 机械治疗及病房护理设备制造 | 140 | 193.85 | 32.41 | 187.20 |
| 假肢、人工器官及植(介)入器械制造 | 89 | 134.83 | 38.65 | 293.97 |
| 其他医疗设备及器械制造 | 310 | 451.06 | 56.24 | 367.89 |
| 环保、社会公共服务及其他专用设备制造 | 3060 | 5995.57 | 309.50 | 5816.33 |
| 环境保护专用设备制造 | 1529 | 3228.18 | 66.50 | 2960.34 |
| 地质勘查专用设备制造 | 22 | 35.73 | 0.35 | 74.19 |
| 邮政专用机械及器材制造 | 6 | 11.34 |  | 8.60 |
| 商业、饮食、服务专用设备制造 | 36 | 48.69 | 4.54 | 36.23 |
| 社会公共安全设备及器材制造 | 279 | 485.96 | 60.72 | 469.42 |
| 交通安全、管制及类似专用设备制造 | 86 | 165.38 | 0.71 | 145.96 |
| 水资源专用机械制造 | 153 | 227.25 | 6.11 | 202.73 |
| 其他专用设备制造 | 949 | 1793.04 | 170.57 | 1918.86 |
| 汽车制造业 | 14493 | 80440.37 | 3188.99 | 68536.75 |
| 汽车整车制造 | 445 | 38963.50 | 781.12 | 35564.68 |
| 改装汽车制造 | 535 | 2546.51 | 68.83 | 2188.29 |
| 低速载货汽车制造 | 23 | 258.01 | 0.91 | 93.87 |
| 电车制造 | 100 | 184.59 | 0.03 | 124.69 |
| 汽车车身、挂车制造 | 293 | 985.31 | 36.27 | 744.88 |
| 汽车零部件及配件制造 | 13097 | 37502.44 | 2301.83 | 29820.34 |
| 铁路、船舶、航空航天和其他运输设备制造业 | 4947 | 20293.17 | 3408.04 | 23662.54 |
| 铁路运输设备制造 | 835 | 4197.73 | 158.27 | 5313.90 |
| 铁路机车车辆及动车组制造 | 47 | 1667.67 | 112.24 | 2400.82 |
| 窄轨机车车辆制造 | 13 | 25.54 | 0.07 | 18.88 |
| 铁路机车车辆配件制造 | 379 | 1446.75 | 39.92 | 1513.07 |
| 铁路专用设备及器材、配件制造 | 349 | 870.37 | 5.85 | 1134.15 |
| 其他铁路运输设备制造 | 47 | 187.39 | 0.19 | 246.99 |
| 城市轨道交通设备制造 | 68 | 195.19 | 2.00 | 367.17 |
| 船舶及相关装置制造 | 1221 | 6829.91 | 2088.74 | 8696.04 |

单位：亿元

| 固定资产合计 | 固定资产原价 | 累计折旧 | 流动资产合计 | 应收账款 | 存货 | 产成品 |
|---|---|---|---|---|---|---|
| 263.83 | 432.60 | 204.53 | 545.13 | 137.08 | 126.48 | 46.16 |
| 13.19 | 22.63 | 9.29 | 19.48 | 7.63 | 4.47 | 2.44 |
| 61.94 | 111.32 | 55.72 | 180.35 | 47.93 | 60.08 | 24.98 |
| 7.10 | 9.78 | 2.73 | 8.56 | 2.69 | 2.17 | 0.95 |
| 468.19 | 589.98 | 286.98 | 1231.08 | 354.82 | 250.82 | 97.54 |
| 76.39 | 131.37 | 60.19 | 235.15 | 81.49 | 62.77 | 19.23 |
| 391.80 | 458.61 | 226.79 | 995.93 | 273.33 | 188.04 | 78.31 |
| 719.23 | 1073.49 | 418.49 | 1027.44 | 293.84 | 276.52 | 137.17 |
| 165.55 | 243.02 | 97.37 | 307.16 | 88.06 | 70.01 | 32.36 |
| 297.54 | 436.81 | 173.57 | 487.25 | 137.02 | 146.91 | 74.77 |
| 2.58 | 3.73 | 1.16 | 3.33 | 0.98 | 0.71 | 0.53 |
| 20.32 | 30.19 | 11.79 | 43.16 | 14.77 | 11.87 | 6.84 |
| 6.14 | 10.67 | 4.58 | 5.08 | 1.52 | 1.88 | 1.36 |
| 177.38 | 257.98 | 87.10 | 124.50 | 34.35 | 28.11 | 13.31 |
| 7.56 | 10.09 | 2.57 | 11.20 | 4.65 | 2.81 | 1.25 |
| 42.15 | 81.00 | 40.34 | 45.77 | 12.48 | 14.23 | 6.76 |
| 601.38 | 962.13 | 398.51 | 1504.82 | 406.87 | 309.56 | 117.62 |
| 170.03 | 295.24 | 132.83 | 530.17 | 152.94 | 106.65 | 33.25 |
| 8.32 | 13.32 | 5.68 | 21.44 | 5.11 | 5.75 | 2.19 |
| 22.83 | 46.48 | 25.70 | 26.96 | 8.22 | 6.18 | 3.04 |
| 225.70 | 352.55 | 143.54 | 446.63 | 121.23 | 107.34 | 41.40 |
| 53.57 | 74.31 | 22.56 | 105.64 | 23.00 | 21.16 | 9.67 |
| 39.12 | 62.86 | 23.45 | 158.80 | 40.24 | 24.13 | 10.55 |
| 81.81 | 117.36 | 44.76 | 215.19 | 56.13 | 38.35 | 17.52 |
| 1300.35 | 1905.17 | 664.77 | 3590.67 | 1177.46 | 794.83 | 236.90 |
| 566.29 | 896.58 | 362.23 | 1839.00 | 599.22 | 375.06 | 116.98 |
| 18.39 | 24.00 | 7.35 | 49.99 | 24.69 | 6.77 | 2.97 |
| 1.44 | 2.69 | 1.26 | 5.67 | 1.48 | 2.06 | 1.66 |
| 7.90 | 16.98 | 9.38 | 25.35 | 6.78 | 7.74 | 1.71 |
| 106.57 | 149.73 | 45.18 | 297.14 | 83.91 | 67.81 | 21.31 |
| 19.85 | 36.27 | 19.82 | 105.20 | 30.34 | 22.70 | 12.29 |
| 56.88 | 84.01 | 34.03 | 111.03 | 34.95 | 27.56 | 6.26 |
| 523.02 | 694.90 | 185.52 | 1157.28 | 396.09 | 285.14 | 73.72 |
| 16277.29 | 27073.64 | 11525.00 | 39853.53 | 11336.50 | 6297.16 | 3013.71 |
| 7381.74 | 12430.29 | 5371.20 | 20284.18 | 3966.21 | 2596.19 | 1310.95 |
| 512.41 | 808.17 | 315.54 | 1307.47 | 422.44 | 291.24 | 110.55 |
| 21.07 | 34.99 | 15.28 | 49.88 | 8.34 | 22.62 | 3.46 |
| 45.90 | 59.29 | 15.37 | 48.92 | 8.66 | 9.04 | 3.00 |
| 163.67 | 223.42 | 71.34 | 456.79 | 92.67 | 73.29 | 22.76 |
| 8152.50 | 13517.48 | 5736.27 | 17706.28 | 6838.17 | 3304.78 | 1562.99 |
| 6084.33 | 8853.95 | 3938.26 | 14255.97 | 3338.32 | 3984.28 | 674.65 |
| 949.35 | 1510.02 | 627.55 | 3642.99 | 1375.69 | 827.93 | 235.54 |
| 412.61 | 624.03 | 235.45 | 1667.53 | 561.90 | 384.53 | 57.89 |
| 3.71 | 4.65 | 1.43 | 13.22 | 4.91 | 4.07 | 1.82 |
| 262.66 | 503.94 | 250.38 | 1063.88 | 392.61 | 252.70 | 97.10 |
| 211.97 | 295.67 | 113.98 | 747.67 | 338.02 | 156.97 | 67.87 |
| 58.40 | 81.72 | 26.32 | 150.69 | 78.25 | 29.66 | 10.86 |
| 122.13 | 88.90 | 26.37 | 204.44 | 83.97 | 40.16 | 9.21 |
| 2212.14 | 3358.13 | 1336.36 | 5288.02 | 622.60 | 1777.21 | 171.96 |

2-1 续表 12

| 行　业 | 企业单位数(个) | 工业销售产值(当年价格) | 出口交货值 | 资产总计 |
|---|---|---|---|---|
| 金属船舶制造 | 559 | 5071.78 | 1959.14 | 7362.03 |
| 非金属船舶制造 | 43 | 90.41 | 9.80 | 86.23 |
| 娱乐船和运动船制造 | 58 | 65.21 | 9.38 | 50.63 |
| 船用配套设备制造 | 484 | 1183.59 | 86.02 | 948.81 |
| 船舶改装与拆除 | 67 | 412.08 | 23.94 | 244.63 |
| 航标器材及其他相关装置制造 | 10 | 6.85 | 0.46 | 3.71 |
| 航空、航天器及设备制造 | 375 | 3389.09 | 342.43 | 5542.89 |
| 飞机制造 | 162 | 2469.62 | 259.62 | 4271.41 |
| 航天器制造 | 26 | 219.51 | 0.71 | 424.22 |
| 航空、航天相关设备制造 | 139 | 486.34 | 15.26 | 589.04 |
| 其他航空航天器制造 | 48 | 213.62 | 66.85 | 258.23 |
| 摩托车制造 | 1280 | 3484.02 | 494.54 | 2520.52 |
| 摩托车整车制造 | 200 | 1557.08 | 380.56 | 1276.19 |
| 摩托车零部件及配件制造 | 1080 | 1926.94 | 113.99 | 1244.33 |
| 自行车制造 | 914 | 1645.13 | 243.55 | 936.16 |
| 脚踏自行车及残疾人座车制造 | 422 | 633.27 | 200.01 | 435.16 |
| 助动自行车制造 | 492 | 1011.86 | 43.54 | 501.00 |
| 非公路休闲车及零配件制造 | 136 | 270.38 | 35.69 | 146.79 |
| 潜水救捞及其他未列明运输设备制造 | 118 | 281.72 | 42.83 | 139.06 |
| 潜水及水下救捞装备制造 | 14 | 23.99 | 13.25 | 18.18 |
| 其他未列明运输设备制造 | 104 | 257.73 | 29.58 | 120.88 |
| 电气机械和器材制造业 | 23605 | 74163.80 | 10092.24 | 63139.09 |
| 电机制造 | 2681 | 8597.31 | 1145.66 | 8328.26 |
| 发电机及发电机组制造 | 840 | 3921.04 | 320.78 | 4801.79 |
| 电动机制造 | 895 | 1858.36 | 212.34 | 1537.88 |
| 微电机及其他电机制造 | 946 | 2817.91 | 612.53 | 1988.59 |
| 输配电及控制设备制造 | 8205 | 22629.96 | 2475.66 | 20832.84 |
| 变压器、整流器和电感器制造 | 1879 | 4786.24 | 426.73 | 4095.12 |
| 电容器及其配套设备制造 | 264 | 446.06 | 44.98 | 364.95 |
| 配电开关控制设备制造 | 2899 | 6843.35 | 269.45 | 6031.17 |
| 电力电子元器件制造 | 1455 | 2437.82 | 492.99 | 2051.62 |
| 光伏设备及元器件制造 | 849 | 5830.52 | 1169.08 | 5962.97 |
| 其他输配电及控制设备制造 | 859 | 2285.96 | 72.42 | 2327.02 |
| 电线、电缆、光缆及电工器材制造 | 4686 | 15990.77 | 891.12 | 10720.88 |
| 电线、电缆制造 | 3705 | 12822.27 | 666.72 | 8024.96 |
| 光纤、光缆制造 | 300 | 2018.16 | 113.85 | 1863.28 |
| 绝缘制品制造 | 408 | 638.70 | 66.19 | 544.13 |
| 其他电工器材制造 | 273 | 511.64 | 44.36 | 288.50 |
| 电池制造 | 1406 | 5767.17 | 785.62 | 5898.59 |
| 锂离子电池制造 | 719 | 2924.13 | 471.25 | 3366.15 |
| 镍氢电池制造 | 107 | 436.30 | 70.61 | 276.37 |
| 其他电池制造 | 580 | 2406.75 | 243.77 | 2256.07 |
| 家用电力器具制造 | 2818 | 14627.54 | 3585.03 | 12518.25 |
| 家用制冷电器具制造 | 270 | 3188.60 | 569.25 | 3935.03 |
| 家用空气调节器制造 | 220 | 5058.00 | 1226.85 | 4620.41 |
| 家用通风电器具制造 | 223 | 501.57 | 158.16 | 360.70 |
| 家用厨房电器具制造 | 744 | 2329.82 | 706.16 | 1218.12 |
| 家用清洁卫生电器具制造 | 233 | 1589.20 | 401.21 | 1116.92 |
| 家用美容、保健电器具制造 | 203 | 379.94 | 184.42 | 328.22 |

单位：亿元

| 固定资产合计 | 固定资产原价 | 累计折旧 | 流动资产合计 | | | |
|---|---|---|---|---|---|---|
| | | | | 应收账款 | 存货 | |
| | | | | | | 产成品 |
| 1791.09 | 2687.99 | 1068.96 | 4562.84 | 431.07 | 1576.93 | 126.75 |
| 32.92 | 65.44 | 33.56 | 47.36 | 10.42 | 14.37 | 4.74 |
| 15.75 | 20.40 | 6.53 | 26.91 | 5.69 | 7.59 | 2.45 |
| 293.07 | 474.61 | 186.37 | 533.09 | 148.85 | 148.36 | 25.39 |
| 77.28 | 107.47 | 40.42 | 116.44 | 26.12 | 29.41 | 12.40 |
| 2.03 | 2.20 | 0.52 | 1.39 | 0.45 | 0.54 | 0.23 |
| 1693.86 | 1937.95 | 1036.45 | 3032.50 | 677.46 | 977.44 | 106.29 |
| 1383.63 | 1533.22 | 866.83 | 2197.78 | 439.85 | 743.97 | 81.15 |
| 111.49 | 134.71 | 55.25 | 279.11 | 57.17 | 120.12 | 2.23 |
| 150.23 | 206.03 | 91.75 | 372.25 | 103.06 | 77.24 | 14.72 |
| 48.51 | 63.99 | 22.62 | 183.35 | 77.37 | 36.10 | 8.18 |
| 724.27 | 1334.50 | 658.67 | 1430.29 | 389.60 | 203.27 | 92.89 |
| 339.00 | 570.50 | 252.67 | 767.94 | 191.83 | 83.07 | 34.10 |
| 385.27 | 764.01 | 406.00 | 662.35 | 197.77 | 120.20 | 58.80 |
| 292.95 | 413.98 | 134.54 | 510.19 | 146.06 | 117.69 | 47.46 |
| 120.38 | 194.95 | 80.86 | 246.45 | 81.62 | 60.24 | 24.87 |
| 172.58 | 219.03 | 53.68 | 263.74 | 64.44 | 57.45 | 22.59 |
| 54.19 | 144.59 | 87.78 | 78.20 | 23.53 | 19.36 | 5.51 |
| 35.44 | 65.89 | 30.54 | 69.35 | 19.42 | 21.22 | 5.79 |
| 3.86 | 6.71 | 2.48 | 10.87 | 2.40 | 2.78 | 0.36 |
| 31.59 | 59.18 | 28.06 | 58.48 | 17.02 | 18.44 | 5.43 |
| 12836.58 | 23163.87 | 11001.94 | 40030.68 | 13864.48 | 6944.72 | 3110.04 |
| 1526.74 | 2848.88 | 1412.47 | 5423.34 | 2063.81 | 1023.26 | 337.73 |
| 674.59 | 1168.50 | 539.36 | 3344.08 | 1346.54 | 601.60 | 162.71 |
| 408.38 | 744.88 | 364.65 | 906.73 | 317.17 | 210.60 | 84.27 |
| 443.77 | 935.49 | 508.46 | 1172.53 | 400.09 | 211.06 | 90.75 |
| 4364.79 | 8045.55 | 3880.64 | 13131.09 | 5366.56 | 2116.74 | 869.63 |
| 929.33 | 1716.89 | 850.25 | 2570.82 | 979.32 | 488.63 | 215.88 |
| 83.82 | 150.43 | 65.15 | 221.02 | 85.53 | 40.13 | 19.28 |
| 1017.09 | 2045.32 | 1095.30 | 3987.99 | 1585.79 | 627.89 | 255.24 |
| 494.91 | 858.78 | 378.63 | 1281.73 | 560.87 | 255.95 | 94.69 |
| 1493.07 | 2673.61 | 1207.20 | 3496.22 | 1454.80 | 469.90 | 195.40 |
| 346.57 | 600.53 | 284.11 | 1573.31 | 700.25 | 234.25 | 89.14 |
| 2369.14 | 4099.01 | 1878.87 | 6673.33 | 2663.47 | 1173.25 | 597.85 |
| 1819.54 | 3090.05 | 1400.05 | 5182.53 | 2079.76 | 913.98 | 467.70 |
| 308.70 | 632.40 | 336.31 | 1014.24 | 400.06 | 171.54 | 95.30 |
| 141.40 | 238.22 | 100.29 | 319.53 | 128.32 | 58.85 | 23.24 |
| 99.51 | 138.34 | 42.22 | 157.04 | 55.33 | 28.88 | 11.60 |
| 1284.17 | 1991.55 | 759.50 | 3635.19 | 1269.63 | 686.23 | 253.62 |
| 744.92 | 1098.15 | 376.69 | 2183.31 | 852.14 | 408.29 | 151.61 |
| 75.76 | 120.00 | 48.89 | 148.48 | 56.67 | 36.18 | 15.12 |
| 463.49 | 773.40 | 333.92 | 1303.40 | 360.81 | 241.76 | 86.88 |
| 2027.00 | 4131.02 | 2196.58 | 8321.99 | 1563.32 | 1346.64 | 809.29 |
| 599.46 | 1085.54 | 501.05 | 2236.32 | 392.29 | 402.17 | 275.55 |
| 630.44 | 1593.84 | 980.59 | 3452.48 | 429.55 | 443.39 | 297.96 |
| 73.20 | 130.85 | 58.98 | 238.57 | 55.17 | 56.22 | 29.47 |
| 227.52 | 430.77 | 215.13 | 814.10 | 219.00 | 172.43 | 79.64 |
| 169.93 | 361.23 | 222.67 | 824.36 | 219.28 | 104.97 | 63.09 |
| 58.72 | 100.62 | 43.41 | 220.69 | 70.90 | 38.95 | 13.15 |

2-1 续表 13

| 行　业 | 企业单位数（个） | 工业销售产值（当年价格） | 出口交货值 | 资产总计 |
|---|---|---|---|---|
| 家用电力器具专用配件制造 | 453 | 848.55 | 79.48 | 503.00 |
| 其他家用电力器具制造 | 472 | 731.86 | 259.51 | 435.84 |
| 非电力家用器具制造 | 586 | 1207.98 | 113.12 | 1117.88 |
| 燃气、太阳能及类似能源家用器具制造 | 501 | 1112.78 | 87.03 | 1043.31 |
| 其他非电力家用器具制造 | 85 | 95.20 | 26.09 | 74.57 |
| 照明器具制造 | 2751 | 4650.51 | 1024.00 | 3218.84 |
| 电光源制造 | 514 | 1201.15 | 301.86 | 770.70 |
| 照明灯具制造 | 1935 | 3002.07 | 551.16 | 2137.94 |
| 灯用电器附件及其他照明器具制造 | 302 | 447.29 | 170.97 | 310.21 |
| 其他电气机械及器材制造 | 472 | 692.55 | 72.02 | 503.55 |
| 电气信号设备装置制造 | 130 | 230.52 | 29.17 | 171.05 |
| 其他未列明电气机械及器材制造 | 342 | 462.03 | 42.85 | 332.50 |
| 计算机、通信和其他电子设备制造业 | 15222 | 98457.24 | 47081.32 | 79055.49 |
| 计算机制造 | 1484 | 18006.51 | 11561.03 | 10557.52 |
| 计算机整机制造 | 188 | 10647.33 | 7478.84 | 5382.60 |
| 计算机零部件制造 | 586 | 2898.06 | 1659.33 | 2042.42 |
| 计算机外围设备制造 | 496 | 2898.09 | 1866.54 | 1944.43 |
| 其他计算机制造 | 214 | 1563.03 | 556.32 | 1188.07 |
| 通信设备制造 | 1844 | 29367.46 | 14457.80 | 24244.84 |
| 通信系统设备制造 | 843 | 10908.37 | 4061.96 | 11614.38 |
| 通信终端设备制造 | 1001 | 18459.09 | 10395.84 | 12630.47 |
| 广播电视设备制造 | 693 | 2035.07 | 640.05 | 1643.73 |
| 广播电视节目制作及发射设备制造 | 54 | 134.09 | 15.46 | 80.89 |
| 广播电视接收设备及器材制造 | 454 | 1291.35 | 488.21 | 1047.76 |
| 应用电视设备及其他广播电视设备制造 | 185 | 609.63 | 136.38 | 515.07 |
| 雷达及配套设备制造 | 64 | 468.80 | 48.17 | 663.20 |
| 视听设备制造 | 1051 | 8051.20 | 3483.01 | 5136.59 |
| 电视机制造 | 194 | 4698.20 | 1542.48 | 3087.06 |
| 音响设备制造 | 571 | 1303.83 | 616.53 | 776.58 |
| 影视录放设备制造 | 286 | 2049.17 | 1323.99 | 1272.95 |
| 电子器件制造 | 3033 | 18351.46 | 9431.55 | 20653.11 |
| 电子真空器件制造 | 94 | 212.21 | 24.08 | 296.43 |
| 半导体分立器件制造 | 340 | 1138.30 | 573.83 | 1242.02 |
| 集成电路制造 | 492 | 3377.95 | 1946.12 | 4804.88 |
| 光电子器件及其他电子器件制造 | 2107 | 13623.01 | 6887.52 | 14309.78 |
| 电子元件制造 | 5744 | 17031.77 | 6005.84 | 12453.65 |
| 电子元件及组件制造 | 4798 | 13247.85 | 4050.09 | 9129.77 |
| 印制电路板制造 | 946 | 3783.92 | 1955.75 | 3323.88 |
| 其他电子设备制造 | 1309 | 5144.96 | 1453.88 | 3702.84 |
| 仪器仪表制造业 | 4337 | 9441.41 | 1358.20 | 8832.94 |
| 通用仪器仪表制造 | 2475 | 5840.15 | 504.44 | 5573.43 |
| 工业自动控制系统装置制造 | 1192 | 3680.03 | 260.17 | 3422.22 |
| 电工仪器仪表制造 | 374 | 670.80 | 73.61 | 854.80 |
| 绘图、计算及测量仪器制造 | 178 | 329.16 | 31.89 | 169.36 |
| 实验分析仪器制造 | 222 | 292.39 | 43.13 | 247.37 |
| 试验机制造 | 95 | 153.54 | 16.79 | 165.94 |
| 供应用仪表及其他通用仪器制造 | 414 | 714.24 | 78.87 | 713.75 |
| 专用仪器仪表制造 | 846 | 2015.51 | 244.25 | 1769.18 |
| 环境监测专用仪器仪表制造 | 113 | 279.61 | 36.41 | 250.01 |

单位：亿元

| 固定资产合计 | 固定资产原价 | 累计折旧 | 流动资产合计 | 应收账款 | 存货 | 产成品 |
|---|---|---|---|---|---|---|
| 154.34 | 244.48 | 99.58 | 270.21 | 90.04 | 56.51 | 24.22 |
| 113.39 | 183.70 | 75.17 | 265.25 | 87.08 | 72.00 | 26.22 |
| 317.21 | 460.61 | 187.56 | 597.57 | 191.12 | 102.75 | 42.21 |
| 291.14 | 419.78 | 170.94 | 557.37 | 181.70 | 91.50 | 38.14 |
| 26.07 | 40.83 | 16.62 | 40.20 | 9.42 | 11.26 | 4.06 |
| 818.60 | 1377.19 | 596.19 | 1928.59 | 629.97 | 409.62 | 166.25 |
| 212.39 | 404.86 | 204.89 | 448.12 | 144.10 | 89.60 | 36.28 |
| 538.90 | 855.54 | 337.59 | 1285.47 | 420.64 | 276.83 | 116.79 |
| 67.32 | 116.78 | 53.70 | 195.00 | 65.23 | 43.18 | 13.19 |
| 128.93 | 210.06 | 90.14 | 319.59 | 116.61 | 86.23 | 33.47 |
| 35.40 | 64.91 | 32.14 | 111.62 | 39.51 | 32.61 | 13.60 |
| 93.53 | 145.15 | 57.99 | 207.97 | 77.10 | 53.62 | 19.86 |
| 16202.40 | 34025.69 | 18209.26 | 52615.82 | 20576.47 | 9692.88 | 3462.00 |
| 1929.34 | 3993.01 | 2197.24 | 7432.99 | 3579.10 | 1206.18 | 383.61 |
| 927.80 | 2003.88 | 1172.53 | 4053.42 | 2054.40 | 561.86 | 185.60 |
| 603.88 | 1125.07 | 567.16 | 1279.37 | 627.26 | 232.22 | 64.77 |
| 228.40 | 532.82 | 301.02 | 1255.41 | 541.01 | 234.64 | 81.25 |
| 169.26 | 331.24 | 156.53 | 844.80 | 356.43 | 177.45 | 51.98 |
| 2051.34 | 3887.25 | 1885.83 | 19352.15 | 7480.52 | 3535.21 | 1234.75 |
| 918.12 | 1665.11 | 768.52 | 8625.22 | 3128.69 | 1597.90 | 599.01 |
| 1133.22 | 2222.14 | 1117.31 | 10726.93 | 4351.83 | 1937.31 | 635.74 |
| 330.48 | 650.56 | 332.70 | 1064.13 | 431.99 | 220.80 | 91.81 |
| 13.96 | 28.07 | 14.78 | 57.77 | 15.09 | 15.58 | 4.05 |
| 223.75 | 424.89 | 204.10 | 653.72 | 297.12 | 121.33 | 55.45 |
| 92.76 | 197.60 | 113.82 | 352.64 | 119.78 | 83.88 | 32.31 |
| 106.19 | 194.50 | 85.55 | 439.39 | 107.17 | 136.59 | 31.67 |
| 712.49 | 1290.57 | 634.74 | 3800.64 | 1271.08 | 861.81 | 340.81 |
| 321.84 | 559.41 | 265.16 | 2355.58 | 700.63 | 529.49 | 211.97 |
| 179.40 | 300.90 | 146.03 | 487.98 | 207.20 | 113.36 | 38.37 |
| 211.26 | 430.25 | 223.55 | 957.08 | 363.25 | 218.96 | 90.47 |
| 6939.27 | 12966.11 | 6053.82 | 10469.90 | 3552.58 | 1854.74 | 682.81 |
| 71.50 | 105.97 | 46.31 | 142.81 | 47.18 | 29.79 | 14.13 |
| 371.65 | 769.15 | 402.36 | 648.52 | 195.94 | 118.80 | 43.82 |
| 1952.37 | 4470.68 | 2533.70 | 2162.66 | 657.54 | 368.92 | 93.89 |
| 4543.75 | 7620.31 | 3071.44 | 7515.91 | 2651.92 | 1337.24 | 530.97 |
| 3472.80 | 7074.14 | 3686.07 | 7588.27 | 3219.12 | 1427.96 | 529.03 |
| 2495.05 | 4981.19 | 2556.87 | 5584.10 | 2305.94 | 1095.41 | 419.56 |
| 977.75 | 2092.95 | 1129.20 | 2004.17 | 913.19 | 332.55 | 109.46 |
| 660.49 | 3969.54 | 3333.31 | 2468.35 | 934.91 | 449.58 | 167.52 |
| 1802.56 | 3228.88 | 1430.99 | 5615.91 | 1941.81 | 1160.33 | 407.58 |
| 1017.32 | 1822.71 | 784.46 | 3607.31 | 1248.56 | 726.57 | 233.01 |
| 675.66 | 1271.00 | 557.41 | 2259.42 | 752.87 | 472.46 | 137.03 |
| 92.45 | 150.88 | 64.73 | 528.93 | 206.03 | 79.23 | 33.99 |
| 50.09 | 71.98 | 26.44 | 91.43 | 31.04 | 26.13 | 11.19 |
| 42.01 | 66.85 | 26.23 | 162.23 | 46.99 | 33.13 | 9.29 |
| 27.30 | 38.59 | 13.05 | 121.62 | 38.82 | 35.88 | 10.95 |
| 129.81 | 223.40 | 96.61 | 443.67 | 172.80 | 79.75 | 30.56 |
| 413.27 | 725.30 | 320.70 | 1115.30 | 384.41 | 209.61 | 88.26 |
| 42.74 | 76.09 | 34.41 | 147.62 | 50.80 | 25.51 | 9.83 |

2-1 续表 14

| 行　业 | 企业单位数(个) | 工业销售产值(当年价格) | 出口交货值 | 资产总计 |
|---|---|---|---|---|
| 运输设备及生产用计数仪表制造 | 177 | 680.62 | 50.69 | 472.94 |
| 导航、气象及海洋专用仪器制造 | 79 | 203.96 | 56.43 | 199.48 |
| 农林牧渔专用仪器仪表制造 | 18 | 62.20 | 0.91 | 24.63 |
| 地质勘探和地震专用仪器制造 | 49 | 106.79 | 3.74 | 117.97 |
| 教学专用仪器制造 | 77 | 76.67 | 3.86 | 50.83 |
| 核子及核辐射测量仪器制造 | 11 | 27.73 | 0.11 | 83.96 |
| 电子测量仪器制造 | 173 | 274.16 | 43.73 | 250.49 |
| 其他专用仪器制造 | 149 | 303.78 | 48.37 | 318.86 |
| 钟表与计时仪器制造 | 257 | 424.31 | 236.08 | 287.22 |
| 光学仪器及眼镜制造 | 595 | 982.24 | 352.08 | 1007.51 |
| 光学仪器制造 | 335 | 669.70 | 193.58 | 698.72 |
| 眼镜制造 | 260 | 312.54 | 158.49 | 308.79 |
| 其他仪器仪表制造业 | 164 | 179.20 | 21.36 | 195.60 |
| 其他制造业 | 1889 | 2832.20 | 464.93 | 2341.14 |
| 日用杂品制造 | 1156 | 1527.05 | 381.84 | 839.07 |
| 鬃毛加工、制刷及清扫工具制造 | 346 | 487.82 | 88.13 | 230.88 |
| 其他日用杂品制造 | 810 | 1039.23 | 293.71 | 608.19 |
| 煤制品制造 | 151 | 242.66 | 0.39 | 137.57 |
| 废弃资源综合利用业 | 1582 | 4133.12 | 14.92 | 2119.25 |
| 金属废料和碎屑加工处理 | 867 | 3266.33 | 6.58 | 1524.74 |
| 非金属废料和碎屑加工处理 | 715 | 866.80 | 8.34 | 594.51 |
| 金属制品、机械和设备修理业 | 371 | 1218.83 | 440.04 | 2198.00 |
| 金属制品修理 | 44 | 77.39 | 3.62 | 34.92 |
| 通用设备修理 | 31 | 21.52 |  | 20.82 |
| 专用设备修理 | 36 | 58.10 | 10.17 | 321.31 |
| 铁路、船舶、航空航天等运输设备修理 | 194 | 977.52 | 424.92 | 1745.05 |
| 铁路运输设备修理 | 14 | 59.70 |  | 113.21 |
| 船舶修理 | 125 | 421.15 | 226.21 | 1116.73 |
| 航空航天器修理 | 50 | 463.64 | 198.72 | 443.54 |
| 其他运输设备修理 | 5 | 33.04 |  | 71.57 |
| 电气设备修理 | 23 | 20.21 |  | 25.61 |
| 仪器仪表修理 | 7 | 3.07 |  | 4.14 |
| 其他机械和设备修理业 | 36 | 61.03 | 1.33 | 46.15 |
| **电力、热力、燃气及水生产和供应业** | **10535** | **63925.92** | **173.92** | **154493.87** |
| 电力、热力生产和供应业 | 7280 | 55760.64 | 82.14 | 134531.39 |
| 电力生产 | 5015 | 18290.67 | 66.70 | 72779.43 |
| 火力发电 | 1305 | 12479.88 | 9.04 | 32080.71 |
| 水力发电 | 1494 | 3009.98 |  | 20510.27 |
| 核力发电 | 13 | 716.06 | 51.66 | 4592.13 |
| 风力发电 | 1098 | 1192.91 | 0.65 | 9814.44 |
| 太阳能发电 | 702 | 466.77 | 5.35 | 4080.49 |
| 其他电力生产 | 403 | 425.08 |  | 1701.38 |
| 电力供应 | 1026 | 35641.18 | 15.25 | 55553.41 |
| 热力生产和供应 | 1239 | 1828.79 | 0.19 | 6198.54 |
| 燃气生产和供应业 | 1501 | 6097.73 | 49.95 | 8287.77 |
| 水的生产和供应业 | 1754 | 2067.55 | 41.83 | 11674.71 |
| 自来水生产和供应 | 1263 | 1488.40 | 3.63 | 8622.61 |
| 污水处理及其再生利用 | 468 | 506.44 | 0.06 | 2785.75 |
| 其他水的处理、利用与分配 | 23 | 72.70 | 38.14 | 266.35 |

单位：亿元

| 固定资产合　计 | 固定资产原　价 | 累计折旧 | 流动资产合　计 | 应收账款 | 存货 | 产成品 |
|---|---|---|---|---|---|---|
| 134.22 | 274.95 | 148.60 | 297.37 | 118.25 | 55.92 | 27.85 |
| 31.92 | 61.35 | 29.57 | 126.71 | 49.25 | 34.09 | 12.90 |
| 11.22 | 19.74 | 8.37 | 11.64 | 2.64 | 2.93 | 1.22 |
| 29.14 | 52.11 | 23.21 | 69.66 | 27.22 | 14.32 | 4.83 |
| 10.78 | 15.40 | 5.31 | 32.18 | 10.09 | 6.49 | 3.56 |
| 50.72 | 68.77 | 14.12 | 22.16 | 6.43 | 3.72 | 1.46 |
| 44.63 | 75.65 | 32.61 | 186.95 | 57.95 | 32.91 | 10.48 |
| 57.89 | 81.24 | 24.50 | 221.01 | 61.78 | 33.71 | 16.13 |
| 69.52 | 113.95 | 51.16 | 193.24 | 57.24 | 74.30 | 30.05 |
| 259.89 | 502.40 | 250.74 | 585.81 | 214.59 | 127.09 | 48.79 |
| 177.60 | 345.95 | 173.95 | 408.58 | 143.94 | 80.28 | 27.46 |
| 82.30 | 156.45 | 76.79 | 177.24 | 70.66 | 46.81 | 21.32 |
| 42.56 | 64.52 | 23.93 | 114.24 | 37.00 | 22.76 | 7.48 |
| 698.57 | 1169.31 | 530.06 | 1332.37 | 289.85 | 379.18 | 119.08 |
| 240.70 | 448.60 | 216.81 | 477.01 | 123.04 | 119.71 | 48.01 |
| 83.12 | 137.06 | 58.06 | 125.52 | 27.32 | 27.90 | 12.00 |
| 157.58 | 311.54 | 158.75 | 351.48 | 95.72 | 91.81 | 36.01 |
| 45.49 | 91.11 | 34.49 | 60.31 | 12.77 | 14.69 | 6.34 |
| 659.10 | 1376.46 | 767.78 | 1117.51 | 263.04 | 235.68 | 114.37 |
| 444.82 | 1048.13 | 630.24 | 843.30 | 194.70 | 183.00 | 85.63 |
| 214.29 | 328.33 | 137.53 | 274.21 | 68.33 | 52.68 | 28.74 |
| 522.57 | 835.56 | 353.81 | 1269.53 | 535.47 | 193.35 | 23.17 |
| 19.30 | 32.42 | 13.46 | 12.82 | 3.43 | 2.07 | 0.79 |
| 2.93 | 4.91 | 2.44 | 15.13 | 7.03 | 1.91 | 0.54 |
| 10.44 | 60.90 | 47.97 | 94.38 | 18.39 | 16.18 | 8.01 |
| 472.28 | 696.49 | 265.14 | 1096.97 | 487.42 | 166.01 | 11.02 |
| 14.60 | 28.08 | 13.07 | 68.75 | 39.76 | 9.95 | 0.90 |
| 325.27 | 426.39 | 143.33 | 678.77 | 321.04 | 48.31 | 6.36 |
| 120.17 | 220.31 | 99.28 | 293.46 | 119.86 | 93.45 | 3.61 |
| 12.24 | 21.71 | 9.47 | 55.99 | 6.77 | 14.31 | 0.15 |
| 5.29 | 11.78 | 6.17 | 18.50 | 9.00 | 1.22 | 0.13 |
| 0.26 | 0.66 | 0.34 | 3.28 | 1.62 | 0.37 | 0.30 |
| 12.06 | 28.40 | 18.30 | 28.44 | 8.57 | 5.59 | 2.37 |
| **91460.81** | **147053.09** | **58660.18** | **25465.95** | **4223.71** | **1602.92** | **154.31** |
| 83021.37 | 135044.34 | 54619.67 | 19338.62 | 3567.79 | 1296.84 | 92.41 |
| 50049.62 | 74343.99 | 25245.34 | 10924.36 | 2782.25 | 1036.55 | 78.04 |
| 21651.79 | 37221.23 | 16223.98 | 6046.26 | 1595.75 | 623.86 | 36.64 |
| 15124.78 | 20803.29 | 5901.29 | 1666.24 | 243.96 | 35.19 | 5.02 |
| 3118.01 | 4365.62 | 1084.76 | 587.04 | 87.19 | 314.71 | 26.70 |
| 6903.87 | 8294.01 | 1561.48 | 1343.26 | 445.77 | 18.84 | 3.95 |
| 2389.30 | 2620.82 | 263.01 | 890.03 | 325.83 | 11.19 | 1.53 |
| 861.86 | 1039.01 | 210.82 | 391.53 | 83.74 | 32.76 | 4.20 |
| 30047.39 | 56461.73 | 27845.95 | 6169.29 | 527.93 | 121.54 | 3.01 |
| 2924.37 | 4238.62 | 1528.38 | 2244.97 | 257.61 | 138.75 | 11.36 |
| 3512.59 | 4657.78 | 1236.44 | 2589.09 | 340.74 | 204.40 | 51.18 |
| 4926.86 | 7350.96 | 2804.06 | 3538.24 | 315.19 | 101.69 | 10.72 |
| 3667.09 | 5694.08 | 2347.72 | 2762.33 | 188.89 | 88.47 | 7.17 |
| 1232.28 | 1617.09 | 442.88 | 660.35 | 119.47 | 11.22 | 3.00 |
| 27.48 | 39.79 | 13.46 | 115.56 | 6.83 | 2.00 | 0.54 |

2-1 续表 15

| 行 业 | 负债合计 | 流动负债合计 | 应付账款 | 所有者权益合计 | 实收资本 |
|---|---|---|---|---|---|
| **总 计** | **606641.53** | **456468.84** | **128214.21** | **476105.14** | **239844.82** |
| **采矿业** | **58222.69** | **37217.32** | **7268.36** | **37404.36** | **17965.42** |
| 煤炭开采和洗选业 | 37110.00 | 23896.02 | 3975.96 | 16149.45 | 6232.97 |
| 烟煤和无烟煤开采洗选 | 35672.62 | 22986.57 | 3824.11 | 15216.30 | 5911.11 |
| 褐煤开采洗选 | 1318.80 | 855.54 | 143.33 | 916.58 | 304.79 |
| 其他煤炭采选 | 118.58 | 53.90 | 8.52 | 16.58 | 17.07 |
| 石油和天然气开采业 | 9204.61 | 4550.32 | 1473.54 | 10791.05 | 6715.72 |
| 石油开采 | 7605.23 | 3613.47 | 1265.08 | 9255.59 | 5633.71 |
| 天然气开采 | 1599.38 | 936.85 | 208.46 | 1535.45 | 1082.02 |
| 黑色金属矿采选业 | 5467.77 | 4052.13 | 651.93 | 4232.08 | 1586.41 |
| 铁矿采选 | 5320.93 | 3930.47 | 631.67 | 4033.24 | 1543.35 |
| 锰矿、铬矿采选 | 69.77 | 57.12 | 12.50 | 96.65 | 26.75 |
| 其他黑色金属矿采选 | 77.07 | 64.54 | 7.76 | 102.19 | 16.30 |
| 有色金属矿采选业 | 3140.91 | 2088.83 | 311.43 | 2721.98 | 1074.39 |
| 常用有色金属矿采选 | 1595.45 | 1182.44 | 168.78 | 1325.18 | 607.96 |
| 铜矿采选 | 615.37 | 421.32 | 55.96 | 434.58 | 220.29 |
| 铅锌矿采选 | 554.71 | 409.77 | 61.87 | 591.14 | 232.60 |
| 镍钴矿采选 | 52.46 | 39.16 | 5.58 | 26.72 | 19.67 |
| 锡矿采选 | 104.35 | 90.51 | 8.88 | 65.07 | 42.55 |
| 锑矿采选 | 11.62 | 10.52 | 0.71 | 12.33 | 7.24 |
| 铝矿采选 | 135.57 | 110.18 | 18.03 | 129.93 | 52.81 |
| 镁矿采选 | 47.85 | 43.20 | 8.86 | 17.24 | 10.75 |
| 其他常用有色金属矿采选 | 73.52 | 57.80 | 8.89 | 48.17 | 22.04 |
| 贵金属矿采选 | 1026.82 | 580.58 | 76.64 | 1012.59 | 274.52 |
| 金矿采选 | 998.34 | 563.43 | 74.77 | 974.01 | 266.08 |
| 银矿采选 | 28.07 | 16.87 | 1.87 | 38.06 | 8.36 |
| 稀有稀土金属矿采选 | 518.64 | 325.81 | 66.01 | 384.22 | 191.91 |
| 钨钼矿采选 | 434.60 | 288.02 | 61.31 | 310.67 | 138.30 |
| 稀土金属矿采选 | 47.46 | 13.87 | 2.85 | 48.62 | 30.18 |
| 其他稀有金属矿采选 | 36.52 | 23.92 | 1.85 | 24.35 | 22.85 |
| 非金属矿采选业 | 1881.99 | 1297.44 | 239.88 | 2080.38 | 886.34 |
| 土砂石开采 | 835.44 | 585.27 | 109.71 | 1079.07 | 463.44 |
| 石灰石、石膏开采 | 227.02 | 168.32 | 38.24 | 279.26 | 141.38 |
| 建筑装饰用石开采 | 207.08 | 134.54 | 19.74 | 240.47 | 104.83 |
| 耐火土石开采 | 87.69 | 62.65 | 12.45 | 139.94 | 53.36 |
| 粘土及其他土砂石开采 | 313.65 | 219.76 | 39.28 | 419.41 | 163.88 |
| 化学矿开采 | 468.57 | 327.77 | 73.05 | 317.52 | 156.75 |
| 采盐 | 359.53 | 245.65 | 26.83 | 429.88 | 124.97 |
| 石棉及其他非金属矿采选 | 218.44 | 138.74 | 30.28 | 253.91 | 141.18 |
| 石棉、云母矿采选 | 9.99 | 6.88 | 0.60 | 9.63 | 7.02 |
| 石墨、滑石采选 | 96.74 | 39.36 | 6.55 | 112.84 | 80.03 |
| 宝石、玉石采选 | 5.81 | 5.64 | 0.14 | 30.45 | 4.97 |
| 其他未列明非金属矿采选 | 105.89 | 86.86 | 22.99 | 100.98 | 49.17 |
| 开采辅助活动 | 1407.79 | 1325.44 | 613.92 | 1417.03 | 1462.51 |
| 煤炭开采和洗选辅助活动 | 6.13 | 5.21 | 1.99 | 3.84 | 2.94 |
| 石油和天然气开采辅助活动 | 1401.06 | 1319.65 | 611.38 | 1412.33 | 1458.68 |
| 其他开采辅助活动 | 0.59 | 0.58 | 0.54 | 0.86 | 0.89 |
| 其他采矿业 | 9.61 | 7.14 | 1.70 | 12.38 | 7.09 |
| **制造业** | **453692.42** | **372390.41** | **109969.02** | **379028.44** | **180074.13** |
| 农副食品加工业 | 16672.25 | 13138.32 | 2416.59 | 17004.39 | 6972.97 |

单位：亿元

| 国家资本 | 集体资本 | 法人资本 | 个人资本 | 港澳台资本 | 外商资本 | 主营业务收入 |
|---|---|---|---|---|---|---|
| **59163.10** | **3970.20** | **81531.30** | **57920.80** | **13252.84** | **23977.69** | **1158998.52** |
| **9274.53** | **237.67** | **6136.04** | **1942.03** | **60.03** | **315.92** | **48077.57** |
| 2985.22 | 111.93 | 2206.14 | 868.86 | 21.14 | 40.37 | 22328.52 |
| 2811.29 | 107.25 | 2090.05 | 844.21 | 21.14 | 37.86 | 21075.59 |
| 164.75 | 1.36 | 113.94 | 22.22 |  | 2.52 | 1174.27 |
| 9.19 | 3.32 | 2.15 | 2.42 |  |  | 78.66 |
| 4349.95 | 1.17 | 2129.77 | 4.25 | 1.03 | 229.56 | 6469.96 |
| 3631.04 | 0.34 | 1997.58 | 3.72 | 1.03 |  | 4889.08 |
| 718.90 | 0.83 | 132.19 | 0.54 |  | 229.56 | 1580.88 |
| 743.19 | 24.64 | 430.05 | 374.77 | 3.29 | 10.46 | 6085.83 |
| 740.15 | 24.54 | 411.03 | 354.17 | 2.99 | 10.46 | 5697.42 |
| 3.04 | 0.04 | 10.07 | 13.50 | 0.11 |  | 218.39 |
|  | 0.06 | 8.95 | 7.10 | 0.19 |  | 170.02 |
| 270.26 | 74.63 | 408.54 | 296.68 | 12.19 | 12.08 | 6174.77 |
| 130.49 | 23.51 | 289.58 | 144.86 | 9.63 | 9.90 | 2523.08 |
| 53.37 | 15.13 | 110.65 | 27.57 | 4.52 | 9.05 | 680.53 |
| 46.65 | 7.51 | 108.95 | 66.51 | 2.42 | 0.57 | 1158.22 |
| 2.02 | 0.02 | 12.58 | 3.48 | 1.56 | 0.01 | 57.43 |
| 5.26 | 0.11 | 18.54 | 18.64 |  |  | 83.80 |
| 3.12 | 0.01 | 2.37 | 1.74 |  |  | 40.10 |
| 16.21 | 0.70 | 20.51 | 14.27 | 1.12 |  | 313.60 |
|  |  | 5.35 | 5.13 |  | 0.26 | 36.25 |
| 3.87 | 0.02 | 10.62 | 7.51 | 0.01 |  | 153.14 |
| 82.13 | 49.97 | 57.66 | 80.26 | 2.56 | 1.92 | 2741.06 |
| 81.49 | 48.59 | 53.27 | 78.25 | 2.56 | 1.92 | 2630.54 |
| 0.64 | 1.39 | 4.34 | 1.99 |  |  | 106.89 |
| 57.65 | 1.15 | 61.30 | 71.56 |  | 0.26 | 910.63 |
| 29.48 | 1.10 | 42.59 | 65.12 |  | 0.02 | 783.58 |
| 17.04 |  | 9.89 | 3.26 |  |  | 74.38 |
| 11.13 | 0.05 | 8.83 | 2.61 |  | 0.24 | 50.06 |
| 124.13 | 21.46 | 339.66 | 371.57 | 9.87 | 19.74 | 5435.47 |
| 27.95 | 9.04 | 190.73 | 222.79 | 6.17 | 6.85 | 3850.79 |
| 11.54 | 2.83 | 61.49 | 61.62 | 2.35 | 1.56 | 985.47 |
| 3.86 | 0.63 | 40.11 | 57.01 | 1.50 | 1.72 | 783.47 |
| 4.34 | 0.61 | 19.25 | 29.17 |  |  | 447.80 |
| 8.21 | 4.98 | 69.89 | 74.99 | 2.31 | 3.57 | 1634.06 |
| 32.75 | 3.74 | 70.95 | 41.87 | 0.41 | 7.03 | 547.86 |
| 50.99 | 6.78 | 42.97 | 18.64 | 2.11 | 3.48 | 351.57 |
| 12.45 | 1.91 | 35.00 | 88.26 | 1.18 | 2.38 | 685.25 |
| 1.80 | 0.41 | 4.40 | 0.41 |  |  | 27.54 |
| 6.27 | 0.49 | 9.51 | 61.91 | 0.92 | 0.92 | 229.74 |
| 1.06 |  | 1.27 | 2.65 |  |  | 5.43 |
| 3.32 | 1.01 | 19.83 | 23.30 | 0.26 | 1.45 | 422.55 |
| 799.40 | 3.51 | 621.28 | 22.13 | 12.49 | 3.70 | 1552.68 |
|  |  | 1.32 | 0.08 | 1.54 |  | 11.21 |
| 799.30 | 3.51 | 619.27 | 21.95 | 10.95 | 3.70 | 1533.17 |
| 0.10 |  | 0.69 | 0.11 |  |  | 8.31 |
| 2.38 | 0.32 | 0.61 | 3.77 |  |  | 30.34 |
| **21880.98** | **3322.98** | **64739.81** | **54923.30** | **12265.52** | **22917.14** | **1047710.97** |
| 333.43 | 177.27 | 2587.34 | 2980.57 | 272.85 | 621.16 | 68825.16 |

2-1 续表 16

| 行业 | 负债合计 | 流动负债合计 | 应付账款 | 所有者权益合计 | 实收资本 |
|---|---|---|---|---|---|
| 谷物磨制 | 2232.45 | 1706.77 | 238.08 | 3193.90 | 1285.95 |
| 饲料加工 | 2142.84 | 1732.24 | 435.01 | 2488.89 | 986.80 |
| 植物油加工 | 3259.31 | 2682.10 | 546.31 | 2202.49 | 920.28 |
| 食用植物油加工 | 3206.92 | 2640.06 | 537.69 | 2130.69 | 888.54 |
| 非食用植物油加工 | 52.40 | 42.04 | 8.61 | 71.80 | 31.74 |
| 制糖业 | 1235.58 | 1079.19 | 131.58 | 350.40 | 179.44 |
| 屠宰及肉类加工 | 3201.25 | 2422.62 | 402.97 | 3638.68 | 1669.04 |
| 牲畜屠宰 | 1312.53 | 905.40 | 123.18 | 1322.54 | 797.72 |
| 禽类屠宰 | 859.27 | 696.94 | 111.99 | 820.21 | 328.69 |
| 肉制品及副产品加工 | 1029.46 | 820.28 | 167.80 | 1495.93 | 542.62 |
| 水产品加工 | 1476.74 | 1195.83 | 249.15 | 1656.66 | 582.14 |
| 水产品冷冻加工 | 1119.39 | 902.54 | 195.76 | 1223.09 | 397.25 |
| 鱼糜制品及水产品干腌制加工 | 152.93 | 113.43 | 24.72 | 173.83 | 65.17 |
| 水产饲料制造 | 125.51 | 115.36 | 16.79 | 158.51 | 75.39 |
| 鱼油提取及制品制造 | 6.38 | 4.66 | 1.20 | 10.41 | 4.23 |
| 其他水产品加工 | 72.54 | 59.85 | 10.68 | 90.81 | 40.09 |
| 蔬菜、水果和坚果加工 | 1241.39 | 985.43 | 193.61 | 1769.98 | 571.37 |
| 蔬菜加工 | 696.86 | 553.03 | 113.50 | 1118.27 | 357.65 |
| 水果和坚果加工 | 544.53 | 432.40 | 80.10 | 651.72 | 213.71 |
| 其他农副食品加工 | 1882.69 | 1334.13 | 219.88 | 1703.38 | 777.96 |
| 淀粉及淀粉制品制造 | 1216.52 | 814.24 | 117.75 | 825.27 | 404.01 |
| 豆制品制造 | 174.39 | 142.85 | 28.83 | 260.62 | 97.99 |
| 蛋品加工 | 53.42 | 37.80 | 6.77 | 87.49 | 39.73 |
| 其他未列明农副食品加工 | 438.36 | 339.25 | 66.53 | 530.00 | 236.22 |
| 食品制造业 | 6830.50 | 5729.05 | 1321.03 | 8595.90 | 3562.27 |
| 焙烤食品制造 | 677.74 | 572.50 | 165.25 | 1111.53 | 490.26 |
| 糕点、面包制造 | 328.61 | 274.02 | 81.09 | 539.84 | 238.29 |
| 饼干及其他焙烤食品制造 | 349.13 | 298.48 | 84.17 | 571.69 | 251.97 |
| 糖果、巧克力及蜜饯制造 | 470.08 | 424.84 | 138.04 | 746.02 | 318.78 |
| 糖果、巧克力制造 | 352.58 | 327.90 | 112.01 | 512.07 | 261.21 |
| 蜜饯制作 | 117.50 | 96.95 | 26.03 | 233.95 | 57.57 |
| 方便食品制造 | 1005.97 | 829.13 | 196.58 | 1264.77 | 551.92 |
| 米、面制品制造 | 190.02 | 150.34 | 31.69 | 322.04 | 146.02 |
| 速冻食品制造 | 314.64 | 263.46 | 68.71 | 362.70 | 158.85 |
| 方便面及其他方便食品制造 | 501.32 | 415.33 | 96.17 | 580.03 | 247.04 |
| 乳制品制造 | 1407.91 | 1214.71 | 358.64 | 1434.92 | 622.88 |
| 罐头食品制造 | 448.64 | 378.41 | 90.28 | 473.22 | 223.60 |
| 肉、禽类罐头制造 | 56.05 | 35.35 | 8.55 | 84.16 | 50.52 |
| 水产品罐头制造 | 29.48 | 26.47 | 3.84 | 26.60 | 12.17 |
| 蔬菜、水果罐头制造 | 332.12 | 287.97 | 68.99 | 328.92 | 147.22 |
| 其他罐头食品制造 | 30.99 | 28.62 | 8.90 | 33.54 | 13.69 |
| 调味品、发酵制品制造 | 1019.70 | 806.64 | 179.10 | 1373.10 | 511.60 |
| 味精制造 | 210.02 | 171.07 | 28.09 | 246.59 | 81.39 |
| 酱油、食醋及类似制品制造 | 284.97 | 242.40 | 46.67 | 487.22 | 160.50 |
| 其他调味品、发酵制品制造 | 524.71 | 393.17 | 104.34 | 639.30 | 269.72 |
| 其他食品制造 | 1800.45 | 1502.83 | 193.13 | 2192.35 | 843.23 |
| 营养食品制造 | 182.35 | 147.90 | 27.25 | 314.14 | 106.85 |
| 保健食品制造 | 434.87 | 405.87 | 58.12 | 519.39 | 160.04 |
| 冷冻饮品及食用冰制造 | 105.26 | 93.27 | 20.88 | 103.61 | 80.82 |
| 盐加工 | 91.94 | 54.26 | 12.41 | 67.48 | 48.18 |

单位：亿元

| 国家资本 | 集体资本 | 法人资本 | 个人资本 | 港澳台资本 | 外商资本 | 主营业务收入 |
|---|---|---|---|---|---|---|
| 67.47 | 23.02 | 416.56 | 721.32 | 27.33 | 30.24 | 14373.84 |
| 8.61 | 33.50 | 456.12 | 376.28 | 27.74 | 84.55 | 11577.20 |
| 143.03 | 15.93 | 298.93 | 277.46 | 30.24 | 154.64 | 10543.65 |
| 140.52 | 15.83 | 289.15 | 262.23 | 30.24 | 150.53 | 10289.67 |
| 2.51 | 0.11 | 9.78 | 15.24 |  | 4.11 | 253.98 |
| 33.84 | 5.79 | 92.29 | 31.33 | 1.85 | 14.34 | 1079.86 |
| 37.82 | 46.83 | 561.66 | 775.71 | 108.95 | 138.08 | 14233.38 |
| 22.91 | 22.76 | 236.37 | 478.40 | 10.00 | 27.26 | 5890.32 |
| 5.67 | 6.57 | 137.63 | 116.45 | 6.88 | 55.48 | 3340.50 |
| 9.23 | 17.50 | 187.65 | 180.85 | 92.07 | 55.33 | 5002.56 |
| 7.76 | 10.04 | 290.08 | 206.64 | 27.02 | 40.58 | 5563.73 |
| 6.16 | 7.85 | 193.68 | 139.72 | 17.36 | 32.49 | 3916.09 |
| 0.09 | 0.61 | 25.25 | 31.72 | 3.24 | 4.25 | 788.90 |
|  | 0.17 | 50.93 | 20.41 | 1.74 | 2.15 | 585.00 |
| 0.23 |  | 2.79 | 0.28 | 0.92 | 0.03 | 34.41 |
| 1.29 | 1.42 | 17.44 | 14.52 | 3.76 | 1.66 | 239.34 |
| 10.71 | 9.17 | 213.49 | 260.61 | 28.53 | 48.86 | 5789.24 |
| 5.76 | 4.90 | 128.78 | 171.65 | 9.99 | 36.56 | 3802.16 |
| 4.94 | 4.27 | 84.71 | 88.96 | 18.53 | 12.30 | 1987.08 |
| 24.19 | 32.98 | 258.21 | 331.22 | 21.18 | 109.88 | 5664.25 |
| 15.48 | 21.07 | 102.79 | 157.96 | 14.58 | 92.12 | 2792.44 |
| 1.58 | 2.32 | 44.84 | 44.76 | 0.50 | 3.98 | 873.32 |
| 0.10 | 4.76 | 14.80 | 15.71 | 0.65 | 3.71 | 304.58 |
| 7.02 | 4.82 | 95.78 | 112.79 | 5.44 | 10.06 | 1693.92 |
| 133.46 | 87.76 | 1402.25 | 1065.13 | 299.98 | 573.36 | 23955.38 |
| 4.63 | 1.75 | 150.33 | 157.95 | 95.56 | 80.04 | 3231.62 |
| 2.94 | 1.05 | 74.04 | 95.02 | 40.38 | 24.87 | 1251.10 |
| 1.69 | 0.70 | 76.30 | 62.94 | 55.18 | 55.17 | 1980.51 |
| 0.22 | 2.57 | 142.47 | 75.52 | 25.36 | 72.64 | 1980.53 |
| 0.17 | 1.98 | 119.31 | 45.91 | 23.57 | 70.26 | 1337.84 |
| 0.05 | 0.58 | 23.16 | 29.61 | 1.78 | 2.38 | 642.69 |
| 14.43 | 23.89 | 215.15 | 156.98 | 84.09 | 57.38 | 3947.54 |
| 1.38 | 1.23 | 55.02 | 68.99 | 10.07 | 9.33 | 1155.29 |
| 1.03 | 11.68 | 60.09 | 46.34 | 19.56 | 20.14 | 998.38 |
| 12.02 | 10.98 | 100.03 | 41.65 | 54.46 | 27.91 | 1793.86 |
| 37.03 | 15.10 | 280.31 | 147.42 | 34.46 | 108.57 | 3556.38 |
| 11.67 | 3.85 | 106.37 | 79.66 | 12.05 | 10.01 | 1769.59 |
| 2.84 | 0.18 | 29.49 | 13.84 | 4.14 | 0.02 | 299.30 |
| 0.16 | 0.14 | 5.70 | 3.23 | 0.93 | 2.01 | 129.45 |
| 8.66 | 3.52 | 64.49 | 57.74 | 5.13 | 7.68 | 1196.16 |
| 0.01 |  | 6.69 | 4.85 | 1.85 | 0.28 | 144.68 |
| 27.86 | 3.76 | 203.05 | 171.63 | 19.34 | 85.96 | 3085.79 |
| 16.76 | 0.89 | 13.30 | 31.90 | 3.03 | 15.50 | 472.44 |
| 2.64 | 1.81 | 68.58 | 58.16 | 6.22 | 23.09 | 1041.93 |
| 8.46 | 1.06 | 121.16 | 81.57 | 10.10 | 47.37 | 1571.42 |
| 37.61 | 36.85 | 304.57 | 275.96 | 29.12 | 158.76 | 6383.94 |
| 2.28 | 19.95 | 45.32 | 29.59 | 4.87 | 4.84 | 879.47 |
| 0.63 | 5.44 | 46.71 | 64.25 | 11.69 | 30.98 | 1843.68 |
| 1.74 | 0.39 | 33.04 | 18.21 | 3.23 | 24.21 | 427.33 |
| 18.22 | 1.24 | 12.45 | 16.24 |  | 0.04 | 120.58 |

2-1 续表 17

| 行　业 | 负债合计 | 流动负债合计 | 应付账款 | 所有者权益合计 | 实收资本 |
|---|---|---|---|---|---|
| 食品及饲料添加剂制造 | 771.29 | 608.97 | 27.34 | 923.66 | 357.73 |
| 其他未列明食品制造 | 214.75 | 192.56 | 47.14 | 264.06 | 89.61 |
| 酒、饮料和精制茶制造业 | 7361.05 | 6164.64 | 1208.39 | 9353.16 | 3597.27 |
| 酒的制造 | 4547.74 | 3775.40 | 609.87 | 6038.28 | 1549.47 |
| 酒精制造 | 424.44 | 335.41 | 45.57 | 238.72 | 93.84 |
| 白酒制造 | 2558.83 | 2191.67 | 289.71 | 3941.58 | 609.79 |
| 啤酒制造 | 1055.22 | 928.90 | 200.32 | 1164.04 | 662.53 |
| 黄酒制造 | 97.59 | 77.15 | 18.97 | 172.07 | 32.11 |
| 葡萄酒制造 | 194.86 | 157.62 | 33.02 | 288.20 | 94.91 |
| 其他酒制造 | 216.80 | 84.64 | 22.28 | 233.66 | 56.27 |
| 饮料制造 | 2318.13 | 2004.89 | 511.13 | 2536.65 | 1774.48 |
| 碳酸饮料制造 | 303.24 | 279.89 | 68.94 | 229.68 | 152.32 |
| 瓶(罐)装饮用水制造 | 488.20 | 401.01 | 74.96 | 483.20 | 259.22 |
| 果菜汁及果菜汁饮料制造 | 493.57 | 400.98 | 89.50 | 682.52 | 800.64 |
| 含乳饮料和植物蛋白饮料制造 | 364.10 | 317.82 | 75.08 | 454.32 | 197.05 |
| 固体饮料制造 | 125.18 | 105.59 | 25.07 | 225.09 | 94.07 |
| 茶饮料及其他饮料制造 | 543.85 | 499.60 | 177.58 | 461.84 | 271.17 |
| 精制茶加工 | 495.18 | 384.36 | 87.38 | 778.24 | 273.32 |
| 烟草制品业 | 2625.08 | 2553.36 | 1187.15 | 7580.97 | 1142.38 |
| 烟叶复烤 | 40.78 | 38.81 | 16.55 | 346.68 | 229.50 |
| 卷烟制造 | 2518.49 | 2467.25 | 1152.04 | 7130.18 | 862.01 |
| 其他烟草制品制造 | 65.81 | 47.29 | 18.55 | 104.11 | 50.88 |
| 纺织业 | 12680.72 | 10258.93 | 1948.64 | 11699.12 | 5013.52 |
| 棉纺织及印染精加工 | 7633.35 | 5992.48 | 1078.42 | 7164.98 | 2918.78 |
| 棉纺纱加工 | 4348.40 | 3109.68 | 519.70 | 4182.66 | 1612.51 |
| 棉织造加工 | 1853.73 | 1614.98 | 279.11 | 1872.80 | 772.86 |
| 棉印染精加工 | 1431.22 | 1267.83 | 279.61 | 1109.51 | 533.41 |
| 毛纺织及染整精加工 | 932.14 | 789.55 | 164.75 | 751.37 | 326.00 |
| 毛条和毛纱线加工 | 580.98 | 485.22 | 101.69 | 440.23 | 196.69 |
| 毛织造加工 | 273.97 | 235.57 | 48.25 | 246.98 | 98.39 |
| 毛染整精加工 | 77.19 | 68.76 | 14.81 | 64.17 | 30.92 |
| 麻纺织及染整精加工 | 157.45 | 128.88 | 23.25 | 212.87 | 89.24 |
| 麻纤维纺前加工和纺纱 | 69.90 | 57.33 | 10.73 | 109.10 | 46.17 |
| 麻织造加工 | 84.19 | 68.98 | 11.95 | 101.24 | 41.30 |
| 麻染整精加工 | 3.37 | 2.56 | 0.57 | 2.53 | 1.77 |
| 丝绢纺织及印染精加工 | 378.19 | 308.45 | 50.81 | 361.96 | 108.15 |
| 缫丝加工 | 188.49 | 150.28 | 19.46 | 167.45 | 44.96 |
| 绢纺和丝织加工 | 137.58 | 118.44 | 22.87 | 149.10 | 48.92 |
| 丝印染精加工 | 52.12 | 39.72 | 8.48 | 45.40 | 14.27 |
| 化纤织造及印染精加工 | 650.38 | 588.67 | 79.89 | 404.56 | 236.69 |
| 化纤织造加工 | 506.49 | 450.52 | 55.11 | 328.73 | 189.82 |
| 化纤织物染整精加工 | 143.89 | 138.15 | 24.79 | 75.82 | 46.87 |
| 针织或钩针编织物及其制品制造 | 1265.01 | 1054.88 | 218.20 | 1094.98 | 540.33 |
| 针织或钩针编织物织造 | 986.21 | 813.43 | 147.59 | 784.12 | 445.71 |
| 针织或钩针编织物印染精加工 | 101.77 | 85.39 | 32.21 | 141.43 | 22.68 |
| 针织或钩针编织品制造 | 177.03 | 156.06 | 38.40 | 169.44 | 71.95 |
| 家用纺织制成品制造 | 772.73 | 663.02 | 156.44 | 758.57 | 356.31 |
| 床上用品制造 | 371.44 | 322.49 | 90.60 | 415.58 | 176.35 |
| 毛巾类制品制造 | 178.71 | 154.00 | 18.94 | 167.15 | 91.73 |

单位：亿元

| 国家资本 | 集体资本 | 法人资本 | 个人资本 | 港澳台资本 | 外商资本 | 主营业务收入 |
|---|---|---|---|---|---|---|
| 12.25 | 7.09 | 132.19 | 115.14 | 7.57 | 83.49 | 2261.12 |
| 2.49 | 2.75 | 34.86 | 32.54 | 1.76 | 15.21 | 851.75 |
| 222.07 | 71.93 | 1598.69 | 850.83 | 250.81 | 602.94 | 18538.03 |
| 188.30 | 36.02 | 517.54 | 469.06 | 74.74 | 263.81 | 9840.69 |
| 18.45 | 0.07 | 14.14 | 52.12 | 4.04 | 5.02 | 798.62 |
| 59.33 | 11.92 | 220.65 | 304.16 | 4.08 | 9.67 | 6153.72 |
| 92.37 | 21.80 | 202.91 | 49.23 | 62.04 | 234.19 | 1841.25 |
| 3.95 | 0.06 | 14.89 | 9.69 | 2.84 | 0.69 | 201.43 |
| 10.97 | 1.80 | 41.73 | 27.00 | 1.75 | 11.66 | 481.32 |
| 3.23 | 0.37 | 23.23 | 26.86 |  | 2.58 | 364.35 |
| 29.38 | 25.22 | 978.75 | 238.80 | 166.32 | 336.00 | 6435.36 |
| 5.54 | 1.58 | 50.73 | 15.12 | 14.87 | 64.49 | 826.57 |
| 8.72 | 5.41 | 116.84 | 54.37 | 21.21 | 52.68 | 1352.88 |
| 9.50 | 9.41 | 573.27 | 78.29 | 51.54 | 78.63 | 1230.02 |
| 0.27 | 6.18 | 63.96 | 52.85 | 10.60 | 63.18 | 1208.77 |
| 3.15 | 1.37 | 58.01 | 9.78 | 2.97 | 18.79 | 610.85 |
| 2.21 | 1.27 | 115.95 | 28.38 | 65.14 | 58.23 | 1206.27 |
| 4.39 | 10.69 | 102.39 | 142.98 | 9.75 | 3.13 | 2261.99 |
| 661.92 | 14.89 | 459.76 | 1.84 | 0.14 | 3.83 | 8686.38 |
| 135.03 | 12.06 | 81.73 | 0.26 |  | 0.42 | 209.78 |
| 493.39 | 0.33 | 367.67 | 0.62 |  |  | 8353.13 |
| 33.50 | 2.51 | 10.36 | 0.96 | 0.14 | 3.41 | 123.47 |
| 123.63 | 116.58 | 1622.89 | 2138.47 | 596.49 | 415.71 | 40844.21 |
| 95.72 | 100.38 | 933.85 | 1231.92 | 350.54 | 206.84 | 26135.41 |
| 79.90 | 35.23 | 532.67 | 785.17 | 116.58 | 63.43 | 16185.35 |
| 8.81 | 61.72 | 271.19 | 289.16 | 90.33 | 51.64 | 6290.46 |
| 7.01 | 3.43 | 129.98 | 157.59 | 143.63 | 91.77 | 3659.60 |
| 9.77 | 5.75 | 105.27 | 161.99 | 26.22 | 17.00 | 2305.75 |
| 4.50 | 2.41 | 50.68 | 122.09 | 10.00 | 7.01 | 1303.29 |
| 4.79 | 3.25 | 46.01 | 30.47 | 7.79 | 6.08 | 773.91 |
| 0.48 | 0.08 | 8.59 | 9.43 | 8.43 | 3.91 | 228.55 |
| 0.09 | 0.92 | 47.44 | 32.52 | 7.88 | 0.39 | 607.59 |
|  | 0.47 | 36.05 | 9.05 | 0.40 | 0.21 | 288.93 |
| 0.09 | 0.45 | 11.40 | 22.93 | 6.25 | 0.18 | 310.92 |
|  |  |  | 0.54 | 1.24 |  | 7.74 |
| 1.30 | 1.03 | 32.94 | 52.22 | 12.29 | 8.36 | 1273.04 |
| 1.14 | 0.51 | 12.26 | 29.81 | 1.04 | 0.21 | 756.75 |
| 0.06 | 0.46 | 14.02 | 18.68 | 8.65 | 7.05 | 432.08 |
| 0.10 | 0.07 | 6.66 | 3.73 | 2.60 | 1.11 | 84.21 |
| 2.59 | 0.87 | 75.12 | 96.23 | 40.12 | 21.76 | 1326.21 |
| 2.53 | 0.81 | 60.65 | 79.25 | 31.44 | 15.14 | 1077.57 |
| 0.06 | 0.06 | 14.47 | 16.98 | 8.68 | 6.62 | 248.64 |
| 0.79 | 2.54 | 165.73 | 266.22 | 74.19 | 30.85 | 3330.06 |
| 0.61 | 1.75 | 139.43 | 210.74 | 66.47 | 26.69 | 2526.38 |
| 0.05 | 0.20 | 10.30 | 10.04 | 0.81 | 1.27 | 274.81 |
| 0.14 | 0.59 | 15.99 | 45.44 | 6.91 | 2.89 | 528.87 |
| 0.22 | 1.84 | 133.95 | 152.00 | 32.56 | 35.54 | 2780.32 |
| 0.22 | 0.94 | 59.33 | 87.10 | 18.73 | 10.04 | 1441.50 |
|  | 0.53 | 53.24 | 27.92 | 6.05 | 3.99 | 626.25 |

2-1 续表 18

| 行 业 | 负债合计 | 流动负债合计 | 应付账款 | 所有者权益合计 | 实收资本 |
|---|---|---|---|---|---|
| 窗帘、布艺类产品制造 | 79.92 | 73.54 | 19.69 | 53.67 | 25.94 |
| 其他家用纺织制成品制造 | 142.67 | 112.99 | 27.21 | 122.17 | 62.28 |
| 非家用纺织制成品制造 | 891.46 | 733.00 | 176.87 | 949.83 | 438.02 |
| 非织造布制造 | 393.91 | 322.60 | 83.93 | 459.93 | 215.38 |
| 绳、索、缆制造 | 44.88 | 35.17 | 7.13 | 86.86 | 35.39 |
| 纺织带和帘子布制造 | 248.90 | 190.84 | 27.96 | 177.24 | 71.85 |
| 篷、帆布制造 | 83.11 | 78.86 | 23.76 | 80.82 | 38.60 |
| 其他非家用纺织制成品制造 | 120.66 | 105.53 | 34.10 | 144.99 | 76.80 |
| 纺织服装、服饰业 | 6334.57 | 5230.36 | 1515.21 | 7310.91 | 2684.73 |
| 机织服装制造 | 4615.04 | 3742.77 | 1058.09 | 5618.24 | 2007.76 |
| 针织或钩针编织服装制造 | 1301.22 | 1129.14 | 362.90 | 1258.42 | 479.69 |
| 服饰制造 | 418.31 | 358.45 | 94.22 | 434.25 | 197.28 |
| 皮革、毛皮、羽毛及其制品和制鞋业 | 3327.29 | 2829.90 | 737.92 | 4007.98 | 1483.81 |
| 皮革鞣制加工 | 393.33 | 344.87 | 68.75 | 521.16 | 171.53 |
| 皮革制品制造 | 783.25 | 694.26 | 181.81 | 939.42 | 284.89 |
| 皮革服装制造 | 169.93 | 157.65 | 13.86 | 187.77 | 42.56 |
| 皮箱、包(袋)制造 | 419.93 | 369.92 | 124.03 | 379.56 | 158.02 |
| 皮手套及皮装饰制品制造 | 47.27 | 35.61 | 8.39 | 79.15 | 25.62 |
| 其他皮革制品制造 | 146.12 | 131.09 | 35.54 | 292.94 | 58.70 |
| 毛皮鞣制及制品加工 | 169.36 | 131.02 | 28.11 | 255.97 | 88.34 |
| 毛皮鞣制加工 | 44.21 | 37.45 | 7.21 | 87.67 | 25.38 |
| 毛皮服装加工 | 63.20 | 43.75 | 6.14 | 95.36 | 22.99 |
| 其他毛皮制品加工 | 61.94 | 49.82 | 14.77 | 72.94 | 39.97 |
| 羽毛(绒)加工及制品制造 | 247.54 | 225.94 | 44.39 | 228.96 | 96.34 |
| 羽毛(绒)加工 | 126.18 | 113.82 | 20.04 | 120.93 | 50.33 |
| 羽毛(绒)制品加工 | 121.35 | 112.12 | 24.34 | 108.02 | 46.01 |
| 制鞋业 | 1733.82 | 1433.81 | 414.86 | 2062.47 | 842.71 |
| 纺织面料鞋制造 | 180.19 | 141.58 | 44.54 | 246.90 | 113.34 |
| 皮鞋制造 | 1163.30 | 969.93 | 276.64 | 1396.69 | 542.39 |
| 塑料鞋制造 | 134.36 | 114.45 | 25.55 | 110.27 | 51.86 |
| 橡胶鞋制造 | 181.55 | 152.29 | 46.62 | 232.93 | 89.35 |
| 其他制鞋业 | 74.42 | 55.57 | 21.51 | 75.68 | 45.76 |
| 木材加工和木、竹、藤、棕、草制品业 | 2632.30 | 2020.38 | 387.79 | 3795.98 | 1522.64 |
| 木材加工 | 330.44 | 252.33 | 46.92 | 516.46 | 215.92 |
| 锯材加工 | 140.56 | 108.03 | 19.55 | 208.02 | 83.07 |
| 木片加工 | 77.43 | 54.92 | 11.54 | 154.22 | 64.86 |
| 单板加工 | 85.89 | 68.90 | 10.68 | 118.87 | 51.28 |
| 其他木材加工 | 26.55 | 20.49 | 5.15 | 35.35 | 16.71 |
| 人造板制造 | 1498.49 | 1094.71 | 195.87 | 2253.09 | 878.79 |
| 胶合板制造 | 619.00 | 452.88 | 91.46 | 1202.70 | 384.55 |
| 纤维板制造 | 572.08 | 415.57 | 59.58 | 597.53 | 266.88 |
| 刨花板制造 | 148.91 | 103.33 | 13.46 | 124.04 | 58.36 |
| 其他人造板制造 | 158.49 | 122.93 | 31.37 | 328.82 | 169.00 |
| 木制品制造 | 642.64 | 550.53 | 119.19 | 796.44 | 318.76 |
| 建筑用木料及木材组件加工 | 124.13 | 103.07 | 15.10 | 144.70 | 65.07 |
| 木门窗、楼梯制造 | 124.16 | 109.50 | 24.34 | 157.09 | 65.17 |
| 地板制造 | 213.20 | 189.62 | 41.44 | 256.09 | 93.35 |
| 木制容器制造 | 74.20 | 64.56 | 16.25 | 80.13 | 32.40 |
| 软木制品及其他木制品制造 | 106.96 | 83.78 | 22.07 | 158.42 | 62.77 |

单位：亿元

| | | | | | | 主营业务收　入 |
|---|---|---|---|---|---|---|
| 国家资本 | 集体资本 | 法人资本 | 个人资本 | 港澳台资本 | 外商资本 | |
| | 0.06 | 5.75 | 8.29 | 2.73 | 9.11 | 240.24 |
| | 0.32 | 15.63 | 28.69 | 5.04 | 12.40 | 472.33 |
| 13.14 | 3.25 | 128.60 | 145.37 | 52.69 | 94.97 | 3085.84 |
| 5.68 | 1.54 | 57.15 | 79.10 | 21.76 | 50.14 | 1535.04 |
| 0.63 | 0.82 | 8.21 | 16.52 | 3.46 | 5.76 | 313.10 |
| 4.48 | 0.59 | 25.90 | 15.96 | 12.80 | 12.13 | 583.99 |
| 2.15 | 0.01 | 11.73 | 14.48 | 5.21 | 5.01 | 253.70 |
| 0.18 | 0.29 | 25.61 | 19.31 | 9.47 | 21.93 | 400.01 |
| 26.95 | 21.40 | 959.06 | 1018.02 | 420.26 | 239.04 | 23741.36 |
| 22.34 | 14.57 | 759.87 | 753.76 | 294.53 | 162.68 | 17923.15 |
| 3.25 | 5.37 | 137.38 | 173.27 | 106.02 | 54.40 | 4370.83 |
| 1.35 | 1.46 | 61.82 | 90.99 | 19.71 | 21.95 | 1447.38 |
| 11.98 | 13.58 | 455.66 | 520.20 | 250.60 | 200.30 | 15163.04 |
| 0.41 | 3.39 | 42.92 | 65.48 | 10.73 | 17.08 | 1758.06 |
| 1.44 | 2.38 | 81.51 | 116.90 | 44.06 | 38.61 | 3508.32 |
| | 0.09 | 5.20 | 29.98 | 5.70 | 1.58 | 688.82 |
| 1.35 | 1.10 | 53.65 | 50.29 | 29.58 | 22.06 | 1784.26 |
| | 0.02 | 7.84 | 10.83 | 4.27 | 2.65 | 311.72 |
| 0.09 | 1.17 | 14.81 | 25.81 | 4.51 | 12.32 | 723.52 |
| 1.61 | 0.65 | 34.78 | 42.62 | 6.31 | 2.38 | 949.33 |
| 0.11 | 0.36 | 11.60 | 9.31 | 2.51 | 1.48 | 319.22 |
| 1.50 | 0.12 | 7.65 | 12.91 | 0.62 | 0.18 | 327.43 |
| | 0.16 | 15.52 | 20.39 | 3.19 | 0.71 | 302.68 |
| 0.12 | 1.15 | 32.93 | 50.37 | 7.05 | 4.71 | 1032.99 |
| 0.11 | 0.14 | 13.22 | 34.67 | 1.85 | 0.34 | 516.80 |
| 0.01 | 1.02 | 19.71 | 15.70 | 5.20 | 4.37 | 516.20 |
| 8.41 | 6.00 | 263.51 | 244.83 | 182.44 | 137.51 | 7914.33 |
| | 1.14 | 35.65 | 34.97 | 28.99 | 12.59 | 1052.23 |
| 4.48 | 3.86 | 172.69 | 139.64 | 115.80 | 105.92 | 4807.56 |
| 0.03 | 0.68 | 22.95 | 19.04 | 5.96 | 3.21 | 855.80 |
| 3.90 | 0.32 | 19.11 | 39.18 | 14.80 | 12.04 | 836.15 |
| | | 13.12 | 11.99 | 16.90 | 3.75 | 362.59 |
| 28.23 | 17.32 | 497.85 | 854.70 | 69.42 | 55.11 | 14791.33 |
| 10.19 | 1.99 | 64.62 | 111.01 | 22.59 | 5.53 | 2086.84 |
| 3.89 | 1.29 | 25.02 | 49.86 | 1.26 | 1.75 | 886.14 |
| 5.76 | 0.59 | 22.85 | 32.19 | 2.15 | 1.31 | 625.10 |
| 0.46 | 0.10 | 12.14 | 21.93 | 15.47 | 1.17 | 446.20 |
| 0.07 | 0.01 | 4.61 | 7.02 | 3.71 | 1.30 | 129.40 |
| 10.24 | 8.08 | 299.84 | 514.74 | 34.28 | 11.60 | 8710.83 |
| 1.63 | 2.93 | 107.99 | 257.84 | 11.42 | 2.73 | 5701.49 |
| 6.03 | 3.94 | 131.14 | 108.99 | 11.67 | 5.11 | 1519.96 |
| 2.05 | 0.62 | 25.31 | 26.12 | 2.63 | 1.64 | 396.47 |
| 0.53 | 0.60 | 35.40 | 121.79 | 8.56 | 2.13 | 1092.91 |
| 7.06 | 6.66 | 103.26 | 154.53 | 10.37 | 36.89 | 3009.78 |
| 4.21 | 0.78 | 24.42 | 31.10 | 0.23 | 4.34 | 660.89 |
| 0.62 | 0.93 | 22.34 | 36.13 | 0.97 | 4.17 | 522.99 |
| 0.92 | 2.30 | 27.68 | 40.26 | 6.44 | 15.76 | 791.22 |
| 0.26 | 0.13 | 9.95 | 17.02 | 0.16 | 4.89 | 285.04 |
| 1.04 | 2.51 | 18.88 | 30.03 | 2.58 | 7.73 | 749.64 |

2-1 续表 19

| 行　业 | 负债合计 | 流动负债合计 | 应付账款 | 所有者权益合计 | 实收资本 |
|---|---|---|---|---|---|
| 竹、藤、棕、草等制品制造 | 160.74 | 122.81 | 25.81 | 229.99 | 109.17 |
| 竹制品制造 | 131.15 | 100.41 | 20.90 | 172.16 | 88.83 |
| 藤制品制造 | 7.95 | 5.43 | 0.73 | 13.23 | 8.09 |
| 棕制品制造 | 3.04 | 0.97 | 0.61 | 5.05 | 1.79 |
| 草及其他制品制造 | 18.60 | 16.01 | 3.56 | 39.55 | 10.46 |
| 家具制造业 | 2722.13 | 2312.49 | 613.65 | 2788.33 | 1396.68 |
| 木质家具制造 | 1687.85 | 1386.35 | 303.86 | 1801.58 | 788.47 |
| 竹、藤家具制造 | 54.72 | 46.90 | 6.10 | 40.49 | 18.20 |
| 金属家具制造 | 552.82 | 503.43 | 178.88 | 517.69 | 393.83 |
| 塑料家具制造 | 29.27 | 25.48 | 8.43 | 36.13 | 21.00 |
| 其他家具制造 | 397.47 | 350.33 | 116.37 | 392.43 | 175.18 |
| 造纸和纸制品业 | 7735.49 | 6006.57 | 1231.16 | 6349.77 | 3517.85 |
| 纸浆制造 | 211.64 | 149.67 | 27.49 | 73.11 | 61.87 |
| 木竹浆制造 | 162.76 | 117.19 | 22.29 | 51.07 | 53.91 |
| 非木竹浆制造 | 48.88 | 32.49 | 5.19 | 22.04 | 7.95 |
| 造纸 | 5691.22 | 4305.95 | 757.71 | 4340.28 | 2538.77 |
| 机制纸及纸板制造 | 5531.77 | 4170.62 | 723.75 | 4162.59 | 2445.59 |
| 手工纸制造 | 32.93 | 28.31 | 4.47 | 33.43 | 18.28 |
| 加工纸制造 | 126.53 | 107.02 | 29.49 | 144.27 | 74.90 |
| 纸制品制造 | 1832.63 | 1550.95 | 445.96 | 1936.38 | 917.22 |
| 纸和纸板容器制造 | 973.49 | 819.30 | 202.91 | 1002.54 | 450.22 |
| 其他纸制品制造 | 859.14 | 731.65 | 243.06 | 933.84 | 467.00 |
| 印刷和记录媒介复制业 | 2553.04 | 2154.16 | 616.15 | 3357.19 | 1411.13 |
| 印刷 | 2486.32 | 2103.20 | 601.49 | 3247.02 | 1357.78 |
| 书、报刊印刷 | 419.25 | 324.94 | 95.21 | 475.20 | 229.75 |
| 本册印制 | 132.52 | 98.02 | 34.71 | 151.14 | 51.52 |
| 包装装潢及其他印刷 | 1934.54 | 1680.25 | 471.57 | 2620.68 | 1076.51 |
| 装订及印刷相关服务 | 47.44 | 36.30 | 10.22 | 68.90 | 28.22 |
| 记录媒介复制 | 19.27 | 14.65 | 4.44 | 41.27 | 25.13 |
| 文教、工美、体育和娱乐用品制造业 | 4464.81 | 3724.96 | 1022.74 | 4421.75 | 1929.70 |
| 文教办公用品制造 | 290.32 | 261.59 | 68.41 | 313.62 | 123.03 |
| 文具制造 | 178.05 | 160.13 | 43.90 | 161.91 | 72.27 |
| 笔的制造 | 79.42 | 74.86 | 17.60 | 78.89 | 27.01 |
| 教学用模型及教具制造 | 17.77 | 14.61 | 3.57 | 45.48 | 11.55 |
| 墨水、墨汁制造 | 3.04 | 2.79 | 0.82 | 6.58 | 1.51 |
| 其他文教办公用品制造 | 12.04 | 9.20 | 2.53 | 20.75 | 10.69 |
| 乐器制造 | 94.61 | 72.75 | 23.56 | 161.51 | 85.22 |
| 中乐器制造 | 6.87 | 6.24 | 1.63 | 12.46 | 3.46 |
| 西乐器制造 | 65.90 | 47.48 | 15.23 | 101.16 | 51.05 |
| 电子乐器制造 | 7.96 | 7.56 | 3.62 | 35.27 | 25.76 |
| 其他乐器及零件制造 | 13.88 | 11.46 | 3.07 | 12.63 | 4.94 |
| 工艺美术品制造 | 2954.38 | 2423.87 | 584.80 | 2650.43 | 1056.56 |
| 雕塑工艺品制造 | 217.03 | 149.58 | 39.19 | 381.21 | 173.01 |
| 金属工艺品制造 | 202.76 | 181.82 | 54.72 | 176.73 | 98.51 |
| 漆器工艺品制造 | 31.02 | 25.85 | 4.85 | 58.96 | 12.78 |
| 花画工艺品制造 | 29.16 | 23.40 | 4.94 | 52.92 | 28.15 |
| 天然植物纤维编织工艺品制造 | 126.60 | 95.54 | 26.05 | 204.86 | 74.64 |
| 抽纱刺绣工艺品制造 | 277.35 | 244.08 | 34.42 | 276.49 | 88.13 |
| 地毯、挂毯制造 | 251.28 | 210.99 | 45.78 | 208.11 | 104.69 |

单位：亿元

| 国家资本 | 集体资本 | 法人资本 | 个人资本 | 港澳台资本 | 外商资本 | 主营业务收入 |
|---|---|---|---|---|---|---|
| 0.75 | 0.60 | 30.13 | 74.42 | 2.18 | 1.10 | 983.88 |
| 0.58 | 0.57 | 26.62 | 58.41 | 2.03 | 0.63 | 786.10 |
| 0.17 |  | 0.37 | 7.34 | 0.08 | 0.12 | 28.05 |
|  |  | 0.21 | 1.55 | 0.04 |  | 13.42 |
|  | 0.03 | 2.93 | 7.12 | 0.02 | 0.35 | 156.32 |
| 5.88 | 13.27 | 410.29 | 710.55 | 136.37 | 120.32 | 8779.64 |
| 1.33 | 10.19 | 291.11 | 357.00 | 77.72 | 51.11 | 5624.85 |
|  | 0.08 | 10.39 | 6.12 | 0.80 | 0.81 | 181.82 |
| 4.48 | 2.41 | 59.24 | 251.40 | 32.53 | 43.77 | 1593.48 |
|  |  | 5.15 | 9.36 | 4.32 | 2.16 | 100.32 |
| 0.07 | 0.58 | 44.40 | 86.66 | 20.99 | 22.47 | 1279.16 |
| 314.39 | 48.89 | 1179.62 | 678.16 | 417.38 | 879.41 | 14622.82 |
| 16.86 | 0.76 | 37.85 | 3.59 | 1.70 | 1.12 | 130.62 |
| 16.86 | 0.76 | 32.86 | 0.63 | 1.70 | 1.12 | 102.50 |
|  |  | 4.99 | 2.96 |  |  | 28.12 |
| 291.25 | 41.23 | 867.19 | 390.69 | 242.37 | 706.04 | 8701.25 |
| 289.53 | 39.35 | 833.10 | 356.62 | 238.24 | 688.74 | 8160.90 |
| 1.46 | 0.23 | 9.16 | 5.29 | 1.67 | 0.47 | 126.42 |
| 0.26 | 1.65 | 24.94 | 28.78 | 2.46 | 16.82 | 413.93 |
| 6.28 | 6.91 | 274.58 | 283.88 | 173.31 | 172.26 | 5790.95 |
| 1.69 | 2.89 | 134.27 | 165.43 | 65.60 | 80.34 | 3304.54 |
| 4.59 | 4.01 | 140.31 | 118.45 | 107.71 | 91.92 | 2486.41 |
| 136.59 | 29.88 | 493.76 | 453.78 | 163.65 | 133.47 | 8057.87 |
| 135.16 | 27.74 | 471.87 | 443.40 | 151.61 | 128.00 | 7805.21 |
| 55.31 | 3.09 | 65.31 | 62.92 | 36.22 | 6.91 | 982.24 |
| 1.50 | 0.56 | 16.28 | 25.29 | 5.52 | 2.36 | 434.09 |
| 78.35 | 24.09 | 390.28 | 355.19 | 109.87 | 118.73 | 6388.88 |
| 0.91 | 0.40 | 12.45 | 7.02 | 4.58 | 2.85 | 192.34 |
| 0.52 | 1.75 | 9.44 | 3.35 | 7.46 | 2.62 | 60.31 |
| 42.53 | 16.47 | 652.54 | 710.81 | 271.00 | 236.23 | 16993.12 |
| 2.73 | 0.68 | 42.58 | 38.98 | 20.51 | 17.55 | 1098.06 |
| 0.04 | 0.02 | 24.88 | 19.69 | 15.43 | 12.20 | 557.14 |
| 1.34 | 0.40 | 7.18 | 10.29 | 4.57 | 3.22 | 320.98 |
|  |  | 4.59 | 6.67 |  | 0.29 | 148.92 |
| 0.45 |  | 0.31 | 0.50 | 0.19 | 0.07 | 21.05 |
| 0.90 | 0.25 | 5.63 | 1.82 | 0.32 | 1.76 | 49.97 |
| 18.42 | 0.25 | 20.84 | 18.53 | 4.60 | 22.59 | 399.38 |
|  | 0.05 | 0.41 | 2.35 | 0.01 | 0.65 | 47.41 |
| 18.14 | 0.19 | 6.22 | 6.52 | 2.29 | 17.69 | 222.65 |
| 0.23 |  | 13.48 | 6.44 | 1.93 | 3.68 | 75.89 |
| 0.05 |  | 0.74 | 3.22 | 0.38 | 0.56 | 53.43 |
| 17.60 | 12.30 | 401.71 | 455.41 | 92.99 | 76.43 | 11072.50 |
| 4.62 | 2.38 | 82.53 | 75.91 | 5.00 | 2.56 | 1256.83 |
| 1.49 | 0.34 | 34.41 | 43.94 | 7.27 | 10.93 | 690.55 |
|  | 0.22 | 4.13 | 7.46 | 0.95 | 0.03 | 176.82 |
| 0.08 |  | 10.14 | 9.36 | 5.78 | 2.80 | 261.84 |
| 4.31 | 0.21 | 28.83 | 38.39 | 1.73 | 1.18 | 916.73 |
| 0.59 | 0.47 | 27.84 | 39.97 | 12.58 | 6.67 | 1111.38 |
| 1.19 | 1.31 | 30.23 | 52.41 | 7.55 | 12.00 | 782.91 |

2-1 续表 20

| 行业 | 负债合计 | 流动负债合计 | 应付账款 | 所有者权益合计 | 实收资本 |
|---|---|---|---|---|---|
| 珠宝首饰及有关物品制造 | 1407.29 | 1155.57 | 298.81 | 720.86 | 245.51 |
| 其他工艺美术品制造 | 411.91 | 337.05 | 76.02 | 570.29 | 231.14 |
| 体育用品制造 | 398.47 | 339.42 | 135.18 | 467.76 | 257.37 |
| 球类制造 | 39.53 | 33.42 | 9.97 | 48.80 | 26.63 |
| 体育器材及配件制造 | 123.24 | 104.51 | 51.71 | 157.77 | 89.02 |
| 训练健身器材制造 | 108.17 | 99.98 | 36.99 | 110.19 | 64.67 |
| 运动防护用具制造 | 30.03 | 25.98 | 10.12 | 40.90 | 25.52 |
| 其他体育用品制造 | 97.51 | 75.53 | 26.41 | 110.11 | 51.53 |
| 玩具制造 | 570.32 | 489.02 | 172.09 | 631.43 | 328.34 |
| 游艺器材及娱乐用品制造 | 156.70 | 138.32 | 38.70 | 196.99 | 79.19 |
| 露天游乐场所游乐设备制造 | 60.28 | 57.34 | 11.33 | 69.64 | 33.71 |
| 游艺用品及室内游艺器材制造 | 61.34 | 50.93 | 17.19 | 78.41 | 23.51 |
| 其他娱乐用品制造 | 35.08 | 30.05 | 10.18 | 48.94 | 21.96 |
| 石油加工、炼焦和核燃料加工业 | 17296.94 | 13092.25 | 3289.13 | 9162.25 | 5644.37 |
| 精炼石油产品制造 | 10897.66 | 8309.25 | 2108.44 | 7400.36 | 4351.29 |
| 原油加工及石油制品制造 | 10480.08 | 8049.50 | 2065.94 | 7228.97 | 4205.04 |
| 人造原油制造 | 417.58 | 259.75 | 42.50 | 171.39 | 146.26 |
| 炼焦 | 6226.02 | 4732.92 | 1159.40 | 1673.00 | 1236.80 |
| 化学原料和化学制品制造业 | 42165.23 | 31514.69 | 7030.19 | 33428.09 | 17813.01 |
| 基础化学原料制造 | 13023.00 | 9510.70 | 1993.14 | 9217.23 | 5818.09 |
| 无机酸制造 | 360.04 | 294.07 | 82.09 | 353.63 | 159.17 |
| 无机碱制造 | 1574.62 | 1119.24 | 210.85 | 788.11 | 449.71 |
| 无机盐制造 | 1728.72 | 1249.69 | 248.47 | 1172.53 | 431.76 |
| 有机化学原料制造 | 7886.21 | 5746.03 | 1207.96 | 5639.82 | 3615.86 |
| 其他基础化学原料制造 | 1473.40 | 1101.67 | 243.77 | 1263.14 | 1161.59 |
| 肥料制造 | 7487.83 | 5422.41 | 1062.48 | 3760.43 | 2166.75 |
| 氮肥制造 | 3425.42 | 2534.83 | 455.54 | 1228.31 | 899.75 |
| 磷肥制造 | 970.41 | 725.56 | 137.09 | 343.71 | 154.25 |
| 钾肥制造 | 848.89 | 433.19 | 98.73 | 448.14 | 92.65 |
| 复混肥料制造 | 1903.56 | 1484.57 | 323.40 | 1382.41 | 735.13 |
| 有机肥料及微生物肥料制造 | 206.10 | 151.44 | 29.37 | 297.20 | 240.56 |
| 其他肥料制造 | 133.45 | 92.82 | 18.34 | 60.66 | 44.41 |
| 农药制造 | 1227.58 | 1017.11 | 235.84 | 1218.54 | 492.72 |
| 化学农药制造 | 1110.87 | 940.78 | 222.10 | 1083.74 | 431.24 |
| 生物化学农药及微生物农药制造 | 116.71 | 76.33 | 13.74 | 134.80 | 61.48 |
| 涂料、油墨、颜料及类似产品制造 | 2295.51 | 1907.27 | 596.89 | 2716.73 | 1059.51 |
| 涂料制造 | 1223.81 | 1045.91 | 370.35 | 1500.33 | 592.48 |
| 油墨及类似产品制造 | 150.69 | 127.25 | 46.07 | 227.82 | 99.61 |
| 颜料制造 | 398.25 | 310.87 | 69.15 | 443.18 | 167.36 |
| 染料制造 | 419.20 | 330.87 | 85.48 | 442.20 | 148.33 |
| 密封用填料及类似品制造 | 103.55 | 92.37 | 25.83 | 103.20 | 51.72 |
| 合成材料制造 | 8341.83 | 5674.65 | 1208.58 | 5515.35 | 3559.77 |
| 初级形态塑料及合成树脂制造 | 5672.06 | 3638.00 | 866.13 | 3691.88 | 2323.67 |
| 合成橡胶制造 | 642.01 | 490.94 | 80.75 | 506.42 | 276.98 |
| 合成纤维单(聚合)体制造 | 1574.33 | 1194.31 | 157.93 | 818.04 | 680.51 |
| 其他合成材料制造 | 453.42 | 351.40 | 103.77 | 499.01 | 278.61 |
| 专用化学产品制造 | 7654.24 | 6151.12 | 1428.95 | 8207.18 | 3727.34 |
| 化学试剂和助剂制造 | 1884.71 | 1522.93 | 333.39 | 2294.67 | 855.12 |
| 专项化学用品制造 | 2660.46 | 2095.03 | 473.98 | 2759.46 | 1057.09 |

单位：亿元

| 国家资本 | 集体资本 | 法人资本 | 个人资本 | 港澳台资本 | 外商资本 | 主营业务收　入 |
|---|---|---|---|---|---|---|
| 4.52 | 6.29 | 103.34 | 65.56 | 38.39 | 27.40 | 3670.73 |
| 0.80 | 1.07 | 80.27 | 122.40 | 13.73 | 12.87 | 2204.72 |
| 1.99 | 0.94 | 74.42 | 78.58 | 53.27 | 48.18 | 1484.41 |
| 0.95 | 0.03 | 6.70 | 4.40 | 6.18 | 8.36 | 186.98 |
| 0.95 | 0.80 | 38.25 | 15.76 | 15.83 | 17.43 | 419.96 |
| 0.08 | 0.11 | 6.19 | 32.67 | 16.55 | 9.08 | 383.71 |
| | | 6.56 | 7.29 | 6.73 | 4.93 | 158.40 |
| | | 16.70 | 18.46 | 7.98 | 8.38 | 335.35 |
| 0.58 | 2.12 | 86.00 | 87.33 | 92.22 | 60.09 | 2363.13 |
| 1.22 | 0.19 | 27.00 | 31.99 | 7.41 | 11.39 | 575.64 |
| 1.20 | 0.19 | 16.96 | 13.67 | 1.39 | 0.30 | 171.72 |
| | | 4.97 | 12.43 | 5.08 | 1.03 | 247.39 |
| 0.02 | | 5.07 | 5.89 | 0.93 | 10.05 | 156.53 |
| 2570.60 | 58.94 | 2003.54 | 709.36 | 130.41 | 167.62 | 34532.38 |
| 2336.00 | 21.28 | 1369.69 | 398.29 | 70.37 | 151.77 | 28887.61 |
| 2285.89 | 20.88 | 1289.44 | 382.80 | 70.36 | 151.77 | 28621.66 |
| 50.12 | 0.40 | 80.25 | 15.49 | 0.01 | | 265.95 |
| 182.31 | 37.67 | 629.85 | 311.07 | 60.05 | 15.85 | 5580.39 |
| 2871.33 | 475.51 | 6904.88 | 3744.08 | 1322.96 | 2494.25 | 87293.98 |
| 1308.35 | 123.43 | 2222.01 | 992.65 | 390.40 | 781.25 | 24940.55 |
| 12.14 | 4.43 | 69.50 | 55.77 | 3.94 | 13.39 | 941.76 |
| 91.70 | 4.64 | 207.20 | 78.74 | 62.19 | 5.24 | 1757.54 |
| 66.41 | 10.09 | 199.31 | 134.42 | 10.21 | 11.32 | 2936.84 |
| 671.09 | 52.32 | 1481.61 | 591.95 | 261.85 | 557.04 | 16359.81 |
| 467.00 | 51.95 | 264.39 | 131.77 | 52.22 | 194.25 | 2944.61 |
| 555.79 | 175.14 | 899.79 | 488.34 | 24.30 | 23.39 | 9027.20 |
| 334.69 | 5.94 | 371.66 | 167.45 | 14.34 | 5.66 | 2210.80 |
| 63.23 | 1.36 | 56.60 | 31.67 | 0.05 | 1.34 | 1175.97 |
| 25.85 | 0.21 | 26.92 | 31.38 | 6.92 | 1.37 | 300.33 |
| 123.77 | 165.32 | 268.85 | 165.22 | 2.63 | 9.35 | 4336.46 |
| 1.47 | 1.63 | 156.00 | 75.43 | 0.37 | 5.68 | 850.55 |
| 6.79 | 0.68 | 19.76 | 17.18 | | | 153.09 |
| 34.02 | 9.73 | 237.59 | 179.58 | 6.53 | 25.26 | 3287.36 |
| 32.72 | 8.82 | 212.13 | 147.04 | 6.04 | 24.49 | 2914.79 |
| 1.30 | 0.92 | 25.46 | 32.54 | 0.49 | 0.77 | 372.57 |
| 72.14 | 31.68 | 368.23 | 305.81 | 108.32 | 173.33 | 6784.98 |
| 60.91 | 24.03 | 192.76 | 156.02 | 63.86 | 94.91 | 4321.23 |
| 2.91 | 0.51 | 30.58 | 26.03 | 13.84 | 25.74 | 437.56 |
| 6.84 | 4.24 | 56.01 | 57.30 | 14.87 | 28.10 | 939.10 |
| 1.10 | 2.66 | 71.87 | 46.14 | 13.58 | 12.99 | 780.26 |
| 0.39 | 0.24 | 17.01 | 20.32 | 2.17 | 11.59 | 306.84 |
| 495.56 | 33.64 | 1677.02 | 472.77 | 278.93 | 601.84 | 14533.92 |
| 400.72 | 9.14 | 1105.95 | 297.92 | 175.72 | 334.21 | 9033.41 |
| 12.17 | 13.66 | 104.73 | 68.55 | 24.72 | 53.15 | 1722.96 |
| 69.68 | 4.09 | 379.16 | 36.93 | 71.21 | 119.43 | 2568.96 |
| 12.99 | 6.75 | 87.18 | 69.37 | 7.28 | 95.05 | 1208.58 |
| 322.73 | 83.45 | 1179.32 | 1036.50 | 401.92 | 703.42 | 21773.73 |
| 48.51 | 21.86 | 340.51 | 276.49 | 37.23 | 130.53 | 6138.47 |
| 57.09 | 23.21 | 286.42 | 307.36 | 118.52 | 264.49 | 8989.17 |

2-1 续表 21

| 行 业 | 负债合计 | 流动负债合计 | 应付账款 | 所有者权益合计 | 实收资本 |
|---|---|---|---|---|---|
| 林产化学产品制造 | 155.68 | 117.38 | 26.78 | 224.04 | 90.50 |
| 信息化学品制造 | 2106.48 | 1709.04 | 428.30 | 1820.33 | 1158.44 |
| 环境污染处理专用药剂材料制造 | 169.87 | 142.79 | 31.92 | 205.90 | 81.21 |
| 动物胶制造 | 23.76 | 20.65 | 4.59 | 44.98 | 24.60 |
| 其他专用化学产品制造 | 653.27 | 543.29 | 130.00 | 857.80 | 460.37 |
| 炸药、火工及焰火产品制造 | 562.01 | 409.74 | 94.13 | 931.95 | 299.16 |
| 炸药及火工产品制造 | 420.32 | 316.27 | 60.83 | 527.06 | 160.01 |
| 焰火、鞭炮产品制造 | 141.69 | 93.47 | 33.30 | 404.89 | 139.15 |
| 日用化学产品制造 | 1573.22 | 1421.71 | 410.18 | 1860.68 | 689.68 |
| 肥皂及合成洗涤剂制造 | 605.46 | 551.39 | 146.21 | 547.25 | 197.75 |
| 化妆品制造 | 506.84 | 462.84 | 146.63 | 663.23 | 226.50 |
| 口腔清洁用品制造 | 69.34 | 64.23 | 21.62 | 119.97 | 40.18 |
| 香料、香精制造 | 174.04 | 149.27 | 43.64 | 343.29 | 126.81 |
| 其他日用化学产品制造 | 217.55 | 193.98 | 52.07 | 186.94 | 98.45 |
| 医药制造业 | 11604.91 | 9209.07 | 1966.05 | 17131.57 | 11274.47 |
| 化学药品原料药制造 | 2228.15 | 1698.15 | 358.97 | 3051.76 | 1037.63 |
| 化学药品制剂制造 | 3781.97 | 3126.33 | 713.29 | 4972.93 | 1439.06 |
| 中药饮片加工 | 701.57 | 579.59 | 161.85 | 808.21 | 298.99 |
| 中成药生产 | 2711.81 | 2120.69 | 411.22 | 4345.21 | 7200.95 |
| 兽用药品制造 | 252.34 | 199.94 | 36.73 | 517.08 | 192.40 |
| 生物药品制造 | 1367.80 | 1043.10 | 158.64 | 2472.31 | 839.15 |
| 卫生材料及医药用品制造 | 561.27 | 441.27 | 125.34 | 964.07 | 266.30 |
| 化学纤维制造业 | 4073.37 | 3405.86 | 472.93 | 3028.19 | 1520.09 |
| 纤维素纤维原料及纤维制造 | 1429.02 | 1149.70 | 210.28 | 929.79 | 422.01 |
| 化纤浆粕制造 | 155.14 | 129.96 | 44.82 | 77.55 | 48.01 |
| 人造纤维(纤维素纤维)制造 | 1273.88 | 1019.74 | 165.46 | 852.24 | 374.00 |
| 合成纤维制造 | 2644.35 | 2256.16 | 262.65 | 2098.39 | 1098.08 |
| 锦纶纤维制造 | 403.95 | 329.12 | 28.63 | 275.26 | 120.65 |
| 涤纶纤维制造 | 1786.73 | 1536.98 | 173.75 | 1397.62 | 741.37 |
| 腈纶纤维制造 | 81.55 | 65.12 | 5.81 | 45.85 | 24.86 |
| 维纶纤维制造 | 56.68 | 46.17 | 6.02 | 41.12 | 21.02 |
| 丙纶纤维制造 | 19.32 | 15.83 | 3.14 | 12.77 | 6.66 |
| 氨纶纤维制造 | 144.01 | 132.90 | 26.24 | 208.69 | 112.77 |
| 其他合成纤维制造 | 152.10 | 130.05 | 19.06 | 117.08 | 70.75 |
| 橡胶和塑料制品业 | 10601.71 | 8827.60 | 2348.92 | 11912.86 | 5933.65 |
| 橡胶制品业 | 3623.22 | 2895.45 | 748.38 | 4080.71 | 1612.60 |
| 轮胎制造 | 2478.60 | 1960.30 | 471.99 | 2487.82 | 981.98 |
| 橡胶板、管、带制造 | 437.28 | 347.62 | 85.47 | 664.77 | 265.24 |
| 橡胶零件制造 | 285.91 | 224.95 | 73.09 | 415.78 | 123.87 |
| 再生橡胶制造 | 51.68 | 43.32 | 8.19 | 74.42 | 27.21 |
| 日用及医用橡胶制品制造 | 103.87 | 83.19 | 22.65 | 119.81 | 58.17 |
| 其他橡胶制品制造 | 265.89 | 236.06 | 87.00 | 318.11 | 156.12 |
| 塑料制品业 | 6978.49 | 5932.15 | 1600.53 | 7832.15 | 4321.06 |
| 塑料薄膜制造 | 1060.53 | 879.69 | 190.73 | 1132.31 | 567.83 |
| 塑料板、管、型材制造 | 1633.26 | 1322.19 | 291.01 | 2112.84 | 996.77 |
| 塑料丝、绳及编织品制造 | 565.70 | 438.93 | 95.89 | 811.14 | 343.37 |
| 泡沫塑料制造 | 230.27 | 202.85 | 59.53 | 292.86 | 115.30 |
| 塑料人造革、合成革制造 | 371.82 | 338.40 | 74.22 | 322.87 | 145.12 |
| 塑料包装箱及容器制造 | 615.82 | 533.82 | 138.23 | 690.45 | 317.53 |

单位：亿元

| 国家资本 | 集体资本 | 法人资本 | 个人资本 | 港澳台资本 | 外商资本 | 主营业务收入 |
|---|---|---|---|---|---|---|
| 0.98 | 1.93 | 33.34 | 45.19 | 2.09 | 6.97 | 883.60 |
| 161.02 | 19.59 | 381.02 | 148.34 | 234.28 | 214.19 | 3071.87 |
| 2.14 | 1.42 | 34.60 | 24.38 | 0.44 | 18.23 | 603.68 |
| 0.32 | 4.37 | 6.68 | 6.43 |  | 6.81 | 118.34 |
| 52.67 | 11.07 | 96.75 | 228.31 | 9.36 | 62.21 | 1968.59 |
| 55.26 | 12.45 | 135.30 | 92.80 | 0.32 | 3.05 | 2056.23 |
| 53.32 | 10.89 | 51.35 | 41.34 | 0.11 | 3.01 | 505.11 |
| 1.94 | 1.56 | 83.95 | 51.46 | 0.21 | 0.04 | 1551.12 |
| 27.49 | 6.00 | 185.61 | 175.64 | 112.23 | 182.71 | 4890.02 |
| 10.44 | 0.38 | 55.86 | 35.29 | 58.66 | 37.11 | 1840.29 |
| 1.55 | 3.72 | 55.37 | 56.46 | 22.77 | 86.64 | 1547.80 |
| 7.88 |  | 9.67 | 9.47 | 2.73 | 10.43 | 192.96 |
| 6.07 | 1.56 | 31.33 | 43.12 | 7.93 | 36.79 | 654.29 |
| 1.54 | 0.34 | 33.38 | 31.29 | 20.15 | 11.74 | 654.68 |
| 355.74 | 101.11 | 2317.69 | 7601.66 | 362.52 | 534.77 | 28206.11 |
| 76.88 | 13.85 | 420.18 | 366.30 | 47.68 | 112.72 | 4874.64 |
| 136.80 | 23.51 | 600.77 | 281.08 | 136.35 | 259.67 | 7766.42 |
| 9.63 | 7.20 | 136.78 | 134.22 | 7.16 | 4.00 | 1989.10 |
| 63.73 | 40.61 | 623.32 | 6412.41 | 36.46 | 24.31 | 6748.31 |
| 4.18 | 1.79 | 77.08 | 94.00 | 8.22 | 7.13 | 1369.49 |
| 61.56 | 12.62 | 363.02 | 205.58 | 109.50 | 86.88 | 3285.53 |
| 2.95 | 1.53 | 96.54 | 108.06 | 17.14 | 40.07 | 2172.62 |
| 124.11 | 14.32 | 620.08 | 419.13 | 211.12 | 131.33 | 7782.48 |
| 97.39 | 5.17 | 130.43 | 111.45 | 38.62 | 38.96 | 2325.81 |
| 5.52 |  | 20.02 | 10.96 | 11.40 | 0.10 | 240.69 |
| 91.87 | 5.17 | 110.40 | 100.48 | 27.22 | 38.86 | 2085.12 |
| 26.73 | 9.16 | 489.65 | 307.68 | 172.49 | 92.37 | 5456.67 |
| 3.68 | 1.61 | 38.77 | 41.27 | 19.28 | 16.02 | 852.01 |
| 1.36 | 5.79 | 372.64 | 201.10 | 118.89 | 41.60 | 3713.85 |
| 8.09 |  | 3.56 | 3.03 | 10.16 | 0.02 | 91.74 |
| 5.78 |  | 1.46 | 13.26 | 0.49 | 0.04 | 44.59 |
|  | 0.61 | 2.48 | 2.18 | 0.75 | 0.65 | 62.14 |
| 4.74 | 0.47 | 41.84 | 21.62 | 17.77 | 26.33 | 238.76 |
| 3.08 | 0.68 | 28.91 | 25.22 | 5.16 | 7.70 | 453.58 |
| 214.21 | 87.60 | 2342.73 | 1811.45 | 550.32 | 927.16 | 32456.55 |
| 152.82 | 34.44 | 426.98 | 474.02 | 114.68 | 409.65 | 9495.15 |
| 144.14 | 22.11 | 232.80 | 194.97 | 79.79 | 308.15 | 5510.28 |
| 4.18 | 4.37 | 84.60 | 129.09 | 3.12 | 39.88 | 1390.98 |
| 1.97 | 1.63 | 27.62 | 50.72 | 11.39 | 30.54 | 954.33 |
|  | 0.01 | 10.67 | 15.55 | 0.37 | 0.62 | 274.70 |
| 0.98 | 0.60 | 16.33 | 27.01 | 6.47 | 6.78 | 434.01 |
| 1.55 | 5.72 | 54.95 | 56.69 | 13.54 | 23.67 | 930.85 |
| 61.39 | 53.16 | 1915.75 | 1337.43 | 435.64 | 517.51 | 22961.40 |
| 17.43 | 5.82 | 198.16 | 159.49 | 85.14 | 101.79 | 2794.16 |
| 18.67 | 26.58 | 401.90 | 450.66 | 36.45 | 62.45 | 5385.84 |
| 3.56 | 5.04 | 162.47 | 153.56 | 8.03 | 10.70 | 2964.33 |
| 0.18 | 0.65 | 35.45 | 51.66 | 9.60 | 17.78 | 999.22 |
| 0.56 | 0.43 | 32.51 | 71.09 | 31.51 | 9.03 | 1212.72 |
| 1.71 | 4.99 | 103.17 | 109.02 | 38.17 | 60.46 | 1906.63 |

2-1 续表 22

| 行业 | 负债合计 | 流动负债合计 | 应付账款 | 所有者权益合计 | 实收资本 |
|---|---|---|---|---|---|
| 日用塑料制品制造 | 608.21 | 531.78 | 138.86 | 553.21 | 273.40 |
| 塑料零件制造 | 647.06 | 579.58 | 218.41 | 645.92 | 310.69 |
| 其他塑料制品制造 | 1245.83 | 1104.89 | 393.66 | 1270.55 | 1251.03 |
| 非金属矿物制品业 | 25923.82 | 20892.12 | 5384.15 | 24749.17 | 11743.63 |
| 水泥、石灰和石膏制造 | 8203.16 | 6382.78 | 1243.14 | 5515.96 | 3031.86 |
| 水泥制造 | 7982.82 | 6212.69 | 1196.28 | 5272.59 | 2908.54 |
| 石灰和石膏制造 | 220.34 | 170.09 | 46.85 | 243.37 | 123.31 |
| 石膏、水泥制品及类似制品制造 | 5741.75 | 5040.50 | 1859.17 | 4521.12 | 2239.08 |
| 水泥制品制造 | 4688.32 | 4163.85 | 1614.25 | 3360.17 | 1724.57 |
| 砼结构构件制造 | 546.60 | 464.13 | 155.56 | 397.72 | 217.16 |
| 石棉水泥制品制造 | 54.24 | 49.25 | 3.69 | 76.66 | 8.95 |
| 轻质建筑材料制造 | 306.58 | 243.89 | 44.44 | 515.11 | 198.62 |
| 其他水泥类似制品制造 | 146.00 | 119.38 | 41.22 | 171.46 | 89.78 |
| 砖瓦、石材等建筑材料制造 | 3648.28 | 2770.22 | 658.61 | 5285.65 | 2246.68 |
| 粘土砖瓦及建筑砌块制造 | 668.42 | 482.89 | 102.46 | 1255.27 | 549.64 |
| 建筑陶瓷制品制造 | 1219.49 | 930.45 | 211.46 | 1445.62 | 483.72 |
| 建筑用石加工 | 637.51 | 465.72 | 111.45 | 1352.62 | 546.12 |
| 防水建筑材料制造 | 294.55 | 238.07 | 71.75 | 316.23 | 167.47 |
| 隔热和隔音材料制造 | 214.46 | 168.83 | 39.00 | 352.27 | 241.37 |
| 其他建筑材料制造 | 613.85 | 484.26 | 122.50 | 563.62 | 258.35 |
| 玻璃制造 | 1370.08 | 1067.08 | 184.77 | 1051.03 | 591.72 |
| 平板玻璃制造 | 902.42 | 716.65 | 120.92 | 603.75 | 364.80 |
| 其他玻璃制造 | 467.66 | 350.43 | 63.85 | 447.28 | 226.93 |
| 玻璃制品制造 | 1669.23 | 1401.75 | 396.79 | 1713.35 | 817.39 |
| 技术玻璃制品制造 | 705.85 | 571.12 | 167.88 | 735.10 | 370.65 |
| 光学玻璃制造 | 239.77 | 210.09 | 80.00 | 223.13 | 132.10 |
| 玻璃仪器制造 | 25.58 | 18.85 | 5.46 | 53.81 | 28.57 |
| 日用玻璃制品制造 | 205.49 | 174.47 | 49.48 | 226.18 | 85.82 |
| 玻璃包装容器制造 | 255.42 | 224.38 | 45.09 | 235.18 | 91.38 |
| 玻璃保温容器制造 | 24.01 | 15.98 | 3.77 | 20.25 | 6.94 |
| 制镜及类似品加工 | 47.60 | 42.00 | 8.65 | 46.03 | 18.69 |
| 其他玻璃制品制造 | 165.51 | 144.87 | 36.47 | 173.69 | 83.24 |
| 玻璃纤维和玻璃纤维增强塑料制品制造 | 936.71 | 707.35 | 166.90 | 1035.27 | 519.61 |
| 玻璃纤维及制品制造 | 674.90 | 489.77 | 104.02 | 732.06 | 393.02 |
| 玻璃纤维增强塑料制品制造 | 261.81 | 217.58 | 62.88 | 303.22 | 126.58 |
| 陶瓷制品制造 | 1050.67 | 839.45 | 204.16 | 1773.69 | 864.58 |
| 卫生陶瓷制品制造 | 283.93 | 249.63 | 53.51 | 291.49 | 132.60 |
| 特种陶瓷制品制造 | 320.15 | 247.89 | 73.95 | 690.64 | 319.14 |
| 日用陶瓷制品制造 | 261.78 | 201.67 | 48.74 | 518.18 | 221.50 |
| 园林、陈设艺术及其他陶瓷制品制造 | 184.82 | 140.25 | 27.96 | 273.37 | 191.35 |
| 耐火材料制品制造 | 1343.36 | 1126.22 | 317.18 | 1618.55 | 525.40 |
| 石棉制品制造 | 19.03 | 14.12 | 4.48 | 53.07 | 17.04 |
| 云母制品制造 | 10.83 | 8.66 | 2.68 | 11.92 | 5.24 |
| 耐火陶瓷制品及其他耐火材料制造 | 1313.49 | 1103.44 | 310.02 | 1553.56 | 503.12 |
| 石墨及其他非金属矿物制品制造 | 1960.59 | 1556.79 | 353.43 | 2234.54 | 907.31 |
| 石墨及碳素制品制造 | 1013.26 | 811.14 | 183.84 | 943.31 | 416.29 |
| 其他非金属矿物制品制造 | 947.33 | 745.65 | 169.59 | 1291.24 | 491.02 |
| 黑色金属冶炼和压延加工业 | 42176.72 | 34857.32 | 7732.49 | 21584.35 | 10934.85 |
| 炼铁 | 1297.01 | 1107.47 | 262.93 | 395.34 | 319.41 |

单位：亿元

| 国家资本 | 集体资本 | 法人资本 | 个人资本 | 港澳台资本 | 外商资本 | 主营业务收入 |
|---|---|---|---|---|---|---|
| 2.95 | 2.43 | 62.50 | 104.76 | 52.75 | 48.02 | 1956.76 |
| 3.58 | 1.89 | 87.03 | 74.48 | 48.78 | 94.95 | 1763.79 |
| 12.75 | 5.34 | 832.58 | 162.71 | 125.20 | 112.35 | 3977.95 |
| 1166.12 | 279.42 | 4716.77 | 4242.97 | 608.78 | 730.22 | 62002.04 |
| 712.28 | 132.52 | 1225.25 | 580.85 | 209.69 | 172.13 | 9640.11 |
| 705.93 | 128.00 | 1177.03 | 524.20 | 208.34 | 165.91 | 8760.06 |
| 6.35 | 4.52 | 48.22 | 56.65 | 1.35 | 6.22 | 880.05 |
| 150.12 | 47.58 | 830.10 | 1083.51 | 52.99 | 74.87 | 13177.46 |
| 106.91 | 33.17 | 626.39 | 890.12 | 39.17 | 28.90 | 10221.28 |
| 13.86 | 9.10 | 97.43 | 86.08 | 7.96 | 2.72 | 1273.91 |
| 0.16 | 0.01 | 1.98 | 6.79 | 0.01 |  | 161.98 |
| 26.09 | 3.13 | 63.26 | 67.60 | 4.64 | 33.90 | 1058.68 |
| 3.09 | 2.17 | 41.04 | 32.92 | 1.21 | 9.35 | 461.61 |
| 36.81 | 34.89 | 865.02 | 1172.83 | 62.19 | 74.69 | 15996.84 |
| 8.71 | 4.62 | 206.80 | 324.71 | 2.14 | 2.66 | 4029.69 |
| 0.47 | 5.03 | 182.37 | 249.93 | 19.77 | 26.15 | 4629.69 |
| 3.25 | 8.55 | 234.19 | 265.98 | 17.95 | 15.95 | 3988.19 |
| 2.80 | 5.20 | 57.84 | 98.26 | 1.50 | 1.87 | 1004.92 |
| 8.92 | 2.64 | 92.21 | 116.84 | 7.00 | 13.78 | 892.01 |
| 12.65 | 8.86 | 91.61 | 117.12 | 13.83 | 14.28 | 1452.34 |
| 25.39 | 5.15 | 275.96 | 123.58 | 64.59 | 97.04 | 1600.10 |
| 16.86 | 0.59 | 168.74 | 60.51 | 43.49 | 74.60 | 681.38 |
| 8.53 | 4.56 | 107.22 | 63.07 | 21.10 | 22.44 | 918.71 |
| 71.51 | 6.60 | 248.44 | 254.38 | 136.56 | 99.91 | 4231.89 |
| 52.66 | 3.76 | 114.12 | 71.77 | 95.23 | 33.10 | 1338.18 |
| 9.81 | 1.57 | 38.34 | 24.27 | 25.47 | 32.64 | 515.15 |
| 1.08 |  | 4.45 | 19.48 |  | 3.56 | 175.26 |
| 0.02 | 0.31 | 20.62 | 44.42 | 8.78 | 11.67 | 723.49 |
| 5.95 | 0.22 | 29.68 | 44.52 | 2.35 | 8.67 | 846.39 |
|  | 0.02 | 1.60 | 4.23 | 0.90 | 0.19 | 51.35 |
|  |  | 5.81 | 8.16 | 0.54 | 4.17 | 92.76 |
| 2.00 | 0.72 | 33.82 | 37.52 | 3.29 | 5.90 | 489.30 |
| 50.55 | 9.40 | 238.26 | 144.18 | 40.14 | 37.07 | 2774.43 |
| 44.39 | 7.19 | 198.57 | 76.59 | 34.19 | 32.10 | 1686.09 |
| 6.16 | 2.21 | 39.69 | 67.60 | 5.95 | 4.97 | 1088.34 |
| 13.94 | 4.68 | 475.60 | 275.25 | 22.45 | 72.66 | 4510.07 |
| 0.28 | 0.06 | 52.98 | 39.51 | 5.58 | 34.17 | 763.53 |
| 11.00 | 1.74 | 172.67 | 97.91 | 7.64 | 28.17 | 1533.47 |
| 2.56 | 1.84 | 109.17 | 97.19 | 6.16 | 4.58 | 1158.53 |
| 0.09 | 1.04 | 140.77 | 40.64 | 3.07 | 5.75 | 1054.54 |
| 26.36 | 17.96 | 154.32 | 277.91 | 8.40 | 40.40 | 4175.23 |
|  | 0.02 | 4.62 | 12.04 | 0.13 | 0.23 | 176.85 |
|  |  | 1.84 | 2.60 | 0.68 | 0.13 | 53.72 |
| 26.36 | 17.95 | 147.86 | 263.27 | 7.58 | 40.05 | 3944.65 |
| 79.17 | 20.63 | 403.81 | 330.49 | 11.77 | 61.44 | 5895.92 |
| 40.55 | 8.05 | 199.00 | 131.10 | 2.14 | 35.45 | 2416.23 |
| 38.62 | 12.58 | 204.81 | 199.39 | 9.63 | 25.98 | 3479.68 |
| 2843.83 | 480.56 | 4796.90 | 2057.64 | 334.57 | 420.66 | 61986.59 |
| 20.98 | 21.88 | 159.92 | 89.05 | 1.32 | 26.27 | 1527.45 |

2-1 续表 23

| 行　业 | 负债合计 | 流动负债合计 | 应付账款 | 所有者权益合计 | 实收资本 |
|---|---|---|---|---|---|
| 炼钢 | 6441.61 | 5420.05 | 1305.15 | 3350.91 | 1117.80 |
| 黑色金属铸造 | 1456.73 | 1181.46 | 266.90 | 1871.56 | 813.90 |
| 钢压延加工 | 31090.81 | 25639.60 | 5478.18 | 15123.88 | 8120.04 |
| 铁合金冶炼 | 1890.57 | 1508.75 | 419.33 | 842.66 | 563.70 |
| 有色金属冶炼和压延加工业 | 25449.77 | 19481.36 | 3569.35 | 14620.37 | 7743.50 |
| 常用有色金属冶炼 | 13090.17 | 9826.48 | 1930.64 | 5471.46 | 3592.86 |
| 铜冶炼 | 2979.19 | 2384.40 | 422.33 | 1699.05 | 483.18 |
| 铅锌冶炼 | 1667.31 | 1342.85 | 222.21 | 690.64 | 1376.40 |
| 镍钴冶炼 | 1724.84 | 1244.92 | 219.82 | 670.48 | 357.36 |
| 锡冶炼 | 349.10 | 256.30 | 19.12 | 71.04 | 40.86 |
| 锑冶炼 | 55.91 | 43.26 | 9.77 | 26.32 | 23.05 |
| 铝冶炼 | 5490.79 | 3901.36 | 767.23 | 1992.01 | 1143.50 |
| 镁冶炼 | 175.07 | 139.42 | 27.41 | 79.12 | 68.50 |
| 其他常用有色金属冶炼 | 647.96 | 513.98 | 242.76 | 242.79 | 100.02 |
| 贵金属冶炼 | 1495.65 | 1093.86 | 149.52 | 875.28 | 313.52 |
| 金冶炼 | 1235.31 | 886.43 | 125.25 | 715.65 | 234.67 |
| 银冶炼 | 174.48 | 140.25 | 17.52 | 84.29 | 29.26 |
| 其他贵金属冶炼 | 85.85 | 67.18 | 6.75 | 75.34 | 49.58 |
| 稀有稀土金属冶炼 | 1054.02 | 760.14 | 104.21 | 973.00 | 285.29 |
| 钨钼冶炼 | 680.52 | 431.12 | 37.45 | 417.84 | 105.93 |
| 稀土金属冶炼 | 280.36 | 245.41 | 52.56 | 383.89 | 134.95 |
| 其他稀有金属冶炼 | 93.14 | 83.61 | 14.20 | 171.27 | 44.41 |
| 有色金属合金制造 | 1677.17 | 1350.93 | 265.53 | 1117.07 | 616.53 |
| 有色金属铸造 | 178.15 | 143.17 | 37.99 | 204.99 | 64.76 |
| 有色金属压延加工 | 7954.61 | 6306.79 | 1081.47 | 5978.57 | 2870.55 |
| 铜压延加工 | 2312.14 | 2030.18 | 447.01 | 1611.83 | 754.59 |
| 铝压延加工 | 4433.87 | 3320.54 | 463.19 | 3520.11 | 1713.56 |
| 贵金属压延加工 | 369.41 | 351.13 | 43.05 | 103.34 | 37.40 |
| 稀有稀土金属压延加工 | 330.38 | 246.18 | 50.07 | 381.45 | 175.12 |
| 其他有色金属压延加工 | 508.81 | 358.75 | 78.15 | 361.84 | 189.86 |
| 金属制品业 | 13326.98 | 11322.14 | 2832.24 | 13223.18 | 8631.93 |
| 结构性金属制品制造 | 4663.00 | 3902.23 | 1009.11 | 4091.88 | 4322.27 |
| 金属结构制造 | 3638.84 | 3035.76 | 791.86 | 3031.82 | 1877.24 |
| 金属门窗制造 | 1024.17 | 866.47 | 217.24 | 1060.06 | 2445.03 |
| 金属工具制造 | 765.13 | 621.60 | 162.86 | 915.35 | 399.99 |
| 切削工具制造 | 324.96 | 248.65 | 55.96 | 398.54 | 164.47 |
| 手工具制造 | 131.85 | 114.21 | 30.69 | 125.22 | 57.78 |
| 农用及园林用金属工具制造 | 56.51 | 50.90 | 17.82 | 64.77 | 27.77 |
| 刀剪及类似日用金属工具制造 | 88.24 | 69.65 | 15.03 | 122.37 | 54.35 |
| 其他金属工具制造 | 163.57 | 138.18 | 43.36 | 204.45 | 95.61 |
| 集装箱及金属包装容器制造 | 1298.00 | 1093.68 | 267.14 | 1118.39 | 927.34 |
| 集装箱制造 | 224.76 | 210.47 | 63.01 | 171.88 | 105.83 |
| 金属压力容器制造 | 513.77 | 442.45 | 85.41 | 375.67 | 512.24 |
| 金属包装容器制造 | 559.46 | 440.76 | 118.72 | 570.84 | 309.27 |
| 金属丝绳及其制品制造 | 1190.78 | 999.16 | 231.53 | 1054.56 | 500.96 |
| 建筑、安全用金属制品制造 | 1128.83 | 995.65 | 245.53 | 1831.89 | 651.79 |
| 建筑、家具用金属配件制造 | 332.82 | 300.45 | 87.60 | 349.30 | 154.41 |
| 建筑装饰及水暖管道零件制造 | 545.97 | 508.23 | 111.81 | 1030.89 | 304.75 |
| 安全、消防用金属制品制造 | 129.50 | 99.43 | 24.30 | 313.62 | 125.87 |
| 其他建筑、安全用金属制品制造 | 120.54 | 87.54 | 21.82 | 138.08 | 66.76 |

单位：亿元

| 国家资本 | 集体资本 | 法人资本 | 个人资本 | 港澳台资本 | 外商资本 | 主营业务收入 |
|---|---|---|---|---|---|---|
| 394.04 | 3.89 | 457.37 | 162.65 | 49.13 | 50.73 | 6569.86 |
| 24.09 | 10.97 | 408.41 | 281.06 | 24.96 | 64.41 | 6139.12 |
| 2346.72 | 415.58 | 3584.84 | 1279.31 | 255.14 | 238.45 | 44499.12 |
| 58.00 | 28.25 | 186.37 | 245.57 | 4.02 | 40.80 | 3251.05 |
| 1644.03 | 161.83 | 2560.86 | 2647.60 | 401.20 | 328.06 | 53393.18 |
| 1002.80 | 100.98 | 998.25 | 1370.89 | 73.14 | 46.84 | 20599.89 |
| 181.34 | 2.68 | 215.54 | 69.84 | 4.12 | 9.66 | 8322.69 |
| 109.30 | 26.64 | 120.02 | 1117.95 | 0.71 | 1.78 | 3067.09 |
| 237.77 | 5.22 | 81.56 | 27.76 | 2.35 | 2.70 | 2635.17 |
| 29.99 | 0.32 | 4.67 | 5.21 |  | 0.67 | 286.82 |
| 9.60 | 0.16 | 3.30 | 9.91 |  | 0.08 | 150.26 |
| 429.13 | 62.30 | 477.37 | 99.65 | 51.60 | 23.45 | 5271.74 |
| 0.88 | 2.87 | 41.86 | 20.88 | 1.72 | 0.29 | 247.22 |
| 4.79 | 0.78 | 53.95 | 19.69 | 12.64 | 8.21 | 618.91 |
| 64.25 | 11.71 | 74.91 | 142.62 | 8.55 | 11.47 | 2965.25 |
| 52.36 | 11.71 | 66.91 | 84.52 | 7.92 | 11.26 | 2282.66 |
| 3.60 |  | 5.26 | 20.18 |  | 0.22 | 488.66 |
| 8.29 |  | 2.74 | 37.92 | 0.63 |  | 193.93 |
| 53.71 | 7.01 | 113.37 | 88.68 | 8.56 | 13.94 | 1899.77 |
| 24.14 | 1.48 | 41.73 | 25.11 | 8.26 | 5.22 | 714.67 |
| 23.66 | 1.71 | 51.33 | 52.00 |  | 6.25 | 898.12 |
| 5.91 | 3.83 | 20.32 | 11.57 | 0.31 | 2.47 | 286.98 |
| 166.14 | 7.05 | 176.66 | 159.72 | 27.29 | 79.66 | 4134.83 |
| 10.69 | 1.38 | 17.87 | 19.60 | 7.54 | 7.67 | 510.53 |
| 346.44 | 33.69 | 1179.79 | 866.09 | 276.11 | 168.48 | 23282.92 |
| 86.15 | 7.66 | 322.69 | 264.49 | 36.96 | 36.71 | 9862.56 |
| 189.24 | 20.37 | 674.20 | 511.77 | 224.43 | 93.55 | 10692.38 |
| 3.26 | 0.01 | 14.94 | 16.48 | 0.07 | 2.64 | 452.82 |
| 37.92 | 4.59 | 95.45 | 27.50 | 5.28 | 4.39 | 806.25 |
| 29.87 | 1.07 | 72.51 | 45.85 | 9.38 | 31.19 | 1468.91 |
| 476.54 | 109.51 | 3297.89 | 3501.67 | 517.49 | 728.50 | 39917.07 |
| 195.20 | 57.36 | 1738.84 | 2130.87 | 97.05 | 102.99 | 13955.25 |
| 191.41 | 48.78 | 558.53 | 936.77 | 66.96 | 74.83 | 10990.67 |
| 3.79 | 8.58 | 1180.31 | 1194.10 | 30.08 | 28.16 | 2964.58 |
| 23.14 | 5.65 | 118.26 | 100.98 | 33.49 | 118.45 | 2674.22 |
| 20.90 | 3.51 | 53.60 | 44.52 | 9.87 | 32.06 | 796.02 |
| 0.04 | 0.08 | 20.81 | 17.90 | 5.10 | 13.85 | 570.32 |
| 0.64 | 0.98 | 9.62 | 9.84 | 5.64 | 1.06 | 204.05 |
| 0.24 | 0.23 | 3.70 | 5.34 | 1.55 | 43.29 | 436.61 |
| 1.31 | 0.86 | 30.53 | 23.39 | 11.33 | 28.19 | 667.22 |
| 25.86 | 13.83 | 524.12 | 170.39 | 99.42 | 93.71 | 2825.42 |
| 3.74 | 3.64 | 48.75 | 5.97 | 16.51 | 27.22 | 566.87 |
| 13.05 | 2.85 | 380.05 | 95.07 | 5.84 | 15.38 | 842.88 |
| 9.08 | 7.35 | 95.32 | 69.35 | 77.07 | 51.10 | 1415.66 |
| 32.81 | 3.32 | 149.33 | 199.32 | 26.92 | 89.26 | 3373.49 |
| 7.27 | 9.73 | 227.81 | 283.37 | 46.73 | 76.88 | 3992.57 |
| 0.93 | 2.47 | 39.09 | 51.09 | 27.68 | 33.15 | 1307.56 |
| 6.15 | 3.49 | 115.49 | 132.93 | 13.82 | 32.87 | 1814.77 |
| 0.08 | 2.59 | 47.98 | 70.35 | 1.30 | 3.58 | 554.23 |
| 0.12 | 1.18 | 25.25 | 29.00 | 3.93 | 7.28 | 316.01 |

2-1 续表 24

| 行　业 | 负债合计 | 流动负债合计 | 应付账款 | 所有者权益合计 | 实收资本 |
|---|---|---|---|---|---|
| 金属表面处理及热处理加工 | 1050.18 | 957.77 | 204.43 | 668.15 | 387.84 |
| 搪瓷制品制造 | 92.77 | 80.82 | 21.81 | 106.11 | 45.42 |
| 生产专用搪瓷制品制造 | 25.60 | 24.12 | 9.38 | 26.07 | 15.50 |
| 建筑装饰搪瓷制品制造 | 9.93 | 9.83 | 2.62 | 16.08 | 5.20 |
| 搪瓷卫生洁具制造 | 33.57 | 27.22 | 6.68 | 15.80 | 10.70 |
| 搪瓷日用品及其他搪瓷制品制造 | 23.66 | 19.65 | 3.14 | 48.16 | 14.01 |
| 金属制日用品制造 | 758.91 | 677.04 | 157.05 | 737.28 | 317.61 |
| 金属制厨房用器具制造 | 140.11 | 124.31 | 25.52 | 108.24 | 52.89 |
| 金属制餐具和器皿制造 | 302.95 | 272.23 | 64.06 | 315.47 | 124.96 |
| 金属制卫生器具制造 | 69.85 | 66.59 | 7.05 | 34.94 | 16.98 |
| 其他金属制日用品制造 | 245.99 | 213.91 | 60.42 | 278.64 | 122.79 |
| 其他金属制品制造 | 2379.38 | 1994.20 | 532.79 | 2699.56 | 1078.70 |
| 锻件及粉末冶金制品制造 | 1116.42 | 913.58 | 195.90 | 1309.20 | 513.82 |
| 交通及公共管理用金属标牌制造 | 37.21 | 34.83 | 9.96 | 54.64 | 16.34 |
| 通用设备制造业 | 22481.10 | 18964.64 | 5808.90 | 20653.91 | 8607.34 |
| 锅炉及原动设备制造 | 4196.27 | 3612.30 | 1089.01 | 2923.60 | 1123.72 |
| 锅炉及辅助设备制造 | 1333.82 | 1201.59 | 332.04 | 806.21 | 353.72 |
| 内燃机及配件制造 | 1544.37 | 1166.40 | 393.91 | 1587.44 | 529.48 |
| 汽轮机及辅机制造 | 823.04 | 787.06 | 183.87 | 223.33 | 100.26 |
| 水轮机及辅机制造 | 45.20 | 41.55 | 11.93 | 44.07 | 20.91 |
| 风能原动设备制造 | 443.23 | 409.88 | 165.26 | 251.01 | 109.53 |
| 其他原动设备制造 | 6.61 | 5.83 | 2.01 | 11.54 | 9.81 |
| 金属加工机械制造 | 2820.78 | 2270.13 | 544.53 | 2416.85 | 1039.11 |
| 金属切削机床制造 | 1392.02 | 1075.74 | 230.36 | 823.79 | 352.93 |
| 金属成形机床制造 | 402.24 | 346.74 | 84.16 | 362.96 | 192.11 |
| 铸造机械制造 | 283.12 | 240.44 | 56.66 | 263.98 | 110.76 |
| 金属切割及焊接设备制造 | 214.22 | 181.43 | 55.44 | 240.70 | 96.18 |
| 机床附件制造 | 149.97 | 131.22 | 35.69 | 248.88 | 98.79 |
| 其他金属加工机械制造 | 379.20 | 294.56 | 82.22 | 476.55 | 188.34 |
| 物料搬运设备制造 | 4003.31 | 3530.95 | 988.24 | 3115.50 | 1246.17 |
| 轻小型起重设备制造 | 205.28 | 181.83 | 56.11 | 193.46 | 65.59 |
| 起重机制造 | 1826.82 | 1537.46 | 362.59 | 1254.74 | 445.23 |
| 生产专用车辆制造 | 179.35 | 159.30 | 63.51 | 211.01 | 89.11 |
| 连续搬运设备制造 | 174.05 | 148.21 | 41.70 | 180.07 | 94.22 |
| 电梯、自动扶梯及升降机制造 | 1495.95 | 1391.87 | 429.76 | 1134.16 | 476.33 |
| 其他物料搬运设备制造 | 121.86 | 112.26 | 34.57 | 142.06 | 75.69 |
| 泵、阀门、压缩机及类似机械制造 | 3365.69 | 2828.84 | 959.85 | 4000.19 | 1724.22 |
| 泵及真空设备制造 | 865.69 | 741.59 | 244.86 | 1086.15 | 497.88 |
| 气体压缩机械制造 | 933.27 | 804.00 | 321.95 | 840.55 | 357.70 |
| 阀门和旋塞制造 | 842.09 | 715.76 | 224.83 | 1142.60 | 460.99 |
| 液压和气压动力机械及元件制造 | 724.64 | 567.50 | 168.21 | 930.89 | 407.65 |
| 轴承、齿轮和传动部件制造 | 1924.21 | 1610.38 | 456.99 | 2037.07 | 933.35 |
| 轴承制造 | 1068.17 | 868.25 | 242.97 | 1039.72 | 522.99 |
| 齿轮及齿轮减、变速箱制造 | 689.52 | 591.40 | 169.58 | 800.28 | 316.57 |
| 其他传动部件制造 | 166.53 | 150.72 | 44.44 | 197.06 | 93.79 |
| 烘炉、风机、衡器、包装等设备制造 | 3100.78 | 2519.85 | 867.88 | 2903.09 | 1193.36 |
| 烘炉、熔炉及电炉制造 | 215.43 | 145.57 | 36.99 | 247.94 | 125.20 |
| 风机、风扇制造 | 548.04 | 485.25 | 210.82 | 497.56 | 174.05 |

单位：亿元

| | | | | | | |
|---|---|---|---|---|---|---|
| | | | | | | 主营业务收　　入 |
| 国家资本 | 集体资本 | 法人资本 | 个人资本 | 港澳台资本 | 外商资本 | |
| 12.21 | 7.85 | 157.41 | 120.05 | 35.68 | 54.64 | 2630.48 |
| 0.01 | 0.25 | 20.85 | 17.81 | 2.51 | 4.00 | 275.03 |
| 0.01 | 0.22 | 11.01 | 4.25 | | 0.01 | 62.78 |
| | | 2.15 | 2.72 | 0.34 | | 11.30 |
| | 0.03 | 3.42 | 2.85 | 2.08 | 2.32 | 79.10 |
| | | 4.27 | 7.99 | 0.09 | 1.66 | 121.85 |
| 1.05 | 1.12 | 81.14 | 110.25 | 56.87 | 67.19 | 2791.93 |
| 0.07 | 0.11 | 14.47 | 17.88 | 6.10 | 14.26 | 394.20 |
| 0.47 | 0.18 | 33.88 | 47.94 | 19.60 | 22.88 | 1178.76 |
| 0.15 | 0.07 | 6.45 | 4.28 | 3.28 | 2.75 | 126.00 |
| 0.35 | 0.76 | 26.34 | 40.15 | 27.89 | 27.29 | 1092.98 |
| 178.99 | 10.39 | 280.13 | 368.63 | 118.81 | 121.38 | 7398.67 |
| 57.11 | 5.21 | 153.11 | 228.48 | 18.82 | 51.09 | 4012.27 |
| 0.12 | 0.44 | 4.74 | 9.84 | 0.98 | 0.23 | 131.80 |
| 755.81 | 98.32 | 3128.29 | 2763.19 | 432.88 | 1423.78 | 48200.40 |
| 211.09 | 18.30 | 474.89 | 266.79 | 18.77 | 133.28 | 5755.58 |
| 38.05 | 6.36 | 171.35 | 110.42 | 4.83 | 22.71 | 2134.45 |
| 137.17 | 11.44 | 189.18 | 110.65 | 6.02 | 74.40 | 2446.20 |
| 21.96 | 0.38 | 52.23 | 8.96 | 0.26 | 16.47 | 509.09 |
| 1.63 | 0.08 | 13.63 | 4.61 | 0.55 | 0.41 | 97.16 |
| 11.87 | 0.04 | 46.66 | 29.11 | 3.81 | 18.04 | 546.09 |
| 0.40 | | 1.84 | 3.02 | 3.31 | 1.25 | 22.59 |
| 161.30 | 15.58 | 362.64 | 327.06 | 60.70 | 111.83 | 5923.11 |
| 69.01 | 4.04 | 131.30 | 76.83 | 27.73 | 44.01 | 1679.62 |
| 56.07 | 5.82 | 38.70 | 58.62 | 8.90 | 23.99 | 936.53 |
| 4.02 | 1.75 | 41.16 | 48.88 | 6.11 | 8.84 | 1038.69 |
| 0.69 | 0.68 | 39.41 | 34.76 | 8.63 | 12.01 | 495.56 |
| 3.22 | 0.53 | 37.24 | 39.65 | 4.54 | 13.62 | 584.47 |
| 28.28 | 2.75 | 74.83 | 68.32 | 4.79 | 9.36 | 1188.24 |
| 79.34 | 16.03 | 452.11 | 441.49 | 56.79 | 196.95 | 7007.00 |
| 9.47 | 2.30 | 15.64 | 28.59 | 1.05 | 8.55 | 428.88 |
| 50.03 | 9.82 | 158.41 | 164.12 | 5.53 | 57.32 | 2662.17 |
| 8.02 | 0.57 | 25.05 | 24.56 | 2.33 | 28.59 | 484.73 |
| 2.53 | 0.20 | 26.17 | 50.20 | 3.28 | 8.38 | 439.67 |
| 4.27 | 2.82 | 198.20 | 155.31 | 28.76 | 86.96 | 2734.90 |
| 5.03 | 0.31 | 28.62 | 18.72 | 15.84 | 7.16 | 256.65 |
| 95.79 | 11.13 | 666.53 | 578.44 | 74.28 | 297.43 | 8689.14 |
| 27.30 | 6.14 | 212.36 | 182.64 | 11.35 | 57.47 | 2226.68 |
| 39.93 | 1.69 | 148.37 | 53.94 | 22.33 | 91.45 | 1823.95 |
| 6.43 | 2.08 | 153.46 | 228.84 | 17.79 | 52.40 | 2524.06 |
| 22.13 | 1.22 | 152.35 | 113.03 | 22.81 | 96.10 | 2114.45 |
| 55.28 | 9.89 | 306.36 | 289.05 | 32.26 | 240.77 | 4999.61 |
| 42.46 | 4.90 | 145.48 | 153.19 | 16.18 | 160.78 | 2613.77 |
| 7.28 | 3.35 | 129.89 | 112.17 | 9.15 | 54.98 | 1881.11 |
| 5.55 | 1.64 | 30.98 | 23.69 | 6.93 | 25.00 | 504.72 |
| 50.98 | 16.71 | 447.50 | 423.68 | 67.53 | 186.97 | 6464.24 |
| 1.54 | 0.42 | 83.50 | 29.03 | 4.37 | 6.34 | 261.48 |
| 25.68 | 3.09 | 48.94 | 76.72 | 9.94 | 9.67 | 916.84 |

2-1 续表 25

| 行　业 | 负债合计 | 流动负债合　计 | 应付账款 | 所有者权益合计 | 实收资本 |
|---|---|---|---|---|---|
| 气体、液体分离及纯净设备制造 | 460.29 | 395.23 | 132.73 | 434.87 | 168.16 |
| 制冷、空调设备制造 | 1004.15 | 857.93 | 322.86 | 1007.33 | 475.59 |
| 风动和电动工具制造 | 593.91 | 391.01 | 89.36 | 395.38 | 126.23 |
| 喷枪及类似器具制造 | 54.92 | 51.80 | 17.02 | 38.60 | 17.97 |
| 衡器制造 | 49.91 | 44.33 | 17.91 | 100.00 | 33.16 |
| 包装专用设备制造 | 174.12 | 148.73 | 40.18 | 181.40 | 73.02 |
| 文化、办公用机械制造 | 607.49 | 531.26 | 257.63 | 716.16 | 309.87 |
| 电影机械制造 | 12.76 | 12.76 | 3.20 | 14.06 | 2.96 |
| 幻灯及投影设备制造 | 40.03 | 30.47 | 17.34 | 37.59 | 21.42 |
| 照相机及器材制造 | 116.56 | 108.57 | 39.86 | 160.18 | 89.17 |
| 复印和胶印设备制造 | 140.65 | 133.64 | 76.40 | 212.45 | 73.37 |
| 计算器及货币专用设备制造 | 250.76 | 206.61 | 103.24 | 257.46 | 103.72 |
| 其他文化、办公用机械制造 | 46.74 | 39.22 | 17.58 | 34.42 | 19.23 |
| 通用零部件制造 | 1921.26 | 1613.84 | 500.59 | 2038.54 | 813.91 |
| 金属密封件制造 | 163.73 | 127.45 | 40.16 | 257.39 | 78.76 |
| 紧固件制造 | 513.88 | 441.45 | 131.27 | 521.04 | 239.65 |
| 弹簧制造 | 103.95 | 91.99 | 29.48 | 118.78 | 47.68 |
| 机械零部件加工 | 779.12 | 646.94 | 197.77 | 776.34 | 327.07 |
| 其他通用零部件制造 | 360.58 | 306.00 | 101.91 | 364.98 | 120.74 |
| 其他通用设备制造业 | 541.29 | 447.09 | 144.19 | 502.90 | 223.64 |
| 专用设备制造业 | 19218.40 | 15609.27 | 4557.01 | 17488.38 | 8018.28 |
| 采矿、冶金、建筑专用设备制造 | 9398.89 | 7186.15 | 2006.58 | 6615.04 | 3304.82 |
| 矿山机械制造 | 2272.54 | 1820.05 | 596.05 | 1713.94 | 1289.76 |
| 石油钻采专用设备制造 | 1473.12 | 1158.28 | 343.40 | 1311.54 | 546.14 |
| 建筑工程用机械制造 | 3093.84 | 2095.21 | 509.63 | 2222.54 | 682.66 |
| 海洋工程专用设备制造 | 796.49 | 587.15 | 146.84 | 225.95 | 309.67 |
| 建筑材料生产专用机械制造 | 526.46 | 419.53 | 104.23 | 534.33 | 142.83 |
| 冶金专用设备制造 | 1236.45 | 1105.93 | 306.43 | 606.72 | 333.77 |
| 化工、木材、非金属加工专用设备制造 | 2427.59 | 2099.84 | 629.70 | 2354.15 | 1019.93 |
| 炼油、化工生产专用设备制造 | 601.03 | 511.58 | 94.77 | 478.45 | 194.57 |
| 橡胶加工专用设备制造 | 116.10 | 98.49 | 28.62 | 84.70 | 40.54 |
| 塑料加工专用设备制造 | 305.76 | 283.43 | 100.19 | 354.05 | 126.23 |
| 木材加工机械制造 | 50.46 | 40.53 | 9.99 | 66.86 | 26.95 |
| 模具制造 | 1302.19 | 1120.55 | 382.61 | 1310.25 | 603.17 |
| 其他非金属加工专用设备制造 | 52.04 | 45.26 | 13.53 | 59.85 | 28.46 |
| 食品、饮料、烟草及饲料生产专用设备制造 | 353.80 | 293.58 | 88.13 | 481.53 | 545.59 |
| 食品、酒、饮料及茶生产专用设备制造 | 106.19 | 93.27 | 28.72 | 128.46 | 50.93 |
| 农副食品加工专用设备制造 | 177.13 | 136.19 | 35.07 | 240.95 | 451.88 |
| 烟草生产专用设备制造 | 52.26 | 49.19 | 20.64 | 93.10 | 35.88 |
| 饲料生产专用设备制造 | 18.21 | 14.94 | 3.70 | 19.02 | 6.90 |
| 印刷、制药、日化及日用品生产专用设备制造 | 648.39 | 541.37 | 149.88 | 689.21 | 305.70 |
| 制浆和造纸专用设备制造 | 172.50 | 145.63 | 26.54 | 106.36 | 45.03 |
| 印刷专用设备制造 | 162.98 | 139.45 | 45.92 | 213.59 | 88.66 |
| 日用化工专用设备制造 | 16.11 | 14.47 | 2.82 | 13.81 | 8.85 |
| 制药专用设备制造 | 104.59 | 87.51 | 18.81 | 124.36 | 41.09 |
| 照明器具生产专用设备制造 | 26.78 | 22.29 | 8.95 | 36.55 | 24.20 |
| 玻璃、陶瓷和搪瓷制品生产专用设备制造 | 141.46 | 109.92 | 38.14 | 144.86 | 71.36 |
| 其他日用品生产专用设备制造 | 23.98 | 22.10 | 8.70 | 49.69 | 26.51 |
| 纺织、服装和皮革加工专用设备制造 | 686.55 | 574.78 | 165.88 | 640.39 | 241.22 |

单位：亿元

| 国家资本 | 集体资本 | 法人资本 | 个人资本 | 港澳台资本 | 外商资本 | 主营业务收入 |
|---|---|---|---|---|---|---|
| 3.48 | 0.74 | 48.34 | 75.53 | 10.80 | 29.27 | 771.84 |
| 13.74 | 10.74 | 184.01 | 139.85 | 30.12 | 97.12 | 2779.15 |
| 0.13 | 0.72 | 55.26 | 34.90 | 7.88 | 27.33 | 997.00 |
| 0.61 | 0.34 | 7.27 | 5.75 | 0.21 | 3.80 | 126.35 |
| 1.39 | 0.02 | 6.89 | 18.71 | 0.38 | 5.76 | 229.57 |
| 4.40 | 0.64 | 13.29 | 43.19 | 3.84 | 7.68 | 382.01 |
| 36.08 | 0.91 | 58.06 | 56.64 | 50.55 | 107.62 | 1696.44 |
| 0.03 |  | 0.75 | 0.30 | 1.88 |  | 35.95 |
| 0.32 | 0.13 | 6.29 | 2.46 | 6.33 | 5.89 | 109.34 |
| 8.64 | 0.35 | 10.02 | 6.92 | 18.23 | 45.01 | 300.95 |
|  | 0.06 | 19.29 | 9.50 | 11.43 | 33.09 | 717.99 |
| 24.13 |  | 18.88 | 33.95 | 7.35 | 19.41 | 447.21 |
| 2.96 | 0.37 | 2.83 | 3.52 | 5.33 | 4.22 | 84.99 |
| 47.40 | 8.53 | 278.81 | 299.91 | 60.63 | 118.00 | 6337.87 |
| 4.22 | 0.97 | 20.46 | 30.96 | 11.34 | 10.81 | 642.14 |
| 8.61 | 0.64 | 68.71 | 72.82 | 27.34 | 61.53 | 1448.73 |
| 0.63 | 0.66 | 18.94 | 10.12 | 7.10 | 10.24 | 338.81 |
| 30.83 | 5.10 | 141.57 | 126.13 | 8.47 | 14.34 | 2791.59 |
| 3.12 | 1.17 | 29.13 | 59.88 | 6.37 | 21.08 | 1116.58 |
| 18.56 | 1.24 | 81.39 | 80.13 | 11.38 | 30.94 | 1327.43 |
| 889.93 | 123.84 | 2845.61 | 2902.76 | 373.86 | 882.29 | 37414.51 |
| 684.94 | 40.01 | 1015.42 | 1216.03 | 35.01 | 313.42 | 14050.34 |
| 250.57 | 12.75 | 234.97 | 727.98 | 4.17 | 59.31 | 4175.07 |
| 117.97 | 10.16 | 148.33 | 182.43 | 13.77 | 73.47 | 2651.63 |
| 62.92 | 15.80 | 309.33 | 170.95 | 7.84 | 115.83 | 3994.68 |
| 121.13 |  | 122.87 | 25.19 | 2.00 | 38.47 | 718.41 |
| 19.61 | 0.42 | 50.51 | 58.70 | 6.41 | 7.17 | 1275.72 |
| 112.73 | 0.88 | 149.40 | 50.78 | 0.82 | 19.16 | 1234.82 |
| 51.89 | 34.60 | 284.70 | 301.26 | 153.37 | 194.12 | 5097.68 |
| 15.68 | 2.67 | 77.35 | 74.87 | 6.34 | 17.66 | 955.56 |
| 12.86 | 0.27 | 9.20 | 11.20 | 2.32 | 4.68 | 233.19 |
| 0.02 | 0.58 | 33.34 | 31.70 | 39.59 | 21.01 | 600.68 |
| 1.27 | 0.74 | 10.05 | 10.25 | 1.57 | 3.07 | 200.15 |
| 21.82 | 30.00 | 140.42 | 163.28 | 102.79 | 144.86 | 2916.13 |
| 0.24 | 0.33 | 14.33 | 9.96 | 0.77 | 2.84 | 191.98 |
| 11.48 | 0.61 | 298.24 | 218.36 | 1.91 | 15.00 | 1331.38 |
| 3.05 | 0.34 | 15.83 | 22.29 | 0.43 | 9.00 | 341.28 |
| 1.49 | 0.12 | 257.39 | 186.31 | 0.59 | 5.99 | 781.12 |
| 6.82 | 0.13 | 22.10 | 5.93 | 0.89 |  | 104.37 |
| 0.12 | 0.02 | 2.92 | 3.83 |  | 0.01 | 104.61 |
| 7.20 | 6.91 | 96.34 | 123.42 | 30.30 | 41.53 | 1526.36 |
| 1.54 | 2.66 | 12.68 | 13.17 | 0.81 | 14.16 | 413.01 |
| 5.35 | 1.26 | 33.96 | 20.68 | 9.99 | 17.41 | 443.14 |
|  | 0.50 | 4.43 | 3.59 | 0.17 | 0.16 | 41.00 |
| 0.31 | 0.38 | 21.27 | 14.55 | 0.13 | 4.46 | 174.62 |
|  | 0.60 | 5.34 | 17.63 | 0.61 | 0.02 | 77.25 |
|  | 0.42 | 15.00 | 50.68 | 1.87 | 3.38 | 257.02 |
|  | 1.09 | 3.65 | 3.11 | 16.71 | 1.94 | 120.33 |
| 14.99 | 2.07 | 67.36 | 85.59 | 27.53 | 43.68 | 1586.83 |

2-1 续表 26

| 行　　业 | 负债合计 | 流动负债合计 | 应付账款 | 所有者权益合计 | 实收资本 |
|---|---|---|---|---|---|
| 纺织专用设备制造 | 542.73 | 447.59 | 119.23 | 453.87 | 162.40 |
| 皮革、毛皮及其制品加工专用设备制造 | 14.65 | 9.50 | 1.28 | 21.82 | 5.73 |
| 缝制机械制造 | 122.56 | 111.85 | 43.89 | 154.18 | 67.32 |
| 洗涤机械制造 | 6.60 | 5.85 | 1.48 | 10.52 | 5.77 |
| 电子和电工机械专用设备制造 | 785.50 | 657.29 | 228.00 | 1084.03 | 490.56 |
| 电工机械专用设备制造 | 209.27 | 166.63 | 70.54 | 142.43 | 82.70 |
| 电子工业专用设备制造 | 576.23 | 490.66 | 157.46 | 941.59 | 407.86 |
| 农、林、牧、渔专用机械制造 | 1031.68 | 858.91 | 283.92 | 997.84 | 448.14 |
| 拖拉机制造 | 337.90 | 267.81 | 102.20 | 208.58 | 126.21 |
| 机械化农业及园艺机具制造 | 466.05 | 402.98 | 124.71 | 468.91 | 225.88 |
| 营林及木竹采伐机械制造 | 6.41 | 3.32 | 1.22 | 6.91 | 1.40 |
| 畜牧机械制造 | 38.85 | 34.73 | 12.80 | 31.70 | 13.39 |
| 渔业机械制造 | 4.57 | 4.20 | 1.06 | 10.26 | 5.64 |
| 农林牧渔机械配件制造 | 123.23 | 99.28 | 29.71 | 202.67 | 49.19 |
| 棉花加工机械制造 | 8.47 | 6.93 | 1.68 | 12.20 | 3.87 |
| 其他农、林、牧、渔业机械制造 | 46.19 | 39.66 | 10.54 | 56.59 | 22.55 |
| 医疗仪器设备及器械制造 | 1045.64 | 878.55 | 237.20 | 1674.54 | 623.81 |
| 医疗诊断、监护及治疗设备制造 | 399.24 | 337.82 | 101.93 | 518.17 | 227.11 |
| 口腔科用设备及器具制造 | 15.08 | 12.73 | 3.67 | 18.83 | 9.47 |
| 医疗实验室及医用消毒设备和器具制造 | 22.53 | 18.60 | 4.79 | 34.28 | 12.37 |
| 医疗、外科及兽医用器械制造 | 318.00 | 272.97 | 68.40 | 550.45 | 172.24 |
| 机械治疗及病房护理设备制造 | 92.17 | 79.42 | 18.29 | 94.84 | 48.69 |
| 假肢、人工器官及植(介)入器械制造 | 79.10 | 55.45 | 13.51 | 214.87 | 68.97 |
| 其他医疗设备及器械制造 | 119.51 | 101.55 | 26.61 | 243.10 | 84.96 |
| 环保、社会公共服务及其他专用设备制造 | 2840.35 | 2518.79 | 767.71 | 2951.65 | 1038.50 |
| 环境保护专用设备制造 | 1491.11 | 1300.94 | 365.13 | 1458.80 | 535.37 |
| 地质勘查专用设备制造 | 36.09 | 21.99 | 10.09 | 38.03 | 9.93 |
| 邮政专用机械及器材制造 | 4.10 | 4.02 | 0.92 | 4.50 | 2.63 |
| 商业、饮食、服务专用设备制造 | 19.43 | 17.42 | 6.16 | 16.74 | 7.64 |
| 社会公共安全设备及器材制造 | 203.95 | 190.61 | 61.70 | 264.10 | 68.90 |
| 交通安全、管制及类似专用设备制造 | 62.76 | 66.74 | 22.95 | 71.03 | 26.10 |
| 水资源专用机械制造 | 103.40 | 85.97 | 20.85 | 99.00 | 45.47 |
| 其他专用设备制造 | 919.51 | 831.11 | 279.92 | 999.45 | 342.46 |
| 汽车制造业 | 39986.24 | 34490.35 | 15113.32 | 28426.10 | 11714.09 |
| 汽车整车制造 | 21434.62 | 18671.38 | 8442.33 | 14102.74 | 4447.11 |
| 改装汽车制造 | 1424.82 | 1192.25 | 389.81 | 766.07 | 411.61 |
| 低速载货汽车制造 | 43.10 | 38.49 | 4.69 | 50.77 | 26.21 |
| 电车制造 | 49.96 | 44.52 | 14.82 | 71.34 | 33.14 |
| 汽车车身、挂车制造 | 420.71 | 219.63 | 76.70 | 273.94 | 115.26 |
| 汽车零部件及配件制造 | 16613.04 | 14324.10 | 6184.96 | 13161.23 | 6680.76 |
| 铁路、船舶、航空航天和其他运输设备制造业 | 14955.46 | 11794.63 | 3901.96 | 8680.90 | 4010.26 |
| 铁路运输设备制造 | 3113.94 | 2801.48 | 1419.15 | 2198.10 | 976.65 |
| 铁路机车车辆及动车组制造 | 1607.49 | 1475.34 | 837.79 | 793.33 | 431.44 |
| 窄轨机车车辆制造 | 10.44 | 7.72 | 2.59 | 8.45 | 5.26 |
| 铁路机车车辆配件制造 | 786.85 | 683.61 | 270.32 | 725.67 | 253.36 |
| 铁路专用设备及器材、配件制造 | 523.62 | 485.89 | 230.88 | 609.20 | 241.52 |
| 其他铁路运输设备制造 | 185.55 | 148.93 | 77.57 | 61.44 | 45.07 |
| 城市轨道交通设备制造 | 250.78 | 225.00 | 87.02 | 115.98 | 82.41 |
| 船舶及相关装置制造 | 6024.59 | 4573.99 | 1151.68 | 2665.82 | 1425.86 |

单位：亿元

| 国家资本 | 集体资本 | 法人资本 | 个人资本 | 港澳台资本 | 外商资本 | 主营业务收入 |
|---|---|---|---|---|---|---|
| 12.50 | 1.21 | 49.97 | 60.93 | 21.03 | 16.77 | 1182.09 |
|  | 0.01 | 1.55 | 3.28 | 0.26 | 0.63 | 52.80 |
| 2.49 | 0.85 | 14.27 | 20.02 | 3.79 | 25.90 | 317.94 |
|  |  | 1.57 | 1.36 | 2.44 | 0.39 | 34.00 |
| 28.39 | 3.06 | 300.59 | 99.21 | 24.83 | 34.49 | 1800.15 |
| 12.85 | 1.22 | 26.61 | 30.14 | 3.52 | 8.36 | 473.78 |
| 15.54 | 1.84 | 273.98 | 69.07 | 21.31 | 26.13 | 1326.37 |
| 21.82 | 9.35 | 184.89 | 173.41 | 11.02 | 47.65 | 3186.62 |
| 6.23 | 1.75 | 64.06 | 32.35 | 0.55 | 21.27 | 679.22 |
| 11.12 | 4.09 | 94.24 | 85.20 | 8.72 | 22.51 | 1430.34 |
|  |  |  | 1.34 |  | 0.06 | 6.98 |
| 0.64 | 0.05 | 4.39 | 5.76 | 1.36 | 1.19 | 131.40 |
| 0.03 |  | 1.34 | 3.98 | 0.30 |  | 28.40 |
| 1.00 | 0.05 | 15.26 | 30.17 | 0.09 | 2.62 | 711.35 |
| 0.41 | 1.09 | 1.35 | 1.02 |  |  | 12.06 |
| 2.39 | 2.33 | 4.25 | 13.58 |  |  | 186.87 |
| 11.43 | 12.64 | 206.63 | 210.43 | 66.27 | 116.41 | 2868.46 |
| 8.62 | 7.34 | 80.71 | 66.40 | 20.45 | 43.58 | 901.74 |
|  |  | 0.16 | 2.27 | 2.38 | 4.66 | 47.09 |
| 0.28 | 0.39 | 4.39 | 6.62 | 0.36 | 0.34 | 93.41 |
| 1.85 | 0.42 | 59.13 | 67.39 | 16.38 | 27.08 | 1044.18 |
| 0.28 | 1.04 | 7.99 | 21.27 | 6.32 | 11.79 | 194.61 |
|  | 0.39 | 22.94 | 15.02 | 12.40 | 18.23 | 138.24 |
| 0.40 | 3.08 | 31.30 | 31.45 | 7.98 | 10.75 | 449.21 |
| 57.79 | 14.60 | 391.45 | 475.06 | 23.62 | 75.99 | 5966.67 |
| 26.95 | 9.56 | 206.41 | 258.79 | 10.58 | 23.08 | 3230.00 |
| 6.58 | 0.39 | 0.05 | 2.91 |  |  | 36.35 |
| 1.91 |  |  | 0.65 |  | 0.07 | 11.35 |
| 0.70 |  | 2.00 | 3.35 | 1.52 | 0.07 | 45.59 |
| 1.19 | 0.26 | 27.20 | 30.44 | 3.19 | 6.61 | 462.80 |
| 1.13 | 0.60 | 8.15 | 15.97 | 0.13 | 0.11 | 175.97 |
| 1.78 |  | 15.03 | 24.65 | 0.79 | 3.23 | 222.36 |
| 17.54 | 3.79 | 132.61 | 138.30 | 7.40 | 42.82 | 1782.25 |
| 1633.82 | 142.93 | 4099.80 | 1729.10 | 423.61 | 3686.73 | 81347.16 |
| 1031.58 | 47.33 | 2037.72 | 196.62 | 140.34 | 993.52 | 39826.26 |
| 61.50 | 7.49 | 234.91 | 94.55 | 5.68 | 9.38 | 2438.39 |
| 1.65 | 0.08 | 13.01 | 2.87 |  | 8.60 | 258.05 |
| 1.00 |  | 19.22 | 12.71 |  | 0.22 | 181.43 |
| 17.83 | 1.12 | 46.02 | 41.21 | 1.58 | 7.50 | 987.50 |
| 520.26 | 86.91 | 1748.92 | 1381.14 | 276.02 | 2667.51 | 37655.53 |
| 1850.42 | 26.30 | 1103.53 | 678.56 | 82.98 | 281.08 | 19324.92 |
| 559.76 | 9.36 | 239.83 | 135.86 | 10.06 | 21.78 | 4119.94 |
| 337.36 | 4.21 | 74.48 | 8.12 | 0.33 | 6.94 | 1680.37 |
| 1.31 | 0.36 | 1.39 | 1.61 |  | 0.60 | 23.59 |
| 90.99 | 2.27 | 77.89 | 63.85 | 9.47 | 8.89 | 1379.44 |
| 100.99 | 1.99 | 73.88 | 59.17 | 0.21 | 5.29 | 857.50 |
| 29.11 | 0.54 | 12.19 | 3.11 | 0.06 | 0.06 | 179.03 |
| 32.04 | 0.37 | 41.92 | 3.66 |  | 4.41 | 204.15 |
| 584.36 | 6.14 | 473.03 | 216.23 | 10.21 | 125.10 | 6082.79 |

2-1 续表 27

| 行　　业 | 负债合计 | 流动负债合　　计 | 应付账款 | 所有者权益合计 | 实收资本 |
|---|---|---|---|---|---|
| 金属船舶制造 | 5274.52 | 3960.54 | 974.98 | 2084.44 | 1089.22 |
| 非金属船舶制造 | 41.39 | 35.09 | 7.69 | 44.80 | 16.51 |
| 娱乐船和运动船制造 | 28.96 | 26.74 | 4.81 | 21.67 | 15.16 |
| 船用配套设备制造 | 486.35 | 396.68 | 128.15 | 460.11 | 263.77 |
| 船舶改装与拆除 | 191.44 | 153.03 | 35.88 | 53.01 | 40.52 |
| 航标器材及其他相关装置制造 | 1.93 | 1.92 | 0.17 | 1.78 | 0.68 |
| 航空、航天器及设备制造 | 3662.82 | 2516.05 | 764.13 | 1876.94 | 867.47 |
| 飞机制造 | 2945.63 | 1922.83 | 557.29 | 1324.95 | 638.95 |
| 航天器制造 | 265.68 | 215.21 | 81.47 | 161.13 | 49.82 |
| 航空、航天相关设备制造 | 290.85 | 240.70 | 68.65 | 290.18 | 148.22 |
| 其他航空航天器制造 | 160.66 | 137.31 | 56.73 | 100.67 | 30.48 |
| 摩托车制造 | 1267.39 | 1104.37 | 305.75 | 1246.73 | 358.98 |
| 摩托车整车制造 | 671.90 | 592.66 | 163.72 | 600.61 | 143.90 |
| 摩托车零部件及配件制造 | 595.49 | 511.70 | 142.03 | 646.13 | 215.08 |
| 自行车制造 | 482.30 | 438.47 | 140.27 | 445.35 | 241.24 |
| 脚踏自行车及残疾人座车制造 | 220.42 | 196.49 | 70.25 | 212.84 | 112.89 |
| 助动自行车制造 | 261.88 | 241.99 | 70.01 | 232.51 | 128.34 |
| 非公路休闲车及零配件制造 | 84.14 | 80.69 | 20.20 | 61.95 | 28.36 |
| 潜水救捞及其他未列明运输设备制造 | 69.50 | 54.58 | 13.77 | 70.03 | 29.29 |
| 潜水及水下救捞装备制造 | 7.21 | 5.97 | 1.29 | 10.97 | 5.11 |
| 其他未列明运输设备制造 | 62.29 | 48.61 | 12.48 | 59.06 | 24.18 |
| 电气机械和器材制造业 | 35099.69 | 30597.51 | 10325.78 | 27694.40 | 13505.98 |
| 电机制造 | 4723.01 | 4129.47 | 1496.26 | 3585.17 | 1421.29 |
| 发电机及发电机组制造 | 3089.49 | 2690.00 | 951.10 | 1699.42 | 781.79 |
| 电动机制造 | 701.62 | 617.12 | 246.42 | 830.86 | 292.39 |
| 微电机及其他电机制造 | 931.90 | 822.35 | 298.74 | 1054.90 | 347.11 |
| 输配电及控制设备制造 | 11209.42 | 9777.53 | 3333.82 | 9516.07 | 5019.04 |
| 变压器、整流器和电感器制造 | 2065.18 | 1836.21 | 580.20 | 2018.62 | 899.05 |
| 电容器及其配套设备制造 | 158.35 | 136.28 | 53.24 | 205.84 | 84.28 |
| 配电开关控制设备制造 | 2869.65 | 2577.54 | 880.85 | 3132.96 | 1622.45 |
| 电力电子元器件制造 | 967.82 | 862.90 | 350.59 | 1078.05 | 460.18 |
| 光伏设备及元器件制造 | 3833.57 | 3183.82 | 963.14 | 2073.19 | 1530.12 |
| 其他输配电及控制设备制造 | 1314.86 | 1180.79 | 505.80 | 1007.42 | 422.96 |
| 电线、电缆、光缆及电工器材制造 | 5300.03 | 4605.80 | 1129.15 | 5270.08 | 3479.57 |
| 电线、电缆制造 | 4036.38 | 3557.05 | 870.75 | 3956.13 | 2956.37 |
| 光纤、光缆制造 | 943.05 | 778.26 | 164.75 | 807.99 | 331.64 |
| 绝缘制品制造 | 220.79 | 194.21 | 64.66 | 317.45 | 120.55 |
| 其他电工器材制造 | 99.81 | 76.28 | 28.99 | 188.50 | 71.02 |
| 电池制造 | 3287.27 | 2616.78 | 1013.43 | 2583.41 | 1236.69 |
| 锂离子电池制造 | 1955.12 | 1606.60 | 683.73 | 1396.86 | 803.50 |
| 镍氢电池制造 | 147.05 | 128.86 | 47.87 | 129.10 | 65.88 |
| 其他电池制造 | 1185.10 | 881.32 | 281.82 | 1057.45 | 367.31 |
| 家用电力器具制造 | 8267.66 | 7441.18 | 2629.18 | 4234.82 | 1256.21 |
| 家用制冷电器具制造 | 2816.85 | 2283.77 | 653.83 | 1117.23 | 294.28 |
| 家用空气调节器制造 | 3187.86 | 3115.47 | 1173.47 | 1432.24 | 289.46 |
| 家用通风电器具制造 | 206.96 | 189.84 | 65.95 | 152.59 | 53.39 |
| 家用厨房电器具制造 | 706.12 | 627.77 | 262.26 | 506.35 | 224.64 |
| 家用清洁卫生电器具制造 | 640.92 | 584.02 | 229.22 | 475.66 | 133.69 |
| 家用美容、保健电器具制造 | 180.08 | 173.88 | 75.66 | 143.67 | 54.22 |

单位：亿元

| 国家资本 | 集体资本 | 法人资本 | 个人资本 | 港澳台资本 | 外商资本 | 主营业务收入 |
|---|---|---|---|---|---|---|
| 476.17 | 3.01 | 363.69 | 136.73 | 5.77 | 93.04 | 4408.99 |
| 0.17 | 1.24 | 9.56 | 3.61 | 0.12 | 1.82 | 90.11 |
| 0.07 |  | 9.58 | 1.57 | 1.51 | 2.43 | 64.61 |
| 107.07 | 1.58 | 61.98 | 66.09 | 2.74 | 24.30 | 1120.81 |
| 0.88 | 0.30 | 27.97 | 7.80 | 0.07 | 3.51 | 391.56 |
|  |  | 0.25 | 0.43 |  |  | 6.71 |
| 644.14 | 2.98 | 152.28 | 40.07 | 7.36 | 44.06 | 3349.00 |
| 505.80 | 0.90 | 98.43 | 9.69 | 5.91 | 40.03 | 2438.19 |
| 33.65 | 1.08 | 14.98 | 3.47 |  |  | 228.93 |
| 97.36 | 0.71 | 28.61 | 16.30 | 0.04 | 3.44 | 482.72 |
| 7.32 | 0.29 | 10.26 | 10.60 | 1.41 | 0.60 | 199.16 |
| 19.92 | 5.50 | 117.63 | 156.71 | 21.14 | 38.08 | 3414.19 |
| 17.00 | 0.40 | 50.33 | 52.46 | 7.06 | 16.65 | 1519.62 |
| 2.92 | 5.10 | 67.30 | 104.25 | 14.08 | 21.43 | 1894.57 |
| 2.81 | 1.53 | 60.96 | 108.73 | 28.70 | 38.51 | 1628.38 |
| 2.74 | 0.20 | 26.81 | 24.56 | 23.48 | 35.11 | 627.13 |
| 0.07 | 1.33 | 34.16 | 84.17 | 5.21 | 3.41 | 1001.25 |
| 0.03 | 0.19 | 8.85 | 9.21 | 3.86 | 6.22 | 266.33 |
| 7.37 | 0.25 | 9.02 | 8.09 | 1.65 | 2.91 | 260.15 |
| 1.97 |  | 0.96 | 0.44 | 0.54 | 1.19 | 23.84 |
| 5.40 | 0.25 | 8.06 | 7.65 | 1.11 | 1.72 | 236.31 |
| 729.60 | 331.55 | 5058.32 | 5269.27 | 762.91 | 1353.28 | 73642.26 |
| 193.95 | 8.01 | 539.64 | 426.33 | 70.73 | 182.68 | 8706.44 |
| 178.82 | 2.72 | 344.36 | 184.19 | 14.33 | 57.38 | 4108.93 |
| 13.58 | 2.08 | 98.63 | 118.57 | 14.46 | 45.11 | 1817.01 |
| 1.55 | 3.20 | 96.65 | 123.57 | 41.94 | 80.20 | 2780.50 |
| 337.87 | 161.22 | 2264.43 | 1607.17 | 210.25 | 437.82 | 22479.83 |
| 71.64 | 21.61 | 329.81 | 336.81 | 40.41 | 98.75 | 4735.55 |
| 0.97 | 2.49 | 26.67 | 36.97 | 8.05 | 9.14 | 438.09 |
| 91.85 | 72.02 | 805.37 | 560.91 | 26.78 | 65.52 | 6713.16 |
| 25.43 | 6.61 | 156.46 | 145.01 | 47.30 | 79.36 | 2411.76 |
| 59.30 | 45.55 | 842.43 | 329.99 | 83.06 | 169.79 | 5893.42 |
| 88.68 | 12.94 | 103.68 | 197.49 | 4.65 | 15.26 | 2287.84 |
| 67.16 | 68.68 | 840.27 | 2193.21 | 129.33 | 180.91 | 15799.59 |
| 53.98 | 61.21 | 625.94 | 1981.95 | 102.03 | 131.26 | 12651.13 |
| 9.74 | 3.65 | 150.65 | 125.88 | 14.21 | 27.51 | 2020.59 |
| 2.92 | 1.30 | 43.30 | 48.71 | 10.06 | 14.25 | 624.69 |
| 0.52 | 2.53 | 20.38 | 36.67 | 3.03 | 7.89 | 503.18 |
| 49.22 | 26.67 | 590.75 | 325.40 | 132.61 | 112.03 | 5647.05 |
| 32.28 | 8.91 | 428.13 | 203.62 | 57.54 | 73.02 | 2923.18 |
| 0.24 | 0.14 | 31.93 | 23.62 | 8.65 | 1.30 | 431.82 |
| 16.71 | 17.62 | 130.68 | 98.17 | 66.43 | 37.71 | 2292.04 |
| 41.28 | 42.91 | 470.71 | 277.00 | 128.03 | 296.27 | 14476.52 |
| 9.29 | 6.20 | 120.30 | 62.28 | 4.28 | 91.94 | 3250.21 |
| 18.07 | 12.37 | 119.91 | 57.19 | 16.01 | 65.90 | 4883.17 |
|  |  | 16.23 | 12.13 | 19.63 | 5.40 | 500.11 |
| 5.95 | 10.45 | 92.03 | 40.14 | 31.08 | 45.00 | 2330.99 |
| 4.32 | 10.37 | 36.56 | 13.43 | 16.32 | 52.69 | 1556.18 |
| 0.20 | 0.01 | 12.13 | 26.62 | 5.93 | 9.33 | 377.22 |

2-1 续表 28

| 行　　业 | 负债合计 | 流动负债合计 | 应付账款 | 所有者权益合计 | 实收资本 |
|---|---|---|---|---|---|
| 家用电力器具专用配件制造 | 275.36 | 236.65 | 72.09 | 224.66 | 111.35 |
| 其他家用电力器具制造 | 253.52 | 229.77 | 96.69 | 182.41 | 95.16 |
| 非电力家用器具制造 | 537.96 | 469.05 | 126.55 | 577.41 | 229.55 |
| 燃气、太阳能及类似能源家用器具制造 | 506.19 | 440.07 | 119.33 | 534.43 | 211.54 |
| 其他非电力家用器具制造 | 31.77 | 28.98 | 7.21 | 42.97 | 18.01 |
| 照明器具制造 | 1523.82 | 1342.31 | 515.47 | 1675.27 | 736.50 |
| 电光源制造 | 350.77 | 307.20 | 127.61 | 418.16 | 195.99 |
| 照明灯具制造 | 1019.72 | 895.98 | 334.54 | 1102.22 | 478.82 |
| 灯用电器附件及其他照明器具制造 | 153.33 | 139.13 | 53.32 | 154.88 | 61.69 |
| 其他电气机械及器材制造 | 250.51 | 215.39 | 81.92 | 252.17 | 127.13 |
| 电气信号设备装置制造 | 83.33 | 71.33 | 34.22 | 87.72 | 35.17 |
| 其他未列明电气机械及器材制造 | 167.19 | 144.06 | 47.70 | 164.45 | 91.96 |
| 计算机、通信和其他电子设备制造业 | 45503.52 | 39614.07 | 19328.63 | 33434.47 | 15649.27 |
| 计算机制造 | 6513.79 | 5983.16 | 3622.57 | 4029.20 | 1408.15 |
| 计算机整机制造 | 3911.11 | 3671.99 | 2406.67 | 1469.44 | 348.73 |
| 计算机零部件制造 | 1164.02 | 950.11 | 456.69 | 874.35 | 490.85 |
| 计算机外围设备制造 | 880.23 | 837.28 | 458.57 | 1057.13 | 337.25 |
| 其他计算机制造 | 558.42 | 523.79 | 300.64 | 628.27 | 231.33 |
| 通信设备制造 | 16757.83 | 15253.95 | 7710.97 | 7476.70 | 2467.05 |
| 通信系统设备制造 | 6991.08 | 5823.96 | 2275.03 | 4621.53 | 1346.10 |
| 通信终端设备制造 | 9766.75 | 9429.99 | 5435.94 | 2855.16 | 1120.95 |
| 广播电视设备制造 | 812.62 | 726.89 | 308.75 | 821.99 | 315.77 |
| 广播电视节目制作及发射设备制造 | 34.61 | 33.38 | 9.17 | 46.28 | 25.83 |
| 广播电视接收设备及器材制造 | 517.88 | 448.62 | 197.12 | 520.93 | 187.67 |
| 应用电视设备及其他广播电视设备制造 | 260.13 | 244.89 | 102.46 | 254.79 | 102.28 |
| 雷达及配套设备制造 | 398.86 | 340.71 | 115.91 | 263.21 | 85.34 |
| 视听设备制造 | 3241.75 | 2991.97 | 1359.03 | 1882.16 | 678.03 |
| 电视机制造 | 2075.56 | 1922.89 | 733.01 | 1007.16 | 312.74 |
| 音响设备制造 | 396.94 | 356.09 | 199.70 | 375.02 | 163.78 |
| 影视录放设备制造 | 769.26 | 712.99 | 426.33 | 499.97 | 201.51 |
| 电子器件制造 | 10131.55 | 7481.42 | 2982.54 | 10506.80 | 6795.03 |
| 电子真空器件制造 | 170.38 | 140.65 | 34.36 | 125.68 | 106.42 |
| 半导体分立器件制造 | 560.87 | 437.64 | 173.22 | 679.62 | 378.19 |
| 集成电路制造 | 1965.10 | 1403.24 | 446.68 | 2839.25 | 1931.41 |
| 光电子器件及其他电子器件制造 | 7435.20 | 5499.89 | 2328.29 | 6862.25 | 4379.02 |
| 电子元件制造 | 5761.65 | 5162.41 | 2479.61 | 6643.80 | 3212.50 |
| 电子元件及组件制造 | 4134.11 | 3681.64 | 1773.42 | 4969.26 | 2267.67 |
| 印制电路板制造 | 1627.54 | 1480.77 | 706.19 | 1674.54 | 944.83 |
| 其他电子设备制造 | 1885.46 | 1673.57 | 749.24 | 1810.62 | 687.38 |
| 仪器仪表制造业 | 3875.70 | 3471.63 | 1273.31 | 4913.96 | 1673.82 |
| 通用仪器仪表制造 | 2498.02 | 2260.95 | 818.20 | 3049.27 | 1006.98 |
| 工业自动控制系统装置制造 | 1602.54 | 1452.60 | 521.41 | 1798.87 | 573.33 |
| 电工仪器仪表制造 | 380.26 | 342.55 | 129.50 | 473.87 | 174.25 |
| 绘图、计算及测量仪器制造 | 70.54 | 61.45 | 21.29 | 95.76 | 37.88 |
| 实验分析仪器制造 | 93.22 | 84.36 | 26.40 | 154.10 | 51.92 |
| 试验机制造 | 79.32 | 75.23 | 26.07 | 86.32 | 23.07 |
| 供应用仪表及其他通用仪器制造 | 272.15 | 244.74 | 93.53 | 440.35 | 146.52 |
| 专用仪器仪表制造 | 730.10 | 644.28 | 225.35 | 1026.80 | 318.74 |
| 环境监测专用仪器仪表制造 | 91.64 | 80.38 | 18.34 | 158.36 | 48.18 |

单位：亿元

| 国家资本 | 集体资本 | 法人资本 | 个人资本 | 港澳台资本 | 外商资本 | 主营业务收入 |
|---|---|---|---|---|---|---|
| 1.21 | 3.00 | 53.04 | 35.64 | 8.72 | 9.76 | 851.39 |
| 2.24 | 0.51 | 20.51 | 29.59 | 26.06 | 16.26 | 727.26 |
| 13.44 | 1.38 | 111.92 | 77.51 | 12.90 | 12.39 | 1217.01 |
| 13.44 | 1.18 | 104.50 | 72.68 | 11.03 | 8.71 | 1122.33 |
|  | 0.20 | 7.42 | 4.83 | 1.87 | 3.68 | 94.67 |
| 22.50 | 21.09 | 202.00 | 316.42 | 74.66 | 99.01 | 4641.83 |
| 6.49 | 1.81 | 40.79 | 96.78 | 22.67 | 27.45 | 1191.81 |
| 9.61 | 17.92 | 144.54 | 204.63 | 41.00 | 60.30 | 3008.48 |
| 6.41 | 1.36 | 16.67 | 15.01 | 10.99 | 11.26 | 441.54 |
| 4.17 | 1.59 | 38.60 | 46.22 | 4.40 | 32.15 | 674.00 |
| 3.39 | 0.28 | 8.88 | 11.40 | 2.62 | 8.60 | 220.40 |
| 0.77 | 1.31 | 29.72 | 34.82 | 1.79 | 23.55 | 453.60 |
| 1251.13 | 154.35 | 5627.05 | 1869.96 | 2362.17 | 4377.45 | 99629.48 |
| 94.06 | 5.45 | 371.06 | 166.15 | 303.51 | 467.92 | 18594.94 |
| 8.14 | 1.34 | 128.53 | 17.68 | 91.81 | 101.21 | 11354.27 |
| 60.62 | 1.01 | 72.58 | 24.30 | 99.55 | 232.79 | 2832.08 |
| 18.92 | 2.45 | 96.50 | 58.87 | 73.70 | 86.80 | 2889.04 |
| 6.38 | 0.65 | 73.45 | 65.30 | 38.45 | 47.11 | 1519.54 |
| 193.06 | 27.36 | 1023.26 | 399.94 | 441.70 | 374.57 | 30577.92 |
| 163.69 | 17.80 | 724.63 | 227.88 | 99.31 | 112.78 | 11358.96 |
| 29.38 | 9.56 | 298.62 | 172.05 | 342.39 | 261.79 | 19218.96 |
| 18.24 | 2.48 | 91.05 | 131.85 | 26.01 | 46.14 | 1985.97 |
| 1.73 | 0.12 | 4.40 | 14.06 | 1.71 | 3.81 | 139.53 |
| 9.08 | 0.55 | 49.00 | 92.37 | 12.67 | 24.01 | 1267.38 |
| 7.44 | 1.81 | 37.64 | 25.43 | 11.63 | 18.33 | 579.06 |
| 56.97 | 0.02 | 16.17 | 8.92 | 0.52 | 2.74 | 458.21 |
| 57.22 | 7.53 | 219.97 | 92.31 | 105.05 | 195.96 | 8025.09 |
| 38.01 | 6.86 | 137.19 | 45.66 | 18.90 | 66.13 | 4662.99 |
| 0.25 | 0.42 | 53.99 | 26.28 | 30.07 | 52.76 | 1301.29 |
| 18.96 | 0.25 | 28.80 | 20.36 | 56.07 | 77.07 | 2060.81 |
| 729.90 | 55.37 | 2798.20 | 451.68 | 625.01 | 2134.88 | 17684.41 |
| 5.05 | 0.40 | 72.60 | 10.38 | 4.75 | 13.23 | 214.15 |
| 17.42 | 6.65 | 75.80 | 49.02 | 70.02 | 159.29 | 1137.64 |
| 52.69 | 9.49 | 533.48 | 76.33 | 276.13 | 983.28 | 3400.63 |
| 654.73 | 38.83 | 2116.32 | 315.95 | 274.12 | 979.07 | 12931.99 |
| 80.66 | 47.07 | 883.13 | 460.59 | 764.14 | 976.91 | 17077.77 |
| 66.22 | 30.71 | 663.09 | 400.33 | 461.44 | 645.88 | 13368.84 |
| 14.44 | 16.36 | 220.04 | 60.26 | 302.70 | 331.03 | 3708.93 |
| 21.01 | 9.08 | 224.21 | 158.52 | 96.24 | 178.32 | 5225.17 |
| 135.36 | 28.23 | 529.94 | 616.01 | 140.93 | 234.53 | 9536.29 |
| 79.35 | 16.10 | 337.95 | 411.22 | 55.02 | 107.03 | 5905.17 |
| 67.50 | 5.74 | 176.64 | 216.26 | 35.49 | 71.59 | 3738.58 |
| 5.14 | 3.26 | 68.71 | 84.81 | 9.92 | 2.42 | 667.88 |
| 0.09 | 0.62 | 11.72 | 15.45 | 2.70 | 7.29 | 326.18 |
| 3.01 | 0.60 | 11.78 | 24.17 | 3.76 | 8.59 | 299.22 |
| 1.09 | 0.03 | 8.41 | 8.44 | 0.54 | 4.56 | 156.80 |
| 2.52 | 5.85 | 60.68 | 62.08 | 2.60 | 12.59 | 716.50 |
| 21.96 | 7.87 | 92.99 | 140.86 | 10.54 | 44.53 | 2019.36 |
| 1.59 | 6.55 | 9.88 | 26.05 | 1.39 | 2.71 | 271.27 |

2-1 续表 29

| 行 业 | 负债合计 | 流动负债合计 | 应付账款 | 所有者权益合计 | 实收资本 |
|---|---|---|---|---|---|
| 运输设备及生产用计数仪表制造 | 210.33 | 176.58 | 78.07 | 254.14 | 71.51 |
| 导航、气象及海洋专用仪器制造 | 93.38 | 85.32 | 22.20 | 103.12 | 46.46 |
| 农林牧渔专用仪器仪表制造 | 8.57 | 5.95 | 2.20 | 16.06 | 8.71 |
| 地质勘探和地震专用仪器制造 | 42.57 | 40.04 | 11.41 | 75.40 | 25.58 |
| 教学专用仪器制造 | 20.80 | 19.95 | 4.56 | 30.04 | 15.02 |
| 核子及核辐射测量仪器制造 | 44.48 | 37.74 | 12.82 | 39.48 | 11.33 |
| 电子测量仪器制造 | 98.78 | 91.03 | 38.92 | 151.70 | 41.14 |
| 其他专用仪器制造 | 119.56 | 107.31 | 36.82 | 198.49 | 50.79 |
| 钟表与计时仪器制造 | 136.48 | 123.10 | 56.66 | 150.50 | 70.37 |
| 光学仪器及眼镜制造 | 422.78 | 375.78 | 148.25 | 581.30 | 230.60 |
| 光学仪器制造 | 293.12 | 257.55 | 103.96 | 402.56 | 148.87 |
| 眼镜制造 | 129.66 | 118.23 | 44.29 | 178.74 | 81.72 |
| 其他仪器仪表制造业 | 88.32 | 67.52 | 24.85 | 106.08 | 47.13 |
| 其他制造业 | 1268.76 | 985.58 | 299.77 | 1061.44 | 446.39 |
| 日用杂品制造 | 368.23 | 333.34 | 84.44 | 467.45 | 194.66 |
| 鬃毛加工、制刷及清扫工具制造 | 107.14 | 99.02 | 22.08 | 122.89 | 46.27 |
| 其他日用杂品制造 | 261.09 | 234.32 | 62.36 | 344.56 | 148.38 |
| 煤制品制造 | 90.77 | 60.23 | 15.92 | 44.98 | 34.08 |
| 废弃资源综合利用业 | 1288.78 | 1098.14 | 229.02 | 833.81 | 544.23 |
| 金属废料和碎屑加工处理 | 953.95 | 833.92 | 178.53 | 578.31 | 299.26 |
| 非金属废料和碎屑加工处理 | 334.83 | 264.22 | 50.49 | 255.49 | 244.97 |
| 金属制品、机械和设备修理业 | 1456.10 | 1039.07 | 299.47 | 735.58 | 430.00 |
| 金属制品修理 | 14.90 | 9.79 | 3.21 | 18.09 | 5.28 |
| 通用设备修理 | 9.70 | 9.30 | 4.80 | 11.12 | 6.12 |
| 专用设备修理 | 96.68 | 58.35 | 10.96 | 224.17 | 72.11 |
| 铁路、船舶、航空航天等运输设备修理 | 1296.85 | 926.94 | 265.27 | 445.02 | 323.06 |
| 铁路运输设备修理 | 83.55 | 70.24 | 36.43 | 29.66 | 27.27 |
| 船舶修理 | 954.14 | 638.36 | 158.26 | 159.41 | 158.96 |
| 航空航天器修理 | 234.71 | 194.54 | 61.35 | 208.83 | 131.06 |
| 其他运输设备修理 | 24.46 | 23.80 | 9.23 | 47.11 | 5.78 |
| 电气设备修理 | 17.79 | 17.42 | 7.04 | 7.82 | 8.54 |
| 仪器仪表修理 | 1.37 | 1.29 | 0.65 | 2.77 | 1.89 |
| 其他机械和设备修理业 | 18.81 | 15.96 | 7.54 | 26.59 | 13.00 |
| **电力、热力、燃气及水生产和供应业** | **94726.42** | **46861.11** | **10976.83** | **59672.34** | **41805.26** |
| 电力、热力生产和供应业 | 83572.31 | 40414.38 | 9878.57 | 50873.57 | 35954.23 |
| 电力生产 | 49338.25 | 20486.15 | 3871.95 | 23415.35 | 18175.93 |
| 火力发电 | 21788.59 | 11155.26 | 2346.84 | 10275.64 | 7857.34 |
| 水力发电 | 13614.48 | 4242.15 | 419.74 | 6891.85 | 3704.68 |
| 核力发电 | 3524.07 | 822.06 | 196.32 | 1068.05 | 870.27 |
| 风力发电 | 6499.40 | 2411.29 | 523.36 | 3312.28 | 2604.26 |
| 太阳能发电 | 2840.34 | 1348.96 | 278.00 | 1240.01 | 2695.55 |
| 其他电力生产 | 1071.37 | 506.43 | 107.69 | 627.52 | 443.82 |
| 电力供应 | 29805.33 | 17197.08 | 5396.74 | 25701.52 | 16721.73 |
| 热力生产和供应 | 4428.73 | 2731.15 | 609.88 | 1756.70 | 1056.57 |
| 燃气生产和供应业 | 4623.02 | 3235.58 | 643.31 | 3658.63 | 3027.21 |
| 水的生产和供应业 | 6531.09 | 3211.15 | 454.95 | 5140.14 | 2823.82 |
| 自来水生产和供应 | 4830.63 | 2416.87 | 277.82 | 3788.37 | 2001.10 |
| 污水处理及其再生利用 | 1530.94 | 764.15 | 172.65 | 1254.93 | 754.69 |
| 其他水的处理、利用与分配 | 169.51 | 30.13 | 4.49 | 96.83 | 68.04 |

单位：亿元

| | | | | | | 主营业务收入 |
|---|---|---|---|---|---|---|
| 国家资本 | 集体资本 | 法人资本 | 个人资本 | 港澳台资本 | 外商资本 | |
| 2.66 | 0.39 | 17.00 | 22.41 | 3.03 | 26.02 | 686.85 |
| 2.56 | 0.36 | 24.14 | 11.89 | 0.10 | 7.41 | 201.02 |
| | | 2.52 | 6.19 | | | 62.25 |
| 2.38 | | 8.64 | 11.65 | | 2.91 | 106.16 |
| 0.11 | 0.05 | 4.24 | 10.63 | | | 79.89 |
| 1.45 | | 3.32 | 6.55 | | 0.01 | 28.14 |
| 4.71 | 0.52 | 13.68 | 13.84 | 3.95 | 4.45 | 272.31 |
| 6.49 | | 9.58 | 31.64 | 2.07 | 1.02 | 311.47 |
| 0.93 | 0.79 | 11.94 | 7.70 | 35.18 | 13.81 | 425.95 |
| 30.53 | 2.49 | 71.35 | 37.91 | 36.89 | 62.95 | 990.25 |
| 29.86 | 2.45 | 56.26 | 22.70 | 15.96 | 33.16 | 663.32 |
| 0.67 | 0.04 | 15.09 | 15.21 | 20.93 | 29.79 | 326.93 |
| 2.59 | 0.98 | 15.72 | 18.32 | 3.31 | 6.21 | 195.55 |
| 88.57 | 2.19 | 119.29 | 124.39 | 49.18 | 63.37 | 2792.50 |
| 0.43 | 0.42 | 48.17 | 61.59 | 40.04 | 44.00 | 1517.70 |
| 0.30 | | 11.66 | 19.72 | 2.98 | 11.62 | 491.27 |
| 0.14 | 0.42 | 36.52 | 41.87 | 37.06 | 32.38 | 1026.43 |
| 3.53 | 0.68 | 14.45 | 14.64 | 0.77 | | 230.57 |
| 30.82 | 13.29 | 228.91 | 219.76 | 32.74 | 18.72 | 4070.82 |
| 21.60 | 5.92 | 115.81 | 119.26 | 21.58 | 15.09 | 3237.43 |
| 9.21 | 7.37 | 113.10 | 100.50 | 11.15 | 3.63 | 833.39 |
| 207.95 | 3.89 | 118.05 | 31.70 | 15.94 | 52.47 | 1183.92 |
| 0.36 | 0.06 | 2.20 | 2.22 | 0.15 | 0.28 | 79.33 |
| 0.78 | 0.48 | 1.86 | 2.09 | | 0.91 | 23.18 |
| 62.01 | 0.22 | 3.17 | 3.02 | 1.67 | 2.02 | 61.02 |
| 141.10 | 0.36 | 100.24 | 18.62 | 13.78 | 48.96 | 931.36 |
| 26.10 | 0.02 | 0.26 | 0.37 | | 0.52 | 62.44 |
| 91.99 | 0.09 | 21.91 | 15.16 | 1.05 | 28.77 | 391.29 |
| 17.51 | 0.04 | 78.05 | 3.07 | 12.72 | 19.67 | 452.66 |
| 5.51 | 0.22 | 0.03 | 0.03 | | | 24.96 |
| 2.89 | 1.81 | 3.21 | 0.64 | | | 22.62 |
| 0.15 | | 0.15 | 1.15 | 0.28 | 0.16 | 3.53 |
| 0.66 | 0.95 | 7.22 | 3.96 | 0.05 | 0.15 | 62.88 |
| **28007.59** | **409.55** | **10655.45** | **1055.48** | **927.30** | **744.64** | **63209.98** |
| 25238.34 | 334.55 | 8632.66 | 696.74 | 617.68 | 428.99 | 55006.77 |
| 9212.83 | 297.01 | 7111.23 | 539.71 | 599.60 | 410.28 | 18220.42 |
| 4153.51 | 148.37 | 2767.77 | 134.85 | 415.82 | 233.21 | 12484.00 |
| 2315.30 | 92.42 | 980.94 | 233.13 | 38.10 | 44.78 | 2979.03 |
| 189.90 | | 672.06 | | 8.32 | | 711.42 |
| 1283.24 | 28.05 | 1047.35 | 74.94 | 65.38 | 105.31 | 1146.06 |
| 1175.28 | 20.23 | 1406.55 | 57.68 | 32.07 | 2.28 | 464.72 |
| 95.60 | 7.94 | 236.56 | 39.11 | 39.92 | 24.70 | 435.19 |
| 15496.81 | 9.76 | 1188.61 | 19.28 | 1.31 | 5.95 | 34895.59 |
| 528.71 | 27.77 | 332.81 | 137.75 | 16.77 | 12.76 | 1890.76 |
| 1399.79 | 49.78 | 929.06 | 270.77 | 206.06 | 171.76 | 6061.34 |
| 1369.45 | 25.23 | 1093.73 | 87.97 | 103.55 | 143.89 | 2141.88 |
| 1023.09 | 18.59 | 789.85 | 52.77 | 59.61 | 57.19 | 1540.67 |
| 345.71 | 6.64 | 300.93 | 32.01 | 36.22 | 33.18 | 526.58 |
| 0.66 | | 2.95 | 3.19 | 7.72 | 53.51 | 74.64 |

2-1 续表 30

| 行　　业 | 主营业务成　本 | 销售费用 | 管理费用 | 财务费用 | 利息收入 |
|---|---|---|---|---|---|
| **总　　计** | **984668.37** | **31174.87** | **45490.74** | **12650.57** | **1752.84** |
| **采矿业** | **39603.66** | **1063.65** | **3115.79** | **1257.98** | **127.29** |
| 煤炭开采和洗选业 | 17670.71 | 624.96 | 1573.91 | 849.12 | 65.61 |
| 烟煤和无烟煤开采洗选 | 16807.56 | 596.45 | 1463.70 | 823.66 | 61.92 |
| 褐煤开采洗选 | 790.57 | 27.44 | 106.38 | 23.04 | 3.58 |
| 其他煤炭采选 | 72.57 | 1.07 | 3.83 | 2.41 | 0.11 |
| 石油和天然气开采业 | 5579.96 | 38.05 | 704.24 | 165.02 | 38.92 |
| 石油开采 | 4387.13 | 33.21 | 614.44 | 132.76 | 31.96 |
| 天然气开采 | 1192.83 | 4.84 | 89.80 | 32.26 | 6.96 |
| 黑色金属矿采选业 | 5152.42 | 97.89 | 229.39 | 132.92 | 5.36 |
| 铁矿采选 | 4828.77 | 91.87 | 216.70 | 130.01 | 5.31 |
| 锰矿、铬矿采选 | 185.59 | 5.34 | 10.64 | 1.63 | 0.04 |
| 其他黑色金属矿采选 | 138.06 | 0.69 | 2.05 | 1.28 | 0.01 |
| 有色金属矿采选业 | 5205.85 | 80.71 | 273.20 | 77.46 | 2.39 |
| 常用有色金属矿采选 | 2029.18 | 46.19 | 134.14 | 40.26 | 1.21 |
| 铜矿采选 | 563.08 | 11.62 | 37.81 | 12.81 | 0.38 |
| 铅锌矿采选 | 892.62 | 19.98 | 67.51 | 16.42 | 0.50 |
| 镍钴矿采选 | 48.23 | 1.11 | 2.80 | 1.09 | 0.02 |
| 锡矿采选 | 65.53 | 0.84 | 5.20 | 3.69 | 0.14 |
| 锑矿采选 | 33.15 | 0.66 | 3.30 | 0.41 | |
| 铝矿采选 | 260.13 | 5.77 | 10.06 | 3.25 | 0.15 |
| 镁矿采选 | 31.57 | 1.74 | 1.62 | 1.08 | 0.01 |
| 其他常用有色金属矿采选 | 134.86 | 4.46 | 5.83 | 1.52 | 0.01 |
| 贵金属矿采选 | 2353.23 | 27.42 | 106.25 | 26.80 | 0.37 |
| 金矿采选 | 2261.61 | 24.76 | 101.59 | 26.16 | 0.36 |
| 银矿采选 | 88.31 | 2.63 | 4.63 | 0.63 | |
| 稀有稀土金属矿采选 | 823.44 | 7.11 | 32.81 | 10.40 | 0.81 |
| 钨钼矿采选 | 717.45 | 4.83 | 27.63 | 8.30 | 0.82 |
| 稀土金属矿采选 | 63.17 | 0.61 | 2.52 | 0.51 | 0.01 |
| 其他稀有金属矿采选 | 40.38 | 1.59 | 2.59 | 1.58 | -0.02 |
| 非金属矿采选业 | 4407.50 | 214.91 | 252.19 | 56.48 | 3.80 |
| 土砂石开采 | 3166.94 | 138.54 | 148.36 | 32.29 | 0.88 |
| 石灰石、石膏开采 | 810.38 | 35.61 | 37.60 | 9.56 | 0.47 |
| 建筑装饰用石开采 | 634.77 | 28.34 | 36.38 | 8.52 | 0.16 |
| 耐火土石开采 | 370.81 | 16.29 | 13.51 | 2.95 | 0.12 |
| 粘土及其他土砂石开采 | 1350.98 | 58.30 | 60.88 | 11.25 | 0.12 |
| 化学矿开采 | 411.11 | 24.98 | 47.08 | 12.18 | 1.16 |
| 采盐 | 277.06 | 21.93 | 30.10 | 6.48 | 1.57 |
| 石棉及其他非金属矿采选 | 552.39 | 29.47 | 26.64 | 5.53 | 0.19 |
| 石棉、云母矿采选 | 22.68 | 0.68 | 1.08 | 0.16 | 0.03 |
| 石墨、滑石采选 | 177.16 | 12.15 | 9.42 | 1.47 | 0.08 |
| 宝石、玉石采选 | 3.73 | 0.16 | 0.32 | 0.16 | -0.01 |
| 其他未列明非金属矿采选 | 348.82 | 16.47 | 15.82 | 3.75 | 0.10 |
| 开采辅助活动 | 1564.78 | 5.44 | 80.70 | -23.48 | 11.21 |
| 煤炭开采和洗选辅助活动 | 9.22 | 0.51 | 0.43 | 0.06 | |
| 石油和天然气开采辅助活动 | 1548.62 | 4.78 | 80.09 | -23.56 | 11.20 |
| 其他开采辅助活动 | 6.94 | 0.15 | 0.18 | 0.03 | |
| 其他采矿业 | 22.46 | 1.68 | 2.17 | 0.45 | |
| **制造业** | **889816.96** | **29707.24** | **41036.76** | **9058.90** | **1524.96** |
| 农副食品加工业 | 61117.80 | 1461.46 | 1624.29 | 544.34 | 30.40 |

单位：亿元

| 利息支出 | 投资收益（损失以“-”号记） | 营业利润 | 利润总额 | 亏损企业亏损额 | 平均用工人数（万人） |
|---|---|---|---|---|---|
| **12505.14** | **2906.60** | **69612.16** | **71921.43** | **8289.55** | **9475.57** |
| **1333.03** | **106.73** | **1750.62** | **1801.55** | **2129.99** | **641.94** |
| 889.57 | 133.59 | 1092.39 | 1159.53 | 618.62 | 397.11 |
| 864.64 | 132.02 | 922.25 | 992.95 | 551.16 | 382.73 |
| 21.95 | 1.60 | 172.11 | 168.72 | 62.88 | 12.98 |
| 2.98 | -0.04 | -1.97 | -2.13 | 4.58 | 1.40 |
| 180.77 | -70.87 | -561.89 | -567.05 | 1212.95 | 70.50 |
| 146.43 | -71.49 | -755.36 | -785.77 | 1206.18 | 67.07 |
| 34.34 | 0.62 | 193.47 | 218.72 | 6.76 | 3.43 |
| 123.26 | 48.28 | 441.59 | 410.91 | 111.78 | 47.14 |
| 120.96 | 48.14 | 401.15 | 370.23 | 109.70 | 44.21 |
| 1.32 | 0.10 | 13.68 | 13.46 | 1.85 | 2.28 |
| 0.97 | 0.04 | 26.76 | 27.21 | 0.24 | 0.66 |
| 70.79 | -1.06 | 467.10 | 458.75 | 48.99 | 44.45 |
| 35.28 | -2.74 | 230.04 | 219.42 | 26.21 | 23.56 |
| 11.50 | -2.63 | 49.79 | 44.82 | 10.58 | 7.20 |
| 14.96 | -0.79 | 135.33 | 133.69 | 5.97 | 11.00 |
| 0.72 | | 3.42 | -0.72 | 1.94 | 0.33 |
| 3.73 | 0.76 | 5.39 | 5.26 | 5.18 | 1.24 |
| 0.41 | -0.05 | 2.22 | 2.19 | 0.05 | 0.55 |
| 2.08 | -0.01 | 28.49 | 28.45 | 0.59 | 1.61 |
| 0.77 | -0.05 | -0.26 | 0.02 | 0.77 | 0.47 |
| 1.11 | 0.04 | 5.66 | 5.70 | 1.12 | 1.15 |
| 24.62 | 0.50 | 214.91 | 217.17 | 6.10 | 13.93 |
| 24.07 | 0.95 | 205.35 | 207.51 | 6.08 | 13.24 |
| 0.54 | -0.45 | 9.39 | 9.49 | 0.02 | 0.67 |
| 10.89 | 1.17 | 22.16 | 22.16 | 16.68 | 6.96 |
| 9.22 | 0.97 | 12.95 | 12.22 | 15.54 | 5.92 |
| 0.13 | 0.19 | 5.87 | 6.61 | 0.28 | 0.42 |
| 1.54 | 0.02 | 3.32 | 3.31 | 0.86 | 0.55 |
| 47.62 | -3.40 | 408.37 | 405.70 | 23.01 | 53.12 |
| 24.56 | -2.52 | 298.82 | 294.51 | 9.11 | 35.77 |
| 5.40 | -1.07 | 73.13 | 73.04 | 2.26 | 8.70 |
| 6.74 | -0.86 | 62.69 | 62.11 | 2.09 | 6.07 |
| 1.97 | 0.10 | 34.20 | 33.22 | 1.00 | 8.10 |
| 10.45 | -0.70 | 128.80 | 126.13 | 3.76 | 12.91 |
| 10.63 | -2.79 | 32.92 | 33.24 | 9.90 | 5.81 |
| 8.21 | 1.62 | 15.53 | 22.66 | 1.80 | 6.10 |
| 4.22 | 0.30 | 61.10 | 55.29 | 2.20 | 5.44 |
| 0.14 | | 2.63 | 2.75 | | 0.43 |
| 0.90 | 0.05 | 26.04 | 22.06 | 0.50 | 1.58 |
| 0.17 | | 0.72 | 0.64 | 0.39 | 0.09 |
| 3.01 | 0.25 | 31.71 | 29.84 | 1.31 | 3.34 |
| 20.85 | 0.19 | -98.51 | -67.84 | 114.63 | 29.27 |
| 0.05 | | 0.89 | 0.88 | 0.02 | 0.25 |
| 20.76 | 0.19 | -100.29 | -69.62 | 114.61 | 28.97 |
| 0.03 | | 0.89 | 0.89 | | 0.05 |
| 0.18 | 0.01 | 1.57 | 1.55 | 0.02 | 0.35 |
| **8920.07** | **2158.85** | **63497.96** | **65280.82** | **5395.16** | **8472.26** |
| 720.89 | -94.31 | 3649.92 | 3623.58 | 150.62 | 416.94 |

2-1 续表 31

| 行　　业 | 主营业务成本 | 销售费用 | 管理费用 | 财务费用 | 利息收入 |
|---|---|---|---|---|---|
| 谷物磨制 | 12867.50 | 285.49 | 298.01 | 98.26 | 1.72 |
| 饲料加工 | 10303.34 | 279.15 | 293.79 | 61.45 | 6.62 |
| 植物油加工 | 9516.47 | 173.52 | 197.10 | 96.02 | 7.65 |
| 食用植物油加工 | 9290.45 | 168.09 | 190.27 | 93.80 | 7.61 |
| 非食用植物油加工 | 226.02 | 5.44 | 6.83 | 2.22 | 0.04 |
| 制糖业 | 902.40 | 17.19 | 44.32 | 27.85 | 1.84 |
| 屠宰及肉类加工 | 12672.32 | 303.05 | 318.66 | 100.55 | 8.24 |
| 牲畜屠宰 | 5259.66 | 109.03 | 122.92 | 40.27 | 5.15 |
| 禽类屠宰 | 3029.59 | 55.65 | 64.82 | 30.85 | 0.39 |
| 肉制品及副产品加工 | 4383.07 | 138.36 | 130.93 | 29.43 | 2.70 |
| 水产品加工 | 4953.84 | 91.75 | 130.95 | 47.84 | 1.19 |
| 水产品冷冻加工 | 3505.63 | 55.96 | 87.17 | 35.01 | 0.99 |
| 鱼糜制品及水产品干腌制加工 | 685.56 | 19.03 | 22.51 | 6.28 | 0.07 |
| 水产饲料制造 | 522.68 | 11.17 | 13.94 | 4.13 | 0.06 |
| 鱼油提取及制品制造 | 31.39 | 0.46 | 0.68 | 0.21 | |
| 其他水产品加工 | 208.58 | 5.13 | 6.64 | 2.20 | 0.07 |
| 蔬菜、水果和坚果加工 | 4981.18 | 158.60 | 168.21 | 45.63 | 1.72 |
| 蔬菜加工 | 3272.86 | 102.44 | 108.65 | 29.41 | 1.13 |
| 水果和坚果加工 | 1708.32 | 56.16 | 59.56 | 16.22 | 0.59 |
| 其他农副食品加工 | 4920.75 | 152.70 | 173.25 | 66.76 | 1.42 |
| 淀粉及淀粉制品制造 | 2449.63 | 64.39 | 79.89 | 40.96 | 0.70 |
| 豆制品制造 | 744.96 | 32.42 | 32.49 | 6.66 | 0.27 |
| 蛋品加工 | 260.82 | 9.85 | 9.26 | 2.89 | 0.01 |
| 其他未列明农副食品加工 | 1465.35 | 46.04 | 51.61 | 16.25 | 0.45 |
| 食品制造业 | 19133.10 | 1684.70 | 870.25 | 144.85 | 15.22 |
| 焙烤食品制造 | 2610.17 | 217.32 | 118.63 | 16.71 | -1.41 |
| 糕点、面包制造 | 976.89 | 88.43 | 54.36 | 6.87 | -1.76 |
| 饼干及其他焙烤食品制造 | 1633.28 | 128.89 | 64.27 | 9.84 | 0.35 |
| 糖果、巧克力及蜜饯制造 | 1547.83 | 155.32 | 83.09 | 11.68 | 0.81 |
| 糖果、巧克力制造 | 1008.59 | 134.20 | 61.91 | 7.80 | 0.62 |
| 蜜饯制作 | 539.24 | 21.12 | 21.18 | 3.88 | 0.18 |
| 方便食品制造 | 3317.53 | 232.87 | 117.83 | 19.91 | 2.12 |
| 米、面制品制造 | 1004.44 | 33.71 | 31.03 | 7.39 | 0.28 |
| 速冻食品制造 | 852.57 | 41.12 | 32.36 | 7.36 | 0.02 |
| 方便面及其他方便食品制造 | 1460.53 | 158.04 | 54.44 | 5.16 | 1.82 |
| 乳制品制造 | 2798.72 | 394.76 | 111.88 | 10.78 | 6.77 |
| 罐头食品制造 | 1523.24 | 56.93 | 57.41 | 13.84 | 0.95 |
| 肉、禽类罐头制造 | 262.83 | 7.29 | 8.24 | 1.82 | 0.04 |
| 水产品罐头制造 | 106.97 | 5.93 | 6.48 | 0.93 | 0.19 |
| 蔬菜、水果罐头制造 | 1035.19 | 37.92 | 36.82 | 9.92 | 0.71 |
| 其他罐头食品制造 | 118.25 | 5.79 | 5.88 | 1.17 | 0.01 |
| 调味品、发酵制品制造 | 2465.17 | 143.51 | 132.10 | 27.02 | 2.25 |
| 味精制造 | 383.92 | 20.59 | 19.86 | 6.45 | 0.34 |
| 酱油、食醋及类似制品制造 | 786.43 | 60.15 | 51.33 | 5.73 | 1.17 |
| 其他调味品、发酵制品制造 | 1294.81 | 62.77 | 60.90 | 14.84 | 0.74 |
| 其他食品制造 | 4870.45 | 483.98 | 249.30 | 44.91 | 3.73 |
| 营养食品制造 | 713.89 | 43.42 | 24.14 | 6.37 | 0.17 |
| 保健食品制造 | 1137.27 | 268.18 | 70.52 | 5.20 | 0.98 |
| 冷冻饮品及食用冰制造 | 333.71 | 39.27 | 19.32 | 2.74 | 0.12 |
| 盐加工 | 92.65 | 10.07 | 7.52 | 2.49 | 0.09 |

单位：亿元

| 利息支出 | 投资收益（损失以“-”号记） | 营业利润 | 利润总额 | 亏损企业亏损额 | 平均用工人数（万人） |
|---|---|---|---|---|---|
| 73.93 | -1.25 | 745.00 | 738.97 | 10.14 | 65.99 |
| 323.15 | 1.54 | 598.97 | 602.83 | 17.51 | 57.99 |
| 77.44 | -76.45 | 423.15 | 424.30 | 26.74 | 30.88 |
| 75.76 | -76.55 | 411.16 | 412.40 | 26.38 | 29.56 |
| 1.68 | 0.10 | 11.99 | 11.90 | 0.36 | 1.32 |
| 28.56 | -12.51 | 89.91 | 94.73 | 16.13 | 11.69 |
| 86.99 | 8.59 | 781.58 | 752.31 | 27.58 | 105.17 |
| 37.92 | 7.35 | 346.98 | 317.53 | 9.22 | 31.50 |
| 25.58 | -1.81 | 143.06 | 143.42 | 11.96 | 33.57 |
| 23.49 | 3.05 | 291.54 | 291.36 | 6.40 | 40.10 |
| 41.93 | 8.49 | 322.14 | 326.84 | 7.58 | 49.17 |
| 32.45 | -1.04 | 214.10 | 218.61 | 5.54 | 36.97 |
| 4.33 | 0.03 | 48.66 | 47.46 | 0.91 | 7.00 |
| 3.47 | 9.47 | 42.06 | 42.90 | 0.89 | 2.52 |
| 0.17 |  | 1.43 | 1.45 | 0.01 | 0.18 |
| 1.50 | 0.03 | 15.89 | 16.41 | 0.24 | 2.50 |
| 36.81 | -9.19 | 392.07 | 391.50 | 6.11 | 51.55 |
| 22.76 | -7.13 | 258.87 | 258.38 | 2.31 | 34.10 |
| 14.05 | -2.06 | 133.20 | 133.13 | 3.79 | 17.45 |
| 52.09 | -13.54 | 297.10 | 292.10 | 38.82 | 44.51 |
| 33.14 | -12.62 | 128.30 | 122.20 | 31.19 | 17.80 |
| 5.12 | -0.99 | 48.97 | 50.00 | 1.53 | 10.71 |
| 2.29 | -0.02 | 18.97 | 19.27 | 0.18 | 2.33 |
| 11.53 | 0.09 | 100.86 | 100.62 | 5.93 | 13.68 |
| 141.75 | 72.32 | 2035.71 | 2083.43 | 70.75 | 211.61 |
| 15.31 | 37.34 | 287.54 | 291.19 | 8.32 | 39.92 |
| 7.20 | 29.57 | 145.67 | 146.79 | 5.99 | 19.33 |
| 8.12 | 7.77 | 141.87 | 144.40 | 2.33 | 20.59 |
| 9.57 | 0.64 | 169.46 | 171.28 | 6.36 | 19.46 |
| 6.12 | 2.22 | 116.81 | 118.75 | 4.74 | 12.87 |
| 3.45 | -1.58 | 52.64 | 52.54 | 1.62 | 6.59 |
| 21.38 | 2.44 | 243.29 | 249.11 | 5.93 | 39.59 |
| 5.44 | 0.52 | 71.08 | 71.96 | 1.23 | 9.98 |
| 5.30 | 1.73 | 62.59 | 64.75 | 1.44 | 11.80 |
| 10.65 | 0.20 | 109.62 | 112.40 | 3.26 | 17.81 |
| 16.54 | 23.69 | 253.75 | 269.74 | 16.06 | 25.59 |
| 12.61 | -0.81 | 104.85 | 106.24 | 5.62 | 20.55 |
| 1.56 | -0.31 | 15.21 | 15.54 | 0.03 | 2.26 |
| 0.94 | 0.08 | 7.35 | 7.36 | 0.49 | 1.18 |
| 9.04 | -0.26 | 69.60 | 70.39 | 4.60 | 16.01 |
| 1.07 | -0.33 | 12.69 | 12.95 | 0.49 | 1.10 |
| 25.40 | 5.73 | 305.44 | 309.42 | 7.06 | 25.14 |
| 6.81 | 0.88 | 40.88 | 42.90 | 1.82 | 4.02 |
| 5.84 | 0.32 | 130.60 | 131.57 | 1.48 | 8.20 |
| 12.75 | 4.53 | 133.96 | 134.95 | 3.77 | 12.92 |
| 40.94 | 3.29 | 671.40 | 686.45 | 21.39 | 41.35 |
| 5.61 | 0.83 | 88.51 | 88.57 | 2.22 | 5.87 |
| 4.91 | 8.99 | 330.69 | 336.57 | 3.91 | 6.63 |
| 2.04 | -2.02 | 27.65 | 29.38 | 0.67 | 3.74 |
| 2.46 | -0.88 | 7.17 | 7.87 | 2.07 | 1.88 |

2-1 续表 32

| 行 业 | 主营业务成 本 | 销售费用 | 管理费用 | 财务费用 | 利息收入 |
|---|---|---|---|---|---|
| 食品及饲料添加剂制造 | 1901.53 | 75.55 | 91.22 | 22.16 | 1.47 |
| 其他未列明食品制造 | 691.39 | 47.49 | 36.58 | 5.95 | 0.90 |
| 酒、饮料和精制茶制造业 | 13886.78 | 1404.18 | 822.31 | 133.30 | 20.37 |
| 酒的制造 | 7074.46 | 630.90 | 487.90 | 69.21 | 16.23 |
| 酒精制造 | 697.91 | 13.06 | 24.04 | 13.23 | 0.57 |
| 白酒制造 | 4225.87 | 429.67 | 314.67 | 36.22 | 12.24 |
| 啤酒制造 | 1364.46 | 125.62 | 107.34 | 10.26 | 2.84 |
| 黄酒制造 | 158.14 | 10.53 | 9.15 | 2.32 | 0.17 |
| 葡萄酒制造 | 358.67 | 33.01 | 16.70 | 4.05 | 0.13 |
| 其他酒制造 | 269.41 | 19.01 | 15.99 | 3.14 | 0.28 |
| 饮料制造 | 4975.60 | 674.08 | 230.06 | 43.87 | 3.52 |
| 碳酸饮料制造 | 600.12 | 150.76 | 32.40 | 3.00 | 0.52 |
| 瓶(罐)装饮用水制造 | 1002.34 | 143.05 | 53.22 | 8.81 | -0.70 |
| 果菜汁及果菜汁饮料制造 | 1006.46 | 62.49 | 43.26 | 12.51 | 0.46 |
| 含乳饮料和植物蛋白饮料制造 | 945.59 | 73.58 | 39.56 | 4.81 | 0.74 |
| 固体饮料制造 | 495.45 | 38.93 | 19.05 | 7.09 | 0.24 |
| 茶饮料及其他饮料制造 | 925.65 | 205.27 | 42.58 | 7.64 | 2.26 |
| 精制茶加工 | 1836.71 | 99.20 | 104.35 | 20.21 | 0.62 |
| 烟草制品业 | 2480.64 | 152.37 | 482.41 | -19.17 | -0.50 |
| 烟叶复烤 | 145.45 | 7.53 | 16.09 | -4.19 | 3.05 |
| 卷烟制造 | 2252.23 | 141.92 | 453.37 | -15.77 | -3.61 |
| 其他烟草制品制造 | 82.96 | 2.91 | 12.95 | 0.79 | 0.06 |
| 纺织业 | 36392.68 | 599.37 | 1053.88 | 437.81 | 35.99 |
| 棉纺织及印染精加工 | 23492.49 | 329.21 | 606.97 | 285.48 | 28.34 |
| 棉纺纱加工 | 14635.79 | 196.52 | 311.75 | 194.64 | 19.74 |
| 棉织造加工 | 5618.73 | 86.61 | 160.99 | 55.56 | 6.21 |
| 棉印染精加工 | 3237.97 | 46.08 | 134.23 | 35.28 | 2.39 |
| 毛纺织及染整精加工 | 2071.19 | 26.86 | 52.27 | 28.38 | 1.19 |
| 毛条和毛纱线加工 | 1169.46 | 14.52 | 27.73 | 18.67 | 0.92 |
| 毛织造加工 | 698.49 | 9.34 | 18.35 | 7.54 | 0.21 |
| 毛染整精加工 | 203.24 | 3.00 | 6.18 | 2.17 | 0.05 |
| 麻纺织及染整精加工 | 537.28 | 10.39 | 15.24 | 6.84 | 0.17 |
| 麻纤维纺前加工和纺纱 | 253.55 | 5.77 | 7.78 | 3.86 | 0.07 |
| 麻织造加工 | 276.82 | 4.56 | 7.20 | 2.74 | 0.10 |
| 麻染整精加工 | 6.92 | 0.06 | 0.27 | 0.25 | 0.01 |
| 丝绢纺织及印染精加工 | 1134.20 | 14.92 | 33.64 | 13.03 | 0.51 |
| 缫丝加工 | 678.69 | 7.95 | 16.81 | 6.80 | 0.24 |
| 绢纺和丝织加工 | 380.48 | 5.86 | 12.62 | 5.30 | 0.23 |
| 丝印染精加工 | 75.03 | 1.10 | 4.22 | 0.94 | 0.03 |
| 化纤织造及印染精加工 | 1177.00 | 15.99 | 40.37 | 17.44 | 0.64 |
| 化纤织造加工 | 963.09 | 12.57 | 28.49 | 13.12 | 0.46 |
| 化纤织物染整精加工 | 213.91 | 3.42 | 11.88 | 4.32 | 0.19 |
| 针织或钩针编织物及其制品制造 | 2911.53 | 58.20 | 105.34 | 42.08 | 1.92 |
| 针织或钩针编织物织造 | 2228.22 | 42.68 | 77.75 | 33.33 | 1.46 |
| 针织或钩针编织物印染精加工 | 224.82 | 5.99 | 8.98 | 2.12 | 0.20 |
| 针织或钩针编织品制造 | 458.49 | 9.54 | 18.61 | 6.63 | 0.27 |
| 家用纺织制成品制造 | 2410.53 | 70.78 | 82.35 | 17.57 | 1.63 |
| 床上用品制造 | 1239.44 | 40.80 | 45.77 | 7.91 | 1.25 |
| 毛巾类制品制造 | 555.00 | 10.18 | 12.50 | 4.91 | 0.15 |

单位：亿元

| 利息支出 | 投资收益（损失以"–"号记） | 营业利润 | 利润总额 | 亏损企业亏损额 | 平均用工人数（万人） |
|---|---|---|---|---|---|
| 19.79 | -4.29 | 153.47 | 157.73 | 11.87 | 14.68 |
| 6.12 | 0.67 | 63.92 | 66.32 | 0.65 | 8.56 |
| 132.02 | 68.71 | 1888.87 | 1908.52 | 82.73 | 162.61 |
| 76.65 | 56.57 | 1150.38 | 1154.35 | 44.36 | 85.42 |
| 11.45 | 0.69 | 40.87 | 40.13 | 11.35 | 4.29 |
| 43.86 | 37.03 | 846.74 | 840.35 | 9.08 | 52.63 |
| 13.45 | 17.44 | 144.27 | 156.85 | 20.82 | 19.30 |
| 2.30 | 1.40 | 18.84 | 19.38 | 0.16 | 2.15 |
| 3.28 | 0.64 | 52.43 | 53.76 | 1.82 | 3.37 |
| 2.31 | -0.64 | 47.23 | 43.89 | 1.12 | 3.67 |
| 39.04 | 12.91 | 558.08 | 572.25 | 37.51 | 52.20 |
| 2.93 | 3.09 | 42.35 | 43.60 | 4.07 | 8.52 |
| 7.42 | -4.82 | 130.21 | 129.89 | 4.39 | 11.55 |
| 9.40 | -4.73 | 95.23 | 97.40 | 4.78 | 9.07 |
| 5.42 | 17.75 | 160.29 | 165.01 | 2.24 | 9.46 |
| 7.03 | -0.70 | 42.81 | 43.23 | 0.78 | 5.31 |
| 6.83 | 2.32 | 87.18 | 93.12 | 21.26 | 8.29 |
| 16.33 | -0.76 | 180.42 | 181.92 | 0.86 | 24.98 |
| 16.03 | 105.04 | 1046.54 | 1038.05 | 3.35 | 21.44 |
| 0.02 | 0.22 | 41.45 | 41.79 | 0.49 | 2.53 |
| 14.78 | 100.55 | 976.90 | 966.42 | 2.42 | 17.74 |
| 1.23 | 4.27 | 28.19 | 29.84 | 0.44 | 1.17 |
| 413.18 | 25.38 | 2231.98 | 2285.63 | 70.58 | 436.22 |
| 278.26 | 16.05 | 1360.04 | 1412.04 | 44.13 | 260.72 |
| 189.21 | 10.77 | 811.91 | 851.14 | 25.37 | 151.57 |
| 54.55 | 2.76 | 351.81 | 362.98 | 8.73 | 60.63 |
| 34.50 | 2.53 | 196.32 | 197.92 | 10.03 | 48.52 |
| 25.25 | 0.86 | 120.77 | 119.96 | 6.32 | 24.14 |
| 16.82 | 0.75 | 69.70 | 68.00 | 3.53 | 10.97 |
| 6.66 | 0.12 | 38.28 | 39.00 | 1.97 | 10.01 |
| 1.77 | -0.01 | 12.78 | 12.96 | 0.82 | 3.15 |
| 5.69 | 0.65 | 33.91 | 35.18 | 1.11 | 9.78 |
| 3.15 | 0.55 | 15.81 | 16.15 | 0.27 | 3.85 |
| 2.30 | 0.09 | 17.88 | 18.79 | 0.77 | 5.81 |
| 0.25 |  | 0.22 | 0.24 | 0.07 | 0.12 |
| 11.14 | 1.11 | 72.17 | 72.11 | 2.40 | 15.63 |
| 5.88 | -1.37 | 41.93 | 41.84 | 1.44 | 9.41 |
| 4.40 | 0.67 | 25.86 | 25.50 | 0.71 | 4.74 |
| 0.85 | 1.81 | 4.38 | 4.77 | 0.25 | 1.48 |
| 15.36 | 0.77 | 71.29 | 68.54 | 5.04 | 18.52 |
| 11.87 | 0.64 | 56.60 | 54.89 | 4.29 | 13.17 |
| 3.48 | 0.13 | 14.69 | 13.65 | 0.75 | 5.35 |
| 36.35 | 3.79 | 201.80 | 202.23 | 4.34 | 39.98 |
| 29.10 | 3.61 | 136.59 | 136.72 | 3.52 | 30.17 |
| 1.64 | 0.14 | 31.75 | 31.81 | 0.51 | 3.47 |
| 5.61 | 0.05 | 33.46 | 33.69 | 0.31 | 6.33 |
| 17.31 | 0.61 | 181.44 | 179.68 | 4.01 | 34.96 |
| 8.44 | -1.29 | 94.75 | 94.16 | 1.61 | 18.05 |
| 4.12 | 0.89 | 42.43 | 41.87 | 0.64 | 8.17 |

2-1 续表 33

| 行业 | 主营业务成本 | 销售费用 | 管理费用 | 财务费用 | 利息收入 |
|---|---|---|---|---|---|
| 窗帘、布艺类产品制造 | 209.67 | 4.17 | 8.52 | 1.49 | 0.13 |
| 其他家用纺织制成品制造 | 406.42 | 15.63 | 15.56 | 3.26 | 0.11 |
| 非家用纺织制成品制造 | 2658.46 | 73.02 | 117.71 | 26.98 | 1.59 |
| 非织造布制造 | 1319.88 | 39.46 | 57.91 | 13.09 | 0.42 |
| 绳、索、缆制造 | 269.02 | 7.30 | 9.87 | 2.54 | 0.08 |
| 纺织带和帘子布制造 | 514.78 | 8.76 | 18.66 | 6.20 | 0.74 |
| 篷、帆布制造 | 216.23 | 5.85 | 12.83 | 1.41 | 0.19 |
| 其他非家用纺织制成品制造 | 338.55 | 11.65 | 18.43 | 3.75 | 0.16 |
| 纺织服装、服饰业 | 20371.43 | 769.25 | 937.41 | 161.91 | 11.78 |
| 机织服装制造 | 15328.65 | 620.36 | 694.77 | 122.21 | 9.43 |
| 针织或钩针编织服装制造 | 3786.92 | 106.41 | 186.73 | 29.97 | 1.46 |
| 服饰制造 | 1255.86 | 42.47 | 55.91 | 9.74 | 0.90 |
| 皮革、毛皮、羽毛及其制品和制鞋业 | 13071.44 | 345.64 | 541.12 | 97.02 | 3.32 |
| 皮革鞣制加工 | 1505.71 | 25.81 | 40.15 | 18.00 | 0.60 |
| 皮革制品制造 | 3033.40 | 78.46 | 130.11 | 26.81 | 0.34 |
| 皮革服装制造 | 587.46 | 17.80 | 23.22 | 10.88 | 0.06 |
| 皮箱、包(袋)制造 | 1558.05 | 40.91 | 73.27 | 10.60 | 0.58 |
| 皮手套及皮装饰制品制造 | 270.80 | 5.08 | 8.36 | 2.04 | 0.07 |
| 其他皮革制品制造 | 617.09 | 14.66 | 25.26 | 3.29 | -0.38 |
| 毛皮鞣制及制品加工 | 845.05 | 11.22 | 15.16 | 6.28 | 0.08 |
| 毛皮鞣制加工 | 279.87 | 3.85 | 4.69 | 2.54 | 0.02 |
| 毛皮服装加工 | 293.77 | 4.48 | 6.14 | 1.81 | 0.04 |
| 其他毛皮制品加工 | 271.41 | 2.88 | 4.33 | 1.92 | 0.01 |
| 羽毛(绒)加工及制品制造 | 920.84 | 19.50 | 28.62 | 6.95 | 0.65 |
| 羽毛(绒)加工 | 461.85 | 7.87 | 14.94 | 3.71 | 0.38 |
| 羽毛(绒)制品加工 | 458.99 | 11.63 | 13.69 | 3.25 | 0.27 |
| 制鞋业 | 6766.43 | 210.66 | 327.08 | 38.98 | 1.66 |
| 纺织面料鞋制造 | 899.01 | 21.82 | 47.42 | 5.91 | 0.06 |
| 皮鞋制造 | 4049.56 | 149.90 | 209.93 | 21.16 | 1.11 |
| 塑料鞋制造 | 767.59 | 16.62 | 24.53 | 4.48 | 0.11 |
| 橡胶鞋制造 | 734.28 | 15.66 | 29.15 | 5.63 | 0.32 |
| 其他制鞋业 | 315.98 | 6.66 | 16.05 | 1.80 | 0.06 |
| 木材加工和木、竹、藤、棕、草制品业 | 12893.55 | 334.68 | 420.61 | 115.43 | 2.65 |
| 木材加工 | 1805.53 | 46.79 | 63.42 | 14.19 | 0.35 |
| 锯材加工 | 766.00 | 17.72 | 22.94 | 5.23 | 0.04 |
| 木片加工 | 541.21 | 12.80 | 19.66 | 5.48 | 0.19 |
| 单板加工 | 387.31 | 13.39 | 16.17 | 2.50 | 0.13 |
| 其他木材加工 | 111.01 | 2.88 | 4.66 | 0.98 | |
| 人造板制造 | 7635.30 | 179.67 | 217.24 | 69.29 | 1.34 |
| 胶合板制造 | 5020.03 | 102.55 | 121.94 | 34.53 | 0.67 |
| 纤维板制造 | 1321.98 | 38.68 | 52.56 | 19.61 | 0.38 |
| 刨花板制造 | 337.46 | 10.57 | 13.29 | 6.74 | 0.23 |
| 其他人造板制造 | 955.82 | 27.87 | 29.46 | 8.40 | 0.06 |
| 木制品制造 | 2603.69 | 81.82 | 105.53 | 23.75 | 0.84 |
| 建筑用木料及木材组件加工 | 584.03 | 12.42 | 20.69 | 3.96 | 0.21 |
| 木门窗、楼梯制造 | 440.50 | 16.58 | 19.90 | 4.78 | 0.14 |
| 地板制造 | 679.43 | 23.46 | 29.94 | 6.90 | 0.30 |
| 木制容器制造 | 248.33 | 8.05 | 10.13 | 1.78 | 0.08 |
| 软木制品及其他木制品制造 | 651.39 | 21.31 | 24.87 | 6.33 | 0.12 |

单位：亿元

| 利息支出 | 投资收益（损失以“–”号记） | 营业利润 | 利润总额 | 亏损企业亏损额 | 平均用工人数（万人） |
|---|---|---|---|---|---|
| 2.01 | 0.01 | 14.19 | 14.16 | 0.54 | 2.90 |
| 2.74 | 0.99 | 30.08 | 29.49 | 1.23 | 5.84 |
| 23.81 | 1.55 | 190.56 | 195.90 | 3.24 | 32.49 |
| 10.89 | 0.63 | 95.62 | 97.90 | 0.83 | 14.34 |
| 1.77 | -0.79 | 19.82 | 19.64 | 0.54 | 3.19 |
| 6.36 | 1.48 | 34.08 | 35.03 | 0.36 | 5.47 |
| 1.61 | 0.11 | 15.95 | 17.36 | 0.39 | 4.09 |
| 3.18 | 0.12 | 25.08 | 25.98 | 1.12 | 5.40 |
| 131.49 | 48.49 | 1410.89 | 1428.29 | 44.93 | 430.49 |
| 99.02 | 44.64 | 1092.25 | 1104.43 | 34.57 | 312.67 |
| 23.90 | 3.68 | 242.95 | 244.21 | 7.30 | 89.15 |
| 8.58 | 0.17 | 75.70 | 79.65 | 3.07 | 28.67 |
| 83.09 | -12.28 | 1011.90 | 988.07 | 22.95 | 274.64 |
| 15.53 | -0.38 | 164.77 | 140.94 | 2.82 | 16.40 |
| 23.72 | -0.88 | 218.48 | 220.08 | 7.52 | 61.15 |
| 10.30 | 0.19 | 47.64 | 48.01 | 2.86 | 10.57 |
| 9.12 | -0.81 | 88.13 | 89.63 | 2.94 | 36.93 |
| 1.49 | 0.01 | 24.13 | 24.21 | 0.35 | 5.73 |
| 2.82 | -0.27 | 58.57 | 58.23 | 1.37 | 7.93 |
| 4.36 | 0.06 | 66.59 | 66.79 | 0.36 | 8.79 |
| 1.82 |  | 26.97 | 27.24 | 0.20 | 2.74 |
| 1.63 | 0.03 | 20.05 | 19.99 | 0.12 | 2.77 |
| 0.91 | 0.02 | 19.56 | 19.57 | 0.03 | 3.28 |
| 6.43 | -1.25 | 52.60 | 52.43 | 1.29 | 8.40 |
| 3.19 | -1.22 | 26.45 | 26.40 | 0.62 | 3.07 |
| 3.24 | -0.03 | 26.15 | 26.03 | 0.67 | 5.33 |
| 33.05 | -9.82 | 509.47 | 507.83 | 10.97 | 179.90 |
| 4.20 | -0.08 | 68.32 | 66.93 | 0.67 | 24.07 |
| 21.36 | -5.44 | 341.60 | 342.35 | 6.38 | 115.46 |
| 1.89 | -0.95 | 37.00 | 35.13 | 0.33 | 13.59 |
| 4.10 | -1.56 | 46.19 | 46.55 | 1.55 | 16.79 |
| 1.49 | -1.79 | 16.37 | 16.87 | 2.04 | 9.98 |
| 85.01 | -27.90 | 895.85 | 905.18 | 17.36 | 139.33 |
| 9.48 | -5.04 | 136.80 | 136.03 | 2.88 | 19.43 |
| 3.43 | -2.74 | 64.39 | 64.07 | 1.59 | 8.28 |
| 3.53 | -2.71 | 38.98 | 38.37 | 0.36 | 5.53 |
| 1.80 | 0.39 | 24.57 | 24.55 | 0.86 | 4.17 |
| 0.72 | 0.02 | 8.86 | 9.04 | 0.07 | 1.45 |
| 52.18 | -15.55 | 535.20 | 543.82 | 10.79 | 76.64 |
| 23.20 | -10.07 | 367.86 | 364.05 | 1.96 | 51.83 |
| 17.47 | -4.27 | 74.00 | 85.72 | 7.40 | 12.38 |
| 4.78 | -1.35 | 27.67 | 28.89 | 1.03 | 3.63 |
| 6.73 | 0.14 | 65.68 | 65.16 | 0.41 | 8.80 |
| 16.94 | -7.23 | 166.32 | 168.63 | 3.37 | 30.11 |
| 3.05 | -1.14 | 34.91 | 35.27 | 0.85 | 5.40 |
| 3.17 | -0.35 | 37.19 | 37.47 | 0.70 | 6.03 |
| 5.71 | -2.40 | 42.95 | 43.61 | 0.96 | 6.54 |
| 1.25 | -0.27 | 14.72 | 15.67 | 0.24 | 2.91 |
| 3.77 | -3.07 | 36.55 | 36.60 | 0.62 | 9.23 |

2-1 续表 34

| 行　业 | 主营业务成本 | 销售费用 | 管理费用 | 财务费用 | 利息收入 |
|---|---|---|---|---|---|
| 竹、藤、棕、草等制品制造 | 849.03 | 26.40 | 34.41 | 8.20 | 0.12 |
| 竹制品制造 | 676.34 | 21.89 | 28.68 | 6.92 | 0.10 |
| 藤制品制造 | 24.56 | 0.35 | 0.48 | 0.18 | |
| 棕制品制造 | 10.91 | 0.48 | 0.51 | 0.26 | |
| 草及其他制品制造 | 137.22 | 3.68 | 4.74 | 0.83 | 0.02 |
| 家具制造业 | 7416.64 | 322.56 | 376.84 | 57.01 | 4.90 |
| 木质家具制造 | 4771.39 | 191.45 | 224.32 | 40.25 | 3.05 |
| 竹、藤家具制造 | 158.58 | 5.29 | 6.95 | 2.58 | 0.08 |
| 金属家具制造 | 1342.28 | 54.72 | 78.69 | 7.78 | 1.38 |
| 塑料家具制造 | 85.06 | 3.45 | 4.58 | 0.61 | 0.04 |
| 其他家具制造 | 1059.33 | 67.66 | 62.30 | 5.79 | 0.35 |
| 造纸和纸制品业 | 12617.13 | 418.33 | 521.85 | 230.06 | 40.02 |
| 纸浆制造 | 103.69 | 3.60 | 10.86 | 6.54 | 0.16 |
| 木竹浆制造 | 77.86 | 3.00 | 9.58 | 4.89 | 0.14 |
| 非木竹浆制造 | 25.82 | 0.61 | 1.28 | 1.65 | 0.03 |
| 造纸 | 7591.68 | 205.31 | 291.55 | 180.21 | 38.32 |
| 机制纸及纸板制造 | 7119.95 | 191.94 | 271.87 | 175.73 | 38.01 |
| 手工纸制造 | 111.75 | 2.58 | 4.48 | 1.31 | 0.16 |
| 加工纸制造 | 359.98 | 10.79 | 15.20 | 3.18 | 0.15 |
| 纸制品制造 | 4921.77 | 209.41 | 219.43 | 43.30 | 1.53 |
| 纸和纸板容器制造 | 2860.96 | 85.84 | 118.24 | 25.64 | 1.67 |
| 其他纸制品制造 | 2060.81 | 123.57 | 101.20 | 17.66 | -0.14 |
| 印刷和记录媒介复制业 | 6808.69 | 204.57 | 401.02 | 55.53 | 4.73 |
| 印刷 | 6601.04 | 195.60 | 385.38 | 53.93 | 4.59 |
| 书、报刊印刷 | 841.79 | 22.64 | 59.46 | 7.04 | 0.71 |
| 本册印制 | 366.06 | 9.73 | 18.13 | 2.52 | 0.06 |
| 包装装潢及其他印刷 | 5393.19 | 163.23 | 307.78 | 44.37 | 3.81 |
| 装订及印刷相关服务 | 159.78 | 5.97 | 11.92 | 1.35 | 0.08 |
| 记录媒介复制 | 47.87 | 3.00 | 3.72 | 0.26 | 0.07 |
| 文教、工美、体育和娱乐用品制造业 | 14809.70 | 389.56 | 601.44 | 110.70 | 8.90 |
| 文教办公用品制造 | 924.06 | 39.24 | 55.12 | 7.16 | 1.79 |
| 文具制造 | 468.41 | 21.16 | 26.86 | 3.17 | 1.52 |
| 笔的制造 | 277.07 | 9.22 | 13.37 | 1.93 | 0.20 |
| 教学用模型及教具制造 | 119.10 | 6.52 | 10.88 | 1.68 | 0.04 |
| 墨水、墨汁制造 | 17.52 | 0.52 | 1.67 | 0.14 | 0.01 |
| 其他文教办公用品制造 | 41.97 | 1.82 | 2.35 | 0.25 | 0.02 |
| 乐器制造 | 339.08 | 9.18 | 18.18 | 1.84 | 0.12 |
| 中乐器制造 | 40.23 | 1.59 | 1.92 | 0.21 | 0.01 |
| 西乐器制造 | 191.04 | 5.17 | 10.19 | 0.91 | 0.12 |
| 电子乐器制造 | 60.96 | 1.49 | 4.06 | 0.19 | -0.02 |
| 其他乐器及零件制造 | 46.85 | 0.94 | 2.02 | 0.52 | 0.01 |
| 工艺美术品制造 | 9746.91 | 233.32 | 308.76 | 82.18 | 5.98 |
| 雕塑工艺品制造 | 1054.28 | 32.74 | 37.75 | 8.68 | 0.42 |
| 金属工艺品制造 | 583.20 | 22.06 | 26.03 | 5.23 | 0.53 |
| 漆器工艺品制造 | 147.05 | 4.17 | 5.76 | 1.58 | 0.01 |
| 花画工艺品制造 | 231.15 | 4.77 | 7.51 | 1.34 | 0.06 |
| 天然植物纤维编织工艺品制造 | 781.49 | 36.06 | 31.16 | 7.01 | 0.16 |
| 抽纱刺绣工艺品制造 | 967.57 | 16.14 | 33.34 | 8.15 | 0.39 |
| 地毯、挂毯制造 | 676.24 | 22.47 | 29.53 | 6.97 | 0.28 |

单位：亿元

| 利息支出 | 投资收益（损失以"–"号记） | 营业利润 | 利润总额 | 亏损企业亏损额 | 平均用工人数（万人） |
|---|---|---|---|---|---|
| 6.41 | -0.08 | 57.53 | 56.71 | 0.32 | 13.14 |
| 5.53 | -0.05 | 44.99 | 44.21 | 0.28 | 9.71 |
| 0.09 | | 2.32 | 2.29 | 0.03 | 0.48 |
| 0.25 | -0.04 | 1.04 | 1.03 | | 0.18 |
| 0.54 | | 9.19 | 9.17 | | 2.78 |
| 52.57 | 17.07 | 565.93 | 574.39 | 17.85 | 122.10 |
| 32.88 | 1.92 | 355.75 | 358.40 | 12.56 | 78.11 |
| 2.42 | 0.05 | 7.00 | 7.05 | 0.16 | 1.98 |
| 10.42 | 16.12 | 119.31 | 122.03 | 3.03 | 21.35 |
| 0.45 | -0.07 | 6.20 | 6.40 | 0.06 | 1.70 |
| 6.40 | -0.95 | 77.66 | 80.52 | 2.04 | 18.97 |
| 216.42 | 13.37 | 804.47 | 866.87 | 65.19 | 127.11 |
| 6.82 | -0.30 | 4.39 | 4.92 | 4.89 | 1.30 |
| 5.17 | -0.30 | 5.88 | 6.18 | 3.00 | 0.98 |
| 1.65 | | -1.49 | -1.26 | 1.89 | 0.33 |
| 173.25 | 16.74 | 427.81 | 489.27 | 45.31 | 65.78 |
| 169.48 | 16.57 | 399.42 | 461.35 | 44.23 | 61.08 |
| 1.24 | 0.01 | 5.24 | 5.28 | 0.06 | 1.15 |
| 2.53 | 0.16 | 23.15 | 22.64 | 1.02 | 3.55 |
| 36.35 | -3.07 | 372.27 | 372.68 | 14.99 | 60.03 |
| 20.43 | -2.33 | 198.77 | 196.38 | 6.49 | 35.76 |
| 15.92 | -0.74 | 173.50 | 176.29 | 8.50 | 24.27 |
| 49.71 | 14.75 | 564.28 | 575.22 | 25.36 | 98.71 |
| 48.32 | 14.54 | 546.94 | 557.62 | 24.33 | 95.33 |
| 6.07 | 1.34 | 48.90 | 51.80 | 7.86 | 15.54 |
| 3.13 | 0.05 | 35.27 | 35.77 | 0.62 | 4.67 |
| 39.11 | 13.16 | 462.77 | 470.05 | 15.84 | 75.12 |
| 1.08 | 0.02 | 11.96 | 11.97 | 0.56 | 2.73 |
| 0.31 | 0.19 | 5.39 | 5.64 | 0.47 | 0.65 |
| 95.47 | 7.54 | 1023.29 | 1018.76 | 25.43 | 232.22 |
| 8.19 | 2.52 | 69.11 | 70.48 | 1.39 | 15.65 |
| 4.32 | 0.45 | 35.12 | 35.82 | 1.06 | 8.83 |
| 2.13 | 1.89 | 19.97 | 20.42 | 0.18 | 4.91 |
| 1.41 | 0.17 | 9.63 | 9.72 | 0.03 | 1.09 |
| 0.14 | | 1.08 | 1.10 | 0.06 | 0.15 |
| 0.19 | | 3.31 | 3.42 | 0.06 | 0.68 |
| 1.64 | -0.17 | 29.07 | 29.06 | 1.60 | 6.13 |
| 0.17 | 0.05 | 3.22 | 3.21 | | 0.72 |
| 0.83 | 0.17 | 14.95 | 15.11 | 1.57 | 3.67 |
| 0.16 | -0.38 | 8.26 | 8.07 | 0.03 | 1.05 |
| 0.47 | 0.01 | 2.66 | 2.67 | | 0.69 |
| 65.76 | 1.21 | 668.45 | 660.84 | 13.48 | 111.70 |
| 6.20 | -3.65 | 111.14 | 110.66 | 0.31 | 15.13 |
| 4.36 | 0.32 | 49.02 | 48.90 | 1.40 | 9.20 |
| 1.40 | 0.05 | 16.66 | 11.90 | 0.08 | 1.94 |
| 0.99 | | 15.47 | 15.59 | 0.10 | 3.45 |
| 3.59 | 0.12 | 53.72 | 53.60 | 0.18 | 12.65 |
| 7.85 | 0.37 | 81.75 | 81.84 | 1.38 | 13.00 |
| 6.35 | 0.80 | 46.00 | 46.89 | 2.26 | 8.54 |

2-1 续表 35

| 行　业 | 主营业务成　本 | 销售费用 | 管理费用 | 财务费用 | 利息收入 |
|---|---|---|---|---|---|
| 珠宝首饰及有关物品制造 | 3382.53 | 48.23 | 70.86 | 26.60 | 3.45 |
| 其他工艺美术品制造 | 1923.39 | 46.66 | 66.82 | 16.62 | 0.68 |
| 体育用品制造 | 1276.65 | 36.02 | 67.43 | 5.65 | 0.26 |
| 球类制造 | 164.39 | 3.54 | 5.79 | 0.84 | 0.02 |
| 体育器材及配件制造 | 359.09 | 11.68 | 18.70 | 0.87 | 0.25 |
| 训练健身器材制造 | 332.71 | 9.17 | 16.97 | 1.19 | -0.13 |
| 运动防护用具制造 | 133.38 | 5.02 | 8.31 | 0.77 | 0.04 |
| 其他体育用品制造 | 287.09 | 6.61 | 17.67 | 1.98 | 0.08 |
| 玩具制造 | 2035.57 | 55.77 | 125.99 | 10.33 | 0.51 |
| 游艺器材及娱乐用品制造 | 487.43 | 16.04 | 25.95 | 3.54 | 0.23 |
| 露天游乐场所游乐设备制造 | 145.72 | 4.78 | 9.70 | 1.26 | 0.03 |
| 游艺用品及室内游艺器材制造 | 205.79 | 7.23 | 10.48 | 1.68 | 0.14 |
| 其他娱乐用品制造 | 135.92 | 4.03 | 5.77 | 0.60 | 0.06 |
| 石油加工、炼焦和核燃料加工业 | 26680.70 | 376.45 | 866.06 | 390.28 | 35.30 |
| 精炼石油产品制造 | 21690.47 | 219.79 | 715.17 | 247.42 | 26.29 |
| 原油加工及石油制品制造 | 21463.97 | 216.09 | 704.44 | 235.32 | 26.29 |
| 人造原油制造 | 226.49 | 3.70 | 10.73 | 12.10 | |
| 炼焦 | 4955.59 | 156.56 | 145.70 | 140.68 | 8.84 |
| 化学原料和化学制品制造业 | 74454.83 | 2596.26 | 3240.35 | 1175.96 | 74.38 |
| 基础化学原料制造 | 21602.94 | 470.66 | 809.59 | 371.65 | 25.76 |
| 无机酸制造 | 814.79 | 22.89 | 37.00 | 8.59 | 0.07 |
| 无机碱制造 | 1527.21 | 35.14 | 70.92 | 42.99 | 2.37 |
| 无机盐制造 | 2528.77 | 77.08 | 93.10 | 46.63 | 3.94 |
| 有机化学原料制造 | 14189.18 | 264.79 | 496.28 | 235.19 | 17.25 |
| 其他基础化学原料制造 | 2542.99 | 70.75 | 112.29 | 38.25 | 2.13 |
| 肥料制造 | 7978.60 | 280.05 | 337.10 | 207.00 | 12.99 |
| 氮肥制造 | 2043.44 | 65.97 | 127.17 | 99.59 | 8.15 |
| 磷肥制造 | 1066.65 | 30.44 | 27.45 | 27.79 | 1.76 |
| 钾肥制造 | 194.44 | 30.04 | 16.75 | 17.01 | -0.30 |
| 复混肥料制造 | 3815.23 | 124.35 | 127.79 | 50.90 | 3.24 |
| 有机肥料及微生物肥料制造 | 724.25 | 24.93 | 32.69 | 7.82 | 0.09 |
| 其他肥料制造 | 134.60 | 4.31 | 5.25 | 3.88 | 0.06 |
| 农药制造 | 2804.71 | 78.71 | 127.14 | 26.45 | 2.44 |
| 化学农药制造 | 2494.66 | 67.77 | 111.59 | 23.01 | 2.16 |
| 生物化学农药及微生物农药制造 | 310.05 | 10.94 | 15.55 | 3.44 | 0.28 |
| 涂料、油墨、颜料及类似产品制造 | 5564.03 | 283.23 | 349.12 | 51.56 | 5.89 |
| 涂料制造 | 3514.22 | 212.38 | 222.57 | 29.32 | 3.06 |
| 油墨及类似产品制造 | 351.67 | 17.09 | 27.68 | 2.46 | 0.26 |
| 颜料制造 | 794.43 | 25.20 | 44.70 | 9.64 | 0.98 |
| 染料制造 | 646.80 | 16.65 | 37.48 | 7.70 | 1.57 |
| 密封用填料及类似品制造 | 256.91 | 11.90 | 16.68 | 2.44 | 0.01 |
| 合成材料制造 | 12729.32 | 275.15 | 473.94 | 269.56 | 4.60 |
| 初级形态塑料及合成树脂制造 | 7796.10 | 178.44 | 307.52 | 173.28 | 13.52 |
| 合成橡胶制造 | 1511.24 | 25.67 | 54.68 | 27.82 | 1.37 |
| 合成纤维单(聚合)体制造 | 2390.67 | 35.85 | 56.14 | 57.48 | -10.18 |
| 其他合成材料制造 | 1031.30 | 35.20 | 55.61 | 10.98 | -0.10 |
| 专用化学产品制造 | 18718.73 | 473.21 | 733.26 | 205.57 | 14.17 |
| 化学试剂和助剂制造 | 5254.75 | 156.09 | 222.05 | 52.95 | 3.26 |
| 专项化学用品制造 | 7806.42 | 182.53 | 238.53 | 84.36 | 5.48 |

单位：亿元

| 利息支出 | 投资收益（损失以“–”号记） | 营业利润 | 利润总额 | 亏损企业亏损额 | 平均用工人数（万人） |
|---|---|---|---|---|---|
| 23.31 | 1.76 | 154.08 | 152.18 | 5.54 | 19.12 |
| 11.72 | 1.41 | 140.62 | 139.28 | 2.24 | 28.66 |
| 7.38 | 1.55 | 89.70 | 89.96 | 2.14 | 26.81 |
| 0.92 | 0.61 | 11.91 | 12.02 | 0.16 | 3.55 |
| 1.39 | 0.45 | 27.16 | 27.48 | 0.71 | 7.75 |
| 2.28 | -0.01 | 21.71 | 22.21 | 0.38 | 5.34 |
| 0.66 | 0.03 | 9.04 | 8.04 | 0.70 | 4.23 |
| 2.14 | 0.46 | 19.89 | 20.21 | 0.18 | 5.95 |
| 9.14 | 1.11 | 126.05 | 126.99 | 4.79 | 65.42 |
| 3.36 | 1.31 | 40.90 | 41.44 | 2.04 | 6.50 |
| 1.19 | 0.09 | 9.46 | 9.59 | 0.64 | 2.19 |
| 1.51 | 1.07 | 21.99 | 22.03 | 1.39 | 2.01 |
| 0.67 | 0.15 | 9.46 | 9.82 | 0.01 | 2.30 |
| 353.10 | 67.02 | 1881.39 | 1884.97 | 257.06 | 87.63 |
| 234.16 | 69.28 | 1708.26 | 1707.56 | 136.47 | 51.75 |
| 224.69 | 69.75 | 1693.94 | 1694.33 | 125.57 | 50.27 |
| 9.47 | -0.47 | 14.32 | 13.23 | 10.90 | 1.47 |
| 116.86 | -2.88 | 150.68 | 153.51 | 120.60 | 35.02 |
| 1054.09 | 166.00 | 5049.83 | 5180.30 | 966.15 | 480.59 |
| 320.17 | 65.23 | 1378.27 | 1436.13 | 312.44 | 116.03 |
| 6.60 | 2.60 | 54.55 | 54.21 | 5.12 | 6.34 |
| 37.82 | 5.22 | 77.42 | 83.60 | 31.77 | 11.46 |
| 44.09 | 38.31 | 205.87 | 215.53 | 17.08 | 20.32 |
| 198.38 | 16.77 | 902.02 | 944.88 | 192.45 | 60.93 |
| 33.28 | 2.33 | 138.40 | 137.91 | 66.03 | 16.98 |
| 209.40 | 7.13 | 86.38 | 101.91 | 329.13 | 67.04 |
| 99.87 | 8.91 | -214.77 | -204.90 | 264.34 | 22.54 |
| 28.29 | 0.73 | 21.53 | 21.81 | 14.78 | 6.61 |
| 17.22 | 3.21 | 18.93 | 23.47 | 2.86 | 3.29 |
| 54.61 | -5.02 | 200.46 | 201.14 | 41.97 | 26.21 |
| 5.76 | 1.62 | 56.50 | 56.79 | 1.21 | 6.86 |
| 3.66 | -2.32 | 3.74 | 3.60 | 3.97 | 1.52 |
| 27.19 | 8.46 | 246.24 | 249.00 | 6.72 | 19.64 |
| 24.30 | 4.92 | 213.87 | 216.32 | 6.09 | 16.76 |
| 2.88 | 3.54 | 32.37 | 32.68 | 0.63 | 2.88 |
| 48.23 | 22.84 | 512.17 | 528.34 | 20.11 | 45.59 |
| 27.18 | 9.87 | 320.09 | 331.91 | 10.94 | 26.80 |
| 2.32 | 0.52 | 33.82 | 34.78 | 1.58 | 3.89 |
| 8.24 | 7.13 | 68.52 | 70.12 | 5.03 | 7.36 |
| 8.89 | 5.19 | 72.75 | 73.93 | 1.16 | 4.99 |
| 1.59 | 0.14 | 17.00 | 17.60 | 1.40 | 2.56 |
| 228.13 | 25.62 | 703.36 | 715.79 | 184.25 | 55.47 |
| 157.05 | 17.87 | 525.78 | 537.40 | 80.75 | 34.11 |
| 13.92 | 1.63 | 78.09 | 76.79 | 30.20 | 7.56 |
| 48.49 | 5.33 | 31.08 | 33.88 | 65.67 | 5.90 |
| 8.67 | 0.78 | 68.41 | 67.71 | 7.63 | 7.90 |
| 181.09 | 7.37 | 1500.49 | 1508.96 | 93.13 | 103.76 |
| 42.16 | 4.91 | 423.47 | 424.47 | 26.82 | 31.49 |
| 78.01 | -5.63 | 611.93 | 615.63 | 29.40 | 33.53 |

2-1 续表 36

| 行 业 | 主营业务成 本 | 销售费用 | 管理费用 | 财务费用 | 利息收入 |
|---|---|---|---|---|---|
| 林产化学产品制造 | 762.78 | 19.97 | 28.43 | 5.97 | 0.04 |
| 信息化学品制造 | 2625.77 | 40.17 | 129.66 | 39.21 | 3.85 |
| 环境污染处理专用药剂材料制造 | 500.02 | 18.90 | 28.27 | 5.00 | 0.31 |
| 动物胶制造 | 98.76 | 2.79 | 3.59 | 1.01 | |
| 其他专用化学产品制造 | 1670.22 | 52.76 | 82.72 | 17.07 | 1.23 |
| 炸药、火工及焰火产品制造 | 1585.16 | 89.52 | 121.86 | 20.71 | 2.03 |
| 炸药及火工产品制造 | 348.05 | 33.05 | 68.63 | 7.40 | 1.79 |
| 焰火、鞭炮产品制造 | 1237.11 | 56.47 | 53.24 | 13.31 | 0.25 |
| 日用化学产品制造 | 3471.33 | 645.73 | 288.33 | 23.46 | 6.51 |
| 肥皂及合成洗涤剂制造 | 1394.93 | 230.47 | 85.06 | 11.82 | 1.98 |
| 化妆品制造 | 904.14 | 319.35 | 127.01 | 3.92 | 3.11 |
| 口腔清洁用品制造 | 120.30 | 31.82 | 11.96 | 0.08 | 0.69 |
| 香料、香精制造 | 521.96 | 21.97 | 35.28 | 3.62 | 0.68 |
| 其他日用化学产品制造 | 529.99 | 42.11 | 29.02 | 4.02 | 0.04 |
| 医药制造业 | 19773.72 | 3323.95 | 1775.31 | 238.51 | 27.64 |
| 化学药品原料药制造 | 3883.70 | 244.56 | 297.73 | 47.08 | 7.74 |
| 化学药品制剂制造 | 4648.92 | 1479.77 | 591.66 | 64.04 | 7.17 |
| 中药饮片加工 | 1643.31 | 86.24 | 78.70 | 16.77 | 0.37 |
| 中成药生产 | 4447.27 | 1051.67 | 434.07 | 56.87 | 5.51 |
| 兽用药品制造 | 1087.23 | 61.69 | 67.79 | 10.47 | 0.62 |
| 生物药品制造 | 2376.21 | 254.69 | 203.16 | 27.38 | 4.64 |
| 卫生材料及医药用品制造 | 1687.07 | 145.33 | 102.21 | 15.90 | 1.59 |
| 化学纤维制造业 | 6956.84 | 101.61 | 241.22 | 124.95 | 13.68 |
| 纤维素纤维原料及纤维制造 | 2023.56 | 45.43 | 78.91 | 48.48 | 4.04 |
| 化纤浆粕制造 | 204.66 | 5.28 | 9.02 | 6.35 | 0.06 |
| 人造纤维(纤维素纤维)制造 | 1818.91 | 40.15 | 69.90 | 42.14 | 3.98 |
| 合成纤维制造 | 4933.27 | 56.17 | 162.31 | 76.47 | 9.64 |
| 锦纶纤维制造 | 743.92 | 9.60 | 30.43 | 14.13 | 0.90 |
| 涤纶纤维制造 | 3396.26 | 30.85 | 99.67 | 49.78 | 7.99 |
| 腈纶纤维制造 | 82.31 | 2.04 | 3.20 | 2.62 | -0.06 |
| 维纶纤维制造 | 36.81 | 1.40 | 4.29 | 0.83 | 0.07 |
| 丙纶纤维制造 | 54.83 | 1.71 | 1.86 | 0.69 | 0.01 |
| 氨纶纤维制造 | 202.31 | 6.15 | 12.25 | 4.50 | 0.47 |
| 其他合成纤维制造 | 416.85 | 4.43 | 10.61 | 3.92 | 0.27 |
| 橡胶和塑料制品业 | 27872.50 | 803.25 | 1276.91 | 282.31 | 437.92 |
| 橡胶制品业 | 8128.26 | 258.34 | 357.92 | 105.59 | 427.37 |
| 轮胎制造 | 4764.63 | 156.11 | 174.00 | 77.95 | 426.10 |
| 橡胶板、管、带制造 | 1175.50 | 33.13 | 54.25 | 11.88 | 0.36 |
| 橡胶零件制造 | 781.96 | 30.03 | 59.63 | 5.51 | 0.44 |
| 再生橡胶制造 | 239.91 | 6.19 | 8.57 | 2.95 | 0.03 |
| 日用及医用橡胶制品制造 | 373.34 | 10.11 | 17.00 | 3.25 | 0.09 |
| 其他橡胶制品制造 | 792.93 | 22.79 | 44.47 | 4.05 | 0.34 |
| 塑料制品业 | 19744.23 | 544.91 | 918.99 | 176.72 | 10.55 |
| 塑料薄膜制造 | 2432.90 | 58.61 | 104.52 | 28.15 | 1.27 |
| 塑料板、管、型材制造 | 4604.44 | 135.30 | 196.47 | 45.30 | 3.42 |
| 塑料丝、绳及编织品制造 | 2567.83 | 60.58 | 84.77 | 23.15 | 0.81 |
| 泡沫塑料制造 | 864.64 | 25.29 | 34.80 | 6.92 | 0.34 |
| 塑料人造革、合成革制造 | 1074.95 | 18.53 | 39.80 | 7.34 | 0.96 |
| 塑料包装箱及容器制造 | 1634.49 | 45.04 | 75.66 | 17.23 | 0.97 |

单位：亿元

| 利息支出 | 投资收益（损失以"–"号记） | 营业利润 | 利润总额 | 亏损企业亏损额 | 平均用工人数（万人） |
|---|---|---|---|---|---|
| 5.03 | -1.75 | 57.57 | 56.67 | 2.82 | 5.55 |
| 36.15 | 5.91 | 216.80 | 222.34 | 19.49 | 18.54 |
| 3.70 | 0.96 | 48.67 | 49.57 | 4.02 | 4.00 |
| 1.00 | 0.03 | 11.14 | 11.21 | 1.02 | 0.84 |
| 15.04 | 2.93 | 130.91 | 129.07 | 9.56 | 9.82 |
| 16.30 | 5.61 | 173.64 | 180.83 | 4.24 | 37.97 |
| 8.62 | 6.18 | 47.37 | 54.57 | 3.95 | 10.60 |
| 7.67 | -0.57 | 126.26 | 126.26 | 0.30 | 27.37 |
| 23.59 | 23.75 | 449.29 | 459.33 | 16.12 | 35.10 |
| 9.50 | 4.24 | 117.54 | 114.08 | 4.51 | 11.11 |
| 6.44 | 11.23 | 184.96 | 197.05 | 5.03 | 12.63 |
| 0.84 | 2.36 | 29.47 | 30.95 | 3.29 | 1.59 |
| 3.81 | 5.13 | 72.39 | 73.34 | 1.46 | 4.05 |
| 3.01 | 0.79 | 44.93 | 43.90 | 1.83 | 5.72 |
| 232.19 | 111.59 | 3021.61 | 3114.99 | 81.03 | 235.92 |
| 51.69 | 34.69 | 415.61 | 434.02 | 18.55 | 40.57 |
| 63.24 | 40.81 | 971.82 | 1007.85 | 25.93 | 58.80 |
| 12.69 | -6.32 | 147.91 | 150.66 | 3.15 | 14.56 |
| 52.14 | 35.07 | 743.79 | 765.79 | 12.83 | 65.80 |
| 7.34 | -3.30 | 131.79 | 128.60 | 2.39 | 10.30 |
| 30.70 | 11.53 | 405.55 | 419.70 | 15.24 | 24.32 |
| 14.39 | -0.89 | 205.15 | 208.37 | 2.93 | 21.57 |
| 118.10 | 27.16 | 374.83 | 388.75 | 35.39 | 47.38 |
| 41.48 | 7.97 | 129.24 | 135.37 | 4.75 | 16.74 |
| 4.18 | 0.01 | 10.96 | 12.27 | 0.46 | 1.74 |
| 37.30 | 7.96 | 118.28 | 123.10 | 4.30 | 15.01 |
| 76.62 | 19.19 | 245.59 | 253.38 | 30.64 | 30.64 |
| 13.53 | 0.32 | 52.29 | 53.48 | 3.34 | 3.70 |
| 51.53 | 16.70 | 155.46 | 160.34 | 19.87 | 20.32 |
| 2.55 | 0.07 | 2.90 | 3.21 | 0.22 | 0.86 |
| 1.01 | 0.05 | 1.22 | 1.55 | 0.15 | 0.59 |
| 0.51 | 0.02 | 2.29 | 2.36 | 1.00 | 0.49 |
| 3.94 | 1.95 | 14.85 | 15.51 | 3.92 | 1.76 |
| 3.54 | 0.07 | 16.58 | 16.93 | 2.14 | 2.93 |
| 244.71 | -0.47 | 2054.47 | 2080.81 | 96.77 | 333.66 |
| 94.27 | 1.20 | 601.52 | 618.80 | 32.23 | 82.73 |
| 71.03 | 3.48 | 319.00 | 334.99 | 21.09 | 37.13 |
| 9.67 | -1.43 | 104.57 | 101.53 | 7.27 | 14.06 |
| 4.85 | 0.79 | 74.12 | 77.91 | 1.27 | 12.49 |
| 2.42 | -0.77 | 14.79 | 14.45 | 0.06 | 2.28 |
| 2.81 | -0.33 | 27.59 | 28.32 | 0.82 | 5.46 |
| 3.49 | -0.55 | 61.46 | 61.60 | 1.72 | 11.31 |
| 150.44 | -1.67 | 1452.95 | 1462.01 | 64.54 | 250.93 |
| 25.51 | 0.54 | 161.59 | 164.82 | 12.73 | 20.92 |
| 39.36 | 1.00 | 368.07 | 365.74 | 10.52 | 42.46 |
| 18.37 | -9.12 | 192.66 | 187.14 | 2.13 | 34.13 |
| 5.60 | 0.89 | 64.59 | 65.34 | 1.14 | 10.06 |
| 7.57 | 0.49 | 73.21 | 74.91 | 3.78 | 11.59 |
| 14.31 | -0.78 | 125.33 | 126.20 | 6.57 | 21.99 |

2-1 续表 37

| 行 业 | 主营业务成本 | 销售费用 | 管理费用 | 财务费用 | 利息收入 |
|---|---|---|---|---|---|
| 日用塑料制品制造 | 1664.48 | 61.21 | 87.97 | 17.75 | 1.39 |
| 塑料零件制造 | 1503.91 | 40.15 | 104.60 | 7.34 | 1.08 |
| 其他塑料制品制造 | 3396.61 | 100.21 | 190.40 | 23.54 | 0.31 |
| 非金属矿物制品业 | 52773.86 | 1741.05 | 2227.76 | 701.58 | 36.79 |
| 水泥、石灰和石膏制造 | 8151.21 | 281.14 | 418.10 | 218.80 | 15.31 |
| 水泥制造 | 7391.20 | 252.40 | 393.97 | 211.37 | 15.14 |
| 石灰和石膏制造 | 760.02 | 28.74 | 24.13 | 7.43 | 0.17 |
| 石膏、水泥制品及类似制品制造 | 11258.84 | 403.49 | 477.14 | 127.28 | 5.20 |
| 水泥制品制造 | 8753.74 | 316.68 | 371.50 | 101.54 | 3.60 |
| 砼结构构件制造 | 1089.78 | 35.36 | 46.95 | 12.48 | 0.72 |
| 石棉水泥制品制造 | 134.58 | 3.92 | 4.54 | 0.60 | -0.01 |
| 轻质建筑材料制造 | 892.79 | 32.61 | 35.75 | 8.40 | 0.78 |
| 其他水泥类似制品制造 | 387.95 | 14.93 | 18.39 | 4.25 | 0.10 |
| 砖瓦、石材等建筑材料制造 | 13651.58 | 408.27 | 518.85 | 134.00 | 4.46 |
| 粘土砖瓦及建筑砌块制造 | 3424.71 | 110.61 | 130.07 | 33.32 | 0.64 |
| 建筑陶瓷制品制造 | 4036.73 | 96.02 | 128.39 | 33.79 | 1.32 |
| 建筑用石加工 | 3374.53 | 97.17 | 133.92 | 34.71 | 0.87 |
| 防水建筑材料制造 | 844.36 | 33.82 | 35.47 | 9.01 | 0.28 |
| 隔热和隔音材料制造 | 755.09 | 26.21 | 31.19 | 8.53 | 0.23 |
| 其他建筑材料制造 | 1216.16 | 44.43 | 59.82 | 14.63 | 1.11 |
| 玻璃制造 | 1327.80 | 43.94 | 88.17 | 22.44 | 3.82 |
| 平板玻璃制造 | 571.74 | 15.73 | 43.67 | 13.47 | 2.92 |
| 其他玻璃制造 | 756.06 | 28.22 | 44.50 | 8.97 | 0.90 |
| 玻璃制品制造 | 3600.99 | 115.47 | 169.26 | 41.30 | 2.12 |
| 技术玻璃制品制造 | 1128.22 | 38.70 | 59.55 | 18.58 | 1.17 |
| 光学玻璃制造 | 439.33 | 9.68 | 26.01 | 3.97 | 0.52 |
| 玻璃仪器制造 | 146.29 | 4.93 | 7.47 | 0.86 | -0.02 |
| 日用玻璃制品制造 | 616.57 | 21.20 | 25.66 | 5.60 | 0.10 |
| 玻璃包装容器制造 | 728.04 | 26.05 | 26.91 | 7.35 | 0.27 |
| 玻璃保温容器制造 | 42.58 | 1.78 | 2.83 | 0.64 | 0.04 |
| 制镜及类似品加工 | 80.13 | 1.76 | 4.47 | 0.53 | -0.07 |
| 其他玻璃制品制造 | 419.82 | 11.36 | 16.35 | 3.77 | 0.11 |
| 玻璃纤维和玻璃纤维增强塑料制品制造 | 2388.19 | 60.86 | 90.96 | 32.38 | 1.55 |
| 玻璃纤维及制品制造 | 1437.52 | 38.93 | 59.70 | 26.13 | 1.31 |
| 玻璃纤维增强塑料制品制造 | 950.67 | 21.93 | 31.26 | 6.25 | 0.24 |
| 陶瓷制品制造 | 3777.42 | 141.45 | 165.64 | 31.32 | 0.86 |
| 卫生陶瓷制品制造 | 640.26 | 30.11 | 30.15 | 4.33 | -0.05 |
| 特种陶瓷制品制造 | 1270.72 | 41.46 | 49.59 | 9.81 | 0.52 |
| 日用陶瓷制品制造 | 978.50 | 38.31 | 39.46 | 9.61 | 0.20 |
| 园林、陈设艺术及其他陶瓷制品制造 | 887.94 | 31.57 | 46.44 | 7.57 | 0.19 |
| 耐火材料制品制造 | 3520.72 | 145.36 | 129.93 | 35.91 | 1.26 |
| 石棉制品制造 | 146.36 | 5.47 | 7.41 | 1.27 | 0.01 |
| 云母制品制造 | 44.72 | 1.49 | 2.31 | 0.31 | 0.05 |
| 耐火陶瓷制品及其他耐火材料制造 | 3329.64 | 138.40 | 120.21 | 34.32 | 1.20 |
| 石墨及其他非金属矿物制品制造 | 5097.10 | 141.06 | 169.71 | 58.16 | 2.22 |
| 石墨及碳素制品制造 | 2093.43 | 57.28 | 73.66 | 28.09 | 1.10 |
| 其他非金属矿物制品制造 | 3003.67 | 83.78 | 96.05 | 30.07 | 1.12 |
| 黑色金属冶炼和压延加工业 | 56267.67 | 810.97 | 1635.47 | 996.69 | 82.38 |
| 炼铁 | 1428.92 | 16.23 | 36.95 | 32.90 | 1.00 |

单位：亿元

| 利息支出 | 投资收益<br>(损失以<br>“-”号记) | 营业利润 | 利润总额 | 亏损企业<br>亏损额 | 平均用工<br>人数<br>(万人) |
|---|---|---|---|---|---|
| 12.06 | 2.32 | 116.51 | 117.81 | 5.52 | 28.44 |
| 8.29 | 1.40 | 101.46 | 103.87 | 11.60 | 29.71 |
| 19.36 | 1.61 | 249.52 | 256.17 | 10.56 | 51.63 |
| 596.17 | 88.62 | 4159.31 | 4243.65 | 288.15 | 577.23 |
| 209.66 | 8.87 | 519.81 | 590.49 | 121.42 | 81.85 |
| 204.37 | 10.38 | 469.73 | 540.11 | 119.82 | 74.53 |
| 5.29 | -1.51 | 50.07 | 50.37 | 1.60 | 7.32 |
| 97.49 | 15.68 | 802.21 | 797.97 | 43.52 | 105.07 |
| 78.39 | 5.04 | 590.53 | 584.34 | 34.94 | 79.54 |
| 9.37 | -1.49 | 74.91 | 75.61 | 4.21 | 10.00 |
| 0.40 | 0.04 | 17.44 | 17.42 | 0.13 | 2.12 |
| 6.62 | 12.09 | 89.36 | 91.16 | 3.23 | 9.50 |
| 2.73 |  | 29.96 | 29.44 | 1.02 | 3.91 |
| 101.85 | 5.94 | 1150.66 | 1147.52 | 23.79 | 147.44 |
| 23.67 | -1.15 | 286.19 | 287.53 | 5.39 | 38.51 |
| 28.92 | 6.10 | 315.01 | 310.43 | 6.57 | 52.11 |
| 23.54 | -0.45 | 310.04 | 309.89 | 2.84 | 31.62 |
| 6.71 | 0.44 | 71.86 | 72.82 | 2.27 | 5.91 |
| 6.90 | 0.20 | 61.64 | 62.78 | 3.62 | 8.11 |
| 12.12 | 0.81 | 105.91 | 104.06 | 3.10 | 11.18 |
| 26.32 | 40.61 | 146.12 | 147.38 | 28.20 | 18.26 |
| 18.21 | 28.60 | 56.91 | 58.07 | 24.72 | 8.34 |
| 8.11 | 12.01 | 89.20 | 89.31 | 3.48 | 9.91 |
| 35.94 | 3.19 | 278.08 | 288.48 | 21.53 | 53.73 |
| 16.34 | 2.38 | 89.34 | 99.99 | 9.02 | 12.34 |
| 4.15 | -0.54 | 27.60 | 28.46 | 6.09 | 9.47 |
| 0.56 | -0.57 | 14.09 | 14.14 | 0.14 | 1.35 |
| 4.76 | -0.03 | 49.16 | 49.77 | 0.97 | 11.56 |
| 5.68 | 2.18 | 54.56 | 54.23 | 3.08 | 10.49 |
| 0.65 | 0.01 | 3.35 | 3.44 | 0.13 | 1.50 |
| 0.63 | 0.04 | 6.03 | 6.15 | 0.31 | 1.09 |
| 3.17 | -0.28 | 33.96 | 32.28 | 1.78 | 5.94 |
| 27.94 | 6.74 | 192.07 | 196.02 | 8.08 | 20.76 |
| 23.55 | 6.39 | 119.47 | 121.30 | 6.31 | 13.81 |
| 4.38 | 0.35 | 72.60 | 74.72 | 1.77 | 6.95 |
| 21.20 | 1.48 | 361.58 | 364.44 | 7.91 | 75.60 |
| 4.29 | 0.85 | 55.75 | 57.49 | 2.00 | 14.06 |
| 6.47 | 0.47 | 148.54 | 150.42 | 2.78 | 16.98 |
| 5.54 | 0.11 | 85.18 | 84.61 | 1.64 | 27.41 |
| 4.90 | 0.04 | 72.11 | 71.92 | 1.50 | 17.16 |
| 27.50 | 1.02 | 311.72 | 312.95 | 10.94 | 32.28 |
| 1.04 | 0.06 | 15.20 | 15.37 | 0.04 | 1.36 |
| 0.25 |  | 4.39 | 4.44 | 0.10 | 0.53 |
| 26.21 | 0.95 | 292.12 | 293.14 | 10.79 | 30.39 |
| 48.28 | 5.10 | 397.08 | 398.41 | 22.76 | 42.25 |
| 23.83 | 3.31 | 157.02 | 153.66 | 10.77 | 16.76 |
| 24.45 | 1.79 | 240.06 | 244.75 | 11.99 | 25.49 |
| 920.28 | -189.33 | 1795.60 | 1773.76 | 675.16 | 325.68 |
| 31.98 | 1.68 | 8.97 | 8.03 | 36.39 | 11.79 |

2-1 续表 38

| 行业 | 主营业务成本 | 销售费用 | 管理费用 | 财务费用 | 利息收入 |
|---|---|---|---|---|---|
| 炼钢 | 5950.26 | 82.27 | 228.33 | 146.67 | 13.04 |
| 黑色金属铸造 | 5393.37 | 114.11 | 178.22 | 47.59 | 2.17 |
| 钢压延加工 | 40582.60 | 535.78 | 1092.19 | 725.89 | 63.43 |
| 铁合金冶炼 | 2912.52 | 62.59 | 99.77 | 43.65 | 2.75 |
| 有色金属冶炼和压延加工业 | 48839.63 | 425.64 | 961.23 | 675.18 | 66.52 |
| 常用有色金属冶炼 | 18975.66 | 147.07 | 340.03 | 370.05 | 26.37 |
| 铜冶炼 | 7871.47 | 26.53 | 75.75 | 75.59 | 12.84 |
| 铅锌冶炼 | 2770.51 | 21.85 | 81.49 | 47.34 | 0.81 |
| 镍钴冶炼 | 2518.02 | 13.40 | 33.40 | 48.65 | 4.87 |
| 锡冶炼 | 253.35 | 3.54 | 19.40 | 19.28 | |
| 锑冶炼 | 131.45 | 2.31 | 6.19 | 1.69 | 0.03 |
| 铝冶炼 | 4684.98 | 68.03 | 99.93 | 160.77 | 7.68 |
| 镁冶炼 | 223.70 | 4.48 | 7.27 | 3.94 | 0.02 |
| 其他常用有色金属冶炼 | 522.18 | 6.93 | 16.60 | 12.80 | 0.13 |
| 贵金属冶炼 | 2672.04 | 8.46 | 68.66 | 29.73 | 13.94 |
| 金冶炼 | 2106.42 | 5.86 | 60.59 | 21.48 | 13.78 |
| 银冶炼 | 385.27 | 0.83 | 5.02 | 6.25 | 0.16 |
| 其他贵金属冶炼 | 180.36 | 1.77 | 3.05 | 2.00 | |
| 稀有稀土金属冶炼 | 1657.43 | 18.58 | 48.27 | 15.11 | 0.88 |
| 钨钼冶炼 | 613.71 | 5.57 | 15.92 | 6.01 | 0.16 |
| 稀土金属冶炼 | 790.93 | 8.38 | 24.58 | 6.58 | 0.47 |
| 其他稀有金属冶炼 | 252.79 | 4.63 | 7.77 | 2.52 | 0.26 |
| 有色金属合金制造 | 3743.62 | 50.80 | 113.30 | 45.80 | 4.55 |
| 有色金属铸造 | 458.55 | 7.25 | 17.23 | 2.81 | 0.42 |
| 有色金属压延加工 | 21332.31 | 193.49 | 373.73 | 211.69 | 20.36 |
| 铜压延加工 | 9184.19 | 45.07 | 83.95 | 61.99 | 7.82 |
| 铝压延加工 | 9669.61 | 118.16 | 216.59 | 124.26 | 11.08 |
| 贵金属压延加工 | 427.84 | 3.84 | 6.80 | 3.11 | -0.04 |
| 稀有稀土金属压延加工 | 731.36 | 7.82 | 23.16 | 6.46 | 0.87 |
| 其他有色金属压延加工 | 1319.32 | 18.59 | 43.23 | 15.86 | 0.62 |
| 金属制品业 | 34709.35 | 819.90 | 1489.80 | 300.13 | 20.49 |
| 结构性金属制品制造 | 12151.38 | 275.88 | 475.56 | 115.92 | 5.06 |
| 金属结构制造 | 9614.59 | 200.56 | 355.96 | 88.94 | 4.34 |
| 金属门窗制造 | 2536.79 | 75.31 | 119.60 | 26.98 | 0.71 |
| 金属工具制造 | 2261.96 | 63.41 | 114.95 | 15.70 | 0.61 |
| 切削工具制造 | 661.01 | 22.67 | 44.67 | 6.72 | 0.60 |
| 手工具制造 | 481.73 | 10.88 | 20.20 | 1.99 | -0.28 |
| 农用及园林用金属工具制造 | 173.08 | 5.58 | 9.76 | 1.68 | 0.08 |
| 刀剪及类似日用金属工具制造 | 375.09 | 9.47 | 14.08 | 1.17 | 0.04 |
| 其他金属工具制造 | 571.05 | 14.81 | 26.24 | 4.13 | 0.17 |
| 集装箱及金属包装容器制造 | 2465.51 | 65.31 | 111.16 | 22.04 | 2.95 |
| 集装箱制造 | 523.25 | 11.99 | 17.78 | -2.12 | 1.19 |
| 金属压力容器制造 | 730.47 | 17.98 | 41.60 | 10.84 | 0.43 |
| 金属包装容器制造 | 1211.78 | 35.34 | 51.78 | 13.32 | 1.33 |
| 金属丝绳及其制品制造 | 2981.08 | 64.32 | 102.65 | 35.19 | 1.77 |
| 建筑、安全用金属制品制造 | 3438.05 | 100.23 | 155.43 | 23.85 | 1.35 |
| 建筑、家具用金属配件制造 | 1133.22 | 28.22 | 51.32 | 6.28 | 0.28 |
| 建筑装饰及水暖管道零件制造 | 1571.49 | 43.32 | 69.18 | 10.55 | 0.95 |
| 安全、消防用金属制品制造 | 457.90 | 21.14 | 22.80 | 4.05 | 0.03 |
| 其他建筑、安全用金属制品制造 | 275.43 | 7.56 | 12.13 | 2.97 | 0.09 |

单位：亿元

| 利息支出 | 投资收益（损失以"–"号记） | 营业利润 | 利润总额 | 亏损企业亏损额 | 平均用工人数（万人） |
|---|---|---|---|---|---|
| 137.99 | -3.47 | 132.65 | 161.86 | 46.89 | 38.14 |
| 37.47 | 1.41 | 363.58 | 364.37 | 13.36 | 48.19 |
| 677.59 | -188.15 | 1180.08 | 1129.56 | 535.89 | 204.96 |
| 35.26 | -0.81 | 110.30 | 109.93 | 42.63 | 22.58 |
| 632.54 | -7.34 | 2146.94 | 1991.69 | 273.10 | 195.44 |
| 352.88 | -0.43 | 594.17 | 511.94 | 166.16 | 70.48 |
| 74.90 | 7.73 | 244.55 | 158.41 | 2.85 | 13.12 |
| 42.61 | 3.19 | 79.16 | 84.06 | 24.33 | 15.48 |
| 51.99 | -7.62 | -15.89 | -42.46 | 65.75 | 6.13 |
| 16.67 | -0.43 | -16.90 | -16.50 | 23.35 | 3.90 |
| 1.59 | 0.11 | 5.22 | 0.13 | 3.94 | 1.37 |
| 155.03 | -3.40 | 277.38 | 301.07 | 33.22 | 22.73 |
| 3.07 | 0.02 | 6.65 | 6.56 | 2.16 | 3.24 |
| 7.03 | -0.02 | 13.99 | 20.67 | 10.56 | 4.52 |
| 39.92 | -12.01 | 85.55 | 89.25 | 14.96 | 8.95 |
| 33.06 | -11.77 | 66.38 | 68.54 | 13.94 | 7.11 |
| 5.17 | -0.23 | 13.11 | 12.98 | 0.77 | 1.15 |
| 1.70 | -0.02 | 6.07 | 7.74 | 0.25 | 0.70 |
| 11.22 | 4.82 | 140.56 | 130.88 | 7.58 | 9.64 |
| 2.69 | 2.39 | 59.47 | 52.69 | 1.17 | 3.02 |
| 6.65 | 2.09 | 62.62 | 58.58 | 4.56 | 4.76 |
| 1.89 | 0.33 | 18.46 | 19.62 | 1.84 | 1.86 |
| 41.07 | -10.45 | 171.64 | 172.62 | 21.96 | 19.33 |
| 3.16 | -0.06 | 23.69 | 23.76 | 2.03 | 3.21 |
| 184.29 | 10.79 | 1131.33 | 1063.23 | 60.41 | 83.82 |
| 52.40 | 3.67 | 462.97 | 381.76 | 18.34 | 18.71 |
| 107.25 | 2.36 | 553.88 | 560.05 | 29.98 | 52.78 |
| 2.57 | 0.25 | 9.11 | 10.82 | 4.00 | 1.07 |
| 7.63 | 2.50 | 36.79 | 41.47 | 4.01 | 3.94 |
| 14.45 | 1.99 | 68.58 | 69.14 | 4.08 | 7.33 |
| 263.11 | -37.07 | 2370.68 | 2392.88 | 122.93 | 364.60 |
| 90.52 | -30.10 | 823.02 | 827.18 | 37.28 | 106.68 |
| 68.97 | -31.73 | 640.18 | 637.42 | 31.42 | 75.73 |
| 21.55 | 1.63 | 182.84 | 189.75 | 5.86 | 30.96 |
| 15.18 | -4.47 | 195.88 | 198.61 | 3.89 | 31.36 |
| 5.82 | -1.13 | 57.26 | 60.18 | 1.71 | 9.78 |
| 2.69 | -3.45 | 46.89 | 47.30 | 0.81 | 6.28 |
| 1.75 | -0.29 | 12.50 | 12.26 | 0.12 | 2.76 |
| 1.22 | 0.22 | 35.20 | 35.62 | 0.24 | 5.10 |
| 3.70 | 0.18 | 44.03 | 43.25 | 1.01 | 7.44 |
| 23.12 | 4.71 | 153.87 | 158.55 | 30.13 | 25.61 |
| 1.96 | -0.84 | 16.11 | 16.19 | 5.17 | 5.03 |
| 10.51 | 1.09 | 33.62 | 36.82 | 15.81 | 8.86 |
| 10.66 | 4.47 | 104.14 | 105.54 | 9.16 | 11.73 |
| 33.50 | -8.83 | 177.35 | 176.96 | 9.33 | 20.81 |
| 22.13 | 1.43 | 252.19 | 253.68 | 8.19 | 44.37 |
| 5.34 | 0.56 | 80.04 | 80.67 | 1.42 | 18.03 |
| 10.86 | 0.51 | 113.00 | 112.86 | 4.42 | 18.10 |
| 3.51 | 0.30 | 42.75 | 43.41 | 0.67 | 4.91 |
| 2.43 | 0.05 | 16.39 | 16.74 | 1.69 | 3.32 |

2-1 续表 39

| 行　　业 | 主营业务成　　本 | 销售费用 | 管理费用 | 财务费用 | 利息收入 |
|---|---|---|---|---|---|
| 金属表面处理及热处理加工 | 2326.92 | 35.23 | 88.03 | 20.08 | 1.37 |
| 搪瓷制品制造 | 235.33 | 6.89 | 12.24 | 1.87 | 0.62 |
| 生产专用搪瓷制品制造 | 52.85 | 1.83 | 4.25 | 0.26 | 0.65 |
| 建筑装饰搪瓷制品制造 | 9.46 | 0.34 | 0.85 | 0.13 | -0.02 |
| 搪瓷卫生洁具制造 | 67.39 | 2.30 | 3.18 | 0.18 | -0.01 |
| 搪瓷日用品及其他搪瓷制品制造 | 105.62 | 2.42 | 3.95 | 1.30 | 0.01 |
| 金属制日用品制造 | 2409.59 | 82.07 | 109.75 | 15.56 | 0.80 |
| 金属制厨房用器具制造 | 340.95 | 17.38 | 13.93 | 2.71 | 0.08 |
| 金属制餐具和器皿制造 | 1013.17 | 33.83 | 45.44 | 7.11 | 0.21 |
| 金属制卫生器具制造 | 111.28 | 2.84 | 5.91 | 0.80 | 0.07 |
| 其他金属制日用品制造 | 944.19 | 28.02 | 44.48 | 4.94 | 0.44 |
| 其他金属制品制造 | 6439.54 | 126.55 | 320.02 | 49.92 | 5.97 |
| 锻件及粉末冶金制品制造 | 3500.77 | 63.62 | 148.79 | 32.21 | 2.28 |
| 交通及公共管理用金属标牌制造 | 112.36 | 3.21 | 5.84 | 0.60 | 0.07 |
| 通用设备制造业 | 40593.57 | 1398.30 | 2498.28 | 376.61 | 43.16 |
| 锅炉及原动设备制造 | 4873.66 | 163.46 | 319.89 | 36.26 | 6.86 |
| 锅炉及辅助设备制造 | 1825.70 | 53.91 | 109.16 | 15.49 | 3.04 |
| 内燃机及配件制造 | 2051.73 | 76.38 | 135.60 | 14.25 | 1.37 |
| 汽轮机及辅机制造 | 430.32 | 16.74 | 46.94 | 1.59 | 1.38 |
| 水轮机及辅机制造 | 81.18 | 2.15 | 6.21 | 0.61 | 0.26 |
| 风能原动设备制造 | 466.46 | 13.72 | 20.66 | 4.02 | 0.79 |
| 其他原动设备制造 | 18.29 | 0.56 | 1.31 | 0.30 | 0.02 |
| 金属加工机械制造 | 5037.94 | 170.47 | 288.40 | 74.95 | 5.25 |
| 金属切削机床制造 | 1432.70 | 56.96 | 97.84 | 38.44 | 1.60 |
| 金属成形机床制造 | 788.55 | 25.09 | 50.47 | 8.70 | 1.13 |
| 铸造机械制造 | 891.35 | 26.18 | 34.53 | 9.55 | 0.21 |
| 金属切割及焊接设备制造 | 402.53 | 19.83 | 33.53 | 2.70 | 0.59 |
| 机床附件制造 | 500.72 | 12.85 | 24.08 | 4.77 | 0.49 |
| 其他金属加工机械制造 | 1022.08 | 29.56 | 47.95 | 10.79 | 1.24 |
| 物料搬运设备制造 | 5755.76 | 232.13 | 409.08 | 51.83 | 14.03 |
| 轻小型起重设备制造 | 352.56 | 14.78 | 31.37 | 3.52 | 0.32 |
| 起重机制造 | 2269.54 | 60.50 | 115.55 | 41.10 | 5.39 |
| 生产专用车辆制造 | 411.68 | 16.39 | 24.43 | 0.74 | 0.75 |
| 连续搬运设备制造 | 368.36 | 16.57 | 24.43 | 4.26 | 0.25 |
| 电梯、自动扶梯及升降机制造 | 2140.93 | 113.83 | 197.01 | 0.15 | 6.94 |
| 其他物料搬运设备制造 | 212.69 | 10.06 | 16.29 | 2.07 | 0.39 |
| 泵、阀门、压缩机及类似机械制造 | 7235.07 | 291.38 | 485.50 | 60.04 | 6.18 |
| 泵及真空设备制造 | 1813.86 | 89.52 | 137.21 | 17.25 | 1.49 |
| 气体压缩机械制造 | 1540.82 | 55.83 | 113.52 | 4.87 | 1.32 |
| 阀门和旋塞制造 | 2103.21 | 81.49 | 128.48 | 21.17 | 0.99 |
| 液压和气压动力机械及元件制造 | 1777.18 | 64.55 | 106.30 | 16.75 | 2.37 |
| 轴承、齿轮和传动部件制造 | 4269.99 | 103.04 | 226.62 | 47.73 | 2.96 |
| 轴承制造 | 2256.22 | 49.59 | 110.24 | 27.39 | 1.36 |
| 齿轮及齿轮减、变速箱制造 | 1582.94 | 41.71 | 91.34 | 17.07 | 1.36 |
| 其他传动部件制造 | 430.84 | 11.75 | 25.04 | 3.28 | 0.23 |
| 烘炉、风机、衡器、包装等设备制造 | 5381.58 | 220.66 | 352.27 | 43.73 | 3.19 |
| 烘炉、熔炉及电炉制造 | 214.89 | 8.21 | 20.28 | 5.21 | 0.88 |
| 风机、风扇制造 | 756.92 | 33.43 | 61.01 | 4.04 | -0.40 |

单位：亿元

| 利息支出 | 投资收益（损失以“-”号记） | 营业利润 | 利润总额 | 亏损企业亏损额 | 平均用工人数（万人） |
|---|---|---|---|---|---|
| 15.72 | -12.27 | 139.80 | 139.44 | 7.21 | 24.76 |
| 1.86 | 0.54 | 17.47 | 17.76 | 0.79 | 3.77 |
| 0.78 | 0.72 | 3.85 | 3.93 | 0.26 | 1.02 |
| 0.13 | 0.05 | 0.43 | 0.59 | 0.04 | 0.14 |
| 0.25 | -0.24 | 5.40 | 5.43 | 0.48 | 1.00 |
| 0.70 | 0.01 | 7.78 | 7.81 | 0.01 | 1.62 |
| 13.73 | 8.06 | 170.04 | 173.01 | 5.90 | 38.57 |
| 2.50 | 0.07 | 17.94 | 18.01 | 0.60 | 4.47 |
| 6.29 | 9.33 | 82.25 | 83.39 | 1.62 | 17.57 |
| 0.88 | 0.10 | 4.81 | 4.89 | 1.68 | 1.75 |
| 4.06 | -1.43 | 65.04 | 66.71 | 2.00 | 14.78 |
| 47.34 | 3.85 | 441.07 | 447.69 | 20.21 | 68.66 |
| 28.65 | -2.11 | 244.28 | 244.66 | 10.80 | 26.56 |
| 0.64 | -0.44 | 9.93 | 9.93 | 0.10 | 1.17 |
| 355.59 | 102.74 | 3091.74 | 3178.66 | 246.09 | 449.34 |
| 43.23 | 28.45 | 330.07 | 331.20 | 47.92 | 44.83 |
| 17.00 | 2.77 | 113.01 | 112.21 | 8.45 | 15.12 |
| 17.06 | 22.85 | 180.98 | 181.79 | 14.03 | 22.06 |
| 3.92 | 2.96 | -5.67 | -4.15 | 22.81 | 3.95 |
| 0.77 | -0.49 | 4.75 | 4.91 | 1.09 | 0.91 |
| 4.35 | 0.36 | 35.36 | 34.75 | 1.32 | 2.55 |
| 0.13 |  | 1.64 | 1.69 | 0.22 | 0.23 |
| 59.90 | 1.46 | 317.29 | 338.85 | 45.81 | 54.87 |
| 33.80 | 1.91 | 51.55 | 67.33 | 30.09 | 17.21 |
| 7.11 | -0.10 | 58.67 | 61.21 | 4.90 | 8.42 |
| 6.43 | -1.30 | 63.55 | 64.53 | 3.09 | 8.68 |
| 3.07 | 0.23 | 35.05 | 35.00 | 2.17 | 5.37 |
| 2.78 | 1.91 | 41.40 | 42.54 | 0.84 | 5.07 |
| 6.71 | -1.19 | 67.07 | 68.24 | 4.72 | 10.12 |
| 57.01 | 12.72 | 502.73 | 520.84 | 22.52 | 55.27 |
| 3.55 | 1.03 | 24.72 | 26.35 | 1.32 | 5.04 |
| 38.10 | -1.74 | 130.71 | 135.01 | 9.33 | 19.15 |
| 1.42 | 1.54 | 27.27 | 28.86 | 3.63 | 3.37 |
| 3.59 | 0.71 | 25.99 | 26.78 | 1.91 | 4.07 |
| 8.04 | 10.91 | 279.90 | 289.26 | 4.68 | 20.65 |
| 2.31 | 0.28 | 14.13 | 14.59 | 1.65 | 2.99 |
| 59.25 | 4.25 | 583.57 | 596.52 | 38.14 | 85.04 |
| 16.71 | 1.28 | 156.59 | 160.25 | 10.00 | 23.38 |
| 8.40 | 3.09 | 111.12 | 115.97 | 11.29 | 15.93 |
| 19.36 | -1.73 | 174.44 | 175.73 | 5.19 | 26.29 |
| 14.79 | 1.61 | 141.42 | 144.58 | 11.65 | 19.43 |
| 40.78 | 2.13 | 322.80 | 331.60 | 26.62 | 51.02 |
| 21.34 | 1.42 | 148.74 | 155.71 | 16.57 | 29.32 |
| 15.87 | 0.40 | 141.33 | 142.52 | 8.18 | 16.55 |
| 3.57 | 0.32 | 32.73 | 33.36 | 1.87 | 5.14 |
| 39.77 | 46.10 | 463.49 | 481.72 | 28.63 | 59.73 |
| 6.31 | 32.97 | 42.97 | 43.90 | 3.25 | 3.04 |
| 7.13 | 3.42 | 49.88 | 55.62 | 5.22 | 9.30 |

2-1 续表 40

| 行 业 | 主营业务成 本 | 销售费用 | 管理费用 | 财务费用 | 利息收入 |
|---|---|---|---|---|---|
| 气体、液体分离及纯净设备制造 | 625.37 | 31.27 | 51.28 | 7.35 | 0.21 |
| 制冷、空调设备制造 | 2330.04 | 95.86 | 137.79 | 13.61 | 1.57 |
| 风动和电动工具制造 | 852.61 | 18.73 | 35.39 | 9.52 | 0.52 |
| 喷枪及类似器具制造 | 101.55 | 5.90 | 8.27 | 0.67 | 0.16 |
| 衡器制造 | 186.23 | 9.09 | 12.67 | 0.88 | 0.16 |
| 包装专用设备制造 | 313.97 | 18.17 | 25.59 | 2.44 | 0.09 |
| 文化、办公用机械制造 | 1448.13 | 47.67 | 91.50 | 5.20 | 1.61 |
| 电影机械制造 | 29.57 | 1.19 | 1.16 | -0.04 | 0.13 |
| 幻灯及投影设备制造 | 95.60 | 2.95 | 6.42 | 0.64 | 0.13 |
| 照相机及器材制造 | 260.35 | 3.85 | 23.05 | 1.03 | 0.72 |
| 复印和胶印设备制造 | 624.07 | 13.57 | 24.20 | -0.60 | 0.06 |
| 计算器及货币专用设备制造 | 368.34 | 22.88 | 30.25 | 3.64 | 0.47 |
| 其他文化、办公用机械制造 | 70.20 | 3.23 | 6.43 | 0.53 | 0.10 |
| 通用零部件制造 | 5477.48 | 128.45 | 256.88 | 43.70 | 2.50 |
| 金属密封件制造 | 533.21 | 17.32 | 28.57 | 4.06 | 0.04 |
| 紧固件制造 | 1239.51 | 34.53 | 61.53 | 10.55 | 0.48 |
| 弹簧制造 | 282.82 | 8.96 | 18.17 | 2.73 | 0.12 |
| 机械零部件加工 | 2454.10 | 45.95 | 100.23 | 18.84 | 0.82 |
| 其他通用零部件制造 | 967.85 | 21.69 | 48.38 | 7.53 | 1.04 |
| 其他通用设备制造业 | 1113.95 | 41.04 | 68.13 | 13.16 | 0.59 |
| 专用设备制造业 | 31360.52 | 1177.79 | 2016.29 | 360.56 | 34.29 |
| 采矿、冶金、建筑专用设备制造 | 12086.99 | 392.80 | 655.71 | 195.26 | 18.68 |
| 矿山机械制造 | 3512.77 | 118.29 | 213.72 | 66.08 | 3.14 |
| 石油钻采专用设备制造 | 2291.27 | 59.14 | 108.32 | 25.70 | 1.73 |
| 建筑工程用机械制造 | 3453.59 | 139.45 | 180.18 | 60.02 | 8.74 |
| 海洋工程专用设备制造 | 652.37 | 10.29 | 28.46 | 13.39 | 2.07 |
| 建筑材料生产专用机械制造 | 1081.28 | 36.30 | 51.58 | 9.23 | 1.00 |
| 冶金专用设备制造 | 1095.71 | 29.32 | 73.45 | 20.85 | 1.99 |
| 化工、木材、非金属加工专用设备制造 | 4250.40 | 134.17 | 316.06 | 43.27 | 4.34 |
| 炼油、化工生产专用设备制造 | 807.38 | 24.81 | 57.76 | 12.74 | 1.53 |
| 橡胶加工专用设备制造 | 197.51 | 5.61 | 15.17 | 2.42 | 0.17 |
| 塑料加工专用设备制造 | 471.04 | 29.33 | 43.51 | 3.71 | 0.68 |
| 木材加工机械制造 | 169.91 | 5.12 | 9.62 | 1.83 | 0.06 |
| 模具制造 | 2432.77 | 65.26 | 183.88 | 21.23 | 1.85 |
| 其他非金属加工专用设备制造 | 171.79 | 4.04 | 6.13 | 1.34 | 0.05 |
| 食品、饮料、烟草及饲料生产专用设备制造 | 1101.06 | 45.99 | 70.85 | 9.09 | 0.87 |
| 食品、酒、饮料及茶生产专用设备制造 | 280.14 | 11.71 | 20.39 | 1.46 | 0.36 |
| 农副食品加工专用设备制造 | 650.75 | 27.63 | 34.69 | 6.68 | 0.25 |
| 烟草生产专用设备制造 | 79.54 | 4.46 | 12.27 | 0.30 | 0.20 |
| 饲料生产专用设备制造 | 90.63 | 2.19 | 3.50 | 0.65 | 0.06 |
| 印刷、制药、日化及日用品生产专用设备制造 | 1263.80 | 53.16 | 84.59 | 8.57 | 0.67 |
| 制浆和造纸专用设备制造 | 357.93 | 10.59 | 15.58 | 2.97 | 0.06 |
| 印刷专用设备制造 | 363.24 | 17.37 | 25.51 | 1.94 | 0.16 |
| 日用化工专用设备制造 | 34.37 | 1.28 | 2.22 | 0.46 | -0.01 |
| 制药专用设备制造 | 131.77 | 9.31 | 15.90 | 1.27 | 0.22 |
| 照明器具生产专用设备制造 | 65.09 | 2.62 | 3.88 | 0.25 | 0.01 |
| 玻璃、陶瓷和搪瓷制品生产专用设备制造 | 209.88 | 8.03 | 14.48 | 1.10 | 0.28 |
| 其他日用品生产专用设备制造 | 101.53 | 3.98 | 7.03 | 0.59 | -0.04 |
| 纺织、服装和皮革加工专用设备制造 | 1336.94 | 42.53 | 86.90 | 13.49 | 2.02 |

单位：亿元

| 利息支出 | 投资收益(损失以"-"号记) | 营业利润 | 利润总额 | 亏损企业亏损额 | 平均用工人数(万人) |
|---|---|---|---|---|---|
| 6.27 | 2.47 | 52.91 | 55.20 | 7.44 | 7.71 |
| 13.41 | 5.55 | 192.29 | 198.46 | 9.15 | 22.36 |
| 2.89 | 0.32 | 75.75 | 77.34 | 1.01 | 9.06 |
| 0.76 | 0.05 | 9.23 | 9.47 | 0.22 | 1.49 |
| 1.10 | 1.04 | 20.70 | 21.03 | 0.27 | 2.34 |
| 1.91 | 0.28 | 19.76 | 20.69 | 2.06 | 4.43 |
| 5.88 | 1.21 | 96.42 | 103.58 | 7.66 | 21.00 |
| 0.02 | 0.38 | 4.47 | 5.26 |  | 0.14 |
| 0.34 | 0.03 | 3.27 | 3.85 | 0.66 | 0.98 |
| 1.46 | 0.16 | 11.52 | 12.29 | 2.80 | 6.42 |
| 1.44 | 0.46 | 49.90 | 49.53 | 1.00 | 6.45 |
| 1.86 | -0.20 | 23.00 | 28.09 | 2.99 | 5.71 |
| 0.76 | 0.38 | 4.25 | 4.57 | 0.21 | 1.31 |
| 38.12 | 4.50 | 393.62 | 391.89 | 22.40 | 64.23 |
| 3.79 | 0.30 | 52.06 | 52.38 | 2.03 | 5.82 |
| 10.79 | 0.43 | 95.05 | 95.92 | 4.86 | 14.89 |
| 2.33 | 0.41 | 25.02 | 25.60 | 0.27 | 4.10 |
| 13.84 | -0.22 | 153.84 | 148.55 | 12.82 | 27.18 |
| 7.37 | 3.59 | 67.66 | 69.43 | 2.42 | 12.24 |
| 11.67 | 1.92 | 81.76 | 82.46 | 6.40 | 13.35 |
| 353.94 | 92.99 | 2156.32 | 2280.04 | 421.66 | 342.44 |
| 199.93 | 27.03 | 469.42 | 519.50 | 312.98 | 104.73 |
| 64.13 | 1.06 | 146.15 | 157.18 | 73.05 | 36.08 |
| 25.02 | 2.58 | 155.04 | 155.63 | 34.48 | 17.45 |
| 71.58 | 34.21 | 133.40 | 149.64 | 59.49 | 24.44 |
| 9.89 | -6.65 | -24.96 | -10.85 | 59.94 | 3.80 |
| 8.62 | -0.09 | 85.55 | 88.26 | 7.21 | 9.90 |
| 20.69 | -4.07 | -25.77 | -20.35 | 78.81 | 13.05 |
| 37.67 | 6.57 | 329.89 | 337.66 | 36.78 | 65.26 |
| 10.17 | 0.89 | 44.83 | 43.82 | 13.75 | 8.20 |
| 2.42 | 0.03 | 9.59 | 9.59 | 4.53 | 2.04 |
| 4.30 | 2.64 | 53.66 | 56.10 | 2.01 | 6.33 |
| 1.21 | 0.14 | 13.02 | 13.47 | 1.12 | 2.01 |
| 18.70 | 2.83 | 201.03 | 206.64 | 14.62 | 45.33 |
| 0.88 | 0.04 | 7.76 | 8.05 | 0.76 | 1.35 |
| 7.36 | 1.18 | 97.12 | 95.93 | 1.08 | 12.57 |
| 1.37 | 0.62 | 25.67 | 25.33 | 0.29 | 3.66 |
| 5.17 | 0.16 | 57.04 | 56.70 | 0.40 | 6.79 |
| 0.39 | 0.73 | 8.54 | 8.00 | 0.22 | 1.41 |
| 0.43 | -0.33 | 5.86 | 5.90 | 0.17 | 0.71 |
| 7.82 | 3.75 | 103.72 | 108.86 | 5.16 | 15.26 |
| 2.49 | -0.08 | 23.49 | 23.69 | 1.79 | 3.08 |
| 1.57 | 1.71 | 27.67 | 30.12 | 2.10 | 4.66 |
| 0.37 |  | 2.34 | 2.44 | 0.18 | 0.47 |
| 1.46 | 0.85 | 15.79 | 16.74 | 0.26 | 2.08 |
| 0.27 | 0.02 | 5.13 | 5.43 | 0.06 | 1.01 |
| 1.00 | 1.24 | 22.62 | 23.50 | 0.67 | 2.11 |
| 0.66 | 0.03 | 6.68 | 6.95 | 0.10 | 1.86 |
| 13.22 | 7.03 | 102.17 | 107.33 | 7.19 | 16.53 |

2-1 续表 41

| 行　业 | 主营业务成　本 | 销售费用 | 管理费用 | 财务费用 | 利息收入 |
|---|---|---|---|---|---|
| 纺织专用设备制造 | 997.85 | 31.06 | 62.51 | 11.41 | 1.66 |
| 皮革、毛皮及其制品加工专用设备制造 | 43.95 | 1.52 | 2.52 | 0.39 | 0.01 |
| 缝制机械制造 | 265.22 | 9.12 | 20.70 | 1.62 | 0.36 |
| 洗涤机械制造 | 29.92 | 0.82 | 1.18 | 0.07 | -0.01 |
| 电子和电工机械专用设备制造 | 1489.66 | 50.84 | 105.27 | 11.19 | 1.61 |
| 电工机械专用设备制造 | 390.23 | 16.05 | 27.48 | 3.20 | 0.29 |
| 电子工业专用设备制造 | 1099.43 | 34.79 | 77.78 | 7.98 | 1.32 |
| 农、林、牧、渔专用机械制造 | 2747.84 | 89.23 | 127.36 | 25.26 | 1.20 |
| 拖拉机制造 | 589.93 | 13.72 | 33.25 | 8.33 | 0.50 |
| 机械化农业及园艺机具制造 | 1223.13 | 49.41 | 60.08 | 10.76 | 0.53 |
| 营林及木竹采伐机械制造 | 5.88 | 0.22 | 0.41 | 0.05 | |
| 畜牧机械制造 | 107.94 | 5.52 | 5.76 | 0.56 | 0.04 |
| 渔业机械制造 | 24.20 | 0.48 | 0.83 | 0.13 | 0.01 |
| 农林牧渔机械配件制造 | 629.22 | 13.24 | 17.53 | 3.88 | 0.06 |
| 棉花加工机械制造 | 10.26 | 0.58 | 1.36 | 0.18 | 0.01 |
| 其他农、林、牧、渔业机械制造 | 157.29 | 6.04 | 8.12 | 1.37 | 0.06 |
| 医疗仪器设备及器械制造 | 2147.90 | 180.76 | 235.85 | 11.36 | 0.27 |
| 医疗诊断、监护及治疗设备制造 | 638.98 | 75.69 | 95.63 | 0.36 | -1.00 |
| 口腔科用设备及器具制造 | 36.75 | 2.51 | 4.14 | 0.12 | -0.11 |
| 医疗实验室及医用消毒设备和器具制造 | 74.79 | 4.85 | 5.58 | 0.59 | 0.03 |
| 医疗、外科及兽医用器械制造 | 832.39 | 38.60 | 59.37 | 7.51 | 0.79 |
| 机械治疗及病房护理设备制造 | 151.14 | 12.15 | 12.71 | 1.61 | 0.05 |
| 假肢、人工器官及植(介)入器械制造 | 73.23 | 15.21 | 20.34 | 0.05 | 0.31 |
| 其他医疗设备及器械制造 | 340.63 | 31.75 | 38.09 | 1.12 | 0.22 |
| 环保、社会公共服务及其他专用设备制造 | 4935.92 | 188.32 | 333.71 | 43.07 | 4.63 |
| 环境保护专用设备制造 | 2702.52 | 81.57 | 163.07 | 29.85 | 2.13 |
| 地质勘查专用设备制造 | 28.09 | 1.14 | 3.11 | 0.23 | 0.07 |
| 邮政专用机械及器材制造 | 9.83 | 0.39 | 0.70 | 0.07 | 0.05 |
| 商业、饮食、服务专用设备制造 | 35.85 | 2.87 | 3.96 | 0.24 | 0.01 |
| 社会公共安全设备及器材制造 | 363.61 | 23.17 | 31.10 | 1.45 | 0.63 |
| 交通安全、管制及类似专用设备制造 | 148.46 | 4.30 | 7.58 | 1.51 | 0.29 |
| 水资源专用机械制造 | 188.02 | 7.27 | 10.86 | 1.68 | 0.02 |
| 其他专用设备制造 | 1459.53 | 67.60 | 113.33 | 8.03 | 1.43 |
| 汽车制造业 | 67756.31 | 2307.62 | 3876.55 | 355.60 | 131.01 |
| 汽车整车制造 | 32673.97 | 1390.11 | 1765.05 | 59.26 | 99.54 |
| 改装汽车制造 | 2125.28 | 56.87 | 94.21 | 19.72 | 2.96 |
| 低速载货汽车制造 | 238.71 | 3.17 | 6.29 | 1.35 | 0.13 |
| 电车制造 | 157.50 | 5.27 | 5.16 | 1.43 | 0.05 |
| 汽车车身、挂车制造 | 859.56 | 16.16 | 26.92 | 8.70 | 1.04 |
| 汽车零部件及配件制造 | 31701.29 | 836.03 | 1978.93 | 265.15 | 27.29 |
| 铁路、船舶、航空航天和其他运输设备制造业 | 16487.78 | 331.22 | 1061.29 | 130.86 | 60.62 |
| 铁路运输设备制造 | 3278.68 | 114.92 | 335.14 | 15.28 | 9.39 |
| 铁路机车车辆及动车组制造 | 1356.53 | 47.31 | 148.65 | 0.77 | 6.31 |
| 窄轨机车车辆制造 | 22.43 | 0.27 | 0.61 | 0.10 | |
| 铁路机车车辆配件制造 | 1078.59 | 36.33 | 107.63 | 7.99 | 1.49 |
| 铁路专用设备及器材、配件制造 | 668.49 | 26.93 | 63.74 | 4.80 | 1.49 |
| 其他铁路运输设备制造 | 152.64 | 4.08 | 14.51 | 1.63 | 0.09 |
| 城市轨道交通设备制造 | 167.77 | 4.12 | 12.32 | 0.98 | 0.44 |
| 船舶及相关装置制造 | 5422.99 | 54.15 | 254.85 | 62.04 | 34.29 |

单位：亿元

| 利息支出 | 投资收益（损失以“–”号记） | 营业利润 | 利润总额 | 亏损企业亏损额 | 平均用工人数（万人） |
|---|---|---|---|---|---|
| 10.53 | 6.34 | 76.93 | 80.03 | 5.77 | 11.24 |
| 0.37 | 0.02 | 3.54 | 3.54 | 0.16 | 0.49 |
| 2.25 | 0.69 | 19.53 | 21.57 | 1.18 | 4.57 |
| 0.07 | -0.02 | 2.18 | 2.19 | 0.08 | 0.23 |
| 10.43 | -0.28 | 130.93 | 142.37 | 6.43 | 18.65 |
| 2.23 | -3.55 | 29.03 | 31.80 | 1.95 | 4.66 |
| 8.20 | 3.27 | 101.90 | 110.57 | 4.48 | 13.99 |
| 19.39 | 0.56 | 168.00 | 172.21 | 24.30 | 26.87 |
| 5.51 | 0.17 | 23.00 | 24.20 | 10.63 | 5.81 |
| 9.04 | 0.20 | 75.29 | 78.55 | 12.09 | 12.49 |
| 0.03 |  | 0.33 | 0.36 | 0.01 | 0.12 |
| 0.43 | 0.08 | 10.22 | 10.30 | 0.42 | 1.14 |
| 0.08 |  | 2.62 | 2.58 | 0.04 | 0.21 |
| 3.25 | -0.17 | 43.40 | 43.54 | 0.64 | 5.09 |
| 0.17 | 0.23 | 0.04 | 0.17 | 0.44 | 0.21 |
| 0.89 | 0.04 | 13.10 | 12.50 | 0.03 | 1.79 |
| 18.40 | 24.43 | 310.42 | 330.94 | 9.25 | 33.79 |
| 5.10 | 17.35 | 108.97 | 119.88 | 4.27 | 8.67 |
| 0.21 | 0.01 | 3.37 | 3.63 | 0.36 | 0.91 |
| 0.46 | 0.01 | 7.27 | 7.41 | 0.35 | 0.93 |
| 8.37 | 5.03 | 104.68 | 109.34 | 1.09 | 12.87 |
| 1.50 | -0.91 | 15.20 | 16.34 | 0.54 | 2.59 |
| 1.05 | 3.52 | 32.15 | 33.85 | 0.20 | 2.64 |
| 1.72 | -0.58 | 38.79 | 40.48 | 2.45 | 5.18 |
| 39.72 | 22.72 | 444.67 | 465.23 | 18.50 | 48.78 |
| 25.75 | 16.93 | 247.19 | 251.98 | 5.60 | 24.00 |
| 0.06 | 0.08 | 3.34 | 5.24 | 0.17 | 0.53 |
| 0.02 | 0.31 | 0.63 | 0.64 |  | 0.12 |
| 0.11 | 0.07 | 2.48 | 2.76 | 0.04 | 0.54 |
| 2.20 | 1.48 | 41.31 | 46.22 | 1.18 | 4.75 |
| 1.20 | 0.14 | 11.76 | 12.66 | 0.25 | 1.16 |
| 1.52 | 0.24 | 13.26 | 14.13 | 0.67 | 2.11 |
| 8.86 | 3.47 | 124.71 | 131.59 | 10.57 | 15.57 |
| 404.67 | 889.29 | 6486.55 | 6853.77 | 323.32 | 483.45 |
| 145.44 | 797.55 | 3458.42 | 3745.83 | 184.55 | 128.28 |
| 21.14 | -1.12 | 135.31 | 140.42 | 19.72 | 17.45 |
| 0.94 | 0.06 | 8.02 | 8.39 | 1.71 | 1.76 |
| 0.96 |  | 12.36 | 12.46 | 0.50 | 1.67 |
| 8.75 | 0.92 | 70.95 | 72.17 | 3.88 | 7.10 |
| 227.45 | 91.87 | 2801.49 | 2874.49 | 112.96 | 327.20 |
| 173.57 | 3.21 | 1109.28 | 1175.70 | 161.64 | 181.82 |
| 22.36 | 14.34 | 353.60 | 370.38 | 34.24 | 34.50 |
| 7.86 | 6.28 | 114.02 | 118.80 | 14.76 | 12.60 |
| 0.08 | 0.03 | 0.15 | 0.16 | 0.24 | 0.21 |
| 8.22 | 5.21 | 141.98 | 148.89 | 14.19 | 11.83 |
| 4.45 | 2.47 | 93.05 | 96.85 | 1.43 | 7.12 |
| 1.74 | 0.35 | 4.40 | 5.68 | 3.61 | 2.74 |
| 1.17 | -1.16 | 7.33 | 8.87 | 1.29 | 1.34 |
| 83.30 | 7.20 | 224.92 | 250.41 | 91.94 | 52.17 |

2-1 续表 42

| 行　　业 | 主营业务成本 | 销售费用 | 管理费用 | 财务费用 | 利息收入 |
|---|---|---|---|---|---|
| 金属船舶制造 | 3960.75 | 28.40 | 190.37 | 49.70 | 33.25 |
| 非金属船舶制造 | 75.14 | 2.12 | 4.56 | 1.00 | 0.02 |
| 娱乐船和运动船制造 | 54.93 | 2.29 | 3.85 | 0.61 | 0.01 |
| 船用配套设备制造 | 973.34 | 18.94 | 49.88 | 8.80 | 0.67 |
| 船舶改装与拆除 | 352.99 | 2.32 | 5.98 | 1.91 | 0.34 |
| 航标器材及其他相关装置制造 | 5.84 | 0.08 | 0.21 | 0.03 | |
| 航空、航天器及设备制造 | 2782.65 | 33.60 | 219.07 | 26.84 | 8.48 |
| 飞机制造 | 2047.60 | 21.51 | 146.03 | 22.15 | 5.56 |
| 航天器制造 | 188.49 | 1.29 | 19.36 | 2.04 | 0.70 |
| 航空、航天相关设备制造 | 408.20 | 5.03 | 32.38 | 2.42 | 1.69 |
| 其他航空航天器制造 | 138.36 | 5.78 | 21.30 | 0.23 | 0.53 |
| 摩托车制造 | 2934.58 | 78.47 | 168.17 | 17.07 | 7.01 |
| 摩托车整车制造 | 1299.50 | 38.13 | 92.67 | 6.61 | 3.43 |
| 摩托车零部件及配件制造 | 1635.08 | 40.34 | 75.50 | 10.46 | 3.59 |
| 自行车制造 | 1439.94 | 36.57 | 55.37 | 5.99 | 0.79 |
| 脚踏自行车及残疾人座车制造 | 552.24 | 14.28 | 27.38 | 1.58 | 0.44 |
| 助动自行车制造 | 887.70 | 22.29 | 27.99 | 4.42 | 0.35 |
| 非公路休闲车及零配件制造 | 229.68 | 5.07 | 8.90 | 1.10 | 0.15 |
| 潜水救捞及其他未列明运输设备制造 | 231.50 | 4.32 | 7.47 | 1.55 | 0.07 |
| 潜水及水下救捞装备制造 | 19.08 | 0.55 | 1.43 | 0.14 | |
| 其他未列明运输设备制造 | 212.42 | 3.77 | 6.04 | 1.41 | 0.08 |
| 电气机械和器材制造业 | 62185.11 | 2539.90 | 3329.63 | 449.64 | 85.12 |
| 电机制造 | 7396.90 | 251.78 | 420.52 | 58.51 | 5.00 |
| 发电机及发电机组制造 | 3497.79 | 148.35 | 202.43 | 30.84 | 2.67 |
| 电动机制造 | 1552.57 | 45.43 | 90.92 | 12.26 | 0.99 |
| 微电机及其他电机制造 | 2346.54 | 58.01 | 127.17 | 15.41 | 1.34 |
| 输配电及控制设备制造 | 19038.50 | 630.73 | 1082.96 | 188.75 | 23.19 |
| 变压器、整流器和电感器制造 | 3980.61 | 161.49 | 224.04 | 35.35 | 9.17 |
| 电容器及其配套设备制造 | 366.73 | 11.78 | 20.55 | 2.29 | 0.08 |
| 配电开关控制设备制造 | 5523.33 | 237.41 | 368.83 | 51.68 | 3.00 |
| 电力电子元器件制造 | 2038.11 | 57.93 | 141.84 | 11.55 | 1.34 |
| 光伏设备及元器件制造 | 5213.72 | 85.63 | 210.07 | 67.01 | 7.15 |
| 其他输配电及控制设备制造 | 1916.01 | 76.50 | 117.64 | 20.88 | 2.45 |
| 电线、电缆、光缆及电工器材制造 | 13841.89 | 334.55 | 499.82 | 134.76 | 10.73 |
| 电线、电缆制造 | 11128.38 | 271.67 | 375.72 | 107.32 | 5.47 |
| 光纤、光缆制造 | 1763.44 | 34.78 | 69.74 | 21.71 | 4.83 |
| 绝缘制品制造 | 522.65 | 17.34 | 34.10 | 3.32 | 0.31 |
| 其他电工器材制造 | 427.42 | 10.77 | 20.26 | 2.41 | 0.11 |
| 电池制造 | 4763.18 | 128.20 | 282.77 | 48.08 | 4.55 |
| 锂离子电池制造 | 2429.52 | 60.57 | 168.38 | 20.17 | 2.87 |
| 镍氢电池制造 | 364.96 | 8.27 | 13.89 | 2.10 | 0.36 |
| 其他电池制造 | 1968.69 | 59.36 | 100.51 | 25.81 | 1.32 |
| 家用电力器具制造 | 11696.99 | 981.05 | 682.12 | -19.36 | 37.99 |
| 家用制冷电器具制造 | 2563.69 | 272.25 | 189.22 | 14.45 | 5.41 |
| 家用空气调节器制造 | 3799.60 | 419.12 | 200.10 | -48.67 | 28.89 |
| 家用通风电器具制造 | 399.22 | 30.41 | 31.80 | 2.11 | 0.31 |
| 家用厨房电器具制造 | 1989.20 | 95.57 | 91.10 | 4.29 | 2.08 |
| 家用清洁卫生电器具制造 | 1246.49 | 115.49 | 72.17 | -4.03 | 0.25 |
| 家用美容、保健电器具制造 | 318.93 | 11.08 | 23.92 | 0.53 | 0.07 |

单位：亿元

| 利息支出 | 投资收益（损失以"–"号记） | 营业利润 | 利润总额 | 亏损企业亏损额 | 平均用工人数（万人） |
|---|---|---|---|---|---|
| 70.14 | 8.48 | 132.83 | 154.14 | 82.65 | 38.94 |
| 0.39 | | 6.70 | 6.86 | 0.03 | 0.83 |
| 0.43 | | 2.35 | 2.57 | 0.82 | 0.81 |
| 9.22 | -1.38 | 60.37 | 63.67 | 6.11 | 9.63 |
| 3.12 | 0.09 | 22.16 | 22.63 | 2.33 | 1.89 |
| 0.01 | | 0.50 | 0.54 | | 0.09 |
| 34.63 | -28.67 | 192.03 | 204.38 | 17.07 | 35.17 |
| 26.46 | -29.48 | 117.24 | 122.01 | 13.13 | 26.36 |
| 2.56 | 0.29 | 14.54 | 15.33 | 0.20 | 2.69 |
| 4.00 | 0.26 | 28.66 | 32.62 | 2.98 | 4.43 |
| 1.60 | 0.26 | 31.59 | 34.42 | 0.76 | 1.70 |
| 22.70 | 10.24 | 211.46 | 217.18 | 10.53 | 34.78 |
| 10.14 | 9.47 | 86.15 | 88.54 | 8.43 | 10.92 |
| 12.57 | 0.77 | 125.31 | 128.64 | 2.09 | 23.87 |
| 6.40 | 1.54 | 87.35 | 92.21 | 3.99 | 19.19 |
| 3.07 | 0.26 | 28.99 | 32.98 | 2.55 | 10.54 |
| 3.33 | 1.29 | 58.36 | 59.23 | 1.44 | 8.65 |
| 1.37 | -0.01 | 24.15 | 24.41 | 0.65 | 2.52 |
| 1.64 | -0.26 | 8.45 | 7.86 | 1.93 | 2.13 |
| 0.15 | | 2.39 | 1.53 | | 0.46 |
| 1.49 | -0.26 | 6.06 | 6.33 | 1.93 | 1.68 |
| 541.37 | 283.23 | 5030.59 | 5150.27 | 269.18 | 621.94 |
| 66.86 | 45.85 | 566.77 | 577.85 | 79.79 | 76.33 |
| 38.27 | 38.36 | 224.99 | 227.87 | 64.36 | 22.59 |
| 11.89 | 3.26 | 107.50 | 112.01 | 11.87 | 19.79 |
| 16.70 | 4.23 | 234.28 | 237.97 | 3.56 | 33.94 |
| 193.02 | 79.66 | 1498.64 | 1560.89 | 84.66 | 180.91 |
| 44.78 | 12.59 | 311.74 | 319.24 | 12.39 | 42.15 |
| 1.85 | 0.35 | 34.66 | 36.23 | 0.86 | 4.46 |
| 48.57 | 31.29 | 528.87 | 546.94 | 13.12 | 53.91 |
| 11.36 | 5.38 | 155.37 | 163.86 | 10.96 | 34.13 |
| 66.30 | 10.41 | 316.23 | 335.12 | 40.01 | 30.04 |
| 20.17 | 19.64 | 151.78 | 159.50 | 7.31 | 16.23 |
| 126.94 | -1.63 | 940.79 | 930.37 | 25.35 | 92.97 |
| 96.90 | -15.54 | 717.81 | 705.56 | 20.80 | 72.90 |
| 24.53 | 13.97 | 140.27 | 142.85 | 2.57 | 8.78 |
| 3.52 | 0.40 | 43.41 | 44.51 | 1.42 | 7.41 |
| 1.98 | -0.47 | 39.30 | 37.46 | 0.56 | 3.87 |
| 48.97 | 7.93 | 382.71 | 384.42 | 30.59 | 58.46 |
| 20.99 | 1.16 | 233.08 | 239.83 | 17.01 | 33.24 |
| 2.08 | 0.90 | 31.44 | 21.88 | 0.39 | 4.32 |
| 25.90 | 5.88 | 118.19 | 122.71 | 13.18 | 20.90 |
| 67.23 | 127.97 | 1182.58 | 1227.78 | 23.74 | 129.86 |
| 26.22 | 11.40 | 213.75 | 229.13 | 8.44 | 21.72 |
| 15.26 | 103.26 | 574.77 | 595.51 | 1.30 | 27.96 |
| 3.24 | 0.25 | 35.15 | 37.19 | 1.35 | 8.04 |
| 7.72 | 9.32 | 151.69 | 153.77 | 2.56 | 30.26 |
| 3.26 | 2.38 | 116.66 | 119.60 | 2.56 | 11.26 |
| 1.79 | 0.99 | 21.42 | 23.11 | 0.83 | 7.96 |

2-1 续表 43

| 行 业 | 主营业务成本 | 销售费用 | 管理费用 | 财务费用 | 利息收入 |
|---|---|---|---|---|---|
| 家用电力器具专用配件制造 | 756.46 | 15.58 | 33.23 | 7.79 | 0.70 |
| 其他家用电力器具制造 | 623.38 | 21.54 | 40.58 | 4.17 | 0.29 |
| 非电力家用器具制造 | 1012.79 | 55.39 | 54.16 | 10.35 | 0.32 |
| 燃气、太阳能及类似能源家用器具制造 | 934.91 | 52.49 | 49.27 | 9.59 | 0.27 |
| 其他非电力家用器具制造 | 77.88 | 2.91 | 4.90 | 0.75 | 0.05 |
| 照明器具制造 | 3881.41 | 138.46 | 251.35 | 25.54 | 3.23 |
| 电光源制造 | 1003.31 | 29.98 | 59.02 | 5.45 | 0.59 |
| 照明灯具制造 | 2500.84 | 98.86 | 165.56 | 18.19 | 2.22 |
| 灯用电器附件及其他照明器具制造 | 377.26 | 9.62 | 26.76 | 1.90 | 0.43 |
| 其他电气机械及器材制造 | 553.45 | 19.74 | 55.92 | 3.01 | 0.10 |
| 电气信号设备装置制造 | 177.65 | 8.23 | 16.10 | 1.02 | 0.07 |
| 其他未列明电气机械及器材制造 | 375.80 | 11.51 | 39.82 | 1.99 | 0.03 |
| 计算机、通信和其他电子设备制造业 | 87279.81 | 2380.14 | 4932.56 | 305.23 | 179.60 |
| 计算机制造 | 17152.43 | 268.23 | 497.73 | 27.51 | 26.06 |
| 计算机整机制造 | 10665.95 | 162.11 | 228.57 | 29.10 | 14.68 |
| 计算机零部件制造 | 2555.11 | 30.99 | 98.76 | 3.28 | 5.06 |
| 计算机外围设备制造 | 2609.05 | 38.78 | 97.47 | -3.41 | 4.81 |
| 其他计算机制造 | 1322.31 | 36.35 | 72.92 | -1.46 | 1.52 |
| 通信设备制造 | 26158.46 | 1144.83 | 2034.85 | 93.48 | 91.92 |
| 通信系统设备制造 | 8238.18 | 841.34 | 1503.64 | 56.47 | 50.51 |
| 通信终端设备制造 | 17920.29 | 303.49 | 531.21 | 37.01 | 41.42 |
| 广播电视设备制造 | 1653.96 | 55.45 | 119.07 | 8.87 | 0.49 |
| 广播电视节目制作及发射设备制造 | 108.66 | 5.44 | 8.19 | 1.82 | 0.14 |
| 广播电视接收设备及器材制造 | 1070.09 | 33.96 | 74.87 | 4.73 | 0.31 |
| 应用电视设备及其他广播电视设备制造 | 475.21 | 16.05 | 36.00 | 2.33 | 0.04 |
| 雷达及配套设备制造 | 379.76 | 9.51 | 39.59 | 3.40 | 1.04 |
| 视听设备制造 | 7152.90 | 265.89 | 297.42 | 24.36 | 14.89 |
| 电视机制造 | 4158.91 | 213.85 | 140.80 | 16.49 | 12.56 |
| 音响设备制造 | 1139.38 | 21.72 | 70.09 | 1.65 | -0.12 |
| 影视录放设备制造 | 1854.61 | 30.32 | 86.54 | 6.22 | 2.45 |
| 电子器件制造 | 15423.94 | 249.90 | 881.56 | 103.64 | 26.19 |
| 电子真空器件制造 | 183.09 | 5.86 | 12.20 | 1.51 | 0.08 |
| 半导体分立器件制造 | 990.47 | 18.28 | 66.57 | 7.62 | 3.48 |
| 集成电路制造 | 2811.78 | 35.22 | 254.12 | 11.83 | 7.30 |
| 光电子器件及其他电子器件制造 | 11438.59 | 190.53 | 548.67 | 82.68 | 15.34 |
| 电子元件制造 | 14811.77 | 278.47 | 821.69 | 39.19 | 17.46 |
| 电子元件及组件制造 | 11520.32 | 226.80 | 645.64 | 38.83 | 12.06 |
| 印制电路板制造 | 3291.46 | 51.68 | 176.04 | 0.36 | 5.40 |
| 其他电子设备制造 | 4546.59 | 107.85 | 240.65 | 4.78 | 1.54 |
| 仪器仪表制造业 | 7726.09 | 356.89 | 642.59 | 47.24 | 9.63 |
| 通用仪器仪表制造 | 4766.87 | 236.40 | 386.10 | 31.64 | 6.85 |
| 工业自动控制系统装置制造 | 3053.82 | 139.43 | 228.72 | 22.09 | 5.05 |
| 电工仪器仪表制造 | 525.15 | 33.33 | 52.16 | 4.50 | 1.02 |
| 绘图、计算及测量仪器制造 | 275.80 | 8.41 | 15.65 | 0.96 | 0.03 |
| 实验分析仪器制造 | 225.72 | 17.19 | 27.68 | 0.41 | 0.30 |
| 试验机制造 | 113.26 | 7.61 | 15.50 | 0.17 | |
| 供应用仪表及其他通用仪器制造 | 573.11 | 30.43 | 46.40 | 3.51 | 0.45 |
| 专用仪器仪表制造 | 1630.68 | 70.97 | 142.38 | 11.48 | 2.14 |
| 环境监测专用仪器仪表制造 | 217.69 | 11.60 | 16.49 | 1.35 | 0.40 |

单位：亿元

| 利息支出 | 投资收益（损失以"–"号记） | 营业利润 | 利润总额 | 亏损企业亏损额 | 平均用工人数（万人） |
|---|---|---|---|---|---|
| 5.35 | 0.20 | 34.12 | 35.02 | 3.25 | 9.32 |
| 4.39 | 0.18 | 35.02 | 34.45 | 3.45 | 13.33 |
| 10.21 | 3.92 | 78.17 | 81.46 | 6.98 | 11.62 |
| 9.51 | 3.89 | 70.54 | 73.66 | 6.87 | 10.13 |
| 0.70 | 0.02 | 7.64 | 7.80 | 0.11 | 1.48 |
| 25.23 | 18.87 | 342.53 | 347.30 | 15.14 | 64.33 |
| 4.99 | 10.34 | 100.22 | 99.88 | 2.36 | 16.88 |
| 18.00 | 3.93 | 212.64 | 216.84 | 11.07 | 39.77 |
| 2.24 | 4.60 | 29.67 | 30.58 | 1.71 | 7.68 |
| 2.91 | 0.66 | 38.39 | 40.22 | 2.94 | 7.47 |
| 1.05 | 0.52 | 16.14 | 17.00 | 0.53 | 3.02 |
| 1.86 | 0.14 | 22.25 | 23.22 | 2.40 | 4.46 |
| 414.37 | 266.72 | 4497.49 | 5070.17 | 445.98 | 890.26 |
| 43.66 | 50.38 | 690.16 | 741.72 | 44.26 | 120.36 |
| 18.94 | 42.19 | 282.07 | 312.75 | 21.65 | 40.86 |
| 13.75 | -8.55 | 137.12 | 139.40 | 9.76 | 36.74 |
| 6.06 | -6.39 | 158.23 | 164.38 | 10.03 | 27.38 |
| 4.90 | 23.13 | 112.74 | 125.19 | 2.82 | 15.40 |
| 117.51 | 105.94 | 1052.59 | 1241.56 | 145.63 | 200.62 |
| 61.37 | 61.14 | 705.58 | 854.06 | 14.28 | 71.93 |
| 56.14 | 44.80 | 347.02 | 387.49 | 131.35 | 128.69 |
| 13.35 | 2.01 | 144.56 | 152.13 | 14.53 | 23.98 |
| 1.91 | 0.15 | 13.71 | 14.43 | 1.12 | 1.04 |
| 8.48 | 1.63 | 82.98 | 86.87 | 11.20 | 17.93 |
| 2.96 | 0.24 | 47.87 | 50.83 | 2.20 | 5.00 |
| 3.98 | 2.05 | 26.31 | 30.46 | 1.51 | 4.64 |
| 32.66 | 19.83 | 285.80 | 319.74 | 11.54 | 64.16 |
| 22.82 | 16.72 | 142.22 | 169.31 | 3.21 | 22.73 |
| 2.97 | 1.30 | 63.42 | 65.00 | 3.06 | 21.85 |
| 6.86 | 1.82 | 80.16 | 85.43 | 5.27 | 19.58 |
| 116.08 | 39.44 | 898.98 | 1129.25 | 142.50 | 169.40 |
| 1.43 | 0.51 | 11.13 | 12.38 | 2.39 | 2.80 |
| 9.63 | 4.08 | 55.59 | 61.72 | 14.57 | 14.04 |
| 20.98 | 1.46 | 274.04 | 384.77 | 42.48 | 28.75 |
| 84.04 | 33.39 | 558.22 | 670.38 | 83.06 | 123.82 |
| 73.02 | 31.15 | 1076.42 | 1107.18 | 76.12 | 254.60 |
| 54.80 | 27.63 | 882.38 | 908.13 | 51.07 | 194.31 |
| 18.22 | 3.52 | 194.04 | 199.05 | 25.05 | 60.30 |
| 14.12 | 15.93 | 322.67 | 348.15 | 9.89 | 52.50 |
| 57.34 | 36.71 | 767.13 | 820.70 | 36.47 | 104.45 |
| 36.81 | 30.03 | 491.84 | 529.83 | 21.69 | 50.98 |
| 25.11 | 18.99 | 301.17 | 323.68 | 16.74 | 27.54 |
| 5.47 | 5.24 | 55.25 | 61.26 | 1.36 | 7.35 |
| 1.12 | 0.22 | 24.48 | 25.29 | 1.49 | 3.54 |
| 0.77 | 0.91 | 28.45 | 31.24 | 0.55 | 3.41 |
| 0.55 | 0.26 | 19.83 | 19.30 | 0.28 | 1.68 |
| 3.79 | 4.40 | 62.67 | 69.07 | 1.28 | 7.45 |
| 12.59 | 4.80 | 162.80 | 171.21 | 6.02 | 18.44 |
| 1.92 | 0.83 | 22.89 | 24.00 | 0.37 | 2.31 |

2-1 续表 44

| 行　　业 | 主营业务成　　本 | 销售费用 | 管理费用 | 财务费用 | 利息收入 |
|---|---|---|---|---|---|
| 运输设备及生产用计数仪表制造 | 563.98 | 17.48 | 48.89 | 4.30 | 0.40 |
| 导航、气象及海洋专用仪器制造 | 171.14 | 4.62 | 15.01 | 1.01 | 0.18 |
| 农林牧渔专用仪器仪表制造 | 54.83 | 0.61 | 2.09 | 0.30 | |
| 地质勘探和地震专用仪器制造 | 86.76 | 3.10 | 6.70 | 0.94 | 0.12 |
| 教学专用仪器制造 | 64.53 | 3.72 | 4.74 | 0.43 | 0.04 |
| 核子及核辐射测量仪器制造 | 24.17 | 0.54 | 2.40 | -0.01 | 0.12 |
| 电子测量仪器制造 | 205.14 | 15.46 | 24.01 | 1.12 | 0.20 |
| 其他专用仪器制造 | 242.44 | 13.84 | 22.05 | 2.05 | 0.67 |
| 钟表与计时仪器制造 | 356.14 | 16.94 | 25.75 | 1.27 | 0.25 |
| 光学仪器及眼镜制造 | 811.20 | 25.17 | 75.98 | 1.94 | 0.22 |
| 光学仪器制造 | 545.91 | 14.57 | 54.33 | -0.27 | |
| 眼镜制造 | 265.29 | 10.60 | 21.65 | 2.21 | 0.22 |
| 其他仪器仪表制造业 | 161.19 | 7.42 | 12.39 | 0.91 | 0.17 |
| 其他制造业 | 2395.38 | 66.82 | 137.20 | 17.55 | 3.25 |
| 日用杂品制造 | 1313.13 | 38.17 | 60.65 | 10.24 | 0.70 |
| 鬃毛加工、制刷及清扫工具制造 | 429.41 | 11.25 | 15.29 | 2.60 | 0.08 |
| 其他日用杂品制造 | 883.72 | 26.92 | 45.37 | 7.64 | 0.61 |
| 煤制品制造 | 207.73 | 5.52 | 7.30 | 1.94 | 0.02 |
| 废弃资源综合利用业 | 3680.42 | 45.23 | 83.60 | 32.17 | 1.50 |
| 金属废料和碎屑加工处理 | 2957.66 | 27.66 | 55.25 | 23.21 | 1.26 |
| 非金属废料和碎屑加工处理 | 722.76 | 17.57 | 28.36 | 8.96 | 0.24 |
| 金属制品、机械和设备修理业 | 1023.32 | 17.58 | 91.23 | 29.04 | 3.87 |
| 金属制品修理 | 66.36 | 2.22 | 3.88 | 1.14 | 0.03 |
| 通用设备修理 | 19.58 | 0.49 | 1.95 | 0.09 | 0.01 |
| 专用设备修理 | 45.65 | 3.58 | 5.96 | 3.04 | 0.20 |
| 铁路、船舶、航空航天等运输设备修理 | 813.94 | 10.16 | 73.54 | 24.10 | 3.48 |
| 铁路运输设备修理 | 55.78 | 1.16 | 7.20 | 0.75 | 0.04 |
| 船舶修理 | 344.20 | 6.85 | 29.11 | 20.94 | 2.34 |
| 航空航天器修理 | 395.20 | 2.02 | 32.73 | 3.18 | 0.32 |
| 其他运输设备修理 | 18.75 | 0.13 | 4.49 | -0.77 | 0.78 |
| 电气设备修理 | 20.09 | 0.09 | 1.87 | 0.06 | 0.01 |
| 仪器仪表修理 | 2.65 | 0.13 | 0.57 | 0.01 | 0.01 |
| 其他机械和设备修理业 | 55.06 | 0.90 | 3.47 | 0.60 | 0.13 |
| **电力、热力、燃气及水生产和供应业** | **55247.75** | **403.98** | **1338.19** | **2333.68** | **100.59** |
| 电力、热力生产和供应业 | 48394.00 | 110.26 | 896.37 | 2145.55 | 79.82 |
| 电力生产 | 13600.69 | 48.81 | 516.75 | 1666.90 | 49.36 |
| 火力发电 | 10316.23 | 23.74 | 314.89 | 690.59 | 29.06 |
| 水力发电 | 1630.45 | 13.73 | 113.56 | 522.20 | 9.22 |
| 核力发电 | 409.29 | 0.59 | 22.90 | 117.79 | -0.43 |
| 风力发电 | 651.33 | 5.35 | 25.22 | 218.61 | 7.91 |
| 太阳能发电 | 263.93 | 2.51 | 14.72 | 84.32 | 1.73 |
| 其他电力生产 | 329.46 | 2.88 | 25.47 | 33.39 | 1.87 |
| 电力供应 | 33047.29 | 39.01 | 242.69 | 417.38 | 26.54 |
| 热力生产和供应 | 1746.01 | 22.43 | 136.94 | 61.28 | 3.93 |
| 燃气生产和供应业 | 5244.09 | 166.57 | 209.15 | 78.16 | 8.67 |
| 水的生产和供应业 | 1609.66 | 127.16 | 232.67 | 109.97 | 12.10 |
| 自来水生产和供应 | 1173.22 | 121.44 | 189.68 | 63.97 | 7.15 |
| 污水处理及其再生利用 | 398.20 | 4.57 | 39.82 | 31.76 | 3.30 |
| 其他水的处理、利用与分配 | 38.24 | 1.15 | 3.17 | 14.24 | 1.65 |

单位：亿元

| 利息支出 | 投资收益（损失以“-”号记） | 营业利润 | 利润总额 | 亏损企业亏损额 | 平均用工人数（万人） |
|---|---|---|---|---|---|
| 3.70 | 0.31 | 51.65 | 52.46 | 2.20 | 5.74 |
| 1.26 | 0.03 | 9.92 | 11.30 | 0.36 | 1.94 |
| 0.23 |  | 4.22 | 4.30 |  | 0.32 |
| 1.18 | 0.27 | 8.13 | 8.53 | 1.01 | 0.86 |
| 0.38 | 0.02 | 6.12 | 5.94 | 0.09 | 1.06 |
| 0.10 | 0.79 | 1.98 | 2.53 |  | 0.26 |
| 1.73 | 0.31 | 26.91 | 28.34 | 1.64 | 3.26 |
| 2.10 | 2.24 | 30.98 | 33.79 | 0.35 | 2.71 |
| 1.38 | 0.11 | 25.68 | 26.70 | 2.06 | 11.11 |
| 5.42 | 1.85 | 73.58 | 78.42 | 5.62 | 21.08 |
| 3.69 | 1.70 | 47.62 | 52.50 | 4.51 | 11.71 |
| 1.73 | 0.15 | 25.97 | 25.91 | 1.11 | 9.36 |
| 1.14 | -0.08 | 13.23 | 14.54 | 1.07 | 2.84 |
| 17.31 | 2.50 | 167.05 | 176.33 | 11.43 | 41.69 |
| 8.95 | 0.03 | 84.65 | 85.30 | 6.84 | 27.18 |
| 2.31 | -0.17 | 28.68 | 28.87 | 0.17 | 7.18 |
| 6.64 | 0.20 | 55.97 | 56.43 | 6.67 | 20.00 |
| 1.19 | 0.01 | 7.75 | 7.70 | 1.74 | 1.55 |
| 21.54 | -3.15 | 193.10 | 213.18 | 22.50 | 18.28 |
| 15.11 | -1.75 | 150.70 | 167.12 | 13.40 | 12.09 |
| 6.43 | -1.40 | 42.40 | 46.06 | 9.10 | 6.19 |
| 28.45 | 20.26 | 14.41 | 14.22 | 64.04 | 17.04 |
| 1.09 | 0.07 | 5.01 | 4.62 | 0.02 | 0.77 |
| 0.08 | 0.04 | 0.90 | 1.01 | 0.21 | 0.70 |
| 3.16 | 18.74 | 21.16 | 22.27 | 0.29 | 0.92 |
| 23.75 | 1.39 | -15.73 | -16.95 | 62.68 | 13.02 |
| 0.79 | 0.03 | -2.70 | -0.20 | 1.57 | 1.21 |
| 19.97 | 0.03 | -31.01 | -39.93 | 53.16 | 6.37 |
| 2.96 | 1.08 | 15.05 | 20.01 | 7.95 | 5.15 |
| 0.04 | 0.25 | 2.92 | 3.17 |  | 0.28 |
| 0.06 |  | 0.40 | 0.49 | 0.13 | 0.70 |
|  |  | 0.12 | 0.14 |  | 0.13 |
| 0.32 | 0.01 | 2.55 | 2.63 | 0.70 | 0.81 |
| **2252.04** | **641.02** | **4363.58** | **4839.06** | **764.41** | **361.37** |
| 2066.79 | 563.22 | 3776.63 | 4126.41 | 629.04 | 288.09 |
| 1584.61 | 192.23 | 2419.78 | 2657.27 | 495.63 | 102.57 |
| 672.41 | 129.91 | 1180.72 | 1259.76 | 355.30 | 69.99 |
| 503.03 | 29.88 | 666.04 | 731.22 | 91.52 | 21.33 |
| 108.65 | 1.47 | 152.17 | 198.31 |  | 1.23 |
| 202.90 | 25.10 | 259.54 | 278.85 | 31.36 | 3.82 |
| 68.48 | 1.09 | 115.48 | 122.20 | 8.65 | 1.66 |
| 29.14 | 4.79 | 45.84 | 66.92 | 8.80 | 4.56 |
| 425.53 | 366.09 | 1412.51 | 1415.31 | 56.72 | 159.27 |
| 56.64 | 4.90 | -55.66 | 53.83 | 76.69 | 26.24 |
| 77.22 | 56.41 | 467.08 | 504.39 | 73.39 | 28.97 |
| 108.03 | 21.39 | 119.87 | 208.26 | 61.98 | 44.31 |
| 66.84 | 19.70 | 53.79 | 117.85 | 48.08 | 38.87 |
| 30.47 | 1.71 | 48.90 | 72.88 | 13.28 | 5.10 |
| 10.72 | -0.02 | 17.18 | 17.53 | 0.61 | 0.34 |

# 2-2 国有控股工业企业

| 行业 | 企业单位数（个） | 工业销售产值（当年价格） | 出口交货值 | 资产总计 |
|---|---|---|---|---|
| **总计** | **19022** | **227532.62** | **8548.33** | **417704.16** |
| **采矿业** | **1572** | **20782.20** | **25.46** | **70481.70** |
| 煤炭开采和洗选业 | 872 | 10349.32 | 12.53 | 39993.09 |
| 烟煤和无烟煤开采洗选 | 824 | 9919.48 | 12.53 | 38323.03 |
| 褐煤开采洗选 | 45 | 389.51 | | 1614.95 |
| 其他煤炭采选 | 3 | 40.33 | | 55.11 |
| 石油和天然气开采业 | 83 | 5578.76 | 0.76 | 18895.02 |
| 石油开采 | 53 | 4786.37 | 0.76 | 16292.28 |
| 天然气开采 | 30 | 792.39 | | 2602.74 |
| 黑色金属矿采选业 | 129 | 942.27 | | 5111.16 |
| 铁矿采选 | 115 | 902.54 | | 5053.28 |
| 锰矿、铬矿采选 | 10 | 11.08 | | 43.25 |
| 其他黑色金属矿采选 | 4 | 28.64 | | 14.62 |
| 有色金属矿采选业 | 251 | 2178.91 | 6.52 | 2904.92 |
| 常用有色金属矿采选 | 118 | 659.23 | 0.42 | 1256.84 |
| 贵金属矿采选 | 76 | 1101.01 | | 1138.81 |
| 稀有稀土金属矿采选 | 57 | 418.66 | 6.10 | 509.27 |
| 非金属矿采选业 | 197 | 565.24 | 3.17 | 1141.78 |
| 土砂石开采 | 102 | 219.16 | | 166.38 |
| 化学矿开采 | 32 | 90.74 | | 266.07 |
| 采盐 | 44 | 194.26 | 1.36 | 600.21 |
| 石棉及其他非金属矿采选 | 19 | 61.07 | 1.81 | 109.11 |
| 开采辅助活动 | 39 | 1166.78 | 2.48 | 2433.28 |
| 石油和天然气开采辅助活动 | 36 | 1162.71 | 2.48 | 2428.70 |
| **制造业** | **11741** | **151149.08** | **8431.12** | **214694.71** |
| 农副食品加工业 | 681 | 3473.23 | 47.98 | 2575.35 |
| 谷物磨制 | 239 | 770.57 | 0.25 | 498.08 |
| 饲料加工 | 66 | 174.69 | | 112.87 |
| 植物油加工 | 92 | 1294.49 | 1.51 | 907.45 |
| 制糖业 | 55 | 240.14 | | 318.14 |
| 屠宰及肉类加工 | 131 | 626.48 | 9.31 | 412.10 |
| 水产品加工 | 21 | 89.33 | 33.44 | 63.71 |
| 蔬菜、水果和坚果加工 | 34 | 106.09 | 1.31 | 84.10 |
| 其他农副食品加工 | 43 | 171.43 | 2.16 | 178.91 |
| 食品制造业 | 312 | 1110.86 | 54.16 | 1138.82 |
| 焙烤食品制造 | 34 | 42.94 | 0.38 | 31.98 |
| 方便食品制造 | 37 | 68.22 | 2.69 | 48.20 |
| 乳制品制造 | 78 | 498.71 | | 485.55 |
| 罐头食品制造 | 36 | 63.41 | 14.69 | 85.89 |
| 调味品、发酵制品制造 | 33 | 136.45 | 14.85 | 206.67 |
| 其他食品制造 | 92 | 294.78 | 21.41 | 266.00 |
| 酒、饮料和精制茶制造业 | 289 | 2623.49 | 57.68 | 4465.66 |
| 酒的制造 | 193 | 2373.50 | 48.91 | 4268.88 |
| 饮料制造 | 55 | 204.90 | 8.46 | 165.18 |
| 精制茶加工 | 41 | 45.08 | 0.31 | 31.60 |
| 烟草制品业 | 101 | 8795.89 | 40.47 | 10125.86 |

# 主要经济指标(大、中类行业)

单位：亿元

| 固定资产合计 | 固定资产原价 | 累计折旧 | 流动资产合计 | | | |
|---|---|---|---|---|---|---|
| | | | | 应收账款 | 存货 | |
| | | | | | | 产成品 |
| **178816.32** | **293838.46** | **126203.15** | **147311.79** | **28354.43** | **32462.33** | **9304.76** |
| **32764.77** | **55825.84** | **27255.63** | **20251.88** | **3042.19** | **2318.59** | **863.12** |
| 14566.26 | 20971.85 | 8906.67 | 13372.33 | 1828.23 | 1523.42 | 580.17 |
| 13927.01 | 20153.75 | 8587.99 | 12987.97 | 1750.56 | 1486.22 | 560.25 |
| 604.79 | 779.15 | 310.21 | 375.29 | 76.91 | 35.95 | 18.79 |
| 34.46 | 38.96 | 8.46 | 9.07 | 0.76 | 1.25 | 1.13 |
| 14505.29 | 29156.04 | 16045.55 | 2790.12 | 244.45 | 200.74 | 90.71 |
| 12776.97 | 26164.77 | 14707.98 | 2304.18 | 180.86 | 175.83 | 86.33 |
| 1728.31 | 2991.27 | 1337.57 | 485.94 | 63.59 | 24.91 | 4.39 |
| 1246.44 | 1774.69 | 571.10 | 1574.65 | 317.17 | 127.60 | 48.98 |
| 1240.39 | 1766.16 | 567.35 | 1559.93 | 315.22 | 125.12 | 46.85 |
| 2.40 | 5.51 | 3.13 | 10.01 | 1.05 | 0.86 | 0.68 |
| 3.66 | 3.03 | 0.62 | 4.70 | 0.90 | 1.62 | 1.45 |
| 1181.00 | 1575.71 | 556.21 | 799.97 | 83.07 | 232.44 | 91.04 |
| 476.10 | 663.20 | 239.88 | 331.99 | 46.13 | 75.74 | 27.87 |
| 447.00 | 586.28 | 215.34 | 313.53 | 24.06 | 108.90 | 34.72 |
| 257.90 | 326.23 | 101.00 | 154.45 | 12.87 | 47.80 | 28.46 |
| 371.23 | 471.07 | 187.16 | 501.17 | 55.91 | 81.43 | 43.16 |
| 48.90 | 78.05 | 28.28 | 75.93 | 14.31 | 9.66 | 7.27 |
| 69.17 | 102.33 | 33.46 | 105.31 | 20.27 | 35.39 | 15.11 |
| 235.83 | 259.74 | 109.85 | 293.77 | 19.13 | 30.37 | 17.29 |
| 17.33 | 30.95 | 15.58 | 26.16 | 2.21 | 6.01 | 3.49 |
| 893.37 | 1875.00 | 988.63 | 1213.10 | 513.35 | 152.51 | 8.97 |
| 892.47 | 1873.49 | 988.02 | 1209.43 | 513.01 | 151.32 | 7.84 |
| **65425.36** | **105966.91** | **45058.64** | **108062.67** | **22211.95** | **28854.40** | **8349.68** |
| 674.23 | 1039.79 | 410.41 | 1579.08 | 146.90 | 483.02 | 222.15 |
| 164.29 | 226.28 | 67.58 | 288.92 | 41.49 | 114.34 | 48.64 |
| 33.71 | 42.95 | 11.68 | 49.89 | 9.79 | 11.82 | 3.55 |
| 192.41 | 276.61 | 108.43 | 634.20 | 32.69 | 212.99 | 70.04 |
| 90.33 | 188.61 | 98.15 | 166.73 | 23.03 | 37.38 | 27.26 |
| 91.04 | 129.37 | 42.65 | 262.87 | 15.92 | 46.95 | 34.56 |
| 21.02 | 34.52 | 15.69 | 38.30 | 5.43 | 17.59 | 11.12 |
| 37.64 | 75.03 | 43.50 | 39.98 | 5.76 | 8.49 | 2.65 |
| 43.80 | 66.42 | 22.71 | 98.21 | 12.78 | 33.47 | 24.35 |
| 340.85 | 704.39 | 370.47 | 538.10 | 150.58 | 117.15 | 57.87 |
| 11.89 | 17.83 | 5.94 | 15.30 | 4.47 | 2.02 | 0.70 |
| 11.90 | 22.34 | 10.28 | 27.12 | 8.59 | 7.30 | 2.68 |
| 133.32 | 247.20 | 126.79 | 248.33 | 81.24 | 35.12 | 14.79 |
| 28.53 | 54.15 | 25.82 | 50.49 | 9.26 | 24.80 | 18.30 |
| 50.25 | 99.92 | 40.69 | 77.84 | 16.83 | 19.69 | 6.90 |
| 104.80 | 262.50 | 160.62 | 109.90 | 24.56 | 27.84 | 14.40 |
| 1020.49 | 1342.66 | 535.34 | 2853.72 | 141.72 | 728.19 | 207.51 |
| 982.75 | 1283.07 | 512.67 | 2729.30 | 130.01 | 700.75 | 190.17 |
| 28.13 | 45.03 | 17.30 | 106.89 | 9.61 | 22.00 | 15.09 |
| 9.61 | 14.56 | 5.36 | 17.54 | 2.10 | 5.44 | 2.25 |
| 1460.69 | 2737.93 | 1487.49 | 7110.27 | 826.41 | 4564.81 | 277.10 |

2-2 续表 1

| 行　　业 | 企业单位数（个） | 工业销售产值（当年价格） | 出口交货值 | 资产总计 |
|---|---|---|---|---|
| 烟叶复烤 | 37 | 179.19 | | 391.09 |
| 卷烟制造 | 46 | 8536.96 | 34.31 | 9640.55 |
| 其他烟草制品制造 | 18 | 79.74 | 6.16 | 94.22 |
| 纺织业 | 186 | 652.21 | 95.70 | 1238.25 |
| 棉纺织及印染精加工 | 104 | 431.62 | 52.11 | 881.80 |
| 毛纺织及染整精加工 | 20 | 46.87 | 4.25 | 67.15 |
| 麻纺织及染整精加工 | 6 | 5.66 | 0.84 | 10.38 |
| 丝绢纺织及印染精加工 | 9 | 49.84 | 0.90 | 78.32 |
| 化纤织造及印染精加工 | 6 | 8.70 | 2.51 | 11.42 |
| 针织或钩针编织物及其制品制造 | 13 | 53.32 | 16.92 | 53.26 |
| 家用纺织制成品制造 | 7 | 3.83 | 0.99 | 3.83 |
| 非家用纺织制成品制造 | 21 | 52.37 | 17.18 | 132.09 |
| 纺织服装、服饰业 | 163 | 182.50 | 17.94 | 275.48 |
| 机织服装制造 | 134 | 151.78 | 15.75 | 215.08 |
| 针织或钩针编织服装制造 | 17 | 23.40 | 1.79 | 40.42 |
| 服饰制造 | 12 | 7.33 | 0.41 | 19.98 |
| 皮革、毛皮、羽毛及其制品和制鞋业 | 30 | 88.24 | 3.15 | 75.34 |
| 皮革制品制造 | 3 | 2.05 | | 1.13 |
| 毛皮鞣制及制品加工 | 3 | 5.76 | 0.40 | 16.94 |
| 制鞋业 | 21 | 76.77 | 2.60 | 56.50 |
| 木材加工和木、竹、藤、棕、草制品业 | 95 | 223.22 | 24.68 | 276.61 |
| 木材加工 | 26 | 48.64 | 1.76 | 51.76 |
| 人造板制造 | 45 | 133.31 | 0.11 | 180.60 |
| 木制品制造 | 19 | 35.84 | 21.97 | 40.35 |
| 竹、藤、棕、草等制品制造 | 5 | 5.43 | 0.85 | 3.90 |
| 家具制造业 | 15 | 118.28 | 13.98 | 125.60 |
| 木质家具制造 | 9 | 9.81 | 0.34 | 8.47 |
| 其他家具制造 | 3 | 4.63 | | 9.23 |
| 造纸和纸制品业 | 96 | 713.07 | 37.72 | 1746.65 |
| 纸浆制造 | 5 | 42.03 | | 82.37 |
| 造纸 | 56 | 626.29 | 31.93 | 1625.09 |
| 纸制品制造 | 35 | 44.75 | 5.78 | 39.19 |
| 印刷和记录媒介复制业 | 284 | 472.04 | 8.59 | 739.52 |
| 印刷 | 271 | 462.46 | 7.41 | 719.90 |
| 装订及印刷相关服务 | 5 | 2.75 | | 5.15 |
| 记录媒介复制 | 8 | 6.82 | 1.18 | 14.47 |
| 文教、工美、体育和娱乐用品制造业 | 87 | 467.24 | 11.23 | 317.51 |
| 文教办公用品制造 | 11 | 11.30 | 2.29 | 12.21 |
| 乐器制造 | 11 | 26.87 | 1.96 | 49.64 |
| 工艺美术品制造 | 49 | 414.73 | 6.47 | 239.78 |
| 体育用品制造 | 8 | 6.51 | 0.29 | 4.94 |
| 玩具制造 | 5 | 5.39 | 0.22 | 6.75 |
| 游艺器材及娱乐用品制造 | 3 | 2.45 | | 4.20 |
| 石油加工、炼焦和核燃料加工业 | 221 | 18518.03 | 358.64 | 13452.09 |
| 精炼石油产品制造 | 150 | 17554.70 | 348.43 | 11537.29 |
| 炼焦 | 67 | 861.14 | 10.21 | 1660.33 |

单位：亿元

| 固定资产合计 | 固定资产原价 | 累计折旧 | 流动资产合计 | 应收账款 | 存货 | 产成品 |
|---|---|---|---|---|---|---|
| 104.81 | 178.71 | 89.61 | 254.62 | 20.87 | 52.31 | 48.45 |
| 1329.34 | 2513.73 | 1379.12 | 6793.17 | 783.49 | 4494.50 | 216.26 |
| 26.53 | 45.49 | 18.75 | 62.48 | 22.05 | 18.00 | 12.38 |
| 360.73 | 558.64 | 242.83 | 629.93 | 90.36 | 170.65 | 88.16 |
| 250.84 | 410.70 | 174.40 | 453.05 | 57.71 | 133.80 | 68.91 |
| 21.20 | 33.67 | 12.70 | 27.67 | 4.22 | 9.87 | 5.02 |
| 1.86 | 4.20 | 2.51 | 6.81 | 0.43 | 2.92 | 1.83 |
| 8.93 | 14.76 | 6.67 | 32.20 | 3.78 | 4.53 | 1.81 |
| 4.48 | 8.80 | 4.43 | 6.04 | 2.21 | 1.93 | 1.01 |
| 15.67 | 26.46 | 11.53 | 32.35 | 9.06 | 7.03 | 3.57 |
| 0.33 | 0.83 | 0.49 | 2.17 | 0.18 | 0.84 | 0.41 |
| 57.42 | 59.23 | 30.08 | 69.65 | 12.75 | 9.72 | 5.59 |
| 63.47 | 116.01 | 56.53 | 183.02 | 14.94 | 33.77 | 15.49 |
| 48.12 | 90.14 | 45.35 | 143.24 | 11.41 | 28.67 | 13.16 |
| 10.98 | 17.33 | 6.99 | 27.17 | 2.95 | 4.80 | 2.21 |
| 4.37 | 8.53 | 4.20 | 12.61 | 0.57 | 0.30 | 0.11 |
| 10.59 | 26.00 | 17.23 | 44.39 | 2.82 | 14.75 | 9.94 |
| 0.88 | 1.03 | 0.39 | 0.21 | 0.07 | 0.03 | 0.02 |
| 0.26 | 0.53 | 0.27 | 7.89 | 1.04 | 1.50 | 0.54 |
| 9.40 | 24.19 | 16.36 | 35.62 | 1.70 | 12.61 | 8.96 |
| 83.22 | 128.13 | 58.04 | 131.86 | 26.21 | 42.01 | 17.22 |
| 18.48 | 32.24 | 15.48 | 27.75 | 3.03 | 5.92 | 3.72 |
| 50.38 | 80.31 | 35.25 | 78.12 | 17.95 | 24.17 | 8.76 |
| 13.59 | 14.20 | 6.68 | 23.57 | 4.56 | 10.77 | 4.59 |
| 0.77 | 1.39 | 0.62 | 2.42 | 0.67 | 1.15 | 0.15 |
| 13.13 | 21.85 | 8.80 | 82.44 | 40.78 | 7.75 | 3.30 |
| 1.62 | 2.92 | 1.33 | 6.28 | 1.10 | 2.98 | 1.72 |
| 2.35 | 3.16 | 0.81 | 3.19 | 0.39 | 0.48 | 0.40 |
| 517.32 | 918.48 | 399.00 | 856.90 | 87.74 | 158.01 | 40.08 |
| 47.09 | 71.18 | 22.02 | 28.53 | 0.71 | 8.85 | 1.74 |
| 458.14 | 824.31 | 366.05 | 804.72 | 81.74 | 142.43 | 35.13 |
| 12.09 | 22.99 | 10.92 | 23.64 | 5.29 | 6.73 | 3.20 |
| 234.66 | 574.52 | 346.13 | 416.23 | 95.60 | 74.81 | 26.23 |
| 230.52 | 561.17 | 336.92 | 401.83 | 90.92 | 72.91 | 25.68 |
| 0.85 | 3.45 | 2.61 | 4.24 | 0.29 | 0.23 | 0.09 |
| 3.29 | 9.89 | 6.60 | 10.16 | 4.38 | 1.66 | 0.45 |
| 38.01 | 65.79 | 29.77 | 232.53 | 25.94 | 128.05 | 76.02 |
| 1.98 | 3.02 | 1.08 | 8.66 | 1.65 | 2.38 | 1.06 |
| 9.03 | 16.55 | 7.45 | 24.82 | 3.49 | 11.34 | 4.50 |
| 23.14 | 39.19 | 18.07 | 187.91 | 17.98 | 111.78 | 69.67 |
| 1.36 | 2.35 | 0.99 | 3.27 | 0.78 | 1.26 | 0.60 |
| 2.28 | 3.69 | 1.40 | 4.26 | 0.50 | 0.54 | 0.18 |
| 0.22 | 0.99 | 0.77 | 3.60 | 1.54 | 0.76 | 0.01 |
| 7203.58 | 11960.49 | 5946.05 | 4801.00 | 483.64 | 1590.00 | 395.31 |
| 6351.73 | 10686.49 | 5467.12 | 4091.01 | 352.48 | 1375.58 | 294.41 |
| 687.86 | 1019.34 | 374.41 | 639.81 | 112.61 | 193.09 | 88.61 |

2-2 续表 2

| 行　　业 | 企业单位数(个) | 工业销售产值(当年价格) | 出口交货值 | 资产总计 |
|---|---|---|---|---|
| 化学原料和化学制品制造业 | 1172 | 12170.85 | 494.20 | 21469.86 |
| 基础化学原料制造 | 347 | 4854.06 | 144.99 | 7264.14 |
| 肥料制造 | 197 | 2487.74 | 91.82 | 6011.37 |
| 农药制造 | 39 | 422.60 | 88.97 | 502.80 |
| 涂料、油墨、颜料及类似产品制造 | 68 | 163.10 | 8.71 | 288.72 |
| 合成材料制造 | 143 | 2003.02 | 46.07 | 4455.31 |
| 专用化学产品制造 | 239 | 1862.51 | 94.39 | 2221.47 |
| 炸药、火工及焰火产品制造 | 102 | 259.72 | 8.03 | 554.51 |
| 日用化学产品制造 | 37 | 118.10 | 11.22 | 171.54 |
| 医药制造业 | 431 | 2237.75 | 148.04 | 4493.22 |
| 化学药品原料药制造 | 76 | 463.81 | 96.54 | 1076.11 |
| 化学药品制剂制造 | 103 | 584.04 | 19.08 | 1249.97 |
| 中药饮片加工 | 45 | 86.27 | 1.42 | 94.77 |
| 中成药生产 | 136 | 728.00 | 5.36 | 1335.76 |
| 兽用药品制造 | 16 | 38.02 | 0.09 | 49.47 |
| 生物药品制造 | 47 | 249.58 | 16.15 | 638.45 |
| 卫生材料及医药用品制造 | 8 | 88.03 | 9.40 | 48.68 |
| 化学纤维制造业 | 43 | 770.49 | 66.04 | 922.77 |
| 纤维素纤维原料及纤维制造 | 26 | 514.98 | 43.62 | 602.61 |
| 合成纤维制造 | 17 | 255.51 | 22.42 | 320.16 |
| 橡胶和塑料制品业 | 259 | 856.90 | 141.10 | 1373.19 |
| 橡胶制品业 | 69 | 473.92 | 120.56 | 822.23 |
| 塑料制品业 | 190 | 382.98 | 20.54 | 550.96 |
| 非金属矿物制品业 | 1550 | 4950.91 | 102.44 | 9273.03 |
| 水泥、石灰和石膏制造 | 646 | 2868.67 | 19.41 | 5689.13 |
| 石膏、水泥制品及类似制品制造 | 546 | 1002.11 | 2.71 | 1467.08 |
| 砖瓦、石材等建筑材料制造 | 112 | 178.21 | 4.01 | 242.82 |
| 玻璃制造 | 21 | 74.57 | 3.76 | 238.21 |
| 玻璃制品制造 | 43 | 130.56 | 7.74 | 251.60 |
| 玻璃纤维和玻璃纤维增强塑料制品制造 | 33 | 282.16 | 46.78 | 594.37 |
| 陶瓷制品制造 | 30 | 44.00 | 5.39 | 101.69 |
| 耐火材料制品制造 | 36 | 62.64 | 4.72 | 187.89 |
| 石墨及其他非金属矿物制品制造 | 83 | 308.01 | 7.93 | 500.26 |
| 黑色金属冶炼和压延加工业 | 379 | 15783.68 | 1013.70 | 33719.50 |
| 炼铁 | 18 | 374.15 | 1.92 | 696.11 |
| 炼钢 | 13 | 2200.32 | 135.43 | 5568.54 |
| 黑色金属铸造 | 51 | 157.59 | 5.28 | 207.70 |
| 钢压延加工 | 255 | 12819.17 | 866.01 | 26939.81 |
| 铁合金冶炼 | 42 | 232.44 | 5.06 | 307.34 |
| 有色金属冶炼和压延加工业 | 498 | 11383.54 | 213.00 | 14362.20 |
| 常用有色金属冶炼 | 146 | 6325.77 | 81.75 | 9582.90 |
| 贵金属冶炼 | 76 | 1291.20 | 0.61 | 1411.98 |
| 稀有稀土金属冶炼 | 57 | 504.96 | 28.06 | 401.75 |
| 有色金属合金制造 | 57 | 676.71 | 40.79 | 774.50 |
| 有色金属铸造 | 11 | 40.88 | 1.67 | 59.11 |
| 有色金属压延加工 | 151 | 2544.03 | 60.12 | 2131.96 |

单位：亿元

| 固定资产合计 | 固定资产原价 | 累计折旧 | 流动资产合计 | | | |
|---|---|---|---|---|---|---|
| | | | | 应收账款 | 存货 | |
| | | | | | | 产成品 |
| 10919.87 | 16191.95 | 6095.18 | 6473.88 | 863.87 | 1437.54 | 552.09 |
| 3809.92 | 6461.62 | 2770.08 | 1950.56 | 251.81 | 437.04 | 143.79 |
| 2927.90 | 4270.49 | 1617.98 | 1882.04 | 135.22 | 418.05 | 163.50 |
| 138.78 | 251.36 | 132.70 | 250.73 | 40.21 | 71.95 | 27.43 |
| 69.97 | 111.52 | 44.41 | 105.01 | 23.95 | 22.12 | 10.12 |
| 2671.70 | 3436.74 | 889.50 | 1108.25 | 145.52 | 215.21 | 79.07 |
| 1082.75 | 1315.66 | 493.78 | 824.32 | 169.34 | 223.19 | 107.13 |
| 189.68 | 277.44 | 110.48 | 242.07 | 50.06 | 29.47 | 11.99 |
| 29.18 | 67.12 | 36.24 | 110.90 | 47.75 | 20.51 | 9.06 |
| 1063.10 | 1614.85 | 624.50 | 2295.61 | 394.38 | 478.66 | 185.15 |
| 310.78 | 468.62 | 178.34 | 423.29 | 68.00 | 88.77 | 39.34 |
| 290.64 | 466.89 | 190.55 | 686.88 | 125.41 | 97.83 | 40.19 |
| 21.51 | 28.94 | 8.67 | 52.19 | 17.60 | 18.66 | 7.64 |
| 235.86 | 361.14 | 150.04 | 810.80 | 114.68 | 202.15 | 65.60 |
| 18.96 | 31.27 | 12.44 | 24.87 | 3.64 | 6.46 | 3.22 |
| 168.39 | 231.39 | 74.83 | 266.29 | 54.19 | 55.30 | 20.43 |
| 16.97 | 26.60 | 9.63 | 31.29 | 10.86 | 9.49 | 8.73 |
| 421.24 | 801.71 | 379.27 | 362.88 | 31.28 | 100.50 | 34.24 |
| 300.26 | 463.15 | 173.51 | 243.48 | 19.66 | 72.14 | 18.57 |
| 120.98 | 338.56 | 205.77 | 119.40 | 11.62 | 28.36 | 15.67 |
| 450.75 | 753.95 | 337.01 | 668.26 | 156.16 | 173.65 | 93.69 |
| 302.51 | 479.32 | 198.10 | 355.99 | 74.61 | 91.23 | 53.35 |
| 148.24 | 274.63 | 138.91 | 312.27 | 81.55 | 82.42 | 40.34 |
| 3949.81 | 5875.82 | 2090.93 | 3922.01 | 1032.79 | 604.79 | 233.01 |
| 2902.43 | 4397.64 | 1540.14 | 2039.72 | 296.08 | 310.53 | 87.42 |
| 273.24 | 445.14 | 180.41 | 958.76 | 497.79 | 87.52 | 40.80 |
| 67.48 | 107.01 | 39.56 | 130.89 | 37.14 | 19.28 | 9.03 |
| 78.69 | 104.85 | 35.75 | 107.83 | 21.44 | 24.67 | 12.08 |
| 101.00 | 146.24 | 48.09 | 100.19 | 31.81 | 28.49 | 14.56 |
| 244.29 | 343.16 | 112.04 | 213.52 | 49.71 | 36.47 | 21.28 |
| 34.44 | 49.53 | 16.40 | 47.86 | 10.46 | 12.69 | 7.37 |
| 80.56 | 42.16 | 19.61 | 81.81 | 21.89 | 15.32 | 9.83 |
| 167.69 | 240.09 | 98.93 | 241.43 | 66.46 | 69.83 | 30.62 |
| 13620.07 | 23501.81 | 10387.16 | 11382.62 | 1376.16 | 3476.64 | 1098.72 |
| 219.17 | 356.77 | 149.89 | 241.14 | 24.32 | 56.83 | 10.39 |
| 2589.33 | 3741.91 | 1589.69 | 1735.09 | 161.41 | 609.76 | 350.76 |
| 60.21 | 114.71 | 56.98 | 127.43 | 46.48 | 48.84 | 23.93 |
| 10631.83 | 19080.43 | 8499.18 | 9150.66 | 1119.27 | 2721.99 | 698.28 |
| 119.53 | 207.99 | 91.43 | 128.29 | 24.68 | 39.23 | 15.35 |
| 4921.53 | 7976.78 | 3114.78 | 6120.56 | 680.15 | 2262.32 | 626.16 |
| 3618.24 | 5914.67 | 2366.78 | 4011.25 | 342.16 | 1611.36 | 401.90 |
| 262.97 | 361.74 | 129.35 | 588.82 | 41.95 | 171.73 | 30.98 |
| 73.71 | 146.28 | 76.13 | 252.23 | 60.98 | 107.86 | 58.53 |
| 302.48 | 502.99 | 157.51 | 311.71 | 80.81 | 104.75 | 33.51 |
| 11.64 | 23.95 | 12.47 | 28.86 | 8.19 | 6.44 | 4.31 |
| 652.49 | 1027.15 | 372.54 | 927.69 | 146.07 | 260.18 | 96.94 |

2-2 续表 3

| 行　　业 | 企业单位数<br>(个) | 工业销售产值<br>(当年价格) | 出口交货值 | 资产总计 |
|---|---|---|---|---|
| 金属制品业 | 468 | 1941.30 | 130.97 | 2936.47 |
| 结构性金属制品制造 | 188 | 673.52 | 28.00 | 996.53 |
| 金属工具制造 | 29 | 70.04 | 9.65 | 144.93 |
| 集装箱及金属包装容器制造 | 68 | 316.10 | 52.10 | 317.62 |
| 金属丝绳及其制品制造 | 24 | 107.43 | 5.12 | 268.90 |
| 建筑、安全用金属制品制造 | 14 | 44.26 | | 80.32 |
| 金属表面处理及热处理加工 | 22 | 70.38 | 0.77 | 93.48 |
| 金属制日用品制造 | 6 | 35.23 | 3.87 | 8.30 |
| 其他金属制品制造 | 117 | 624.33 | 31.45 | 1026.39 |
| 通用设备制造业 | 722 | 4434.99 | 280.42 | 9300.69 |
| 锅炉及原动设备制造 | 125 | 1399.65 | 91.23 | 3311.74 |
| 金属加工机械制造 | 104 | 450.79 | 15.86 | 1047.36 |
| 物料搬运设备制造 | 86 | 895.36 | 44.77 | 1752.68 |
| 泵、阀门、压缩机及类似机械制造 | 125 | 656.60 | 65.09 | 1040.25 |
| 轴承、齿轮和传动部件制造 | 62 | 244.10 | 20.58 | 477.30 |
| 烘炉、风机、衡器、包装等设备制造 | 84 | 404.08 | 25.21 | 869.48 |
| 文化、办公用机械制造 | 16 | 102.22 | 7.16 | 208.73 |
| 通用零部件制造 | 82 | 163.97 | 6.50 | 364.17 |
| 其他通用设备制造业 | 38 | 118.22 | 4.02 | 228.98 |
| 专用设备制造业 | 707 | 3927.68 | 323.08 | 8926.33 |
| 采矿、冶金、建筑专用设备制造 | 321 | 2674.14 | 271.84 | 6685.10 |
| 化工、木材、非金属加工专用设备制造 | 71 | 203.11 | 15.42 | 556.49 |
| 食品、饮料、烟草及饲料生产专用设备制造 | 21 | 68.78 | 0.47 | 111.18 |
| 印刷、制药、日化及日用品生产专用设备制造 | 20 | 48.85 | 4.10 | 98.68 |
| 纺织、服装和皮革加工专用设备制造 | 30 | 61.96 | 9.74 | 180.16 |
| 电子和电工机械专用设备制造 | 38 | 206.42 | 2.98 | 206.25 |
| 农、林、牧、渔专用机械制造 | 48 | 215.14 | 7.90 | 296.57 |
| 医疗仪器设备及器械制造 | 23 | 44.58 | 3.03 | 159.51 |
| 环保、社会公共服务及其他专用设备制造 | 135 | 404.69 | 7.59 | 632.39 |
| 汽车制造业 | 762 | 31323.29 | 593.21 | 31987.69 |
| 汽车整车制造 | 161 | 26256.37 | 475.20 | 26521.70 |
| 改装汽车制造 | 92 | 461.15 | 27.08 | 490.08 |
| 低速载货汽车制造 | 5 | 30.59 | | 22.11 |
| 汽车车身、挂车制造 | 17 | 75.20 | 0.03 | 100.56 |
| 汽车零部件及配件制造 | 486 | 4498.51 | 90.90 | 4850.95 |
| 铁路、船舶、航空航天和其他运输设备制造业 | 522 | 7679.07 | 1202.45 | 12915.05 |
| 铁路运输设备制造 | 162 | 2767.88 | 128.77 | 3979.68 |
| 城市轨道交通设备制造 | 23 | 112.85 | | 188.91 |
| 船舶及相关装置制造 | 136 | 2191.78 | 869.92 | 4402.76 |
| 航空、航天器及设备制造 | 160 | 2376.10 | 154.94 | 4098.79 |
| 摩托车制造 | 27 | 201.01 | 46.33 | 185.11 |
| 自行车制造 | 4 | 8.99 | 2.13 | 21.30 |
| 潜水救捞及其他未列明运输设备制造 | 8 | 17.13 | 0.35 | 32.55 |
| 电气机械和器材制造业 | 604 | 5481.29 | 426.72 | 8691.68 |
| 电机制造 | 117 | 1101.78 | 24.55 | 2252.23 |

单位：亿元

| 固定资产合计 | 固定资产原价 | 累计折旧 | 流动资产合计 | 应收账款 | 存货 | 产成品 |
|---|---|---|---|---|---|---|
| 721.88 | 1135.19 | 454.05 | 1710.75 | 478.03 | 466.68 | 164.22 |
| 202.05 | 288.10 | 90.51 | 611.70 | 200.95 | 186.92 | 71.37 |
| 39.42 | 80.77 | 42.39 | 88.08 | 25.23 | 25.11 | 12.47 |
| 83.60 | 135.32 | 52.16 | 186.97 | 57.31 | 42.65 | 10.08 |
| 80.77 | 84.56 | 23.10 | 158.82 | 33.29 | 41.80 | 32.62 |
| 11.83 | 19.94 | 8.65 | 63.22 | 15.31 | 14.12 | 1.70 |
| 20.65 | 51.88 | 31.67 | 44.84 | 9.94 | 7.86 | 2.57 |
| 1.06 | 2.30 | 1.25 | 6.95 | 0.77 | 1.31 | 0.23 |
| 282.50 | 472.30 | 204.32 | 550.17 | 135.23 | 146.92 | 33.17 |
| 1624.07 | 2527.89 | 1097.52 | 6057.69 | 1987.67 | 1560.42 | 538.09 |
| 438.58 | 763.63 | 354.08 | 2252.82 | 644.61 | 552.72 | 87.57 |
| 216.88 | 311.76 | 141.61 | 690.22 | 191.92 | 252.96 | 86.81 |
| 288.59 | 452.94 | 174.50 | 1150.32 | 454.95 | 287.35 | 170.92 |
| 206.39 | 334.88 | 149.16 | 658.63 | 243.42 | 148.51 | 60.18 |
| 138.13 | 233.45 | 99.96 | 255.01 | 86.45 | 82.87 | 39.03 |
| 146.06 | 186.78 | 74.97 | 573.78 | 193.73 | 116.44 | 35.87 |
| 17.80 | 28.41 | 10.62 | 120.29 | 52.04 | 30.24 | 19.55 |
| 96.56 | 147.02 | 67.29 | 217.34 | 62.12 | 53.35 | 23.67 |
| 75.10 | 69.02 | 25.33 | 139.27 | 58.44 | 36.00 | 14.48 |
| 1682.80 | 2668.06 | 1063.58 | 5953.88 | 2139.84 | 1729.97 | 532.23 |
| 1262.85 | 2004.90 | 801.73 | 4496.57 | 1675.49 | 1330.15 | 409.37 |
| 127.10 | 201.13 | 72.01 | 337.36 | 105.50 | 91.59 | 26.90 |
| 26.94 | 43.72 | 18.18 | 77.66 | 16.96 | 31.48 | 7.71 |
| 32.23 | 48.58 | 18.79 | 38.25 | 9.43 | 11.30 | 1.65 |
| 30.47 | 53.19 | 24.66 | 112.45 | 22.29 | 30.94 | 9.48 |
| 36.53 | 53.84 | 21.48 | 142.95 | 52.48 | 43.48 | 14.08 |
| 76.66 | 114.83 | 46.10 | 171.05 | 40.95 | 33.66 | 13.42 |
| 26.46 | 37.89 | 11.69 | 91.58 | 26.89 | 33.64 | 10.69 |
| 63.56 | 109.97 | 48.94 | 486.01 | 189.85 | 123.72 | 38.93 |
| 6314.69 | 10887.07 | 4871.76 | 18447.69 | 3833.11 | 2552.78 | 1365.45 |
| 5064.17 | 8855.25 | 4030.80 | 15042.66 | 2618.64 | 1890.96 | 1028.19 |
| 123.03 | 186.06 | 70.98 | 276.83 | 82.55 | 81.52 | 25.59 |
| 7.75 | 12.56 | 5.15 | 12.93 | 4.25 | 3.56 | 2.30 |
| 23.71 | 36.87 | 14.88 | 67.45 | 13.92 | 10.83 | 2.59 |
| 1095.08 | 1795.37 | 749.94 | 3046.65 | 1113.72 | 565.45 | 306.77 |
| 2702.76 | 3918.88 | 1550.05 | 8440.69 | 1927.16 | 2618.62 | 315.72 |
| 707.41 | 1068.24 | 416.01 | 2748.07 | 1003.29 | 634.43 | 164.22 |
| 44.59 | 66.30 | 18.49 | 121.44 | 58.07 | 23.77 | 3.72 |
| 1040.04 | 1401.75 | 510.16 | 2904.16 | 281.13 | 1048.41 | 60.99 |
| 855.81 | 1269.92 | 548.21 | 2532.21 | 544.89 | 892.97 | 78.16 |
| 45.73 | 100.33 | 54.50 | 103.66 | 29.43 | 14.29 | 6.27 |
| 1.05 | 1.85 | 0.80 | 8.55 | 2.02 | 0.93 | 0.42 |
| 7.97 | 10.27 | 1.82 | 18.07 | 5.49 | 3.49 | 1.92 |
| 1153.95 | 1857.47 | 817.04 | 6348.62 | 2086.56 | 1051.16 | 455.83 |
| 279.30 | 440.65 | 186.30 | 1664.81 | 697.28 | 359.04 | 95.41 |

2-2 续表 4

| 行业 | 企业单位数（个） | 工业销售产值（当年价格） | 出口交货值 | 资产总计 |
|---|---|---|---|---|
| 输配电及控制设备制造 | 252 | 1734.45 | 78.74 | 2864.06 |
| 电线、电缆、光缆及电工器材制造 | 95 | 795.10 | 25.24 | 669.24 |
| 电池制造 | 50 | 345.72 | 42.66 | 409.01 |
| 家用电力器具制造 | 29 | 1267.68 | 232.01 | 2141.45 |
| 非电力家用器具制造 | 15 | 62.36 | 1.37 | 147.33 |
| 照明器具制造 | 29 | 147.57 | 22.14 | 176.02 |
| 其他电气机械及器材制造 | 17 | 26.62 | | 32.34 |
| 计算机、通信和其他电子设备制造业 | 619 | 8677.94 | 2275.86 | 13488.57 |
| 计算机制造 | 54 | 975.74 | 297.78 | 1360.56 |
| 通信设备制造 | 127 | 2702.79 | 766.86 | 3462.95 |
| 广播电视设备制造 | 24 | 58.94 | 9.57 | 122.69 |
| 雷达及配套设备制造 | 26 | 378.68 | 34.65 | 554.67 |
| 视听设备制造 | 27 | 1786.17 | 327.57 | 1752.40 |
| 电子器件制造 | 190 | 2187.84 | 709.44 | 5310.61 |
| 电子元件制造 | 133 | 469.71 | 124.64 | 648.69 |
| 其他电子设备制造 | 38 | 118.08 | 5.36 | 276.00 |
| 仪器仪表制造业 | 236 | 873.65 | 12.25 | 1413.38 |
| 通用仪器仪表制造 | 136 | 609.83 | 8.52 | 874.24 |
| 专用仪器仪表制造 | 63 | 128.38 | 1.07 | 263.66 |
| 钟表与计时仪器制造 | 4 | 7.81 | 0.04 | 9.29 |
| 光学仪器及眼镜制造 | 28 | 124.69 | 2.58 | 227.73 |
| 其他仪器仪表制造业 | 5 | 2.95 | 0.05 | 38.46 |
| 其他制造业 | 67 | 398.39 | 14.81 | 976.95 |
| 日用杂品制造 | 3 | 0.93 | | 1.18 |
| 煤制品制造 | 7 | 26.62 | | 34.42 |
| 废弃资源综合利用业 | 57 | 239.33 | 0.82 | 200.72 |
| 金属废料和碎屑加工处理 | 32 | 212.81 | | 144.72 |
| 非金属废料和碎屑加工处理 | 25 | 26.52 | 0.82 | 56.01 |
| 金属制品、机械和设备修理业 | 85 | 579.71 | 220.10 | 1690.64 |
| 金属制品修理 | 6 | 4.24 | | 6.63 |
| 通用设备修理 | 8 | 4.44 | | 4.11 |
| 专用设备修理 | 8 | 5.76 | | 267.98 |
| 铁路、船舶、航空航天等运输设备修理 | 49 | 546.98 | 220.10 | 1385.66 |
| 电气设备修理 | 9 | 10.64 | | 13.72 |
| 其他机械和设备修理业 | 4 | 6.96 | | 12.27 |
| **电力、热力、燃气及水生产和供应业** | **5709** | **55601.33** | **91.75** | **132527.74** |
| 电力、热力生产和供应业 | 4255 | 51376.45 | 76.73 | 118654.85 |
| 电力生产 | 2845 | 14915.08 | 61.35 | 59337.79 |
| 电力供应 | 948 | 35503.81 | 15.25 | 55364.71 |
| 热力生产和供应 | 462 | 957.57 | 0.12 | 3952.35 |
| 燃气生产和供应业 | 417 | 2825.41 | 12.37 | 4302.26 |
| 水的生产和供应业 | 1037 | 1399.47 | 2.65 | 9570.63 |
| 自来水生产和供应 | 894 | 1187.48 | 2.65 | 7692.89 |
| 污水处理及其再生利用 | 140 | 210.85 | | 1870.94 |
| 其他水的处理、利用与分配 | 3 | 1.14 | | 6.81 |

单位：亿元

| 固定资产合计 | 固定资产原价 | 累计折旧 | 流动资产合计 | 应收账款 | 存货 | 产成品 |
|---|---|---|---|---|---|---|
| 436.74 | 704.16 | 307.68 | 2014.15 | 930.36 | 317.18 | 123.51 |
| 138.01 | 233.02 | 100.72 | 453.19 | 193.73 | 98.64 | 60.41 |
| 97.79 | 150.28 | 57.74 | 231.17 | 72.59 | 62.48 | 36.91 |
| 112.69 | 227.41 | 118.27 | 1785.91 | 125.66 | 167.27 | 117.12 |
| 65.90 | 50.46 | 18.20 | 67.22 | 17.62 | 13.79 | 6.69 |
| 21.60 | 48.64 | 27.11 | 103.57 | 36.01 | 23.58 | 14.98 |
| 1.91 | 2.85 | 1.02 | 28.60 | 13.31 | 9.18 | 0.79 |
| 2910.31 | 4583.75 | 1662.12 | 7805.64 | 2197.53 | 1690.31 | 620.62 |
| 116.47 | 190.63 | 79.62 | 728.55 | 174.61 | 143.11 | 65.28 |
| 288.65 | 480.08 | 196.97 | 2544.11 | 897.10 | 562.06 | 167.16 |
| 16.06 | 29.52 | 13.96 | 90.33 | 33.61 | 28.11 | 5.97 |
| 86.91 | 167.37 | 78.24 | 369.23 | 87.70 | 119.86 | 26.29 |
| 194.27 | 298.11 | 119.90 | 1273.08 | 252.33 | 348.25 | 140.25 |
| 2045.79 | 3122.43 | 1045.56 | 2249.64 | 560.34 | 363.94 | 169.57 |
| 126.49 | 242.71 | 110.66 | 381.48 | 142.59 | 87.28 | 34.35 |
| 35.68 | 52.90 | 17.22 | 169.22 | 49.26 | 37.70 | 11.75 |
| 217.52 | 367.98 | 150.33 | 965.53 | 345.25 | 198.19 | 47.18 |
| 69.85 | 128.75 | 60.12 | 655.63 | 255.26 | 134.54 | 25.89 |
| 77.47 | 117.33 | 37.48 | 154.74 | 45.44 | 33.91 | 12.25 |
| 0.25 | 0.92 | 0.74 | 8.55 | 0.91 | 4.82 | 2.54 |
| 65.03 | 113.67 | 49.58 | 129.77 | 39.48 | 22.82 | 6.38 |
| 4.92 | 7.32 | 2.41 | 16.83 | 4.16 | 2.09 | 0.12 |
| 303.88 | 454.57 | 194.55 | 560.58 | 84.58 | 189.43 | 38.88 |
| 0.30 | 0.56 | 0.26 | 0.83 | 0.29 | 0.14 | 0.04 |
| 12.06 | 40.49 | 15.09 | 9.35 | 1.74 | 2.92 | 0.79 |
| 69.83 | 90.63 | 23.13 | 90.11 | 33.97 | 10.13 | 3.96 |
| 39.01 | 48.63 | 10.51 | 74.20 | 29.72 | 8.35 | 3.15 |
| 30.82 | 42.01 | 12.62 | 15.91 | 4.25 | 1.78 | 0.81 |
| 356.32 | 563.85 | 237.59 | 996.19 | 429.83 | 139.64 | 8.04 |
| 2.97 | 4.68 | 1.74 | 2.96 | 0.80 | 0.34 | 0.05 |
| 0.50 | 0.89 | 0.49 | 3.47 | 1.96 | 0.48 | 0.08 |
| 2.20 | 43.11 | 37.55 | 53.25 | 2.74 | 2.17 | 0.16 |
| 345.39 | 503.95 | 192.04 | 918.18 | 416.39 | 133.68 | 7.60 |
| 3.20 | 7.20 | 3.81 | 9.12 | 5.68 | 0.81 | 0.04 |
| 2.04 | 3.93 | 1.88 | 8.96 | 2.04 | 2.16 | 0.12 |
| **80626.19** | **132045.71** | **53888.87** | **18997.24** | **3100.29** | **1289.33** | **91.96** |
| 74415.05 | 123116.98 | 50791.66 | 14975.03 | 2744.17 | 1102.35 | 71.35 |
| 42520.25 | 64046.56 | 22040.41 | 7532.89 | 2084.02 | 896.64 | 63.91 |
| 29959.39 | 56317.38 | 27784.87 | 6119.67 | 515.09 | 120.12 | 3.01 |
| 1935.41 | 2753.04 | 966.38 | 1322.47 | 145.05 | 85.58 | 4.43 |
| 1964.92 | 2627.12 | 687.75 | 1203.52 | 131.64 | 107.94 | 14.74 |
| 4246.22 | 6301.61 | 2409.46 | 2818.68 | 224.48 | 79.04 | 5.88 |
| 3248.20 | 5038.23 | 2098.03 | 2441.14 | 156.95 | 76.02 | 5.02 |
| 995.25 | 1256.94 | 307.76 | 374.35 | 67.07 | 3.02 | 0.85 |
| 2.77 | 6.44 | 3.67 | 3.20 | 0.46 | | |

2-2 续表 5

| 行　　业 | 负债合计 | 流动负债合　　计 | 应付账款 | 所 有 者权益合计 | 实收资本 |
|---|---|---|---|---|---|
| **总　　计** | **257235.38** | **172671.70** | **45763.92** | **160022.43** | **88731.47** |
| **采矿业** | **43810.45** | **27227.72** | **5462.30** | **26624.49** | **14070.35** |
| 煤炭开采和洗选业 | 28789.38 | 18492.55 | 3040.01 | 11164.41 | 4482.97 |
| 烟煤和无烟煤开采洗选 | 27713.30 | 17789.09 | 2940.32 | 10570.43 | 4228.66 |
| 褐煤开采洗选 | 1018.63 | 656.31 | 93.24 | 596.31 | 246.05 |
| 其他煤炭采选 | 57.45 | 47.15 | 6.44 | -2.33 | 8.26 |
| 石油和天然气开采业 | 8431.47 | 4031.84 | 1380.04 | 10463.55 | 6589.67 |
| 石油开采 | 7257.13 | 3383.01 | 1221.17 | 9035.15 | 5542.96 |
| 天然气开采 | 1174.34 | 648.83 | 158.87 | 1428.40 | 1046.72 |
| 黑色金属矿采选业 | 3065.19 | 2128.58 | 289.08 | 2042.40 | 896.01 |
| 铁矿采选 | 3042.22 | 2114.88 | 288.32 | 2007.50 | 884.75 |
| 锰矿、铬矿采选 | 10.73 | 8.86 | 0.48 | 32.52 | 8.88 |
| 其他黑色金属矿采选 | 12.25 | 4.84 | 0.28 | 2.37 | 2.37 |
| 有色金属矿采选业 | 1761.00 | 1045.19 | 153.16 | 1143.93 | 467.15 |
| 常用有色金属矿采选 | 724.87 | 510.57 | 65.15 | 531.97 | 270.80 |
| 贵金属矿采选 | 735.99 | 376.13 | 58.36 | 402.82 | 107.92 |
| 稀有稀土金属矿采选 | 300.14 | 158.50 | 29.64 | 209.14 | 88.42 |
| 非金属矿采选业 | 530.92 | 362.64 | 49.05 | 606.97 | 233.93 |
| 土砂石开采 | 80.95 | 62.95 | 7.92 | 86.24 | 33.89 |
| 化学矿开采 | 160.59 | 112.49 | 21.98 | 105.46 | 60.57 |
| 采盐 | 255.66 | 166.93 | 17.34 | 339.89 | 91.53 |
| 石棉及其他非金属矿采选 | 33.72 | 20.27 | 1.81 | 75.39 | 47.94 |
| 开采辅助活动 | 1231.28 | 1165.71 | 550.79 | 1202.00 | 1400.51 |
| 石油和天然气开采辅助活动 | 1228.79 | 1163.57 | 549.93 | 1199.91 | 1399.37 |
| **制造业** | **132439.55** | **105986.85** | **30792.00** | **81912.52** | **38751.71** |
| 农副食品加工业 | 1729.51 | 1459.90 | 192.11 | 842.89 | 427.46 |
| 谷物磨制 | 348.75 | 290.44 | 39.40 | 147.32 | 106.30 |
| 饲料加工 | 46.33 | 39.58 | 7.41 | 67.75 | 28.81 |
| 植物油加工 | 677.37 | 579.58 | 90.65 | 228.45 | 133.40 |
| 制糖业 | 203.57 | 179.94 | 24.89 | 114.64 | 48.33 |
| 屠宰及肉类加工 | 235.02 | 180.92 | 12.01 | 178.03 | 44.87 |
| 水产品加工 | 37.61 | 32.58 | 4.63 | 26.09 | 11.38 |
| 蔬菜、水果和坚果加工 | 48.72 | 38.18 | 4.17 | 35.37 | 18.38 |
| 其他农副食品加工 | 132.15 | 118.67 | 8.96 | 45.23 | 35.99 |
| 食品制造业 | 600.17 | 513.85 | 157.60 | 537.70 | 301.25 |
| 焙烤食品制造 | 15.03 | 10.82 | 3.22 | 16.95 | 11.56 |
| 方便食品制造 | 27.50 | 24.57 | 4.31 | 20.88 | 21.74 |
| 乳制品制造 | 232.14 | 208.52 | 91.04 | 252.29 | 118.80 |
| 罐头食品制造 | 65.18 | 61.62 | 7.77 | 20.72 | 26.76 |
| 调味品、发酵制品制造 | 104.41 | 86.71 | 20.95 | 102.26 | 37.20 |
| 其他食品制造 | 154.24 | 119.93 | 29.44 | 111.76 | 77.07 |
| 酒、饮料和精制茶制造业 | 1593.46 | 1407.27 | 191.66 | 2872.20 | 396.96 |
| 酒的制造 | 1469.77 | 1294.58 | 176.24 | 2799.11 | 360.31 |
| 饮料制造 | 107.44 | 101.46 | 14.06 | 57.74 | 31.46 |
| 精制茶加工 | 16.25 | 11.23 | 1.36 | 15.35 | 5.19 |
| 烟草制品业 | 2579.28 | 2525.51 | 1174.39 | 7542.46 | 1128.24 |

单位：亿元

| 国家资本 | 集体资本 | 法人资本 | 个人资本 | 港澳台资本 | 外商资本 | 主营业务收入 | 主营业务成本 |
|---|---|---|---|---|---|---|---|
| **56310.84** | **896.88** | **26596.77** | **2131.36** | **569.58** | **2232.51** | **238990.23** | **196284.81** |
| **9106.86** | **70.78** | **4390.46** | **252.67** | **6.05** | **243.77** | **23401.96** | **19463.64** |
| 2866.33 | 51.62 | 1373.14 | 172.17 | 3.00 | 16.97 | 13137.39 | 10369.66 |
| 2696.09 | 51.46 | 1295.25 | 166.64 | 3.00 | 16.48 | 12695.09 | 10025.39 |
| 161.97 | 0.17 | 77.88 | 5.53 |  | 0.49 | 400.92 | 302.00 |
| 8.26 |  |  |  |  |  | 41.38 | 42.28 |
| 4335.75 | 0.87 | 2032.63 | 0.18 | 1.03 | 219.22 | 5255.05 | 4605.46 |
| 3630.94 | 0.04 | 1910.88 | 0.06 | 1.03 |  | 4541.47 | 4149.71 |
| 704.81 | 0.83 | 121.75 | 0.12 |  | 219.22 | 713.58 | 455.75 |
| 738.69 | 4.72 | 141.73 | 10.87 |  |  | 988.71 | 862.38 |
| 735.65 | 4.72 | 138.72 | 5.66 |  |  | 949.36 | 833.95 |
| 3.04 |  | 0.64 | 5.21 |  |  | 10.71 | 8.10 |
|  |  | 2.37 |  |  |  | 28.64 | 20.33 |
| 257.80 | 6.05 | 185.43 | 9.52 | 1.97 | 6.39 | 2162.70 | 1840.19 |
| 120.90 | 4.27 | 133.68 | 4.00 | 1.97 | 5.99 | 644.56 | 493.19 |
| 80.84 | 1.36 | 23.73 | 1.84 |  | 0.16 | 1113.35 | 973.36 |
| 56.07 | 0.41 | 28.02 | 3.68 |  | 0.24 | 404.80 | 373.63 |
| 108.81 | 7.51 | 57.36 | 59.20 | 0.05 | 0.99 | 566.02 | 431.29 |
| 24.14 | 1.26 | 6.62 | 1.86 |  |  | 218.36 | 176.45 |
| 29.82 | 0.14 | 22.03 | 8.03 | 0.05 | 0.50 | 84.66 | 57.57 |
| 50.67 | 5.81 | 27.66 | 6.97 |  | 0.42 | 201.27 | 155.90 |
| 4.17 | 0.31 | 1.05 | 42.33 |  | 0.07 | 61.73 | 41.39 |
| 799.39 | 0.01 | 600.18 | 0.73 |  | 0.20 | 1291.15 | 1354.06 |
| 799.29 | 0.01 | 599.15 | 0.73 |  | 0.20 | 1287.12 | 1350.63 |
| **19791.49** | **634.36** | **14831.90** | **1560.15** | **339.06** | **1606.23** | **160681.52** | **128149.91** |
| 247.89 | 9.11 | 123.12 | 33.49 | 5.74 | 8.10 | 3715.96 | 3368.73 |
| 50.35 | 2.28 | 36.92 | 13.22 | 1.05 | 2.48 | 824.44 | 760.46 |
| 5.85 | 0.50 | 11.19 | 10.38 | 0.91 |  | 173.97 | 148.93 |
| 111.03 | 0.38 | 14.94 | 2.96 |  | 4.09 | 1473.28 | 1384.37 |
| 28.23 | 4.00 | 15.60 | 0.50 |  |  | 250.85 | 210.77 |
| 22.07 | 0.17 | 21.97 | 0.53 |  | 0.13 | 629.32 | 553.70 |
| 4.06 |  | 4.98 | 1.68 |  | 0.65 | 92.92 | 83.89 |
| 8.48 | 0.71 | 6.97 | 2.22 |  |  | 108.23 | 92.69 |
| 17.82 | 1.08 | 10.55 | 2.00 | 3.79 | 0.76 | 162.95 | 133.92 |
| 104.80 | 12.25 | 140.81 | 21.46 | 2.83 | 19.10 | 1179.60 | 914.38 |
| 3.41 | 0.07 | 7.41 | 0.09 | 0.21 | 0.38 | 43.18 | 32.74 |
| 13.45 | 0.19 | 4.49 | 0.48 | 0.90 | 2.23 | 68.36 | 55.02 |
| 33.99 | 8.56 | 61.83 | 8.19 |  | 6.23 | 575.42 | 435.41 |
| 10.52 | 0.47 | 15.52 | 0.11 | 0.08 | 0.06 | 64.16 | 56.16 |
| 14.68 | 0.24 | 5.75 | 7.24 |  | 9.30 | 124.01 | 98.35 |
| 28.72 | 2.72 | 37.72 | 5.36 | 1.65 | 0.91 | 298.14 | 231.90 |
| 166.34 | 3.49 | 153.69 | 64.08 | 2.66 | 6.71 | 2695.61 | 1634.63 |
| 147.94 | 2.76 | 140.78 | 60.05 | 2.65 | 6.14 | 2489.62 | 1473.40 |
| 15.63 | 0.35 | 11.53 | 3.37 | 0.01 | 0.57 | 161.42 | 125.74 |
| 2.77 | 0.39 | 1.38 | 0.65 |  |  | 44.57 | 35.50 |
| 661.91 | 12.43 | 453.40 | 0.08 |  | 0.42 | 8623.37 | 2440.16 |

2-2 续表 6

| 行　业 | 负债合计 | 流动负债合计 | 应付账款 | 所有者权益合计 | 实收资本 |
|---|---|---|---|---|---|
| 烟叶复烤 | 40.74 | 38.81 | 16.55 | 346.23 | 229.29 |
| 卷烟制造 | 2514.50 | 2463.31 | 1150.62 | 7126.05 | 861.26 |
| 其他烟草制品制造 | 24.04 | 23.40 | 7.23 | 70.18 | 37.69 |
| 纺织业 | 729.27 | 555.13 | 75.49 | 500.15 | 207.19 |
| 棉纺织及印染精加工 | 527.95 | 396.62 | 59.90 | 345.61 | 162.77 |
| 毛纺织及染整精加工 | 37.84 | 29.15 | 4.97 | 28.80 | 12.66 |
| 麻纺织及染整精加工 | 3.40 | 2.22 | 0.68 | 6.98 | 3.65 |
| 丝绢纺织及印染精加工 | 37.90 | 23.64 | 1.71 | 40.42 | 1.91 |
| 化纤织造及印染精加工 | 2.97 | 2.97 | 0.50 | 8.45 | 1.64 |
| 针织或钩针编织物及其制品制造 | 29.72 | 23.92 | 2.41 | 23.47 | 4.87 |
| 家用纺织制成品制造 | 2.60 | 2.22 | 0.65 | 1.23 | 0.80 |
| 非家用纺织制成品制造 | 86.89 | 74.39 | 4.66 | 45.20 | 18.89 |
| 纺织服装、服饰业 | 123.36 | 98.41 | 21.49 | 152.11 | 50.26 |
| 机织服装制造 | 99.76 | 78.99 | 17.96 | 115.31 | 41.33 |
| 针织或钩针编织服装制造 | 13.17 | 9.60 | 3.04 | 27.25 | 7.49 |
| 服饰制造 | 10.42 | 9.82 | 0.49 | 9.55 | 1.44 |
| 皮革、毛皮、羽毛及其制品和制鞋业 | 29.75 | 20.35 | 5.69 | 45.59 | 13.61 |
| 皮革制品制造 | 0.17 | 0.17 | 0.01 | 0.96 | 0.37 |
| 毛皮鞣制及制品加工 | 5.76 | 1.38 | 0.18 | 11.19 | 1.71 |
| 制鞋业 | 23.40 | 18.58 | 5.47 | 33.11 | 11.27 |
| 木材加工和木、竹、藤、棕、草制品业 | 189.38 | 139.44 | 26.91 | 92.78 | 50.15 |
| 木材加工 | 32.76 | 27.56 | 2.09 | 18.79 | 10.98 |
| 人造板制造 | 127.31 | 89.45 | 17.99 | 59.06 | 28.31 |
| 木制品制造 | 26.62 | 21.34 | 6.66 | 13.73 | 10.14 |
| 竹、藤、棕、草等制品制造 | 2.70 | 1.09 | 0.17 | 1.20 | 0.71 |
| 家具制造业 | 87.10 | 86.15 | 45.96 | 38.51 | 13.72 |
| 木质家具制造 | 3.79 | 3.79 | 0.69 | 4.68 | 3.18 |
| 其他家具制造 | 4.24 | 3.73 | 0.23 | 4.99 | 3.07 |
| 造纸和纸制品业 | 1126.59 | 837.70 | 87.03 | 619.31 | 409.24 |
| 纸浆制造 | 69.78 | 37.16 | 5.89 | 12.59 | 22.27 |
| 造纸 | 1033.92 | 779.03 | 75.30 | 590.42 | 376.15 |
| 纸制品制造 | 22.89 | 21.51 | 5.83 | 16.30 | 10.82 |
| 印刷和记录媒介复制业 | 248.96 | 213.82 | 68.06 | 489.96 | 247.23 |
| 印刷 | 243.40 | 208.83 | 66.23 | 476.55 | 240.94 |
| 装订及印刷相关服务 | 1.15 | 1.14 | 0.20 | 4.01 | 0.77 |
| 记录媒介复制 | 4.41 | 3.85 | 1.64 | 9.41 | 5.52 |
| 文教、工美、体育和娱乐用品制造业 | 185.43 | 169.02 | 60.10 | 132.32 | 64.61 |
| 文教办公用品制造 | 5.58 | 5.56 | 1.01 | 6.63 | 3.64 |
| 乐器制造 | 19.49 | 14.04 | 4.60 | 30.14 | 21.10 |
| 工艺美术品制造 | 152.99 | 142.63 | 52.24 | 87.03 | 35.84 |
| 体育用品制造 | 1.97 | 1.40 | 0.57 | 2.97 | 2.03 |
| 玩具制造 | 2.85 | 2.85 | 0.59 | 3.89 | 0.71 |
| 游艺器材及娱乐用品制造 | 2.54 | 2.53 | 1.10 | 1.66 | 1.29 |
| 石油加工、炼焦和核燃料加工业 | 8192.99 | 6231.22 | 1716.59 | 5227.67 | 3702.40 |
| 精炼石油产品制造 | 6506.19 | 5049.45 | 1438.93 | 5000.52 | 3292.23 |
| 炼焦 | 1518.45 | 1136.57 | 257.07 | 141.03 | 356.89 |

单位：亿元

| 国家资本 | 集体资本 | 法人资本 | 个人资本 | 港澳台资本 | 外商资本 | 主营业务收入 | 主营业务成本 |
|---|---|---|---|---|---|---|---|
| 135.03 | 12.06 | 81.73 | 0.05 | | 0.42 | 205.84 | 141.85 |
| 493.39 | 0.30 | 367.57 | | | | 8345.63 | 2246.92 |
| 33.49 | 0.08 | 4.10 | 0.03 | | | 71.90 | 51.38 |
| 106.58 | 1.77 | 72.90 | 22.27 | 0.95 | 2.72 | 874.01 | 801.47 |
| 85.81 | 0.67 | 52.60 | 20.27 | 0.76 | 2.65 | 616.90 | 572.62 |
| 9.00 | 0.04 | 2.40 | 1.22 | | | 46.33 | 40.79 |
| 0.02 | 0.04 | 3.58 | 0.01 | | | 4.66 | 4.36 |
| 0.84 | | 0.97 | 0.10 | | | 54.10 | 49.22 |
| 0.54 | | 0.88 | 0.03 | 0.19 | | 9.02 | 7.87 |
| 0.66 | 1.01 | 3.13 | 0.08 | | | 60.38 | 53.30 |
| 0.08 | 0.01 | 0.71 | | | 0.01 | 4.43 | 3.80 |
| 9.64 | | 8.64 | 0.55 | | 0.06 | 78.19 | 69.51 |
| 21.51 | 0.32 | 25.68 | 1.15 | 1.15 | 0.46 | 187.65 | 142.59 |
| 18.85 | 0.25 | 19.96 | 1.03 | 1.15 | 0.08 | 150.96 | 113.41 |
| 1.89 | 0.06 | 5.14 | 0.02 | | 0.38 | 29.57 | 25.17 |
| 0.76 | | 0.59 | 0.09 | | | 7.13 | 4.01 |
| 8.69 | 0.12 | 4.40 | 0.38 | 0.01 | | 116.19 | 103.98 |
| 0.03 | | 0.12 | 0.23 | | | 2.05 | 1.52 |
| 1.61 | | | 0.10 | | | 6.29 | 5.75 |
| 6.91 | 0.12 | 4.17 | 0.06 | 0.01 | | 104.00 | 92.92 |
| 20.01 | 0.87 | 20.29 | 8.55 | 0.42 | | 202.59 | 175.61 |
| 6.87 | 0.61 | 3.02 | 0.15 | 0.32 | | 48.09 | 42.26 |
| 7.67 | | 15.25 | 5.39 | | | 112.44 | 95.16 |
| 5.23 | 0.26 | 1.55 | 3.01 | 0.10 | | 36.87 | 33.61 |
| 0.24 | | 0.47 | | | | 5.18 | 4.58 |
| 2.78 | | 6.78 | 0.20 | 3.70 | 0.26 | 117.03 | 98.36 |
| 0.58 | | 2.33 | | | 0.26 | 10.02 | 8.37 |
| | | 2.94 | 0.13 | | | 4.75 | 3.38 |
| 299.37 | 2.40 | 64.72 | 23.77 | 1.16 | 17.82 | 715.06 | 603.06 |
| 16.86 | | 5.41 | | | | 36.34 | 21.23 |
| 277.36 | 2.23 | 54.54 | 23.47 | 0.75 | 17.80 | 633.28 | 543.66 |
| 5.16 | 0.18 | 4.77 | 0.30 | 0.41 | 0.01 | 45.44 | 38.16 |
| 126.28 | 2.23 | 106.57 | 8.14 | 1.09 | 2.92 | 483.32 | 379.20 |
| 125.21 | 2.16 | 101.47 | 8.13 | 1.09 | 2.87 | 473.17 | 371.89 |
| 0.57 | | 0.15 | | | 0.05 | 3.17 | 2.43 |
| 0.49 | 0.07 | 4.95 | 0.01 | | | 6.97 | 4.88 |
| 33.83 | 1.34 | 25.72 | 1.98 | 0.19 | 1.55 | 580.64 | 521.71 |
| 2.60 | | 0.80 | 0.02 | 0.09 | 0.13 | 11.42 | 9.46 |
| 17.63 | | 1.74 | 1.68 | | 0.05 | 25.88 | 21.02 |
| 10.88 | 0.98 | 22.30 | 0.24 | 0.10 | 1.33 | 527.17 | 478.57 |
| 1.51 | 0.26 | 0.20 | 0.05 | | 0.01 | 7.88 | 6.60 |
| | | 0.68 | | | 0.03 | 5.39 | 3.79 |
| 1.20 | 0.10 | | | | | 2.90 | 2.26 |
| 2524.81 | 10.08 | 1052.39 | 42.96 | 48.10 | 20.16 | 18732.36 | 12713.33 |
| 2303.31 | 1.52 | 882.26 | 34.03 | 47.85 | 19.36 | 17846.74 | 11911.80 |
| 169.22 | 8.56 | 169.14 | 8.93 | 0.25 | 0.80 | 834.29 | 768.43 |

2-2 续表 7

| 行业 | 负债合计 | 流动负债合计 | 应付账款 | 所有者权益合计 | 实收资本 |
|---|---|---|---|---|---|
| 化学原料和化学制品制造业 | 14421.56 | 9661.28 | 1928.10 | 6864.41 | 4815.49 |
| 基础化学原料制造 | 4471.97 | 2956.59 | 612.18 | 2741.20 | 2036.42 |
| 肥料制造 | 4641.48 | 3273.84 | 537.99 | 1368.16 | 944.63 |
| 农药制造 | 306.79 | 268.50 | 63.54 | 196.01 | 68.72 |
| 涂料、油墨、颜料及类似产品制造 | 131.79 | 93.58 | 21.67 | 149.78 | 105.07 |
| 合成材料制造 | 3163.11 | 1705.72 | 421.58 | 1178.65 | 1054.57 |
| 专用化学产品制造 | 1375.38 | 1107.53 | 210.10 | 845.60 | 469.88 |
| 炸药、火工及焰火产品制造 | 238.04 | 174.03 | 37.51 | 306.17 | 93.72 |
| 日用化学产品制造 | 93.00 | 81.49 | 23.53 | 78.85 | 42.49 |
| 医药制造业 | 1861.34 | 1441.57 | 318.99 | 2627.82 | 740.72 |
| 化学药品原料药制造 | 525.82 | 340.81 | 61.66 | 546.83 | 147.03 |
| 化学药品制剂制造 | 497.65 | 417.96 | 96.97 | 752.32 | 252.88 |
| 中药饮片加工 | 47.61 | 39.64 | 18.48 | 46.75 | 13.34 |
| 中成药生产 | 547.80 | 457.36 | 108.08 | 787.78 | 183.67 |
| 兽用药品制造 | 16.77 | 14.27 | 2.07 | 32.70 | 9.84 |
| 生物药品制造 | 212.46 | 158.41 | 21.33 | 425.99 | 128.87 |
| 卫生材料及医药用品制造 | 13.22 | 13.12 | 10.38 | 35.46 | 5.09 |
| 化学纤维制造业 | 542.72 | 428.22 | 84.83 | 380.06 | 184.68 |
| 纤维素纤维原料及纤维制造 | 382.94 | 294.25 | 60.48 | 219.67 | 103.38 |
| 合成纤维制造 | 159.78 | 133.97 | 24.35 | 160.39 | 81.30 |
| 橡胶和塑料制品业 | 800.75 | 623.46 | 145.29 | 572.51 | 324.14 |
| 橡胶制品业 | 519.68 | 404.66 | 91.20 | 302.55 | 199.43 |
| 塑料制品业 | 281.07 | 218.79 | 54.09 | 269.96 | 124.71 |
| 非金属矿物制品业 | 5762.65 | 4644.02 | 950.37 | 3502.81 | 2120.09 |
| 水泥、石灰和石膏制造 | 3632.51 | 2834.54 | 416.20 | 2051.69 | 1296.45 |
| 石膏、水泥制品及类似制品制造 | 937.19 | 872.75 | 313.30 | 527.14 | 256.35 |
| 砖瓦、石材等建筑材料制造 | 138.76 | 108.42 | 26.68 | 103.43 | 56.17 |
| 玻璃制造 | 155.90 | 132.27 | 31.52 | 82.32 | 55.63 |
| 玻璃制品制造 | 140.97 | 108.09 | 25.34 | 110.85 | 80.36 |
| 玻璃纤维和玻璃纤维增强塑料制品制造 | 341.14 | 231.89 | 46.56 | 253.81 | 177.49 |
| 陶瓷制品制造 | 66.67 | 60.30 | 18.85 | 35.02 | 21.86 |
| 耐火材料制品制造 | 95.24 | 90.22 | 25.24 | 92.57 | 29.09 |
| 石墨及其他非金属矿物制品制造 | 254.28 | 205.54 | 46.68 | 245.98 | 146.69 |
| 黑色金属冶炼和压延加工业 | 23977.25 | 19694.06 | 4126.81 | 9739.53 | 6162.23 |
| 炼铁 | 635.75 | 579.78 | 86.82 | 60.13 | 126.97 |
| 炼钢 | 3995.68 | 3338.51 | 686.90 | 1572.42 | 615.72 |
| 黑色金属铸造 | 155.34 | 143.60 | 44.61 | 52.36 | 43.91 |
| 钢压延加工 | 18969.82 | 15449.65 | 3277.13 | 7967.94 | 5277.73 |
| 铁合金冶炼 | 220.66 | 182.52 | 31.35 | 86.68 | 97.89 |
| 有色金属冶炼和压延加工业 | 10134.22 | 7298.51 | 1216.40 | 4210.66 | 2419.23 |
| 常用有色金属冶炼 | 7068.89 | 5056.09 | 832.81 | 2513.65 | 1415.65 |
| 贵金属冶炼 | 928.64 | 619.36 | 87.74 | 482.99 | 125.67 |
| 稀有稀土金属冶炼 | 151.84 | 133.60 | 28.77 | 250.53 | 100.94 |
| 有色金属合金制造 | 507.28 | 351.91 | 94.50 | 267.22 | 201.05 |
| 有色金属铸造 | 38.26 | 31.52 | 16.68 | 20.85 | 16.38 |
| 有色金属压延加工 | 1439.31 | 1106.02 | 155.90 | 675.41 | 559.54 |

单位：亿元

| 国家资本 | 集体资本 | 法人资本 | 个人资本 | 港澳台资本 | 外商资本 | 主营业务收入 | 主营业务成本 |
|---|---|---|---|---|---|---|---|
| 2329.93 | 83.73 | 1965.56 | 159.31 | 13.62 | 263.35 | 13051.56 | 11064.13 |
| 859.42 | 54.52 | 874.00 | 29.67 | 10.86 | 207.95 | 5284.04 | 4432.40 |
| 531.99 | 9.05 | 334.53 | 60.78 | 1.63 | 6.65 | 2752.07 | 2481.85 |
| 32.64 | 2.01 | 23.38 | 7.89 | 0.50 | 2.30 | 442.86 | 375.99 |
| 67.83 | 0.05 | 31.81 | 5.06 |  | 0.32 | 168.81 | 139.78 |
| 480.41 | 3.48 | 531.14 | 19.92 | 0.24 | 19.38 | 2082.33 | 1699.25 |
| 286.68 | 9.75 | 127.61 | 20.90 | 0.36 | 24.59 | 1933.46 | 1655.29 |
| 52.25 | 4.86 | 27.81 | 7.38 |  | 1.43 | 264.05 | 187.15 |
| 18.71 | 0.01 | 15.28 | 7.70 | 0.04 | 0.74 | 123.93 | 92.41 |
| 317.36 | 9.07 | 283.56 | 87.26 | 12.12 | 31.36 | 2449.66 | 1563.72 |
| 69.67 | 0.48 | 46.19 | 30.30 |  | 0.39 | 477.45 | 350.68 |
| 120.61 | 1.90 | 87.81 | 12.83 | 2.60 | 27.13 | 706.83 | 448.37 |
| 5.37 | 0.06 | 6.23 | 1.68 |  |  | 84.33 | 64.59 |
| 56.58 | 4.06 | 81.79 | 29.34 | 9.51 | 2.39 | 821.59 | 501.52 |
| 3.08 |  | 4.79 | 0.83 |  | 1.15 | 32.91 | 14.67 |
| 60.05 | 2.57 | 56.65 | 9.30 |  | 0.30 | 239.25 | 120.22 |
| 1.99 |  | 0.11 | 2.99 |  |  | 87.30 | 63.68 |
| 90.16 | 4.95 | 57.65 | 15.28 | 6.73 | 9.91 | 779.70 | 644.48 |
| 65.60 | 4.48 | 12.87 | 4.54 | 6.73 | 9.14 | 519.79 | 410.70 |
| 24.55 | 0.47 | 44.77 | 10.74 |  | 0.77 | 259.91 | 233.78 |
| 187.70 | 7.60 | 89.73 | 20.96 | 3.67 | 14.47 | 891.76 | 766.73 |
| 140.79 | 5.69 | 32.60 | 11.25 | 0.30 | 8.79 | 495.71 | 433.05 |
| 46.91 | 1.91 | 57.13 | 9.71 | 3.37 | 5.68 | 396.05 | 333.67 |
| 983.92 | 43.30 | 949.49 | 111.92 | 6.04 | 25.43 | 4865.33 | 3975.68 |
| 613.95 | 26.61 | 567.71 | 67.95 | 4.39 | 15.83 | 2774.42 | 2225.24 |
| 132.74 | 7.63 | 106.18 | 8.97 | 0.43 | 0.39 | 973.12 | 812.03 |
| 26.45 | 0.56 | 24.71 | 2.91 | 0.24 | 1.31 | 176.27 | 150.35 |
| 11.63 |  | 36.55 | 6.29 | 0.50 | 0.66 | 88.05 | 74.99 |
| 62.32 | 0.40 | 13.95 | 2.90 |  | 0.79 | 149.24 | 129.14 |
| 36.44 | 4.96 | 132.94 | 0.73 | 0.20 | 2.22 | 277.15 | 217.03 |
| 11.76 |  | 2.43 | 7.38 | 0.29 |  | 41.64 | 32.15 |
| 20.77 | 0.95 | 4.39 | 2.43 |  | 0.55 | 77.55 | 67.60 |
| 67.86 | 2.19 | 60.63 | 12.33 |  | 3.67 | 307.88 | 267.15 |
| 2804.04 | 254.32 | 2837.09 | 160.56 | 34.07 | 72.15 | 16754.65 | 15231.68 |
| 15.66 | 0.70 | 109.57 | 0.02 |  | 1.01 | 369.74 | 352.12 |
| 391.94 | 0.51 | 223.26 | 0.01 |  |  | 2115.69 | 1871.75 |
| 17.95 | 0.01 | 23.25 | 2.37 | 0.05 | 0.28 | 154.57 | 136.84 |
| 2322.75 | 252.49 | 2463.61 | 151.72 | 34.02 | 53.14 | 13875.74 | 12654.24 |
| 55.74 | 0.60 | 17.39 | 6.44 |  | 17.72 | 238.91 | 216.74 |
| 1539.93 | 35.29 | 672.22 | 117.40 | 17.64 | 36.74 | 16253.53 | 15277.75 |
| 946.41 | 23.43 | 355.40 | 58.41 | 9.33 | 22.67 | 11183.09 | 10605.57 |
| 62.74 | 4.64 | 34.30 | 11.23 | 6.37 | 6.40 | 1323.26 | 1222.47 |
| 33.82 | 0.73 | 35.98 | 25.82 | 0.07 | 4.53 | 500.77 | 444.32 |
| 163.50 | 0.09 | 31.20 | 5.17 |  | 1.09 | 772.39 | 695.18 |
| 10.67 | 0.51 | 3.33 | 0.49 |  | 1.38 | 53.45 | 44.79 |
| 322.79 | 5.90 | 212.01 | 16.28 | 1.88 | 0.67 | 2420.56 | 2265.42 |

2-2 续表 8

| 行　业 | 负债合计 | 流动负债合　计 | 应付账款 | 所有者权益合计 | 实收资本 |
|---|---|---|---|---|---|
| 金属制品业 | 1797.74 | 1555.10 | 475.15 | 1105.56 | 751.82 |
| 结构性金属制品制造 | 666.66 | 571.19 | 192.38 | 296.93 | 297.44 |
| 金属工具制造 | 70.55 | 63.66 | 14.79 | 74.39 | 39.53 |
| 集装箱及金属包装容器制造 | 198.00 | 186.20 | 42.89 | 119.39 | 81.83 |
| 金属丝绳及其制品制造 | 208.25 | 196.00 | 76.76 | 60.64 | 60.80 |
| 建筑、安全用金属制品制造 | 58.52 | 57.55 | 8.98 | 21.80 | 21.60 |
| 金属表面处理及热处理加工 | 60.13 | 53.84 | 13.17 | 33.35 | 24.28 |
| 金属制日用品制造 | 5.01 | 4.99 | 0.53 | 3.29 | 1.31 |
| 其他金属制品制造 | 530.61 | 421.66 | 125.64 | 495.78 | 225.04 |
| 通用设备制造业 | 5962.23 | 4992.49 | 1533.80 | 3332.59 | 1232.96 |
| 锅炉及原动设备制造 | 2118.24 | 1800.51 | 540.02 | 1193.50 | 369.71 |
| 金属加工机械制造 | 721.12 | 538.23 | 131.69 | 325.78 | 141.54 |
| 物料搬运设备制造 | 1201.43 | 1055.25 | 272.51 | 549.32 | 146.85 |
| 泵、阀门、压缩机及类似机械制造 | 585.62 | 492.77 | 183.45 | 454.65 | 200.40 |
| 轴承、齿轮和传动部件制造 | 292.75 | 234.44 | 66.69 | 184.43 | 103.41 |
| 烘炉、风机、衡器、包装等设备制造 | 558.82 | 474.29 | 203.20 | 310.66 | 110.87 |
| 文化、办公用机械制造 | 101.60 | 78.14 | 28.27 | 106.71 | 45.84 |
| 通用零部件制造 | 212.01 | 186.47 | 63.99 | 149.22 | 80.41 |
| 其他通用设备制造业 | 170.64 | 132.39 | 43.97 | 58.32 | 33.93 |
| 专用设备制造业 | 6022.30 | 4739.94 | 1472.37 | 2886.65 | 1538.94 |
| 采矿、冶金、建筑专用设备制造 | 4654.81 | 3597.09 | 1075.77 | 1991.81 | 1125.06 |
| 化工、木材、非金属加工专用设备制造 | 345.90 | 275.81 | 71.78 | 231.09 | 105.97 |
| 食品、饮料、烟草及饲料生产专用设备制造 | 38.87 | 35.47 | 18.36 | 72.31 | 29.14 |
| 印刷、制药、日化及日用品生产专用设备制造 | 54.31 | 39.06 | 9.07 | 43.09 | 25.52 |
| 纺织、服装和皮革加工专用设备制造 | 116.13 | 92.38 | 31.97 | 66.52 | 32.45 |
| 电子和电工机械专用设备制造 | 135.02 | 101.77 | 48.80 | 71.23 | 38.41 |
| 农、林、牧、渔专用机械制造 | 188.06 | 152.70 | 47.00 | 108.45 | 61.34 |
| 医疗仪器设备及器械制造 | 92.18 | 85.54 | 19.31 | 67.33 | 24.72 |
| 环保、社会公共服务及其他专用设备制造 | 397.01 | 360.12 | 150.30 | 234.82 | 96.33 |
| 汽车制造业 | 18957.09 | 16393.60 | 7408.81 | 13022.41 | 4086.96 |
| 汽车整车制造 | 15284.71 | 13244.85 | 6059.89 | 11216.10 | 3094.62 |
| 改装汽车制造 | 389.00 | 315.20 | 101.07 | 127.06 | 96.36 |
| 低速载货汽车制造 | 19.07 | 15.64 | 4.38 | 3.03 | 19.19 |
| 汽车车身、挂车制造 | 56.73 | 48.16 | 19.33 | 33.64 | 22.02 |
| 汽车零部件及配件制造 | 3206.30 | 2768.46 | 1223.30 | 1641.57 | 853.77 |
| 铁路、船舶、航空航天和其他运输设备制造业 | 8769.00 | 7313.69 | 2717.47 | 4146.44 | 2315.95 |
| 铁路运输设备制造 | 2446.75 | 2211.40 | 1182.17 | 1532.92 | 749.65 |
| 城市轨道交通设备制造 | 125.97 | 108.05 | 64.13 | 62.94 | 58.84 |
| 船舶及相关装置制造 | 3439.87 | 2605.94 | 755.07 | 960.82 | 726.49 |
| 航空、航天器及设备制造 | 2603.06 | 2251.57 | 670.42 | 1498.17 | 724.34 |
| 摩托车制造 | 117.01 | 108.73 | 38.17 | 68.10 | 41.52 |
| 自行车制造 | 6.24 | 3.95 | 2.12 | 15.06 | 6.13 |
| 潜水救捞及其他未列明运输设备制造 | 24.64 | 18.60 | 2.85 | 7.90 | 8.69 |
| 电气机械和器材制造业 | 6062.81 | 5471.89 | 2010.73 | 2625.52 | 1217.44 |
| 电机制造 | 1681.86 | 1478.83 | 567.89 | 577.22 | 342.76 |

单位：亿元

| 国家资本 | 集体资本 | 法人资本 | 个人资本 | 港澳台资本 | 外商资本 | 主营业务收入 | 主营业务成本 |
|---|---|---|---|---|---|---|---|
| 456.49 | 6.31 | 249.42 | 18.67 | 4.51 | 16.15 | 2007.25 | 1767.36 |
| 189.05 | 0.39 | 98.30 | 6.86 | 0.96 | 1.87 | 683.78 | 604.12 |
| 22.21 | 2.82 | 13.65 | 0.55 |  | 0.31 | 71.50 | 55.80 |
| 24.29 | 0.28 | 45.72 | 3.19 | 0.42 | 7.93 | 299.48 | 275.30 |
| 32.15 |  | 25.99 | 1.53 | 1.10 | 0.03 | 135.98 | 124.73 |
| 5.95 | 1.45 | 11.72 | 0.63 |  | 1.85 | 50.42 | 44.36 |
| 10.85 | 0.04 | 11.32 | 0.22 | 0.17 | 1.69 | 89.73 | 82.27 |
| 0.76 |  | 0.32 | 0.09 |  | 0.14 | 35.23 | 32.15 |
| 171.23 | 1.34 | 42.40 | 5.60 | 1.87 | 2.34 | 641.14 | 548.63 |
| 611.07 | 11.17 | 462.91 | 81.60 | 8.19 | 54.20 | 4676.69 | 3933.22 |
| 184.24 | 0.26 | 115.76 | 33.13 | 0.79 | 34.92 | 1427.91 | 1189.91 |
| 102.47 | 1.08 | 32.26 | 3.75 | 0.05 | 1.92 | 523.78 | 461.70 |
| 63.79 | 0.28 | 62.28 | 8.64 | 0.01 | 8.39 | 963.76 | 795.50 |
| 76.27 | 0.61 | 103.05 | 11.23 | 5.26 | 3.98 | 684.96 | 590.59 |
| 50.85 | 1.45 | 45.34 | 5.57 |  | 0.45 | 259.96 | 225.34 |
| 44.16 | 6.77 | 43.82 | 10.79 | 2.03 | 3.30 | 407.63 | 330.23 |
| 35.56 |  | 3.85 | 5.35 |  | 1.08 | 105.49 | 82.90 |
| 40.58 | 0.41 | 37.66 | 1.54 | 0.05 | 0.16 | 185.38 | 160.87 |
| 13.14 | 0.31 | 18.89 | 1.59 |  |  | 117.82 | 96.18 |
| 804.46 | 13.48 | 557.30 | 110.32 | 6.34 | 47.04 | 4048.66 | 3529.80 |
| 628.22 | 1.97 | 368.43 | 85.74 | 3.45 | 37.24 | 2687.24 | 2401.49 |
| 48.48 | 2.34 | 41.34 | 6.59 | 2.59 | 4.62 | 219.12 | 181.31 |
| 10.31 |  | 18.72 | 0.11 |  |  | 67.45 | 50.06 |
| 7.00 |  | 16.67 | 1.44 |  | 0.40 | 39.72 | 32.86 |
| 13.94 | 0.13 | 10.68 | 4.33 | 0.29 | 3.09 | 61.81 | 52.71 |
| 27.45 | 0.36 | 8.74 | 1.86 |  |  | 189.73 | 158.10 |
| 17.20 | 0.45 | 42.82 | 0.87 |  |  | 279.47 | 247.64 |
| 3.59 | 5.01 | 10.30 | 5.70 |  | 0.12 | 101.22 | 78.79 |
| 48.27 | 3.21 | 39.61 | 3.68 |  | 1.56 | 402.90 | 326.84 |
| 1465.63 | 46.41 | 1571.40 | 121.25 | 100.17 | 784.00 | 32780.34 | 26666.00 |
| 952.57 | 30.54 | 1199.08 | 97.79 | 91.95 | 722.69 | 27537.04 | 22236.41 |
| 47.74 | 2.25 | 44.52 | 2.03 |  | 1.72 | 395.11 | 353.57 |
| 1.11 |  | 9.24 | 0.24 |  | 8.60 | 28.81 | 25.94 |
| 16.98 | 0.09 | 3.68 | 1.03 | 0.24 |  | 72.13 | 65.72 |
| 446.23 | 13.53 | 314.88 | 20.16 | 7.97 | 50.99 | 4745.78 | 3982.98 |
| 1745.84 | 8.57 | 496.27 | 27.81 | 7.43 | 42.63 | 7440.20 | 6283.14 |
| 556.43 | 5.35 | 162.81 | 14.83 | 5.52 | 4.72 | 2732.64 | 2170.04 |
| 25.94 | 0.12 | 30.00 | 0.05 |  | 2.74 | 124.92 | 103.56 |
| 506.26 | 1.63 | 182.27 | 2.17 | 1.92 | 21.44 | 2017.04 | 1839.14 |
| 633.82 | 1.18 | 104.52 | 3.63 |  | 4.60 | 2348.47 | 1985.41 |
| 13.61 | 0.12 | 15.13 | 5.49 |  | 7.16 | 191.65 | 162.85 |
| 2.39 | 0.17 | 0.61 | 0.99 |  | 1.97 | 9.87 | 8.55 |
| 7.37 |  | 0.67 | 0.65 |  |  | 12.29 | 10.50 |
| 604.35 | 18.04 | 463.13 | 103.96 | 6.30 | 21.66 | 5773.46 | 4799.32 |
| 175.50 | 0.95 | 159.70 | 6.12 |  | 0.49 | 1283.75 | 1117.27 |

2-2 续表 9

| 行　业 | 负债合计 | 流动负债合计 | 应付账款 | 所有者权益合计 | 实收资本 |
|---|---|---|---|---|---|
| 输配电及控制设备制造 | 1824.27 | 1604.35 | 667.94 | 1036.53 | 488.54 |
| 电线、电缆、光缆及电工器材制造 | 415.76 | 364.42 | 86.86 | 253.48 | 105.23 |
| 电池制造 | 234.53 | 175.38 | 56.07 | 167.80 | 83.08 |
| 家用电力器具制造 | 1702.48 | 1681.43 | 553.79 | 438.79 | 110.37 |
| 非电力家用器具制造 | 92.59 | 67.31 | 19.67 | 54.73 | 42.88 |
| 照明器具制造 | 88.82 | 79.36 | 46.04 | 87.11 | 38.43 |
| 其他电气机械及器材制造 | 22.48 | 20.80 | 12.46 | 9.86 | 6.15 |
| 计算机、通信和其他电子设备制造业 | 7213.51 | 5400.54 | 1871.25 | 6273.54 | 3133.46 |
| 计算机制造 | 596.60 | 508.95 | 151.61 | 763.96 | 134.63 |
| 通信设备制造 | 2069.91 | 1705.08 | 703.16 | 1392.92 | 354.74 |
| 广播电视设备制造 | 73.39 | 66.17 | 23.45 | 49.30 | 31.14 |
| 雷达及配套设备制造 | 337.62 | 286.70 | 102.21 | 215.92 | 63.86 |
| 视听设备制造 | 1122.22 | 1011.98 | 254.14 | 630.02 | 127.02 |
| 电子器件制造 | 2495.14 | 1447.00 | 507.65 | 2815.47 | 2260.69 |
| 电子元件制造 | 370.38 | 277.94 | 101.03 | 278.21 | 132.55 |
| 其他电子设备制造 | 148.25 | 96.72 | 28.00 | 127.75 | 28.82 |
| 仪器仪表制造业 | 752.51 | 657.48 | 292.71 | 650.09 | 220.64 |
| 通用仪器仪表制造 | 486.56 | 437.59 | 212.67 | 379.39 | 130.88 |
| 专用仪器仪表制造 | 131.44 | 118.53 | 41.24 | 130.25 | 47.98 |
| 钟表与计时仪器制造 | 4.00 | 3.77 | 1.16 | 5.28 | 0.93 |
| 光学仪器及眼镜制造 | 107.16 | 85.77 | 33.92 | 120.07 | 38.66 |
| 其他仪器仪表制造业 | 23.35 | 11.82 | 3.72 | 15.11 | 2.19 |
| 其他制造业 | 653.67 | 459.13 | 157.30 | 322.34 | 123.61 |
| 日用杂品制造 | 0.46 | 0.46 | 0.25 | 0.72 | 0.28 |
| 煤制品制造 | 31.99 | 20.09 | 5.87 | 2.43 | 5.75 |
| 废弃资源综合利用业 | 147.81 | 124.52 | 26.10 | 53.50 | 44.19 |
| 金属废料和碎屑加工处理 | 100.27 | 86.30 | 20.57 | 45.04 | 29.63 |
| 非金属废料和碎屑加工处理 | 47.54 | 38.22 | 5.53 | 8.47 | 14.55 |
| 金属制品、机械和设备修理业 | 1185.13 | 829.61 | 232.46 | 502.41 | 306.85 |
| 金属制品修理 | 2.82 | 1.42 | 0.82 | 3.81 | 0.99 |
| 通用设备修理 | 1.80 | 1.77 | 1.24 | 2.31 | 0.92 |
| 专用设备修理 | 67.63 | 31.65 | 2.40 | 200.35 | 62.44 |
| 铁路、船舶、航空航天等运输设备修理 | 1097.62 | 780.85 | 221.72 | 285.06 | 236.31 |
| 电气设备修理 | 10.20 | 10.16 | 3.43 | 3.52 | 5.44 |
| 其他机械和设备修理业 | 4.80 | 3.49 | 2.62 | 7.35 | 0.61 |
| **电力、热力、燃气及水生产和供应业** | **80985.37** | **39457.14** | **9509.61** | **51485.43** | **35909.41** |
| 电力、热力生产和供应业 | 73309.78 | 35307.81 | 8832.81 | 45293.07 | 31449.77 |
| 电力生产 | 40844.89 | 16530.92 | 3087.47 | 18498.92 | 14049.89 |
| 电力供应 | 29682.56 | 17125.29 | 5377.86 | 25635.58 | 16689.10 |
| 热力生产和供应 | 2782.34 | 1651.60 | 367.48 | 1158.58 | 710.78 |
| 燃气生产和供应业 | 2392.59 | 1612.00 | 323.39 | 1907.70 | 2095.80 |
| 水的生产和供应业 | 5283.00 | 2537.32 | 353.41 | 4284.65 | 2363.84 |
| 自来水生产和供应 | 4272.82 | 2089.92 | 235.50 | 3417.08 | 1794.18 |
| 污水处理及其再生利用 | 1006.55 | 444.94 | 116.90 | 864.39 | 568.90 |
| 其他水的处理、利用与分配 | 3.63 | 2.46 | 1.01 | 3.18 | 0.76 |

单位：亿元

| 国家资本 | 集体资本 | 法人资本 | 个人资本 | 港澳台资本 | 外商资本 | 主营业务收入 | 主营业务成本 |
|---|---|---|---|---|---|---|---|
| 292.46 | 7.35 | 144.59 | 35.24 | 1.47 | 7.44 | 1663.79 | 1362.99 |
| 56.39 | 4.69 | 33.57 | 5.24 | 0.05 | 5.29 | 775.14 | 691.06 |
| 27.35 | 1.06 | 52.11 | 0.72 |  | 1.85 | 367.76 | 322.97 |
| 24.10 |  | 37.00 | 43.00 | 4.64 | 1.63 | 1431.28 | 1090.84 |
| 12.99 |  | 28.75 | 1.01 |  | 0.14 | 77.38 | 68.00 |
| 12.06 | 4.00 | 5.01 | 12.46 | 0.14 | 4.77 | 148.50 | 123.91 |
| 3.50 |  | 2.40 | 0.19 |  | 0.06 | 25.86 | 22.27 |
| 1091.27 | 30.64 | 1735.99 | 157.28 | 39.22 | 71.90 | 8654.36 | 7024.20 |
| 34.36 | 2.47 | 70.76 | 25.00 |  | 2.05 | 1012.65 | 835.97 |
| 148.04 | 6.67 | 136.99 | 40.82 | 11.81 | 3.25 | 2551.29 | 1907.17 |
| 17.03 | 0.23 | 11.42 | 1.59 | 0.37 | 0.50 | 68.92 | 53.02 |
| 56.92 | 0.02 | 5.65 | 1.28 |  |  | 368.53 | 305.50 |
| 51.07 | 5.74 | 49.77 | 17.62 | 0.07 | 2.75 | 1865.40 | 1570.94 |
| 711.92 | 9.39 | 1401.29 | 61.15 | 17.24 | 59.69 | 2186.41 | 1859.37 |
| 61.29 | 3.58 | 47.51 | 8.24 | 9.64 | 2.31 | 472.84 | 394.01 |
| 10.65 | 2.55 | 12.60 | 1.59 | 0.09 | 1.35 | 128.32 | 98.22 |
| 121.45 | 1.67 | 80.63 | 25.98 | 0.70 | 1.73 | 896.78 | 743.12 |
| 72.16 | 1.34 | 38.65 | 16.52 | 0.56 | 1.66 | 618.37 | 523.78 |
| 18.29 | 0.28 | 21.92 | 7.45 | 0.03 | 0.01 | 131.16 | 100.07 |
| 0.50 | 0.05 | 0.32 | 0.05 |  |  | 7.79 | 5.64 |
| 28.33 |  | 19.74 | 1.94 | 0.11 | 0.05 | 121.45 | 98.25 |
| 2.17 |  |  | 0.02 |  |  | 18.01 | 15.38 |
| 86.69 | 0.28 | 26.68 | 10.52 | 0.01 | 0.02 | 377.95 | 311.09 |
| 0.07 |  | 0.20 | 0.01 |  |  | 0.93 | 0.71 |
| 2.17 |  | 3.55 | 0.03 |  |  | 22.74 | 21.77 |
| 21.04 | 3.06 | 17.10 | 1.54 | 0.95 | 0.49 | 182.03 | 166.62 |
| 15.32 | 1.61 | 10.13 | 1.44 | 0.95 | 0.17 | 154.85 | 143.87 |
| 5.72 | 1.45 | 6.97 | 0.10 |  | 0.32 | 27.17 | 22.75 |
| 205.37 | 0.05 | 65.29 | 0.03 | 3.34 | 32.78 | 574.24 | 504.64 |
| 0.36 |  | 0.58 |  |  | 0.05 | 4.34 | 3.26 |
| 0.78 |  | 0.08 |  |  | 0.05 | 4.37 | 3.38 |
| 61.95 | 0.01 | 0.48 |  |  |  | 14.14 | 10.54 |
| 138.69 | 0.04 | 61.53 | 0.03 | 3.34 | 32.68 | 532.89 | 471.16 |
| 2.83 |  | 2.62 |  |  |  | 11.26 | 10.17 |
| 0.61 |  |  |  |  |  | 6.54 | 5.54 |
| **27412.49** | **191.73** | **7374.41** | **318.54** | **224.47** | **382.51** | **54906.75** | **48671.26** |
| 24766.25 | 175.51 | 5813.44 | 280.72 | 140.57 | 268.02 | 50631.60 | 45093.77 |
| 8766.04 | 163.85 | 4476.14 | 238.76 | 137.78 | 262.07 | 14857.41 | 11161.84 |
| 15490.31 | 6.75 | 1169.49 | 16.61 |  | 5.95 | 34761.48 | 32951.12 |
| 509.90 | 4.91 | 167.81 | 25.35 | 2.80 |  | 1012.71 | 980.81 |
| 1329.06 | 7.95 | 612.49 | 7.96 | 62.31 | 76.05 | 2813.16 | 2457.80 |
| 1317.18 | 8.28 | 948.49 | 29.86 | 21.59 | 38.44 | 1461.99 | 1119.70 |
| 983.27 | 7.23 | 720.17 | 27.28 | 20.30 | 35.93 | 1232.93 | 947.24 |
| 333.25 | 1.06 | 228.21 | 2.58 | 1.29 | 2.51 | 227.23 | 170.88 |
| 0.66 |  | 0.10 |  |  |  | 1.83 | 1.57 |

2-2 续表 10

| 行　业 | 销售费用 | 管理费用 | 财务费用 | 利息收入 |
| --- | --- | --- | --- | --- |
| **总　计** | **5507.33** | **11340.53** | **4877.62** | **1063.64** |
| **采矿业** | **475.79** | **2114.04** | **899.09** | **116.26** |
| 煤炭开采和洗选业 | 372.13 | 1116.62 | 658.27 | 60.31 |
| 烟煤和无烟煤开采洗选 | 363.64 | 1067.26 | 638.76 | 56.82 |
| 褐煤开采洗选 | 8.40 | 47.15 | 18.18 | 3.48 |
| 其他煤炭采选 | 0.08 | 2.21 | 1.34 | |
| 石油和天然气开采业 | 32.82 | 687.80 | 152.41 | 37.56 |
| 石油开采 | 29.86 | 603.92 | 126.95 | 30.72 |
| 天然气开采 | 2.96 | 83.88 | 25.46 | 6.84 |
| 黑色金属矿采选业 | 23.95 | 74.61 | 69.27 | 4.17 |
| 铁矿采选 | 23.76 | 72.53 | 68.77 | 4.13 |
| 锰矿、铬矿采选 | 0.17 | 1.56 | 0.13 | 0.04 |
| 其他黑色金属矿采选 | 0.03 | 0.52 | 0.36 | |
| 有色金属矿采选业 | 14.65 | 128.43 | 36.13 | 1.66 |
| 常用有色金属矿采选 | 7.75 | 47.88 | 15.59 | 0.65 |
| 贵金属矿采选 | 5.06 | 61.79 | 15.92 | 0.32 |
| 稀有稀土金属矿采选 | 1.84 | 18.76 | 4.61 | 0.68 |
| 非金属矿采选业 | 30.88 | 48.23 | 9.41 | 1.50 |
| 土砂石开采 | 7.19 | 12.13 | 1.20 | 0.12 |
| 化学矿开采 | 3.87 | 9.36 | 3.92 | 0.52 |
| 采盐 | 14.99 | 23.38 | 4.02 | 0.80 |
| 石棉及其他非金属矿采选 | 4.83 | 3.36 | 0.27 | 0.06 |
| 开采辅助活动 | 1.34 | 58.22 | -26.43 | 11.08 |
| 石油和天然气开采辅助活动 | 1.03 | 58.09 | -26.43 | 11.07 |
| **制造业** | **4754.68** | **8261.17** | **2017.72** | **869.28** |
| 农副食品加工业 | 82.88 | 92.46 | 36.62 | 6.64 |
| 谷物磨制 | 19.04 | 19.22 | 9.33 | 0.53 |
| 饲料加工 | 8.02 | 6.76 | 0.68 | 0.10 |
| 植物油加工 | 17.35 | 19.99 | 15.38 | 2.24 |
| 制糖业 | 5.80 | 16.99 | 5.61 | 0.52 |
| 屠宰及肉类加工 | 20.64 | 17.71 | 2.44 | 2.84 |
| 水产品加工 | 1.49 | 2.94 | 0.45 | 0.09 |
| 蔬菜、水果和坚果加工 | 4.95 | 3.07 | 0.72 | 0.13 |
| 其他农副食品加工 | 5.58 | 5.79 | 2.01 | 0.20 |
| 食品制造业 | 123.76 | 55.36 | 6.73 | 1.76 |
| 焙烤食品制造 | 3.90 | 4.15 | 0.07 | 0.06 |
| 方便食品制造 | 4.49 | 4.30 | 0.23 | |
| 乳制品制造 | 85.03 | 20.00 | 0.34 | 0.63 |
| 罐头食品制造 | 3.80 | 2.96 | 0.74 | 0.15 |
| 调味品、发酵制品制造 | 9.06 | 7.66 | 1.53 | 0.65 |
| 其他食品制造 | 17.42 | 16.04 | 3.80 | 0.26 |
| 酒、饮料和精制茶制造业 | 304.08 | 170.53 | 0.47 | 14.39 |
| 酒的制造 | 217.25 | 160.14 | -0.03 | 13.36 |
| 饮料制造 | 83.07 | 8.13 | 0.02 | 1.00 |
| 精制茶加工 | 3.76 | 2.26 | 0.48 | 0.03 |
| 烟草制品业 | 150.43 | 475.31 | -19.92 | -0.52 |

单位：亿元

| 利息支出 | 投资收益（损失以"–"号记） | 营业利润 | 利润总额 | 亏损企业亏损额 | 平均用工人数（万人） |
|---|---|---|---|---|---|
| **5591.81** | **2135.83** | **10861.24** | **12324.34** | **4962.47** | **1695.93** |
| **1031.67** | **109.82** | **-416.54** | **-289.01** | **1882.14** | **429.12** |
| 723.31 | 135.43 | 304.47 | 408.41 | 468.27 | 294.28 |
| 704.27 | 134.66 | 318.50 | 423.26 | 408.13 | 283.52 |
| 17.40 | 0.77 | -9.81 | -10.62 | 55.67 | 9.86 |
| 1.64 |  | -4.22 | -4.23 | 4.47 | 0.90 |
| 176.02 | -70.87 | -740.51 | -751.32 | 1203.94 | 68.46 |
| 144.42 | -71.49 | -828.61 | -861.71 | 1199.23 | 65.61 |
| 31.60 | 0.62 | 88.10 | 110.39 | 4.71 | 2.84 |
| 67.45 | 46.48 | -19.57 | -28.11 | 63.69 | 14.37 |
| 67.13 | 46.59 | -27.19 | -35.74 | 63.56 | 14.02 |
| 0.15 | -0.11 | 0.62 | 0.63 | 0.13 | 0.25 |
| 0.17 |  | 7.00 | 7.00 |  | 0.11 |
| 36.47 | 2.16 | 121.61 | 124.93 | 29.29 | 17.76 |
| 15.65 | 1.48 | 70.84 | 70.76 | 14.62 | 7.70 |
| 14.67 | -0.39 | 51.44 | 53.60 | 4.48 | 6.39 |
| 6.15 | 1.07 | -0.67 | 0.57 | 10.19 | 3.67 |
| 10.48 | -2.28 | 34.11 | 42.80 | 7.49 | 7.82 |
| 1.32 | -0.92 | 15.59 | 15.81 | 1.23 | 1.64 |
| 4.12 | -3.01 | 4.53 | 5.34 | 5.37 | 1.18 |
| 4.70 | 1.60 | 3.86 | 10.97 | 0.49 | 4.34 |
| 0.33 | 0.05 | 10.13 | 10.67 | 0.40 | 0.66 |
| 17.91 | -1.11 | -116.81 | -85.87 | 109.45 | 26.43 |
| 17.90 | -1.11 | -116.94 | -85.99 | 109.45 | 26.23 |
| **2642.95** | **1454.71** | **7837.54** | **8788.46** | **2431.60** | **963.16** |
| 312.34 | -25.72 | 83.40 | 96.91 | 20.61 | 18.69 |
| 7.56 | -0.85 | 14.63 | 22.42 | 5.05 | 3.30 |
| 277.51 | -0.15 | 8.39 | 8.62 | 0.64 | 1.29 |
| 13.12 | 15.14 | 12.42 | 14.75 | 6.56 | 2.55 |
| 6.11 | -0.44 | 11.76 | 13.91 | 2.89 | 3.34 |
| 5.79 | 3.96 | 24.99 | 24.54 | 1.19 | 4.75 |
| 0.64 | 0.37 | 3.71 | 3.85 | 0.06 | 1.16 |
| 0.78 | -0.38 | 5.98 | 6.70 | 0.77 | 1.08 |
| 0.83 | -13.10 | 1.53 | 2.11 | 3.45 | 1.22 |
| 8.61 | 7.94 | 84.64 | 91.70 | 9.70 | 13.38 |
| 0.09 | 0.17 | 2.46 | 2.50 | 0.52 | 1.01 |
| 0.30 |  | 4.40 | 4.71 | 0.54 | 1.21 |
| 1.19 | 3.41 | 36.24 | 40.39 | 1.77 | 5.58 |
| 1.00 |  | -0.33 | 0.25 | 3.09 | 1.07 |
| 1.71 | 4.22 | 13.10 | 13.72 | 0.43 | 1.52 |
| 4.33 | 0.15 | 27.59 | 28.94 | 3.37 | 2.92 |
| 14.97 | 20.11 | 486.21 | 490.20 | 21.46 | 25.11 |
| 13.47 | 19.44 | 475.31 | 477.34 | 19.65 | 23.05 |
| 0.99 | 0.63 | 8.80 | 10.53 | 1.63 | 1.36 |
| 0.51 | 0.04 | 2.09 | 2.33 | 0.18 | 0.71 |
| 15.08 | 100.75 | 1029.41 | 1019.68 | 3.02 | 20.77 |

2-2 续表 11

| 行　　业 | 销售费用 | 管理费用 | 财务费用 | |
|---|---|---|---|---|
| | | | | 利息收入 |
| 烟叶复烤 | 7.40 | 16.04 | -4.19 | 3.05 |
| 卷烟制造 | 141.53 | 452.14 | -15.88 | -3.62 |
| 其他烟草制品制造 | 1.50 | 7.13 | 0.15 | 0.05 |
| 纺织业 | 14.57 | 39.90 | 14.07 | 1.48 |
| 棉纺织及印染精加工 | 10.40 | 25.49 | 10.57 | 0.66 |
| 毛纺织及染整精加工 | 1.05 | 2.99 | 0.72 | 0.08 |
| 麻纺织及染整精加工 | 0.19 | 0.67 | | 0.01 |
| 丝绢纺织及印染精加工 | 0.46 | 1.74 | 0.44 | |
| 化纤织造及印染精加工 | 0.15 | 0.68 | 0.07 | |
| 针织或钩针编织物及其制品制造 | 0.79 | 2.92 | 0.92 | 0.12 |
| 家用纺织制成品制造 | 0.07 | 0.35 | 0.03 | |
| 非家用纺织制成品制造 | 1.46 | 5.05 | 1.32 | 0.61 |
| 纺织服装、服饰业 | 5.67 | 32.36 | -0.35 | 1.04 |
| 机织服装制造 | 5.02 | 26.68 | -0.12 | 0.84 |
| 针织或钩针编织服装制造 | 0.59 | 1.81 | -0.02 | -0.02 |
| 服饰制造 | 0.06 | 3.86 | -0.20 | 0.21 |
| 皮革、毛皮、羽毛及其制品和制鞋业 | 1.63 | 4.97 | 0.44 | 0.05 |
| 皮革制品制造 | 0.05 | 0.08 | 0.05 | |
| 毛皮鞣制及制品加工 | 0.08 | 0.37 | 0.05 | |
| 制鞋业 | 1.49 | 4.46 | 0.32 | 0.05 |
| 木材加工和木、竹、藤、棕、草制品业 | 6.99 | 12.09 | 5.35 | 0.30 |
| 木材加工 | 1.07 | 2.28 | 0.60 | 0.10 |
| 人造板制造 | 5.12 | 8.12 | 4.35 | 0.15 |
| 木制品制造 | 0.69 | 1.56 | 0.37 | 0.05 |
| 竹、藤、棕、草等制品制造 | 0.11 | 0.13 | 0.03 | |
| 家具制造业 | 2.30 | 13.94 | -0.28 | 0.11 |
| 木质家具制造 | 0.29 | 0.48 | 0.02 | |
| 其他家具制造 | 0.61 | 0.48 | 0.06 | |
| 造纸和纸制品业 | 24.01 | 51.12 | 25.39 | 23.15 |
| 纸浆制造 | 1.64 | 6.64 | 2.88 | 0.08 |
| 造纸 | 21.20 | 40.97 | 22.13 | 23.05 |
| 纸制品制造 | 1.17 | 3.50 | 0.38 | 0.02 |
| 印刷和记录媒介复制业 | 10.92 | 59.47 | -0.36 | 1.69 |
| 印刷 | 10.37 | 57.72 | -0.29 | 1.61 |
| 装订及印刷相关服务 | 0.04 | 0.71 | -0.08 | 0.08 |
| 记录媒介复制 | 0.51 | 1.04 | | 0.01 |
| 文教、工美、体育和娱乐用品制造业 | 14.23 | 13.22 | 3.35 | 0.43 |
| 文教办公用品制造 | 0.33 | 1.29 | -0.05 | 0.03 |
| 乐器制造 | 1.36 | 2.38 | 0.18 | 0.02 |
| 工艺美术品制造 | 11.84 | 7.64 | 3.14 | 0.36 |
| 体育用品制造 | 0.37 | 0.56 | 0.05 | 0.01 |
| 玩具制造 | 0.26 | 0.99 | 0.02 | 0.01 |
| 游艺器材及娱乐用品制造 | 0.07 | 0.36 | 0.01 | |
| 石油加工、炼焦和核燃料加工业 | 134.16 | 611.67 | 165.61 | 17.78 |
| 精炼石油产品制造 | 107.89 | 560.96 | 119.16 | 14.42 |
| 炼焦 | 26.19 | 45.56 | 44.33 | 3.19 |

单位：亿元

| 利息支出 | 投资收益（损失以"–"号记） | 营业利润 | 利润总额 | 亏损企业亏损额 | 平均用工人数（万人） |
|---|---|---|---|---|---|
| 0.02 | 0.22 | 41.29 | 41.63 | 0.49 | 2.51 |
| 14.70 | 100.54 | 976.45 | 965.96 | 2.41 | 17.62 |
| 0.36 | -0.02 | 11.67 | 12.09 | 0.12 | 0.64 |
| 15.78 | 5.88 | 8.31 | 25.95 | 5.87 | 15.24 |
| 11.43 | 3.64 | 0.67 | 16.81 | 4.20 | 10.10 |
| 0.72 | -0.02 | 0.80 | 1.26 | 0.87 | 1.24 |
| 0.02 |  | -0.74 | 0.11 | 0.39 | 0.41 |
| 0.55 | 1.85 | 3.68 | 3.15 | 0.13 | 0.64 |
| 0.10 | 0.01 | 0.22 | 0.27 | 0.10 | 0.27 |
| 0.94 | 0.01 | 2.31 | 2.46 |  | 1.42 |
| 0.05 |  | 0.23 | 0.24 | 0.04 | 0.10 |
| 1.97 | 0.40 | 1.15 | 1.63 | 0.15 | 1.06 |
| 1.09 | 0.31 | 7.79 | 11.02 | 2.25 | 8.89 |
| 0.94 | 0.30 | 6.54 | 8.21 | 1.75 | 7.63 |
| 0.11 |  | 1.79 | 1.90 | 0.31 | 0.81 |
| 0.04 |  | -0.54 | 0.90 | 0.19 | 0.44 |
| 0.33 | 0.08 | 5.52 | 5.52 | 0.53 | 2.04 |
| 0.05 |  | 0.31 | 0.31 |  | 0.04 |
| 0.03 |  | -0.07 | -0.07 | 0.09 | 0.11 |
| 0.24 | 0.08 | 5.31 | 5.32 | 0.39 | 1.84 |
| 4.54 | 0.11 | 3.46 | 6.02 | 3.06 | 3.70 |
| 0.56 | -0.06 | 1.95 | 2.21 | 0.79 | 1.30 |
| 3.60 | 0.17 | 1.31 | 3.15 | 2.02 | 1.71 |
| 0.36 |  | -0.12 | 0.37 | 0.25 | 0.60 |
| 0.03 |  | 0.32 | 0.29 |  | 0.09 |
| 0.29 | 13.28 | 20.01 | 20.12 | 0.11 | 0.64 |
| 0.05 |  | 0.76 | 0.78 | 0.07 | 0.20 |
| 0.03 |  | 0.23 | 0.38 | 0.04 | 0.07 |
| 45.04 | 3.95 | 4.01 | 35.36 | 11.33 | 6.78 |
| 3.70 |  | 2.70 | 2.97 | 0.89 | 0.35 |
| 40.91 | 3.74 | -0.97 | 29.91 | 9.90 | 5.53 |
| 0.43 | 0.21 | 2.28 | 2.49 | 0.54 | 0.90 |
| 1.70 | 3.20 | 39.05 | 42.61 | 6.18 | 8.88 |
| 1.70 | 3.05 | 38.38 | 41.74 | 5.83 | 8.69 |
|  |  | 0.11 | 0.12 | 0.03 | 0.05 |
|  | 0.15 | 0.57 | 0.75 | 0.32 | 0.14 |
| 3.65 | 6.64 | 33.11 | 33.78 | 1.80 | 2.15 |
| 0.01 | 1.84 | 2.37 | 2.48 | 0.07 | 0.21 |
| 0.19 | 0.08 | 1.17 | 1.33 | 0.62 | 0.52 |
| 3.40 | 4.72 | 28.88 | 29.22 | 1.11 | 1.10 |
| 0.02 |  | 0.29 | 0.35 |  | 0.09 |
| 0.03 |  | 0.30 | 0.29 |  | 0.16 |
| 0.01 |  | 0.11 | 0.11 |  | 0.06 |
| 169.01 | 74.16 | 1115.84 | 1156.24 | 158.15 | 42.97 |
| 126.48 | 73.41 | 1180.27 | 1172.41 | 95.76 | 32.84 |
| 40.45 | 0.14 | -75.51 | -28.70 | 62.39 | 9.27 |

2-2 续表 12

| 行　　业 | 销售费用 | 管理费用 | 财务费用 | 利息收入 |
|---|---|---|---|---|
| 化学原料和化学制品制造业 | 324.54 | 661.26 | 385.67 | 24.43 |
| 基础化学原料制造 | 93.05 | 239.92 | 121.05 | 6.03 |
| 肥料制造 | 106.70 | 136.23 | 128.63 | 9.51 |
| 农药制造 | 8.22 | 18.65 | 5.98 | 0.84 |
| 涂料、油墨、颜料及类似产品制造 | 6.63 | 14.29 | 2.52 | 0.30 |
| 合成材料制造 | 45.64 | 112.52 | 93.10 | 4.71 |
| 专用化学产品制造 | 39.06 | 91.67 | 28.98 | 1.14 |
| 炸药、火工及焰火产品制造 | 14.76 | 40.01 | 3.79 | 1.21 |
| 日用化学产品制造 | 10.47 | 7.97 | 1.62 | 0.68 |
| 医药制造业 | 334.12 | 238.63 | 22.96 | 8.35 |
| 化学药品原料药制造 | 41.26 | 55.16 | 8.94 | 2.07 |
| 化学药品制剂制造 | 98.02 | 74.54 | 4.11 | 2.62 |
| 中药饮片加工 | 8.12 | 5.12 | 0.45 | 0.03 |
| 中成药生产 | 139.45 | 63.04 | 3.83 | 2.39 |
| 兽用药品制造 | 5.25 | 7.28 | 0.34 | 0.05 |
| 生物药品制造 | 35.94 | 31.25 | 3.48 | 0.77 |
| 卫生材料及医药用品制造 | 6.07 | 2.23 | 1.81 | 0.41 |
| 化学纤维制造业 | 19.76 | 48.42 | 16.09 | 2.77 |
| 纤维素纤维原料及纤维制造 | 13.47 | 28.27 | 13.02 | 2.50 |
| 合成纤维制造 | 6.29 | 20.15 | 3.07 | 0.28 |
| 橡胶和塑料制品业 | 37.82 | 57.59 | 11.10 | 424.58 |
| 橡胶制品业 | 23.21 | 30.17 | 6.93 | 422.96 |
| 塑料制品业 | 14.61 | 27.42 | 4.18 | 1.62 |
| 非金属矿物制品业 | 191.70 | 297.83 | 141.68 | 12.57 |
| 水泥、石灰和石膏制造 | 116.23 | 173.36 | 98.34 | 7.79 |
| 石膏、水泥制品及类似制品制造 | 37.55 | 50.60 | 13.29 | 1.37 |
| 砖瓦、石材等建筑材料制造 | 6.34 | 10.07 | 2.21 | 0.20 |
| 玻璃制造 | 3.16 | 7.90 | 2.77 | 0.72 |
| 玻璃制品制造 | 5.36 | 10.23 | 3.97 | 0.14 |
| 玻璃纤维和玻璃纤维增强塑料制品制造 | 9.27 | 18.58 | 11.07 | 1.16 |
| 陶瓷制品制造 | 3.25 | 5.01 | 0.80 | 0.10 |
| 耐火材料制品制造 | 2.95 | 5.81 | 1.59 | 0.21 |
| 石墨及其他非金属矿物制品制造 | 7.58 | 16.28 | 7.64 | 0.88 |
| 黑色金属冶炼和压延加工业 | 258.99 | 698.75 | 560.49 | 48.70 |
| 炼铁 | 3.95 | 11.26 | 18.27 | 0.57 |
| 炼钢 | 23.05 | 124.93 | 100.82 | 6.52 |
| 黑色金属铸造 | 3.65 | 9.79 | 2.55 | 0.11 |
| 钢压延加工 | 222.83 | 541.76 | 432.25 | 41.33 |
| 铁合金冶炼 | 5.51 | 11.01 | 6.59 | 0.17 |
| 有色金属冶炼和压延加工业 | 101.70 | 302.63 | 285.29 | 32.42 |
| 常用有色金属冶炼 | 60.78 | 172.50 | 217.54 | 15.25 |
| 贵金属冶炼 | 2.70 | 36.62 | 14.08 | 12.77 |
| 稀有稀土金属冶炼 | 3.60 | 13.42 | 2.65 | 0.48 |
| 有色金属合金制造 | 14.54 | 25.18 | 15.33 | 0.66 |
| 有色金属铸造 | 1.14 | 4.89 | 0.27 | 0.10 |
| 有色金属压延加工 | 18.94 | 50.03 | 35.43 | 3.15 |

单位：亿元

| 利息支出 | 投资收益（损失以"–"号记） | 营业利润 | 利润总额 | 亏损企业亏损额 | 平均用工人数（万人） |
|---|---|---|---|---|---|
| 388.10 | 48.85 | 194.19 | 253.26 | 581.52 | 83.98 |
| 114.77 | 15.95 | 169.21 | 188.45 | 173.40 | 26.48 |
| 132.12 | 6.95 | -214.98 | -202.79 | 271.24 | 22.29 |
| 7.36 | -0.25 | 33.81 | 34.89 | 0.75 | 2.79 |
| 2.51 | 0.76 | 1.65 | 10.39 | 2.47 | 1.84 |
| 93.19 | 16.47 | 80.90 | 83.40 | 103.12 | 11.38 |
| 31.00 | 2.63 | 91.17 | 98.39 | 25.95 | 11.00 |
| 4.87 | 4.17 | 18.47 | 25.97 | 2.54 | 6.62 |
| 2.29 | 2.17 | 13.96 | 14.55 | 2.05 | 1.59 |
| 30.12 | 34.67 | 298.68 | 330.41 | 12.75 | 30.06 |
| 11.91 | 6.35 | 25.23 | 30.05 | 5.65 | 6.96 |
| 6.19 | 10.59 | 86.50 | 97.97 | 1.46 | 9.65 |
| 0.32 | 0.02 | 5.56 | 5.95 | 0.19 | 0.66 |
| 6.48 | 11.09 | 116.40 | 129.31 | 2.13 | 8.96 |
| 0.44 | 0.12 | 5.41 | 5.39 | 0.95 | 0.49 |
| 4.04 | 6.49 | 47.26 | 49.39 | 2.36 | 2.67 |
| 0.72 |  | 12.33 | 12.36 |  | 0.66 |
| 15.04 | 0.90 | 50.00 | 52.81 | 7.77 | 6.36 |
| 11.25 | 0.01 | 51.59 | 53.80 | 0.63 | 4.12 |
| 3.79 | 0.89 | -1.59 | -0.99 | 7.14 | 2.24 |
| 15.45 | 0.94 | 18.06 | 25.71 | 10.15 | 12.79 |
| 9.03 | 0.21 | 1.96 | 8.44 | 6.95 | 7.24 |
| 6.42 | 0.72 | 16.09 | 17.27 | 3.20 | 5.55 |
| 142.87 | 45.93 | 263.12 | 330.45 | 78.85 | 49.37 |
| 100.41 | 16.78 | 155.14 | 205.06 | 48.06 | 25.35 |
| 12.72 | 12.68 | 64.25 | 68.03 | 8.30 | 8.38 |
| 2.29 | 0.28 | 7.24 | 8.73 | 2.45 | 2.26 |
| 2.08 | 7.78 | 4.14 | 8.16 | 1.64 | 1.68 |
| 3.77 | 0.19 | -1.45 | 0.62 | 5.67 | 2.31 |
| 11.49 | 5.34 | 25.40 | 27.49 | 3.41 | 3.48 |
| 0.66 | 0.01 | 0.08 | 0.56 | 1.14 | 1.75 |
| 1.74 | -0.13 | -1.12 | 1.05 | 1.62 | 1.26 |
| 7.71 | 3.00 | 9.45 | 10.76 | 6.57 | 2.91 |
| 547.26 | 2.95 | -141.56 | -75.37 | 450.54 | 106.20 |
| 18.47 | 1.69 | -17.39 | -18.26 | 23.30 | 2.80 |
| 101.06 | 2.54 | -15.73 | 5.15 | 18.68 | 15.46 |
| 2.21 | 0.03 | 0.83 | 1.29 | 4.98 | 2.30 |
| 420.09 | -1.75 | -98.78 | -54.28 | 385.55 | 83.78 |
| 5.43 | 0.45 | -10.48 | -9.27 | 18.03 | 1.85 |
| 293.31 | 3.23 | 179.07 | 135.30 | 187.30 | 51.87 |
| 211.35 | 15.70 | 60.48 | 3.05 | 139.97 | 32.92 |
| 26.34 | -9.95 | 24.33 | 26.81 | 9.84 | 3.97 |
| 3.25 | 1.09 | 27.00 | 27.21 | 3.97 | 2.47 |
| 14.64 | -2.36 | 15.66 | 15.69 | 11.14 | 4.21 |
| 0.40 | 0.02 | 2.02 | 2.70 | 0.49 | 0.33 |
| 37.34 | -1.26 | 49.57 | 59.83 | 21.88 | 7.96 |

2-2 续表 13

| 行　业 | 销售费用 | 管理费用 | 财务费用 | 利息收入 |
|---|---|---|---|---|
| 金属制品业 | 38.95 | 127.22 | 19.42 | 4.31 |
| 结构性金属制品制造 | 13.57 | 35.73 | 8.64 | 0.85 |
| 金属工具制造 | 3.32 | 9.35 | 0.94 | 0.40 |
| 集装箱及金属包装容器制造 | 5.88 | 13.05 | 1.20 | 0.43 |
| 金属丝绳及其制品制造 | 3.68 | 6.02 | 1.37 | 0.62 |
| 建筑、安全用金属制品制造 | 1.01 | 3.28 | 0.72 | 0.23 |
| 金属表面处理及热处理加工 | 0.76 | 3.17 | 1.09 | 0.18 |
| 金属制日用品制造 | 0.35 | 0.52 | -0.01 | |
| 其他金属制品制造 | 10.38 | 56.11 | 5.47 | 1.61 |
| 通用设备制造业 | 159.64 | 387.41 | 45.64 | 12.71 |
| 锅炉及原动设备制造 | 42.95 | 120.24 | 1.14 | 4.17 |
| 金属加工机械制造 | 19.41 | 43.35 | 15.55 | 2.06 |
| 物料搬运设备制造 | 33.42 | 66.77 | 12.25 | 3.67 |
| 泵、阀门、压缩机及类似机械制造 | 19.48 | 54.49 | 0.88 | 1.22 |
| 轴承、齿轮和传动部件制造 | 8.19 | 22.18 | 4.84 | 0.46 |
| 烘炉、风机、衡器、包装等设备制造 | 17.52 | 44.74 | 5.13 | 0.54 |
| 文化、办公用机械制造 | 8.91 | 9.01 | 0.14 | 0.05 |
| 通用零部件制造 | 4.48 | 16.86 | 1.53 | 0.26 |
| 其他通用设备制造业 | 5.29 | 9.78 | 4.20 | 0.29 |
| 专用设备制造业 | 148.81 | 319.93 | 91.48 | 17.33 |
| 采矿、冶金、建筑专用设备制造 | 100.89 | 198.50 | 76.67 | 13.24 |
| 化工、木材、非金属加工专用设备制造 | 6.21 | 24.16 | 5.00 | 1.55 |
| 食品、饮料、烟草及饲料生产专用设备制造 | 3.12 | 9.58 | -0.06 | 0.19 |
| 印刷、制药、日化及日用品生产专用设备制造 | 2.14 | 4.27 | 0.52 | 0.02 |
| 纺织、服装和皮革加工专用设备制造 | 3.08 | 10.46 | 0.48 | 0.43 |
| 电子和电工机械专用设备制造 | 4.69 | 14.69 | 1.34 | 0.09 |
| 农、林、牧、渔专用机械制造 | 7.98 | 19.17 | 2.42 | 0.51 |
| 医疗仪器设备及器械制造 | 8.29 | 8.14 | 1.52 | 0.43 |
| 环保、社会公共服务及其他专用设备制造 | 12.40 | 30.97 | 3.59 | 0.87 |
| 汽车制造业 | 1280.35 | 1653.58 | 38.76 | 96.49 |
| 汽车整车制造 | 1153.98 | 1306.13 | 14.09 | 87.19 |
| 改装汽车制造 | 9.23 | 22.82 | 2.66 | 1.06 |
| 低速载货汽车制造 | 1.15 | 1.77 | 0.91 | 0.01 |
| 汽车车身、挂车制造 | 1.46 | 3.99 | 0.15 | 0.11 |
| 汽车零部件及配件制造 | 114.52 | 318.78 | 20.96 | 8.12 |
| 铁路、船舶、航空航天和其他运输设备制造业 | 117.55 | 570.81 | 47.56 | 44.59 |
| 铁路运输设备制造 | 75.37 | 253.71 | 5.31 | 8.74 |
| 城市轨道交通设备制造 | 1.84 | 7.33 | 0.49 | 0.28 |
| 船舶及相关装置制造 | 10.07 | 115.14 | 18.95 | 28.12 |
| 航空、航天器及设备制造 | 22.01 | 171.91 | 21.57 | 7.37 |
| 摩托车制造 | 7.17 | 20.11 | 0.33 | 0.04 |
| 自行车制造 | 0.57 | 0.83 | -0.02 | 0.01 |
| 潜水救捞及其他未列明运输设备制造 | 0.44 | 1.63 | 0.85 | 0.02 |
| 电气机械和器材制造业 | 354.82 | 328.14 | 1.09 | 32.92 |
| 电机制造 | 46.43 | 86.51 | 16.05 | 2.82 |

单位：亿元

| 利息支出 | 投资收益（损失以“–”号记） | 营业利润 | 利润总额 | 亏损企业亏损额 | 平均用工人数（万人） |
|---|---|---|---|---|---|
| 22.89 | 2.61 | 52.62 | 69.21 | 29.14 | 22.35 |
| 8.45 | 1.44 | 21.41 | 28.90 | 8.01 | 6.55 |
| 1.37 | 0.01 | 1.93 | 3.46 | 0.60 | 1.64 |
| 2.06 | 0.76 | 0.66 | 2.60 | 9.95 | 2.31 |
| 1.95 | 0.13 | 0.66 | 0.77 | 0.86 | 1.51 |
| 0.73 | 0.06 | -0.18 | -0.21 | 2.08 | 0.40 |
| 1.13 | -1.27 | 0.16 | 0.58 | 0.74 | 0.72 |
| 0.02 | 0.05 | 2.32 | 2.35 |  | 0.14 |
| 7.18 | 1.42 | 25.66 | 30.77 | 6.91 | 9.08 |
| 63.01 | 41.54 | 122.36 | 168.97 | 102.24 | 53.18 |
| 9.31 | 24.35 | 64.54 | 68.34 | 29.09 | 11.44 |
| 15.86 | 1.06 | -14.52 | -3.67 | 21.12 | 8.58 |
| 16.06 | -0.96 | 35.60 | 45.97 | 7.29 | 7.92 |
| 4.77 | 5.09 | 23.19 | 28.95 | 12.82 | 7.14 |
| 5.04 | 1.57 | -1.70 | 3.51 | 7.38 | 5.57 |
| 5.79 | 7.12 | 10.00 | 17.55 | 10.85 | 4.62 |
| 0.49 | 1.88 | 5.59 | 7.42 | 2.09 | 2.19 |
| 1.39 | 0.31 | -0.72 | -0.12 | 8.49 | 4.21 |
| 4.30 | 1.11 | 0.39 | 1.01 | 3.09 | 1.50 |
| 105.96 | 0.36 | -144.56 | -94.05 | 251.60 | 47.55 |
| 88.57 | -1.94 | -179.90 | -140.09 | 221.80 | 30.89 |
| 5.48 | 0.12 | -3.28 | -1.59 | 13.45 | 3.81 |
| 0.12 | 0.75 | 5.23 | 5.52 | 0.13 | 0.85 |
| 0.64 | -0.22 | -1.09 | -0.49 | 2.34 | 0.72 |
| 0.99 | 1.26 | -4.33 | -1.25 | 3.00 | 1.72 |
| 1.53 | -2.75 | 6.89 | 9.13 | 1.45 | 1.57 |
| 2.89 | 0.36 | -1.97 | -0.63 | 6.47 | 3.32 |
| 1.85 | 0.78 | 5.22 | 7.23 | 0.31 | 1.03 |
| 3.89 | 2.00 | 28.66 | 28.13 | 2.65 | 3.63 |
| 129.98 | 774.74 | 2968.88 | 3219.42 | 145.51 | 122.04 |
| 100.14 | 748.37 | 2660.81 | 2888.11 | 113.40 | 81.53 |
| 4.17 | -0.68 | 3.71 | 11.07 | 10.84 | 4.04 |
| 0.42 | -0.03 | -1.33 | -1.40 | 1.66 | 0.46 |
| 0.39 | 0.20 | 1.07 | 1.37 | 1.68 | 0.74 |
| 24.86 | 26.89 | 304.62 | 320.25 | 17.92 | 35.26 |
| 91.87 | -4.13 | 266.85 | 313.92 | 125.25 | 68.67 |
| 14.71 | 12.03 | 213.31 | 227.02 | 30.36 | 21.16 |
| 0.69 | 0.02 | 0.69 | 1.34 | 0.52 | 0.64 |
| 46.44 | -0.19 | -26.19 | -9.99 | 71.89 | 14.58 |
| 28.02 | -16.66 | 82.10 | 96.77 | 13.09 | 30.09 |
| 1.09 | 0.59 | -1.72 | 0.02 | 7.88 | 1.92 |
|  | 0.10 | 0.05 | 0.09 |  | 0.09 |
| 0.84 | -0.01 | -1.31 | -1.25 | 1.44 | 0.16 |
| 63.80 | 144.08 | 395.89 | 437.61 | 62.74 | 38.98 |
| 18.87 | 13.98 | 4.73 | 12.42 | 36.49 | 8.58 |

2-2 续表 14

| 行　业 | 销售费用 | 管理费用 | 财务费用 | 利息收入 |
|---|---|---|---|---|
| 输配电及控制设备制造 | 69.38 | 123.99 | 26.39 | 3.08 |
| 电线、电缆、光缆及电工器材制造 | 16.57 | 32.24 | 9.53 | 0.16 |
| 电池制造 | 9.84 | 19.74 | 3.78 | 0.20 |
| 家用电力器具制造 | 203.51 | 46.74 | -56.33 | 26.47 |
| 非电力家用器具制造 | 2.45 | 4.27 | 1.26 | 0.08 |
| 照明器具制造 | 6.05 | 12.67 | 0.29 | 0.09 |
| 其他电气机械及器材制造 | 0.58 | 1.97 | 0.11 | 0.01 |
| 计算机、通信和其他电子设备制造业 | 466.79 | 751.60 | 82.17 | 30.36 |
| 计算机制造 | 58.00 | 86.98 | 8.18 | 1.47 |
| 通信设备制造 | 188.90 | 298.66 | 14.49 | 8.53 |
| 广播电视设备制造 | 2.83 | 10.70 | 0.97 | 0.12 |
| 雷达及配套设备制造 | 7.13 | 32.29 | 2.71 | 0.89 |
| 视听设备制造 | 134.51 | 77.60 | 9.54 | 10.49 |
| 电子器件制造 | 56.53 | 182.36 | 41.98 | 6.91 |
| 电子元件制造 | 12.38 | 44.02 | 3.23 | 1.82 |
| 其他电子设备制造 | 6.51 | 18.99 | 1.08 | 0.14 |
| 仪器仪表制造业 | 30.78 | 81.55 | 4.05 | 2.95 |
| 通用仪器仪表制造 | 23.68 | 44.70 | 3.91 | 2.75 |
| 专用仪器仪表制造 | 4.34 | 19.60 | 0.40 | 0.05 |
| 钟表与计时仪器制造 | 0.70 | 0.80 | 0.10 |  |
| 光学仪器及眼镜制造 | 1.93 | 15.15 | -0.39 | 0.05 |
| 其他仪器仪表制造业 | 0.13 | 1.31 | 0.02 | 0.10 |
| 其他制造业 | 5.21 | 39.10 | 1.70 | 2.42 |
| 日用杂品制造 | 0.03 | 0.20 |  |  |
| 煤制品制造 | 0.54 | 1.45 | 0.18 | 0.01 |
| 废弃资源综合利用业 | 1.45 | 6.09 | 3.41 | 0.11 |
| 金属废料和碎屑加工处理 | 0.65 | 3.63 | 1.85 | 0.08 |
| 非金属废料和碎屑加工处理 | 0.80 | 2.47 | 1.56 | 0.03 |
| 金属制品、机械和设备修理业 | 6.07 | 58.24 | 22.02 | 2.97 |
| 金属制品修理 | 0.14 | 0.28 | 0.04 | 0.03 |
| 通用设备修理 | 0.02 | 0.62 |  |  |
| 专用设备修理 | 0.30 | 1.93 | 2.52 | 0.14 |
| 铁路、船舶、航空航天等运输设备修理 | 5.61 | 53.24 | 19.47 | 2.73 |
| 电气设备修理 | 0.01 | 0.83 | 0.04 | 0.01 |
| 其他机械和设备修理业 |  | 1.25 | -0.05 | 0.05 |
| **电力、热力、燃气及水生产和供应业** | **276.85** | **965.31** | **1960.82** | **78.10** |
| 电力、热力生产和供应业 | 78.10 | 696.72 | 1853.08 | 64.43 |
| 电力生产 | 34.43 | 376.27 | 1403.39 | 35.29 |
| 电力供应 | 36.94 | 237.59 | 415.45 | 26.48 |
| 热力生产和供应 | 6.74 | 82.86 | 34.24 | 2.67 |
| 燃气生产和供应业 | 88.24 | 89.05 | 33.24 | 5.07 |
| 水的生产和供应业 | 110.51 | 179.54 | 74.49 | 8.60 |
| 自来水生产和供应 | 109.46 | 163.86 | 53.38 | 6.51 |
| 污水处理及其再生利用 | 1.00 | 15.42 | 21.15 | 2.08 |
| 其他水的处理、利用与分配 | 0.05 | 0.26 | -0.03 | 0.01 |

单位：亿元

| 利息支出 | 投资收益（损失以“–”号记） | 营业利润 | 利润总额 | 亏损企业亏损额 | 平均用工人数（万人） |
|---|---|---|---|---|---|
| 25.89 | 25.90 | 99.69 | 127.19 | 12.61 | 13.49 |
| 8.56 | 1.39 | 27.71 | 29.55 | 1.74 | 4.07 |
| 3.76 | 0.18 | 8.82 | 8.65 | 3.33 | 3.82 |
| 4.47 | 92.85 | 237.16 | 240.94 | 1.12 | 6.31 |
| 1.34 | 0.06 | 0.34 | 1.05 | 5.57 | 0.64 |
| 0.80 | 9.72 | 16.39 | 16.55 | 1.78 | 1.84 |
| 0.12 |  | 1.03 | 1.26 | 0.12 | 0.23 |
| 104.17 | 115.11 | 340.41 | 511.42 | 68.32 | 74.75 |
| 10.66 | 59.04 | 75.82 | 84.42 | 1.06 | 8.05 |
| 18.71 | 29.23 | 132.08 | 196.42 | 7.86 | 22.33 |
| 1.16 | 0.93 | 0.99 | 1.70 | 2.13 | 0.96 |
| 3.11 | 2.19 | 21.83 | 25.92 | 0.04 | 3.69 |
| 18.05 | 4.85 | 67.39 | 88.91 | 0.32 | 11.16 |
| 46.09 | 15.06 | 20.96 | 77.62 | 48.29 | 19.50 |
| 5.10 | 2.81 | 18.06 | 26.17 | 8.49 | 7.08 |
| 1.28 | 1.00 | 3.29 | 10.26 | 0.13 | 1.98 |
| 8.21 | 10.37 | 47.53 | 61.59 | 6.58 | 9.50 |
| 6.49 | 8.90 | 31.51 | 40.39 | 4.40 | 5.02 |
| 1.01 | 0.86 | 7.69 | 9.48 | 1.45 | 2.02 |
| 0.09 |  | 0.50 | 0.53 | 0.08 | 0.17 |
| 0.51 | 0.52 | 6.54 | 9.77 | 0.63 | 2.10 |
| 0.11 | 0.09 | 1.30 | 1.42 | 0.01 | 0.20 |
| 3.93 | 2.38 | 26.94 | 34.46 | 1.68 | 6.50 |
|  |  | -0.01 | 0.01 | 0.03 | 0.03 |
| 0.19 | 0.01 | -0.01 | -0.06 | 0.88 | 0.41 |
| 3.24 | 0.27 | 0.71 | 2.29 | 6.05 | 0.91 |
| 1.70 | 0.09 | 3.87 | 5.08 | 1.02 | 0.64 |
| 1.54 | 0.18 | 3.16 | -2.79 | 5.03 | 0.27 |
| 21.26 | 19.22 | -22.40 | -24.09 | 59.51 | 8.87 |
| 0.07 | 0.05 | 0.65 | 0.64 |  | 0.05 |
|  | 0.04 | 0.36 | 0.39 | 0.14 | 0.12 |
| 2.65 | 18.74 | 17.50 | 17.66 |  | 0.28 |
| 18.49 | 0.40 | -40.81 | -42.78 | 58.79 | 7.84 |
| 0.05 |  | 0.10 | 0.15 | 0.11 | 0.45 |
|  |  | -0.21 | -0.15 | 0.48 | 0.11 |
| **1917.19** | **571.29** | **3440.24** | **3824.89** | **648.73** | **303.65** |
| 1803.01 | 535.17 | 3211.63 | 3493.08 | 548.76 | 254.13 |
| 1345.65 | 165.84 | 1885.48 | 2087.84 | 435.93 | 80.62 |
| 423.79 | 365.84 | 1403.16 | 1404.12 | 56.28 | 158.08 |
| 33.57 | 3.49 | -77.01 | 1.11 | 56.54 | 15.43 |
| 34.69 | 16.76 | 193.39 | 222.08 | 46.00 | 13.52 |
| 79.49 | 19.36 | 35.22 | 109.74 | 53.97 | 35.99 |
| 57.86 | 17.94 | 15.12 | 74.07 | 44.17 | 33.68 |
| 21.60 | 1.42 | 20.14 | 35.42 | 9.78 | 2.27 |
| 0.04 |  | -0.04 | 0.25 | 0.02 | 0.03 |

# 2-3 私营工业企业

| 行业 | 企业单位数(个) | 工业销售产值(当年价格) | | 资产总计 |
|---|---|---|---|---|
| | | | 出口交货值 | |
| **总计** | **214309** | **413614.49** | **21086.86** | **239542.71** |
| **采矿业** | **6967** | **13596.10** | **20.16** | **10723.17** |
| 煤炭开采和洗选业 | 2621 | 4809.82 | 3.91 | 4867.19 |
| 烟煤和无烟煤开采洗选 | 2555 | 4500.05 | 3.67 | 4746.09 |
| 褐煤开采洗选 | 45 | 297.60 | | 112.93 |
| 其他煤炭采选 | 21 | 12.17 | 0.24 | 8.18 |
| 石油和天然气开采业 | 8 | 25.37 | | 21.00 |
| 石油开采 | 5 | 22.89 | | 14.07 |
| 天然气开采 | 3 | 2.48 | | 6.93 |
| 黑色金属矿采选业 | 1205 | 3382.15 | 0.68 | 2938.69 |
| 铁矿采选 | 1125 | 3253.63 | 0.30 | 2886.42 |
| 锰矿、铬矿采选 | 64 | 88.09 | 0.38 | 42.64 |
| 其他黑色金属矿采选 | 16 | 40.42 | | 9.63 |
| 有色金属矿采选业 | 763 | 2044.09 | 4.03 | 1247.81 |
| 常用有色金属矿采选 | 498 | 1179.62 | 2.84 | 773.64 |
| 贵金属矿采选 | 124 | 456.64 | | 215.04 |
| 稀有稀土金属矿采选 | 141 | 407.84 | 1.19 | 259.12 |
| 非金属矿采选业 | 2311 | 3262.82 | 11.50 | 1566.80 |
| 土砂石开采 | 1837 | 2530.07 | 8.00 | 1152.49 |
| 化学矿开采 | 147 | 233.59 | 0.02 | 164.65 |
| 采盐 | 21 | 50.99 | 0.09 | 66.61 |
| 石棉及其他非金属矿采选 | 306 | 448.17 | 3.39 | 183.04 |
| 开采辅助活动 | 43 | 49.33 | 0.04 | 70.30 |
| 煤炭开采和洗选辅助活动 | 3 | 2.04 | | 0.78 |
| 石油和天然气开采辅助活动 | 38 | 39.30 | 0.04 | 68.62 |
| 其他采矿业 | 16 | 22.52 | | 11.38 |
| **制造业** | **205697** | **398237.20** | **21066.56** | **224195.56** |
| 农副食品加工业 | 16165 | 34274.21 | 1149.80 | 14250.28 |
| 谷物磨制 | 4684 | 9347.69 | 14.39 | 3012.50 |
| 饲料加工 | 2279 | 5388.57 | 13.31 | 1854.66 |
| 植物油加工 | 1288 | 3637.24 | 16.53 | 1619.61 |
| 制糖业 | 95 | 196.94 | 0.17 | 446.89 |
| 屠宰及肉类加工 | 2477 | 6470.42 | 58.92 | 2931.75 |
| 水产品加工 | 1288 | 2767.58 | 583.92 | 1411.23 |
| 蔬菜、水果和坚果加工 | 2268 | 3425.59 | 354.21 | 1551.44 |
| 其他农副食品加工 | 1786 | 3040.17 | 108.35 | 1422.21 |
| 食品制造业 | 4860 | 8622.34 | 318.52 | 4315.90 |
| 焙烤食品制造 | 921 | 1464.08 | 13.72 | 651.87 |
| 糖果、巧克力及蜜饯制造 | 484 | 761.30 | 20.22 | 357.35 |
| 方便食品制造 | 896 | 1537.31 | 13.20 | 706.27 |
| 乳制品制造 | 207 | 503.87 | 0.50 | 344.18 |
| 罐头食品制造 | 485 | 874.17 | 125.33 | 392.07 |
| 调味品、发酵制品制造 | 699 | 1282.52 | 37.16 | 727.38 |
| 其他食品制造 | 1168 | 2199.09 | 108.39 | 1136.78 |
| 酒、饮料和精制茶制造业 | 3779 | 6270.04 | 75.39 | 3462.39 |
| 酒的制造 | 1454 | 3095.14 | 14.52 | 1776.49 |
| 饮料制造 | 924 | 1691.39 | 8.32 | 941.37 |
| 精制茶加工 | 1401 | 1483.51 | 52.55 | 744.53 |

# 主要经济指标(大、中类行业)

单位：亿元

| 固定资产合计 | 固定资产原价 | 累计折旧 | 流动资产合计 | 应收账款 | 存货 | 产成品 |
|---|---|---|---|---|---|---|
| **84008.55** | **137033.69** | **58918.19** | **120053.62** | **32257.50** | **27468.53** | **12364.78** |
| **3531.08** | **5347.95** | **2179.68** | **4700.88** | **863.98** | **590.36** | **332.21** |
| 1377.83 | 1928.56 | 703.65 | 2252.28 | 415.77 | 232.18 | 124.94 |
| 1339.59 | 1878.25 | 688.05 | 2201.63 | 404.72 | 229.57 | 123.72 |
| 34.55 | 46.39 | 15.11 | 47.50 | 10.02 | 2.24 | 0.99 |
| 3.69 | 3.92 | 0.49 | 3.15 | 1.03 | 0.38 | 0.23 |
| 14.96 | 30.25 | 16.57 | 5.45 | 0.66 | 0.22 | 0.10 |
| 10.22 | 24.51 | 15.22 | 3.56 | 0.51 | 0.14 | 0.03 |
| 4.74 | 5.75 | 1.35 | 1.89 | 0.14 | 0.07 | 0.07 |
| 1051.02 | 1769.93 | 811.99 | 1191.28 | 179.27 | 156.95 | 87.22 |
| 1037.30 | 1748.88 | 803.81 | 1163.81 | 173.30 | 150.67 | 82.90 |
| 11.71 | 16.95 | 6.72 | 23.19 | 5.32 | 5.17 | 3.67 |
| 2.01 | 4.11 | 1.46 | 4.28 | 0.65 | 1.11 | 0.65 |
| 461.61 | 640.23 | 242.78 | 565.51 | 104.58 | 94.73 | 54.08 |
| 251.53 | 344.02 | 136.85 | 386.31 | 72.16 | 56.80 | 31.20 |
| 115.27 | 154.23 | 51.44 | 80.39 | 15.17 | 11.21 | 4.44 |
| 94.81 | 141.97 | 54.49 | 98.81 | 17.26 | 26.71 | 18.44 |
| 601.83 | 937.97 | 387.28 | 641.21 | 143.12 | 103.21 | 65.24 |
| 468.07 | 751.45 | 323.08 | 450.63 | 107.62 | 73.61 | 46.06 |
| 35.03 | 49.27 | 18.68 | 89.03 | 16.04 | 10.45 | 7.30 |
| 17.50 | 23.97 | 7.49 | 32.51 | 2.46 | 5.62 | 3.18 |
| 81.23 | 113.29 | 38.03 | 69.04 | 17.00 | 13.52 | 8.70 |
| 17.51 | 33.07 | 15.48 | 41.74 | 20.05 | 2.49 | 0.22 |
| 0.26 | 0.27 | 0.02 | 0.45 | 0.25 | 0.03 | 0.03 |
| 16.97 | 32.07 | 15.25 | 40.66 | 19.57 | 2.38 | 0.12 |
| 6.32 | 7.93 | 1.93 | 3.41 | 0.54 | 0.58 | 0.42 |
| **78079.88** | **128661.14** | **55932.65** | **114000.49** | **31135.73** | **26811.98** | **12017.60** |
| 5540.07 | 10323.65 | 5243.96 | 6783.45 | 1208.63 | 2059.73 | 928.55 |
| 1313.64 | 3478.39 | 2249.07 | 1327.83 | 209.63 | 445.31 | 138.54 |
| 725.68 | 1157.79 | 522.44 | 833.65 | 153.89 | 263.18 | 86.51 |
| 529.87 | 908.72 | 413.47 | 834.75 | 111.52 | 316.44 | 166.07 |
| 94.30 | 123.23 | 60.20 | 328.77 | 23.70 | 38.18 | 13.44 |
| 1155.60 | 1958.22 | 877.77 | 1369.82 | 233.29 | 333.35 | 169.59 |
| 459.44 | 732.74 | 318.86 | 767.00 | 182.23 | 255.72 | 146.16 |
| 649.42 | 1009.71 | 397.82 | 697.96 | 169.66 | 225.10 | 110.05 |
| 612.11 | 954.86 | 404.33 | 623.67 | 124.71 | 182.46 | 98.19 |
| 1824.91 | 3158.90 | 1484.08 | 1813.74 | 379.61 | 514.19 | 226.75 |
| 292.74 | 716.99 | 451.34 | 262.65 | 52.06 | 72.36 | 23.08 |
| 137.61 | 214.59 | 83.84 | 149.02 | 41.36 | 45.59 | 21.04 |
| 294.36 | 433.94 | 158.38 | 278.54 | 53.23 | 71.58 | 32.32 |
| 144.22 | 331.31 | 196.51 | 137.48 | 32.99 | 30.31 | 14.27 |
| 163.76 | 255.47 | 97.89 | 175.78 | 33.62 | 64.27 | 40.13 |
| 345.71 | 540.77 | 227.18 | 293.15 | 46.91 | 90.82 | 35.61 |
| 446.51 | 665.84 | 268.95 | 517.13 | 119.44 | 139.26 | 60.30 |
| 1369.04 | 2039.87 | 806.81 | 1541.58 | 290.63 | 534.66 | 268.51 |
| 689.89 | 1076.86 | 463.06 | 803.67 | 108.42 | 314.07 | 152.08 |
| 408.94 | 614.81 | 236.26 | 374.82 | 87.39 | 94.08 | 42.64 |
| 270.22 | 348.20 | 107.49 | 363.09 | 94.82 | 126.51 | 73.79 |

2-3 续表 1

| 行　业 | 企业单位数(个) | 工业销售产值(当年价格) | 出口交货值 | 资产总计 |
|---|---|---|---|---|
| 烟草制品业 | 5 | 13.24 | | 20.03 |
| 其他烟草制品制造 | 3 | 12.61 | | 19.82 |
| 纺织业 | 13614 | 22251.22 | 1408.83 | 11498.94 |
| 棉纺织及印染精加工 | 7042 | 13861.06 | 471.82 | 6780.98 |
| 毛纺织及染整精加工 | 757 | 1180.49 | 32.63 | 723.81 |
| 麻纺织及染整精加工 | 174 | 395.85 | 33.63 | 181.30 |
| 丝绢纺织及印染精加工 | 527 | 760.48 | 35.97 | 385.49 |
| 化纤织造及印染精加工 | 965 | 891.80 | 87.98 | 615.34 |
| 针织或钩针编织物及其制品制造 | 1658 | 1980.08 | 233.34 | 1297.65 |
| 家用纺织制成品制造 | 1246 | 1494.52 | 299.46 | 695.01 |
| 非家用纺织制成品制造 | 1245 | 1686.93 | 214.00 | 819.37 |
| 纺织服装、服饰业 | 8922 | 11147.73 | 1517.29 | 5404.23 |
| 机织服装制造 | 5973 | 8218.19 | 958.96 | 3884.67 |
| 针织或钩针编织服装制造 | 2049 | 2160.74 | 435.19 | 1135.68 |
| 服饰制造 | 900 | 768.79 | 123.14 | 383.88 |
| 皮革、毛皮、羽毛及其制品和制鞋业 | 5207 | 6966.94 | 1103.02 | 2819.82 |
| 皮革鞣制加工 | 335 | 822.51 | 15.05 | 344.83 |
| 皮革制品制造 | 1359 | 1697.28 | 303.72 | 730.34 |
| 毛皮鞣制及制品加工 | 467 | 652.12 | 83.84 | 248.63 |
| 羽毛(绒)加工及制品制造 | 370 | 653.31 | 48.38 | 261.01 |
| 制鞋业 | 2676 | 3141.73 | 652.02 | 1235.00 |
| 木材加工和木、竹、藤、棕、草制品业 | 6689 | 10468.20 | 468.64 | 3844.54 |
| 木材加工 | 1131 | 1482.56 | 18.11 | 511.99 |
| 人造板制造 | 3544 | 6367.33 | 181.84 | 2241.33 |
| 木制品制造 | 1451 | 1987.74 | 176.26 | 862.29 |
| 竹、藤、棕、草等制品制造 | 563 | 630.57 | 92.43 | 228.94 |
| 家具制造业 | 3665 | 4788.73 | 617.07 | 2614.32 |
| 木质家具制造 | 2429 | 3238.89 | 264.84 | 1744.77 |
| 竹、藤家具制造 | 72 | 119.94 | 27.64 | 46.02 |
| 金属家具制造 | 609 | 742.89 | 204.26 | 431.25 |
| 塑料家具制造 | 55 | 43.89 | 11.33 | 32.13 |
| 其他家具制造 | 500 | 643.13 | 109.00 | 360.15 |
| 造纸和纸制品业 | 3939 | 5943.81 | 105.28 | 3365.82 |
| 纸浆制造 | 19 | 30.64 | 0.10 | 22.26 |
| 造纸 | 1645 | 2866.71 | 20.30 | 1870.03 |
| 纸制品制造 | 2275 | 3046.46 | 84.88 | 1473.53 |
| 印刷和记录媒介复制业 | 3239 | 4241.38 | 79.02 | 2285.53 |
| 印刷 | 3160 | 4127.38 | 74.39 | 2236.19 |
| 装订及印刷相关服务 | 73 | 110.39 | 4.31 | 46.34 |
| 记录媒介复制 | 6 | 3.61 | 0.32 | 3.00 |
| 文教、工美、体育和娱乐用品制造业 | 5214 | 8071.87 | 1436.99 | 3909.76 |
| 文教办公用品制造 | 457 | 643.61 | 55.56 | 314.39 |
| 乐器制造 | 129 | 176.61 | 28.01 | 84.81 |
| 工艺美术品制造 | 3103 | 5320.54 | 949.03 | 2603.92 |
| 体育用品制造 | 561 | 677.42 | 112.88 | 342.64 |
| 玩具制造 | 777 | 980.27 | 247.09 | 373.89 |
| 游艺器材及娱乐用品制造 | 187 | 273.41 | 44.42 | 190.11 |
| 石油加工、炼焦和核燃料加工业 | 933 | 5816.97 | 100.96 | 5631.06 |

单位：亿元

| 固定资产合计 | 固定资产原价 | 累计折旧 | 流动资产合计 | | | |
|---|---|---|---|---|---|---|
| | | | | 应收账款 | 存货 | |
| | | | | | | 产成品 |
| 6.26 | 6.90 | 2.71 | 8.59 | 2.00 | 5.09 | 1.12 |
| 6.19 | 6.83 | 2.71 | 8.46 | 1.95 | 5.03 | 1.12 |
| 4258.31 | 7683.84 | 3656.93 | 5739.41 | 1390.17 | 1532.04 | 744.81 |
| 2715.84 | 4898.98 | 2331.89 | 3153.80 | 678.94 | 795.26 | 390.25 |
| 200.90 | 463.82 | 275.31 | 462.93 | 100.24 | 187.66 | 87.56 |
| 82.99 | 123.24 | 41.49 | 72.84 | 16.64 | 24.50 | 13.24 |
| 121.20 | 199.42 | 87.41 | 206.99 | 44.26 | 72.47 | 34.14 |
| 207.52 | 340.53 | 140.95 | 344.59 | 101.26 | 94.56 | 50.28 |
| 416.16 | 708.94 | 318.73 | 692.12 | 199.24 | 163.81 | 81.07 |
| 217.53 | 401.62 | 194.15 | 384.49 | 117.97 | 101.74 | 48.44 |
| 296.16 | 547.29 | 267.00 | 421.65 | 131.63 | 92.03 | 39.85 |
| 1718.41 | 3026.30 | 1397.76 | 2960.94 | 738.69 | 788.76 | 386.34 |
| 1261.60 | 2224.61 | 1031.16 | 2084.94 | 490.99 | 554.49 | 283.36 |
| 336.55 | 593.62 | 276.91 | 661.11 | 180.33 | 179.43 | 80.69 |
| 120.27 | 208.06 | 89.70 | 214.89 | 67.36 | 54.84 | 22.29 |
| 918.30 | 1689.10 | 814.56 | 1483.16 | 440.87 | 351.15 | 150.44 |
| 119.01 | 177.45 | 64.04 | 149.78 | 29.91 | 44.79 | 17.95 |
| 241.06 | 326.90 | 99.10 | 354.52 | 98.76 | 89.79 | 42.79 |
| 91.32 | 149.47 | 62.28 | 128.17 | 29.23 | 31.59 | 10.61 |
| 69.48 | 131.65 | 66.87 | 167.84 | 55.22 | 49.89 | 20.37 |
| 397.43 | 903.63 | 522.27 | 682.85 | 227.75 | 135.10 | 58.72 |
| 1650.70 | 2881.10 | 1338.82 | 1658.43 | 359.91 | 467.60 | 227.91 |
| 217.16 | 343.29 | 146.34 | 237.40 | 50.91 | 59.28 | 25.64 |
| 1044.73 | 1857.87 | 868.73 | 895.65 | 173.33 | 239.85 | 125.26 |
| 305.99 | 569.13 | 287.53 | 417.47 | 104.12 | 133.68 | 59.38 |
| 82.81 | 110.81 | 36.22 | 107.91 | 31.55 | 34.79 | 17.64 |
| 937.29 | 1409.52 | 551.79 | 1288.81 | 282.98 | 347.14 | 150.41 |
| 650.82 | 945.10 | 358.77 | 833.23 | 162.11 | 241.26 | 107.37 |
| 14.89 | 18.89 | 4.64 | 23.81 | 6.16 | 9.88 | 5.05 |
| 148.15 | 240.61 | 96.95 | 232.79 | 60.74 | 50.66 | 19.75 |
| 12.55 | 20.70 | 8.51 | 14.36 | 3.92 | 3.19 | 1.20 |
| 110.87 | 184.22 | 82.92 | 184.62 | 50.05 | 42.15 | 17.04 |
| 1308.19 | 2001.77 | 776.90 | 1594.16 | 472.40 | 339.70 | 148.45 |
| 9.32 | 13.69 | 6.30 | 8.55 | 1.63 | 2.45 | 1.09 |
| 762.31 | 1113.49 | 407.85 | 865.66 | 227.19 | 172.68 | 79.69 |
| 536.56 | 874.59 | 362.76 | 719.95 | 243.57 | 164.57 | 67.67 |
| 915.21 | 1515.29 | 646.82 | 1070.29 | 345.90 | 228.87 | 95.62 |
| 892.21 | 1480.18 | 632.96 | 1048.91 | 339.00 | 224.59 | 94.18 |
| 22.20 | 32.90 | 12.47 | 19.48 | 6.30 | 4.12 | 1.35 |
| 0.81 | 2.21 | 1.40 | 1.90 | 0.60 | 0.16 | 0.09 |
| 1284.92 | 2055.64 | 861.54 | 2133.78 | 582.54 | 643.17 | 306.70 |
| 116.66 | 158.78 | 63.90 | 173.39 | 43.62 | 40.48 | 23.68 |
| 41.44 | 62.93 | 23.82 | 34.40 | 7.76 | 9.51 | 3.94 |
| 770.28 | 1309.70 | 587.62 | 1526.45 | 418.51 | 490.73 | 233.42 |
| 167.20 | 240.95 | 78.82 | 143.96 | 42.45 | 38.29 | 17.45 |
| 136.35 | 205.27 | 77.88 | 179.67 | 51.57 | 43.94 | 19.69 |
| 52.98 | 78.01 | 29.51 | 75.92 | 18.64 | 20.23 | 8.52 |
| 1546.45 | 2264.33 | 875.71 | 3063.89 | 385.80 | 650.40 | 353.23 |

2-3 续表 2

| 行　　业 | 企业单位数(个) | 工业销售产值(当年价格) | 出口交货值 | 资产总计 |
|---|---|---|---|---|
| 精炼石油产品制造 | 707 | 4008.97 | 100.60 | 2876.91 |
| 炼焦 | 226 | 1808.00 | 0.36 | 2754.15 |
| 化学原料和化学制品制造业 | 13377 | 33635.92 | 1020.32 | 18962.82 |
| 基础化学原料制造 | 2961 | 8594.36 | 150.82 | 4633.10 |
| 肥料制造 | 1313 | 3167.31 | 10.37 | 1996.05 |
| 农药制造 | 440 | 1295.44 | 54.68 | 685.94 |
| 涂料、油墨、颜料及类似产品制造 | 1722 | 3001.60 | 68.25 | 1669.90 |
| 合成材料制造 | 1444 | 5156.85 | 140.15 | 3518.07 |
| 专用化学产品制造 | 3796 | 9634.98 | 195.94 | 5034.80 |
| 炸药、火工及焰火产品制造 | 937 | 1350.23 | 305.98 | 546.75 |
| 日用化学产品制造 | 764 | 1435.15 | 94.15 | 878.20 |
| 医药制造业 | 3308 | 8321.50 | 287.24 | 5597.58 |
| 化学药品原料药制造 | 607 | 1780.96 | 126.46 | 1293.54 |
| 化学药品制剂制造 | 319 | 1292.54 | 5.31 | 1198.75 |
| 中药饮片加工 | 658 | 1047.82 | 14.06 | 596.30 |
| 中成药生产 | 610 | 1737.98 | 3.84 | 1045.92 |
| 兽用药品制造 | 284 | 851.03 | 26.83 | 341.97 |
| 生物药品制造 | 417 | 995.71 | 73.06 | 765.68 |
| 卫生材料及医药用品制造 | 413 | 615.45 | 37.68 | 355.42 |
| 化学纤维制造业 | 1260 | 3261.83 | 190.05 | 2192.12 |
| 纤维素纤维原料及纤维制造 | 201 | 982.92 | 126.81 | 649.18 |
| 合成纤维制造 | 1059 | 2278.91 | 63.24 | 1542.94 |
| 橡胶和塑料制品业 | 10631 | 16972.55 | 1131.57 | 9435.89 |
| 橡胶制品业 | 1819 | 5213.62 | 571.06 | 3102.61 |
| 塑料制品业 | 8812 | 11758.93 | 560.52 | 6333.28 |
| 非金属矿物制品业 | 20883 | 33446.87 | 585.21 | 19728.97 |
| 水泥、石灰和石膏制造 | 1736 | 3422.45 | 13.03 | 2917.61 |
| 石膏、水泥制品及类似制品制造 | 5931 | 7563.71 | 10.79 | 4928.72 |
| 砖瓦、石材等建筑材料制造 | 6414 | 9763.17 | 120.07 | 4815.39 |
| 玻璃制造 | 492 | 698.44 | 17.13 | 748.21 |
| 玻璃制品制造 | 1300 | 2280.49 | 88.55 | 1218.66 |
| 玻璃纤维和玻璃纤维增强塑料制品制造 | 772 | 1664.65 | 34.05 | 701.96 |
| 陶瓷制品制造 | 1333 | 2700.83 | 240.53 | 1364.37 |
| 耐火材料制品制造 | 1233 | 2252.42 | 12.62 | 1400.76 |
| 石墨及其他非金属矿物制品制造 | 1672 | 3100.73 | 48.43 | 1633.29 |
| 黑色金属冶炼和压延加工业 | 5503 | 23080.27 | 420.21 | 13197.46 |
| 炼铁 | 126 | 495.49 | 4.11 | 375.98 |
| 炼钢 | 97 | 2378.85 | 4.44 | 2256.19 |
| 黑色金属铸造 | 2211 | 4253.67 | 93.98 | 1916.98 |
| 钢压延加工 | 2429 | 14391.25 | 308.16 | 7539.17 |
| 铁合金冶炼 | 640 | 1561.01 | 9.52 | 1109.14 |
| 有色金属冶炼和压延加工业 | 4019 | 16688.03 | 301.97 | 8966.35 |
| 常用有色金属冶炼 | 669 | 3461.17 | 29.83 | 2848.16 |
| 贵金属冶炼 | 111 | 604.68 | 10.04 | 258.37 |
| 稀有稀土金属冶炼 | 189 | 742.86 | 16.29 | 370.97 |
| 有色金属合金制造 | 546 | 1694.02 | 64.58 | 931.00 |
| 有色金属铸造 | 125 | 279.65 | 1.62 | 203.40 |
| 有色金属压延加工 | 2379 | 9905.65 | 179.60 | 4354.46 |

单位：亿元

| 固定资产合计 | 固定资产原价 | 累计折旧 | 流动资产合计 | 应收账款 | 存货 | 产成品 |
|---|---|---|---|---|---|---|
| 661.02 | 985.43 | 366.62 | 1738.37 | 182.65 | 420.73 | 234.24 |
| 885.43 | 1278.90 | 509.09 | 1325.52 | 203.15 | 229.67 | 118.99 |
| 7174.16 | 11705.76 | 5069.59 | 8644.35 | 1991.87 | 1854.17 | 871.67 |
| 1865.88 | 3062.53 | 1348.21 | 2031.31 | 391.07 | 419.82 | 192.63 |
| 806.43 | 1237.92 | 504.29 | 861.31 | 141.08 | 210.27 | 103.49 |
| 277.79 | 511.74 | 260.35 | 301.84 | 60.93 | 96.41 | 56.53 |
| 553.11 | 1134.36 | 621.79 | 842.40 | 294.07 | 180.58 | 78.34 |
| 1190.90 | 1793.76 | 655.42 | 1641.62 | 383.57 | 337.51 | 144.95 |
| 1936.50 | 3168.79 | 1387.42 | 2289.88 | 579.79 | 488.91 | 231.60 |
| 276.49 | 342.04 | 80.58 | 179.56 | 48.25 | 32.07 | 19.17 |
| 267.06 | 454.62 | 211.53 | 496.43 | 93.11 | 88.58 | 44.96 |
| 2088.67 | 3330.78 | 1452.80 | 2554.34 | 603.24 | 537.58 | 246.41 |
| 476.56 | 745.87 | 308.15 | 538.24 | 102.44 | 111.14 | 52.43 |
| 392.45 | 602.98 | 278.71 | 610.34 | 126.69 | 82.53 | 32.97 |
| 220.74 | 324.25 | 121.85 | 299.46 | 108.23 | 85.43 | 42.84 |
| 388.26 | 732.75 | 375.19 | 479.05 | 130.72 | 129.95 | 55.45 |
| 194.47 | 302.54 | 117.52 | 106.05 | 22.54 | 23.73 | 12.07 |
| 273.06 | 425.43 | 183.40 | 359.94 | 68.64 | 68.31 | 31.95 |
| 143.13 | 196.95 | 67.98 | 161.25 | 43.98 | 36.49 | 18.70 |
| 871.48 | 1423.23 | 594.51 | 1046.73 | 178.61 | 248.73 | 117.09 |
| 316.22 | 534.51 | 237.74 | 261.50 | 35.74 | 77.66 | 23.76 |
| 555.26 | 888.72 | 356.77 | 785.23 | 142.87 | 171.07 | 93.33 |
| 3352.97 | 5360.45 | 2225.02 | 4881.06 | 1440.35 | 1023.48 | 519.38 |
| 1138.76 | 1800.92 | 723.57 | 1623.21 | 371.27 | 303.85 | 179.06 |
| 2214.21 | 3559.53 | 1501.45 | 3257.84 | 1069.07 | 719.63 | 340.32 |
| 7976.97 | 12614.94 | 5180.93 | 9020.18 | 2998.52 | 1679.30 | 849.28 |
| 1355.38 | 2178.65 | 940.22 | 1155.88 | 244.34 | 188.62 | 71.56 |
| 1528.57 | 2544.52 | 1120.99 | 2837.82 | 1397.80 | 341.28 | 139.50 |
| 2193.36 | 3293.94 | 1274.41 | 1916.85 | 510.98 | 503.18 | 301.55 |
| 309.90 | 452.61 | 152.78 | 322.27 | 53.82 | 65.77 | 24.82 |
| 497.39 | 905.62 | 443.58 | 567.26 | 164.36 | 136.21 | 69.81 |
| 309.23 | 493.16 | 199.17 | 315.27 | 87.48 | 50.93 | 24.60 |
| 660.79 | 1073.02 | 436.25 | 449.99 | 105.27 | 117.44 | 70.10 |
| 462.80 | 682.79 | 245.08 | 699.67 | 230.75 | 128.40 | 73.10 |
| 659.55 | 990.64 | 368.44 | 755.17 | 203.73 | 147.46 | 74.24 |
| 6011.79 | 10000.57 | 4487.00 | 5693.32 | 881.75 | 1559.60 | 681.53 |
| 162.57 | 263.20 | 108.95 | 174.89 | 36.71 | 38.86 | 13.51 |
| 1348.86 | 2268.94 | 979.89 | 724.45 | 49.30 | 179.43 | 89.85 |
| 896.65 | 1465.44 | 618.45 | 777.62 | 235.80 | 177.61 | 94.88 |
| 3247.44 | 5532.58 | 2600.05 | 3424.46 | 447.66 | 978.10 | 409.08 |
| 356.27 | 470.41 | 179.66 | 591.91 | 112.28 | 185.59 | 74.21 |
| 2804.44 | 4001.76 | 1473.14 | 4666.67 | 964.75 | 1388.85 | 572.21 |
| 853.17 | 1169.64 | 369.69 | 1345.54 | 208.53 | 462.03 | 115.36 |
| 79.54 | 95.10 | 35.80 | 154.59 | 6.98 | 45.59 | 14.87 |
| 117.55 | 145.53 | 54.62 | 171.71 | 41.31 | 64.38 | 32.60 |
| 259.82 | 377.64 | 133.56 | 500.65 | 135.72 | 127.12 | 40.77 |
| 31.49 | 43.72 | 16.68 | 66.88 | 21.16 | 14.55 | 5.57 |
| 1462.87 | 2170.12 | 862.78 | 2427.30 | 551.04 | 675.18 | 363.05 |

2-3 续表 3

| 行　业 | 企业单位数（个） | 工业销售产值（当年价格） | 出口交货值 | 资产总计 |
|---|---|---|---|---|
| 金属制品业 | 12774 | 22050.92 | 1169.72 | 12266.78 |
| 结构性金属制品制造 | 4336 | 7886.61 | 133.65 | 4269.10 |
| 金属工具制造 | 1062 | 1489.28 | 225.64 | 690.49 |
| 集装箱及金属包装容器制造 | 676 | 1107.86 | 107.53 | 728.57 |
| 金属丝绳及其制品制造 | 943 | 2161.11 | 92.43 | 1116.50 |
| 建筑、安全用金属制品制造 | 1591 | 2444.83 | 186.35 | 1784.28 |
| 金属表面处理及热处理加工 | 884 | 1538.54 | 27.26 | 874.33 |
| 搪瓷制品制造 | 87 | 134.40 | 16.07 | 93.52 |
| 金属制日用品制造 | 1141 | 1421.17 | 257.76 | 741.87 |
| 其他金属制品制造 | 2054 | 3867.12 | 123.03 | 1968.13 |
| 通用设备制造业 | 14106 | 21976.49 | 936.15 | 12945.24 |
| 锅炉及原动设备制造 | 954 | 2055.08 | 51.94 | 1392.72 |
| 金属加工机械制造 | 2089 | 3234.35 | 92.86 | 1834.57 |
| 物料搬运设备制造 | 1234 | 2112.85 | 79.84 | 1425.77 |
| 泵、阀门、压缩机及类似机械制造 | 2735 | 4273.02 | 226.64 | 2610.64 |
| 轴承、齿轮和传动部件制造 | 1685 | 2652.37 | 87.42 | 1488.23 |
| 烘炉、风机、衡器、包装等设备制造 | 1666 | 2664.70 | 174.76 | 1552.88 |
| 文化、办公用机械制造 | 176 | 309.36 | 46.93 | 218.33 |
| 通用零部件制造 | 2970 | 3928.89 | 162.85 | 2013.64 |
| 其他通用设备制造业 | 597 | 745.87 | 12.90 | 408.45 |
| 专用设备制造业 | 9957 | 18099.97 | 677.78 | 11918.34 |
| 采矿、冶金、建筑专用设备制造 | 2624 | 6723.26 | 162.81 | 4513.32 |
| 化工、木材、非金属加工专用设备制造 | 1808 | 2558.40 | 130.13 | 1681.26 |
| 食品、饮料、烟草及饲料生产专用设备制造 | 513 | 813.90 | 38.53 | 424.59 |
| 印刷、制药、日化及日用品生产专用设备制造 | 479 | 698.95 | 26.79 | 428.65 |
| 纺织、服装和皮革加工专用设备制造 | 597 | 853.20 | 45.84 | 517.47 |
| 电子和电工机械专用设备制造 | 507 | 743.50 | 36.77 | 659.64 |
| 农、林、牧、渔专用机械制造 | 981 | 1537.27 | 54.92 | 735.58 |
| 医疗仪器设备及器械制造 | 726 | 1157.61 | 97.68 | 790.07 |
| 环保、社会公共服务及其他专用设备制造 | 1722 | 3013.88 | 84.30 | 2167.75 |
| 汽车制造业 | 7328 | 14759.98 | 523.00 | 9898.88 |
| 汽车整车制造 | 99 | 1587.31 | 21.15 | 1354.08 |
| 改装汽车制造 | 228 | 843.07 | 13.92 | 513.17 |
| 低速载货汽车制造 | 10 | 27.03 |  | 8.06 |
| 电车制造 | 71 | 97.48 | 0.03 | 87.67 |
| 汽车车身、挂车制造 | 183 | 435.28 | 1.83 | 286.44 |
| 汽车零部件及配件制造 | 6737 | 11769.82 | 486.07 | 7649.47 |
| 铁路、船舶、航空航天和其他运输设备制造业 | 2629 | 6360.76 | 598.99 | 4105.67 |
| 铁路运输设备制造 | 370 | 749.15 | 4.84 | 616.98 |
| 城市轨道交通设备制造 | 23 | 37.67 | 0.08 | 26.07 |
| 船舶及相关装置制造 | 673 | 2244.62 | 258.42 | 1427.17 |
| 航空、航天器及设备制造 | 89 | 313.31 | 52.91 | 221.64 |
| 摩托车制造 | 801 | 1988.32 | 205.43 | 1291.69 |
| 自行车制造 | 527 | 787.04 | 57.05 | 410.65 |
| 非公路休闲车及零配件制造 | 76 | 113.81 | 16.14 | 58.02 |
| 潜水救捞及其他未列明运输设备制造 | 70 | 126.84 | 4.13 | 53.44 |

单位：亿元

| 固定资产合计 | 固定资产原价 | 累计折旧 | 流动资产合计 | | | |
|---|---|---|---|---|---|---|
| | | | | 应收账款 | 存货 | |
| | | | | | | 产成品 |
| 4158.22 | 6603.78 | 2654.23 | 6334.36 | 1819.87 | 1487.24 | 635.46 |
| 1320.30 | 2164.64 | 921.20 | 2358.29 | 658.93 | 584.93 | 215.38 |
| 278.25 | 492.29 | 230.04 | 329.96 | 98.15 | 80.20 | 36.09 |
| 222.12 | 346.90 | 147.62 | 402.41 | 118.45 | 113.23 | 38.28 |
| 350.03 | 555.25 | 214.12 | 567.76 | 166.24 | 111.57 | 55.45 |
| 842.42 | 1145.56 | 325.13 | 644.80 | 192.54 | 149.02 | 66.58 |
| 223.83 | 362.89 | 146.26 | 546.33 | 150.17 | 117.99 | 62.88 |
| 24.70 | 45.87 | 21.43 | 37.90 | 10.53 | 8.63 | 3.64 |
| 219.01 | 447.96 | 245.73 | 404.83 | 106.69 | 88.25 | 43.73 |
| 677.57 | 1042.43 | 402.69 | 1042.08 | 318.17 | 233.42 | 113.44 |
| 4442.73 | 7093.87 | 3032.27 | 6635.33 | 2172.97 | 1658.54 | 710.69 |
| 542.47 | 938.46 | 427.78 | 676.20 | 215.43 | 173.76 | 58.26 |
| 673.24 | 1073.11 | 441.81 | 888.11 | 254.75 | 271.03 | 110.48 |
| 413.04 | 716.42 | 341.64 | 801.05 | 248.93 | 184.05 | 75.26 |
| 911.60 | 1329.48 | 574.09 | 1335.66 | 462.77 | 319.00 | 133.00 |
| 532.76 | 831.56 | 318.69 | 693.26 | 231.27 | 167.49 | 86.24 |
| 445.95 | 709.35 | 291.66 | 856.48 | 255.58 | 238.71 | 104.11 |
| 46.92 | 85.45 | 46.62 | 137.31 | 45.35 | 25.40 | 9.56 |
| 757.00 | 1214.44 | 505.32 | 1008.12 | 377.13 | 215.24 | 105.71 |
| 119.75 | 195.59 | 84.66 | 239.13 | 81.77 | 63.85 | 28.08 |
| 3975.70 | 6467.88 | 2724.81 | 6402.87 | 1946.33 | 1420.89 | 565.58 |
| 1527.64 | 2465.88 | 1015.11 | 2360.16 | 791.50 | 491.59 | 194.13 |
| 546.63 | 1016.63 | 499.90 | 896.86 | 290.12 | 225.24 | 85.38 |
| 156.80 | 277.18 | 129.18 | 224.16 | 58.37 | 64.25 | 28.17 |
| 145.14 | 243.70 | 109.88 | 231.11 | 59.97 | 63.83 | 20.71 |
| 179.20 | 274.55 | 120.63 | 268.56 | 83.96 | 66.76 | 29.30 |
| 127.53 | 221.25 | 101.92 | 479.06 | 96.35 | 79.34 | 30.62 |
| 345.55 | 535.42 | 214.98 | 311.54 | 80.56 | 86.20 | 42.31 |
| 218.43 | 360.51 | 157.06 | 430.76 | 107.32 | 95.62 | 41.96 |
| 728.77 | 1072.75 | 376.15 | 1200.68 | 378.18 | 248.04 | 93.01 |
| 2919.49 | 4668.25 | 1893.76 | 5455.10 | 1727.01 | 1031.11 | 493.66 |
| 258.26 | 399.56 | 150.56 | 846.64 | 195.30 | 108.28 | 35.64 |
| 174.48 | 258.78 | 90.65 | 238.58 | 56.25 | 62.19 | 23.15 |
| 3.89 | 4.09 | 1.15 | 3.28 | 0.45 | 0.81 | 0.59 |
| 34.46 | 45.29 | 12.04 | 26.09 | 5.11 | 6.34 | 2.18 |
| 69.07 | 86.14 | 20.97 | 178.61 | 23.28 | 19.49 | 6.92 |
| 2379.32 | 3874.39 | 1618.39 | 4161.90 | 1446.62 | 834.01 | 425.17 |
| 1264.65 | 2218.74 | 1025.18 | 2262.38 | 611.05 | 528.35 | 178.86 |
| 147.33 | 288.31 | 148.84 | 378.33 | 151.63 | 74.11 | 32.21 |
| 5.31 | 9.41 | 4.28 | 15.77 | 7.52 | 2.22 | 0.72 |
| 457.62 | 735.77 | 300.32 | 770.84 | 137.89 | 260.85 | 62.98 |
| 63.94 | 199.49 | 149.76 | 103.95 | 30.79 | 31.40 | 15.70 |
| 437.00 | 723.85 | 312.51 | 711.86 | 207.56 | 96.16 | 44.15 |
| 121.05 | 166.53 | 47.97 | 226.02 | 62.89 | 47.05 | 18.61 |
| 15.89 | 62.90 | 44.13 | 36.67 | 7.32 | 10.80 | 1.81 |
| 16.51 | 32.47 | 17.38 | 18.95 | 5.44 | 5.76 | 2.69 |

2-3 续表 4

| 行 业 | 企业单位数（个） | 工业销售产值（当年价格） | 出口交货值 | 资产总计 |
|---|---|---|---|---|
| 电气机械和器材制造业 | 13086 | 26790.02 | 1694.83 | 17201.35 |
| 电机制造 | 1518 | 2909.94 | 260.68 | 2099.82 |
| 输配电及控制设备制造 | 4470 | 8175.98 | 347.65 | 5672.58 |
| 电线、电缆、光缆及电工器材制造 | 2675 | 7921.59 | 170.70 | 4601.46 |
| 电池制造 | 704 | 2111.04 | 80.76 | 1566.52 |
| 家用电力器具制造 | 1533 | 2795.25 | 485.52 | 1493.10 |
| 非电力家用器具制造 | 348 | 497.85 | 40.21 | 304.66 |
| 照明器具制造 | 1613 | 2112.32 | 293.10 | 1294.35 |
| 其他电气机械及器材制造 | 225 | 266.06 | 16.20 | 168.87 |
| 计算机、通信和其他电子设备制造业 | 6493 | 16597.67 | 2717.88 | 10204.25 |
| 计算机制造 | 550 | 1220.30 | 217.67 | 778.66 |
| 通信设备制造 | 875 | 5284.53 | 1219.63 | 3032.82 |
| 广播电视设备制造 | 359 | 783.61 | 89.50 | 445.38 |
| 雷达及配套设备制造 | 18 | 16.89 | 1.42 | 12.87 |
| 视听设备制造 | 470 | 794.40 | 217.17 | 449.85 |
| 电子器件制造 | 1197 | 3254.88 | 460.86 | 2257.87 |
| 电子元件制造 | 2462 | 4259.96 | 402.33 | 2570.07 |
| 其他电子设备制造 | 562 | 983.09 | 109.31 | 656.73 |
| 仪器仪表制造业 | 2059 | 3836.88 | 217.10 | 2504.39 |
| 通用仪器仪表制造 | 1225 | 2666.27 | 119.65 | 1724.41 |
| 专用仪器仪表制造 | 435 | 811.58 | 25.08 | 513.63 |
| 钟表与计时仪器制造 | 68 | 69.11 | 25.31 | 50.48 |
| 光学仪器及眼镜制造 | 254 | 207.38 | 43.05 | 156.38 |
| 其他仪器仪表制造业 | 77 | 82.54 | 4.02 | 59.48 |
| 其他制造业 | 1056 | 1362.44 | 185.60 | 585.97 |
| 日用杂品制造 | 670 | 823.79 | 166.87 | 344.74 |
| 煤制品制造 | 88 | 139.32 | 0.18 | 61.06 |
| 废弃资源综合利用业 | 865 | 1940.23 | 2.18 | 932.62 |
| 金属废料和碎屑加工处理 | 457 | 1540.86 | 0.05 | 704.61 |
| 非金属废料和碎屑加工处理 | 408 | 399.37 | 2.13 | 228.01 |
| 金属制品、机械和设备修理业 | 132 | 178.19 | 25.95 | 128.27 |
| 金属制品修理 | 20 | 31.96 | 0.09 | 13.48 |
| 通用设备修理 | 14 | 9.41 |  | 8.40 |
| 专用设备修理 | 10 | 14.05 | 0.44 | 6.79 |
| 铁路、船舶、航空航天等运输设备修理 | 72 | 108.61 | 25.42 | 85.34 |
| 电气设备修理 | 4 | 2.13 |  | 1.82 |
| 其他机械和设备修理业 | 11 | 11.64 |  | 10.83 |
| **电力、热力、燃气及水生产和供应业** | **1645** | **1781.19** | **0.14** | **4623.99** |
| 电力、热力生产和供应业 | 1121 | 1015.30 |  | 3777.95 |
| 电力生产 | 752 | 631.13 |  | 2940.30 |
| 电力供应 | 21 | 29.74 |  | 50.67 |
| 热力生产和供应 | 348 | 354.43 |  | 786.98 |
| 燃气生产和供应业 | 326 | 607.92 | 0.14 | 521.94 |
| 水的生产和供应业 | 198 | 157.98 |  | 324.10 |
| 自来水生产和供应 | 74 | 46.98 |  | 144.02 |
| 污水处理及其再生利用 | 113 | 100.15 |  | 168.43 |
| 其他水的处理、利用与分配 | 11 | 10.84 |  | 11.64 |

单位：亿元

| 固定资产合　计 | 固定资产原　价 | 累计折旧 | 流动资产合　计 | | | |
|---|---|---|---|---|---|---|
| | | | | 应收账款 | 存货 | |
| | | | | | | 产成品 |
| 4470.12 | 7504.66 | 3285.22 | 10148.17 | 3840.71 | 1898.01 | 857.10 |
| 492.80 | 833.63 | 363.80 | 1228.26 | 432.25 | 227.38 | 83.28 |
| 1450.12 | 2613.06 | 1228.98 | 3316.11 | 1328.67 | 564.01 | 255.62 |
| 1187.84 | 1959.53 | 845.95 | 2805.49 | 1145.20 | 461.35 | 241.05 |
| 428.16 | 627.79 | 227.56 | 922.79 | 389.97 | 201.88 | 77.27 |
| 397.62 | 643.55 | 278.90 | 895.59 | 250.86 | 225.64 | 108.29 |
| 104.11 | 161.77 | 64.35 | 150.93 | 41.25 | 33.14 | 14.47 |
| 356.89 | 581.73 | 240.08 | 733.01 | 221.89 | 158.33 | 67.15 |
| 52.57 | 83.61 | 35.61 | 95.97 | 30.60 | 26.27 | 9.96 |
| 2052.29 | 3316.94 | 1338.65 | 6783.43 | 2373.62 | 1536.63 | 522.62 |
| 126.38 | 175.78 | 60.17 | 525.66 | 180.75 | 135.64 | 43.75 |
| 315.92 | 476.11 | 171.94 | 2432.30 | 784.52 | 606.02 | 169.22 |
| 91.83 | 146.96 | 63.87 | 302.44 | 115.67 | 62.03 | 27.63 |
| 2.83 | 4.45 | 1.70 | 8.50 | 3.17 | 1.71 | 0.79 |
| 92.64 | 148.33 | 60.20 | 303.14 | 118.25 | 64.61 | 29.74 |
| 556.50 | 897.07 | 354.25 | 1270.51 | 422.76 | 268.64 | 97.58 |
| 721.53 | 1242.47 | 537.24 | 1517.28 | 593.88 | 315.03 | 122.40 |
| 144.65 | 225.77 | 89.27 | 423.60 | 154.61 | 82.94 | 31.50 |
| 739.57 | 1346.96 | 572.97 | 1445.09 | 477.67 | 297.83 | 117.57 |
| 499.10 | 947.45 | 404.16 | 993.10 | 322.34 | 200.00 | 71.91 |
| 161.50 | 281.84 | 124.79 | 290.67 | 103.80 | 54.20 | 23.17 |
| 11.04 | 16.61 | 6.90 | 34.73 | 8.67 | 12.31 | 7.99 |
| 50.66 | 76.08 | 28.09 | 89.87 | 30.86 | 23.42 | 10.85 |
| 17.27 | 24.98 | 9.03 | 36.72 | 11.99 | 7.90 | 3.65 |
| 189.63 | 361.62 | 178.68 | 313.31 | 87.71 | 76.92 | 34.11 |
| 108.07 | 206.72 | 102.83 | 186.12 | 50.95 | 47.75 | 21.69 |
| 19.40 | 33.12 | 15.20 | 29.27 | 7.09 | 7.79 | 2.92 |
| 259.80 | 502.49 | 250.26 | 514.85 | 118.80 | 113.92 | 51.99 |
| 181.37 | 386.43 | 207.13 | 401.93 | 83.59 | 91.43 | 41.08 |
| 78.43 | 116.06 | 43.13 | 112.93 | 35.22 | 22.49 | 10.91 |
| 49.16 | 82.26 | 35.21 | 58.74 | 20.75 | 8.34 | 3.54 |
| 7.36 | 17.15 | 9.63 | 5.32 | 1.18 | 0.96 | 0.30 |
| 1.47 | 2.19 | 1.03 | 5.24 | 1.81 | 0.49 | 0.26 |
| 1.27 | 7.14 | 5.89 | 4.74 | 2.38 | 0.99 | 0.37 |
| 36.43 | 52.09 | 17.40 | 33.57 | 11.50 | 3.79 | 0.71 |
| 0.37 | 0.45 | 0.08 | 1.42 | 0.57 | 0.02 | 0.01 |
| 2.26 | 3.15 | 1.16 | 6.95 | 2.56 | 1.89 | 1.76 |
| **2397.60** | **3024.60** | **805.87** | **1352.25** | **257.79** | **66.19** | **14.97** |
| 2095.55 | 2572.08 | 643.93 | 1050.49 | 218.98 | 44.02 | 6.25 |
| 1738.26 | 2019.70 | 428.66 | 723.15 | 176.11 | 24.42 | 4.70 |
| 8.85 | 13.39 | 5.30 | 14.81 | 3.59 | 0.37 | |
| 348.43 | 538.99 | 209.97 | 312.53 | 39.29 | 19.23 | 1.55 |
| 178.27 | 262.74 | 103.26 | 191.50 | 21.29 | 15.42 | 6.32 |
| 123.79 | 189.78 | 58.67 | 110.26 | 17.52 | 6.75 | 2.39 |
| 46.99 | 78.89 | 20.69 | 49.73 | 2.68 | 1.94 | 1.08 |
| 72.42 | 105.83 | 36.86 | 54.74 | 12.68 | 3.66 | 0.98 |
| 4.38 | 5.06 | 1.13 | 5.78 | 2.15 | 1.15 | 0.33 |

2-3 续表 5

| 行业 | 负债合计 | 流动负债合计 | 应付账款 | 所有者权益合计 | 实收资本 |
|---|---|---|---|---|---|
| **总计** | **121386.12** | **98507.80** | **24356.02** | **116858.30** | **47970.79** |
| **采矿业** | **6007.10** | **4529.17** | **803.06** | **4603.78** | **1794.30** |
| 煤炭开采和洗选业 | 3159.18 | 2326.91 | 411.35 | 1649.39 | 725.87 |
| 烟煤和无烟煤开采洗选 | 3102.80 | 2288.27 | 399.89 | 1584.98 | 708.10 |
| 褐煤开采洗选 | 51.46 | 35.08 | 10.59 | 61.16 | 15.46 |
| 其他煤炭采选 | 4.92 | 3.57 | 0.88 | 3.26 | 2.30 |
| 石油和天然气开采业 | 13.05 | 9.51 | 3.22 | 7.96 | 2.17 |
| 石油开采 | 7.95 | 6.14 | 0.62 | 6.12 | 1.45 |
| 天然气开采 | 5.10 | 3.37 | 2.59 | 1.84 | 0.72 |
| 黑色金属矿采选业 | 1503.20 | 1194.86 | 215.43 | 1411.91 | 442.80 |
| 铁矿采选 | 1477.23 | 1174.21 | 212.91 | 1385.64 | 428.29 |
| 锰矿、铬矿采选 | 19.79 | 15.24 | 1.92 | 22.82 | 8.55 |
| 其他黑色金属矿采选 | 6.18 | 5.41 | 0.60 | 3.45 | 5.96 |
| 有色金属矿采选业 | 603.99 | 467.93 | 73.71 | 633.76 | 247.10 |
| 常用有色金属矿采选 | 404.02 | 315.21 | 40.86 | 363.11 | 137.62 |
| 贵金属矿采选 | 55.70 | 42.25 | 4.31 | 155.99 | 40.11 |
| 稀有稀土金属矿采选 | 144.28 | 110.48 | 28.55 | 114.66 | 69.37 |
| 非金属矿采选业 | 691.41 | 499.17 | 84.84 | 856.16 | 355.82 |
| 土砂石开采 | 482.02 | 337.21 | 60.31 | 654.81 | 282.55 |
| 化学矿开采 | 96.68 | 68.21 | 9.03 | 67.93 | 24.22 |
| 采盐 | 36.00 | 32.52 | 4.07 | 30.62 | 6.62 |
| 石棉及其他非金属矿采选 | 76.70 | 61.23 | 11.44 | 102.79 | 42.43 |
| 开采辅助活动 | 33.02 | 28.89 | 14.19 | 36.47 | 16.29 |
| 煤炭开采和洗选辅助活动 | 0.48 | 0.27 | | 0.30 | 0.06 |
| 石油和天然气开采辅助活动 | 32.16 | 28.24 | 13.81 | 35.64 | 15.55 |
| 其他采矿业 | 3.25 | 1.91 | 0.31 | 8.13 | 4.25 |
| **制造业** | **112308.55** | **92303.38** | **23175.88** | **110704.04** | **45219.61** |
| 农副食品加工业 | 6078.74 | 4665.32 | 829.47 | 8011.29 | 3137.04 |
| 谷物磨制 | 1039.55 | 765.88 | 111.42 | 1934.36 | 726.96 |
| 饲料加工 | 795.07 | 608.11 | 146.60 | 1033.27 | 377.75 |
| 植物油加工 | 654.20 | 531.69 | 83.04 | 914.71 | 295.23 |
| 制糖业 | 382.67 | 350.88 | 37.45 | 64.20 | 42.54 |
| 屠宰及肉类加工 | 1322.12 | 917.01 | 168.17 | 1593.34 | 835.65 |
| 水产品加工 | 687.34 | 576.96 | 111.97 | 717.33 | 273.54 |
| 蔬菜、水果和坚果加工 | 613.85 | 484.83 | 92.15 | 925.66 | 294.74 |
| 其他农副食品加工 | 583.95 | 429.95 | 78.66 | 828.42 | 290.64 |
| 食品制造业 | 1724.41 | 1352.62 | 299.92 | 2552.03 | 1036.63 |
| 焙烤食品制造 | 251.96 | 199.71 | 46.76 | 392.20 | 177.23 |
| 糖果、巧克力及蜜饯制造 | 133.73 | 114.75 | 23.85 | 220.42 | 92.19 |
| 方便食品制造 | 241.85 | 186.02 | 41.83 | 454.88 | 188.71 |
| 乳制品制造 | 152.09 | 118.79 | 31.78 | 187.48 | 69.99 |
| 罐头食品制造 | 152.86 | 122.32 | 34.25 | 236.64 | 104.42 |
| 调味品、发酵制品制造 | 296.78 | 230.84 | 43.05 | 425.39 | 155.79 |
| 其他食品制造 | 495.15 | 380.18 | 78.39 | 635.03 | 248.31 |
| 酒、饮料和精制茶制造业 | 1449.50 | 1075.17 | 204.44 | 1989.99 | 774.37 |
| 酒的制造 | 799.30 | 577.02 | 90.83 | 963.41 | 342.07 |
| 饮料制造 | 376.25 | 287.59 | 63.96 | 559.12 | 267.62 |
| 精制茶加工 | 273.96 | 210.56 | 49.66 | 467.46 | 164.68 |

单位：亿元

| 国家资本 | 集体资本 | 法人资本 | 个人资本 | 港澳台资本 | 外商资本 | 主营业务收入 | 主营业务成本 |
|---|---|---|---|---|---|---|---|
| **215.70** | **668.24** | **19387.18** | **27432.99** | **121.16** | **144.88** | **410188.06** | **355823.84** |
| **8.57** | **21.79** | **695.22** | **1065.13** | **4.03** | **0.06** | **13076.03** | **10880.50** |
| 5.66 | 8.49 | 311.91 | 396.65 | 3.59 | | 4595.92 | 3767.79 |
| 5.66 | 8.25 | 302.73 | 388.30 | 3.59 | | 4277.58 | 3556.87 |
| | 0.04 | 8.72 | 6.70 | | | 304.44 | 198.93 |
| | 0.20 | 0.46 | 1.65 | | | 13.91 | 11.98 |
| | | 0.60 | 1.57 | | | 25.37 | 21.67 |
| | | 0.30 | 1.15 | | | 22.89 | 19.39 |
| | | 0.30 | 0.42 | | | 2.48 | 2.28 |
| 0.61 | 2.91 | 162.04 | 276.90 | 0.34 | | 3249.02 | 2725.46 |
| 0.61 | 2.86 | 159.09 | 265.39 | 0.34 | | 3124.20 | 2618.66 |
| | | 2.59 | 5.95 | | | 85.09 | 69.47 |
| | 0.05 | 0.35 | 5.56 | | | 39.73 | 37.33 |
| 1.63 | 6.32 | 72.42 | 166.67 | 0.02 | 0.05 | 1955.95 | 1677.53 |
| 0.20 | 3.29 | 50.55 | 83.53 | 0.02 | 0.03 | 1145.88 | 969.14 |
| 0.54 | 3.02 | 11.32 | 25.23 | | | 442.84 | 377.78 |
| 0.89 | 0.01 | 10.54 | 57.91 | | 0.02 | 367.23 | 330.60 |
| 0.66 | 3.75 | 142.99 | 208.40 | 0.08 | 0.01 | 3177.67 | 2629.44 |
| 0.61 | 2.45 | 118.46 | 161.01 | 0.08 | 0.01 | 2482.76 | 2062.03 |
| | 0.46 | 8.52 | 15.24 | | | 195.19 | 149.38 |
| | 0.10 | 0.24 | 6.28 | | | 57.33 | 48.76 |
| 0.05 | 0.74 | 15.77 | 25.87 | | | 442.39 | 369.28 |
| | 0.06 | 4.67 | 11.56 | | | 51.55 | 42.77 |
| | | | 0.06 | | | 2.01 | 1.44 |
| | 0.06 | 3.98 | 11.50 | | | 41.78 | 34.81 |
| 0.01 | 0.26 | 0.59 | 3.39 | | | 20.55 | 15.84 |
| **166.12** | **623.39** | **18055.63** | **26119.62** | **109.57** | **144.11** | **395345.73** | **343510.98** |
| 9.85 | 53.17 | 1144.25 | 1905.27 | 13.17 | 11.31 | 33908.51 | 29985.85 |
| 1.54 | 6.80 | 236.07 | 482.53 | 0.02 | | 9285.84 | 8279.83 |
| 0.26 | 15.73 | 174.60 | 185.21 | 0.87 | 1.08 | 5311.03 | 4725.65 |
| 0.91 | 3.62 | 108.20 | 182.41 | 0.01 | 0.08 | 3587.55 | 3171.42 |
| | 0.01 | 22.81 | 14.62 | 0.10 | 5.00 | 204.48 | 172.62 |
| 1.18 | 17.13 | 219.15 | 589.15 | 7.31 | 1.73 | 6429.88 | 5730.95 |
| 1.66 | 1.68 | 143.27 | 121.42 | 4.32 | 1.18 | 2776.08 | 2481.69 |
| 1.26 | 0.77 | 118.53 | 171.67 | 0.37 | 2.13 | 3362.62 | 2887.76 |
| 3.05 | 7.42 | 121.62 | 158.25 | 0.18 | 0.11 | 2951.05 | 2535.92 |
| 1.88 | 17.23 | 477.05 | 535.95 | 3.94 | 0.24 | 8464.18 | 7180.96 |
| 0.66 | 0.68 | 83.63 | 89.34 | 2.91 | 0.01 | 1436.52 | 1207.35 |
| 0.13 | 0.15 | 45.97 | 45.88 | | 0.05 | 763.08 | 639.26 |
| 0.08 | 12.08 | 91.28 | 85.28 | | | 1513.51 | 1309.43 |
| 0.65 | 1.72 | 37.47 | 30.07 | | 0.08 | 489.56 | 413.81 |
| 0.14 | 0.43 | 46.47 | 57.24 | 0.14 | | 859.53 | 749.24 |
| 0.09 | 1.11 | 73.12 | 81.39 | 0.08 | | 1263.87 | 1054.27 |
| 0.14 | 1.07 | 99.11 | 146.76 | 0.81 | 0.09 | 2138.10 | 1807.59 |
| 2.10 | 21.98 | 337.74 | 410.44 | 0.57 | 1.53 | 6115.84 | 4978.08 |
| 1.56 | 8.46 | 118.22 | 212.37 | 0.14 | 1.33 | 3007.65 | 2463.87 |
| 0.27 | 4.44 | 152.13 | 110.15 | 0.43 | 0.19 | 1657.42 | 1334.91 |
| 0.27 | 9.08 | 67.38 | 87.93 | 0.01 | 0.01 | 1450.77 | 1179.30 |

2-3 续表 6

| 行　业 | 负债合计 | 流动负债合　计 | 应付账款 | 所有者权益合计 | 实收资本 |
|---|---|---|---|---|---|
| 烟草制品业 | 16.13 | 8.30 | 4.70 | 3.89 | 2.01 |
| 其他烟草制品制造 | 16.12 | 8.29 | 4.70 | 3.69 | 1.89 |
| 纺织业 | 5834.60 | 5006.88 | 890.39 | 5587.06 | 2324.93 |
| 棉纺织及印染精加工 | 3335.06 | 2826.13 | 471.82 | 3407.75 | 1335.99 |
| 毛纺织及染整精加工 | 409.01 | 371.12 | 62.33 | 313.89 | 139.13 |
| 麻纺织及染整精加工 | 76.60 | 61.65 | 9.05 | 103.92 | 30.28 |
| 丝绢纺织及印染精加工 | 198.10 | 167.30 | 28.47 | 185.03 | 50.15 |
| 化纤织造及印染精加工 | 398.86 | 369.18 | 47.62 | 214.49 | 113.10 |
| 针织或钩针编织物及其制品制造 | 698.60 | 594.58 | 115.91 | 596.80 | 337.30 |
| 家用纺织制成品制造 | 332.17 | 285.77 | 74.89 | 344.76 | 152.09 |
| 非家用纺织制成品制造 | 386.21 | 331.15 | 80.31 | 420.43 | 166.89 |
| 纺织服装、服饰业 | 2637.06 | 2199.21 | 621.42 | 2728.98 | 994.72 |
| 机织服装制造 | 1813.71 | 1482.85 | 411.28 | 2043.45 | 719.95 |
| 针织或钩针编织服装制造 | 621.50 | 535.59 | 159.88 | 505.68 | 193.62 |
| 服饰制造 | 201.85 | 180.76 | 50.26 | 179.85 | 81.15 |
| 皮革、毛皮、羽毛及其制品和制鞋业 | 1295.46 | 1093.07 | 256.33 | 1501.24 | 506.67 |
| 皮革鞣制加工 | 124.26 | 109.95 | 15.11 | 219.55 | 48.77 |
| 皮革制品制造 | 348.69 | 306.93 | 76.91 | 376.46 | 109.68 |
| 毛皮鞣制及制品加工 | 96.35 | 77.05 | 12.19 | 150.43 | 39.21 |
| 羽毛(绒)加工及制品制造 | 135.16 | 124.70 | 28.84 | 124.38 | 47.10 |
| 制鞋业 | 590.99 | 474.43 | 123.27 | 630.41 | 261.90 |
| 木材加工和木、竹、藤、棕、草制品业 | 1466.23 | 1122.84 | 211.45 | 2325.53 | 833.78 |
| 木材加工 | 185.69 | 141.59 | 27.25 | 320.12 | 124.79 |
| 人造板制造 | 803.21 | 586.11 | 107.53 | 1405.35 | 487.96 |
| 木制品制造 | 385.82 | 325.25 | 62.12 | 466.47 | 172.15 |
| 竹、藤、棕、草等制品制造 | 91.52 | 69.89 | 14.55 | 133.59 | 48.87 |
| 家具制造业 | 1224.65 | 1001.63 | 248.34 | 1367.06 | 717.71 |
| 木质家具制造 | 802.60 | 637.90 | 140.28 | 928.79 | 368.66 |
| 竹、藤家具制造 | 23.97 | 16.86 | 2.99 | 21.03 | 6.89 |
| 金属家具制造 | 201.78 | 181.81 | 55.94 | 223.24 | 244.36 |
| 塑料家具制造 | 15.03 | 13.88 | 3.87 | 17.01 | 9.46 |
| 其他家具制造 | 181.27 | 151.19 | 45.26 | 176.99 | 88.34 |
| 造纸和纸制品业 | 1781.91 | 1469.26 | 320.81 | 1565.48 | 608.56 |
| 纸浆制造 | 13.79 | 7.97 | 2.08 | 7.55 | 2.35 |
| 造纸 | 1020.67 | 835.66 | 163.34 | 845.31 | 333.76 |
| 纸制品制造 | 747.45 | 625.63 | 155.40 | 712.62 | 272.45 |
| 印刷和记录媒介复制业 | 1083.88 | 895.89 | 230.45 | 1183.58 | 449.69 |
| 印刷 | 1061.35 | 879.41 | 226.33 | 1156.77 | 442.07 |
| 装订及印刷相关服务 | 21.68 | 15.83 | 3.98 | 24.66 | 6.39 |
| 记录媒介复制 | 0.85 | 0.65 | 0.14 | 2.15 | 1.22 |
| 文教、工美、体育和娱乐用品制造业 | 2017.82 | 1730.84 | 475.91 | 1872.88 | 787.86 |
| 文教办公用品制造 | 168.94 | 153.58 | 37.29 | 145.05 | 45.29 |
| 乐器制造 | 29.27 | 21.57 | 5.35 | 54.21 | 23.25 |
| 工艺美术品制造 | 1393.65 | 1193.30 | 325.68 | 1195.53 | 504.32 |
| 体育用品制造 | 169.02 | 135.00 | 48.62 | 172.98 | 102.34 |
| 玩具制造 | 176.43 | 155.92 | 40.13 | 196.73 | 77.63 |
| 游艺器材及娱乐用品制造 | 80.52 | 71.48 | 18.84 | 108.37 | 35.04 |
| 石油加工、炼焦和核燃料加工业 | 4077.89 | 3128.73 | 660.90 | 1549.71 | 760.43 |

单位：亿元

| 国家资本 | 集体资本 | 法人资本 | 个人资本 | 港澳台资本 | 外商资本 | 主营业务收入 | 主营业务成本 |
|---|---|---|---|---|---|---|---|
| | | 1.40 | 0.61 | | | 13.22 | 9.90 |
| | | 1.40 | 0.49 | | | 12.59 | 9.32 |
| 3.88 | 65.56 | 797.11 | 1448.21 | 6.40 | 3.57 | 22141.46 | 19645.13 |
| 2.91 | 61.61 | 467.32 | 798.15 | 3.15 | 2.87 | 13784.70 | 12278.14 |
| 0.02 | 0.20 | 46.30 | 91.87 | 0.72 | 0.02 | 1177.98 | 1056.62 |
| 0.07 | 0.30 | 7.11 | 22.65 | 0.15 | | 392.21 | 347.60 |
| 0.18 | 0.39 | 15.52 | 33.75 | 0.10 | 0.21 | 762.39 | 676.27 |
| 0.21 | 0.22 | 39.24 | 73.31 | 0.06 | 0.06 | 886.87 | 792.50 |
| 0.14 | 0.98 | 110.35 | 224.83 | 0.67 | 0.34 | 1985.75 | 1751.72 |
| | 0.65 | 55.46 | 94.35 | 1.34 | 0.07 | 1477.57 | 1288.97 |
| 0.35 | 1.21 | 55.82 | 109.30 | 0.21 | | 1673.99 | 1453.32 |
| 1.91 | 6.08 | 370.89 | 610.74 | 3.32 | 1.80 | 11128.96 | 9643.65 |
| 1.55 | 2.73 | 280.73 | 431.85 | 1.78 | 1.30 | 8227.26 | 7132.55 |
| 0.26 | 1.98 | 63.29 | 126.18 | 1.51 | 0.39 | 2131.88 | 1844.78 |
| 0.09 | 1.36 | 26.87 | 52.70 | 0.03 | 0.10 | 769.82 | 666.31 |
| 1.26 | 3.29 | 227.02 | 271.86 | 1.86 | 1.38 | 6893.46 | 5996.79 |
| | 0.60 | 15.01 | 33.17 | | | 818.01 | 695.85 |
| 1.02 | 0.08 | 46.46 | 60.62 | 0.31 | 1.20 | 1692.80 | 1458.90 |
| | 0.36 | 19.42 | 19.38 | | 0.05 | 639.50 | 571.81 |
| 0.12 | 1.14 | 18.46 | 27.39 | | | 634.92 | 567.92 |
| 0.13 | 1.10 | 127.68 | 131.31 | 1.55 | 0.13 | 3108.23 | 2702.30 |
| 5.50 | 8.17 | 272.40 | 543.22 | 0.58 | 3.91 | 10247.55 | 8976.19 |
| 3.13 | 0.42 | 38.76 | 81.67 | | 0.80 | 1439.23 | 1246.00 |
| 1.18 | 5.69 | 157.10 | 323.34 | 0.16 | 0.49 | 6229.55 | 5489.62 |
| 1.17 | 1.98 | 59.70 | 106.35 | 0.34 | 2.62 | 1953.13 | 1698.31 |
| 0.02 | 0.08 | 16.84 | 31.85 | 0.08 | | 625.65 | 542.27 |
| 0.97 | 4.34 | 203.07 | 507.40 | 0.77 | 1.16 | 4792.88 | 4052.54 |
| 0.75 | 3.81 | 152.65 | 210.74 | 0.56 | 0.15 | 3240.09 | 2745.88 |
| | | 2.00 | 4.89 | | | 120.58 | 105.98 |
| 0.20 | 0.52 | 26.59 | 216.51 | 0.21 | 0.33 | 745.16 | 621.35 |
| | | 1.77 | 7.62 | | 0.07 | 43.95 | 37.40 |
| 0.02 | 0.02 | 20.05 | 67.64 | | 0.61 | 643.11 | 541.93 |
| 0.93 | 6.00 | 251.02 | 349.17 | 1.44 | | 5907.92 | 5151.93 |
| | 0.70 | 1.36 | 0.30 | | | 26.95 | 24.34 |
| 0.77 | 3.26 | 148.40 | 180.74 | 0.60 | | 2849.53 | 2499.80 |
| 0.16 | 2.04 | 101.27 | 168.13 | 0.84 | | 3031.44 | 2627.79 |
| 1.51 | 6.52 | 162.80 | 276.89 | 0.54 | 1.44 | 4169.15 | 3570.87 |
| 1.51 | 6.52 | 159.02 | 273.04 | 0.54 | 1.44 | 4060.17 | 3478.73 |
| | | 3.49 | 2.91 | | | 105.25 | 88.71 |
| | | 0.29 | 0.94 | | | 3.73 | 3.42 |
| 1.97 | 3.74 | 316.74 | 457.35 | 1.68 | 6.24 | 8085.68 | 7007.37 |
| 0.03 | 0.24 | 15.50 | 29.29 | 0.02 | 0.20 | 641.26 | 545.09 |
| | 0.07 | 10.03 | 13.14 | | | 177.46 | 154.44 |
| 1.54 | 3.28 | 199.48 | 293.21 | 0.64 | 6.03 | 5354.37 | 4662.45 |
| | 0.13 | 48.14 | 54.05 | 0.02 | | 666.72 | 576.73 |
| 0.40 | 0.01 | 32.63 | 43.63 | 0.96 | | 970.79 | 834.22 |
| | | 10.96 | 24.03 | 0.05 | | 275.07 | 234.44 |
| 4.54 | 12.87 | 303.59 | 439.23 | 0.21 | | 6087.92 | 5509.01 |

2-3 续表 7

| 行　　业 | 负债合计 | 流动负债合　计 | 应付账款 | 所有者权益合计 | 实收资本 |
|---|---|---|---|---|---|
| 精炼石油产品制造 | 1927.19 | 1576.38 | 283.48 | 948.38 | 424.44 |
| 炼焦 | 2150.70 | 1552.35 | 377.42 | 601.32 | 335.99 |
| 化学原料和化学制品制造业 | 9238.31 | 7180.82 | 1561.34 | 9612.02 | 3797.91 |
| 基础化学原料制造 | 2519.85 | 1992.62 | 412.85 | 2082.29 | 880.67 |
| 肥料制造 | 1056.55 | 735.59 | 182.47 | 930.09 | 333.43 |
| 农药制造 | 305.81 | 258.58 | 58.96 | 378.72 | 183.91 |
| 涂料、油墨、颜料及类似产品制造 | 785.93 | 672.75 | 193.99 | 877.06 | 320.97 |
| 合成材料制造 | 1962.17 | 1424.16 | 253.80 | 1544.67 | 758.73 |
| 专用化学产品制造 | 2121.77 | 1705.20 | 359.81 | 2875.49 | 1027.14 |
| 炸药、火工及焰火产品制造 | 146.53 | 96.37 | 29.18 | 391.49 | 128.66 |
| 日用化学产品制造 | 339.70 | 295.56 | 70.28 | 532.20 | 164.39 |
| 医药制造业 | 2454.54 | 1797.12 | 371.85 | 3129.06 | 1120.09 |
| 化学药品原料药制造 | 527.90 | 374.77 | 88.33 | 761.74 | 250.68 |
| 化学药品制剂制造 | 602.57 | 412.33 | 57.88 | 595.94 | 200.08 |
| 中药饮片加工 | 263.02 | 204.46 | 63.10 | 330.67 | 136.19 |
| 中成药生产 | 454.36 | 340.25 | 75.34 | 590.65 | 213.26 |
| 兽用药品制造 | 115.14 | 96.31 | 13.26 | 225.59 | 91.40 |
| 生物药品制造 | 346.72 | 247.09 | 49.14 | 417.04 | 147.31 |
| 卫生材料及医药用品制造 | 144.83 | 121.91 | 24.79 | 207.44 | 81.18 |
| 化学纤维制造业 | 1315.78 | 1123.35 | 123.42 | 871.97 | 394.57 |
| 纤维素纤维原料及纤维制造 | 388.60 | 314.95 | 38.97 | 258.75 | 101.08 |
| 合成纤维制造 | 927.18 | 808.39 | 84.45 | 613.21 | 293.49 |
| 橡胶和塑料制品业 | 4343.75 | 3626.92 | 831.74 | 5000.91 | 1797.10 |
| 橡胶制品业 | 1388.32 | 1135.84 | 220.05 | 1700.75 | 444.01 |
| 塑料制品业 | 2955.43 | 2491.08 | 611.69 | 3300.16 | 1353.09 |
| 非金属矿物制品业 | 9194.07 | 7367.60 | 2101.10 | 10426.64 | 4460.21 |
| 水泥、石灰和石膏制造 | 1752.23 | 1365.86 | 327.78 | 1159.60 | 588.10 |
| 石膏、水泥制品及类似制品制造 | 2657.57 | 2306.80 | 881.82 | 2260.35 | 1082.40 |
| 砖瓦、石材等建筑材料制造 | 1801.22 | 1334.28 | 330.07 | 2971.58 | 1234.90 |
| 玻璃制造 | 403.43 | 255.89 | 41.15 | 338.16 | 156.10 |
| 玻璃制品制造 | 612.45 | 536.77 | 134.30 | 598.21 | 242.38 |
| 玻璃纤维和玻璃纤维增强塑料制品制造 | 260.56 | 202.79 | 49.21 | 434.93 | 176.21 |
| 陶瓷制品制造 | 406.56 | 315.38 | 67.05 | 951.36 | 372.55 |
| 耐火材料制品制造 | 582.37 | 466.94 | 148.16 | 806.94 | 268.55 |
| 石墨及其他非金属矿物制品制造 | 717.69 | 582.89 | 121.55 | 905.50 | 339.03 |
| 黑色金属冶炼和压延加工业 | 7616.99 | 6519.31 | 1583.14 | 5782.05 | 2262.28 |
| 炼铁 | 233.45 | 204.18 | 67.66 | 142.20 | 81.90 |
| 炼钢 | 1408.67 | 1239.28 | 390.66 | 1177.46 | 257.14 |
| 黑色金属铸造 | 761.57 | 638.83 | 132.55 | 1121.74 | 492.67 |
| 钢压延加工 | 4438.47 | 3772.30 | 771.00 | 3014.24 | 1215.36 |
| 铁合金冶炼 | 774.83 | 664.72 | 221.27 | 326.41 | 215.21 |
| 有色金属冶炼和压延加工业 | 5154.42 | 4182.70 | 865.48 | 3779.55 | 1387.35 |
| 常用有色金属冶炼 | 1874.17 | 1361.11 | 448.84 | 968.77 | 352.09 |
| 贵金属冶炼 | 152.12 | 133.76 | 16.97 | 106.10 | 30.30 |
| 稀有稀土金属冶炼 | 177.90 | 151.92 | 36.63 | 193.01 | 63.36 |
| 有色金属合金制造 | 535.13 | 474.29 | 57.22 | 389.65 | 182.47 |
| 有色金属铸造 | 73.16 | 66.59 | 10.52 | 130.19 | 15.48 |
| 有色金属压延加工 | 2341.94 | 1995.04 | 295.29 | 1991.82 | 743.66 |

单位：亿元

| 国家资本 | 集体资本 | 法人资本 | 个人资本 | 港澳台资本 | 外商资本 | 主营业务收入 | 主营业务成本 |
|---|---|---|---|---|---|---|---|
| 0.01 | 4.41 | 154.93 | 264.89 | 0.21 |  | 4340.43 | 3961.08 |
| 4.53 | 8.46 | 148.66 | 174.34 |  |  | 1747.50 | 1547.93 |
| 19.85 | 45.82 | 1811.30 | 1908.58 | 3.26 | 9.11 | 33403.15 | 28989.94 |
| 4.68 | 15.14 | 442.08 | 412.64 | 2.04 | 4.10 | 8482.34 | 7436.44 |
| 9.39 | 5.60 | 110.24 | 207.72 | 0.23 | 0.25 | 3070.14 | 2685.23 |
| 0.31 | 1.18 | 98.74 | 80.97 | 0.12 | 2.60 | 1283.91 | 1096.14 |
| 0.75 | 2.60 | 162.12 | 155.16 | 0.02 | 0.33 | 2974.54 | 2530.97 |
| 0.17 | 12.88 | 472.83 | 271.76 | 0.75 | 0.35 | 5126.31 | 4557.14 |
| 4.14 | 5.58 | 383.26 | 632.81 | 0.10 | 1.26 | 9589.72 | 8337.12 |
| 0.10 | 1.49 | 80.05 | 47.02 |  |  | 1320.81 | 1046.94 |
| 0.33 | 1.34 | 62.00 | 100.50 |  | 0.22 | 1555.38 | 1299.96 |
| 3.23 | 18.73 | 510.51 | 586.07 | 0.21 | 1.25 | 8148.86 | 6588.71 |
| 0.68 | 6.91 | 103.93 | 139.10 | 0.02 | 0.05 | 1762.21 | 1467.85 |
| 0.41 | 3.41 | 99.87 | 96.33 |  | 0.06 | 1250.39 | 967.77 |
| 0.12 | 1.12 | 58.40 | 76.51 |  | 0.03 | 1019.52 | 881.68 |
| 1.38 | 2.50 | 104.36 | 104.87 |  | 0.05 | 1687.18 | 1271.72 |
| 0.03 | 0.81 | 24.43 | 66.11 | 0.02 | 0.01 | 845.69 | 707.26 |
| 0.15 | 2.87 | 82.56 | 61.44 |  | 0.28 | 968.84 | 776.45 |
| 0.45 | 1.11 | 36.97 | 41.71 | 0.17 | 0.77 | 615.04 | 515.99 |
| 1.93 | 2.47 | 174.19 | 215.25 | 0.72 |  | 3236.74 | 2938.04 |
|  | 0.20 | 46.67 | 54.11 | 0.09 |  | 977.28 | 895.26 |
| 1.93 | 2.27 | 127.51 | 161.14 | 0.63 |  | 2259.46 | 2042.79 |
| 2.18 | 15.64 | 624.75 | 1150.81 | 0.54 | 3.13 | 16834.59 | 14617.32 |
| 0.88 | 6.11 | 144.07 | 292.60 | 0.05 | 0.30 | 5138.58 | 4495.25 |
| 1.30 | 9.52 | 480.68 | 858.21 | 0.49 | 2.82 | 11696.01 | 10122.07 |
| 23.98 | 73.80 | 1827.83 | 2516.30 | 10.27 | 8.07 | 32824.88 | 28193.14 |
| 12.13 | 21.08 | 273.47 | 280.87 | 0.10 | 0.45 | 3282.95 | 2899.99 |
| 3.42 | 11.26 | 418.69 | 648.18 | 0.82 | 0.12 | 7449.65 | 6390.58 |
| 1.56 | 14.35 | 454.94 | 756.53 | 5.77 | 1.75 | 9619.21 | 8208.81 |
| 0.10 | 2.08 | 80.55 | 72.32 | 0.88 | 0.16 | 674.47 | 562.25 |
| 0.34 | 5.14 | 91.69 | 142.95 | 0.22 | 2.04 | 2221.11 | 1914.41 |
| 0.21 | 0.58 | 71.82 | 103.33 | 0.15 | 0.12 | 1697.27 | 1491.42 |
| 1.15 | 1.39 | 203.34 | 164.56 | 0.93 | 1.17 | 2508.47 | 2105.76 |
| 2.43 | 6.80 | 84.61 | 171.65 | 1.09 | 1.90 | 2297.87 | 1955.84 |
| 2.64 | 11.12 | 148.72 | 175.90 | 0.30 | 0.35 | 3073.88 | 2664.09 |
| 1.87 | 7.71 | 1017.08 | 1229.84 | 1.69 | 4.09 | 23400.50 | 21178.51 |
| 0.12 |  | 30.00 | 51.78 |  |  | 500.81 | 457.97 |
|  | 1.22 | 142.02 | 113.90 |  |  | 2475.80 | 2218.90 |
| 1.00 | 2.05 | 279.78 | 207.54 | 1.46 | 0.84 | 4208.01 | 3686.15 |
| 0.32 | 3.42 | 474.10 | 734.10 | 0.17 | 3.24 | 14721.58 | 13478.29 |
| 0.43 | 1.02 | 91.18 | 122.51 | 0.06 |  | 1494.30 | 1337.21 |
| 6.91 | 55.46 | 633.78 | 678.57 | 8.59 | 4.09 | 16524.98 | 14971.23 |
| 1.75 | 37.49 | 153.77 | 153.04 | 6.09 |  | 3395.24 | 2995.92 |
| 0.17 | 1.90 | 7.80 | 20.43 |  |  | 610.41 | 508.65 |
| 1.76 | 6.10 | 17.77 | 37.72 |  |  | 737.60 | 648.08 |
| 0.38 | 5.09 | 80.42 | 92.51 |  | 4.08 | 1683.03 | 1529.37 |
| 0.01 | 0.10 | 4.39 | 10.97 |  |  | 269.98 | 251.99 |
| 2.85 | 4.77 | 369.63 | 363.90 | 2.50 | 0.02 | 9828.72 | 9037.23 |

2-3 续表 8

| 行　　业 | 负债合计 | 流动负债合　　计 | 应付账款 | 所有者权益合计 | 实收资本 |
|---|---|---|---|---|---|
| 金属制品业 | 6051.98 | 5158.23 | 1084.13 | 6126.09 | 2684.56 |
| 结构性金属制品制造 | 2209.32 | 1849.68 | 430.96 | 2023.53 | 1189.23 |
| 金属工具制造 | 324.53 | 277.02 | 64.29 | 361.53 | 150.68 |
| 集装箱及金属包装容器制造 | 394.54 | 339.77 | 79.75 | 323.29 | 154.55 |
| 金属丝绳及其制品制造 | 570.42 | 453.81 | 77.46 | 537.57 | 191.44 |
| 建筑、安全用金属制品制造 | 593.45 | 513.48 | 104.53 | 1186.96 | 348.13 |
| 金属表面处理及热处理加工 | 556.54 | 495.70 | 77.62 | 310.02 | 199.94 |
| 搪瓷制品制造 | 39.40 | 32.01 | 6.63 | 53.92 | 14.27 |
| 金属制日用品制造 | 414.84 | 371.12 | 62.05 | 325.83 | 116.60 |
| 其他金属制品制造 | 948.96 | 825.64 | 180.84 | 1003.45 | 319.72 |
| 通用设备制造业 | 5910.16 | 4993.86 | 1340.54 | 6923.56 | 2847.66 |
| 锅炉及原动设备制造 | 657.08 | 555.50 | 146.42 | 727.42 | 325.31 |
| 金属加工机械制造 | 843.48 | 701.45 | 166.63 | 959.37 | 359.13 |
| 物料搬运设备制造 | 615.27 | 534.79 | 158.44 | 804.38 | 374.17 |
| 泵、阀门、压缩机及类似机械制造 | 1093.48 | 938.22 | 278.17 | 1489.14 | 686.37 |
| 轴承、齿轮和传动部件制造 | 719.86 | 572.69 | 129.04 | 763.04 | 259.85 |
| 烘炉、风机、衡器、包装等设备制造 | 738.37 | 632.66 | 170.41 | 808.82 | 359.71 |
| 文化、办公用机械制造 | 103.49 | 89.62 | 29.08 | 113.54 | 39.28 |
| 通用零部件制造 | 943.28 | 806.50 | 218.34 | 1050.23 | 350.90 |
| 其他通用设备制造业 | 195.86 | 162.42 | 43.99 | 207.63 | 92.95 |
| 专用设备制造业 | 5409.04 | 4363.04 | 1093.64 | 6421.62 | 2760.10 |
| 采矿、冶金、建筑专用设备制造 | 2146.49 | 1545.25 | 377.96 | 2336.99 | 1193.26 |
| 化工、木材、非金属加工专用设备制造 | 852.44 | 759.58 | 199.66 | 815.38 | 299.23 |
| 食品、饮料、烟草及饲料生产专用设备制造 | 187.50 | 151.68 | 36.48 | 236.15 | 91.68 |
| 印刷、制药、日化及日用品生产专用设备制造 | 197.88 | 169.46 | 38.60 | 224.61 | 97.21 |
| 纺织、服装和皮革加工专用设备制造 | 247.75 | 221.82 | 55.42 | 266.52 | 86.12 |
| 电子和电工机械专用设备制造 | 241.59 | 216.38 | 63.87 | 415.16 | 254.79 |
| 农、林、牧、渔专用机械制造 | 308.61 | 239.53 | 62.88 | 421.87 | 162.91 |
| 医疗仪器设备及器械制造 | 310.64 | 259.88 | 59.25 | 472.54 | 165.46 |
| 环保、社会公共服务及其他专用设备制造 | 916.13 | 799.45 | 199.53 | 1232.39 | 409.45 |
| 汽车制造业 | 5864.01 | 4959.14 | 1488.32 | 3980.11 | 1804.03 |
| 汽车整车制造 | 1064.79 | 983.37 | 280.87 | 288.90 | 135.54 |
| 改装汽车制造 | 264.33 | 209.70 | 39.05 | 225.46 | 121.33 |
| 低速载货汽车制造 | 2.67 | 2.19 | 0.02 | 5.39 | 3.86 |
| 电车制造 | 26.47 | 22.13 | 3.07 | 58.67 | 25.35 |
| 汽车车身、挂车制造 | 188.34 | 62.60 | 19.41 | 97.81 | 47.82 |
| 汽车零部件及配件制造 | 4317.41 | 3679.16 | 1145.90 | 3303.88 | 1470.12 |
| 铁路、船舶、航空航天和其他运输设备制造业 | 2195.43 | 1773.99 | 448.14 | 1888.55 | 630.83 |
| 铁路运输设备制造 | 294.65 | 247.58 | 86.59 | 321.95 | 110.10 |
| 城市轨道交通设备制造 | 13.93 | 9.36 | 3.22 | 11.83 | 3.57 |
| 船舶及相关装置制造 | 854.43 | 617.29 | 149.93 | 572.00 | 232.21 |
| 航空、航天器及设备制造 | 105.64 | 78.18 | 17.85 | 107.33 | 43.77 |
| 摩托车制造 | 633.74 | 549.37 | 114.19 | 652.89 | 137.59 |
| 自行车制造 | 233.10 | 217.79 | 64.24 | 171.06 | 81.05 |
| 非公路休闲车及零配件制造 | 37.06 | 36.62 | 8.30 | 20.95 | 11.26 |
| 潜水救捞及其他未列明运输设备制造 | 22.89 | 17.81 | 3.82 | 30.55 | 11.26 |

单位：亿元

| 国家资本 | 集体资本 | 法人资本 | 个人资本 | 港澳台资本 | 外商资本 | 主营业务收入 | 主营业务成本 |
|---|---|---|---|---|---|---|---|
| 5.27 | 33.33 | 843.82 | 1751.66 | 10.40 | 40.03 | 22834.95 | 19953.40 |
| 2.14 | 21.26 | 321.05 | 834.27 | 7.75 | 2.80 | 8836.36 | 7703.86 |
| 0.63 | 1.15 | 52.43 | 69.43 | 0.21 | 26.84 | 1478.96 | 1268.60 |
| 0.20 | 2.89 | 48.91 | 98.97 | 0.38 | 3.20 | 1088.84 | 948.15 |
| 0.04 | 0.16 | 41.57 | 148.29 | 1.36 | 0.01 | 2142.85 | 1892.15 |
| 0.87 | 3.18 | 125.93 | 218.11 | 0.03 | 0.02 | 2386.83 | 2076.61 |
| 0.02 | 2.28 | 111.51 | 86.05 | 0.08 |  | 1539.13 | 1367.90 |
| 0.01 | 0.06 | 2.47 | 11.73 |  |  | 133.76 | 117.56 |
| 0.15 | 0.12 | 37.23 | 71.92 | 0.24 | 6.93 | 1415.74 | 1232.80 |
| 1.20 | 2.23 | 102.71 | 212.89 | 0.36 | 0.23 | 3812.47 | 3345.78 |
| 11.33 | 20.53 | 1238.86 | 1570.73 | 1.90 | 4.13 | 21715.71 | 18579.75 |
| 0.87 | 7.86 | 157.66 | 158.67 | 0.19 | 0.05 | 2034.32 | 1754.17 |
| 1.47 | 1.60 | 161.55 | 191.82 | 0.53 | 2.15 | 3168.35 | 2718.95 |
| 0.33 | 2.33 | 155.89 | 215.53 | 0.01 | 0.07 | 2086.02 | 1759.96 |
| 2.36 | 2.68 | 331.66 | 349.49 | 0.05 | 0.12 | 4228.39 | 3572.99 |
| 0.41 | 1.44 | 79.14 | 178.67 |  | 0.19 | 2626.07 | 2285.10 |
| 0.18 | 2.05 | 155.06 | 200.35 | 0.72 | 1.35 | 2637.71 | 2238.09 |
| 0.02 | 0.50 | 15.70 | 23.06 |  |  | 305.03 | 249.49 |
| 3.68 | 1.45 | 145.18 | 199.86 | 0.40 | 0.14 | 3878.99 | 3364.25 |
| 2.01 | 0.62 | 37.00 | 53.27 |  | 0.05 | 750.82 | 636.76 |
| 11.77 | 16.13 | 1017.48 | 1710.92 | 0.89 | 2.92 | 17815.56 | 15109.07 |
| 7.09 | 4.64 | 307.48 | 872.13 | 0.07 | 1.85 | 6568.04 | 5649.01 |
| 0.53 | 2.40 | 112.56 | 183.49 | 0.25 |  | 2529.92 | 2155.24 |
| 0.06 | 0.04 | 33.63 | 57.92 |  | 0.03 | 799.04 | 669.95 |
|  | 2.63 | 34.27 | 60.20 | 0.11 |  | 692.83 | 592.29 |
| 0.88 | 0.06 | 33.32 | 51.74 | 0.09 | 0.03 | 849.08 | 717.67 |
| 0.05 | 0.90 | 204.98 | 48.81 | 0.05 |  | 733.63 | 617.36 |
| 0.68 | 1.04 | 61.46 | 99.72 |  |  | 1528.69 | 1308.48 |
| 0.13 | 1.07 | 72.30 | 91.25 | 0.20 | 0.50 | 1157.14 | 882.84 |
| 2.34 | 3.33 | 157.49 | 245.66 | 0.12 | 0.50 | 2957.17 | 2516.23 |
| 10.75 | 19.00 | 674.69 | 1086.51 | 8.98 | 4.09 | 14402.79 | 12394.73 |
| 2.45 | 0.09 | 98.49 | 33.25 | 0.30 | 0.96 | 1499.56 | 1314.16 |
| 0.51 | 1.74 | 70.57 | 45.53 | 0.64 | 2.33 | 843.77 | 743.76 |
| 0.54 |  | 2.79 | 0.53 |  |  | 26.99 | 23.70 |
|  |  | 15.85 | 9.50 |  |  | 95.42 | 81.72 |
| 0.28 | 0.01 | 16.58 | 30.65 | 0.30 |  | 441.66 | 372.86 |
| 6.96 | 17.16 | 470.41 | 967.05 | 7.74 | 0.80 | 11495.38 | 9858.53 |
| 1.96 | 4.84 | 210.33 | 391.13 | 5.89 | 16.69 | 6069.21 | 5227.03 |
| 0.16 | 0.20 | 37.60 | 72.13 |  |  | 719.48 | 596.36 |
|  |  | 1.54 | 2.03 |  |  | 37.23 | 32.09 |
| 1.50 | 1.26 | 89.30 | 139.42 |  | 0.74 | 2024.48 | 1761.84 |
| 0.25 | 1.35 | 9.72 | 13.64 | 2.98 | 15.82 | 316.16 | 253.75 |
| 0.04 | 1.81 | 36.76 | 96.95 | 1.90 | 0.13 | 1957.02 | 1689.15 |
|  | 0.20 | 25.04 | 54.80 | 1.00 |  | 786.05 | 691.07 |
|  |  | 5.50 | 5.76 |  |  | 109.53 | 100.57 |
|  | 0.02 | 4.86 | 6.39 |  |  | 119.25 | 102.19 |

2-3 续表 9

| 行　业 | 负债合计 | 流动负债合计 | 应付账款 | 所有者权益合计 | 实收资本 |
|---|---|---|---|---|---|
| 电气机械和器材制造业 | 8679.63 | 7484.33 | 2318.66 | 8403.98 | 3850.02 |
| 电机制造 | 1083.77 | 941.86 | 276.71 | 990.73 | 306.84 |
| 输配电及控制设备制造 | 2800.88 | 2390.77 | 800.76 | 2834.46 | 1439.80 |
| 电线、电缆、光缆及电工器材制造 | 2141.48 | 1858.51 | 395.28 | 2442.87 | 1161.88 |
| 电池制造 | 914.30 | 753.96 | 336.64 | 640.23 | 350.37 |
| 家用电力器具制造 | 915.29 | 814.53 | 277.09 | 569.33 | 212.38 |
| 非电力家用器具制造 | 146.91 | 125.36 | 40.72 | 156.02 | 74.15 |
| 照明器具制造 | 600.36 | 537.00 | 172.09 | 678.28 | 264.61 |
| 其他电气机械及器材制造 | 76.63 | 62.35 | 19.38 | 92.06 | 40.00 |
| 计算机、通信和其他电子设备制造业 | 6188.79 | 5298.06 | 2276.61 | 3985.77 | 1622.35 |
| 计算机制造 | 395.06 | 356.91 | 166.30 | 379.97 | 135.24 |
| 通信设备制造 | 2266.16 | 2025.07 | 1033.57 | 760.50 | 272.40 |
| 广播电视设备制造 | 231.83 | 211.42 | 85.12 | 211.48 | 90.41 |
| 雷达及配套设备制造 | 5.03 | 4.92 | 2.34 | 7.84 | 3.94 |
| 视听设备制造 | 280.39 | 243.73 | 102.32 | 166.95 | 64.40 |
| 电子器件制造 | 1381.69 | 994.72 | 324.50 | 870.15 | 459.64 |
| 电子元件制造 | 1316.78 | 1183.31 | 449.29 | 1245.80 | 451.77 |
| 其他电子设备制造 | 311.85 | 277.98 | 113.18 | 343.08 | 144.54 |
| 仪器仪表制造业 | 1107.58 | 985.63 | 273.67 | 1389.56 | 442.75 |
| 通用仪器仪表制造 | 744.25 | 673.17 | 174.57 | 974.33 | 303.89 |
| 专用仪器仪表制造 | 230.19 | 193.79 | 59.90 | 282.90 | 82.51 |
| 钟表与计时仪器制造 | 27.44 | 22.74 | 9.18 | 23.04 | 8.23 |
| 光学仪器及眼镜制造 | 83.99 | 75.96 | 23.50 | 71.53 | 33.68 |
| 其他仪器仪表制造业 | 21.71 | 19.96 | 6.53 | 37.75 | 14.44 |
| 其他制造业 | 273.65 | 225.08 | 56.33 | 304.65 | 118.02 |
| 日用杂品制造 | 163.09 | 146.80 | 31.18 | 179.65 | 66.91 |
| 煤制品制造 | 32.62 | 19.26 | 5.40 | 26.62 | 15.61 |
| 废弃资源综合利用业 | 556.80 | 459.00 | 89.32 | 378.23 | 282.25 |
| 金属废料和碎屑加工处理 | 440.54 | 373.78 | 72.13 | 270.56 | 125.14 |
| 非金属废料和碎屑加工处理 | 116.26 | 85.21 | 17.19 | 107.66 | 157.12 |
| 金属制品、机械和设备修理业 | 65.32 | 55.45 | 13.92 | 61.00 | 23.13 |
| 金属制品修理 | 5.20 | 3.34 | 0.69 | 7.46 | 2.71 |
| 通用设备修理 | 3.18 | 2.89 | 0.89 | 5.22 | 2.39 |
| 专用设备修理 | 3.39 | 3.31 | 1.68 | 2.97 | 1.16 |
| 铁路、船舶、航空航天等运输设备修理 | 48.52 | 41.23 | 9.74 | 36.77 | 13.89 |
| 电气设备修理 | 0.44 | 0.44 | 0.16 | 1.39 | 0.28 |
| 其他机械和设备修理业 | 4.47 | 4.11 | 0.67 | 5.72 | 1.70 |
| **电力、热力、燃气及水生产和供应业** | **3070.47** | **1675.25** | **377.08** | **1550.48** | **956.89** |
| 电力、热力生产和供应业 | 2530.82 | 1342.93 | 324.42 | 1245.56 | 794.86 |
| 电力生产 | 1934.06 | 924.37 | 221.98 | 1004.30 | 650.70 |
| 电力供应 | 35.04 | 27.94 | 6.94 | 15.63 | 11.29 |
| 热力生产和供应 | 561.73 | 390.62 | 95.50 | 225.63 | 132.87 |
| 燃气生产和供应业 | 327.67 | 213.02 | 31.58 | 192.82 | 107.23 |
| 水的生产和供应业 | 211.98 | 119.29 | 21.08 | 112.11 | 54.80 |
| 自来水生产和供应 | 115.25 | 51.79 | 9.78 | 28.77 | 19.34 |
| 污水处理及其再生利用 | 90.56 | 61.75 | 10.23 | 77.86 | 33.12 |
| 其他水的处理、利用与分配 | 6.16 | 5.75 | 1.06 | 5.47 | 2.34 |

单位：亿元

| | | | | | | 主营业务收入 | 主营业务成本 |
|---|---|---|---|---|---|---|---|
| | | | | | | | |
| 国家资本 | 集体资本 | 法人资本 | 个人资本 | 港澳台资本 | 外商资本 | | |
| 20.43 | 62.76 | 1515.54 | 2229.23 | 12.81 | 9.31 | 26519.07 | 22763.92 |
| 8.55 | 1.36 | 116.97 | 174.72 | 0.28 | 5.01 | 2888.63 | 2458.16 |
| 2.98 | 9.45 | 593.65 | 824.08 | 9.32 | 0.32 | 8121.56 | 6944.36 |
| 0.12 | 32.87 | 370.75 | 755.52 | 2.14 | 0.48 | 7845.01 | 6854.62 |
| 6.23 | 6.72 | 223.96 | 113.40 | | 0.05 | 2056.10 | 1747.73 |
| 0.05 | 0.60 | 77.54 | 131.89 | 0.59 | 1.72 | 2748.36 | 2359.48 |
| | | 28.04 | 44.53 | | 1.57 | 501.38 | 427.60 |
| 2.21 | 11.43 | 90.06 | 160.28 | 0.48 | 0.15 | 2104.58 | 1757.77 |
| 0.29 | 0.33 | 14.56 | 24.81 | | 0.01 | 253.46 | 214.19 |
| 6.60 | 30.77 | 776.65 | 801.12 | 5.57 | 1.63 | 16395.73 | 14083.32 |
| 0.20 | 0.15 | 74.56 | 59.96 | | 0.37 | 1198.57 | 1024.63 |
| 2.61 | 1.82 | 115.21 | 152.76 | | | 5734.30 | 5033.06 |
| 0.09 | 0.53 | 26.84 | 62.92 | | 0.03 | 763.41 | 630.98 |
| | | 0.59 | 3.35 | | | 16.68 | 13.79 |
| 0.16 | 0.62 | 23.87 | 39.24 | | 0.51 | 774.80 | 693.18 |
| 0.56 | 18.33 | 253.63 | 184.83 | 2.22 | 0.07 | 2646.46 | 2236.96 |
| 2.84 | 8.38 | 199.45 | 238.56 | 1.92 | 0.62 | 4270.88 | 3629.46 |
| 0.14 | 0.94 | 82.51 | 59.50 | 1.43 | 0.01 | 990.61 | 821.26 |
| 0.95 | 5.32 | 132.56 | 299.49 | 2.68 | 1.55 | 3833.77 | 3176.69 |
| 0.90 | 2.84 | 85.12 | 212.79 | 0.69 | 1.35 | 2671.31 | 2211.98 |
| 0.02 | 0.18 | 23.90 | 56.54 | 1.75 | 0.12 | 806.11 | 667.82 |
| | 0.54 | 2.38 | 5.32 | | | 69.08 | 58.46 |
| 0.03 | 1.21 | 16.95 | 15.24 | 0.24 | | 205.47 | 171.26 |
| | 0.55 | 4.21 | 9.60 | | 0.08 | 81.80 | 67.16 |
| 0.24 | 0.44 | 45.77 | 70.20 | 0.01 | 1.37 | 1341.86 | 1170.43 |
| 0.10 | 0.21 | 22.20 | 43.03 | | 1.37 | 811.90 | 710.18 |
| | 0.18 | 6.22 | 9.22 | | | 132.89 | 117.21 |
| 0.56 | 1.72 | 123.84 | 155.33 | 0.69 | 0.10 | 1920.66 | 1723.44 |
| 0.55 | 1.52 | 47.31 | 75.47 | 0.29 | | 1544.08 | 1397.91 |
| 0.01 | 0.19 | 76.53 | 79.87 | 0.41 | 0.10 | 376.58 | 325.53 |
| | | 11.57 | 11.56 | | | 166.00 | 144.02 |
| | | 1.22 | 1.49 | | | 32.41 | 27.83 |
| | | 0.95 | 1.44 | | | 9.67 | 8.26 |
| | | 0.74 | 0.42 | | | 12.38 | 10.66 |
| | | 8.00 | 5.89 | | | 96.77 | 84.84 |
| | | 0.03 | 0.25 | | | 2.21 | 1.93 |
| | | 0.63 | 1.08 | | | 12.17 | 10.27 |
| **41.01** | **23.06** | **636.33** | **248.24** | **7.55** | **0.70** | **1766.30** | **1432.36** |
| 31.57 | 20.32 | 544.00 | 192.27 | 6.19 | 0.50 | 990.75 | 763.60 |
| 30.61 | 18.20 | 466.03 | 132.85 | 3.00 | | 620.44 | 433.99 |
| | | 9.07 | 2.23 | | | 28.23 | 25.80 |
| 0.96 | 2.12 | 68.90 | 57.19 | 3.19 | 0.50 | 342.08 | 303.80 |
| 2.49 | 1.92 | 68.83 | 32.63 | 1.37 | | 611.87 | 539.86 |
| 6.94 | 0.81 | 23.50 | 23.34 | | 0.20 | 163.69 | 128.90 |
| 5.46 | 0.08 | 7.08 | 6.53 | | 0.20 | 50.17 | 39.58 |
| 1.49 | 0.73 | 15.64 | 15.26 | | | 101.57 | 79.61 |
| | | 0.78 | 1.56 | | | 11.94 | 9.71 |

2-3 续表 10

| 行　业 | 销售费用 | 管理费用 | 财务费用 | 利息收入 |
|---|---|---|---|---|
| **总　计** | **9202.46** | **13142.60** | **3506.21** | **139.13** |
| **采矿业** | **319.21** | **485.10** | **159.04** | **3.70** |
| 煤炭开采和洗选业 | 128.74 | 206.33 | 68.60 | 0.96 |
| 烟煤和无烟煤开采洗选 | 122.26 | 184.49 | 67.42 | 0.86 |
| 褐煤开采洗选 | 6.09 | 21.32 | 1.03 | 0.09 |
| 其他煤炭采选 | 0.38 | 0.52 | 0.15 | |
| 石油和天然气开采业 | 0.52 | 1.17 | 0.09 | |
| 石油开采 | 0.48 | 0.89 | 0.06 | |
| 天然气开采 | 0.03 | 0.28 | 0.03 | |
| 黑色金属矿采选业 | 45.30 | 88.28 | 41.52 | 1.04 |
| 铁矿采选 | 41.25 | 82.96 | 40.67 | 1.01 |
| 锰矿、铬矿采选 | 3.78 | 4.98 | 0.70 | 0.02 |
| 其他黑色金属矿采选 | 0.27 | 0.34 | 0.15 | |
| 有色金属矿采选业 | 33.31 | 63.64 | 19.30 | 0.41 |
| 常用有色金属矿采选 | 24.20 | 40.64 | 13.60 | 0.38 |
| 贵金属矿采选 | 5.66 | 14.70 | 2.06 | -0.01 |
| 稀有稀土金属矿采选 | 3.45 | 8.30 | 3.64 | 0.04 |
| 非金属矿采选业 | 109.32 | 120.88 | 28.52 | 1.23 |
| 土砂石开采 | 84.15 | 89.68 | 21.75 | 0.45 |
| 化学矿开采 | 9.12 | 15.70 | 2.64 | 0.03 |
| 采盐 | 1.29 | 1.36 | 0.52 | 0.71 |
| 石棉及其他非金属矿采选 | 14.76 | 14.13 | 3.62 | 0.04 |
| 开采辅助活动 | 0.60 | 3.22 | 0.65 | 0.06 |
| 煤炭开采和洗选辅助活动 | 0.14 | 0.05 | 0.02 | |
| 石油和天然气开采辅助活动 | 0.34 | 3.03 | 0.61 | 0.06 |
| 其他采矿业 | 1.42 | 1.59 | 0.36 | |
| **制造业** | **8857.28** | **12572.02** | **3262.27** | **133.03** |
| 农副食品加工业 | 737.21 | 838.50 | 244.17 | 8.72 |
| 谷物磨制 | 181.96 | 203.08 | 57.60 | 0.79 |
| 饲料加工 | 118.38 | 129.04 | 27.66 | 0.90 |
| 植物油加工 | 77.73 | 101.29 | 25.64 | 3.16 |
| 制糖业 | 3.73 | 7.90 | 6.65 | 0.32 |
| 屠宰及肉类加工 | 135.59 | 141.55 | 47.13 | 1.78 |
| 水产品加工 | 44.81 | 63.91 | 25.15 | 0.62 |
| 蔬菜、水果和坚果加工 | 90.62 | 103.19 | 26.54 | 0.70 |
| 其他农副食品加工 | 84.38 | 88.54 | 27.80 | 0.45 |
| 食品制造业 | 293.93 | 283.14 | 64.40 | 1.79 |
| 焙烤食品制造 | 57.55 | 45.84 | 9.62 | 0.33 |
| 糖果、巧克力及蜜饯制造 | 29.98 | 26.36 | 6.23 | 0.28 |
| 方便食品制造 | 45.23 | 44.61 | 11.03 | 0.12 |
| 乳制品制造 | 24.87 | 16.97 | 2.70 | -0.03 |
| 罐头食品制造 | 18.51 | 24.08 | 6.74 | 0.17 |
| 调味品、发酵制品制造 | 45.81 | 44.48 | 10.42 | 0.31 |
| 其他食品制造 | 71.98 | 80.81 | 17.66 | 0.60 |
| 酒、饮料和精制茶制造业 | 235.53 | 213.19 | 56.59 | 1.22 |
| 酒的制造 | 88.06 | 86.99 | 30.57 | 0.54 |
| 饮料制造 | 88.25 | 60.43 | 12.43 | 0.40 |
| 精制茶加工 | 59.22 | 65.77 | 13.59 | 0.29 |

单位：亿元

| 利息支出 | 投资收益（损失以"-"号记） | 营业利润 | 利润总额 | 亏损企业亏损额 | 平均用工人数（万人） |
|---|---|---|---|---|---|
| **2858.18** | **-124.62** | **25496.87** | **25494.90** | **846.38** | **3397.76** |
| **128.34** | **-4.94** | **1043.84** | **994.07** | **100.91** | **110.37** |
| 55.83 | -4.05 | 348.07 | 330.09 | 55.80 | 49.84 |
| 54.79 | -4.26 | 275.30 | 259.51 | 51.70 | 48.59 |
| 0.91 | 0.21 | 72.13 | 70.04 | 4.06 | 1.07 |
| 0.12 | | 0.63 | 0.54 | 0.04 | 0.18 |
| 0.08 | | 1.65 | 1.84 | 0.05 | 0.26 |
| 0.05 | | 1.81 | 1.81 | 0.03 | 0.22 |
| 0.03 | | -0.16 | 0.03 | 0.02 | 0.04 |
| 35.60 | 2.38 | 311.47 | 289.25 | 28.90 | 20.60 |
| 34.98 | 2.32 | 304.52 | 282.97 | 28.53 | 19.49 |
| 0.50 | 0.01 | 5.42 | 4.75 | 0.36 | 0.94 |
| 0.12 | 0.04 | 1.53 | 1.53 | 0.01 | 0.17 |
| 15.24 | -3.12 | 139.68 | 135.99 | 8.99 | 13.38 |
| 10.29 | -2.81 | 84.43 | 82.20 | 4.50 | 8.98 |
| 1.76 | -0.38 | 40.26 | 40.10 | 0.66 | 2.39 |
| 3.19 | 0.07 | 14.99 | 13.68 | 3.83 | 2.01 |
| 20.81 | -1.09 | 237.47 | 230.97 | 6.80 | 25.37 |
| 14.07 | -1.19 | 185.54 | 183.85 | 4.91 | 20.00 |
| 2.25 | 0.04 | 12.65 | 12.09 | 1.10 | 1.92 |
| 1.68 | 0.02 | 4.87 | 4.90 | 0.01 | 0.42 |
| 2.82 | 0.04 | 34.42 | 30.13 | 0.77 | 3.03 |
| 0.65 | 0.94 | 4.43 | 4.93 | 0.36 | 0.71 |
| 0.02 | | 0.31 | 0.31 | 0.02 | 0.02 |
| 0.60 | 0.94 | 3.27 | 3.77 | 0.34 | 0.66 |
| 0.13 | 0.01 | 1.07 | 1.01 | 0.01 | 0.21 |
| **2662.08** | **-124.50** | **24317.55** | **24341.82** | **717.69** | **3272.95** |
| 190.75 | -4.24 | 1899.36 | 1874.81 | 36.11 | 214.12 |
| 42.10 | -0.44 | 506.78 | 495.82 | 1.57 | 43.52 |
| 20.18 | -5.01 | 275.72 | 273.52 | 5.19 | 28.06 |
| 21.78 | 1.97 | 195.11 | 194.69 | 5.14 | 14.99 |
| 6.15 | -1.94 | 13.53 | 14.34 | 4.45 | 2.69 |
| 37.47 | -3.91 | 335.56 | 322.95 | 12.67 | 47.02 |
| 22.08 | 10.20 | 155.00 | 157.81 | 3.65 | 22.86 |
| 20.52 | -3.66 | 227.18 | 225.55 | 1.42 | 29.84 |
| 20.47 | -1.45 | 190.48 | 190.13 | 2.03 | 25.13 |
| 50.49 | -2.92 | 579.99 | 584.54 | 9.81 | 83.34 |
| 7.18 | 0.32 | 106.66 | 107.17 | 0.88 | 17.43 |
| 4.49 | -0.92 | 54.49 | 54.80 | 0.98 | 8.57 |
| 8.26 | -0.73 | 93.97 | 94.83 | 0.74 | 14.26 |
| 2.35 | 0.32 | 29.89 | 30.82 | 1.59 | 5.43 |
| 5.63 | -0.24 | 52.69 | 52.82 | 0.62 | 9.13 |
| 8.74 | -0.26 | 99.39 | 100.10 | 1.51 | 10.11 |
| 13.85 | -1.41 | 142.91 | 144.00 | 3.49 | 18.41 |
| 43.60 | -3.64 | 503.84 | 498.91 | 6.97 | 53.91 |
| 24.86 | -0.71 | 243.11 | 234.75 | 3.87 | 23.99 |
| 8.26 | -2.06 | 143.40 | 146.10 | 2.89 | 14.26 |
| 10.48 | -0.87 | 117.33 | 118.07 | 0.21 | 15.67 |

2-3 续表 11

| 行　　业 | 销售费用 | 管理费用 | 财务费用 | 利息收入 |
|---|---|---|---|---|
| 烟草制品业 | 0.76 | 1.20 | 0.15 | 0.08 |
| 其他烟草制品制造 | 0.74 | 1.17 | 0.15 | 0.08 |
| 纺织业 | 332.91 | 542.98 | 215.46 | 7.86 |
| 棉纺织及印染精加工 | 190.66 | 309.76 | 131.17 | 4.61 |
| 毛纺织及染整精加工 | 14.53 | 25.12 | 15.22 | 0.39 |
| 麻纺织及染整精加工 | 6.15 | 7.96 | 4.27 | 0.02 |
| 丝绢纺织及印染精加工 | 9.53 | 18.33 | 7.63 | 0.23 |
| 化纤织造及印染精加工 | 8.97 | 23.00 | 10.54 | 0.38 |
| 针织或钩针编织物及其制品制造 | 31.96 | 56.18 | 22.07 | 1.19 |
| 家用纺织制成品制造 | 32.97 | 43.29 | 9.25 | 0.68 |
| 非家用纺织制成品制造 | 38.14 | 59.34 | 15.32 | 0.36 |
| 纺织服装、服饰业 | 299.87 | 390.72 | 80.46 | 3.07 |
| 机织服装制造 | 220.71 | 283.96 | 55.77 | 2.30 |
| 针织或钩针编织服装制造 | 52.63 | 80.98 | 19.76 | 0.55 |
| 服饰制造 | 26.53 | 25.78 | 4.92 | 0.22 |
| 皮革、毛皮、羽毛及其制品和制鞋业 | 144.91 | 214.40 | 50.79 | 1.70 |
| 皮革鞣制加工 | 17.08 | 20.89 | 9.27 | 0.09 |
| 皮革制品制造 | 38.65 | 53.51 | 15.32 | 0.20 |
| 毛皮鞣制及制品加工 | 7.56 | 9.49 | 4.12 | 0.04 |
| 羽毛(绒)加工及制品制造 | 11.18 | 16.34 | 4.50 | 0.34 |
| 制鞋业 | 70.44 | 114.19 | 17.59 | 1.02 |
| 木材加工和木、竹、藤、棕、草制品业 | 210.11 | 260.87 | 71.19 | 1.26 |
| 木材加工 | 32.60 | 39.82 | 9.58 | 0.19 |
| 人造板制造 | 112.71 | 136.88 | 41.44 | 0.55 |
| 木制品制造 | 49.43 | 62.95 | 14.83 | 0.43 |
| 竹、藤、棕、草等制品制造 | 15.37 | 21.23 | 5.33 | 0.10 |
| 家具制造业 | 172.03 | 182.06 | 36.19 | 2.26 |
| 木质家具制造 | 109.78 | 119.76 | 24.43 | 1.73 |
| 竹、藤家具制造 | 3.65 | 4.34 | 1.47 | 0.01 |
| 金属家具制造 | 32.60 | 27.33 | 6.27 | 0.40 |
| 塑料家具制造 | 1.54 | 1.99 | 0.31 | 0.01 |
| 其他家具制造 | 24.47 | 28.64 | 3.72 | 0.11 |
| 造纸和纸制品业 | 145.86 | 186.81 | 57.16 | 1.98 |
| 纸浆制造 | 0.65 | 1.18 | 0.38 | |
| 造纸 | 61.70 | 87.91 | 33.73 | 1.35 |
| 纸制品制造 | 83.51 | 97.73 | 23.04 | 0.63 |
| 印刷和记录媒介复制业 | 101.87 | 161.00 | 34.85 | 1.22 |
| 印刷 | 98.50 | 155.96 | 34.06 | 1.21 |
| 装订及印刷相关服务 | 3.28 | 4.90 | 0.79 | 0.01 |
| 记录媒介复制 | 0.08 | 0.14 | 0.01 | |
| 文教、工美、体育和娱乐用品制造业 | 196.05 | 261.57 | 58.97 | 5.02 |
| 文教办公用品制造 | 22.14 | 29.20 | 4.59 | 1.55 |
| 乐器制造 | 3.03 | 4.85 | 0.92 | 0.05 |
| 工艺美术品制造 | 121.78 | 151.36 | 42.88 | 3.10 |
| 体育用品制造 | 16.08 | 23.14 | 4.02 | 0.18 |
| 玩具制造 | 26.47 | 40.95 | 4.72 | 0.09 |
| 游艺器材及娱乐用品制造 | 6.55 | 12.06 | 1.84 | 0.06 |
| 石油加工、炼焦和核燃料加工业 | 94.89 | 95.17 | 100.47 | 4.25 |

单位：亿元

| 利息支出 | 投资收益（损失以"–"号记） | 营业利润 | 利润总额 | 亏损企业亏损额 | 平均用工人数（万人） |
|---|---|---|---|---|---|
| 0.23 | 4.30 | 5.55 | 5.46 | 0.01 | 0.09 |
| 0.23 | 4.30 | 5.56 | 5.47 | | 0.08 |
| 181.63 | 1.91 | 1300.88 | 1304.55 | 21.19 | 230.55 |
| 108.94 | -1.06 | 815.08 | 820.93 | 12.74 | 136.24 |
| 12.88 | -0.13 | 61.57 | 59.67 | 1.87 | 12.61 |
| 3.21 | 0.19 | 23.43 | 23.36 | 0.07 | 5.56 |
| 6.23 | -0.75 | 46.15 | 46.01 | 0.83 | 8.81 |
| 9.51 | 0.58 | 49.22 | 48.41 | 2.14 | 11.64 |
| 19.71 | 1.75 | 114.74 | 112.94 | 1.47 | 20.11 |
| 8.50 | 0.97 | 92.98 | 93.55 | 1.19 | 18.51 |
| 12.65 | 0.37 | 97.69 | 99.69 | 0.88 | 17.06 |
| 58.71 | 6.19 | 664.92 | 667.26 | 15.42 | 188.32 |
| 42.49 | 5.14 | 501.89 | 503.42 | 11.96 | 138.25 |
| 12.49 | 0.96 | 121.27 | 121.02 | 2.90 | 36.12 |
| 3.73 | 0.09 | 41.77 | 42.82 | 0.56 | 13.95 |
| 42.43 | -1.82 | 439.23 | 437.15 | 4.72 | 107.42 |
| 8.36 | 0.08 | 71.83 | 71.93 | 1.32 | 8.86 |
| 13.25 | -0.55 | 117.82 | 118.19 | 1.13 | 28.42 |
| 3.20 | 0.04 | 43.66 | 43.74 | 0.07 | 4.96 |
| 4.02 | 0.37 | 32.45 | 32.31 | 0.44 | 5.04 |
| 13.60 | -1.77 | 173.48 | 170.98 | 1.76 | 60.14 |
| 49.68 | -13.12 | 639.60 | 638.11 | 5.07 | 93.85 |
| 6.36 | -3.12 | 95.99 | 95.37 | 0.85 | 12.94 |
| 28.75 | -6.69 | 398.50 | 397.43 | 3.06 | 54.40 |
| 10.52 | -3.26 | 109.35 | 109.85 | 1.08 | 18.13 |
| 4.05 | -0.05 | 35.76 | 35.45 | 0.08 | 8.39 |
| 31.11 | 0.07 | 312.46 | 315.91 | 5.89 | 61.02 |
| 19.63 | 0.84 | 212.74 | 214.40 | 4.32 | 41.36 |
| 1.34 | 0.05 | 4.03 | 4.04 | 0.05 | 1.17 |
| 6.27 | 0.17 | 52.71 | 54.12 | 0.89 | 10.05 |
| 0.22 | -0.07 | 2.49 | 2.57 | 0.03 | 0.67 |
| 3.64 | -0.92 | 40.48 | 40.77 | 0.60 | 7.78 |
| 44.91 | -12.28 | 324.73 | 333.62 | 9.06 | 56.47 |
| 0.34 | -0.30 | 0.41 | 0.48 | 0.51 | 0.28 |
| 27.31 | -4.85 | 148.54 | 156.44 | 4.80 | 26.46 |
| 17.26 | -7.13 | 175.78 | 176.70 | 3.75 | 29.72 |
| 27.50 | 0.52 | 271.56 | 273.63 | 6.04 | 42.82 |
| 26.98 | 0.51 | 264.98 | 267.28 | 5.97 | 41.36 |
| 0.50 | 0.01 | 6.52 | 6.30 | 0.06 | 1.37 |
| 0.01 | | 0.05 | 0.05 | 0.01 | 0.09 |
| 48.07 | 3.82 | 523.04 | 523.55 | 6.46 | 92.79 |
| 5.42 | 0.36 | 37.28 | 37.75 | 0.25 | 7.76 |
| 0.81 | -0.37 | 12.56 | 12.63 | 0.02 | 2.13 |
| 33.49 | 2.32 | 353.25 | 352.19 | 4.31 | 54.27 |
| 3.05 | 0.22 | 41.42 | 41.81 | 0.36 | 8.16 |
| 3.79 | 0.14 | 58.56 | 58.95 | 0.88 | 17.07 |
| 1.53 | 1.15 | 19.98 | 20.22 | 0.64 | 3.39 |
| 76.71 | -6.21 | 247.59 | 240.73 | 44.17 | 19.65 |

2-3 续表 12

| 行　业 | 销售费用 | 管理费用 | 财务费用 | 利息收入 |
|---|---|---|---|---|
| 精炼石油产品制造 | 43.78 | 57.35 | 53.62 | 3.69 |
| 炼焦 | 51.11 | 37.82 | 46.86 | 0.56 |
| 化学原料和化学制品制造业 | 740.71 | 985.29 | 301.19 | -1.41 |
| 基础化学原料制造 | 148.69 | 218.91 | 72.50 | 3.53 |
| 肥料制造 | 74.02 | 86.88 | 35.50 | 0.28 |
| 农药制造 | 27.77 | 45.76 | 7.61 | 0.43 |
| 涂料、油墨、颜料及类似产品制造 | 82.64 | 123.27 | 26.04 | 0.69 |
| 合成材料制造 | 85.46 | 138.93 | 57.99 | -11.03 |
| 专用化学产品制造 | 190.94 | 263.39 | 81.41 | 4.13 |
| 炸药、火工及焰火产品制造 | 52.77 | 50.18 | 12.18 | 0.36 |
| 日用化学产品制造 | 78.41 | 57.96 | 7.97 | 0.20 |
| 医药制造业 | 413.97 | 370.26 | 75.23 | 7.64 |
| 化学药品原料药制造 | 54.99 | 74.78 | 12.61 | 2.01 |
| 化学药品制剂制造 | 95.63 | 66.38 | 14.74 | 2.96 |
| 中药饮片加工 | 29.73 | 33.41 | 6.87 | 0.13 |
| 中成药生产 | 148.36 | 93.84 | 19.61 | 0.39 |
| 兽用药品制造 | 23.82 | 31.09 | 7.64 | 0.12 |
| 生物药品制造 | 41.68 | 46.10 | 8.90 | 1.81 |
| 卫生材料及医药用品制造 | 19.77 | 24.64 | 4.86 | 0.22 |
| 化学纤维制造业 | 34.25 | 77.44 | 47.62 | 2.09 |
| 纤维素纤维原料及纤维制造 | 12.76 | 19.73 | 16.95 | 0.20 |
| 合成纤维制造 | 21.49 | 57.71 | 30.66 | 1.89 |
| 橡胶和塑料制品业 | 351.75 | 518.19 | 155.31 | 5.33 |
| 橡胶制品业 | 96.81 | 123.44 | 56.04 | 1.93 |
| 塑料制品业 | 254.94 | 394.75 | 99.27 | 3.39 |
| 非金属矿物制品业 | 840.80 | 1019.11 | 293.40 | 8.50 |
| 水泥、石灰和石膏制造 | 68.85 | 93.75 | 48.38 | 1.97 |
| 石膏、水泥制品及类似制品制造 | 215.50 | 251.79 | 67.61 | 1.65 |
| 砖瓦、石材等建筑材料制造 | 237.37 | 304.24 | 76.39 | 1.60 |
| 玻璃制造 | 17.34 | 29.72 | 12.30 | 0.33 |
| 玻璃制品制造 | 52.63 | 71.46 | 16.63 | 0.51 |
| 玻璃纤维和玻璃纤维增强塑料制品制造 | 33.76 | 41.64 | 11.15 | 0.19 |
| 陶瓷制品制造 | 75.80 | 87.15 | 17.17 | 0.43 |
| 耐火材料制品制造 | 66.36 | 61.51 | 17.89 | 0.36 |
| 石墨及其他非金属矿物制品制造 | 73.20 | 77.85 | 25.88 | 1.45 |
| 黑色金属冶炼和压延加工业 | 282.18 | 458.25 | 173.50 | 8.30 |
| 炼铁 | 5.10 | 10.01 | 4.16 | 0.16 |
| 炼钢 | 47.32 | 63.88 | 23.25 | 5.27 |
| 黑色金属铸造 | 77.44 | 112.30 | 31.57 | 0.42 |
| 钢压延加工 | 122.37 | 217.67 | 97.55 | 2.30 |
| 铁合金冶炼 | 29.95 | 54.38 | 16.97 | 0.14 |
| 有色金属冶炼和压延加工业 | 151.37 | 263.62 | 138.47 | 7.07 |
| 常用有色金属冶炼 | 33.62 | 59.29 | 41.80 | 1.40 |
| 贵金属冶炼 | 1.86 | 9.49 | 4.44 | 0.28 |
| 稀有稀土金属冶炼 | 8.80 | 15.15 | 4.90 | 0.08 |
| 有色金属合金制造 | 16.43 | 38.24 | 14.97 | 0.77 |
| 有色金属铸造 | 3.81 | 5.14 | 1.69 | 0.05 |
| 有色金属压延加工 | 86.86 | 136.31 | 70.66 | 4.49 |

单位：亿元

| 利息支出 | 投资收益（损失以"–"号记） | 营业利润 | 利润总额 | 亏损企业亏损额 | 平均用工人数（万人） |
|---|---|---|---|---|---|
| 43.06 | -7.90 | 183.96 | 182.69 | 16.19 | 8.48 |
| 33.65 | 1.69 | 63.63 | 58.04 | 27.98 | 11.17 |
| 256.11 | 6.11 | 2162.75 | 2169.70 | 79.56 | 190.45 |
| 58.86 | -2.05 | 550.03 | 557.00 | 29.57 | 41.07 |
| 30.34 | -4.26 | 168.57 | 165.68 | 16.96 | 20.52 |
| 7.09 | -1.94 | 97.26 | 97.75 | 1.31 | 7.68 |
| 21.95 | 5.83 | 200.76 | 203.59 | 2.63 | 20.72 |
| 54.51 | 7.92 | 275.07 | 278.49 | 10.09 | 19.48 |
| 70.05 | -2.70 | 653.13 | 646.09 | 12.89 | 44.80 |
| 7.00 | -0.37 | 114.18 | 114.15 | 0.67 | 23.71 |
| 6.32 | 3.68 | 103.75 | 106.94 | 5.44 | 12.47 |
| 62.58 | -5.54 | 648.25 | 649.99 | 15.78 | 62.51 |
| 12.33 | -3.32 | 140.47 | 142.83 | 2.90 | 11.08 |
| 16.06 | 3.45 | 100.56 | 103.26 | 1.73 | 10.26 |
| 4.60 | -1.20 | 63.52 | 63.84 | 1.78 | 7.14 |
| 12.11 | -2.57 | 139.35 | 134.26 | 3.34 | 14.56 |
| 4.43 | -1.35 | 68.00 | 66.62 | 0.46 | 5.18 |
| 9.02 | -0.55 | 91.20 | 93.06 | 5.02 | 6.94 |
| 4.02 |  | 45.14 | 46.11 | 0.55 | 7.35 |
| 43.19 | 6.18 | 138.88 | 143.81 | 9.45 | 18.51 |
| 13.49 | 1.47 | 29.88 | 30.97 | 2.87 | 4.96 |
| 29.70 | 4.70 | 109.01 | 112.83 | 6.58 | 13.55 |
| 124.19 | -8.79 | 1088.70 | 1086.67 | 20.69 | 146.39 |
| 49.15 | -0.27 | 343.95 | 342.62 | 3.70 | 33.79 |
| 75.04 | -8.52 | 744.75 | 744.05 | 16.99 | 112.61 |
| 220.53 | 0.90 | 2196.97 | 2188.25 | 74.75 | 294.75 |
| 41.93 | -3.33 | 149.79 | 157.33 | 31.19 | 26.81 |
| 49.82 | 1.55 | 453.62 | 445.30 | 18.24 | 59.15 |
| 56.37 | 0.14 | 702.58 | 698.68 | 6.38 | 87.38 |
| 10.35 | 1.16 | 47.08 | 49.09 | 3.77 | 7.17 |
| 13.60 | -1.48 | 148.65 | 148.58 | 3.81 | 24.90 |
| 7.86 | 0.35 | 108.10 | 107.25 | 1.06 | 10.27 |
| 9.07 | 0.28 | 202.01 | 202.32 | 1.82 | 42.23 |
| 12.38 | 0.70 | 177.36 | 175.66 | 3.68 | 16.19 |
| 19.15 | 1.54 | 207.79 | 204.06 | 4.81 | 20.66 |
| 144.98 | -97.81 | 1143.35 | 1066.31 | 74.33 | 118.35 |
| 3.99 | 0.09 | 22.08 | 21.56 | 1.55 | 4.29 |
| 16.89 | -6.47 | 109.35 | 111.89 | 12.33 | 13.50 |
| 23.68 | 0.44 | 269.06 | 266.17 | 4.73 | 30.43 |
| 86.85 | -91.64 | 694.54 | 617.47 | 42.62 | 59.33 |
| 13.58 | -0.24 | 48.32 | 49.22 | 13.09 | 10.81 |
| 109.27 | -7.63 | 832.10 | 822.02 | 27.07 | 66.58 |
| 33.08 | -5.83 | 191.52 | 196.52 | 8.56 | 16.51 |
| 3.41 | -0.38 | 20.31 | 21.99 | 1.87 | 1.80 |
| 4.11 | 0.15 | 55.03 | 45.62 | 1.85 | 3.17 |
| 12.78 | -4.21 | 86.12 | 84.05 | 2.42 | 8.10 |
| 1.54 | 0.01 | 7.25 | 7.86 | 0.60 | 1.37 |
| 54.35 | 2.63 | 471.87 | 465.98 | 11.77 | 35.64 |

2-3 续表 13

| 行　　业 | 销售费用 | 管理费用 | 财务费用 | 利息收入 |
|---|---|---|---|---|
| 金属制品业 | 424.00 | 709.48 | 175.75 | 5.85 |
| 结构性金属制品制造 | 162.10 | 262.41 | 65.49 | 1.66 |
| 金属工具制造 | 29.64 | 52.30 | 10.20 | 0.19 |
| 集装箱及金属包装容器制造 | 23.04 | 36.50 | 10.69 | 0.24 |
| 金属丝绳及其制品制造 | 34.61 | 54.83 | 22.53 | 0.69 |
| 建筑、安全用金属制品制造 | 58.44 | 77.76 | 16.79 | 0.36 |
| 金属表面处理及热处理加工 | 19.21 | 44.64 | 11.93 | 0.77 |
| 搪瓷制品制造 | 2.68 | 3.87 | 1.40 | 0.01 |
| 金属制日用品制造 | 32.68 | 50.68 | 11.02 | 0.25 |
| 其他金属制品制造 | 61.61 | 126.48 | 25.70 | 1.69 |
| 通用设备制造业 | 543.30 | 868.50 | 172.74 | 7.93 |
| 锅炉及原动设备制造 | 47.07 | 75.53 | 19.10 | 0.75 |
| 金属加工机械制造 | 77.13 | 121.70 | 27.17 | 1.21 |
| 物料搬运设备制造 | 61.41 | 93.78 | 15.63 | 1.24 |
| 泵、阀门、压缩机及类似机械制造 | 126.73 | 186.70 | 35.65 | 1.39 |
| 轴承、齿轮和传动部件制造 | 46.25 | 86.37 | 22.30 | 1.06 |
| 烘炉、风机、衡器、包装等设备制造 | 78.79 | 116.27 | 18.76 | 0.95 |
| 文化、办公用机械制造 | 11.58 | 16.71 | 1.84 | 0.41 |
| 通用零部件制造 | 74.34 | 138.78 | 26.46 | 0.78 |
| 其他通用设备制造业 | 19.98 | 32.67 | 5.82 | 0.15 |
| 专用设备制造业 | 494.65 | 755.61 | 149.99 | 5.94 |
| 采矿、冶金、建筑专用设备制造 | 164.15 | 228.78 | 59.99 | 2.41 |
| 化工、木材、非金属加工专用设备制造 | 56.85 | 126.10 | 23.37 | 0.69 |
| 食品、饮料、烟草及饲料生产专用设备制造 | 25.25 | 36.28 | 6.88 | 0.36 |
| 印刷、制药、日化及日用品生产专用设备制造 | 19.41 | 31.40 | 4.26 | 0.21 |
| 纺织、服装和皮革加工专用设备制造 | 19.49 | 37.75 | 8.22 | 0.43 |
| 电子和电工机械专用设备制造 | 18.66 | 34.79 | 4.82 | 0.13 |
| 农、林、牧、渔专用机械制造 | 39.75 | 49.82 | 11.74 | 0.31 |
| 医疗仪器设备及器械制造 | 73.77 | 83.21 | 7.78 | 0.21 |
| 环保、社会公共服务及其他专用设备制造 | 77.32 | 127.47 | 22.92 | 1.19 |
| 汽车制造业 | 295.34 | 576.50 | 132.70 | 5.23 |
| 汽车整车制造 | 30.95 | 61.01 | 11.93 | 1.30 |
| 改装汽车制造 | 15.17 | 21.89 | 7.19 | 0.60 |
| 低速载货汽车制造 | 0.49 | 0.89 | 0.23 | |
| 电车制造 | 2.21 | 2.45 | 0.98 | 0.05 |
| 汽车车身、挂车制造 | 6.11 | 8.49 | 6.75 | 0.51 |
| 汽车零部件及配件制造 | 240.42 | 481.78 | 105.62 | 2.78 |
| 铁路、船舶、航空航天和其他运输设备制造业 | 112.38 | 238.99 | 47.89 | 6.14 |
| 铁路运输设备制造 | 15.52 | 33.62 | 5.31 | 0.12 |
| 城市轨道交通设备制造 | 0.43 | 1.09 | 0.22 | 0.01 |
| 船舶及相关装置制造 | 29.82 | 72.63 | 17.44 | 2.20 |
| 航空、航天器及设备制造 | 3.58 | 14.06 | 4.64 | 0.20 |
| 摩托车制造 | 40.51 | 83.99 | 14.59 | 3.26 |
| 自行车制造 | 18.24 | 25.81 | 4.11 | 0.27 |
| 非公路休闲车及零配件制造 | 2.13 | 4.54 | 0.98 | 0.05 |
| 潜水救捞及其他未列明运输设备制造 | 2.15 | 3.26 | 0.60 | 0.02 |

单位：亿元

| 利息支出 | 投资收益（损失以“–”号记） | 营业利润 | 利润总额 | 亏损企业亏损额 | 平均用工人数（万人） |
|---|---|---|---|---|---|
| 141.21 | -46.49 | 1412.50 | 1405.35 | 32.92 | 179.38 |
| 47.43 | -33.95 | 556.15 | 549.26 | 12.39 | 58.42 |
| 8.58 | -5.50 | 103.45 | 103.20 | 1.11 | 15.06 |
| 10.04 | 0.09 | 63.96 | 64.87 | 5.17 | 10.48 |
| 21.30 | -8.61 | 128.89 | 126.22 | 1.41 | 10.91 |
| 13.65 | 1.69 | 145.78 | 147.39 | 2.83 | 22.87 |
| 9.56 | -11.71 | 83.39 | 81.64 | 1.76 | 13.06 |
| 0.67 | 0.01 | 7.64 | 7.64 | 0.27 | 1.59 |
| 8.45 | 8.21 | 88.12 | 88.58 | 2.62 | 18.23 |
| 21.53 | 3.28 | 235.13 | 236.55 | 5.36 | 28.76 |
| 138.29 | 0.77 | 1399.39 | 1403.55 | 35.91 | 187.50 |
| 15.55 | 0.21 | 126.63 | 123.91 | 4.04 | 15.81 |
| 18.50 | -2.54 | 196.26 | 198.16 | 8.17 | 25.14 |
| 13.30 | -1.89 | 141.56 | 143.92 | 3.02 | 17.40 |
| 29.56 | 0.71 | 278.02 | 278.87 | 7.34 | 37.95 |
| 17.09 | -1.15 | 165.20 | 165.48 | 3.60 | 22.63 |
| 16.08 | 1.17 | 171.10 | 173.99 | 2.91 | 24.17 |
| 2.11 | 0.38 | 21.32 | 22.54 | 0.37 | 3.09 |
| 21.50 | 3.41 | 249.25 | 246.28 | 5.60 | 34.27 |
| 4.58 | 0.47 | 50.04 | 50.41 | 0.85 | 7.04 |
| 126.33 | 7.60 | 1141.43 | 1159.61 | 47.29 | 143.63 |
| 55.32 | 1.23 | 371.62 | 374.09 | 31.55 | 39.57 |
| 17.65 | 1.79 | 155.11 | 156.09 | 3.79 | 26.17 |
| 5.27 | 0.31 | 55.46 | 52.91 | 0.55 | 6.74 |
| 3.27 | 0.20 | 41.54 | 43.02 | 0.78 | 6.49 |
| 6.74 | 0.20 | 58.25 | 59.21 | 1.52 | 7.82 |
| 3.95 | 0.22 | 52.03 | 56.27 | 1.21 | 7.47 |
| 9.10 | -1.20 | 106.19 | 106.63 | 1.94 | 12.30 |
| 7.33 | 0.18 | 101.61 | 106.87 | 1.40 | 12.91 |
| 17.70 | 4.67 | 199.63 | 204.52 | 4.55 | 24.15 |
| 109.81 | -5.83 | 905.62 | 933.03 | 29.52 | 130.49 |
| 12.16 | -3.29 | 60.76 | 70.98 | 11.79 | 7.72 |
| 7.19 | 0.01 | 53.30 | 54.64 | 2.61 | 5.80 |
| 0.20 |  | 1.36 | 1.36 | 0.03 | 0.30 |
| 0.59 |  | 7.53 | 7.58 | 0.32 | 1.01 |
| 6.08 | 0.08 | 43.52 | 43.70 | 0.27 | 2.65 |
| 83.60 | -2.63 | 739.15 | 754.76 | 14.51 | 113.02 |
| 42.12 | 0.91 | 407.09 | 405.61 | 9.29 | 54.24 |
| 4.28 | 0.06 | 63.36 | 63.60 | 1.74 | 6.13 |
| 0.22 | -0.38 | 3.18 | 3.18 | 0.15 | 0.28 |
| 13.07 | 0.57 | 130.64 | 130.70 | 2.93 | 17.65 |
| 4.39 | -4.38 | 28.90 | 23.42 | 1.58 | 1.86 |
| 15.29 | 4.31 | 125.07 | 127.00 | 1.13 | 18.30 |
| 3.40 | 0.99 | 46.26 | 47.80 | 1.51 | 8.07 |
| 0.94 |  | 4.29 | 4.49 | 0.23 | 1.08 |
| 0.54 | -0.25 | 5.40 | 5.41 | 0.02 | 0.88 |

2-3 续表 14

| 行　　业 | 销售费用 | 管理费用 | 财务费用 | 利息收入 |
|---|---|---|---|---|
| 电气机械和器材制造业 | 646.00 | 1018.92 | 202.26 | 10.46 |
| 电机制造 | 75.23 | 122.88 | 23.09 | -1.27 |
| 输配电及控制设备制造 | 201.13 | 348.70 | 64.75 | 2.61 |
| 电线、电缆、光缆及电工器材制造 | 161.80 | 208.91 | 61.97 | 5.91 |
| 电池制造 | 40.88 | 82.21 | 14.84 | 0.20 |
| 家用电力器具制造 | 80.00 | 123.15 | 15.86 | 1.39 |
| 非电力家用器具制造 | 15.26 | 19.93 | 4.70 | 0.20 |
| 照明器具制造 | 64.26 | 100.25 | 15.42 | 1.39 |
| 其他电气机械及器材制造 | 7.43 | 12.91 | 1.63 | 0.04 |
| 计算机、通信和其他电子设备制造业 | 379.76 | 790.96 | 73.30 | 10.14 |
| 计算机制造 | 26.47 | 64.08 | 3.21 | -0.06 |
| 通信设备制造 | 131.99 | 247.65 | 16.42 | 6.56 |
| 广播电视设备制造 | 21.66 | 37.54 | 5.48 | 0.37 |
| 雷达及配套设备制造 | 0.65 | 1.59 | 0.05 | |
| 视听设备制造 | 14.80 | 36.35 | 3.55 | 0.36 |
| 电子器件制造 | 60.25 | 147.29 | 16.86 | 1.57 |
| 电子元件制造 | 91.19 | 202.07 | 23.30 | 1.73 |
| 其他电子设备制造 | 32.74 | 54.39 | 4.43 | -0.40 |
| 仪器仪表制造业 | 119.85 | 198.02 | 27.18 | 2.29 |
| 通用仪器仪表制造 | 82.75 | 132.24 | 17.28 | 1.64 |
| 专用仪器仪表制造 | 25.48 | 45.00 | 7.20 | 0.24 |
| 钟表与计时仪器制造 | 2.79 | 3.43 | 0.43 | 0.16 |
| 光学仪器及眼镜制造 | 5.80 | 12.79 | 1.81 | 0.19 |
| 其他仪器仪表制造业 | 3.04 | 4.55 | 0.46 | 0.06 |
| 其他制造业 | 32.09 | 46.14 | 9.63 | 0.26 |
| 日用杂品制造 | 19.81 | 27.39 | 6.37 | 0.28 |
| 煤制品制造 | 3.74 | 4.14 | 1.17 | 0.01 |
| 废弃资源综合利用业 | 25.73 | 36.73 | 13.53 | 0.66 |
| 金属废料和碎屑加工处理 | 15.25 | 23.84 | 9.88 | 0.63 |
| 非金属废料和碎屑加工处理 | 10.48 | 12.89 | 3.65 | 0.03 |
| 金属制品、机械和设备修理业 | 3.21 | 8.39 | 1.74 | 0.16 |
| 金属制品修理 | 0.61 | 1.70 | 0.26 | |
| 通用设备修理 | 0.28 | 0.46 | 0.07 | |
| 专用设备修理 | 0.38 | 0.52 | 0.03 | |
| 铁路、船舶、航空航天等运输设备修理 | 1.64 | 4.82 | 1.32 | 0.15 |
| 电气设备修理 | 0.01 | 0.17 | | |
| 其他机械和设备修理业 | 0.27 | 0.60 | 0.06 | |
| **电力、热力、燃气及水生产和供应业** | **25.97** | **85.48** | **84.90** | **2.41** |
| 电力、热力生产和供应业 | 9.31 | 50.90 | 69.93 | 2.30 |
| 电力生产 | 4.36 | 31.00 | 59.93 | 1.93 |
| 电力供应 | 0.15 | 0.58 | 0.42 | 0.03 |
| 热力生产和供应 | 4.80 | 19.32 | 9.58 | 0.35 |
| 燃气生产和供应业 | 13.24 | 21.82 | 8.34 | -0.08 |
| 水的生产和供应业 | 3.42 | 12.76 | 6.64 | 0.18 |
| 自来水生产和供应 | 1.31 | 2.78 | 3.43 | 0.01 |
| 污水处理及其再生利用 | 1.66 | 9.28 | 3.08 | 0.16 |
| 其他水的处理、利用与分配 | 0.45 | 0.71 | 0.12 | |

单位：亿元

| 利息支出 | 投资收益（损失以"-"号记） | 营业利润 | 利润总额 | 亏损企业亏损额 | 平均用工人数（万人） |
|---|---|---|---|---|---|
| 182.93 | 16.88 | 1726.74 | 1746.20 | 39.11 | 219.01 |
| 21.29 | 23.45 | 216.24 | 220.46 | 4.22 | 26.25 |
| 55.29 | 10.37 | 521.11 | 530.80 | 12.86 | 66.60 |
| 56.94 | -18.48 | 493.45 | 491.20 | 6.60 | 39.03 |
| 13.41 | 0.35 | 152.48 | 153.52 | 3.91 | 19.18 |
| 16.40 | -0.05 | 148.21 | 149.97 | 6.04 | 32.54 |
| 4.02 | -0.43 | 29.44 | 31.00 | 0.87 | 4.79 |
| 14.21 | 1.57 | 151.06 | 154.18 | 4.32 | 27.71 |
| 1.38 | 0.10 | 14.75 | 15.07 | 0.30 | 2.90 |
| 73.02 | 36.20 | 916.19 | 966.29 | 30.51 | 153.72 |
| 4.13 | 19.77 | 98.70 | 99.59 | 3.44 | 15.11 |
| 15.48 | 10.37 | 193.99 | 213.99 | 6.43 | 24.75 |
| 5.07 | 0.18 | 61.87 | 64.02 | 1.16 | 7.13 |
| 0.04 | -0.15 | 0.70 | 0.82 | 0.17 | 0.25 |
| 3.81 | 0.97 | 27.64 | 29.35 | 1.29 | 9.28 |
| 18.18 | 2.63 | 176.83 | 191.68 | 7.50 | 29.75 |
| 21.72 | 1.07 | 286.98 | 295.76 | 7.73 | 56.63 |
| 4.59 | 1.36 | 69.49 | 71.08 | 2.79 | 10.80 |
| 24.44 | 1.30 | 298.47 | 304.91 | 7.21 | 34.33 |
| 15.32 | -0.42 | 217.59 | 221.10 | 4.29 | 20.38 |
| 6.16 | 1.02 | 57.92 | 59.77 | 2.12 | 7.08 |
| 0.56 |  | 3.86 | 3.95 | 0.06 | 1.33 |
| 1.95 | 0.54 | 12.91 | 13.39 | 0.58 | 4.39 |
| 0.45 | 0.16 | 6.20 | 6.69 | 0.16 | 1.14 |
| 7.51 | 0.06 | 74.89 | 75.76 | 6.77 | 16.65 |
| 5.16 | -0.02 | 40.94 | 41.28 | 5.73 | 12.53 |
| 0.53 |  | 5.47 | 5.46 | 0.57 | 0.73 |
| 8.08 | -2.04 | 104.55 | 109.54 | 5.36 | 8.57 |
| 5.76 | -2.08 | 84.83 | 88.81 | 3.91 | 5.42 |
| 2.32 | 0.04 | 19.72 | 20.73 | 1.45 | 3.15 |
| 1.67 | 0.12 | 6.93 | 7.00 | 1.24 | 3.52 |
| 0.22 | 0.02 | 1.66 | 1.66 | 0.01 | 0.38 |
| 0.03 |  | 0.45 | 0.45 | 0.03 | 0.15 |
| 0.04 |  | 0.74 | 0.81 | 0.03 | 0.10 |
| 1.32 | 0.08 | 3.24 | 3.24 | 1.16 | 2.72 |
|  |  | 0.08 | 0.08 |  | 0.04 |
| 0.06 | 0.02 | 0.75 | 0.75 | 0.02 | 0.13 |
| **67.76** | **4.82** | **135.48** | **159.02** | **27.79** | **14.44** |
| 56.82 | 3.30 | 96.52 | 119.50 | 17.73 | 9.72 |
| 48.62 | 3.18 | 90.02 | 99.51 | 11.67 | 5.50 |
| 0.30 |  | 1.12 | 1.32 | 0.19 | 0.16 |
| 7.90 | 0.12 | 5.38 | 18.67 | 5.87 | 4.06 |
| 6.43 | 1.25 | 28.51 | 27.39 | 7.34 | 2.77 |
| 4.51 | 0.28 | 10.45 | 12.12 | 2.72 | 1.94 |
| 2.42 | 0.05 | 2.74 | 2.84 | 2.03 | 0.74 |
| 2.02 | 0.24 | 7.08 | 8.62 | 0.68 | 1.02 |
| 0.07 | -0.02 | 0.63 | 0.66 |  | 0.18 |

# 2-4 外商投资和港澳台商投资

| 行　业 | 企业单位数（个） | 工业销售产值（当年价格） | 出口交货值 | 资产总计 |
|---|---|---|---|---|
| **总　计** | **49554** | **248644.78** | **71228.75** | **212744.42** |
| **采矿业** | **187** | **1268.19** | **11.13** | **3024.15** |
| 煤炭开采和洗选业 | 40 | 302.28 | | 1378.98 |
| 烟煤和无烟煤开采洗选 | 35 | 281.11 | | 1293.41 |
| 褐煤开采洗选 | 4 | 13.18 | | 22.75 |
| 石油和天然气开采业 | 12 | 386.71 | 7.21 | 833.50 |
| 石油开采 | 5 | 224.68 | | 404.83 |
| 天然气开采 | 7 | 162.03 | 7.21 | 428.67 |
| 黑色金属矿采选业 | 27 | 272.35 | | 284.53 |
| 铁矿采选 | 20 | 158.58 | | 180.51 |
| 锰矿、铬矿采选 | 5 | 30.69 | | 47.70 |
| 有色金属矿采选业 | 39 | 89.34 | 0.29 | 208.44 |
| 常用有色金属矿采选 | 29 | 63.79 | 0.26 | 145.16 |
| 贵金属矿采选 | 9 | 24.87 | | 61.70 |
| 非金属矿采选业 | 60 | 110.66 | 3.63 | 170.20 |
| 土砂石开采 | 34 | 38.38 | 2.76 | 47.13 |
| 化学矿开采 | 5 | 21.91 | 0.48 | 68.27 |
| 石棉及其他非金属矿采选 | 19 | 38.26 | 0.37 | 20.59 |
| 开采辅助活动 | 9 | 106.86 | | 148.49 |
| 石油和天然气开采辅助活动 | 8 | 103.25 | | 144.11 |
| **制造业** | **48246** | **242261.88** | **71073.01** | **198000.56** |
| 农副食品加工业 | 1707 | 9543.38 | 1009.16 | 5654.03 |
| 谷物磨制 | 96 | 552.67 | 13.26 | 350.63 |
| 饲料加工 | 347 | 1553.44 | 13.05 | 710.16 |
| 植物油加工 | 121 | 3013.65 | 22.36 | 1569.80 |
| 制糖业 | 17 | 150.89 | | 160.95 |
| 屠宰及肉类加工 | 198 | 1500.84 | 60.46 | 1012.60 |
| 水产品加工 | 381 | 1253.43 | 511.73 | 781.83 |
| 蔬菜、水果和坚果加工 | 382 | 874.31 | 286.88 | 514.52 |
| 其他农副食品加工 | 165 | 644.16 | 101.41 | 553.55 |
| 食品制造业 | 1152 | 5479.87 | 403.43 | 4693.49 |
| 焙烤食品制造 | 246 | 721.45 | 20.24 | 648.45 |
| 糖果、巧克力及蜜饯制造 | 98 | 505.41 | 63.92 | 468.04 |
| 方便食品制造 | 196 | 1156.23 | 62.23 | 882.90 |
| 乳制品制造 | 88 | 1037.26 | 4.34 | 988.30 |
| 罐头食品制造 | 113 | 280.75 | 66.95 | 179.72 |
| 调味品、发酵制品制造 | 135 | 620.53 | 68.01 | 508.19 |
| 其他食品制造 | 276 | 1158.24 | 117.75 | 1017.88 |
| 酒、饮料和精制茶制造业 | 763 | 4103.96 | 92.35 | 3926.92 |
| 酒的制造 | 231 | 1129.66 | 15.89 | 1412.53 |
| 饮料制造 | 481 | 2882.61 | 69.68 | 2464.18 |
| 精制茶加工 | 51 | 91.68 | 6.78 | 50.21 |
| 烟草制品业 | 3 | 7.18 | | 19.67 |
| 纺织业 | 2361 | 5649.09 | 1331.42 | 4438.85 |
| 棉纺织及印染精加工 | 994 | 3217.56 | 560.15 | 2541.78 |
| 毛纺织及染整精加工 | 140 | 232.82 | 77.37 | 238.26 |

# 工业企业主要经济指标(大、中类行业)

单位：亿元

| 固定资产合计 | 固定资产原价 | 累计折旧 | 流动资产合计 | 应收账款 | 存货 | 产成品 |
|---|---|---|---|---|---|---|
| **62741.57** | **121290.53** | **61497.18** | **122079.20** | **39362.51** | **23936.67** | **8829.74** |
| **1098.24** | **2138.47** | **1180.18** | **705.72** | **158.58** | **109.75** | **33.46** |
| 441.10 | 640.68 | 224.58 | 352.43 | 94.00 | 32.90 | 9.90 |
| 413.95 | 605.03 | 215.98 | 324.59 | 91.49 | 30.36 | 7.63 |
| 12.05 | 15.33 | 3.38 | 3.00 | 1.00 | 0.33 | 0.06 |
| 334.31 | 956.22 | 690.35 | 73.91 | 9.29 | 26.47 | 2.57 |
| 282.49 | 891.90 | 609.90 | 38.04 | 4.62 | 17.03 | 1.51 |
| 51.82 | 64.32 | 80.45 | 35.87 | 4.67 | 9.44 | 1.06 |
| 115.68 | 166.37 | 62.21 | 94.94 | 14.66 | 17.38 | 10.42 |
| 60.50 | 84.49 | 28.31 | 66.18 | 9.65 | 13.30 | 8.50 |
| 22.06 | 24.75 | 9.89 | 25.65 | 4.96 | 2.75 | 1.75 |
| 81.89 | 112.93 | 33.71 | 57.98 | 3.80 | 16.14 | 5.98 |
| 55.06 | 76.32 | 22.58 | 38.07 | 3.61 | 12.92 | 4.10 |
| 26.00 | 34.95 | 10.30 | 19.39 | 0.08 | 2.94 | 1.67 |
| 38.82 | 84.56 | 46.93 | 84.23 | 24.96 | 13.13 | 3.54 |
| 14.60 | 36.87 | 23.30 | 25.47 | 6.37 | 4.84 | 1.49 |
| 4.27 | 10.30 | 5.58 | 36.97 | 12.13 | 4.58 | 0.43 |
| 5.35 | 9.78 | 3.69 | 9.02 | 2.75 | 1.58 | 0.99 |
| 86.45 | 177.72 | 122.41 | 42.23 | 11.86 | 3.72 | 1.06 |
| 84.03 | 173.67 | 120.78 | 40.28 | 11.11 | 3.09 | 0.73 |
| **55508.05** | **108302.02** | **55458.05** | **118131.47** | **38655.19** | **23603.63** | **8747.70** |
| 1718.88 | 3219.55 | 1619.50 | 3257.73 | 515.42 | 1012.30 | 409.05 |
| 113.44 | 192.47 | 81.78 | 196.56 | 26.72 | 97.62 | 25.82 |
| 180.33 | 325.57 | 170.26 | 427.10 | 76.15 | 102.96 | 23.37 |
| 310.69 | 702.24 | 404.21 | 1161.96 | 128.40 | 400.45 | 153.86 |
| 55.08 | 100.65 | 44.56 | 92.63 | 15.91 | 24.11 | 16.78 |
| 365.90 | 534.70 | 174.79 | 466.02 | 74.47 | 110.60 | 63.64 |
| 260.90 | 500.83 | 302.42 | 423.22 | 102.05 | 131.44 | 67.87 |
| 203.97 | 347.51 | 179.52 | 243.64 | 52.25 | 84.24 | 36.14 |
| 228.57 | 515.58 | 261.94 | 246.59 | 39.47 | 60.86 | 21.57 |
| 1371.98 | 2481.18 | 1177.57 | 2631.52 | 663.72 | 416.58 | 191.83 |
| 223.60 | 397.94 | 181.97 | 330.60 | 76.01 | 46.37 | 22.87 |
| 171.38 | 321.88 | 153.16 | 223.85 | 61.75 | 39.95 | 16.86 |
| 308.99 | 580.73 | 279.33 | 460.54 | 140.08 | 79.37 | 28.45 |
| 208.89 | 325.64 | 134.81 | 582.64 | 105.14 | 63.86 | 29.38 |
| 72.04 | 95.28 | 43.64 | 89.29 | 21.55 | 33.94 | 21.11 |
| 182.96 | 281.85 | 107.89 | 254.42 | 67.54 | 55.98 | 25.13 |
| 204.11 | 477.86 | 276.77 | 690.20 | 191.64 | 97.11 | 48.03 |
| 1549.47 | 2658.43 | 1179.46 | 1774.47 | 343.24 | 371.93 | 106.61 |
| 568.88 | 1003.69 | 443.94 | 624.19 | 80.15 | 203.98 | 35.22 |
| 969.54 | 1637.38 | 727.83 | 1121.48 | 256.68 | 158.28 | 68.57 |
| 11.04 | 17.36 | 7.70 | 28.80 | 6.41 | 9.67 | 2.82 |
| 12.33 | 13.48 | 2.83 | 7.23 | 1.65 | 2.03 | 0.67 |
| 1374.23 | 2761.92 | 1447.21 | 2563.89 | 626.14 | 706.36 | 284.34 |
| 785.62 | 1594.92 | 837.78 | 1442.58 | 310.22 | 388.54 | 154.43 |
| 51.41 | 130.97 | 84.91 | 168.64 | 54.49 | 59.26 | 23.91 |

2-4 续表 1

| 行 业 | 企业单位数（个） | 工业销售产值（当年价格） | 出口交货值 | 资产总计 |
|---|---|---|---|---|
| 麻纺织及染整精加工 | 30 | 73.53 | 12.60 | 55.52 |
| 丝绢纺织及印染精加工 | 51 | 82.55 | 24.43 | 85.42 |
| 化纤织造及印染精加工 | 166 | 214.15 | 43.47 | 257.75 |
| 针织或钩针编织物及其制品制造 | 335 | 644.41 | 212.16 | 415.62 |
| 家用纺织制成品制造 | 303 | 572.32 | 211.55 | 346.40 |
| 非家用纺织制成品制造 | 342 | 611.75 | 189.68 | 498.10 |
| 纺织服装、服饰业 | 3243 | 6271.82 | 2374.53 | 3872.94 |
| 机织服装制造 | 2300 | 4678.44 | 1574.88 | 2860.02 |
| 针织或钩针编织服装制造 | 709 | 1236.10 | 647.66 | 792.07 |
| 服饰制造 | 234 | 357.28 | 152.00 | 220.85 |
| 皮革、毛皮、羽毛及其制品和制鞋业 | 1720 | 4846.11 | 1851.54 | 2584.98 |
| 皮革鞣制加工 | 94 | 376.72 | 55.83 | 218.38 |
| 皮革制品制造 | 606 | 1064.39 | 488.62 | 515.46 |
| 毛皮鞣制及制品加工 | 37 | 161.90 | 69.19 | 73.76 |
| 羽毛(绒)加工及制品制造 | 53 | 161.75 | 37.44 | 91.70 |
| 制鞋业 | 930 | 3081.36 | 1200.46 | 1685.69 |
| 木材加工和木、竹、藤、棕、草制品业 | 395 | 1042.98 | 260.83 | 639.96 |
| 木材加工 | 40 | 68.53 | 7.64 | 71.60 |
| 人造板制造 | 138 | 420.90 | 90.30 | 264.61 |
| 木制品制造 | 154 | 439.82 | 109.69 | 249.31 |
| 竹、藤、棕、草等制品制造 | 63 | 113.73 | 53.20 | 54.44 |
| 家具制造业 | 792 | 1881.67 | 860.41 | 1384.69 |
| 木质家具制造 | 394 | 915.47 | 392.82 | 675.26 |
| 竹、藤家具制造 | 10 | 29.58 | 17.60 | 39.58 |
| 金属家具制造 | 200 | 524.68 | 230.78 | 394.82 |
| 塑料家具制造 | 15 | 36.77 | 31.97 | 21.95 |
| 其他家具制造 | 173 | 375.18 | 187.24 | 253.07 |
| 造纸和纸制品业 | 858 | 3751.90 | 348.72 | 5391.35 |
| 纸浆制造 | 5 | 15.26 |  | 29.72 |
| 造纸 | 281 | 2344.65 | 215.88 | 3998.51 |
| 纸制品制造 | 572 | 1391.99 | 132.83 | 1363.11 |
| 印刷和记录媒介复制业 | 613 | 1295.21 | 315.03 | 1267.61 |
| 印刷 | 578 | 1245.53 | 300.02 | 1218.21 |
| 装订及印刷相关服务 | 20 | 19.05 | 2.37 | 21.73 |
| 记录媒介复制 | 15 | 30.62 | 12.64 | 27.67 |
| 文教、工美、体育和娱乐用品制造业 | 2067 | 4757.23 | 2314.16 | 2543.57 |
| 文教办公用品制造 | 183 | 212.54 | 112.11 | 153.70 |
| 乐器制造 | 66 | 141.21 | 74.85 | 85.37 |
| 工艺美术品制造 | 883 | 2593.54 | 980.69 | 1234.79 |
| 体育用品制造 | 350 | 593.46 | 396.09 | 364.37 |
| 玩具制造 | 536 | 1034.81 | 620.32 | 623.52 |
| 游艺器材及娱乐用品制造 | 49 | 181.67 | 130.10 | 81.81 |
| 石油加工、炼焦和核燃料加工业 | 160 | 3770.01 | 252.55 | 2764.51 |
| 精炼石油产品制造 | 122 | 2963.62 | 252.44 | 1802.46 |
| 炼焦 | 38 | 806.39 | 0.11 | 962.05 |
| 化学原料和化学制品制造业 | 3225 | 18332.99 | 1858.93 | 16510.50 |

单位：亿元

| 固定资产合计 | 固定资产原价 | 累计折旧 | 流动资产合计 | 应收账款 | 存货 | 产成品 |
|---|---|---|---|---|---|---|
| 21.97 | 39.08 | 18.05 | 30.01 | 8.20 | 11.16 | 6.98 |
| 26.85 | 50.87 | 24.88 | 49.56 | 12.82 | 15.53 | 6.78 |
| 80.46 | 145.36 | 67.96 | 154.30 | 30.11 | 38.02 | 17.39 |
| 118.81 | 253.37 | 141.59 | 247.18 | 68.96 | 64.79 | 25.60 |
| 108.48 | 196.14 | 90.78 | 203.82 | 61.82 | 61.31 | 20.45 |
| 180.63 | 351.21 | 181.27 | 267.79 | 79.52 | 67.77 | 28.80 |
| 1013.19 | 2070.30 | 1092.14 | 2380.59 | 696.04 | 646.96 | 330.32 |
| 768.67 | 1554.81 | 810.51 | 1712.46 | 459.24 | 474.30 | 265.19 |
| 183.54 | 399.39 | 222.90 | 527.54 | 190.67 | 133.61 | 51.98 |
| 60.97 | 116.10 | 58.73 | 140.60 | 46.13 | 39.06 | 13.15 |
| 646.66 | 1217.12 | 596.75 | 1593.49 | 472.08 | 412.40 | 140.04 |
| 55.86 | 114.84 | 59.66 | 138.28 | 27.42 | 57.90 | 19.54 |
| 135.45 | 280.06 | 151.28 | 321.95 | 114.48 | 96.45 | 25.24 |
| 21.95 | 33.38 | 11.82 | 46.68 | 6.64 | 29.39 | 7.29 |
| 15.53 | 25.99 | 11.48 | 56.32 | 11.08 | 16.13 | 2.58 |
| 417.87 | 762.86 | 362.51 | 1030.27 | 312.48 | 212.53 | 85.39 |
| 191.75 | 470.71 | 283.72 | 359.27 | 85.59 | 116.51 | 53.45 |
| 20.46 | 35.08 | 19.66 | 40.09 | 6.41 | 9.75 | 5.16 |
| 83.38 | 247.38 | 156.08 | 141.94 | 29.89 | 49.92 | 25.83 |
| 62.52 | 161.05 | 102.49 | 156.27 | 44.82 | 50.87 | 19.63 |
| 25.39 | 27.20 | 5.50 | 20.97 | 4.48 | 5.97 | 2.82 |
| 306.91 | 593.73 | 301.11 | 921.55 | 281.59 | 220.58 | 76.50 |
| 175.07 | 336.21 | 166.55 | 431.38 | 125.80 | 124.84 | 48.34 |
| 5.31 | 8.98 | 3.75 | 28.74 | 6.69 | 2.18 | 0.34 |
| 67.76 | 135.30 | 72.60 | 267.48 | 95.69 | 49.12 | 16.14 |
| 6.47 | 10.84 | 4.45 | 13.71 | 3.76 | 5.27 | 1.52 |
| 52.30 | 102.40 | 53.77 | 180.25 | 49.65 | 39.16 | 10.16 |
| 2172.69 | 3610.61 | 1555.32 | 2450.15 | 627.42 | 365.62 | 127.27 |
| 11.94 | 18.65 | 7.65 | 10.06 | 4.01 | 2.14 | 0.35 |
| 1743.31 | 2881.54 | 1225.12 | 1649.59 | 345.20 | 215.48 | 77.63 |
| 417.45 | 710.42 | 322.54 | 790.50 | 278.21 | 148.00 | 49.30 |
| 361.20 | 738.52 | 388.09 | 739.63 | 251.20 | 130.33 | 55.22 |
| 342.28 | 693.87 | 361.15 | 712.04 | 243.60 | 125.84 | 53.18 |
| 7.29 | 18.13 | 11.29 | 13.28 | 3.17 | 2.32 | 0.89 |
| 11.63 | 26.52 | 15.65 | 14.31 | 4.43 | 2.17 | 1.14 |
| 650.47 | 1198.97 | 585.07 | 1631.21 | 428.77 | 592.97 | 317.82 |
| 39.95 | 91.68 | 52.47 | 99.67 | 31.52 | 27.49 | 12.05 |
| 19.80 | 44.61 | 25.52 | 54.85 | 8.69 | 19.54 | 5.32 |
| 263.73 | 474.47 | 230.74 | 822.43 | 171.36 | 346.91 | 229.14 |
| 111.20 | 214.32 | 105.96 | 226.08 | 83.94 | 65.90 | 22.87 |
| 193.64 | 341.82 | 160.37 | 381.07 | 121.47 | 114.42 | 40.27 |
| 22.14 | 32.08 | 10.01 | 47.10 | 11.77 | 18.72 | 8.18 |
| 1217.59 | 2192.95 | 1044.05 | 1252.05 | 229.48 | 338.70 | 96.06 |
| 789.39 | 1599.34 | 829.86 | 839.57 | 157.52 | 274.81 | 73.70 |
| 428.20 | 593.61 | 214.19 | 412.47 | 71.96 | 63.89 | 22.35 |
| 6252.26 | 11367.35 | 5463.57 | 7861.98 | 2113.75 | 1476.47 | 614.74 |

2-4 续表 2

| 行　　业 | 企业单位数（个） | 工业销售产值（当年价格） | 出口交货值 | 资产总计 |
|---|---|---|---|---|
| 基础化学原料制造 | 624 | 5250.93 | 333.88 | 5041.84 |
| 肥料制造 | 99 | 479.75 | 14.47 | 608.95 |
| 农药制造 | 60 | 324.50 | 61.98 | 240.67 |
| 涂料、油墨、颜料及类似产品制造 | 638 | 1842.90 | 143.37 | 1560.97 |
| 合成材料制造 | 573 | 3903.36 | 433.85 | 3097.45 |
| 专用化学产品制造 | 870 | 4517.31 | 709.55 | 4497.04 |
| 炸药、火工及焰火产品制造 | 28 | 54.91 | 9.90 | 21.04 |
| 日用化学产品制造 | 333 | 1959.33 | 151.93 | 1442.53 |
| 医药制造业 | 829 | 5439.35 | 539.63 | 6012.18 |
| 化学药品原料药制造 | 128 | 662.40 | 138.15 | 745.01 |
| 化学药品制剂制造 | 219 | 2805.72 | 108.43 | 3044.76 |
| 中药饮片加工 | 34 | 108.56 | 2.95 | 129.05 |
| 中成药生产 | 126 | 705.77 | 37.50 | 743.86 |
| 兽用药品制造 | 29 | 76.72 | 14.32 | 87.22 |
| 生物药品制造 | 152 | 713.32 | 139.80 | 994.83 |
| 卫生材料及医药用品制造 | 141 | 366.86 | 98.49 | 267.44 |
| 化学纤维制造业 | 255 | 1911.56 | 178.11 | 1922.61 |
| 纤维素纤维原料及纤维制造 | 52 | 366.62 | 24.44 | 448.55 |
| 合成纤维制造 | 203 | 1544.93 | 153.67 | 1474.06 |
| 橡胶和塑料制品业 | 2974 | 6604.57 | 1844.21 | 6100.13 |
| 橡胶制品业 | 499 | 1951.93 | 492.02 | 2114.95 |
| 塑料制品业 | 2475 | 4652.65 | 1352.19 | 3985.18 |
| 非金属矿物制品业 | 1990 | 5311.36 | 717.42 | 6340.21 |
| 水泥、石灰和石膏制造 | 175 | 980.53 | 7.31 | 1712.33 |
| 石膏、水泥制品及类似制品制造 | 382 | 656.18 | 12.61 | 671.35 |
| 砖瓦、石材等建筑材料制造 | 392 | 1100.78 | 124.08 | 873.48 |
| 玻璃制造 | 96 | 465.02 | 83.51 | 879.28 |
| 玻璃制品制造 | 231 | 613.73 | 143.04 | 767.11 |
| 玻璃纤维和玻璃纤维增强塑料制品制造 | 96 | 222.34 | 67.75 | 357.47 |
| 陶瓷制品制造 | 296 | 661.81 | 184.69 | 558.07 |
| 耐火材料制品制造 | 133 | 263.80 | 49.85 | 204.89 |
| 石墨及其他非金属矿物制品制造 | 189 | 347.16 | 44.59 | 316.24 |
| 黑色金属冶炼和压延加工业 | 580 | 6505.65 | 499.22 | 5570.67 |
| 炼铁 | 9 | 179.41 | 7.62 | 246.72 |
| 炼钢 | 10 | 698.44 | 69.31 | 557.53 |
| 黑色金属铸造 | 159 | 316.04 | 106.04 | 320.16 |
| 钢压延加工 | 372 | 5073.91 | 308.58 | 3913.43 |
| 铁合金冶炼 | 30 | 237.84 | 7.68 | 532.83 |
| 有色金属冶炼和压延加工业 | 613 | 6013.92 | 420.06 | 5742.63 |
| 常用有色金属冶炼 | 65 | 1951.24 | 10.89 | 2436.45 |
| 贵金属冶炼 | 14 | 71.04 | | 162.79 |
| 稀有稀土金属冶炼 | 25 | 95.78 | 20.99 | 88.10 |
| 有色金属合金制造 | 111 | 545.11 | 54.92 | 396.46 |
| 有色金属铸造 | 28 | 68.44 | 11.47 | 71.41 |
| 有色金属压延加工 | 370 | 3282.31 | 321.80 | 2587.42 |
| 金属制品业 | 2624 | 6283.15 | 1925.11 | 4963.46 |

单位：亿元

| 固定资产合计 | 固定资产原价 | 累计折旧 | 流动资产合计 | | | |
|---|---|---|---|---|---|---|
| | | | | 应收账款 | 存货 | |
| | | | | | | 产成品 |
| 2237.91 | 4155.93 | 1931.30 | 1796.92 | 360.95 | 339.89 | 123.73 |
| 320.03 | 444.61 | 191.74 | 217.20 | 39.31 | 50.41 | 23.76 |
| 63.87 | 104.54 | 45.94 | 132.30 | 36.83 | 38.47 | 18.03 |
| 313.35 | 593.69 | 291.72 | 1075.59 | 373.22 | 194.78 | 97.18 |
| 1241.76 | 2424.28 | 1191.47 | 1548.26 | 402.81 | 370.14 | 149.96 |
| 1756.83 | 3033.28 | 1500.37 | 2136.48 | 676.51 | 335.05 | 136.70 |
| 6.36 | 8.13 | 2.56 | 7.32 | 1.61 | 1.24 | 0.93 |
| 312.14 | 602.90 | 308.46 | 947.91 | 222.51 | 146.49 | 64.45 |
| 1429.91 | 2311.93 | 1012.66 | 3563.82 | 805.47 | 845.66 | 370.32 |
| 299.68 | 439.57 | 167.13 | 353.63 | 85.30 | 92.39 | 42.24 |
| 615.33 | 1014.20 | 445.14 | 1960.68 | 490.81 | 551.50 | 251.49 |
| 25.99 | 35.66 | 9.90 | 76.30 | 23.44 | 22.84 | 7.13 |
| 185.38 | 299.55 | 130.11 | 412.58 | 67.04 | 74.10 | 27.51 |
| 23.48 | 49.70 | 27.32 | 46.61 | 8.14 | 7.93 | 3.53 |
| 193.66 | 323.95 | 168.28 | 557.77 | 89.42 | 73.03 | 28.22 |
| 86.40 | 149.31 | 64.79 | 156.24 | 41.33 | 23.87 | 10.20 |
| 664.88 | 1311.15 | 663.81 | 970.22 | 130.24 | 209.49 | 94.43 |
| 164.92 | 288.52 | 126.96 | 226.16 | 21.02 | 57.49 | 20.81 |
| 499.96 | 1022.63 | 536.85 | 744.06 | 109.22 | 152.00 | 73.62 |
| 1999.04 | 3990.15 | 2036.63 | 3405.74 | 1091.48 | 775.00 | 308.17 |
| 942.68 | 1800.28 | 872.33 | 942.83 | 342.16 | 226.11 | 103.73 |
| 1056.37 | 2189.87 | 1164.29 | 2462.91 | 749.32 | 548.89 | 204.44 |
| 2474.25 | 4355.61 | 1960.36 | 3007.29 | 819.50 | 574.58 | 269.64 |
| 932.08 | 1529.61 | 613.71 | 536.64 | 65.63 | 77.58 | 19.34 |
| 175.64 | 328.62 | 154.57 | 433.77 | 192.31 | 42.84 | 22.08 |
| 318.76 | 604.20 | 320.98 | 433.49 | 123.23 | 136.14 | 83.89 |
| 262.25 | 466.56 | 213.78 | 467.32 | 89.32 | 57.57 | 26.78 |
| 298.22 | 523.59 | 227.83 | 374.59 | 116.95 | 90.08 | 38.99 |
| 144.23 | 269.76 | 127.73 | 164.25 | 55.99 | 27.25 | 14.60 |
| 185.99 | 352.88 | 171.47 | 271.09 | 77.66 | 76.20 | 36.43 |
| 59.61 | 112.09 | 54.47 | 135.69 | 50.34 | 27.81 | 12.56 |
| 97.45 | 168.29 | 75.82 | 190.45 | 48.07 | 39.10 | 14.96 |
| 2180.39 | 4272.63 | 2150.49 | 2405.98 | 393.64 | 669.00 | 213.80 |
| 78.24 | 128.75 | 51.64 | 81.51 | 18.91 | 28.75 | 5.65 |
| 262.36 | 509.90 | 252.01 | 193.45 | 22.21 | 65.70 | 15.02 |
| 133.74 | 243.04 | 108.92 | 147.69 | 49.01 | 35.74 | 14.42 |
| 1435.32 | 2983.11 | 1595.48 | 1795.01 | 274.25 | 493.55 | 153.34 |
| 270.73 | 407.83 | 142.43 | 188.32 | 29.26 | 45.27 | 25.37 |
| 1751.50 | 2968.94 | 1210.71 | 2812.84 | 585.90 | 621.67 | 176.85 |
| 865.99 | 1384.55 | 474.18 | 1030.50 | 142.25 | 270.75 | 51.91 |
| 48.09 | 74.31 | 27.28 | 73.02 | 0.51 | 19.62 | 7.29 |
| 30.95 | 52.84 | 22.32 | 53.25 | 9.76 | 17.49 | 8.51 |
| 121.11 | 173.31 | 73.14 | 233.39 | 75.59 | 64.23 | 21.22 |
| 18.16 | 37.91 | 21.49 | 42.27 | 15.13 | 8.53 | 5.49 |
| 667.20 | 1246.01 | 592.29 | 1380.40 | 342.66 | 241.05 | 82.44 |
| 1469.01 | 3571.81 | 2175.19 | 3015.60 | 988.04 | 713.12 | 268.43 |

2-4 续表 3

| 行 业 | 企业单位数（个） | 工业销售产值（当年价格） | 出口交货值 | 资产总计 |
|---|---|---|---|---|
| 结构性金属制品制造 | 477 | 1057.99 | 193.46 | 902.61 |
| 金属工具制造 | 306 | 540.28 | 206.22 | 479.50 |
| 集装箱及金属包装容器制造 | 244 | 1050.37 | 375.15 | 910.66 |
| 金属丝绳及其制品制造 | 157 | 416.51 | 83.90 | 381.69 |
| 建筑、安全用金属制品制造 | 361 | 735.44 | 338.55 | 545.58 |
| 金属表面处理及热处理加工 | 198 | 430.31 | 46.25 | 349.88 |
| 搪瓷制品制造 | 20 | 61.08 | 20.56 | 57.66 |
| 金属制日用品制造 | 358 | 681.32 | 284.10 | 411.50 |
| 其他金属制品制造 | 503 | 1309.85 | 376.93 | 924.38 |
| 通用设备制造业 | 3385 | 10850.02 | 2997.51 | 11142.20 |
| 锅炉及原动设备制造 | 160 | 1098.85 | 153.12 | 1449.25 |
| 金属加工机械制造 | 386 | 687.89 | 80.18 | 775.12 |
| 物料搬运设备制造 | 318 | 2311.65 | 421.41 | 2545.39 |
| 泵、阀门、压缩机及类似机械制造 | 744 | 2033.53 | 525.47 | 2067.74 |
| 轴承、齿轮和传动部件制造 | 383 | 849.06 | 200.97 | 920.18 |
| 烘炉、风机、衡器、包装等设备制造 | 584 | 1825.29 | 586.52 | 1712.08 |
| 文化、办公用机械制造 | 185 | 1073.43 | 749.87 | 694.59 |
| 通用零部件制造 | 530 | 826.89 | 250.19 | 806.87 |
| 其他通用设备制造业 | 95 | 143.43 | 29.77 | 170.98 |
| 专用设备制造业 | 2405 | 6119.22 | 1580.81 | 7010.48 |
| 采矿、冶金、建筑专用设备制造 | 348 | 1860.24 | 281.10 | 2393.74 |
| 化工、木材、非金属加工专用设备制造 | 789 | 1311.73 | 404.50 | 1535.52 |
| 食品、饮料、烟草及饲料生产专用设备制造 | 65 | 104.68 | 27.56 | 89.64 |
| 印刷、制药、日化及日用品生产专用设备制造 | 152 | 320.82 | 102.40 | 319.89 |
| 纺织、服装和皮革加工专用设备制造 | 166 | 394.23 | 108.07 | 446.36 |
| 电子和电工机械专用设备制造 | 159 | 334.02 | 103.66 | 294.15 |
| 农、林、牧、渔专用机械制造 | 109 | 317.07 | 99.27 | 280.02 |
| 医疗仪器设备及器械制造 | 294 | 678.69 | 302.57 | 826.90 |
| 环保、社会公共服务及其他专用设备制造 | 323 | 797.73 | 151.69 | 824.26 |
| 汽车制造业 | 2978 | 36411.52 | 1737.94 | 27096.29 |
| 汽车整车制造 | 114 | 21730.42 | 269.55 | 14583.38 |
| 改装汽车制造 | 26 | 112.25 | 7.01 | 122.40 |
| 电车制造 | 3 | 14.25 | | 3.75 |
| 汽车车身、挂车制造 | 20 | 215.99 | 32.40 | 163.18 |
| 汽车零部件及配件制造 | 2814 | 14332.00 | 1428.98 | 12208.37 |
| 铁路、船舶、航空航天和其他运输设备制造业 | 610 | 2979.24 | 1027.36 | 3705.75 |
| 铁路运输设备制造 | 73 | 286.83 | 34.37 | 322.87 |
| 城市轨道交通设备制造 | 7 | 51.69 | 1.92 | 68.36 |
| 船舶及相关装置制造 | 147 | 1176.74 | 566.53 | 1525.08 |
| 航空、航天器及设备制造 | 54 | 521.90 | 88.30 | 1020.92 |
| 摩托车制造 | 104 | 442.07 | 125.73 | 406.03 |
| 自行车制造 | 170 | 318.72 | 158.86 | 267.20 |
| 非公路休闲车及零配件制造 | 34 | 125.17 | 16.35 | 64.33 |
| 潜水救捞及其他未列明运输设备制造 | 21 | 56.11 | 35.31 | 30.97 |
| 电气机械和器材制造业 | 3676 | 17182.63 | 5519.66 | 13802.69 |

单位：亿元

| 固定资产合计 | 固定资产原价 | 累计折旧 | 流动资产合计 | 应收账款 | 存货 | 产成品 |
|---|---|---|---|---|---|---|
| 225.75 | 390.89 | 188.43 | 554.15 | 177.39 | 129.99 | 45.91 |
| 177.96 | 310.99 | 138.48 | 264.56 | 90.17 | 68.67 | 26.03 |
| 264.34 | 460.56 | 209.60 | 533.16 | 162.24 | 126.81 | 53.62 |
| 139.84 | 302.52 | 165.45 | 220.38 | 84.91 | 47.03 | 19.68 |
| 137.38 | 247.61 | 121.40 | 362.94 | 119.70 | 91.73 | 31.94 |
| 93.26 | 213.98 | 119.82 | 227.02 | 72.15 | 39.10 | 17.33 |
| 11.48 | 25.38 | 14.94 | 34.74 | 11.58 | 6.08 | 2.28 |
| 112.70 | 1071.97 | 966.22 | 267.74 | 77.27 | 75.04 | 24.26 |
| 306.31 | 547.90 | 250.85 | 550.91 | 192.63 | 128.66 | 47.38 |
| 2280.35 | 4436.22 | 2198.81 | 7555.44 | 2410.71 | 1792.42 | 573.08 |
| 236.11 | 475.55 | 236.88 | 1054.64 | 314.04 | 233.99 | 62.42 |
| 167.41 | 299.46 | 128.42 | 523.39 | 144.78 | 151.94 | 42.29 |
| 403.70 | 687.20 | 287.65 | 1812.13 | 483.07 | 463.13 | 113.14 |
| 444.93 | 963.89 | 534.38 | 1363.11 | 450.45 | 323.20 | 122.88 |
| 352.76 | 629.28 | 282.03 | 495.15 | 179.10 | 131.32 | 47.12 |
| 302.58 | 570.60 | 282.28 | 1171.36 | 409.05 | 227.24 | 82.59 |
| 110.19 | 319.10 | 213.27 | 534.46 | 231.70 | 108.63 | 39.73 |
| 215.91 | 399.71 | 188.45 | 489.47 | 164.29 | 121.94 | 54.10 |
| 46.75 | 91.42 | 45.46 | 111.74 | 34.23 | 31.02 | 8.80 |
| 1413.60 | 2728.71 | 1343.81 | 4683.48 | 1459.17 | 1219.54 | 332.54 |
| 503.75 | 974.26 | 473.52 | 1590.45 | 499.96 | 459.07 | 104.49 |
| 327.33 | 681.83 | 356.10 | 1054.67 | 318.38 | 269.65 | 75.41 |
| 19.34 | 39.04 | 20.14 | 65.81 | 19.23 | 17.85 | 5.20 |
| 84.82 | 175.45 | 91.71 | 203.88 | 59.21 | 57.78 | 16.63 |
| 79.41 | 157.05 | 82.13 | 278.88 | 63.33 | 68.79 | 23.47 |
| 55.14 | 106.47 | 51.18 | 215.23 | 88.55 | 50.89 | 15.25 |
| 66.95 | 114.09 | 51.96 | 185.59 | 61.36 | 68.27 | 33.63 |
| 158.55 | 279.75 | 129.00 | 470.21 | 135.08 | 90.19 | 28.59 |
| 118.30 | 200.77 | 88.08 | 618.77 | 214.05 | 137.06 | 29.86 |
| 7025.68 | 12308.71 | 5536.91 | 16395.53 | 5508.70 | 2457.08 | 1000.51 |
| 3800.98 | 6630.14 | 2954.68 | 8412.45 | 2088.17 | 1070.02 | 427.96 |
| 24.50 | 48.04 | 16.80 | 83.30 | 30.50 | 18.61 | 5.83 |
| 0.82 | 0.97 | 0.24 | 2.19 | 0.03 | 0.35 | 0.01 |
| 18.34 | 27.52 | 11.86 | 106.08 | 25.11 | 23.66 | 5.58 |
| 3177.00 | 5594.34 | 2549.67 | 7781.67 | 3360.87 | 1341.72 | 559.16 |
| 1347.57 | 1609.47 | 918.55 | 1986.16 | 429.62 | 488.80 | 92.50 |
| 33.94 | 69.34 | 35.58 | 265.22 | 109.76 | 61.96 | 16.61 |
| 5.99 | 13.30 | 4.85 | 57.58 | 19.09 | 13.32 | 4.16 |
| 392.46 | 719.45 | 333.48 | 901.77 | 120.34 | 299.63 | 29.07 |
| 730.18 | 414.22 | 322.60 | 262.05 | 52.89 | 25.82 | 4.97 |
| 68.55 | 179.34 | 117.48 | 294.04 | 56.39 | 31.48 | 16.66 |
| 74.31 | 123.72 | 55.89 | 161.66 | 53.93 | 47.20 | 17.78 |
| 34.20 | 76.50 | 42.31 | 26.98 | 11.01 | 5.50 | 2.53 |
| 7.94 | 13.60 | 6.37 | 16.85 | 6.21 | 3.88 | 0.72 |
| 2738.51 | 5698.12 | 3041.16 | 9301.89 | 3547.97 | 1512.31 | 593.64 |

2-4 续表 4

| 行业 | 企业单位数(个) | 工业销售产值(当年价格) | 出口交货值 | 资产总计 |
|---|---|---|---|---|
| 电机制造 | 469 | 2373.63 | 689.07 | 1864.10 |
| 输配电及控制设备制造 | 1096 | 5469.65 | 1613.18 | 4394.59 |
| 电线、电缆、光缆及电工器材制造 | 659 | 2262.13 | 524.59 | 1719.34 |
| 电池制造 | 241 | 1378.61 | 482.67 | 1956.88 |
| 家用电力器具制造 | 588 | 4075.84 | 1686.10 | 2586.14 |
| 非电力家用器具制造 | 51 | 188.31 | 28.44 | 239.48 |
| 照明器具制造 | 498 | 1278.40 | 459.69 | 935.25 |
| 其他电气机械及器材制造 | 74 | 156.08 | 35.93 | 106.90 |
| 计算机、通信和其他电子设备制造业 | 4806 | 55796.94 | 37226.54 | 39041.32 |
| 计算机制造 | 571 | 14556.53 | 10762.37 | 7326.68 |
| 通信设备制造 | 362 | 12750.96 | 9482.23 | 9994.35 |
| 广播电视设备制造 | 148 | 640.18 | 343.52 | 433.60 |
| 雷达及配套设备制造 | 4 | 31.95 | 7.56 | 37.19 |
| 视听设备制造 | 365 | 4885.23 | 2680.50 | 2416.53 |
| 电子器件制造 | 962 | 10268.78 | 7567.68 | 10300.26 |
| 电子元件制造 | 2046 | 9503.32 | 5129.03 | 6733.40 |
| 其他电子设备制造 | 348 | 3160.00 | 1253.64 | 1799.30 |
| 仪器仪表制造业 | 910 | 2561.97 | 947.13 | 2121.12 |
| 通用仪器仪表制造 | 414 | 1117.97 | 283.55 | 1023.98 |
| 专用仪器仪表制造 | 136 | 624.47 | 165.84 | 418.55 |
| 钟表与计时仪器制造 | 141 | 304.63 | 206.65 | 188.70 |
| 光学仪器及眼镜制造 | 195 | 474.63 | 277.93 | 460.86 |
| 其他仪器仪表制造业 | 24 | 40.27 | 13.17 | 29.03 |
| 其他制造业 | 368 | 581.80 | 228.74 | 443.57 |
| 日用杂品制造 | 283 | 470.07 | 188.76 | 334.40 |
| 煤制品制造 | 4 | 16.54 | | 13.27 |
| 废弃资源综合利用业 | 118 | 382.96 | 2.82 | 232.02 |
| 金属废料和碎屑加工处理 | 80 | 339.80 | 0.53 | 165.46 |
| 非金属废料和碎屑加工处理 | 38 | 43.17 | 2.30 | 66.56 |
| 金属制品、机械和设备修理业 | 66 | 592.62 | 407.67 | 1060.17 |
| 金属制品修理 | 6 | 4.03 | 0.35 | 6.42 |
| 通用设备修理 | 3 | 1.04 | | 3.38 |
| 专用设备修理 | 6 | 16.20 | 9.72 | 16.07 |
| 铁路、船舶、航空航天等运输设备修理 | 44 | 567.12 | 396.64 | 1030.30 |
| 其他机械和设备修理业 | 5 | 3.91 | 0.95 | 3.19 |
| **电力、热力、燃气及水生产和供应业** | **1121** | **5114.71** | **144.60** | **11719.71** |
| 电力、热力生产和供应业 | 566 | 2663.78 | 57.07 | 7329.10 |
| 电力生产 | 513 | 2549.40 | 57.01 | 7079.09 |
| 电力供应 | 5 | 22.85 | | 23.78 |
| 热力生产和供应 | 48 | 91.53 | 0.07 | 226.23 |
| 燃气生产和供应业 | 367 | 2123.63 | 49.33 | 2837.80 |
| 水的生产和供应业 | 188 | 327.29 | 38.20 | 1552.81 |
| 自来水生产和供应 | 102 | 178.14 | | 773.73 |
| 污水处理及其再生利用 | 83 | 94.43 | 0.06 | 546.64 |
| 其他水的处理、利用与分配 | 3 | 54.73 | 38.14 | 232.44 |

单位：亿元

| 固定资产合计 | 固定资产原价 | 累计折旧 | 流动资产合计 | 应收账款 | 存货 | 产成品 |
|---|---|---|---|---|---|---|
| 361.47 | 801.29 | 453.01 | 1269.93 | 489.82 | 217.62 | 82.84 |
| 940.92 | 1871.78 | 940.23 | 2968.30 | 1330.38 | 450.19 | 171.35 |
| 318.77 | 757.31 | 451.24 | 1160.93 | 544.91 | 207.31 | 83.30 |
| 341.46 | 593.41 | 251.80 | 1223.87 | 354.43 | 170.17 | 56.19 |
| 504.94 | 1169.76 | 697.05 | 1819.60 | 506.31 | 288.78 | 140.66 |
| 18.71 | 32.88 | 14.73 | 160.70 | 68.84 | 19.54 | 6.35 |
| 223.90 | 418.87 | 207.04 | 629.42 | 230.98 | 139.34 | 45.97 |
| 28.33 | 52.82 | 26.06 | 69.14 | 22.30 | 19.37 | 7.00 |
| 8962.82 | 22467.00 | 13666.07 | 27069.31 | 12106.00 | 4411.11 | 1503.48 |
| 1525.29 | 3404.61 | 1960.45 | 5520.03 | 2997.80 | 798.54 | 222.84 |
| 900.05 | 1999.33 | 1122.32 | 8447.89 | 3609.26 | 1220.07 | 460.23 |
| 83.39 | 239.82 | 156.84 | 306.69 | 127.92 | 57.84 | 19.38 |
| 7.58 | 9.07 | 1.50 | 21.85 | 3.30 | 4.16 | 1.96 |
| 331.33 | 760.34 | 441.61 | 1886.62 | 762.24 | 400.54 | 154.51 |
| 3788.06 | 7970.01 | 4171.38 | 5314.39 | 2074.75 | 923.28 | 299.12 |
| 2002.35 | 4621.72 | 2665.85 | 4275.66 | 1994.04 | 785.10 | 266.77 |
| 324.75 | 3462.09 | 3146.12 | 1296.18 | 536.69 | 221.57 | 78.67 |
| 395.87 | 853.46 | 469.61 | 1486.59 | 551.62 | 324.32 | 103.46 |
| 160.99 | 329.73 | 172.70 | 746.78 | 261.09 | 145.56 | 37.29 |
| 82.60 | 189.67 | 110.33 | 313.50 | 128.17 | 59.20 | 23.43 |
| 44.41 | 77.88 | 36.90 | 127.06 | 39.09 | 49.84 | 16.69 |
| 102.43 | 243.84 | 142.78 | 281.44 | 118.77 | 65.04 | 24.88 |
| 5.45 | 12.35 | 6.90 | 17.82 | 4.50 | 4.68 | 1.17 |
| 115.84 | 224.41 | 111.28 | 268.33 | 75.48 | 67.43 | 24.29 |
| 83.66 | 171.50 | 89.12 | 203.78 | 53.90 | 53.90 | 18.85 |
| 6.65 | 7.89 | 1.35 | 6.60 | 0.90 | 0.25 | 0.05 |
| 74.49 | 115.85 | 45.59 | 127.32 | 26.04 | 30.21 | 13.21 |
| 47.28 | 68.45 | 25.11 | 99.67 | 18.85 | 26.44 | 11.57 |
| 27.21 | 47.40 | 20.48 | 27.65 | 7.20 | 3.77 | 1.64 |
| 344.74 | 483.02 | 180.01 | 651.16 | 389.54 | 82.16 | 5.43 |
| 3.23 | 4.71 | 1.52 | 2.79 | 0.95 | 0.19 | 0.05 |
| 0.35 | 0.70 | 0.45 | 2.17 | 0.85 | 0.36 | 0.10 |
| 3.27 | 6.00 | 2.85 | 12.39 | 5.24 | 4.53 | 1.28 |
| 337.21 | 470.33 | 174.58 | 630.96 | 381.75 | 76.69 | 3.80 |
| 0.56 | 1.09 | 0.52 | 2.34 | 0.64 | 0.25 | 0.05 |
| **6135.27** | **10850.04** | **4858.95** | **3242.01** | **548.75** | **223.29** | **48.57** |
| 4448.05 | 8418.02 | 4060.57 | 1812.03 | 331.28 | 146.03 | 32.78 |
| 4329.78 | 8219.86 | 3978.37 | 1710.79 | 319.24 | 141.12 | 32.50 |
| 5.97 | 11.57 | 5.61 | 15.02 | 0.63 | 0.01 | |
| 112.30 | 186.59 | 76.59 | 86.22 | 11.41 | 4.89 | 0.28 |
| 1136.79 | 1552.80 | 434.44 | 942.60 | 156.48 | 64.03 | 15.03 |
| 550.43 | 879.22 | 363.94 | 487.39 | 60.98 | 13.23 | 0.76 |
| 450.60 | 722.59 | 306.43 | 200.48 | 31.49 | 9.90 | 0.34 |
| 89.60 | 139.85 | 50.96 | 184.38 | 26.74 | 2.78 | 0.42 |
| 10.23 | 16.78 | 6.55 | 102.53 | 2.75 | 0.54 | |

2-4 续表 5

| 行　　业 | 负债合计 | 流动负债合　　计 | 应付账款 | 所 有 者权益合计 | 实收资本 |
|---|---|---|---|---|---|
| **总　　计** | **114911.32** | **96710.73** | **37153.57** | **97296.67** | **52310.55** |
| **采矿业** | **1940.51** | **1160.68** | **204.65** | **1144.53** | **345.27** |
| 煤炭开采和洗选业 | 825.93 | 349.23 | 71.00 | 553.06 | 142.52 |
| 烟煤和无烟煤开采洗选 | 765.69 | 343.59 | 68.51 | 527.72 | 134.44 |
| 褐煤开采洗选 | 8.11 | 5.64 | 2.49 | 14.64 | 5.08 |
| 石油和天然气开采业 | 698.94 | 465.83 | 73.52 | 134.56 | 77.74 |
| 石油开采 | 305.70 | 197.54 | 36.97 | 99.13 | 64.75 |
| 天然气开采 | 393.24 | 268.29 | 36.55 | 35.44 | 12.99 |
| 黑色金属矿采选业 | 147.25 | 126.11 | 27.22 | 198.22 | 28.44 |
| 铁矿采选 | 91.38 | 73.06 | 17.10 | 83.30 | 26.58 |
| 锰矿、铬矿采选 | 22.29 | 19.64 | 7.35 | 25.41 | 0.28 |
| 有色金属矿采选业 | 118.60 | 100.97 | 12.68 | 89.82 | 35.04 |
| 常用有色金属矿采选 | 79.12 | 70.26 | 10.36 | 66.02 | 28.84 |
| 贵金属矿采选 | 39.04 | 30.27 | 1.94 | 22.67 | 5.23 |
| 非金属矿采选业 | 100.28 | 73.17 | 11.90 | 69.89 | 44.27 |
| 土砂石开采 | 20.78 | 15.54 | 2.58 | 26.32 | 18.26 |
| 化学矿开采 | 45.53 | 29.30 | 7.04 | 22.74 | 14.38 |
| 石棉及其他非金属矿采选 | 11.33 | 9.82 | 1.02 | 9.26 | 6.45 |
| 开采辅助活动 | 49.51 | 45.37 | 8.33 | 98.97 | 17.26 |
| 石油和天然气开采辅助活动 | 46.36 | 42.55 | 7.12 | 97.75 | 15.71 |
| **制造业** | **106680.80** | **91647.26** | **36309.05** | **90729.38** | **48587.25** |
| 农副食品加工业 | 3123.90 | 2629.05 | 570.57 | 2525.71 | 1267.81 |
| 谷物磨制 | 221.70 | 184.16 | 21.88 | 128.90 | 92.25 |
| 饲料加工 | 360.20 | 332.04 | 101.91 | 339.84 | 158.14 |
| 植物油加工 | 1013.89 | 886.25 | 185.08 | 567.67 | 261.63 |
| 制糖业 | 112.50 | 95.93 | 16.74 | 48.46 | 22.98 |
| 屠宰及肉类加工 | 428.72 | 370.60 | 83.55 | 593.41 | 298.47 |
| 水产品加工 | 360.34 | 260.83 | 57.24 | 406.95 | 153.49 |
| 蔬菜、水果和坚果加工 | 222.10 | 193.86 | 48.01 | 290.93 | 115.74 |
| 其他农副食品加工 | 404.45 | 305.38 | 56.17 | 149.55 | 165.12 |
| 食品制造业 | 2225.54 | 1986.42 | 586.05 | 2465.08 | 1156.50 |
| 焙烤食品制造 | 264.49 | 239.00 | 84.94 | 383.50 | 202.63 |
| 糖果、巧克力及蜜饯制造 | 194.05 | 186.87 | 79.91 | 273.77 | 106.76 |
| 方便食品制造 | 452.19 | 396.75 | 105.11 | 429.50 | 214.84 |
| 乳制品制造 | 496.07 | 433.83 | 142.13 | 492.23 | 226.59 |
| 罐头食品制造 | 97.85 | 79.96 | 22.67 | 82.01 | 42.23 |
| 调味品、发酵制品制造 | 208.18 | 183.96 | 64.25 | 300.00 | 124.04 |
| 其他食品制造 | 512.72 | 466.05 | 87.04 | 504.07 | 239.40 |
| 酒、饮料和精制茶制造业 | 1999.06 | 1840.34 | 512.20 | 1922.96 | 1189.03 |
| 酒的制造 | 710.24 | 659.86 | 170.62 | 698.41 | 434.38 |
| 饮料制造 | 1272.61 | 1168.39 | 337.66 | 1190.53 | 740.07 |
| 精制茶加工 | 16.20 | 12.10 | 3.92 | 34.01 | 14.58 |
| 烟草制品业 | 11.48 | 2.71 | 0.72 | 8.19 | 6.76 |
| 纺织业 | 2157.65 | 1826.44 | 454.35 | 2249.87 | 1371.86 |
| 棉纺织及印染精加工 | 1223.05 | 1020.96 | 251.74 | 1304.43 | 767.96 |
| 毛纺织及染整精加工 | 133.47 | 106.54 | 38.10 | 102.29 | 59.37 |

单位：亿元

| | | | | | | 主营业务收入 | 主营业务成本 |
|---|---|---|---|---|---|---|---|
| 国家资本 | 集体资本 | 法人资本 | 个人资本 | 港澳台资本 | 外商资本 | | |
| **3083.07** | **408.69** | **11023.03** | **2177.71** | **12677.06** | **22939.93** | **250392.99** | **211127.92** |
| **36.10** | **3.73** | **153.24** | **12.68** | **55.38** | **84.14** | **1439.27** | **1046.11** |
| 27.63 | 3.48 | 56.56 | 4.08 | 17.42 | 33.35 | 447.28 | 299.61 |
| 27.63 | 0.48 | 53.96 | 3.36 | 17.42 | 31.59 | 424.65 | 283.79 |
| | | 2.60 | 0.72 | | 1.75 | 13.68 | 8.53 |
| 5.15 | | 61.21 | | 1.03 | 10.34 | 415.29 | 275.63 |
| 3.10 | | 60.61 | | 1.03 | | 259.85 | 157.42 |
| 2.05 | | 0.60 | | | 10.34 | 155.45 | 118.20 |
| 0.08 | | 13.46 | 1.49 | 2.96 | 10.46 | 270.67 | 234.21 |
| 0.08 | | 11.92 | 1.46 | 2.66 | 10.46 | 154.67 | 139.64 |
| | | 0.15 | 0.03 | 0.11 | | 33.48 | 30.36 |
| 2.65 | 0.14 | 9.49 | 2.65 | 12.17 | 7.94 | 86.46 | 64.87 |
| 2.08 | 0.14 | 8.95 | 2.29 | 9.61 | 5.78 | 64.53 | 48.65 |
| 0.02 | | 0.54 | 0.18 | 2.56 | 1.92 | 21.25 | 15.35 |
| 0.40 | 0.11 | 12.33 | 3.72 | 9.36 | 18.35 | 109.23 | 82.88 |
| | 0.08 | 5.02 | 0.37 | 5.96 | 6.84 | 37.00 | 28.11 |
| 0.10 | | 6.59 | 1.05 | 0.11 | 6.53 | 23.14 | 18.65 |
| 0.30 | 0.03 | 0.72 | 2.30 | 1.18 | 1.93 | 36.44 | 26.71 |
| 0.19 | | 0.19 | 0.74 | 12.44 | 3.69 | 110.34 | 88.91 |
| 0.19 | | 0.19 | 0.74 | 10.90 | 3.69 | 106.74 | 86.06 |
| **2156.32** | **364.56** | **9994.45** | **2125.85** | **11749.90** | **22195.09** | **243875.72** | **206123.21** |
| 73.28 | 21.26 | 291.63 | 64.95 | 242.71 | 573.98 | 9975.06 | 8890.14 |
| 12.85 | 0.20 | 17.13 | 4.94 | 27.31 | 29.82 | 611.96 | 565.44 |
| 1.17 | 1.74 | 42.99 | 10.10 | 21.49 | 80.65 | 1575.00 | 1382.29 |
| 38.86 | 0.69 | 36.07 | 10.12 | 24.69 | 151.20 | 2989.52 | 2699.39 |
| 4.24 | | 8.96 | 0.40 | 1.75 | 7.64 | 164.92 | 121.87 |
| 12.98 | 5.16 | 62.79 | 6.25 | 96.16 | 115.13 | 1856.22 | 1666.61 |
| 1.92 | 3.21 | 73.29 | 13.87 | 22.49 | 38.71 | 1256.47 | 1123.92 |
| 0.26 | 3.11 | 26.07 | 13.69 | 27.82 | 41.80 | 887.53 | 769.06 |
| 0.99 | 7.16 | 24.33 | 5.59 | 21.00 | 106.04 | 633.45 | 561.55 |
| 23.24 | 11.77 | 232.71 | 46.87 | 292.02 | 549.88 | 5966.84 | 4305.15 |
| 0.42 | 0.46 | 23.83 | 6.33 | 92.03 | 79.56 | 832.96 | 611.49 |
| 0.06 | 0.71 | 14.71 | 1.51 | 24.87 | 64.89 | 595.06 | 393.87 |
| 1.08 | 4.18 | 55.66 | 13.31 | 83.23 | 57.38 | 1136.32 | 896.21 |
| 11.34 | 0.79 | 67.73 | 4.33 | 34.44 | 107.97 | 1254.54 | 951.92 |
| 0.97 | 1.27 | 17.28 | 2.47 | 11.89 | 8.34 | 285.10 | 242.94 |
| 1.33 | 0.92 | 18.01 | 8.16 | 19.20 | 76.42 | 622.50 | 451.18 |
| 8.05 | 3.43 | 35.49 | 10.77 | 26.36 | 155.31 | 1240.37 | 757.53 |
| 39.36 | 22.57 | 240.58 | 57.47 | 247.38 | 581.68 | 4030.23 | 2937.57 |
| 31.52 | 12.85 | 49.67 | 14.50 | 73.64 | 252.19 | 1098.35 | 764.10 |
| 6.98 | 9.71 | 188.81 | 42.32 | 165.89 | 326.38 | 2853.25 | 2110.32 |
| 0.86 | | 2.10 | 0.66 | 7.84 | 3.12 | 78.63 | 63.16 |
| 1.71 | | 2.30 | 0.36 | 0.14 | 2.24 | 7.16 | 4.03 |
| 6.09 | 14.68 | 273.73 | 93.17 | 582.88 | 401.31 | 5650.27 | 4933.93 |
| 3.15 | 13.38 | 150.47 | 58.46 | 342.41 | 200.09 | 3172.07 | 2784.73 |
| 0.48 | 0.27 | 16.39 | 1.47 | 25.37 | 15.39 | 278.75 | 251.04 |

2-4 续表 6

| 行　　业 | 负债合计 | 流动负债合计 | 应付账款 | 所有者权益合计 | 实收资本 |
|---|---|---|---|---|---|
| 麻纺织及染整精加工 | 24.04 | 20.40 | 4.65 | 30.66 | 19.32 |
| 丝绢纺织及印染精加工 | 37.96 | 34.40 | 7.41 | 47.36 | 24.81 |
| 化纤织造及印染精加工 | 150.69 | 142.32 | 18.76 | 105.52 | 89.94 |
| 针织或钩针编织物及其制品制造 | 207.47 | 189.94 | 41.81 | 203.78 | 133.09 |
| 家用纺织制成品制造 | 165.59 | 139.32 | 43.72 | 178.76 | 92.70 |
| 非家用纺织制成品制造 | 215.37 | 172.55 | 48.15 | 277.08 | 184.66 |
| 纺织服装、服饰业 | 1648.55 | 1421.96 | 486.48 | 2181.06 | 917.80 |
| 机织服装制造 | 1171.18 | 994.00 | 349.26 | 1658.61 | 661.06 |
| 针织或钩针编织服装制造 | 370.89 | 332.61 | 112.88 | 408.13 | 197.50 |
| 服饰制造 | 106.49 | 95.35 | 24.33 | 114.31 | 59.24 |
| 皮革、毛皮、羽毛及其制品和制鞋业 | 1232.78 | 1074.20 | 331.08 | 1336.46 | 594.61 |
| 皮革鞣制加工 | 119.82 | 112.94 | 30.55 | 98.13 | 45.57 |
| 皮革制品制造 | 264.47 | 238.14 | 81.02 | 246.08 | 110.26 |
| 毛皮鞣制及制品加工 | 43.01 | 34.08 | 12.58 | 30.84 | 18.16 |
| 羽毛(绒)加工及制品制造 | 53.28 | 51.25 | 8.42 | 38.42 | 16.11 |
| 制鞋业 | 752.19 | 637.78 | 198.50 | 923.00 | 404.49 |
| 木材加工和木、竹、藤、棕、草制品业 | 278.06 | 227.50 | 56.22 | 351.21 | 186.29 |
| 木材加工 | 27.68 | 19.39 | 3.65 | 43.31 | 33.25 |
| 人造板制造 | 115.03 | 86.45 | 24.30 | 142.23 | 74.36 |
| 木制品制造 | 110.70 | 102.18 | 25.05 | 135.88 | 62.99 |
| 竹、藤、棕、草等制品制造 | 24.64 | 19.48 | 3.22 | 29.80 | 15.69 |
| 家具制造业 | 741.36 | 688.46 | 231.98 | 631.93 | 350.09 |
| 木质家具制造 | 359.91 | 322.69 | 84.58 | 310.66 | 183.61 |
| 竹、藤家具制造 | 23.56 | 23.33 | 1.51 | 15.87 | 9.50 |
| 金属家具制造 | 227.46 | 218.86 | 95.19 | 166.50 | 93.40 |
| 塑料家具制造 | 9.05 | 7.11 | 3.63 | 12.77 | 8.30 |
| 其他家具制造 | 121.37 | 116.47 | 47.07 | 126.14 | 55.28 |
| 造纸和纸制品业 | 2864.94 | 2163.78 | 495.58 | 2522.40 | 1896.09 |
| 纸浆制造 | 12.82 | 10.06 | 2.69 | 16.87 | 10.28 |
| 造纸 | 2179.26 | 1574.22 | 291.51 | 1819.92 | 1461.98 |
| 纸制品制造 | 672.86 | 579.50 | 201.39 | 685.61 | 423.83 |
| 印刷和记录媒介复制业 | 500.20 | 447.55 | 165.99 | 763.64 | 419.65 |
| 印刷 | 485.01 | 434.49 | 162.07 | 731.50 | 393.88 |
| 装订及印刷相关服务 | 7.09 | 6.68 | 2.49 | 14.53 | 11.73 |
| 记录媒介复制 | 8.10 | 6.38 | 1.43 | 17.60 | 14.04 |
| 文教、工美、体育和娱乐用品制造业 | 1218.04 | 1013.95 | 336.17 | 1306.96 | 665.56 |
| 文教办公用品制造 | 71.66 | 68.18 | 22.96 | 81.64 | 50.14 |
| 乐器制造 | 34.06 | 26.79 | 10.97 | 49.16 | 28.95 |
| 工艺美术品制造 | 598.87 | 476.65 | 107.31 | 625.97 | 251.47 |
| 体育用品制造 | 157.90 | 139.48 | 67.46 | 204.78 | 118.45 |
| 玩具制造 | 312.07 | 264.71 | 113.88 | 307.07 | 193.00 |
| 游艺器材及娱乐用品制造 | 43.47 | 38.15 | 13.59 | 38.34 | 23.54 |
| 石油加工、炼焦和核燃料加工业 | 1674.13 | 1090.18 | 343.84 | 1089.42 | 700.48 |
| 精炼石油产品制造 | 1004.06 | 637.48 | 203.06 | 797.44 | 497.36 |
| 炼焦 | 670.07 | 452.70 | 140.78 | 291.98 | 203.13 |
| 化学原料和化学制品制造业 | 8368.26 | 6657.78 | 1830.99 | 8048.22 | 5213.28 |

单位：亿元

| | | | | | | 主营业务收　入 | 主营业务成　本 |
|---|---|---|---|---|---|---|---|
| 国家资本 | 集体资本 | 法人资本 | 个人资本 | 港澳台资本 | 外商资本 | | |
| | | 10.21 | 0.99 | 7.74 | 0.39 | 72.59 | 64.43 |
| | 0.07 | 3.29 | 1.57 | 11.71 | 8.16 | 83.72 | 73.29 |
| 2.15 | 0.21 | 20.59 | 6.70 | 38.69 | 21.61 | 209.13 | 183.84 |
| | 0.06 | 24.71 | 9.04 | 73.42 | 25.85 | 639.51 | 560.97 |
| 0.01 | 0.66 | 19.30 | 6.66 | 31.18 | 34.89 | 583.20 | 502.67 |
| 0.30 | 0.02 | 28.77 | 8.28 | 52.35 | 94.94 | 611.31 | 512.96 |
| 2.02 | 2.72 | 182.11 | 86.28 | 410.80 | 233.87 | 6252.98 | 5311.25 |
| 1.41 | 2.21 | 137.22 | 69.75 | 289.50 | 160.96 | 4662.36 | 3924.02 |
| 0.11 | 0.51 | 34.11 | 9.61 | 101.87 | 51.29 | 1229.14 | 1067.79 |
| 0.50 | | 10.78 | 6.92 | 19.42 | 21.62 | 361.48 | 319.44 |
| 1.56 | 4.12 | 107.84 | 42.47 | 245.58 | 193.04 | 4821.97 | 4103.46 |
| 0.24 | | 13.03 | 6.43 | 8.80 | 17.08 | 371.79 | 328.70 |
| 0.29 | 1.32 | 17.97 | 10.66 | 43.43 | 36.59 | 1069.31 | 921.76 |
| | | 8.51 | 1.01 | 6.31 | 2.33 | 165.36 | 146.44 |
| | | 2.57 | 2.08 | 7.05 | 4.41 | 162.44 | 143.48 |
| 1.03 | 2.80 | 65.75 | 22.29 | 179.99 | 132.64 | 3053.06 | 2563.08 |
| 1.27 | 1.80 | 43.95 | 19.81 | 68.63 | 50.83 | 1015.22 | 876.41 |
| | 0.02 | 5.31 | 0.66 | 22.54 | 4.73 | 72.20 | 60.54 |
| 0.88 | 0.58 | 22.97 | 4.74 | 34.08 | 11.10 | 401.90 | 354.27 |
| 0.39 | 1.12 | 10.26 | 7.31 | 9.99 | 33.91 | 429.80 | 362.29 |
| | 0.08 | 5.41 | 7.10 | 2.01 | 1.09 | 111.33 | 99.31 |
| 3.15 | 3.43 | 66.77 | 22.60 | 135.32 | 118.83 | 1846.54 | 1561.90 |
| 0.44 | 1.68 | 34.34 | 19.48 | 76.88 | 50.80 | 891.28 | 761.95 |
| | 0.08 | 7.60 | 0.20 | 0.80 | 0.81 | 29.45 | 24.75 |
| 2.71 | 1.65 | 10.99 | 2.31 | 32.33 | 43.42 | 520.59 | 442.10 |
| | | 1.88 | | 4.32 | 2.10 | 37.86 | 32.59 |
| | 0.02 | 11.96 | 0.61 | 20.99 | 21.71 | 367.37 | 300.51 |
| 56.49 | 16.62 | 498.09 | 55.29 | 413.62 | 855.97 | 3642.41 | 3035.37 |
| | | 7.46 | | 1.70 | 1.12 | 16.54 | 12.81 |
| 55.35 | 13.76 | 413.74 | 48.14 | 240.38 | 690.62 | 2264.12 | 1944.84 |
| 1.14 | 2.87 | 76.89 | 7.15 | 171.54 | 164.24 | 1361.76 | 1077.72 |
| 9.74 | 5.77 | 85.83 | 23.97 | 162.48 | 131.87 | 1279.03 | 1048.24 |
| 9.38 | 4.09 | 80.45 | 23.12 | 150.44 | 126.40 | 1229.29 | 1006.66 |
| 0.33 | | 3.12 | 0.85 | 4.58 | 2.85 | 19.25 | 15.64 |
| 0.03 | 1.67 | 2.26 | | 7.46 | 2.62 | 30.49 | 25.94 |
| 2.16 | 1.89 | 120.04 | 47.21 | 265.59 | 228.68 | 4749.89 | 4186.52 |
| 0.07 | 0.04 | 9.84 | 2.77 | 20.39 | 17.04 | 210.89 | 176.44 |
| 0.43 | 0.03 | 2.27 | 0.65 | 2.99 | 22.58 | 142.01 | 120.49 |
| 1.36 | 1.31 | 58.93 | 28.37 | 92.07 | 69.42 | 2580.61 | 2314.78 |
| 0.09 | 0.01 | 13.48 | 5.12 | 51.56 | 48.18 | 587.69 | 511.77 |
| 0.18 | 0.49 | 32.03 | 8.97 | 91.26 | 60.06 | 1033.27 | 896.21 |
| 0.02 | | 3.48 | 1.33 | 7.32 | 11.39 | 195.43 | 166.82 |
| 88.75 | 11.82 | 260.94 | 45.00 | 128.80 | 165.19 | 3510.75 | 2555.99 |
| 85.60 | | 164.86 | 27.70 | 69.40 | 149.79 | 2751.68 | 1897.35 |
| 3.15 | 11.82 | 96.07 | 17.30 | 59.39 | 15.40 | 759.06 | 658.64 |
| 264.29 | 24.98 | 927.93 | 254.39 | 1295.94 | 2445.75 | 18339.72 | 15037.27 |

2-4 续表 7

| 行　业 | 负债合计 | 流动负债合　计 | 应付账款 | 所有者权益合计 | 实收资本 |
|---|---|---|---|---|---|
| 基础化学原料制造 | 2535.96 | 1901.80 | 415.29 | 2502.66 | 1809.42 |
| 肥料制造 | 371.14 | 236.39 | 59.67 | 237.80 | 117.60 |
| 农药制造 | 118.31 | 97.97 | 29.40 | 122.36 | 43.13 |
| 涂料、油墨、颜料及类似产品制造 | 719.69 | 636.17 | 251.88 | 796.62 | 343.16 |
| 合成材料制造 | 1630.58 | 1266.93 | 334.57 | 1433.65 | 1122.36 |
| 专用化学产品制造 | 2279.95 | 1839.53 | 515.08 | 2204.25 | 1422.23 |
| 炸药、火工及焰火产品制造 | 5.58 | 4.20 | 0.70 | 15.46 | 3.34 |
| 日用化学产品制造 | 707.03 | 674.80 | 224.41 | 735.42 | 352.03 |
| 医药制造业 | 2521.73 | 2177.04 | 561.00 | 3486.84 | 1294.34 |
| 化学药品原料药制造 | 315.99 | 262.79 | 71.65 | 428.24 | 205.58 |
| 化学药品制剂制造 | 1443.31 | 1285.43 | 379.96 | 1600.67 | 561.07 |
| 中药饮片加工 | 40.46 | 34.14 | 12.30 | 86.63 | 26.19 |
| 中成药生产 | 271.46 | 206.43 | 37.04 | 473.03 | 117.73 |
| 兽用药品制造 | 25.25 | 18.10 | 3.39 | 61.97 | 30.87 |
| 生物药品制造 | 336.20 | 294.19 | 35.50 | 658.63 | 286.30 |
| 卫生材料及医药用品制造 | 89.06 | 75.96 | 21.16 | 177.67 | 66.60 |
| 化学纤维制造业 | 1079.75 | 866.04 | 128.67 | 833.92 | 558.60 |
| 纤维素纤维原料及纤维制造 | 244.26 | 173.68 | 56.57 | 204.29 | 120.22 |
| 合成纤维制造 | 835.49 | 692.36 | 72.10 | 629.63 | 438.38 |
| 橡胶和塑料制品业 | 2855.91 | 2460.66 | 856.40 | 3233.76 | 1900.67 |
| 橡胶制品业 | 962.87 | 763.41 | 279.70 | 1151.45 | 684.50 |
| 塑料制品业 | 1893.04 | 1697.25 | 576.70 | 2082.30 | 1216.16 |
| 非金属矿物制品业 | 2971.20 | 2443.42 | 638.66 | 3351.42 | 1936.27 |
| 水泥、石灰和石膏制造 | 750.09 | 544.70 | 137.26 | 961.01 | 516.35 |
| 石膏、水泥制品及类似制品制造 | 375.47 | 353.58 | 108.24 | 295.34 | 166.51 |
| 砖瓦、石材等建筑材料制造 | 415.02 | 341.69 | 74.52 | 455.68 | 212.33 |
| 玻璃制造 | 424.10 | 354.04 | 60.57 | 450.83 | 274.81 |
| 玻璃制品制造 | 340.29 | 292.44 | 99.90 | 421.38 | 289.66 |
| 玻璃纤维和玻璃纤维增强塑料制品制造 | 187.79 | 148.82 | 34.53 | 169.67 | 120.42 |
| 陶瓷制品制造 | 230.75 | 191.91 | 59.89 | 326.49 | 175.70 |
| 耐火材料制品制造 | 100.55 | 86.27 | 32.91 | 104.33 | 70.85 |
| 石墨及其他非金属矿物制品制造 | 147.15 | 129.98 | 30.83 | 166.69 | 109.64 |
| 黑色金属冶炼和压延加工业 | 3189.10 | 2676.41 | 757.31 | 2436.06 | 1209.48 |
| 炼铁 | 225.32 | 222.96 | 34.12 | 21.40 | 44.20 |
| 炼钢 | 268.42 | 231.39 | 83.66 | 289.11 | 128.13 |
| 黑色金属铸造 | 110.40 | 87.91 | 27.30 | 206.64 | 117.24 |
| 钢压延加工 | 2272.75 | 1875.92 | 552.61 | 1698.33 | 778.27 |
| 铁合金冶炼 | 312.21 | 258.22 | 59.63 | 220.58 | 141.64 |
| 有色金属冶炼和压延加工业 | 3625.81 | 2958.43 | 561.53 | 2115.92 | 1049.59 |
| 常用有色金属冶炼 | 1593.16 | 1284.81 | 206.56 | 841.52 | 237.70 |
| 贵金属冶炼 | 84.61 | 77.16 | 10.54 | 78.18 | 16.60 |
| 稀有稀土金属冶炼 | 47.82 | 38.00 | 8.46 | 45.23 | 22.64 |
| 有色金属合金制造 | 186.02 | 146.39 | 45.39 | 210.44 | 145.17 |
| 有色金属铸造 | 36.51 | 33.66 | 17.47 | 34.89 | 18.66 |
| 有色金属压延加工 | 1677.69 | 1378.40 | 273.11 | 905.67 | 608.82 |
| 金属制品业 | 2311.39 | 2009.12 | 654.86 | 2641.13 | 1571.51 |

单位：亿元

| 国家资本 | 集体资本 | 法人资本 | 个人资本 | 港澳台资本 | 外商资本 | 主营业务收　入 | 主营业务成　本 |
|---|---|---|---|---|---|---|---|
| 162.64 | 7.06 | 362.74 | 130.36 | 378.90 | 767.72 | 5249.60 | 4538.81 |
| 20.26 | 1.12 | 39.22 | 14.95 | 24.06 | 18.01 | 437.72 | 398.44 |
| 0.14 | 2.28 | 8.28 | 6.17 | 6.17 | 20.09 | 321.11 | 269.16 |
| 2.11 | 2.17 | 49.83 | 10.05 | 107.15 | 171.85 | 1848.72 | 1418.07 |
| 12.97 | 2.76 | 223.33 | 24.87 | 267.14 | 591.30 | 3915.58 | 3442.65 |
| 61.42 | 8.87 | 205.38 | 53.22 | 400.16 | 693.17 | 4530.83 | 3812.97 |
| 0.11 |  | 0.54 | 0.79 | 0.30 | 1.60 | 53.41 | 41.60 |
| 4.64 | 0.72 | 38.60 | 13.99 | 112.06 | 182.01 | 1982.75 | 1115.58 |
| 44.57 | 6.58 | 294.73 | 95.09 | 346.36 | 507.00 | 5516.94 | 3380.68 |
| 1.35 | 0.29 | 28.63 | 16.01 | 47.47 | 111.83 | 627.73 | 463.57 |
| 37.35 | 2.59 | 127.69 | 18.62 | 130.29 | 244.53 | 3005.04 | 1627.76 |
| 0.98 |  | 13.69 | 0.41 | 7.16 | 3.96 | 109.46 | 70.39 |
| 2.65 | 1.18 | 43.33 | 18.02 | 29.71 | 22.83 | 663.50 | 413.41 |
| 1.73 | 0.24 | 8.34 | 5.42 | 8.20 | 6.93 | 71.43 | 48.71 |
| 0.06 | 2.05 | 65.70 | 31.29 | 108.75 | 78.45 | 674.45 | 460.00 |
| 0.45 | 0.23 | 7.35 | 5.33 | 14.77 | 38.47 | 365.32 | 296.85 |
| 34.65 | 5.87 | 158.63 | 27.94 | 208.53 | 122.97 | 1848.72 | 1604.04 |
| 29.96 | 4.40 | 12.17 | 2.24 | 38.53 | 32.91 | 361.99 | 273.21 |
| 4.69 | 1.47 | 146.46 | 25.70 | 170.00 | 90.06 | 1486.74 | 1330.83 |
| 36.70 | 30.22 | 327.06 | 56.87 | 539.09 | 910.73 | 6532.97 | 5458.16 |
| 26.90 | 11.60 | 119.85 | 13.44 | 108.27 | 404.43 | 1940.49 | 1576.32 |
| 9.80 | 18.62 | 207.21 | 43.42 | 430.82 | 506.30 | 4592.48 | 3881.85 |
| 86.51 | 17.67 | 427.34 | 120.34 | 587.41 | 696.75 | 5298.30 | 4391.54 |
| 47.88 | 8.19 | 80.49 | 13.63 | 203.19 | 162.96 | 921.37 | 745.57 |
| 3.20 | 0.98 | 32.16 | 10.03 | 51.78 | 68.36 | 661.64 | 563.95 |
| 3.96 | 3.34 | 59.35 | 20.36 | 54.95 | 70.12 | 1099.47 | 933.70 |
| 8.03 | 1.80 | 101.54 | 4.02 | 63.08 | 96.34 | 491.68 | 393.34 |
| 12.11 | 0.60 | 31.51 | 14.21 | 134.67 | 96.56 | 621.31 | 510.71 |
| 6.06 | 0.50 | 33.43 | 3.69 | 39.99 | 36.74 | 226.19 | 182.71 |
| 0.37 | 1.50 | 45.72 | 35.83 | 21.30 | 70.98 | 658.84 | 541.58 |
| 2.51 | 0.10 | 15.74 | 7.96 | 7.25 | 37.30 | 263.28 | 221.59 |
| 2.38 | 0.66 | 27.40 | 10.60 | 11.20 | 57.40 | 354.52 | 298.38 |
| 127.23 | 3.99 | 287.41 | 87.69 | 311.04 | 391.43 | 6538.84 | 5941.45 |
| 1.96 |  | 14.78 | 0.89 | 1.32 | 25.26 | 177.65 | 169.20 |
|  | 0.74 | 24.91 | 2.62 | 49.13 | 50.73 | 688.59 | 635.09 |
| 0.80 | 0.67 | 26.54 | 6.53 | 23.50 | 59.21 | 302.92 | 250.82 |
| 105.09 | 2.58 | 206.36 | 15.63 | 233.17 | 215.44 | 5133.62 | 4704.18 |
| 19.38 |  | 14.83 | 62.01 | 3.93 | 40.80 | 236.06 | 182.15 |
| 49.42 | 9.65 | 272.30 | 45.88 | 351.31 | 321.05 | 6034.08 | 5357.72 |
| 19.41 | 8.37 | 109.12 | 5.48 | 48.84 | 46.47 | 1959.57 | 1734.60 |
| 0.15 |  | 4.20 | 0.04 | 1.83 | 10.38 | 75.73 | 56.79 |
| 4.19 |  | 3.87 | 0.26 | 0.37 | 13.94 | 93.99 | 80.13 |
| 5.33 | 0.41 | 19.23 | 17.63 | 27.15 | 75.43 | 548.31 | 494.79 |
| 1.75 |  | 3.06 | 0.86 | 5.33 | 7.67 | 72.86 | 56.12 |
| 18.60 | 0.86 | 132.81 | 21.61 | 267.78 | 167.17 | 3283.62 | 2935.29 |
| 29.31 | 12.36 | 316.94 | 67.34 | 478.17 | 667.39 | 6202.82 | 5322.54 |

2-4 续表 8

| 行业 | 负债合计 | 流动负债合计 | 应付账款 | 所有者权益合计 | 实收资本 |
|---|---|---|---|---|---|
| 结构性金属制品制造 | 419.15 | 365.77 | 112.83 | 481.41 | 272.74 |
| 金属工具制造 | 220.68 | 162.69 | 56.73 | 257.01 | 135.58 |
| 集装箱及金属包装容器制造 | 455.79 | 394.42 | 108.52 | 453.12 | 282.05 |
| 金属丝绳及其制品制造 | 175.43 | 154.01 | 36.23 | 205.87 | 145.59 |
| 建筑、安全用金属制品制造 | 251.65 | 232.96 | 86.04 | 292.80 | 163.00 |
| 金属表面处理及热处理加工 | 178.20 | 166.08 | 67.76 | 170.94 | 106.09 |
| 搪瓷制品制造 | 31.98 | 30.15 | 8.62 | 25.67 | 17.79 |
| 金属制日用品制造 | 188.24 | 174.53 | 51.80 | 222.64 | 142.05 |
| 其他金属制品制造 | 390.27 | 328.50 | 126.33 | 531.66 | 306.62 |
| 通用设备制造业 | 5736.59 | 5109.57 | 1844.80 | 5372.46 | 2507.68 |
| 锅炉及原动设备制造 | 875.14 | 814.98 | 244.16 | 573.75 | 225.79 |
| 金属加工机械制造 | 361.23 | 315.22 | 118.89 | 411.54 | 211.29 |
| 物料搬运设备制造 | 1624.25 | 1486.47 | 392.17 | 906.93 | 388.64 |
| 泵、阀门、压缩机及类似机械制造 | 939.46 | 776.86 | 304.88 | 1120.80 | 528.14 |
| 轴承、齿轮和传动部件制造 | 418.25 | 360.34 | 142.29 | 500.46 | 352.73 |
| 烘炉、风机、衡器、包装等设备制造 | 792.30 | 708.87 | 326.06 | 917.57 | 357.57 |
| 文化、办公用机械制造 | 313.85 | 301.89 | 185.64 | 380.08 | 171.42 |
| 通用零部件制造 | 339.11 | 278.30 | 101.91 | 463.35 | 224.35 |
| 其他通用设备制造业 | 72.99 | 66.65 | 28.80 | 97.98 | 47.75 |
| 专用设备制造业 | 3586.78 | 3073.82 | 1074.03 | 3418.45 | 1713.04 |
| 采矿、冶金、建筑专用设备制造 | 1406.42 | 1121.45 | 306.29 | 985.39 | 551.64 |
| 化工、木材、非金属加工专用设备制造 | 686.64 | 627.61 | 248.06 | 848.00 | 430.06 |
| 食品、饮料、烟草及饲料生产专用设备制造 | 40.51 | 38.66 | 16.92 | 48.54 | 20.35 |
| 印刷、制药、日化及日用品生产专用设备制造 | 156.45 | 138.26 | 48.66 | 163.36 | 85.37 |
| 纺织、服装和皮革加工专用设备制造 | 241.19 | 186.53 | 63.97 | 204.68 | 90.78 |
| 电子和电工机械专用设备制造 | 134.31 | 126.64 | 59.73 | 159.58 | 69.51 |
| 农、林、牧、渔专用机械制造 | 191.99 | 173.46 | 77.75 | 87.55 | 81.10 |
| 医疗仪器设备及器械制造 | 279.34 | 241.66 | 87.41 | 547.15 | 236.50 |
| 环保、社会公共服务及其他专用设备制造 | 449.92 | 419.55 | 165.24 | 374.21 | 147.72 |
| 汽车制造业 | 16105.38 | 14228.71 | 7293.45 | 10926.87 | 5879.97 |
| 汽车整车制造 | 9596.28 | 8499.17 | 4275.69 | 4966.04 | 2294.26 |
| 改装汽车制造 | 61.08 | 55.11 | 15.12 | 61.32 | 20.68 |
| 电车制造 | 1.06 | 1.01 | 0.01 | 2.68 | 1.23 |
| 汽车车身、挂车制造 | 83.09 | 34.64 | 11.94 | 41.44 | 12.84 |
| 汽车零部件及配件制造 | 6349.38 | 5624.88 | 2987.51 | 5854.67 | 3533.76 |
| 铁路、船舶、航空航天和其他运输设备制造业 | 2206.30 | 1281.09 | 372.52 | 1501.91 | 588.22 |
| 铁路运输设备制造 | 174.25 | 161.23 | 60.99 | 148.35 | 51.22 |
| 城市轨道交通设备制造 | 46.29 | 46.00 | 24.25 | 22.07 | 13.54 |
| 船舶及相关装置制造 | 807.91 | 675.21 | 127.05 | 717.54 | 259.71 |
| 航空、航天器及设备制造 | 825.05 | 75.20 | 24.01 | 198.98 | 61.06 |
| 摩托车制造 | 172.66 | 163.39 | 73.26 | 233.09 | 100.20 |
| 自行车制造 | 134.02 | 119.11 | 50.24 | 132.92 | 82.51 |
| 非公路休闲车及零配件制造 | 30.94 | 28.77 | 6.87 | 32.70 | 12.70 |
| 潜水救捞及其他未列明运输设备制造 | 15.17 | 12.18 | 5.85 | 16.27 | 7.28 |
| 电气机械和器材制造业 | 7418.71 | 6531.40 | 2536.78 | 6204.53 | 3148.28 |

单位：亿元

| 国家资本 | 集体资本 | 法人资本 | 个人资本 | 港澳台资本 | 外商资本 | 主营业务收入 | 主营业务成本 |
|---|---|---|---|---|---|---|---|
| 3.80 | 4.78 | 72.19 | 25.06 | 66.92 | 99.99 | 1007.22 | 863.50 |
| 0.27 | 0.55 | 19.03 | 4.86 | 32.90 | 77.97 | 558.96 | 459.25 |
| 6.43 | 4.20 | 74.70 | 7.87 | 99.04 | 89.81 | 999.11 | 881.62 |
| 0.44 | 0.22 | 27.80 | 4.59 | 25.36 | 87.18 | 413.55 | 354.46 |
| 3.04 | 1.10 | 29.31 | 7.30 | 45.40 | 76.86 | 732.63 | 621.97 |
| 3.71 | 0.87 | 8.53 | 2.88 | 35.52 | 54.58 | 431.25 | 373.43 |
|  |  | 10.07 | 1.27 | 2.51 | 3.94 | 61.31 | 51.08 |
| 0.49 | 0.07 | 22.72 | 5.33 | 56.63 | 56.80 | 688.68 | 592.22 |
| 11.14 | 0.57 | 52.59 | 8.18 | 113.89 | 120.24 | 1310.11 | 1125.01 |
| 91.01 | 9.89 | 466.77 | 129.79 | 422.49 | 1387.72 | 10891.86 | 8833.49 |
| 30.13 | 2.05 | 53.82 | 6.71 | 18.33 | 114.75 | 1084.21 | 878.42 |
| 6.21 | 1.46 | 31.75 | 10.18 | 55.02 | 106.67 | 701.28 | 564.42 |
| 13.89 | 2.01 | 84.05 | 37.67 | 56.63 | 194.40 | 2358.74 | 1840.57 |
| 27.18 | 1.08 | 115.37 | 17.44 | 71.88 | 295.20 | 2005.56 | 1608.90 |
| 5.61 | 0.37 | 67.87 | 8.54 | 32.26 | 238.07 | 855.31 | 699.07 |
| 3.95 | 1.36 | 64.72 | 38.78 | 66.27 | 182.48 | 1847.26 | 1508.33 |
| 0.64 | 0.06 | 11.68 | 0.94 | 50.55 | 107.56 | 1067.36 | 939.74 |
| 1.69 | 1.50 | 34.48 | 8.77 | 60.19 | 117.72 | 825.95 | 677.35 |
| 1.71 |  | 3.04 | 0.76 | 11.36 | 30.87 | 146.19 | 116.70 |
| 72.81 | 24.39 | 307.89 | 88.58 | 353.54 | 865.82 | 6171.78 | 4994.22 |
| 54.82 | 18.85 | 114.37 | 29.93 | 28.62 | 305.06 | 1867.73 | 1576.19 |
| 9.41 | 1.83 | 66.12 | 7.25 | 153.04 | 192.41 | 1316.25 | 1051.70 |
| 0.84 | 0.02 | 1.97 | 0.65 | 1.91 | 14.97 | 106.20 | 82.70 |
| 0.25 | 1.68 | 9.51 | 2.56 | 29.85 | 41.53 | 322.71 | 254.89 |
| 0.51 | 1.17 | 11.13 | 9.38 | 27.37 | 41.21 | 407.13 | 336.83 |
|  | 0.06 | 9.17 | 2.09 | 24.68 | 33.50 | 333.52 | 271.63 |
| 2.55 |  | 18.09 | 1.84 | 11.02 | 47.60 | 318.29 | 269.13 |
| 0.38 | 0.39 | 48.44 | 18.35 | 53.89 | 115.05 | 685.99 | 499.47 |
| 4.05 | 0.39 | 29.09 | 16.53 | 23.17 | 74.49 | 813.95 | 651.68 |
| 501.85 | 17.99 | 1414.64 | 69.91 | 331.31 | 3544.28 | 36904.80 | 29799.23 |
| 424.64 | 0.21 | 937.36 | 1.20 | 64.07 | 866.78 | 21879.75 | 17427.22 |
| 1.01 | 2.94 | 6.49 | 0.47 | 3.64 | 6.13 | 108.05 | 87.36 |
|  |  | 0.01 | 1.00 |  | 0.22 | 14.26 | 12.39 |
| 0.28 | 0.26 | 3.27 | 0.24 | 1.28 | 7.50 | 221.48 | 197.50 |
| 75.92 | 14.58 | 458.90 | 67.01 | 262.32 | 2655.05 | 14674.44 | 12069.02 |
| 60.11 | 0.74 | 150.88 | 43.83 | 71.52 | 261.14 | 2877.14 | 2407.22 |
| 6.26 |  | 11.93 | 6.92 | 4.59 | 21.52 | 284.86 | 201.27 |
| 4.17 |  | 4.97 |  |  | 4.41 | 61.50 | 52.82 |
| 33.17 | 0.62 | 65.25 | 26.46 | 10.11 | 124.11 | 1088.46 | 949.18 |
| 7.17 |  | 18.57 | 2.82 | 4.37 | 28.13 | 508.54 | 415.50 |
| 8.37 | 0.02 | 32.43 | 2.26 | 19.24 | 37.88 | 437.37 | 361.96 |
| 0.97 | 0.10 | 13.35 | 4.44 | 27.69 | 35.96 | 317.71 | 277.64 |
|  |  | 1.78 | 0.84 | 3.86 | 6.22 | 125.27 | 102.15 |
|  |  | 2.61 | 0.11 | 1.65 | 2.91 | 53.42 | 46.70 |
| 62.95 | 47.65 | 776.52 | 233.55 | 720.76 | 1306.85 | 17148.01 | 14573.47 |

2-4 续表 9

| 行业 | 负债合计 | 流动负债合计 | 应付账款 | 所有者权益合计 | 实收资本 |
|---|---|---|---|---|---|
| 电机制造 | 912.80 | 817.89 | 329.56 | 950.20 | 426.88 |
| 输配电及控制设备制造 | 2540.57 | 2268.61 | 807.10 | 1802.89 | 1084.01 |
| 电线、电缆、光缆及电工器材制造 | 881.36 | 808.77 | 310.42 | 724.26 | 445.37 |
| 电池制造 | 1088.00 | 773.91 | 280.99 | 862.43 | 335.90 |
| 家用电力器具制造 | 1381.42 | 1297.54 | 547.77 | 1200.50 | 546.39 |
| 非电力家用器具制造 | 99.43 | 96.07 | 37.27 | 140.04 | 35.07 |
| 照明器具制造 | 471.26 | 428.23 | 208.16 | 461.66 | 227.99 |
| 其他电气机械及器材制造 | 43.87 | 40.38 | 15.51 | 62.55 | 46.67 |
| 计算机、通信和其他电子设备制造业 | 22914.95 | 21046.42 | 12013.75 | 16075.57 | 8473.18 |
| 计算机制造 | 4941.77 | 4643.33 | 3144.30 | 2376.55 | 881.98 |
| 通信设备制造 | 7152.23 | 7003.87 | 4099.79 | 2839.89 | 1024.64 |
| 广播电视设备制造 | 196.96 | 187.30 | 109.88 | 229.64 | 103.94 |
| 雷达及配套设备制造 | 25.46 | 20.89 | 2.10 | 11.73 | 10.21 |
| 视听设备制造 | 1606.11 | 1542.13 | 887.21 | 806.32 | 376.84 |
| 电子器件制造 | 5009.17 | 3939.97 | 1771.40 | 5286.00 | 3634.47 |
| 电子元件制造 | 2966.98 | 2750.29 | 1524.28 | 3745.74 | 2101.29 |
| 其他电子设备制造 | 1016.25 | 958.65 | 474.79 | 779.69 | 339.82 |
| 仪器仪表制造业 | 905.28 | 853.32 | 373.34 | 1202.22 | 467.15 |
| 通用仪器仪表制造 | 463.68 | 433.89 | 179.80 | 549.53 | 202.27 |
| 专用仪器仪表制造 | 174.59 | 167.04 | 78.26 | 243.34 | 74.92 |
| 钟表与计时仪器制造 | 87.70 | 81.61 | 38.91 | 100.77 | 53.20 |
| 光学仪器及眼镜制造 | 167.19 | 158.94 | 72.09 | 291.68 | 127.19 |
| 其他仪器仪表制造业 | 12.13 | 11.84 | 4.29 | 16.90 | 9.56 |
| 其他制造业 | 189.33 | 173.89 | 53.33 | 253.74 | 127.20 |
| 日用杂品制造 | 143.08 | 133.88 | 40.03 | 190.94 | 93.41 |
| 煤制品制造 | 8.99 | 7.00 | 0.02 | 4.29 | 2.48 |
| 废弃资源综合利用业 | 122.20 | 107.64 | 19.57 | 109.47 | 69.71 |
| 金属废料和碎屑加工处理 | 97.84 | 88.66 | 14.58 | 67.28 | 45.33 |
| 非金属废料和碎屑加工处理 | 24.37 | 18.98 | 4.99 | 42.19 | 24.37 |
| 金属制品、机械和设备修理业 | 896.45 | 579.95 | 166.85 | 162.02 | 156.56 |
| 金属制品修理 | 3.01 | 1.50 | 0.73 | 3.41 | 0.60 |
| 通用设备修理 | 1.21 | 1.21 | 0.98 | 2.17 | 1.05 |
| 专用设备修理 | 7.62 | 7.36 | 3.16 | 8.45 | 3.76 |
| 铁路、船舶、航空航天等运输设备修理 | 883.48 | 568.84 | 161.36 | 145.13 | 149.84 |
| 其他机械和设备修理业 | 1.01 | 0.92 | 0.57 | 2.19 | 0.87 |
| **电力、热力、燃气及水生产和供应业** | **6290.01** | **3902.79** | **639.87** | **5422.76** | **3378.04** |
| 电力、热力生产和供应业 | 3974.88 | 2280.40 | 354.58 | 3349.41 | 2327.39 |
| 电力生产 | 3809.22 | 2178.02 | 337.38 | 3265.06 | 2278.10 |
| 电力供应 | 10.66 | 7.97 | 0.12 | 13.11 | 5.80 |
| 热力生产和供应 | 154.99 | 94.41 | 17.07 | 71.24 | 43.49 |
| 燃气生产和供应业 | 1450.34 | 1151.44 | 223.71 | 1385.33 | 632.68 |
| 水的生产和供应业 | 864.79 | 470.96 | 61.58 | 688.01 | 417.97 |
| 自来水生产和供应 | 388.25 | 282.97 | 28.75 | 385.48 | 248.51 |
| 污水处理及其再生利用 | 327.91 | 174.50 | 30.93 | 218.73 | 107.23 |
| 其他水的处理、利用与分配 | 148.64 | 13.48 | 1.90 | 83.80 | 62.23 |

单位：亿元

| 国家资本 | 集体资本 | 法人资本 | 个人资本 | 港澳台资本 | 外商资本 | 主营业务收入 | 主营业务成本 |
|---|---|---|---|---|---|---|---|
| 2.52 | 3.21 | 89.86 | 83.69 | 69.92 | 177.67 | 2362.85 | 1971.41 |
| 20.61 | 19.34 | 334.75 | 84.38 | 188.62 | 436.31 | 5616.51 | 4825.85 |
| 9.38 | 3.33 | 122.13 | 18.18 | 115.87 | 176.48 | 2286.95 | 1997.69 |
| 9.38 | 0.87 | 76.89 | 6.06 | 132.59 | 110.10 | 1391.37 | 1200.82 |
| 14.46 | 16.30 | 110.84 | 11.66 | 123.98 | 269.15 | 3859.96 | 3225.55 |
| 0.47 | | 8.23 | 3.71 | 11.88 | 10.79 | 177.61 | 137.87 |
| 5.95 | 3.89 | 26.38 | 23.95 | 73.50 | 94.32 | 1295.53 | 1091.71 |
| 0.19 | 0.70 | 7.43 | 1.93 | 4.40 | 32.02 | 157.23 | 122.56 |
| 339.88 | 28.71 | 1322.28 | 156.68 | 2311.04 | 4314.60 | 56644.95 | 51779.39 |
| 1.53 | 1.59 | 111.26 | 9.61 | 293.58 | 464.41 | 15157.45 | 14236.68 |
| 62.84 | 2.69 | 143.59 | 35.63 | 429.48 | 350.41 | 12970.86 | 12072.57 |
| 0.85 | | 28.04 | 3.42 | 25.98 | 45.64 | 640.35 | 554.03 |
| | | 6.95 | | 0.52 | 2.74 | 32.32 | 30.63 |
| 0.83 | 6.14 | 64.60 | 10.89 | 102.89 | 191.48 | 4834.10 | 4425.54 |
| 255.89 | 4.09 | 606.87 | 37.61 | 620.36 | 2109.64 | 10251.48 | 9111.42 |
| 11.86 | 12.94 | 306.79 | 50.67 | 743.85 | 975.19 | 9567.80 | 8461.34 |
| 6.07 | 1.26 | 54.18 | 8.85 | 94.38 | 175.08 | 3190.58 | 2887.19 |
| 8.02 | 1.30 | 64.99 | 30.84 | 129.45 | 232.44 | 2623.32 | 2135.67 |
| 5.21 | 0.69 | 32.70 | 12.17 | 46.18 | 105.22 | 1165.22 | 932.19 |
| 1.19 | 0.47 | 12.91 | 7.72 | 8.27 | 44.35 | 625.39 | 514.38 |
| 0.13 | | 3.08 | 1.03 | 35.15 | 13.81 | 306.01 | 255.26 |
| 1.48 | 0.14 | 16.20 | 9.91 | 36.54 | 62.91 | 486.46 | 398.70 |
| 0.01 | | 0.11 | | 3.31 | 6.14 | 40.25 | 35.13 |
| 1.60 | 0.12 | 11.87 | 2.63 | 49.17 | 61.82 | 583.13 | 494.19 |
| 0.24 | 0.12 | 8.67 | 1.71 | 40.04 | 42.62 | 471.52 | 403.38 |
| 1.32 | | | 0.39 | 0.77 | | 16.04 | 14.91 |
| 2.37 | 4.02 | 11.49 | 3.36 | 30.94 | 17.53 | 389.12 | 345.19 |
| 0.34 | 0.26 | 7.37 | 3.07 | 20.30 | 14.00 | 345.44 | 309.87 |
| 2.03 | 3.76 | 4.12 | 0.29 | 10.65 | 3.53 | 43.68 | 35.32 |
| 34.24 | | 48.26 | 5.68 | 15.92 | 52.47 | 580.83 | 517.74 |
| | | 0.14 | 0.05 | 0.13 | 0.28 | 4.22 | 2.90 |
| 0.15 | | | | | 0.91 | 2.52 | 1.98 |
| | | 0.07 | | 1.67 | 2.02 | 16.03 | 12.06 |
| 34.04 | | 47.44 | 5.63 | 13.78 | 48.96 | 552.82 | 496.49 |
| 0.05 | | 0.62 | | 0.05 | 0.15 | 4.53 | 3.92 |
| **890.65** | **40.40** | **875.34** | **39.18** | **871.78** | **660.70** | **5078.00** | **3958.61** |
| 722.19 | 19.90 | 644.25 | 13.40 | 567.71 | 359.94 | 2644.25 | 1957.54 |
| 714.45 | 18.74 | 634.37 | 11.49 | 553.23 | 345.82 | 2527.73 | 1862.67 |
| 0.48 | | 1.04 | | 1.31 | 2.97 | 22.79 | 21.40 |
| 7.26 | 1.16 | 8.84 | 1.91 | 13.16 | 11.16 | 93.73 | 73.47 |
| 91.74 | 17.73 | 140.52 | 21.53 | 202.21 | 158.96 | 2096.61 | 1777.87 |
| 76.72 | 2.76 | 90.57 | 4.25 | 101.87 | 141.80 | 337.14 | 223.20 |
| 72.95 | 2.73 | 55.20 | 3.11 | 59.41 | 55.12 | 187.37 | 132.34 |
| 3.77 | 0.04 | 34.37 | 1.15 | 34.74 | 33.16 | 95.04 | 67.58 |
| | | 1.00 | | 7.72 | 53.51 | 54.73 | 23.27 |

2-4 续表 10

| 行 业 | 销售费用 | 管理费用 | 财务费用 | 利息收入 |
|---|---|---|---|---|
| **总 计** | **8253.68** | **10794.71** | **1536.32** | **349.85** |
| **采矿业** | **28.84** | **71.81** | **34.43** | **3.18** |
| 煤炭开采和洗选业 | 15.49 | 26.69 | 18.86 | 1.45 |
| 烟煤和无烟煤开采洗选 | 14.78 | 25.67 | 17.81 | 1.34 |
| 褐煤开采洗选 | 0.64 | 0.70 | 0.27 | |
| 石油和天然气开采业 | 1.85 | 10.14 | 7.99 | 1.33 |
| 石油开采 | 0.83 | 5.99 | 3.90 | 1.23 |
| 天然气开采 | 1.02 | 4.14 | 4.10 | 0.10 |
| 黑色金属矿采选业 | 2.50 | 7.56 | 2.16 | 0.19 |
| 铁矿采选 | 2.15 | 6.00 | 1.59 | 0.20 |
| 锰矿、铬矿采选 | 0.35 | 1.23 | 0.56 | -0.02 |
| 有色金属矿采选业 | 1.12 | 9.58 | 2.36 | 0.10 |
| 常用有色金属矿采选 | 0.94 | 5.57 | 1.40 | 0.09 |
| 贵金属矿采选 | 0.17 | 3.87 | 0.96 | 0.01 |
| 非金属矿采选业 | 7.38 | 7.58 | 2.34 | 0.07 |
| 土砂石开采 | 2.06 | 2.60 | 0.35 | 0.01 |
| 化学矿开采 | 0.73 | 0.88 | 1.04 | 0.05 |
| 石棉及其他非金属矿采选 | 3.53 | 2.83 | 0.33 | |
| 开采辅助活动 | 0.51 | 10.26 | 0.72 | 0.05 |
| 石油和天然气开采辅助活动 | 0.47 | 10.03 | 0.69 | 0.05 |
| **制造业** | **8142.97** | **10534.84** | **1337.07** | **327.57** |
| 农副食品加工业 | 216.62 | 203.36 | 83.37 | 13.23 |
| 谷物磨制 | 17.27 | 9.98 | 4.29 | |
| 饲料加工 | 48.40 | 48.17 | 8.03 | 4.36 |
| 植物油加工 | 42.99 | 33.02 | 29.23 | 5.90 |
| 制糖业 | 3.14 | 4.34 | 3.20 | 0.37 |
| 屠宰及肉类加工 | 41.22 | 33.10 | 7.20 | 1.57 |
| 水产品加工 | 18.06 | 26.91 | 10.80 | 0.34 |
| 蔬菜、水果和坚果加工 | 24.95 | 24.30 | 6.70 | 0.38 |
| 其他农副食品加工 | 20.58 | 23.54 | 13.92 | 0.31 |
| 食品制造业 | 835.01 | 269.20 | 17.59 | 9.05 |
| 焙烤食品制造 | 116.05 | 44.24 | 3.17 | -0.58 |
| 糖果、巧克力及蜜饯制造 | 103.80 | 35.16 | 2.04 | 0.29 |
| 方便食品制造 | 140.70 | 38.12 | -0.05 | 1.17 |
| 乳制品制造 | 187.49 | 36.18 | 1.10 | 5.24 |
| 罐头食品制造 | 6.68 | 7.38 | 2.45 | 0.06 |
| 调味品、发酵制品制造 | 40.50 | 37.60 | 3.08 | 0.38 |
| 其他食品制造 | 239.79 | 70.52 | 5.80 | 2.49 |
| 酒、饮料和精制茶制造业 | 490.80 | 174.09 | 19.49 | 2.24 |
| 酒的制造 | 93.81 | 72.84 | 5.03 | 0.63 |
| 饮料制造 | 393.87 | 97.30 | 14.33 | 1.53 |
| 精制茶加工 | 3.12 | 3.95 | 0.13 | 0.07 |
| 烟草制品业 | 0.17 | 1.05 | 0.44 | |
| 纺织业 | 97.61 | 215.43 | 43.95 | 5.53 |
| 棉纺织及印染精加工 | 44.73 | 118.22 | 23.58 | 3.84 |
| 毛纺织及染整精加工 | 3.39 | 9.02 | 3.05 | 0.34 |

单位：亿元

| 利息支出 | 投资收益（损失以"–"号记） | 营业利润 | 利润总额 | 亏损企业亏损额 | 平均用工人数（万人） |
|---|---|---|---|---|---|
| **1607.74** | **566.95** | **17021.64** | **17597.47** | **1549.16** | **2182.42** |
| **26.53** | **2.05** | **205.23** | **210.58** | **18.82** | **7.99** |
| 19.02 | 1.92 | 66.18 | 65.84 | 4.21 | 3.59 |
| 17.69 | 1.92 | 63.21 | 62.96 | 4.21 | 3.40 |
| 0.24 | | 2.58 | 2.52 | | 0.11 |
| 0.29 | 0.15 | 94.40 | 99.72 | 5.74 | 0.77 |
| 0.07 | 0.14 | 75.82 | 78.43 | 4.92 | 0.44 |
| 0.21 | | 18.58 | 21.29 | 0.82 | 0.33 |
| 2.02 | 0.03 | 21.67 | 22.64 | 2.34 | 1.12 |
| 1.58 | 0.03 | 3.21 | 3.08 | 2.33 | 0.62 |
| 0.43 | | 0.78 | 1.87 | | 0.44 |
| 2.44 | -0.25 | 6.86 | 7.61 | 2.32 | 1.01 |
| 1.49 | -0.25 | 6.56 | 6.75 | 1.90 | 0.67 |
| 0.95 | | 0.67 | 1.22 | 0.06 | 0.28 |
| 1.99 | 0.15 | 8.30 | 7.96 | 0.69 | 1.24 |
| 0.29 | | 3.22 | 3.12 | 0.31 | 0.40 |
| 1.10 | 0.15 | 2.17 | 2.19 | | 0.16 |
| 0.10 | | 2.46 | 2.20 | 0.39 | 0.33 |
| 0.78 | 0.06 | 7.82 | 6.82 | 3.52 | 0.26 |
| 0.75 | 0.06 | 7.40 | 6.39 | 3.52 | 0.23 |
| **1415.82** | **475.24** | **16006.68** | **16545.98** | **1489.69** | **2149.65** |
| 66.43 | -33.36 | 488.36 | 488.00 | 59.48 | 52.84 |
| 3.25 | 1.11 | 15.13 | 16.47 | 0.96 | 1.72 |
| 6.91 | -0.21 | 86.82 | 88.66 | 4.82 | 6.77 |
| 19.94 | -28.88 | 117.04 | 114.76 | 10.69 | 3.98 |
| 3.39 | -2.17 | 31.23 | 32.22 | 1.13 | 1.14 |
| 6.93 | 1.51 | 105.22 | 108.63 | 4.61 | 14.82 |
| 9.32 | 0.34 | 73.21 | 73.97 | 2.59 | 12.86 |
| 6.02 | -5.18 | 54.30 | 54.04 | 3.15 | 7.17 |
| 10.67 | 0.12 | 5.41 | -0.76 | 31.51 | 4.39 |
| 29.61 | 47.01 | 558.15 | 570.78 | 30.44 | 47.87 |
| 3.56 | 33.48 | 88.05 | 90.31 | 5.97 | 11.35 |
| 1.82 | 2.62 | 58.84 | 58.76 | 2.27 | 5.35 |
| 6.16 | 4.16 | 66.04 | 68.90 | 2.91 | 12.42 |
| 6.63 | -0.91 | 72.02 | 74.53 | 8.68 | 5.50 |
| 2.18 | -0.46 | 23.30 | 23.27 | 1.11 | 3.26 |
| 3.03 | 1.08 | 87.12 | 87.30 | 3.66 | 4.07 |
| 6.22 | 7.02 | 162.78 | 167.71 | 5.83 | 5.91 |
| 23.29 | 18.28 | 340.57 | 360.37 | 12.53 | 33.55 |
| 7.11 | 19.17 | 94.70 | 107.01 | 12.61 | 10.44 |
| 15.90 | -0.88 | 237.68 | 244.99 | 29.78 | 22.11 |
| 0.29 | -0.01 | 8.19 | 8.36 | 0.13 | 0.99 |
| 0.44 | 0.01 | 1.44 | 1.45 | | 0.21 |
| 46.90 | 6.50 | 343.18 | 347.75 | 21.60 | 73.81 |
| 26.61 | 4.64 | 196.98 | 202.75 | 12.15 | 40.67 |
| 3.17 | 0.64 | 12.57 | 12.61 | 2.09 | 3.13 |

2-4 续表 11

| 行　业 | 销售费用 | 管理费用 | 财务费用 | 利息收入 |
|---|---|---|---|---|
| 麻纺织及染整精加工 | 1.26 | 2.44 | 0.82 | 0.02 |
| 丝绢纺织及印染精加工 | 1.42 | 3.60 | 1.16 | 0.17 |
| 化纤织造及印染精加工 | 3.44 | 9.82 | 3.35 | 0.11 |
| 针织或钩针编织物及其制品制造 | 11.18 | 22.70 | 6.34 | 0.05 |
| 家用纺织制成品制造 | 14.18 | 18.29 | 1.86 | 0.55 |
| 非家用纺织制成品制造 | 18.02 | 31.34 | 3.78 | 0.44 |
| 纺织服装、服饰业 | 265.12 | 291.93 | 28.20 | 4.10 |
| 机织服装制造 | 232.59 | 213.39 | 23.63 | 3.16 |
| 针织或钩针编织服装制造 | 26.32 | 63.62 | 2.49 | 0.67 |
| 服饰制造 | 6.21 | 14.91 | 2.08 | 0.28 |
| 皮革、毛皮、羽毛及其制品和制鞋业 | 129.57 | 215.21 | 26.38 | 1.28 |
| 皮革鞣制加工 | 4.14 | 10.51 | 4.17 | 0.37 |
| 皮革制品制造 | 24.57 | 53.34 | 8.04 | 0.58 |
| 毛皮鞣制及制品加工 | 1.83 | 3.31 | 1.45 | 0.01 |
| 羽毛(绒)加工及制品制造 | 1.98 | 6.35 | 1.12 | 0.16 |
| 制鞋业 | 97.06 | 141.70 | 11.59 | 0.15 |
| 木材加工和木、竹、藤、棕、草制品业 | 29.65 | 38.01 | 8.71 | 0.17 |
| 木材加工 | 0.77 | 2.41 | 0.52 | -0.01 |
| 人造板制造 | 11.80 | 11.28 | 3.74 | -0.07 |
| 木制品制造 | 15.08 | 21.24 | 3.74 | 0.24 |
| 竹、藤、棕、草等制品制造 | 2.00 | 3.08 | 0.71 | |
| 家具制造业 | 74.26 | 103.12 | 6.49 | 1.74 |
| 木质家具制造 | 32.18 | 45.24 | 5.03 | 1.02 |
| 竹、藤家具制造 | 0.61 | 1.30 | 0.88 | 0.07 |
| 金属家具制造 | 13.69 | 36.91 | 0.14 | 0.64 |
| 塑料家具制造 | 1.16 | 1.47 | 0.16 | 0.03 |
| 其他家具制造 | 26.63 | 18.20 | 0.29 | -0.02 |
| 造纸和纸制品业 | 157.13 | 162.73 | 78.16 | 13.36 |
| 纸浆制造 | 0.31 | 0.98 | 0.40 | 0.01 |
| 造纸 | 68.09 | 88.28 | 68.53 | 13.20 |
| 纸制品制造 | 88.73 | 73.48 | 9.23 | 0.15 |
| 印刷和记录媒介复制业 | 38.90 | 84.63 | 3.44 | 1.05 |
| 印刷 | 37.66 | 81.40 | 3.28 | 0.98 |
| 装订及印刷相关服务 | 0.58 | 1.73 | 0.07 | |
| 记录媒介复制 | 0.65 | 1.50 | 0.09 | 0.07 |
| 文教、工美、体育和娱乐用品制造业 | 95.94 | 207.24 | 17.76 | 2.30 |
| 文教办公用品制造 | 7.74 | 13.05 | 0.74 | 0.16 |
| 乐器制造 | 2.51 | 7.73 | 0.41 | 0.02 |
| 工艺美术品制造 | 46.84 | 79.41 | 11.47 | 1.68 |
| 体育用品制造 | 11.03 | 30.02 | -0.08 | 0.02 |
| 玩具制造 | 21.51 | 68.74 | 4.02 | 0.24 |
| 游艺器材及娱乐用品制造 | 6.31 | 8.29 | 1.20 | 0.19 |
| 石油加工、炼焦和核燃料加工业 | 62.91 | 90.69 | 46.10 | 4.82 |
| 精炼石油产品制造 | 40.89 | 73.42 | 28.53 | 3.83 |
| 炼焦 | 22.02 | 17.27 | 17.57 | 0.99 |
| 化学原料和化学制品制造业 | 942.69 | 771.37 | 202.85 | 21.06 |

单位：亿元

| 利息支出 | 投资收益（损失以"–"号记） | 营业利润 | 利润总额 | 亏损企业亏损额 | 平均用工人数（万人） |
|---|---|---|---|---|---|
| 0.80 | 0.09 | 3.29 | 3.13 | 0.41 | 1.06 |
| 1.08 | 0.07 | 3.90 | 4.12 | 0.37 | 1.09 |
| 3.04 | 0.04 | 8.49 | 7.24 | 2.13 | 3.30 |
| 5.71 | | 36.33 | 36.84 | 1.27 | 9.29 |
| 3.00 | -0.18 | 40.97 | 39.10 | 1.30 | 7.00 |
| 3.49 | 1.20 | 40.66 | 41.96 | 1.88 | 8.28 |
| 30.53 | 17.73 | 336.62 | 349.82 | 19.61 | 140.57 |
| 22.37 | 17.99 | 254.08 | 265.90 | 15.77 | 99.27 |
| 5.56 | -0.18 | 64.94 | 65.82 | 2.84 | 33.95 |
| 2.61 | -0.07 | 17.59 | 18.09 | 1.00 | 7.35 |
| 24.05 | -1.27 | 325.53 | 329.26 | 14.73 | 113.14 |
| 3.40 | 1.22 | 25.13 | 25.52 | 1.00 | 3.57 |
| 7.31 | 0.49 | 56.15 | 56.69 | 5.92 | 24.12 |
| 0.44 | 0.01 | 12.24 | 12.29 | 0.19 | 2.29 |
| 1.36 | -1.63 | 7.40 | 7.43 | 0.65 | 1.49 |
| 11.54 | -1.35 | 224.61 | 227.32 | 6.97 | 81.67 |
| 7.45 | -3.58 | 53.52 | 55.23 | 3.15 | 10.96 |
| 0.46 | -0.80 | 7.30 | 7.35 | 0.12 | 0.80 |
| 3.22 | 0.06 | 18.60 | 19.75 | 1.95 | 3.55 |
| 3.27 | -2.84 | 21.93 | 22.43 | 1.00 | 4.88 |
| 0.51 | | 5.69 | 5.70 | 0.07 | 1.73 |
| 9.16 | 13.23 | 108.04 | 110.92 | 7.99 | 30.57 |
| 5.25 | 0.03 | 42.27 | 42.06 | 5.63 | 15.42 |
| 0.85 | | 1.81 | 1.85 | | 0.40 |
| 1.83 | 13.86 | 41.33 | 42.17 | 1.26 | 7.29 |
| 0.09 | | 2.44 | 2.49 | 0.01 | 0.69 |
| 1.14 | -0.65 | 20.19 | 22.35 | 1.09 | 6.78 |
| 70.99 | 22.54 | 236.13 | 269.69 | 33.90 | 27.16 |
| 0.26 | | 1.90 | 1.95 | 0.36 | 0.17 |
| 61.12 | 17.20 | 115.42 | 151.11 | 25.74 | 11.98 |
| 9.61 | 5.33 | 118.82 | 116.64 | 7.80 | 15.02 |
| 6.19 | 8.66 | 109.83 | 111.54 | 9.76 | 22.18 |
| 6.00 | 8.67 | 106.36 | 108.03 | 9.04 | 21.44 |
| 0.08 | -0.02 | 1.19 | 1.20 | 0.43 | 0.52 |
| 0.11 | 0.01 | 2.28 | 2.31 | 0.29 | 0.22 |
| 18.65 | -1.11 | 233.20 | 235.69 | 14.89 | 93.43 |
| 1.10 | -0.15 | 11.82 | 12.04 | 0.31 | 4.94 |
| 0.39 | 0.01 | 10.48 | 10.19 | 0.99 | 2.59 |
| 9.65 | -0.50 | 127.37 | 130.89 | 6.79 | 28.87 |
| 2.59 | 0.29 | 31.94 | 30.64 | 1.69 | 14.94 |
| 3.64 | -0.68 | 39.46 | 39.55 | 3.80 | 40.33 |
| 1.28 | -0.08 | 12.13 | 12.39 | 1.30 | 1.75 |
| 41.55 | 9.57 | 334.84 | 344.14 | 15.34 | 7.58 |
| 25.72 | 11.76 | 302.29 | 306.37 | 6.47 | 3.81 |
| 15.82 | -2.19 | 32.55 | 37.77 | 8.87 | 3.76 |
| 158.50 | 28.08 | 1339.85 | 1358.43 | 195.33 | 69.51 |

2-4 续表 12

| 行　业 | 销售费用 | 管理费用 | 财务费用 | 利息收入 |
|---|---|---|---|---|
| 基础化学原料制造 | 110.00 | 142.25 | 74.68 | 2.22 |
| 肥料制造 | 18.51 | 20.04 | 7.62 | 0.52 |
| 农药制造 | 12.49 | 11.43 | 1.72 | 0.37 |
| 涂料、油墨、颜料及类似产品制造 | 131.79 | 123.67 | 7.44 | 2.66 |
| 合成材料制造 | 90.10 | 117.68 | 54.98 | 5.50 |
| 专用化学产品制造 | 114.43 | 191.82 | 51.11 | 4.56 |
| 炸药、火工及焰火产品制造 | 1.16 | 1.84 | 0.25 | |
| 日用化学产品制造 | 464.21 | 162.64 | 5.05 | 5.24 |
| 医药制造业 | 969.16 | 390.50 | 40.81 | 5.71 |
| 化学药品原料药制造 | 60.50 | 49.39 | 6.27 | 1.92 |
| 化学药品制剂制造 | 700.59 | 218.50 | 23.95 | 2.26 |
| 中药饮片加工 | 11.46 | 6.91 | 1.42 | 0.05 |
| 中成药生产 | 105.79 | 41.06 | 4.05 | 0.62 |
| 兽用药品制造 | 6.69 | 5.21 | -0.02 | 0.19 |
| 生物药品制造 | 69.29 | 49.12 | 4.45 | 1.01 |
| 卫生材料及医药用品制造 | 14.84 | 20.32 | 0.70 | -0.34 |
| 化学纤维制造业 | 25.75 | 68.37 | 31.18 | 6.50 |
| 纤维素纤维原料及纤维制造 | 7.32 | 16.41 | 7.69 | 1.12 |
| 合成纤维制造 | 18.43 | 51.96 | 23.50 | 5.37 |
| 橡胶和塑料制品业 | 211.90 | 400.00 | 47.10 | 5.88 |
| 橡胶制品业 | 81.34 | 123.34 | 24.28 | 2.32 |
| 塑料制品业 | 130.56 | 276.66 | 22.81 | 3.55 |
| 非金属矿物制品业 | 181.85 | 271.59 | 56.59 | 8.83 |
| 水泥、石灰和石膏制造 | 31.07 | 50.84 | 17.89 | 3.46 |
| 石膏、水泥制品及类似制品制造 | 25.28 | 28.70 | 6.84 | 0.84 |
| 砖瓦、石材等建筑材料制造 | 32.93 | 42.01 | 11.35 | 1.38 |
| 玻璃制造 | 17.13 | 35.13 | -2.14 | 2.25 |
| 玻璃制品制造 | 20.47 | 38.10 | 6.53 | 0.61 |
| 玻璃纤维和玻璃纤维增强塑料制品制造 | 7.17 | 15.09 | 6.51 | 0.30 |
| 陶瓷制品制造 | 26.06 | 32.06 | 4.16 | -0.14 |
| 耐火材料制品制造 | 10.47 | 13.14 | 2.10 | 0.39 |
| 石墨及其他非金属矿物制品制造 | 11.28 | 16.51 | 3.33 | -0.26 |
| 黑色金属冶炼和压延加工业 | 70.11 | 151.27 | 78.00 | 7.31 |
| 炼铁 | 2.93 | 2.90 | 6.23 | 0.21 |
| 炼钢 | 5.95 | 21.73 | 3.52 | -0.07 |
| 黑色金属铸造 | 8.78 | 18.04 | 2.07 | 0.18 |
| 钢压延加工 | 40.55 | 97.69 | 56.34 | 4.91 |
| 铁合金冶炼 | 11.90 | 10.91 | 9.83 | 2.09 |
| 有色金属冶炼和压延加工业 | 48.56 | 145.06 | 118.47 | 15.58 |
| 常用有色金属冶炼 | 9.54 | 40.32 | 63.15 | 8.17 |
| 贵金属冶炼 | 0.09 | 5.58 | 1.77 | 0.46 |
| 稀有稀土金属冶炼 | 1.36 | 4.72 | 1.11 | 0.01 |
| 有色金属合金制造 | 6.65 | 17.16 | 5.92 | 0.67 |
| 有色金属铸造 | 1.35 | 6.44 | 0.08 | 0.08 |
| 有色金属压延加工 | 29.57 | 70.84 | 46.44 | 6.19 |
| 金属制品业 | 154.28 | 323.75 | 28.33 | 6.27 |

单位：亿元

| 利息支出 | 投资收益（损失以“–”号记） | 营业利润 | 利润总额 | 亏损企业亏损额 | 平均用工人数（万人） |
|---|---|---|---|---|---|
| 54.41 | 11.05 | 380.70 | 380.25 | 68.16 | 12.91 |
| 7.98 | 1.73 | -2.30 | -1.38 | 21.48 | 2.97 |
| 1.89 | 0.37 | 23.63 | 23.83 | 1.32 | 1.58 |
| 8.10 | 5.07 | 162.37 | 164.77 | 9.86 | 10.66 |
| 40.21 | -0.23 | 199.03 | 199.30 | 57.90 | 10.86 |
| 40.29 | 1.73 | 344.92 | 350.60 | 30.90 | 17.56 |
| 0.14 | -0.23 | 5.89 | 5.90 | 0.11 | 0.72 |
| 5.47 | 8.59 | 225.61 | 235.16 | 5.61 | 12.25 |
| 34.77 | 18.08 | 724.86 | 757.11 | 28.13 | 40.16 |
| 6.90 | 0.73 | 56.78 | 60.94 | 2.43 | 5.72 |
| 14.50 | 6.74 | 419.22 | 427.22 | 18.51 | 18.08 |
| 1.37 | -0.04 | 16.91 | 17.45 | 0.25 | 0.86 |
| 4.74 | 0.98 | 96.79 | 110.18 | 0.97 | 5.97 |
| 0.32 | 0.69 | 11.12 | 11.34 | 0.38 | 0.85 |
| 5.50 | 7.97 | 91.82 | 97.55 | 3.71 | 4.53 |
| 1.44 | 1.02 | 32.23 | 32.44 | 1.88 | 4.15 |
| 30.76 | 3.53 | 117.51 | 117.53 | 14.76 | 9.93 |
| 6.72 | 3.82 | 55.56 | 55.15 | 0.68 | 2.20 |
| 24.04 | -0.30 | 61.94 | 62.38 | 14.08 | 7.73 |
| 46.05 | 8.10 | 397.93 | 410.97 | 51.60 | 94.40 |
| 18.84 | 0.80 | 124.49 | 131.02 | 18.71 | 23.23 |
| 27.21 | 7.30 | 273.44 | 279.95 | 32.89 | 71.17 |
| 58.07 | 41.20 | 412.24 | 427.64 | 65.41 | 60.75 |
| 16.97 | 0.38 | 71.94 | 74.66 | 16.08 | 7.51 |
| 5.69 | 0.23 | 34.56 | 36.02 | 6.18 | 5.81 |
| 9.96 | 4.82 | 78.16 | 78.94 | 7.19 | 10.43 |
| 5.58 | 34.01 | 81.38 | 83.06 | 14.34 | 4.96 |
| 5.47 | -0.32 | 40.46 | 46.81 | 10.90 | 10.97 |
| 6.21 | 1.47 | 15.79 | 16.66 | 3.00 | 2.41 |
| 3.87 | 0.25 | 51.96 | 53.08 | 1.87 | 13.77 |
| 1.88 | 0.07 | 14.27 | 14.11 | 2.55 | 2.09 |
| 2.43 | 0.29 | 23.73 | 24.31 | 3.31 | 2.80 |
| 66.17 | 0.81 | 272.46 | 255.33 | 51.31 | 26.75 |
| 6.13 |  | -4.27 | -4.41 | 4.70 | 0.98 |
| 4.25 | 0.39 | 23.65 | 27.32 | 3.23 | 2.25 |
| 1.96 | 0.67 | 22.60 | 23.64 | 1.78 | 4.21 |
| 45.60 | -0.78 | 210.95 | 189.33 | 39.10 | 17.33 |
| 8.23 | 0.54 | 19.53 | 19.44 | 2.50 | 1.97 |
| 110.00 | 9.37 | 336.63 | 257.37 | 42.66 | 21.09 |
| 59.33 | 1.59 | 82.51 | 85.22 | 25.01 | 4.51 |
| 1.53 | -0.23 | 10.38 | 9.39 | 0.23 | 0.38 |
| 1.01 | 0.60 | 6.98 | 6.36 | 2.01 | 0.64 |
| 5.28 | 0.08 | 23.09 | 23.25 | 4.95 | 2.44 |
| 0.33 |  | 8.42 | 8.66 | 0.15 | 0.67 |
| 42.51 | 7.34 | 205.25 | 124.49 | 10.30 | 12.43 |
| 33.46 | 1.30 | 353.37 | 364.48 | 42.20 | 76.95 |

2-4 续表 13

| 行　　业 | 销售费用 | 管理费用 | 财务费用 | 利息收入 |
|---|---|---|---|---|
| 结构性金属制品制造 | 28.24 | 53.70 | 8.07 | 0.62 |
| 金属工具制造 | 19.38 | 31.22 | 1.96 | -0.10 |
| 集装箱及金属包装容器制造 | 24.39 | 40.17 | 2.72 | 1.72 |
| 金属丝绳及其制品制造 | 13.52 | 23.66 | 4.24 | 0.37 |
| 建筑、安全用金属制品制造 | 18.00 | 39.77 | 2.15 | 0.87 |
| 金属表面处理及热处理加工 | 7.43 | 20.37 | 2.55 | 0.33 |
| 搪瓷制品制造 | 1.46 | 3.98 | -0.10 | 0.63 |
| 金属制日用品制造 | 18.04 | 33.18 | 1.61 | 0.33 |
| 其他金属制品制造 | 23.82 | 77.71 | 5.14 | 1.50 |
| 通用设备制造业 | 376.48 | 739.87 | 41.80 | 20.09 |
| 锅炉及原动设备制造 | 33.23 | 73.81 | 1.98 | 2.71 |
| 金属加工机械制造 | 31.87 | 48.04 | 7.05 | 1.13 |
| 物料搬运设备制造 | 87.58 | 179.92 | 9.44 | 9.82 |
| 泵、阀门、压缩机及类似机械制造 | 79.50 | 148.45 | 6.07 | 3.21 |
| 轴承、齿轮和传动部件制造 | 20.20 | 58.26 | 9.38 | 0.54 |
| 烘炉、风机、衡器、包装等设备制造 | 75.52 | 115.54 | 1.10 | 0.83 |
| 文化、办公用机械制造 | 19.12 | 51.36 | 1.31 | 0.62 |
| 通用零部件制造 | 22.50 | 52.29 | 4.57 | 1.10 |
| 其他通用设备制造业 | 6.94 | 12.19 | 0.91 | 0.13 |
| 专用设备制造业 | 227.13 | 453.42 | 29.63 | 8.92 |
| 采矿、冶金、建筑专用设备制造 | 53.51 | 104.87 | 15.24 | 3.02 |
| 化工、木材、非金属加工专用设备制造 | 45.05 | 107.49 | 3.97 | 1.78 |
| 食品、饮料、烟草及饲料生产专用设备制造 | 5.10 | 8.34 | -0.03 | 0.12 |
| 印刷、制药、日化及日用品生产专用设备制造 | 16.62 | 25.84 | 1.21 | 0.16 |
| 纺织、服装和皮革加工专用设备制造 | 14.31 | 27.72 | 2.56 | 0.98 |
| 电子和电工机械专用设备制造 | 12.89 | 25.43 | -0.03 | 0.31 |
| 农、林、牧、渔专用机械制造 | 10.65 | 24.76 | 5.11 | 0.44 |
| 医疗仪器设备及器械制造 | 32.75 | 72.79 | -0.92 | 1.09 |
| 环保、社会公共服务及其他专用设备制造 | 36.25 | 56.19 | 2.53 | 1.03 |
| 汽车制造业 | 1035.45 | 1802.77 | 112.12 | 38.02 |
| 汽车整车制造 | 682.42 | 892.74 | 35.51 | 25.22 |
| 改装汽车制造 | 4.12 | 7.54 | 0.16 | 0.09 |
| 电车制造 | 0.11 | 0.15 | 0.08 | |
| 汽车车身、挂车制造 | 4.61 | 6.93 | -0.33 | 0.41 |
| 汽车零部件及配件制造 | 343.81 | 894.13 | 75.93 | 12.28 |
| 铁路、船舶、航空航天和其他运输设备制造业 | 51.11 | 133.83 | 15.01 | 4.31 |
| 铁路运输设备制造 | 12.80 | 19.77 | 1.99 | 0.30 |
| 城市轨道交通设备制造 | 2.07 | 3.99 | -0.02 | 0.16 |
| 船舶及相关装置制造 | 6.15 | 33.72 | 15.70 | 1.27 |
| 航空、航天器及设备制造 | 4.21 | 19.71 | -0.31 | 0.52 |
| 摩托车制造 | 13.65 | 35.94 | -2.23 | 1.56 |
| 自行车制造 | 8.67 | 15.99 | 0.15 | 0.41 |
| 非公路休闲车及零配件制造 | 2.21 | 2.87 | -0.14 | 0.06 |
| 潜水救捞及其他未列明运输设备制造 | 1.35 | 1.83 | -0.13 | 0.02 |
| 电气机械和器材制造业 | 529.89 | 830.61 | 64.00 | 16.36 |

单位：亿元

| 利息支出 | 投资收益（损失以“-”号记） | 营业利润 | 利润总额 | 亏损企业亏损额 | 平均用工人数（万人） |
|---|---|---|---|---|---|
| 5.70 | 0.05 | 50.26 | 53.20 | 7.97 | 10.79 |
| 2.43 | 0.35 | 42.28 | 43.54 | 1.55 | 8.29 |
| 5.82 | -0.91 | 51.53 | 52.51 | 13.77 | 7.88 |
| 4.12 | 0.16 | 16.79 | 18.53 | 3.93 | 3.75 |
| 3.65 | -0.13 | 44.75 | 45.46 | 3.72 | 11.49 |
| 1.91 | 0.20 | 22.94 | 23.81 | 3.56 | 5.05 |
| 0.72 | 0.48 | 4.82 | 4.94 | 0.45 | 0.90 |
| 2.54 | -0.02 | 42.19 | 44.26 | 2.78 | 11.51 |
| 6.56 | 1.12 | 77.80 | 78.22 | 4.47 | 17.30 |
| 59.71 | 46.52 | 884.65 | 905.26 | 66.71 | 100.74 |
| 5.83 | 2.82 | 91.81 | 92.33 | 4.77 | 6.72 |
| 4.38 | -0.11 | 47.21 | 54.50 | 6.45 | 6.74 |
| 15.82 | 4.84 | 214.59 | 218.10 | 9.82 | 15.47 |
| 9.63 | 5.83 | 171.56 | 174.87 | 11.95 | 19.36 |
| 7.00 | 0.51 | 64.89 | 66.38 | 10.52 | 10.05 |
| 8.91 | 32.92 | 165.61 | 166.85 | 11.39 | 16.77 |
| 1.20 | -0.77 | 52.44 | 54.53 | 4.21 | 12.71 |
| 6.29 | 0.39 | 67.65 | 68.15 | 5.51 | 11.23 |
| 0.65 | 0.09 | 8.88 | 9.54 | 2.10 | 1.69 |
| 39.06 | 20.06 | 439.36 | 456.05 | 103.48 | 63.87 |
| 19.16 | 1.63 | 80.34 | 83.79 | 62.71 | 10.36 |
| 5.58 | 4.43 | 110.79 | 114.05 | 12.76 | 22.06 |
| 0.26 | 0.05 | 9.97 | 10.51 | 0.08 | 1.00 |
| 1.13 | 1.05 | 23.77 | 24.78 | 1.36 | 4.03 |
| 3.16 | 5.66 | 29.77 | 30.75 | 2.27 | 4.47 |
| 0.91 | 0.04 | 23.97 | 25.46 | 1.68 | 4.29 |
| 2.21 | 0.47 | 3.64 | 3.75 | 13.33 | 2.73 |
| 3.05 | 5.56 | 94.14 | 98.14 | 3.02 | 9.04 |
| 3.61 | 1.18 | 62.96 | 64.80 | 6.28 | 5.91 |
| 107.77 | 123.22 | 3355.61 | 3511.57 | 134.06 | 164.55 |
| 43.21 | 95.40 | 2031.87 | 2157.20 | 68.72 | 47.87 |
| 0.40 | -1.34 | 7.48 | 7.65 | 1.81 | 0.99 |
| 0.08 |  | 1.52 | 1.52 |  | 0.05 |
| 0.74 | -0.09 | 11.82 | 12.25 | 1.76 | 1.79 |
| 62.94 | 29.26 | 1304.55 | 1334.61 | 60.11 | 113.76 |
| 17.06 | 1.23 | 273.35 | 282.72 | 12.95 | 27.98 |
| 1.53 | 0.51 | 47.09 | 47.62 | 0.81 | 2.20 |
| 0.05 |  | 2.50 | 2.57 | 0.07 | 0.25 |
| 11.75 | 7.41 | 91.37 | 97.10 | 6.75 | 10.49 |
| 0.64 | -7.64 | 69.65 | 71.84 | 1.38 | 1.50 |
| 1.00 | 0.63 | 28.14 | 29.08 | 1.11 | 4.96 |
| 1.82 | 0.32 | 13.74 | 14.37 | 2.20 | 6.78 |
| 0.18 | -0.01 | 17.88 | 17.86 | 0.17 | 1.06 |
| 0.10 |  | 2.99 | 2.27 | 0.46 | 0.75 |
| 93.23 | 34.98 | 1134.29 | 1149.65 | 110.30 | 174.24 |

2-4 续表 14

| 行 业 | 销售费用 | 管理费用 | 财务费用 | 利息收入 |
|---|---|---|---|---|
| 电机制造 | 78.34 | 115.92 | 3.31 | 2.97 |
| 输配电及控制设备制造 | 118.94 | 233.53 | 27.09 | 5.13 |
| 电线、电缆、光缆及电工器材制造 | 42.87 | 100.16 | 12.63 | 2.02 |
| 电池制造 | 24.25 | 81.60 | 17.30 | 2.64 |
| 家用电力器具制造 | 217.54 | 177.98 | -0.07 | 2.41 |
| 非电力家用器具制造 | 13.00 | 9.07 | 0.38 | 0.09 |
| 照明器具制造 | 31.37 | 85.87 | 3.48 | 1.10 |
| 其他电气机械及器材制造 | 3.56 | 26.49 | -0.12 | |
| 计算机、通信和其他电子设备制造业 | 703.88 | 1734.11 | 59.12 | 99.25 |
| 计算机制造 | 161.35 | 294.32 | 10.32 | 23.31 |
| 通信设备制造 | 168.11 | 338.65 | 16.70 | 42.68 |
| 广播电视设备制造 | 14.56 | 33.49 | -0.94 | -0.83 |
| 雷达及配套设备制造 | 0.33 | 1.06 | 0.33 | 0.11 |
| 视听设备制造 | 116.43 | 139.28 | 9.75 | 4.63 |
| 电子器件制造 | 89.00 | 401.83 | 32.77 | 16.05 |
| 电子元件制造 | 118.39 | 427.05 | -5.88 | 12.54 |
| 其他电子设备制造 | 35.72 | 98.45 | -3.93 | 0.76 |
| 仪器仪表制造业 | 96.07 | 179.63 | 2.82 | 1.47 |
| 通用仪器仪表制造 | 50.93 | 81.63 | 1.74 | 1.18 |
| 专用仪器仪表制造 | 19.32 | 42.04 | 0.76 | 0.67 |
| 钟表与计时仪器制造 | 12.40 | 18.16 | 0.50 | 0.08 |
| 光学仪器及眼镜制造 | 12.16 | 35.80 | -0.12 | -0.46 |
| 其他仪器仪表制造业 | 1.25 | 1.99 | -0.05 | |
| 其他制造业 | 15.92 | 30.79 | 3.08 | 0.21 |
| 日用杂品制造 | 11.95 | 22.84 | 2.26 | 0.09 |
| 煤制品制造 | 0.01 | 0.38 | 0.30 | -0.04 |
| 废弃资源综合利用业 | 2.66 | 11.03 | 3.90 | 0.47 |
| 金属废料和碎屑加工处理 | 1.72 | 8.36 | 3.35 | 0.36 |
| 非金属废料和碎屑加工处理 | 0.94 | 2.66 | 0.55 | 0.12 |
| 金属制品、机械和设备修理业 | 6.41 | 40.18 | 22.18 | 2.45 |
| 金属制品修理 | 0.13 | 0.50 | 0.08 | 0.02 |
| 通用设备修理 | 0.15 | 0.19 | -0.01 | |
| 专用设备修理 | 0.61 | 1.63 | 0.07 | 0.05 |
| 铁路、船舶、航空航天等运输设备修理 | 5.37 | 37.50 | 22.05 | 2.37 |
| 其他机械和设备修理业 | 0.07 | 0.22 | -0.01 | |
| **电力、热力、燃气及水生产和供应业** | **81.86** | **188.06** | **164.81** | **19.10** |
| 电力、热力生产和供应业 | 4.23 | 73.16 | 122.14 | 12.08 |
| 电力生产 | 2.26 | 66.78 | 119.38 | 11.51 |
| 电力供应 | 0.04 | 0.73 | -0.09 | 0.10 |
| 热力生产和供应 | 1.93 | 5.65 | 2.86 | 0.47 |
| 燃气生产和供应业 | 63.53 | 81.45 | 19.21 | 3.70 |
| 水的生产和供应业 | 14.09 | 33.45 | 23.46 | 3.31 |
| 自来水生产和供应 | 13.07 | 21.29 | 4.23 | 1.18 |
| 污水处理及其再生利用 | 0.61 | 10.42 | 5.71 | 0.50 |
| 其他水的处理、利用与分配 | 0.41 | 1.75 | 13.53 | 1.63 |

单位：亿元

| 利息支出 | 投资收益（损失以“–”号记） | 营业利润 | 利润总额 | 亏损企业亏损额 | 平均用工人数（万人） |
|---|---|---|---|---|---|
| 9.53 | 6.49 | 191.24 | 187.69 | 34.55 | 23.69 |
| 33.16 | 9.96 | 390.52 | 395.98 | 27.58 | 46.01 |
| 12.66 | 2.92 | 133.25 | 135.89 | 9.90 | 24.08 |
| 20.38 | 4.04 | 66.96 | 70.07 | 16.40 | 15.95 |
| 12.46 | 9.70 | 241.95 | 248.55 | 14.23 | 42.09 |
| 0.62 | 0.56 | 17.39 | 17.52 | 0.08 | 1.72 |
| 4.20 | 1.24 | 87.53 | 88.76 | 5.54 | 18.94 |
| 0.21 | 0.07 | 5.46 | 5.20 | 2.03 | 1.77 |
| 152.28 | 25.62 | 2243.98 | 2456.61 | 228.27 | 510.70 |
| 20.58 | -37.19 | 426.99 | 466.01 | 34.97 | 87.07 |
| 46.94 | 32.83 | 393.55 | 438.73 | 37.37 | 109.87 |
| 1.53 | 0.38 | 37.29 | 38.29 | 6.30 | 8.73 |
| 0.41 |  | 0.01 | -0.36 | 1.02 | 0.12 |
| 9.26 | 13.92 | 151.16 | 161.28 | 7.40 | 38.14 |
| 38.95 | 8.14 | 514.62 | 618.88 | 83.62 | 91.11 |
| 31.12 | 6.85 | 547.64 | 556.15 | 52.29 | 148.31 |
| 3.49 | 0.69 | 172.72 | 177.63 | 5.31 | 27.34 |
| 7.37 | 7.19 | 216.78 | 223.72 | 12.12 | 35.35 |
| 3.34 | 6.23 | 104.56 | 110.38 | 5.48 | 10.17 |
| 1.51 | 0.68 | 52.01 | 52.08 | 0.95 | 4.77 |
| 0.53 | 0.06 | 19.42 | 20.09 | 1.82 | 8.59 |
| 1.83 | 0.23 | 38.55 | 38.97 | 3.55 | 11.15 |
| 0.16 | -0.01 | 2.25 | 2.20 | 0.33 | 0.68 |
| 3.46 | -0.05 | 36.32 | 36.39 | 1.22 | 11.84 |
| 2.63 | 0.01 | 28.47 | 28.53 | 0.84 | 10.06 |
| 0.33 |  | 0.41 | 0.41 |  | 0.07 |
| 2.45 | 1.27 | 22.62 | 26.36 | 5.29 | 1.64 |
| 1.97 | -0.30 | 19.29 | 22.70 | 3.10 | 1.19 |
| 0.48 | 1.57 | 3.33 | 3.66 | 2.18 | 0.44 |
| 20.43 | 0.49 | -24.51 | -25.85 | 50.50 | 5.33 |
| 0.07 | 0.04 | 0.61 | 0.68 |  | 0.08 |
|  | 0.04 | 0.22 | 0.22 |  | 0.04 |
| 0.09 |  | 1.70 | 1.87 | 0.06 | 0.12 |
| 20.27 | 0.42 | -27.45 | -29.05 | 50.44 | 5.06 |
| 0.01 |  | 0.33 | 0.34 |  | 0.03 |
| **165.38** | **89.66** | **809.73** | **840.92** | **40.65** | **24.78** |
| 123.98 | 42.22 | 524.24 | 537.38 | 26.50 | 10.32 |
| 120.64 | 41.20 | 512.60 | 523.85 | 26.13 | 9.34 |
| 0.04 |  | 0.65 | 0.68 |  | 0.07 |
| 3.30 | 1.02 | 10.99 | 12.86 | 0.37 | 0.91 |
| 21.42 | 43.14 | 230.61 | 239.71 | 9.13 | 10.39 |
| 19.98 | 4.30 | 54.88 | 63.82 | 5.02 | 4.07 |
| 4.46 | 4.28 | 30.20 | 34.11 | 1.46 | 3.12 |
| 5.49 | 0.02 | 9.19 | 14.18 | 2.97 | 0.88 |
| 10.03 |  | 15.49 | 15.52 | 0.59 | 0.07 |

# 2-5 大中型工业企业

| 行　业 | 企业单位数（个） | 工业销售产值（当年价格） | 出口交货值 | 资产总计 |
|---|---|---|---|---|
| **总　计** | **62312** | **708598.23** | **94719.03** | **767059.84** |
| **采矿业** | **2623** | **29259.97** | **37.62** | **81557.65** |
| 煤炭开采和洗选业 | 1574 | 13776.67 | 15.16 | 47369.17 |
| 烟煤和无烟煤开采洗选 | 1498 | 13092.48 | 15.16 | 45319.00 |
| 褐煤开采洗选 | 68 | 631.18 | | 1925.93 |
| 其他煤炭采选 | 8 | 53.01 | | 124.24 |
| 石油和天然气开采业 | 52 | 6492.12 | 7.97 | 19052.89 |
| 石油开采 | 34 | 4980.89 | 0.76 | 16546.02 |
| 天然气开采 | 18 | 1511.24 | 7.21 | 2506.87 |
| 黑色金属矿采选业 | 318 | 2999.17 | | 7434.20 |
| 铁矿采选 | 295 | 2793.02 | | 7281.97 |
| 锰矿、铬矿采选 | 16 | 93.18 | | 78.60 |
| 其他黑色金属矿采选 | 7 | 112.97 | | 73.63 |
| 有色金属矿采选业 | 363 | 3438.72 | 8.42 | 3636.08 |
| 常用有色金属矿采选 | 193 | 1315.87 | 2.37 | 1744.41 |
| 贵金属矿采选 | 109 | 1547.14 | | 1323.46 |
| 稀有稀土金属矿采选 | 61 | 575.71 | 6.05 | 568.21 |
| 非金属矿采选业 | 254 | 1298.85 | 3.60 | 1397.45 |
| 土砂石开采 | 148 | 719.71 | 0.30 | 262.44 |
| 化学矿开采 | 42 | 235.67 | 0.05 | 365.88 |
| 采盐 | 41 | 211.22 | 1.38 | 660.21 |
| 石棉及其他非金属矿采选 | 23 | 132.25 | 1.87 | 108.92 |
| 开采辅助活动 | 60 | 1249.70 | 2.48 | 2661.43 |
| 石油和天然气开采辅助活动 | 57 | 1242.43 | 2.48 | 2656.68 |
| **制造业** | **57520** | **634559.47** | **94584.69** | **584744.77** |
| 农副食品加工业 | 2849 | 28478.42 | 1513.71 | 16739.53 |
| 谷物磨制 | 350 | 3418.62 | 3.02 | 1414.26 |
| 饲料加工 | 326 | 3684.69 | 23.17 | 1920.77 |
| 植物油加工 | 205 | 5436.36 | 33.84 | 3030.53 |
| 制糖业 | 171 | 867.64 | 0.01 | 1367.90 |
| 屠宰及肉类加工 | 782 | 8527.93 | 156.25 | 4428.11 |
| 水产品加工 | 412 | 2537.94 | 932.16 | 1779.65 |
| 蔬菜、水果和坚果加工 | 306 | 1544.76 | 230.54 | 1001.33 |
| 其他农副食品加工 | 297 | 2460.48 | 134.73 | 1796.98 |
| 食品制造业 | 1614 | 14148.99 | 666.61 | 9681.23 |
| 焙烤食品制造 | 330 | 1843.40 | 13.67 | 1021.30 |
| 糖果、巧克力及蜜饯制造 | 128 | 1039.67 | 94.33 | 769.01 |
| 方便食品制造 | 286 | 2366.37 | 31.50 | 1430.73 |
| 乳制品制造 | 211 | 2529.42 | 1.62 | 2322.57 |
| 罐头食品制造 | 186 | 897.66 | 214.46 | 433.81 |
| 调味品、发酵制品制造 | 177 | 1781.15 | 110.29 | 1579.93 |
| 其他食品制造 | 296 | 3691.32 | 200.73 | 2123.88 |
| 酒、饮料和精制茶制造业 | 1087 | 11475.91 | 124.46 | 11469.42 |
| 酒的制造 | 546 | 6737.99 | 59.30 | 8232.76 |
| 饮料制造 | 377 | 4076.67 | 56.30 | 2881.36 |
| 精制茶加工 | 164 | 661.25 | 8.86 | 355.30 |
| 烟草制品业 | 82 | 8173.76 | 36.85 | 9467.77 |
| 烟叶复烤 | 24 | 111.05 | | 252.27 |

# 主要经济指标(大、中类行业)

单位：亿元

| 固定资产合计 | 固定资产原价 | 累计折旧 | 流动资产合计 | | | |
|---|---|---|---|---|---|---|
| | | | | 应收账款 | 存货 | |
| | | | | | | 产成品 |
| **272290.91** | **467162.54** | **213732.83** | **350655.70** | **83000.20** | **73915.48** | **26096.76** |
| **36651.04** | **62034.62** | **29932.04** | **24630.46** | **3632.92** | **2697.95** | **1047.10** |
| 17109.38 | 24546.27 | 10093.14 | 16327.58 | 2219.65 | 1724.38 | 692.51 |
| 16391.58 | 23598.85 | 9726.46 | 15749.28 | 2127.46 | 1659.73 | 648.06 |
| 666.54 | 886.08 | 352.09 | 541.18 | 89.21 | 60.62 | 41.00 |
| 51.25 | 61.34 | 14.59 | 37.12 | 2.98 | 4.03 | 3.44 |
| 14516.39 | 29667.69 | 16571.01 | 2676.91 | 205.50 | 224.88 | 92.46 |
| 13043.48 | 26950.85 | 15239.91 | 2283.46 | 168.23 | 192.11 | 87.77 |
| 1472.92 | 2716.84 | 1331.10 | 393.45 | 37.27 | 32.77 | 4.69 |
| 2083.25 | 3073.71 | 1136.56 | 2562.72 | 455.89 | 224.29 | 103.42 |
| 2011.52 | 2973.83 | 1096.60 | 2513.76 | 447.29 | 213.08 | 95.38 |
| 32.89 | 37.91 | 15.23 | 34.67 | 6.83 | 4.69 | 2.84 |
| 38.84 | 61.97 | 24.72 | 14.29 | 1.76 | 6.51 | 5.20 |
| 1446.99 | 1942.64 | 683.55 | 1141.71 | 144.74 | 272.36 | 106.10 |
| 627.53 | 860.71 | 307.05 | 560.37 | 89.74 | 95.54 | 36.56 |
| 555.95 | 721.41 | 244.67 | 391.62 | 38.25 | 120.73 | 37.93 |
| 263.51 | 360.52 | 131.84 | 189.72 | 16.76 | 56.09 | 31.61 |
| 493.13 | 699.62 | 305.73 | 620.88 | 80.66 | 91.25 | 41.98 |
| 137.69 | 245.29 | 111.67 | 99.27 | 17.87 | 16.53 | 12.44 |
| 77.10 | 127.83 | 51.32 | 156.18 | 34.52 | 32.79 | 7.45 |
| 250.03 | 286.28 | 124.31 | 331.07 | 22.97 | 36.15 | 19.45 |
| 28.32 | 40.22 | 18.43 | 34.35 | 5.30 | 5.78 | 2.64 |
| 998.54 | 2098.06 | 1138.80 | 1298.09 | 524.84 | 160.55 | 10.63 |
| 997.55 | 2096.23 | 1138.19 | 1294.33 | 524.38 | 159.36 | 9.49 |
| **177714.81** | **305576.67** | **140110.89** | **310719.96** | **77135.12** | **70205.29** | **24982.89** |
| 5663.17 | 10787.03 | 5626.49 | 8833.80 | 1209.56 | 2281.18 | 978.48 |
| 616.21 | 2103.20 | 1491.85 | 656.68 | 94.49 | 218.35 | 64.18 |
| 629.77 | 1108.53 | 569.80 | 896.05 | 110.90 | 203.08 | 57.93 |
| 675.15 | 1317.12 | 687.86 | 2088.17 | 203.62 | 637.44 | 258.02 |
| 295.33 | 569.04 | 290.00 | 906.10 | 95.14 | 123.61 | 77.97 |
| 1627.86 | 2618.96 | 1072.81 | 2132.16 | 291.50 | 480.29 | 239.36 |
| 643.87 | 1110.06 | 642.38 | 934.70 | 225.64 | 297.02 | 153.12 |
| 364.78 | 626.51 | 290.85 | 506.98 | 92.63 | 134.34 | 50.62 |
| 810.20 | 1333.62 | 580.94 | 712.96 | 95.63 | 187.05 | 77.28 |
| 3259.41 | 5636.73 | 2556.20 | 4766.09 | 1044.57 | 843.92 | 368.93 |
| 396.93 | 912.32 | 550.70 | 476.52 | 86.88 | 87.66 | 34.15 |
| 279.91 | 455.56 | 194.32 | 362.74 | 91.14 | 65.11 | 26.06 |
| 529.63 | 880.97 | 368.05 | 700.32 | 161.67 | 124.47 | 51.49 |
| 587.59 | 1013.08 | 468.78 | 1148.08 | 270.17 | 140.73 | 67.76 |
| 162.66 | 267.05 | 111.18 | 222.98 | 36.58 | 76.91 | 48.08 |
| 667.00 | 988.52 | 348.34 | 678.25 | 99.90 | 148.40 | 48.52 |
| 635.67 | 1119.23 | 514.84 | 1177.19 | 298.22 | 200.63 | 92.87 |
| 3325.68 | 5131.97 | 2225.57 | 6556.34 | 591.74 | 1788.73 | 539.34 |
| 2187.17 | 3298.86 | 1453.49 | 4939.38 | 284.60 | 1497.17 | 418.40 |
| 1012.67 | 1663.55 | 715.15 | 1448.44 | 280.06 | 222.86 | 86.00 |
| 125.83 | 169.56 | 56.93 | 168.52 | 27.09 | 68.71 | 34.94 |
| 1340.62 | 2532.29 | 1399.54 | 6650.05 | 755.83 | 4279.26 | 229.35 |
| 69.94 | 122.43 | 63.43 | 165.40 | 12.68 | 29.51 | 26.31 |

2-5 续表 1

| 行　业 | 企业单位数(个) | 工业销售产值(当年价格) | 出口交货值 | 资产总计 |
|---|---|---|---|---|
| 卷烟制造 | 43 | 7985.90 | 30.70 | 9131.13 |
| 其他烟草制品制造 | 15 | 76.81 | 6.16 | 84.37 |
| 纺织业 | 3315 | 21997.34 | 2165.06 | 14746.58 |
| 棉纺织及印染精加工 | 2080 | 15526.22 | 1044.23 | 9969.27 |
| 毛纺织及染整精加工 | 187 | 1220.02 | 163.60 | 1026.53 |
| 麻纺织及染整精加工 | 91 | 359.65 | 44.47 | 270.00 |
| 丝绢纺织及印染精加工 | 122 | 581.27 | 52.90 | 327.12 |
| 化纤织造及印染精加工 | 113 | 437.67 | 59.74 | 391.54 |
| 针织或钩针编织物及其制品制造 | 270 | 1355.27 | 241.12 | 1175.81 |
| 家用纺织制成品制造 | 213 | 1189.12 | 276.64 | 797.97 |
| 非家用纺织制成品制造 | 239 | 1328.11 | 282.36 | 788.34 |
| 纺织服装、服饰业 | 3471 | 13524.42 | 3146.08 | 8836.16 |
| 机织服装制造 | 2559 | 10485.72 | 2043.57 | 6949.80 |
| 针织或钩针编织服装制造 | 693 | 2454.66 | 951.72 | 1492.97 |
| 服饰制造 | 219 | 584.05 | 150.79 | 393.40 |
| 皮革、毛皮、羽毛及其制品和制鞋业 | 2084 | 8896.35 | 2349.73 | 4631.68 |
| 皮革鞣制加工 | 119 | 1089.28 | 54.06 | 536.77 |
| 皮革制品制造 | 457 | 1570.72 | 486.02 | 913.15 |
| 毛皮鞣制及制品加工 | 55 | 397.26 | 75.64 | 192.25 |
| 羽毛(绒)加工及制品制造 | 70 | 320.46 | 74.22 | 185.15 |
| 制鞋业 | 1383 | 5518.63 | 1659.80 | 2804.35 |
| 木材加工和木、竹、藤、棕、草制品业 | 919 | 4458.65 | 453.06 | 2229.83 |
| 木材加工 | 88 | 337.61 | 9.50 | 202.63 |
| 人造板制造 | 509 | 2793.08 | 157.60 | 1367.65 |
| 木制品制造 | 216 | 1020.88 | 187.94 | 537.52 |
| 竹、藤、棕、草等制品制造 | 106 | 307.09 | 98.02 | 122.03 |
| 家具制造业 | 948 | 4276.03 | 1149.64 | 3081.47 |
| 木质家具制造 | 582 | 2619.12 | 520.57 | 1863.83 |
| 竹、藤家具制造 | 17 | 105.52 | 37.37 | 64.37 |
| 金属家具制造 | 190 | 834.92 | 349.24 | 636.64 |
| 塑料家具制造 | 16 | 50.51 | 34.10 | 31.89 |
| 其他家具制造 | 143 | 665.95 | 208.36 | 484.74 |
| 造纸和纸制品业 | 891 | 7964.73 | 388.69 | 9798.51 |
| 纸浆制造 | 19 | 102.78 |  | 234.82 |
| 造纸 | 454 | 5735.71 | 258.68 | 8005.81 |
| 纸制品制造 | 418 | 2126.24 | 130.01 | 1557.88 |
| 印刷和记录媒介复制业 | 697 | 2884.87 | 348.96 | 2577.21 |
| 印刷 | 671 | 2814.75 | 342.14 | 2515.98 |
| 装订及印刷相关服务 | 22 | 53.08 | 6.03 | 43.53 |
| 记录媒介复制 | 4 | 17.04 | 0.80 | 17.71 |
| 文教、工美、体育和娱乐用品制造业 | 1807 | 8553.12 | 2715.08 | 4611.86 |
| 文教办公用品制造 | 114 | 464.80 | 94.63 | 318.09 |
| 乐器制造 | 44 | 190.68 | 80.04 | 152.65 |
| 工艺美术品制造 | 845 | 5383.06 | 1300.82 | 2656.09 |
| 体育用品制造 | 216 | 709.71 | 369.12 | 503.99 |
| 玩具制造 | 533 | 1521.55 | 724.54 | 790.05 |
| 游艺器材及娱乐用品制造 | 55 | 283.32 | 145.94 | 190.99 |

单位：亿元

| 固定资产合计 | 固定资产原价 | 累计折旧 | 流动资产合计 | | | |
|---|---|---|---|---|---|---|
| | | | | 应收账款 | 存货 | |
| | | | | | | 产成品 |
| 1252.45 | 2378.67 | 1321.35 | 6424.10 | 723.32 | 4229.82 | 190.03 |
| 18.24 | 31.19 | 14.77 | 60.55 | 19.83 | 19.93 | 13.01 |
| 5566.90 | 9588.15 | 4504.12 | 7177.33 | 1271.33 | 2080.35 | 807.58 |
| 3939.47 | 6711.16 | 3134.83 | 4735.89 | 736.07 | 1374.39 | 500.46 |
| 281.29 | 562.70 | 317.20 | 581.70 | 118.46 | 242.10 | 97.40 |
| 111.24 | 163.67 | 56.88 | 126.07 | 19.64 | 44.77 | 24.76 |
| 105.74 | 164.85 | 63.27 | 157.94 | 25.79 | 56.94 | 25.66 |
| 162.67 | 252.21 | 96.75 | 179.65 | 34.37 | 42.81 | 20.55 |
| 406.58 | 765.26 | 373.30 | 540.81 | 152.06 | 109.42 | 46.63 |
| 253.28 | 482.08 | 238.12 | 441.59 | 97.03 | 116.41 | 51.77 |
| 306.63 | 486.21 | 223.76 | 413.66 | 87.91 | 93.52 | 40.35 |
| 2405.20 | 4436.74 | 2138.64 | 5010.76 | 1221.08 | 1314.33 | 726.46 |
| 1878.57 | 3439.41 | 1637.46 | 3893.80 | 884.87 | 1025.00 | 605.76 |
| 414.05 | 807.97 | 420.40 | 900.29 | 273.02 | 236.66 | 102.92 |
| 112.57 | 189.36 | 80.78 | 216.67 | 63.19 | 52.68 | 17.78 |
| 1236.56 | 2195.16 | 1010.23 | 2748.97 | 717.85 | 666.67 | 270.40 |
| 147.87 | 244.60 | 96.17 | 301.46 | 58.39 | 109.37 | 38.79 |
| 217.84 | 356.97 | 151.96 | 577.32 | 134.34 | 142.86 | 45.10 |
| 63.71 | 84.88 | 22.66 | 95.42 | 9.16 | 38.85 | 9.32 |
| 39.97 | 81.56 | 43.11 | 112.57 | 36.29 | 31.82 | 11.34 |
| 767.17 | 1427.16 | 696.34 | 1662.20 | 479.67 | 343.78 | 165.85 |
| 894.15 | 1745.20 | 909.87 | 985.53 | 178.96 | 286.67 | 126.92 |
| 85.03 | 125.68 | 53.92 | 84.24 | 9.42 | 18.51 | 9.86 |
| 596.07 | 1202.39 | 636.57 | 569.88 | 93.41 | 167.58 | 74.12 |
| 165.06 | 347.60 | 195.44 | 270.86 | 60.01 | 83.94 | 35.80 |
| 47.99 | 69.53 | 23.94 | 60.56 | 16.13 | 16.64 | 7.14 |
| 893.67 | 1431.83 | 601.03 | 1705.81 | 417.21 | 413.14 | 158.54 |
| 569.28 | 866.84 | 346.77 | 994.90 | 215.79 | 259.99 | 102.75 |
| 12.80 | 19.45 | 7.10 | 43.71 | 10.24 | 11.36 | 4.65 |
| 164.41 | 308.65 | 151.13 | 381.78 | 123.08 | 73.68 | 26.12 |
| 11.62 | 17.43 | 6.21 | 16.84 | 5.97 | 5.78 | 1.72 |
| 135.56 | 219.47 | 89.83 | 268.58 | 62.12 | 62.34 | 23.30 |
| 4074.86 | 6569.78 | 2748.83 | 4169.97 | 816.17 | 710.93 | 245.51 |
| 132.80 | 186.51 | 56.61 | 75.14 | 10.95 | 19.80 | 4.35 |
| 3405.09 | 5492.48 | 2312.28 | 3316.43 | 569.02 | 530.61 | 181.01 |
| 536.98 | 890.79 | 379.94 | 778.40 | 236.19 | 160.52 | 60.15 |
| 819.40 | 1574.67 | 795.71 | 1315.96 | 401.83 | 249.21 | 100.95 |
| 795.52 | 1535.47 | 779.22 | 1285.23 | 394.84 | 243.30 | 98.05 |
| 18.45 | 29.92 | 12.44 | 21.27 | 5.63 | 3.87 | 1.79 |
| 5.42 | 9.28 | 4.05 | 9.45 | 1.35 | 2.04 | 1.11 |
| 1244.78 | 2111.48 | 950.21 | 2731.48 | 582.14 | 983.95 | 523.18 |
| 105.69 | 140.73 | 60.20 | 177.04 | 39.76 | 43.78 | 25.63 |
| 41.56 | 75.80 | 35.44 | 86.02 | 11.98 | 28.35 | 8.61 |
| 603.51 | 1104.88 | 536.47 | 1666.05 | 279.66 | 689.71 | 405.94 |
| 190.00 | 297.36 | 114.70 | 269.03 | 95.66 | 69.65 | 28.39 |
| 247.89 | 409.45 | 175.37 | 445.90 | 134.62 | 124.78 | 44.10 |
| 56.13 | 83.26 | 28.03 | 87.43 | 20.45 | 27.69 | 10.50 |

2-5 续表 2

| 行　业 | 企业单位数（个） | 工业销售产值（当年价格） | 出口交货值 | 资产总计 |
|---|---|---|---|---|
| 石油加工、炼焦和核燃料加工业 | 539 | 29854.69 | 465.87 | 23696.23 |
| 精炼石油产品制造 | 207 | 24657.36 | 453.60 | 16090.43 |
| 炼焦 | 328 | 5095.14 | 12.27 | 7351.32 |
| 化学原料和化学制品制造业 | 3303 | 47423.26 | 2847.19 | 50467.77 |
| 基础化学原料制造 | 764 | 13801.38 | 652.07 | 15055.04 |
| 肥料制造 | 410 | 5831.59 | 144.85 | 9340.48 |
| 农药制造 | 154 | 1868.52 | 287.48 | 1614.50 |
| 涂料、油墨、颜料及类似产品制造 | 318 | 2893.27 | 145.93 | 2482.72 |
| 合成材料制造 | 378 | 8529.02 | 475.13 | 9635.08 |
| 专用化学产品制造 | 654 | 10560.03 | 792.75 | 9128.32 |
| 炸药、火工及焰火产品制造 | 371 | 981.12 | 187.22 | 1036.29 |
| 日用化学产品制造 | 254 | 2958.34 | 161.75 | 2175.34 |
| 医药制造业 | 1688 | 18697.28 | 1121.28 | 21241.30 |
| 化学药品原料药制造 | 338 | 3252.76 | 499.73 | 4174.84 |
| 化学药品制剂制造 | 396 | 6045.93 | 162.23 | 7458.26 |
| 中药饮片加工 | 85 | 556.45 | 9.25 | 545.26 |
| 中成药生产 | 432 | 4705.20 | 49.95 | 5047.76 |
| 兽用药品制造 | 92 | 626.94 | 37.00 | 363.91 |
| 生物药品制造 | 196 | 2115.24 | 205.89 | 2635.25 |
| 卫生材料及医药用品制造 | 149 | 1394.76 | 157.24 | 1016.01 |
| 化学纤维制造业 | 287 | 5637.09 | 474.08 | 5553.88 |
| 纤维素纤维原料及纤维制造 | 90 | 1839.03 | 216.88 | 2067.00 |
| 合成纤维制造 | 197 | 3798.06 | 257.20 | 3486.89 |
| 橡胶和塑料制品业 | 2326 | 15419.52 | 2605.35 | 12123.95 |
| 橡胶制品业 | 549 | 6666.26 | 1360.29 | 5927.82 |
| 塑料制品业 | 1777 | 8753.26 | 1245.07 | 6196.13 |
| 非金属矿物制品业 | 4110 | 23295.34 | 1117.54 | 23898.52 |
| 水泥、石灰和石膏制造 | 718 | 5006.23 | 17.06 | 8106.66 |
| 石膏、水泥制品及类似制品制造 | 427 | 2554.27 | 3.67 | 2150.28 |
| 砖瓦、石材等建筑材料制造 | 951 | 5044.85 | 136.93 | 3322.23 |
| 玻璃制造 | 141 | 876.19 | 99.15 | 1841.27 |
| 玻璃制品制造 | 428 | 2188.08 | 223.75 | 2163.98 |
| 玻璃纤维和玻璃纤维增强塑料制品制造 | 144 | 1208.18 | 123.25 | 1191.33 |
| 陶瓷制品制造 | 795 | 2883.60 | 395.03 | 1892.04 |
| 耐火材料制品制造 | 194 | 1167.04 | 46.07 | 1175.97 |
| 石墨及其他非金属矿物制品制造 | 312 | 2366.89 | 72.62 | 2054.75 |
| 黑色金属冶炼和压延加工业 | 1444 | 46934.75 | 2071.06 | 56450.82 |
| 炼铁 | 92 | 1285.13 | 11.05 | 1528.85 |
| 炼钢 | 106 | 6355.89 | 240.85 | 9280.96 |
| 黑色金属铸造 | 337 | 2091.14 | 160.04 | 1559.76 |
| 钢压延加工 | 748 | 35389.43 | 1647.34 | 42194.43 |
| 铁合金冶炼 | 161 | 1813.15 | 11.78 | 1886.82 |
| 有色金属冶炼和压延加工业 | 1252 | 32252.74 | 778.47 | 32268.04 |
| 常用有色金属冶炼 | 378 | 13660.27 | 150.04 | 17200.02 |
| 贵金属冶炼 | 77 | 1832.96 | 6.45 | 1943.96 |
| 稀有稀土金属冶炼 | 66 | 957.17 | 40.84 | 1519.76 |
| 有色金属合金制造 | 124 | 2089.10 | 120.14 | 1800.41 |

单位：亿元

| 固定资产合　计 | 固定资产原　价 | 累计折旧 | 流动资产合　计 | 应收账款 | 存货 | 产成品 |
|---|---|---|---|---|---|---|
| 10529.24 | 17426.89 | 8361.08 | 10276.73 | 1265.24 | 2742.74 | 890.21 |
| 7841.37 | 13341.81 | 6697.95 | 6712.26 | 595.51 | 1967.43 | 576.26 |
| 2523.89 | 3830.41 | 1558.61 | 3494.28 | 651.18 | 753.98 | 301.66 |
| 21712.41 | 34863.89 | 14676.50 | 19674.53 | 3405.89 | 3795.87 | 1561.74 |
| 7109.89 | 11888.43 | 5116.89 | 5114.78 | 716.66 | 994.68 | 366.07 |
| 4258.02 | 6357.87 | 2471.71 | 3245.88 | 286.94 | 692.73 | 287.63 |
| 520.10 | 949.63 | 458.18 | 744.80 | 145.03 | 197.17 | 99.72 |
| 613.84 | 1176.15 | 607.49 | 1302.74 | 336.75 | 236.87 | 112.08 |
| 4625.19 | 7281.89 | 2802.32 | 3556.95 | 578.48 | 727.76 | 270.10 |
| 3762.01 | 5843.16 | 2621.16 | 3923.40 | 972.42 | 679.65 | 298.43 |
| 382.21 | 519.85 | 174.63 | 407.80 | 86.62 | 63.01 | 23.70 |
| 441.13 | 846.92 | 424.12 | 1378.18 | 282.99 | 204.00 | 104.02 |
| 5462.70 | 8326.84 | 3547.90 | 11244.94 | 2388.08 | 2167.94 | 981.32 |
| 1402.48 | 2199.55 | 926.06 | 1747.94 | 342.94 | 355.99 | 156.57 |
| 1586.41 | 2360.66 | 974.90 | 4497.54 | 994.20 | 884.70 | 415.72 |
| 167.21 | 233.86 | 83.04 | 280.39 | 86.57 | 71.52 | 30.06 |
| 1096.82 | 1754.68 | 771.73 | 2732.79 | 565.98 | 520.62 | 230.44 |
| 161.07 | 249.67 | 98.71 | 152.85 | 24.89 | 22.02 | 9.27 |
| 724.83 | 1115.90 | 543.58 | 1250.44 | 221.32 | 218.34 | 75.62 |
| 323.88 | 412.51 | 149.88 | 583.00 | 152.18 | 94.75 | 63.64 |
| 2057.72 | 3675.18 | 1720.22 | 2472.75 | 281.41 | 574.55 | 237.26 |
| 881.53 | 1402.79 | 571.55 | 949.57 | 104.42 | 250.98 | 72.38 |
| 1176.19 | 2272.39 | 1148.67 | 1523.18 | 177.00 | 323.57 | 164.87 |
| 4277.92 | 7412.94 | 3393.94 | 6154.88 | 1610.32 | 1329.96 | 620.09 |
| 2407.45 | 3962.97 | 1718.95 | 2806.77 | 679.72 | 592.04 | 327.67 |
| 1870.46 | 3449.97 | 1674.99 | 3348.11 | 930.60 | 737.92 | 292.42 |
| 9870.31 | 16144.61 | 6737.81 | 10282.10 | 2331.72 | 1888.38 | 923.25 |
| 3932.94 | 6533.61 | 2685.37 | 2894.22 | 429.53 | 381.99 | 123.94 |
| 638.97 | 1154.19 | 536.85 | 1161.18 | 421.42 | 118.12 | 57.72 |
| 1455.06 | 2418.34 | 1049.70 | 1467.88 | 308.57 | 408.58 | 259.77 |
| 654.92 | 995.13 | 386.06 | 866.50 | 124.47 | 127.12 | 53.57 |
| 754.11 | 1297.78 | 572.18 | 1043.90 | 311.32 | 247.85 | 101.09 |
| 509.16 | 781.40 | 298.37 | 486.66 | 127.08 | 87.07 | 48.11 |
| 841.91 | 1423.02 | 602.38 | 711.51 | 161.10 | 189.34 | 103.44 |
| 344.97 | 440.18 | 177.57 | 642.91 | 198.52 | 121.30 | 76.79 |
| 738.29 | 1100.96 | 429.33 | 1007.34 | 249.71 | 207.01 | 98.83 |
| 23773.10 | 41498.80 | 18946.60 | 21007.93 | 2343.16 | 5876.91 | 1984.15 |
| 635.79 | 974.92 | 442.70 | 598.02 | 89.88 | 142.26 | 45.76 |
| 4685.67 | 7472.74 | 3343.30 | 2969.68 | 268.39 | 941.12 | 486.96 |
| 660.52 | 1078.34 | 443.07 | 715.80 | 179.16 | 166.23 | 82.48 |
| 17060.09 | 30921.85 | 14349.65 | 15879.12 | 1678.34 | 4394.79 | 1275.55 |
| 731.03 | 1050.94 | 367.88 | 845.30 | 127.39 | 232.51 | 93.41 |
| 11385.26 | 17306.23 | 6529.44 | 14305.59 | 1873.55 | 4355.03 | 1138.47 |
| 6373.58 | 9898.56 | 3791.11 | 7664.61 | 761.47 | 2617.48 | 593.25 |
| 398.14 | 569.36 | 202.05 | 896.61 | 54.32 | 305.79 | 53.86 |
| 388.21 | 651.33 | 307.48 | 657.57 | 89.88 | 182.76 | 88.23 |
| 624.10 | 927.70 | 300.56 | 876.45 | 205.56 | 246.04 | 87.49 |

2-5 续表 3

| 行　业 | 企业单位数（个） | 工业销售产值（当年价格） | 出口交货值 | 资产总计 |
|---|---|---|---|---|
| 有色金属铸造 | 16 | 165.94 | 14.99 | 195.93 |
| 有色金属压延加工 | 591 | 13547.30 | 446.01 | 9607.96 |
| 金属制品业 | 2547 | 16726.70 | 2250.00 | 12963.58 |
| 结构性金属制品制造 | 708 | 5432.85 | 188.99 | 3925.22 |
| 金属工具制造 | 241 | 977.93 | 262.95 | 818.74 |
| 集装箱及金属包装容器制造 | 191 | 1496.97 | 459.35 | 1278.24 |
| 金属丝绳及其制品制造 | 133 | 1351.40 | 101.20 | 1266.55 |
| 建筑、安全用金属制品制造 | 319 | 1703.79 | 380.24 | 1274.80 |
| 金属表面处理及热处理加工 | 184 | 1173.09 | 51.03 | 739.92 |
| 搪瓷制品制造 | 31 | 154.74 | 26.04 | 126.44 |
| 金属制日用品制造 | 306 | 1224.99 | 359.90 | 726.70 |
| 其他金属制品制造 | 434 | 3210.91 | 420.32 | 2806.97 |
| 通用设备制造业 | 2963 | 23284.64 | 3517.33 | 26267.08 |
| 锅炉及原动设备制造 | 304 | 3497.36 | 249.07 | 5448.87 |
| 金属加工机械制造 | 340 | 2190.66 | 128.83 | 2830.55 |
| 物料搬运设备制造 | 332 | 4500.23 | 575.67 | 5189.20 |
| 泵、阀门、压缩机及类似机械制造 | 596 | 4107.78 | 554.89 | 3963.57 |
| 轴承、齿轮和传动部件制造 | 377 | 2167.89 | 256.87 | 2169.74 |
| 烘炉、风机、衡器、包装等设备制造 | 400 | 3336.94 | 745.19 | 3667.72 |
| 文化、办公用机械制造 | 151 | 1322.67 | 744.33 | 1030.83 |
| 通用零部件制造 | 387 | 1830.42 | 234.31 | 1523.64 |
| 其他通用设备制造业 | 76 | 330.68 | 28.17 | 442.97 |
| 专用设备制造业 | 2401 | 18681.35 | 1997.99 | 22727.40 |
| 采矿、冶金、建筑专用设备制造 | 693 | 8158.21 | 575.77 | 11591.79 |
| 化工、木材、非金属加工专用设备制造 | 499 | 2184.09 | 408.20 | 2617.64 |
| 食品、饮料、烟草及饲料生产专用设备制造 | 82 | 515.85 | 29.67 | 368.31 |
| 印刷、制药、日化及日用品生产专用设备制造 | 97 | 688.04 | 106.48 | 691.79 |
| 纺织、服装和皮革加工专用设备制造 | 124 | 624.83 | 111.27 | 673.66 |
| 电子和电工机械专用设备制造 | 136 | 947.91 | 146.57 | 1158.98 |
| 农、林、牧、渔专用机械制造 | 168 | 1320.84 | 109.22 | 970.90 |
| 医疗仪器设备及器械制造 | 281 | 1605.34 | 335.78 | 1652.40 |
| 环保、社会公共服务及其他专用设备制造 | 321 | 2636.25 | 175.02 | 3001.92 |
| 汽车制造业 | 3193 | 64321.72 | 2620.87 | 57498.76 |
| 汽车整车制造 | 288 | 37664.52 | 771.73 | 34853.46 |
| 改装汽车制造 | 159 | 1718.83 | 58.85 | 1549.19 |
| 低速载货汽车制造 | 6 | 218.31 | 0.91 | 73.36 |
| 电车制造 | 11 | 64.85 |  | 35.23 |
| 汽车车身、挂车制造 | 42 | 569.14 | 22.15 | 405.05 |
| 汽车零部件及配件制造 | 2687 | 24086.07 | 1767.23 | 20582.47 |
| 铁路、船舶、航空航天和其他运输设备制造业 | 1094 | 15200.26 | 3082.61 | 19710.92 |
| 铁路运输设备制造 | 174 | 3346.10 | 148.77 | 4457.10 |
| 城市轨道交通设备制造 | 11 | 87.11 | 0.08 | 152.20 |
| 船舶及相关装置制造 | 287 | 5138.94 | 1982.94 | 7523.26 |
| 航空、航天器及设备制造 | 149 | 3103.26 | 310.84 | 5089.96 |
| 摩托车制造 | 292 | 2390.72 | 422.09 | 1882.63 |
| 自行车制造 | 149 | 839.55 | 168.68 | 473.44 |
| 非公路休闲车及零配件制造 | 17 | 172.34 | 18.21 | 81.55 |
| 潜水救捞及其他未列明运输设备制造 | 15 | 122.23 | 31.01 | 50.78 |

单位：亿元

| 固定资产合计 | 固定资产原价 | 累计折旧 | 流动资产合计 | 应收账款 | 存货 | |
|---|---|---|---|---|---|---|
| | | | | | | 产成品 |
| 21.16 | 41.66 | 20.68 | 62.43 | 22.66 | 11.88 | 5.79 |
| 3580.07 | 5217.63 | 1907.55 | 4147.93 | 739.64 | 991.07 | 309.85 |
| 3797.98 | 6292.39 | 2739.79 | 7164.33 | 1971.24 | 1691.10 | 702.64 |
| 1018.92 | 1606.02 | 636.23 | 2281.04 | 629.65 | 594.83 | 242.25 |
| 298.93 | 517.68 | 236.94 | 420.36 | 119.64 | 101.12 | 45.77 |
| 326.20 | 528.74 | 232.42 | 758.97 | 217.35 | 185.04 | 64.64 |
| 401.42 | 671.94 | 293.62 | 658.36 | 170.55 | 121.14 | 69.31 |
| 485.93 | 718.93 | 253.04 | 596.70 | 152.75 | 128.24 | 46.88 |
| 174.86 | 332.73 | 164.50 | 447.34 | 123.28 | 85.32 | 46.95 |
| 29.30 | 52.73 | 26.56 | 62.64 | 18.04 | 12.68 | 5.41 |
| 190.73 | 415.30 | 235.13 | 422.98 | 110.86 | 102.43 | 51.74 |
| 871.68 | 1448.33 | 661.36 | 1515.93 | 429.13 | 360.31 | 129.68 |
| 5703.33 | 9865.32 | 4593.65 | 16321.93 | 5137.89 | 3941.81 | 1398.73 |
| 928.28 | 1797.10 | 917.29 | 3596.77 | 1033.91 | 846.00 | 206.66 |
| 604.35 | 985.20 | 434.93 | 1782.07 | 393.39 | 592.51 | 199.13 |
| 930.67 | 1564.27 | 681.91 | 3360.12 | 1077.18 | 790.01 | 276.85 |
| 964.99 | 1774.55 | 875.86 | 2363.96 | 784.96 | 550.23 | 233.23 |
| 757.05 | 1308.95 | 581.34 | 1154.93 | 418.78 | 290.00 | 125.87 |
| 758.31 | 1096.69 | 457.58 | 2243.93 | 753.61 | 460.79 | 170.63 |
| 162.02 | 383.79 | 228.29 | 695.87 | 297.81 | 142.47 | 59.64 |
| 457.36 | 774.04 | 344.43 | 864.93 | 282.92 | 202.78 | 98.49 |
| 140.32 | 180.72 | 72.03 | 259.35 | 95.34 | 67.03 | 28.22 |
| 5323.28 | 8613.33 | 3708.87 | 13902.71 | 4341.10 | 3388.77 | 1130.04 |
| 2573.31 | 4369.57 | 1913.29 | 7371.07 | 2557.25 | 1873.03 | 619.21 |
| 653.60 | 1112.37 | 489.57 | 1585.38 | 464.13 | 398.22 | 133.92 |
| 113.66 | 190.23 | 85.38 | 232.50 | 53.48 | 73.09 | 24.99 |
| 155.41 | 261.43 | 118.75 | 354.46 | 93.46 | 88.53 | 22.32 |
| 160.94 | 276.93 | 134.29 | 386.41 | 89.50 | 92.73 | 36.75 |
| 320.93 | 339.17 | 172.77 | 747.90 | 183.15 | 137.24 | 59.61 |
| 312.00 | 451.86 | 172.46 | 522.64 | 140.80 | 136.98 | 70.11 |
| 358.28 | 564.65 | 227.83 | 899.61 | 241.11 | 178.48 | 63.39 |
| 675.16 | 1047.11 | 394.54 | 1802.74 | 518.24 | 410.47 | 99.74 |
| 13088.20 | 22058.55 | 9548.66 | 33557.83 | 9006.88 | 4954.75 | 2411.06 |
| 7206.07 | 12112.35 | 5226.00 | 19857.17 | 3846.66 | 2537.45 | 1295.05 |
| 368.38 | 591.12 | 240.31 | 947.37 | 301.17 | 196.19 | 79.04 |
| 11.52 | 23.76 | 12.24 | 41.32 | 7.65 | 20.62 | 2.51 |
| 12.57 | 14.72 | 2.46 | 20.71 | 2.70 | 2.45 | 0.59 |
| 83.69 | 115.05 | 39.31 | 267.64 | 57.30 | 36.71 | 13.65 |
| 5405.99 | 9201.54 | 4028.33 | 12423.63 | 4791.41 | 2161.33 | 1020.21 |
| 4965.29 | 7225.71 | 3306.16 | 12043.04 | 2628.37 | 3453.26 | 500.26 |
| 791.45 | 1266.66 | 531.88 | 3064.59 | 1108.02 | 709.36 | 190.05 |
| 24.24 | 37.62 | 11.95 | 116.02 | 56.39 | 21.04 | 3.48 |
| 1840.30 | 2791.56 | 1112.74 | 4667.57 | 482.08 | 1584.59 | 126.33 |
| 1584.61 | 1775.49 | 978.31 | 2768.06 | 618.26 | 929.09 | 92.37 |
| 529.57 | 1002.84 | 511.14 | 1085.47 | 273.19 | 128.87 | 60.95 |
| 144.17 | 207.04 | 70.90 | 271.92 | 72.76 | 57.92 | 23.45 |
| 38.19 | 119.52 | 77.97 | 38.96 | 10.82 | 11.01 | 2.29 |
| 12.75 | 24.97 | 11.28 | 30.44 | 6.85 | 11.38 | 1.34 |

2-5 续表 4

| 行 业 | 企业单位数（个） | 工业销售产值（当年价格） | 出口交货值 | 资产总计 |
|---|---|---|---|---|
| 电气机械和器材制造业 | 4407 | 48397.24 | 8170.82 | 44255.62 |
| 电机制造 | 569 | 5564.31 | 836.05 | 5849.15 |
| 输配电及控制设备制造 | 1313 | 13992.63 | 1980.27 | 13723.19 |
| 电线、电缆、光缆及电工器材制造 | 720 | 8715.13 | 625.42 | 6147.37 |
| 电池制造 | 458 | 4396.41 | 693.62 | 4619.03 |
| 家用电力器具制造 | 708 | 12342.94 | 3229.62 | 11268.58 |
| 非电力家用器具制造 | 71 | 490.68 | 72.93 | 644.50 |
| 照明器具制造 | 517 | 2656.90 | 686.45 | 1853.68 |
| 其他电气机械及器材制造 | 51 | 238.25 | 46.46 | 150.12 |
| 计算机、通信和其他电子设备制造业 | 4834 | 84555.23 | 44696.61 | 68046.04 |
| 计算机制造 | 527 | 16787.02 | 11261.73 | 9388.37 |
| 通信设备制造 | 591 | 26791.41 | 13992.99 | 21711.66 |
| 广播电视设备制造 | 172 | 1363.21 | 545.39 | 1190.54 |
| 雷达及配套设备制造 | 31 | 393.79 | 39.34 | 589.36 |
| 视听设备制造 | 347 | 7328.55 | 3268.16 | 4555.54 |
| 电子器件制造 | 1008 | 15232.04 | 8944.24 | 18332.95 |
| 电子元件制造 | 1826 | 12718.88 | 5356.17 | 9508.31 |
| 其他电子设备制造 | 332 | 3940.34 | 1288.59 | 2769.31 |
| 仪器仪表制造业 | 834 | 5254.68 | 1018.66 | 5522.38 |
| 通用仪器仪表制造 | 395 | 3193.21 | 351.20 | 3486.16 |
| 专用仪器仪表制造 | 150 | 1060.06 | 195.69 | 1011.42 |
| 钟表与计时仪器制造 | 103 | 280.07 | 185.44 | 204.53 |
| 光学仪器及眼镜制造 | 164 | 663.61 | 272.04 | 742.72 |
| 其他仪器仪表制造业 | 22 | 57.74 | 14.29 | 77.55 |
| 其他制造业 | 305 | 1430.92 | 312.45 | 1542.69 |
| 日用杂品制造 | 224 | 868.51 | 264.69 | 476.16 |
| 煤制品制造 | 6 | 43.60 | | 31.34 |
| 废弃资源综合利用业 | 120 | 1462.19 | 4.99 | 704.21 |
| 金属废料和碎屑加工处理 | 94 | 1273.79 | 3.96 | 619.43 |
| 非金属废料和碎屑加工处理 | 26 | 188.40 | 1.03 | 84.78 |
| 金属制品、机械和设备修理业 | 109 | 897.31 | 373.59 | 1934.32 |
| 金属制品修理 | 6 | 29.13 | 0.09 | 12.33 |
| 通用设备修理 | 3 | 4.86 | | 4.32 |
| 专用设备修理 | 8 | 21.52 | 1.98 | 288.13 |
| 铁路、船舶、航空航天等运输设备修理 | 79 | 810.72 | 371.28 | 1598.93 |
| 电气设备修理 | 8 | 11.22 | | 11.10 |
| 其他机械和设备修理业 | 4 | 18.95 | 0.24 | 19.16 |
| **电力、热力、燃气及水生产和供应业** | **2169** | **44778.79** | **96.72** | **100757.42** |
| 电力、热力生产和供应业 | 1602 | 41235.90 | 19.95 | 88626.88 |
| 电力生产 | 818 | 10995.44 | 11.08 | 37198.78 |
| 电力供应 | 573 | 29460.51 | 8.76 | 48345.48 |
| 热力生产和供应 | 211 | 779.94 | 0.11 | 3082.62 |
| 燃气生产和供应业 | 202 | 2447.22 | 36.26 | 4442.76 |
| 水的生产和供应业 | 365 | 1095.66 | 40.51 | 7687.79 |
| 自来水生产和供应 | 335 | 905.36 | 2.37 | 5879.96 |
| 污水处理及其再生利用 | 28 | 141.69 | | 1587.48 |

单位：亿元

| 固定资产合计 | 固定资产原价 | 累计折旧 | 流动资产合计 | 应收账款 | 存货 | 产成品 |
|---|---|---|---|---|---|---|
| 8551.47 | 16187.77 | 8028.42 | 28232.94 | 9330.18 | 4682.19 | 2159.61 |
| 1049.08 | 2089.01 | 1096.09 | 3789.14 | 1370.17 | 715.20 | 227.99 |
| 2772.73 | 5401.69 | 2743.74 | 8700.62 | 3619.64 | 1282.99 | 532.80 |
| 1272.52 | 2269.90 | 1068.80 | 3805.87 | 1486.04 | 661.02 | 344.02 |
| 999.64 | 1611.29 | 634.26 | 2849.95 | 1015.67 | 531.00 | 188.86 |
| 1733.66 | 3632.79 | 1967.36 | 7550.08 | 1346.23 | 1167.02 | 731.73 |
| 196.57 | 268.76 | 109.19 | 317.28 | 90.82 | 55.67 | 21.60 |
| 490.14 | 845.78 | 374.27 | 1120.75 | 366.39 | 234.92 | 97.46 |
| 37.13 | 68.54 | 34.71 | 99.24 | 35.21 | 34.36 | 15.16 |
| 14229.63 | 30625.04 | 16691.71 | 45605.25 | 18138.92 | 8273.72 | 2908.18 |
| 1796.28 | 3778.56 | 2105.58 | 6722.89 | 3323.07 | 1065.84 | 331.42 |
| 1811.03 | 3522.99 | 1743.70 | 17689.15 | 6976.87 | 3253.38 | 1136.17 |
| 253.63 | 501.34 | 257.66 | 744.15 | 319.24 | 153.19 | 66.68 |
| 95.58 | 178.01 | 79.54 | 395.06 | 98.51 | 129.11 | 30.28 |
| 626.15 | 1144.79 | 569.02 | 3382.10 | 1134.48 | 740.61 | 280.12 |
| 6419.62 | 12137.00 | 5721.64 | 9063.80 | 3057.45 | 1572.16 | 566.10 |
| 2734.98 | 5687.25 | 3018.26 | 5774.66 | 2507.07 | 1043.51 | 383.74 |
| 492.35 | 3675.11 | 3196.32 | 1833.44 | 722.23 | 315.91 | 113.67 |
| 1097.48 | 2065.81 | 936.75 | 3493.32 | 1170.03 | 695.91 | 246.07 |
| 603.86 | 1140.17 | 496.70 | 2230.20 | 749.38 | 427.67 | 135.22 |
| 242.06 | 433.83 | 193.93 | 658.56 | 219.01 | 116.61 | 54.13 |
| 46.75 | 83.78 | 40.31 | 139.39 | 37.28 | 54.98 | 21.05 |
| 184.44 | 377.19 | 194.85 | 430.05 | 155.55 | 90.18 | 34.35 |
| 20.36 | 30.84 | 10.96 | 35.12 | 8.82 | 6.48 | 1.32 |
| 461.20 | 783.79 | 371.07 | 895.00 | 159.84 | 269.03 | 70.65 |
| 131.95 | 270.29 | 140.15 | 274.79 | 62.68 | 65.07 | 25.11 |
| 16.14 | 43.12 | 15.22 | 8.57 | 1.37 | 1.04 | 0.32 |
| 254.23 | 742.67 | 501.96 | 322.85 | 65.97 | 62.13 | 27.80 |
| 225.09 | 664.89 | 449.62 | 287.62 | 52.91 | 56.49 | 25.49 |
| 29.14 | 77.78 | 52.34 | 35.23 | 13.06 | 5.64 | 2.31 |
| 449.66 | 719.87 | 303.91 | 1109.22 | 477.06 | 162.88 | 15.73 |
| 9.25 | 16.00 | 6.75 | 3.01 | 0.95 | 0.63 | 0.37 |
| 0.53 | 1.04 | 0.51 | 3.68 | 2.20 | 0.17 | |
| 4.23 | 46.50 | 38.91 | 70.40 | 6.91 | 10.10 | 6.09 |
| 427.90 | 632.29 | 241.48 | 1012.82 | 459.58 | 149.25 | 9.01 |
| 1.23 | 3.12 | 1.70 | 9.02 | 5.59 | 0.82 | 0.05 |
| 6.51 | 20.90 | 14.54 | 10.06 | 1.60 | 1.92 | 0.20 |
| **57925.06** | **99551.26** | **43689.90** | **15305.28** | **2232.16** | **1012.23** | **66.78** |
| 52672.23 | 91905.64 | 41064.73 | 11954.79 | 1906.52 | 843.21 | 43.35 |
| 24835.53 | 40387.35 | 15965.15 | 5519.57 | 1319.87 | 678.65 | 36.38 |
| 26284.64 | 49214.17 | 24233.19 | 5319.22 | 473.43 | 106.14 | 2.59 |
| 1552.06 | 2304.11 | 866.39 | 1116.00 | 113.21 | 58.42 | 4.38 |
| 1961.03 | 2630.82 | 676.59 | 1241.13 | 148.32 | 115.37 | 19.87 |
| 3291.80 | 5014.80 | 1948.57 | 2109.35 | 177.31 | 53.65 | 3.56 |
| 2523.06 | 4049.16 | 1746.49 | 1690.81 | 112.37 | 50.87 | 3.08 |
| 766.59 | 963.49 | 201.70 | 319.28 | 63.99 | 2.43 | 0.48 |

2-5 续表 5

| 行 业 | 负债合计 | 流动负债合计 | 应付账款 | 所有者权益合计 | 实收资本 |
|---|---|---|---|---|---|
| **总 计** | **438442.21** | **331269.73** | **95456.60** | **328841.58** | **144095.66** |
| **采矿业** | **50159.33** | **31275.60** | **6137.19** | **31456.63** | **15176.33** |
| 煤炭开采和洗选业 | 33242.67 | 21138.83 | 3453.07 | 14121.55 | 5281.65 |
| 烟煤和无烟煤开采洗选 | 31942.64 | 20334.61 | 3341.63 | 13371.40 | 4999.70 |
| 褐煤开采洗选 | 1187.63 | 755.21 | 104.39 | 738.30 | 268.86 |
| 其他煤炭采选 | 112.40 | 49.02 | 7.06 | 11.84 | 13.08 |
| 石油和天然气开采业 | 8752.81 | 4202.42 | 1411.29 | 10300.08 | 6430.08 |
| 石油开采 | 7529.10 | 3568.38 | 1243.06 | 9016.92 | 5527.46 |
| 天然气开采 | 1223.70 | 634.03 | 168.24 | 1283.17 | 902.62 |
| 黑色金属矿采选业 | 4203.33 | 3080.40 | 459.20 | 3294.24 | 1158.69 |
| 铁矿采选 | 4119.41 | 3006.01 | 445.48 | 3159.17 | 1149.31 |
| 锰矿、铬矿采选 | 35.62 | 29.94 | 8.26 | 42.98 | 6.15 |
| 其他黑色金属矿采选 | 48.30 | 44.44 | 5.46 | 92.10 | 3.22 |
| 有色金属矿采选业 | 1996.79 | 1187.28 | 184.06 | 1639.18 | 590.99 |
| 常用有色金属矿采选 | 917.93 | 634.24 | 90.92 | 826.39 | 350.20 |
| 贵金属矿采选 | 769.90 | 389.16 | 59.73 | 553.55 | 124.43 |
| 稀有稀土金属矿采选 | 308.96 | 163.88 | 33.41 | 259.24 | 116.36 |
| 非金属矿采选业 | 634.92 | 411.58 | 59.51 | 762.53 | 284.40 |
| 土砂石开采 | 79.23 | 44.44 | 9.93 | 183.22 | 59.79 |
| 化学矿开采 | 219.51 | 147.45 | 27.03 | 146.37 | 78.22 |
| 采盐 | 300.78 | 204.80 | 20.79 | 359.43 | 96.78 |
| 石棉及其他非金属矿采选 | 35.40 | 14.90 | 1.76 | 73.52 | 49.60 |
| 开采辅助活动 | 1325.68 | 1252.44 | 569.55 | 1335.76 | 1427.06 |
| 石油和天然气开采辅助活动 | 1323.03 | 1250.13 | 568.51 | 1333.65 | 1425.71 |
| **制造业** | **328288.82** | **268817.48** | **81653.07** | **256635.11** | **102251.01** |
| 农副食品加工业 | 8825.11 | 6897.29 | 1133.66 | 7928.40 | 2782.23 |
| 谷物磨制 | 614.60 | 431.88 | 52.17 | 799.65 | 275.17 |
| 饲料加工 | 848.26 | 666.30 | 136.14 | 1062.43 | 375.61 |
| 植物油加工 | 1886.52 | 1532.52 | 300.10 | 1156.44 | 406.36 |
| 制糖业 | 1043.33 | 916.68 | 108.60 | 324.62 | 147.78 |
| 屠宰及肉类加工 | 2143.94 | 1633.59 | 246.93 | 2292.66 | 803.23 |
| 水产品加工 | 795.25 | 650.64 | 133.22 | 988.66 | 272.68 |
| 蔬菜、水果和坚果加工 | 403.86 | 319.79 | 60.70 | 596.49 | 156.44 |
| 其他农副食品加工 | 1089.35 | 745.90 | 95.80 | 707.45 | 344.97 |
| 食品制造业 | 4372.32 | 3742.82 | 947.68 | 5305.00 | 1920.89 |
| 焙烤食品制造 | 399.25 | 349.53 | 109.68 | 621.91 | 242.09 |
| 糖果、巧克力及蜜饯制造 | 291.62 | 271.75 | 93.66 | 477.23 | 188.25 |
| 方便食品制造 | 668.46 | 563.76 | 143.02 | 762.26 | 302.11 |
| 乳制品制造 | 1131.02 | 992.18 | 297.70 | 1190.84 | 452.83 |
| 罐头食品制造 | 201.38 | 177.78 | 36.63 | 232.43 | 96.10 |
| 调味品、发酵制品制造 | 691.47 | 542.13 | 119.16 | 886.80 | 287.81 |
| 其他食品制造 | 989.12 | 845.70 | 147.82 | 1133.53 | 351.69 |
| 酒、饮料和精制茶制造业 | 4931.48 | 4244.97 | 811.29 | 6536.87 | 1654.99 |
| 酒的制造 | 3368.88 | 2868.48 | 446.53 | 4863.51 | 952.43 |
| 饮料制造 | 1435.26 | 1279.02 | 348.18 | 1445.71 | 638.61 |
| 精制茶加工 | 127.34 | 97.47 | 16.58 | 227.66 | 63.95 |
| 烟草制品业 | 2428.79 | 2378.94 | 1100.49 | 7038.98 | 1034.12 |
| 烟叶复烤 | 32.57 | 30.69 | 14.17 | 219.71 | 157.76 |

单位：亿元

| 国家资本 | 集体资本 | 法人资本 | 个人资本 | 港澳台资本 | 外商资本 | 主营业务收入 | 主营业务成本 |
|---|---|---|---|---|---|---|---|
| **47292.74** | **2385.73** | **49641.89** | **19864.92** | **9181.97** | **15708.52** | **722934.38** | **607782.70** |
| **8915.16** | **123.61** | **5029.48** | **801.87** | **35.55** | **270.92** | **31881.88** | **26067.86** |
| 2883.63 | 73.61 | 1819.64 | 448.50 | 17.43 | 39.09 | 16570.08 | 12917.56 |
| 2719.18 | 69.38 | 1722.73 | 434.67 | 17.43 | 36.57 | 15853.90 | 12404.13 |
| 156.19 | 1.22 | 95.32 | 13.61 |  | 2.52 | 661.21 | 460.15 |
| 8.26 | 3.00 | 1.60 | 0.22 |  |  | 54.96 | 53.27 |
| 4249.28 |  | 1976.71 | 1.09 |  | 203.00 | 6174.17 | 5344.81 |
| 3588.14 |  | 1938.23 | 1.09 |  |  | 4744.98 | 4258.43 |
| 661.14 |  | 38.48 |  |  | 203.00 | 1429.18 | 1086.38 |
| 678.38 | 10.41 | 289.84 | 168.44 | 1.26 | 10.35 | 3014.50 | 2456.62 |
| 676.37 | 10.41 | 284.90 | 166.01 | 1.26 | 10.35 | 2814.37 | 2293.16 |
| 2.00 |  | 2.22 | 1.93 |  |  | 93.31 | 80.61 |
|  |  | 2.72 | 0.50 |  |  | 106.83 | 82.85 |
| 222.41 | 25.48 | 245.40 | 84.34 | 5.96 | 7.40 | 3415.74 | 2875.48 |
| 94.35 | 16.72 | 188.42 | 39.50 | 5.44 | 5.77 | 1293.56 | 1014.53 |
| 74.79 | 8.35 | 23.11 | 16.28 | 0.52 | 1.39 | 1566.42 | 1356.68 |
| 53.28 | 0.41 | 33.87 | 28.56 |  | 0.24 | 555.76 | 504.28 |
| 80.33 | 11.03 | 94.22 | 87.79 |  | 11.02 | 1254.52 | 993.09 |
| 5.22 | 3.20 | 27.24 | 24.13 |  |  | 712.92 | 594.47 |
| 24.00 | 1.45 | 34.53 | 11.24 |  | 7.00 | 195.22 | 144.80 |
| 48.36 | 6.23 | 31.30 | 7.41 |  | 3.48 | 214.58 | 160.71 |
| 2.76 | 0.15 | 1.15 | 45.00 |  | 0.55 | 131.80 | 93.11 |
| 798.89 | 3.07 | 603.66 | 10.47 | 10.90 | 0.06 | 1446.39 | 1477.44 |
| 798.89 | 3.07 | 602.31 | 10.47 | 10.90 | 0.06 | 1439.30 | 1471.20 |
| **18598.19** | **2106.81** | **38928.96** | **18788.76** | **8693.35** | **15114.43** | **645310.46** | **540593.14** |
| 186.76 | 97.84 | 1111.08 | 826.68 | 162.86 | 397.01 | 28949.54 | 25527.49 |
| 11.65 | 11.64 | 96.03 | 133.23 | 14.72 | 7.91 | 3434.30 | 3057.37 |
| 0.39 | 11.21 | 181.28 | 141.90 | 14.13 | 26.70 | 3706.48 | 3247.77 |
| 103.52 | 9.83 | 121.73 | 68.51 | 11.05 | 91.71 | 5476.64 | 4875.70 |
| 31.28 | 5.68 | 73.89 | 21.20 | 1.75 | 13.99 | 893.93 | 736.93 |
| 20.56 | 28.93 | 329.01 | 202.39 | 95.55 | 126.79 | 8823.97 | 7839.54 |
| 3.38 | 4.81 | 147.41 | 83.66 | 9.83 | 23.58 | 2590.53 | 2305.49 |
| 3.76 | 1.95 | 63.73 | 51.57 | 3.90 | 31.54 | 1550.24 | 1303.96 |
| 12.22 | 23.80 | 98.01 | 124.21 | 11.94 | 74.79 | 2473.45 | 2160.72 |
| 87.11 | 58.76 | 793.33 | 446.58 | 217.90 | 317.21 | 14631.86 | 11266.85 |
| 1.44 | 0.15 | 66.97 | 51.05 | 73.04 | 49.45 | 1932.66 | 1521.54 |
|  | 1.34 | 92.65 | 31.09 | 18.01 | 45.16 | 1150.64 | 850.62 |
| 1.92 | 19.18 | 119.67 | 56.89 | 66.32 | 38.12 | 2341.94 | 1925.66 |
| 30.72 | 12.21 | 208.64 | 106.17 | 33.35 | 61.75 | 2871.03 | 2214.11 |
| 4.05 | 2.02 | 65.09 | 21.04 | 1.25 | 2.65 | 895.40 | 776.61 |
| 25.21 | 1.97 | 116.53 | 91.99 | 12.77 | 39.34 | 1731.12 | 1316.08 |
| 23.76 | 21.88 | 123.78 | 88.36 | 13.17 | 80.74 | 3709.08 | 2662.23 |
| 173.13 | 36.98 | 567.48 | 356.04 | 138.92 | 382.44 | 11269.41 | 7980.74 |
| 153.28 | 23.67 | 324.53 | 229.28 | 44.45 | 177.22 | 6578.89 | 4456.83 |
| 18.73 | 6.42 | 220.16 | 99.98 | 88.09 | 205.22 | 4057.83 | 3028.63 |
| 1.13 | 6.88 | 22.79 | 26.78 | 6.37 |  | 632.69 | 495.27 |
| 597.43 | 13.65 | 422.09 | 0.53 |  | 0.42 | 8033.65 | 2274.36 |
| 85.70 | 12.06 | 59.58 |  |  | 0.42 | 113.21 | 87.00 |

2-5 续表 6

| 行　业 | 负债合计 | 流动负债合计 | 应付账款 | 所有者权益合计 | 实收资本 |
|---|---|---|---|---|---|
| 卷烟制造 | 2364.92 | 2317.75 | 1074.78 | 6766.21 | 850.94 |
| 其他烟草制品制造 | 31.31 | 30.50 | 11.54 | 53.06 | 25.42 |
| 纺织业 | 7573.81 | 5859.52 | 1077.37 | 7168.39 | 2613.62 |
| 棉纺织及印染精加工 | 5154.92 | 3877.79 | 685.12 | 4811.14 | 1737.48 |
| 毛纺织及染整精加工 | 554.93 | 469.22 | 87.36 | 471.58 | 192.01 |
| 麻纺织及染整精加工 | 110.96 | 93.27 | 15.21 | 158.88 | 58.22 |
| 丝绢纺织及印染精加工 | 152.69 | 117.69 | 15.21 | 174.43 | 37.84 |
| 化纤织造及印染精加工 | 229.43 | 194.95 | 25.27 | 162.10 | 82.96 |
| 针织或钩针编织物及其制品制造 | 605.34 | 466.35 | 109.41 | 570.32 | 195.91 |
| 家用纺织制成品制造 | 392.86 | 336.73 | 70.74 | 405.04 | 164.20 |
| 非家用纺织制成品制造 | 372.69 | 303.52 | 69.05 | 414.89 | 145.01 |
| 纺织服装、服饰业 | 3964.55 | 3279.35 | 974.83 | 4867.85 | 1578.64 |
| 机织服装制造 | 3067.09 | 2505.83 | 721.89 | 3880.33 | 1224.56 |
| 针织或钩针编织服装制造 | 717.87 | 624.93 | 209.32 | 773.86 | 266.54 |
| 服饰制造 | 179.59 | 148.59 | 43.63 | 213.66 | 87.55 |
| 皮革、毛皮、羽毛及其制品和制鞋业 | 1964.82 | 1689.17 | 459.01 | 2665.93 | 866.20 |
| 皮革鞣制加工 | 213.65 | 190.67 | 37.56 | 323.12 | 98.16 |
| 皮革制品制造 | 369.79 | 342.25 | 90.38 | 544.20 | 115.75 |
| 毛皮鞣制及制品加工 | 68.25 | 51.76 | 14.78 | 124.00 | 38.49 |
| 羽毛(绒)加工及制品制造 | 95.96 | 88.06 | 17.99 | 87.87 | 28.26 |
| 制鞋业 | 1217.16 | 1016.43 | 298.30 | 1586.75 | 585.54 |
| 木材加工和木、竹、藤、棕、草制品业 | 966.37 | 737.27 | 124.56 | 1256.02 | 414.20 |
| 木材加工 | 84.54 | 63.27 | 7.83 | 118.09 | 56.17 |
| 人造板制造 | 583.44 | 414.75 | 67.13 | 776.85 | 241.68 |
| 木制品制造 | 245.25 | 216.63 | 40.26 | 292.27 | 98.49 |
| 竹、藤、棕、草等制品制造 | 53.14 | 42.62 | 9.36 | 68.81 | 17.86 |
| 家具制造业 | 1565.93 | 1371.43 | 372.95 | 1514.55 | 635.89 |
| 木质家具制造 | 931.90 | 794.23 | 175.59 | 931.68 | 348.16 |
| 竹、藤家具制造 | 40.44 | 36.03 | 3.11 | 23.78 | 12.38 |
| 金属家具制造 | 347.65 | 322.58 | 120.79 | 288.67 | 155.33 |
| 塑料家具制造 | 14.14 | 11.99 | 4.29 | 17.62 | 12.64 |
| 其他家具制造 | 231.79 | 206.60 | 69.16 | 252.80 | 107.38 |
| 造纸和纸制品业 | 5480.17 | 4123.30 | 769.53 | 4315.65 | 2491.53 |
| 纸浆制造 | 190.81 | 140.48 | 24.01 | 43.97 | 57.33 |
| 造纸 | 4577.35 | 3374.06 | 546.52 | 3427.69 | 2088.08 |
| 纸制品制造 | 712.01 | 608.76 | 199.00 | 843.99 | 346.12 |
| 印刷和记录媒介复制业 | 995.80 | 849.05 | 287.75 | 1579.91 | 625.62 |
| 印刷 | 974.08 | 834.06 | 283.63 | 1540.43 | 609.66 |
| 装订及印刷相关服务 | 18.44 | 13.09 | 3.22 | 25.05 | 10.57 |
| 记录媒介复制 | 3.28 | 1.89 | 0.90 | 14.43 | 5.38 |
| 文教、工美、体育和娱乐用品制造业 | 2209.89 | 1859.29 | 493.57 | 2398.49 | 916.08 |
| 文教办公用品制造 | 143.24 | 132.18 | 34.88 | 174.33 | 53.01 |
| 乐器制造 | 50.63 | 39.57 | 14.82 | 102.02 | 56.31 |
| 工艺美术品制造 | 1341.72 | 1111.83 | 208.05 | 1313.04 | 389.29 |
| 体育用品制造 | 228.31 | 189.38 | 90.36 | 275.16 | 156.85 |
| 玩具制造 | 361.35 | 308.55 | 124.21 | 427.58 | 230.59 |
| 游艺器材及娱乐用品制造 | 84.65 | 77.78 | 21.24 | 106.35 | 30.04 |

单位：亿元

| 国家资本 | 集体资本 | 法人资本 | 个人资本 | 港澳台资本 | 外商资本 | 主营业务收入 | 主营业务成本 |
|---|---|---|---|---|---|---|---|
| 492.23 | 0.30 | 357.91 | 0.50 | | | 7844.08 | 2130.62 |
| 19.50 | 1.30 | 4.60 | 0.03 | | | 76.37 | 56.74 |
| 97.49 | 97.51 | 949.25 | 871.54 | 372.81 | 225.03 | 22623.74 | 20168.01 |
| 80.50 | 88.94 | 576.20 | 598.32 | 255.54 | 137.97 | 16163.61 | 14568.62 |
| 8.00 | 4.36 | 62.71 | 94.52 | 12.97 | 9.45 | 1209.48 | 1075.40 |
| 0.09 | 0.15 | 39.22 | 15.07 | 3.55 | 0.15 | 356.18 | 312.67 |
| 0.68 | 0.03 | 9.56 | 18.01 | 9.21 | 0.36 | 588.64 | 523.46 |
| | 0.37 | 27.03 | 27.35 | 17.06 | 11.15 | 427.04 | 374.45 |
| 0.39 | 1.15 | 99.62 | 46.47 | 33.51 | 14.77 | 1358.73 | 1156.04 |
| 0.10 | 0.58 | 82.66 | 47.82 | 14.90 | 18.15 | 1180.33 | 1005.27 |
| 7.72 | 1.92 | 52.28 | 23.98 | 26.08 | 33.03 | 1339.72 | 1152.12 |
| 15.07 | 12.88 | 614.91 | 478.76 | 309.66 | 147.36 | 13627.62 | 11507.38 |
| 12.34 | 9.39 | 511.22 | 373.43 | 222.29 | 95.90 | 10587.93 | 8895.84 |
| 2.57 | 2.78 | 71.10 | 73.83 | 76.60 | 39.67 | 2448.52 | 2103.60 |
| 0.17 | 0.71 | 32.60 | 31.50 | 10.78 | 11.79 | 591.17 | 507.95 |
| 9.04 | 9.17 | 243.45 | 214.71 | 194.85 | 163.48 | 8938.84 | 7587.57 |
| | 1.60 | 18.34 | 28.49 | 5.36 | 12.85 | 1023.07 | 858.13 |
| | 1.75 | 30.76 | 36.02 | 24.49 | 22.72 | 1690.16 | 1452.16 |
| 1.50 | 0.22 | 21.06 | 10.40 | 5.15 | 0.16 | 400.63 | 347.71 |
| 0.11 | 1.02 | 18.20 | 5.75 | 1.06 | 2.13 | 311.12 | 269.18 |
| 7.43 | 4.58 | 155.09 | 134.05 | 158.78 | 125.62 | 5513.86 | 4660.39 |
| 11.98 | 4.67 | 153.73 | 187.64 | 30.76 | 25.42 | 4344.99 | 3734.92 |
| 3.90 | 0.60 | 14.23 | 21.45 | 15.52 | 0.48 | 325.88 | 274.84 |
| 4.61 | 2.82 | 102.69 | 119.09 | 10.62 | 1.85 | 2724.75 | 2366.36 |
| 3.30 | 1.24 | 28.69 | 37.81 | 4.52 | 22.93 | 988.24 | 832.40 |
| 0.18 | 0.01 | 8.12 | 9.30 | 0.09 | 0.17 | 306.11 | 261.31 |
| 3.20 | 6.64 | 191.93 | 269.35 | 86.53 | 78.24 | 4252.09 | 3537.74 |
| 0.49 | 5.05 | 126.41 | 133.93 | 50.21 | 32.07 | 2605.10 | 2179.53 |
| | | 8.86 | 2.72 | 0.12 | 0.68 | 106.93 | 92.48 |
| 2.71 | 1.58 | 30.01 | 70.77 | 21.96 | 28.30 | 822.94 | 686.58 |
| | | 3.09 | 4.04 | 3.45 | 2.06 | 51.01 | 44.06 |
| | 0.01 | 23.56 | 57.90 | 10.79 | 15.12 | 666.12 | 535.09 |
| 292.24 | 34.90 | 851.10 | 289.68 | 295.65 | 727.97 | 7836.07 | 6685.24 |
| 16.86 | 0.70 | 35.17 | 1.81 | 1.68 | 1.12 | 93.36 | 71.06 |
| 273.76 | 31.68 | 702.13 | 214.72 | 203.11 | 662.68 | 5641.06 | 4898.44 |
| 1.62 | 2.52 | 113.80 | 73.15 | 90.86 | 64.17 | 2101.65 | 1715.73 |
| 87.29 | 11.70 | 221.35 | 123.43 | 109.19 | 72.65 | 2850.01 | 2362.60 |
| 87.29 | 11.42 | 212.49 | 119.34 | 107.35 | 71.76 | 2778.92 | 2307.30 |
| | 0.28 | 5.09 | 2.48 | 1.84 | 0.89 | 53.83 | 42.85 |
| | | 3.77 | 1.61 | | | 17.26 | 12.44 |
| 29.79 | 9.71 | 277.50 | 261.58 | 186.27 | 151.24 | 8696.27 | 7593.83 |
| 0.43 | 0.25 | 19.77 | 10.11 | 13.54 | 8.91 | 470.86 | 389.90 |
| 16.45 | 0.05 | 15.73 | 4.64 | 2.35 | 17.09 | 192.66 | 157.47 |
| 11.80 | 7.62 | 129.37 | 153.04 | 49.92 | 37.53 | 5509.30 | 4884.69 |
| 0.37 | | 48.71 | 34.53 | 39.92 | 33.32 | 703.93 | 606.85 |
| 0.17 | 1.79 | 56.88 | 46.14 | 77.58 | 48.03 | 1523.76 | 1308.66 |
| 0.58 | | 7.02 | 13.12 | 2.96 | 6.36 | 295.75 | 246.26 |

2-5 续表 7

| 行　　业 | 负债合计 | 流动负债合计 | 应付账款 | 所有者权益合计 | 实收资本 |
|---|---|---|---|---|---|
| 石油加工、炼焦和核燃料加工业 | 15608.77 | 11798.57 | 2978.11 | 8082.55 | 5024.63 |
| 精炼石油产品制造 | 9607.41 | 7323.65 | 1885.92 | 6478.11 | 3876.83 |
| 炼焦 | 5833.00 | 4429.72 | 1071.61 | 1518.32 | 1094.52 |
| 化学原料和化学制品制造业 | 29540.48 | 21802.35 | 4635.92 | 20885.79 | 10418.34 |
| 基础化学原料制造 | 9081.72 | 6585.89 | 1380.83 | 5958.44 | 3467.54 |
| 肥料制造 | 6564.84 | 4704.51 | 897.21 | 2771.30 | 1483.83 |
| 农药制造 | 832.86 | 711.97 | 169.50 | 781.17 | 234.58 |
| 涂料、油墨、颜料及类似产品制造 | 1115.27 | 917.23 | 276.95 | 1365.36 | 494.20 |
| 合成材料制造 | 5985.64 | 3977.15 | 784.77 | 3647.17 | 2197.69 |
| 专用化学产品制造 | 4555.39 | 3691.22 | 799.69 | 4572.79 | 1995.85 |
| 炸药、火工及焰火产品制造 | 399.31 | 291.43 | 60.16 | 625.39 | 181.70 |
| 日用化学产品制造 | 1005.43 | 922.95 | 266.82 | 1164.16 | 362.96 |
| 医药制造业 | 8255.91 | 6574.50 | 1376.25 | 12977.97 | 3379.07 |
| 化学药品原料药制造 | 1740.90 | 1298.79 | 274.34 | 2442.71 | 734.09 |
| 化学药品制剂制造 | 3185.41 | 2645.24 | 590.79 | 4264.87 | 1070.93 |
| 中药饮片加工 | 211.95 | 167.47 | 36.30 | 333.31 | 83.31 |
| 中成药生产 | 1785.59 | 1416.06 | 269.62 | 3253.97 | 753.06 |
| 兽用药品制造 | 107.12 | 89.15 | 15.08 | 256.79 | 78.71 |
| 生物药品制造 | 864.75 | 678.14 | 100.72 | 1770.50 | 548.03 |
| 卫生材料及医药用品制造 | 360.19 | 279.66 | 89.41 | 655.82 | 110.93 |
| 化学纤维制造业 | 3182.36 | 2659.10 | 379.05 | 2349.25 | 1119.36 |
| 纤维素纤维原料及纤维制造 | 1295.41 | 1052.87 | 192.01 | 771.59 | 347.42 |
| 合成纤维制造 | 1886.95 | 1606.23 | 187.04 | 1577.66 | 771.95 |
| 橡胶和塑料制品业 | 5562.79 | 4550.96 | 1240.14 | 6558.68 | 2448.24 |
| 橡胶制品业 | 2829.06 | 2236.61 | 572.86 | 3098.21 | 1149.89 |
| 塑料制品业 | 2733.73 | 2314.35 | 667.28 | 3460.47 | 1298.36 |
| 非金属矿物制品业 | 12190.57 | 9696.73 | 2104.92 | 11696.49 | 4924.74 |
| 水泥、石灰和石膏制造 | 4611.71 | 3471.71 | 650.13 | 3492.70 | 1712.52 |
| 石膏、水泥制品及类似制品制造 | 1046.52 | 924.26 | 262.82 | 1103.73 | 308.01 |
| 砖瓦、石材等建筑材料制造 | 1469.72 | 1186.77 | 248.09 | 1848.71 | 604.87 |
| 玻璃制造 | 1045.99 | 834.73 | 133.32 | 794.53 | 435.14 |
| 玻璃制品制造 | 1088.75 | 923.38 | 273.14 | 1070.73 | 493.70 |
| 玻璃纤维和玻璃纤维增强塑料制品制造 | 629.72 | 454.29 | 104.15 | 559.93 | 289.30 |
| 陶瓷制品制造 | 682.52 | 553.02 | 137.84 | 1211.28 | 518.35 |
| 耐火材料制品制造 | 554.01 | 487.93 | 129.86 | 621.96 | 191.97 |
| 石墨及其他非金属矿物制品制造 | 1061.63 | 860.65 | 165.57 | 992.94 | 370.88 |
| 黑色金属冶炼和压延加工业 | 38051.61 | 31370.34 | 6987.89 | 18744.08 | 9140.85 |
| 炼铁 | 1174.88 | 1006.33 | 241.02 | 353.97 | 280.44 |
| 炼钢 | 6289.18 | 5295.58 | 1279.11 | 3317.00 | 1060.27 |
| 黑色金属铸造 | 715.76 | 576.26 | 132.97 | 842.55 | 316.33 |
| 钢压延加工 | 28597.65 | 23503.15 | 5074.56 | 13617.87 | 7100.67 |
| 铁合金冶炼 | 1274.13 | 989.01 | 260.23 | 612.69 | 383.13 |
| 有色金属冶炼和压延加工业 | 20658.99 | 15442.13 | 2760.39 | 11606.53 | 5122.54 |
| 常用有色金属冶炼 | 12182.22 | 9135.11 | 1804.79 | 5017.63 | 2329.99 |
| 贵金属冶炼 | 1245.59 | 872.83 | 120.40 | 698.36 | 256.03 |
| 稀有稀土金属冶炼 | 780.62 | 539.56 | 49.75 | 739.14 | 185.00 |
| 有色金属合金制造 | 1125.19 | 893.63 | 161.11 | 675.22 | 362.30 |

单位：亿元

| 国家资本 | 集体资本 | 法人资本 | 个人资本 | 港澳台资本 | 外商资本 | 主营业务收入 | 主营业务成本 |
|---|---|---|---|---|---|---|---|
| 2510.28 | 40.83 | 1763.54 | 479.38 | 110.88 | 115.82 | 30120.58 | 22735.45 |
| 2284.90 | 10.85 | 1176.64 | 245.16 | 50.84 | 104.54 | 24946.20 | 18169.13 |
| 173.09 | 29.98 | 585.90 | 234.22 | 60.04 | 11.28 | 5123.05 | 4533.22 |
| 2086.90 | 201.10 | 4294.24 | 1768.50 | 839.05 | 1228.54 | 48363.40 | 40779.30 |
| 748.15 | 76.73 | 1466.88 | 509.29 | 252.31 | 414.18 | 14221.53 | 12152.11 |
| 529.40 | 13.88 | 637.13 | 285.77 | 9.26 | 8.39 | 6023.15 | 5362.96 |
| 31.40 | 5.90 | 110.14 | 72.38 | 1.49 | 13.28 | 1901.72 | 1615.88 |
| 58.48 | 25.40 | 205.46 | 109.96 | 44.91 | 49.98 | 2905.15 | 2349.53 |
| 403.21 | 24.63 | 1169.47 | 215.33 | 131.31 | 253.75 | 8602.59 | 7494.28 |
| 261.05 | 46.39 | 540.47 | 460.26 | 310.84 | 376.83 | 10616.18 | 9075.29 |
| 47.89 | 5.76 | 83.39 | 43.20 | 0.04 | 1.43 | 973.08 | 728.34 |
| 7.32 | 2.41 | 81.31 | 72.31 | 88.91 | 110.69 | 3120.00 | 2000.90 |
| 296.32 | 47.98 | 1510.45 | 872.06 | 276.63 | 375.64 | 18854.57 | 12471.92 |
| 64.07 | 6.64 | 310.83 | 227.67 | 37.31 | 87.57 | 3240.51 | 2519.18 |
| 124.10 | 10.32 | 450.99 | 181.09 | 109.75 | 194.67 | 6319.45 | 3636.94 |
| 4.67 | 4.07 | 45.85 | 25.23 | 2.76 | 0.73 | 548.47 | 401.83 |
| 47.96 | 23.18 | 391.64 | 250.92 | 22.83 | 16.53 | 4734.53 | 2993.74 |
| 1.63 |  | 29.40 | 43.66 | 1.43 | 2.59 | 624.35 | 475.10 |
| 52.92 | 3.77 | 239.21 | 97.25 | 93.09 | 61.78 | 2000.97 | 1409.90 |
| 0.96 |  | 42.52 | 46.24 | 9.45 | 11.76 | 1386.28 | 1035.23 |
| 109.27 | 10.68 | 504.54 | 264.33 | 154.12 | 76.43 | 5562.79 | 4968.29 |
| 88.61 | 4.96 | 109.56 | 82.97 | 31.77 | 29.54 | 1833.33 | 1601.35 |
| 20.66 | 5.72 | 394.98 | 181.35 | 122.35 | 46.89 | 3729.46 | 3366.94 |
| 170.86 | 39.77 | 726.09 | 606.02 | 345.43 | 560.07 | 15209.48 | 12902.82 |
| 144.48 | 23.18 | 273.98 | 254.46 | 100.33 | 353.45 | 6526.64 | 5569.21 |
| 26.38 | 16.59 | 452.10 | 351.56 | 245.10 | 206.62 | 8682.83 | 7333.61 |
| 742.57 | 132.85 | 2022.42 | 1197.23 | 437.86 | 391.82 | 22917.41 | 19248.13 |
| 463.88 | 79.04 | 657.12 | 240.52 | 184.03 | 87.92 | 4831.14 | 3972.31 |
| 65.72 | 9.01 | 123.83 | 88.60 | 12.96 | 7.88 | 2552.77 | 2174.06 |
| 8.74 | 9.89 | 269.50 | 254.86 | 29.10 | 32.78 | 5022.46 | 4274.74 |
| 19.00 | 1.17 | 222.97 | 63.76 | 47.69 | 80.55 | 904.35 | 735.82 |
| 52.56 | 3.77 | 144.28 | 106.03 | 116.89 | 70.17 | 2154.89 | 1808.63 |
| 39.31 | 7.66 | 144.05 | 40.09 | 32.67 | 25.52 | 1218.72 | 1033.05 |
| 11.10 | 3.03 | 249.89 | 179.95 | 10.55 | 63.84 | 2692.99 | 2236.58 |
| 15.63 | 9.31 | 48.01 | 107.21 | 2.40 | 9.40 | 1167.25 | 958.42 |
| 66.62 | 9.96 | 162.76 | 116.21 | 1.57 | 13.76 | 2372.85 | 2054.52 |
| 2723.30 | 451.99 | 4075.15 | 1332.48 | 258.41 | 299.52 | 48750.46 | 44259.59 |
| 20.18 | 21.48 | 138.64 | 74.23 | 1.32 | 24.59 | 1309.63 | 1228.59 |
| 389.97 | 3.89 | 412.15 | 155.16 | 48.38 | 50.73 | 6366.18 | 5761.96 |
| 20.81 | 4.06 | 144.76 | 77.67 | 18.18 | 50.85 | 2072.14 | 1823.77 |
| 2236.64 | 397.52 | 3271.05 | 871.44 | 189.09 | 134.93 | 37260.98 | 33924.77 |
| 55.71 | 25.03 | 108.54 | 153.98 | 1.44 | 38.42 | 1741.52 | 1520.50 |
| 1528.17 | 134.31 | 1936.48 | 1003.57 | 321.83 | 198.18 | 37097.09 | 33897.85 |
| 999.27 | 95.96 | 861.64 | 261.62 | 71.10 | 40.40 | 18378.95 | 16994.04 |
| 58.86 | 8.76 | 53.95 | 119.42 | 6.35 | 8.68 | 1942.52 | 1765.38 |
| 44.93 | 4.71 | 66.76 | 57.91 | 7.30 | 3.39 | 962.50 | 822.46 |
| 144.15 | 2.90 | 93.92 | 62.37 | 11.83 | 47.13 | 2224.62 | 2000.88 |

2-5 续表 8

| 行 业 | 负债合计 | 流动负债合计 | 应付账款 | 所有者权益合计 | 实收资本 |
|---|---|---|---|---|---|
| 有色金属铸造 | 68.69 | 62.96 | 21.37 | 127.24 | 14.15 |
| 有色金属压延加工 | 5256.67 | 3938.04 | 602.96 | 4348.93 | 1975.08 |
| 金属制品业 | 6503.00 | 5522.64 | 1436.92 | 6421.91 | 2574.79 |
| 结构性金属制品制造 | 2088.50 | 1745.97 | 452.20 | 1802.14 | 833.52 |
| 金属工具制造 | 377.63 | 305.32 | 73.64 | 441.10 | 159.96 |
| 集装箱及金属包装容器制造 | 691.78 | 597.96 | 142.14 | 586.26 | 285.31 |
| 金属丝绳及其制品制造 | 694.01 | 571.28 | 152.50 | 572.51 | 246.51 |
| 建筑、安全用金属制品制造 | 484.87 | 426.75 | 120.37 | 789.53 | 242.91 |
| 金属表面处理及热处理加工 | 465.64 | 429.10 | 93.19 | 274.10 | 103.75 |
| 搪瓷制品制造 | 54.87 | 47.73 | 14.08 | 71.57 | 29.61 |
| 金属制日用品制造 | 350.00 | 324.86 | 86.89 | 376.83 | 140.65 |
| 其他金属制品制造 | 1295.70 | 1073.67 | 301.91 | 1507.86 | 532.57 |
| 通用设备制造业 | 14374.78 | 12161.11 | 3747.79 | 11873.33 | 4055.77 |
| 锅炉及原动设备制造 | 3291.11 | 2864.39 | 863.34 | 2157.74 | 692.97 |
| 金属加工机械制造 | 1677.58 | 1319.68 | 278.30 | 1152.40 | 393.23 |
| 物料搬运设备制造 | 3070.35 | 2741.51 | 731.80 | 2103.00 | 591.14 |
| 泵、阀门、压缩机及类似机械制造 | 1863.19 | 1543.12 | 552.11 | 2099.74 | 739.13 |
| 轴承、齿轮和传动部件制造 | 1042.13 | 896.35 | 265.52 | 1127.61 | 497.15 |
| 烘炉、风机、衡器、包装等设备制造 | 1944.55 | 1529.85 | 545.01 | 1723.16 | 580.90 |
| 文化、办公用机械制造 | 462.52 | 411.02 | 214.95 | 566.33 | 224.16 |
| 通用零部件制造 | 769.30 | 655.45 | 226.75 | 754.41 | 261.01 |
| 其他通用设备制造业 | 254.04 | 199.74 | 70.01 | 188.93 | 76.07 |
| 专用设备制造业 | 12338.26 | 9736.71 | 2804.12 | 10407.77 | 3819.39 |
| 采矿、冶金、建筑专用设备制造 | 7177.74 | 5313.19 | 1484.72 | 4414.00 | 1748.67 |
| 化工、木材、非金属加工专用设备制造 | 1315.63 | 1130.15 | 338.92 | 1322.31 | 498.08 |
| 食品、饮料、烟草及饲料生产专用设备制造 | 139.49 | 117.85 | 41.56 | 228.83 | 73.80 |
| 印刷、制药、日化及日用品生产专用设备制造 | 325.50 | 267.66 | 80.19 | 366.23 | 152.68 |
| 纺织、服装和皮革加工专用设备制造 | 349.74 | 280.14 | 89.76 | 323.81 | 114.87 |
| 电子和电工机械专用设备制造 | 406.71 | 341.69 | 106.57 | 752.11 | 320.65 |
| 农、林、牧、渔专用机械制造 | 528.90 | 445.64 | 151.21 | 442.00 | 194.80 |
| 医疗仪器设备及器械制造 | 624.76 | 508.99 | 143.18 | 1026.65 | 320.12 |
| 环保、社会公共服务及其他专用设备制造 | 1469.79 | 1331.40 | 368.00 | 1531.83 | 395.72 |
| 汽车制造业 | 33962.80 | 29385.34 | 13131.70 | 23545.45 | 8013.24 |
| 汽车整车制造 | 21039.64 | 18324.34 | 8336.96 | 13792.59 | 4286.06 |
| 改装汽车制造 | 1060.53 | 902.97 | 303.29 | 515.64 | 248.36 |
| 低速载货汽车制造 | 32.40 | 31.47 | 2.67 | 40.96 | 19.94 |
| 电车制造 | 20.56 | 20.08 | 10.15 | 14.67 | 8.22 |
| 汽车车身、挂车制造 | 261.89 | 133.22 | 58.02 | 143.16 | 58.92 |
| 汽车零部件及配件制造 | 11547.77 | 9973.27 | 4420.61 | 9038.43 | 3391.73 |
| 铁路、船舶、航空航天和其他运输设备制造业 | 12852.69 | 10030.00 | 3376.02 | 6863.43 | 3049.99 |
| 铁路运输设备制造 | 2694.08 | 2422.79 | 1242.67 | 1762.94 | 790.79 |
| 城市轨道交通设备制造 | 97.45 | 93.02 | 57.20 | 54.75 | 36.57 |
| 船舶及相关装置制造 | 5306.47 | 4009.85 | 1027.01 | 2217.63 | 1145.92 |
| 航空、航天器及设备制造 | 3505.34 | 2379.64 | 725.60 | 1590.18 | 698.01 |
| 摩托车制造 | 918.96 | 814.58 | 230.20 | 963.59 | 238.76 |
| 自行车制造 | 258.46 | 241.45 | 78.01 | 213.97 | 116.86 |
| 非公路休闲车及零配件制造 | 45.82 | 44.86 | 8.38 | 35.73 | 13.68 |
| 潜水救捞及其他未列明运输设备制造 | 26.11 | 23.82 | 6.94 | 24.63 | 9.40 |

单位：亿元

| 国家资本 | 集体资本 | 法人资本 | 个人资本 | 港澳台资本 | 外商资本 | 主营业务收入 | 主营业务成本 |
|---|---|---|---|---|---|---|---|
| 1.05 | 0.26 | 6.50 | 0.87 | 3.43 | 2.04 | 174.71 | 157.17 |
| 279.90 | 21.73 | 853.72 | 501.37 | 221.82 | 96.54 | 13413.78 | 12157.92 |
| 370.72 | 65.24 | 815.32 | 681.85 | 314.75 | 326.65 | 16528.35 | 14181.80 |
| 165.95 | 39.32 | 312.87 | 204.69 | 63.90 | 46.81 | 5324.21 | 4583.18 |
| 21.26 | 2.85 | 57.25 | 22.05 | 17.81 | 38.73 | 967.45 | 793.97 |
| 10.27 | 7.27 | 108.68 | 55.10 | 51.28 | 52.69 | 1399.92 | 1222.12 |
| 18.30 | 1.85 | 71.85 | 92.03 | 13.00 | 49.49 | 1381.00 | 1187.83 |
| 4.07 | 5.44 | 77.94 | 93.01 | 24.00 | 38.45 | 1691.52 | 1432.50 |
| 4.64 | 5.06 | 31.76 | 30.62 | 20.21 | 11.46 | 1175.21 | 1028.38 |
|  | 0.06 | 17.05 | 7.96 | 1.38 | 3.17 | 155.63 | 131.90 |
| 0.41 | 0.23 | 26.21 | 40.28 | 36.84 | 36.68 | 1222.41 | 1032.97 |
| 145.81 | 3.17 | 111.71 | 136.11 | 86.32 | 49.17 | 3211.00 | 2768.95 |
| 563.87 | 55.02 | 1424.05 | 934.53 | 206.56 | 867.49 | 23344.73 | 19338.23 |
| 180.10 | 14.32 | 264.46 | 128.59 | 6.35 | 98.55 | 3531.80 | 2944.94 |
| 85.19 | 7.67 | 138.70 | 93.56 | 28.48 | 39.63 | 2268.58 | 1918.25 |
| 69.19 | 8.90 | 176.12 | 162.63 | 29.40 | 141.44 | 4597.39 | 3703.94 |
| 74.94 | 4.96 | 249.25 | 188.48 | 39.68 | 181.83 | 4048.49 | 3324.84 |
| 34.74 | 2.77 | 193.37 | 101.00 | 9.09 | 156.44 | 2175.16 | 1823.63 |
| 37.62 | 11.63 | 235.64 | 156.25 | 33.28 | 106.49 | 3222.59 | 2656.25 |
| 34.98 | 0.43 | 33.95 | 31.88 | 29.16 | 93.76 | 1306.25 | 1123.13 |
| 37.74 | 4.09 | 96.20 | 60.48 | 29.67 | 32.37 | 1844.53 | 1558.21 |
| 9.36 | 0.27 | 36.36 | 11.66 | 1.44 | 16.98 | 349.94 | 285.05 |
| 701.39 | 75.91 | 1483.68 | 846.96 | 222.68 | 488.77 | 18684.84 | 15480.86 |
| 582.68 | 30.13 | 632.39 | 288.76 | 16.88 | 197.83 | 8092.17 | 6921.69 |
| 33.29 | 27.35 | 129.32 | 114.59 | 100.41 | 93.12 | 2168.30 | 1759.78 |
| 9.79 | 0.40 | 33.01 | 24.64 |  | 5.95 | 505.55 | 411.49 |
| 5.25 | 3.96 | 40.18 | 58.41 | 22.47 | 22.41 | 680.17 | 556.17 |
| 11.55 | 0.16 | 32.30 | 28.55 | 16.46 | 25.86 | 638.55 | 523.60 |
| 15.45 | 1.46 | 253.81 | 19.15 | 15.56 | 15.22 | 893.86 | 729.65 |
| 7.32 | 3.65 | 101.60 | 50.76 | 4.45 | 27.03 | 1410.14 | 1219.02 |
| 9.14 | 3.20 | 101.38 | 93.16 | 40.22 | 73.02 | 1652.83 | 1209.05 |
| 26.93 | 5.61 | 159.68 | 168.94 | 6.23 | 28.33 | 2643.26 | 2150.42 |
| 1474.63 | 99.74 | 3236.81 | 736.68 | 296.45 | 2170.82 | 65909.17 | 54488.11 |
| 998.93 | 47.29 | 1965.17 | 171.19 | 139.60 | 963.87 | 38983.84 | 32026.40 |
| 39.07 | 3.97 | 149.94 | 48.53 | 3.95 | 4.80 | 1628.77 | 1398.61 |
|  |  | 10.14 | 1.20 |  | 8.60 | 220.53 | 204.77 |
|  |  | 5.70 | 2.52 |  |  | 64.85 | 57.39 |
| 14.96 | 0.20 | 27.35 | 13.81 | 0.83 | 1.77 | 578.21 | 502.17 |
| 421.67 | 48.28 | 1078.50 | 499.43 | 152.07 | 1191.78 | 24432.97 | 20298.76 |
| 1654.31 | 11.64 | 789.07 | 343.32 | 48.27 | 215.98 | 14487.42 | 12319.15 |
| 511.80 | 5.93 | 190.70 | 60.76 | 9.38 | 12.22 | 3284.81 | 2605.75 |
| 3.67 |  | 28.50 | 1.66 |  | 2.74 | 97.02 | 84.51 |
| 553.71 | 1.59 | 348.82 | 116.09 | 4.49 | 110.42 | 4576.84 | 4079.79 |
| 565.79 | 1.98 | 104.78 | 12.64 | 2.98 | 33.25 | 3073.55 | 2561.86 |
| 17.88 | 1.89 | 80.85 | 99.29 | 11.42 | 27.43 | 2342.88 | 2000.76 |
| 0.04 | 0.08 | 26.48 | 47.78 | 17.64 | 24.84 | 827.60 | 734.34 |
|  |  | 4.03 | 4.04 | 1.80 | 3.81 | 168.14 | 144.95 |
| 1.43 | 0.18 | 4.91 | 1.06 | 0.54 | 1.28 | 116.59 | 107.20 |

2-5 续表 9

| 行　　业 | 负债合计 | 流动负债合计 | 应付账款 | 所有者权益合计 | 实收资本 |
|---|---|---|---|---|---|
| 电气机械和器材制造业 | 25242.80 | 22150.09 | 7480.48 | 18997.97 | 7092.92 |
| 电机制造 | 3293.91 | 2880.75 | 983.56 | 2553.89 | 877.05 |
| 输配电及控制设备制造 | 7482.82 | 6574.67 | 2193.82 | 6233.53 | 2625.10 |
| 电线、电缆、光缆及电工器材制造 | 3200.70 | 2750.41 | 650.24 | 2943.45 | 1101.40 |
| 电池制造 | 2498.29 | 2056.66 | 820.34 | 2120.56 | 930.04 |
| 家用电力器具制造 | 7528.48 | 6796.67 | 2423.43 | 3737.81 | 1010.36 |
| 非电力家用器具制造 | 316.82 | 271.77 | 56.39 | 327.32 | 121.34 |
| 照明器具制造 | 847.26 | 748.69 | 319.98 | 1005.79 | 396.35 |
| 其他电气机械及器材制造 | 74.52 | 70.47 | 32.72 | 75.60 | 31.28 |
| 计算机、通信和其他电子设备制造业 | 39665.91 | 34784.13 | 17318.50 | 28376.82 | 12939.59 |
| 计算机制造 | 5994.50 | 5514.70 | 3382.04 | 3392.70 | 1160.67 |
| 通信设备制造 | 15295.26 | 14014.21 | 7207.90 | 6414.28 | 2019.48 |
| 广播电视设备制造 | 584.35 | 516.22 | 227.18 | 606.19 | 191.44 |
| 雷达及配套设备制造 | 368.52 | 312.50 | 109.84 | 219.70 | 63.23 |
| 视听设备制造 | 2894.71 | 2707.44 | 1237.05 | 1657.73 | 540.62 |
| 电子器件制造 | 8835.53 | 6568.26 | 2607.45 | 9516.99 | 6091.13 |
| 电子元件制造 | 4288.11 | 3870.71 | 1959.48 | 5204.91 | 2420.55 |
| 其他电子设备制造 | 1404.92 | 1280.10 | 587.54 | 1364.33 | 452.47 |
| 仪器仪表制造业 | 2408.53 | 2168.61 | 799.24 | 3102.28 | 872.37 |
| 通用仪器仪表制造 | 1559.76 | 1414.15 | 502.62 | 1918.10 | 501.98 |
| 专用仪器仪表制造 | 409.12 | 369.10 | 135.68 | 599.71 | 155.55 |
| 钟表与计时仪器制造 | 94.18 | 87.67 | 37.93 | 110.21 | 51.56 |
| 光学仪器及眼镜制造 | 308.29 | 275.06 | 115.18 | 433.89 | 148.09 |
| 其他仪器仪表制造业 | 37.18 | 22.64 | 7.83 | 40.37 | 15.18 |
| 其他制造业 | 879.11 | 668.38 | 214.39 | 662.58 | 240.16 |
| 日用杂品制造 | 189.52 | 179.46 | 47.94 | 286.62 | 100.29 |
| 煤制品制造 | 33.34 | 20.50 | 3.44 | -2.00 | 3.02 |
| 废弃资源综合利用业 | 421.76 | 370.64 | 70.22 | 282.30 | 120.91 |
| 金属废料和碎屑加工处理 | 356.28 | 317.26 | 58.95 | 263.00 | 107.63 |
| 非金属废料和碎屑加工处理 | 65.48 | 53.39 | 11.27 | 19.30 | 13.27 |
| 金属制品、机械和设备修理业 | 1308.64 | 912.74 | 258.34 | 623.89 | 360.10 |
| 金属制品修理 | 5.25 | 3.94 | 1.50 | 7.08 | 0.45 |
| 通用设备修理 | 2.42 | 2.41 | 1.21 | 1.90 | 1.11 |
| 专用设备修理 | 78.62 | 40.82 | 3.72 | 209.52 | 64.46 |
| 铁路、船舶、航空航天等运输设备修理 | 1207.84 | 853.05 | 245.03 | 389.29 | 284.68 |
| 电气设备修理 | 6.65 | 6.65 | 3.12 | 4.45 | 3.41 |
| 其他机械和设备修理业 | 7.49 | 5.50 | 3.65 | 11.67 | 5.88 |
| **电力、热力、燃气及水生产和供应业** | **59994.07** | **31176.65** | **7666.35** | **40749.84** | **26668.33** |
| 电力、热力生产和供应业 | 53434.90 | 27325.76 | 7088.05 | 35179.83 | 23470.71 |
| 电力生产 | 25247.17 | 10907.05 | 2074.13 | 11950.18 | 7784.00 |
| 电力供应 | 25917.74 | 15042.65 | 4718.82 | 22418.43 | 15180.92 |
| 热力生产和供应 | 2269.99 | 1376.07 | 295.09 | 811.23 | 505.80 |
| 燃气生产和供应业 | 2436.08 | 1797.00 | 283.29 | 2006.03 | 1191.49 |
| 水的生产和供应业 | 4123.10 | 2053.88 | 295.01 | 3563.97 | 2006.13 |
| 自来水生产和供应 | 3134.30 | 1626.00 | 178.01 | 2744.95 | 1472.96 |
| 污水处理及其再生利用 | 848.95 | 418.55 | 116.40 | 738.53 | 479.56 |

单位：亿元

| 国家资本 | 集体资本 | 法人资本 | 个人资本 | 港澳台资本 | 外商资本 | 主营业务收　入 | 主营业务成　本 |
|---|---|---|---|---|---|---|---|
| 597.27 | 213.61 | 2805.27 | 1959.22 | 536.32 | 981.22 | 48090.53 | 40074.95 |
| 163.18 | 3.03 | 323.68 | 204.85 | 46.40 | 135.90 | 5658.16 | 4783.32 |
| 287.03 | 103.32 | 1089.00 | 696.33 | 143.67 | 305.74 | 13920.93 | 11710.70 |
| 47.83 | 32.82 | 360.71 | 481.72 | 77.61 | 100.70 | 8621.31 | 7478.50 |
| 35.26 | 20.65 | 459.47 | 215.40 | 104.70 | 94.56 | 4306.14 | 3594.80 |
| 38.96 | 40.10 | 394.37 | 169.42 | 107.73 | 259.78 | 12202.10 | 9724.88 |
| 12.31 | 0.80 | 68.58 | 26.53 | 6.47 | 6.66 | 471.79 | 380.97 |
| 11.10 | 12.54 | 98.83 | 157.34 | 48.00 | 68.54 | 2672.47 | 2216.26 |
| 1.60 | 0.34 | 10.63 | 7.63 | 1.74 | 9.34 | 237.62 | 185.52 |
| 1100.84 | 115.16 | 4677.93 | 1072.96 | 2071.11 | 3894.43 | 86241.51 | 75685.75 |
| 73.43 | 2.22 | 288.41 | 99.97 | 271.01 | 425.64 | 17330.26 | 16050.69 |
| 166.20 | 19.72 | 841.81 | 250.12 | 405.13 | 329.33 | 28046.56 | 23893.12 |
| 5.84 | 0.64 | 57.82 | 74.24 | 16.85 | 36.05 | 1303.34 | 1079.25 |
| 45.10 |  | 10.20 | 5.19 |  | 2.74 | 382.21 | 312.26 |
| 53.46 | 6.32 | 170.87 | 49.63 | 87.51 | 172.83 | 7289.33 | 6503.74 |
| 686.90 | 46.26 | 2525.52 | 286.65 | 559.25 | 1986.56 | 15152.47 | 13264.82 |
| 56.48 | 35.97 | 630.19 | 236.59 | 668.20 | 793.12 | 12736.44 | 11065.00 |
| 13.43 | 4.04 | 153.11 | 70.56 | 63.17 | 148.16 | 4000.90 | 3516.86 |
| 81.90 | 11.54 | 271.48 | 268.66 | 98.78 | 151.52 | 5331.95 | 4273.60 |
| 49.29 | 4.60 | 175.07 | 190.76 | 29.56 | 52.70 | 3241.68 | 2580.74 |
| 13.44 | 5.69 | 39.54 | 56.60 | 5.85 | 34.43 | 1065.67 | 850.38 |
| 0.59 | 0.20 | 5.14 | 2.76 | 29.62 | 13.24 | 282.30 | 234.78 |
| 16.84 | 1.00 | 43.69 | 17.03 | 31.72 | 49.33 | 669.07 | 545.19 |
| 1.74 | 0.05 | 8.05 | 1.51 | 2.03 | 1.81 | 73.24 | 62.51 |
| 84.25 | 0.76 | 46.52 | 43.18 | 24.29 | 41.76 | 1407.68 | 1185.02 |
|  | 0.02 | 19.33 | 24.46 | 22.09 | 34.39 | 868.63 | 741.14 |
| 2.32 |  | 0.55 | 0.15 |  |  | 38.08 | 35.38 |
| 12.08 | 3.55 | 51.37 | 40.02 | 12.30 | 1.58 | 1491.93 | 1321.36 |
| 11.07 | 1.97 | 43.76 | 37.65 | 11.60 | 1.58 | 1323.20 | 1172.08 |
| 1.01 | 1.58 | 7.61 | 2.37 | 0.70 |  | 168.73 | 149.27 |
| 198.72 | 0.71 | 97.36 | 11.33 | 12.24 | 39.74 | 862.47 | 754.25 |
|  |  |  | 0.37 | 0.08 |  | 29.18 | 25.45 |
| 0.08 | 0.21 | 0.83 |  |  |  | 5.02 | 4.21 |
| 61.70 | 0.01 | 1.70 | 0.63 | 0.42 |  | 26.10 | 17.62 |
| 136.06 |  | 87.19 | 9.94 | 11.74 | 39.74 | 769.72 | 677.94 |
| 0.46 |  | 2.57 | 0.38 |  |  | 13.02 | 11.96 |
| 0.42 | 0.49 | 4.97 |  |  |  | 18.54 | 16.33 |
| **19779.39** | **155.30** | **5683.45** | **274.29** | **453.07** | **323.17** | **45742.04** | **41121.71** |
| 18469.02 | 124.18 | 4236.68 | 222.33 | 281.56 | 137.27 | 42146.94 | 38221.78 |
| 4117.71 | 113.56 | 2966.21 | 181.36 | 278.86 | 126.63 | 11032.71 | 8726.93 |
| 14003.49 | 7.98 | 1150.73 | 15.73 |  | 2.98 | 30293.51 | 28696.13 |
| 347.82 | 2.63 | 119.74 | 25.24 | 2.70 | 7.66 | 820.73 | 798.73 |
| 319.84 | 24.54 | 620.97 | 19.61 | 122.48 | 84.04 | 2443.09 | 2039.95 |
| 990.53 | 6.58 | 825.79 | 32.35 | 49.02 | 101.86 | 1152.01 | 859.97 |
| 716.51 | 4.53 | 644.35 | 28.58 | 40.05 | 38.94 | 946.47 | 735.51 |
| 274.02 | 2.05 | 181.35 | 3.76 | 8.97 | 9.41 | 156.93 | 106.98 |

2-5 续表 10

| 行　业 | 销售费用 | 管理费用 | 财务费用 | 利息收入 |
|---|---|---|---|---|
| **总　计** | **20902.87** | **29838.90** | **8206.72** | **1555.89** |
| **采矿业** | **637.32** | **2486.52** | **1075.78** | **120.89** |
| 煤炭开采和洗选业 | 460.93 | 1345.73 | 775.55 | 65.34 |
| 烟煤和无烟煤开采洗选 | 447.67 | 1275.81 | 751.26 | 61.74 |
| 褐煤开采洗选 | 12.99 | 67.13 | 22.09 | 3.49 |
| 其他煤炭采选 | 0.27 | 2.79 | 2.20 | 0.10 |
| 石油和天然气开采业 | 33.69 | 678.69 | 158.87 | 34.81 |
| 石油开采 | 30.41 | 604.18 | 131.00 | 32.00 |
| 天然气开采 | 3.27 | 74.50 | 27.87 | 2.81 |
| 黑色金属矿采选业 | 47.40 | 143.33 | 102.78 | 4.74 |
| 铁矿采选 | 46.40 | 138.90 | 101.57 | 4.75 |
| 锰矿、铬矿采选 | 0.88 | 3.61 | 0.73 | -0.01 |
| 其他黑色金属矿采选 | 0.11 | 0.82 | 0.48 | 0.01 |
| 有色金属矿采选业 | 38.04 | 173.89 | 46.48 | 1.92 |
| 常用有色金属矿采选 | 20.45 | 74.25 | 22.81 | 0.88 |
| 贵金属矿采选 | 13.32 | 76.71 | 18.73 | 0.30 |
| 稀有稀土金属矿采选 | 4.28 | 22.94 | 4.95 | 0.75 |
| 非金属矿采选业 | 53.28 | 70.68 | 16.19 | 2.98 |
| 土砂石开采 | 20.31 | 23.16 | 4.00 | 0.43 |
| 化学矿开采 | 6.43 | 16.42 | 6.05 | 0.97 |
| 采盐 | 17.93 | 25.38 | 5.59 | 1.49 |
| 石棉及其他非金属矿采选 | 8.61 | 5.72 | 0.55 | 0.08 |
| 开采辅助活动 | 3.37 | 73.41 | -24.17 | 11.10 |
| 石油和天然气开采辅助活动 | 2.97 | 73.23 | -24.18 | 11.09 |
| **制造业** | **20001.28** | **26546.62** | **5805.01** | **1371.94** |
| 农副食品加工业 | 621.41 | 685.99 | 264.13 | 20.38 |
| 谷物磨制 | 70.95 | 67.49 | 26.39 | 0.44 |
| 饲料加工 | 83.95 | 96.37 | 23.53 | 3.61 |
| 植物油加工 | 95.75 | 106.40 | 53.94 | 5.58 |
| 制糖业 | 13.61 | 37.54 | 23.67 | 1.46 |
| 屠宰及肉类加工 | 192.18 | 189.17 | 65.21 | 6.98 |
| 水产品加工 | 41.71 | 61.56 | 21.46 | 0.65 |
| 蔬菜、水果和坚果加工 | 55.83 | 53.40 | 14.09 | 0.96 |
| 其他农副食品加工 | 67.43 | 74.07 | 35.84 | 0.69 |
| 食品制造业 | 1344.25 | 511.51 | 71.04 | 14.01 |
| 焙烤食品制造 | 166.46 | 67.23 | 8.52 | -0.45 |
| 糖果、巧克力及蜜饯制造 | 126.41 | 51.51 | 5.76 | 0.48 |
| 方便食品制造 | 187.29 | 69.67 | 6.91 | 1.74 |
| 乳制品制造 | 365.35 | 86.98 | 5.99 | 6.62 |
| 罐头食品制造 | 28.69 | 23.26 | 6.10 | 0.60 |
| 调味品、发酵制品制造 | 96.00 | 82.14 | 15.62 | 2.27 |
| 其他食品制造 | 374.06 | 130.72 | 22.13 | 2.74 |
| 酒、饮料和精制茶制造业 | 1110.51 | 533.72 | 63.07 | 18.02 |
| 酒的制造 | 513.83 | 366.50 | 35.64 | 15.24 |
| 饮料制造 | 562.83 | 134.95 | 21.78 | 2.56 |
| 精制茶加工 | 33.85 | 32.26 | 5.65 | 0.22 |
| 烟草制品业 | 132.53 | 449.00 | -18.54 | -2.42 |
| 烟叶复烤 | 2.37 | 10.04 | -2.84 | 1.67 |

单位：亿元

| 利息支出 | 投资收益（损失以“-”号记） | 营业利润 | 利润总额 | 亏损企业亏损额 | 平均用工人数（万人） |
|---|---|---|---|---|---|
| **8893.47** | **2820.29** | **44192.09** | **46192.80** | **6076.94** | **6051.56** |
| **1186.10** | **106.89** | **587.58** | **677.93** | **1953.40** | **524.57** |
| 833.93 | 130.36 | 653.83 | 734.16 | 538.69 | 350.61 |
| 809.86 | 128.85 | 599.81 | 681.12 | 477.66 | 337.82 |
| 21.26 | 1.55 | 57.42 | 56.49 | 56.54 | 11.64 |
| 2.81 | -0.04 | -3.39 | -3.45 | 4.49 | 1.15 |
| 171.14 | -71.55 | -576.10 | -600.26 | 1196.27 | 69.15 |
| 144.85 | -71.64 | -751.42 | -781.83 | 1192.80 | 66.13 |
| 26.29 | 0.09 | 175.33 | 181.57 | 3.46 | 3.02 |
| 98.94 | 47.61 | 267.88 | 259.45 | 74.49 | 30.39 |
| 98.09 | 47.59 | 239.19 | 229.16 | 73.48 | 28.92 |
| 0.58 | 0.02 | 6.75 | 7.81 | 0.96 | 1.18 |
| 0.27 |  | 21.93 | 22.47 | 0.05 | 0.29 |
| 45.48 | 1.15 | 246.85 | 252.20 | 24.83 | 28.21 |
| 22.06 | 0.62 | 141.88 | 143.47 | 12.03 | 14.35 |
| 17.32 | -0.58 | 94.29 | 97.27 | 3.83 | 9.03 |
| 6.10 | 1.11 | 10.68 | 11.47 | 8.97 | 4.82 |
| 16.49 | -0.68 | 100.76 | 107.10 | 6.85 | 18.16 |
| 2.80 | 0.29 | 61.67 | 60.68 | 0.40 | 8.85 |
| 5.94 | -2.79 | 11.11 | 11.76 | 5.83 | 2.75 |
| 7.45 | 1.60 | 7.25 | 14.17 | 0.60 | 5.21 |
| 0.30 | 0.21 | 20.73 | 20.50 | 0.01 | 1.35 |
| 20.11 | -0.01 | -106.08 | -75.16 | 112.28 | 27.96 |
| 20.10 | -0.01 | -106.32 | -75.39 | 112.28 | 27.74 |
| **6383.05** | **2211.86** | **41000.96** | **42644.15** | **3638.87** | **5259.49** |
| 511.51 | -59.11 | 1660.01 | 1644.94 | 72.96 | 203.10 |
| 21.24 | -0.41 | 197.43 | 197.85 | 3.46 | 19.77 |
| 296.79 | 13.46 | 258.07 | 260.69 | 2.32 | 21.92 |
| 44.98 | -62.90 | 227.52 | 227.20 | 7.81 | 14.07 |
| 25.09 | -12.93 | 84.46 | 88.97 | 12.35 | 9.69 |
| 60.33 | 12.47 | 510.63 | 490.63 | 17.08 | 70.44 |
| 20.84 | 9.06 | 162.25 | 164.41 | 2.65 | 28.66 |
| 12.65 | -5.97 | 110.52 | 112.65 | 0.80 | 18.23 |
| 29.60 | -11.88 | 109.13 | 102.53 | 26.48 | 20.31 |
| 85.82 | 79.64 | 1426.29 | 1466.92 | 28.40 | 128.40 |
| 8.51 | 37.10 | 197.44 | 201.09 | 5.23 | 24.77 |
| 5.38 | 0.03 | 109.19 | 110.16 | 1.35 | 11.25 |
| 13.05 | 6.17 | 149.22 | 154.14 | 2.51 | 25.42 |
| 13.12 | 27.72 | 218.50 | 232.75 | 6.99 | 19.40 |
| 6.22 | -0.28 | 57.46 | 58.18 | 1.64 | 12.04 |
| 17.11 | 6.18 | 218.19 | 222.90 | 0.94 | 14.34 |
| 22.43 | 2.73 | 476.29 | 487.40 | 9.74 | 21.18 |
| 78.80 | 76.64 | 1349.53 | 1366.96 | 48.84 | 102.90 |
| 50.79 | 59.46 | 911.38 | 915.96 | 26.99 | 59.98 |
| 22.91 | 18.01 | 377.35 | 390.44 | 21.86 | 33.94 |
| 5.11 | -0.83 | 60.80 | 60.55 |  | 8.98 |
| 14.48 | 93.66 | 965.11 | 958.77 | 2.94 | 20.02 |
|  | 0.19 | 16.90 | 16.85 | 0.26 | 2.01 |

2-5 续表 11

| 行　　业 | 销售费用 | 管理费用 | 财务费用 | 利息收入 |
|---|---|---|---|---|
| 卷烟制造 | 128.22 | 432.13 | -16.00 | -4.23 |
| 其他烟草制品制造 | 1.95 | 6.83 | 0.29 | 0.13 |
| 纺织业 | 318.00 | 571.40 | 276.29 | 29.49 |
| 棉纺织及印染精加工 | 188.12 | 371.08 | 199.26 | 25.17 |
| 毛纺织及染整精加工 | 15.51 | 28.82 | 17.88 | 0.73 |
| 麻纺织及染整精加工 | 6.81 | 9.33 | 4.88 | 0.13 |
| 丝绢纺织及印染精加工 | 7.10 | 14.21 | 5.37 | 0.24 |
| 化纤织造及印染精加工 | 5.34 | 15.61 | 6.59 | 0.23 |
| 针织或钩针编织物及其制品制造 | 26.85 | 46.55 | 22.38 | 1.08 |
| 家用纺织制成品制造 | 39.14 | 36.87 | 7.93 | 1.07 |
| 非家用纺织制成品制造 | 29.12 | 48.94 | 11.99 | 0.85 |
| 纺织服装、服饰业 | 541.48 | 566.79 | 91.28 | 9.15 |
| 机织服装制造 | 450.76 | 437.48 | 74.84 | 7.70 |
| 针织或钩针编织服装制造 | 67.57 | 107.98 | 12.93 | 1.05 |
| 服饰制造 | 23.15 | 21.33 | 3.52 | 0.39 |
| 皮革、毛皮、羽毛及其制品和制鞋业 | 229.02 | 351.67 | 53.53 | 1.94 |
| 皮革鞣制加工 | 15.39 | 23.62 | 11.43 | 0.49 |
| 皮革制品制造 | 41.13 | 68.58 | 12.01 | 0.07 |
| 毛皮鞣制及制品加工 | 4.43 | 6.09 | 2.87 | 0.03 |
| 羽毛(绒)加工及制品制造 | 9.64 | 12.31 | 2.28 | 0.17 |
| 制鞋业 | 158.42 | 241.07 | 24.95 | 1.18 |
| 木材加工和木、竹、藤、棕、草制品业 | 109.82 | 147.53 | 37.76 | 1.18 |
| 木材加工 | 7.46 | 12.86 | 2.03 | 0.10 |
| 人造板制造 | 60.17 | 77.89 | 25.87 | 0.67 |
| 木制品制造 | 34.05 | 45.28 | 7.35 | 0.39 |
| 竹、藤、棕、草等制品制造 | 8.13 | 11.50 | 2.52 | 0.02 |
| 家具制造业 | 184.06 | 209.76 | 22.95 | 3.30 |
| 木质家具制造 | 105.99 | 117.35 | 15.52 | 1.84 |
| 竹、藤家具制造 | 3.61 | 4.65 | 2.01 | 0.07 |
| 金属家具制造 | 28.37 | 49.66 | 2.49 | 1.12 |
| 塑料家具制造 | 1.61 | 1.93 | 0.32 | 0.01 |
| 其他家具制造 | 44.48 | 36.17 | 2.61 | 0.28 |
| 造纸和纸制品业 | 248.67 | 288.09 | 162.85 | 36.99 |
| 纸浆制造 | 2.75 | 9.83 | 6.09 | 0.16 |
| 造纸 | 137.42 | 194.21 | 143.06 | 36.89 |
| 纸制品制造 | 108.50 | 84.06 | 13.70 | -0.06 |
| 印刷和记录媒介复制业 | 81.82 | 174.71 | 13.84 | 2.44 |
| 印刷 | 77.46 | 169.15 | 13.16 | 2.48 |
| 装订及印刷相关服务 | 2.71 | 4.47 | 0.64 | -0.02 |
| 记录媒介复制 | 1.64 | 1.09 | 0.05 | -0.02 |
| 文教、工美、体育和娱乐用品制造业 | 191.89 | 316.70 | 46.60 | 5.71 |
| 文教办公用品制造 | 19.31 | 23.18 | 2.61 | 1.53 |
| 乐器制造 | 5.56 | 11.24 | 0.58 | 0.09 |
| 工艺美术品制造 | 108.79 | 142.48 | 36.40 | 3.45 |
| 体育用品制造 | 14.92 | 33.62 | -0.14 | 0.09 |
| 玩具制造 | 34.23 | 90.04 | 5.27 | 0.40 |
| 游艺器材及娱乐用品制造 | 9.08 | 16.14 | 1.87 | 0.14 |

单位：亿元

| 利息支出 | 投资收益（损失以“–”号记） | 营业利润 | 利润总额 | 亏损企业亏损额 | 平均用工人数（万人） |
|---|---|---|---|---|---|
| 13.96 | 93.46 | 938.50 | 931.75 | 2.41 | 17.24 |
| 0.52 | 0.01 | 9.71 | 10.17 | 0.27 | 0.78 |
| 283.33 | 26.54 | 1256.74 | 1305.50 | 32.67 | 254.40 |
| 210.72 | 16.93 | 826.17 | 872.91 | 22.36 | 165.16 |
| 16.91 | 0.53 | 69.67 | 70.53 | 2.78 | 14.05 |
| 4.13 | 0.57 | 20.38 | 21.67 | 0.68 | 7.29 |
| 5.22 | 0.47 | 36.47 | 36.64 | 0.70 | 7.68 |
| 5.97 | 0.34 | 25.28 | 23.39 | 2.01 | 7.91 |
| 19.72 | 3.32 | 103.78 | 103.96 | 1.88 | 20.42 |
| 8.38 | 1.54 | 84.47 | 82.88 | 1.31 | 17.14 |
| 12.25 | 2.84 | 90.51 | 93.51 | 0.95 | 14.76 |
| 83.17 | 42.05 | 888.59 | 904.64 | 21.05 | 269.57 |
| 67.09 | 39.95 | 708.68 | 722.02 | 17.18 | 201.40 |
| 12.57 | 1.95 | 147.15 | 148.02 | 2.41 | 54.16 |
| 3.51 | 0.15 | 32.76 | 34.61 | 1.46 | 14.01 |
| 48.71 | -6.18 | 667.36 | 644.82 | 9.98 | 186.72 |
| 10.09 | 1.28 | 113.29 | 89.67 | 0.25 | 10.41 |
| 11.24 | 0.21 | 108.72 | 109.60 | 1.72 | 32.72 |
| 1.64 | 0.03 | 37.41 | 37.36 | 0.09 | 4.26 |
| 2.23 | -1.43 | 16.07 | 16.35 | 0.18 | 4.27 |
| 23.52 | -6.27 | 391.87 | 391.83 | 7.74 | 135.07 |
| 33.00 | -5.46 | 282.33 | 289.90 | 4.07 | 50.11 |
| 1.86 | -0.63 | 27.46 | 27.25 | 0.65 | 5.23 |
| 22.52 | 0.63 | 178.05 | 184.18 | 2.70 | 26.95 |
| 6.32 | -5.45 | 56.71 | 58.17 | 0.72 | 12.24 |
| 2.30 | -0.01 | 20.11 | 20.30 |  | 5.70 |
| 26.59 | 19.58 | 295.23 | 302.30 | 8.43 | 67.43 |
| 15.84 | 3.56 | 173.24 | 175.97 | 6.46 | 42.46 |
| 1.91 | 0.01 | 3.69 | 3.71 | 0.11 | 0.91 |
| 5.09 | 15.94 | 69.18 | 70.73 | 1.25 | 11.90 |
| 0.20 |  | 2.96 | 3.05 |  | 0.96 |
| 3.55 | 0.07 | 46.16 | 48.84 | 0.61 | 11.21 |
| 162.06 | 19.22 | 463.79 | 515.73 | 40.36 | 64.59 |
| 6.48 |  | 2.33 | 2.83 | 4.48 | 1.02 |
| 142.65 | 18.00 | 283.74 | 336.79 | 32.49 | 39.67 |
| 12.93 | 1.22 | 177.72 | 176.11 | 3.39 | 23.90 |
| 17.98 | 13.09 | 226.37 | 233.24 | 7.14 | 45.26 |
| 17.44 | 12.93 | 221.75 | 228.19 | 6.96 | 43.64 |
| 0.48 | 0.01 | 2.54 | 2.90 | 0.18 | 1.40 |
| 0.07 | 0.15 | 2.09 | 2.15 |  | 0.21 |
| 47.62 | 13.83 | 546.99 | 542.05 | 9.39 | 142.00 |
| 4.27 | 2.39 | 35.97 | 36.67 | 0.43 | 8.08 |
| 0.50 | 0.22 | 17.69 | 17.58 | 1.04 | 3.49 |
| 33.00 | 7.51 | 343.50 | 336.58 | 2.49 | 59.48 |
| 2.80 | 1.45 | 45.91 | 46.18 | 0.86 | 16.43 |
| 5.12 | 0.98 | 81.94 | 82.50 | 2.92 | 51.03 |
| 1.92 | 1.28 | 21.98 | 22.54 | 1.65 | 3.49 |

2-5 续表 12

| 行业 | 销售费用 | 管理费用 | 财务费用 | 利息收入 |
|---|---|---|---|---|
| 石油加工、炼焦和核燃料加工业 | 299.99 | 773.28 | 354.25 | 33.49 |
| 精炼石油产品制造 | 152.62 | 634.90 | 217.36 | 24.79 |
| 炼焦 | 147.29 | 133.23 | 134.77 | 8.54 |
| 化学原料和化学制品制造业 | 1622.97 | 1852.03 | 817.99 | 56.53 |
| 基础化学原料制造 | 251.68 | 481.84 | 261.26 | 20.61 |
| 肥料制造 | 200.03 | 245.87 | 177.92 | 12.30 |
| 农药制造 | 45.26 | 70.39 | 15.45 | 2.03 |
| 涂料、油墨、颜料及类似产品制造 | 142.86 | 148.94 | 24.72 | 3.35 |
| 合成材料制造 | 154.28 | 278.23 | 197.66 | 1.50 |
| 专用化学产品制造 | 201.49 | 347.06 | 116.79 | 9.14 |
| 炸药、火工及焰火产品制造 | 53.09 | 76.78 | 12.18 | 1.77 |
| 日用化学产品制造 | 574.28 | 202.93 | 12.01 | 5.84 |
| 医药制造业 | 2693.45 | 1251.85 | 158.17 | 23.22 |
| 化学药品原料药制造 | 200.26 | 215.42 | 33.49 | 7.33 |
| 化学药品制剂制造 | 1303.24 | 482.54 | 53.37 | 6.66 |
| 中药饮片加工 | 41.08 | 27.30 | 4.85 | 0.13 |
| 中成药生产 | 835.23 | 301.13 | 35.79 | 4.60 |
| 兽用药品制造 | 30.66 | 36.83 | 6.34 | 0.21 |
| 生物药品制造 | 167.40 | 120.77 | 14.62 | 3.06 |
| 卫生材料及医药用品制造 | 115.59 | 67.87 | 9.70 | 1.24 |
| 化学纤维制造业 | 67.86 | 178.97 | 99.13 | 11.51 |
| 纤维素纤维原料及纤维制造 | 34.37 | 61.48 | 42.32 | 3.89 |
| 合成纤维制造 | 33.49 | 117.49 | 56.80 | 7.62 |
| 橡胶和塑料制品业 | 412.02 | 637.20 | 139.10 | 432.15 |
| 橡胶制品业 | 190.18 | 245.18 | 82.66 | 426.50 |
| 塑料制品业 | 221.84 | 392.02 | 56.44 | 5.64 |
| 非金属矿物制品业 | 661.70 | 919.69 | 309.23 | 24.45 |
| 水泥、石灰和石膏制造 | 146.96 | 236.69 | 122.61 | 11.45 |
| 石膏、水泥制品及类似制品制造 | 70.04 | 93.74 | 23.66 | 2.10 |
| 砖瓦、石材等建筑材料制造 | 122.20 | 160.49 | 44.86 | 2.65 |
| 玻璃制造 | 25.47 | 57.16 | 13.96 | 3.50 |
| 玻璃制品制造 | 65.80 | 99.39 | 23.47 | 1.50 |
| 玻璃纤维和玻璃纤维增强塑料制品制造 | 25.19 | 42.96 | 19.96 | 1.24 |
| 陶瓷制品制造 | 99.19 | 111.83 | 19.94 | 0.52 |
| 耐火材料制品制造 | 53.18 | 43.85 | 12.33 | 0.57 |
| 石墨及其他非金属矿物制品制造 | 53.67 | 73.59 | 28.44 | 0.92 |
| 黑色金属冶炼和压延加工业 | 620.59 | 1333.86 | 899.07 | 79.06 |
| 炼铁 | 13.33 | 31.47 | 30.56 | 0.94 |
| 炼钢 | 79.40 | 221.52 | 143.30 | 12.98 |
| 黑色金属铸造 | 41.47 | 65.01 | 18.27 | 1.65 |
| 钢压延加工 | 448.34 | 950.77 | 674.53 | 60.98 |
| 铁合金冶炼 | 38.04 | 65.09 | 32.41 | 2.50 |
| 有色金属冶炼和压延加工业 | 288.37 | 682.14 | 566.64 | 59.08 |
| 常用有色金属冶炼 | 123.09 | 288.53 | 353.72 | 25.31 |
| 贵金属冶炼 | 5.13 | 51.67 | 24.62 | 13.75 |
| 稀有稀土金属冶炼 | 12.72 | 29.85 | 9.23 | 0.60 |
| 有色金属合金制造 | 30.06 | 69.56 | 29.27 | 4.23 |

单位：亿元

| 利息支出 | 投资收益（损失以“–”号记） | 营业利润 | 利润总额 | 亏损企业亏损额 | 平均用工人数（万人） |
|---|---|---|---|---|---|
| 322.98 | 66.10 | 1714.29 | 1715.49 | 218.03 | 75.97 |
| 209.06 | 68.29 | 1559.07 | 1555.76 | 109.14 | 42.68 |
| 111.84 | -2.81 | 144.14 | 147.19 | 108.89 | 32.43 |
| 783.19 | 159.05 | 2777.37 | 2900.73 | 691.32 | 269.27 |
| 238.44 | 65.78 | 825.53 | 876.07 | 208.02 | 67.22 |
| 186.75 | 15.13 | -75.61 | -55.45 | 313.37 | 47.15 |
| 17.72 | 5.58 | 155.37 | 157.88 | 3.74 | 11.36 |
| 26.76 | 20.74 | 242.11 | 256.30 | 8.24 | 18.60 |
| 175.11 | 26.02 | 420.81 | 430.17 | 117.01 | 30.89 |
| 113.32 | 3.67 | 806.87 | 817.61 | 31.98 | 49.63 |
| 10.18 | 5.45 | 77.73 | 84.18 | 2.82 | 23.03 |
| 14.90 | 16.67 | 324.57 | 333.97 | 6.14 | 21.37 |
| 165.97 | 117.09 | 2268.92 | 2349.32 | 31.47 | 162.99 |
| 39.98 | 40.04 | 302.15 | 316.46 | 9.66 | 29.09 |
| 53.31 | 36.30 | 838.86 | 872.14 | 12.55 | 47.28 |
| 4.16 | -6.02 | 63.74 | 65.13 |  | 4.59 |
| 35.60 | 34.83 | 570.04 | 590.17 | 2.77 | 47.86 |
| 4.04 | 0.87 | 70.37 | 71.21 | 0.53 | 5.29 |
| 18.95 | 12.16 | 277.77 | 286.43 | 5.57 | 14.99 |
| 9.95 | -1.08 | 145.99 | 147.78 | 0.39 | 13.88 |
| 94.46 | 26.22 | 270.85 | 282.67 | 21.38 | 33.25 |
| 37.03 | 7.88 | 96.72 | 102.62 | 3.41 | 13.45 |
| 57.43 | 18.33 | 174.13 | 180.05 | 17.97 | 19.81 |
| 134.40 | 14.46 | 1071.29 | 1097.87 | 35.62 | 170.05 |
| 76.55 | 3.90 | 420.62 | 439.71 | 20.16 | 55.68 |
| 57.85 | 10.56 | 650.67 | 658.16 | 15.46 | 114.37 |
| 295.47 | 73.22 | 1720.43 | 1795.10 | 125.94 | 268.95 |
| 122.19 | 5.42 | 336.27 | 385.41 | 50.91 | 44.81 |
| 20.06 | 12.99 | 186.80 | 189.10 | 6.82 | 25.52 |
| 40.49 | 6.30 | 392.28 | 390.07 | 7.11 | 59.08 |
| 20.42 | 32.36 | 100.54 | 104.37 | 20.74 | 11.08 |
| 22.37 | 3.63 | 145.51 | 153.90 | 16.45 | 31.60 |
| 18.91 | 6.37 | 96.66 | 100.99 | 4.42 | 10.39 |
| 13.22 | 1.22 | 209.24 | 211.28 | 5.48 | 55.24 |
| 11.01 | 0.97 | 93.39 | 95.50 | 2.55 | 12.33 |
| 26.80 | 3.97 | 159.73 | 164.49 | 11.46 | 18.91 |
| 845.70 | -148.42 | 1261.27 | 1241.76 | 603.16 | 253.81 |
| 30.27 | 1.82 | 2.43 | 1.53 | 32.93 | 10.15 |
| 134.83 | -3.44 | 131.28 | 159.40 | 39.95 | 37.25 |
| 16.09 | 0.93 | 113.37 | 116.43 | 6.49 | 19.70 |
| 638.50 | -147.92 | 944.27 | 892.73 | 498.37 | 174.25 |
| 26.00 | 0.19 | 69.91 | 71.68 | 25.41 | 12.47 |
| 542.07 | -3.44 | 1484.68 | 1419.25 | 213.33 | 137.97 |
| 339.34 | 1.65 | 501.19 | 419.82 | 152.59 | 61.00 |
| 35.68 | -11.48 | 52.26 | 54.52 | 12.33 | 6.60 |
| 5.94 | 4.19 | 84.01 | 82.03 | 2.01 | 5.70 |
| 27.62 | -10.30 | 91.85 | 96.70 | 13.78 | 11.50 |

2-5 续表 13

| 行业 | 销售费用 | 管理费用 | 财务费用 | 利息收入 |
|---|---|---|---|---|
| 有色金属铸造 | 1.68 | 7.39 | 0.43 | 0.14 |
| 有色金属压延加工 | 115.69 | 235.14 | 149.37 | 15.05 |
| 金属制品业 | 359.52 | 676.29 | 121.34 | 13.57 |
| 结构性金属制品制造 | 105.52 | 193.79 | 48.17 | 3.39 |
| 金属工具制造 | 27.96 | 50.26 | 5.38 | 0.32 |
| 集装箱及金属包装容器制造 | 31.58 | 52.70 | 7.61 | 1.76 |
| 金属丝绳及其制品制造 | 31.97 | 51.47 | 19.01 | 1.37 |
| 建筑、安全用金属制品制造 | 45.58 | 69.86 | 6.71 | 0.76 |
| 金属表面处理及热处理加工 | 12.24 | 34.05 | 7.21 | 0.29 |
| 搪瓷制品制造 | 3.70 | 7.25 | 1.00 | 0.58 |
| 金属制日用品制造 | 47.19 | 53.54 | 4.82 | 0.40 |
| 其他金属制品制造 | 53.79 | 163.37 | 21.44 | 4.71 |
| 通用设备制造业 | 756.07 | 1366.02 | 172.65 | 32.40 |
| 锅炉及原动设备制造 | 111.79 | 229.93 | 14.72 | 6.46 |
| 金属加工机械制造 | 75.20 | 126.77 | 41.69 | 3.63 |
| 物料搬运设备制造 | 157.85 | 284.79 | 30.57 | 12.75 |
| 泵、阀门、压缩机及类似机械制造 | 153.74 | 242.09 | 22.29 | 4.06 |
| 轴承、齿轮和传动部件制造 | 47.40 | 120.81 | 22.36 | 1.72 |
| 烘炉、风机、衡器、包装等设备制造 | 121.43 | 180.52 | 19.70 | 1.19 |
| 文化、办公用机械制造 | 34.36 | 67.26 | 3.42 | 1.31 |
| 通用零部件制造 | 41.62 | 92.59 | 12.75 | 1.04 |
| 其他通用设备制造业 | 12.68 | 21.25 | 5.16 | 0.22 |
| 专用设备制造业 | 658.90 | 1096.87 | 213.79 | 26.93 |
| 采矿、冶金、建筑专用设备制造 | 251.62 | 416.30 | 146.96 | 16.63 |
| 化工、木材、非金属加工专用设备制造 | 63.87 | 158.48 | 19.21 | 3.09 |
| 食品、饮料、烟草及饲料生产专用设备制造 | 17.57 | 29.13 | 3.10 | 0.49 |
| 印刷、制药、日化及日用品生产专用设备制造 | 27.31 | 38.35 | 2.95 | 0.38 |
| 纺织、服装和皮革加工专用设备制造 | 20.95 | 42.42 | 5.38 | 1.49 |
| 电子和电工机械专用设备制造 | 26.22 | 52.03 | 5.15 | 1.22 |
| 农、林、牧、渔专用机械制造 | 42.87 | 64.72 | 11.02 | 0.66 |
| 医疗仪器设备及器械制造 | 116.10 | 142.93 | 3.55 | -0.25 |
| 环保、社会公共服务及其他专用设备制造 | 92.39 | 152.51 | 16.46 | 3.23 |
| 汽车制造业 | 1993.99 | 3176.98 | 228.61 | 123.55 |
| 汽车整车制造 | 1379.68 | 1732.17 | 56.71 | 97.76 |
| 改装汽车制造 | 42.12 | 64.45 | 13.47 | 2.41 |
| 低速载货汽车制造 | 2.21 | 5.48 | 1.02 | 0.12 |
| 电车制造 | 2.63 | 2.03 | 0.17 | |
| 汽车车身、挂车制造 | 8.28 | 12.82 | 5.82 | 0.52 |
| 汽车零部件及配件制造 | 559.08 | 1360.03 | 151.42 | 22.73 |
| 铁路、船舶、航空航天和其他运输设备制造业 | 230.70 | 841.34 | 94.59 | 57.02 |
| 铁路运输设备制造 | 90.03 | 280.04 | 9.24 | 9.01 |
| 城市轨道交通设备制造 | 2.13 | 6.60 | 0.38 | 0.26 |
| 船舶及相关装置制造 | 30.79 | 200.37 | 47.59 | 33.77 |
| 航空、航天器及设备制造 | 27.76 | 194.41 | 25.21 | 7.28 |
| 摩托车制造 | 56.54 | 126.67 | 9.73 | 5.94 |
| 自行车制造 | 19.23 | 26.24 | 1.75 | 0.57 |
| 非公路休闲车及零配件制造 | 2.48 | 4.09 | 0.51 | 0.12 |
| 潜水救捞及其他未列明运输设备制造 | 1.75 | 2.93 | 0.17 | 0.06 |

单位：亿元

| 利息支出 | 投资收益（损失以“–”号记） | 营业利润 | 利润总额 | 亏损企业亏损额 | 平均用工人数（万人） |
|---|---|---|---|---|---|
| 0.66 | -0.01 | 8.89 | 9.69 | 0.47 | 1.02 |
| 132.82 | 12.52 | 746.47 | 756.49 | 32.15 | 52.16 |
| 125.53 | -24.82 | 1107.84 | 1135.50 | 44.89 | 176.54 |
| 42.12 | -20.38 | 338.64 | 349.97 | 12.41 | 46.11 |
| 6.31 | -3.92 | 80.78 | 83.10 | 1.51 | 14.23 |
| 10.37 | 5.88 | 88.90 | 92.13 | 10.79 | 13.50 |
| 19.65 | -7.85 | 86.81 | 88.04 | 3.37 | 9.79 |
| 9.07 | 1.34 | 128.94 | 129.66 | 2.94 | 21.71 |
| 6.40 | -12.33 | 80.16 | 81.02 | 0.93 | 11.18 |
| 1.24 | 0.54 | 11.40 | 11.59 | 0.53 | 2.32 |
| 5.35 | 7.92 | 87.85 | 90.46 | 3.13 | 20.46 |
| 25.03 | 3.99 | 204.37 | 209.53 | 9.27 | 37.25 |
| 196.02 | 98.34 | 1636.20 | 1709.89 | 132.97 | 234.24 |
| 26.23 | 26.41 | 210.96 | 214.34 | 33.61 | 29.61 |
| 37.26 | 4.45 | 105.48 | 121.74 | 29.09 | 24.36 |
| 39.70 | 14.14 | 382.27 | 396.19 | 7.53 | 35.12 |
| 27.85 | 3.87 | 298.59 | 309.72 | 14.96 | 42.14 |
| 22.02 | 2.47 | 151.94 | 159.18 | 16.46 | 25.77 |
| 19.69 | 41.97 | 260.84 | 275.05 | 13.41 | 30.91 |
| 4.03 | 1.67 | 74.36 | 79.74 | 3.86 | 16.84 |
| 13.75 | 1.96 | 129.52 | 130.67 | 11.07 | 24.73 |
| 5.48 | 1.41 | 22.25 | 23.26 | 2.98 | 4.76 |
| 240.99 | 95.28 | 1044.41 | 1125.80 | 312.88 | 181.94 |
| 161.35 | 35.63 | 163.18 | 198.06 | 264.45 | 64.94 |
| 19.74 | 6.33 | 161.77 | 167.13 | 19.18 | 33.07 |
| 3.17 | 1.23 | 43.14 | 42.70 |  | 4.91 |
| 3.59 | 3.47 | 55.31 | 57.89 | 1.01 | 6.54 |
| 6.68 | 6.34 | 47.37 | 51.45 | 2.23 | 7.88 |
| 6.42 | -0.69 | 76.25 | 83.80 | 2.05 | 9.98 |
| 9.45 | 0.92 | 59.80 | 62.09 | 16.21 | 13.12 |
| 10.56 | 22.85 | 204.77 | 218.32 | 3.02 | 19.89 |
| 20.03 | 19.19 | 232.82 | 244.36 | 4.73 | 21.60 |
| 312.88 | 881.40 | 5540.46 | 5886.92 | 239.60 | 350.39 |
| 142.15 | 797.30 | 3336.44 | 3622.13 | 176.29 | 125.13 |
| 15.52 | -0.69 | 105.95 | 107.67 | 8.92 | 12.83 |
| 0.74 | 0.10 | 6.68 | 7.07 | 1.66 | 1.21 |
| 0.16 |  | 2.71 | 2.77 | 0.04 | 0.64 |
| 5.78 | 0.73 | 48.28 | 48.76 | 1.54 | 3.92 |
| 148.52 | 83.96 | 2040.41 | 2098.51 | 51.16 | 206.65 |
| 140.74 | -1.04 | 839.79 | 894.63 | 132.00 | 137.03 |
| 18.06 | 13.98 | 283.54 | 297.99 | 30.33 | 27.00 |
| 0.56 | -0.79 | 2.99 | 3.42 | 0.11 | 0.67 |
| 70.92 | 6.95 | 164.42 | 189.22 | 78.60 | 41.27 |
| 32.07 | -28.85 | 170.92 | 181.17 | 12.94 | 32.44 |
| 15.20 | 6.33 | 147.57 | 151.30 | 8.39 | 22.52 |
| 2.74 | 1.33 | 47.30 | 49.21 | 1.56 | 10.71 |
| 0.81 |  | 19.04 | 19.11 | 0.06 | 1.27 |
| 0.39 |  | 4.02 | 3.21 | 0.01 | 1.16 |

2-5 续表 14

| 行　　业 | 销售费用 | 管理费用 | 财务费用 | 利息收入 |
|---|---|---|---|---|
| 电气机械和器材制造业 | 1889.80 | 2216.61 | 247.26 | 72.87 |
| 电机制造 | 155.78 | 282.03 | 33.35 | 3.92 |
| 输配电及控制设备制造 | 407.92 | 655.48 | 118.42 | 19.57 |
| 电线、电缆、光缆及电工器材制造 | 195.58 | 282.97 | 77.48 | 6.43 |
| 电池制造 | 100.58 | 218.18 | 35.54 | 3.97 |
| 家用电力器具制造 | 910.73 | 577.46 | -32.96 | 36.81 |
| 非电力家用器具制造 | 31.11 | 24.47 | 4.36 | 0.11 |
| 照明器具制造 | 81.09 | 146.20 | 10.85 | 2.04 |
| 其他电气机械及器材制造 | 7.01 | 29.82 | 0.23 | 0.02 |
| 计算机、通信和其他电子设备制造业 | 2067.86 | 4191.59 | 233.96 | 173.27 |
| 计算机制造 | 237.10 | 423.53 | 24.63 | 25.41 |
| 通信设备制造 | 1084.37 | 1907.78 | 81.39 | 90.36 |
| 广播电视设备制造 | 33.27 | 82.08 | 5.08 | 0.22 |
| 雷达及配套设备制造 | 8.46 | 35.10 | 3.14 | 0.79 |
| 视听设备制造 | 248.74 | 257.37 | 21.15 | 14.57 |
| 电子器件制造 | 190.25 | 722.11 | 88.82 | 24.49 |
| 电子元件制造 | 191.64 | 595.35 | 11.06 | 16.00 |
| 其他电子设备制造 | 74.01 | 168.26 | -1.30 | 1.43 |
| 仪器仪表制造业 | 206.67 | 364.56 | 21.56 | 6.05 |
| 通用仪器仪表制造 | 140.31 | 209.40 | 16.22 | 4.11 |
| 专用仪器仪表制造 | 35.76 | 80.58 | 4.95 | 1.64 |
| 钟表与计时仪器制造 | 12.43 | 17.93 | 0.56 | 0.21 |
| 光学仪器及眼镜制造 | 16.36 | 52.45 | -0.29 | -0.01 |
| 其他仪器仪表制造业 | 1.80 | 4.19 | 0.13 | 0.10 |
| 其他制造业 | 34.94 | 84.99 | 7.51 | 2.70 |
| 日用杂品制造 | 24.39 | 36.05 | 5.45 | 0.45 |
| 煤制品制造 | 0.90 | 1.65 | 0.25 | -0.04 |
| 废弃资源综合利用业 | 11.73 | 23.71 | 10.55 | 0.57 |
| 金属废料和碎屑加工处理 | 9.66 | 19.56 | 8.32 | 0.53 |
| 非金属废料和碎屑加工处理 | 2.07 | 4.14 | 2.23 | 0.03 |
| 金属制品、机械和设备修理业 | 10.68 | 71.76 | 24.80 | 3.35 |
| 金属制品修理 | 0.41 | 0.81 | 0.12 | |
| 通用设备修理 | | 0.63 | | 0.01 |
| 专用设备修理 | 2.00 | 3.57 | 2.70 | 0.15 |
| 铁路、船舶、航空航天等运输设备修理 | 8.04 | 64.72 | 21.75 | 3.13 |
| 电气设备修理 | | 0.76 | 0.05 | 0.01 |
| 其他机械和设备修理业 | 0.22 | 1.17 | 0.18 | 0.06 |
| **电力、热力、燃气及水生产和供应业** | **264.28** | **805.77** | **1325.93** | **63.07** |
| 电力、热力生产和供应业 | 68.33 | 567.65 | 1222.73 | 50.59 |
| 电力生产 | 30.70 | 286.81 | 830.23 | 25.20 |
| 电力供应 | 28.85 | 207.47 | 364.11 | 23.12 |
| 热力生产和供应 | 8.77 | 73.37 | 28.39 | 2.26 |
| 燃气生产和供应业 | 101.02 | 100.91 | 36.11 | 3.88 |
| 水的生产和供应业 | 94.93 | 137.20 | 67.10 | 8.60 |
| 自来水生产和供应 | 93.95 | 119.82 | 39.60 | 5.09 |
| 污水处理及其再生利用 | 0.56 | 15.81 | 14.38 | 1.89 |

单位：亿元

| 利息支出 | 投资收益（损失以“–”号记） | 营业利润 | 利润总额 | 亏损企业亏损额 | 平均用工人数（万人） |
|---|---|---|---|---|---|
| 367.30 | 277.95 | 3701.64 | 3806.83 | 121.46 | 410.28 |
| 45.16 | 39.11 | 409.69 | 421.53 | 34.64 | 52.08 |
| 132.58 | 71.84 | 1033.32 | 1083.26 | 35.34 | 108.20 |
| 78.01 | 13.21 | 585.64 | 574.68 | 9.92 | 53.80 |
| 38.41 | 7.53 | 323.61 | 324.58 | 16.71 | 45.36 |
| 54.88 | 125.44 | 1079.20 | 1123.99 | 11.80 | 103.09 |
| 5.46 | 4.14 | 29.76 | 31.72 | 5.44 | 6.32 |
| 12.21 | 16.34 | 226.33 | 231.94 | 7.16 | 38.29 |
| 0.59 | 0.35 | 14.10 | 15.12 | 0.44 | 3.15 |
| 347.43 | 223.80 | 3860.17 | 4390.30 | 339.22 | 754.70 |
| 39.43 | 42.98 | 629.24 | 677.65 | 33.72 | 106.95 |
| 104.00 | 82.10 | 962.91 | 1141.24 | 121.98 | 184.82 |
| 9.88 | 0.41 | 104.49 | 110.23 | 10.29 | 17.29 |
| 3.51 | 2.22 | 23.66 | 27.40 | 1.33 | 4.14 |
| 28.92 | 17.84 | 261.75 | 292.61 | 6.63 | 55.11 |
| 103.20 | 36.78 | 771.27 | 988.02 | 114.96 | 143.01 |
| 49.64 | 26.56 | 860.06 | 889.22 | 46.30 | 202.80 |
| 8.85 | 14.92 | 246.80 | 263.93 | 4.01 | 40.59 |
| 32.45 | 26.20 | 478.00 | 511.41 | 20.06 | 63.42 |
| 21.37 | 20.30 | 306.60 | 332.13 | 11.62 | 27.66 |
| 6.69 | 4.51 | 96.55 | 99.58 | 3.34 | 10.18 |
| 0.90 | 0.10 | 15.97 | 16.78 | 1.45 | 8.84 |
| 3.07 | 1.18 | 54.39 | 58.33 | 3.50 | 15.46 |
| 0.43 | 0.11 | 4.49 | 4.60 | 0.15 | 1.28 |
| 9.38 | 2.34 | 94.40 | 102.73 | 3.11 | 23.99 |
| 4.87 | -0.02 | 55.31 | 55.51 | 0.42 | 15.55 |
| 0.29 |  | 0.94 | 0.89 | 0.86 | 0.50 |
| 8.23 | -4.98 | 106.73 | 108.57 | 6.67 | 6.27 |
| 6.07 | -1.72 | 103.34 | 104.85 | 1.88 | 5.14 |
| 2.16 | -3.26 | 3.40 | 3.72 | 4.79 | 1.13 |
| 24.79 | 19.61 | -6.11 | -6.39 | 59.55 | 13.93 |
| 0.11 |  | 2.16 | 2.16 |  | 0.44 |
|  |  | 0.16 | 0.23 | 0.04 | 0.39 |
| 2.80 | 18.74 | 18.70 | 19.59 | 0.03 | 0.58 |
| 21.63 | 0.87 | -27.82 | -29.09 | 59.40 | 11.58 |
| 0.05 |  | 0.10 | 0.12 | 0.07 | 0.48 |
| 0.20 |  | 0.59 | 0.60 |  | 0.40 |
| **1324.32** | **501.54** | **2603.54** | **2870.72** | **484.67** | **267.50** |
| 1218.13 | 445.20 | 2329.04 | 2511.05 | 414.17 | 222.12 |
| 816.30 | 139.92 | 1199.74 | 1305.51 | 324.71 | 71.13 |
| 372.82 | 302.90 | 1205.58 | 1209.59 | 46.37 | 135.91 |
| 29.00 | 2.37 | -76.28 | -4.05 | 43.08 | 15.07 |
| 39.00 | 40.40 | 234.73 | 261.56 | 33.22 | 16.92 |
| 67.19 | 15.95 | 39.77 | 98.12 | 37.28 | 28.46 |
| 42.01 | 15.19 | 5.94 | 55.12 | 31.59 | 26.36 |
| 15.57 | 0.78 | 18.06 | 27.24 | 5.69 | 1.97 |

# 三、分地区数据

# 3-1 按地区分组的规模以上

| 地 区 | 企业单位数(个) | 工业销售产值(当年价格) | 出口交货值 | 资产总计 | 固定资产合计 | 固定资产原价 |
|---|---|---|---|---|---|---|
| **全 国** | **378599** | **1151950.07** | **117842.74** | **1085865.94** | **390279.36** | **650592.73** |
| 北 京 | 3340 | 17837.50 | 956.80 | 43093.68 | 6833.06 | 12977.97 |
| 天 津 | 5203 | 26654.45 | 2473.24 | 25075.09 | 9191.81 | 14872.80 |
| 河 北 | 14764 | 46906.78 | 1537.93 | 44562.88 | 20087.82 | 30116.90 |
| 山 西 | 3548 | 12757.28 | 921.76 | 33621.95 | 12901.36 | 18364.43 |
| 内蒙古 | 4289 | 19884.38 | 154.83 | 30900.83 | 13292.94 | 20696.89 |
| 辽 宁 | 8025 | 21035.90 | 2102.26 | 36106.92 | 12038.00 | 20790.78 |
| 吉 林 | 6003 | 23412.38 | 402.09 | 18969.47 | 7611.72 | 17717.27 |
| 黑龙江 | 3946 | 11103.56 | 126.55 | 14951.92 | 6752.10 | 13530.31 |
| 上 海 | 8351 | 31056.80 | 7286.15 | 39838.24 | 8612.13 | 18999.26 |
| 江 苏 | 47900 | 155820.09 | 23299.50 | 114536.32 | 38880.97 | 72767.99 |
| 浙 江 | 40128 | 66628.47 | 11540.13 | 69468.91 | 18993.74 | 30886.89 |
| 安 徽 | 19838 | 42329.72 | 2321.04 | 33563.37 | 11782.43 | 20072.01 |
| 福 建 | 17262 | 43309.15 | 6961.63 | 32081.30 | 9931.69 | 16342.12 |
| 江 西 | 10931 | 32928.80 | 2132.85 | 21811.92 | 9333.45 | 14844.92 |
| 山 东 | 39567 | 148872.26 | 8612.67 | 105046.32 | 41145.21 | 69887.24 |
| 河 南 | 23679 | 79404.82 | 3747.01 | 60454.73 | 25763.17 | 34452.50 |
| 湖 北 | 16296 | 47295.43 | 1905.07 | 37942.33 | 13642.50 | 25426.04 |
| 湖 南 | 14386 | 39319.29 | 1439.57 | 25518.07 | 10202.62 | 15453.45 |
| 广 东 | 42688 | 129840.69 | 32240.68 | 105604.17 | 27217.90 | 52729.34 |
| 广 西 | 5464 | 23406.97 | 843.22 | 16023.46 | 6018.15 | 9664.53 |
| 海 南 | 337 | 1765.10 | 193.55 | 2764.18 | 1315.46 | 1903.04 |
| 重 庆 | 6782 | 23497.42 | 2924.89 | 20214.63 | 8000.15 | 12205.33 |
| 四 川 | 13819 | 42103.39 | 2234.36 | 41514.58 | 17881.21 | 28317.19 |
| 贵 州 | 5123 | 11550.45 | 181.99 | 14319.98 | 5541.54 | 7822.06 |
| 云 南 | 4194 | 10080.39 | 269.81 | 19474.18 | 8422.86 | 11758.63 |
| 西 藏 | 108 | 163.73 | 0.03 | 1110.65 | 529.86 | 659.69 |
| 陕 西 | 5862 | 21788.47 | 757.01 | 30828.91 | 15087.70 | 22256.61 |
| 甘 肃 | 2105 | 6527.42 | 111.95 | 12263.36 | 5922.68 | 8824.73 |
| 青 海 | 593 | 2663.51 | 2.91 | 6143.77 | 3411.35 | 5123.97 |
| 宁 夏 | 1174 | 3899.68 | 94.84 | 8521.18 | 3689.09 | 5005.78 |
| 新 疆 | 2894 | 8105.79 | 66.41 | 19538.65 | 10244.70 | 16122.05 |

# 工业企业主要经济指标

单位：亿元

| 累计折旧 | 流动资产合计 | 应收账款 | 存货 | 产成品 | 负债合计 |
|---|---|---|---|---|---|
| **286223.98** | **500852.80** | **126847.19** | **106962.71** | **40492.79** | **606641.53** |
| 6234.63 | 16643.16 | 4392.53 | 2349.50 | 800.82 | 19798.13 |
| 7253.80 | 12253.46 | 3095.32 | 2736.33 | 1064.61 | 15385.02 |
| 11499.26 | 17327.05 | 3529.43 | 3997.11 | 1450.62 | 24449.56 |
| 7360.03 | 13290.44 | 2326.54 | 1926.98 | 739.89 | 25579.36 |
| 8051.62 | 9876.95 | 1877.54 | 1522.42 | 580.37 | 19445.75 |
| 9445.73 | 17310.89 | 3797.47 | 4233.23 | 1292.28 | 23272.90 |
| 10590.21 | 8288.32 | 1487.40 | 1794.75 | 776.65 | 9932.67 |
| 7004.90 | 5968.87 | 1292.66 | 1335.14 | 455.72 | 8399.97 |
| 10411.06 | 23414.82 | 6862.61 | 4839.69 | 1489.94 | 19588.27 |
| 34313.71 | 59354.58 | 19022.03 | 12526.29 | 4787.06 | 59466.56 |
| 13216.01 | 38196.89 | 11150.26 | 8073.75 | 3294.66 | 38304.18 |
| 8943.30 | 15615.35 | 4505.02 | 3426.21 | 1370.62 | 19039.87 |
| 6703.94 | 16286.10 | 4382.23 | 3732.34 | 1502.75 | 16779.94 |
| 6403.03 | 9053.18 | 2158.05 | 2104.03 | 892.76 | 10549.25 |
| 33227.66 | 47511.50 | 8980.82 | 10709.76 | 4576.06 | 56837.87 |
| 11061.99 | 27043.59 | 5871.90 | 4537.07 | 1758.07 | 28805.88 |
| 12696.87 | 17265.72 | 4373.47 | 4130.86 | 1670.99 | 20355.90 |
| 5631.71 | 11064.34 | 3219.31 | 2843.06 | 958.42 | 13343.81 |
| 26684.74 | 61612.78 | 18722.41 | 13393.09 | 4982.36 | 59318.72 |
| 3626.88 | 7449.36 | 1515.85 | 1771.01 | 793.39 | 9825.40 |
| 641.32 | 999.55 | 186.53 | 196.49 | 78.51 | 1538.21 |
| 4759.85 | 9237.93 | 2568.80 | 1698.39 | 761.37 | 12374.58 |
| 11555.30 | 17075.54 | 4116.73 | 3661.50 | 1360.09 | 24234.79 |
| 2642.92 | 5933.96 | 1014.13 | 1296.29 | 336.03 | 9074.84 |
| 3694.94 | 6700.95 | 1150.41 | 2220.37 | 540.81 | 12431.16 |
| 148.38 | 239.35 | 22.03 | 29.41 | 10.55 | 550.52 |
| 9584.16 | 11198.33 | 2375.28 | 2323.04 | 886.25 | 17380.70 |
| 3354.52 | 4322.62 | 843.68 | 1369.92 | 464.03 | 8076.14 |
| 1836.97 | 1644.90 | 320.52 | 324.05 | 113.33 | 4203.12 |
| 1596.43 | 2814.31 | 583.84 | 734.75 | 265.42 | 5773.39 |
| 6048.11 | 5858.03 | 1102.38 | 1125.86 | 438.37 | 12525.08 |

3-1 续表 1

| 地　区 | 流动负债合　计 | 应付账款 | 所有者权益合计 | 实收资本 | 国家资本 |
|---|---|---|---|---|---|
| **全　国** | **456468.84** | **128214.21** | **476105.14** | **239844.82** | **59163.10** |
| 北　京 | 14050.59 | 4511.83 | 23272.45 | 13661.07 | 9591.66 |
| 天　津 | 11738.25 | 3193.84 | 10095.20 | 5610.71 | 1383.90 |
| 河　北 | 19199.53 | 5464.99 | 19977.44 | 10613.79 | 2122.60 |
| 山　西 | 17901.16 | 3786.31 | 8041.22 | 4841.97 | 2185.70 |
| 内蒙古 | 11824.43 | 2757.49 | 11370.20 | 8016.66 | 2097.32 |
| 辽　宁 | 17665.87 | 3973.32 | 12286.17 | 7211.59 | 2550.75 |
| 吉　林 | 7621.57 | 2325.32 | 9022.79 | 3096.70 | 790.11 |
| 黑龙江 | 6153.88 | 1600.88 | 6542.24 | 8813.72 | 575.79 |
| 上　海 | 17055.98 | 7042.75 | 20004.96 | 9489.46 | 2654.77 |
| 江　苏 | 50761.99 | 14276.62 | 54939.31 | 26361.83 | 2926.43 |
| 浙　江 | 32847.10 | 8480.50 | 30863.45 | 16395.05 | 2295.46 |
| 安　徽 | 14394.37 | 4080.07 | 14403.25 | 8764.19 | 2184.29 |
| 福　建 | 12568.01 | 3391.17 | 15169.60 | 7180.14 | 1217.01 |
| 江　西 | 7810.81 | 2174.42 | 11192.47 | 4525.55 | 643.87 |
| 山　东 | 41789.30 | 9710.12 | 47850.60 | 16583.80 | 3109.16 |
| 河　南 | 22229.09 | 5731.02 | 31347.06 | 13572.93 | 1466.62 |
| 湖　北 | 15643.54 | 4649.73 | 17502.70 | 9120.27 | 2557.19 |
| 湖　南 | 8991.62 | 2503.12 | 12171.52 | 6527.28 | 1357.19 |
| 广　东 | 48935.74 | 18263.67 | 45694.31 | 20609.92 | 3248.33 |
| 广　西 | 7236.24 | 1938.39 | 6185.34 | 2562.16 | 802.59 |
| 海　南 | 977.68 | 225.37 | 1225.97 | 776.66 | 192.81 |
| 重　庆 | 9179.80 | 2978.21 | 7709.01 | 3320.05 | 828.86 |
| 四　川 | 15879.88 | 4195.22 | 17167.51 | 7365.94 | 1916.14 |
| 贵　州 | 5856.70 | 1236.76 | 5238.94 | 2303.60 | 864.06 |
| 云　南 | 7547.10 | 1697.04 | 7031.04 | 4001.10 | 1254.27 |
| 西　藏 | 333.02 | 66.00 | 554.21 | 181.16 | 69.20 |
| 陕　西 | 11531.85 | 3129.68 | 13368.89 | 7657.30 | 3674.42 |
| 甘　肃 | 4994.55 | 1200.93 | 4187.87 | 2575.33 | 1549.03 |
| 青　海 | 2313.75 | 531.63 | 1937.98 | 961.72 | 540.62 |
| 宁　夏 | 3619.63 | 1050.35 | 2745.60 | 1658.39 | 399.41 |
| 新　疆 | 7815.82 | 2047.44 | 7005.82 | 5484.79 | 2113.54 |

单位：亿元

| 集体资本 | 法人资本 | 个人资本 | 港澳台资本 | 外商资本 | 主营业务收入 |
|---|---|---|---|---|---|
| **3970.20** | **81531.30** | **57920.80** | **13252.84** | **23977.69** | **1158998.52** |
| 24.60 | 2305.68 | 648.42 | 233.14 | 857.57 | 19746.96 |
| 40.62 | 1834.10 | 984.53 | 197.44 | 1153.17 | 25888.20 |
| 74.59 | 4281.51 | 3415.15 | 252.77 | 466.68 | 47318.60 |
| 109.65 | 1552.20 | 757.15 | 99.07 | 136.74 | 14226.45 |
| 107.52 | 3589.38 | 2029.03 | 91.56 | 101.87 | 20056.67 |
| 319.58 | 2104.97 | 911.12 | 489.41 | 835.31 | 22038.95 |
| 221.53 | 1121.52 | 713.80 | 51.17 | 198.66 | 23431.37 |
| 69.11 | 1429.27 | 6550.74 | 36.95 | 151.86 | 11347.77 |
| 59.26 | 2870.66 | 764.32 | 691.25 | 2451.67 | 34315.15 |
| 461.07 | 7775.87 | 6567.58 | 2631.34 | 5995.28 | 156591.04 |
| 133.33 | 5781.09 | 4367.69 | 1386.05 | 2430.46 | 65453.88 |
| 116.32 | 3399.78 | 2457.36 | 217.51 | 388.92 | 42190.46 |
| 105.63 | 2031.45 | 1765.18 | 1121.67 | 939.00 | 42537.24 |
| 82.66 | 1837.83 | 1425.74 | 306.72 | 229.58 | 35961.32 |
| 424.30 | 6233.96 | 4937.81 | 505.27 | 1373.43 | 150641.21 |
| 241.23 | 5415.70 | 5849.02 | 343.69 | 256.44 | 79657.15 |
| 140.17 | 2788.56 | 2937.50 | 150.20 | 546.30 | 45850.64 |
| 77.24 | 2679.99 | 2093.71 | 105.14 | 215.50 | 39134.64 |
| 324.88 | 6784.88 | 2816.16 | 3625.42 | 3810.25 | 129151.31 |
| 52.46 | 961.63 | 457.03 | 129.10 | 155.03 | 22231.30 |
| 17.98 | 234.27 | 152.39 | 18.54 | 160.67 | 1668.92 |
| 48.76 | 1312.89 | 681.99 | 193.28 | 254.28 | 23467.03 |
| 142.21 | 3365.97 | 1476.96 | 175.76 | 290.35 | 41529.25 |
| 30.18 | 840.16 | 502.69 | 16.56 | 52.33 | 11172.44 |
| 122.34 | 2049.25 | 454.83 | 41.91 | 78.50 | 10149.03 |
| 8.70 | 85.44 | 14.74 | 2.72 | 0.35 | 171.82 |
| 155.98 | 2290.61 | 1161.08 | 47.83 | 351.07 | 21027.90 |
| 92.18 | 640.65 | 232.92 | 9.69 | 19.05 | 7850.29 |
| 17.18 | 254.71 | 118.88 | 17.52 | 12.81 | 2244.47 |
| 8.91 | 891.37 | 297.87 | 38.34 | 22.49 | 3646.10 |
| 140.03 | 2785.94 | 377.39 | 25.81 | 42.08 | 8300.96 |

3-1 续表 2

| 地　区 | 主营业务成　本 | 销售费用 | 管理费用 | 财务费用 | 利息收入 |
|---|---|---|---|---|---|
| **全　国** | **984668.37** | **31174.87** | **45490.74** | **12650.57** | **1752.84** |
| 北　京 | 16395.61 | 1025.00 | 1044.41 | 215.38 | 53.56 |
| 天　津 | 21780.75 | 673.42 | 894.88 | 170.39 | 25.74 |
| 河　北 | 41042.99 | 874.75 | 1346.48 | 535.17 | 15.80 |
| 山　西 | 11915.83 | 494.79 | 787.12 | 609.69 | 56.77 |
| 内蒙古 | 16611.56 | 481.47 | 722.02 | 426.33 | 30.22 |
| 辽　宁 | 18553.13 | 689.18 | 1157.77 | 493.80 | 46.52 |
| 吉　林 | 19565.11 | 955.80 | 1069.02 | 243.17 | 26.32 |
| 黑龙江 | 9711.00 | 284.90 | 566.18 | 130.43 | 23.91 |
| 上　海 | 27370.45 | 1316.87 | 2314.24 | 106.15 | 490.12 |
| 江　苏 | 134083.08 | 3901.02 | 5833.08 | 1220.37 | 148.06 |
| 浙　江 | 54833.47 | 1867.57 | 3353.74 | 807.87 | 111.26 |
| 安　徽 | 36471.84 | 1049.68 | 1469.05 | 425.32 | 36.82 |
| 福　建 | 36204.57 | 1068.95 | 1572.72 | 389.26 | 41.48 |
| 江　西 | 31474.76 | 619.26 | 833.24 | 208.00 | 9.95 |
| 山　东 | 132154.88 | 3088.26 | 3920.82 | 1586.10 | 126.19 |
| 河　南 | 69652.46 | 1498.86 | 1824.73 | 804.81 | 49.98 |
| 湖　北 | 38963.66 | 1346.46 | 1933.94 | 467.38 | 32.27 |
| 湖　南 | 32024.84 | 1208.14 | 1792.75 | 430.13 | 19.19 |
| 广　东 | 108582.42 | 4472.71 | 6545.21 | 660.83 | 189.60 |
| 广　西 | 18773.30 | 518.31 | 878.19 | 218.55 | 25.25 |
| 海　南 | 1306.37 | 71.08 | 66.67 | 40.30 | 1.59 |
| 重　庆 | 19890.24 | 668.17 | 979.19 | 220.54 | 31.94 |
| 四　川 | 34935.31 | 1296.99 | 1674.17 | 616.15 | 62.10 |
| 贵　州 | 8855.99 | 378.52 | 514.46 | 228.70 | 9.39 |
| 云　南 | 7908.07 | 280.90 | 460.75 | 317.93 | 22.18 |
| 西　藏 | 129.87 | 6.97 | 12.26 | 4.55 | 0.46 |
| 陕　西 | 17014.27 | 544.33 | 972.06 | 341.49 | 21.41 |
| 甘　肃 | 6869.23 | 129.20 | 269.97 | 211.30 | 12.53 |
| 青　海 | 1870.95 | 61.25 | 91.12 | 109.78 | 2.73 |
| 宁　夏 | 3062.10 | 77.81 | 144.86 | 138.27 | 3.57 |
| 新　疆 | 6660.28 | 224.23 | 445.62 | 272.43 | 25.92 |

单位：亿元

| 利息支出 | 投资收益（损失以“-”号记） | 营业利润 | 利润总额 | 亏损企业亏损额 | 平均用工人数（万人） |
|---|---|---|---|---|---|
| **12505.14** | **2906.60** | **69612.16** | **71921.43** | **8289.55** | **9475.57** |
| | | | | | |
| 224.24 | 635.55 | 1407.36 | 1608.26 | 261.84 | 104.45 |
| 461.67 | -6.52 | 1993.42 | 2046.69 | 222.28 | 146.98 |
| 503.72 | -229.49 | 2781.79 | 2815.11 | 265.90 | 367.32 |
| 615.92 | 92.52 | 271.70 | 294.78 | 398.70 | 190.72 |
| 391.49 | 29.95 | 1459.80 | 1344.41 | 443.52 | 120.71 |
| | | | | | |
| 448.91 | 77.04 | 429.81 | 575.39 | 643.41 | 228.05 |
| 207.90 | 95.45 | 1224.04 | 1268.49 | 226.80 | 143.47 |
| 130.12 | 7.67 | 250.56 | 295.54 | 327.68 | 117.40 |
| | | | | | |
| 188.12 | 604.70 | 2753.94 | 2913.91 | 297.90 | 215.34 |
| 1172.75 | 215.01 | 10498.66 | 10574.40 | 621.14 | 1111.84 |
| 895.56 | 326.89 | 4190.36 | 4469.42 | 284.13 | 690.30 |
| 397.58 | 45.46 | 2249.75 | 2242.26 | 98.08 | 330.49 |
| 391.72 | 40.51 | 2871.59 | 2889.26 | 149.87 | 421.66 |
| 174.56 | 31.24 | 2414.69 | 2443.93 | 73.45 | 269.13 |
| 1400.94 | 189.58 | 8637.56 | 8820.02 | 579.37 | 905.76 |
| | | | | | |
| 695.01 | 87.93 | 5217.23 | 5240.61 | 469.29 | 724.19 |
| 405.64 | 185.24 | 2517.81 | 2713.46 | 183.93 | 343.86 |
| 369.28 | 16.73 | 2092.38 | 2028.59 | 167.98 | 336.31 |
| 751.36 | 463.62 | 7934.52 | 8383.04 | 418.14 | 1435.86 |
| 218.95 | -163.42 | 1349.37 | 1393.35 | 108.94 | 174.62 |
| 38.53 | 10.52 | 92.38 | 101.87 | 25.59 | 10.87 |
| | | | | | |
| 226.82 | 56.99 | 1526.64 | 1648.36 | 166.81 | 194.95 |
| 607.19 | -56.51 | 2245.89 | 2339.82 | 473.23 | 338.15 |
| 209.74 | 18.63 | 820.19 | 847.02 | 114.79 | 103.41 |
| 321.48 | 66.62 | 252.54 | 334.98 | 440.42 | 90.18 |
| 4.98 | 0.56 | 16.42 | 16.94 | 14.50 | 2.00 |
| | | | | | |
| 325.67 | 70.87 | 1587.45 | 1589.00 | 140.00 | 175.01 |
| 202.46 | -46.23 | 38.19 | 72.68 | 193.03 | 59.71 |
| 101.22 | 1.95 | 55.87 | 80.02 | 37.45 | 20.13 |
| 128.01 | 5.53 | 112.97 | 143.23 | 60.46 | 31.12 |
| 293.61 | 32.02 | 317.28 | 386.59 | 380.90 | 71.57 |

# 3-2 按地区分组的国有控股

| 地 区 | 工业销售产值（当年价格） | 出口交货值 | 资产总计 | 固定资产合计 | 固定资产原价 |
|---|---|---|---|---|---|
| **全 国** | **227532.62** | **8548.33** | **417704.16** | **178816.32** | **293838.46** |
| 北 京 | 10589.61 | 240.10 | 31481.11 | 5454.22 | 10441.05 |
| 天 津 | 7068.09 | 151.52 | 11847.11 | 4977.70 | 8419.85 |
| 河 北 | 8645.20 | 352.65 | 17303.45 | 8428.33 | 13598.17 |
| 山 西 | 6078.59 | 125.89 | 22133.69 | 9189.19 | 13364.92 |
| 内蒙古 | 5529.99 | 62.48 | 15966.88 | 7534.17 | 12061.24 |
| 辽 宁 | 9570.95 | 1028.27 | 18588.12 | 7450.78 | 13743.82 |
| 吉 林 | 7355.87 | 81.17 | 9668.02 | 3885.77 | 6999.42 |
| 黑龙江 | 4283.16 | 54.92 | 9007.22 | 4581.77 | 9924.06 |
| 上 海 | 11499.24 | 752.17 | 18841.63 | 4793.25 | 10784.76 |
| 江 苏 | 15052.13 | 632.93 | 19521.06 | 8715.56 | 15745.91 |
| 浙 江 | 9365.57 | 295.26 | 11383.46 | 5882.29 | 9986.90 |
| 安 徽 | 8649.78 | 439.50 | 14136.94 | 5866.17 | 9643.50 |
| 福 建 | 4445.40 | 152.59 | 7841.60 | 3738.54 | 5853.16 |
| 江 西 | 3744.02 | 127.82 | 5973.82 | 2593.00 | 4475.57 |
| 山 东 | 19568.25 | 732.57 | 29156.42 | 11600.04 | 17698.01 |
| 河 南 | 8945.50 | 162.76 | 14814.67 | 6845.88 | 10384.24 |
| 湖 北 | 11136.77 | 334.68 | 17098.93 | 6791.59 | 11578.68 |
| 湖 南 | 6915.71 | 166.36 | 9937.63 | 4012.01 | 6831.98 |
| 广 东 | 16469.16 | 1680.74 | 22869.36 | 9563.72 | 17041.31 |
| 广 西 | 6190.20 | 98.40 | 6958.81 | 2973.61 | 5117.55 |
| 海 南 | 441.55 | 0.40 | 1121.66 | 715.99 | 1010.68 |
| 重 庆 | 5575.27 | 166.15 | 8773.00 | 3933.25 | 5750.61 |
| 四 川 | 9752.41 | 220.62 | 20086.48 | 10522.03 | 15716.10 |
| 贵 州 | 4041.83 | 100.88 | 8717.81 | 3808.02 | 5666.29 |
| 云 南 | 5160.71 | 39.98 | 13590.52 | 6519.79 | 9067.20 |
| 西 藏 | 71.09 |  | 741.19 | 464.13 | 575.19 |
| 陕 西 | 10353.05 | 272.78 | 21200.59 | 11226.39 | 15789.08 |
| 甘 肃 | 4187.63 | 45.95 | 9005.26 | 4800.82 | 7350.01 |
| 青 海 | 1253.41 | 0.94 | 4297.11 | 2550.67 | 3701.76 |
| 宁 夏 | 1457.48 | 9.57 | 3952.01 | 2286.65 | 3335.25 |
| 新 疆 | 4134.99 | 18.27 | 11688.58 | 7110.97 | 12182.21 |

# 工业企业主要经济指标

单位：亿元

| 累计折旧 | 流动资产合　计 | 应收账款 | 存货 | 产成品 | 负债合计 |
|---|---|---|---|---|---|
| **126203.15** | **147311.79** | **28354.43** | **32462.33** | **9304.76** | **257235.38** |
| 5036.54 | 9238.20 | 2000.41 | 1026.48 | 332.36 | 13623.18 |
| 4174.31 | 4880.77 | 868.80 | 1270.76 | 513.92 | 7943.57 |
| 5842.23 | 5407.94 | 988.35 | 1466.31 | 400.54 | 11289.60 |
| 5564.50 | 7624.88 | 1229.53 | 978.41 | 343.60 | 17119.55 |
| 4718.15 | 4156.99 | 944.50 | 607.88 | 191.22 | 10823.39 |
| 6613.09 | 7798.37 | 1477.24 | 2259.63 | 479.19 | 12950.87 |
| 3349.11 | 4437.14 | 489.79 | 978.11 | 414.14 | 5542.35 |
| 5386.32 | 3148.74 | 621.52 | 616.54 | 203.18 | 5120.56 |
| 5978.49 | 8887.67 | 1571.53 | 1813.56 | 377.85 | 8629.83 |
| 7157.80 | 7348.13 | 2027.87 | 1625.99 | 426.13 | 11527.66 |
| 4516.54 | 3881.10 | 1070.15 | 915.81 | 209.06 | 6338.62 |
| 4065.02 | 4877.42 | 885.12 | 1117.33 | 334.07 | 8988.68 |
| 2058.21 | 2173.46 | 413.41 | 572.83 | 111.03 | 4821.85 |
| 1968.67 | 2545.79 | 445.55 | 573.60 | 166.33 | 3653.19 |
| 7646.57 | 11433.06 | 2202.01 | 2257.87 | 810.44 | 18830.64 |
| 4425.18 | 5716.68 | 1219.32 | 1434.38 | 359.58 | 10298.52 |
| 5047.57 | 6757.01 | 1295.28 | 1696.04 | 574.69 | 9767.82 |
| 2870.07 | 4426.14 | 1283.95 | 1291.84 | 267.66 | 6326.88 |
| 7830.29 | 8475.83 | 1432.78 | 1718.89 | 500.29 | 12668.07 |
| 1945.33 | 2640.58 | 341.52 | 666.70 | 227.64 | 4534.64 |
| 299.24 | 199.05 | 16.54 | 38.91 | 7.06 | 688.89 |
| 2063.24 | 3483.69 | 689.90 | 603.01 | 236.91 | 5798.10 |
| 5695.41 | 6469.21 | 1285.11 | 1452.21 | 370.72 | 13128.84 |
| 2047.65 | 3264.89 | 401.06 | 737.01 | 141.41 | 5740.01 |
| 2691.52 | 3736.50 | 571.72 | 1503.10 | 250.86 | 8786.07 |
| 123.75 | 86.55 | 6.41 | 9.81 | 2.46 | 385.66 |
| 6701.63 | 7159.53 | 1382.95 | 1422.74 | 485.09 | 12562.40 |
| 2935.15 | 2791.41 | 404.72 | 1017.74 | 285.84 | 6183.30 |
| 1225.28 | 934.42 | 174.30 | 178.62 | 49.96 | 3045.26 |
| 1172.04 | 703.75 | 202.72 | 160.24 | 52.39 | 2798.38 |
| 5054.25 | 2626.86 | 410.37 | 449.98 | 179.17 | 7319.01 |

3-2 续表 1

| 地　区 | 流动负债合　计 | 应付账款 | 所有者权益合计 | 实收资本 | 国家资本 |
|---|---|---|---|---|---|
| **全　国** | **172671.70** | **45763.92** | **160022.43** | **88731.47** | **56310.84** |
| 北　京 | 8723.56 | 2416.82 | 17847.59 | 11401.13 | 9583.76 |
| 天　津 | 6238.61 | 1434.53 | 3871.86 | 2504.05 | 1335.21 |
| 河　北 | 8351.72 | 2226.23 | 5999.74 | 3425.68 | 2091.01 |
| 山　西 | 11169.05 | 2165.93 | 5024.22 | 3128.86 | 2131.41 |
| 内蒙古 | 6240.13 | 1549.68 | 5065.42 | 3353.99 | 1991.75 |
| 辽　宁 | 9602.04 | 2181.27 | 5623.14 | 3574.80 | 2462.79 |
| 吉　林 | 4297.92 | 1542.14 | 4125.67 | 1263.27 | 751.38 |
| 黑龙江 | 3513.96 | 891.64 | 3886.66 | 1536.43 | 558.18 |
| 上　海 | 7047.12 | 2570.33 | 10052.88 | 4666.82 | 2510.13 |
| 江　苏 | 8642.70 | 2567.25 | 7987.87 | 4422.52 | 2680.93 |
| 浙　江 | 3987.13 | 1293.87 | 5049.99 | 3631.57 | 2237.13 |
| 安　徽 | 6113.61 | 1472.73 | 5154.75 | 3399.20 | 2074.60 |
| 福　建 | 2575.99 | 635.45 | 3017.79 | 1774.72 | 1186.34 |
| 江　西 | 2710.38 | 730.04 | 2320.63 | 932.67 | 584.45 |
| 山　东 | 12817.56 | 3415.27 | 10275.52 | 4445.45 | 2937.88 |
| 河　南 | 7817.21 | 1963.31 | 4509.53 | 2501.79 | 1303.43 |
| 湖　北 | 7647.31 | 2191.88 | 7324.67 | 3034.15 | 2078.90 |
| 湖　南 | 4278.30 | 1188.03 | 3638.49 | 1804.78 | 1289.35 |
| 广　东 | 8703.62 | 2544.19 | 10167.10 | 5258.86 | 3010.50 |
| 广　西 | 3109.48 | 852.42 | 2422.65 | 1137.41 | 736.11 |
| 海　南 | 301.27 | 77.55 | 432.77 | 230.76 | 157.37 |
| 重　庆 | 4139.06 | 1199.71 | 2935.03 | 1658.38 | 777.34 |
| 四　川 | 7461.16 | 1931.83 | 6958.39 | 3594.26 | 1765.52 |
| 贵　州 | 3487.48 | 672.59 | 2981.11 | 1195.68 | 804.06 |
| 云　南 | 4738.94 | 1066.97 | 4800.13 | 2491.97 | 1207.22 |
| 西　藏 | 216.81 | 52.85 | 355.53 | 99.96 | 60.34 |
| 陕　西 | 8063.72 | 2217.31 | 8592.53 | 5071.14 | 3574.73 |
| 甘　肃 | 3697.32 | 865.07 | 2826.34 | 1828.28 | 1504.42 |
| 青　海 | 1514.55 | 372.97 | 1251.66 | 587.93 | 496.00 |
| 宁　夏 | 1406.86 | 390.79 | 1153.64 | 746.89 | 385.74 |
| 新　疆 | 4057.13 | 1083.28 | 4369.11 | 4028.04 | 2042.89 |

单位：亿元

| | | | | | |
|---|---|---|---|---|---|
| | | | | | 主营业务收　入 |
| | | | | | |
| 集体资本 | 法人资本 | 个人资本 | 港澳台资本 | 外商资本 | |
| **896.88** | **26596.77** | **2131.36** | **569.58** | **2232.51** | **238990.23** |
| 4.19 | 1506.35 | 44.23 | 28.03 | 234.57 | 11122.99 |
| 8.16 | 988.67 | 60.66 | 2.58 | 91.82 | 6657.38 |
| 13.48 | 1183.44 | 78.76 | 18.87 | 40.13 | 9179.34 |
| 44.88 | 832.15 | 90.61 | 7.71 | 20.65 | 7809.76 |
| 27.19 | 1193.55 | 103.47 | 0.86 | 37.17 | 5299.50 |
| 216.29 | 744.76 | 41.48 | 14.29 | 95.20 | 9865.09 |
| 13.20 | 435.15 | 39.07 | 4.44 | 20.03 | 7948.68 |
| 8.93 | 904.60 | 31.55 | 2.90 | 30.27 | 4571.81 |
| 13.92 | 1736.11 | 97.46 | 60.97 | 251.58 | 13518.46 |
| 39.53 | 1306.49 | 126.51 | 67.11 | 197.82 | 15090.90 |
| 5.12 | 1197.81 | 68.75 | 58.76 | 63.99 | 9230.57 |
| 7.12 | 1169.04 | 100.47 | 21.28 | 26.68 | 9685.95 |
| 32.07 | 451.08 | 53.01 | 34.23 | 17.99 | 4078.77 |
| 3.16 | 268.54 | 62.95 | 1.99 | 11.58 | 6192.34 |
| 41.31 | 1017.25 | 169.59 | 90.85 | 188.57 | 20044.34 |
| 24.72 | 1008.88 | 104.18 | 20.60 | 39.98 | 9767.95 |
| 29.48 | 570.91 | 164.18 | 2.67 | 188.01 | 11458.88 |
| 8.57 | 371.46 | 87.35 | 11.03 | 38.55 | 6922.91 |
| 57.16 | 1520.46 | 164.63 | 61.65 | 444.45 | 16266.66 |
| 7.85 | 331.30 | 23.49 | 1.80 | 33.42 | 5917.86 |
| 1.94 | 48.74 | 19.71 | 2.00 | 1.00 | 440.64 |
| 10.72 | 749.11 | 47.56 | 17.83 | 55.81 | 5675.80 |
| 64.27 | 1628.89 | 87.42 | 6.02 | 44.21 | 9757.21 |
| 6.14 | 347.60 | 29.44 | 0.80 | 9.46 | 3976.59 |
| 46.36 | 1136.53 | 78.03 | 9.84 | 13.98 | 5378.03 |
| 5.37 | 28.63 | 5.63 | | | 85.19 |
| 67.16 | 1327.53 | 95.68 | 9.64 | 20.10 | 10298.92 |
| 57.34 | 240.73 | 12.15 | 6.53 | 7.11 | 6002.47 |
| 1.59 | 87.74 | 1.37 | 0.81 | 0.42 | 1182.39 |
| 0.35 | 350.56 | 10.02 | 0.20 | 0.03 | 1312.35 |
| 29.32 | 1912.68 | 31.94 | 3.29 | 7.94 | 4250.51 |

3-2 续表 2

| 地　区 | 主营业务成　本 | 销售费用 | 管理费用 | 财务费用 | 利息收入 |
|---|---|---|---|---|---|
| **全　国** | **196284.81** | **5507.33** | **11340.53** | **4877.62** | **1063.64** |
| 北　京 | 9509.41 | 304.90 | 463.20 | 137.13 | 34.61 |
| 天　津 | 5671.92 | 72.06 | 280.24 | 81.84 | 17.64 |
| 河　北 | 7735.78 | 160.95 | 450.27 | 236.43 | 6.84 |
| 山　西 | 6364.55 | 301.71 | 522.72 | 422.73 | 59.80 |
| 内蒙古 | 4377.03 | 88.93 | 233.58 | 245.22 | 15.51 |
| 辽　宁 | 8201.97 | 271.97 | 553.85 | 273.27 | 41.52 |
| 吉　林 | 6438.00 | 334.10 | 399.10 | 82.32 | 24.90 |
| 黑龙江 | 3829.49 | 77.01 | 326.44 | 71.23 | 22.07 |
| 上　海 | 10430.54 | 241.63 | 841.16 | 23.26 | 457.91 |
| 江　苏 | 12423.13 | 251.10 | 566.43 | 146.81 | 27.33 |
| 浙　江 | 7417.64 | 157.65 | 329.73 | 132.46 | 15.06 |
| 安　徽 | 8286.74 | 200.94 | 413.87 | 203.49 | 26.73 |
| 福　建 | 3338.64 | 71.07 | 160.21 | 108.01 | 14.43 |
| 江　西 | 5412.52 | 104.56 | 180.25 | 59.30 | 3.66 |
| 山　东 | 16977.87 | 443.44 | 930.17 | 331.00 | 37.58 |
| 河　南 | 8665.43 | 148.18 | 472.60 | 256.10 | 20.65 |
| 湖　北 | 9381.31 | 284.96 | 561.75 | 146.54 | 22.50 |
| 湖　南 | 5301.99 | 158.94 | 365.14 | 152.52 | 11.41 |
| 广　东 | 13220.25 | 580.57 | 604.27 | 148.42 | 52.79 |
| 广　西 | 4885.99 | 136.61 | 223.39 | 95.69 | 16.27 |
| 海　南 | 349.03 | 5.95 | 13.33 | 18.53 | 0.38 |
| 重　庆 | 4605.89 | 233.01 | 327.37 | 102.06 | 15.13 |
| 四　川 | 7872.16 | 276.22 | 494.39 | 294.98 | 43.51 |
| 贵　州 | 2912.47 | 94.81 | 207.45 | 149.48 | 7.49 |
| 云　南 | 3830.84 | 111.95 | 258.26 | 237.21 | 16.69 |
| 西　藏 | 77.77 | 1.28 | 5.38 | 3.44 | 0.26 |
| 陕　西 | 8221.93 | 181.30 | 544.40 | 232.63 | 18.61 |
| 甘　肃 | 5265.45 | 69.38 | 191.64 | 165.12 | 11.43 |
| 青　海 | 937.52 | 30.02 | 52.94 | 82.07 | 1.94 |
| 宁　夏 | 1022.90 | 20.55 | 70.88 | 68.21 | 1.21 |
| 新　疆 | 3318.63 | 91.54 | 296.13 | 170.12 | 17.79 |

单位：亿元

| 利息支出 | 投资收益（损失以"–"号记） | 营业利润 | 利润总额 | 亏损企业亏损额 | 平均用工人数（万人） |
|---|---|---|---|---|---|
| **5591.81** | **2135.83** | **10861.24** | **12324.34** | **4962.47** | **1695.93** |
| 163.12 | 474.47 | 896.21 | 1020.27 | 82.49 | 45.36 |
| 389.09 | 0.06 | 311.10 | 344.17 | 131.97 | 36.93 |
| 248.19 | 12.92 | 234.85 | 284.12 | 138.62 | 84.47 |
| 448.95 | 88.78 | 109.11 | 115.33 | 240.93 | 112.63 |
| 234.43 | 5.81 | 145.71 | 163.84 | 354.67 | 46.46 |
| 271.50 | 41.09 | -93.07 | -22.14 | 473.02 | 91.84 |
| 94.32 | 62.53 | 413.12 | 463.95 | 165.49 | 51.40 |
| 86.96 | 1.83 | -110.19 | -91.56 | 279.81 | 63.81 |
| 86.30 | 512.15 | 1482.26 | 1544.02 | 140.81 | 40.05 |
| 166.75 | 75.13 | 1021.84 | 1099.08 | 167.74 | 67.24 |
| 139.26 | 56.27 | 714.02 | 773.36 | 56.75 | 30.86 |
| 214.26 | 68.16 | 307.39 | 337.69 | 37.93 | 76.56 |
| 119.25 | 6.67 | 204.68 | 225.81 | 56.32 | 24.41 |
| 59.34 | 18.07 | 202.36 | 218.73 | 52.29 | 32.67 |
| 391.68 | 131.27 | 847.15 | 927.76 | 383.50 | 139.75 |
| 260.13 | 45.59 | -69.26 | -19.25 | 382.41 | 110.30 |
| 172.67 | 196.63 | 683.75 | 793.12 | 114.21 | 75.89 |
| 158.84 | 23.08 | 232.87 | 270.55 | 87.80 | 53.51 |
| 219.80 | 212.28 | 1260.99 | 1437.99 | 75.95 | 85.48 |
| 101.86 | -12.50 | 259.79 | 282.11 | 56.34 | 35.38 |
| 18.13 | 4.82 | 25.93 | 28.57 | 7.22 | 2.67 |
| 110.41 | 62.94 | 318.94 | 412.09 | 125.44 | 39.62 |
| 312.95 | -72.63 | 383.46 | 460.69 | 296.83 | 79.23 |
| 149.99 | 19.09 | 357.39 | 375.90 | 61.49 | 41.41 |
| 244.55 | 61.30 | 38.17 | 99.41 | 378.29 | 37.06 |
| 3.75 | 0.24 | -3.41 | -3.17 | 13.37 | 1.12 |
| 239.24 | 70.37 | 651.55 | 656.80 | 89.87 | 89.59 |
| 157.19 | -48.69 | -11.33 | 11.98 | 160.79 | 39.64 |
| 80.18 | 7.56 | 34.92 | 51.81 | 14.50 | 11.86 |
| 66.35 | 3.21 | 28.87 | 44.95 | 27.86 | 11.31 |
| 182.38 | 7.32 | -17.93 | 16.34 | 307.73 | 37.41 |

# 3-3 按地区分组的集体

| 地区 | 工业销售产值（当年价格） | 出口交货值 | 资产总计 | 固定资产合计 | 固定资产原价 |
|---|---|---|---|---|---|
| **全国** | **5845.28** | **291.36** | **4923.39** | **1091.93** | **1878.81** |
| 北京 | 21.35 | 0.39 | 35.34 | 5.91 | 12.94 |
| 天津 | 43.62 | 2.46 | 25.55 | 3.96 | 7.88 |
| 河北 | 210.59 | 0.08 | 127.28 | 47.14 | 63.79 |
| 山西 | 76.24 | 0.30 | 100.16 | 28.21 | 61.32 |
| 内蒙古 | 47.95 | | 17.34 | 5.67 | 8.81 |
| 辽宁 | 87.28 | 2.28 | 130.91 | 34.18 | 62.95 |
| 吉林 | 51.39 | 1.39 | 33.99 | 14.94 | 33.93 |
| 黑龙江 | 50.70 | | 53.14 | 11.33 | 26.03 |
| 上海 | 38.58 | 1.41 | 46.95 | 5.35 | 13.15 |
| 江苏 | 549.21 | 9.89 | 412.87 | 89.20 | 171.92 |
| 浙江 | 33.32 | 0.36 | 34.92 | 9.25 | 17.40 |
| 安徽 | 66.69 | 1.20 | 36.90 | 9.89 | 19.79 |
| 福建 | 114.74 | 5.48 | 34.11 | 9.86 | 15.17 |
| 江西 | 53.57 | | 21.72 | 9.07 | 16.40 |
| 山东 | 1695.84 | 88.16 | 2683.90 | 322.49 | 512.21 |
| 河南 | 1293.94 | 10.05 | 582.20 | 280.57 | 442.16 |
| 湖北 | 110.26 | | 48.00 | 15.36 | 29.64 |
| 湖南 | 222.98 | 1.79 | 84.29 | 39.65 | 62.18 |
| 广东 | 432.34 | 156.87 | 144.80 | 59.94 | 131.91 |
| 广西 | 223.58 | 8.67 | 66.36 | 21.38 | 31.83 |
| 海南 | | | | | |
| 重庆 | 26.40 | | 15.62 | 3.97 | 6.03 |
| 四川 | 225.02 | | 35.60 | 11.90 | 18.52 |
| 贵州 | 17.78 | | 7.67 | 2.83 | 4.18 |
| 云南 | 24.50 | 0.58 | 28.85 | 7.10 | 15.52 |
| 西藏 | 0.36 | | 1.84 | 0.20 | 0.58 |
| 陕西 | 79.64 | | 63.25 | 25.28 | 60.01 |
| 甘肃 | 40.84 | | 43.95 | 16.49 | 30.39 |
| 青海 | 0.39 | | 0.91 | 0.05 | 0.16 |
| 宁夏 | | | | | |
| 新疆 | 6.17 | | 4.99 | 0.75 | 2.04 |

# 工业企业主要经济指标

单位：亿元

| 累计折旧 | 流动资产合计 | 应收账款 | 存货 | 产成品 | 负债合计 |
|---|---|---|---|---|---|
| **860.71** | **2646.95** | **447.89** | **457.93** | **276.89** | **3062.19** |
| 7.50 | 24.57 | 4.00 | 6.22 | 3.51 | 19.62 |
| 4.22 | 19.96 | 6.87 | 3.80 | 1.79 | 9.59 |
| 20.05 | 57.52 | 17.19 | 10.64 | 4.67 | 52.55 |
| 33.01 | 57.48 | 18.57 | 11.92 | 5.93 | 101.42 |
| 2.93 | 8.93 | 3.23 | 1.29 | 0.64 | 8.93 |
| 31.93 | 79.62 | 20.89 | 13.57 | 5.72 | 105.12 |
| 19.93 | 17.91 | 3.98 | 1.89 | 0.91 | 16.89 |
| 14.65 | 39.96 | 16.95 | 4.63 | 1.33 | 39.57 |
| 7.78 | 38.09 | 8.01 | 10.70 | 4.18 | 23.82 |
| 99.24 | 255.22 | 58.18 | 38.02 | 21.80 | 235.09 |
| 8.55 | 17.93 | 3.57 | 2.48 | 1.14 | 10.69 |
| 10.74 | 22.86 | 8.17 | 5.51 | 2.57 | 14.30 |
| 5.79 | 19.57 | 4.64 | 2.83 | 2.00 | 17.13 |
| 10.14 | 8.47 | 3.17 | 2.23 | 1.64 | 8.46 |
| 197.86 | 1438.99 | 157.18 | 263.40 | 182.43 | 1987.10 |
| 178.59 | 282.33 | 47.96 | 34.58 | 15.01 | 132.21 |
| 16.46 | 23.31 | 8.17 | 4.08 | 2.45 | 27.81 |
| 26.31 | 28.42 | 7.71 | 6.08 | 3.61 | 40.46 |
| 77.48 | 62.95 | 15.15 | 8.19 | 3.05 | 79.92 |
| 14.99 | 34.97 | 7.95 | 8.01 | 4.84 | 22.83 |
| 2.16 | 8.36 | 2.28 | 2.21 | 1.14 | 8.91 |
| 8.56 | 20.27 | 4.35 | 3.70 | 2.03 | 16.43 |
| 1.42 | 4.49 | 1.42 | 0.76 | 0.35 | 5.14 |
| 8.64 | 17.06 | 5.33 | 2.58 | 0.63 | 14.36 |
| 0.37 | 1.19 | 0.18 | 0.02 | | 0.40 |
| 36.44 | 29.50 | 5.69 | 4.03 | 1.42 | 29.99 |
| 13.56 | 22.73 | 5.56 | 4.00 | 1.77 | 29.25 |
| 0.10 | 0.85 | 0.27 | 0.18 | 0.04 | 0.87 |
| 1.29 | 3.43 | 1.27 | 0.40 | 0.28 | 3.31 |

3-3 续表 1

| 地区 | 流动负债合计 | 应付账款 | 所有者权益合计 | 实收资本 | 国家资本 |
|---|---|---|---|---|---|
| **全国** | **2440.97** | **606.23** | **1829.52** | **392.13** | **2.39** |
| 北京 | 16.21 | 4.10 | 15.72 | 2.70 | |
| 天津 | 7.80 | 3.71 | 14.04 | 4.43 | |
| 河北 | 47.86 | 18.51 | 74.74 | 13.50 | 0.13 |
| 山西 | 98.64 | 21.77 | -1.26 | 6.21 | |
| 内蒙古 | 7.37 | 2.48 | 8.37 | 3.61 | |
| 辽宁 | 84.16 | 20.13 | 17.52 | 11.76 | 0.22 |
| 吉林 | 15.28 | 3.88 | 16.63 | 2.84 | |
| 黑龙江 | 35.42 | 20.01 | 13.57 | 4.94 | 0.03 |
| 上海 | 20.83 | 5.34 | 19.57 | 4.69 | |
| 江苏 | 225.04 | 46.26 | 177.22 | 74.81 | 0.15 |
| 浙江 | 9.39 | 2.29 | 24.22 | 5.09 | 0.01 |
| 安徽 | 13.51 | 6.18 | 22.57 | 3.44 | |
| 福建 | 16.23 | 3.78 | 16.98 | 4.66 | 0.02 |
| 江西 | 7.40 | 3.17 | 12.43 | 3.56 | 0.03 |
| 山东 | 1539.69 | 364.83 | 695.54 | 35.54 | 0.10 |
| 河南 | 97.04 | 24.62 | 438.98 | 121.88 | 0.27 |
| 湖北 | 20.16 | 6.89 | 19.21 | 8.91 | 0.20 |
| 湖南 | 28.56 | 5.82 | 43.82 | 21.34 | 0.05 |
| 广东 | 53.81 | 10.11 | 63.34 | 25.04 | 0.32 |
| 广西 | 13.94 | 4.30 | 43.54 | 7.60 | 0.13 |
| 海南 | | | | | |
| 重庆 | 8.15 | 1.70 | 6.53 | 2.19 | |
| 四川 | 12.66 | 4.20 | 18.74 | 4.62 | 0.11 |
| 贵州 | 3.33 | 1.01 | 2.53 | 1.50 | 0.36 |
| 云南 | 13.12 | 3.45 | 14.44 | 4.90 | 0.07 |
| 西藏 | 0.40 | 0.09 | 1.44 | 0.32 | |
| 陕西 | 19.00 | 6.25 | 32.67 | 5.58 | 0.17 |
| 甘肃 | 22.46 | 10.06 | 14.69 | 5.47 | 0.03 |
| 青海 | 0.87 | 0.18 | 0.04 | 0.24 | |
| 宁夏 | | | | | |
| 新疆 | 2.66 | 1.12 | 1.68 | 0.76 | |

单位：亿元

| 集体资本 | 法人资本 | 个人资本 | 港澳台资本 | 外商资本 | 主营业务收入 |
|---|---|---|---|---|---|
| **168.19** | **96.89** | **120.47** | **3.04** | **1.16** | **5919.95** |
| 2.52 | 0.17 | | | | 21.52 |
| 2.04 | 2.05 | 0.34 | | | 42.28 |
| 5.86 | 6.42 | 1.10 | | | 212.66 |
| 4.73 | 0.81 | 0.67 | | | 91.51 |
| 0.70 | 0.78 | 2.13 | | | 44.75 |
| 8.41 | 1.08 | 2.04 | | | 103.45 |
| 1.77 | 0.88 | 0.19 | | | 50.28 |
| 3.51 | 0.84 | 0.56 | | | 50.18 |
| 4.64 | 0.06 | | | | 39.55 |
| 21.90 | 29.98 | 20.40 | 1.45 | 0.95 | 587.93 |
| 4.19 | 0.54 | 0.35 | | | 32.78 |
| 1.84 | 1.02 | 0.57 | | | 65.38 |
| 2.20 | 1.50 | 0.94 | | | 114.65 |
| 1.05 | 0.77 | 1.71 | | | 52.62 |
| 15.48 | 10.64 | 8.92 | 0.41 | | 1827.23 |
| 44.11 | 16.22 | 61.29 | | | 1288.20 |
| 3.54 | 2.83 | 2.34 | | | 110.41 |
| 4.04 | 11.66 | 5.59 | | | 220.99 |
| 16.79 | 2.84 | 3.70 | 1.18 | 0.19 | 426.38 |
| 5.44 | 0.99 | 1.03 | | 0.02 | 218.76 |
| 0.65 | 1.16 | 0.38 | | | 25.48 |
| 1.50 | 0.76 | 2.24 | | | 132.93 |
| 0.49 | 0.33 | 0.32 | | | 16.85 |
| 2.70 | 1.15 | 0.98 | | | 25.04 |
| 0.32 | | | | | 0.37 |
| 2.90 | 0.80 | 1.71 | | | 76.67 |
| 4.45 | 0.05 | 0.95 | | | 34.43 |
| 0.24 | | | | | 0.68 |
| 0.22 | 0.54 | | | | 5.98 |

3-3 续表 2

| 地 区 | 主营业务成本 | 销售费用 | 管理费用 | 财务费用 | 利息收入 |
|---|---|---|---|---|---|
| **全 国** | **4939.65** | **226.49** | **274.57** | **38.21** | **6.53** |
| 北 京 | 19.23 | 0.90 | 2.43 | -0.09 | 0.17 |
| 天 津 | 38.69 | 0.35 | 1.12 | 0.14 | |
| 河 北 | 187.59 | 2.69 | 4.39 | 0.52 | 0.01 |
| 山 西 | 80.62 | 3.57 | 6.97 | 2.05 | 0.07 |
| 内蒙古 | 38.17 | 0.76 | 1.73 | 0.19 | |
| 辽 宁 | 90.84 | 2.25 | 9.57 | 0.75 | 0.02 |
| 吉 林 | 39.25 | 1.00 | 3.42 | 0.11 | -0.01 |
| 黑龙江 | 43.47 | 0.62 | 3.20 | 0.14 | 0.02 |
| 上 海 | 33.19 | 0.99 | 3.90 | 0.36 | 0.18 |
| 江 苏 | 517.11 | 11.40 | 18.11 | 3.83 | 0.38 |
| 浙 江 | 27.21 | 1.90 | 1.87 | 0.14 | 0.01 |
| 安 徽 | 55.02 | 1.50 | 3.33 | 0.23 | |
| 福 建 | 102.14 | 1.98 | 3.66 | 0.20 | 0.01 |
| 江 西 | 45.09 | 0.84 | 1.99 | 0.28 | |
| 山 东 | 1401.24 | 146.04 | 130.37 | 16.02 | 5.44 |
| 河 南 | 1117.25 | 19.44 | 16.52 | 4.36 | 0.01 |
| 湖 北 | 96.21 | 3.08 | 5.26 | 0.51 | |
| 湖 南 | 185.48 | 6.54 | 8.98 | 1.97 | -0.01 |
| 广 东 | 379.25 | 5.38 | 16.24 | 2.29 | 0.12 |
| 广 西 | 173.41 | 5.91 | 15.56 | 1.10 | |
| 海 南 | | | | | |
| 重 庆 | 20.87 | 1.36 | 1.18 | 0.15 | 0.02 |
| 四 川 | 112.19 | 3.99 | 4.93 | 1.84 | 0.01 |
| 贵 州 | 14.45 | 0.05 | 1.65 | -0.01 | -0.02 |
| 云 南 | 19.10 | 0.99 | 2.71 | 0.21 | 0.05 |
| 西 藏 | 0.26 | | 0.05 | | |
| 陕 西 | 66.18 | 1.80 | 2.66 | 0.32 | |
| 甘 肃 | 30.06 | 0.97 | 2.41 | 0.54 | 0.03 |
| 青 海 | 0.61 | 0.10 | 0.09 | 0.01 | |
| 宁 夏 | | | | | |
| 新 疆 | 5.50 | 0.07 | 0.27 | 0.02 | |

单位：亿元

| 利息支出 | 投资收益（损失以“-”号记） | 营业利润 | 利润总额 | 亏损企业亏损额 | 平均用工人数（万人） |
|---|---|---|---|---|---|
| **42.80** | **32.92** | **423.47** | **433.16** | **13.08** | **53.66** |
| | | | | | |
| 0.07 | 0.26 | -0.56 | 0.46 | 0.43 | 0.49 |
| 0.12 | | 1.80 | 1.90 | 0.06 | 0.49 |
| 0.45 | 0.34 | 16.97 | 16.57 | 0.40 | 2.10 |
| 1.96 | 0.08 | -3.06 | -2.90 | 3.65 | 1.89 |
| 0.13 | 0.18 | 3.65 | 2.78 | 0.04 | 0.36 |
| | | | | | |
| 0.61 | -0.09 | -1.26 | -0.11 | 2.83 | 3.91 |
| 0.09 | -0.02 | 2.99 | 3.03 | 0.10 | 0.48 |
| 0.14 | 0.07 | 2.74 | 2.45 | 0.15 | 0.91 |
| | | | | | |
| 0.55 | 0.12 | 1.34 | 1.73 | 0.35 | 0.60 |
| 3.91 | 0.94 | 34.34 | 35.45 | 0.38 | 4.52 |
| 0.18 | 0.01 | 1.63 | 1.74 | 0.07 | 0.36 |
| 0.20 | 0.03 | 4.78 | 4.90 | 0.29 | 0.71 |
| 0.18 | 0.09 | 5.06 | 4.48 | 0.08 | 1.32 |
| 0.23 | 0.01 | 3.80 | 3.77 | 0.01 | 0.79 |
| 22.67 | 30.61 | 150.58 | 160.86 | 0.48 | 7.51 |
| | | | | | |
| 3.95 | -0.09 | 124.63 | 123.39 | 0.20 | 7.15 |
| 0.41 | -0.02 | 3.98 | 4.05 | 0.65 | 1.47 |
| 1.53 | 0.09 | 14.15 | 12.63 | 0.13 | 3.04 |
| 1.41 | | 20.98 | 21.00 | 0.65 | 8.32 |
| 1.05 | 0.12 | 17.78 | 17.90 | 0.09 | 2.72 |
| | | | | | |
| 0.12 | 0.02 | 1.38 | 1.54 | 0.20 | 0.48 |
| 1.72 | | 8.54 | 8.05 | 0.10 | 1.31 |
| 0.01 | | 0.64 | 0.49 | 0.05 | 0.26 |
| 0.26 | 0.14 | 1.75 | 1.62 | 0.12 | 0.55 |
| | | 0.29 | 0.29 | | 0.02 |
| | | | | | |
| 0.31 | | 5.18 | 5.36 | 0.25 | 1.01 |
| 0.53 | 0.06 | 0.18 | 0.46 | 0.45 | 0.77 |
| 0.01 | -0.02 | -0.06 | -0.06 | 0.07 | 0.04 |
| | | | | | |
| 0.01 | | -0.74 | -0.69 | 0.79 | 0.11 |

# 3-4 按地区分组的有限责任公司

| 地区 | 工业销售产值(当年价格) | 出口交货值 | 资产总计 | 固定资产合计 | 固定资产原价 |
|---|---|---|---|---|---|
| **全国** | **340022.81** | **16865.05** | **405782.67** | **162427.43** | **247817.88** |
| 北京 | 4093.01 | 179.76 | 10407.85 | 2724.50 | 4709.75 |
| 天津 | 8015.29 | 221.50 | 9418.81 | 3154.05 | 4427.32 |
| 河北 | 14085.28 | 526.68 | 18916.29 | 8338.36 | 11984.62 |
| 山西 | 5711.89 | 135.84 | 21221.55 | 7975.86 | 10814.87 |
| 内蒙古 | 9864.73 | 62.64 | 17592.46 | 8298.93 | 12909.48 |
| 辽宁 | 6722.80 | 508.99 | 14475.79 | 5304.51 | 8364.94 |
| 吉林 | 6507.36 | 83.45 | 5968.44 | 3113.84 | 6671.59 |
| 黑龙江 | 5015.88 | 49.99 | 9186.20 | 4448.39 | 9027.68 |
| 上海 | 5320.22 | 542.75 | 8967.08 | 1742.75 | 3277.73 |
| 江苏 | 25533.37 | 1524.68 | 24541.40 | 8461.74 | 14476.29 |
| 浙江 | 14979.27 | 1680.44 | 17009.43 | 5539.75 | 8968.66 |
| 安徽 | 11939.90 | 660.00 | 12855.03 | 4557.75 | 7542.62 |
| 福建 | 11806.85 | 835.12 | 10081.49 | 4325.17 | 6475.77 |
| 江西 | 10728.34 | 468.06 | 8086.14 | 3599.11 | 5696.63 |
| 山东 | 43050.76 | 1822.90 | 40706.73 | 15218.49 | 22886.13 |
| 河南 | 33746.75 | 360.00 | 26618.02 | 11624.55 | 15586.07 |
| 湖北 | 15895.07 | 556.68 | 12458.14 | 4334.39 | 7005.61 |
| 湖南 | 7979.72 | 265.30 | 6958.14 | 2860.14 | 4381.15 |
| 广东 | 35361.22 | 4817.66 | 31612.41 | 11068.86 | 18717.86 |
| 广西 | 8482.56 | 170.01 | 6970.22 | 2918.36 | 4946.66 |
| 海南 | 729.73 | 46.03 | 1161.02 | 550.35 | 737.24 |
| 重庆 | 6843.88 | 469.66 | 8123.99 | 3569.70 | 5273.73 |
| 四川 | 15918.48 | 275.98 | 21416.75 | 9747.84 | 14501.42 |
| 贵州 | 5737.85 | 102.76 | 8863.71 | 3488.64 | 4811.78 |
| 云南 | 5350.02 | 116.22 | 11125.48 | 4925.74 | 6883.43 |
| 西藏 | 78.83 | | 818.86 | 453.43 | 557.78 |
| 陕西 | 11992.93 | 281.20 | 16900.76 | 7680.94 | 9666.53 |
| 甘肃 | 2706.27 | 26.90 | 6486.26 | 3161.12 | 4435.22 |
| 青海 | 1035.48 | 1.20 | 2705.22 | 1631.51 | 2274.36 |
| 宁夏 | 1298.57 | 35.10 | 4162.70 | 2131.03 | 2809.35 |
| 新疆 | 3490.48 | 37.54 | 9966.29 | 5477.62 | 6995.60 |

# 工业企业主要经济指标

单位：亿元

| 累计折旧 | 流动资产合计 | 应收账款 | 存货 | 产成品 | 负债合计 |
|---|---|---|---|---|---|
| **97426.84** | **171232.57** | **38245.80** | **38474.95** | **13039.15** | **251482.79** |
| 1989.53 | 4714.13 | 1486.72 | 754.56 | 252.60 | 6081.23 |
| 1807.90 | 4581.56 | 1015.86 | 1198.68 | 548.21 | 6370.14 |
| 4581.00 | 7218.61 | 1506.56 | 1857.79 | 604.77 | 12061.98 |
| 4180.45 | 8054.83 | 1260.45 | 1033.46 | 400.82 | 16855.18 |
| 4873.92 | 5384.77 | 1221.53 | 681.56 | 232.25 | 11904.35 |
| 3438.23 | 6696.65 | 1367.21 | 1739.51 | 465.50 | 10048.81 |
| 3767.25 | 1995.04 | 439.62 | 498.42 | 166.69 | 3365.14 |
| 4649.97 | 3382.91 | 598.35 | 715.57 | 238.35 | 5069.87 |
| 1579.17 | 5405.46 | 1118.03 | 1335.44 | 240.53 | 4676.68 |
| 6203.27 | 11956.53 | 3467.56 | 2579.20 | 940.25 | 14263.36 |
| 3722.78 | 8478.55 | 2555.46 | 1813.83 | 635.06 | 10198.66 |
| 3156.43 | 5331.31 | 1282.20 | 1286.73 | 443.82 | 7889.10 |
| 2180.99 | 3807.91 | 854.86 | 1034.18 | 341.18 | 5858.51 |
| 2350.44 | 3222.24 | 765.25 | 752.61 | 317.73 | 4200.16 |
| 9418.28 | 18740.49 | 2967.33 | 4299.69 | 1618.86 | 25078.90 |
| 5081.11 | 11587.68 | 2127.95 | 2308.69 | 784.65 | 13272.53 |
| 2930.71 | 6300.65 | 1767.53 | 1657.86 | 630.85 | 7356.53 |
| 1629.69 | 3057.58 | 823.96 | 732.32 | 233.84 | 4347.82 |
| 8147.73 | 15071.68 | 4212.50 | 3480.60 | 1193.71 | 18584.45 |
| 1885.42 | 2895.91 | 539.17 | 708.29 | 268.46 | 4608.33 |
| 199.64 | 465.53 | 88.54 | 96.56 | 44.95 | 714.13 |
| 1953.78 | 3328.37 | 951.26 | 619.24 | 261.66 | 5147.85 |
| 5305.91 | 8270.42 | 1692.06 | 1928.78 | 631.05 | 13783.18 |
| 1489.24 | 3701.84 | 528.73 | 830.96 | 184.83 | 5667.27 |
| 2039.33 | 3765.87 | 667.99 | 1504.32 | 261.20 | 6804.96 |
| 119.29 | 129.47 | 9.45 | 16.22 | 6.15 | 422.03 |
| 3973.45 | 6859.97 | 1366.54 | 1463.19 | 545.36 | 10248.76 |
| 1531.23 | 2240.46 | 525.59 | 611.34 | 178.68 | 4500.94 |
| 700.59 | 732.36 | 203.90 | 144.50 | 40.02 | 2042.48 |
| 852.02 | 983.53 | 291.75 | 217.74 | 88.66 | 2921.84 |
| 1688.09 | 2870.25 | 541.89 | 573.11 | 238.45 | 7137.62 |

3-4 续表 1

| 地 区 | 流动负债合计 | 应付账款 | 所有者权益合计 | 实收资本 | 国家资本 |
|---|---|---|---|---|---|
| **全 国** | **176649.81** | **43860.58** | **153519.72** | **92304.44** | **30150.54** |
| 北 京 | 4672.32 | 1484.75 | 4319.81 | 2550.22 | 1216.71 |
| 天 津 | 5204.99 | 1307.12 | 3031.31 | 2144.45 | 973.48 |
| 河 北 | 9368.53 | 2480.05 | 6837.96 | 5600.30 | 1222.02 |
| 山 西 | 11252.08 | 2056.49 | 4376.46 | 2672.89 | 1439.32 |
| 内蒙古 | 7007.17 | 1550.84 | 5673.42 | 5613.48 | 1634.73 |
| 辽 宁 | 7577.42 | 1622.54 | 4359.20 | 2751.66 | 1415.63 |
| 吉 林 | 2322.62 | 581.42 | 2598.93 | 1387.55 | 507.98 |
| 黑龙江 | 3519.52 | 932.75 | 4113.61 | 7828.45 | 396.33 |
| 上 海 | 3618.41 | 1195.19 | 4241.90 | 2410.79 | 950.83 |
| 江 苏 | 11090.90 | 2690.77 | 10263.65 | 4468.47 | 1155.22 |
| 浙 江 | 7890.24 | 2097.26 | 6753.48 | 4303.77 | 1645.97 |
| 安 徽 | 5583.91 | 1345.61 | 4943.86 | 4167.17 | 1755.93 |
| 福 建 | 3671.66 | 980.28 | 4197.17 | 2353.85 | 982.45 |
| 江 西 | 3021.53 | 883.78 | 3858.44 | 1792.50 | 462.68 |
| 山 东 | 17537.06 | 3658.88 | 15539.71 | 5153.31 | 1297.02 |
| 河 南 | 10148.51 | 2180.64 | 13256.52 | 5718.36 | 887.34 |
| 湖 北 | 5667.81 | 1700.43 | 5082.16 | 3896.03 | 1093.36 |
| 湖 南 | 3153.76 | 803.32 | 2623.23 | 1606.18 | 771.40 |
| 广 东 | 13730.46 | 4357.79 | 12890.10 | 6129.94 | 2257.06 |
| 广 西 | 3206.33 | 769.01 | 2359.33 | 1137.14 | 542.77 |
| 海 南 | 443.99 | 110.58 | 446.90 | 379.99 | 100.82 |
| 重 庆 | 3638.89 | 1026.65 | 2920.53 | 1575.21 | 667.00 |
| 四 川 | 8503.62 | 2032.96 | 7616.80 | 4060.86 | 1635.35 |
| 贵 州 | 3635.86 | 694.56 | 3194.71 | 1215.16 | 527.45 |
| 云 南 | 4022.82 | 1083.44 | 4313.10 | 2724.03 | 986.33 |
| 西 藏 | 267.06 | 58.54 | 394.82 | 108.85 | 52.61 |
| 陕 西 | 6927.18 | 1817.21 | 6596.93 | 3689.10 | 1588.04 |
| 甘 肃 | 2831.80 | 647.66 | 1989.33 | 1129.30 | 593.79 |
| 青 海 | 1000.58 | 176.70 | 662.55 | 500.43 | 304.55 |
| 宁 夏 | 1562.03 | 398.70 | 1240.86 | 817.96 | 278.24 |
| 新 疆 | 4570.76 | 1134.68 | 2822.97 | 2417.06 | 808.13 |

单位：亿元

| 集体资本 | 法人资本 | 个人资本 | 港澳台资本 | 外商资本 | 主营业务收入 |
|---|---|---|---|---|---|
| **1695.59** | **38123.04** | **21465.53** | **230.32** | **634.41** | **344805.22** |
| 11.17 | 1245.96 | 74.72 |  | 1.66 | 4589.19 |
| 19.83 | 779.48 | 347.50 | 3.23 | 6.21 | 7331.91 |
| 46.30 | 2663.11 | 1625.97 | 12.97 | 29.55 | 14617.42 |
| 62.53 | 956.77 | 208.58 | 0.20 | 4.03 | 7300.80 |
| 72.55 | 2358.72 | 1540.59 | 1.29 | 5.62 | 9661.48 |
| 39.79 | 1047.01 | 211.49 | 24.74 | 12.56 | 7014.55 |
| 175.11 | 433.67 | 268.86 | 0.84 | 1.09 | 6196.33 |
| 34.82 | 1168.77 | 6222.39 | 3.42 | 2.72 | 5120.97 |
| 19.16 | 1400.32 | 37.37 | 0.36 | 1.87 | 5790.99 |
| 107.61 | 2166.62 | 974.65 | 18.27 | 41.96 | 25844.30 |
| 56.63 | 1850.63 | 736.48 | 6.20 | 7.08 | 14724.56 |
| 52.50 | 1994.84 | 351.73 | 6.32 | 5.86 | 12775.88 |
| 53.44 | 786.77 | 515.13 | 6.24 | 9.82 | 11394.59 |
| 14.00 | 823.49 | 487.40 | 2.01 | 3.79 | 11515.71 |
| 215.10 | 2355.75 | 1080.67 | 63.51 | 141.72 | 45123.52 |
| 110.19 | 2507.42 | 2154.99 | 25.10 | 33.31 | 34218.11 |
| 83.50 | 1087.26 | 1614.57 | 4.07 | 13.27 | 15970.17 |
| 20.66 | 612.71 | 185.09 | 6.04 | 11.78 | 7950.66 |
| 79.59 | 2911.08 | 591.58 | 23.53 | 267.09 | 35546.55 |
| 17.73 | 452.01 | 121.84 | 0.15 | 2.65 | 7946.44 |
| 9.21 | 144.82 | 114.12 |  | 11.02 | 727.85 |
| 22.71 | 728.69 | 155.11 | 0.31 | 1.39 | 6789.16 |
| 94.95 | 1823.21 | 489.61 | 12.08 | 7.10 | 15624.04 |
| 12.82 | 488.69 | 185.55 | 1.96 | 0.12 | 5517.03 |
| 56.94 | 1529.91 | 150.73 | 0.03 | 0.10 | 5213.13 |
| 1.33 | 52.45 | 2.46 |  |  | 85.83 |
| 77.95 | 1348.02 | 678.74 | 6.73 | 1.98 | 11743.67 |
| 71.68 | 354.00 | 107.96 | 0.13 | 1.43 | 2986.29 |
| 11.66 | 139.74 | 43.88 | 0.60 |  | 835.73 |
| 3.43 | 471.63 | 64.67 |  |  | 1134.84 |
| 40.70 | 1439.50 | 121.12 |  | 7.61 | 3513.50 |

3-4 续表 2

| 地 区 | 主营业务成本 | 销售费用 | 管理费用 | 财务费用 | 利息收入 |
|---|---|---|---|---|---|
| **全 国** | **291468.87** | **8772.00** | **14241.74** | **5702.51** | **504.55** |
| 北 京 | 4009.32 | 159.11 | 324.85 | 75.74 | 16.05 |
| 天 津 | 6302.32 | 182.53 | 258.41 | 61.27 | 10.25 |
| 河 北 | 12579.01 | 267.75 | 542.86 | 262.50 | 4.41 |
| 山 西 | 5988.54 | 255.66 | 505.40 | 432.10 | 56.61 |
| 内蒙古 | 8020.98 | 174.32 | 353.50 | 289.16 | 17.68 |
| 辽 宁 | 6157.99 | 146.35 | 364.71 | 210.50 | 35.61 |
| 吉 林 | 5345.24 | 200.23 | 278.07 | 93.57 | 4.90 |
| 黑龙江 | 4505.35 | 99.86 | 297.57 | 71.25 | 19.80 |
| 上 海 | 4359.86 | 147.64 | 388.62 | 22.00 | 1.16 |
| 江 苏 | 21628.96 | 853.65 | 1068.75 | 304.78 | 30.85 |
| 浙 江 | 12219.22 | 395.68 | 707.30 | 218.78 | 27.64 |
| 安 徽 | 10995.77 | 246.68 | 473.07 | 195.44 | 14.01 |
| 福 建 | 9662.97 | 214.80 | 378.47 | 146.42 | 4.22 |
| 江 西 | 10057.43 | 205.83 | 285.87 | 85.98 | 6.58 |
| 山 东 | 39699.72 | 924.14 | 1324.85 | 664.28 | 53.33 |
| 河 南 | 29914.19 | 596.74 | 807.11 | 389.36 | 13.77 |
| 湖 北 | 13498.73 | 426.25 | 642.61 | 155.69 | 12.76 |
| 湖 南 | 6681.14 | 227.02 | 407.11 | 116.16 | 8.86 |
| 广 东 | 29563.66 | 1239.11 | 2037.28 | 329.35 | 56.28 |
| 广 西 | 6745.58 | 173.85 | 313.80 | 115.44 | 13.82 |
| 海 南 | 586.79 | 37.75 | 28.65 | 17.52 | 1.39 |
| 重 庆 | 5786.96 | 148.37 | 268.63 | 96.11 | 13.11 |
| 四 川 | 12771.50 | 620.63 | 745.14 | 348.34 | 41.16 |
| 贵 州 | 4155.30 | 176.90 | 264.06 | 152.06 | 5.96 |
| 云 南 | 3678.65 | 111.12 | 248.88 | 189.18 | 9.73 |
| 西 藏 | 76.86 | 3.23 | 4.33 | 3.73 | 0.28 |
| 陕 西 | 9555.43 | 304.86 | 513.14 | 215.05 | 10.88 |
| 甘 肃 | 2468.07 | 71.42 | 145.33 | 125.45 | 4.93 |
| 青 海 | 686.02 | 24.23 | 28.86 | 66.49 | 0.38 |
| 宁 夏 | 910.14 | 28.21 | 75.30 | 71.10 | 1.51 |
| 新 疆 | 2857.16 | 108.09 | 159.24 | 177.74 | 6.63 |

单位：亿元

| 利息支出 | 投资收益（损失以"–"号记） | 营业利润 | 利润总额 | 亏损企业亏损额 | 平均用工人数（万人） |
|---|---|---|---|---|---|
| **5603.34** | **494.71** | **17672.37** | **18747.09** | **3723.01** | **2765.04** |
| | | | | | |
| 86.27 | 76.57 | 63.27 | 157.44 | 154.16 | 35.65 |
| 91.69 | 10.41 | 426.73 | 459.97 | 87.18 | 40.23 |
| 259.99 | -110.24 | 667.56 | 704.14 | 93.94 | 127.70 |
| 452.40 | 81.84 | 39.40 | 85.75 | 258.08 | 111.02 |
| 264.73 | -19.00 | 631.84 | 593.15 | 294.68 | 63.17 |
| | | | | | |
| 209.52 | 22.99 | 43.31 | 130.46 | 148.01 | 78.80 |
| 75.58 | 14.22 | 175.42 | 208.29 | 129.61 | 51.74 |
| 81.67 | 1.30 | 17.32 | 36.07 | 182.59 | 61.14 |
| | | | | | |
| 54.51 | 68.14 | 311.91 | 366.32 | 135.48 | 31.62 |
| 300.11 | 49.10 | 1520.42 | 1612.31 | 145.17 | 165.65 |
| 232.06 | 59.13 | 974.98 | 1060.76 | 75.71 | 121.94 |
| 185.75 | 9.63 | 607.84 | 586.89 | 51.55 | 100.91 |
| 141.80 | -25.72 | 750.15 | 736.61 | 39.69 | 92.40 |
| 72.95 | 5.76 | 722.67 | 739.10 | 45.61 | 92.97 |
| 653.79 | 58.37 | 2181.71 | 2297.51 | 193.42 | 282.72 |
| | | | | | |
| 341.00 | 31.19 | 2180.16 | 2161.28 | 188.04 | 316.03 |
| 143.67 | -0.50 | 738.59 | 826.79 | 67.11 | 118.81 |
| 109.03 | 17.40 | 360.40 | 339.74 | 59.16 | 66.19 |
| 300.52 | 82.17 | 2109.40 | 2258.18 | 102.00 | 283.53 |
| 116.62 | -55.74 | 415.27 | 435.99 | 55.71 | 53.46 |
| 17.90 | 3.97 | 26.63 | 31.47 | 13.23 | 4.71 |
| | | | | | |
| 99.86 | 4.16 | 399.31 | 444.48 | 62.21 | 59.34 |
| 352.48 | -38.46 | 699.15 | 757.93 | 347.11 | 137.38 |
| 142.75 | 15.78 | 492.19 | 504.83 | 75.28 | 49.17 |
| 189.00 | 48.93 | 106.50 | 152.18 | 338.85 | 41.82 |
| 4.11 | 0.29 | -2.92 | -2.91 | 13.97 | 1.14 |
| | | | | | |
| 199.80 | 55.19 | 806.92 | 767.20 | 79.27 | 91.36 |
| 117.45 | 21.43 | 48.32 | 75.03 | 87.54 | 29.26 |
| 61.85 | -0.43 | 23.23 | 33.03 | 19.87 | 6.71 |
| 66.23 | 3.11 | 17.02 | 34.43 | 34.47 | 12.80 |
| 178.27 | 3.72 | 117.67 | 152.64 | 144.31 | 35.67 |

# 3-5 按地区分组的股份有限

| 地区 | 工业销售产值（当年价格） | 出口交货值 | 资产总计 | 固定资产合计 | 固定资产原价 |
|---|---|---|---|---|---|
| **全国** | **101668.29** | **7880.76** | **153952.57** | **49815.44** | **88180.40** |
| 北京 | 2186.41 | 83.22 | 6035.38 | 553.42 | 1059.70 |
| 天津 | 2320.81 | 53.17 | 3685.16 | 1629.98 | 3677.75 |
| 河北 | 3889.36 | 97.27 | 5403.87 | 2394.70 | 4226.84 |
| 山西 | 831.72 | 2.18 | 2586.85 | 1057.72 | 1755.65 |
| 内蒙古 | 2611.24 | 47.49 | 4593.48 | 1594.00 | 2564.80 |
| 辽宁 | 3458.53 | 285.10 | 4442.18 | 1970.68 | 4482.48 |
| 吉林 | 3518.20 | 22.88 | 3965.53 | 1389.28 | 2788.92 |
| 黑龙江 | 1353.60 | 7.39 | 1708.30 | 610.57 | 1229.80 |
| 上海 | 2046.34 | 222.66 | 6208.53 | 833.80 | 2617.17 |
| 江苏 | 9450.13 | 871.74 | 11267.14 | 3085.48 | 5658.42 |
| 浙江 | 6387.59 | 1079.83 | 9929.84 | 1772.71 | 2748.57 |
| 安徽 | 4604.53 | 408.60 | 6336.03 | 1950.00 | 3354.81 |
| 福建 | 1904.29 | 324.40 | 3522.72 | 782.66 | 1462.84 |
| 江西 | 2681.74 | 108.23 | 2063.88 | 753.24 | 1300.42 |
| 山东 | 12051.50 | 758.57 | 13621.78 | 4847.71 | 7051.86 |
| 河南 | 6613.89 | 304.63 | 7974.24 | 2665.24 | 3892.16 |
| 湖北 | 4974.27 | 246.84 | 7934.74 | 2697.21 | 4440.01 |
| 湖南 | 3411.45 | 66.33 | 4436.57 | 1396.10 | 2183.67 |
| 广东 | 10555.77 | 2432.46 | 14673.93 | 2098.49 | 4220.42 |
| 广西 | 1754.99 | 95.66 | 2059.66 | 748.13 | 1168.39 |
| 海南 | 146.38 | 5.13 | 494.94 | 195.98 | 289.33 |
| 重庆 | 1655.92 | 54.92 | 2712.30 | 977.71 | 1465.17 |
| 四川 | 3311.32 | 111.38 | 5053.10 | 1967.72 | 3605.88 |
| 贵州 | 748.15 | 18.16 | 1353.49 | 533.61 | 791.93 |
| 云南 | 1285.26 | 11.32 | 3947.73 | 1701.86 | 2189.54 |
| 西藏 | 49.51 | 0.02 | 195.58 | 54.14 | 72.32 |
| 陕西 | 2746.24 | 50.34 | 6504.38 | 4146.55 | 7386.28 |
| 甘肃 | 1793.39 | 76.97 | 3058.30 | 1134.05 | 1886.89 |
| 青海 | 522.66 | 0.06 | 1910.28 | 908.72 | 1390.26 |
| 宁夏 | 615.26 | 22.04 | 860.05 | 414.98 | 631.28 |
| 新疆 | 2187.84 | 11.76 | 5412.58 | 2949.01 | 6586.83 |

# 公司工业企业主要经济指标

单位：亿元

| 累计折旧 | 流动资产合计 | 应收账款 | 存货 | 产成品 | 负债合计 |
|---|---|---|---|---|---|
| **41289.35** | **67010.69** | **13983.15** | **12971.13** | **4994.81** | **78668.51** |
| 486.01 | 2966.12 | 797.56 | 399.37 | 131.73 | 2533.80 |
| 2119.89 | 1322.98 | 247.42 | 192.14 | 75.71 | 2195.98 |
| 1853.65 | 2176.39 | 326.04 | 384.56 | 155.29 | 2882.64 |
| 806.89 | 817.29 | 154.92 | 125.85 | 45.70 | 1522.09 |
| 1050.37 | 1451.91 | 191.98 | 343.96 | 148.48 | 2490.29 |
| 2548.92 | 1793.66 | 322.50 | 549.61 | 182.02 | 2747.58 |
| 1442.15 | 1816.95 | 360.35 | 364.16 | 103.79 | 2102.49 |
| 625.79 | 746.24 | 233.66 | 168.58 | 55.94 | 889.49 |
| 1760.53 | 2572.40 | 487.70 | 341.10 | 114.62 | 2114.85 |
| 2623.43 | 5908.94 | 1518.00 | 1306.31 | 430.44 | 5210.62 |
| 1200.00 | 5243.35 | 1301.65 | 972.51 | 417.93 | 3849.10 |
| 1511.50 | 2946.67 | 604.72 | 571.16 | 196.39 | 3629.85 |
| 711.00 | 1679.87 | 338.75 | 362.83 | 120.06 | 1829.40 |
| 561.11 | 875.01 | 175.18 | 210.31 | 96.87 | 952.77 |
| 3278.91 | 5898.73 | 1028.87 | 1142.52 | 490.70 | 7364.45 |
| 1496.11 | 3731.76 | 871.24 | 666.87 | 264.26 | 4385.51 |
| 1989.15 | 3048.95 | 687.64 | 664.83 | 298.68 | 3454.52 |
| 741.51 | 2295.81 | 789.32 | 517.09 | 191.32 | 2541.34 |
| 2189.00 | 8958.80 | 1889.40 | 1401.14 | 644.21 | 7504.20 |
| 428.60 | 810.05 | 130.38 | 167.71 | 61.36 | 1093.40 |
| 122.15 | 163.95 | 17.78 | 21.53 | 8.58 | 190.33 |
| 512.98 | 1209.63 | 180.73 | 186.48 | 105.38 | 1695.94 |
| 1748.97 | 2073.03 | 460.14 | 359.39 | 137.88 | 2387.51 |
| 316.58 | 484.20 | 108.89 | 92.09 | 41.34 | 836.30 |
| 589.00 | 1022.78 | 127.76 | 229.33 | 65.24 | 2676.25 |
| 19.04 | 57.77 | 6.90 | 6.46 | 1.56 | 81.76 |
| 3465.18 | 1459.25 | 247.59 | 215.61 | 82.03 | 3122.84 |
| 790.17 | 1298.43 | 147.10 | 579.19 | 188.01 | 1994.48 |
| 486.96 | 449.65 | 34.69 | 97.96 | 37.97 | 1249.63 |
| 262.66 | 273.51 | 33.19 | 58.54 | 22.32 | 500.20 |
| 3551.12 | 1456.59 | 161.11 | 271.94 | 79.02 | 2638.92 |

3-5 续表 1

| 地区 | 流动负债合计 | 应付账款 | 所有者权益合计 | 实收资本 | 国家资本 |
|---|---|---|---|---|---|
| **全国** | **57932.18** | **15200.86** | **75016.82** | **29325.87** | **10101.00** |
| 北京 | 1950.84 | 545.35 | 3501.58 | 987.67 | 222.46 |
| 天津 | 1568.47 | 378.31 | 1477.96 | 538.45 | 228.12 |
| 河北 | 2184.42 | 780.92 | 2513.07 | 1032.94 | 587.99 |
| 山西 | 1058.42 | 240.84 | 1064.76 | 542.35 | 387.52 |
| 内蒙古 | 1700.75 | 537.72 | 2103.19 | 890.24 | 157.63 |
| 辽宁 | 1984.08 | 422.68 | 1664.32 | 946.24 | 466.30 |
| 吉林 | 1772.91 | 421.50 | 1860.69 | 579.95 | 168.42 |
| 黑龙江 | 714.03 | 160.66 | 818.82 | 269.88 | 104.84 |
| 上海 | 1746.79 | 526.98 | 4023.44 | 746.17 | 195.23 |
| 江苏 | 4445.29 | 1160.14 | 6050.88 | 2229.07 | 345.73 |
| 浙江 | 3302.23 | 876.60 | 6056.02 | 2129.83 | 77.64 |
| 安徽 | 2665.84 | 653.28 | 2696.48 | 931.61 | 292.12 |
| 福建 | 1351.38 | 250.51 | 1678.29 | 605.53 | 161.27 |
| 江西 | 702.10 | 183.94 | 1111.11 | 369.74 | 33.30 |
| 山东 | 5621.57 | 1451.29 | 6252.05 | 2414.18 | 1187.30 |
| 河南 | 3270.08 | 676.10 | 3583.05 | 1621.87 | 220.03 |
| 湖北 | 2425.35 | 555.51 | 4452.48 | 1454.95 | 493.29 |
| 湖南 | 1569.08 | 456.36 | 1894.08 | 708.58 | 274.20 |
| 广东 | 6625.95 | 2137.48 | 7142.94 | 2138.79 | 357.27 |
| 广西 | 709.39 | 152.11 | 965.32 | 334.03 | 167.01 |
| 海南 | 139.39 | 16.47 | 304.61 | 116.37 | 19.64 |
| 重庆 | 1240.43 | 373.56 | 1014.42 | 324.48 | 61.70 |
| 四川 | 1540.87 | 392.03 | 2652.40 | 789.85 | 147.68 |
| 贵州 | 540.03 | 107.85 | 515.11 | 227.95 | 105.61 |
| 云南 | 1537.23 | 201.43 | 1271.48 | 554.77 | 161.60 |
| 西藏 | 34.01 | 2.85 | 113.83 | 52.01 | 15.24 |
| 陕西 | 1758.50 | 589.76 | 3377.81 | 2476.66 | 1726.04 |
| 甘肃 | 1336.73 | 319.91 | 1063.99 | 685.76 | 478.68 |
| 青海 | 666.39 | 184.10 | 660.65 | 135.01 | 94.07 |
| 宁夏 | 321.36 | 67.45 | 358.81 | 194.97 | 78.60 |
| 新疆 | 1448.27 | 377.15 | 2773.20 | 2295.93 | 1084.48 |

单位：亿元

| 集体资本 | 法人资本 | 个人资本 | 港澳台资本 | 外商资本 | 主营业务收入 |
|---|---|---|---|---|---|
| **985.05** | **11197.80** | **6542.10** | **218.52** | **249.89** | **103912.04** |
| 8.16 | 465.44 | 284.73 | 6.80 | 0.08 | 2448.03 |
| 5.79 | 216.93 | 86.61 | 0.73 | 0.28 | 2302.31 |
| 1.81 | 222.23 | 186.41 | 31.25 | 3.25 | 4024.81 |
| 13.15 | 82.62 | 56.56 | 0.11 | 2.40 | 786.64 |
| 8.89 | 576.07 | 143.01 |  | 4.64 | 2714.02 |
| 202.41 | 143.99 | 128.01 | 0.63 | 4.89 | 3336.44 |
| 11.73 | 254.68 | 135.49 |  | 9.63 | 3438.85 |
| 17.99 | 74.55 | 69.66 | 2.51 | 0.35 | 1344.65 |
| 11.40 | 369.08 | 154.70 | 2.94 | 12.82 | 2533.89 |
| 128.97 | 911.05 | 782.30 | 34.63 | 26.39 | 9587.47 |
| 41.83 | 1191.27 | 797.11 | 15.15 | 6.84 | 6149.25 |
| 19.10 | 296.90 | 292.53 | 20.39 | 10.58 | 4414.43 |
| 12.93 | 230.16 | 193.08 | 7.60 | 0.50 | 1873.76 |
| 37.89 | 160.78 | 135.74 |  | 2.04 | 2823.77 |
| 51.88 | 616.98 | 500.03 | 22.84 | 35.15 | 12518.50 |
| 43.16 | 927.08 | 398.30 | 16.53 | 16.76 | 6695.49 |
| 17.54 | 590.26 | 347.07 | 1.12 | 5.67 | 4745.16 |
| 13.22 | 226.21 | 165.55 | 5.50 | 23.91 | 3430.85 |
| 111.44 | 755.70 | 854.33 | 40.34 | 19.71 | 10457.35 |
| 5.99 | 101.87 | 58.49 | 0.04 | 0.63 | 1645.20 |
| 7.52 | 62.93 | 26.03 |  | 0.25 | 148.33 |
| 12.70 | 120.14 | 119.64 | 0.05 | 10.25 | 1734.89 |
| 20.19 | 346.11 | 227.55 | 0.71 | 47.62 | 3303.57 |
| 6.10 | 74.35 | 41.41 | 0.12 | 0.37 | 636.25 |
| 35.79 | 267.04 | 87.86 | 0.43 | 2.05 | 1510.20 |
| 6.02 | 23.30 | 7.44 |  |  | 50.92 |
| 61.48 | 550.66 | 131.78 | 6.31 | 0.40 | 2508.86 |
| 7.24 | 152.00 | 16.32 | 0.02 |  | 3317.84 |
|  | 29.94 | 10.59 |  | 0.42 | 489.32 |
| 4.00 | 77.18 | 35.19 |  |  | 619.33 |
| 58.76 | 1080.31 | 68.59 | 1.78 | 2.02 | 2321.64 |

3-5 续表 2

| 地　区 | 主营业务成　本 | 销售费用 | 管理费用 | 财务费用 | 利息收入 |
|---|---|---|---|---|---|
| **全　国** | **82785.98** | **4044.55** | **5650.58** | **1381.70** | **695.61** |
| 北　京 | 1875.96 | 134.12 | 204.52 | 27.95 | 12.40 |
| 天　津 | 1701.27 | 67.95 | 103.99 | 34.02 | 4.22 |
| 河　北 | 3216.47 | 99.36 | 192.57 | 51.74 | 3.65 |
| 山　西 | 529.90 | 106.27 | 66.89 | 33.32 | 3.65 |
| 内蒙古 | 2169.85 | 77.67 | 95.88 | 33.69 | 2.85 |
| 辽　宁 | 2618.26 | 62.58 | 206.15 | 59.30 | 3.44 |
| 吉　林 | 2672.03 | 242.31 | 190.10 | 50.59 | 1.10 |
| 黑龙江 | 941.61 | 32.47 | 83.87 | 19.89 | 1.93 |
| 上　海 | 1952.73 | 161.68 | 206.55 | 10.53 | 444.31 |
| 江　苏 | 7591.53 | 349.92 | 498.43 | 88.97 | 10.47 |
| 浙　江 | 4689.28 | 258.94 | 415.70 | 53.23 | 17.17 |
| 安　徽 | 3644.50 | 198.94 | 234.90 | 60.96 | 17.11 |
| 福　建 | 1534.33 | 69.09 | 106.77 | 32.25 | 11.02 |
| 江　西 | 2375.93 | 49.65 | 80.47 | 16.53 | 1.12 |
| 山　东 | 10771.13 | 299.34 | 511.17 | 143.53 | 32.91 |
| 河　南 | 5670.90 | 185.52 | 294.28 | 125.43 | 12.16 |
| 湖　北 | 3816.45 | 214.24 | 285.30 | 69.30 | 10.28 |
| 湖　南 | 2770.33 | 131.83 | 174.79 | 65.64 | 3.84 |
| 广　东 | 7667.27 | 776.61 | 718.58 | 3.34 | 38.84 |
| 广　西 | 1237.15 | 46.22 | 70.31 | 23.81 | 3.95 |
| 海　南 | 108.56 | 9.30 | 13.09 | 5.19 | -0.07 |
| 重　庆 | 1412.11 | 99.61 | 112.85 | 27.78 | 6.53 |
| 四　川 | 2662.06 | 118.93 | 177.79 | 52.49 | 11.39 |
| 贵　州 | 469.45 | 49.34 | 44.88 | 20.85 | 1.65 |
| 云　南 | 1273.73 | 56.65 | 57.65 | 84.27 | 6.37 |
| 西　藏 | 29.46 | 2.39 | 5.94 | 0.41 | -0.01 |
| 陕　西 | 1838.81 | 38.66 | 147.74 | 49.78 | 6.72 |
| 甘　肃 | 3026.32 | 25.68 | 82.77 | 48.35 | 5.83 |
| 青　海 | 333.96 | 22.03 | 36.77 | 22.99 | 1.55 |
| 宁　夏 | 457.13 | 11.72 | 18.18 | 17.15 | 0.45 |
| 新　疆 | 1727.49 | 45.51 | 211.72 | 48.44 | 18.77 |

单位：亿元

| 利息支出 | 投资收益（损失以“–”号记） | 营业利润 | 利润总额 | 亏损企业亏损额 | 平均用工人数（万人） |
| --- | --- | --- | --- | --- | --- |
| **1600.68** | **1595.90** | **7137.23** | **7678.99** | **1719.36** | **794.76** |
| | | | | | |
| 39.11 | 156.23 | 238.85 | 269.09 | 14.55 | 15.78 |
| 28.57 | 13.61 | 316.31 | 316.52 | 52.39 | 11.90 |
| 54.67 | 21.65 | 247.14 | 267.46 | 73.88 | 31.24 |
| 35.20 | 7.07 | 32.14 | 37.91 | 23.45 | 13.61 |
| 32.81 | 34.14 | 257.98 | 276.11 | 27.89 | 13.16 |
| | | | | | |
| 55.90 | 16.63 | -74.26 | -71.02 | 280.17 | 26.24 |
| 44.45 | 20.87 | 184.08 | 185.36 | 22.84 | 26.85 |
| 18.35 | 3.68 | 39.81 | 46.91 | 77.66 | 12.52 |
| | | | | | |
| 35.89 | 399.56 | 462.22 | 468.69 | 14.98 | 10.48 |
| 100.28 | 74.46 | 855.78 | 888.61 | 37.88 | 64.88 |
| 80.52 | 119.74 | 666.07 | 715.32 | 28.24 | 51.94 |
| 70.64 | 47.77 | 194.43 | 268.12 | 8.84 | 37.48 |
| 43.93 | 18.07 | 126.58 | 139.39 | 32.41 | 19.71 |
| 16.94 | 12.57 | 203.54 | 208.79 | 1.92 | 16.43 |
| 162.64 | 85.03 | 550.14 | 569.84 | 256.02 | 79.18 |
| | | | | | |
| 119.00 | 46.54 | 277.58 | 297.44 | 180.16 | 72.32 |
| 66.84 | 176.92 | 447.94 | 485.18 | 56.46 | 38.49 |
| 70.70 | 6.31 | 131.16 | 146.39 | 37.30 | 21.89 |
| 81.40 | 215.87 | 1146.80 | 1250.45 | 19.74 | 92.28 |
| 26.65 | -11.12 | 116.07 | 125.28 | 16.42 | 11.46 |
| 5.08 | 3.77 | 15.64 | 17.31 | 7.17 | 1.55 |
| | | | | | |
| 33.89 | 61.77 | 114.98 | 129.96 | 58.34 | 13.48 |
| 58.58 | 20.30 | 234.07 | 253.03 | 18.39 | 30.81 |
| 21.63 | 3.68 | 43.63 | 51.27 | 11.86 | 9.48 |
| 86.53 | 13.17 | 31.47 | 37.93 | 33.97 | 9.28 |
| 0.50 | 0.23 | 11.76 | 11.71 | 0.18 | 0.44 |
| | | | | | |
| 55.14 | 3.55 | 262.53 | 255.90 | 32.66 | 23.93 |
| 46.91 | 8.11 | -51.12 | -48.98 | 86.20 | 11.88 |
| 23.51 | 8.12 | 26.81 | 35.86 | 2.97 | 6.98 |
| 16.80 | 0.92 | 34.70 | 36.24 | 3.19 | 3.73 |
| 67.63 | 6.66 | -7.62 | 6.91 | 201.24 | 15.39 |

# 3-6 按地区分组的私营

| 地　区 | 工业销售产值（当年价格） | 出口交货值 | 资产总计 | 固定资产合计 | 固定资产原价 |
|---|---|---|---|---|---|
| **全　国** | **413614.49** | **21086.86** | **239542.71** | **84008.55** | **137033.69** |
| 北　京 | 943.62 | 43.49 | 1544.72 | 194.50 | 310.86 |
| 天　津 | 6841.46 | 390.36 | 3411.53 | 1107.37 | 1689.68 |
| 河　北 | 23400.13 | 508.59 | 13851.74 | 6779.32 | 9070.67 |
| 山　西 | 3909.13 | 167.44 | 6073.80 | 1971.06 | 2673.05 |
| 内蒙古 | 5552.05 | 16.79 | 4004.05 | 1483.05 | 2425.83 |
| 辽　宁 | 4252.81 | 166.36 | 6064.47 | 1538.56 | 2256.22 |
| 吉　林 | 7127.68 | 120.63 | 2808.70 | 1332.88 | 4837.00 |
| 黑龙江 | 3030.29 | 25.95 | 1642.79 | 624.61 | 1335.58 |
| 上　海 | 3593.04 | 339.89 | 4418.46 | 715.71 | 1195.47 |
| 江　苏 | 64539.01 | 3320.89 | 35378.85 | 11818.35 | 21463.46 |
| 浙　江 | 27296.13 | 4952.72 | 23753.64 | 5567.81 | 8664.83 |
| 安　徽 | 19297.28 | 648.19 | 9270.15 | 3091.93 | 5284.62 |
| 福　建 | 14791.51 | 1346.69 | 6671.29 | 1919.45 | 3047.43 |
| 江　西 | 13966.63 | 559.19 | 6473.71 | 2769.44 | 4271.31 |
| 山　东 | 68231.33 | 2302.09 | 31518.96 | 14038.86 | 22594.49 |
| 河　南 | 29226.32 | 240.55 | 15868.36 | 7873.63 | 9562.79 |
| 湖　北 | 16655.35 | 544.91 | 7094.11 | 2604.35 | 6666.38 |
| 湖　南 | 22311.75 | 574.83 | 9610.06 | 3997.17 | 5409.69 |
| 广　东 | 29744.91 | 3828.42 | 17899.60 | 3893.75 | 7946.12 |
| 广　西 | 8350.93 | 152.33 | 3684.44 | 1168.76 | 1741.01 |
| 海　南 | 54.57 | 5.14 | 72.10 | 15.96 | 24.92 |
| 重　庆 | 9639.44 | 424.33 | 5576.71 | 2044.08 | 3252.44 |
| 四　川 | 16172.99 | 135.09 | 8023.63 | 2739.55 | 4859.96 |
| 贵　州 | 3855.81 | 47.42 | 2553.61 | 685.91 | 831.30 |
| 云　南 | 2339.59 | 124.25 | 2408.16 | 776.10 | 966.82 |
| 西　藏 | 22.23 |  | 52.15 | 12.03 | 12.74 |
| 陕　西 | 3838.55 | 57.95 | 2624.60 | 997.23 | 1591.80 |
| 甘　肃 | 893.62 | 7.84 | 944.22 | 298.28 | 384.78 |
| 青　海 | 700.87 | 1.65 | 855.41 | 419.12 | 778.72 |
| 宁　夏 | 1349.34 | 20.50 | 2628.95 | 603.19 | 757.22 |
| 新　疆 | 1686.11 | 12.39 | 2759.73 | 926.53 | 1126.50 |

# 工业企业主要经济指标

单位：亿元

| 累计折旧 | 流动资产合计 | 应收账款 | 存货 | 产成品 | 负债合计 |
|---|---|---|---|---|---|
| **58918.19** | **120053.62** | **32257.50** | **27468.53** | **12364.78** | **121386.12** |
| 122.94 | 1088.63 | 377.78 | 257.42 | 98.20 | 825.21 |
| 660.79 | 1798.60 | 461.70 | 332.38 | 135.24 | 2002.01 |
| 2758.27 | 5265.82 | 1127.72 | 1226.01 | 529.00 | 6040.49 |
| 967.86 | 2953.86 | 599.19 | 569.65 | 245.02 | 4512.73 |
| 1072.36 | 1721.66 | 260.50 | 294.40 | 127.61 | 2338.57 |
| 846.99 | 3232.10 | 737.82 | 696.69 | 303.55 | 3600.46 |
| 3610.67 | 1044.55 | 245.30 | 287.45 | 136.56 | 1252.10 |
| 795.22 | 811.44 | 194.15 | 231.76 | 90.46 | 822.11 |
| 513.01 | 3104.00 | 1122.65 | 689.39 | 286.07 | 2363.11 |
| 9729.49 | 18808.59 | 6002.91 | 4130.22 | 1751.64 | 18459.86 |
| 3506.00 | 14500.63 | 4511.58 | 3227.39 | 1441.00 | 14509.10 |
| 2396.73 | 4926.78 | 1687.23 | 1197.52 | 578.78 | 4451.91 |
| 1293.71 | 3726.86 | 1119.90 | 950.24 | 477.91 | 3083.65 |
| 1793.86 | 2443.66 | 618.41 | 619.44 | 307.81 | 2560.35 |
| 9721.94 | 13710.50 | 2590.41 | 3374.43 | 1724.68 | 13727.10 |
| 2249.68 | 6224.47 | 972.06 | 892.84 | 429.24 | 4516.09 |
| 4290.62 | 3300.82 | 878.40 | 892.22 | 444.81 | 3138.43 |
| 1656.05 | 3904.97 | 1155.37 | 927.02 | 434.75 | 4182.08 |
| 4259.44 | 11637.00 | 3637.96 | 2979.01 | 1152.07 | 10858.82 |
| 660.60 | 2024.63 | 507.87 | 510.00 | 269.60 | 2158.96 |
| 11.00 | 43.14 | 7.48 | 12.86 | 4.37 | 50.14 |
| 1382.75 | 2745.31 | 821.83 | 525.59 | 258.16 | 3029.86 |
| 2406.29 | 3991.92 | 1036.16 | 901.56 | 434.75 | 3921.84 |
| 227.44 | 1305.76 | 290.64 | 314.33 | 92.67 | 1509.43 |
| 351.40 | 1267.51 | 235.86 | 333.33 | 138.18 | 1490.80 |
| 3.25 | 25.04 | 3.88 | 5.82 | 2.65 | 29.78 |
| 703.67 | 1059.48 | 293.11 | 240.40 | 126.34 | 1272.85 |
| 102.59 | 485.73 | 124.06 | 122.01 | 66.12 | 512.66 |
| 374.49 | 338.97 | 67.94 | 67.25 | 32.09 | 546.89 |
| 177.30 | 1341.90 | 216.19 | 415.50 | 142.30 | 1814.16 |
| 271.78 | 1219.29 | 351.41 | 244.40 | 103.15 | 1804.56 |

3-6 续表 1

| 地　区 | 流动负债合　计 | 应付账款 | 所有者权益合计 | 实收资本 | 国家资本 |
|---|---|---|---|---|---|
| **全　国** | **98507.80** | **24356.02** | **116858.30** | **47970.79** | **215.70** |
| 北　京 | 756.99 | 301.84 | 715.06 | 312.61 | 0.02 |
| 天　津 | 1570.73 | 366.30 | 1747.62 | 719.44 | 0.77 |
| 河　北 | 4941.17 | 1341.10 | 7749.87 | 2746.40 | 2.86 |
| 山　西 | 3567.23 | 811.04 | 1549.60 | 932.50 | 11.28 |
| 内蒙古 | 1734.78 | 363.19 | 1660.42 | 711.77 | 7.18 |
| 辽　宁 | 2821.86 | 547.45 | 2034.31 | 1047.38 | 7.89 |
| 吉　林 | 918.66 | 212.30 | 1550.92 | 517.09 | 4.64 |
| 黑龙江 | 643.26 | 145.73 | 820.16 | 343.77 | 2.79 |
| 上　海 | 2174.81 | 791.08 | 2034.66 | 829.53 | 3.78 |
| 江　苏 | 16413.68 | 3724.15 | 16831.84 | 6833.51 | 25.81 |
| 浙　江 | 13433.50 | 2904.19 | 9117.94 | 4349.19 | 1.54 |
| 安　徽 | 3644.64 | 988.28 | 4722.10 | 2538.66 | 5.99 |
| 福　建 | 2562.86 | 683.23 | 3542.03 | 1446.33 | 10.21 |
| 江　西 | 1838.20 | 472.65 | 3876.82 | 1431.94 | 11.02 |
| 山　东 | 10326.42 | 1990.92 | 17625.34 | 5656.98 | 25.89 |
| 河　南 | 3101.54 | 574.28 | 11163.75 | 4763.87 | 8.52 |
| 湖　北 | 2278.41 | 627.44 | 3922.01 | 1768.47 | 6.23 |
| 湖　南 | 2649.83 | 668.74 | 5414.84 | 3253.59 | 9.99 |
| 广　东 | 9386.33 | 3253.10 | 6920.37 | 2490.01 | 8.59 |
| 广　西 | 1721.90 | 406.91 | 1519.09 | 470.96 | 2.62 |
| 海　南 | 42.83 | 8.34 | 21.96 | 11.74 | |
| 重　庆 | 2398.25 | 650.85 | 2483.32 | 664.78 | 5.26 |
| 四　川 | 2901.44 | 803.89 | 4025.34 | 1365.25 | 14.64 |
| 贵　州 | 1040.10 | 280.77 | 1043.62 | 521.81 | 9.58 |
| 云　南 | 1225.45 | 224.07 | 913.50 | 402.78 | 2.67 |
| 西　藏 | 24.21 | 3.92 | 18.48 | 8.40 | 0.01 |
| 陕　西 | 889.01 | 237.03 | 1332.00 | 515.13 | 1.38 |
| 甘　肃 | 370.15 | 89.29 | 428.05 | 222.83 | 1.50 |
| 青　海 | 396.08 | 74.47 | 306.04 | 148.97 | 1.71 |
| 宁　夏 | 1459.81 | 468.58 | 813.64 | 478.40 | 1.82 |
| 新　疆 | 1273.71 | 340.89 | 953.60 | 466.70 | 19.52 |

单位：亿元

| 集体资本 | 法人资本 | 个人资本 | 港澳台资本 | 外商资本 | 主营业务收入 |
|---|---|---|---|---|---|
| **668.24** | **19387.18** | **27432.99** | **121.16** | **144.88** | **410188.06** |
|  | 84.79 | 227.73 | 0.06 |  | 1034.14 |
| 0.62 | 213.46 | 504.36 | 0.18 | 0.05 | 6859.76 |
| 5.48 | 1151.30 | 1581.23 | 0.33 | 5.11 | 22978.07 |
| 15.39 | 425.72 | 478.72 | 1.20 | 0.19 | 3753.81 |
| 15.51 | 417.33 | 271.75 |  |  | 5516.76 |
| 30.81 | 475.95 | 519.89 | 10.99 | 1.86 | 4648.26 |
| 19.12 | 204.10 | 289.05 | 0.08 | 0.16 | 6919.93 |
| 6.90 | 91.07 | 242.73 | 0.03 | 0.25 | 2984.86 |
| 5.64 | 327.22 | 491.00 | 1.35 | 0.54 | 3800.34 |
| 140.58 | 2500.20 | 4088.36 | 32.97 | 45.59 | 65030.17 |
| 14.02 | 1670.44 | 2649.30 | 3.96 | 9.72 | 26883.68 |
| 23.70 | 739.24 | 1764.03 | 5.12 | 0.59 | 18719.65 |
| 20.99 | 477.61 | 933.13 | 3.07 | 1.37 | 14571.99 |
| 25.89 | 658.20 | 731.35 | 5.02 | 0.47 | 14163.69 |
| 80.05 | 2457.75 | 3064.72 | 15.33 | 12.90 | 68428.04 |
| 36.99 | 1618.69 | 3095.33 | 1.72 | 2.39 | 28547.79 |
| 22.74 | 798.87 | 937.35 | 1.41 | 1.53 | 15869.45 |
| 32.97 | 1529.74 | 1675.35 | 2.00 | 3.54 | 22289.56 |
| 43.85 | 1213.56 | 1160.46 | 16.30 | 47.24 | 29837.40 |
| 13.46 | 189.55 | 261.87 | 0.66 | 2.64 | 7919.11 |
| 0.23 | 5.15 | 6.35 |  |  | 56.86 |
| 10.42 | 256.91 | 388.09 | 2.91 | 1.19 | 9549.92 |
| 16.40 | 595.01 | 734.57 | 3.53 | 1.10 | 15789.48 |
| 9.26 | 231.28 | 268.38 | 3.90 | 0.02 | 3840.44 |
| 22.66 | 175.39 | 202.06 |  |  | 2282.83 |
| 0.10 | 3.42 | 4.83 |  | 0.03 | 22.39 |
| 7.36 | 187.77 | 315.61 | 3.00 |  | 3651.23 |
| 3.82 | 111.16 | 106.34 |  |  | 710.08 |
| 5.04 | 78.40 | 63.82 |  |  | 527.86 |
| 0.67 | 278.06 | 190.42 | 6.02 | 1.40 | 1273.46 |
| 37.56 | 219.83 | 184.80 |  | 4.99 | 1727.07 |

3-6 续表 2

| 地 区 | 主营业务成本 | 销售费用 | 管理费用 | 财务费用 | 利息收入 |
|---|---|---|---|---|---|
| **全 国** | **355823.84** | **9202.46** | **13142.60** | **3506.21** | **139.13** |
| 北 京 | 790.89 | 76.08 | 105.83 | 7.99 | 1.36 |
| 天 津 | 5980.43 | 64.62 | 146.89 | 32.04 | 2.46 |
| 河 北 | 20267.74 | 345.83 | 433.04 | 152.95 | 4.50 |
| 山 西 | 3304.82 | 104.84 | 124.23 | 96.34 | -2.05 |
| 内蒙古 | 4668.87 | 104.94 | 182.52 | 49.56 | 0.57 |
| 辽 宁 | 4123.09 | 109.57 | 185.13 | 81.82 | -8.60 |
| 吉 林 | 5995.96 | 186.89 | 274.07 | 68.26 | 0.77 |
| 黑龙江 | 2666.77 | 68.32 | 84.23 | 17.03 | 0.58 |
| 上 海 | 3089.48 | 155.98 | 325.68 | 26.46 | 2.83 |
| 江 苏 | 56451.45 | 1341.95 | 2166.92 | 561.04 | 32.72 |
| 浙 江 | 23112.98 | 657.81 | 1330.77 | 357.59 | 29.29 |
| 安 徽 | 16422.55 | 446.99 | 553.00 | 135.50 | 3.45 |
| 福 建 | 12688.86 | 340.08 | 483.49 | 102.89 | 6.20 |
| 江 西 | 12406.18 | 233.95 | 275.91 | 66.97 | 2.22 |
| 山 东 | 60545.40 | 1181.23 | 1352.40 | 562.20 | 20.97 |
| 河 南 | 24782.29 | 569.76 | 492.83 | 201.24 | 3.10 |
| 湖 北 | 13766.10 | 435.64 | 578.54 | 154.09 | 2.93 |
| 湖 南 | 18424.23 | 735.09 | 996.29 | 204.09 | 3.90 |
| 广 东 | 25900.13 | 762.00 | 1306.10 | 160.37 | 17.78 |
| 广 西 | 6802.48 | 159.96 | 315.80 | 52.47 | 1.62 |
| 海 南 | 48.17 | 2.48 | 3.54 | 0.53 | -0.07 |
| 重 庆 | 8105.54 | 253.92 | 372.57 | 69.43 | 4.43 |
| 四 川 | 13564.54 | 451.73 | 540.88 | 145.71 | 5.38 |
| 贵 州 | 3201.03 | 128.74 | 162.72 | 32.45 | 0.65 |
| 云 南 | 1983.41 | 62.78 | 87.54 | 32.68 | 1.73 |
| 西 藏 | 15.95 | 0.62 | 1.27 | 0.34 | 0.08 |
| 陕 西 | 3038.52 | 102.18 | 125.74 | 35.60 | -0.03 |
| 甘 肃 | 627.92 | 20.91 | 23.88 | 13.66 | 0.78 |
| 青 海 | 477.49 | 12.12 | 19.37 | 14.69 | 0.44 |
| 宁 夏 | 1154.63 | 28.66 | 37.35 | 38.16 | 0.11 |
| 新 疆 | 1415.95 | 56.81 | 54.08 | 32.04 | -0.98 |

单位：亿元

| 利息支出 | 投资收益（损失以“-”号记） | 营业利润 | 利润总额 | 亏损企业亏损额 | 平均用工人数（万人） |
|---|---|---|---|---|---|
| **2858.18** | **-124.62** | **25496.87** | **25494.90** | **846.38** | **3397.76** |
| 8.50 | 7.06 | 59.42 | 79.08 | 9.97 | 13.87 |
| 21.68 | 6.33 | 622.28 | 621.65 | 15.65 | 36.32 |
| 128.33 | -147.93 | 1569.31 | 1539.11 | 44.49 | 164.56 |
| 78.36 | 2.05 | 94.72 | 101.03 | 70.81 | 40.07 |
| 38.13 | -2.00 | 461.35 | 373.98 | 29.60 | 30.44 |
| 65.15 | 7.57 | 135.39 | 151.56 | 60.40 | 57.20 |
| 46.77 | 1.80 | 336.99 | 320.50 | 7.00 | 35.86 |
| 10.92 | -0.23 | 137.06 | 139.65 | 13.93 | 22.54 |
| 25.41 | 13.58 | 211.97 | 235.87 | 24.29 | 48.13 |
| 499.37 | 25.79 | 4248.94 | 4214.53 | 95.04 | 478.83 |
| 377.41 | 71.25 | 1384.84 | 1458.24 | 75.78 | 353.86 |
| 104.17 | -11.25 | 1043.84 | 1043.70 | 24.71 | 153.91 |
| 87.78 | -1.72 | 872.93 | 864.68 | 11.45 | 148.14 |
| 49.38 | -1.82 | 1073.79 | 1070.93 | 8.11 | 103.99 |
| 394.04 | -6.20 | 4312.51 | 4328.06 | 47.52 | 387.88 |
| 145.00 | -0.16 | 2327.87 | 2324.86 | 21.51 | 242.91 |
| 96.67 | -3.56 | 807.61 | 811.58 | 16.56 | 116.92 |
| 147.52 | -13.00 | 1302.82 | 1243.93 | 44.00 | 197.73 |
| 126.14 | 64.38 | 1537.09 | 1587.05 | 57.18 | 347.59 |
| 46.54 | -98.23 | 474.05 | 481.21 | 13.84 | 74.24 |
| 0.58 | 0.09 | 2.09 | 2.44 | 0.48 | 1.10 |
| 63.10 | -11.16 | 682.10 | 694.37 | 8.29 | 90.54 |
| 124.93 | -40.19 | 910.55 | 897.01 | 30.72 | 127.37 |
| 22.82 | -2.27 | 238.75 | 239.64 | 20.79 | 31.48 |
| 31.06 | 0.62 | 101.33 | 107.99 | 20.66 | 26.18 |
| 0.25 |  | 3.79 | 3.82 | 0.35 | 0.29 |
| 29.31 | -0.84 | 313.18 | 297.50 | 13.76 | 28.84 |
| 13.04 | 0.41 | 20.72 | 23.48 | 6.45 | 7.45 |
| 10.36 | -6.45 | 1.59 | 4.54 | 14.37 | 4.18 |
| 31.50 | 1.02 | 28.88 | 40.43 | 19.90 | 11.25 |
| 33.96 | 20.45 | 179.09 | 192.50 | 18.76 | 14.09 |

# 3-7 按地区分组的港澳台商

| 地　区 | 工业销售产值(当年价格) | 出口交货值 | 资产总计 | 固定资产合　计 | 固定资产原　价 |
|---|---|---|---|---|---|
| **全　国** | **98236.86** | **31119.74** | **88299.99** | **24919.16** | **45655.35** |
| 北　京 | 1650.88 | 207.33 | 2442.83 | 320.13 | 654.52 |
| 天　津 | 1945.68 | 420.21 | 1775.74 | 524.67 | 892.99 |
| 河　北 | 1615.98 | 118.51 | 2148.20 | 765.62 | 1305.24 |
| 山　西 | 906.43 | 597.59 | 1252.36 | 398.54 | 617.53 |
| 内蒙古 | 335.62 | 9.35 | 731.68 | 389.72 | 521.57 |
| 辽　宁 | 1079.95 | 139.21 | 2268.87 | 543.34 | 824.37 |
| 吉　林 | 482.34 | 18.34 | 491.81 | 267.27 | 523.63 |
| 黑龙江 | 370.68 | 4.15 | 579.09 | 195.16 | 326.17 |
| 上　海 | 4226.58 | 2046.28 | 4272.94 | 886.20 | 2177.83 |
| 江　苏 | 17152.50 | 4080.68 | 13063.35 | 4615.93 | 8789.93 |
| 浙　江 | 7562.36 | 1723.53 | 8647.14 | 2096.70 | 3438.29 |
| 安　徽 | 2455.89 | 409.80 | 1636.95 | 531.80 | 851.58 |
| 福　建 | 9044.16 | 2621.69 | 7286.01 | 1790.65 | 3255.86 |
| 江　西 | 2722.05 | 673.53 | 1701.29 | 779.18 | 1201.71 |
| 山　东 | 4443.28 | 662.69 | 3680.48 | 1341.03 | 2506.87 |
| 河　南 | 4141.25 | 2701.78 | 4888.26 | 855.45 | 1228.30 |
| 湖　北 | 2011.56 | 252.95 | 1699.13 | 620.66 | 1057.90 |
| 湖　南 | 1918.88 | 362.13 | 1222.21 | 461.63 | 764.19 |
| 广　东 | 27449.45 | 11674.20 | 22313.62 | 5099.37 | 11373.86 |
| 广　西 | 1723.87 | 340.19 | 1009.66 | 386.10 | 544.41 |
| 海　南 | 79.25 | 2.96 | 108.23 | 31.35 | 56.67 |
| 重　庆 | 1643.42 | 934.67 | 1250.04 | 535.33 | 747.79 |
| 四　川 | 2007.92 | 1073.23 | 1925.39 | 690.36 | 901.82 |
| 贵　州 | 157.61 | 11.27 | 294.12 | 145.61 | 146.09 |
| 云　南 | 212.74 | 6.61 | 417.14 | 174.34 | 253.08 |
| 西　藏 | 5.25 |  | 23.19 | 6.03 | 7.92 |
| 陕　西 | 471.23 | 25.26 | 400.98 | 152.28 | 278.71 |
| 甘　肃 | 65.64 |  | 135.47 | 48.14 | 74.86 |
| 青　海 | 78.94 |  | 139.72 | 26.15 | 34.11 |
| 宁　夏 | 211.77 |  | 350.89 | 183.34 | 215.23 |
| 新　疆 | 63.68 | 1.61 | 143.20 | 57.06 | 82.31 |

# 投资工业企业主要经济指标

单位：亿元

| 累计折旧 | 流动资产合计 | 应收账款 | 存货 | 产成品 | 负债合计 |
|---|---|---|---|---|---|
| **21830.28** | **50934.76** | **16411.32** | **9750.34** | **3796.48** | **48263.82** |
| 337.00 | 1517.16 | 427.21 | 217.19 | 76.32 | 1438.48 |
| 372.34 | 1088.53 | 331.83 | 228.51 | 109.68 | 887.91 |
| 565.68 | 929.22 | 154.50 | 183.96 | 59.66 | 1109.84 |
| 235.78 | 773.55 | 168.57 | 92.56 | 15.31 | 962.57 |
| 191.30 | 198.23 | 33.35 | 47.38 | 17.11 | 472.85 |
| 312.16 | 1149.79 | 250.25 | 175.78 | 66.31 | 1308.11 |
| 235.03 | 187.30 | 50.72 | 41.38 | 14.73 | 337.08 |
| 174.31 | 265.05 | 38.69 | 51.02 | 13.40 | 339.73 |
| 1294.72 | 2737.13 | 991.80 | 523.16 | 202.19 | 2119.29 |
| 4180.38 | 6862.63 | 2396.42 | 1352.00 | 513.38 | 6382.89 |
| 1443.85 | 5233.73 | 1356.96 | 1031.44 | 437.86 | 4554.27 |
| 361.69 | 930.09 | 528.53 | 126.02 | 45.31 | 1070.00 |
| 1501.13 | 4440.25 | 1354.29 | 837.97 | 370.50 | 3653.25 |
| 511.30 | 729.54 | 268.98 | 159.60 | 70.44 | 851.17 |
| 1244.95 | 2008.95 | 483.05 | 384.36 | 177.44 | 1894.68 |
| 415.29 | 3737.85 | 1475.62 | 426.37 | 192.14 | 3581.28 |
| 482.94 | 830.43 | 219.68 | 142.16 | 57.37 | 883.81 |
| 319.56 | 489.29 | 186.53 | 78.85 | 32.20 | 542.03 |
| 6512.15 | 14043.17 | 4863.22 | 3187.46 | 1122.01 | 12227.72 |
| 189.34 | 507.73 | 188.61 | 124.65 | 64.32 | 577.46 |
| 25.62 | 56.34 | 12.02 | 7.84 | 4.68 | 39.45 |
| 299.58 | 562.38 | 180.88 | 91.32 | 34.01 | 796.94 |
| 256.88 | 964.47 | 322.44 | 118.05 | 58.14 | 1095.26 |
| 39.47 | 85.13 | 17.84 | 9.93 | 3.46 | 207.80 |
| 87.38 | 187.18 | 43.04 | 36.90 | 13.52 | 235.71 |
| 2.07 | 14.76 | 0.72 | 0.25 | 0.02 | 10.92 |
| 134.83 | 170.41 | 35.78 | 33.54 | 9.66 | 204.71 |
| 28.71 | 42.85 | 6.14 | 6.28 | 3.31 | 64.12 |
| 13.53 | 39.67 | 5.15 | 8.11 | 1.59 | 129.41 |
| 33.88 | 101.78 | 6.85 | 11.90 | 4.43 | 210.60 |
| 27.40 | 50.18 | 11.64 | 14.37 | 5.98 | 74.46 |

3-7 续表 1

| 地区 | 流动负债合计 | 应付账款 | 所有者权益合计 | 实收资本 | 国家资本 |
|---|---|---|---|---|---|
| **全国** | **40991.27** | **14934.08** | **39853.95** | **20144.67** | **953.91** |
| 北京 | 1287.35 | 535.59 | 1004.31 | 414.02 | 67.21 |
| 天津 | 717.90 | 242.24 | 949.74 | 433.64 | 18.88 |
| 河北 | 826.27 | 219.02 | 1036.36 | 377.93 | 51.31 |
| 山西 | 806.68 | 301.74 | 289.78 | 215.32 | 21.79 |
| 内蒙古 | 250.80 | 57.88 | 258.82 | 212.85 | 48.22 |
| 辽宁 | 1022.32 | 176.26 | 957.60 | 653.19 | 24.24 |
| 吉林 | 248.16 | 49.33 | 154.73 | 81.61 | 6.74 |
| 黑龙江 | 274.01 | 65.17 | 239.36 | 83.36 | 4.00 |
| 上海 | 1959.40 | 1050.61 | 2139.43 | 1070.19 | 19.89 |
| 江苏 | 5597.42 | 1848.72 | 6670.46 | 3688.29 | 84.11 |
| 浙江 | 4009.35 | 1039.69 | 4035.66 | 2122.27 | 86.25 |
| 安徽 | 939.77 | 533.22 | 570.73 | 325.62 | 44.35 |
| 福建 | 3187.30 | 897.68 | 3598.36 | 1630.21 | 20.27 |
| 江西 | 634.80 | 236.96 | 848.19 | 426.79 | 8.93 |
| 山东 | 1540.81 | 345.36 | 1779.44 | 703.93 | 45.74 |
| 河南 | 3433.50 | 1605.44 | 1305.61 | 553.11 | 42.71 |
| 湖北 | 714.61 | 241.11 | 814.84 | 378.07 | 17.82 |
| 湖南 | 417.37 | 161.17 | 678.34 | 313.15 | 10.22 |
| 广东 | 10635.22 | 4581.01 | 9974.08 | 5156.55 | 230.75 |
| 广西 | 440.22 | 225.69 | 430.76 | 212.78 | 8.04 |
| 海南 | 31.61 | 8.38 | 68.79 | 26.22 | 3.54 |
| 重庆 | 448.45 | 179.18 | 451.80 | 282.72 | 4.64 |
| 四川 | 811.38 | 162.74 | 829.78 | 308.14 | 15.16 |
| 贵州 | 122.53 | 26.46 | 86.32 | 84.42 | 29.58 |
| 云南 | 176.70 | 40.49 | 181.43 | 115.34 | 24.09 |
| 西藏 | 3.31 | 0.16 | 12.28 | 4.74 | |
| 陕西 | 173.06 | 36.26 | 196.27 | 81.61 | 1.17 |
| 甘肃 | 44.82 | 6.64 | 71.34 | 34.81 | 11.95 |
| 青海 | 72.98 | 18.78 | 10.31 | 18.74 | |
| 宁夏 | 101.11 | 27.46 | 140.29 | 92.52 | 0.20 |
| 新疆 | 62.04 | 13.62 | 68.74 | 42.54 | 2.13 |

单位：亿元

| 集体资本 | 法人资本 | 个人资本 | 港澳台资本 | 外商资本 | 主营业务收入 |
|---|---|---|---|---|---|
| **175.75** | **4335.59** | **991.09** | **11395.84** | **2292.24** | **99172.80** |
| 0.32 | 82.69 | 36.85 | 225.29 | 1.67 | 2332.33 |
| 5.76 | 119.83 | 9.20 | 160.59 | 119.38 | 1965.79 |
| 11.20 | 100.08 | 8.04 | 178.51 | 28.79 | 1707.44 |
| 0.23 | 54.98 | 7.73 | 94.30 | 36.29 | 900.58 |
|  | 59.02 | 4.07 | 81.29 | 20.25 | 333.51 |
| 27.58 | 141.51 | 8.54 | 380.01 | 71.32 | 1144.89 |
| 6.85 | 15.15 | 4.34 | 38.82 | 9.70 | 425.12 |
| 0.13 | 30.63 | 9.11 | 28.19 | 11.30 | 370.24 |
| 6.13 | 285.44 | 46.63 | 676.56 | 35.53 | 4582.76 |
| 23.07 | 716.11 | 256.42 | 2198.11 | 410.46 | 17346.26 |
| 9.75 | 512.76 | 104.63 | 1348.06 | 60.82 | 7388.71 |
| 2.89 | 49.25 | 28.78 | 177.05 | 23.31 | 2416.86 |
| 4.05 | 263.32 | 63.70 | 983.02 | 295.60 | 8934.93 |
| 3.18 | 108.48 | 42.26 | 239.76 | 24.19 | 2850.27 |
| 14.64 | 149.11 | 73.19 | 311.84 | 109.41 | 4429.06 |
| 5.65 | 126.40 | 61.70 | 269.56 | 47.10 | 4473.09 |
| 4.26 | 109.25 | 14.25 | 121.03 | 111.46 | 1890.77 |
| 3.12 | 144.15 | 44.54 | 89.73 | 21.40 | 1892.36 |
| 36.32 | 877.90 | 120.78 | 3201.67 | 689.14 | 26956.21 |
| 1.99 | 47.07 | 3.08 | 123.94 | 28.66 | 1641.25 |
| 0.40 | 5.18 | 1.84 | 14.92 | 0.34 | 86.08 |
|  | 56.26 | 11.07 | 177.60 | 33.15 | 1637.52 |
| 3.69 | 116.97 | 4.54 | 115.35 | 52.43 | 2232.67 |
| 0.05 | 15.66 | 2.65 | 9.70 | 26.78 | 146.99 |
| 1.33 | 26.72 | 5.42 | 38.55 | 19.23 | 209.30 |
|  | 2.16 |  | 2.57 |  | 4.71 |
|  | 44.85 | 8.21 | 27.12 | 0.27 | 476.11 |
| 3.18 | 7.78 |  | 9.55 | 2.36 | 66.27 |
|  | 1.27 | 0.56 | 16.92 |  | 72.51 |
|  | 51.93 | 7.04 | 32.32 | 1.03 | 195.21 |
| 0.01 | 13.69 | 1.91 | 23.91 | 0.89 | 63.02 |

3-7 续表 2

| 地　区 | 主营业务成本 | 销售费用 | 管理费用 | 财务费用 | 利息收入 |
|---|---|---|---|---|---|
| **全　国** | **84747.06** | **2909.61** | **4172.95** | **627.54** | **148.55** |
| 北　京 | 2030.24 | 167.78 | 103.27 | 15.46 | 4.45 |
| 天　津 | 1541.29 | 123.87 | 97.78 | 12.33 | 2.47 |
| 河　北 | 1391.66 | 88.33 | 65.82 | 21.36 | 0.80 |
| 山　西 | 834.95 | 6.65 | 16.39 | 8.58 | -2.97 |
| 内蒙古 | 270.73 | 9.60 | 13.51 | 11.87 | 0.29 |
| 辽　宁 | 942.95 | 39.20 | 61.57 | 34.56 | 2.90 |
| 吉　林 | 352.92 | 17.79 | 23.65 | 9.63 | 0.12 |
| 黑龙江 | 281.86 | 28.91 | 26.63 | 6.09 | -0.17 |
| 上　海 | 3774.37 | 169.60 | 257.25 | 7.97 | 10.79 |
| 江　苏 | 14922.52 | 363.36 | 634.10 | 90.25 | 24.79 |
| 浙　江 | 6124.10 | 226.43 | 421.49 | 87.32 | 22.50 |
| 安　徽 | 2072.39 | 35.96 | 60.21 | 10.88 | 0.52 |
| 福　建 | 7566.02 | 270.94 | 360.40 | 60.30 | 11.37 |
| 江　西 | 2484.69 | 55.36 | 56.73 | 13.00 | 0.58 |
| 山　东 | 3731.32 | 156.78 | 144.67 | 48.57 | 3.56 |
| 河　南 | 4115.20 | 52.96 | 83.73 | 22.98 | 12.32 |
| 湖　北 | 1575.53 | 77.21 | 99.10 | 14.60 | 0.29 |
| 湖　南 | 1633.46 | 40.96 | 69.65 | 8.43 | 0.23 |
| 广　东 | 23058.23 | 840.57 | 1357.79 | 85.73 | 44.74 |
| 广　西 | 1426.88 | 23.01 | 45.97 | 7.52 | 1.60 |
| 海　南 | 65.82 | 6.39 | 3.95 | 0.79 | 0.02 |
| 重　庆 | 1493.25 | 27.49 | 61.76 | 12.05 | 3.76 |
| 四　川 | 2053.70 | 33.60 | 51.71 | 14.97 | 1.62 |
| 贵　州 | 115.86 | 4.76 | 7.49 | 5.82 | -0.08 |
| 云　南 | 155.60 | 13.26 | 15.81 | 5.28 | 0.53 |
| 西　藏 | 2.11 | 0.02 | 0.25 | 0.14 | |
| 陕　西 | 398.55 | 16.97 | 19.41 | 1.71 | 0.15 |
| 甘　肃 | 63.11 | 0.43 | 1.61 | 1.00 | 0.02 |
| 青　海 | 66.63 | 1.75 | 1.74 | 2.53 | -0.09 |
| 宁　夏 | 156.60 | 4.28 | 4.90 | 5.16 | 1.43 |
| 新　疆 | 44.52 | 5.40 | 4.59 | 0.66 | 0.04 |

单位：亿元

| 利息支出 | 投资收益（损失以"–"号记） | 营业利润 | 利润总额 | 亏损企业亏损额 | 平均用工人数（万人） |
|---|---|---|---|---|---|
| **705.04** | **278.11** | **6437.75** | **6604.11** | **560.60** | **1097.86** |
| | | | | | |
| 11.80 | 78.42 | 107.63 | 131.50 | 43.88 | 8.45 |
| 11.25 | 15.48 | 200.99 | 218.15 | 9.57 | 18.37 |
| 22.41 | 0.82 | 126.46 | 126.92 | 19.56 | 13.99 |
| 14.19 | 0.68 | 33.74 | 37.62 | 8.51 | 9.77 |
| 10.01 | 1.66 | 23.93 | 21.65 | 4.98 | 2.49 |
| | | | | | |
| 29.91 | 2.58 | 59.91 | 65.37 | 39.55 | 10.54 |
| 7.90 | 0.33 | 13.39 | 4.01 | 20.33 | 2.99 |
| 4.98 | 2.44 | 28.85 | 33.87 | 2.23 | 2.14 |
| | | | | | |
| 16.81 | 50.00 | 300.82 | 318.50 | 28.56 | 33.18 |
| 101.16 | 16.58 | 1322.22 | 1318.04 | 72.22 | 146.20 |
| 102.44 | 23.83 | 512.24 | 553.24 | 64.21 | 77.18 |
| 10.18 | -3.10 | 198.37 | 126.58 | 3.71 | 13.24 |
| 72.72 | 51.08 | 693.14 | 708.77 | 40.90 | 100.78 |
| 9.69 | 4.93 | 228.85 | 227.67 | 2.13 | 31.09 |
| 39.05 | 1.79 | 326.74 | 331.24 | 18.88 | 33.22 |
| | | | | | |
| 26.36 | 3.25 | 193.21 | 195.13 | 6.47 | 49.04 |
| 14.99 | -19.28 | 121.23 | 129.30 | 7.00 | 17.43 |
| 7.53 | 1.87 | 88.67 | 87.21 | 11.68 | 21.30 |
| 132.85 | 46.00 | 1493.56 | 1574.11 | 110.51 | 451.79 |
| 8.35 | -6.62 | 130.69 | 135.02 | 2.83 | 16.87 |
| 0.73 | 0.10 | 9.04 | 9.64 | 0.10 | 0.52 |
| | | | | | |
| 12.50 | 1.09 | 52.82 | 59.61 | 14.19 | 11.78 |
| 14.20 | 2.60 | 76.08 | 83.86 | 20.52 | 13.62 |
| 4.51 | 1.02 | 11.90 | 13.06 | 1.81 | 1.47 |
| 5.05 | 0.27 | 16.46 | 22.20 | 1.15 | 2.73 |
| 0.13 | 0.04 | 2.22 | 2.33 | | 0.02 |
| | | | | | |
| 2.11 | 0.43 | 33.51 | 34.91 | 0.66 | 4.80 |
| 1.80 | 0.01 | 0.04 | 1.92 | 0.86 | 0.39 |
| 2.18 | 0.09 | 0.31 | 1.64 | 0.01 | 0.49 |
| 6.58 | 0.02 | 22.12 | 20.71 | 1.90 | 1.13 |
| 0.68 | -0.30 | 8.60 | 10.32 | 1.71 | 0.85 |

# 3-8 按地区分组的外商投资

| 地 区 | 工业销售产值（当年价格） | 出口交货值 | 资产总计 | 固定资产合 计 | 固定资产原 价 |
|---|---|---|---|---|---|
| **全 国** | **150407.93** | **40109.00** | **124444.43** | **37822.41** | **75635.18** |
| 北 京 | 5515.68 | 440.03 | 6145.68 | 1104.90 | 2089.17 |
| 天 津 | 6430.04 | 1383.15 | 5233.86 | 2068.17 | 3123.08 |
| 河 北 | 2696.13 | 284.25 | 2851.78 | 892.51 | 1784.79 |
| 山 西 | 377.25 | 18.12 | 900.39 | 393.44 | 679.48 |
| 内 蒙 古 | 834.22 | 18.56 | 2057.16 | 843.65 | 1216.47 |
| 辽 宁 | 4777.44 | 952.28 | 5780.35 | 1877.78 | 3206.02 |
| 吉 林 | 1572.16 | 136.56 | 1566.40 | 419.34 | 974.55 |
| 黑 龙 江 | 789.27 | 31.80 | 1074.58 | 478.48 | 836.68 |
| 上 海 | 14864.27 | 4128.41 | 13764.93 | 2937.26 | 6738.38 |
| 江 苏 | 35086.16 | 13455.94 | 25882.33 | 8285.42 | 16911.95 |
| 浙 江 | 6958.40 | 2067.74 | 7146.14 | 1901.90 | 3406.18 |
| 安 徽 | 2794.91 | 189.81 | 1871.94 | 547.61 | 1219.88 |
| 福 建 | 5361.58 | 1806.84 | 4274.52 | 1008.70 | 1954.88 |
| 江 西 | 1604.19 | 293.89 | 1557.80 | 799.00 | 1204.01 |
| 山 东 | 15422.84 | 2948.34 | 9348.56 | 3285.79 | 10539.35 |
| 河 南 | 2091.39 | 123.20 | 1956.91 | 633.58 | 1000.36 |
| 湖 北 | 5074.64 | 182.86 | 4236.30 | 1426.98 | 2348.31 |
| 湖 南 | 1396.93 | 135.61 | 1032.78 | 418.87 | 659.01 |
| 广 东 | 25349.68 | 9296.79 | 18058.09 | 4526.64 | 9453.33 |
| 广 西 | 2437.29 | 63.47 | 1945.73 | 650.18 | 1031.64 |
| 海 南 | 595.58 | 134.29 | 612.06 | 305.66 | 476.13 |
| 重 庆 | 3571.08 | 1041.23 | 2335.58 | 768.98 | 1287.34 |
| 四 川 | 3042.37 | 632.12 | 2181.09 | 872.41 | 1360.12 |
| 贵 州 | 137.36 | 1.84 | 156.23 | 52.39 | 75.78 |
| 云 南 | 254.46 | 8.54 | 408.87 | 176.91 | 314.27 |
| 西 藏 | 6.34 | | 12.63 | 3.08 | 6.98 |
| 陕 西 | 1015.61 | 312.86 | 1457.72 | 807.16 | 1218.19 |
| 甘 肃 | 92.09 | 0.23 | 169.95 | 115.65 | 186.69 |
| 青 海 | 55.40 | | 95.60 | 62.21 | 112.09 |
| 宁 夏 | 75.22 | 17.19 | 129.21 | 41.48 | 68.53 |
| 新 疆 | 127.95 | 3.05 | 199.27 | 116.29 | 151.55 |

# 工业企业主要经济指标

单位：亿元

| 累计折旧 | 流动资产合计 | 应收账款 | 存货 | 产成品 | 负债合计 |
|---|---|---|---|---|---|
| **39666.90** | **71144.44** | **22951.19** | **14186.33** | **5033.26** | **66647.51** |
| 989.95 | 3675.40 | 1002.87 | 597.69 | 215.18 | 3267.26 |
| 1766.17 | 2838.00 | 960.74 | 578.36 | 173.81 | 2973.26 |
| 885.60 | 1469.45 | 357.72 | 299.43 | 92.06 | 1475.25 |
| 338.07 | 364.21 | 80.97 | 53.30 | 17.73 | 527.13 |
| 409.77 | 616.57 | 109.75 | 121.40 | 45.81 | 1165.20 |
| 1391.41 | 3240.78 | 973.32 | 813.05 | 215.41 | 3635.14 |
| 555.00 | 941.91 | 307.04 | 168.81 | 65.26 | 982.14 |
| 367.63 | 492.35 | 130.05 | 120.60 | 37.98 | 649.09 |
| 3769.54 | 9205.94 | 3102.73 | 1896.53 | 633.02 | 7660.48 |
| 8704.50 | 14843.65 | 5456.50 | 3036.30 | 1103.72 | 12556.10 |
| 1586.68 | 4283.86 | 1332.62 | 888.75 | 339.57 | 3554.46 |
| 693.14 | 1123.49 | 316.02 | 180.96 | 86.80 | 1065.16 |
| 962.09 | 2540.68 | 699.52 | 532.41 | 186.14 | 2233.98 |
| 591.08 | 597.70 | 148.34 | 110.27 | 47.86 | 831.35 |
| 7510.56 | 4954.00 | 1610.53 | 963.00 | 341.60 | 4586.08 |
| 393.84 | 997.24 | 266.05 | 152.75 | 49.06 | 1178.90 |
| 1034.20 | 2253.41 | 601.52 | 312.28 | 121.82 | 2640.87 |
| 266.61 | 506.67 | 139.30 | 94.63 | 39.00 | 550.17 |
| 5064.36 | 11505.19 | 4056.92 | 2290.23 | 847.70 | 9570.14 |
| 352.61 | 1047.93 | 116.69 | 226.26 | 116.81 | 1225.87 |
| 180.47 | 220.85 | 59.43 | 44.75 | 13.01 | 308.38 |
| 532.40 | 1310.42 | 417.37 | 257.97 | 96.05 | 1549.38 |
| 501.58 | 1132.13 | 474.08 | 201.58 | 72.82 | 1071.01 |
| 27.44 | 84.87 | 21.97 | 12.58 | 3.52 | 78.59 |
| 144.28 | 150.04 | 35.48 | 43.13 | 11.88 | 259.64 |
| 3.91 | 9.35 | 0.50 | 0.55 | 0.11 | 1.80 |
| 447.58 | 525.15 | 133.72 | 132.49 | 40.76 | 730.38 |
| 73.64 | 41.67 | 9.58 | 11.68 | 3.14 | 86.13 |
| 50.74 | 28.36 | 2.40 | 4.62 | 1.33 | 37.88 |
| 28.26 | 71.79 | 16.58 | 27.13 | 7.07 | 69.63 |
| 43.80 | 71.35 | 10.88 | 12.85 | 7.23 | 126.68 |

3-8 续表 1

| 地区 | 流动负债合计 | 应付账款 | 所有者权益合计 | 实收资本 | 国家资本 |
|---|---|---|---|---|---|
| **全国** | **55719.46** | **22219.49** | **57442.71** | **32165.88** | **2129.16** |
| 北京 | 2883.94 | 1247.53 | 2876.49 | 1404.17 | 115.35 |
| 天津 | 1889.73 | 762.01 | 2296.41 | 1368.00 | 55.92 |
| 河北 | 1240.03 | 428.48 | 1328.52 | 627.27 | 54.90 |
| 山西 | 402.26 | 116.35 | 373.26 | 207.87 | 63.07 |
| 内蒙古 | 645.05 | 137.12 | 896.03 | 278.84 | 30.41 |
| 辽宁 | 2739.71 | 942.70 | 2137.04 | 1242.39 | 111.09 |
| 吉林 | 885.34 | 272.92 | 583.12 | 286.18 | 23.70 |
| 黑龙江 | 546.73 | 193.03 | 419.03 | 225.46 | 35.86 |
| 上海 | 6952.86 | 3333.89 | 6059.80 | 3120.75 | 200.48 |
| 江苏 | 10967.59 | 4244.34 | 13321.57 | 8058.67 | 380.87 |
| 浙江 | 3263.93 | 1162.43 | 3556.41 | 3020.23 | 58.26 |
| 安徽 | 922.98 | 322.68 | 813.56 | 513.20 | 31.42 |
| 福建 | 1718.47 | 558.56 | 2029.99 | 1116.94 | 34.94 |
| 江西 | 598.18 | 122.45 | 723.73 | 397.70 | 37.36 |
| 山东 | 3768.63 | 1364.31 | 4718.21 | 2100.35 | 83.22 |
| 河南 | 921.44 | 211.38 | 776.95 | 349.86 | 24.23 |
| 湖北 | 2224.67 | 943.16 | 1594.53 | 854.69 | 209.05 |
| 湖南 | 467.18 | 186.67 | 482.41 | 323.88 | 25.79 |
| 广东 | 8208.61 | 3825.06 | 8304.36 | 4445.56 | 280.08 |
| 广西 | 1042.74 | 350.81 | 720.53 | 344.50 | 41.78 |
| 海南 | 220.38 | 52.92 | 303.69 | 207.73 | 34.20 |
| 重庆 | 1332.56 | 726.10 | 781.42 | 424.50 | 61.40 |
| 四川 | 885.18 | 470.39 | 1106.90 | 433.62 | 33.78 |
| 贵州 | 69.34 | 22.68 | 77.64 | 48.22 | 0.82 |
| 云南 | 197.34 | 64.63 | 149.24 | 129.75 | 21.12 |
| 西藏 | 1.80 | 0.30 | 10.83 | 4.58 | |
| 陕西 | 512.37 | 95.59 | 727.34 | 447.85 | 26.87 |
| 甘肃 | 41.11 | 14.22 | 83.81 | 68.05 | 39.56 |
| 青海 | 24.98 | 3.22 | 57.71 | 24.61 | 9.36 |
| 宁夏 | 61.49 | 22.63 | 59.59 | 34.12 | 0.70 |
| 新疆 | 82.82 | 20.94 | 72.59 | 56.32 | 3.57 |

单位：亿元

| 集体资本 | 法人资本 | 个人资本 | 港澳台资本 | 外商资本 | 主营业务收入 |
|---|---|---|---|---|---|
| **232.94** | **6687.43** | **1186.62** | **1281.23** | **20647.69** | **151220.19** |
| | | | | | |
| 2.19 | 413.30 | 18.19 | 0.99 | 854.15 | 5865.15 |
| 5.01 | 216.35 | 30.77 | 32.71 | 1027.25 | 6275.31 |
| 2.04 | 129.08 | 11.55 | 29.72 | 399.98 | 2773.38 |
| 13.62 | 30.47 | 3.61 | 3.26 | 93.83 | 390.20 |
| 4.46 | 98.44 | 65.20 | 8.98 | 71.35 | 1181.14 |
| | | | | | |
| 7.72 | 271.77 | 35.13 | 72.23 | 744.45 | 4869.76 |
| 6.60 | 54.11 | 12.28 | 11.43 | 178.07 | 1609.01 |
| 2.55 | 43.96 | 3.06 | 2.79 | 137.23 | 890.85 |
| | | | | | |
| 10.68 | 465.10 | 33.53 | 10.04 | 2400.92 | 16589.77 |
| 37.47 | 1395.74 | 428.64 | 345.90 | 5469.93 | 34696.78 |
| 6.03 | 533.19 | 64.08 | 12.66 | 2346.00 | 6858.83 |
| 16.12 | 92.27 | 16.16 | 8.65 | 348.59 | 2634.92 |
| 10.69 | 265.20 | 52.65 | 121.74 | 631.71 | 5367.54 |
| 0.52 | 78.22 | 22.57 | 59.94 | 199.09 | 1644.59 |
| 44.86 | 608.72 | 198.29 | 91.35 | 1073.92 | 15194.52 |
| | | | | | |
| 1.05 | 95.17 | 44.73 | 30.78 | 153.89 | 2179.47 |
| 6.05 | 185.37 | 17.28 | 22.56 | 414.38 | 4656.95 |
| 2.30 | 130.60 | 8.44 | 1.87 | 154.87 | 1322.39 |
| 34.77 | 937.86 | 67.98 | 340.47 | 2784.41 | 24966.62 |
| 7.53 | 161.99 | 7.76 | 4.31 | 120.44 | 2437.46 |
| 0.62 | 16.18 | 4.05 | 3.62 | 149.06 | 487.08 |
| | | | | | |
| 2.22 | 134.36 | 5.81 | 12.41 | 208.30 | 3613.17 |
| 0.51 | 161.56 | 11.59 | 44.08 | 182.09 | 2995.75 |
| | 20.02 | 1.45 | 0.88 | 25.05 | 129.82 |
| 2.58 | 41.84 | 4.18 | 2.91 | 57.12 | 269.25 |
| | 4.11 | | 0.15 | 0.32 | 6.49 |
| | | | | | |
| 0.80 | 51.81 | 16.71 | 4.66 | 347.00 | 999.97 |
| 0.30 | 12.09 | 0.84 | | 15.26 | 64.72 |
| 0.20 | 2.66 | | | 12.39 | 49.91 |
| 0.80 | 12.52 | 0.05 | | 20.06 | 74.25 |
| 2.65 | 23.37 | 0.04 | 0.13 | 26.56 | 125.17 |

3-8 续表 2

| 地　区 | 主营业务成本 | 销售费用 | 管理费用 | 财务费用 | 利息收入 |
|---|---|---|---|---|---|
| **全　国** | **126380.86** | **5344.07** | **6621.76** | **908.77** | **201.30** |
| 北　京 | 4509.39 | 469.33 | 268.82 | 45.76 | 12.47 |
| 天　津 | 5280.33 | 230.15 | 253.51 | 26.63 | 3.90 |
| 河　北 | 2436.51 | 65.30 | 90.22 | 35.99 | 2.21 |
| 山　西 | 301.92 | 11.07 | 22.18 | 11.87 | 0.47 |
| 内蒙古 | 918.85 | 89.50 | 41.45 | 24.28 | 8.19 |
| 辽　宁 | 3801.68 | 302.22 | 250.45 | 75.99 | 11.57 |
| 吉　林 | 1344.53 | 42.77 | 92.94 | 27.35 | 1.83 |
| 黑龙江 | 718.59 | 50.02 | 49.19 | 10.97 | 1.50 |
| 上　海 | 13242.56 | 678.84 | 1114.66 | 39.48 | 29.06 |
| 江　苏 | 29673.31 | 957.48 | 1402.97 | 158.26 | 46.19 |
| 浙　江 | 5568.34 | 310.88 | 416.26 | 51.95 | 13.55 |
| 安　徽 | 2202.93 | 115.91 | 121.61 | 7.47 | 0.14 |
| 福　建 | 4412.17 | 167.96 | 226.88 | 45.26 | 8.63 |
| 江　西 | 1411.41 | 27.08 | 53.86 | 17.33 | 2.52 |
| 山　东 | 13342.09 | 340.10 | 389.44 | 121.34 | 8.35 |
| 河　南 | 1930.37 | 56.34 | 56.38 | 30.35 | 7.45 |
| 湖　北 | 3860.51 | 150.78 | 213.12 | 20.96 | -1.48 |
| 湖　南 | 1080.98 | 41.89 | 59.46 | 13.14 | 1.18 |
| 广　东 | 21176.37 | 832.69 | 1058.92 | 70.67 | 31.12 |
| 广　西 | 2019.11 | 99.75 | 90.16 | 15.91 | 3.73 |
| 海　南 | 350.38 | 14.93 | 15.52 | 10.30 | 0.06 |
| 重　庆 | 2970.21 | 134.20 | 148.88 | 11.99 | 3.90 |
| 四　川 | 2468.22 | 53.86 | 79.43 | 12.15 | 0.99 |
| 贵　州 | 90.80 | 9.28 | 6.09 | 0.79 | 0.03 |
| 云　南 | 222.56 | 25.12 | 15.79 | 2.33 | 1.71 |
| 西　藏 | 4.35 | 0.52 | 0.31 | -0.12 | 0.12 |
| 陕　西 | 790.95 | 48.29 | 66.68 | 14.12 | 1.14 |
| 甘　肃 | 52.21 | 7.16 | 2.99 | 2.08 | 0.26 |
| 青　海 | 41.99 | 0.83 | 2.35 | 1.07 | 0.32 |
| 宁　夏 | 57.94 | 4.36 | 4.61 | 1.26 | |
| 新　疆 | 99.31 | 5.47 | 6.62 | 1.86 | 0.21 |

单位：亿元

| 利息支出 | 投资收益（损失以"−"号记） | 营业利润 | 利润总额 | 亏损企业亏损额 | 平均用工人数（万人） |
|---|---|---|---|---|---|
| **902.70** | **288.84** | **10583.89** | **10993.36** | **988.56** | **1084.56** |
| 33.98 | 55.31 | 508.41 | 532.91 | 36.48 | 25.45 |
| 25.49 | -32.08 | 364.74 | 366.29 | 54.96 | 35.13 |
| 27.40 | 5.08 | 145.57 | 148.70 | 28.08 | 19.70 |
| 10.67 | 0.59 | 31.92 | 34.38 | 13.37 | 5.77 |
| 29.76 | 13.38 | 100.37 | 95.81 | 5.68 | 5.77 |
| 52.05 | 11.73 | 304.82 | 316.94 | 88.30 | 33.54 |
| 26.61 | 3.55 | 84.30 | 94.32 | 33.92 | 8.75 |
| 9.65 | 0.52 | 51.16 | 59.67 | 7.98 | 7.30 |
| 54.01 | 69.08 | 1419.29 | 1478.01 | 93.44 | 88.07 |
| 152.35 | 35.30 | 2408.05 | 2405.11 | 223.92 | 241.70 |
| 64.55 | 35.48 | 541.05 | 569.76 | 39.55 | 75.31 |
| 10.78 | 0.63 | 163.56 | 168.28 | 8.51 | 17.17 |
| 43.53 | 2.27 | 404.76 | 420.76 | 24.70 | 56.76 |
| 15.08 | -0.16 | 130.40 | 131.66 | 3.92 | 16.43 |
| 100.32 | 9.94 | 920.85 | 933.77 | 46.10 | 93.95 |
| 30.35 | 3.37 | 106.13 | 109.12 | 21.49 | 18.02 |
| 26.27 | 8.17 | 342.54 | 371.84 | 25.88 | 26.62 |
| 12.58 | 1.26 | 68.15 | 73.43 | 11.90 | 9.41 |
| 99.40 | 53.36 | 1578.63 | 1641.83 | 122.68 | 240.85 |
| 17.28 | 10.60 | 181.93 | 183.13 | 17.53 | 10.51 |
| 8.15 | 2.57 | 32.00 | 34.11 | 4.61 | 1.64 |
| 14.29 | 1.89 | 280.08 | 321.94 | 15.77 | 17.67 |
| 14.39 | -4.56 | 305.92 | 324.52 | 27.24 | 15.97 |
| 0.89 | 0.01 | 18.66 | 20.32 | 0.26 | 0.97 |
| 3.80 | 0.60 | -5.20 | 8.13 | 12.56 | 2.76 |
|  |  | 1.37 | 1.40 |  | 0.06 |
| 11.90 | -0.60 | 77.12 | 127.72 | 8.42 | 6.18 |
| 2.23 | 0.22 | -1.98 | -1.33 | 5.84 | 0.70 |
| 1.13 | -0.03 | 3.14 | 3.48 | 0.01 | 0.48 |
| 1.37 | 0.36 | 5.93 | 6.49 | 0.56 | 1.02 |
| 2.42 | 0.98 | 10.21 | 10.83 | 4.93 | 0.87 |

# 3-9 按地区分组的大型

| 地 区 | 工业销售产值（当年价格） | 出口交货值 | 资产总计 | 固定资产合计 | 固定资产原价 |
|---|---|---|---|---|---|
| **全 国** | **419158.05** | **65737.12** | **508070.40** | **176090.89** | **307404.22** |
| 北 京 | 11459.41 | 604.87 | 30685.83 | 5189.53 | 9938.77 |
| 天 津 | 12612.80 | 1378.97 | 12646.46 | 5294.33 | 9283.25 |
| 河 北 | 16983.61 | 701.15 | 21980.33 | 9889.30 | 16143.50 |
| 山 西 | 6171.01 | 872.18 | 18204.95 | 6167.01 | 9125.28 |
| 内蒙古 | 5247.84 | 82.78 | 12681.25 | 5359.02 | 8488.69 |
| 辽 宁 | 10657.45 | 1286.78 | 18894.79 | 6406.30 | 11720.95 |
| 吉 林 | 8172.11 | 86.09 | 9637.98 | 3643.69 | 6774.22 |
| 黑龙江 | 4067.18 | 70.24 | 7858.63 | 3824.66 | 8723.09 |
| 上 海 | 16147.31 | 4688.92 | 21279.05 | 5099.81 | 11921.38 |
| 江 苏 | 56785.28 | 14422.51 | 48758.57 | 16100.19 | 32595.13 |
| 浙 江 | 16059.37 | 3062.63 | 17742.32 | 4021.04 | 6432.12 |
| 安 徽 | 12955.26 | 1294.04 | 15963.16 | 5550.44 | 9948.31 |
| 福 建 | 11559.40 | 2829.05 | 11659.16 | 3413.73 | 5698.34 |
| 江 西 | 7117.16 | 810.84 | 7918.33 | 3154.45 | 5444.65 |
| 山 东 | 51844.26 | 4281.06 | 51745.29 | 18087.54 | 31212.74 |
| 河 南 | 26412.41 | 3184.55 | 26429.87 | 9613.39 | 13881.06 |
| 湖 北 | 16357.11 | 819.26 | 19497.27 | 7120.83 | 12861.92 |
| 湖 南 | 9867.57 | 654.95 | 10956.39 | 3575.94 | 6270.81 |
| 广 东 | 58401.91 | 19560.56 | 50032.81 | 12187.26 | 23565.19 |
| 广 西 | 7884.53 | 335.71 | 5859.42 | 2119.92 | 3858.91 |
| 海 南 | 237.04 | 24.88 | 570.90 | 270.44 | 388.86 |
| 重 庆 | 9771.15 | 2200.40 | 9370.76 | 3655.68 | 5744.61 |
| 四 川 | 13850.75 | 1621.87 | 18639.52 | 7824.28 | 13155.32 |
| 贵 州 | 2961.43 | 118.12 | 5904.84 | 2001.55 | 3265.62 |
| 云 南 | 4168.03 | 65.41 | 8939.83 | 3323.74 | 4900.02 |
| 西 藏 | 21.83 | | 430.49 | 282.31 | 368.90 |
| 陕 西 | 10300.07 | 508.58 | 18978.09 | 10304.33 | 14629.24 |
| 甘 肃 | 3623.98 | 78.99 | 6911.87 | 3367.61 | 5428.07 |
| 青 海 | 987.70 | 0.76 | 3326.08 | 1987.69 | 2956.32 |
| 宁 夏 | 2055.72 | 57.67 | 4520.04 | 1844.48 | 2754.30 |
| 新 疆 | 4417.37 | 33.27 | 10046.13 | 5410.39 | 9924.65 |

# 工业企业主要经济指标

单位：亿元

| 累计折旧 | 流动资产合计 | 应收账款 | 存货 | 产成品 | 负债合计 |
|---|---|---|---|---|---|
| **143770.66** | **229886.23** | **51897.69** | **48739.10** | **15858.36** | **295918.12** |
| 4838.08 | 9165.82 | 1950.74 | 981.44 | 330.99 | 13507.39 |
| 4781.25 | 5642.21 | 1325.94 | 1421.33 | 563.39 | 7873.82 |
| 7031.64 | 7916.00 | 1183.05 | 1898.14 | 534.19 | 13553.78 |
| 4215.92 | 8091.88 | 1178.98 | 1048.79 | 376.17 | 13524.25 |
| 3331.64 | 3956.82 | 795.63 | 645.94 | 227.97 | 7816.61 |
| 5548.97 | 8887.62 | 1723.42 | 2372.77 | 640.73 | 12880.20 |
| 3357.84 | 4380.95 | 614.72 | 889.75 | 396.76 | 5182.10 |
| 4924.33 | 2960.45 | 561.80 | 600.68 | 185.25 | 4295.16 |
| 6829.89 | 11365.94 | 2789.29 | 2279.15 | 518.04 | 10191.44 |
| 16687.60 | 24522.70 | 7230.84 | 5217.33 | 1762.17 | 25888.86 |
| 2754.10 | 9925.76 | 2757.55 | 1804.73 | 754.50 | 8760.45 |
| 4659.15 | 6806.48 | 1698.19 | 1374.24 | 447.90 | 9843.52 |
| 2088.79 | 6006.07 | 1527.68 | 1442.26 | 481.86 | 6546.87 |
| 2583.40 | 3738.30 | 722.18 | 834.09 | 261.48 | 4717.04 |
| 15892.22 | 24622.58 | 4065.13 | 5352.19 | 1969.31 | 30589.85 |
| 5449.36 | 13143.47 | 3210.99 | 2394.26 | 831.19 | 16485.44 |
| 6070.64 | 8395.61 | 1771.07 | 2019.51 | 677.98 | 10997.79 |
| 2709.39 | 5589.66 | 1659.27 | 1593.38 | 378.19 | 6740.71 |
| 11841.57 | 30205.04 | 9130.11 | 6117.63 | 2196.58 | 29523.60 |
| 1493.14 | 2740.90 | 448.74 | 629.79 | 263.49 | 3835.02 |
| 145.56 | 220.48 | 46.26 | 43.58 | 25.14 | 325.08 |
| 2291.93 | 4374.45 | 964.99 | 754.95 | 332.73 | 6083.32 |
| 5828.04 | 7863.91 | 1697.12 | 1766.92 | 501.74 | 11129.82 |
| 1303.29 | 2640.82 | 266.46 | 673.41 | 122.45 | 3493.65 |
| 1739.60 | 3029.17 | 421.52 | 1402.39 | 164.56 | 4976.36 |
| 97.61 | 37.49 | 0.64 | 3.01 | 0.58 | 164.48 |
| 6392.70 | 6470.48 | 1118.80 | 1294.71 | 404.87 | 10858.12 |
| 2362.22 | 2376.65 | 322.65 | 908.73 | 242.17 | 4564.78 |
| 1017.56 | 680.73 | 94.16 | 131.35 | 40.60 | 2260.73 |
| 1024.29 | 1297.13 | 203.18 | 379.45 | 105.41 | 3214.55 |
| 4478.93 | 2830.67 | 416.58 | 463.20 | 119.98 | 6093.34 |

3-9 续表 1

| 地 区 | 流动负债合计 | 应付账款 | 所有者权益合计 | 实收资本 | 国家资本 |
|---|---|---|---|---|---|
| **全 国** | **221921.73** | **66142.60** | **212333.96** | **89556.96** | **37151.54** |
| 北 京 | 8726.70 | 2537.99 | 17178.44 | 10940.70 | 9087.30 |
| 天 津 | 6367.57 | 1657.49 | 5064.37 | 2426.82 | 972.84 |
| 河 北 | 10884.84 | 3345.51 | 8426.55 | 3436.93 | 1415.70 |
| 山 西 | 8998.84 | 1759.67 | 4680.70 | 2094.45 | 1206.69 |
| 内蒙古 | 5000.80 | 1208.05 | 4864.64 | 2458.42 | 742.31 |
| 辽 宁 | 9522.25 | 2177.71 | 6001.39 | 3344.04 | 1640.80 |
| 吉 林 | 4000.47 | 1596.85 | 4455.89 | 1035.74 | 494.71 |
| 黑龙江 | 3224.76 | 912.93 | 3563.47 | 1195.75 | 282.15 |
| 上 海 | 8884.96 | 3927.59 | 11062.50 | 4781.78 | 1932.16 |
| 江 苏 | 21647.14 | 6645.13 | 22869.71 | 9551.68 | 1907.04 |
| 浙 江 | 7355.98 | 2411.48 | 8976.81 | 3330.98 | 332.63 |
| 安 徽 | 7195.91 | 2086.73 | 6121.61 | 2457.99 | 854.29 |
| 福 建 | 4523.98 | 1318.55 | 5106.55 | 2264.40 | 606.92 |
| 江 西 | 3603.84 | 1048.79 | 3201.30 | 1177.08 | 361.04 |
| 山 东 | 22318.91 | 5183.00 | 21155.44 | 5571.35 | 2001.30 |
| 河 南 | 13514.19 | 3845.86 | 9887.23 | 3842.52 | 887.07 |
| 湖 北 | 8642.30 | 2517.32 | 8499.47 | 2933.46 | 1657.05 |
| 湖 南 | 4758.80 | 1365.93 | 4215.68 | 1546.23 | 801.24 |
| 广 东 | 24999.71 | 10272.36 | 20514.39 | 7640.20 | 1593.91 |
| 广 西 | 2941.58 | 886.93 | 2024.40 | 771.03 | 289.02 |
| 海 南 | 235.58 | 35.70 | 245.82 | 163.70 | |
| 重 庆 | 4671.05 | 1596.73 | 3287.44 | 1396.20 | 408.01 |
| 四 川 | 7664.22 | 2056.13 | 7509.70 | 2838.54 | 906.94 |
| 贵 州 | 2408.74 | 434.95 | 2411.18 | 587.56 | 337.69 |
| 云 南 | 2959.55 | 760.70 | 3963.46 | 1407.17 | 422.15 |
| 西 藏 | 74.45 | 41.08 | 266.01 | 47.60 | 32.30 |
| 陕 西 | 7056.55 | 1862.71 | 8110.11 | 4515.73 | 2895.31 |
| 甘 肃 | 2999.43 | 644.46 | 2346.54 | 1314.66 | 1061.48 |
| 青 海 | 980.77 | 329.25 | 1065.35 | 413.35 | 355.38 |
| 宁 夏 | 1993.62 | 633.42 | 1305.50 | 771.13 | 223.47 |
| 新 疆 | 3764.24 | 1041.57 | 3952.33 | 3299.78 | 1442.65 |

单位：亿元

| | | | | | |
|---|---|---|---|---|---|
| | | | | | 主营业务收　入 |
| 集体资本 | 法人资本 | 个人资本 | 港澳台资本 | 外商资本 | |
| **1213.54** | **29645.47** | **8003.96** | **4752.12** | **8806.60** | **436444.53** |
| | | | | | |
| 3.34 | 1213.89 | 76.34 | 109.05 | 450.78 | 12452.92 |
| 0.82 | 804.96 | 78.82 | 71.18 | 485.14 | 12002.65 |
| 22.80 | 1230.36 | 517.78 | 149.40 | 100.90 | 17844.08 |
| 24.55 | 567.45 | 160.08 | 44.31 | 91.37 | 7812.22 |
| 9.45 | 1341.86 | 288.83 | 39.67 | 36.30 | 5752.36 |
| | | | | | |
| 218.46 | 816.24 | 88.98 | 261.04 | 318.51 | 10932.22 |
| 14.53 | 445.44 | 28.40 | 18.00 | 34.65 | 8959.72 |
| 3.11 | 804.95 | 27.72 | 8.77 | 69.05 | 4332.88 |
| | | | | | |
| 3.11 | 1526.50 | 136.65 | 268.92 | 917.81 | 18397.83 |
| 235.48 | 2846.08 | 1374.01 | 961.94 | 2227.12 | 57641.93 |
| 31.07 | 1747.74 | 620.59 | 232.23 | 366.71 | 15792.12 |
| 26.80 | 1081.76 | 241.70 | 98.91 | 154.52 | 13869.54 |
| 7.55 | 649.48 | 266.95 | 310.89 | 422.61 | 11553.54 |
| 34.86 | 367.54 | 187.80 | 116.87 | 108.97 | 9749.67 |
| 151.36 | 1879.78 | 840.52 | 177.42 | 520.99 | 54516.52 |
| | | | | | |
| 81.62 | 1703.70 | 811.07 | 257.92 | 101.14 | 27566.27 |
| 13.61 | 579.64 | 346.20 | 59.43 | 277.53 | 16431.11 |
| 2.17 | 400.72 | 196.83 | 55.21 | 90.06 | 9817.60 |
| 102.21 | 2588.64 | 679.58 | 1261.50 | 1414.36 | 58286.75 |
| 6.29 | 313.49 | 86.95 | 43.20 | 32.09 | 7692.50 |
| 4.22 | 58.30 | 2.30 | | 98.88 | 237.73 |
| | | | | | |
| 13.69 | 618.13 | 136.96 | 128.43 | 90.98 | 9837.27 |
| 21.24 | 1545.14 | 248.70 | 14.48 | 102.04 | 14220.33 |
| | 200.87 | 39.97 | 0.12 | 8.91 | 3076.16 |
| 50.67 | 837.78 | 82.08 | 13.43 | 1.05 | 4407.73 |
| | 15.30 | | | | 34.99 |
| | | | | | |
| 28.73 | 1116.13 | 235.36 | 8.72 | 257.44 | 10366.33 |
| 50.56 | 182.69 | 11.00 | 4.92 | 4.01 | 5523.56 |
| | 24.73 | 19.50 | 5.95 | 7.79 | 987.12 |
| | 407.52 | 110.71 | 25.97 | 3.47 | 1807.03 |
| 51.24 | 1728.66 | 61.58 | 4.22 | 11.42 | 4541.86 |

3-9 续表 2

| 地　区 | 主营业务成　本 | 销售费用 | 管理费用 | 财务费用 | |
|---|---|---|---|---|---|
| | | | | | 利息收入 |
| **全　国** | **364999.38** | **13239.69** | **18115.52** | **5024.10** | **882.31** |
| 北　京 | 10577.97 | 582.35 | 432.39 | 139.87 | 34.18 |
| 天　津 | 9788.37 | 399.84 | 401.04 | 68.72 | 17.25 |
| 河　北 | 15447.90 | 344.12 | 610.55 | 264.52 | 9.73 |
| 山　西 | 6529.42 | 319.23 | 436.91 | 320.35 | 48.06 |
| 内蒙古 | 4542.41 | 204.27 | 247.92 | 167.44 | 19.95 |
| 辽　宁 | 8920.51 | 372.38 | 608.58 | 279.15 | 33.53 |
| 吉　林 | 7170.24 | 494.15 | 438.24 | 68.94 | 24.20 |
| 黑龙江 | 3604.11 | 91.41 | 297.10 | 45.05 | 20.80 |
| 上　海 | 14538.29 | 539.46 | 1053.98 | 21.16 | 44.46 |
| 江　苏 | 49361.19 | 1528.20 | 1947.08 | 416.70 | 77.40 |
| 浙　江 | 12681.25 | 617.66 | 829.58 | 121.11 | 39.95 |
| 安　徽 | 11775.64 | 365.66 | 561.15 | 196.43 | 26.55 |
| 福　建 | 9472.81 | 336.03 | 456.51 | 114.15 | 22.84 |
| 江　西 | 8461.50 | 219.99 | 288.39 | 66.93 | 1.93 |
| 山　东 | 47419.29 | 1274.57 | 1624.13 | 737.08 | 98.88 |
| 河　南 | 24412.65 | 479.81 | 751.85 | 373.10 | 33.96 |
| 湖　北 | 13675.54 | 482.69 | 701.53 | 174.94 | 23.22 |
| 湖　南 | 7840.97 | 250.40 | 459.81 | 147.95 | 14.74 |
| 广　东 | 47687.68 | 2677.63 | 3280.10 | 165.03 | 146.71 |
| 广　西 | 6501.99 | 210.20 | 267.29 | 73.84 | 18.73 |
| 海　南 | 195.44 | 16.22 | 12.85 | 10.40 | 0.54 |
| 重　庆 | 8353.39 | 299.97 | 423.35 | 83.69 | 17.71 |
| 四　川 | 11797.85 | 474.03 | 606.69 | 202.52 | 46.91 |
| 贵　州 | 2148.24 | 99.74 | 137.24 | 78.35 | 5.52 |
| 云　南 | 3094.76 | 104.61 | 188.69 | 120.79 | 10.56 |
| 西　藏 | 44.35 | 0.06 | 1.03 | 1.06 | 0.29 |
| 陕　西 | 8284.09 | 219.55 | 504.56 | 190.98 | 15.06 |
| 甘　肃 | 4830.29 | 58.98 | 162.89 | 113.78 | 8.09 |
| 青　海 | 777.40 | 30.59 | 43.71 | 62.40 | 1.52 |
| 宁　夏 | 1463.88 | 35.25 | 82.68 | 71.42 | 2.88 |
| 新　疆 | 3599.94 | 110.61 | 257.69 | 126.23 | 16.16 |

单位：亿元

| 利息支出 | 投资收益（损失以“–”号记） | 营业利润 | 利润总额 | 亏损企业亏损额 | 平均用工人数（万人） |
|---|---|---|---|---|---|
| **5586.12** | **2572.20** | **25378.64** | **26787.79** | **3780.28** | **3197.69** |
| | | | | | |
| 147.02 | 456.50 | 943.04 | 1035.76 | 62.98 | 44.25 |
| 94.54 | 20.18 | 1115.48 | 1150.89 | 105.54 | 65.50 |
| 266.58 | -35.91 | 757.14 | 804.98 | 106.68 | 138.03 |
| 360.33 | 86.21 | 162.27 | 202.12 | 130.63 | 107.33 |
| 165.71 | 43.02 | 412.56 | 415.60 | 188.88 | 44.13 |
| | | | | | |
| 280.27 | 57.95 | 123.00 | 193.94 | 427.32 | 95.03 |
| 74.48 | 75.29 | 536.76 | 569.46 | 160.24 | 55.59 |
| 64.14 | 2.08 | -83.40 | -73.73 | 250.00 | 57.95 |
| | | | | | |
| 85.10 | 503.03 | 1761.79 | 1830.93 | 85.79 | 75.84 |
| 454.32 | 119.03 | 3737.25 | 3717.92 | 209.28 | 359.46 |
| 160.91 | 149.64 | 1440.58 | 1525.31 | 48.61 | 130.65 |
| 216.15 | 53.24 | 625.02 | 663.87 | 18.96 | 102.47 |
| 144.65 | 53.43 | 942.54 | 950.22 | 37.42 | 108.18 |
| 66.45 | 25.95 | 466.43 | 493.21 | 45.30 | 72.25 |
| 783.03 | 193.90 | 2939.85 | 3048.83 | 348.04 | 303.07 |
| | | | | | |
| 362.38 | 81.84 | 1184.15 | 1188.43 | 354.07 | 252.58 |
| 194.53 | 189.48 | 984.06 | 1120.44 | 86.55 | 114.00 |
| 159.69 | 27.87 | 302.23 | 346.25 | 87.14 | 70.66 |
| 303.88 | 323.53 | 3859.15 | 4143.08 | 72.74 | 534.30 |
| 85.84 | -1.39 | 466.02 | 485.61 | 17.13 | 51.33 |
| 8.49 | 0.61 | 2.96 | 4.43 | 9.54 | 2.53 |
| | | | | | |
| 91.21 | 54.63 | 561.72 | 634.74 | 81.63 | 66.63 |
| 233.03 | -32.03 | 646.15 | 712.58 | 320.98 | 114.23 |
| 80.41 | 18.47 | 358.06 | 371.02 | 17.61 | 29.58 |
| 123.06 | 55.98 | 207.80 | 247.33 | 79.34 | 26.22 |
| 1.35 | 0.02 | -11.57 | -12.23 | 12.82 | 0.53 |
| | | | | | |
| 197.70 | 66.70 | 708.08 | 711.99 | 56.94 | 84.92 |
| 108.65 | -50.65 | 41.70 | 59.23 | 88.32 | 33.00 |
| 61.80 | 8.63 | 27.96 | 38.97 | 6.19 | 10.27 |
| 63.49 | 3.02 | 48.39 | 64.68 | 26.66 | 15.55 |
| 146.95 | 21.95 | 111.44 | 141.93 | 236.98 | 31.60 |

# 3-10 按地区分组的中型

| 地 区 | 工业销售产值(当年价格) | 出口交货值 | 资产总计 | 固定资产合计 | 固定资产原价 |
|---|---|---|---|---|---|
| **全 国** | **289440.19** | **28981.91** | **258989.44** | **96200.02** | **159758.32** |
| 北 京 | 3397.45 | 198.34 | 6205.45 | 859.56 | 1671.15 |
| 天 津 | 6656.67 | 588.60 | 6530.17 | 2289.01 | 3109.06 |
| 河 北 | 10740.12 | 429.22 | 9683.61 | 4327.58 | 6422.80 |
| 山 西 | 3524.56 | 21.78 | 10162.14 | 4526.60 | 6407.85 |
| 内 蒙 古 | 6370.15 | 43.38 | 9729.78 | 3943.01 | 6142.47 |
| 辽 宁 | 4140.26 | 452.94 | 7590.64 | 2375.08 | 3767.17 |
| 吉 林 | 3452.12 | 154.24 | 3399.41 | 1455.56 | 3438.03 |
| 黑 龙 江 | 2290.34 | 20.63 | 2869.60 | 1218.01 | 2307.13 |
| 上 海 | 6551.19 | 1353.03 | 8314.31 | 1491.68 | 3099.62 |
| 江 苏 | 39599.85 | 5242.86 | 28421.06 | 10285.44 | 19110.78 |
| 浙 江 | 20998.17 | 3840.87 | 21957.37 | 6624.77 | 11029.14 |
| 安 徽 | 7887.07 | 541.60 | 6445.78 | 2352.43 | 3988.11 |
| 福 建 | 13476.60 | 2545.36 | 10360.92 | 3595.60 | 6015.96 |
| 江 西 | 11338.78 | 728.73 | 6388.12 | 3149.41 | 4842.94 |
| 山 东 | 29389.67 | 1988.93 | 20813.99 | 7703.05 | 13626.22 |
| 河 南 | 26125.18 | 331.90 | 17148.08 | 8675.98 | 11463.79 |
| 湖 北 | 10918.90 | 610.99 | 7369.11 | 2663.00 | 5548.93 |
| 湖 南 | 9788.41 | 363.25 | 6018.33 | 2820.13 | 4061.99 |
| 广 东 | 33357.94 | 7808.62 | 27080.59 | 7717.82 | 15705.52 |
| 广 西 | 7943.35 | 376.83 | 5697.92 | 2223.39 | 3358.54 |
| 海 南 | 1129.56 | 160.53 | 1471.76 | 779.23 | 1099.03 |
| 重 庆 | 6471.68 | 465.86 | 4989.85 | 1991.79 | 3124.56 |
| 四 川 | 11000.68 | 466.93 | 8563.41 | 3458.74 | 5960.88 |
| 贵 州 | 2816.90 | 33.28 | 3948.18 | 1833.38 | 2475.53 |
| 云 南 | 2205.14 | 66.52 | 4065.96 | 1623.60 | 2633.74 |
| 西 藏 | 57.60 | | 236.91 | 71.29 | 89.77 |
| 陕 西 | 4298.16 | 104.59 | 5555.78 | 2510.12 | 4093.80 |
| 甘 肃 | 967.28 | 7.91 | 1791.43 | 805.95 | 1151.97 |
| 青 海 | 650.80 | 0.11 | 1132.75 | 507.39 | 876.33 |
| 宁 夏 | 737.66 | 22.32 | 1662.96 | 757.58 | 1018.55 |
| 新 疆 | 1157.95 | 11.76 | 3384.04 | 1563.81 | 2116.97 |

# 工业企业主要经济指标

单位：亿元

| 累计折旧 | 流动资产合计 | 应收账款 | 存货 | 产成品 | 负债合计 |
|---|---|---|---|---|---|
| **69962.16** | **120769.47** | **31102.51** | **25176.38** | **10238.40** | **142524.09** |
| 809.54 | 3726.86 | 1219.91 | 602.07 | 202.21 | 3261.53 |
| 1519.14 | 3059.91 | 728.38 | 555.95 | 208.44 | 3927.47 |
| 2351.25 | 4176.11 | 844.13 | 934.17 | 382.87 | 5017.03 |
| 2342.79 | 3031.80 | 576.04 | 469.83 | 179.78 | 8185.26 |
| 2483.27 | 3193.34 | 487.07 | 429.95 | 162.12 | 6256.77 |
| 1574.28 | 3963.42 | 844.20 | 950.03 | 297.04 | 4831.65 |
| 2044.22 | 1422.16 | 325.56 | 262.82 | 102.69 | 1865.11 |
| 1166.84 | 1229.17 | 287.26 | 293.76 | 112.81 | 1836.53 |
| 1592.74 | 5286.17 | 1766.46 | 1066.02 | 404.28 | 4100.61 |
| 8944.70 | 14485.98 | 4627.50 | 3105.11 | 1263.46 | 14460.48 |
| 4889.06 | 11237.85 | 2963.12 | 2351.27 | 965.79 | 11951.33 |
| 1806.84 | 3006.88 | 868.96 | 681.19 | 292.09 | 3559.03 |
| 2700.76 | 4786.59 | 1193.06 | 1048.34 | 444.25 | 5382.33 |
| 1980.87 | 2269.56 | 531.90 | 570.43 | 280.77 | 2545.46 |
| 6580.61 | 10688.80 | 2135.02 | 2371.33 | 1091.15 | 11657.63 |
| 3423.70 | 6821.91 | 1309.65 | 1053.12 | 432.92 | 6652.21 |
| 3175.73 | 3646.16 | 1041.38 | 824.13 | 374.90 | 3929.21 |
| 1363.31 | 2238.27 | 653.00 | 498.76 | 221.30 | 2772.01 |
| 8225.85 | 15234.46 | 4742.76 | 3501.31 | 1293.35 | 14149.62 |
| 1239.07 | 2621.29 | 519.98 | 619.34 | 270.21 | 3342.77 |
| 339.77 | 471.46 | 74.66 | 105.61 | 34.03 | 852.08 |
| 1253.14 | 2350.13 | 829.76 | 456.36 | 207.52 | 2912.36 |
| 2762.22 | 3865.44 | 1019.60 | 781.15 | 331.47 | 4498.64 |
| 799.45 | 1414.55 | 282.05 | 221.40 | 72.02 | 2865.39 |
| 993.07 | 1539.72 | 251.44 | 315.15 | 130.68 | 3065.72 |
| 21.86 | 70.64 | 4.09 | 8.67 | 3.58 | 124.34 |
| 1752.05 | 2054.58 | 478.40 | 438.23 | 201.42 | 3164.10 |
| 445.83 | 702.39 | 150.27 | 184.86 | 77.61 | 1167.62 |
| 418.55 | 405.20 | 68.17 | 97.91 | 29.32 | 828.87 |
| 336.91 | 647.44 | 109.04 | 151.41 | 58.25 | 1087.75 |
| 624.74 | 1121.22 | 169.68 | 226.70 | 110.06 | 2273.20 |

3-10 续表 1

| 地 区 | 流动负债合 计 | 应付账款 | 所有者权益合计 | 实收资本 | 国家资本 |
|---|---|---|---|---|---|
| **全 国** | **109348.01** | **29314.01** | **116507.61** | **54538.70** | **10141.20** |
| 北 京 | 2647.81 | 1036.04 | 2943.88 | 1259.29 | 304.11 |
| 天 津 | 2413.25 | 665.33 | 2735.08 | 1441.45 | 215.19 |
| 河 北 | 3979.60 | 993.04 | 4663.64 | 2042.71 | 462.87 |
| 山 西 | 6178.34 | 1342.12 | 1974.67 | 1565.61 | 747.31 |
| 内 蒙 古 | 3664.23 | 901.70 | 3473.01 | 1695.31 | 789.62 |
| 辽 宁 | 3829.13 | 710.38 | 2763.52 | 1574.51 | 319.26 |
| 吉 林 | 1504.68 | 305.74 | 1534.30 | 657.21 | 180.28 |
| 黑 龙 江 | 1315.93 | 290.57 | 1033.07 | 578.88 | 140.01 |
| 上 海 | 3622.51 | 1384.64 | 4161.05 | 1928.70 | 355.63 |
| 江 苏 | 12379.03 | 3593.45 | 13962.10 | 6654.52 | 545.48 |
| 浙 江 | 10109.54 | 2596.53 | 9985.19 | 4207.09 | 607.99 |
| 安 徽 | 2746.13 | 778.91 | 2889.14 | 1509.33 | 303.90 |
| 福 建 | 4212.20 | 1012.47 | 4975.51 | 2290.62 | 388.93 |
| 江 西 | 1852.34 | 470.51 | 3841.34 | 1526.49 | 159.88 |
| 山 东 | 9294.92 | 1999.62 | 9156.36 | 3610.73 | 505.94 |
| 河 南 | 4759.86 | 981.50 | 10493.10 | 4176.30 | 388.05 |
| 湖 北 | 3078.02 | 1028.64 | 3439.66 | 1560.66 | 274.13 |
| 湖 南 | 1888.14 | 528.68 | 3272.24 | 1656.14 | 268.80 |
| 广 东 | 11747.09 | 4076.25 | 12900.27 | 6345.53 | 581.65 |
| 广 西 | 2424.34 | 585.47 | 2353.98 | 956.82 | 326.44 |
| 海 南 | 492.83 | 127.82 | 619.69 | 349.36 | 138.89 |
| 重 庆 | 2245.74 | 739.06 | 2077.42 | 872.22 | 194.81 |
| 四 川 | 3240.05 | 963.39 | 4064.77 | 1525.85 | 244.43 |
| 贵 州 | 1768.39 | 366.63 | 1082.79 | 724.34 | 309.42 |
| 云 南 | 2064.31 | 405.04 | 999.26 | 814.87 | 338.92 |
| 西 藏 | 61.45 | 6.83 | 112.57 | 72.68 | 21.42 |
| 陕 西 | 2195.28 | 571.37 | 2391.23 | 1282.64 | 487.09 |
| 甘 肃 | 792.69 | 230.32 | 623.73 | 395.06 | 176.99 |
| 青 海 | 599.36 | 106.04 | 303.88 | 216.01 | 91.56 |
| 宁 夏 | 774.91 | 177.81 | 575.22 | 340.71 | 82.91 |
| 新 疆 | 1465.88 | 338.11 | 1105.95 | 707.06 | 189.28 |

单位：亿元

| 集体资本 | 法人资本 | 个人资本 | 港澳台资本 | 外商资本 | 主营业务收入 |
|---|---|---|---|---|---|
| **1172.19** | **19996.42** | **11860.96** | **4429.85** | **6901.92** | **286489.86** |
| 10.39 | 493.34 | 211.77 | 55.62 | 184.07 | 3903.22 |
| 18.46 | 529.42 | 350.68 | 60.11 | 263.69 | 6667.24 |
| 23.47 | 791.26 | 488.93 | 61.74 | 214.44 | 10595.43 |
| 51.53 | 463.45 | 245.06 | 42.78 | 15.49 | 3482.50 |
| 44.20 | 630.90 | 177.91 | 23.51 | 29.16 | 6309.81 |
| 50.21 | 611.29 | 208.61 | 138.42 | 246.26 | 4324.00 |
| 12.78 | 210.56 | 140.26 | 17.71 | 95.63 | 3244.22 |
| 26.31 | 245.38 | 109.97 | 12.91 | 44.30 | 2295.50 |
| 18.06 | 562.79 | 181.45 | 161.20 | 649.57 | 6954.81 |
| 91.65 | 1920.59 | 1457.15 | 850.59 | 1789.05 | 40134.65 |
| 47.32 | 1584.43 | 1115.54 | 441.17 | 410.64 | 20520.76 |
| 44.15 | 664.28 | 330.61 | 52.28 | 114.10 | 7545.60 |
| 45.30 | 587.07 | 460.49 | 520.18 | 288.66 | 13346.98 |
| 14.86 | 709.73 | 452.55 | 119.42 | 70.05 | 11491.83 |
| 118.47 | 1447.45 | 1026.06 | 167.37 | 345.44 | 29481.26 |
| 74.58 | 1693.03 | 1885.21 | 44.40 | 91.03 | 25783.50 |
| 44.98 | 683.34 | 370.64 | 40.76 | 146.82 | 10272.27 |
| 24.90 | 869.18 | 378.41 | 32.65 | 83.74 | 9586.95 |
| 130.18 | 2018.41 | 868.11 | 1361.60 | 1385.57 | 32859.42 |
| 27.43 | 322.87 | 131.31 | 63.41 | 81.90 | 7438.62 |
| 6.01 | 128.43 | 31.21 | 0.92 | 43.89 | 1033.70 |
| 18.12 | 286.02 | 247.26 | 46.01 | 80.00 | 6513.64 |
| 35.28 | 711.16 | 361.65 | 71.27 | 104.13 | 10708.67 |
| 8.68 | 272.21 | 103.23 | 9.61 | 22.98 | 2565.68 |
| 32.08 | 313.52 | 92.97 | 4.14 | 33.25 | 2149.73 |
| 4.30 | 45.54 | 1.42 |  |  | 57.84 |
| 73.09 | 446.42 | 212.76 | 19.62 | 41.40 | 3968.48 |
| 8.38 | 137.59 | 35.86 |  | 4.74 | 811.49 |
| 4.32 | 86.40 | 29.12 | 1.97 | 2.64 | 500.55 |
| 5.24 | 166.33 | 74.95 |  | 11.28 | 750.64 |
| 57.47 | 364.03 | 79.79 | 8.50 | 8.00 | 1190.88 |

3-10 续表 2

| 地　区 | 主营业务成　本 | 销售费用 | 管理费用 | 财务费用 | |
|---|---|---|---|---|---|
| | | | | | 利息收入 |
| **全　国** | **242783.33** | **7663.18** | **11723.38** | **3182.62** | **673.59** |
| 北　京 | 3126.31 | 234.74 | 300.78 | 43.68 | 10.56 |
| 天　津 | 5600.81 | 116.05 | 219.97 | 47.69 | 6.01 |
| 河　北 | 9036.94 | 199.56 | 315.34 | 110.14 | 2.25 |
| 山　西 | 2822.73 | 90.18 | 245.75 | 201.53 | 7.69 |
| 内蒙古 | 5302.07 | 130.02 | 222.25 | 131.18 | 8.08 |
| 辽　宁 | 3628.84 | 157.09 | 248.81 | 104.97 | 9.34 |
| 吉　林 | 2701.13 | 126.48 | 173.94 | 50.39 | 0.63 |
| 黑龙江 | 1901.73 | 90.90 | 122.84 | 39.65 | 0.96 |
| 上　海 | 5481.52 | 398.64 | 549.11 | 25.75 | 434.66 |
| 江　苏 | 33930.43 | 1086.74 | 1605.27 | 308.79 | 38.24 |
| 浙　江 | 17441.99 | 561.08 | 1020.49 | 252.34 | 36.05 |
| 安　徽 | 6426.15 | 204.02 | 290.06 | 71.36 | 5.62 |
| 福　建 | 11409.79 | 324.18 | 486.47 | 138.09 | 15.42 |
| 江　西 | 10006.42 | 179.46 | 245.73 | 66.69 | 5.53 |
| 山　东 | 25801.11 | 623.68 | 797.24 | 317.18 | 14.11 |
| 河　南 | 22478.21 | 466.93 | 540.75 | 219.26 | 12.43 |
| 湖　北 | 8762.01 | 303.88 | 477.43 | 97.74 | 4.47 |
| 湖　南 | 7790.48 | 366.28 | 526.67 | 105.19 | 1.82 |
| 广　东 | 27808.87 | 889.79 | 1612.35 | 209.28 | 23.49 |
| 广　西 | 6187.24 | 136.59 | 337.43 | 76.05 | 5.68 |
| 海　南 | 785.82 | 35.00 | 31.54 | 22.04 | 0.49 |
| 重　庆 | 5475.79 | 186.95 | 273.05 | 58.47 | 6.13 |
| 四　川 | 9008.03 | 347.42 | 452.50 | 132.03 | 4.95 |
| 贵　州 | 2096.39 | 87.46 | 139.16 | 80.81 | 1.28 |
| 云　南 | 1820.05 | 84.73 | 122.32 | 73.48 | 5.70 |
| 西　藏 | 36.64 | 1.58 | 5.79 | 0.45 | -0.04 |
| 陕　西 | 3139.28 | 129.51 | 195.30 | 76.76 | 4.56 |
| 甘　肃 | 718.17 | 30.25 | 47.28 | 25.75 | 1.42 |
| 青　海 | 443.04 | 16.64 | 21.23 | 16.76 | 0.49 |
| 宁　夏 | 662.62 | 16.06 | 25.58 | 27.77 | 0.32 |
| 新　疆 | 952.72 | 41.31 | 70.96 | 51.36 | 5.27 |

单位：亿元

| 利息支出 | 投资收益（损失以“-”号记） | 营业利润 | 利润总额 | 亏损企业亏损额 | 平均用工人数（万人） |
|---|---|---|---|---|---|
| **3307.36** | **248.09** | **18813.44** | **19405.01** | **2296.66** | **2853.87** |
| 41.66 | 121.97 | 269.42 | 329.30 | 121.19 | 29.85 |
| 329.79 | -31.62 | 560.79 | 569.11 | 43.13 | 38.45 |
| 103.96 | -133.52 | 776.81 | 765.09 | 83.58 | 95.63 |
| 181.13 | 3.60 | 35.00 | 4.02 | 189.72 | 57.66 |
| 119.68 | 2.14 | 443.33 | 430.68 | 180.31 | 38.41 |
| 88.35 | 10.08 | 127.71 | 177.53 | 102.45 | 55.97 |
| 45.63 | 11.27 | 173.64 | 194.36 | 33.95 | 29.66 |
| 31.28 | 4.43 | 130.60 | 146.43 | 40.95 | 27.61 |
| 44.18 | 66.46 | 536.72 | 571.30 | 72.14 | 61.10 |
| 306.07 | 61.57 | 3085.98 | 3142.97 | 152.35 | 312.16 |
| 291.39 | 111.91 | 1291.40 | 1374.88 | 64.61 | 209.66 |
| 66.01 | -10.29 | 483.15 | 497.94 | 35.97 | 74.35 |
| 133.86 | -0.49 | 899.94 | 899.73 | 63.64 | 154.69 |
| 52.97 | 2.81 | 926.96 | 931.07 | 10.36 | 92.47 |
| 264.27 | 9.92 | 1709.84 | 1756.16 | 107.29 | 217.30 |
| 189.69 | 6.01 | 1938.55 | 1952.29 | 78.08 | 261.43 |
| 86.23 | 0.20 | 571.95 | 612.75 | 46.49 | 93.27 |
| 79.56 | -2.30 | 585.51 | 556.02 | 35.13 | 120.25 |
| 224.47 | 48.88 | 2086.59 | 2185.63 | 150.49 | 498.74 |
| 73.25 | -51.92 | 513.52 | 529.55 | 54.94 | 74.05 |
| 22.18 | 7.15 | 65.84 | 70.58 | 7.14 | 5.26 |
| 62.18 | -2.80 | 490.07 | 506.66 | 42.07 | 61.68 |
| 121.50 | -13.68 | 667.19 | 694.64 | 55.52 | 101.80 |
| 75.22 | 1.85 | 141.64 | 149.93 | 58.52 | 29.93 |
| 78.78 | 8.79 | -155.14 | -132.68 | 284.08 | 30.21 |
| 0.51 | 0.02 | 12.28 | 12.48 |  | 0.65 |
| 71.04 | 4.47 | 387.40 | 385.04 | 41.18 | 39.83 |
| 26.85 | 2.58 | -18.80 | -13.41 | 53.95 | 12.53 |
| 15.41 | -2.22 | 0.49 | 4.24 | 20.16 | 5.04 |
| 27.17 | 1.94 | 18.34 | 25.50 | 15.85 | 7.22 |
| 53.09 | 8.87 | 56.70 | 75.19 | 51.44 | 17.03 |

# 3-11 按地区分组的小型

| 地　区 | 工业销售产值(当年价格) | 出口交货值 | 资产总计 | 固定资产合计 | 固定资产原价 |
|---|---|---|---|---|---|
| **全　国** | **443351.84** | **23123.71** | **318806.10** | **117988.45** | **183430.19** |
| 北　京 | 2980.64 | 153.59 | 6202.40 | 783.97 | 1368.04 |
| 天　津 | 7384.97 | 505.68 | 5898.46 | 1608.47 | 2480.48 |
| 河　北 | 19183.04 | 407.56 | 12898.93 | 5870.93 | 7550.60 |
| 山　西 | 3061.70 | 27.80 | 5254.86 | 2207.75 | 2831.30 |
| 内蒙古 | 8266.40 | 28.66 | 8489.80 | 3990.90 | 6065.73 |
| 辽　宁 | 6238.19 | 362.54 | 9621.49 | 3256.62 | 5302.66 |
| 吉　林 | 11788.15 | 161.75 | 5932.07 | 2512.46 | 7505.02 |
| 黑龙江 | 4746.04 | 35.67 | 4223.69 | 1709.43 | 2500.09 |
| 上　海 | 8358.30 | 1244.21 | 10244.87 | 2020.64 | 3978.27 |
| 江　苏 | 59434.96 | 3634.12 | 37356.69 | 12495.34 | 21062.08 |
| 浙　江 | 29570.93 | 4636.63 | 29769.22 | 8347.93 | 13425.64 |
| 安　徽 | 21487.39 | 485.40 | 11154.44 | 3879.56 | 6135.59 |
| 福　建 | 18273.15 | 1587.22 | 10061.22 | 2922.36 | 4627.82 |
| 江　西 | 14472.86 | 593.28 | 7505.47 | 3029.59 | 4557.33 |
| 山　东 | 67638.34 | 2342.68 | 32487.04 | 15354.62 | 25048.28 |
| 河　南 | 26867.23 | 230.56 | 16876.77 | 7473.81 | 9107.65 |
| 湖　北 | 20019.42 | 474.82 | 11075.96 | 3858.66 | 7015.19 |
| 湖　南 | 19663.31 | 421.37 | 8543.35 | 3806.55 | 5120.65 |
| 广　东 | 38080.84 | 4871.49 | 28490.77 | 7312.81 | 13458.64 |
| 广　西 | 7579.09 | 130.67 | 4466.12 | 1674.84 | 2447.08 |
| 海　南 | 398.50 | 8.14 | 721.52 | 265.79 | 415.15 |
| 重　庆 | 7254.59 | 258.62 | 5854.02 | 2352.69 | 3336.15 |
| 四　川 | 17251.96 | 145.57 | 14311.66 | 6598.18 | 9200.99 |
| 贵　州 | 5772.11 | 30.59 | 4466.96 | 1706.61 | 2080.91 |
| 云　南 | 3707.22 | 137.88 | 6468.40 | 3475.52 | 4224.87 |
| 西　藏 | 84.29 | 0.03 | 443.25 | 176.26 | 201.02 |
| 陕　西 | 7190.24 | 143.84 | 6295.04 | 2273.26 | 3533.57 |
| 甘　肃 | 1936.17 | 25.05 | 3560.06 | 1749.12 | 2244.70 |
| 青　海 | 1025.02 | 2.04 | 1684.95 | 916.27 | 1291.32 |
| 宁　夏 | 1106.30 | 14.85 | 2338.17 | 1087.02 | 1232.93 |
| 新　疆 | 2530.47 | 21.38 | 6108.49 | 3270.50 | 4080.43 |

# 工业企业主要经济指标

单位：亿元

| 累计折旧 | 流动资产合计 | 应收账款 | 存货 | 产成品 | 负债合计 |
|---|---|---|---|---|---|
| **72491.15** | **150197.10** | **43846.98** | **33047.23** | **14396.03** | **168199.31** |
| 587.01 | 3750.48 | 1221.88 | 765.99 | 267.62 | 3029.21 |
| 953.41 | 3551.34 | 1040.99 | 759.06 | 292.78 | 3583.73 |
| 2116.37 | 5234.93 | 1502.25 | 1164.80 | 533.56 | 5878.75 |
| 801.31 | 2166.76 | 571.52 | 408.36 | 183.93 | 3869.85 |
| 2236.72 | 2726.80 | 594.84 | 446.52 | 190.27 | 5372.37 |
| 2322.48 | 4459.85 | 1229.84 | 910.43 | 354.51 | 5561.06 |
| 5188.15 | 2485.21 | 547.11 | 642.18 | 277.20 | 2885.46 |
| 913.72 | 1779.25 | 443.60 | 440.70 | 157.66 | 2268.28 |
| 1988.43 | 6762.70 | 2306.87 | 1494.52 | 567.61 | 5296.22 |
| 8681.41 | 20345.90 | 7163.69 | 4203.85 | 1761.44 | 19117.22 |
| 5572.85 | 17033.28 | 5429.59 | 3917.75 | 1574.37 | 17592.40 |
| 2477.30 | 5801.99 | 1937.87 | 1370.78 | 630.63 | 5637.32 |
| 1914.40 | 5493.44 | 1661.49 | 1241.74 | 576.64 | 4850.74 |
| 1838.76 | 3045.31 | 903.98 | 699.50 | 350.51 | 3286.76 |
| 10754.84 | 12200.11 | 2780.67 | 2986.24 | 1515.60 | 14590.39 |
| 2188.93 | 7078.21 | 1351.26 | 1089.69 | 493.96 | 5668.23 |
| 3450.50 | 5223.96 | 1561.02 | 1287.22 | 618.12 | 5428.89 |
| 1559.01 | 3236.42 | 907.04 | 750.92 | 358.93 | 3831.09 |
| 6617.32 | 16173.28 | 4849.55 | 3774.15 | 1492.43 | 15645.50 |
| 894.66 | 2087.18 | 547.13 | 521.88 | 259.69 | 2647.61 |
| 155.98 | 307.61 | 65.61 | 47.31 | 19.35 | 361.06 |
| 1214.77 | 2513.35 | 774.05 | 487.08 | 221.11 | 3378.90 |
| 2965.03 | 5346.19 | 1400.00 | 1113.43 | 526.88 | 8606.33 |
| 540.18 | 1878.59 | 465.62 | 401.48 | 141.56 | 2715.80 |
| 962.26 | 2132.06 | 477.45 | 502.82 | 245.56 | 4389.07 |
| 28.91 | 131.22 | 17.30 | 17.73 | 6.39 | 261.70 |
| 1439.41 | 2673.27 | 778.08 | 590.10 | 279.96 | 3358.48 |
| 546.47 | 1243.57 | 370.75 | 276.33 | 144.26 | 2343.74 |
| 400.85 | 558.97 | 158.19 | 94.79 | 43.41 | 1113.52 |
| 235.23 | 869.74 | 271.62 | 203.89 | 101.75 | 1471.10 |
| 944.45 | 1906.14 | 516.12 | 435.96 | 208.33 | 4158.54 |

3-11 续表 1

| 地区 | 流动负债合计 | 应付账款 | 所有者权益合计 | 实收资本 | 国家资本 |
|---|---|---|---|---|---|
| **全国** | **125199.11** | **32757.61** | **147263.57** | **95749.15** | **11870.36** |
| 北京 | 2676.08 | 937.80 | 3150.13 | 1461.08 | 200.26 |
| 天津 | 2957.43 | 871.02 | 2295.76 | 1742.45 | 195.87 |
| 河北 | 4335.10 | 1126.44 | 6887.25 | 5134.14 | 244.03 |
| 山西 | 2723.98 | 684.51 | 1385.85 | 1181.91 | 231.70 |
| 内蒙古 | 3159.40 | 647.73 | 3032.54 | 3862.93 | 565.38 |
| 辽宁 | 4314.49 | 1085.24 | 3521.25 | 2293.05 | 590.69 |
| 吉林 | 2116.42 | 422.74 | 3032.60 | 1403.75 | 115.12 |
| 黑龙江 | 1613.18 | 397.37 | 1945.70 | 7039.09 | 153.63 |
| 上海 | 4548.51 | 1730.53 | 4781.42 | 2778.97 | 366.98 |
| 江苏 | 16735.82 | 4038.05 | 18107.50 | 10155.64 | 473.91 |
| 浙江 | 15381.58 | 3472.49 | 11901.45 | 8856.98 | 1354.84 |
| 安徽 | 4452.33 | 1214.44 | 5392.51 | 4796.87 | 1026.10 |
| 福建 | 3831.83 | 1060.15 | 5087.54 | 2625.12 | 221.16 |
| 江西 | 2354.63 | 655.13 | 4149.83 | 1821.97 | 122.95 |
| 山东 | 10175.46 | 2527.51 | 17538.80 | 7401.72 | 601.93 |
| 河南 | 3955.04 | 903.66 | 10966.74 | 5554.11 | 191.50 |
| 湖北 | 3923.21 | 1103.76 | 5563.57 | 4626.15 | 626.01 |
| 湖南 | 2344.67 | 608.51 | 4683.59 | 3324.91 | 287.15 |
| 广东 | 12188.94 | 3915.05 | 12279.65 | 6624.19 | 1072.77 |
| 广西 | 1870.32 | 465.99 | 1806.97 | 834.31 | 187.13 |
| 海南 | 249.28 | 61.85 | 360.46 | 263.60 | 53.92 |
| 重庆 | 2263.01 | 642.42 | 2344.15 | 1051.63 | 226.04 |
| 四川 | 4975.61 | 1175.69 | 5593.04 | 3001.56 | 764.77 |
| 贵州 | 1679.57 | 435.18 | 1744.97 | 991.70 | 216.96 |
| 云南 | 2523.24 | 531.30 | 2068.32 | 1779.06 | 493.19 |
| 西藏 | 197.12 | 18.09 | 175.63 | 60.88 | 15.48 |
| 陕西 | 2280.03 | 695.60 | 2867.56 | 1858.93 | 292.03 |
| 甘肃 | 1202.42 | 326.15 | 1217.61 | 865.60 | 310.56 |
| 青海 | 733.62 | 96.35 | 568.76 | 332.37 | 93.68 |
| 宁夏 | 851.09 | 239.11 | 864.88 | 546.54 | 93.03 |
| 新疆 | 2585.70 | 667.76 | 1947.54 | 1477.95 | 481.61 |

单位：亿元

| 集体资本 | 法人资本 | 个人资本 | 港澳台资本 | 外商资本 | 主营业务收入 |
|---|---|---|---|---|---|
| **1584.48** | **31889.40** | **38055.88** | **4070.88** | **8269.17** | **436064.14** |
| 10.88 | 598.45 | 360.31 | 68.46 | 222.72 | 3390.82 |
| 21.33 | 499.72 | 555.04 | 66.14 | 404.35 | 7218.30 |
| 28.32 | 2259.90 | 2408.43 | 41.64 | 151.35 | 18879.09 |
| 33.57 | 521.29 | 352.02 | 11.98 | 29.88 | 2931.73 |
| 53.86 | 1616.62 | 1562.28 | 28.39 | 36.41 | 7994.49 |
| 50.91 | 677.44 | 613.53 | 89.95 | 270.53 | 6782.72 |
| 194.22 | 465.52 | 545.14 | 15.46 | 68.38 | 11227.44 |
| 39.69 | 378.94 | 6413.05 | 15.27 | 38.51 | 4719.40 |
| 38.10 | 781.37 | 446.22 | 261.13 | 884.29 | 8962.51 |
| 133.95 | 3009.19 | 3736.41 | 818.80 | 1979.11 | 58814.46 |
| 54.93 | 2448.93 | 2631.56 | 712.65 | 1653.10 | 29141.01 |
| 45.38 | 1653.74 | 1885.05 | 66.31 | 120.29 | 20775.32 |
| 52.79 | 794.90 | 1037.74 | 290.60 | 227.74 | 17636.71 |
| 32.94 | 760.56 | 785.40 | 70.43 | 50.56 | 14719.82 |
| 154.47 | 2906.74 | 3071.23 | 160.49 | 507.00 | 66643.42 |
| 85.02 | 2018.97 | 3152.74 | 41.38 | 64.27 | 26307.39 |
| 81.58 | 1525.58 | 2220.66 | 50.01 | 121.96 | 19147.26 |
| 50.17 | 1410.10 | 1518.47 | 17.28 | 41.71 | 19730.09 |
| 92.48 | 2177.82 | 1268.47 | 1002.32 | 1010.33 | 38005.14 |
| 18.74 | 325.28 | 238.77 | 22.50 | 41.03 | 7100.17 |
| 7.75 | 47.54 | 118.88 | 17.62 | 17.89 | 397.50 |
| 16.95 | 408.74 | 297.77 | 18.84 | 83.29 | 7116.13 |
| 85.69 | 1109.67 | 866.60 | 90.02 | 84.18 | 16600.26 |
| 21.49 | 367.08 | 359.49 | 6.83 | 20.44 | 5530.60 |
| 39.59 | 897.94 | 279.78 | 24.34 | 44.20 | 3591.56 |
| 4.40 | 24.61 | 13.31 | 2.72 | 0.35 | 79.00 |
| 54.16 | 728.07 | 712.96 | 19.49 | 52.23 | 6693.09 |
| 33.24 | 320.37 | 186.07 | 4.76 | 10.30 | 1515.24 |
| 12.87 | 143.59 | 70.26 | 9.60 | 2.38 | 756.81 |
| 3.68 | 317.51 | 112.21 | 12.37 | 7.74 | 1088.44 |
| 31.33 | 693.25 | 236.03 | 13.09 | 22.66 | 2568.21 |

3-11 续表 2

| 地　区 | 主营业务成本 | 销售费用 | 管理费用 | 财务费用 | |
|---|---|---|---|---|---|
| | | | | | 利息收入 |
| **全　国** | **376885.67** | **10271.99** | **15651.83** | **4443.85** | **196.95** |
| 北　京 | 2691.34 | 207.90 | 311.24 | 31.84 | 8.82 |
| 天　津 | 6391.56 | 157.53 | 273.87 | 53.97 | 2.48 |
| 河　北 | 16558.15 | 331.06 | 420.60 | 160.50 | 3.82 |
| 山　西 | 2563.69 | 85.38 | 104.45 | 87.81 | 1.01 |
| 内蒙古 | 6767.08 | 147.18 | 251.84 | 127.70 | 2.19 |
| 辽　宁 | 6003.78 | 159.71 | 300.38 | 109.68 | 3.66 |
| 吉　林 | 9693.75 | 335.16 | 456.85 | 123.83 | 1.48 |
| 黑龙江 | 4205.16 | 102.59 | 146.25 | 45.74 | 2.15 |
| 上　海 | 7350.64 | 378.77 | 711.15 | 59.25 | 11.00 |
| 江　苏 | 50791.45 | 1286.07 | 2280.74 | 494.87 | 32.43 |
| 浙　江 | 24710.22 | 688.83 | 1503.67 | 434.41 | 35.26 |
| 安　徽 | 18270.06 | 480.00 | 617.83 | 157.53 | 4.66 |
| 福　建 | 15321.96 | 408.74 | 629.74 | 137.03 | 3.23 |
| 江　西 | 13006.84 | 219.82 | 299.12 | 74.39 | 2.50 |
| 山　东 | 58934.48 | 1190.02 | 1499.44 | 531.84 | 13.20 |
| 河　南 | 22761.60 | 552.12 | 532.12 | 212.44 | 3.59 |
| 湖　北 | 16526.11 | 559.89 | 754.98 | 194.70 | 4.59 |
| 湖　南 | 16393.39 | 591.46 | 806.27 | 176.99 | 2.64 |
| 广　东 | 33085.86 | 905.29 | 1652.77 | 286.53 | 19.40 |
| 广　西 | 6084.06 | 171.52 | 273.47 | 68.66 | 0.84 |
| 海　南 | 325.11 | 19.86 | 22.29 | 7.86 | 0.56 |
| 重　庆 | 6061.06 | 181.25 | 282.80 | 78.39 | 8.10 |
| 四　川 | 14129.42 | 475.55 | 614.98 | 281.59 | 10.24 |
| 贵　州 | 4611.36 | 191.32 | 238.06 | 69.53 | 2.58 |
| 云　南 | 2993.26 | 91.56 | 149.74 | 123.66 | 5.93 |
| 西　藏 | 48.87 | 5.33 | 5.45 | 3.04 | 0.21 |
| 陕　西 | 5590.90 | 195.27 | 272.20 | 73.75 | 1.78 |
| 甘　肃 | 1320.76 | 39.97 | 59.80 | 71.77 | 3.02 |
| 青　海 | 650.50 | 14.02 | 26.18 | 30.61 | 0.72 |
| 宁　夏 | 935.61 | 26.50 | 36.60 | 39.08 | 0.37 |
| 新　疆 | 2107.62 | 72.31 | 116.96 | 94.84 | 4.50 |

单位：亿元

| 利息支出 | 投资收益（损失以“-”号记） | 营业利润 | 利润总额 | 亏损企业亏损额 | 平均用工人数（万人） |
|---|---|---|---|---|---|
| **3611.67** | **86.31** | **25420.07** | **25728.63** | **2212.61** | **3424.01** |
| | | | | | |
| 35.56 | 57.08 | 194.90 | 243.20 | 77.68 | 30.34 |
| 37.34 | 4.91 | 317.15 | 326.69 | 73.62 | 43.03 |
| 133.18 | -60.06 | 1247.84 | 1245.05 | 75.64 | 133.66 |
| 74.47 | 2.71 | 74.43 | 88.63 | 78.35 | 25.73 |
| 106.09 | -15.21 | 603.91 | 498.14 | 74.33 | 38.17 |
| | | | | | |
| 80.28 | 9.01 | 179.11 | 203.92 | 113.64 | 77.05 |
| 87.79 | 8.90 | 513.63 | 504.67 | 32.61 | 58.22 |
| 34.71 | 1.17 | 203.35 | 222.85 | 36.73 | 31.84 |
| | | | | | |
| 58.84 | 35.21 | 455.43 | 511.68 | 139.98 | 78.40 |
| 412.36 | 34.42 | 3675.42 | 3713.51 | 259.51 | 440.22 |
| 443.26 | 65.34 | 1458.37 | 1569.23 | 170.91 | 349.99 |
| 115.42 | 2.50 | 1141.58 | 1080.45 | 43.15 | 153.67 |
| 113.22 | -12.43 | 1029.11 | 1039.30 | 48.81 | 158.79 |
| 55.15 | 2.49 | 1021.30 | 1019.64 | 17.79 | 104.41 |
| 353.65 | -14.24 | 3987.87 | 4015.03 | 124.05 | 385.39 |
| | | | | | |
| 142.93 | 0.08 | 2094.52 | 2099.88 | 37.14 | 210.17 |
| 124.88 | -4.43 | 961.80 | 980.28 | 50.90 | 136.59 |
| 130.03 | -8.85 | 1204.64 | 1126.32 | 45.71 | 145.40 |
| 223.01 | 91.21 | 1988.78 | 2054.32 | 194.92 | 402.82 |
| 59.86 | -110.11 | 369.83 | 378.19 | 36.87 | 49.24 |
| 7.87 | 2.76 | 23.58 | 26.86 | 8.91 | 3.07 |
| | | | | | |
| 73.43 | 5.16 | 474.84 | 506.96 | 43.12 | 66.64 |
| 252.67 | -10.80 | 932.55 | 932.60 | 96.73 | 122.12 |
| 54.12 | -1.69 | 320.49 | 326.06 | 38.66 | 43.90 |
| 119.64 | 1.84 | 199.88 | 220.33 | 76.99 | 33.76 |
| 3.13 | 0.52 | 15.71 | 16.70 | 1.68 | 0.82 |
| | | | | | |
| 56.93 | -0.31 | 491.97 | 491.97 | 41.89 | 50.26 |
| 66.95 | 1.84 | 15.29 | 26.87 | 50.76 | 14.18 |
| 24.02 | -4.46 | 27.41 | 36.81 | 11.11 | 4.82 |
| 37.35 | 0.57 | 46.24 | 53.06 | 17.96 | 8.35 |
| 93.57 | 1.20 | 149.14 | 169.46 | 92.47 | 22.94 |

# 3-12 按地区分组的

| 地区 | 工业销售产值(当年价格) | 出口交货值 | 资产总计 | 固定资产合计 | 固定资产原价 |
|---|---|---|---|---|---|
| **全国** | **46200.00** | **78.39** | **95769.18** | **41646.06** | **69311.81** |
| 北京 | 235.36 | 13.25 | 3227.87 | 548.77 | 905.79 |
| 天津 | 948.59 | 0.14 | 2139.66 | 1335.94 | 3323.18 |
| 河北 | 2844.23 | 0.92 | 4812.60 | 1919.67 | 3406.00 |
| 山西 | 4487.84 | 1.16 | 17666.19 | 5861.80 | 7514.19 |
| 内蒙古 | 5549.87 | 0.47 | 7951.83 | 2681.31 | 4363.50 |
| 辽宁 | 735.37 | 5.89 | 2678.91 | 1217.93 | 2742.43 |
| 吉林 | 1002.61 | 1.34 | 1760.20 | 1137.59 | 2431.87 |
| 黑龙江 | 1293.13 | | 3996.94 | 2367.90 | 5789.71 |
| 上海 | 5.96 | | 33.79 | 0.07 | 0.27 |
| 江苏 | 586.27 | 1.13 | 1216.69 | 636.38 | 1089.49 |
| 浙江 | 179.60 | 1.23 | 232.40 | 48.03 | 71.56 |
| 安徽 | 1414.95 | 0.53 | 4078.37 | 1395.43 | 2322.15 |
| 福建 | 583.91 | 4.30 | 351.39 | 138.57 | 214.79 |
| 江西 | 1078.26 | 0.28 | 779.06 | 329.49 | 475.06 |
| 山东 | 4147.11 | 2.81 | 9497.52 | 3946.08 | 4700.40 |
| 河南 | 3722.06 | 9.12 | 5275.51 | 2336.64 | 3191.40 |
| 湖北 | 1088.68 | 0.78 | 812.88 | 325.26 | 707.71 |
| 湖南 | 1247.04 | 8.85 | 762.87 | 388.33 | 491.09 |
| 广东 | 1008.63 | 9.30 | 1433.14 | 691.30 | 1375.75 |
| 广西 | 797.77 | 2.46 | 617.97 | 166.50 | 252.37 |
| 海南 | 27.72 | | 115.02 | 68.79 | 78.28 |
| 重庆 | 525.99 | | 980.61 | 545.67 | 584.16 |
| 四川 | 2756.66 | 0.88 | 4041.75 | 2151.84 | 3699.11 |
| 贵州 | 1987.55 | 3.13 | 2465.20 | 810.93 | 1089.30 |
| 云南 | 801.11 | 0.02 | 1581.54 | 438.73 | 633.10 |
| 西藏 | 33.53 | | 317.54 | 68.49 | 75.56 |
| 陕西 | 4320.61 | 10.20 | 8939.65 | 5469.40 | 8957.05 |
| 甘肃 | 844.85 | | 1454.36 | 889.52 | 1305.83 |
| 青海 | 240.14 | | 625.29 | 354.95 | 667.04 |
| 宁夏 | 485.66 | | 1615.14 | 586.51 | 927.73 |
| 新疆 | 1218.95 | 0.22 | 4307.29 | 2788.23 | 5925.94 |

# 采矿业主要经济指标

单位：亿元

| 累计折旧 | 流动资产合计 | 应收账款 | 存货 | 产成品 | 负债合计 |
|---|---|---|---|---|---|
| **32821.13** | **30504.37** | **4735.51** | **3503.70** | **1515.16** | **58222.69** |
| 342.96 | 1093.56 | 266.93 | 45.09 | 7.29 | 1734.83 |
| 2021.38 | 570.11 | 101.21 | 45.54 | 11.60 | 1254.14 |
| 1594.53 | 1717.96 | 301.30 | 225.64 | 118.13 | 2706.41 |
| 2991.09 | 6963.56 | 894.49 | 550.90 | 227.94 | 13754.68 |
| 1875.34 | 2741.93 | 472.62 | 255.34 | 119.30 | 4140.54 |
| 1668.09 | 973.27 | 164.46 | 182.50 | 64.30 | 1686.28 |
| 1360.99 | 424.28 | 64.89 | 62.66 | 17.76 | 975.00 |
| 3477.56 | 1114.80 | 104.03 | 71.53 | 50.29 | 1492.79 |
| 0.20 | 22.57 | 0.71 | 0.75 | 0.27 | 6.92 |
| 521.00 | 322.92 | 52.58 | 50.71 | 20.20 | 720.92 |
| 27.87 | 107.29 | 18.34 | 9.59 | 5.28 | 154.97 |
| 968.85 | 789.02 | 81.57 | 120.70 | 42.87 | 2922.44 |
| 92.76 | 112.58 | 19.90 | 16.10 | 9.06 | 159.23 |
| 168.49 | 261.63 | 49.82 | 55.04 | 36.21 | 406.08 |
| 2084.07 | 3227.03 | 381.35 | 568.16 | 216.42 | 6210.12 |
| 1187.69 | 1975.74 | 334.27 | 250.16 | 108.60 | 3179.63 |
| 405.47 | 326.14 | 98.52 | 48.36 | 29.80 | 434.76 |
| 162.21 | 225.89 | 37.91 | 40.71 | 21.85 | 352.90 |
| 759.39 | 249.56 | 59.92 | 59.96 | 15.81 | 916.69 |
| 103.96 | 272.21 | 43.93 | 30.08 | 18.46 | 354.80 |
| 30.69 | 32.40 | 2.36 | 7.91 | 1.57 | 37.80 |
| 181.22 | 233.82 | 56.89 | 20.11 | 11.70 | 568.01 |
| 1816.49 | 1232.06 | 208.75 | 133.30 | 49.15 | 1948.29 |
| 366.54 | 841.82 | 184.19 | 63.03 | 36.50 | 1703.53 |
| 260.46 | 654.89 | 110.75 | 111.82 | 50.77 | 966.56 |
| 19.60 | 66.81 | 3.40 | 6.86 | 4.74 | 188.47 |
| 3928.88 | 2211.25 | 338.83 | 185.14 | 82.65 | 4601.70 |
| 584.25 | 371.72 | 58.31 | 54.96 | 33.59 | 811.42 |
| 295.44 | 170.64 | 19.96 | 18.42 | 11.53 | 320.80 |
| 353.74 | 295.46 | 60.10 | 81.67 | 41.44 | 1166.67 |
| 3169.94 | 901.44 | 143.22 | 130.97 | 50.09 | 2345.31 |

3-12 续表 1

| 地区 | 流动负债合计 | 应付账款 | 所有者权益合计 | 实收资本 | 国家资本 |
|---|---|---|---|---|---|
| **全国** | **37217.32** | **7268.36** | **37404.36** | **17965.42** | **9274.53** |
| 北京 | 1026.15 | 132.80 | 1493.05 | 610.05 | 288.17 |
| 天津 | 791.38 | 175.67 | 947.62 | 464.97 | 414.06 |
| 河北 | 1913.73 | 378.12 | 2092.73 | 831.32 | 430.34 |
| 山西 | 9333.81 | 1465.71 | 3912.76 | 1971.04 | 1140.04 |
| 内蒙古 | 2328.73 | 483.45 | 3809.60 | 1132.38 | 460.58 |
| 辽宁 | 1183.51 | 239.65 | 976.80 | 632.63 | 460.81 |
| 吉林 | 636.23 | 157.51 | 784.18 | 300.57 | 184.24 |
| 黑龙江 | 927.03 | 333.22 | 2504.15 | 624.60 | 84.45 |
| 上海 | 1.78 | 0.39 | 26.88 | 9.00 | 9.00 |
| 江苏 | 465.66 | 93.84 | 492.84 | 262.68 | 193.80 |
| 浙江 | 124.53 | 12.38 | 77.18 | 45.74 | 8.29 |
| 安徽 | 1809.40 | 259.36 | 1146.93 | 597.69 | 404.77 |
| 福建 | 114.94 | 15.40 | 189.65 | 71.06 | 12.25 |
| 江西 | 283.26 | 52.22 | 367.25 | 193.67 | 40.31 |
| 山东 | 3382.84 | 596.15 | 3223.59 | 1302.49 | 1098.92 |
| 河南 | 2464.21 | 447.73 | 2061.66 | 832.67 | 204.83 |
| 湖北 | 322.50 | 85.38 | 375.07 | 154.26 | 46.68 |
| 湖南 | 209.04 | 27.00 | 409.54 | 257.16 | 46.00 |
| 广东 | 608.72 | 109.21 | 510.95 | 360.94 | 26.44 |
| 广西 | 258.08 | 38.19 | 261.18 | 74.97 | 12.30 |
| 海南 | 30.64 | 8.50 | 77.21 | 22.58 | 0.50 |
| 重庆 | 404.19 | 33.18 | 391.59 | 226.93 | 36.55 |
| 四川 | 1267.95 | 323.85 | 2077.72 | 607.63 | 102.01 |
| 贵州 | 1159.16 | 176.40 | 759.34 | 320.65 | 81.28 |
| 云南 | 770.77 | 115.33 | 613.78 | 332.58 | 162.89 |
| 西藏 | 67.75 | 8.61 | 129.07 | 92.98 | 35.92 |
| 陕西 | 2661.01 | 789.56 | 4333.66 | 2825.15 | 1929.77 |
| 甘肃 | 499.92 | 101.23 | 642.84 | 420.53 | 337.52 |
| 青海 | 181.54 | 63.77 | 305.11 | 64.50 | 43.88 |
| 宁夏 | 613.18 | 160.12 | 448.47 | 244.73 | 104.05 |
| 新疆 | 1375.70 | 384.41 | 1961.98 | 2077.26 | 873.88 |

单位：亿元

| 集体资本 | 法人资本 | 个人资本 | 港澳台资本 | 外商资本 | 主营业务收入 |
|---|---|---|---|---|---|
| **237.67** | **6136.04** | **1942.03** | **60.03** | **315.92** | **48077.57** |
| | | | | | |
| 0.04 | 302.55 | 5.49 | 10.65 | 3.16 | 363.12 |
| 3.01 | 47.60 | 0.01 | | 0.29 | 938.80 |
| 4.61 | 177.69 | 214.83 | 2.24 | 1.61 | 3113.47 |
| 37.14 | 525.91 | 226.93 | 0.46 | 40.55 | 5759.15 |
| 18.72 | 486.39 | 152.79 | 9.02 | 4.90 | 5565.10 |
| | | | | | |
| 1.66 | 124.79 | 42.82 | 0.56 | 1.99 | 883.00 |
| 3.70 | 73.04 | 38.31 | 0.05 | 1.23 | 1011.09 |
| 10.46 | 499.58 | 28.56 | 1.15 | 0.41 | 1314.37 |
| | | | | | |
| | | | | | 5.96 |
| 2.93 | 31.35 | 19.57 | 4.79 | 10.24 | 606.00 |
| 0.22 | 14.55 | 18.86 | 2.50 | 1.32 | 177.88 |
| 0.82 | 130.48 | 58.90 | | 2.72 | 1857.30 |
| 3.81 | 21.25 | 31.58 | 2.15 | 0.03 | 568.28 |
| 2.08 | 48.91 | 99.63 | 2.62 | 0.12 | 1058.87 |
| 17.76 | 136.12 | 44.24 | 3.27 | 2.17 | 4912.02 |
| | | | | | |
| 43.87 | 389.79 | 188.90 | 2.20 | 3.07 | 4091.19 |
| 6.62 | 38.79 | 62.13 | 0.02 | 0.02 | 1001.50 |
| 2.23 | 116.35 | 92.01 | 0.54 | 0.03 | 1252.38 |
| 2.90 | 107.30 | 16.42 | 4.69 | 203.19 | 985.00 |
| 1.11 | 35.36 | 23.77 | 0.17 | 2.26 | 781.77 |
| | 21.66 | 0.32 | | 0.10 | 27.20 |
| | | | | | |
| 3.94 | 165.28 | 21.16 | | | 525.16 |
| 5.85 | 383.32 | 96.55 | 0.62 | 19.28 | 2644.45 |
| 7.06 | 115.17 | 112.70 | 5.20 | | 1717.62 |
| 4.02 | 103.81 | 50.58 | | 11.28 | 740.09 |
| 0.65 | 47.53 | 8.88 | | | 35.23 |
| | | | | | |
| 37.84 | 642.31 | 214.37 | 0.86 | | 3821.29 |
| 4.43 | 49.96 | 28.41 | 0.10 | 0.10 | 453.68 |
| 4.88 | 9.65 | 5.27 | 0.41 | 0.42 | 217.95 |
| | 134.18 | 6.45 | 0.05 | | 345.92 |
| 5.33 | 1155.36 | 31.57 | 5.70 | 5.42 | 1302.71 |

3-12 续表 2

| 地　区 | 主营业务成　本 | 销售费用 | 管理费用 | 财务费用 | 利息收入 |
|---|---|---|---|---|---|
| **全　国** | **39603.66** | **1063.65** | **3115.79** | **1257.98** | **127.29** |
| 北　京 | 343.68 | 1.90 | 28.98 | 35.09 | 6.09 |
| 天　津 | 724.74 | 2.42 | 31.08 | -12.99 | 2.91 |
| 河　北 | 2614.42 | 40.65 | 138.52 | 70.18 | -0.49 |
| 山　西 | 4527.47 | 271.65 | 408.46 | 336.36 | 48.03 |
| 内蒙古 | 4278.38 | 124.35 | 256.40 | 70.80 | 4.15 |
| 辽　宁 | 947.51 | 14.94 | 97.10 | 39.81 | 5.82 |
| 吉　林 | 940.32 | 20.34 | 67.18 | 25.62 | 1.40 |
| 黑龙江 | 1120.82 | 18.06 | 172.62 | 11.66 | 14.23 |
| 上　海 | 5.11 | 0.03 | 0.57 | -0.14 | 0.40 |
| 江　苏 | 519.93 | 14.30 | 58.41 | 14.05 | 1.23 |
| 浙　江 | 141.95 | 3.84 | 11.84 | 3.42 | 0.21 |
| 安　徽 | 1547.58 | 33.41 | 114.02 | 95.03 | 5.11 |
| 福　建 | 488.89 | 17.28 | 31.42 | 2.77 | 0.32 |
| 江　西 | 906.67 | 17.92 | 31.55 | 6.42 | 0.58 |
| 山　东 | 4283.40 | 61.68 | 379.33 | 134.20 | -0.28 |
| 河　南 | 3678.79 | 54.79 | 192.71 | 86.34 | 5.68 |
| 湖　北 | 849.25 | 32.95 | 53.62 | 13.05 | 0.80 |
| 湖　南 | 1021.67 | 40.93 | 72.32 | 11.35 | 0.17 |
| 广　东 | 731.11 | 17.34 | 39.67 | 13.79 | 1.39 |
| 广　西 | 624.86 | 29.82 | 45.06 | 10.83 | 0.54 |
| 海　南 | 22.44 | 0.64 | 5.68 | 0.64 | -0.13 |
| 重　庆 | 414.71 | 16.48 | 35.68 | 12.58 | 1.41 |
| 四　川 | 2264.32 | 51.59 | 160.55 | 43.33 | 9.08 |
| 贵　州 | 1382.48 | 54.73 | 107.59 | 40.19 | 1.51 |
| 云　南 | 601.26 | 21.17 | 56.58 | 20.91 | 1.95 |
| 西　藏 | 20.66 | 0.36 | 5.01 | 0.48 | 0.02 |
| 陕　西 | 2761.90 | 52.91 | 244.10 | 81.12 | 6.48 |
| 甘　肃 | 376.62 | 12.03 | 24.91 | 18.74 | 1.13 |
| 青　海 | 130.30 | 2.83 | 23.41 | 5.51 | 1.52 |
| 宁　夏 | 261.59 | 10.24 | 40.50 | 18.19 | 0.28 |
| 新　疆 | 1070.84 | 22.07 | 180.93 | 48.64 | 5.72 |

单位：亿元

| 利息支出 | 投资收益（损失以“–”号记） | 营业利润 | 利润总额 | 亏损企业亏损额 | 平均用工人数（万人） |
|---|---|---|---|---|---|
| **1333.03** | **106.73** | **1750.62** | **1801.55** | **2129.99** | **641.94** |
| | | | | | |
| 41.52 | 43.51 | -12.82 | -18.42 | 28.65 | 4.76 |
| 4.59 | 0.68 | 169.15 | 169.25 | 54.23 | 7.30 |
| 71.00 | 3.76 | 202.63 | 210.46 | 90.86 | 35.24 |
| 358.98 | 71.49 | 110.96 | 134.84 | 186.07 | 95.78 |
| 63.39 | 1.55 | 680.66 | 651.08 | 98.01 | 31.11 |
| | | | | | |
| 40.42 | 2.94 | -248.08 | -220.85 | 252.53 | 29.76 |
| 21.40 | -1.87 | -65.01 | -55.91 | 94.60 | 15.98 |
| 26.76 | 6.81 | -87.70 | -92.69 | 134.35 | 32.23 |
| | | | | | |
| | | 0.32 | 0.36 | | 0.02 |
| 12.49 | 2.13 | -35.57 | -29.87 | 57.46 | 10.20 |
| 3.41 | 0.17 | 10.75 | 12.31 | 2.09 | 1.40 |
| 93.88 | 19.30 | 49.32 | 47.93 | 15.73 | 30.40 |
| 2.92 | -0.10 | 18.91 | 19.30 | 7.86 | 6.65 |
| 4.94 | 0.33 | 62.86 | 54.20 | 31.24 | 12.09 |
| 167.59 | 8.72 | -43.53 | -29.99 | 306.36 | 62.64 |
| | | | | | |
| 90.80 | 9.46 | 14.81 | 12.38 | 279.74 | 61.87 |
| 9.46 | -0.80 | 28.45 | 27.17 | 32.89 | 10.92 |
| 9.05 | -2.21 | 66.10 | 61.01 | 8.96 | 19.26 |
| 6.55 | | 146.45 | 151.67 | 2.16 | 5.13 |
| 10.31 | 0.61 | 59.34 | 62.93 | 11.84 | 6.79 |
| 0.75 | 0.01 | -3.51 | -3.20 | 3.76 | 0.50 |
| | | | | | |
| 13.88 | 0.48 | 34.14 | 55.32 | 7.02 | 11.62 |
| 51.06 | -1.57 | 69.50 | 81.43 | 50.75 | 34.44 |
| 32.73 | 4.90 | 91.45 | 92.17 | 33.70 | 29.37 |
| 21.47 | -2.58 | -4.81 | -2.09 | 55.27 | 12.86 |
| 0.52 | 0.25 | 7.53 | 7.43 | 0.31 | 0.48 |
| | | | | | |
| 78.45 | 14.74 | 515.42 | 481.78 | 44.41 | 36.78 |
| 18.97 | -74.32 | 16.12 | 15.70 | 19.15 | 10.61 |
| 6.25 | -2.72 | 17.98 | 21.08 | 4.88 | 3.49 |
| 15.72 | 0.18 | 1.40 | 5.64 | 1.24 | 5.80 |
| 53.77 | 0.87 | -122.58 | -120.84 | 213.90 | 16.46 |

# 3-13 按地区分组的煤炭开采

| 地　区 | 工业销售产值（当年价格） | 出口交货值 | 资产总计 | 固定资产合计 | 固定资产原价 |
|---|---|---|---|---|---|
| **全　国** | **19843.01** | **20.14** | **53371.26** | **18925.61** | **27025.96** |
| 北　京 | 19.49 | 10.79 | 139.66 | 3.36 | 17.30 |
| 天　津 | 9.63 | | 65.87 | 15.12 | 20.34 |
| 河　北 | 882.05 | 0.16 | 1984.86 | 635.03 | 1031.10 |
| 山　西 | 4178.77 | 1.16 | 16995.20 | 5623.78 | 7216.84 |
| 内蒙古 | 3330.77 | | 6508.17 | 2079.30 | 3233.01 |
| 辽　宁 | 203.30 | | 1009.04 | 505.52 | 774.18 |
| 吉　林 | 212.91 | 1.12 | 341.44 | 187.19 | 374.00 |
| 黑龙江 | 256.11 | | 739.37 | 317.74 | 641.61 |
| 上　海 | | | | | |
| 江　苏 | 192.28 | | 680.03 | 335.16 | 484.50 |
| 浙　江 | 0.40 | | 0.36 | 0.11 | 0.17 |
| 安　徽 | 657.76 | | 3205.77 | 1119.42 | 1883.90 |
| 福　建 | 110.46 | 0.60 | 109.20 | 38.57 | 53.51 |
| 江　西 | 123.24 | | 184.37 | 114.87 | 164.54 |
| 山　东 | 1654.46 | 2.34 | 6131.50 | 1776.43 | 2760.49 |
| 河　南 | 1272.17 | 0.01 | 3430.59 | 1432.35 | 2014.34 |
| 湖　北 | 60.55 | | 37.61 | 13.93 | 18.21 |
| 湖　南 | 385.62 | 1.57 | 251.16 | 153.78 | 213.76 |
| 广　东 | | | | | |
| 广　西 | 56.21 | | 87.63 | 15.14 | 23.56 |
| 海　南 | | | | | |
| 重　庆 | 250.56 | | 575.84 | 246.52 | 270.59 |
| 四　川 | 833.47 | | 831.78 | 354.11 | 530.23 |
| 贵　州 | 1572.98 | 2.38 | 2249.20 | 746.60 | 1022.38 |
| 云　南 | 334.89 | | 577.46 | 200.71 | 263.04 |
| 西　藏 | | | | | |
| 陕　西 | 2284.46 | | 4055.46 | 1709.40 | 2225.19 |
| 甘　肃 | 249.62 | | 598.62 | 343.86 | 379.30 |
| 青　海 | 23.24 | | 111.20 | 30.70 | 41.48 |
| 宁　夏 | 471.19 | | 1594.15 | 575.00 | 919.51 |
| 新　疆 | 216.43 | | 875.72 | 351.92 | 448.87 |

# 和洗选业主要经济指标

单位：亿元

| 累计折旧 | 流动资产合计 | 应收账款 | 存货 | 产成品 | 负债合计 |
|---|---|---|---|---|---|
| **11003.05** | **18929.41** | **2692.54** | **2006.43** | **846.32** | **37110.00** |
| 13.93 | 58.91 | 2.47 | 1.75 | 1.69 | 71.02 |
| 5.22 | 27.38 | 3.18 | 2.44 | 2.21 | 53.51 |
| 494.80 | 835.64 | 145.47 | 131.15 | 66.57 | 1374.59 |
| 2915.38 | 6733.34 | 847.96 | 521.57 | 211.19 | 13312.90 |
| 1318.30 | 2229.90 | 352.12 | 157.80 | 75.59 | 3465.50 |
| 401.81 | 338.24 | 46.09 | 92.41 | 26.98 | 675.42 |
| 198.75 | 105.21 | 19.39 | 11.29 | 4.43 | 286.39 |
| 358.90 | 252.36 | 65.30 | 30.71 | 16.01 | 679.13 |
| 198.38 | 171.17 | 33.44 | 30.05 | 11.09 | 414.30 |
| 0.07 | 0.14 | 0.05 | 0.04 | 0.04 | 0.29 |
| 779.32 | 552.86 | 47.49 | 94.30 | 25.70 | 2431.52 |
| 22.92 | 35.88 | 5.17 | 2.86 | 2.20 | 55.37 |
| 54.09 | 48.74 | 10.74 | 3.79 | 1.66 | 155.66 |
| 1186.69 | 2512.56 | 253.70 | 431.45 | 158.98 | 4399.80 |
| 772.10 | 1240.06 | 182.96 | 144.36 | 60.16 | 2403.98 |
| 4.88 | 13.47 | 1.43 | 1.25 | 0.69 | 16.25 |
| 73.75 | 58.48 | 11.63 | 10.66 | 6.76 | 106.52 |
| 12.14 | 30.60 | 4.86 | 3.38 | 2.39 | 57.70 |
| 82.65 | 160.49 | 27.09 | 11.51 | 6.78 | 319.88 |
| 221.24 | 289.57 | 48.77 | 21.08 | 8.69 | 548.28 |
| 350.42 | 734.70 | 159.26 | 49.09 | 26.58 | 1593.86 |
| 103.95 | 227.35 | 33.72 | 18.47 | 11.26 | 356.22 |
| 757.76 | 1538.83 | 254.70 | 101.32 | 41.58 | 2082.28 |
| 181.94 | 177.87 | 27.66 | 27.33 | 17.25 | 371.70 |
| 11.10 | 34.53 | 10.45 | 3.68 | 2.82 | 64.94 |
| 352.96 | 288.16 | 59.83 | 78.44 | 41.05 | 1154.56 |
| 129.61 | 232.96 | 37.57 | 24.27 | 15.98 | 658.42 |

3-13 续表 1

| 地　区 | 流动负债合计 | 应付账款 | 所有者权益合计 | 实收资本 | 国家资本 |
|---|---|---|---|---|---|
| **全　国** | **23896.02** | **3975.96** | **16149.45** | **6232.97** | **2985.22** |
| 北　京 | 24.94 | 1.10 | 68.64 | 12.00 | |
| 天　津 | 1.39 | 0.52 | 12.36 | 3.70 | |
| 河　北 | 970.90 | 165.43 | 610.19 | 263.30 | 151.78 |
| 山　西 | 9024.91 | 1400.50 | 3684.39 | 1802.27 | 1034.57 |
| 内蒙古 | 1854.24 | 374.71 | 3042.06 | 814.53 | 326.13 |
| 辽　宁 | 499.62 | 83.27 | 331.75 | 96.72 | 84.13 |
| 吉　林 | 208.30 | 25.45 | 55.05 | 50.04 | 34.86 |
| 黑龙江 | 618.22 | 120.41 | 60.24 | 107.47 | 78.50 |
| 上　海 | | | | | |
| 江　苏 | 239.88 | 63.94 | 265.70 | 61.88 | 45.26 |
| 浙　江 | 0.29 | 0.03 | 0.07 | 0.06 | |
| 安　徽 | 1436.72 | 208.10 | 772.86 | 367.58 | 271.65 |
| 福　建 | 45.99 | 4.98 | 52.75 | 22.91 | 6.49 |
| 江　西 | 116.30 | 14.25 | 24.39 | 50.67 | 33.82 |
| 山　东 | 2203.38 | 336.55 | 1679.45 | 287.76 | 175.78 |
| 河　南 | 1838.70 | 299.28 | 1016.92 | 389.00 | 146.26 |
| 湖　北 | 10.31 | 0.65 | 19.16 | 9.52 | 1.37 |
| 湖　南 | 75.02 | 8.22 | 144.20 | 88.64 | 6.37 |
| 广　东 | | | | | |
| 广　西 | 25.19 | 5.29 | 29.05 | 6.55 | 1.57 |
| 海　南 | | | | | |
| 重　庆 | 189.61 | 20.30 | 236.33 | 118.35 | 31.79 |
| 四　川 | 335.94 | 51.21 | 269.90 | 123.12 | 13.27 |
| 贵　州 | 1078.04 | 160.02 | 654.18 | 271.48 | 77.58 |
| 云　南 | 287.88 | 41.65 | 220.04 | 106.93 | 44.21 |
| 西　藏 | | | | | |
| 陕　西 | 1363.55 | 302.11 | 1969.71 | 608.89 | 181.68 |
| 甘　肃 | 290.80 | 42.08 | 226.92 | 80.29 | 55.89 |
| 青　海 | 56.24 | 6.77 | 46.26 | 42.72 | 40.30 |
| 宁　夏 | 601.14 | 156.02 | 439.59 | 240.90 | 103.95 |
| 新　疆 | 498.53 | 83.11 | 217.31 | 205.69 | 38.02 |

单位：亿元

| | | | | | 主营业务收　入 |
|---|---|---|---|---|---|
| 集体资本 | 法人资本 | 个人资本 | 港澳台资本 | 外商资本 | |
| **111.93** | **2206.14** | **868.86** | **21.14** | **40.37** | **22328.52** |
| | | | | | |
| | 7.48 | 4.52 | | | 20.17 |
| 3.00 | 0.70 | | | | 10.60 |
| 3.54 | 78.06 | 29.72 | | 0.21 | 1193.74 |
| 36.45 | 499.64 | 198.90 | 0.46 | 32.25 | 5462.94 |
| 11.13 | 389.37 | 76.36 | 9.02 | 2.52 | 3357.78 |
| | | | | | |
| | 2.82 | 9.77 | | | 219.63 |
| | 11.29 | 3.90 | | | 216.47 |
| 0.35 | 10.80 | 17.82 | | | 277.52 |
| | | | | | |
| | | | | | |
| 0.60 | 15.08 | 0.93 | | | 196.68 |
| | 0.01 | 0.05 | | | 0.41 |
| | 81.86 | 14.07 | | | 1152.89 |
| 0.77 | 4.37 | 9.38 | 1.90 | | 110.71 |
| 0.15 | 6.11 | 10.48 | 0.10 | | 117.87 |
| 6.72 | 92.46 | 8.17 | 3.00 | 1.64 | 2324.29 |
| | | | | | |
| 3.17 | 196.81 | 40.32 | | 2.45 | 1712.08 |
| 1.19 | 2.88 | 4.09 | | | 59.85 |
| 1.64 | 49.70 | 30.93 | | | 393.60 |
| | | | | | |
| | 1.72 | 2.06 | | 1.20 | 55.76 |
| | | | | | |
| | | | | | |
| 0.15 | 75.00 | 11.41 | | | 251.22 |
| 1.81 | 56.00 | 51.98 | 0.07 | | 781.31 |
| 5.39 | 93.61 | 91.62 | 3.97 | | 1347.35 |
| 1.90 | 27.35 | 33.46 | | | 318.84 |
| | | | | | |
| | | | | | |
| 32.69 | 204.82 | 189.69 | 0.01 | | 2012.28 |
| 0.59 | 9.57 | 14.03 | 0.10 | 0.10 | 150.90 |
| | 0.65 | 1.77 | | | 32.55 |
| | 131.40 | 5.50 | 0.05 | | 331.61 |
| 0.70 | 156.58 | 7.93 | 2.46 | | 219.46 |

3-13 续表 2

| 地 区 | 主营业务成本 | 销售费用 | 管理费用 | 财务费用 | 利息收入 |
|---|---|---|---|---|---|
| **全 国** | **17670.71** | **624.96** | **1573.91** | **849.12** | **65.61** |
| 北 京 | 13.70 | 1.05 | 2.90 | 0.92 | 0.07 |
| 天 津 | 8.33 | 0.07 | 0.44 | 0.78 | 0.10 |
| 河 北 | 1059.04 | 19.66 | 55.30 | 33.64 | -3.00 |
| 山 西 | 4274.40 | 269.16 | 384.58 | 328.23 | 48.07 |
| 内蒙古 | 2398.73 | 96.41 | 195.80 | 53.64 | 4.14 |
| 辽 宁 | 169.72 | 4.28 | 48.00 | 18.47 | 0.79 |
| 吉 林 | 209.33 | 3.55 | 17.73 | 4.78 | -0.11 |
| 黑龙江 | 264.10 | 4.13 | 37.05 | 9.54 | 0.48 |
| 上 海 | | | | | |
| 江 苏 | 150.01 | 4.05 | 26.26 | 5.71 | 0.78 |
| 浙 江 | 0.35 | | 0.03 | 0.01 | |
| 安 徽 | 960.45 | 12.11 | 79.42 | 81.98 | 4.95 |
| 福 建 | 94.28 | 3.48 | 11.89 | 0.48 | 0.28 |
| 江 西 | 97.44 | 2.58 | 7.19 | 1.68 | 0.33 |
| 山 东 | 1884.05 | 36.26 | 197.92 | 94.18 | -2.47 |
| 河 南 | 1504.61 | 22.87 | 97.29 | 68.87 | 4.44 |
| 湖 北 | 49.94 | 1.25 | 3.53 | 0.26 | |
| 湖 南 | 329.73 | 9.04 | 15.97 | 2.50 | 0.03 |
| 广 东 | | | | | |
| 广 西 | 52.59 | 0.28 | 2.58 | 0.41 | 0.03 |
| 海 南 | | | | | |
| 重 庆 | 210.99 | 6.58 | 15.92 | 6.63 | 1.23 |
| 四 川 | 680.93 | 15.29 | 43.80 | 14.28 | 0.77 |
| 贵 州 | 1094.94 | 41.20 | 84.94 | 36.26 | 1.30 |
| 云 南 | 264.17 | 9.56 | 27.05 | 6.71 | 1.07 |
| 西 藏 | | | | | |
| 陕 西 | 1307.52 | 38.20 | 142.70 | 41.30 | 1.46 |
| 甘 肃 | 141.86 | 8.06 | 14.13 | 7.77 | 0.31 |
| 青 海 | 27.16 | 1.01 | 2.46 | 1.13 | 0.07 |
| 宁 夏 | 249.15 | 9.68 | 39.85 | 18.13 | 0.28 |
| 新 疆 | 173.20 | 5.15 | 19.16 | 10.82 | 0.20 |

单位：亿元

| 利息支出 | 投资收益（损失以"-"号记） | 营业利润 | 利润总额 | 亏损企业亏损额 | 平均用工人数（万人） |
|---|---|---|---|---|---|
| **889.57** | **133.59** | **1092.39** | **1159.53** | **618.62** | **397.11** |
| 0.97 | 0.01 | 1.05 | 1.91 | | 0.75 |
| 1.08 | 0.05 | 0.89 | 0.90 | | 0.16 |
| 36.53 | 2.95 | 9.96 | 17.19 | 8.52 | 18.60 |
| 352.10 | 71.75 | 107.48 | 121.16 | 177.12 | 92.86 |
| 48.25 | 3.29 | 479.22 | 467.10 | 69.68 | 20.43 |
| 15.05 | 1.74 | -26.00 | -13.47 | 15.64 | 14.25 |
| 3.29 | 0.09 | -20.65 | -8.75 | 13.77 | 6.82 |
| 10.22 | 6.81 | -32.09 | -25.68 | 41.05 | 18.89 |
| | | | | | |
| 5.63 | 1.63 | 3.92 | 7.05 | 0.17 | 6.02 |
| 0.01 | | | | 0.02 | |
| 83.19 | 17.78 | 6.44 | 22.76 | 6.42 | 23.89 |
| 0.81 | 0.08 | -1.48 | -1.07 | 6.98 | 3.07 |
| 1.16 | -0.02 | -10.58 | -17.12 | 27.32 | 5.11 |
| 127.52 | 5.22 | 98.99 | 113.77 | 28.50 | 38.20 |
| 75.89 | 8.80 | -4.47 | -5.40 | 79.95 | 42.31 |
| 0.22 | | 3.90 | 3.92 | 0.18 | 1.44 |
| 1.76 | -1.20 | 25.73 | 26.86 | 2.70 | 8.91 |
| 0.45 | | -1.20 | -1.05 | 2.57 | 1.19 |
| | | | | | |
| 6.17 | 0.12 | 7.24 | 13.28 | 5.85 | 9.26 |
| 13.70 | -5.18 | 20.94 | 25.01 | 15.70 | 17.74 |
| 30.15 | 4.73 | 58.36 | 59.93 | 32.52 | 22.53 |
| 7.13 | 0.19 | -23.38 | -20.66 | 39.90 | 7.96 |
| | | | | | |
| 33.16 | 13.93 | 401.32 | 379.46 | 14.43 | 19.30 |
| 7.46 | 0.56 | -13.28 | -12.13 | 13.14 | 6.60 |
| 0.96 | 0.03 | -0.44 | 0.20 | 1.87 | 0.60 |
| 15.70 | 0.18 | 0.87 | 5.10 | 1.07 | 5.64 |
| 11.02 | 0.07 | -0.36 | -0.76 | 13.57 | 4.59 |

# 3-14 按地区分组的石油和

| 地　区 | 工业销售产值（当年价格） | 出口交货值 | 资产总计 | 固定资产合　计 | 固定资产原　价 |
|---|---|---|---|---|---|
| **全　国** | **6774.18** | **8.18** | **19995.66** | **15048.87** | **30425.78** |
| 北　京 | 23.70 | | 161.94 | 48.00 | 64.93 |
| 天　津 | 615.71 | | 1324.34 | 1123.21 | 2934.76 |
| 河　北 | 119.63 | | 638.24 | 507.42 | 1252.35 |
| 山　西 | 42.68 | | 285.77 | 94.76 | 113.94 |
| 内蒙古 | 757.23 | | 279.67 | 109.50 | 207.49 |
| 辽　宁 | 168.27 | | 434.93 | 387.80 | 1407.26 |
| 吉　林 | 181.71 | 0.21 | 848.51 | 683.37 | 1311.99 |
| 黑龙江 | 766.36 | | 2866.61 | 1813.04 | 4766.57 |
| 上　海 | 5.96 | | 33.79 | 0.07 | 0.27 |
| 江　苏 | 35.36 | | 187.26 | 126.62 | 362.10 |
| 浙　江 | | | | | |
| 安　徽 | | | | | |
| 福　建 | | | | | |
| 江　西 | | | | | |
| 山　东 | 498.83 | | 1585.29 | 1390.76 | 880.73 |
| 河　南 | 111.48 | | 239.58 | 170.69 | 223.79 |
| 湖　北 | 31.46 | 0.76 | 104.91 | 79.64 | 308.23 |
| 湖　南 | | | | | |
| 广　东 | 424.11 | 7.21 | 992.14 | 516.92 | 1116.26 |
| 广　西 | 9.38 | | 36.88 | 8.22 | 21.18 |
| 海　南 | 7.32 | | 39.96 | 27.06 | 47.69 |
| 重　庆 | 80.70 | | 273.76 | 249.51 | 239.88 |
| 四　川 | 544.27 | | 1726.97 | 1298.16 | 2467.49 |
| 贵　州 | | | | | |
| 云　南 | | | | | |
| 西　藏 | | | | | |
| 陕　西 | 1103.03 | | 4259.01 | 3526.60 | 6389.63 |
| 甘　肃 | 395.76 | | 555.64 | 426.01 | 743.11 |
| 青　海 | 154.77 | | 398.36 | 281.57 | 527.55 |
| 宁　夏 | 1.49 | | 5.52 | 1.15 | 1.15 |
| 新　疆 | 694.97 | | 2716.55 | 2178.77 | 5037.41 |

# 天然气开采业主要经济指标

单位：亿元

| 累计折旧 | 流动资产合计 | 应收账款 | 存货 | 产成品 | 负债合计 |
|---|---|---|---|---|---|
| **16890.71** | **2909.66** | **258.77** | **230.10** | **94.62** | **9204.61** |
| 15.55 | 24.50 | 1.62 | 0.37 | | 58.92 |
| 1826.68 | 118.03 | 4.11 | 23.21 | 4.08 | 869.02 |
| 716.66 | 69.92 | 0.29 | 2.69 | 1.19 | 254.56 |
| 24.58 | 86.37 | 21.60 | 3.56 | 0.66 | 175.04 |
| 133.00 | 90.59 | 62.68 | 1.68 | 0.80 | 68.17 |
| 1014.29 | 47.13 | 1.23 | 5.91 | 5.91 | 286.16 |
| 677.19 | 146.07 | 6.62 | 5.23 | 3.32 | 316.62 |
| 2932.65 | 778.92 | 17.96 | 33.14 | 30.43 | 638.57 |
| 0.20 | 22.57 | 0.71 | 0.75 | 0.27 | 6.92 |
| 222.44 | 22.05 | 1.24 | 1.73 | 0.77 | 112.45 |
| 511.94 | 180.43 | 44.06 | 13.98 | 8.23 | 777.97 |
| 134.12 | 44.26 | 12.29 | 6.77 | 5.45 | 145.65 |
| 228.59 | 11.23 | 0.82 | 1.77 | 1.28 | 47.73 |
| 667.78 | 71.27 | 14.98 | 26.85 | 2.47 | 711.75 |
| 12.95 | 3.87 | | 0.10 | | 4.67 |
| 20.63 | 1.53 | 0.01 | 0.32 | 0.15 | 7.07 |
| 69.49 | 22.06 | 20.30 | 0.26 | 0.08 | 187.75 |
| 1249.96 | 245.14 | 12.72 | 7.02 | 1.14 | 647.74 |
| 3032.91 | 387.71 | 13.50 | 30.90 | 14.55 | 2203.10 |
| 317.13 | 56.74 | 1.55 | 4.25 | 2.09 | 249.32 |
| 226.83 | 89.47 | | 3.12 | 0.93 | 182.73 |
| 0.06 | 2.98 | 1.14 | 0.10 | 0.10 | 0.03 |
| 2855.09 | 386.81 | 19.33 | 56.40 | 10.73 | 1252.69 |

3-14 续表 1

| 地　区 | 流动负债合计 | 应付账款 | 所有者权益合计 | 实收资本 | 国家资本 |
|---|---|---|---|---|---|
| **全　国** | **4550.32** | **1473.54** | **10791.05** | **6715.72** | **4349.95** |
| 北　京 | 14.84 | 8.33 | 103.02 | 23.11 | |
| 天　津 | 488.58 | 69.14 | 455.33 | 138.62 | 138.62 |
| 河　北 | 51.32 | 46.54 | 383.68 | 238.15 | 238.15 |
| 山　西 | 120.40 | 40.55 | 110.74 | 77.65 | 64.71 |
| 内蒙古 | 23.88 | 9.61 | 211.50 | 115.05 | 100.78 |
| 辽　宁 | 40.54 | 33.05 | 148.78 | 148.67 | 148.65 |
| 吉　林 | 110.87 | 74.09 | 531.90 | 26.35 | 0.20 |
| 黑龙江 | 196.97 | 177.35 | 2228.04 | 475.00 | |
| 上　海 | 1.78 | 0.39 | 26.88 | 9.00 | 9.00 |
| 江　苏 | 101.94 | 6.99 | 74.81 | 120.91 | 120.91 |
| 浙　江 | | | | | |
| 安　徽 | | | | | |
| 福　建 | | | | | |
| 江　西 | | | | | |
| 山　东 | 571.37 | 137.00 | 807.32 | 805.04 | 801.68 |
| 河　南 | 117.63 | 28.85 | 93.94 | 111.08 | 16.25 |
| 湖　北 | 35.85 | 13.52 | 57.18 | | |
| 湖　南 | | | | | |
| 广　东 | 463.91 | 70.78 | 280.38 | 267.74 | 3.10 |
| 广　西 | | | 32.21 | | |
| 海　南 | 4.93 | 3.09 | 32.89 | 0.50 | 0.50 |
| 重　庆 | 164.83 | 5.16 | 86.01 | 83.56 | 1.85 |
| 四　川 | 333.48 | 73.08 | 1079.23 | 75.77 | 44.61 |
| 贵　州 | | | | | |
| 云　南 | | | | | |
| 西　藏 | | | | | |
| 陕　西 | 1069.22 | 403.09 | 2055.91 | 2109.91 | 1709.41 |
| 甘　肃 | 56.01 | 34.98 | 306.32 | 278.70 | 278.70 |
| 青　海 | 73.43 | 48.50 | 215.63 | | |
| 宁　夏 | 0.03 | | 5.49 | 0.10 | 0.10 |
| 新　疆 | 508.51 | 189.46 | 1463.86 | 1610.83 | 672.72 |

单位：亿元

| 集体资本 | 法人资本 | 个人资本 | 港澳台资本 | 外商资本 | 主营业务收入 |
|---|---|---|---|---|---|
| **1.17** | **2129.77** | **4.25** | **1.03** | **229.56** | **6469.96** |
| | | | | | |
| | 23.11 | | | | 16.91 |
| | | | | | 601.38 |
| | | | | | 118.72 |
| 0.33 | 3.80 | 0.51 | | 8.30 | 46.15 |
| | 10.89 | 1.33 | | 2.05 | 761.04 |
| | | | | | |
| | | 0.02 | | | 165.49 |
| 0.04 | 23.78 | 2.33 | | | 172.51 |
| | 475.00 | | | | 769.60 |
| | | | | | |
| | | | | | 5.96 |
| | | | | | 43.10 |
| | | | | | |
| | | | | | |
| | | | | | |
| | | | | | |
| | 3.31 | 0.05 | | | 528.76 |
| | | | | | |
| 0.30 | 94.52 | | | | 95.55 |
| | | | | | 31.42 |
| | | | | | |
| | 60.61 | | 1.03 | 203.00 | 406.36 |
| | | | | | 17.99 |
| | | | | | 7.32 |
| | | | | | |
| | 81.70 | | | | 80.53 |
| | 14.94 | 0.01 | | 16.22 | 510.43 |
| | | | | | |
| | | | | | |
| | | | | | |
| | | | | | |
| 0.50 | 400.00 | | | | 1039.14 |
| | | | | | 144.95 |
| | | | | | 131.55 |
| | | | | | 1.49 |
| | 938.10 | | | | 773.62 |

3-14 续表 2

| 地 区 | 主营业务成本 | 销售费用 | 管理费用 | 财务费用 | 利息收入 |
|---|---|---|---|---|---|
| **全 国** | **5579.96** | **38.05** | **704.24** | **165.02** | **38.92** |
| 北 京 | 14.06 | | 3.79 | 0.99 | 0.25 |
| 天 津 | 379.30 | 1.67 | 18.37 | 13.08 | 0.74 |
| 河 北 | 133.37 | 0.25 | 30.25 | 5.73 | 1.28 |
| 山 西 | 39.07 | 0.38 | 3.51 | 3.06 | -0.04 |
| 内蒙古 | 677.04 | 1.33 | 3.58 | 2.88 | |
| 辽 宁 | 334.88 | 0.90 | 30.10 | 8.30 | 1.15 |
| 吉 林 | 186.54 | 4.82 | 16.26 | 8.25 | 1.54 |
| 黑龙江 | 644.13 | 10.35 | 118.70 | -1.18 | 13.65 |
| 上 海 | 5.11 | 0.03 | 0.57 | -0.14 | 0.40 |
| 江 苏 | 55.67 | 0.52 | 15.76 | 2.72 | 0.07 |
| 浙 江 | | | | | |
| 安 徽 | | | | | |
| 福 建 | | | | | |
| 江 西 | | | | | |
| 山 东 | 567.00 | 3.11 | 99.87 | 16.86 | 0.92 |
| 河 南 | 173.11 | 1.62 | 38.75 | 1.50 | 0.39 |
| 湖 北 | 41.80 | 0.67 | 8.28 | 1.34 | 0.02 |
| 湖 南 | | | | | |
| 广 东 | 266.59 | 1.02 | 9.57 | 7.41 | 1.23 |
| 广 西 | 13.07 | 0.03 | 0.12 | 0.14 | |
| 海 南 | 4.94 | | 1.56 | 0.01 | 0.03 |
| 重 庆 | 49.62 | 0.24 | 10.81 | 3.42 | |
| 四 川 | 394.92 | 2.75 | 66.33 | 16.17 | 6.01 |
| 贵 州 | | | | | |
| 云 南 | | | | | |
| 西 藏 | | | | | |
| 陕 西 | 786.87 | 0.84 | 68.53 | 37.51 | 4.12 |
| 甘 肃 | 100.50 | 0.16 | 3.59 | 5.83 | 0.67 |
| 青 海 | 63.18 | 0.48 | 16.26 | 2.25 | 1.43 |
| 宁 夏 | 0.42 | 0.05 | 0.46 | | |
| 新 疆 | 648.75 | 6.84 | 139.21 | 28.88 | 5.06 |

单位：亿元

| 利息支出 | 投资收益（损失以“-”号记） | 营业利润 | 利润总额 | 亏损企业亏损额 | 平均用工人数（万人） |
|---|---|---|---|---|---|
| **180.77** | **-70.87** | **-561.89** | **-567.05** | **1212.95** | **70.50** |
| 1.20 | 0.08 | -1.84 | 3.26 | | 0.20 |
| 0.42 | | 163.16 | 154.04 | 49.72 | 2.02 |
| 7.00 | 0.10 | -61.30 | -65.16 | 65.16 | 2.79 |
| 2.33 | | -1.94 | 7.93 | 1.76 | 0.54 |
| 2.66 | | 72.90 | 72.74 | 16.06 | 0.81 |
| 9.44 | 1.15 | -223.53 | -220.10 | 220.13 | 4.77 |
| 7.78 | -0.51 | -55.64 | -63.63 | 66.22 | 3.67 |
| 13.61 | | -79.89 | -89.92 | 89.92 | 11.33 |
| | | 0.32 | 0.36 | | 0.02 |
| 2.79 | | -55.35 | -55.36 | 55.36 | 0.95 |
| 17.63 | 0.13 | -227.33 | -231.69 | 233.17 | 10.55 |
| 1.59 | 1.17 | -146.96 | -148.77 | 148.84 | 4.36 |
| 1.33 | | -24.30 | -25.81 | 25.81 | 1.49 |
| 2.12 | 0.14 | 95.10 | 99.76 | | 0.59 |
| | | 4.10 | 4.10 | | 0.01 |
| 0.04 | 0.01 | 0.38 | 0.38 | | |
| 3.43 | 0.01 | 12.86 | 28.11 | | 0.15 |
| 22.03 | 2.08 | -3.73 | 1.06 | 24.85 | 3.58 |
| 41.24 | -0.14 | 68.35 | 56.64 | 27.94 | 11.64 |
| 6.50 | -75.74 | 22.43 | 20.22 | 0.62 | 2.08 |
| 3.68 | | 13.72 | 16.01 | | 2.28 |
| | | 0.54 | 0.54 | | 0.02 |
| 33.95 | 0.65 | -133.93 | -131.79 | 187.43 | 6.64 |

# 3-15 按地区分组的黑色金属

| 地　区 | 工业销售产值（当年价格） | 出口交货值 | 资产总计 | 固定资产合计 | 固定资产原价 |
|---|---|---|---|---|---|
| **全　国** | **6213.82** | **2.83** | **9674.29** | **2895.26** | **4527.54** |
| 北　京 | 72.81 | | 2483.55 | 389.56 | 559.39 |
| 天　津 | 95.01 | | 189.37 | 64.44 | 77.42 |
| 河　北 | 1678.15 | | 2064.07 | 710.02 | 1034.44 |
| 山　西 | 240.99 | | 348.57 | 132.73 | 170.58 |
| 内蒙古 | 612.51 | | 467.02 | 204.79 | 495.67 |
| 辽　宁 | 139.47 | | 622.54 | 125.67 | 219.04 |
| 吉　林 | 240.57 | | 201.90 | 74.37 | 314.97 |
| 黑龙江 | 41.15 | | 52.96 | 32.76 | 35.59 |
| 上　海 | | | | | |
| 江　苏 | 39.77 | | 40.37 | 18.39 | 22.48 |
| 浙　江 | 7.67 | | 14.96 | 3.16 | 6.85 |
| 安　徽 | 421.50 | | 615.01 | 183.82 | 311.05 |
| 福　建 | 159.90 | | 96.69 | 39.38 | 55.43 |
| 江　西 | 183.98 | | 76.12 | 37.45 | 51.17 |
| 山　东 | 339.42 | 0.23 | 463.47 | 224.51 | 256.43 |
| 河　南 | 131.11 | | 137.37 | 50.60 | 74.85 |
| 湖　北 | 277.14 | | 139.07 | 54.56 | 96.91 |
| 湖　南 | 110.73 | 2.53 | 57.67 | 29.46 | 35.31 |
| 广　东 | 113.29 | | 145.11 | 48.87 | 70.57 |
| 广　西 | 200.35 | | 101.32 | 34.51 | 42.68 |
| 海　南 | 9.01 | | 63.82 | 39.04 | 27.27 |
| 重　庆 | 12.07 | | 17.02 | 6.10 | 7.73 |
| 四　川 | 550.99 | 0.08 | 477.49 | 166.30 | 184.92 |
| 贵　州 | 61.70 | | 22.62 | 4.59 | 7.82 |
| 云　南 | 124.30 | | 308.64 | 44.99 | 104.63 |
| 西　藏 | 2.28 | | 32.23 | 1.24 | 3.41 |
| 陕　西 | 195.63 | | 145.96 | 57.86 | 67.19 |
| 甘　肃 | 64.66 | | 85.04 | 32.56 | 79.19 |
| 青　海 | 2.87 | | 28.03 | 13.96 | 18.70 |
| 宁　夏 | 9.85 | | 7.11 | 4.93 | 1.17 |
| 新　疆 | 74.92 | | 169.18 | 64.63 | 94.65 |

# 矿采选业主要经济指标

单位：亿元

| 累计折旧 | 流动资产合计 | 应收账款 | 存货 | 产成品 | 负债合计 |
|---|---|---|---|---|---|
| **1856.16** | **3483.81** | **623.07** | **386.60** | **201.87** | **5467.77** |
| 168.79 | 809.46 | 183.01 | 22.95 | 4.25 | 1475.23 |
| 33.72 | 55.25 | 8.67 | 4.81 | 1.13 | 139.82 |
| 351.78 | 763.05 | 142.79 | 80.78 | 43.51 | 1009.46 |
| 46.14 | 129.11 | 22.55 | 23.70 | 14.64 | 237.83 |
| 283.40 | 195.72 | 31.53 | 57.69 | 22.25 | 254.74 |
| 99.24 | 302.57 | 26.48 | 25.46 | 18.36 | 384.28 |
| 240.71 | 45.86 | 8.42 | 4.14 | 2.73 | 112.04 |
| 11.87 | 10.48 | 1.32 | 0.99 | 0.37 | 36.30 |
| 4.74 | 19.82 | 4.04 | 4.21 | 1.36 | 27.19 |
| 3.71 | 8.85 | 1.36 | 0.96 | 0.64 | 5.17 |
| 136.14 | 133.28 | 10.14 | 12.03 | 5.96 | 353.97 |
| 22.26 | 28.49 | 4.37 | 4.56 | 2.25 | 50.82 |
| 19.92 | 24.76 | 4.43 | 3.04 | 1.59 | 34.17 |
| 73.76 | 135.29 | 17.20 | 16.74 | 7.94 | 218.27 |
| 31.86 | 54.61 | 16.77 | 4.43 | 2.96 | 57.41 |
| 46.66 | 61.18 | 20.28 | 14.47 | 10.11 | 78.79 |
| 9.30 | 18.54 | 3.20 | 3.48 | 0.97 | 22.68 |
| 21.84 | 65.26 | 10.38 | 6.74 | 2.63 | 87.05 |
| 14.38 | 49.39 | 8.89 | 7.37 | 4.75 | 50.66 |
| 9.27 | 24.78 | 1.69 | 3.55 | 1.33 | 23.52 |
| 1.84 | 7.36 | 1.15 | 1.24 | 0.83 | 14.92 |
| 66.11 | 211.38 | 35.09 | 27.42 | 16.66 | 286.74 |
| 3.44 | 11.03 | 3.14 | 1.38 | 0.71 | 9.69 |
| 46.50 | 145.36 | 27.21 | 16.61 | 10.78 | 191.41 |
| 2.18 | 7.11 | 0.38 | 0.22 | 0.19 | 5.25 |
| 23.59 | 50.36 | 9.28 | 9.04 | 6.49 | 87.61 |
| 47.02 | 46.96 | 8.43 | 8.03 | 5.72 | 69.01 |
| 4.43 | 9.95 | 1.76 | 1.30 | 0.92 | 24.97 |
| 0.21 | 2.06 | -1.89 | 2.76 | 0.06 | 6.64 |
| 31.34 | 56.50 | 11.02 | 16.47 | 9.78 | 112.11 |

3-15 续表 1

| 地区 | 流动负债合计 | 应付账款 | 所有者权益合计 | 实收资本 | 国家资本 |
|---|---|---|---|---|---|
| **全国** | **4052.13** | **651.93** | **4232.08** | **1586.41** | **743.19** |
| 北京 | 864.49 | 79.23 | 1008.32 | 291.24 | 287.78 |
| 天津 | 117.70 | 9.83 | 116.31 | 25.13 | |
| 河北 | 851.32 | 156.77 | 1041.23 | 310.05 | 34.06 |
| 山西 | 161.44 | 20.60 | 109.91 | 83.18 | 40.42 |
| 内蒙古 | 199.44 | 51.88 | 212.28 | 78.39 | 13.94 |
| 辽宁 | 346.20 | 40.63 | 238.30 | 81.39 | 43.00 |
| 吉林 | 88.65 | 25.38 | 89.86 | 40.98 | 11.85 |
| 黑龙江 | 18.16 | 6.28 | 16.66 | 10.59 | |
| 上海 | | | | | |
| 江苏 | 26.33 | 8.13 | 12.77 | 12.69 | 0.78 |
| 浙江 | 5.36 | 0.77 | 9.54 | 2.83 | 1.71 |
| 安徽 | 262.12 | 29.81 | 256.02 | 169.79 | 124.16 |
| 福建 | 31.21 | 5.32 | 45.46 | 18.71 | 1.53 |
| 江西 | 20.54 | 4.75 | 41.53 | 13.18 | 0.33 |
| 山东 | 154.65 | 31.45 | 234.47 | 86.25 | 49.28 |
| 河南 | 45.16 | 11.95 | 73.98 | 27.98 | 9.88 |
| 湖北 | 59.42 | 11.84 | 59.42 | 37.54 | 23.09 |
| 湖南 | 12.93 | 2.65 | 34.99 | 18.47 | 0.09 |
| 广东 | 52.83 | 12.38 | 57.14 | 16.13 | 0.75 |
| 广西 | 44.81 | 9.76 | 49.69 | 12.50 | 0.03 |
| 海南 | 19.31 | 2.07 | 40.30 | 18.67 | |
| 重庆 | 14.19 | 1.29 | 2.09 | 1.90 | 1.21 |
| 四川 | 234.56 | 50.98 | 190.75 | 54.78 | 6.32 |
| 贵州 | 7.81 | 1.73 | 12.60 | 4.99 | 0.98 |
| 云南 | 154.03 | 23.14 | 117.23 | 87.94 | 79.58 |
| 西藏 | 4.73 | 0.03 | 26.98 | 7.21 | 2.00 |
| 陕西 | 66.73 | 15.78 | 58.35 | 19.51 | 0.03 |
| 甘肃 | 57.30 | 9.71 | 16.03 | 8.70 | |
| 青海 | 19.49 | 2.36 | 2.33 | 5.85 | 1.03 |
| 宁夏 | 6.64 | 2.56 | 0.46 | 1.00 | |
| 新疆 | 104.61 | 22.87 | 57.07 | 38.83 | 9.37 |

单位：亿元

| 集体资本 | 法人资本 | 个人资本 | 港澳台资本 | 外商资本 | 主营业务收入 |
|---|---|---|---|---|---|
| **24.64** | **430.05** | **374.77** | **3.29** | **10.46** | **6085.83** |
| 0.04 | 2.83 | 0.60 | | | 201.93 |
| 0.01 | 25.11 | 0.01 | | | 96.73 |
| 1.07 | 95.56 | 178.10 | 1.27 | | 1637.22 |
| 0.37 | 18.50 | 23.89 | | | 225.25 |
| 2.23 | 39.47 | 22.75 | | | 599.27 |
| 1.00 | 24.12 | 12.95 | 0.32 | | 152.27 |
| 3.04 | 15.72 | 10.37 | | | 226.37 |
| | 9.60 | 0.99 | | | 42.37 |
| | | | | | |
| 0.02 | 0.39 | 1.37 | 0.78 | 9.35 | 39.79 |
| | 0.92 | 0.20 | | | 6.43 |
| 0.38 | 27.38 | 16.88 | | 1.00 | 382.57 |
| 0.91 | 9.89 | 6.19 | 0.20 | | 157.32 |
| 0.03 | 4.11 | 8.72 | | | 187.86 |
| 2.45 | 17.55 | 16.97 | | | 359.88 |
| 1.75 | 5.35 | 10.83 | 0.16 | | 125.83 |
| 1.75 | 5.94 | 6.76 | | | 267.97 |
| 0.27 | 11.47 | 6.64 | | | 109.01 |
| | 13.69 | 1.69 | | | 112.05 |
| 0.05 | 1.60 | 10.82 | | | 195.94 |
| | 18.67 | | | | 9.08 |
| | 0.21 | 0.48 | | | 11.93 |
| 1.62 | 35.90 | 10.56 | 0.38 | | 503.95 |
| 0.05 | 2.78 | 1.07 | 0.11 | | 58.28 |
| 0.30 | 4.13 | 3.83 | | 0.11 | 122.87 |
| | | 5.21 | | | 2.15 |
| 2.34 | 11.29 | 5.78 | 0.07 | | 124.36 |
| 0.35 | 4.41 | 3.94 | | | 40.47 |
| 4.50 | 0.22 | 0.11 | | | 3.54 |
| | 0.20 | 0.80 | | | 9.89 |
| 0.13 | 23.05 | 6.28 | | | 73.28 |

3-15 续表 2

| 地 区 | 主营业务成本 | 销售费用 | 管理费用 | 财务费用 | 利息收入 |
|---|---|---|---|---|---|
| **全 国** | **5152.42** | **97.89** | **229.39** | **132.92** | **5.36** |
| 北 京 | 196.81 | 0.27 | 15.69 | 34.87 | 1.21 |
| 天 津 | 73.71 | 0.31 | 2.94 | 2.92 | 0.07 |
| 河 北 | 1282.34 | 15.92 | 44.19 | 29.10 | 1.20 |
| 山 西 | 193.57 | 1.55 | 19.09 | 4.69 | 0.03 |
| 内蒙古 | 522.01 | 5.99 | 18.92 | 6.03 | 0.03 |
| 辽 宁 | 125.54 | 1.23 | 3.01 | 9.57 | 1.20 |
| 吉 林 | 205.13 | 3.19 | 8.50 | 3.80 | -0.27 |
| 黑龙江 | 37.02 | 0.85 | 1.23 | 0.18 | |
| 上 海 | | | | | |
| 江 苏 | 35.67 | 0.81 | 2.08 | 0.64 | 0.03 |
| 浙 江 | 6.11 | 0.22 | 0.93 | 0.06 | 0.05 |
| 安 徽 | 325.14 | 5.92 | 18.77 | 7.99 | 0.15 |
| 福 建 | 143.75 | 3.04 | 5.70 | 0.66 | 0.01 |
| 江 西 | 164.71 | 3.00 | 3.05 | 0.43 | 0.01 |
| 山 东 | 317.34 | 1.64 | 10.79 | 3.32 | 0.45 |
| 河 南 | 106.74 | 2.03 | 4.16 | 1.53 | 0.12 |
| 湖 北 | 235.65 | 10.20 | 10.05 | 2.66 | 0.14 |
| 湖 南 | 92.00 | 3.26 | 4.68 | 0.92 | 0.01 |
| 广 东 | 91.44 | 3.13 | 6.70 | 2.06 | |
| 广 西 | 169.80 | 2.17 | 5.76 | 1.15 | -0.01 |
| 海 南 | 7.77 | 0.09 | 3.87 | 0.50 | -0.16 |
| 重 庆 | 8.23 | 2.11 | 1.38 | 0.40 | 0.02 |
| 四 川 | 444.46 | 14.61 | 16.35 | 8.21 | 0.47 |
| 贵 州 | 51.63 | 0.91 | 2.97 | 0.30 | |
| 云 南 | 101.84 | 5.05 | 7.04 | 4.15 | 0.40 |
| 西 藏 | 1.08 | 0.03 | 0.54 | 0.05 | 0.03 |
| 陕 西 | 106.75 | 1.42 | 4.05 | 1.25 | 0.04 |
| 甘 肃 | 38.22 | 1.46 | 1.22 | 1.99 | 0.09 |
| 青 海 | 3.01 | 0.35 | 0.84 | 0.59 | 0.02 |
| 宁 夏 | 9.80 | 0.08 | 0.12 | 0.06 | |
| 新 疆 | 55.14 | 7.09 | 4.77 | 2.84 | 0.04 |

单位：亿元

| 利息支出 | 投资收益（损失以“-”号记） | 营业利润 | 利润总额 | 亏损企业亏损额 | 平均用工人数（万人） |
|---|---|---|---|---|---|
| **123.26** | **48.28** | **441.59** | **410.91** | **111.78** | **47.14** |
| 34.16 | 43.83 | -8.34 | -21.63 | 21.64 | 1.89 |
| 2.65 | 0.03 | 16.28 | 16.38 | 1.42 | 0.23 |
| 26.10 | 0.60 | 246.06 | 246.06 | 16.42 | 11.89 |
| 4.15 |  | 4.27 | 4.79 | 6.80 | 2.05 |
| 4.97 | 0.09 | 40.28 | 36.66 | 8.75 | 3.84 |
| 9.81 | -0.28 | 7.85 | 8.27 | 7.81 | 2.44 |
| 2.93 | -0.03 | 3.82 | 4.48 | 5.30 | 1.33 |
| 0.15 |  | 2.87 | 2.87 | 0.09 | 0.27 |
| 0.59 |  | 0.22 | 0.17 | 0.97 | 0.32 |
| 0.10 | 0.02 | -0.90 | -0.02 | 0.20 | 0.15 |
| 7.18 | 1.10 | 22.75 | 7.39 | 7.01 | 3.69 |
| 0.67 | 0.32 | 3.28 | 3.23 | 0.47 | 0.90 |
| 0.36 | 0.01 | 12.63 | 12.63 | 0.49 | 1.23 |
| 3.58 | 1.47 | 23.65 | 23.90 | 3.33 | 3.16 |
| 1.19 | 0.14 | 10.12 | 10.23 | 0.75 | 1.07 |
| 1.91 |  | 6.87 | 6.58 | 1.70 | 2.16 |
| 0.83 |  | 5.78 | 5.24 | 0.17 | 1.36 |
| 1.68 |  | 7.70 | 7.78 | 0.51 | 0.75 |
| 0.84 | -0.13 | 15.89 | 15.83 | 0.08 | 1.08 |
| 0.67 |  | -3.97 | -3.67 | 3.67 | 0.44 |
| 0.42 |  | -0.44 | -0.50 | 0.93 | 0.29 |
| 7.80 | 0.80 | 14.75 | 14.85 | 7.25 | 2.53 |
| 0.09 |  | 1.93 | 1.94 | 0.20 | 0.56 |
| 4.41 | 0.08 | 2.22 | 1.74 | 4.92 | 0.97 |
| 0.07 | 0.22 | 0.43 | 0.45 |  | 0.09 |
| 0.92 | 0.05 | 10.02 | 9.73 | 1.15 | 1.23 |
| 1.97 |  | -2.49 | -1.92 | 2.43 | 0.31 |
| 0.22 |  | -1.39 | -1.52 | 1.52 | 0.06 |
| 0.02 |  | -0.15 | -0.16 | 0.16 | 0.10 |
| 2.83 | -0.04 | -0.39 | -0.86 | 5.62 | 0.76 |

# 3-16 按地区分组的有色金属

| 地　区 | 工业销售产值（当年价格） | 出口交货值 | 资产总计 | 固定资产合计 | 固定资产原价 |
|---|---|---|---|---|---|
| **全　国** | **6322.35** | **22.67** | **5884.61** | **2285.72** | **3056.38** |
| 北　京 | | | | | |
| 天　津 | | | | | |
| 河　北 | 48.43 | | 51.65 | 36.08 | 44.98 |
| 山　西 | 23.64 | | 32.12 | 9.30 | 11.38 |
| 内蒙古 | 593.83 | 0.04 | 563.03 | 219.02 | 321.41 |
| 辽　宁 | 60.05 | 4.67 | 128.21 | 32.75 | 51.18 |
| 吉　林 | 186.34 | | 148.87 | 79.09 | 146.79 |
| 黑龙江 | 27.32 | | 89.49 | 47.52 | 60.80 |
| 上　海 | | | | | |
| 江　苏 | 8.78 | | 10.06 | 5.18 | 9.57 |
| 浙　江 | 17.13 | 1.19 | 30.61 | 6.00 | 9.06 |
| 安　徽 | 98.12 | 0.45 | 91.59 | 34.54 | 49.67 |
| 福　建 | 66.07 | | 36.04 | 20.52 | 33.08 |
| 江　西 | 444.69 | 0.01 | 298.45 | 107.02 | 149.10 |
| 山　东 | 1150.90 | 0.04 | 961.64 | 373.69 | 485.30 |
| 河　南 | 1614.44 | 9.11 | 992.37 | 447.39 | 538.12 |
| 湖　北 | 48.18 | | 54.21 | 23.61 | 31.62 |
| 湖　南 | 363.74 | | 262.15 | 130.99 | 141.00 |
| 广　东 | 59.67 | | 50.74 | 17.76 | 34.21 |
| 广　西 | 254.61 | 0.38 | 262.31 | 60.20 | 98.28 |
| 海　南 | 9.67 | | 10.05 | 2.43 | 2.78 |
| 重　庆 | 5.47 | | 4.54 | 2.04 | 2.29 |
| 四　川 | 236.74 | 0.05 | 314.05 | 86.13 | 125.71 |
| 贵　州 | 65.74 | 0.73 | 50.05 | 19.02 | 15.95 |
| 云　南 | 257.31 | | 420.60 | 144.52 | 184.34 |
| 西　藏 | 31.15 | | 283.87 | 66.83 | 71.62 |
| 陕　西 | 467.26 | 6.01 | 279.41 | 119.69 | 181.89 |
| 甘　肃 | 68.83 | | 159.88 | 65.16 | 71.69 |
| 青　海 | 43.82 | | 57.24 | 22.51 | 40.41 |
| 宁　夏 | | | | | |
| 新　疆 | 70.41 | | 241.40 | 106.74 | 144.15 |

# 矿采选业主要经济指标

单位：亿元

| 累计折旧 | 流动资产合计 | | | | 负债合计 |
|---|---|---|---|---|---|
| | | 应收账款 | 存货 | | |
| | | | | 产成品 | |
| **1055.89** | **2090.49** | **266.38** | **449.30** | **202.11** | **3140.91** |
| 16.40 | 13.59 | 1.49 | 3.60 | 1.53 | 20.39 |
| 4.65 | 13.14 | 1.64 | 1.59 | 1.22 | 24.88 |
| 103.39 | 176.31 | 14.17 | 29.55 | 15.56 | 277.72 |
| 22.11 | 74.67 | 18.43 | 14.85 | 6.70 | 90.37 |
| 79.56 | 45.48 | 3.04 | 21.34 | 3.71 | 80.20 |
| 14.44 | 17.20 | 0.19 | 2.35 | 1.41 | 69.59 |
| 4.39 | 3.60 | -0.35 | 0.79 | 0.51 | 7.57 |
| 3.25 | 14.80 | 1.53 | 2.54 | 1.69 | 17.77 |
| 28.80 | 48.13 | 10.09 | 4.48 | 2.93 | 50.27 |
| 13.67 | 10.28 | 2.93 | 1.34 | 0.59 | 18.18 |
| 48.28 | 113.41 | 20.59 | 35.99 | 26.07 | 143.12 |
| 169.62 | 268.45 | 18.12 | 85.73 | 30.55 | 595.76 |
| 125.08 | 435.99 | 61.72 | 70.95 | 31.62 | 351.39 |
| 13.22 | 18.73 | 3.54 | 3.90 | 2.86 | 28.16 |
| 47.61 | 64.93 | 11.41 | 16.64 | 7.15 | 130.81 |
| 16.04 | 21.25 | 1.37 | 8.39 | 1.46 | 32.82 |
| 39.93 | 126.18 | 18.03 | 11.05 | 5.86 | 162.38 |
| 0.49 | 5.78 | 0.61 | 3.87 | 0.03 | 6.50 |
| 0.25 | 2.50 | 0.01 | 0.64 | 0.44 | 3.85 |
| 51.52 | 109.53 | 9.68 | 20.43 | 10.20 | 173.29 |
| 3.04 | 23.34 | 3.48 | 5.48 | 4.56 | 22.45 |
| 74.03 | 159.36 | 21.78 | 35.37 | 12.28 | 257.02 |
| 17.32 | 59.00 | 2.98 | 6.62 | 4.55 | 182.33 |
| 74.72 | 119.19 | 10.29 | 30.15 | 12.19 | 132.84 |
| 24.26 | 59.84 | 15.91 | 10.53 | 6.05 | 88.25 |
| 20.39 | 17.69 | 6.04 | 4.06 | 1.28 | 27.11 |
| 39.46 | 68.15 | 7.67 | 17.06 | 9.10 | 145.88 |

3-16 续表 1

| 地区 | 流动负债合计 | 应付账款 | 所有者权益合计 | 实收资本 | 国家资本 |
|---|---|---|---|---|---|
| **全国** | **2088.83** | **311.43** | **2721.98** | **1074.39** | **270.26** |
| 北京 | | | | | |
| 天津 | | | | | |
| 河北 | 13.96 | 2.82 | 31.26 | 5.56 | 0.05 |
| 山西 | 23.02 | 3.19 | 7.24 | 7.00 | 0.34 |
| 内蒙古 | 195.26 | 32.58 | 284.96 | 105.49 | 19.16 |
| 辽宁 | 79.86 | 10.92 | 37.09 | 15.57 | 2.03 |
| 吉林 | 60.77 | 7.71 | 67.65 | 30.14 | 1.01 |
| 黑龙江 | 38.80 | 7.33 | 19.90 | 12.56 | 0.55 |
| 上海 | | | | | |
| 江苏 | 7.12 | 1.75 | 2.49 | 1.43 | 0.30 |
| 浙江 | 15.43 | 0.84 | 12.84 | 7.14 | 3.17 |
| 安徽 | 42.74 | 1.96 | 40.72 | 17.07 | 2.24 |
| 福建 | 15.42 | 2.09 | 17.85 | 8.47 | 1.23 |
| 江西 | 100.19 | 23.53 | 155.08 | 46.93 | 2.98 |
| 山东 | 252.94 | 42.68 | 365.41 | 76.06 | 63.23 |
| 河南 | 280.31 | 37.33 | 623.64 | 202.54 | 24.82 |
| 湖北 | 21.51 | 5.51 | 26.04 | 8.56 | 4.21 |
| 湖南 | 81.95 | 9.07 | 131.33 | 84.87 | 29.78 |
| 广东 | 29.14 | 3.74 | 17.92 | 4.57 | 1.37 |
| 广西 | 125.46 | 11.68 | 99.93 | 37.47 | 9.98 |
| 海南 | 6.33 | 3.35 | 3.55 | 2.96 | |
| 重庆 | 3.85 | | 0.69 | 0.20 | |
| 四川 | 119.77 | 20.38 | 140.01 | 76.26 | 33.53 |
| 贵州 | 18.86 | 4.79 | 27.60 | 9.54 | 1.09 |
| 云南 | 210.53 | 27.83 | 163.57 | 86.73 | 13.21 |
| 西藏 | 62.54 | 8.27 | 101.54 | 85.60 | 33.90 |
| 陕西 | 84.49 | 18.84 | 146.38 | 37.42 | 10.18 |
| 甘肃 | 71.86 | 6.85 | 71.62 | 43.46 | 2.73 |
| 青海 | 20.14 | 4.75 | 30.12 | 8.06 | |
| 宁夏 | | | | | |
| 新疆 | 106.56 | 11.66 | 95.52 | 52.74 | 9.14 |

单位：亿元

| 集体资本 | 法人资本 | 个人资本 | 港澳台资本 | 外商资本 | 主营业务收入 |
|---|---|---|---|---|---|
| **74.63** | **408.54** | **296.68** | **12.19** | **12.08** | **6174.77** |
| | | | | | |
| | | | | | |
| | | | | | |
| | 1.02 | 3.51 | 0.97 | | 45.80 |
| | 3.66 | 2.99 | | | 22.14 |
| 5.11 | 40.80 | 40.08 | | 0.33 | 594.56 |
| | | | | | |
| 0.05 | 3.66 | 9.56 | | 0.26 | 67.89 |
| 0.30 | 12.95 | 14.65 | | 1.23 | 181.35 |
| 9.50 | 0.85 | 1.66 | | | 24.80 |
| | | | | | |
| | | | | | |
| | 0.93 | 0.20 | | | 10.39 |
| 0.06 | 0.33 | 3.59 | | | 17.25 |
| 0.35 | 7.53 | 6.96 | | | 96.35 |
| 0.84 | 2.63 | 3.76 | | | 61.94 |
| 0.72 | 17.20 | 23.50 | 2.52 | 0.01 | 422.97 |
| 7.44 | 2.86 | 1.99 | | 0.54 | 1179.44 |
| | | | | | |
| 38.63 | 47.54 | 88.88 | 2.04 | 0.62 | 1581.89 |
| 0.01 | 1.66 | 2.69 | | | 43.56 |
| 0.03 | 23.74 | 30.74 | 0.54 | 0.03 | 360.33 |
| 0.01 | 0.80 | 0.99 | 1.41 | | 62.31 |
| 0.32 | 21.28 | 5.88 | | | 248.07 |
| | 2.95 | 0.01 | | | 9.29 |
| | | | | | |
| | | 0.20 | | | 6.17 |
| 0.72 | 27.15 | 14.87 | | | 228.04 |
| 0.70 | 1.37 | 5.25 | 1.12 | | 62.41 |
| 1.66 | 57.19 | 9.99 | | 4.67 | 212.95 |
| 0.50 | 47.53 | 3.68 | | | 32.70 |
| | | | | | |
| 2.24 | 16.39 | 8.61 | | | 431.67 |
| 1.38 | 33.33 | 6.01 | | | 61.39 |
| 0.07 | 6.27 | 1.32 | 0.41 | | 36.05 |
| | | | | | |
| 3.98 | 26.93 | 5.11 | 3.19 | 4.39 | 73.06 |

3-16 续表 2

| 地　区 | 主营业务成　本 | 销售费用 | 管理费用 | 财务费用 | 利息收入 |
|---|---|---|---|---|---|
| **全　国** | **5205.85** | **80.71** | **273.20** | **77.46** | **2.39** |
| 北　京 | | | | | |
| 天　津 | | | | | |
| 河　北 | 35.43 | 0.37 | 2.91 | 1.08 | 0.02 |
| 山　西 | 18.20 | 0.39 | 1.11 | 0.35 | -0.03 |
| 内蒙古 | 472.13 | 12.19 | 30.43 | 6.87 | -0.06 |
| 辽　宁 | 51.30 | 2.24 | 7.15 | 1.93 | 0.02 |
| 吉　林 | 150.46 | 4.72 | 11.27 | 2.49 | 0.05 |
| 黑龙江 | 19.16 | 0.41 | 1.96 | 2.51 | 0.03 |
| 上　海 | | | | | |
| 江　苏 | 9.68 | 0.44 | 0.49 | 0.08 | |
| 浙　江 | 13.72 | 0.26 | 1.66 | 0.52 | 0.02 |
| 安　徽 | 79.98 | 3.48 | 5.79 | 2.43 | 0.01 |
| 福　建 | 54.03 | 0.58 | 3.07 | 0.61 | |
| 江　西 | 371.30 | 3.16 | 13.51 | 2.85 | 0.13 |
| 山　东 | 1037.16 | 6.85 | 50.10 | 15.24 | 0.12 |
| 河　南 | 1373.43 | 18.08 | 30.14 | 10.15 | 0.54 |
| 湖　北 | 31.64 | 0.55 | 4.32 | 0.40 | 0.02 |
| 湖　南 | 285.43 | 8.22 | 27.56 | 4.44 | 0.03 |
| 广　东 | 47.82 | 0.55 | 2.96 | 1.11 | 0.04 |
| 广　西 | 196.64 | 4.94 | 14.84 | 7.06 | 0.45 |
| 海　南 | 8.52 | 0.32 | 0.16 | 0.12 | |
| 重　庆 | 5.38 | 0.05 | 0.05 | | |
| 四　川 | 195.83 | 3.55 | 10.63 | 3.27 | 0.02 |
| 贵　州 | 46.61 | 2.68 | 4.47 | 1.04 | 0.12 |
| 云　南 | 178.49 | 1.84 | 12.20 | 5.30 | 0.01 |
| 西　藏 | 19.46 | 0.24 | 4.39 | 0.43 | -0.02 |
| 陕　西 | 384.66 | 2.29 | 17.73 | 0.15 | 0.57 |
| 甘　肃 | 48.52 | 0.78 | 4.02 | 2.22 | 0.03 |
| 青　海 | 24.76 | 0.43 | 2.68 | 1.27 | 0.01 |
| 宁　夏 | | | | | |
| 新　疆 | 46.11 | 1.09 | 7.58 | 3.55 | 0.26 |

单位：亿元

| 利息支出 | 投资收益（损失以"–"号记） | 营业利润 | 利润总额 | 亏损企业亏损额 | 平均用工人数（万人） |
|---|---|---|---|---|---|
| **70.79** | **-1.06** | **467.10** | **458.75** | **48.99** | **44.45** |
| | | | | | |
| | | | | | |
| 0.83 | 0.07 | 5.62 | 5.89 | 0.34 | 0.36 |
| 0.36 | -0.26 | 1.19 | 1.00 | 0.31 | 0.29 |
| 6.42 | -0.31 | 66.34 | 60.03 | 2.64 | 3.69 |
| | | | | | |
| 1.59 | 0.40 | 4.42 | 4.91 | 1.63 | 1.73 |
| 1.52 | -1.42 | 9.58 | 10.44 | 0.45 | 1.48 |
| 2.19 | | -0.78 | -1.09 | 2.44 | 0.25 |
| | | | | | |
| | | | | | |
| 0.08 | -0.01 | -0.36 | -0.28 | 0.41 | 0.12 |
| 0.54 | 0.06 | 0.84 | 0.86 | 0.23 | 0.26 |
| 1.21 | 0.35 | 4.77 | 2.74 | 1.27 | 1.09 |
| 0.60 | -0.50 | 1.94 | 1.94 | 0.32 | 0.48 |
| 2.33 | 0.21 | 29.77 | 28.23 | 3.33 | 3.49 |
| 13.92 | 1.93 | 67.07 | 69.13 | 2.14 | 5.00 |
| | | | | | |
| 9.04 | -0.65 | 142.59 | 143.89 | 5.77 | 7.57 |
| 0.35 | | 6.03 | 5.82 | 0.08 | 0.65 |
| 3.41 | -0.03 | 17.18 | 12.25 | 4.51 | 4.77 |
| 0.86 | 0.12 | 8.40 | 8.90 | 0.77 | 0.71 |
| 7.30 | 0.84 | 18.80 | 22.45 | 6.46 | 2.25 |
| 0.04 | | 0.15 | 0.16 | | 0.04 |
| | | | | | |
| | | 0.52 | 0.52 | | 0.04 |
| 3.19 | 0.42 | 12.93 | 12.84 | 1.26 | 2.43 |
| 0.71 | -0.01 | 4.66 | 4.22 | 0.11 | 0.29 |
| 4.91 | 0.08 | 12.28 | 12.24 | 5.92 | 2.81 |
| 0.45 | 0.03 | 7.03 | 6.91 | 0.31 | 0.38 |
| | | | | | |
| 1.97 | 0.89 | 22.34 | 22.53 | 0.47 | 2.29 |
| 2.11 | 0.84 | 6.03 | 6.15 | 2.41 | 0.86 |
| 1.11 | -3.07 | 5.94 | 6.14 | 1.03 | 0.26 |
| | | | | | |
| 3.77 | -1.01 | 11.82 | 9.94 | 4.40 | 0.87 |

# 3-17 按地区分组的非金属

| 地区 | 工业销售产值（当年价格） | 出口交货值 | 资产总计 | 固定资产合计 | 固定资产原价 |
|---|---|---|---|---|---|
| **全国** | **5603.91** | **22.05** | **3995.55** | **1421.86** | **2070.33** |
| 北京 | 0.76 | | 2.91 | 0.13 | 0.21 |
| 天津 | 14.24 | 0.14 | 185.48 | 35.58 | 21.61 |
| 河北 | 115.97 | 0.76 | 73.77 | 31.12 | 43.12 |
| 山西 | 1.76 | | 4.53 | 1.23 | 1.44 |
| 内蒙古 | 243.62 | 0.43 | 127.94 | 65.72 | 102.44 |
| 辽宁 | 60.31 | 1.22 | 164.50 | 53.86 | 35.68 |
| 吉林 | 106.67 | | 36.57 | 18.03 | 51.33 |
| 黑龙江 | 44.54 | | 34.93 | 14.54 | 16.86 |
| 上海 | | | | | |
| 江苏 | 306.47 | 1.13 | 294.59 | 148.61 | 206.79 |
| 浙江 | 154.39 | 0.04 | 186.47 | 38.76 | 55.47 |
| 安徽 | 232.80 | 0.08 | 161.55 | 56.85 | 76.11 |
| 福建 | 247.48 | 3.70 | 109.46 | 40.10 | 72.77 |
| 江西 | 326.35 | 0.27 | 220.12 | 70.16 | 110.26 |
| 山东 | 421.07 | 0.21 | 217.73 | 91.16 | 150.84 |
| 河南 | 512.19 | | 333.97 | 172.47 | 212.94 |
| 湖北 | 611.45 | | 376.31 | 108.17 | 178.33 |
| 湖南 | 384.43 | 4.75 | 191.34 | 73.82 | 100.67 |
| 广东 | 387.86 | 2.09 | 191.57 | 76.80 | 111.50 |
| 广西 | 270.41 | 2.07 | 128.54 | 48.12 | 66.01 |
| 海南 | 1.72 | | 1.19 | 0.26 | 0.54 |
| 重庆 | 177.19 | | 109.45 | 41.49 | 63.67 |
| 四川 | 396.08 | 0.76 | 270.14 | 90.40 | 160.47 |
| 贵州 | 286.89 | 0.02 | 143.16 | 40.61 | 43.04 |
| 云南 | 84.36 | 0.02 | 274.36 | 48.32 | 80.86 |
| 西藏 | 0.09 | | 1.45 | 0.42 | 0.52 |
| 陕西 | 144.30 | 4.19 | 65.69 | 25.66 | 32.29 |
| 甘肃 | 38.50 | | 26.36 | 10.74 | 17.99 |
| 青海 | 15.43 | | 30.46 | 6.21 | 38.90 |
| 宁夏 | 3.13 | | 8.37 | 5.42 | 5.91 |
| 新疆 | 13.46 | 0.18 | 22.65 | 7.09 | 11.76 |

# 矿采选业主要经济指标

单位：亿元

| 累计折旧 | 流动资产合计 | 应收账款 | 存货 | 产成品 | 负债合计 |
|---|---|---|---|---|---|
| **834.83** | **1692.52** | **312.91** | **263.46** | **157.57** | **1881.99** |
| 0.08 | 1.37 | 0.57 | 0.44 | 0.44 | 2.25 |
| 10.42 | 140.36 | 2.97 | 6.39 | 4.17 | 61.96 |
| 14.89 | 35.77 | 11.25 | 7.41 | 5.33 | 47.41 |
| 0.33 | 1.61 | 0.74 | 0.48 | 0.23 | 4.04 |
| 36.71 | 47.90 | 12.08 | 8.05 | 4.95 | 72.75 |
| 12.29 | 61.01 | 14.81 | 10.43 | 4.64 | 56.31 |
| 35.32 | 14.19 | 2.41 | 2.65 | 2.08 | 11.41 |
| 4.48 | 15.28 | 3.43 | 3.09 | 1.90 | 19.52 |
| 89.41 | 104.33 | 13.45 | 13.31 | 6.14 | 156.27 |
| 20.85 | 83.50 | 15.41 | 6.05 | 2.91 | 131.75 |
| 23.98 | 51.11 | 13.54 | 8.75 | 7.16 | 84.26 |
| 33.91 | 37.94 | 7.42 | 7.33 | 4.02 | 34.86 |
| 46.19 | 74.72 | 14.07 | 12.22 | 6.89 | 73.13 |
| 67.85 | 82.73 | 12.24 | 16.42 | 10.38 | 92.11 |
| 50.50 | 124.84 | 13.53 | 11.40 | 7.84 | 90.78 |
| 81.24 | 170.88 | 36.01 | 22.60 | 14.78 | 189.00 |
| 31.35 | 83.66 | 11.52 | 9.90 | 6.94 | 92.62 |
| 43.22 | 73.04 | 18.83 | 16.39 | 9.18 | 74.82 |
| 24.19 | 61.19 | 12.11 | 8.13 | 5.42 | 79.32 |
| 0.30 | 0.31 | 0.05 | 0.18 | 0.07 | 0.71 |
| 27.01 | 41.41 | 8.34 | 6.45 | 3.58 | 41.61 |
| 77.32 | 112.98 | 27.72 | 17.15 | 12.37 | 137.99 |
| 9.63 | 72.71 | 18.30 | 7.07 | 4.64 | 77.48 |
| 35.93 | 122.52 | 27.81 | 41.34 | 16.45 | 161.50 |
| 0.10 | 0.70 | 0.04 | 0.02 |  | 0.89 |
| 8.83 | 29.19 | 6.66 | 6.31 | 4.60 | 28.49 |
| 10.14 | 13.37 | 2.01 | 3.46 | 1.88 | 15.90 |
| 32.68 | 19.00 | 1.71 | 6.26 | 5.60 | 21.05 |
| 0.51 | 2.26 | 1.02 | 0.36 | 0.23 | 5.45 |
| 5.16 | 12.65 | 2.86 | 3.43 | 2.75 | 16.36 |

3-17 续表 1

| 地区 | 流动负债合计 | 应付账款 | 所有者权益合计 | 实收资本 | 国家资本 |
|---|---|---|---|---|---|
| **全国** | **1297.44** | **239.88** | **2080.38** | **886.34** | **124.13** |
| 北京 | 2.24 | 0.52 | 0.66 | 0.75 | 0.39 |
| 天津 | 60.73 | 3.04 | 118.85 | 18.29 | 17.50 |
| 河北 | 26.24 | 6.57 | 26.36 | 14.26 | 6.31 |
| 山西 | 4.04 | 0.87 | 0.48 | 0.95 | |
| 内蒙古 | 54.35 | 14.41 | 54.45 | 17.34 | 0.46 |
| 辽宁 | 28.29 | 6.82 | 95.08 | 16.89 | 0.25 |
| 吉林 | 7.87 | 1.13 | 25.16 | 10.66 | |
| 黑龙江 | 16.36 | 2.46 | 15.41 | 8.68 | 0.57 |
| 上海 | | | | | |
| 江苏 | 87.58 | 11.82 | 135.85 | 64.23 | 26.55 |
| 浙江 | 103.45 | 10.74 | 54.72 | 35.71 | 3.41 |
| 安徽 | 65.76 | 18.75 | 75.31 | 42.19 | 6.72 |
| 福建 | 22.32 | 3.02 | 73.59 | 20.97 | 2.99 |
| 江西 | 46.23 | 9.70 | 146.25 | 82.88 | 3.17 |
| 山东 | 76.05 | 10.99 | 125.34 | 39.33 | 1.95 |
| 河南 | 52.28 | 7.16 | 241.99 | 95.07 | 0.62 |
| 湖北 | 121.90 | 29.69 | 187.31 | 80.70 | 0.89 |
| 湖南 | 39.06 | 7.00 | 98.71 | 64.89 | 9.75 |
| 广东 | 52.76 | 15.79 | 112.21 | 51.14 | 0.56 |
| 广西 | 62.57 | 11.42 | 49.06 | 17.57 | 0.72 |
| 海南 | 0.07 | | 0.48 | 0.46 | |
| 重庆 | 31.70 | 6.42 | 66.45 | 22.92 | 1.70 |
| 四川 | 96.46 | 16.94 | 130.74 | 56.51 | 4.27 |
| 贵州 | 54.39 | 9.80 | 64.84 | 34.54 | 1.64 |
| 云南 | 117.93 | 22.38 | 112.87 | 50.88 | 25.89 |
| 西藏 | 0.48 | 0.31 | 0.56 | 0.17 | 0.02 |
| 陕西 | 21.56 | 5.32 | 37.19 | 15.35 | 2.60 |
| 甘肃 | 11.66 | 2.05 | 10.47 | 5.93 | |
| 青海 | 12.25 | 1.40 | 10.77 | 7.87 | 2.55 |
| 宁夏 | 5.37 | 1.53 | 2.93 | 2.73 | |
| 新疆 | 15.49 | 1.84 | 6.30 | 6.50 | 2.65 |

单位：亿元

| | | | | | 主营业务收入 |
|---|---|---|---|---|---|
| 集体资本 | 法人资本 | 个人资本 | 港澳台资本 | 外商资本 | |
| **21.46** | **339.66** | **371.57** | **9.87** | **19.74** | **5435.47** |
| | | | | | |
| | | 0.37 | | | 0.81 |
| | 0.79 | | | | 14.66 |
| | 3.04 | 3.51 | | 1.40 | 117.99 |
| | 0.31 | 0.64 | | | 2.68 |
| 0.24 | 5.86 | 10.81 | | | 241.06 |
| | | | | | |
| 0.46 | 4.99 | 9.22 | 0.24 | 1.73 | 76.74 |
| | 5.06 | 5.55 | 0.05 | | 104.12 |
| | 1.05 | 5.82 | 0.90 | 0.35 | 44.25 |
| | | | | | |
| | | | | | |
| 2.30 | 14.96 | 17.06 | 2.47 | 0.89 | 312.45 |
| 0.16 | 13.29 | 15.03 | 2.50 | 1.32 | 153.79 |
| 0.09 | 12.67 | 20.98 | | 1.72 | 220.79 |
| 1.28 | 4.36 | 12.26 | 0.06 | 0.03 | 238.31 |
| 1.17 | 21.49 | 56.93 | | 0.11 | 330.17 |
| 1.16 | 19.92 | 16.03 | 0.27 | | 434.51 |
| | | | | | |
| 0.02 | 45.57 | 48.86 | | | 493.10 |
| 3.36 | 28.16 | 48.24 | 0.02 | 0.02 | 533.50 |
| 0.29 | 31.42 | 23.42 | | | 387.92 |
| 2.89 | 31.70 | 13.75 | 2.25 | | 380.71 |
| 0.74 | 10.37 | 4.51 | 0.17 | 1.06 | 257.24 |
| | 0.05 | 0.31 | | 0.10 | 1.51 |
| | | | | | |
| 3.78 | 8.37 | 9.06 | | | 175.32 |
| 1.71 | 28.48 | 18.81 | 0.17 | 3.06 | 386.39 |
| 0.92 | 17.31 | 14.75 | | | 249.33 |
| 0.16 | 15.14 | 3.20 | | 6.50 | 85.18 |
| 0.15 | | | | | 0.38 |
| | | | | | |
| 0.06 | 5.90 | 6.01 | 0.78 | | 136.44 |
| 0.10 | 2.34 | 3.49 | | | 25.51 |
| 0.31 | 2.52 | 2.08 | | 0.42 | 14.27 |
| | 2.58 | 0.15 | | | 2.94 |
| 0.10 | 1.97 | 0.75 | | 1.03 | 13.43 |

3-17 续表 2

| 地　区 | 主营业务成　本 | 销售费用 | 管理费用 | 财务费用 | 利息收入 |
|---|---|---|---|---|---|
| **全　国** | **4407.50** | **214.91** | **252.19** | **56.48** | **3.80** |
| 北　京 | 0.61 | 0.07 | 0.15 | 0.03 | |
| 天　津 | 13.72 | 0.27 | 3.56 | 0.29 | 0.14 |
| 河　北 | 104.24 | 4.46 | 5.88 | 0.63 | 0.02 |
| 山　西 | 2.24 | 0.18 | 0.17 | 0.04 | |
| 内蒙古 | 200.08 | 7.58 | 6.47 | 1.26 | 0.05 |
| 辽　宁 | 61.94 | 5.85 | 4.64 | 0.41 | 0.51 |
| 吉　林 | 90.18 | 2.71 | 4.35 | 0.85 | |
| 黑龙江 | 36.57 | 2.22 | 1.84 | 0.22 | |
| 上　海 | | | | | |
| 江　苏 | 266.05 | 8.45 | 13.59 | 4.87 | 0.36 |
| 浙　江 | 121.77 | 3.36 | 9.22 | 2.82 | 0.15 |
| 安　徽 | 177.90 | 11.58 | 9.91 | 2.63 | |
| 福　建 | 196.82 | 10.18 | 10.75 | 1.02 | 0.03 |
| 江　西 | 273.22 | 9.18 | 7.80 | 1.46 | 0.11 |
| 山　东 | 364.99 | 13.70 | 12.73 | 3.08 | 0.70 |
| 河　南 | 407.87 | 9.97 | 10.40 | 3.77 | 0.05 |
| 湖　北 | 430.17 | 20.05 | 22.56 | 7.88 | 0.54 |
| 湖　南 | 313.46 | 20.25 | 23.96 | 3.48 | 0.11 |
| 广　东 | 304.25 | 12.47 | 19.41 | 3.23 | 0.08 |
| 广　西 | 187.28 | 22.25 | 21.56 | 2.03 | 0.07 |
| 海　南 | 1.20 | 0.22 | 0.09 | 0.01 | |
| 重　庆 | 140.49 | 7.50 | 7.52 | 2.12 | 0.15 |
| 四　川 | 314.74 | 15.24 | 18.72 | 4.79 | 0.13 |
| 贵　州 | 189.12 | 9.94 | 15.20 | 2.59 | 0.08 |
| 云　南 | 56.55 | 4.72 | 10.27 | 4.75 | 0.47 |
| 西　藏 | 0.12 | 0.10 | 0.09 | | |
| 陕　西 | 107.18 | 9.28 | 7.77 | 0.98 | 0.02 |
| 甘　肃 | 21.35 | 0.95 | 0.63 | 0.64 | 0.02 |
| 青　海 | 12.20 | 0.57 | 1.16 | 0.27 | -0.01 |
| 宁　夏 | 2.22 | 0.42 | 0.08 | 0.01 | |
| 新　疆 | 8.96 | 1.21 | 1.69 | 0.32 | 0.02 |

单位：亿元

| 利息支出 | 投资收益（损失以“-”号记） | 营业利润 | 利润总额 | 亏损企业亏损额 | 平均用工人数（万人） |
|---|---|---|---|---|---|
| **47.62** | **-3.40** | **408.37** | **405.70** | **23.01** | **53.12** |
| | | | | | |
| 0.04 | | -0.09 | -0.09 | 0.09 | 0.02 |
| 0.42 | 0.55 | 0.56 | 0.60 | | 0.74 |
| 0.54 | 0.05 | 2.29 | 6.47 | 0.43 | 1.61 |
| 0.04 | | -0.03 | -0.04 | 0.08 | 0.05 |
| 1.03 | -1.54 | 21.23 | 13.92 | 0.88 | 2.25 |
| | | | | | |
| 0.47 | 0.02 | 3.07 | 3.35 | 1.08 | 1.52 |
| 0.38 | | 4.67 | 4.54 | 0.03 | 0.57 |
| 0.14 | 0.01 | 3.30 | 3.19 | 0.21 | 0.47 |
| | | | | | |
| | | | | | |
| 3.38 | 0.51 | 15.57 | 18.12 | 0.56 | 2.76 |
| 2.76 | 0.08 | 10.81 | 11.47 | 1.65 | 0.99 |
| 2.30 | 0.07 | 15.20 | 14.90 | 1.03 | 1.54 |
| 0.83 | 0.01 | 15.17 | 15.19 | 0.09 | 2.20 |
| 1.10 | 0.14 | 31.04 | 30.46 | 0.10 | 2.25 |
| 3.23 | -0.06 | 32.98 | 33.07 | 0.75 | 2.92 |
| | | | | | |
| 2.41 | | 57.26 | 55.87 | 0.68 | 4.31 |
| 4.96 | 0.08 | 39.75 | 40.06 | 1.43 | 4.36 |
| 3.03 | -0.98 | 17.33 | 16.57 | 1.58 | 4.19 |
| 1.87 | -0.28 | 34.15 | 33.93 | 0.55 | 2.85 |
| 1.69 | -0.10 | 20.91 | 20.76 | 2.74 | 2.23 |
| 0.01 | | -0.07 | -0.08 | 0.09 | 0.02 |
| | | | | | |
| 3.86 | 0.36 | 13.96 | 13.90 | 0.23 | 1.88 |
| 4.18 | 0.07 | 26.29 | 26.39 | 1.68 | 4.17 |
| 1.78 | 0.19 | 26.46 | 26.04 | 0.87 | 5.98 |
| 5.02 | -2.94 | 4.06 | 4.58 | 4.53 | 1.12 |
| | | 0.07 | 0.07 | | 0.01 |
| | | | | | |
| 0.93 | 0.01 | 9.29 | 9.26 | 0.21 | 1.20 |
| 0.62 | | 1.75 | 1.72 | 0.55 | 0.30 |
| 0.29 | 0.32 | 0.16 | 0.25 | 0.47 | 0.28 |
| 0.01 | | 0.15 | 0.16 | 0.01 | 0.04 |
| 0.31 | 0.02 | 1.08 | 1.08 | 0.42 | 0.28 |

# 3-18 按地区分组的开采

| 地 区 | 工业销售产值（当年价格） | 出口交货值 | 资产总计 | 固定资产合计 | 固定资产原价 |
|---|---|---|---|---|---|
| **全 国** | **1412.00** | **2.52** | **2825.78** | **1058.47** | **2190.24** |
| 北 京 | 118.61 | 2.46 | 439.15 | 107.70 | 263.92 |
| 天 津 | 213.99 | | 374.60 | 97.60 | 269.05 |
| 河 北 | | | | | |
| 山 西 | | | | | |
| 内蒙古 | | | | | |
| 辽 宁 | 103.65 | | 319.50 | 112.30 | 254.99 |
| 吉 林 | 72.09 | | 181.86 | 94.64 | 231.87 |
| 黑龙江 | 157.64 | | 213.57 | 142.30 | 268.29 |
| 上 海 | | | | | |
| 江 苏 | 3.61 | | 4.38 | 2.42 | 4.05 |
| 浙 江 | | | | | |
| 安 徽 | 4.76 | | 4.44 | 0.80 | 1.42 |
| 福 建 | | | | | |
| 江 西 | | | | | |
| 山 东 | 77.56 | | 134.45 | 86.85 | 163.12 |
| 河 南 | 80.67 | | 141.62 | 63.15 | 127.36 |
| 湖 北 | 57.41 | 0.02 | 94.34 | 42.78 | 68.68 |
| 湖 南 | | | | | |
| 广 东 | 20.77 | | 53.24 | 30.70 | 42.95 |
| 广 西 | 4.53 | | 0.40 | 0.04 | 0.24 |
| 海 南 | | | | | |
| 重 庆 | | | | | |
| 四 川 | 194.53 | | 419.50 | 156.74 | 229.81 |
| 贵 州 | | | | | |
| 云 南 | | | | | |
| 西 藏 | | | | | |
| 陕 西 | 125.94 | | 134.12 | 30.18 | 60.84 |
| 甘 肃 | 27.48 | | 28.82 | 11.19 | 14.54 |
| 青 海 | | | | | |
| 宁 夏 | | | | | |
| 新 疆 | 148.75 | 0.04 | 281.78 | 79.07 | 189.09 |

# 辅助活动主要经济指标

单位：亿元

| 累计折旧 | 流动资产合计 | | | | 负债合计 |
|---|---|---|---|---|---|
| | | 应收账款 | 存货 | | |
| | | | | 产成品 | |
| **1174.81** | **1390.39** | **579.27** | **166.16** | **12.12** | **1407.79** |
| 144.58 | 198.69 | 79.21 | 19.34 | 0.91 | 126.67 |
| 145.35 | 229.08 | 82.27 | 8.68 | | 129.82 |
| 118.30 | 149.50 | 57.32 | 33.44 | 1.71 | 193.58 |
| 129.41 | 67.33 | 24.90 | 17.98 | 1.47 | 168.01 |
| 155.23 | 40.57 | 15.83 | 1.26 | 0.16 | 49.68 |
| 1.63 | 1.95 | 0.76 | 0.63 | 0.33 | 3.15 |
| 0.62 | 3.63 | 0.30 | 1.14 | 1.11 | 2.42 |
| 73.16 | 46.94 | 35.92 | 3.55 | 0.10 | 125.48 |
| 74.03 | 76.00 | 47.00 | 12.25 | 0.57 | 130.42 |
| 27.55 | 47.62 | 34.73 | 4.09 | 0.06 | 70.69 |
| 10.47 | 18.66 | 14.35 | 1.59 | 0.06 | 10.23 |
| 0.20 | 0.36 | 0.03 | 0.02 | 0.02 | 0.03 |
| 150.16 | 262.77 | 74.72 | 40.07 | | 153.14 |
| 31.07 | 85.98 | 44.40 | 7.42 | 3.26 | 67.37 |
| 3.76 | 16.95 | 2.75 | 1.37 | 0.59 | 17.24 |
| 109.28 | 144.37 | 64.77 | 13.34 | 1.76 | 159.85 |

3-18 续表 1

| 地区 | 流动负债合计 | 应付账款 | 所有者权益合计 | 实收资本 | 国家资本 |
|---|---|---|---|---|---|
| **全国** | **1325.44** | **613.92** | **1417.03** | **1462.51** | **799.40** |
| 北京 | 118.90 | 43.37 | 312.49 | 282.95 | |
| 天津 | 122.98 | 93.14 | 244.77 | 279.23 | 257.94 |
| 河北 | | | | | |
| 山西 | | | | | |
| 内蒙古 | | | | | |
| 辽宁 | 188.87 | 64.88 | 125.78 | 273.38 | 182.75 |
| 吉林 | 159.43 | 23.75 | 13.85 | 141.68 | 136.32 |
| 黑龙江 | 38.52 | 19.38 | 163.89 | 10.30 | 4.83 |
| 上海 | | | | | |
| 江苏 | 2.81 | 1.21 | 1.23 | 1.54 | |
| 浙江 | | | | | |
| 安徽 | 2.07 | 0.74 | 2.01 | 1.05 | |
| 福建 | | | | | |
| 江西 | | | | | |
| 山东 | 124.03 | 37.41 | 8.89 | 7.82 | 7.00 |
| 河南 | 130.13 | 63.17 | 11.20 | 7.01 | 7.00 |
| 湖北 | 70.39 | 23.61 | 23.65 | 14.96 | 14.85 |
| 湖南 | | | | | |
| 广东 | 10.06 | 6.52 | 43.01 | 21.35 | 20.66 |
| 广西 | 0.03 | 0.02 | 0.36 | 0.36 | |
| 海南 | | | | | |
| 重庆 | | | | | |
| 四川 | 147.47 | 111.26 | 266.36 | 220.66 | |
| 贵州 | | | | | |
| 云南 | | | | | |
| 西藏 | | | | | |
| 陕西 | 55.46 | 44.41 | 66.12 | 34.07 | 25.87 |
| 甘肃 | 12.28 | 5.56 | 11.47 | 3.46 | 0.20 |
| 青海 | | | | | |
| 宁夏 | | | | | |
| 新疆 | 142.00 | 75.48 | 121.92 | 162.69 | 141.97 |

单位：亿元

| 集体资本 | 法人资本 | 个人资本 | 港澳台资本 | 外商资本 | 主营业务收入 |
|---|---|---|---|---|---|
| **3.51** | **621.28** | **22.13** | **12.49** | **3.70** | **1552.68** |
| | | | | | |
| | 269.13 | | 10.65 | 3.16 | 122.96 |
| | 21.00 | | | 0.29 | 215.43 |
| | | | | | |
| | | | | | |
| | | | | | |
| | | | | | |
| 0.13 | 89.21 | 1.29 | | | 200.66 |
| 0.32 | 4.23 | 0.80 | | | 107.94 |
| 0.61 | 2.28 | 2.27 | 0.25 | 0.06 | 155.82 |
| | | | | | |
| | | | | | |
| | | | 1.54 | | 3.61 |
| | | | | | |
| | 1.03 | 0.02 | | | 4.72 |
| | | | | | |
| | | | | | |
| | | 0.82 | | | 80.26 |
| | | | | | |
| | | 0.01 | | | 82.75 |
| | | 0.11 | | | 62.02 |
| | | | | | |
| | 0.51 | | | 0.18 | 20.59 |
| | 0.36 | | | | 4.49 |
| | | | | | |
| | | | | | |
| | | | | | |
| | 220.56 | 0.10 | | | 233.73 |
| | | | | | |
| | | | | | |
| | | | | | |
| | | | | | |
| | 3.92 | 4.27 | | | 77.40 |
| 2.02 | 0.31 | 0.94 | | | 30.46 |
| | | | | | |
| | | | | | |
| 0.43 | 8.74 | 11.50 | 0.05 | | 149.86 |

3-18 续表 2

| 地 区 | 主营业务成本 | 销售费用 | 管理费用 | 财务费用 | 利息收入 |
|---|---|---|---|---|---|
| **全 国** | **1564.78** | **5.44** | **80.70** | **-23.48** | **11.21** |
| 北 京 | 118.16 | 0.50 | 6.42 | -1.74 | 4.56 |
| 天 津 | 249.68 | 0.10 | 5.76 | -30.05 | 1.85 |
| 河 北 | | | | | |
| 山 西 | | | | | |
| 内蒙古 | | | | | |
| 辽 宁 | 203.90 | 0.45 | 4.14 | 1.12 | 2.15 |
| 吉 林 | 97.06 | 1.18 | 8.90 | 5.27 | 0.19 |
| 黑龙江 | 119.85 | 0.10 | 11.84 | 0.39 | 0.07 |
| 上 海 | | | | | |
| 江 苏 | 2.85 | 0.04 | 0.23 | 0.03 | |
| 浙 江 | | | | | |
| 安 徽 | 4.10 | 0.32 | 0.13 | | |
| 福 建 | | | | | |
| 江 西 | | | | | |
| 山 东 | 108.42 | 0.04 | 7.87 | 1.48 | |
| 河 南 | 113.03 | 0.22 | 11.95 | 0.52 | 0.15 |
| 湖 北 | 59.25 | 0.03 | 4.59 | 0.45 | 0.09 |
| 湖 南 | | | | | |
| 广 东 | 18.19 | 0.12 | 0.97 | -0.04 | 0.04 |
| 广 西 | 3.56 | 0.03 | 0.08 | 0.02 | |
| 海 南 | | | | | |
| 重 庆 | | | | | |
| 四 川 | 232.97 | 0.08 | 4.66 | -3.42 | 1.67 |
| 贵 州 | | | | | |
| 云 南 | | | | | |
| 西 藏 | | | | | |
| 陕 西 | 68.92 | 0.88 | 3.33 | -0.06 | 0.26 |
| 甘 肃 | 26.17 | 0.63 | 1.32 | 0.30 | 0.02 |
| 青 海 | | | | | |
| 宁 夏 | | | | | |
| 新 疆 | 138.68 | 0.70 | 8.52 | 2.24 | 0.14 |

单位：亿元

| 利息支出 | 投资收益（损失以“-”号记） | 营业利润 | 利润总额 | 亏损企业亏损额 | 平均用工人数（万人） |
| --- | --- | --- | --- | --- | --- |
| **20.85** | **0.19** | **-98.51** | **-67.84** | **114.63** | **29.27** |
| 5.16 | -0.42 | -3.62 | -1.87 | 6.92 | 1.91 |
| 0.02 | 0.05 | -11.74 | -2.67 | 3.09 | 4.15 |
| 4.06 | -0.09 | -13.89 | -3.81 | 6.23 | 5.03 |
| 5.49 | 0.01 | -6.95 | -3.16 | 8.83 | 2.11 |
| 0.45 |  | 18.88 | 17.94 | 0.64 | 1.02 |
| 0.03 |  | 0.42 | 0.42 |  | 0.03 |
|  |  | 0.15 | 0.14 |  | 0.20 |
| 1.69 | 0.04 | -39.12 | -38.41 | 38.47 | 2.77 |
| 0.69 |  | -43.72 | -43.43 | 43.76 | 2.25 |
| 0.67 | -0.88 | -4.00 | -3.65 | 3.68 | 0.71 |
| 0.01 | 0.02 | 1.06 | 1.26 | 0.33 | 0.21 |
| 0.02 |  | 0.73 | 0.73 |  | 0.01 |
| 0.13 | 0.24 | -1.69 | 1.30 |  | 3.98 |
| 0.24 |  | 4.09 | 4.16 | 0.21 | 1.12 |
| 0.32 | 0.03 | 1.67 | 1.66 | 0.01 | 0.47 |
| 1.88 | 1.18 | -0.80 | 1.54 | 2.46 | 3.32 |

# 3-19 按地区分组的

| 地区 | 工业销售产值(当年价格) | 出口交货值 | 资产总计 | 固定资产合计 | 固定资产原价 |
|---|---|---|---|---|---|
| **全国** | **30.73** | | **22.03** | **10.27** | **15.58** |
| 北京 | | | 0.66 | 0.02 | 0.04 |
| 天津 | | | | | |
| 河北 | | | | | |
| 山西 | | | | | |
| 内蒙古 | 11.92 | | 5.99 | 2.99 | 3.48 |
| 辽宁 | 0.31 | | 0.19 | 0.03 | 0.09 |
| 吉林 | 2.32 | | 1.06 | 0.90 | 0.92 |
| 黑龙江 | | | | | |
| 上海 | | | | | |
| 江苏 | | | | | |
| 浙江 | | | | | |
| 安徽 | | | | | |
| 福建 | | | | | |
| 江西 | | | | | |
| 山东 | 4.88 | | 3.44 | 2.68 | 3.48 |
| 河南 | | | | | |
| 湖北 | 2.49 | | 6.42 | 2.57 | 5.73 |
| 湖南 | 2.52 | | 0.56 | 0.27 | 0.34 |
| 广东 | 2.93 | | 0.34 | 0.25 | 0.26 |
| 广西 | 2.28 | | 0.89 | 0.26 | 0.41 |
| 海南 | | | | | |
| 重庆 | | | | | |
| 四川 | 0.58 | | 1.83 | | 0.48 |
| 贵州 | 0.24 | | 0.17 | 0.12 | 0.11 |
| 云南 | 0.25 | | 0.48 | 0.18 | 0.23 |
| 西藏 | | | | | |
| 陕西 | | | | | |
| 甘肃 | | | | | |
| 青海 | | | | | |
| 宁夏 | | | | | |
| 新疆 | | | | | |

# 其他采矿业主要经济指标

单位：亿元

| 累计折旧 | 流动资产合计 | 应收账款 | 存货 | 产成品 | 负债合计 |
|---|---|---|---|---|---|
| **5.68** | **8.10** | **2.57** | **1.65** | **0.55** | **9.61** |
| 0.02 | 0.63 | 0.04 | 0.26 | | 0.74 |
| 0.54 | 1.51 | 0.04 | 0.57 | 0.14 | 1.64 |
| 0.06 | 0.16 | 0.09 | | | 0.16 |
| 0.06 | 0.14 | 0.11 | 0.03 | 0.03 | 0.34 |
| 1.04 | 0.62 | 0.11 | 0.29 | 0.23 | 0.74 |
| 3.33 | 3.02 | 1.71 | 0.27 | 0.01 | 4.12 |
| 0.20 | 0.28 | 0.15 | 0.02 | 0.02 | 0.25 |
| 0.05 | 0.08 | 0.01 | | | 0.02 |
| 0.16 | 0.62 | 0.01 | 0.03 | 0.03 | 0.03 |
| 0.18 | 0.69 | 0.06 | 0.13 | 0.08 | 1.11 |
| 0.01 | 0.05 | 0.02 | 0.01 | 0.01 | 0.05 |
| 0.05 | 0.30 | 0.23 | 0.04 | | 0.41 |

3-19 续表 1

| 地　区 | 流动负债合计 | 应付账款 | 所有者权益合计 | 实收资本 | 国家资本 |
|---|---|---|---|---|---|
| **全　国** | **7.14** | **1.70** | **12.38** | **7.09** | **2.38** |
| 北　京 | 0.74 | 0.25 | -0.08 | 0.01 | |
| 天　津 | | | | | |
| 河　北 | | | | | |
| 山　西 | | | | | |
| 内蒙古 | 1.56 | 0.26 | 4.35 | 1.58 | 0.10 |
| 辽　宁 | 0.12 | 0.10 | 0.03 | 0.01 | |
| 吉　林 | 0.33 | | 0.72 | 0.72 | |
| 黑龙江 | | | | | |
| 上　海 | | | | | |
| 江　苏 | | | | | |
| 浙　江 | | | | | |
| 安　徽 | | | | | |
| 福　建 | | | | | |
| 江　西 | | | | | |
| 山　东 | 0.43 | 0.06 | 2.71 | 0.23 | |
| 河　南 | | | | | |
| 湖　北 | 3.11 | 0.56 | 2.30 | 2.99 | 2.27 |
| 湖　南 | 0.08 | 0.06 | 0.30 | 0.30 | 0.01 |
| 广　东 | 0.01 | | 0.28 | 0.01 | |
| 广　西 | 0.03 | 0.02 | 0.86 | 0.52 | |
| 海　南 | | | | | |
| 重　庆 | | | | | |
| 四　川 | 0.27 | 0.01 | 0.72 | 0.54 | |
| 贵　州 | 0.05 | 0.05 | 0.11 | 0.10 | |
| 云　南 | 0.41 | 0.33 | 0.08 | 0.10 | |
| 西　藏 | | | | | |
| 陕　西 | | | | | |
| 甘　肃 | | | | | |
| 青　海 | | | | | |
| 宁　夏 | | | | | |
| 新　疆 | | | | | |

单位：亿元

| 集体资本 | 法人资本 | 个人资本 | 港澳台资本 | 外商资本 | 主营业务收入 |
|---|---|---|---|---|---|
| **0.32** | **0.61** | **3.77** | | | **30.34** |
| | | 0.01 | | | 0.35 |
| | 0.01 | 1.47 | | | 11.39 |
| 0.01 | | | | | 0.31 |
| | | 0.72 | | | 2.32 |
| | 0.01 | 0.21 | | | 4.88 |
| 0.32 | 0.15 | 0.25 | | | 3.18 |
| | 0.01 | 0.28 | | | 1.52 |
| | 0.01 | | | | 2.99 |
| | 0.02 | 0.50 | | | 2.28 |
| | 0.30 | 0.24 | | | 0.61 |
| | 0.10 | | | | 0.24 |
| | | 0.10 | | | 0.25 |

3-19 续表 2

| 地 区 | 主营业务成本 | 销售费用 | 管理费用 | 财务费用 | 利息收入 |
|---|---|---|---|---|---|
| **全 国** | **22.46** | **1.68** | **2.17** | **0.45** | |
| 北 京 | 0.33 | | 0.02 | | |
| 天 津 | | | | | |
| 河 北 | | | | | |
| 山 西 | | | | | |
| 内蒙古 | 8.40 | 0.86 | 1.20 | 0.11 | |
| 辽 宁 | 0.23 | | 0.06 | | |
| 吉 林 | 1.62 | 0.18 | 0.17 | 0.18 | |
| 黑龙江 | | | | | |
| 上 海 | | | | | |
| 江 苏 | | | | | |
| 浙 江 | | | | | |
| 安 徽 | | | | | |
| 福 建 | | | | | |
| 江 西 | | | | | |
| 山 东 | 4.45 | 0.06 | 0.05 | 0.02 | |
| 河 南 | | | | | |
| 湖 北 | 0.80 | 0.19 | 0.28 | 0.06 | |
| 湖 南 | 1.06 | 0.17 | 0.17 | 0.02 | |
| 广 东 | 2.83 | 0.05 | 0.06 | 0.01 | |
| 广 西 | 1.91 | 0.11 | 0.11 | 0.02 | |
| 海 南 | | | | | |
| 重 庆 | | | | | |
| 四 川 | 0.46 | 0.07 | 0.04 | 0.04 | |
| 贵 州 | 0.17 | | | | |
| 云 南 | 0.21 | | 0.01 | | |
| 西 藏 | | | | | |
| 陕 西 | | | | | |
| 甘 肃 | | | | | |
| 青 海 | | | | | |
| 宁 夏 | | | | | |
| 新 疆 | | | | | |

单位：亿元

| 利息支出 | 投资收益（损失以“-”号记） | 营业利润 | 利润总额 | 亏损企业亏损额 | 平均用工人数（万人） |
|---|---|---|---|---|---|
| **0.18** | **0.01** | **1.57** | **1.55** | **0.02** | **0.35** |
| 0.07 | 0.01 | 0.69 | 0.63 | | 0.08 |
| | | -0.01 | -0.01 | 0.01 | 0.02 |
| | | 0.16 | 0.16 | | 0.01 |
| 0.01 | | 0.24 | 0.24 | | 0.04 |
| 0.02 | | 0.19 | 0.25 | | 0.11 |
| 0.02 | | 0.08 | 0.08 | | 0.04 |
| 0.01 | | 0.05 | 0.05 | | 0.02 |
| 0.02 | | 0.11 | 0.11 | | 0.01 |
| 0.04 | | -0.01 | -0.01 | 0.01 | 0.01 |
| | | 0.04 | 0.04 | | |
| | | 0.02 | 0.02 | | |

# 3-20 按地区分组的

| 地区 | 工业销售产值(当年价格) | 出口交货值 | 资产总计 | 固定资产合计 | 固定资产原价 |
|---|---|---|---|---|---|
| **全国** | **1041824.16** | **117590.43** | **835602.89** | **257172.48** | **434227.83** |
| 北京 | 13040.70 | 943.55 | 20408.14 | 2839.45 | 5219.09 |
| 天津 | 24707.19 | 2473.10 | 20603.66 | 6457.88 | 9379.60 |
| 河北 | 41546.25 | 1533.98 | 34990.48 | 15014.10 | 21126.01 |
| 山西 | 6650.15 | 920.60 | 11887.22 | 4209.59 | 6244.00 |
| 内蒙古 | 11689.83 | 151.05 | 14615.91 | 5750.38 | 8689.83 |
| 辽宁 | 18558.25 | 2096.27 | 29048.11 | 7746.69 | 13124.28 |
| 吉林 | 21345.32 | 400.75 | 15247.40 | 5055.21 | 12743.97 |
| 黑龙江 | 8576.53 | 120.82 | 8074.96 | 2670.80 | 4829.27 |
| 上海 | 29537.84 | 7286.15 | 35921.56 | 6427.18 | 14626.95 |
| 江苏 | 150132.65 | 23291.55 | 104200.47 | 32730.03 | 61738.87 |
| 浙江 | 61463.79 | 11538.90 | 61714.81 | 13983.23 | 22407.72 |
| 安徽 | 39189.61 | 2315.16 | 26286.14 | 7970.19 | 14075.29 |
| 福建 | 40234.33 | 6932.93 | 27032.30 | 6783.24 | 11557.32 |
| 江西 | 31361.46 | 2132.57 | 19344.49 | 7847.55 | 12434.13 |
| 山东 | 139903.15 | 8609.87 | 88151.11 | 32705.38 | 57574.88 |
| 河南 | 72751.28 | 3737.89 | 50445.57 | 20112.14 | 26192.91 |
| 湖北 | 44392.28 | 1904.30 | 32103.75 | 9886.50 | 19175.93 |
| 湖南 | 36567.94 | 1430.17 | 21271.51 | 7386.81 | 10850.43 |
| 广东 | 120975.12 | 32122.82 | 90886.30 | 19181.60 | 37946.04 |
| 广西 | 21366.55 | 831.95 | 12566.49 | 4053.03 | 6299.16 |
| 海南 | 1475.90 | 193.55 | 1837.60 | 622.70 | 991.84 |
| 重庆 | 21972.88 | 2924.89 | 16828.49 | 5924.34 | 9271.61 |
| 四川 | 36659.24 | 2232.73 | 27906.26 | 8981.59 | 15411.22 |
| 贵州 | 8229.47 | 178.84 | 8406.49 | 2383.51 | 3270.26 |
| 云南 | 7860.58 | 263.31 | 10671.32 | 2732.78 | 4254.32 |
| 西藏 | 105.05 | 0.03 | 282.96 | 62.90 | 82.47 |
| 陕西 | 16062.64 | 746.81 | 18442.97 | 7370.91 | 9804.44 |
| 甘肃 | 4950.07 | 111.95 | 7879.95 | 2852.57 | 4399.08 |
| 青海 | 1992.90 | 2.91 | 3628.53 | 1665.90 | 2542.68 |
| 宁夏 | 2734.25 | 94.84 | 4575.94 | 1561.33 | 2019.79 |
| 新疆 | 5790.95 | 66.19 | 10341.97 | 4203.00 | 5944.46 |

# 制造业主要经济指标

单位：亿元

| 累计折旧 | 流动资产合计 | 应收账款 | 存货 | 产成品 | 负债合计 |
|---|---|---|---|---|---|
| **194742.67** | **444882.47** | **117887.96** | **101856.08** | **38823.32** | **453692.42** |
| 2487.40 | 12531.08 | 3748.69 | 2289.13 | 791.39 | 10914.79 |
| 4249.89 | 11120.55 | 2920.65 | 2645.82 | 1049.84 | 12660.87 |
| 7401.36 | 14763.93 | 3049.68 | 3706.77 | 1322.08 | 18635.71 |
| 2543.95 | 5646.79 | 1257.34 | 1327.68 | 510.22 | 8805.43 |
| 3294.20 | 5331.61 | 1098.56 | 1206.89 | 454.36 | 9210.98 |
| 5778.00 | 15522.80 | 3490.69 | 3964.32 | 1226.77 | 18686.24 |
| 8027.84 | 7519.70 | 1364.87 | 1704.39 | 757.43 | 7655.90 |
| 2248.85 | 4295.32 | 1064.32 | 1216.05 | 393.47 | 4815.36 |
| 8225.63 | 22780.04 | 6811.26 | 4788.16 | 1486.82 | 18171.10 |
| 29335.01 | 57341.04 | 18718.55 | 12364.20 | 4760.29 | 53239.36 |
| 9401.78 | 36852.83 | 10930.29 | 7932.08 | 3284.87 | 33780.21 |
| 6560.71 | 14379.91 | 4311.74 | 3270.02 | 1324.83 | 14158.92 |
| 4883.55 | 15372.19 | 4264.67 | 3618.99 | 1492.07 | 13655.66 |
| 5424.50 | 8590.07 | 2056.30 | 2025.95 | 853.95 | 9011.32 |
| 27873.83 | 42837.42 | 8383.58 | 10034.46 | 4350.57 | 45882.38 |
| 7720.77 | 24122.89 | 5358.31 | 4202.44 | 1637.74 | 22301.31 |
| 10103.14 | 16433.20 | 4184.08 | 4051.76 | 1636.52 | 17311.93 |
| 3795.48 | 10406.72 | 3094.93 | 2769.74 | 934.33 | 10568.87 |
| 19618.84 | 58723.71 | 18365.63 | 13113.53 | 4928.20 | 51598.88 |
| 2395.46 | 6692.76 | 1408.52 | 1717.49 | 772.79 | 7635.52 |
| 398.41 | 871.75 | 173.70 | 175.49 | 76.47 | 886.06 |
| 3706.60 | 8599.87 | 2467.49 | 1656.57 | 747.86 | 10237.64 |
| 7171.45 | 14876.56 | 3779.80 | 3485.17 | 1303.52 | 15463.91 |
| 1052.18 | 4561.37 | 745.10 | 1212.34 | 296.43 | 4674.21 |
| 1697.15 | 5346.36 | 951.26 | 2091.72 | 489.18 | 5898.48 |
| 25.35 | 130.51 | 15.28 | 20.08 | 5.80 | 106.36 |
| 4225.45 | 8366.37 | 1901.06 | 2057.11 | 796.36 | 10345.17 |
| 1696.30 | 3486.37 | 623.16 | 1297.82 | 429.38 | 5073.86 |
| 970.66 | 1172.90 | 180.26 | 300.80 | 101.77 | 2564.12 |
| 611.74 | 2129.13 | 396.65 | 634.84 | 220.89 | 3062.92 |
| 1817.19 | 4076.74 | 771.55 | 974.26 | 387.13 | 6678.98 |

3-20 续表 1

| 地　区 | 流动负债合计 | 应付账款 | 所有者权益合计 | 实收资本 | 国家资本 |
|---|---|---|---|---|---|
| **全　国** | **372390.41** | **109969.02** | **379028.44** | **180074.13** | **21880.98** |
| 北　京 | 9444.53 | 3687.07 | 9480.11 | 4133.57 | 740.97 |
| 天　津 | 9942.61 | 2848.45 | 8285.41 | 4472.53 | 843.49 |
| 河　北 | 15437.85 | 4494.12 | 16239.85 | 8713.41 | 1094.62 |
| 山　西 | 7043.69 | 1840.32 | 3079.17 | 1921.23 | 469.01 |
| 内蒙古 | 6630.47 | 1598.65 | 5322.55 | 4145.44 | 598.11 |
| 辽　宁 | 14919.47 | 3392.35 | 9834.97 | 5397.49 | 1302.61 |
| 吉　林 | 6298.55 | 2001.93 | 7578.51 | 2335.03 | 257.25 |
| 黑龙江 | 4063.80 | 999.51 | 3249.89 | 7665.43 | 324.32 |
| 上　海 | 15989.07 | 6894.69 | 17510.08 | 7490.84 | 1131.26 |
| 江　苏 | 46771.17 | 13489.00 | 50835.14 | 23827.78 | 1441.46 |
| 浙　江 | 30504.20 | 7890.59 | 27635.24 | 13823.47 | 460.19 |
| 安　徽 | 11455.27 | 3505.11 | 12002.35 | 6510.40 | 680.65 |
| 福　建 | 11200.36 | 3068.66 | 13247.40 | 6024.69 | 508.83 |
| 江　西 | 6913.86 | 1940.01 | 10269.26 | 3954.57 | 338.22 |
| 山　东 | 35530.67 | 8308.30 | 41974.87 | 13862.21 | 1232.31 |
| 河　南 | 17698.89 | 4686.45 | 27878.93 | 11842.04 | 718.03 |
| 湖　北 | 13725.67 | 4277.10 | 14711.14 | 8014.79 | 1863.01 |
| 湖　南 | 7726.36 | 2266.40 | 10709.27 | 5541.77 | 797.10 |
| 广　东 | 45094.14 | 17386.71 | 38725.42 | 16991.37 | 1166.29 |
| 广　西 | 6167.75 | 1760.45 | 4921.63 | 1966.13 | 437.95 |
| 海　南 | 709.53 | 158.01 | 951.54 | 605.15 | 76.53 |
| 重　庆 | 8040.04 | 2771.55 | 6519.87 | 2593.20 | 420.08 |
| 四　川 | 12124.65 | 3405.73 | 12347.67 | 4917.94 | 825.16 |
| 贵　州 | 3565.86 | 833.86 | 3728.41 | 1443.63 | 420.92 |
| 云　南 | 5044.50 | 1368.14 | 4762.07 | 2293.13 | 552.22 |
| 西　藏 | 83.48 | 11.10 | 170.69 | 47.31 | 14.47 |
| 陕　西 | 7551.76 | 1959.71 | 8022.94 | 4187.12 | 1333.47 |
| 甘　肃 | 3689.56 | 897.76 | 2806.86 | 1496.25 | 793.41 |
| 青　海 | 1636.86 | 347.26 | 1061.12 | 522.38 | 200.30 |
| 宁　夏 | 2407.61 | 717.22 | 1510.83 | 942.26 | 105.83 |
| 新　疆 | 4978.15 | 1162.81 | 3655.24 | 2391.56 | 732.91 |

单位：亿元

| 集体资本 | 法人资本 | 个人资本 | 港澳台资本 | 外商资本 | 主营业务收入 |
|---|---|---|---|---|---|
| **3322.98** | **64739.81** | **54923.30** | **12265.52** | **22917.14** | **1047710.97** |
| | | | | | |
| 24.51 | 1760.84 | 637.07 | 155.05 | 815.12 | 14795.55 |
| 35.49 | 1303.92 | 979.52 | 184.96 | 1108.20 | 23954.99 |
| 53.16 | 3758.84 | 3167.57 | 225.23 | 413.53 | 41698.35 |
| 56.64 | 701.47 | 511.43 | 91.23 | 91.45 | 6799.05 |
| 63.85 | 1712.64 | 1628.16 | 66.74 | 75.94 | 11904.90 |
| | | | | | |
| 308.08 | 1688.23 | 839.93 | 461.99 | 796.19 | 19398.53 |
| 216.13 | 969.96 | 659.42 | 42.14 | 190.20 | 21373.15 |
| 51.10 | 661.57 | 6461.35 | 30.66 | 136.43 | 8684.96 |
| | | | | | |
| 55.49 | 2429.51 | 756.12 | 683.39 | 2437.56 | 32760.34 |
| 431.75 | 7095.35 | 6489.25 | 2433.08 | 5936.76 | 150898.52 |
| 124.16 | 5191.42 | 4322.52 | 1345.24 | 2378.97 | 60276.30 |
| 111.51 | 2769.12 | 2389.49 | 192.39 | 367.24 | 38618.50 |
| 87.62 | 1756.40 | 1714.87 | 1034.38 | 922.39 | 39797.38 |
| 78.81 | 1708.59 | 1317.44 | 294.51 | 217.86 | 33831.89 |
| 370.80 | 5700.03 | 4802.99 | 419.10 | 1337.13 | 141779.54 |
| | | | | | |
| 184.31 | 4810.57 | 5628.30 | 316.91 | 183.70 | 72630.04 |
| 120.88 | 2595.78 | 2777.90 | 138.42 | 518.46 | 43032.83 |
| 69.10 | 2438.95 | 1971.12 | 84.10 | 182.90 | 36307.43 |
| 282.48 | 5791.06 | 2763.14 | 3199.32 | 3489.09 | 120392.32 |
| 47.48 | 805.90 | 430.96 | 91.26 | 148.26 | 20240.88 |
| 17.95 | 193.72 | 152.08 | 16.47 | 148.40 | 1378.58 |
| | | | | | |
| 41.94 | 1051.75 | 650.83 | 183.24 | 245.36 | 21957.62 |
| 81.08 | 2317.57 | 1293.47 | 140.44 | 261.66 | 36297.60 |
| 14.78 | 575.34 | 384.91 | 11.36 | 37.62 | 8173.87 |
| 99.59 | 1192.43 | 374.44 | 17.64 | 56.81 | 8076.36 |
| 8.05 | 17.14 | 5.86 | 1.45 | 0.35 | 96.51 |
| | | | | | |
| 107.63 | 1463.78 | 919.94 | 43.23 | 342.76 | 15727.86 |
| 79.07 | 388.14 | 191.47 | 3.08 | 9.28 | 6700.62 |
| 9.49 | 185.60 | 106.66 | 9.67 | 10.66 | 1598.48 |
| 8.91 | 495.90 | 279.86 | 29.27 | 22.49 | 2606.85 |
| 81.16 | 1208.31 | 315.23 | 19.57 | 34.38 | 5921.17 |

3-20 续表 2

| 地区 | 主营业务成本 | 销售费用 | 管理费用 | 财务费用 | 利息收入 |
|---|---|---|---|---|---|
| **全国** | **889816.96** | **29707.24** | **41036.76** | **9058.90** | **1524.96** |
| 北京 | 11757.87 | 1013.36 | 966.36 | 113.11 | 39.78 |
| 天津 | 20152.70 | 666.31 | 841.43 | 164.66 | 20.31 |
| 河北 | 36229.98 | 823.87 | 1161.92 | 399.01 | 13.56 |
| 山西 | 5975.36 | 210.72 | 321.31 | 186.12 | 6.34 |
| 内蒙古 | 10118.48 | 334.77 | 414.41 | 210.07 | 17.27 |
| 辽宁 | 16024.21 | 662.77 | 1009.67 | 385.37 | 39.65 |
| 吉林 | 17667.44 | 920.69 | 972.85 | 178.78 | 23.42 |
| 黑龙江 | 7328.03 | 256.22 | 356.10 | 77.80 | 7.95 |
| 上海 | 25949.36 | 1300.18 | 2293.54 | 89.06 | 486.70 |
| 江苏 | 129143.93 | 3842.32 | 5697.00 | 1116.22 | 137.41 |
| 浙江 | 50271.57 | 1839.32 | 3228.04 | 682.71 | 105.18 |
| 安徽 | 33409.03 | 1007.07 | 1326.55 | 284.06 | 29.34 |
| 福建 | 33855.43 | 1040.04 | 1490.39 | 309.59 | 34.13 |
| 江西 | 29612.95 | 594.96 | 786.29 | 173.37 | 7.93 |
| 山东 | 124423.41 | 2998.38 | 3456.77 | 1359.78 | 123.85 |
| 河南 | 63288.90 | 1428.42 | 1566.92 | 636.96 | 40.98 |
| 湖北 | 36641.70 | 1299.49 | 1840.54 | 384.54 | 30.62 |
| 湖南 | 29686.87 | 1152.62 | 1672.46 | 333.30 | 17.75 |
| 广东 | 101046.25 | 4425.63 | 6369.88 | 456.97 | 175.04 |
| 广西 | 17115.59 | 480.75 | 791.90 | 146.49 | 22.25 |
| 海南 | 1062.05 | 67.59 | 56.10 | 22.65 | 1.03 |
| 重庆 | 18593.21 | 643.25 | 921.24 | 171.25 | 28.46 |
| 四川 | 30688.34 | 1216.64 | 1439.58 | 361.00 | 49.22 |
| 贵州 | 6368.60 | 315.66 | 375.30 | 99.31 | 6.49 |
| 云南 | 6216.47 | 252.81 | 368.90 | 141.02 | 16.39 |
| 西藏 | 61.69 | 6.55 | 6.83 | 0.67 | 0.11 |
| 陕西 | 12992.16 | 478.76 | 686.37 | 201.49 | 13.48 |
| 甘肃 | 5849.79 | 114.98 | 231.73 | 119.92 | 10.22 |
| 青海 | 1387.92 | 57.69 | 62.84 | 53.61 | 0.53 |
| 宁夏 | 2206.29 | 65.78 | 90.91 | 72.26 | 2.71 |
| 新疆 | 4691.41 | 189.62 | 232.64 | 127.76 | 16.85 |

单位：亿元

| 利息支出 | 投资收益（损失以"–"号记） | 营业利润 | 利润总额 | 亏损企业亏损额 | 平均用工人数（万人） |
|---|---|---|---|---|---|
| **8920.07** | **2158.85** | **63497.96** | **65280.82** | **5395.16** | **8472.26** |
| 115.75 | 280.08 | 944.35 | 1076.25 | 228.13 | 91.54 |
| 438.00 | -10.22 | 1786.58 | 1835.44 | 155.11 | 135.75 |
| 368.13 | -240.01 | 2385.84 | 2400.02 | 161.10 | 316.83 |
| 176.33 | 18.55 | 65.33 | 91.11 | 174.54 | 83.58 |
| 193.55 | 20.90 | 637.61 | 521.44 | 211.87 | 71.15 |
| 343.09 | 71.75 | 639.78 | 733.64 | 365.99 | 182.36 |
| 149.95 | 97.08 | 1285.62 | 1310.79 | 110.59 | 116.45 |
| 66.33 | -0.51 | 357.26 | 387.88 | 142.10 | 66.75 |
| 169.25 | 583.89 | 2648.42 | 2797.71 | 292.49 | 211.54 |
| 1067.76 | 177.26 | 10022.64 | 10080.62 | 558.02 | 1086.72 |
| 773.42 | 299.09 | 3825.68 | 4070.12 | 261.25 | 675.69 |
| 260.02 | 16.49 | 2075.01 | 2062.07 | 80.58 | 290.89 |
| 310.70 | 27.53 | 2691.07 | 2697.11 | 128.85 | 406.29 |
| 143.54 | 27.16 | 2283.69 | 2318.46 | 41.30 | 248.73 |
| 1150.29 | 119.82 | 8330.58 | 8478.72 | 243.74 | 819.60 |
| 525.54 | 73.13 | 5105.80 | 5105.56 | 167.46 | 640.67 |
| 333.10 | 169.80 | 2266.55 | 2441.71 | 137.84 | 318.04 |
| 277.87 | 16.65 | 1930.24 | 1864.88 | 148.57 | 299.92 |
| 559.79 | 386.06 | 7120.82 | 7513.00 | 396.85 | 1401.97 |
| 148.14 | -166.26 | 1225.10 | 1253.88 | 78.74 | 155.54 |
| 21.24 | 8.63 | 80.22 | 87.31 | 16.79 | 8.47 |
| 176.43 | 54.03 | 1450.83 | 1546.20 | 141.63 | 175.60 |
| 349.41 | -62.54 | 1885.65 | 1942.05 | 388.96 | 286.84 |
| 90.73 | 9.39 | 684.61 | 701.96 | 54.16 | 63.16 |
| 144.82 | 66.67 | 219.02 | 284.87 | 302.29 | 67.91 |
| 0.80 | 0.31 | 20.44 | 21.39 | 0.90 | 1.02 |
| 193.55 | 52.20 | 974.32 | 993.25 | 81.32 | 125.88 |
| 114.18 | 27.23 | 59.80 | 81.24 | 118.75 | 40.14 |
| 48.19 | 3.71 | 18.28 | 38.79 | 30.71 | 14.65 |
| 64.33 | 2.02 | 73.35 | 92.37 | 54.46 | 22.33 |
| 145.84 | 28.96 | 403.43 | 450.99 | 120.02 | 46.26 |

# 3-21 按地区分组的农副食品

| 地　区 | 工业销售产值(当年价格) | 出口交货值 | 资产总计 | 固定资产合计 | 固定资产原价 |
|---|---|---|---|---|---|
| **全　国** | **68857.76** | **2836.34** | **33924.50** | **11859.17** | **20975.05** |
| 北　京 | 384.30 | 6.35 | 471.27 | 61.15 | 93.64 |
| 天　津 | 966.94 | 10.14 | 609.18 | 125.23 | 180.03 |
| 河　北 | 2279.77 | 56.88 | 1174.46 | 433.89 | 558.55 |
| 山　西 | 330.30 | 0.92 | 254.50 | 91.83 | 108.14 |
| 内蒙古 | 1772.46 | 2.41 | 737.90 | 329.02 | 546.31 |
| 辽　宁 | 1534.56 | 176.49 | 1401.51 | 356.81 | 549.11 |
| 吉　林 | 3191.15 | 94.45 | 1221.17 | 528.07 | 1595.65 |
| 黑龙江 | 2727.29 | 17.05 | 1518.70 | 480.98 | 1087.64 |
| 上　海 | 323.51 | 8.93 | 278.96 | 50.71 | 79.76 |
| 江　苏 | 5073.24 | 112.12 | 1908.19 | 762.75 | 1382.46 |
| 浙　江 | 1062.91 | 164.59 | 831.75 | 183.03 | 267.71 |
| 安　徽 | 3196.71 | 33.58 | 1151.70 | 365.63 | 631.59 |
| 福　建 | 2954.80 | 592.44 | 1421.73 | 364.19 | 538.93 |
| 江　西 | 2181.06 | 51.35 | 871.44 | 294.68 | 541.73 |
| 山　东 | 12835.96 | 919.49 | 5918.24 | 2559.92 | 4564.16 |
| 河　南 | 6528.28 | 39.48 | 3578.35 | 1529.99 | 1797.83 |
| 湖　北 | 5097.57 | 101.85 | 1819.30 | 701.24 | 2313.79 |
| 湖　南 | 3258.50 | 18.68 | 1255.93 | 557.15 | 792.63 |
| 广　东 | 3280.33 | 234.76 | 1956.69 | 382.17 | 619.08 |
| 广　西 | 2265.79 | 61.09 | 1517.18 | 358.77 | 633.17 |
| 海　南 | 122.01 | 25.36 | 95.07 | 23.24 | 35.41 |
| 重　庆 | 1052.97 | 14.40 | 412.53 | 172.33 | 285.65 |
| 四　川 | 2928.88 | 10.49 | 1069.06 | 351.67 | 699.23 |
| 贵　州 | 379.89 | 0.37 | 184.14 | 56.13 | 65.63 |
| 云　南 | 738.73 | 70.02 | 574.38 | 184.11 | 231.00 |
| 西　藏 | 4.35 |  | 6.06 | 1.79 | 2.82 |
| 陕　西 | 1193.27 | 0.80 | 513.88 | 187.13 | 269.93 |
| 甘　肃 | 411.91 | 4.39 | 438.77 | 135.17 | 168.36 |
| 青　海 | 106.11 | 0.21 | 106.24 | 52.40 | 85.75 |
| 宁　夏 | 134.05 | 3.34 | 118.19 | 36.98 | 45.50 |
| 新　疆 | 540.16 | 3.92 | 508.03 | 140.99 | 203.88 |

# 加工业主要经济指标

单位：亿元

| 累计折旧 | 流动资产合　计 | | | | 负债合计 |
|---|---|---|---|---|---|
| | | 应收账款 | 存货 | | |
| | | | | 产成品 | |
| **10101.27** | **17230.77** | **2826.78** | **4968.92** | **2156.74** | **16672.25** |
| 33.75 | 309.28 | 38.85 | 54.76 | 31.56 | 254.73 |
| 56.97 | 382.97 | 50.19 | 83.76 | 27.55 | 426.36 |
| 178.74 | 614.61 | 87.41 | 171.49 | 77.38 | 581.79 |
| 25.95 | 117.00 | 14.53 | 42.02 | 21.41 | 127.92 |
| 235.85 | 309.77 | 47.44 | 105.58 | 51.79 | 322.56 |
| 216.12 | 804.23 | 129.70 | 232.84 | 101.82 | 809.99 |
| 1070.29 | 511.00 | 69.58 | 171.86 | 74.95 | 661.08 |
| 641.82 | 859.77 | 120.15 | 317.67 | 106.97 | 920.93 |
| 30.53 | 184.95 | 45.11 | 42.64 | 15.76 | 138.72 |
| 627.12 | 892.30 | 207.98 | 286.12 | 120.56 | 1002.25 |
| 98.76 | 511.20 | 108.57 | 136.77 | 73.51 | 493.29 |
| 287.26 | 619.94 | 132.77 | 221.88 | 78.10 | 522.42 |
| 192.42 | 881.32 | 208.00 | 252.77 | 127.78 | 735.71 |
| 270.43 | 436.35 | 50.69 | 128.49 | 58.97 | 345.98 |
| 2270.38 | 2645.78 | 371.42 | 854.85 | 353.15 | 2642.63 |
| 398.60 | 1501.91 | 173.06 | 254.59 | 103.77 | 1222.46 |
| 1734.37 | 829.30 | 158.95 | 300.23 | 131.26 | 719.05 |
| 276.88 | 490.12 | 87.15 | 153.35 | 72.27 | 447.70 |
| 281.04 | 1300.54 | 236.22 | 281.20 | 105.26 | 1217.84 |
| 292.82 | 965.08 | 127.42 | 228.55 | 107.43 | 970.12 |
| 16.18 | 61.31 | 14.73 | 16.06 | 7.53 | 68.16 |
| 135.40 | 182.35 | 30.77 | 46.65 | 20.81 | 174.42 |
| 371.59 | 573.98 | 93.42 | 164.62 | 75.24 | 526.73 |
| 12.42 | 87.58 | 18.74 | 29.10 | 12.68 | 94.37 |
| 86.91 | 293.32 | 73.15 | 66.58 | 34.20 | 360.50 |
| 0.81 | 3.05 | 0.72 | 1.14 | 0.22 | 2.74 |
| 99.57 | 257.44 | 40.36 | 94.73 | 42.79 | 256.35 |
| 38.86 | 205.27 | 38.83 | 74.06 | 46.33 | 217.95 |
| 36.23 | 44.63 | 7.31 | 13.86 | 6.23 | 52.74 |
| 10.30 | 63.10 | 10.17 | 29.41 | 10.44 | 53.69 |
| 72.90 | 291.32 | 33.37 | 111.29 | 59.05 | 301.08 |

3-21 续表 1

| 地区 | 流动负债合计 | 应付账款 | 所有者权益合计 | 实收资本 | 国家资本 |
|---|---|---|---|---|---|
| 全国 | **13138.32** | **2416.59** | **17004.39** | **6972.97** | **333.43** |
| 北京 | 208.87 | 36.15 | 216.54 | 97.07 | 9.82 |
| 天津 | 213.13 | 75.49 | 181.45 | 126.62 | 39.93 |
| 河北 | 490.81 | 119.38 | 586.97 | 227.90 | 26.06 |
| 山西 | 107.04 | 12.29 | 126.58 | 39.02 | 1.53 |
| 内蒙古 | 235.97 | 46.59 | 414.64 | 140.43 | 6.53 |
| 辽宁 | 645.51 | 96.03 | 537.43 | 268.40 | 12.55 |
| 吉林 | 465.20 | 61.89 | 556.49 | 244.86 | 6.06 |
| 黑龙江 | 806.60 | 65.08 | 597.06 | 307.20 | 29.40 |
| 上海 | 128.22 | 33.64 | 138.64 | 68.52 | 2.64 |
| 江苏 | 816.86 | 171.17 | 896.87 | 369.34 | 27.96 |
| 浙江 | 442.88 | 76.52 | 333.61 | 161.90 | 3.39 |
| 安徽 | 425.08 | 101.21 | 621.37 | 238.13 | 9.96 |
| 福建 | 677.13 | 145.67 | 678.80 | 270.36 | 2.05 |
| 江西 | 246.46 | 60.56 | 522.15 | 178.25 | 5.42 |
| 山东 | 1910.61 | 321.65 | 3213.70 | 968.95 | 17.92 |
| 河南 | 890.25 | 140.48 | 2337.57 | 982.73 | 7.81 |
| 湖北 | 529.86 | 110.06 | 1095.45 | 385.39 | 10.96 |
| 湖南 | 308.18 | 52.82 | 807.97 | 640.08 | 6.50 |
| 广东 | 1078.53 | 218.95 | 693.69 | 312.36 | 26.08 |
| 广西 | 834.25 | 165.30 | 544.66 | 193.42 | 36.69 |
| 海南 | 60.10 | 10.01 | 26.91 | 30.64 | |
| 重庆 | 136.16 | 27.87 | 236.69 | 56.45 | 3.28 |
| 四川 | 399.77 | 82.90 | 538.61 | 170.73 | 4.73 |
| 贵州 | 64.85 | 11.85 | 88.09 | 47.27 | 0.55 |
| 云南 | 309.04 | 50.85 | 211.07 | 88.18 | 3.05 |
| 西藏 | 2.14 | 0.11 | 3.31 | 1.54 | |
| 陕西 | 195.32 | 35.34 | 255.62 | 97.04 | 9.29 |
| 甘肃 | 157.28 | 33.22 | 220.30 | 108.08 | 4.15 |
| 青海 | 38.05 | 3.55 | 51.96 | 16.74 | 0.40 |
| 宁夏 | 44.00 | 9.48 | 63.22 | 28.42 | 1.39 |
| 新疆 | 270.18 | 40.48 | 206.95 | 106.97 | 17.34 |

单位：亿元

| 集体资本 | 法人资本 | 个人资本 | 港澳台资本 | 外商资本 | 主营业务收入 |
|---|---|---|---|---|---|
| **177.27** | **2587.34** | **2980.57** | **272.85** | **621.16** | **68825.16** |
| | | | | | |
| 0.17 | 26.09 | 46.89 | 5.53 | 8.56 | 453.96 |
| 0.13 | 24.79 | 12.32 | 8.99 | 40.46 | 871.26 |
| 1.32 | 82.89 | 88.97 | 6.16 | 22.50 | 2268.88 |
| 2.37 | 10.72 | 24.38 | | 0.02 | 310.91 |
| 3.15 | 52.34 | 68.67 | 5.27 | 4.47 | 1677.99 |
| | | | | | |
| 12.86 | 102.42 | 80.72 | 13.66 | 46.19 | 1673.39 |
| 17.92 | 63.22 | 106.86 | 11.74 | 39.06 | 3001.20 |
| 2.85 | 98.70 | 133.78 | 5.75 | 36.71 | 2838.19 |
| | | | | | |
| | 18.04 | 8.59 | 17.48 | 21.76 | 405.44 |
| 4.64 | 97.21 | 166.93 | 10.15 | 62.44 | 5100.74 |
| 1.56 | 64.10 | 65.39 | 18.03 | 9.42 | 1063.10 |
| 2.56 | 62.95 | 120.41 | 6.16 | 36.10 | 3143.30 |
| 5.33 | 103.55 | 102.19 | 21.83 | 35.40 | 2933.32 |
| 1.70 | 86.39 | 72.53 | 2.55 | 9.66 | 2185.69 |
| 47.01 | 481.12 | 310.25 | 16.89 | 95.76 | 13086.79 |
| | | | | | |
| 27.19 | 327.90 | 524.10 | 59.58 | 36.14 | 6830.48 |
| 10.47 | 138.13 | 199.02 | 8.05 | 18.77 | 4865.69 |
| 2.54 | 208.76 | 416.73 | 2.46 | 3.05 | 3267.30 |
| 5.30 | 145.24 | 59.09 | 32.44 | 44.22 | 3365.54 |
| 7.65 | 87.31 | 31.71 | 8.32 | 21.74 | 2156.79 |
| 0.96 | 20.12 | 7.51 | 0.67 | 1.39 | 117.67 |
| | | | | | |
| 1.14 | 23.36 | 24.79 | 1.13 | 2.75 | 1038.17 |
| 3.07 | 66.29 | 84.46 | 5.69 | 6.49 | 2848.67 |
| 1.54 | 18.71 | 26.08 | 0.07 | 0.33 | 372.24 |
| 2.44 | 39.67 | 39.74 | 0.63 | 2.66 | 730.74 |
| | 0.56 | 0.98 | | | 3.95 |
| | | | | | |
| 4.12 | 32.23 | 46.32 | 0.13 | 4.95 | 1121.34 |
| 4.38 | 46.37 | 50.90 | 0.78 | 1.19 | 334.70 |
| 0.12 | 4.14 | 12.08 | | | 72.39 |
| 0.01 | 12.32 | 12.38 | 1.46 | 0.86 | 129.93 |
| 2.78 | 41.72 | 35.80 | 1.23 | 8.11 | 555.40 |

3-21 续表 2

| 地区 | 主营业务成本 | 销售费用 | 管理费用 | 财务费用 | 利息收入 |
|---|---|---|---|---|---|
| **全国** | **61117.80** | **1461.46** | **1624.29** | **544.34** | **30.40** |
| 北京 | 377.72 | 30.18 | 20.37 | 3.28 | 3.28 |
| 天津 | 760.00 | 15.20 | 17.09 | 5.37 | 0.11 |
| 河北 | 2021.89 | 42.72 | 38.90 | 16.50 | -2.80 |
| 山西 | 279.16 | 5.30 | 6.42 | 4.60 | 0.06 |
| 内蒙古 | 1457.32 | 31.40 | 43.61 | 11.12 | 0.23 |
| 辽宁 | 1523.44 | 39.13 | 43.54 | 22.07 | 1.43 |
| 吉林 | 2673.37 | 74.67 | 92.46 | 29.96 | 0.47 |
| 黑龙江 | 2601.05 | 54.19 | 59.00 | 18.55 | 1.81 |
| 上海 | 354.25 | 21.66 | 16.05 | 2.08 | 0.44 |
| 江苏 | 4488.09 | 100.89 | 106.32 | 40.29 | 4.10 |
| 浙江 | 961.20 | 23.06 | 31.71 | 12.64 | 0.82 |
| 安徽 | 2862.30 | 65.21 | 57.17 | 19.86 | 0.50 |
| 福建 | 2603.77 | 56.93 | 67.62 | 21.67 | 3.57 |
| 江西 | 1950.17 | 37.96 | 43.59 | 10.99 | 0.24 |
| 山东 | 11795.04 | 232.99 | 239.96 | 103.00 | 4.14 |
| 河南 | 6006.83 | 114.12 | 90.42 | 47.64 | 2.87 |
| 湖北 | 4319.48 | 109.23 | 143.98 | 37.81 | 1.08 |
| 湖南 | 2763.82 | 106.68 | 139.25 | 28.07 | 0.37 |
| 广东 | 3043.99 | 64.18 | 73.83 | 24.89 | 2.30 |
| 广西 | 1861.34 | 37.49 | 80.82 | 25.30 | 1.86 |
| 海南 | 109.83 | 1.99 | 3.39 | 1.61 | 0.05 |
| 重庆 | 891.76 | 33.42 | 30.28 | 5.00 | 0.54 |
| 四川 | 2510.54 | 79.79 | 83.70 | 18.32 | 1.25 |
| 贵州 | 328.25 | 9.12 | 11.79 | 2.90 | 0.07 |
| 云南 | 646.15 | 19.53 | 22.99 | 10.34 | 0.44 |
| 西藏 | 3.03 | 0.12 | 0.35 | 0.04 | |
| 陕西 | 974.18 | 26.25 | 27.40 | 7.94 | 0.20 |
| 甘肃 | 302.75 | 8.09 | 9.25 | 4.74 | 0.14 |
| 青海 | 66.22 | 1.38 | 2.27 | 0.84 | 0.01 |
| 宁夏 | 116.32 | 2.99 | 3.91 | 1.81 | 0.18 |
| 新疆 | 464.53 | 15.57 | 16.84 | 5.12 | 0.64 |

单位：亿元

| 利息支出 | 投资收益（损失以“–”号记） | 营业利润 | 利润总额 | 亏损企业亏损额 | 平均用工人数（万人） |
|---|---|---|---|---|---|
| **720.89** | **-94.31** | **3649.92** | **3623.58** | **150.62** | **416.94** |
| 6.02 | 8.38 | 20.05 | 22.12 | 2.49 | 3.13 |
| 280.73 | -27.85 | 13.30 | 14.94 | 6.50 | 2.58 |
| 14.22 | -35.90 | 103.18 | 104.85 | 5.44 | 12.50 |
| 3.78 | 0.10 | 14.97 | 15.80 | 1.87 | 2.79 |
| 8.84 | -1.44 | 120.29 | 89.87 | 2.25 | 7.70 |
| 16.60 | 0.36 | 44.58 | 49.18 | 9.96 | 14.35 |
| 21.93 | 0.14 | 108.98 | 98.79 | 21.96 | 12.77 |
| 13.37 | -5.91 | 94.52 | 100.12 | 11.33 | 13.73 |
| 1.87 | 0.89 | 12.78 | 14.38 | 0.84 | 2.73 |
| 31.76 | 0.86 | 328.41 | 325.18 | 6.76 | 22.56 |
| 12.49 | 2.52 | 38.51 | 43.90 | 1.99 | 8.30 |
| 16.32 | -1.44 | 124.57 | 128.62 | 5.69 | 17.44 |
| 21.16 | -7.36 | 171.05 | 174.10 | 3.01 | 21.95 |
| 8.60 | 6.57 | 141.46 | 141.17 | 0.68 | 9.71 |
| 83.00 | -5.11 | 661.09 | 664.47 | 16.40 | 81.60 |
| 34.86 | 9.63 | 547.81 | 525.33 | 5.64 | 50.46 |
| 28.31 | 3.84 | 232.10 | 233.07 | 3.80 | 22.65 |
| 21.39 | -1.24 | 178.98 | 160.86 | 1.91 | 23.65 |
| 20.43 | 11.17 | 161.06 | 163.17 | 12.80 | 17.64 |
| 23.70 | -43.39 | 124.68 | 130.35 | 8.78 | 14.22 |
| 1.60 | -0.05 | 1.51 | 2.25 | 1.31 | 1.68 |
| 3.89 | -1.87 | 70.26 | 71.28 | 0.65 | 8.61 |
| 15.00 | -7.26 | 138.02 | 136.47 | 2.28 | 18.55 |
| 2.04 | 0.08 | 17.76 | 19.60 | 0.82 | 2.72 |
| 9.69 | 0.86 | 32.34 | 36.65 | 4.98 | 7.35 |
| 0.04 |  | 0.38 | 0.40 | 0.13 | 0.09 |
| 6.40 | -1.08 | 79.01 | 80.79 | 1.75 | 6.91 |
| 5.48 | 0.18 | 9.29 | 11.87 | 3.06 | 2.74 |
| 0.53 | -0.35 | 1.03 | 2.00 | 0.44 | 0.64 |
| 1.58 | 0.02 | 4.54 | 5.68 | 1.71 | 0.98 |
| 5.28 | 0.33 | 53.40 | 56.32 | 3.41 | 4.23 |

# 3-22 按地区分组的食品

| 地　区 | 工业销售产值(当年价格) | 出口交货值 | 资产总计 | 固定资产合　计 | 固定资产原　价 |
|---|---|---|---|---|---|
| **全　国** | **23544.40** | **1114.45** | **15496.83** | **5438.31** | **9038.97** |
| 北　京 | 291.50 | 13.29 | 411.25 | 78.44 | 146.66 |
| 天　津 | 1540.05 | 28.86 | 515.81 | 187.25 | 371.67 |
| 河　北 | 1108.83 | 25.46 | 691.68 | 264.61 | 361.07 |
| 山　西 | 125.16 | 1.71 | 121.48 | 49.24 | 65.28 |
| 内蒙古 | 694.50 | 18.00 | 971.41 | 219.39 | 350.26 |
| 辽　宁 | 242.72 | 7.91 | 372.30 | 107.52 | 149.51 |
| 吉　林 | 523.64 | 9.48 | 294.53 | 127.66 | 396.71 |
| 黑龙江 | 539.01 | 2.51 | 426.12 | 178.14 | 278.64 |
| 上　海 | 584.83 | 31.80 | 756.49 | 150.46 | 280.83 |
| 江　苏 | 1152.39 | 114.73 | 783.35 | 272.56 | 444.70 |
| 浙　江 | 528.26 | 84.92 | 668.04 | 188.63 | 277.24 |
| 安　徽 | 745.09 | 23.09 | 343.58 | 138.06 | 218.01 |
| 福　建 | 1380.48 | 191.71 | 801.70 | 170.69 | 261.46 |
| 江　西 | 602.64 | 63.10 | 299.37 | 162.84 | 239.34 |
| 山　东 | 2737.05 | 167.70 | 1527.42 | 710.64 | 1340.10 |
| 河　南 | 3181.03 | 33.51 | 1777.91 | 746.08 | 885.23 |
| 湖　北 | 1289.00 | 54.39 | 577.60 | 196.63 | 762.58 |
| 湖　南 | 1145.08 | 12.60 | 457.62 | 196.61 | 274.33 |
| 广　东 | 1860.80 | 114.68 | 1431.61 | 368.67 | 631.99 |
| 广　西 | 425.26 | 18.41 | 264.36 | 82.95 | 131.77 |
| 海　南 | 41.42 | 1.04 | 50.83 | 13.72 | 19.55 |
| 重　庆 | 255.42 | 5.47 | 163.89 | 67.74 | 90.23 |
| 四　川 | 1071.07 | 23.50 | 556.31 | 243.17 | 313.65 |
| 贵　州 | 179.72 | 0.64 | 105.76 | 30.12 | 35.29 |
| 云　南 | 228.96 | 12.71 | 197.96 | 68.09 | 86.19 |
| 西　藏 | 7.01 |  | 10.33 | 3.91 | 3.66 |
| 陕　西 | 539.21 | 7.40 | 277.15 | 113.12 | 153.94 |
| 甘　肃 | 81.92 | 1.37 | 93.18 | 28.22 | 34.53 |
| 青　海 | 44.25 |  | 58.33 | 35.19 | 40.14 |
| 宁　夏 | 177.65 | 12.39 | 176.78 | 80.05 | 104.43 |
| 新　疆 | 220.46 | 32.06 | 312.68 | 157.91 | 289.96 |

# 制造业主要经济指标

单位：亿元

| 累计折旧 | 流动资产合计 | 应收账款 | 存货 | 产成品 | 负债合计 |
|---|---|---|---|---|---|
| **3950.76** | **7475.01** | **1700.35** | **1552.12** | **715.69** | **6830.50** |
| 67.72 | 227.94 | 56.14 | 42.01 | 18.86 | 211.85 |
| 190.63 | 293.13 | 75.08 | 34.00 | 16.63 | 269.38 |
| 113.78 | 314.68 | 67.36 | 73.59 | 37.92 | 267.62 |
| 19.21 | 58.92 | 11.55 | 15.73 | 6.93 | 56.83 |
| 138.52 | 394.44 | 68.57 | 63.85 | 33.92 | 491.10 |
| 48.64 | 212.63 | 32.23 | 30.60 | 14.75 | 229.05 |
| 273.32 | 120.26 | 23.80 | 43.34 | 14.70 | 123.48 |
| 116.41 | 205.56 | 55.69 | 47.52 | 24.62 | 167.39 |
| 128.78 | 485.82 | 216.66 | 63.59 | 33.83 | 446.64 |
| 170.88 | 362.31 | 105.88 | 84.52 | 38.01 | 362.00 |
| 97.17 | 356.19 | 118.34 | 88.76 | 36.11 | 315.44 |
| 104.91 | 161.60 | 46.09 | 47.16 | 21.23 | 158.67 |
| 107.03 | 446.86 | 88.23 | 96.95 | 49.29 | 291.98 |
| 90.76 | 90.84 | 17.03 | 22.55 | 11.38 | 104.52 |
| 699.44 | 634.35 | 124.18 | 167.32 | 71.97 | 627.31 |
| 187.48 | 799.85 | 118.29 | 108.75 | 43.58 | 627.09 |
| 576.56 | 262.34 | 70.37 | 71.37 | 32.88 | 258.15 |
| 85.09 | 179.44 | 33.19 | 48.37 | 16.46 | 188.78 |
| 282.42 | 865.52 | 173.47 | 141.02 | 59.87 | 581.00 |
| 46.87 | 134.62 | 33.70 | 31.34 | 15.33 | 126.54 |
| 9.16 | 32.39 | 3.11 | 2.97 | 1.61 | 22.19 |
| 26.96 | 74.83 | 13.16 | 17.19 | 7.50 | 70.24 |
| 105.41 | 233.49 | 46.89 | 63.22 | 27.17 | 212.84 |
| 8.30 | 56.52 | 6.97 | 9.88 | 5.70 | 63.44 |
| 27.33 | 97.24 | 17.44 | 30.88 | 17.32 | 89.15 |
| 0.23 | 3.54 | 0.40 | 0.22 | 0.14 | 2.05 |
| 47.37 | 112.11 | 30.01 | 25.78 | 12.15 | 106.88 |
| 9.83 | 49.30 | 9.44 | 15.15 | 7.06 | 45.16 |
| 5.32 | 18.96 | 2.52 | 6.79 | 3.75 | 22.69 |
| 29.15 | 72.15 | 13.51 | 13.78 | 5.33 | 102.82 |
| 136.09 | 117.17 | 21.02 | 43.94 | 29.67 | 188.23 |

3-22 续表 1

| 地 区 | 流动负债合计 | 应付账款 | 所有者权益合计 | 实收资本 | 国家资本 |
|---|---|---|---|---|---|
| **全 国** | **5729.05** | **1321.03** | **8595.90** | **3562.27** | **133.46** |
| 北 京 | 194.10 | -32.05 | 199.40 | 123.38 | 17.39 |
| 天 津 | 236.22 | 63.09 | 245.84 | 82.75 | 2.56 |
| 河 北 | 223.81 | 66.08 | 421.61 | 167.76 | 0.54 |
| 山 西 | 49.91 | 9.23 | 64.65 | 23.88 | 0.11 |
| 内蒙古 | 427.24 | 77.48 | 480.31 | 148.20 | 2.52 |
| 辽 宁 | 186.11 | 30.99 | 136.12 | 87.34 | 0.25 |
| 吉 林 | 101.53 | 19.79 | 170.89 | 70.80 | 0.17 |
| 黑龙江 | 146.64 | 60.64 | 258.69 | 115.86 | 8.21 |
| 上 海 | 424.16 | 132.74 | 307.26 | 193.26 | 11.56 |
| 江 苏 | 320.17 | 88.42 | 420.37 | 210.06 | 9.61 |
| 浙 江 | 293.60 | 72.42 | 352.60 | 149.80 | 4.18 |
| 安 徽 | 128.30 | 37.15 | 181.30 | 77.80 | 2.00 |
| 福 建 | 256.73 | 58.08 | 496.69 | 173.46 | 6.21 |
| 江 西 | 62.73 | 14.30 | 194.85 | 65.19 | 4.26 |
| 山 东 | 475.09 | 110.60 | 894.09 | 348.56 | 3.60 |
| 河 南 | 491.51 | 78.82 | 1133.73 | 448.48 | 18.20 |
| 湖 北 | 216.56 | 54.15 | 318.19 | 133.90 | 8.26 |
| 湖 南 | 150.53 | 27.79 | 267.88 | 127.74 | 1.59 |
| 广 东 | 535.07 | 153.11 | 843.13 | 333.76 | 4.43 |
| 广 西 | 100.30 | 19.20 | 137.83 | 52.35 | 2.43 |
| 海 南 | 21.17 | 3.08 | 28.63 | 6.56 | |
| 重 庆 | 58.84 | 15.62 | 93.17 | 27.37 | 0.67 |
| 四 川 | 162.69 | 50.22 | 338.95 | 124.68 | 2.07 |
| 贵 州 | 46.21 | 8.56 | 42.08 | 12.90 | 0.25 |
| 云 南 | 75.08 | 15.35 | 107.66 | 36.96 | 1.05 |
| 西 藏 | 0.75 | 0.12 | 8.28 | 2.70 | 0.50 |
| 陕 西 | 82.08 | 22.52 | 169.64 | 67.31 | 1.52 |
| 甘 肃 | 32.37 | 10.04 | 48.02 | 22.04 | 1.70 |
| 青 海 | 16.77 | 0.71 | 35.64 | 7.80 | 0.15 |
| 宁 夏 | 78.01 | 23.28 | 73.96 | 29.73 | 1.00 |
| 新 疆 | 134.79 | 29.53 | 124.45 | 89.88 | 16.47 |

单位：亿元

| 集体资本 | 法人资本 | 个人资本 | 港澳台资本 | 外商资本 | 主营业务收　　入 |
|---|---|---|---|---|---|
| **87.76** | **1402.25** | **1065.13** | **299.98** | **573.36** | **23955.38** |
| 0.31 | 20.27 | 14.10 | 9.07 | 62.24 | 511.09 |
| 0.72 | 23.64 | 12.19 | 12.27 | 31.38 | 1468.67 |
| 0.11 | 97.76 | 42.12 | 15.52 | 11.69 | 1128.01 |
| 0.69 | 16.61 | 6.08 | 0.36 | 0.03 | 117.24 |
| 0.23 | 40.49 | 100.06 | 0.32 | 4.58 | 1000.50 |
| 1.35 | 40.72 | 17.33 | 20.42 | 7.27 | 225.89 |
| 1.86 | 31.85 | 23.27 | | 13.65 | 472.80 |
| 7.96 | 43.98 | 21.48 | 12.20 | 22.03 | 540.47 |
| 6.57 | 30.99 | 14.65 | 38.05 | 91.44 | 705.05 |
| 6.73 | 57.42 | 36.04 | 17.87 | 82.39 | 1162.85 |
| 1.67 | 60.65 | 34.09 | 11.23 | 37.98 | 563.40 |
| 0.23 | 22.25 | 37.95 | 5.32 | 10.05 | 729.88 |
| 0.53 | 41.39 | 75.12 | 32.01 | 18.20 | 1416.76 |
| 3.44 | 20.22 | 18.14 | 15.88 | 3.25 | 614.26 |
| 6.23 | 148.01 | 119.65 | 8.96 | 62.11 | 2739.98 |
| 37.14 | 228.05 | 153.24 | 5.04 | 6.81 | 3229.61 |
| 0.83 | 49.58 | 56.54 | 4.51 | 13.83 | 1251.21 |
| 1.30 | 65.93 | 55.33 | 0.67 | 2.93 | 1073.27 |
| 2.35 | 121.74 | 77.31 | 66.65 | 58.30 | 1892.49 |
| 0.39 | 16.09 | 19.37 | 0.07 | 14.00 | 421.69 |
| 1.55 | 1.67 | 1.37 | 0.46 | 1.52 | 42.74 |
| 0.02 | 11.18 | 15.24 | | 0.26 | 266.13 |
| 0.51 | 62.15 | 43.24 | 11.11 | 5.61 | 1036.93 |
| 0.47 | 3.59 | 8.50 | | 0.08 | 164.90 |
| 0.18 | 16.19 | 15.79 | 2.40 | 1.36 | 225.97 |
| 0.93 | 0.54 | 0.73 | | | 7.00 |
| 1.28 | 33.51 | 18.75 | 5.17 | 7.08 | 492.22 |
| 0.48 | 12.08 | 7.74 | 0.05 | | 70.12 |
| 0.23 | 3.80 | 3.62 | | | 31.98 |
| 0.10 | 21.96 | 5.81 | | 0.87 | 155.87 |
| 1.38 | 54.95 | 10.27 | 4.38 | 2.44 | 196.42 |

3-22 续表 2

| 地区 | 主营业务成本 | 销售费用 | 管理费用 | 财务费用 | 利息收入 |
|---|---|---|---|---|---|
| **全国** | **19133.10** | **1684.70** | **870.25** | **144.85** | **15.22** |
| 北京 | 319.42 | 127.29 | 29.13 | 1.11 | 0.87 |
| 天津 | 1012.53 | 143.61 | 38.75 | -1.72 | 0.04 |
| 河北 | 934.00 | 78.72 | 29.60 | 4.88 | 0.41 |
| 山西 | 93.48 | 7.46 | 5.67 | 1.28 | 0.02 |
| 内蒙古 | 793.54 | 109.52 | 29.21 | -0.43 | 6.04 |
| 辽宁 | 182.88 | 12.59 | 11.42 | 4.95 | 0.19 |
| 吉林 | 402.38 | 19.46 | 18.52 | 5.28 | -0.01 |
| 黑龙江 | 434.47 | 51.89 | 14.27 | 2.97 | 0.04 |
| 上海 | 456.12 | 153.07 | 53.11 | 3.31 | 1.72 |
| 江苏 | 910.91 | 118.70 | 49.08 | 8.37 | 1.29 |
| 浙江 | 443.59 | 44.09 | 33.92 | 5.72 | 0.85 |
| 安徽 | 630.12 | 31.12 | 23.99 | 4.48 | 0.11 |
| 福建 | 1173.58 | 63.07 | 50.51 | 6.18 | -1.83 |
| 江西 | 520.21 | 19.94 | 15.96 | 2.87 | 0.04 |
| 山东 | 2321.84 | 91.83 | 79.14 | 22.84 | -0.42 |
| 河南 | 2778.77 | 77.93 | 52.82 | 21.91 | 1.02 |
| 湖北 | 1056.16 | 58.88 | 54.01 | 7.89 | 0.71 |
| 湖南 | 894.61 | 46.19 | 50.66 | 9.08 | 0.32 |
| 广东 | 1281.80 | 235.80 | 96.52 | 5.50 | 1.73 |
| 广西 | 332.16 | 24.17 | 24.47 | 5.05 | 0.06 |
| 海南 | 27.74 | 10.98 | 2.00 | -0.18 | 0.27 |
| 重庆 | 212.90 | 16.18 | 10.77 | 1.70 | 0.24 |
| 四川 | 855.90 | 57.45 | 38.49 | 8.40 | 0.11 |
| 贵州 | 131.47 | 7.39 | 6.28 | 0.96 | 0.14 |
| 云南 | 177.54 | 19.02 | 9.52 | 2.87 | 0.13 |
| 西藏 | 5.49 | 0.56 | 0.26 | 0.04 | |
| 陕西 | 386.31 | 26.85 | 20.51 | 1.90 | 0.35 |
| 甘肃 | 55.68 | 4.54 | 2.97 | 1.22 | 0.28 |
| 青海 | 25.69 | 1.60 | 2.65 | 0.21 | |
| 宁夏 | 123.18 | 11.02 | 6.79 | 2.39 | 0.34 |
| 新疆 | 158.60 | 13.76 | 9.24 | 3.83 | 0.12 |

单位：亿元

| 利息支出 | 投资收益（损失以"-"号记） | 营业利润 | 利润总额 | 亏损企业亏损额 | 平均用工人数（万人） |
|---|---|---|---|---|---|
| **141.75** | **72.32** | **2035.71** | **2083.43** | **70.75** | **211.61** |
| 1.35 | 1.86 | 33.38 | 34.84 | 3.48 | 4.66 |
| 3.64 | -2.70 | 242.18 | 247.12 | 1.78 | 5.77 |
| 5.16 | 0.57 | 81.39 | 84.08 | 2.97 | 9.64 |
| 1.18 |  | 8.51 | 9.11 | 0.20 | 1.79 |
| 6.69 | 32.89 | 93.83 | 95.90 | 1.61 | 5.08 |
| 3.68 | 4.63 | 17.17 | 18.77 | 4.09 | 3.51 |
| 3.67 | 0.11 | 23.21 | 23.83 | 1.37 | 3.14 |
| 2.31 | 1.05 | 35.46 | 41.51 | 2.10 | 3.47 |
| 3.11 | 6.25 | 40.91 | 43.53 | 11.76 | 6.83 |
| 7.55 | 8.26 | 80.32 | 82.71 | 4.87 | 9.51 |
| 6.07 | 0.83 | 34.64 | 37.89 | 9.27 | 7.14 |
| 3.65 | 0.09 | 37.27 | 38.97 | 0.53 | 6.86 |
| 8.17 | 27.54 | 145.70 | 147.56 | 0.67 | 15.17 |
| 2.26 | -0.05 | 50.78 | 50.81 | 0.80 | 4.92 |
| 17.15 | -12.13 | 193.15 | 197.06 | 3.89 | 19.83 |
| 18.27 | 1.12 | 283.86 | 286.14 | 2.95 | 31.07 |
| 6.93 | 3.57 | 72.36 | 73.88 | 1.55 | 10.40 |
| 7.50 | 0.74 | 54.64 | 53.67 | 0.64 | 11.62 |
| 6.46 | 2.68 | 259.96 | 262.52 | 5.66 | 18.44 |
| 4.94 | -3.57 | 31.03 | 31.66 | 2.20 | 3.69 |
| 0.05 | 0.01 | 3.45 | 3.46 | 0.07 | 0.71 |
| 1.68 | 0.85 | 23.58 | 24.10 | 0.25 | 3.41 |
| 7.29 | -3.26 | 71.73 | 71.41 | 0.67 | 9.88 |
| 0.79 | 0.05 | 17.47 | 17.51 | 0.17 | 1.51 |
| 2.73 | 0.61 | 16.87 | 18.07 | 0.29 | 3.03 |
| 0.04 |  | 0.61 | 0.96 |  | 0.06 |
| 2.12 | -0.13 | 51.91 | 52.41 | 0.32 | 4.83 |
| 1.04 | 0.03 | 5.55 | 6.07 | 0.44 | 1.14 |
| 0.13 | 0.01 | 1.72 | 1.82 | 0.12 | 0.44 |
| 2.54 | 0.02 | 12.60 | 13.47 | 0.64 | 1.36 |
| 3.59 | 0.38 | 10.47 | 12.58 | 5.38 | 2.69 |

# 3-23 按地区分组的酒、饮料和

| 地　区 | 工业销售产值（当年价格） | 出口交货值 | 资产总计 | 固定资产合　计 | 固定资产原　价 |
|---|---|---|---|---|---|
| **全　国** | **19034.28** | **256.21** | **16761.53** | **5426.99** | **8254.61** |
| 北　京 | 164.61 | 1.87 | 418.35 | 143.90 | 134.51 |
| 天　津 | 214.24 | 0.82 | 169.29 | 64.96 | 120.71 |
| 河　北 | 510.07 | 6.84 | 573.08 | 175.30 | 250.71 |
| 山　西 | 117.44 | 0.77 | 224.52 | 63.49 | 82.41 |
| 内蒙古 | 319.67 | | 279.23 | 100.93 | 160.64 |
| 辽　宁 | 192.16 | 5.27 | 216.92 | 89.15 | 143.72 |
| 吉　林 | 604.30 | 2.50 | 356.14 | 177.48 | 452.20 |
| 黑龙江 | 294.85 | 1.67 | 306.13 | 148.82 | 223.95 |
| 上　海 | 98.21 | 7.13 | 147.16 | 37.69 | 85.28 |
| 江　苏 | 1158.53 | 5.07 | 1170.85 | 339.28 | 641.26 |
| 浙　江 | 464.45 | 23.59 | 578.29 | 177.17 | 321.92 |
| 安　徽 | 697.86 | 18.05 | 619.07 | 184.36 | 261.93 |
| 福　建 | 910.26 | 13.23 | 546.95 | 201.04 | 307.17 |
| 江　西 | 335.09 | 4.24 | 283.59 | 141.38 | 206.52 |
| 山　东 | 1503.81 | 54.12 | 1166.84 | 424.43 | 586.17 |
| 河　南 | 1667.72 | 5.47 | 1182.50 | 586.08 | 652.46 |
| 湖　北 | 1894.47 | 8.43 | 1179.18 | 297.84 | 537.78 |
| 湖　南 | 726.26 | 9.10 | 349.72 | 160.99 | 219.97 |
| 广　东 | 1122.74 | 9.14 | 837.41 | 290.32 | 536.16 |
| 广　西 | 532.87 | 1.78 | 295.23 | 120.93 | 189.81 |
| 海　南 | 18.52 | 0.01 | 28.93 | 9.15 | 16.06 |
| 重　庆 | 225.66 | 6.58 | 169.42 | 64.35 | 109.72 |
| 四　川 | 2925.88 | 15.60 | 2477.70 | 686.19 | 1010.37 |
| 贵　州 | 1029.79 | 26.04 | 1821.03 | 260.70 | 341.90 |
| 云　南 | 303.12 | 6.43 | 366.10 | 118.15 | 162.98 |
| 西　藏 | 26.62 | | 86.89 | 16.50 | 23.50 |
| 陕　西 | 599.53 | 16.51 | 419.03 | 168.02 | 235.34 |
| 甘　肃 | 140.96 | 5.32 | 167.13 | 57.01 | 79.65 |
| 青　海 | 54.86 | | 64.15 | 32.71 | 35.68 |
| 宁　夏 | 47.05 | 0.36 | 84.35 | 30.03 | 37.55 |
| 新　疆 | 132.66 | 0.25 | 176.37 | 58.62 | 86.58 |

# 精制茶制造业主要经济指标

单位：亿元

| 累计折旧 | 流动资产合计 | | | | 负债合计 |
|---|---|---|---|---|---|
| | | 应收账款 | 存货 | | |
| | | | | 产成品 | |
| **3405.01** | **8867.68** | **1052.98** | **2570.73** | **907.04** | **7361.05** |
| 74.68 | 183.51 | 19.28 | 24.31 | 6.01 | 169.13 |
| 57.73 | 66.72 | 33.41 | 15.24 | 5.90 | 114.46 |
| 86.81 | 289.52 | 25.47 | 75.85 | 29.19 | 278.85 |
| 26.55 | 124.62 | 7.28 | 49.91 | 23.02 | 108.86 |
| 69.36 | 118.30 | 6.37 | 44.15 | 14.58 | 141.29 |
| 64.46 | 88.64 | 19.97 | 32.59 | 10.27 | 93.16 |
| 287.80 | 124.53 | 25.90 | 47.15 | 12.40 | 183.72 |
| 78.29 | 123.02 | 15.45 | 43.76 | 12.40 | 162.43 |
| 45.45 | 93.30 | 23.43 | 18.45 | 4.15 | 72.43 |
| 303.56 | 654.98 | 94.99 | 249.51 | 48.76 | 469.03 |
| 151.93 | 308.96 | 62.31 | 117.51 | 49.41 | 276.34 |
| 95.57 | 341.41 | 53.18 | 127.95 | 38.63 | 266.75 |
| 116.69 | 279.12 | 49.19 | 64.25 | 36.09 | 224.79 |
| 70.18 | 96.85 | 17.76 | 34.54 | 15.68 | 148.03 |
| 221.33 | 492.81 | 51.37 | 149.97 | 52.68 | 460.29 |
| 183.21 | 465.91 | 63.88 | 99.28 | 29.07 | 480.16 |
| 278.40 | 730.92 | 71.59 | 149.10 | 55.12 | 691.04 |
| 71.55 | 132.52 | 23.21 | 49.60 | 22.91 | 133.65 |
| 256.50 | 448.74 | 82.73 | 69.11 | 28.18 | 453.81 |
| 76.93 | 131.48 | 22.13 | 43.86 | 17.48 | 136.80 |
| 8.29 | 17.89 | 3.05 | 5.22 | 1.08 | 14.62 |
| 50.98 | 76.41 | 10.53 | 23.45 | 9.27 | 90.73 |
| 425.28 | 1566.80 | 128.25 | 417.63 | 213.27 | 955.05 |
| 91.24 | 1244.38 | 36.63 | 350.55 | 67.86 | 540.81 |
| 51.61 | 185.85 | 25.83 | 88.06 | 33.17 | 193.54 |
| 7.78 | 47.61 | 2.75 | 3.11 | 1.66 | 48.26 |
| 71.84 | 193.93 | 49.43 | 68.41 | 25.29 | 200.25 |
| 27.42 | 80.65 | 10.06 | 35.61 | 15.74 | 83.39 |
| 5.80 | 23.22 | 4.29 | 8.67 | 5.09 | 29.72 |
| 12.44 | 43.46 | 4.15 | 22.46 | 10.67 | 55.25 |
| 35.32 | 91.59 | 9.10 | 41.47 | 12.01 | 84.42 |

3-23 续表 1

| 地区 | 流动负债合计 | 应付账款 | 所有者权益合计 | 实收资本 | 国家资本 |
|---|---|---|---|---|---|
| **全国** | **6164.64** | **1208.39** | **9353.16** | **3597.27** | **222.07** |
| 北京 | 158.03 | 40.50 | 249.22 | 87.17 | 5.42 |
| 天津 | 107.39 | 23.35 | 54.82 | 64.19 | 8.71 |
| 河北 | 254.65 | 57.07 | 293.86 | 155.38 | 6.45 |
| 山西 | 91.87 | 15.06 | 115.66 | 39.94 | 9.90 |
| 内蒙古 | 105.61 | 10.64 | 137.33 | 62.45 | 10.05 |
| 辽宁 | 70.54 | 17.05 | 110.34 | 63.19 | 1.25 |
| 吉林 | 148.13 | 19.17 | 172.41 | 104.67 | 13.04 |
| 黑龙江 | 129.56 | 30.02 | 142.96 | 74.05 | 4.62 |
| 上海 | 70.07 | 12.28 | 74.68 | 61.70 | 2.65 |
| 江苏 | 425.10 | 64.98 | 701.58 | 221.96 | 13.95 |
| 浙江 | 252.54 | 63.46 | 301.95 | 139.01 | 6.53 |
| 安徽 | 232.69 | 43.33 | 349.16 | 107.45 | 10.97 |
| 福建 | 203.45 | 58.67 | 317.14 | 100.98 | 1.16 |
| 江西 | 95.51 | 21.21 | 135.56 | 71.76 | 1.72 |
| 山东 | 393.51 | 75.74 | 696.38 | 232.61 | 25.89 |
| 河南 | 386.06 | 63.78 | 696.73 | 314.49 | 10.24 |
| 湖北 | 484.05 | 105.21 | 487.64 | 182.44 | 8.04 |
| 湖南 | 97.50 | 20.17 | 216.07 | 103.53 | 9.45 |
| 广东 | 422.03 | 117.94 | 382.24 | 216.17 | 3.07 |
| 广西 | 111.35 | 17.27 | 158.22 | 62.05 | 4.19 |
| 海南 | 13.26 | 3.11 | 14.30 | 14.97 | |
| 重庆 | 76.16 | 16.80 | 78.53 | 37.66 | 3.29 |
| 四川 | 819.75 | 147.76 | 1520.59 | 223.46 | 26.26 |
| 贵州 | 448.21 | 42.52 | 1279.77 | 148.39 | 13.01 |
| 云南 | 154.53 | 32.90 | 172.56 | 489.63 | 1.10 |
| 西藏 | 41.20 | 2.72 | 38.63 | 14.01 | 1.00 |
| 陕西 | 154.50 | 48.83 | 218.78 | 75.70 | 3.15 |
| 甘肃 | 70.39 | 11.93 | 80.58 | 38.55 | 2.34 |
| 青海 | 29.13 | 3.28 | 34.44 | 14.37 | |
| 宁夏 | 52.59 | 10.40 | 29.09 | 16.64 | 1.00 |
| 新疆 | 65.29 | 11.23 | 91.95 | 58.73 | 13.62 |

单位：亿元

| 集体资本 | 法人资本 | 个人资本 | 港澳台资本 | 外商资本 | 主营业务收入 |
|---|---|---|---|---|---|
| **71.93** | **1598.69** | **850.83** | **250.81** | **602.94** | **18538.03** |
| 0.16 | 19.09 | 1.83 | 31.71 | 28.98 | 185.22 |
|  | 6.35 | 1.86 | 1.95 | 45.32 | 186.57 |
| 0.02 | 85.54 | 28.66 | 2.11 | 32.60 | 509.03 |
| 3.38 | 10.25 | 9.24 | 0.05 | 7.13 | 206.26 |
| 1.69 | 26.19 | 21.92 | 0.21 | 2.39 | 304.94 |
| 0.27 | 13.84 | 6.51 | 7.08 | 34.24 | 181.32 |
| 0.92 | 45.35 | 21.26 | 4.82 | 19.28 | 591.57 |
| 0.33 | 14.12 | 27.38 | 0.59 | 27.02 | 291.19 |
|  | 18.27 | 0.21 | 12.46 | 28.11 | 128.52 |
| 4.88 | 108.17 | 30.77 | 21.29 | 42.90 | 1154.51 |
| 0.48 | 51.80 | 18.84 | 20.07 | 41.29 | 465.03 |
| 3.61 | 33.28 | 37.36 | 3.07 | 19.15 | 658.04 |
| 0.12 | 31.65 | 33.90 | 11.94 | 22.20 | 918.50 |
| 1.30 | 40.38 | 18.23 | 3.38 | 6.75 | 342.45 |
| 9.08 | 64.09 | 73.81 | 12.30 | 47.43 | 1528.25 |
| 3.25 | 138.06 | 143.47 | 6.61 | 12.86 | 1619.49 |
| 1.73 | 39.50 | 87.91 | 15.09 | 30.17 | 1744.17 |
| 3.81 | 45.72 | 34.01 | 3.23 | 7.32 | 713.78 |
| 8.07 | 58.48 | 23.39 | 68.63 | 54.53 | 1057.14 |
| 11.76 | 24.21 | 12.46 | 2.84 | 6.59 | 485.73 |
| 0.08 | 3.76 | 0.11 | 0.11 | 10.90 | 19.62 |
| 0.25 | 18.09 | 8.07 | 2.88 | 5.08 | 228.70 |
| 1.46 | 66.25 | 97.16 | 7.04 | 25.28 | 2880.79 |
| 0.77 | 88.99 | 36.80 | 2.17 | 6.65 | 927.98 |
| 8.21 | 445.85 | 21.90 | 1.82 | 10.75 | 308.28 |
| 2.21 | 7.88 | 1.15 | 1.45 | 0.32 | 22.45 |
| 1.96 | 30.30 | 29.10 | 1.19 | 10.01 | 578.03 |
| 0.34 | 21.59 | 7.46 | 1.39 | 5.44 | 101.18 |
| 0.20 | 6.28 | 5.61 | 1.37 | 0.92 | 36.41 |
| 0.06 | 5.34 | 3.84 | 0.59 | 5.81 | 34.26 |
| 1.54 | 30.02 | 6.63 | 1.40 | 5.52 | 128.62 |

3-23 续表 2

| 地　区 | 主营业务成　本 | 销售费用 | 管理费用 | 财务费用 | 利息收入 |
|---|---|---|---|---|---|
| **全　国** | **13886.78** | **1404.18** | **822.31** | **133.30** | **20.37** |
| 北　京 | 127.41 | 32.68 | 14.09 | 0.11 | 2.44 |
| 天　津 | 153.32 | 22.82 | 7.86 | 1.05 | 0.30 |
| 河　北 | 380.61 | 40.11 | 16.52 | 4.76 | 0.51 |
| 山　西 | 157.14 | 13.89 | 11.68 | 1.26 | 0.36 |
| 内蒙古 | 244.00 | 9.17 | 11.23 | 2.47 | -0.03 |
| 辽　宁 | 129.52 | 15.00 | 10.30 | 1.50 | 0.28 |
| 吉　林 | 495.87 | 23.21 | 26.56 | 6.82 | 0.15 |
| 黑龙江 | 231.82 | 17.23 | 13.96 | 2.40 | -0.25 |
| 上　海 | 82.59 | 25.06 | 8.84 | 0.17 | 0.19 |
| 江　苏 | 844.74 | 68.46 | 51.71 | 11.00 | 1.19 |
| 浙　江 | 333.91 | 62.48 | 22.63 | 4.09 | 0.18 |
| 安　徽 | 457.40 | 57.91 | 30.02 | 4.38 | 0.30 |
| 福　建 | 730.75 | 59.14 | 42.25 | 3.47 | 0.50 |
| 江　西 | 266.82 | 15.04 | 10.48 | 2.13 | -0.07 |
| 山　东 | 1229.68 | 99.31 | 41.13 | 9.36 | 0.93 |
| 河　南 | 1359.13 | 55.81 | 39.70 | 16.77 | 0.44 |
| 湖　北 | 1402.61 | 122.17 | 77.70 | 14.13 | 1.14 |
| 湖　南 | 563.47 | 40.96 | 39.69 | 6.02 | 0.08 |
| 广　东 | 742.52 | 225.21 | 47.95 | 3.75 | 0.04 |
| 广　西 | 368.57 | 22.26 | 27.89 | 3.73 | 0.37 |
| 海　南 | 13.98 | 2.67 | 1.79 | -0.02 | 0.15 |
| 重　庆 | 171.15 | 17.16 | 11.74 | 2.27 | 0.19 |
| 四　川 | 2145.02 | 216.97 | 124.57 | 14.50 | 10.24 |
| 贵　州 | 394.19 | 51.03 | 67.16 | 5.39 | 0.02 |
| 云　南 | 234.64 | 21.15 | 15.41 | 4.75 | 0.51 |
| 西　藏 | 13.33 | 2.84 | 1.16 | 0.17 | 0.16 |
| 陕　西 | 406.21 | 39.90 | 32.55 | 3.81 | -0.48 |
| 甘　肃 | 71.54 | 10.10 | 5.13 | 1.77 | 0.24 |
| 青　海 | 25.15 | 2.77 | 2.97 | -0.07 | 0.08 |
| 宁　夏 | 22.32 | 3.14 | 2.10 | 1.13 | 0.03 |
| 新　疆 | 87.36 | 8.56 | 5.53 | 0.22 | 0.20 |

单位：亿元

| 利息支出 | 投资收益（损失以"–"号记） | 营业利润 | 利润总额 | 亏损企业亏损额 | 平均用工人数（万人） |
|---|---|---|---|---|---|
| **132.02** | **68.71** | **1888.87** | **1908.52** | **82.73** | **162.61** |
| 2.04 | 0.25 | 4.77 | 6.00 | 9.91 | 2.50 |
| 1.05 | 0.64 | 1.61 | 2.18 | 2.29 | 1.29 |
| 4.13 | 16.31 | 66.54 | 67.26 | 2.63 | 4.04 |
| 1.51 | 0.29 | 9.55 | 9.62 | 2.00 | 2.32 |
| 2.23 | -2.97 | 27.37 | 17.46 | 2.11 | 2.90 |
| 1.30 |  | 17.01 | 16.98 | 1.28 | 2.54 |
| 5.17 | 0.06 | 25.49 | 25.81 | 2.71 | 4.81 |
| 2.07 | 0.03 | 16.85 | 18.36 | 1.66 | 2.94 |
| 0.46 | 0.75 | 9.86 | 10.11 | 1.62 | 1.12 |
| 10.08 | 24.04 | 176.47 | 178.96 | 3.88 | 7.89 |
| 5.04 | 7.56 | 42.85 | 49.27 | 3.05 | 4.70 |
| 4.34 | 1.46 | 72.72 | 75.96 | 3.83 | 7.20 |
| 4.71 | 0.59 | 73.98 | 80.00 | 2.32 | 11.38 |
| 2.08 | 0.17 | 34.40 | 35.62 | 1.52 | 2.88 |
| 8.82 | 16.22 | 122.38 | 124.26 | 3.90 | 11.51 |
| 11.80 | 1.08 | 127.16 | 129.55 | 11.74 | 15.10 |
| 12.14 | 3.12 | 117.04 | 116.37 | 3.97 | 11.32 |
| 4.35 | 0.07 | 42.46 | 40.32 | 2.23 | 7.09 |
| 3.75 | 2.08 | 83.00 | 82.55 | 7.45 | 8.24 |
| 3.55 | -8.89 | 51.21 | 52.33 | 0.98 | 5.98 |
| 0.13 |  | 0.68 | 0.78 | 0.39 | 0.44 |
| 1.98 | 0.15 | 20.21 | 20.95 | 1.28 | 2.70 |
| 22.87 | -5.02 | 276.13 | 279.83 | 2.92 | 20.79 |
| 4.08 | 8.80 | 332.47 | 326.89 | 1.52 | 8.55 |
| 4.86 | 0.26 | 26.76 | 28.50 | 1.45 | 4.04 |
| 0.27 | 0.05 | 4.82 | 5.03 | 0.48 | 0.19 |
| 3.27 | -1.24 | 68.86 | 69.92 | 0.89 | 4.41 |
| 2.05 | 0.22 | 6.10 | 6.51 | 1.35 | 1.46 |
| 0.02 | 1.54 | 4.88 | 4.87 | 0.39 | 0.57 |
| 1.05 |  | 3.20 | 3.70 | 0.31 | 0.48 |
| 0.81 | 1.10 | 22.06 | 22.56 | 0.70 | 1.22 |

# 3-24 按地区分组的烟草

| 地　区 | 工业销售产值（当年价格） | 出口交货值 | 资产总计 | 固定资产合计 | 固定资产原价 |
|---|---|---|---|---|---|
| **全　国** | **8855.80** | **41.24** | **10210.17** | **1488.62** | **2774.07** |
| 北　京 | 48.97 | 0.82 | 34.60 | 11.99 | 25.68 |
| 天　津 | 52.77 | | 32.12 | 12.03 | 24.85 |
| 河　北 | 149.46 | | 143.24 | 28.17 | 60.41 |
| 山　西 | 42.27 | | 41.90 | 14.33 | 14.89 |
| 内蒙古 | 99.29 | | 72.39 | 16.78 | 29.57 |
| 辽　宁 | 69.22 | 0.09 | 60.50 | 18.08 | 35.99 |
| 吉　林 | 132.11 | | 182.52 | 36.49 | 66.60 |
| 黑龙江 | 93.88 | | 87.58 | 37.07 | 58.38 |
| 上　海 | 904.03 | 12.65 | 1238.31 | 60.07 | 138.09 |
| 江　苏 | 530.20 | 0.19 | 601.52 | 62.80 | 103.97 |
| 浙　江 | 530.38 | 3.61 | 496.42 | 70.37 | 125.83 |
| 安　徽 | 297.47 | 0.21 | 342.87 | 70.73 | 136.90 |
| 福　建 | 238.16 | 0.18 | 256.01 | 63.86 | 128.81 |
| 江　西 | 180.37 | 0.03 | 191.03 | 42.39 | 68.48 |
| 山　东 | 287.65 | | 338.73 | 101.21 | 132.95 |
| 河　南 | 410.59 | | 442.60 | 113.75 | 167.61 |
| 湖　北 | 615.45 | 0.76 | 443.30 | 98.54 | 100.16 |
| 湖　南 | 831.73 | 5.49 | 817.35 | 86.77 | 207.13 |
| 广　东 | 525.29 | 1.79 | 554.58 | 67.09 | 150.98 |
| 广　西 | 202.41 | 0.20 | 197.54 | 29.60 | 66.59 |
| 海　南 | 27.18 | | 23.68 | 8.79 | 13.20 |
| 重　庆 | 129.09 | | 140.99 | 22.24 | 48.70 |
| 四　川 | 190.83 | 0.04 | 219.17 | 36.22 | 84.98 |
| 贵　州 | 341.25 | 0.30 | 335.84 | 66.31 | 118.48 |
| 云　南 | 1529.33 | 14.57 | 2528.99 | 236.92 | 515.11 |
| 西　藏 | | | | | |
| 陕　西 | 188.91 | 0.31 | 165.75 | 30.84 | 71.88 |
| 甘　肃 | 147.27 | | 155.50 | 26.31 | 46.91 |
| 青　海 | | | | | |
| 宁　夏 | 20.35 | | 14.77 | 3.10 | 6.52 |
| 新　疆 | 39.92 | | 50.37 | 15.76 | 24.41 |

# 制品业主要经济指标

单位：亿元

| 累计折旧 | 流动资产合计 | 应收账款 | 存货 | 产成品 | 负债合计 |
| --- | --- | --- | --- | --- | --- |
| **1501.20** | **7156.67** | **843.86** | **4578.94** | **281.02** | **2625.08** |
| 13.69 | 20.50 | 2.60 | 7.12 | 0.25 | 4.88 |
| 12.82 | 17.61 | 3.84 | 3.89 | 0.29 | 32.12 |
| 36.34 | 113.71 | 11.69 | 82.02 | 1.41 | 53.58 |
| 7.21 | 27.27 | 6.40 | 2.15 | 0.87 | 5.15 |
| 14.51 | 54.44 | 11.39 | 22.84 | 1.86 | 18.87 |
| 17.91 | 39.23 | 10.31 | 25.71 | 1.34 | 56.41 |
| 31.79 | 139.12 | 17.35 | 105.54 | 4.59 | 105.93 |
| 21.70 | 47.08 | 6.37 | 32.32 | 1.69 | 13.80 |
| 78.01 | 951.67 | 58.90 | 310.21 | 9.17 | 129.35 |
| 67.34 | 476.18 | 22.77 | 233.60 | 4.09 | 66.56 |
| 55.49 | 364.69 | 59.79 | 263.16 | 26.52 | 133.85 |
| 69.42 | 250.37 | 13.85 | 194.09 | 9.82 | 95.58 |
| 64.96 | 171.21 | 9.54 | 145.73 | 6.85 | 82.69 |
| 26.11 | 141.67 | 34.00 | 83.91 | 1.81 | 52.77 |
| 78.73 | 237.51 | 35.72 | 186.92 | 1.98 | 127.97 |
| 76.89 | 325.91 | 65.05 | 214.03 | 5.72 | 149.97 |
| 64.39 | 342.07 | 27.43 | 260.50 | 40.91 | 137.44 |
| 121.69 | 618.21 | 75.46 | 460.18 | 15.45 | 142.64 |
| 87.59 | 418.22 | 26.52 | 336.45 | 15.91 | 158.06 |
| 37.00 | 133.29 | 30.95 | 64.89 | 1.32 | 57.92 |
| 4.42 | 13.72 | 2.39 | 2.09 | 0.30 | 4.36 |
| 26.56 | 109.30 | 19.20 | 82.71 | 6.81 | 81.11 |
| 48.76 | 174.06 | 36.30 | 120.71 | 10.21 | 141.34 |
| 71.05 | 263.40 | 25.49 | 160.74 | 4.97 | 112.23 |
| 293.11 | 1433.65 | 174.28 | 1019.21 | 97.75 | 542.87 |
| 41.04 | 118.23 | 22.15 | 67.22 | 4.26 | 29.78 |
| 20.60 | 116.62 | 19.78 | 80.39 | 2.53 | 64.34 |
| 3.42 | 11.05 | 1.85 | 3.14 | 0.33 | 10.69 |
| 8.65 | 26.67 | 12.49 | 7.44 | 2.01 | 12.82 |

3-24 续表 1

| 地 区 | 流动负债合 计 | 应付账款 | 所 有 者权益合计 | 实收资本 | 国家资本 |
|---|---|---|---|---|---|
| **全 国** | **2553.36** | **1187.15** | **7580.97** | **1142.38** | **661.92** |
| 北 京 | 4.87 | 0.80 | 29.72 | 9.30 | 9.30 |
| 天 津 | 32.12 | 1.59 | | | |
| 河 北 | 53.53 | 18.03 | 89.66 | 13.16 | 11.15 |
| 山 西 | 5.15 | 1.77 | 36.75 | 6.13 | |
| 内 蒙 古 | 18.80 | 10.31 | 53.53 | 13.46 | 12.33 |
| 辽 宁 | 56.41 | 4.56 | 4.09 | 3.07 | 3.04 |
| 吉 林 | 101.98 | 47.20 | 76.60 | 18.53 | 0.61 |
| 黑 龙 江 | 13.77 | 9.41 | 73.78 | 16.52 | |
| 上 海 | 129.35 | 31.02 | 1108.97 | 20.30 | 17.40 |
| 江 苏 | 66.00 | 29.97 | 534.96 | 22.52 | 22.52 |
| 浙 江 | 133.78 | 75.51 | 362.57 | 10.32 | |
| 安 徽 | 95.54 | 17.07 | 247.28 | 53.88 | 28.34 |
| 福 建 | 82.69 | 60.41 | 173.32 | 42.74 | 8.13 |
| 江 西 | 52.20 | 19.15 | 138.26 | 23.23 | 13.27 |
| 山 东 | 125.69 | 13.22 | 210.76 | 65.67 | 65.10 |
| 河 南 | 149.38 | 29.72 | 292.64 | 62.50 | 3.75 |
| 湖 北 | 135.82 | 58.48 | 305.86 | 45.26 | 26.08 |
| 湖 南 | 141.80 | 76.21 | 674.71 | 52.10 | 46.42 |
| 广 东 | 149.23 | 60.91 | 396.52 | 152.98 | 149.41 |
| 广 西 | 53.44 | 19.35 | 139.62 | 51.72 | 51.72 |
| 海 南 | 4.36 | 0.98 | 19.31 | 4.71 | |
| 重 庆 | 81.01 | 32.88 | 59.88 | 14.61 | |
| 四 川 | 141.30 | 97.23 | 77.83 | 22.40 | 21.60 |
| 贵 州 | 112.13 | 43.73 | 223.61 | 82.66 | 46.76 |
| 云 南 | 498.38 | 370.52 | 1982.01 | 267.08 | 57.46 |
| 西 藏 | | | | | |
| 陕 西 | 29.78 | 12.88 | 135.97 | 28.40 | 28.40 |
| 甘 肃 | 62.83 | 35.62 | 91.16 | 37.23 | 37.23 |
| 青 海 | | | | | |
| 宁 夏 | 10.69 | 0.67 | 4.08 | 0.02 | 0.02 |
| 新 疆 | 11.32 | 7.94 | 37.55 | 1.87 | 1.87 |

单位：亿元

| 集体资本 | 法人资本 | 个人资本 | 港澳台资本 | 外商资本 | 主营业务收入 |
|---|---|---|---|---|---|
| **14.89** | **459.76** | **1.84** | **0.14** | **3.83** | **8686.38** |
| | | | | | |
| | | | | | 48.99 |
| | | | | | 52.77 |
| | 2.02 | | | | 148.05 |
| | 6.13 | | | | 42.07 |
| | 1.13 | | | | 99.08 |
| | | | | | |
| 0.03 | | | | | 69.23 |
| | 17.91 | | | | 130.35 |
| | 15.91 | 0.61 | | | 93.85 |
| | | | | | |
| | 2.90 | | | | 903.13 |
| | | | | | 533.47 |
| | 9.82 | 0.36 | 0.14 | | 482.84 |
| 0.82 | 24.72 | | | | 297.19 |
| 12.06 | 22.54 | 0.02 | | | 233.79 |
| | 9.96 | | | | 181.04 |
| 0.05 | | 0.52 | | | 287.47 |
| | | | | | |
| 0.29 | 57.93 | 0.10 | | 0.42 | 411.57 |
| 1.05 | 18.13 | | | | 609.93 |
| 0.16 | 5.37 | 0.15 | | | 831.45 |
| | 2.40 | | | 1.16 | 411.17 |
| | | | | | 201.83 |
| | 4.71 | | | | 27.18 |
| | | | | | |
| 0.14 | 14.47 | | | | 125.65 |
| 0.01 | 0.80 | | | | 185.27 |
| | 35.90 | | | | 342.96 |
| 0.28 | 207.02 | 0.08 | | 2.24 | 1539.79 |
| | | | | | |
| | | | | | |
| | | | | | 188.28 |
| | | | | | 147.76 |
| | | | | | |
| | | | | | 20.35 |
| | | | | | 39.85 |

3-24 续表 2

| 地　区 | 主营业务成　本 | 销售费用 | 管理费用 | 财务费用 | 利息收入 |
|---|---|---|---|---|---|
| **全　国** | **2480.64** | **152.37** | **482.41** | **-19.17** | **-0.50** |
| 北　京 | 15.64 | 1.24 | 3.82 | -0.12 | 0.12 |
| 天　津 | 18.57 | 0.78 | 3.46 | -0.28 | 0.28 |
| 河　北 | 57.53 | 1.35 | 12.20 | 0.04 | 0.02 |
| 山　西 | 15.40 | 0.51 | 2.67 | -0.45 | 0.45 |
| 内蒙古 | 31.62 | 1.38 | 5.84 | -0.35 | 0.36 |
| 辽　宁 | 26.52 | 1.28 | 7.49 | -0.11 | -0.05 |
| 吉　林 | 47.07 | 3.33 | 10.94 | 0.76 | 0.15 |
| 黑龙江 | 44.69 | 1.20 | 8.85 | -0.12 | 0.15 |
| 上　海 | 103.72 | 5.14 | 41.53 | -15.35 | -15.17 |
| 江　苏 | 113.92 | 6.45 | 19.92 | -6.56 | 3.65 |
| 浙　江 | 108.57 | 13.34 | 19.38 | 0.25 | 0.56 |
| 安　徽 | 95.09 | 6.57 | 21.47 | 1.59 | |
| 福　建 | 73.81 | 2.43 | 12.16 | 1.53 | 0.02 |
| 江　西 | 65.29 | 2.91 | 10.93 | -0.20 | 0.22 |
| 山　东 | 113.77 | 8.50 | 21.28 | 1.17 | 0.04 |
| 河　南 | 136.22 | 12.58 | 25.85 | 1.22 | 0.28 |
| 湖　北 | 130.37 | 9.40 | 19.70 | -0.79 | 0.32 |
| 湖　南 | 173.65 | 11.57 | 41.99 | -0.84 | 0.79 |
| 广　东 | 129.39 | 10.24 | 27.82 | 1.81 | 0.82 |
| 广　西 | 68.14 | 4.08 | 11.74 | -0.07 | 0.89 |
| 海　南 | 10.86 | 0.21 | 1.62 | -0.05 | -0.07 |
| 重　庆 | 45.93 | 3.15 | 10.32 | 0.70 | 0.05 |
| 四　川 | 65.90 | 5.00 | 14.16 | 0.12 | 0.11 |
| 贵　州 | 104.53 | 6.66 | 23.38 | -1.05 | 1.07 |
| 云　南 | 546.76 | 26.00 | 84.50 | -1.80 | 3.90 |
| 西　藏 | | | | | |
| 陕　西 | 70.69 | 4.70 | 11.47 | -0.21 | 0.33 |
| 甘　肃 | 44.47 | 1.78 | 4.69 | 0.21 | 0.04 |
| 青　海 | | | | | |
| 宁　夏 | 6.98 | 0.23 | 0.86 | -0.03 | -0.03 |
| 新　疆 | 15.51 | 0.36 | 2.37 | -0.16 | 0.16 |

单位：亿元

| 利息支出 | 投资收益（损失以“-”号记） | 营业利润 | 利润总额 | 亏损企业亏损额 | 平均用工人数（万人） |
|---|---|---|---|---|---|
| **16.03** | **105.04** | **1046.54** | **1038.05** | **3.35** | **21.44** |
| | | | | | |
| | 0.02 | 3.88 | 3.89 | | 0.09 |
| | | 6.37 | 6.39 | | 0.09 |
| 0.06 | 0.01 | 3.00 | 3.11 | 0.53 | 0.53 |
| | | 5.24 | 5.22 | | 0.10 |
| | | 8.03 | 7.83 | | 0.28 |
| | | | | | |
| | | -0.88 | -0.87 | 1.56 | 0.20 |
| 0.98 | 0.20 | 7.46 | 7.03 | | 0.42 |
| 0.03 | -0.01 | 4.59 | 4.45 | | 0.56 |
| | | | | | |
| | 32.74 | 231.43 | 232.85 | | 0.39 |
| | 0.75 | 84.68 | 85.42 | | 0.62 |
| 0.81 | 7.09 | 38.89 | 35.16 | | 0.41 |
| 1.99 | 0.33 | 9.76 | 9.86 | 0.48 | 0.98 |
| 1.63 | 0.59 | 13.69 | 13.48 | 0.19 | 0.48 |
| 0.39 | 0.02 | 19.25 | 19.39 | | 0.53 |
| 1.19 | 0.64 | 17.65 | 17.86 | 0.23 | 3.04 |
| | | | | | |
| 1.82 | 0.44 | 50.05 | 50.26 | 0.27 | 2.09 |
| | 0.98 | 91.52 | 90.76 | 0.05 | 0.83 |
| 0.02 | 1.58 | 92.19 | 90.44 | | 1.34 |
| 2.82 | 7.65 | 50.76 | 50.39 | | 0.80 |
| 0.81 | 1.11 | 13.86 | 13.51 | | 0.35 |
| 0.01 | 2.16 | 4.02 | 4.15 | | 0.06 |
| | | | | | |
| 0.75 | 0.02 | 3.08 | 2.95 | | 0.46 |
| 0.23 | 0.07 | 0.63 | 0.55 | 0.04 | 0.56 |
| | 0.12 | 29.46 | 28.69 | | 0.89 |
| 2.09 | 48.38 | 229.26 | 226.63 | | 4.06 |
| | | | | | |
| | | | | | |
| 0.12 | 0.15 | 11.41 | 11.36 | | 0.87 |
| 0.25 | | 9.87 | 9.85 | | 0.31 |
| | | | | | |
| | | 3.78 | 3.78 | | 0.04 |
| | | 3.62 | 3.65 | | 0.08 |

# 3-25 按地区分组的纺织业

| 地　区 | 工业销售产值(当年价格) | 出口交货值 | 资产总计 | 固定资产合　计 | 固定资产原　价 |
|---|---|---|---|---|---|
| **全　国** | **40287.42** | **3521.73** | **24522.83** | **8976.09** | **15587.06** |
| 北　京 | 12.18 | 2.01 | 46.84 | 8.22 | 13.65 |
| 天　津 | 83.59 | 21.17 | 126.41 | 38.43 | 71.80 |
| 河　北 | 1729.16 | 50.09 | 793.00 | 331.02 | 436.57 |
| 山　西 | 36.12 | 5.87 | 53.78 | 17.02 | 23.29 |
| 内蒙古 | 404.33 | 23.54 | 405.59 | 148.29 | 315.87 |
| 辽　宁 | 82.85 | 18.55 | 138.62 | 30.00 | 49.21 |
| 吉　林 | 203.50 | 6.60 | 99.13 | 58.47 | 280.98 |
| 黑龙江 | 102.82 | 6.58 | 61.75 | 18.49 | 34.98 |
| 上　海 | 194.83 | 39.99 | 203.09 | 32.53 | 78.86 |
| 江　苏 | 7163.73 | 827.41 | 4528.64 | 1523.46 | 2843.33 |
| 浙　江 | 5833.13 | 997.21 | 4956.41 | 1293.76 | 2245.92 |
| 安　徽 | 1036.21 | 131.49 | 591.72 | 193.47 | 334.17 |
| 福　建 | 2579.03 | 150.25 | 1499.38 | 478.63 | 797.42 |
| 江　西 | 1188.89 | 51.48 | 599.73 | 267.33 | 379.76 |
| 山　东 | 8895.84 | 420.80 | 4044.48 | 1979.09 | 3264.17 |
| 河　南 | 2722.72 | 39.70 | 1811.63 | 894.41 | 1163.09 |
| 湖　北 | 2373.36 | 158.37 | 919.97 | 388.31 | 861.71 |
| 湖　南 | 679.62 | 15.10 | 324.11 | 143.43 | 208.51 |
| 广　东 | 2650.87 | 442.99 | 1401.47 | 455.75 | 1197.42 |
| 广　西 | 261.89 | 10.64 | 147.17 | 40.06 | 54.30 |
| 海　南 | 4.84 | 1.69 | 12.10 | 2.74 | 5.51 |
| 重　庆 | 195.23 | 32.01 | 91.16 | 49.05 | 74.84 |
| 四　川 | 969.97 | 26.83 | 432.50 | 177.34 | 312.81 |
| 贵　州 | 22.48 |  | 17.21 | 5.48 | 5.58 |
| 云　南 | 28.76 | 4.10 | 29.29 | 7.22 | 11.16 |
| 西　藏 | 1.07 |  | 1.72 | 0.34 | 0.39 |
| 陕　西 | 273.99 | 7.02 | 168.34 | 77.25 | 101.01 |
| 甘　肃 | 24.22 | 0.62 | 31.98 | 10.92 | 13.15 |
| 青　海 | 32.99 | 0.05 | 22.41 | 12.80 | 68.79 |
| 宁　夏 | 265.06 | 25.78 | 514.57 | 126.21 | 121.77 |
| 新　疆 | 234.16 | 3.80 | 448.62 | 166.56 | 217.05 |

# 主要经济指标

单位：亿元

| 累计折旧 | 流动资产合计 | 应收账款 | 存货 | 产成品 | 负债合计 |
|---|---|---|---|---|---|
| **7273.49** | **12343.89** | **2675.48** | **3480.92** | **1488.12** | **12680.72** |
| 5.57 | 28.45 | 4.60 | 3.78 | 1.87 | 23.20 |
| 34.59 | 62.46 | 6.93 | 20.47 | 14.72 | 74.30 |
| 122.17 | 351.87 | 79.02 | 107.59 | 51.98 | 353.31 |
| 8.12 | 29.16 | 4.69 | 6.51 | 2.58 | 35.08 |
| 170.96 | 158.20 | 44.09 | 35.41 | 11.60 | 236.25 |
| 23.71 | 74.78 | 15.14 | 16.52 | 7.58 | 77.05 |
| 228.22 | 33.64 | 20.52 | 7.03 | 3.90 | 51.87 |
| 14.05 | 28.09 | 5.18 | 13.19 | 8.26 | 22.91 |
| 46.23 | 147.17 | 47.82 | 37.00 | 16.97 | 85.79 |
| 1342.28 | 2408.57 | 641.53 | 673.37 | 293.70 | 2430.38 |
| 1035.32 | 2924.78 | 731.96 | 711.14 | 355.33 | 2954.33 |
| 154.11 | 281.12 | 67.57 | 90.46 | 41.14 | 280.56 |
| 352.20 | 814.41 | 174.46 | 184.56 | 97.53 | 727.61 |
| 140.80 | 209.04 | 59.44 | 50.60 | 30.36 | 272.32 |
| 1523.86 | 1744.54 | 200.89 | 631.30 | 178.38 | 1988.80 |
| 352.66 | 758.66 | 91.34 | 142.64 | 61.73 | 706.88 |
| 506.61 | 401.89 | 84.55 | 122.30 | 57.93 | 413.39 |
| 67.79 | 137.63 | 34.39 | 47.19 | 28.59 | 155.93 |
| 765.22 | 793.12 | 201.64 | 236.01 | 75.14 | 720.29 |
| 21.50 | 90.99 | 13.77 | 37.48 | 13.23 | 101.16 |
| 2.77 | 5.43 | 0.68 | 0.80 | 0.43 | 3.22 |
| 24.05 | 36.01 | 7.28 | 9.45 | 4.53 | 37.46 |
| 152.87 | 189.33 | 31.97 | 53.26 | 25.85 | 190.78 |
| 2.01 | 8.76 | 0.79 | 1.03 | 0.38 | 8.71 |
| 4.44 | 16.24 | 3.86 | 6.52 | 3.11 | 18.62 |
| 0.09 | 1.35 | 0.23 | 0.52 | 0.29 | 0.94 |
| 31.46 | 67.66 | 8.06 | 33.52 | 12.58 | 91.09 |
| 3.02 | 18.16 | 3.36 | 4.21 | 1.57 | 18.30 |
| 55.99 | 9.41 | 1.95 | 3.50 | 2.39 | 11.07 |
| 24.92 | 306.03 | 58.63 | 133.09 | 60.37 | 303.97 |
| 55.90 | 206.92 | 29.16 | 60.46 | 24.11 | 285.15 |

3-25 续表 1

| 地区 | 流动负债合计 | 应付账款 | 所有者权益合计 | 实收资本 | 国家资本 |
|---|---|---|---|---|---|
| **全国** | **10258.93** | **1948.64** | **11699.12** | **5013.52** | **123.63** |
| 北京 | 13.42 | 2.70 | 23.22 | 18.32 | 6.58 |
| 天津 | 60.09 | 8.77 | 52.09 | 35.94 | 20.11 |
| 河北 | 282.33 | 62.41 | 433.71 | 177.33 | 2.41 |
| 山西 | 32.09 | 5.28 | 18.70 | 11.17 | 0.06 |
| 内蒙古 | 163.23 | 40.94 | 169.34 | 29.52 | |
| 辽宁 | 55.41 | 10.29 | 52.14 | 27.70 | 0.04 |
| 吉林 | 43.14 | 13.53 | 47.26 | 7.49 | |
| 黑龙江 | 18.31 | 3.84 | 38.44 | 8.03 | |
| 上海 | 79.96 | 30.31 | 116.14 | 47.67 | 1.80 |
| 江苏 | 2194.02 | 430.02 | 2080.75 | 1007.38 | 19.35 |
| 浙江 | 2721.34 | 452.50 | 1971.26 | 995.30 | 4.10 |
| 安徽 | 224.52 | 48.15 | 305.53 | 101.74 | 1.02 |
| 福建 | 625.02 | 110.23 | 766.32 | 377.68 | 0.06 |
| 江西 | 151.62 | 33.47 | 323.00 | 94.47 | 0.33 |
| 山东 | 1264.94 | 206.71 | 2035.42 | 533.92 | 16.64 |
| 河南 | 520.34 | 64.15 | 1097.62 | 460.12 | 7.74 |
| 湖北 | 308.73 | 61.46 | 498.51 | 202.29 | 5.23 |
| 湖南 | 120.61 | 28.62 | 168.04 | 75.42 | 0.35 |
| 广东 | 603.56 | 188.96 | 669.55 | 397.28 | 2.33 |
| 广西 | 72.33 | 14.38 | 45.73 | 26.35 | 1.91 |
| 海南 | 0.61 | 0.13 | 8.88 | 5.46 | 0.08 |
| 重庆 | 30.03 | 4.98 | 53.67 | 13.16 | 0.92 |
| 四川 | 129.34 | 25.34 | 236.05 | 57.02 | 1.08 |
| 贵州 | 6.57 | 0.48 | 8.35 | 3.10 | 0.08 |
| 云南 | 16.75 | 3.14 | 10.67 | 6.57 | 0.30 |
| 西藏 | 0.53 | 0.06 | 0.78 | 0.79 | |
| 陕西 | 60.07 | 10.93 | 70.12 | 38.32 | 2.82 |
| 甘肃 | 11.14 | 3.60 | 13.84 | 5.94 | 0.27 |
| 青海 | 6.37 | 1.44 | 11.34 | 1.56 | 0.01 |
| 宁夏 | 234.69 | 34.93 | 210.12 | 120.15 | 1.87 |
| 新疆 | 207.84 | 46.89 | 162.53 | 126.34 | 26.14 |

单位：亿元

| 集体资本 | 法人资本 | 个人资本 | 港澳台资本 | 外商资本 | 主营业务收入 |
|---|---|---|---|---|---|
| **116.58** | **1622.89** | **2138.47** | **596.49** | **415.71** | **40844.21** |
| | | | | | |
| | 10.65 | 0.69 | | 0.40 | 21.95 |
| 0.72 | 4.89 | 3.33 | 0.79 | 6.10 | 137.28 |
| 0.57 | 46.39 | 124.65 | 0.47 | 2.84 | 1836.00 |
| 0.49 | 5.07 | 5.49 | 0.06 | | 36.27 |
| | 18.07 | 6.73 | 0.22 | 4.49 | 391.68 |
| | | | | | |
| 0.31 | 5.25 | 13.74 | 3.32 | 5.04 | 112.17 |
| 0.30 | 3.82 | 2.27 | 0.05 | 1.06 | 197.18 |
| | 2.20 | 5.56 | 0.27 | | 100.54 |
| | | | | | |
| 0.46 | 16.26 | 10.04 | 5.32 | 13.79 | 207.63 |
| 59.12 | 294.64 | 360.39 | 124.41 | 149.46 | 7244.84 |
| 3.13 | 322.53 | 453.84 | 136.73 | 74.77 | 5737.40 |
| 11.62 | 25.58 | 50.89 | 4.77 | 7.85 | 1038.17 |
| 4.49 | 65.62 | 192.56 | 84.12 | 30.83 | 2548.97 |
| 0.20 | 32.31 | 53.72 | 5.93 | 1.99 | 1223.57 |
| 18.06 | 244.77 | 200.46 | 27.00 | 27.45 | 9474.83 |
| | | | | | |
| 3.05 | 126.45 | 319.04 | 0.55 | 3.29 | 2670.71 |
| 3.01 | 78.78 | 103.67 | 3.66 | 7.93 | 2300.71 |
| 0.45 | 46.13 | 27.29 | 1.21 | | 660.25 |
| 1.47 | 80.74 | 55.59 | 179.80 | 77.34 | 2616.84 |
| 0.07 | 6.15 | 8.87 | 9.31 | 0.04 | 255.54 |
| | 5.38 | | | | 4.36 |
| | | | | | |
| 0.98 | 8.55 | 1.82 | | 0.89 | 197.02 |
| 4.42 | 24.27 | 24.96 | 2.21 | 0.09 | 955.32 |
| 0.14 | 0.43 | 2.45 | | | 19.35 |
| 0.05 | 2.84 | 3.30 | | 0.08 | 26.08 |
| | 0.11 | 0.68 | | | 0.74 |
| | | | | | |
| 0.14 | 5.96 | 29.36 | 0.03 | | 269.84 |
| 0.16 | 4.12 | 1.39 | | | 22.86 |
| | 0.62 | 0.93 | | | 33.07 |
| | 66.74 | 51.54 | | | 256.11 |
| 3.16 | 67.57 | 23.21 | 6.25 | | 246.93 |

3-25 续表 2

| 地 区 | 主营业务成本 | 销售费用 | 管理费用 | 财务费用 | 利息收入 |
|---|---|---|---|---|---|
| **全 国** | **36392.68** | **599.37** | **1053.88** | **437.81** | **35.99** |
| 北 京 | 17.55 | 0.58 | 2.98 | 0.38 | 0.03 |
| 天 津 | 122.89 | 1.55 | 4.34 | 2.64 | 0.02 |
| 河 北 | 1633.26 | 25.04 | 28.73 | 10.66 | 0.25 |
| 山 西 | 33.68 | 0.47 | 1.05 | 0.79 | 0.04 |
| 内蒙古 | 338.79 | 4.81 | 7.93 | 9.43 | 0.40 |
| 辽 宁 | 102.60 | 2.01 | 5.26 | 1.78 | 0.04 |
| 吉 林 | 177.59 | 3.94 | 7.98 | 1.11 | 0.02 |
| 黑龙江 | 92.36 | 1.12 | 1.83 | 0.40 | |
| 上 海 | 170.44 | 9.08 | 14.77 | 0.20 | 0.15 |
| 江 苏 | 6444.18 | 114.14 | 214.42 | 66.96 | 4.07 |
| 浙 江 | 5047.67 | 73.97 | 210.84 | 80.03 | 9.91 |
| 安 徽 | 933.11 | 17.59 | 27.46 | 9.26 | 0.23 |
| 福 建 | 2261.11 | 35.99 | 73.66 | 27.88 | 1.14 |
| 江 西 | 1092.97 | 15.13 | 19.05 | 5.26 | 0.14 |
| 山 东 | 8688.65 | 83.74 | 130.20 | 115.22 | 16.32 |
| 河 南 | 2339.25 | 42.03 | 43.87 | 21.66 | 1.01 |
| 湖 北 | 1992.77 | 59.41 | 85.28 | 28.65 | 0.22 |
| 湖 南 | 575.70 | 21.10 | 24.92 | 7.19 | 0.05 |
| 广 东 | 2308.56 | 52.62 | 91.64 | 15.53 | 0.34 |
| 广 西 | 233.75 | 1.79 | 9.83 | 1.83 | 0.16 |
| 海 南 | 3.59 | 0.18 | 0.48 | 0.13 | -0.04 |
| 重 庆 | 172.57 | 1.71 | 3.62 | 1.56 | 0.08 |
| 四 川 | 859.55 | 14.77 | 20.30 | 9.31 | 0.21 |
| 贵 州 | 17.37 | 0.38 | 0.65 | 0.27 | 0.01 |
| 云 南 | 24.41 | 0.24 | 0.84 | 0.60 | 0.01 |
| 西 藏 | 0.64 | 0.02 | 0.03 | | |
| 陕 西 | 227.35 | 2.99 | 5.25 | 2.73 | 0.03 |
| 甘 肃 | 20.80 | 0.47 | 0.83 | 0.69 | |
| 青 海 | 31.98 | 0.13 | 0.25 | 0.29 | |
| 宁 夏 | 205.81 | 4.20 | 6.40 | 11.69 | 0.46 |
| 新 疆 | 221.72 | 8.18 | 9.19 | 3.67 | 0.70 |

单位：亿元

| 利息支出 | 投资收益（损失以“–”号记） | 营业利润 | 利润总额 | 亏损企业亏损额 | 平均用工人数（万人） |
|---|---|---|---|---|---|
| **413.18** | **25.38** | **2231.98** | **2285.63** | **70.58** | **436.22** |
| 0.42 | -0.01 | 0.67 | 0.91 | 0.06 | 0.33 |
| 2.40 | 0.23 | 5.38 | 5.21 | 0.20 | 1.20 |
| 8.88 | -2.86 | 126.55 | 125.64 | 3.33 | 17.47 |
| 0.73 |  | 0.23 | -0.15 | 0.84 | 0.82 |
| 7.61 | 3.14 | 33.63 | 31.92 | 1.01 | 2.43 |
| 1.40 | 0.10 | 0.14 | 2.05 | 1.44 | 2.18 |
| 0.62 |  | 6.06 | 7.03 | 0.14 | 3.24 |
| 0.38 |  | 5.16 | 5.15 | 0.33 | 2.83 |
| 0.96 | 0.05 | 12.60 | 14.95 | 1.46 | 2.87 |
| 60.70 | 3.48 | 378.88 | 381.87 | 14.41 | 80.76 |
| 88.11 | 12.71 | 317.80 | 324.12 | 10.74 | 71.26 |
| 7.80 | 5.54 | 50.49 | 51.20 | 1.63 | 12.76 |
| 25.20 | -0.77 | 140.86 | 140.95 | 2.60 | 23.95 |
| 4.21 | 0.04 | 88.17 | 88.49 | 0.81 | 11.29 |
| 121.46 | 3.23 | 455.54 | 472.04 | 11.45 | 68.17 |
| 19.43 | 0.68 | 211.16 | 209.84 | 2.50 | 34.15 |
| 17.95 | -1.09 | 116.13 | 121.23 | 3.40 | 25.61 |
| 5.61 | 0.36 | 25.66 | 25.59 | 2.00 | 8.48 |
| 10.37 | 1.43 | 139.51 | 140.45 | 5.66 | 37.47 |
| 1.91 | 0.10 | 7.47 | 7.71 | 1.07 | 4.66 |
| 0.19 | 0.90 | 0.90 | 0.94 |  | 0.07 |
| 1.08 | -0.22 | 15.79 | 15.85 | 0.08 | 2.02 |
| 8.24 | -2.02 | 45.97 | 46.37 | 0.42 | 9.76 |
| 0.25 |  | 0.83 | 0.88 | 0.11 | 0.26 |
| 0.62 |  | -0.11 | 0.22 | 0.56 | 0.53 |
|  |  | 0.05 | 0.05 |  | 0.01 |
| 2.53 | -0.18 | 29.33 | 29.93 | 1.31 | 4.38 |
| 0.63 | 0.01 | 0.34 | 0.46 | 0.16 | 0.43 |
| 0.16 |  | 0.42 | 0.42 | 0.02 | 0.17 |
| 9.20 | 0.01 | 11.79 | 14.02 | 0.39 | 1.68 |
| 4.15 | 0.52 | 4.61 | 20.29 | 2.43 | 4.97 |

# 3-26 按地区分组的纺织服装、

| 地　区 | 工业销售产值(当年价格) | 出口交货值 | 资产总计 | 固定资产合　计 | 固定资产原　价 |
|---|---|---|---|---|---|
| **全　国** | **23664.77** | **4748.25** | **13748.08** | **3954.59** | **7043.96** |
| 北　京 | 102.26 | 18.20 | 167.32 | 21.52 | 37.84 |
| 天　津 | 418.01 | 95.73 | 202.90 | 31.83 | 43.90 |
| 河　北 | 437.44 | 26.97 | 207.28 | 96.95 | 122.75 |
| 山　西 | 19.84 | 0.24 | 33.17 | 6.71 | 10.55 |
| 内蒙古 | 92.68 | 5.74 | 48.37 | 12.14 | 34.04 |
| 辽　宁 | 147.17 | 65.61 | 167.85 | 21.29 | 47.25 |
| 吉　林 | 138.37 | 32.44 | 62.17 | 19.18 | 192.02 |
| 黑龙江 | 28.39 | 5.17 | 14.68 | 6.33 | 11.06 |
| 上　海 | 317.96 | 97.00 | 316.31 | 34.72 | 79.83 |
| 江　苏 | 4573.09 | 910.31 | 2716.30 | 774.33 | 1311.93 |
| 浙　江 | 2399.41 | 934.09 | 2273.81 | 417.38 | 704.77 |
| 安　徽 | 1136.64 | 143.24 | 391.73 | 137.45 | 230.31 |
| 福　建 | 1980.10 | 577.80 | 1186.64 | 216.83 | 382.34 |
| 江　西 | 1420.96 | 207.95 | 602.18 | 296.99 | 470.10 |
| 山　东 | 2866.73 | 513.13 | 1532.03 | 571.59 | 930.74 |
| 河　南 | 1397.77 | 27.23 | 900.53 | 463.38 | 548.72 |
| 湖　北 | 1023.73 | 135.27 | 404.16 | 123.96 | 256.54 |
| 湖　南 | 334.57 | 11.87 | 136.47 | 57.19 | 81.46 |
| 广　东 | 4059.90 | 898.37 | 1957.94 | 490.68 | 1326.30 |
| 广　西 | 150.90 | 15.56 | 51.28 | 11.64 | 17.72 |
| 海　南 | | | | | |
| 重　庆 | 120.35 | 12.57 | 54.63 | 15.00 | 20.22 |
| 四　川 | 258.89 | 4.98 | 114.58 | 43.70 | 57.16 |
| 贵　州 | 63.47 | 1.43 | 37.64 | 9.39 | 11.35 |
| 云　南 | 19.56 | 3.15 | 19.26 | 4.38 | 4.81 |
| 西　藏 | 0.23 | | 0.17 | 0.12 | 0.14 |
| 陕　西 | 64.46 | 0.15 | 47.63 | 16.14 | 18.12 |
| 甘　肃 | 9.91 | | 6.70 | 0.97 | 1.70 |
| 青　海 | 38.98 | 1.49 | 24.40 | 15.10 | 46.85 |
| 宁　夏 | 3.97 | 0.03 | 10.00 | 1.21 | 1.82 |
| 新　疆 | 39.00 | 2.51 | 59.92 | 36.49 | 41.63 |

# 服饰业主要经济指标

单位：亿元

| 累计折旧 | 流动资产合计 | 应收账款 | 存货 | 产成品 | 负债合计 |
|---|---|---|---|---|---|
| **3288.55** | **7696.88** | **1984.10** | **1996.30** | **1033.55** | **6334.57** |
| 16.82 | 126.13 | 22.55 | 55.76 | 31.82 | 95.42 |
| 18.52 | 165.91 | 26.27 | 68.22 | 60.83 | 56.87 |
| 31.03 | 89.53 | 18.76 | 26.91 | 13.07 | 88.16 |
| 4.63 | 21.49 | 6.80 | 6.14 | 2.26 | 20.89 |
| 24.39 | 32.43 | 7.68 | 16.46 | 7.18 | 25.60 |
| 26.55 | 90.52 | 17.07 | 21.82 | 8.88 | 75.39 |
| 173.37 | 30.03 | 4.81 | 7.25 | 3.56 | 39.30 |
| 4.77 | 6.37 | 1.84 | 1.37 | 0.42 | 4.92 |
| 45.17 | 233.72 | 77.26 | 71.84 | 50.28 | 170.54 |
| 559.04 | 1455.50 | 316.88 | 383.14 | 190.98 | 1371.32 |
| 309.33 | 1507.72 | 460.33 | 349.88 | 182.90 | 1184.15 |
| 102.40 | 210.91 | 71.12 | 55.92 | 27.36 | 189.47 |
| 172.70 | 744.94 | 214.17 | 166.79 | 96.63 | 447.38 |
| 190.84 | 218.29 | 64.57 | 51.72 | 31.81 | 196.35 |
| 403.35 | 679.17 | 139.99 | 186.46 | 94.08 | 727.24 |
| 112.50 | 340.26 | 48.56 | 46.77 | 17.94 | 244.98 |
| 141.50 | 212.08 | 44.29 | 58.97 | 31.38 | 182.69 |
| 26.24 | 53.41 | 13.92 | 11.34 | 6.27 | 46.67 |
| 849.72 | 1259.03 | 370.37 | 339.93 | 135.20 | 990.64 |
| 8.75 | 35.98 | 10.07 | 14.29 | 12.80 | 19.65 |
|  |  |  |  |  |  |
| 7.11 | 31.36 | 9.87 | 11.83 | 7.90 | 23.98 |
| 15.97 | 60.59 | 15.04 | 15.82 | 9.05 | 48.15 |
| 3.03 | 13.83 | 2.86 | 3.03 | 1.59 | 11.76 |
| 1.23 | 12.41 | 1.40 | 2.12 | 1.08 | 12.32 |
| 0.02 | 0.05 |  | 0.01 |  | 0.04 |
| 4.20 | 23.92 | 5.87 | 9.38 | 3.54 | 19.73 |
| 0.66 | 3.73 | 0.59 | 0.28 | 0.16 | 2.43 |
| 32.06 | 9.02 | 2.66 | 2.17 | 0.29 | 10.54 |
| 0.64 | 8.15 | 3.98 | 2.21 | 1.55 | 6.44 |
| 2.02 | 20.38 | 4.53 | 8.46 | 2.72 | 21.55 |

3-26 续表 1

| 地区 | 流动负债合计 | 应付账款 | 所有者权益合计 | 实收资本 | 国家资本 |
|---|---|---|---|---|---|
| **全国** | **5230.36** | **1515.21** | **7310.91** | **2684.73** | **26.95** |
| 北京 | 84.60 | 27.70 | 70.25 | 27.79 | 0.54 |
| 天津 | 55.84 | 19.29 | 146.10 | 19.00 | 0.01 |
| 河北 | 78.78 | 18.41 | 119.12 | 42.34 | 2.78 |
| 山西 | 18.78 | 6.26 | 12.28 | 6.31 | 0.81 |
| 内蒙古 | 22.79 | 5.23 | 21.37 | 11.52 | 0.07 |
| 辽宁 | 64.13 | 13.26 | 83.96 | 28.21 | 0.20 |
| 吉林 | 30.33 | 8.36 | 22.87 | 14.27 | |
| 黑龙江 | 4.33 | 0.50 | 9.76 | 2.44 | |
| 上海 | 151.31 | 63.87 | 140.23 | 82.85 | 0.28 |
| 江苏 | 1185.34 | 338.08 | 1342.60 | 490.28 | 4.52 |
| 浙江 | 1134.02 | 332.73 | 1083.46 | 482.53 | 1.70 |
| 安徽 | 152.54 | 44.40 | 195.01 | 78.31 | 0.70 |
| 福建 | 360.20 | 94.79 | 721.75 | 197.36 | 0.89 |
| 江西 | 142.62 | 43.26 | 392.63 | 119.66 | 0.74 |
| 山东 | 471.81 | 97.63 | 785.11 | 230.25 | 1.01 |
| 河南 | 170.43 | 30.29 | 649.26 | 197.33 | 0.32 |
| 湖北 | 140.05 | 32.48 | 219.28 | 110.00 | 2.75 |
| 湖南 | 31.82 | 7.61 | 88.20 | 36.30 | 0.40 |
| 广东 | 802.96 | 295.20 | 961.23 | 416.93 | 0.93 |
| 广西 | 17.49 | 3.54 | 31.63 | 7.02 | 0.58 |
| 海南 | | | | | |
| 重庆 | 17.85 | 4.83 | 28.93 | 9.95 | 0.40 |
| 四川 | 34.59 | 13.28 | 65.19 | 19.67 | 3.95 |
| 贵州 | 6.78 | 1.14 | 25.63 | 18.89 | 1.28 |
| 云南 | 8.70 | 1.64 | 6.94 | 5.23 | 0.60 |
| 西藏 | 0.01 | | 0.13 | 0.05 | |
| 陕西 | 11.29 | 4.05 | 27.90 | 13.10 | 0.22 |
| 甘肃 | 2.25 | 0.90 | 4.28 | 1.30 | 0.24 |
| 青海 | 8.39 | 0.21 | 13.86 | 3.89 | 0.26 |
| 宁夏 | 5.90 | 2.81 | 3.56 | 1.97 | 0.08 |
| 新疆 | 14.42 | 3.45 | 38.37 | 9.97 | 0.69 |

单位：亿元

| 集体资本 | 法人资本 | 个人资本 | 港澳台资本 | 外商资本 | 主营业务收入 |
|---|---|---|---|---|---|
| **21.40** | **959.06** | **1018.02** | **420.26** | **239.04** | **23741.36** |
| | | | | | |
| 0.76 | 11.52 | 11.28 | 1.45 | 2.24 | 119.54 |
| 0.05 | 1.39 | 6.52 | 10.20 | 0.82 | 418.42 |
| 1.34 | 11.70 | 25.34 | 0.95 | 0.23 | 435.01 |
| 0.94 | 2.58 | 1.98 | | | 33.88 |
| 0.05 | 5.32 | 5.70 | 0.02 | 0.38 | 90.26 |
| | | | | | |
| 2.43 | 8.89 | 10.07 | 2.54 | 4.08 | 169.92 |
| 0.24 | 6.70 | 4.73 | 0.01 | 2.58 | 137.78 |
| 0.86 | 0.32 | 1.25 | | 0.01 | 27.22 |
| | | | | | |
| 2.45 | 30.19 | 21.00 | 8.35 | 20.58 | 353.89 |
| 1.84 | 172.74 | 220.87 | 45.06 | 45.26 | 4641.92 |
| 1.91 | 174.28 | 168.96 | 87.94 | 47.74 | 2372.74 |
| 1.47 | 20.28 | 44.36 | 6.72 | 4.79 | 1102.35 |
| 0.25 | 46.37 | 49.06 | 72.98 | 27.82 | 1937.76 |
| 0.14 | 43.57 | 62.65 | 8.18 | 4.38 | 1451.62 |
| 2.36 | 118.78 | 78.01 | 4.61 | 25.49 | 2964.80 |
| | | | | | |
| 0.58 | 84.20 | 109.40 | 1.71 | 1.12 | 1401.16 |
| 0.52 | 50.44 | 50.17 | 4.45 | 1.67 | 964.06 |
| 0.30 | 18.99 | 14.06 | 2.27 | 0.28 | 339.91 |
| 2.62 | 106.91 | 99.09 | 160.15 | 47.23 | 4048.46 |
| 0.20 | 1.62 | 2.34 | 0.77 | 1.51 | 146.99 |
| | | | | | |
| | 3.53 | 4.12 | 1.14 | 0.76 | 118.49 |
| 0.07 | 4.93 | 9.92 | 0.77 | 0.03 | 243.88 |
| | 14.16 | 3.43 | 0.02 | | 57.77 |
| | 2.85 | 1.78 | | | 17.59 |
| | | 0.05 | | | 0.25 |
| | | | | | |
| | 4.95 | 7.93 | | | 59.89 |
| 0.02 | 0.76 | 0.28 | | | 7.68 |
| | 1.75 | 1.89 | | | 33.45 |
| | 1.31 | 0.56 | | 0.03 | 4.59 |
| | 8.06 | 1.23 | | | 40.07 |

3-26 续表 2

| 地　区 | 主营业务成　本 | 销售费用 | 管理费用 | 财务费用 | 利息收入 |
|---|---|---|---|---|---|
| **全　国** | **20371.43** | **769.25** | **937.41** | **161.91** | **11.78** |
| 北　京 | 79.71 | 21.42 | 12.23 | 0.94 | 0.07 |
| 天　津 | 290.42 | 79.77 | 15.71 | 0.47 | 0.30 |
| 河　北 | 387.96 | 6.53 | 8.73 | 1.67 | 0.03 |
| 山　西 | 30.74 | 0.50 | 1.75 | 0.23 | 0.01 |
| 内蒙古 | 74.01 | 2.75 | 3.98 | 0.47 | 0.03 |
| 辽　宁 | 149.78 | 5.29 | 9.05 | 1.25 | 0.03 |
| 吉　林 | 126.40 | 3.20 | 4.55 | 0.79 | |
| 黑龙江 | 24.41 | 0.52 | 0.54 | 0.10 | |
| 上　海 | 299.53 | 29.65 | 30.37 | 1.73 | 0.13 |
| 江　苏 | 3988.50 | 131.58 | 176.32 | 33.24 | 1.62 |
| 浙　江 | 1993.36 | 85.71 | 138.53 | 20.88 | 4.04 |
| 安　徽 | 989.28 | 22.72 | 32.22 | 5.44 | 0.05 |
| 福　建 | 1632.92 | 65.29 | 67.44 | 9.70 | 1.52 |
| 江　西 | 1261.31 | 29.38 | 38.50 | 6.15 | 0.13 |
| 山　东 | 2595.48 | 73.69 | 80.83 | 23.62 | 1.82 |
| 河　南 | 1212.75 | 27.54 | 31.11 | 10.77 | 0.13 |
| 湖　北 | 841.35 | 26.35 | 34.56 | 8.60 | 0.31 |
| 湖　南 | 283.84 | 13.67 | 14.02 | 2.41 | 0.03 |
| 广　东 | 3505.65 | 119.31 | 192.22 | 28.42 | 1.40 |
| 广　西 | 109.88 | 2.22 | 19.87 | 0.49 | 0.02 |
| 海　南 | | | | | |
| 重　庆 | 99.23 | 5.26 | 4.38 | 0.86 | 0.04 |
| 四　川 | 206.40 | 10.51 | 10.47 | 1.40 | 0.03 |
| 贵　州 | 48.84 | 1.48 | 2.56 | 0.32 | |
| 云　南 | 15.37 | 0.48 | 1.01 | 0.04 | 0.01 |
| 西　藏 | 0.23 | | | | |
| 陕　西 | 47.05 | 2.70 | 2.87 | 1.14 | 0.01 |
| 甘　肃 | 6.02 | 0.36 | 0.68 | 0.04 | 0.01 |
| 青　海 | 31.32 | 0.13 | 0.92 | 0.09 | 0.01 |
| 宁　夏 | 4.10 | 0.12 | 0.16 | 0.07 | |
| 新　疆 | 35.58 | 1.15 | 1.82 | 0.58 | 0.01 |

单位：亿元

| 利息支出 | 投资收益（损失以“–”号记） | 营业利润 | 利润总额 | 亏损企业亏损额 | 平均用工人数（万人） |
|---|---|---|---|---|---|
| **131.49** | **48.49** | **1410.89** | **1428.29** | **44.93** | **430.49** |
| | | | | | |
| 0.88 | 0.10 | 5.47 | 7.18 | 2.33 | 3.51 |
| 0.74 | 14.49 | 44.19 | 47.40 | 0.30 | 9.35 |
| 1.33 | 0.32 | 28.90 | 29.37 | 0.31 | 6.33 |
| 0.19 | 0.04 | 1.02 | 1.22 | 0.01 | 0.68 |
| 0.67 | -0.06 | 8.78 | 6.69 | 0.11 | 1.09 |
| | | | | | |
| 0.93 | 0.79 | 4.49 | 4.66 | 1.12 | 6.33 |
| 0.44 | 0.02 | 2.31 | 2.99 | 0.76 | 1.39 |
| 0.09 | | 1.59 | 1.59 | 0.04 | 0.33 |
| | | | | | |
| 2.18 | 11.40 | 3.62 | 4.79 | 5.79 | 6.64 |
| 29.00 | 5.10 | 308.54 | 312.58 | 6.64 | 70.40 |
| 27.07 | 9.47 | 127.82 | 135.12 | 9.60 | 53.01 |
| 3.80 | 0.10 | 45.58 | 46.44 | 0.97 | 22.41 |
| 8.45 | 3.24 | 142.10 | 142.21 | 2.25 | 36.29 |
| 4.58 | -0.04 | 109.62 | 107.61 | 0.23 | 21.21 |
| 15.39 | 2.20 | 173.98 | 176.00 | 2.00 | 37.78 |
| | | | | | |
| 8.23 | 0.03 | 108.04 | 106.64 | 0.28 | 24.86 |
| 6.50 | 0.54 | 45.18 | 45.17 | 1.44 | 17.50 |
| 1.50 | -0.24 | 20.00 | 17.79 | 0.07 | 5.95 |
| 15.57 | 1.85 | 179.75 | 182.03 | 9.53 | 91.55 |
| 0.49 | | 13.47 | 12.60 | 0.01 | 2.70 |
| | | | | | |
| | | | | | |
| 0.52 | -0.01 | 8.80 | 9.35 | 0.08 | 2.56 |
| 0.94 | -0.99 | 13.78 | 14.17 | 0.09 | 3.76 |
| 0.23 | | 4.08 | 4.09 | 0.06 | 1.13 |
| 0.04 | 0.03 | 0.79 | 0.83 | 0.06 | 0.50 |
| | | 0.01 | 0.03 | | 0.02 |
| | | | | | |
| 1.10 | 0.03 | 6.02 | 5.71 | 0.54 | 1.01 |
| 0.04 | | 0.59 | 0.57 | | 0.23 |
| | | 1.14 | 1.21 | | 0.54 |
| 0.05 | | 0.11 | 0.21 | 0.01 | 0.16 |
| 0.57 | 0.04 | 1.13 | 2.04 | 0.30 | 1.27 |

# 3-27 按地区分组的皮革、毛皮、羽毛

| 地区 | 工业销售产值(当年价格) | 出口交货值 | 资产总计 | 固定资产合计 | 固定资产原价 |
|---|---|---|---|---|---|
| **全国** | **15189.99** | **3382.59** | **7396.26** | **2068.29** | **3674.35** |
| 北京 | 8.11 | 1.15 | 9.59 | 0.86 | 1.53 |
| 天津 | 110.66 | 69.71 | 33.36 | 6.93 | 10.06 |
| 河北 | 1375.28 | 74.56 | 455.89 | 160.31 | 189.99 |
| 山西 | 1.41 | | 1.74 | 0.59 | 0.71 |
| 内蒙古 | 26.16 | 0.73 | 9.07 | 3.04 | 9.04 |
| 辽宁 | 43.67 | 4.96 | 35.44 | 7.20 | 11.03 |
| 吉林 | 26.97 | | 8.30 | 4.34 | 44.48 |
| 黑龙江 | 90.82 | | 22.40 | 4.76 | 5.98 |
| 上海 | 169.17 | 33.00 | 234.03 | 15.09 | 29.88 |
| 江苏 | 1099.19 | 179.27 | 414.33 | 138.23 | 259.87 |
| 浙江 | 1414.35 | 524.90 | 1051.08 | 193.87 | 300.35 |
| 安徽 | 472.50 | 59.55 | 237.37 | 64.95 | 95.12 |
| 福建 | 3321.19 | 881.62 | 1600.33 | 317.33 | 522.90 |
| 江西 | 625.40 | 199.57 | 269.35 | 135.74 | 197.48 |
| 山东 | 849.36 | 129.48 | 441.78 | 162.70 | 289.74 |
| 河南 | 1610.32 | 88.27 | 853.06 | 402.52 | 517.06 |
| 湖北 | 242.46 | 62.08 | 98.18 | 34.96 | 89.20 |
| 湖南 | 498.40 | 35.00 | 145.02 | 73.21 | 99.55 |
| 广东 | 2450.51 | 949.75 | 1100.25 | 233.66 | 750.50 |
| 广西 | 124.40 | 41.57 | 52.87 | 17.40 | 23.58 |
| 海南 | 0.21 | | 0.12 | 0.04 | 0.07 |
| 重庆 | 210.01 | 2.35 | 56.22 | 21.89 | 122.80 |
| 四川 | 295.74 | 38.52 | 148.94 | 48.49 | 80.87 |
| 贵州 | 60.45 | 1.52 | 24.26 | 8.05 | 9.19 |
| 云南 | 11.21 | 1.68 | 6.69 | 2.65 | 2.94 |
| 西藏 | | | | | |
| 陕西 | 24.08 | | 13.13 | 3.46 | 3.60 |
| 甘肃 | 9.50 | 0.10 | 53.87 | 1.99 | 2.08 |
| 青海 | | | | | |
| 宁夏 | 12.48 | 2.62 | 10.15 | 2.79 | 3.18 |
| 新疆 | 6.01 | 0.61 | 9.46 | 1.25 | 1.59 |

## 及其制品和制鞋业主要经济指标

单位：亿元

| 累计折旧 | 流动资产合计 | 应收账款 | 存货 | 产成品 | 负债合计 |
|---|---|---|---|---|---|
| **1698.59** | **4292.60** | **1179.55** | **1080.39** | **429.83** | **3327.29** |
| 0.82 | 8.18 | 2.36 | 3.97 | 2.73 | 5.43 |
| 4.34 | 24.34 | 5.55 | 8.21 | 4.73 | 21.81 |
| 35.44 | 130.21 | 25.21 | 32.55 | 14.01 | 117.70 |
| 0.13 | 0.87 | 0.08 | 0.09 | 0.07 | 0.10 |
| 6.01 | 4.13 | 1.46 | 1.16 | 0.37 | 2.81 |
| 4.24 | 24.19 | 9.74 | 7.41 | 2.37 | 19.69 |
| 40.57 | 3.32 | 0.59 | 0.91 | 0.60 | 4.34 |
| 1.41 | 16.25 | 5.00 | 4.96 | 2.28 | 12.08 |
| 15.54 | 205.23 | 31.66 | 34.77 | 6.25 | 63.52 |
| 122.11 | 215.67 | 63.42 | 55.66 | 20.44 | 185.78 |
| 115.35 | 722.55 | 206.32 | 186.28 | 71.31 | 614.85 |
| 33.94 | 139.31 | 49.25 | 46.16 | 20.10 | 116.64 |
| 220.60 | 1038.21 | 305.70 | 197.95 | 87.47 | 787.42 |
| 72.47 | 100.91 | 24.60 | 19.28 | 9.22 | 91.03 |
| 137.12 | 228.39 | 45.09 | 80.16 | 29.03 | 204.29 |
| 123.38 | 352.18 | 46.98 | 69.16 | 26.82 | 204.58 |
| 56.56 | 50.00 | 14.88 | 14.71 | 6.20 | 47.48 |
| 29.04 | 51.44 | 13.96 | 14.40 | 6.96 | 48.42 |
| 526.86 | 755.91 | 263.85 | 226.15 | 83.22 | 587.43 |
| 8.09 | 27.52 | 11.38 | 8.89 | 4.53 | 24.43 |
| 0.03 | 0.06 |  | 0.02 | 0.02 | 0.01 |
| 101.50 | 30.31 | 9.53 | 7.02 | 4.01 | 23.68 |
| 38.13 | 82.83 | 23.87 | 23.64 | 9.09 | 82.34 |
| 2.08 | 13.70 | 1.76 | 2.56 | 1.71 | 12.52 |
| 0.55 | 3.66 | 0.94 | 1.88 | 1.37 | 3.73 |
| 0.66 | 7.60 | 1.45 | 2.98 | 1.95 | 6.77 |
| 0.57 | 41.06 | 10.80 | 23.20 | 11.07 | 25.76 |
| 0.57 | 6.78 | 1.81 | 2.06 | 1.18 | 5.27 |
| 0.49 | 7.80 | 2.30 | 4.20 | 0.72 | 7.38 |

3-27 续表 1

| 地区 | 流动负债合计 | 应付账款 | 所有者权益合计 | 实收资本 | 国家资本 |
|---|---|---|---|---|---|
| **全国** | **2829.90** | **737.92** | **4007.98** | **1483.81** | **11.98** |
| 北京 | 5.29 | 1.56 | 4.16 | 0.96 | |
| 天津 | 20.63 | 4.32 | 11.55 | 5.58 | 0.13 |
| 河北 | 104.04 | 9.93 | 337.46 | 43.82 | 2.00 |
| 山西 | 0.10 | 0.10 | 1.64 | 0.66 | |
| 内蒙古 | 2.31 | 0.25 | 6.25 | 2.60 | |
| 辽宁 | 16.60 | 7.21 | 14.20 | 6.33 | 0.10 |
| 吉林 | 3.65 | 0.27 | 3.96 | 1.12 | 0.10 |
| 黑龙江 | 10.95 | 1.97 | 10.31 | 1.31 | |
| 上海 | 61.91 | 13.77 | 170.36 | 16.45 | 0.02 |
| 江苏 | 172.65 | 39.27 | 226.88 | 89.84 | 1.44 |
| 浙江 | 601.89 | 138.60 | 429.75 | 202.82 | 0.03 |
| 安徽 | 101.01 | 22.06 | 118.24 | 45.36 | |
| 福建 | 653.06 | 162.35 | 795.26 | 269.90 | 0.01 |
| 江西 | 60.16 | 18.39 | 177.83 | 64.21 | 1.20 |
| 山东 | 162.81 | 32.31 | 233.84 | 72.92 | 0.20 |
| 河南 | 152.04 | 28.04 | 633.56 | 219.73 | 1.50 |
| 湖北 | 28.27 | 8.82 | 50.42 | 26.73 | |
| 湖南 | 31.72 | 9.61 | 96.60 | 47.29 | 1.78 |
| 广东 | 516.92 | 200.43 | 505.71 | 269.72 | 0.92 |
| 广西 | 19.55 | 6.23 | 28.36 | 9.30 | |
| 海南 | 0.01 | 0.01 | 0.10 | 0.09 | |
| 重庆 | 12.70 | 4.73 | 30.62 | 4.19 | 1.01 |
| 四川 | 60.96 | 20.36 | 65.06 | 37.21 | |
| 贵州 | 9.42 | 1.61 | 11.48 | 4.26 | 0.01 |
| 云南 | 2.94 | 0.80 | 2.97 | 1.44 | |
| 西藏 | | | | | |
| 陕西 | 4.29 | 1.88 | 6.36 | 3.11 | |
| 甘肃 | 2.01 | 0.70 | 28.12 | 34.05 | 1.53 |
| 青海 | | | | | |
| 宁夏 | 4.75 | 0.74 | 4.88 | 1.56 | |
| 新疆 | 7.28 | 1.58 | 2.08 | 1.22 | |

单位：亿元

| 集体资本 | 法人资本 | 个人资本 | 港澳台资本 | 外商资本 | 主营业务收入 |
|---|---|---|---|---|---|
| **13.58** | **455.66** | **520.20** | **250.60** | **200.30** | **15163.04** |
| | | | | | |
| | 0.02 | 0.61 | 0.01 | 0.33 | 10.64 |
| | 0.72 | 4.41 | 0.15 | 0.16 | 110.90 |
| 0.32 | 14.54 | 25.30 | 1.60 | 0.06 | 1381.25 |
| | | 0.66 | | | 1.41 |
| | 0.51 | 1.81 | 0.01 | 0.28 | 26.51 |
| | | | | | |
| 0.01 | 1.45 | 1.15 | 0.04 | 3.58 | 44.81 |
| | 0.70 | 0.32 | | | 27.26 |
| | 0.35 | 0.97 | | | 80.87 |
| | | | | | |
| 1.43 | 3.49 | 3.11 | 1.51 | 6.88 | 169.67 |
| 0.49 | 15.49 | 43.41 | 14.24 | 14.76 | 1092.30 |
| 1.28 | 62.69 | 105.36 | 16.79 | 16.67 | 1381.74 |
| 1.22 | 15.05 | 23.59 | 1.97 | 3.53 | 453.37 |
| 4.88 | 84.23 | 57.48 | 76.36 | 46.94 | 3325.39 |
| 0.05 | 12.45 | 25.21 | 13.23 | 12.07 | 629.58 |
| 0.24 | 29.45 | 29.16 | 4.12 | 9.77 | 973.20 |
| | | | | | |
| 0.92 | 80.52 | 126.81 | 8.32 | 1.66 | 1527.44 |
| 0.05 | 6.78 | 9.90 | 5.81 | 4.20 | 230.11 |
| | 25.14 | 12.01 | 6.06 | 2.29 | 508.27 |
| 1.91 | 67.31 | 29.56 | 94.92 | 75.09 | 2441.83 |
| 0.02 | 1.44 | 3.10 | 4.08 | 0.66 | 122.37 |
| | 0.09 | | | | 0.21 |
| | | | | | |
| 0.03 | 1.37 | 1.78 | | | 211.05 |
| 0.22 | 25.56 | 9.01 | 1.38 | 1.04 | 276.66 |
| 0.01 | 2.25 | 2.00 | | | 69.88 |
| 0.11 | 0.86 | 0.15 | | 0.32 | 10.92 |
| | | | | | |
| | | | | | |
| | 1.54 | 1.57 | | | 23.99 |
| 0.33 | 0.42 | 0.28 | | | 14.02 |
| | | | | | |
| 0.06 | 0.75 | 0.74 | | | 11.45 |
| | 0.50 | 0.72 | | | 5.94 |

3-27 续表 2

| 地 区 | 主营业务成本 | 销售费用 | 管理费用 | 财务费用 | 利息收入 |
|---|---|---|---|---|---|
| **全 国** | **13071.44** | **345.64** | **541.12** | **97.02** | **3.32** |
| 北 京 | 9.13 | 0.41 | 0.52 | 0.04 | 0.02 |
| 天 津 | 92.79 | 1.33 | 2.76 | 0.60 | -0.02 |
| 河 北 | 1172.91 | 26.95 | 34.79 | 13.94 | 0.08 |
| 山 西 | 1.35 | 0.01 | 0.01 | 0.01 | |
| 内蒙古 | 22.15 | 1.03 | 1.25 | 0.12 | |
| 辽 宁 | 36.67 | 1.34 | 2.03 | 0.59 | 0.01 |
| 吉 林 | 23.45 | 0.96 | 1.29 | 0.15 | |
| 黑龙江 | 77.75 | 0.24 | 0.38 | | |
| 上 海 | 139.24 | 5.89 | 11.60 | -0.04 | -0.45 |
| 江 苏 | 954.09 | 23.97 | 38.13 | 5.93 | 0.11 |
| 浙 江 | 1194.49 | 37.41 | 68.20 | 13.51 | 1.99 |
| 安 徽 | 402.17 | 8.54 | 10.97 | 2.87 | 0.06 |
| 福 建 | 2786.15 | 102.98 | 137.66 | 19.56 | 0.25 |
| 江 西 | 546.04 | 8.34 | 11.94 | 1.77 | 0.12 |
| 山 东 | 875.23 | 16.29 | 21.95 | 7.32 | 0.11 |
| 河 南 | 1305.35 | 22.91 | 22.22 | 10.67 | 0.02 |
| 湖 北 | 206.85 | 4.30 | 8.01 | 1.76 | |
| 湖 南 | 414.28 | 17.14 | 19.58 | 4.82 | 0.05 |
| 广 东 | 2160.05 | 50.30 | 123.99 | 8.06 | 0.81 |
| 广 西 | 108.02 | 1.67 | 4.53 | 0.54 | 0.02 |
| 海 南 | 0.20 | | | | |
| 重 庆 | 187.49 | 3.64 | 4.09 | 0.50 | |
| 四 川 | 239.04 | 7.06 | 10.39 | 2.78 | 0.08 |
| 贵 州 | 59.76 | 1.26 | 2.16 | 0.20 | 0.02 |
| 云 南 | 9.48 | 0.62 | 0.70 | 0.07 | |
| 西 藏 | | | | | |
| 陕 西 | 20.19 | 0.53 | 0.86 | 0.11 | 0.01 |
| 甘 肃 | 11.16 | 0.38 | 0.83 | 0.95 | 0.03 |
| 青 海 | | | | | |
| 宁 夏 | 10.33 | 0.10 | 0.19 | 0.16 | |
| 新 疆 | 5.64 | 0.05 | 0.08 | 0.03 | |

单位：亿元

| 利息支出 | 投资收益（损失以“−”号记） | 营业利润 | 利润总额 | 亏损企业亏损额 | 平均用工人数（万人） |
|---|---|---|---|---|---|
| **83.09** | **-12.28** | **1011.90** | **988.07** | **22.95** | **274.64** |
| | | | | | |
| 0.04 | | 0.61 | 0.61 | 0.01 | 0.16 |
| 0.43 | 0.01 | 12.95 | 12.66 | 0.26 | 1.04 |
| 13.51 | 0.03 | 128.18 | 127.36 | 0.23 | 19.17 |
| 0.01 | | 0.02 | 0.02 | | 0.02 |
| 0.05 | 0.11 | 1.84 | 1.28 | 0.02 | 0.27 |
| | | | | | |
| 0.21 | 0.09 | 4.01 | 3.80 | 0.11 | 0.55 |
| 0.12 | | 1.29 | 1.14 | | 0.15 |
| 0.01 | | 2.44 | 2.44 | 0.06 | 0.25 |
| | | | | | |
| 0.43 | 0.09 | 12.16 | 12.35 | 0.46 | 2.30 |
| 4.78 | -1.63 | 62.10 | 62.17 | 1.91 | 14.11 |
| 15.72 | 3.47 | 68.30 | 69.90 | 3.19 | 32.85 |
| 2.52 | -0.23 | 27.60 | 30.52 | 0.45 | 5.84 |
| 17.73 | -16.15 | 248.04 | 246.72 | 3.94 | 59.43 |
| 1.05 | 0.09 | 58.14 | 57.53 | 0.06 | 13.73 |
| 4.96 | -0.12 | 45.46 | 45.87 | 1.56 | 10.60 |
| | | | | | |
| 6.52 | -0.14 | 158.83 | 132.75 | 0.04 | 19.55 |
| 0.94 | 0.22 | 8.30 | 8.40 | 0.10 | 3.77 |
| 3.86 | -0.97 | 38.47 | 36.91 | 0.21 | 10.25 |
| 5.47 | 3.78 | 91.91 | 93.62 | 9.37 | 66.69 |
| 0.43 | -0.97 | 5.57 | 5.69 | 0.25 | 3.35 |
| | | | | | |
| | | | | | |
| 0.46 | 0.05 | 13.80 | 13.91 | | 3.03 |
| 2.46 | -0.03 | 15.63 | 16.01 | 0.24 | 5.59 |
| 0.20 | | 3.09 | 2.99 | 0.07 | 0.86 |
| 0.07 | | 0.04 | 0.04 | 0.17 | 0.35 |
| | | | | | |
| | | | | | |
| 0.08 | 0.01 | 2.14 | 2.15 | 0.09 | 0.32 |
| 0.85 | | 0.25 | 0.28 | 0.13 | 0.27 |
| | | | | | |
| 0.15 | | 0.65 | 0.80 | | 0.09 |
| 0.03 | | 0.09 | 0.12 | 0.02 | 0.04 |

# 3-28 按地区分组的木材加工和

| 地　区 | 工业销售产值（当年价格） | 出口交货值 | 资产总计 | 固定资产合　计 | 固定资产原　价 |
|---|---|---|---|---|---|
| **全　国** | **15119.70** | **892.23** | **6498.02** | **2595.41** | **4673.15** |
| 北　京 | 14.40 | 0.24 | 11.86 | 1.10 | 1.77 |
| 天　津 | 21.20 | 0.78 | 13.33 | 2.95 | 4.34 |
| 河　北 | 279.10 | 0.82 | 141.17 | 78.01 | 102.62 |
| 山　西 | 14.65 | 0.10 | 22.95 | 6.88 | 5.84 |
| 内蒙古 | 241.82 | 0.03 | 104.65 | 40.66 | 81.14 |
| 辽　宁 | 77.18 | 25.81 | 90.25 | 20.43 | 32.23 |
| 吉　林 | 945.70 | 126.01 | 425.14 | 183.30 | 687.42 |
| 黑龙江 | 456.69 | 4.86 | 170.22 | 79.40 | 138.79 |
| 上　海 | 60.71 | 6.20 | 69.98 | 13.22 | 25.90 |
| 江　苏 | 2594.17 | 150.07 | 993.85 | 414.02 | 789.73 |
| 浙　江 | 483.71 | 111.64 | 319.18 | 71.71 | 109.20 |
| 安　徽 | 730.13 | 18.81 | 254.96 | 90.43 | 132.52 |
| 福　建 | 1042.73 | 84.37 | 356.81 | 96.73 | 158.20 |
| 江　西 | 442.05 | 32.69 | 245.01 | 92.07 | 153.88 |
| 山　东 | 2614.64 | 117.10 | 836.38 | 413.88 | 839.96 |
| 河　南 | 963.77 | 21.45 | 546.02 | 307.38 | 365.96 |
| 湖　北 | 479.73 | 6.34 | 243.85 | 97.51 | 173.93 |
| 湖　南 | 780.76 | 16.99 | 198.58 | 105.23 | 151.06 |
| 广　东 | 855.58 | 113.94 | 476.98 | 145.24 | 251.74 |
| 广　西 | 1187.13 | 49.34 | 440.56 | 135.67 | 190.21 |
| 海　南 | 4.73 |  | 5.77 | 1.28 | 2.31 |
| 重　庆 | 101.73 | 2.14 | 58.45 | 28.84 | 41.02 |
| 四　川 | 381.73 | 2.33 | 255.73 | 103.40 | 145.57 |
| 贵　州 | 187.00 |  | 54.06 | 13.30 | 16.94 |
| 云　南 | 70.51 | 0.18 | 70.33 | 21.87 | 33.36 |
| 西　藏 | 0.55 |  | 5.07 | 1.61 | 1.61 |
| 陕　西 | 62.70 |  | 60.47 | 19.85 | 22.93 |
| 甘　肃 | 1.24 |  | 1.79 | 0.45 | 0.52 |
| 青　海 |  |  | 0.10 | 0.05 | 0.05 |
| 宁　夏 | 9.26 |  | 4.62 | 1.08 | 1.30 |
| 新　疆 | 14.40 |  | 19.91 | 7.82 | 11.09 |

# 木、竹、藤、棕、草制品业主要经济指标

单位：亿元

| 累计折旧 | 流动资产合计 | 应收账款 | 存货 | 产成品 | 负债合计 |
|---|---|---|---|---|---|
| **2234.85** | **2889.58** | **614.20** | **830.83** | **391.55** | **2632.30** |
| 0.67 | 8.20 | 2.20 | 1.63 | 0.48 | 8.21 |
| 1.84 | 9.33 | 2.34 | 1.47 | 0.43 | 7.77 |
| 28.79 | 51.24 | 8.44 | 14.33 | 7.56 | 58.85 |
| 1.45 | 12.79 | 2.72 | 4.53 | 0.34 | 7.74 |
| 46.69 | 59.22 | 4.11 | 10.48 | 3.54 | 34.26 |
| 12.70 | 44.15 | 10.36 | 15.11 | 5.61 | 38.91 |
| 510.40 | 129.58 | 23.48 | 35.11 | 18.19 | 185.25 |
| 62.23 | 69.53 | 17.77 | 20.55 | 8.22 | 67.09 |
| 12.69 | 47.46 | 11.61 | 16.27 | 7.30 | 38.44 |
| 374.48 | 446.52 | 96.59 | 111.62 | 48.14 | 379.47 |
| 43.56 | 197.87 | 54.06 | 69.45 | 29.05 | 173.00 |
| 47.15 | 130.99 | 36.55 | 42.18 | 19.15 | 106.50 |
| 74.67 | 194.01 | 53.38 | 72.51 | 29.37 | 149.24 |
| 71.70 | 88.89 | 24.24 | 26.14 | 13.85 | 86.44 |
| 446.96 | 328.92 | 58.49 | 99.88 | 64.05 | 279.02 |
| 75.97 | 204.83 | 24.40 | 32.38 | 16.75 | 116.88 |
| 88.90 | 96.58 | 17.78 | 29.93 | 15.70 | 110.05 |
| 49.51 | 60.37 | 13.01 | 17.40 | 8.80 | 64.04 |
| 116.39 | 245.21 | 63.22 | 63.11 | 22.81 | 247.35 |
| 66.97 | 236.64 | 51.30 | 74.65 | 41.95 | 222.45 |
| 1.03 | 4.13 | 1.00 | 1.37 | 0.74 | 2.92 |
| 16.11 | 23.68 | 4.54 | 6.09 | 2.24 | 24.67 |
| 51.83 | 102.14 | 18.70 | 31.74 | 11.61 | 117.76 |
| 4.61 | 28.24 | 3.32 | 5.76 | 2.85 | 22.05 |
| 12.61 | 36.37 | 5.18 | 16.36 | 7.30 | 39.31 |
| 0.86 | 1.54 | 0.19 | 0.35 | 0.06 | 1.38 |
| 10.33 | 17.83 | 2.45 | 5.47 | 2.28 | 28.58 |
| 0.07 | 1.25 | 0.18 | 0.58 | 0.45 | 0.83 |
|  | 0.05 | 0.03 | 0.02 |  | 0.01 |
| 0.26 | 2.13 | 0.56 | 0.72 | 0.36 | 2.05 |
| 3.40 | 9.88 | 2.03 | 3.65 | 2.36 | 11.76 |

3-28 续表 1

| 地　区 | 流动负债合　计 | 应付账款 | 所有者权益合计 | 实收资本 | 国家资本 |
|---|---|---|---|---|---|
| **全　国** | **2020.38** | **387.79** | **3795.98** | **1522.64** | **28.23** |
| 北　京 | 8.17 | 2.48 | 3.65 | 2.01 | |
| 天　津 | 7.06 | 2.18 | 5.50 | 3.63 | |
| 河　北 | 43.41 | 14.39 | 82.09 | 26.76 | 0.62 |
| 山　西 | 7.70 | 0.29 | 15.20 | 1.56 | |
| 内蒙古 | 32.02 | 4.71 | 70.38 | 14.49 | 0.03 |
| 辽　宁 | 31.73 | 7.09 | 30.27 | 20.47 | 0.29 |
| 吉　林 | 130.91 | 15.97 | 238.19 | 135.14 | 10.61 |
| 黑龙江 | 52.32 | 14.12 | 102.94 | 32.65 | 0.50 |
| 上　海 | 33.22 | 10.02 | 31.41 | 18.30 | 0.03 |
| 江　苏 | 328.44 | 55.41 | 602.73 | 201.46 | 3.50 |
| 浙　江 | 168.35 | 32.89 | 145.51 | 89.39 | |
| 安　徽 | 90.13 | 15.63 | 142.62 | 53.29 | 0.07 |
| 福　建 | 127.99 | 26.51 | 204.24 | 84.47 | 1.44 |
| 江　西 | 61.54 | 13.73 | 158.08 | 58.43 | 2.66 |
| 山　东 | 179.47 | 30.50 | 556.19 | 180.22 | 1.08 |
| 河　南 | 77.61 | 11.60 | 426.58 | 188.14 | 0.10 |
| 湖　北 | 76.06 | 12.83 | 132.06 | 47.68 | 3.59 |
| 湖　南 | 42.80 | 8.02 | 133.28 | 75.56 | 0.08 |
| 广　东 | 191.75 | 40.88 | 214.50 | 102.16 | 0.45 |
| 广　西 | 167.01 | 39.68 | 217.82 | 69.68 | 0.94 |
| 海　南 | 2.06 | 0.57 | 2.85 | 0.92 | |
| 重　庆 | 18.95 | 3.74 | 33.08 | 7.96 | 0.29 |
| 四　川 | 75.10 | 13.96 | 137.19 | 61.28 | 0.28 |
| 贵　州 | 8.35 | 2.16 | 31.62 | 14.57 | 0.14 |
| 云　南 | 32.93 | 3.47 | 30.65 | 17.87 | 0.96 |
| 西　藏 | 0.84 | | 3.69 | 0.51 | 0.51 |
| 陕　西 | 14.12 | 1.79 | 31.89 | 8.69 | |
| 甘　肃 | 0.81 | 0.33 | 0.96 | 0.40 | |
| 青　海 | 0.01 | 0.01 | 0.09 | 0.05 | |
| 宁　夏 | 0.84 | 0.25 | 2.57 | 0.46 | |
| 新　疆 | 8.67 | 2.58 | 8.15 | 4.43 | 0.08 |

单位：亿元

| 集体资本 | 法人资本 | 个人资本 | 港澳台资本 | 外商资本 | 主营业务收入 |
| --- | --- | --- | --- | --- | --- |
| **17.32** | **497.85** | **854.70** | **69.42** | **55.11** | **14791.33** |
| | | | | | |
| | 0.99 | 1.01 | | | 19.26 |
| 0.12 | 0.42 | 1.89 | 0.51 | 0.69 | 21.41 |
| | 10.91 | 13.25 | 1.15 | 0.82 | 272.82 |
| | 0.61 | 0.95 | | | 13.43 |
| 0.16 | 2.86 | 9.53 | 1.49 | 0.42 | 227.63 |
| | | | | | |
| 0.09 | 6.52 | 7.77 | 0.90 | 4.91 | 78.43 |
| 0.75 | 18.96 | 103.62 | 0.67 | 0.53 | 896.49 |
| 0.80 | 5.03 | 25.94 | 0.30 | 0.08 | 444.93 |
| | | | | | |
| 0.14 | 7.30 | 3.15 | 3.66 | 4.02 | 63.46 |
| 1.90 | 51.44 | 122.09 | 8.75 | 13.77 | 2584.21 |
| | 22.11 | 54.77 | 5.57 | 6.95 | 479.52 |
| 1.11 | 13.89 | 37.74 | 0.13 | 0.35 | 694.22 |
| 1.11 | 20.58 | 53.68 | 1.59 | 6.07 | 1023.45 |
| 0.77 | 28.01 | 18.94 | 7.25 | 0.81 | 447.64 |
| 1.36 | 62.87 | 110.43 | 1.21 | 3.27 | 2599.12 |
| | | | | | |
| 1.09 | 45.72 | 140.05 | 0.88 | 0.30 | 933.72 |
| 1.14 | 13.80 | 28.91 | 0.01 | 0.24 | 441.43 |
| 0.30 | 43.48 | 31.51 | 0.20 | | 742.18 |
| 2.09 | 40.57 | 20.12 | 30.31 | 8.61 | 852.21 |
| 3.18 | 37.80 | 24.74 | 0.30 | 2.72 | 1125.23 |
| 0.61 | 0.26 | 0.05 | | | 6.61 |
| | | | | | |
| 0.11 | 4.52 | 3.04 | | | 98.41 |
| 0.11 | 43.11 | 13.87 | 3.38 | 0.54 | 387.66 |
| 0.02 | 4.99 | 9.42 | | | 189.88 |
| 0.27 | 6.22 | 9.26 | 1.17 | | 65.57 |
| | | | | | 0.30 |
| | | | | | |
| | 3.60 | 5.09 | | | 56.54 |
| | | 0.40 | | | 1.21 |
| | | 0.05 | | | 0.23 |
| 0.04 | 0.33 | 0.09 | | | 8.70 |
| 0.05 | 0.95 | 3.34 | | | 15.44 |

3-28 续表 2

| 地　区 | 主营业务成本 | 销售费用 | 管理费用 | 财务费用 | 利息收入 |
|---|---|---|---|---|---|
| **全　国** | **12893.55** | **334.68** | **420.61** | **115.43** | **2.65** |
| 北　京 | 15.57 | 1.65 | 1.25 | 0.01 | |
| 天　津 | 18.34 | 0.32 | 0.70 | 0.10 | |
| 河　北 | 237.11 | 5.83 | 5.41 | 2.37 | |
| 山　西 | 11.45 | 0.17 | 0.15 | 0.31 | |
| 内蒙古 | 184.20 | 2.67 | 4.37 | 0.65 | 0.02 |
| 辽　宁 | 68.66 | 2.68 | 3.45 | 0.82 | 0.09 |
| 吉　林 | 788.99 | 25.42 | 36.31 | 11.37 | 0.38 |
| 黑龙江 | 400.38 | 11.06 | 9.09 | 1.18 | 0.02 |
| 上　海 | 51.92 | 3.89 | 4.34 | 0.68 | 0.05 |
| 江　苏 | 2249.55 | 51.40 | 62.67 | 19.72 | 0.63 |
| 浙　江 | 412.96 | 12.67 | 19.61 | 4.91 | 0.39 |
| 安　徽 | 626.48 | 13.22 | 15.18 | 4.15 | 0.06 |
| 福　建 | 906.18 | 22.99 | 30.87 | 7.59 | 0.16 |
| 江　西 | 387.50 | 7.61 | 9.59 | 2.91 | 0.04 |
| 山　东 | 2302.12 | 53.05 | 48.48 | 17.44 | 0.14 |
| 河　南 | 802.17 | 19.67 | 18.24 | 6.14 | 0.09 |
| 湖　北 | 381.41 | 11.45 | 13.00 | 4.84 | 0.08 |
| 湖　南 | 635.31 | 20.09 | 32.90 | 5.79 | 0.09 |
| 广　东 | 726.74 | 23.27 | 34.13 | 7.67 | 0.08 |
| 广　西 | 972.85 | 21.69 | 36.51 | 7.47 | 0.06 |
| 海　南 | 6.40 | 0.09 | 0.26 | | |
| 重　庆 | 81.23 | 3.43 | 4.05 | 0.83 | 0.02 |
| 四　川 | 332.78 | 11.30 | 17.25 | 4.83 | 0.15 |
| 贵　州 | 165.44 | 5.45 | 6.73 | 0.89 | 0.02 |
| 云　南 | 58.54 | 1.52 | 2.74 | 1.42 | 0.02 |
| 西　藏 | 0.18 | 0.01 | 0.14 | | |
| 陕　西 | 46.93 | 1.65 | 2.37 | 0.85 | |
| 甘　肃 | 1.01 | 0.02 | 0.05 | 0.03 | |
| 青　海 | 0.19 | 0.01 | 0.01 | | |
| 宁　夏 | 8.09 | 0.18 | 0.15 | 0.08 | |
| 新　疆 | 12.88 | 0.20 | 0.62 | 0.36 | 0.05 |

单位：亿元

| 利息支出 | 投资收益（损失以“-”号记） | 营业利润 | 利润总额 | 亏损企业亏损额 | 平均用工人数（万人） |
|---|---|---|---|---|---|
| **85.01** | **-27.90** | **895.85** | **905.18** | **17.36** | **139.33** |
| 0.01 | | 0.64 | 0.69 | 0.02 | 0.18 |
| 0.08 | -0.04 | 1.81 | 1.86 | 0.04 | 0.27 |
| 2.19 | -0.08 | 21.30 | 21.57 | 0.46 | 2.20 |
| 0.31 | | 1.40 | 1.45 | | 0.08 |
| 0.54 | -3.67 | 30.80 | 26.79 | 0.02 | 1.41 |
| 0.67 | -0.37 | 1.87 | 2.16 | 1.02 | 1.68 |
| 7.20 | 0.01 | 32.95 | 33.81 | 1.20 | 5.99 |
| 1.01 | -0.71 | 21.68 | 22.07 | 0.86 | 2.73 |
| 0.56 | 0.03 | 2.35 | 2.84 | 0.43 | 0.77 |
| 14.04 | -1.79 | 181.78 | 186.47 | 1.23 | 18.67 |
| 5.46 | 1.30 | 28.98 | 29.89 | 0.82 | 5.63 |
| 2.91 | 0.30 | 30.60 | 32.19 | 0.58 | 5.68 |
| 6.15 | -1.59 | 48.27 | 49.43 | 0.16 | 10.29 |
| 2.33 | 0.01 | 35.79 | 35.94 | 0.22 | 4.33 |
| 9.06 | 0.05 | 158.06 | 159.04 | 1.13 | 20.95 |
| 4.39 | 0.02 | 79.42 | 79.35 | 0.02 | 12.65 |
| 3.21 | -0.34 | 24.33 | 25.47 | 0.30 | 3.93 |
| 4.51 | 0.21 | 35.33 | 33.14 | 0.42 | 8.72 |
| 5.71 | 0.02 | 53.99 | 55.45 | 1.30 | 9.40 |
| 6.82 | -22.28 | 59.03 | 60.01 | 3.09 | 14.84 |
| | | 0.14 | 0.22 | 0.07 | 0.19 |
| 0.72 | -0.04 | 7.90 | 8.04 | | 1.22 |
| 3.96 | -0.47 | 19.95 | 19.18 | 2.05 | 3.73 |
| 0.66 | 1.01 | 9.62 | 8.86 | 0.15 | 1.62 |
| 1.42 | 0.52 | 1.84 | 2.91 | 0.82 | 1.37 |
| | | 0.09 | 0.10 | | 0.08 |
| 0.75 | | 4.27 | 4.50 | 0.37 | 0.52 |
| 0.03 | | 0.11 | 0.11 | | 0.03 |
| | | 0.01 | 0.01 | | |
| 0.02 | | 0.17 | 0.16 | | 0.04 |
| 0.30 | 0.01 | 1.36 | 1.47 | 0.57 | 0.15 |

# 3-29 按地区分组的家具

| 地区 | 工业销售产值(当年价格) | 出口交货值 | 资产总计 | 固定资产合计 | 固定资产原价 |
|---|---|---|---|---|---|
| **全国** | **8826.79** | **1786.33** | **5552.82** | **1738.38** | **2700.18** |
| 北京 | 77.13 | 4.19 | 97.16 | 14.34 | 22.06 |
| 天津 | 129.26 | 19.33 | 118.93 | 32.19 | 43.61 |
| 河北 | 305.43 | 24.19 | 196.82 | 109.28 | 163.83 |
| 山西 | 4.76 |  | 9.13 | 1.17 | 1.63 |
| 内蒙古 | 22.89 | 4.49 | 6.84 | 4.95 | 6.50 |
| 辽宁 | 76.23 | 30.84 | 116.36 | 20.96 | 41.43 |
| 吉林 | 148.29 | 5.82 | 56.42 | 27.85 | 46.68 |
| 黑龙江 | 76.71 | 5.37 | 64.24 | 25.01 | 38.57 |
| 上海 | 303.96 | 70.25 | 298.63 | 32.61 | 59.93 |
| 江苏 | 393.71 | 93.86 | 309.84 | 101.24 | 164.76 |
| 浙江 | 986.89 | 523.41 | 902.60 | 187.28 | 272.26 |
| 安徽 | 394.76 | 19.25 | 153.52 | 53.93 | 111.75 |
| 福建 | 466.21 | 145.76 | 231.29 | 46.31 | 73.05 |
| 江西 | 337.59 | 48.52 | 161.38 | 65.77 | 92.39 |
| 山东 | 917.69 | 118.94 | 445.40 | 241.39 | 393.75 |
| 河南 | 742.54 | 8.95 | 425.39 | 236.18 | 280.63 |
| 湖北 | 215.94 | 3.53 | 136.60 | 61.68 | 74.03 |
| 湖南 | 327.30 | 1.22 | 118.78 | 45.11 | 65.28 |
| 广东 | 2035.17 | 650.40 | 1216.83 | 257.67 | 515.76 |
| 广西 | 123.93 | 6.63 | 49.57 | 7.69 | 10.72 |
| 海南 | 0.35 |  | 0.59 | 0.01 | 0.01 |
| 重庆 | 87.36 | 0.02 | 66.48 | 23.51 | 21.67 |
| 四川 | 546.90 | 0.51 | 311.17 | 123.68 | 174.77 |
| 贵州 | 46.75 |  | 19.26 | 6.73 | 7.59 |
| 云南 | 4.41 |  | 6.40 | 1.15 | 1.32 |
| 西藏 |  |  |  |  |  |
| 陕西 | 36.01 |  | 20.58 | 7.92 | 9.18 |
| 甘肃 | 3.63 |  | 3.72 | 0.73 | 0.87 |
| 青海 | 2.59 |  | 0.42 | 0.26 | 3.51 |
| 宁夏 | 8.01 |  | 3.60 | 0.84 | 1.32 |
| 新疆 | 4.41 | 0.85 | 4.89 | 0.95 | 1.33 |

# 制造业主要经济指标

单位：亿元

| 累计折旧 | 流动资产合计 | 应收账款 | 存货 | 产成品 | 负债合计 |
|---|---|---|---|---|---|
| 1085.45 | 3032.60 | 732.28 | 758.98 | 305.52 | 2722.13 |
| 8.40 | 69.21 | 16.91 | 18.82 | 6.71 | 51.86 |
| 17.86 | 74.90 | 15.29 | 16.75 | 7.28 | 82.98 |
| 58.19 | 70.33 | 12.51 | 15.51 | 6.95 | 101.36 |
| 0.50 | 4.74 | 0.52 | 3.45 | 0.43 | 4.83 |
| 1.70 | 1.89 | 0.07 | 0.35 | 0.21 | 2.68 |
| 20.20 | 66.99 | 10.02 | 18.43 | 7.46 | 50.94 |
| 21.48 | 19.34 | 4.01 | 7.02 | 3.11 | 20.78 |
| 17.10 | 35.92 | 6.10 | 18.59 | 7.14 | 41.02 |
| 29.07 | 219.00 | 85.14 | 40.12 | 17.65 | 185.28 |
| 63.41 | 175.54 | 38.37 | 34.53 | 13.40 | 150.99 |
| 101.07 | 584.42 | 146.26 | 132.30 | 48.81 | 523.23 |
| 58.64 | 84.68 | 23.72 | 25.26 | 12.93 | 76.54 |
| 31.04 | 148.71 | 33.64 | 36.92 | 14.75 | 114.48 |
| 30.45 | 74.32 | 24.21 | 20.09 | 7.23 | 55.64 |
| 162.59 | 165.65 | 24.07 | 49.88 | 25.31 | 187.67 |
| 53.25 | 146.47 | 15.29 | 19.53 | 10.09 | 69.09 |
| 34.54 | 55.63 | 10.88 | 14.54 | 8.03 | 53.51 |
| 21.27 | 35.43 | 11.79 | 10.67 | 5.39 | 46.44 |
| 272.81 | 773.18 | 213.98 | 215.93 | 72.40 | 654.26 |
| 4.04 | 32.37 | 5.99 | 5.85 | 2.12 | 29.68 |
|  | 0.58 | 0.51 | 0.07 |  | 0.51 |
| 5.69 | 23.60 | 5.96 | 5.44 | 2.42 | 26.15 |
| 63.78 | 139.69 | 19.54 | 38.27 | 19.93 | 163.06 |
| 1.29 | 8.96 | 2.00 | 1.95 | 1.24 | 9.88 |
| 0.36 | 4.20 | 0.41 | 2.88 | 1.56 | 4.39 |
| 2.47 | 10.26 | 3.11 | 3.56 | 1.70 | 7.20 |
| 0.14 | 1.40 | 0.23 | 0.49 | 0.33 | 2.71 |
| 3.24 | 0.15 | 0.08 | 0.02 | 0.01 | 0.18 |
| 0.48 | 1.56 | 0.32 | 0.90 | 0.63 | 1.60 |
| 0.38 | 3.48 | 1.35 | 0.85 | 0.30 | 3.19 |

3-29 续表 1

| 地区 | 流动负债合计 | 应付账款 | 所有者权益合计 | 实收资本 | 国家资本 |
|---|---|---|---|---|---|
| **全国** | **2312.49** | **613.65** | **2788.33** | **1396.68** | **5.88** |
| 北京 | 49.75 | 11.22 | 45.29 | 23.26 | 0.13 |
| 天津 | 74.34 | 13.46 | 35.67 | 120.94 | |
| 河北 | 69.07 | 10.36 | 95.35 | 39.35 | |
| 山西 | 4.81 | 0.28 | 4.31 | 2.55 | |
| 内蒙古 | 2.68 | 0.02 | 4.16 | 0.70 | |
| 辽宁 | 38.48 | 7.74 | 52.24 | 14.22 | 0.44 |
| 吉林 | 14.92 | 3.74 | 34.46 | 10.67 | |
| 黑龙江 | 35.62 | 8.14 | 23.22 | 10.39 | |
| 上海 | 180.51 | 85.24 | 113.33 | 48.89 | 4.02 |
| 江苏 | 120.37 | 21.78 | 158.77 | 86.09 | |
| 浙江 | 509.04 | 130.59 | 376.66 | 201.11 | |
| 安徽 | 64.86 | 17.17 | 75.75 | 33.55 | 0.51 |
| 福建 | 101.76 | 24.65 | 115.43 | 58.08 | |
| 江西 | 47.66 | 15.90 | 104.64 | 40.92 | 0.24 |
| 山东 | 122.95 | 23.92 | 255.90 | 105.34 | |
| 河南 | 47.90 | 11.94 | 352.86 | 206.11 | |
| 湖北 | 37.79 | 8.21 | 82.69 | 29.86 | |
| 湖南 | 18.72 | 4.62 | 72.14 | 44.67 | |
| 广东 | 587.10 | 166.09 | 550.69 | 242.24 | |
| 广西 | 22.19 | 2.94 | 18.58 | 6.76 | |
| 海南 | 0.06 | 0.05 | 0.09 | 0.02 | |
| 重庆 | 13.97 | 4.28 | 39.32 | 9.96 | 0.05 |
| 四川 | 124.59 | 36.15 | 147.07 | 48.12 | 0.16 |
| 贵州 | 7.15 | 1.49 | 9.37 | 3.76 | 0.32 |
| 云南 | 3.79 | 0.51 | 2.01 | 0.99 | |
| 西藏 | | | | | |
| 陕西 | 6.30 | 2.65 | 13.38 | 5.69 | |
| 甘肃 | 1.40 | 0.13 | 1.01 | 0.39 | |
| 青海 | 0.12 | 0.03 | 0.24 | 0.06 | |
| 宁夏 | 1.60 | 0.08 | 2.00 | 0.97 | |
| 新疆 | 2.98 | 0.29 | 1.70 | 1.05 | |

单位：亿元

| 集体资本 | 法人资本 | 个人资本 | 港澳台资本 | 外商资本 | 主营业务收入 |
|---|---|---|---|---|---|
| **13.27** | **410.29** | **710.55** | **136.37** | **120.32** | **8779.64** |
| | | | | | |
| 0.08 | 6.33 | 15.38 | 0.41 | 0.92 | 74.26 |
| | 10.18 | 106.80 | | 3.96 | 133.32 |
| 0.06 | 18.82 | 19.42 | 0.48 | 0.58 | 295.00 |
| | 0.20 | 2.35 | | | 4.67 |
| | 0.26 | 0.44 | | | 21.97 |
| | | | | | |
| | 3.69 | 4.06 | 0.82 | 5.21 | 71.53 |
| 0.04 | 3.71 | 6.63 | | 0.29 | 150.63 |
| 0.48 | 2.61 | 6.92 | 0.01 | 0.37 | 76.70 |
| | | | | | |
| 0.08 | 11.28 | 11.07 | 8.88 | 13.56 | 307.41 |
| 1.68 | 27.06 | 24.32 | 10.79 | 22.24 | 396.91 |
| 2.74 | 69.53 | 73.52 | 28.85 | 26.47 | 962.59 |
| 0.05 | 11.09 | 21.72 | | 0.17 | 383.17 |
| 0.48 | 13.41 | 23.94 | 14.74 | 5.51 | 457.52 |
| 0.63 | 13.14 | 23.16 | 3.66 | 0.10 | 363.19 |
| 2.71 | 45.52 | 51.95 | 0.27 | 4.90 | 925.27 |
| | | | | | |
| 0.01 | 37.02 | 169.08 | | | 729.74 |
| 0.02 | 9.83 | 19.70 | 0.16 | 0.16 | 198.41 |
| | 35.95 | 8.72 | | | 346.58 |
| 3.87 | 65.19 | 71.40 | 66.31 | 35.47 | 2027.80 |
| | 3.45 | 2.52 | 0.37 | 0.42 | 116.97 |
| | | 0.02 | | | 1.12 |
| | | | | | |
| | 3.09 | 6.81 | | | 87.34 |
| 0.03 | 15.71 | 31.60 | 0.61 | | 547.06 |
| 0.10 | 1.22 | 2.12 | | | 45.30 |
| | 0.67 | 0.31 | | | 4.31 |
| | | | | | |
| | | | | | |
| 0.22 | 0.87 | 4.60 | | | 34.74 |
| | 0.23 | 0.17 | | | 1.46 |
| | | 0.06 | | | 2.59 |
| | 0.25 | 0.72 | | | 7.71 |
| | | 1.04 | | | 4.35 |

3-29 续表 2

| 地 区 | 主营业务成本 | 销售费用 | 管理费用 | 财务费用 | 利息收入 |
|---|---|---|---|---|---|
| **全 国** | **7416.64** | **322.56** | **376.84** | **57.01** | **4.90** |
| 北 京 | 58.89 | 5.15 | 6.83 | 0.55 | 0.08 |
| 天 津 | 111.47 | 2.77 | 5.62 | 0.86 | 0.05 |
| 河 北 | 260.55 | 6.29 | 7.49 | 1.31 | 0.05 |
| 山 西 | 4.05 | 0.25 | 0.20 | 0.15 | |
| 内 蒙 古 | 18.16 | 0.35 | 0.39 | 0.03 | |
| 辽 宁 | 61.77 | 1.64 | 5.07 | 0.38 | 0.11 |
| 吉 林 | 125.25 | 5.97 | 6.64 | 2.64 | 0.03 |
| 黑 龙 江 | 65.00 | 2.74 | 3.83 | 0.72 | |
| 上 海 | 253.59 | 12.00 | 29.59 | -0.28 | 0.56 |
| 江 苏 | 340.41 | 12.45 | 15.98 | 1.66 | 0.12 |
| 浙 江 | 783.88 | 53.56 | 57.19 | 9.35 | 1.87 |
| 安 徽 | 331.32 | 11.86 | 12.22 | 2.95 | 0.12 |
| 福 建 | 390.44 | 15.04 | 19.20 | 2.67 | 0.13 |
| 江 西 | 312.66 | 8.73 | 10.06 | 1.42 | |
| 山 东 | 798.50 | 23.77 | 23.79 | 9.38 | 0.10 |
| 河 南 | 615.36 | 24.05 | 12.10 | 4.50 | 0.02 |
| 湖 北 | 169.54 | 6.79 | 6.92 | 1.76 | 0.01 |
| 湖 南 | 290.40 | 11.95 | 14.47 | 2.53 | 0.06 |
| 广 东 | 1734.48 | 70.42 | 94.83 | 6.83 | 1.32 |
| 广 西 | 99.97 | 3.09 | 4.61 | 0.81 | 0.02 |
| 海 南 | 1.10 | 0.01 | 0.01 | | |
| 重 庆 | 66.82 | 5.80 | 4.67 | 0.82 | 0.01 |
| 四 川 | 439.19 | 34.12 | 31.14 | 5.33 | 0.23 |
| 贵 州 | 38.69 | 1.66 | 1.59 | 0.26 | |
| 云 南 | 3.35 | 0.20 | 0.15 | 0.10 | |
| 西 藏 | | | | | |
| 陕 西 | 27.59 | 1.29 | 1.51 | 0.19 | |
| 甘 肃 | 1.16 | 0.10 | 0.11 | 0.06 | |
| 青 海 | 2.27 | 0.13 | 0.13 | 0.01 | |
| 宁 夏 | 7.05 | 0.21 | 0.26 | 0.03 | |
| 新 疆 | 3.72 | 0.20 | 0.25 | 0.02 | |

单位：亿元

| 利息支出 | 投资收益（损失以“-”号记） | 营业利润 | 利润总额 | 亏损企业亏损额 | 平均用工人数（万人） |
|---|---|---|---|---|---|
| **52.57** | **17.07** | **565.93** | **574.39** | **17.85** | **122.10** |
| 0.56 | 0.96 | 3.92 | 4.55 | 0.44 | 1.30 |
| 0.35 | | 12.04 | 11.95 | 0.36 | 2.07 |
| 0.82 | 0.13 | 18.65 | 18.59 | 0.90 | 3.04 |
| 0.09 | | -0.01 | 0.03 | 0.14 | 0.08 |
| 0.03 | -1.44 | 1.52 | 1.52 | | 0.11 |
| 0.41 | 0.03 | 2.53 | 2.71 | 0.39 | 1.80 |
| 1.67 | 0.29 | 8.52 | 8.58 | 0.31 | 0.97 |
| 0.47 | -0.01 | 4.19 | 4.38 | 0.41 | 1.29 |
| 0.75 | 14.30 | 31.37 | 31.93 | 1.14 | 3.37 |
| 1.76 | 0.06 | 24.04 | 25.39 | 1.46 | 5.49 |
| 12.93 | 1.29 | 55.93 | 60.24 | 4.29 | 18.39 |
| 2.55 | 0.30 | 19.69 | 19.74 | 0.44 | 3.21 |
| 2.17 | 0.09 | 28.44 | 28.81 | 0.28 | 6.53 |
| 0.94 | | 28.42 | 27.61 | | 5.22 |
| 6.16 | 0.05 | 61.78 | 61.72 | 1.28 | 7.75 |
| 3.67 | | 68.38 | 68.33 | | 8.49 |
| 1.26 | -0.07 | 12.24 | 12.28 | 0.24 | 2.03 |
| 1.61 | 0.06 | 19.56 | 19.35 | 0.05 | 2.94 |
| 7.85 | 3.41 | 113.46 | 114.66 | 5.02 | 34.91 |
| 0.75 | -1.86 | 6.29 | 6.36 | 0.07 | 1.35 |
| | | | | | 0.01 |
| 0.69 | -0.03 | 7.55 | 7.56 | 0.02 | 1.36 |
| 4.51 | -0.48 | 30.46 | 30.77 | 0.42 | 9.03 |
| 0.17 | | 2.42 | 2.55 | 0.03 | 0.46 |
| 0.10 | | 0.40 | 0.41 | | 0.11 |
| 0.17 | | 3.77 | 3.79 | | 0.50 |
| 0.05 | | 0.03 | 0.24 | | 0.06 |
| 0.01 | | 0.04 | 0.04 | | 0.01 |
| 0.03 | | 0.15 | 0.17 | 0.06 | 0.16 |
| 0.03 | | 0.12 | 0.13 | 0.09 | 0.07 |

# 3-30 按地区分组的造纸和

| 地区 | 工业销售产值(当年价格) | 出口交货值 | 资产总计 | 固定资产合计 | 固定资产原价 |
|---|---|---|---|---|---|
| **全国** | **14832.74** | **569.82** | **14117.32** | **5524.70** | **8867.17** |
| 北京 | 57.88 | 4.77 | 54.15 | 14.42 | 36.14 |
| 天津 | 235.46 | 14.99 | 237.77 | 118.38 | 162.65 |
| 河北 | 472.03 | 2.10 | 333.72 | 131.48 | 193.50 |
| 山西 | 17.42 | | 20.76 | 11.48 | 15.08 |
| 内蒙古 | 102.20 | | 50.29 | 13.36 | 46.30 |
| 辽宁 | 93.36 | 2.32 | 130.13 | 49.63 | 59.87 |
| 吉林 | 163.76 | 0.07 | 99.39 | 56.77 | 96.60 |
| 黑龙江 | 61.04 | 2.12 | 72.16 | 25.64 | 56.85 |
| 上海 | 233.64 | 17.64 | 281.67 | 69.19 | 138.78 |
| 江苏 | 1633.00 | 107.34 | 1702.61 | 584.90 | 1247.41 |
| 浙江 | 1331.15 | 93.50 | 1543.64 | 479.96 | 770.84 |
| 安徽 | 420.63 | 5.93 | 368.01 | 125.71 | 180.03 |
| 福建 | 1024.10 | 43.02 | 739.17 | 244.27 | 393.74 |
| 江西 | 367.77 | 7.07 | 267.90 | 142.16 | 203.40 |
| 山东 | 2530.83 | 60.36 | 2575.78 | 996.56 | 1549.31 |
| 河南 | 1081.39 | 2.14 | 748.58 | 389.54 | 519.79 |
| 湖北 | 566.77 | 2.06 | 377.63 | 137.61 | 339.97 |
| 湖南 | 692.43 | 4.30 | 518.93 | 248.52 | 343.28 |
| 广东 | 2050.10 | 177.93 | 1982.90 | 728.11 | 1219.03 |
| 广西 | 369.39 | 1.94 | 636.88 | 313.55 | 375.24 |
| 海南 | 114.45 | 7.65 | 355.67 | 181.17 | 247.55 |
| 重庆 | 292.18 | 4.52 | 320.19 | 181.74 | 198.63 |
| 四川 | 490.49 | 7.92 | 326.74 | 132.92 | 205.05 |
| 贵州 | 105.98 | | 76.89 | 29.94 | 38.31 |
| 云南 | 76.90 | 0.05 | 112.11 | 40.96 | 73.02 |
| 西藏 | 3.46 | | 3.88 | 1.09 | 1.22 |
| 陕西 | 163.46 | | 84.01 | 41.01 | 106.67 |
| 甘肃 | 18.29 | | 14.98 | 8.93 | 10.34 |
| 青海 | 0.33 | | 0.17 | 0.11 | 0.13 |
| 宁夏 | 17.56 | | 45.73 | 12.27 | 22.59 |
| 新疆 | 45.31 | 0.05 | 34.91 | 13.30 | 15.86 |

# 纸制品业主要经济指标

单位：亿元

| 累计折旧 | 流动资产合计 | 应收账款 | 存货 | 产成品 | 负债合计 |
|---|---|---|---|---|---|
| **3704.91** | **6393.39** | **1533.15** | **1162.93** | **432.44** | **7735.49** |
| 21.59 | 34.21 | 9.80 | 8.91 | 3.28 | 26.23 |
| 52.02 | 101.82 | 33.82 | 17.53 | 5.25 | 140.10 |
| 68.83 | 140.38 | 28.09 | 32.14 | 16.57 | 164.31 |
| 3.74 | 7.35 | 1.89 | 2.45 | 0.87 | 14.45 |
| 30.61 | 30.05 | 3.79 | 6.42 | 1.28 | 27.00 |
| 21.65 | 59.26 | 16.63 | 9.75 | 3.47 | 61.46 |
| 41.68 | 30.06 | 9.52 | 7.07 | 2.88 | 56.84 |
| 30.00 | 32.95 | 7.38 | 8.26 | 3.82 | 34.72 |
| 71.31 | 175.83 | 60.22 | 30.92 | 11.81 | 130.73 |
| 661.71 | 807.13 | 226.93 | 112.87 | 44.93 | 868.19 |
| 323.84 | 837.62 | 264.57 | 137.29 | 54.98 | 905.09 |
| 58.16 | 125.09 | 42.19 | 30.00 | 11.28 | 172.92 |
| 163.21 | 407.18 | 101.94 | 68.83 | 32.27 | 406.55 |
| 70.21 | 84.25 | 21.32 | 18.94 | 10.38 | 127.43 |
| 681.81 | 1106.12 | 146.23 | 167.99 | 64.05 | 1486.48 |
| 150.80 | 295.23 | 47.55 | 58.77 | 25.04 | 294.67 |
| 211.61 | 186.50 | 47.50 | 38.93 | 16.65 | 194.05 |
| 116.78 | 206.97 | 49.28 | 79.86 | 12.66 | 303.13 |
| 528.78 | 997.96 | 262.50 | 189.50 | 61.97 | 1076.22 |
| 71.50 | 228.30 | 33.11 | 34.39 | 11.70 | 445.98 |
| 66.49 | 117.17 | 28.33 | 9.24 | 2.33 | 218.08 |
| 66.62 | 111.08 | 26.09 | 22.24 | 7.35 | 171.30 |
| 62.33 | 126.27 | 30.10 | 30.02 | 9.89 | 207.26 |
| 11.39 | 24.17 | 4.56 | 5.03 | 1.81 | 48.43 |
| 33.18 | 58.32 | 14.13 | 13.69 | 6.74 | 76.91 |
| 0.16 | 2.16 | 0.54 | 0.35 | 0.16 | 1.86 |
| 68.93 | 28.18 | 9.43 | 7.36 | 4.21 | 31.77 |
| 1.75 | 4.64 | 0.88 | 2.70 | 1.71 | 5.82 |
| 0.02 | 0.05 | 0.02 | 0.01 | 0.01 | 0.11 |
| 9.56 | 14.42 | 1.96 | 7.24 | 0.75 | 17.72 |
| 4.63 | 12.68 | 2.83 | 4.23 | 2.36 | 19.66 |

3-30 续表 1

| 地区 | 流动负债合计 | 应付账款 | 所有者权益合计 | 实收资本 | 国家资本 |
|---|---|---|---|---|---|
| **全国** | **6006.57** | **1231.16** | **6349.77** | **3517.85** | **314.39** |
| 北京 | 23.77 | 9.38 | 27.93 | 17.27 | 0.18 |
| 天津 | 110.48 | 21.07 | 96.39 | 86.31 | 4.01 |
| 河北 | 128.80 | 21.25 | 169.41 | 80.40 | 14.83 |
| 山西 | 10.88 | 3.61 | 6.31 | 4.17 | |
| 内蒙古 | 25.50 | 4.53 | 23.29 | 10.95 | 1.64 |
| 辽宁 | 45.99 | 10.53 | 64.97 | 36.99 | 0.32 |
| 吉林 | 27.55 | 6.55 | 42.53 | 29.25 | 15.17 |
| 黑龙江 | 30.37 | 4.25 | 37.44 | 14.59 | 2.90 |
| 上海 | 117.03 | 38.07 | 153.18 | 74.12 | 0.55 |
| 江苏 | 719.62 | 116.91 | 833.90 | 652.95 | 20.07 |
| 浙江 | 794.13 | 157.74 | 635.14 | 315.06 | 2.79 |
| 安徽 | 121.96 | 41.30 | 193.43 | 100.73 | 0.66 |
| 福建 | 346.89 | 97.08 | 331.44 | 223.62 | 73.17 |
| 江西 | 105.68 | 16.49 | 138.63 | 62.24 | 1.05 |
| 山东 | 1087.82 | 145.89 | 1085.47 | 321.30 | 9.13 |
| 河南 | 188.55 | 43.22 | 451.47 | 178.37 | 34.65 |
| 湖北 | 155.98 | 35.65 | 179.79 | 89.08 | 1.14 |
| 湖南 | 232.56 | 52.57 | 215.80 | 130.52 | 63.96 |
| 广东 | 882.25 | 243.72 | 901.76 | 550.93 | 55.82 |
| 广西 | 310.39 | 65.54 | 190.89 | 177.12 | 4.03 |
| 海南 | 152.73 | 24.07 | 137.59 | 114.60 | 0.08 |
| 重庆 | 107.14 | 18.38 | 148.39 | 114.42 | |
| 四川 | 125.52 | 26.26 | 116.47 | 51.30 | 1.18 |
| 贵州 | 37.67 | 1.54 | 28.46 | 18.67 | 2.35 |
| 云南 | 58.45 | 14.37 | 35.19 | 24.15 | 2.18 |
| 西藏 | 1.43 | 0.23 | 2.01 | 0.52 | |
| 陕西 | 21.22 | 6.08 | 50.03 | 17.31 | |
| 甘肃 | 4.42 | 1.20 | 9.16 | 3.71 | 0.12 |
| 青海 | 0.11 | | 0.05 | 0.01 | |
| 宁夏 | 13.84 | 1.67 | 28.01 | 9.91 | 2.31 |
| 新疆 | 17.81 | 2.03 | 15.24 | 7.28 | 0.10 |

单位：亿元

| 集体资本 | 法人资本 | 个人资本 | 港澳台资本 | 外商资本 | 主营业务收入 |
|---|---|---|---|---|---|
| **48.89** | **1179.62** | **678.16** | **417.38** | **879.41** | **14622.82** |
| 0.09 | 2.99 | 1.93 | 2.89 | 9.18 | 63.53 |
| 0.30 | 51.26 | 13.31 | 1.25 | 16.19 | 233.42 |
| 0.40 | 41.46 | 17.09 | 5.92 | 0.70 | 473.56 |
|  | 0.97 | 3.20 |  |  | 17.72 |
| 0.05 | 2.10 | 2.59 |  | 4.57 | 89.04 |
| 0.25 | 8.42 | 11.07 | 14.46 | 2.47 | 99.06 |
|  | 4.82 | 9.26 |  |  | 160.99 |
| 0.88 | 5.85 | 4.83 | 0.14 |  | 60.20 |
| 3.16 | 16.13 | 8.07 | 28.20 | 18.01 | 265.78 |
| 1.68 | 172.10 | 88.35 | 49.34 | 321.41 | 1637.92 |
| 1.74 | 142.42 | 125.67 | 33.89 | 8.55 | 1236.82 |
| 10.42 | 63.00 | 16.37 | 3.35 | 6.93 | 413.59 |
| 2.28 | 34.33 | 36.38 | 58.21 | 19.25 | 969.71 |
| 0.45 | 27.37 | 13.66 | 18.44 | 1.27 | 373.66 |
| 5.93 | 134.73 | 77.76 | 12.17 | 81.57 | 2532.38 |
| 2.39 | 80.62 | 58.75 | 1.69 | 0.26 | 1071.83 |
| 0.81 | 36.45 | 32.95 | 2.16 | 15.57 | 534.78 |
| 1.04 | 29.75 | 21.92 | 0.41 | 13.44 | 661.93 |
| 12.71 | 123.79 | 57.59 | 85.97 | 215.04 | 2075.45 |
| 0.65 | 125.40 | 15.54 | 3.81 | 27.68 | 346.80 |
|  | 0.27 | 0.11 |  | 114.14 | 117.48 |
| 0.04 | 20.29 | 3.12 | 90.89 | 0.07 | 284.39 |
| 0.17 | 27.47 | 19.38 | 0.74 | 2.36 | 486.17 |
| 0.02 | 3.07 | 12.43 | 0.80 |  | 107.51 |
| 2.59 | 12.59 | 5.30 | 1.33 | 0.15 | 73.61 |
|  | 0.52 |  |  |  | 3.46 |
| 0.85 | 5.21 | 10.18 | 0.63 | 0.45 | 154.86 |
|  | 0.83 | 2.77 |  |  | 14.52 |
|  | 0.01 |  |  |  | 0.46 |
|  | 0.90 | 6.71 |  |  | 17.10 |
|  | 4.51 | 1.86 | 0.67 | 0.14 | 45.08 |

3-30 续表 2

| 地　区 | 主营业务成本 | 销售费用 | 管理费用 | 财务费用 | 利息收入 |
|---|---|---|---|---|---|
| **全　国** | **12617.13** | **418.33** | **521.85** | **230.06** | **40.02** |
| 北　京 | 49.56 | 1.91 | 3.84 | 0.04 | 0.13 |
| 天　津 | 201.08 | 4.46 | 8.87 | 4.24 | 0.51 |
| 河　北 | 411.28 | 8.15 | 12.64 | 3.24 | 0.09 |
| 山　西 | 16.05 | 0.49 | 0.66 | 0.45 | |
| 内蒙古 | 69.54 | 1.60 | 4.42 | 0.06 | 0.08 |
| 辽　宁 | 83.63 | 3.06 | 5.27 | 1.67 | 0.06 |
| 吉　林 | 140.53 | 4.60 | 6.21 | 1.89 | 0.24 |
| 黑龙江 | 51.05 | 2.26 | 3.04 | 0.92 | 0.02 |
| 上　海 | 202.12 | 34.36 | 17.20 | 1.26 | -0.45 |
| 江　苏 | 1405.90 | 55.36 | 57.01 | 28.50 | 3.59 |
| 浙　江 | 1067.09 | 33.39 | 53.30 | 28.18 | 2.47 |
| 安　徽 | 367.94 | 7.14 | 11.81 | 5.88 | 2.90 |
| 福　建 | 811.59 | 27.51 | 36.77 | 14.16 | -0.23 |
| 江　西 | 327.36 | 5.78 | 8.20 | 3.82 | 0.12 |
| 山　东 | 2220.28 | 58.42 | 69.75 | 47.51 | 20.04 |
| 河　南 | 935.58 | 24.09 | 18.57 | 12.84 | 0.98 |
| 湖　北 | 469.53 | 17.14 | 17.45 | 5.32 | 1.19 |
| 湖　南 | 546.72 | 23.42 | 37.68 | 12.83 | -0.24 |
| 广　东 | 1812.49 | 56.64 | 86.98 | 20.81 | 7.40 |
| 广　西 | 297.48 | 11.58 | 20.57 | 12.59 | 0.16 |
| 海　南 | 97.92 | 4.45 | 1.77 | 9.34 | -0.06 |
| 重　庆 | 244.18 | 9.61 | 9.78 | 3.26 | 0.69 |
| 四　川 | 429.20 | 12.78 | 15.87 | 5.18 | 0.19 |
| 贵　州 | 93.63 | 2.89 | 3.21 | 1.30 | 0.02 |
| 云　南 | 63.23 | 2.17 | 3.76 | 2.34 | 0.09 |
| 西　藏 | 3.02 | 0.07 | 0.09 | 0.01 | |
| 陕　西 | 132.85 | 3.75 | 4.37 | 1.43 | 0.04 |
| 甘　肃 | 13.06 | 0.35 | 0.46 | 0.23 | |
| 青　海 | 0.42 | | 0.01 | | |
| 宁　夏 | 15.27 | 0.39 | 1.32 | 0.47 | |
| 新　疆 | 37.54 | 0.53 | 0.99 | 0.27 | |

单位：亿元

| 利息支出 | 投资收益（损失以"-"号记） | 营业利润 | 利润总额 | 亏损企业亏损额 | 平均用工人数（万人） |
|---|---|---|---|---|---|
| **216.42** | **13.37** | **804.47** | **866.87** | **65.19** | **127.11** |
| 0.26 | 0.02 | 8.23 | 6.06 | 0.34 | 0.51 |
| 2.24 | -0.02 | 13.58 | 14.31 | 1.77 | 1.80 |
| 2.99 | -1.89 | 35.14 | 34.53 | 1.05 | 4.19 |
| 0.41 | | 0.04 | 0.22 | 0.03 | 0.25 |
| 0.09 | 0.12 | 12.85 | 10.82 | 0.09 | 0.47 |
| 1.13 | 0.38 | 5.42 | 5.81 | 0.34 | 1.26 |
| 1.49 | 0.02 | 7.17 | 8.58 | 0.79 | 1.13 |
| 0.80 | | 1.37 | 2.12 | 2.05 | 0.67 |
| 1.54 | 1.38 | 12.44 | 13.20 | 1.97 | 2.30 |
| 20.49 | 2.64 | 92.08 | 97.49 | 10.40 | 10.73 |
| 28.53 | 4.68 | 55.04 | 66.97 | 4.78 | 11.90 |
| 2.51 | 0.10 | 19.97 | 21.78 | 0.47 | 2.93 |
| 11.61 | 2.23 | 79.18 | 81.67 | 0.97 | 8.93 |
| 3.12 | -0.59 | 26.27 | 27.10 | 0.44 | 3.05 |
| 59.93 | 2.94 | 132.01 | 134.55 | 4.00 | 16.16 |
| 9.38 | 0.06 | 73.97 | 74.75 | 4.76 | 11.44 |
| 5.12 | -1.79 | 23.17 | 25.18 | 2.14 | 4.63 |
| 11.56 | 1.03 | 30.86 | 32.13 | 2.73 | 6.24 |
| 21.22 | -0.71 | 90.35 | 120.64 | 4.40 | 22.44 |
| 11.39 | 3.14 | 10.04 | 8.68 | 17.14 | 3.99 |
| 6.90 | 0.10 | 5.37 | 5.90 | 0.05 | 0.50 |
| 3.96 | 0.26 | 25.81 | 27.10 | 0.05 | 2.15 |
| 4.54 | -1.17 | 19.83 | 21.58 | 1.35 | 4.83 |
| 0.79 | | 5.69 | 5.72 | 0.01 | 0.67 |
| 2.31 | 0.30 | 0.98 | 1.19 | 2.76 | 1.14 |
| 0.01 | | 0.27 | 0.27 | | 0.03 |
| 1.23 | 0.09 | 11.59 | 11.73 | 0.15 | 1.68 |
| 0.21 | | 0.37 | 0.39 | 0.01 | 0.33 |
| | | 0.03 | 0.03 | | 0.01 |
| 0.40 | 0.05 | -0.28 | 0.57 | 0.07 | 0.36 |
| 0.26 | | 5.62 | 5.76 | 0.08 | 0.39 |

# 3-31 按地区分组的印刷和

| 地　区 | 工业销售产值（当年价格） | 出口交货值 | 资产总计 | 固定资产合计 | 固定资产原价 |
|---|---|---|---|---|---|
| **全　国** | **8178.51** | **481.31** | **5941.04** | **2059.44** | **3684.37** |
| 北　京 | 111.05 | 0.48 | 210.69 | 56.37 | 148.06 |
| 天　津 | 112.03 | 1.42 | 91.29 | 35.08 | 63.40 |
| 河　北 | 373.52 | 1.93 | 238.90 | 110.93 | 163.68 |
| 山　西 | 15.85 | 0.22 | 27.25 | 9.41 | 16.90 |
| 内蒙古 | 23.02 | | 14.42 | 6.83 | 8.97 |
| 辽　宁 | 20.61 | 2.14 | 45.96 | 15.58 | 34.54 |
| 吉　林 | 88.66 | | 96.11 | 15.70 | 37.16 |
| 黑龙江 | 31.72 | | 31.27 | 12.14 | 20.29 |
| 上　海 | 178.54 | 21.27 | 229.92 | 67.19 | 157.43 |
| 江　苏 | 883.24 | 75.22 | 724.19 | 266.03 | 492.96 |
| 浙　江 | 444.77 | 62.63 | 515.44 | 132.63 | 238.04 |
| 安　徽 | 450.06 | 7.97 | 278.66 | 90.04 | 156.92 |
| 福　建 | 317.83 | 9.51 | 214.53 | 52.21 | 84.79 |
| 江　西 | 320.50 | 3.38 | 226.24 | 115.22 | 174.76 |
| 山　东 | 1186.29 | 19.67 | 497.91 | 241.32 | 371.29 |
| 河　南 | 561.99 | | 340.87 | 168.46 | 210.92 |
| 湖　北 | 388.26 | 0.10 | 226.43 | 70.48 | 149.06 |
| 湖　南 | 440.65 | 3.21 | 170.97 | 68.14 | 114.48 |
| 广　东 | 1242.31 | 262.03 | 989.79 | 252.26 | 539.83 |
| 广　西 | 118.70 | | 57.09 | 26.04 | 49.20 |
| 海　南 | 4.73 | | 10.02 | 2.65 | 4.34 |
| 重　庆 | 173.03 | 7.86 | 117.54 | 47.95 | 90.08 |
| 四　川 | 423.13 | 2.15 | 276.71 | 97.47 | 171.86 |
| 贵　州 | 48.08 | | 34.76 | 9.44 | 14.65 |
| 云　南 | 69.48 | | 109.48 | 28.85 | 61.48 |
| 西　藏 | 2.80 | | 4.24 | 0.95 | 1.71 |
| 陕　西 | 109.93 | 0.14 | 102.13 | 36.05 | 68.02 |
| 甘　肃 | 12.77 | | 20.52 | 5.66 | 11.92 |
| 青　海 | 6.99 | | 10.26 | 7.60 | 9.54 |
| 宁　夏 | 13.15 | | 17.42 | 6.98 | 9.76 |
| 新　疆 | 4.81 | | 10.05 | 3.77 | 8.35 |

# 记录媒介复制业主要经济指标

单位：亿元

| 累计折旧 | 流动资产合计 | 应收账款 | 存货 | 产成品 | 负债合计 |
|---|---|---|---|---|---|
| **1732.49** | **3003.29** | **929.09** | **580.22** | **239.31** | **2553.04** |
| 92.66 | 130.96 | 33.73 | 24.47 | 9.45 | 89.64 |
| 29.97 | 41.00 | 15.84 | 9.13 | 2.77 | 47.32 |
| 61.35 | 92.80 | 23.92 | 17.75 | 7.03 | 100.28 |
| 8.65 | 12.62 | 3.86 | 2.80 | 0.73 | 13.79 |
| 2.74 | 5.79 | 0.94 | 1.70 | 0.21 | 6.01 |
| 19.07 | 20.96 | 6.30 | 3.09 | 0.76 | 27.91 |
| 23.44 | 21.48 | 5.80 | 3.72 | 1.78 | 30.12 |
| 8.31 | 15.76 | 3.76 | 3.50 | 1.08 | 17.33 |
| 91.64 | 136.94 | 40.15 | 25.83 | 9.28 | 89.89 |
| 229.80 | 382.00 | 138.22 | 70.62 | 30.48 | 341.15 |
| 112.90 | 286.61 | 100.39 | 42.46 | 16.03 | 277.79 |
| 72.96 | 158.76 | 51.64 | 36.84 | 17.11 | 124.44 |
| 37.74 | 105.80 | 32.57 | 15.97 | 6.72 | 88.10 |
| 69.49 | 74.31 | 21.89 | 12.89 | 4.63 | 63.66 |
| 145.91 | 200.46 | 48.00 | 47.11 | 25.02 | 190.67 |
| 52.56 | 143.14 | 25.05 | 22.43 | 10.60 | 105.38 |
| 83.76 | 127.85 | 44.36 | 34.80 | 13.91 | 101.35 |
| 49.16 | 79.59 | 22.95 | 22.71 | 8.44 | 71.76 |
| 296.77 | 585.33 | 213.09 | 105.08 | 36.83 | 448.53 |
| 23.69 | 23.85 | 8.19 | 4.42 | 1.84 | 26.45 |
| 1.67 | 6.05 | 0.28 | 0.38 | 0.22 | 2.28 |
| 44.62 | 55.60 | 20.47 | 10.70 | 5.78 | 61.32 |
| 80.32 | 144.02 | 30.33 | 28.51 | 12.38 | 116.83 |
| 7.64 | 18.06 | 3.39 | 2.99 | 1.65 | 10.70 |
| 35.30 | 59.65 | 17.72 | 13.07 | 6.55 | 41.75 |
| 0.76 | 2.96 | 0.24 | 0.39 | 0.15 | 3.28 |
| 33.68 | 42.57 | 8.56 | 9.83 | 4.27 | 27.44 |
| 6.53 | 10.54 | 1.48 | 2.78 | 1.67 | 10.34 |
| 1.96 | 2.66 | 1.22 | 0.33 | 0.14 | 4.48 |
| 2.93 | 9.59 | 2.92 | 2.38 | 1.02 | 9.13 |
| 4.50 | 5.60 | 1.82 | 1.52 | 0.78 | 3.92 |

3-31 续表 1

| 地区 | 流动负债合计 | 应付账款 | 所有者权益合计 | 实收资本 | 国家资本 |
|---|---|---|---|---|---|
| **全国** | **2154.16** | **616.15** | **3357.19** | **1411.13** | **136.59** |
| 北京 | 76.45 | 34.10 | 121.05 | 70.65 | 12.07 |
| 天津 | 41.65 | 12.11 | 43.60 | 35.13 | 4.95 |
| 河北 | 77.80 | 18.24 | 138.20 | 53.20 | 2.63 |
| 山西 | 11.82 | 2.48 | 13.46 | 6.64 | 2.45 |
| 内蒙古 | 4.22 | 0.78 | 8.41 | 1.77 | 0.67 |
| 辽宁 | 22.88 | 4.89 | 17.24 | 8.65 | 1.12 |
| 吉林 | 24.12 | 2.82 | 65.57 | 9.58 | 0.26 |
| 黑龙江 | 13.18 | 1.95 | 13.94 | 7.55 | 3.55 |
| 上海 | 81.29 | 28.08 | 139.19 | 64.83 | 16.90 |
| 江苏 | 309.72 | 77.61 | 381.78 | 169.57 | 7.34 |
| 浙江 | 252.83 | 53.35 | 228.66 | 122.02 | 3.74 |
| 安徽 | 99.88 | 29.70 | 151.11 | 52.75 | 1.17 |
| 福建 | 77.44 | 17.86 | 124.17 | 44.95 | 1.79 |
| 江西 | 45.09 | 16.43 | 161.46 | 60.01 | 5.94 |
| 山东 | 150.95 | 37.07 | 305.70 | 117.61 | 2.78 |
| 河南 | 76.81 | 18.65 | 232.79 | 78.04 | 1.10 |
| 湖北 | 78.76 | 25.77 | 124.80 | 45.70 | 6.97 |
| 湖南 | 56.11 | 20.28 | 98.89 | 38.86 | 0.72 |
| 广东 | 390.96 | 139.50 | 538.11 | 255.10 | 6.69 |
| 广西 | 23.74 | 4.66 | 30.65 | 10.36 | 2.33 |
| 海南 | 2.08 | 0.59 | 7.74 | 4.01 | 3.00 |
| 重庆 | 48.06 | 18.43 | 55.93 | 19.89 | 1.14 |
| 四川 | 93.95 | 21.55 | 158.45 | 60.84 | 21.75 |
| 贵州 | 9.45 | 4.37 | 24.06 | 7.36 | 0.67 |
| 云南 | 37.65 | 12.77 | 67.72 | 24.28 | 3.92 |
| 西藏 | 2.86 | 0.62 | 0.96 | 0.73 | 0.23 |
| 陕西 | 19.47 | 6.16 | 73.18 | 28.53 | 15.09 |
| 甘肃 | 8.10 | 2.10 | 10.17 | 4.56 | 1.32 |
| 青海 | 4.48 | 0.82 | 5.78 | 0.67 | 0.07 |
| 宁夏 | 8.89 | 1.48 | 8.29 | 4.77 | 2.47 |
| 新疆 | 3.48 | 0.93 | 6.12 | 2.52 | 1.78 |

单位：亿元

| 集体资本 | 法人资本 | 个人资本 | 港澳台资本 | 外商资本 | 主营业务收入 |
|---|---|---|---|---|---|
| **29.88** | **493.76** | **453.78** | **163.65** | **133.47** | **8057.87** |
| 1.84 | 43.60 | 7.68 | 3.37 | 2.09 | 129.10 |
| 0.41 | 3.97 | 14.76 | 1.41 | 9.62 | 112.45 |
| 0.19 | 30.32 | 17.20 | 0.90 | 1.97 | 357.46 |
| 0.18 | 2.06 | 1.94 | | | 15.78 |
| | 0.75 | 0.35 | | | 22.98 |
| 1.35 | 2.45 | 2.79 | | 0.93 | 21.06 |
| 0.57 | 6.57 | 1.57 | | 0.61 | 87.18 |
| 0.45 | 0.67 | 2.89 | | | 29.60 |
| 0.92 | 22.73 | 10.39 | 6.77 | 7.12 | 184.72 |
| 5.57 | 57.49 | 54.00 | 18.12 | 27.05 | 875.52 |
| 0.71 | 30.03 | 50.03 | 5.73 | 31.78 | 437.80 |
| 0.99 | 16.95 | 29.71 | 2.57 | 1.36 | 437.35 |
| 3.03 | 13.24 | 22.10 | 3.01 | 1.77 | 312.25 |
| 0.08 | 27.35 | 25.14 | 0.94 | 0.57 | 334.69 |
| 0.66 | 54.04 | 45.26 | 1.97 | 12.90 | 1156.20 |
| 1.48 | 23.66 | 50.51 | 0.77 | 0.52 | 550.69 |
| 0.65 | 17.70 | 18.16 | 1.93 | 0.30 | 366.60 |
| 0.75 | 21.22 | 14.95 | 0.18 | 1.03 | 438.39 |
| 4.54 | 56.75 | 47.57 | 111.60 | 27.96 | 1231.26 |
| 0.68 | 3.24 | 3.21 | 0.17 | 0.74 | 117.46 |
| | 0.21 | 0.20 | | 0.60 | 5.47 |
| 2.74 | 10.28 | 4.61 | | 1.12 | 169.56 |
| 0.66 | 22.68 | 12.86 | 2.53 | 0.35 | 405.72 |
| 0.05 | 4.79 | 1.67 | 0.18 | | 41.23 |
| 0.04 | 9.47 | 6.55 | 1.22 | 3.08 | 66.18 |
| | | 0.50 | | | 2.74 |
| 1.00 | 8.21 | 3.97 | 0.26 | | 115.21 |
| 0.34 | 1.73 | 1.18 | | | 10.01 |
| | 0.60 | | | | 6.12 |
| | 0.56 | 1.74 | | | 12.28 |
| | 0.46 | 0.29 | | | 4.81 |

3-31 续表 2

| 地　区 | 主营业务成　本 | 销售费用 | 管理费用 | 财务费用 | 利息收入 |
|---|---|---|---|---|---|
| **全　国** | **6808.69** | **204.57** | **401.02** | **55.53** | **4.73** |
| 北　京 | 101.74 | 4.07 | 15.99 | | 0.62 |
| 天　津 | 96.17 | 2.59 | 5.96 | 0.93 | 0.04 |
| 河　北 | 313.77 | 5.60 | 10.30 | 1.57 | 0.13 |
| 山　西 | 13.10 | 0.55 | 1.33 | 0.34 | |
| 内蒙古 | 18.95 | 0.30 | 0.87 | 0.10 | |
| 辽　宁 | 18.31 | 0.69 | 2.12 | 0.38 | 0.02 |
| 吉　林 | 67.64 | 2.93 | 4.88 | 2.44 | 0.05 |
| 黑龙江 | 24.99 | 0.78 | 1.83 | 0.24 | |
| 上　海 | 147.25 | 6.19 | 20.77 | 0.18 | 0.47 |
| 江　苏 | 725.86 | 25.63 | 44.07 | 7.45 | 0.64 |
| 浙　江 | 371.95 | 11.33 | 27.67 | 6.78 | 0.48 |
| 安　徽 | 374.23 | 12.03 | 18.42 | 3.09 | 0.10 |
| 福　建 | 269.70 | 6.90 | 11.45 | 2.56 | 0.11 |
| 江　西 | 284.47 | 6.41 | 11.06 | 1.85 | 0.10 |
| 山　东 | 1009.83 | 22.29 | 33.02 | 6.35 | 0.31 |
| 河　南 | 479.41 | 10.61 | 13.75 | 4.14 | 0.12 |
| 湖　北 | 299.18 | 11.72 | 27.72 | 2.62 | -0.11 |
| 湖　南 | 360.21 | 12.70 | 19.30 | 2.89 | 0.05 |
| 广　东 | 1039.55 | 33.95 | 74.66 | 3.46 | 0.57 |
| 广　西 | 100.43 | 1.65 | 4.09 | 0.44 | 0.01 |
| 海　南 | 3.43 | 0.11 | 0.47 | 0.01 | 0.03 |
| 重　庆 | 145.10 | 4.47 | 7.92 | 1.60 | 0.30 |
| 四　川 | 340.55 | 12.67 | 20.61 | 3.60 | 0.35 |
| 贵　州 | 33.13 | 1.24 | 2.51 | 0.20 | -0.04 |
| 云　南 | 48.11 | 1.40 | 7.15 | 0.57 | 0.15 |
| 西　藏 | 2.51 | 0.01 | 0.16 | 0.02 | |
| 陕　西 | 91.45 | 4.61 | 9.28 | 1.12 | 0.18 |
| 甘　肃 | 7.56 | 0.64 | 1.68 | 0.23 | 0.02 |
| 青　海 | 5.45 | 0.08 | 0.50 | 0.01 | 0.01 |
| 宁　夏 | 10.78 | 0.23 | 0.67 | 0.28 | 0.01 |
| 新　疆 | 3.88 | 0.18 | 0.81 | 0.09 | 0.01 |

单位：亿元

| 利息支出 | 投资收益（损失以“-”号记） | 营业利润 | 利润总额 | 亏损企业亏损额 | 平均用工人数（万人） |
|---|---|---|---|---|---|
| **49.71** | **14.75** | **564.28** | **575.22** | **25.36** | **98.71** |
| | | | | | |
| 0.59 | 0.29 | 8.81 | 9.27 | 1.83 | 2.13 |
| 0.58 | 0.76 | 6.92 | 7.96 | 0.79 | 1.45 |
| 1.38 | 0.15 | 25.17 | 25.12 | 1.94 | 3.42 |
| 0.23 | | 0.41 | 0.56 | 0.16 | 0.48 |
| 0.05 | 0.04 | 2.24 | 1.91 | | 0.25 |
| | | | | | |
| 0.34 | 0.65 | 0.38 | 0.64 | 0.64 | 0.64 |
| 1.14 | 3.39 | 9.95 | 10.13 | 0.18 | 0.63 |
| 0.19 | | 1.62 | 1.82 | 0.30 | 0.44 |
| | | | | | |
| 0.76 | 1.39 | 11.81 | 12.55 | 1.98 | 2.66 |
| 7.29 | 0.64 | 69.86 | 71.62 | 2.80 | 11.12 |
| 7.01 | 2.55 | 22.54 | 24.91 | 2.12 | 6.81 |
| 2.45 | -0.53 | 28.58 | 29.54 | 0.36 | 4.33 |
| 2.11 | -2.71 | 17.12 | 17.63 | 1.28 | 3.83 |
| 1.54 | 0.15 | 28.37 | 28.54 | 0.09 | 2.89 |
| 4.32 | 1.11 | 77.15 | 77.69 | 1.74 | 8.21 |
| | | | | | |
| 2.77 | -0.96 | 39.87 | 39.71 | 0.47 | 7.73 |
| 1.96 | 0.05 | 21.53 | 22.16 | 1.25 | 3.53 |
| 2.21 | -0.05 | 36.60 | 33.22 | 0.68 | 3.74 |
| 5.11 | 4.39 | 80.05 | 82.59 | 5.29 | 23.14 |
| 0.42 | -0.78 | 9.81 | 9.93 | 0.05 | 1.19 |
| 0.04 | | 1.45 | 1.47 | 0.07 | 0.07 |
| | | | | | |
| 1.67 | 0.66 | 12.91 | 13.51 | 0.36 | 1.83 |
| 3.00 | 2.76 | 28.95 | 29.57 | 0.48 | 4.28 |
| 0.14 | 0.22 | 4.03 | 4.18 | 0.03 | 0.40 |
| 0.69 | 0.58 | 9.48 | 9.92 | 0.06 | 1.16 |
| 0.02 | 0.01 | 0.06 | 0.12 | | 0.06 |
| | | | | | |
| 1.16 | -0.02 | 7.97 | 7.58 | 0.08 | 1.28 |
| 0.17 | | 0.12 | 0.44 | 0.13 | 0.47 |
| 0.01 | 0.01 | 0.07 | 0.10 | 0.01 | 0.10 |
| 0.29 | | 0.42 | 0.55 | 0.08 | 0.27 |
| 0.10 | 0.01 | | 0.30 | 0.09 | 0.17 |

# 3-32 按地区分组的文教、工美、体育

| 地区 | 工业销售产值（当年价格） | 出口交货值 | 资产总计 | 固定资产合计 | 固定资产原价 |
|---|---|---|---|---|---|
| **全国** | **16897.37** | **4397.74** | **8932.02** | **2517.07** | **4126.29** |
| 北京 | 136.65 | 4.92 | 83.76 | 6.24 | 15.15 |
| 天津 | 479.28 | 128.38 | 107.40 | 21.98 | 43.67 |
| 河北 | 417.42 | 55.50 | 194.96 | 104.92 | 145.82 |
| 山西 | 9.81 | 0.31 | 15.33 | 5.02 | 6.42 |
| 内蒙古 | 41.05 | | 5.68 | 1.21 | 1.61 |
| 辽宁 | 26.55 | 5.92 | 37.49 | 5.70 | 9.21 |
| 吉林 | 46.66 | 3.00 | 13.59 | 6.42 | 35.21 |
| 黑龙江 | 73.49 | 0.31 | 21.74 | 13.85 | 27.80 |
| 上海 | 371.32 | 45.73 | 276.66 | 29.14 | 50.97 |
| 江苏 | 2322.53 | 539.61 | 1023.00 | 358.16 | 649.67 |
| 浙江 | 1466.85 | 582.74 | 1184.52 | 269.92 | 374.22 |
| 安徽 | 498.67 | 127.86 | 238.26 | 72.40 | 112.27 |
| 福建 | 1613.61 | 453.61 | 709.37 | 180.35 | 251.87 |
| 江西 | 628.03 | 145.72 | 278.05 | 103.93 | 162.67 |
| 山东 | 2648.24 | 504.10 | 1046.92 | 549.40 | 924.27 |
| 河南 | 1124.89 | 260.22 | 668.16 | 264.77 | 306.37 |
| 湖北 | 224.32 | 22.05 | 225.30 | 28.99 | 115.61 |
| 湖南 | 332.69 | 22.99 | 96.43 | 40.18 | 56.79 |
| 广东 | 3740.06 | 1379.09 | 2389.74 | 346.67 | 658.19 |
| 广西 | 128.67 | 31.24 | 40.83 | 13.84 | 19.91 |
| 海南 | 0.68 | | 1.37 | | 0.02 |
| 重庆 | 124.95 | 10.34 | 72.04 | 34.55 | 45.80 |
| 四川 | 137.32 | 17.30 | 58.64 | 16.95 | 24.41 |
| 贵州 | 44.37 | 0.54 | 19.04 | 8.64 | 6.98 |
| 云南 | 115.18 | 0.77 | 59.14 | 12.23 | 17.13 |
| 西藏 | 1.95 | | 3.88 | 0.86 | 0.37 |
| 陕西 | 79.01 | 53.78 | 25.17 | 6.45 | 7.15 |
| 甘肃 | 4.68 | | 3.68 | 1.22 | 1.26 |
| 青海 | 45.63 | | 25.21 | 10.06 | 52.01 |
| 宁夏 | 1.38 | 1.08 | 1.42 | 0.64 | 0.75 |
| 新疆 | 11.43 | 0.63 | 5.24 | 2.37 | 2.74 |

# 和娱乐用品制造业主要经济指标

单位：亿元

| 累计折旧 | 流动资产合计 | 应收账款 | 存货 | 产成品 | 负债合计 |
|---|---|---|---|---|---|
| **1789.43** | **5262.73** | **1282.01** | **1772.13** | **906.72** | **4464.81** |
| 7.36 | 66.87 | 11.21 | 33.21 | 19.44 | 51.64 |
| 25.24 | 71.93 | 19.60 | 20.59 | 9.54 | 55.16 |
| 47.15 | 74.00 | 18.87 | 23.71 | 12.36 | 63.06 |
| 1.40 | 8.22 | 1.58 | 3.15 | 1.99 | 15.42 |
| 0.40 | 3.52 | 0.32 | 1.29 | 0.40 | 1.42 |
| 3.50 | 24.08 | 4.34 | 9.33 | 4.50 | 14.28 |
| 29.52 | 5.55 | 1.21 | 2.60 | 0.85 | 7.05 |
| 14.37 | 7.15 | 1.66 | 2.60 | 1.21 | 5.68 |
| 27.13 | 196.75 | 31.33 | 99.60 | 70.35 | 146.71 |
| 292.57 | 531.00 | 139.05 | 141.79 | 68.89 | 495.81 |
| 140.70 | 728.41 | 152.65 | 192.44 | 94.90 | 653.68 |
| 47.98 | 128.68 | 42.59 | 37.19 | 18.97 | 111.53 |
| 106.13 | 431.85 | 153.73 | 116.77 | 49.46 | 327.95 |
| 72.78 | 102.46 | 31.15 | 27.53 | 15.10 | 93.83 |
| 404.78 | 411.84 | 84.15 | 130.35 | 72.15 | 426.44 |
| 60.54 | 324.20 | 66.12 | 82.07 | 24.55 | 236.01 |
| 88.40 | 142.24 | 13.41 | 34.34 | 9.40 | 148.82 |
| 22.52 | 44.21 | 12.20 | 15.26 | 6.69 | 34.18 |
| 317.18 | 1790.64 | 456.57 | 726.40 | 402.58 | 1423.06 |
| 7.48 | 20.97 | 6.80 | 6.62 | 3.02 | 17.70 |
| 0.01 | 1.11 |  | 0.56 | 0.56 | 0.78 |
| 12.26 | 30.53 | 7.29 | 6.93 | 4.22 | 34.85 |
| 9.35 | 33.55 | 4.07 | 18.93 | 3.11 | 36.81 |
| 1.19 | 8.62 | 0.89 | 1.19 | 0.39 | 6.66 |
| 5.06 | 41.72 | 3.25 | 30.30 | 7.18 | 14.48 |
| 0.06 | 2.08 | 0.07 | 0.42 | 0.38 | 1.15 |
| 0.77 | 17.29 | 14.21 | 1.41 | 0.69 | 21.11 |
| 0.31 | 1.86 | 0.40 | 0.88 | 0.50 | 1.58 |
| 42.67 | 8.33 | 2.67 | 3.36 | 2.68 | 15.22 |
| 0.10 | 0.34 | 0.08 | 0.19 | 0.15 | 0.41 |
| 0.53 | 2.74 | 0.53 | 1.15 | 0.49 | 2.33 |

3-32 续表 1

| 地　区 | 流动负债合　计 | 应付账款 | 所有者权益合计 | 实收资本 | 国家资本 |
|---|---|---|---|---|---|
| **全　国** | **3724.96** | **1022.74** | **4421.75** | **1929.70** | **42.53** |
| 北　京 | 47.26 | 19.24 | 32.12 | 22.99 | 4.19 |
| 天　津 | 42.36 | 15.04 | 52.19 | 27.53 | 0.07 |
| 河　北 | 52.74 | 13.17 | 131.64 | 62.35 | 0.58 |
| 山　西 | 14.69 | 2.81 | -0.09 | 3.81 | 0.99 |
| 内蒙古 | 1.27 | 0.67 | 4.26 | 0.53 | |
| 辽　宁 | 12.49 | 1.77 | 16.91 | 7.70 | |
| 吉　林 | 5.62 | 1.98 | 6.55 | 2.73 | |
| 黑龙江 | 5.13 | 0.84 | 16.06 | 3.15 | |
| 上　海 | 142.48 | 46.73 | 128.24 | 45.26 | 4.94 |
| 江　苏 | 462.07 | 101.68 | 525.47 | 224.97 | 4.27 |
| 浙　江 | 595.49 | 115.41 | 528.86 | 234.15 | 0.54 |
| 安　徽 | 90.24 | 20.99 | 123.39 | 44.78 | 0.10 |
| 福　建 | 294.17 | 121.51 | 372.83 | 143.45 | 0.57 |
| 江　西 | 62.63 | 20.86 | 183.18 | 61.26 | 4.66 |
| 山　东 | 312.18 | 83.12 | 619.43 | 242.32 | 0.32 |
| 河　南 | 148.17 | 30.10 | 427.66 | 180.00 | 1.41 |
| 湖　北 | 72.20 | 9.93 | 76.45 | 38.67 | 1.36 |
| 湖　南 | 25.79 | 7.02 | 62.25 | 30.79 | 0.76 |
| 广　东 | 1215.73 | 361.39 | 955.29 | 499.78 | 16.94 |
| 广　西 | 13.07 | 2.47 | 22.98 | 6.73 | 0.14 |
| 海　南 | 0.78 | | 0.59 | 0.03 | |
| 重　庆 | 31.47 | 5.17 | 35.86 | 6.60 | |
| 四　川 | 29.53 | 17.05 | 21.54 | 6.97 | 0.64 |
| 贵　州 | 5.18 | 0.48 | 12.38 | 15.09 | |
| 云　南 | 12.56 | 3.61 | 44.65 | 8.87 | |
| 西　藏 | 0.58 | 0.06 | 2.73 | 0.20 | |
| 陕　西 | 19.96 | 17.79 | 4.06 | 1.57 | |
| 甘　肃 | 1.09 | 0.16 | 2.10 | 1.49 | |
| 青　海 | 5.75 | 1.06 | 8.24 | 2.95 | 0.07 |
| 宁　夏 | 0.41 | 0.07 | 1.01 | 0.94 | |
| 新　疆 | 1.86 | 0.57 | 2.91 | 2.01 | |

单位：亿元

| | | | | | 主营业务收入 |
|---|---|---|---|---|---|
| 集体资本 | 法人资本 | 个人资本 | 港澳台资本 | 外商资本 | |
| **16.47** | **652.54** | **710.81** | **271.00** | **236.23** | **16993.12** |
| | | | | | |
| 3.67 | 12.70 | 1.77 | 0.24 | 0.43 | 148.08 |
| | 5.26 | 13.61 | 0.15 | 8.45 | 491.57 |
| 0.22 | 11.77 | 48.89 | 0.36 | 0.52 | 413.01 |
| | 1.09 | 1.74 | | | 8.54 |
| | 0.16 | 0.36 | | | 41.05 |
| | | | | | |
| 0.04 | 2.61 | 2.87 | | 2.17 | 30.54 |
| 0.02 | 1.25 | 1.47 | | | 49.07 |
| | 1.29 | 1.39 | | 0.47 | 75.47 |
| | | | | | |
| 1.26 | 16.33 | 9.20 | 5.40 | 8.13 | 489.07 |
| 1.97 | 59.99 | 98.10 | 22.24 | 38.40 | 2349.83 |
| 1.74 | 86.19 | 72.57 | 31.06 | 42.05 | 1463.64 |
| 0.20 | 14.61 | 26.95 | 1.05 | 1.88 | 477.20 |
| 0.44 | 32.30 | 60.66 | 29.59 | 19.89 | 1575.58 |
| 1.82 | 15.80 | 21.77 | 9.30 | 7.91 | 635.88 |
| 1.40 | 113.17 | 104.21 | 6.44 | 16.67 | 2618.43 |
| | | | | | |
| 0.12 | 87.65 | 88.16 | 2.56 | 0.10 | 1095.02 |
| 0.18 | 12.56 | 12.21 | 10.27 | 2.08 | 212.25 |
| 0.18 | 14.57 | 13.30 | 1.38 | 0.59 | 331.10 |
| 3.07 | 139.69 | 106.74 | 147.96 | 85.40 | 3818.59 |
| | 2.23 | 2.94 | 0.74 | 0.69 | 122.67 |
| | | | | 0.03 | 0.68 |
| | | | | | |
| | 1.38 | 3.48 | 1.74 | | 122.96 |
| 0.02 | 3.47 | 2.53 | 0.24 | 0.08 | 133.99 |
| 0.05 | 10.68 | 4.36 | | | 43.37 |
| 0.05 | 2.61 | 5.75 | 0.17 | 0.29 | 116.24 |
| | | 0.20 | | | 1.29 |
| | | | | | |
| | 0.20 | 1.29 | 0.08 | | 77.26 |
| | 0.38 | 1.11 | | | 4.08 |
| 0.03 | 1.49 | 1.37 | | | 35.27 |
| | | 0.94 | | | 1.43 |
| | 1.13 | 0.88 | | | 9.94 |

3-32 续表 2

| 地　区 | 主营业务成　本 | 销售费用 | 管理费用 | 财务费用 | 利息收入 |
|---|---|---|---|---|---|
| **全　国** | **14809.70** | **389.56** | **601.44** | **110.70** | **8.90** |
| 北　京 | 140.82 | 2.83 | 4.61 | 0.84 | 0.15 |
| 天　津 | 421.14 | 5.44 | 7.39 | 1.22 | 0.08 |
| 河　北 | 365.74 | 7.49 | 8.25 | 1.53 | 0.01 |
| 山　西 | 7.17 | 0.58 | 0.56 | 0.78 | 0.02 |
| 内蒙古 | 31.14 | 0.09 | 0.55 | 0.02 | |
| 辽　宁 | 27.24 | 0.78 | 1.28 | 0.43 | 0.02 |
| 吉　林 | 42.04 | 1.30 | 1.80 | 0.50 | 0.04 |
| 黑龙江 | 68.55 | 1.15 | 1.13 | 0.11 | |
| 上　海 | 439.77 | 11.64 | 15.38 | 1.65 | -0.14 |
| 江　苏 | 2017.52 | 56.74 | 95.46 | 11.86 | 0.52 |
| 浙　江 | 1248.39 | 42.31 | 71.87 | 16.32 | 3.60 |
| 安　徽 | 419.64 | 11.35 | 15.03 | 3.59 | 0.12 |
| 福　建 | 1335.89 | 45.18 | 60.01 | 10.13 | 0.95 |
| 江　西 | 559.38 | 7.56 | 9.80 | 2.25 | 0.05 |
| 山　东 | 2290.15 | 63.62 | 72.84 | 19.41 | 0.43 |
| 河　南 | 953.41 | 24.33 | 22.37 | 11.37 | 0.17 |
| 湖　北 | 179.82 | 5.94 | 9.66 | 2.40 | 0.02 |
| 湖　南 | 272.85 | 9.59 | 14.16 | 2.76 | 0.02 |
| 广　东 | 3424.66 | 68.28 | 158.93 | 19.83 | 2.42 |
| 广　西 | 108.24 | 3.04 | 4.85 | 0.70 | 0.03 |
| 海　南 | 0.62 | 0.05 | | 0.01 | |
| 重　庆 | 108.26 | 1.56 | 1.95 | 0.11 | 0.25 |
| 四　川 | 110.93 | 9.37 | 4.69 | 1.09 | 0.08 |
| 贵　州 | 33.52 | 2.92 | 2.43 | 0.97 | 0.01 |
| 云　南 | 82.27 | 5.10 | 14.14 | 0.43 | 0.01 |
| 西　藏 | 1.10 | 0.01 | 0.05 | | |
| 陕　西 | 73.89 | 0.52 | 0.62 | 0.08 | |
| 甘　肃 | 3.69 | 0.05 | 0.06 | 0.08 | 0.01 |
| 青　海 | 33.63 | 0.20 | 0.74 | 0.21 | 0.02 |
| 宁　夏 | 1.05 | 0.11 | 0.09 | 0.02 | |
| 新　疆 | 7.19 | 0.44 | 0.72 | | 0.02 |

单位：亿元

| 利息支出 | 投资收益（损失以“-”号记） | 营业利润 | 利润总额 | 亏损企业亏损额 | 平均用工人数（万人） |
|---|---|---|---|---|---|
| **95.47** | **7.54** | **1023.29** | **1018.76** | **25.43** | **232.22** |
| | | | | | |
| 0.94 | 0.25 | 0.83 | 0.96 | 0.64 | 0.57 |
| 0.72 | 1.59 | 61.71 | 52.95 | 1.06 | 2.96 |
| 1.48 | -0.05 | 27.73 | 27.98 | 0.17 | 5.26 |
| 0.80 | 0.01 | -0.56 | -0.50 | 0.68 | 0.22 |
| 0.02 | | 9.21 | 9.00 | | 0.14 |
| | | | | | |
| 0.34 | 0.02 | 0.84 | 0.93 | 0.10 | 0.60 |
| 0.40 | 0.04 | 3.30 | 2.58 | | 0.41 |
| 0.11 | | 4.17 | 4.21 | 0.04 | 0.71 |
| | | | | | |
| 2.41 | 8.51 | 31.06 | 33.14 | 1.03 | 3.12 |
| 10.50 | 1.60 | 157.89 | 157.57 | 2.98 | 27.93 |
| 19.56 | 3.55 | 86.20 | 89.51 | 2.30 | 21.49 |
| 2.85 | 0.02 | 25.38 | 24.61 | 0.37 | 7.33 |
| 7.61 | -6.70 | 110.92 | 106.51 | 0.69 | 22.36 |
| 1.81 | -0.87 | 53.73 | 52.91 | 0.18 | 7.21 |
| 12.67 | 0.33 | 152.05 | 153.39 | 1.23 | 24.58 |
| | | | | | |
| 8.77 | 0.11 | 80.85 | 81.63 | 0.45 | 15.88 |
| 1.15 | | 12.49 | 12.77 | 0.40 | 2.52 |
| 1.69 | -1.08 | 19.77 | 17.88 | 0.15 | 4.27 |
| 18.66 | -0.13 | 142.16 | 146.87 | 12.73 | 75.69 |
| 0.43 | 0.01 | 5.49 | 5.32 | 0.06 | 3.86 |
| 0.01 | | | | | 0.01 |
| | | | | | |
| 0.30 | 0.06 | 10.67 | 10.94 | 0.05 | 1.31 |
| 0.87 | 0.09 | 6.99 | 7.04 | 0.03 | 1.43 |
| 0.74 | 0.01 | 2.82 | 2.69 | | 0.45 |
| 0.36 | 0.16 | 13.33 | 13.39 | 0.05 | 0.95 |
| | | 0.05 | 0.05 | | 0.03 |
| | | | | | |
| 0.06 | | 1.98 | 2.01 | 0.01 | 0.22 |
| 0.08 | | 0.13 | 0.18 | | 0.12 |
| 0.10 | | 0.42 | 0.42 | 0.01 | 0.45 |
| 0.02 | | 0.12 | 0.13 | | 0.04 |
| 0.01 | | 1.57 | 1.67 | | 0.10 |

# 3-33 按地区分组的石油加工、炼焦

| 地　区 | 工业销售产值（当年价格） | 出口交货值 | 资产总计 | 固定资产合　计 | 固定资产原　价 |
|---|---|---|---|---|---|
| **全　国** | **34077.50** | **610.21** | **26508.18** | **11384.61** | **18735.31** |
| 北　京 | 494.42 | | 263.65 | 107.52 | 323.99 |
| 天　津 | 1245.13 | 99.00 | 703.66 | 236.34 | 603.16 |
| 河　北 | 1741.81 | 0.14 | 1266.50 | 540.58 | 864.31 |
| 山　西 | 903.89 | 0.35 | 2342.27 | 667.01 | 1008.48 |
| 内蒙古 | 586.87 | | 985.57 | 458.80 | 687.58 |
| 辽　宁 | 2958.61 | 261.65 | 1928.24 | 837.36 | 1817.65 |
| 吉　林 | 162.07 | | 74.78 | 35.79 | 116.63 |
| 黑龙江 | 948.80 | | 594.74 | 343.11 | 760.98 |
| 上　海 | 1024.34 | 66.31 | 634.87 | 201.81 | 639.23 |
| 江　苏 | 2056.11 | 11.82 | 990.34 | 431.04 | 802.69 |
| 浙　江 | 1421.16 | 2.17 | 824.47 | 425.49 | 608.26 |
| 安　徽 | 379.38 | 0.11 | 198.43 | 138.21 | 240.12 |
| 福　建 | 858.38 | 12.39 | 865.29 | 214.76 | 659.26 |
| 江　西 | 542.88 | 10.21 | 407.49 | 207.79 | 316.32 |
| 山　东 | 8096.68 | 17.16 | 4632.10 | 1507.99 | 2865.52 |
| 河　南 | 1158.62 | | 602.40 | 246.89 | 426.17 |
| 湖　北 | 788.04 | | 290.99 | 151.98 | 239.54 |
| 湖　南 | 635.72 | | 289.99 | 93.90 | 305.32 |
| 广　东 | 2188.90 | 4.04 | 1291.40 | 569.34 | 1095.89 |
| 广　西 | 637.21 | 3.63 | 402.34 | 209.50 | 325.46 |
| 海　南 | 503.93 | 121.07 | 200.67 | 132.24 | 203.30 |
| 重　庆 | 66.60 | | 31.47 | 11.31 | 28.54 |
| 四　川 | 809.45 | | 537.42 | 383.01 | 473.09 |
| 贵　州 | 121.67 | | 90.46 | 37.48 | 47.72 |
| 云　南 | 144.85 | | 217.28 | 57.72 | 126.03 |
| 西　藏 | | | | | |
| 陕　西 | 1215.63 | 0.15 | 3446.17 | 2057.14 | 1035.61 |
| 甘　肃 | 686.46 | | 558.22 | 327.43 | 686.48 |
| 青　海 | 14.85 | | 40.41 | 22.47 | 38.64 |
| 宁　夏 | 553.48 | | 798.55 | 301.23 | 387.75 |
| 新　疆 | 1131.56 | 0.01 | 998.00 | 429.35 | 1001.59 |

# 和核燃料加工业主要经济指标

单位：亿元

| 累计折旧 | 流动资产合计 | 应收账款 | 存货 | 产成品 | 负债合计 |
|---|---|---|---|---|---|
| **8886.42** | **11631.12** | **1532.88** | **3099.47** | **1064.45** | **17296.94** |
| 212.02 | 104.01 | 19.64 | 49.13 | 10.87 | 130.29 |
| 372.65 | 417.46 | 182.76 | 138.97 | 26.79 | 385.04 |
| 370.81 | 545.77 | 58.48 | 141.69 | 38.88 | 909.19 |
| 450.53 | 1170.90 | 206.50 | 232.50 | 110.68 | 2095.42 |
| 259.89 | 325.05 | 38.83 | 75.16 | 26.59 | 811.61 |
| 930.94 | 860.34 | 93.81 | 288.23 | 110.97 | 1414.50 |
| 82.56 | 25.82 | 4.42 | 6.55 | 2.35 | 45.82 |
| 419.70 | 205.24 | 36.22 | 81.33 | 31.35 | 358.45 |
| 435.88 | 275.66 | 42.09 | 111.71 | 19.03 | 238.40 |
| 375.87 | 435.07 | 81.03 | 142.87 | 52.23 | 570.53 |
| 249.87 | 342.12 | 37.68 | 98.22 | 15.49 | 441.37 |
| 115.00 | 69.83 | 16.91 | 26.23 | 9.91 | 124.14 |
| 208.58 | 356.01 | 93.05 | 79.21 | 22.22 | 536.00 |
| 116.58 | 148.94 | 30.80 | 35.55 | 17.58 | 284.20 |
| 1446.15 | 2668.49 | 232.62 | 665.37 | 293.20 | 3059.01 |
| 175.14 | 263.87 | 30.48 | 82.58 | 30.16 | 362.30 |
| 112.60 | 129.10 | 27.49 | 39.07 | 14.63 | 170.74 |
| 144.00 | 99.70 | 21.31 | 36.11 | 11.63 | 157.38 |
| 626.69 | 593.45 | 67.96 | 189.12 | 32.22 | 917.04 |
| 116.67 | 158.86 | 11.50 | 66.69 | 10.37 | 158.34 |
| 83.76 | 56.24 | 12.15 | 33.50 | 10.97 | 91.99 |
| 19.50 | 17.83 | 3.38 | 7.89 | 3.97 | 17.76 |
| 108.21 | 130.36 | 16.29 | 50.65 | 18.36 | 253.57 |
| 22.71 | 35.33 | 11.24 | 6.46 | 3.32 | 81.50 |
| 69.34 | 117.80 | 31.97 | 11.69 | 4.80 | 157.65 |
| 360.35 | 1228.05 | 91.87 | 108.34 | 52.65 | 2101.22 |
| 351.45 | 209.69 | 6.79 | 135.64 | 16.30 | 374.68 |
| 14.63 | 11.04 | 1.38 | 3.90 | 2.67 | 32.31 |
| 123.89 | 318.23 | 4.83 | 49.95 | 20.81 | 559.78 |
| 510.43 | 310.86 | 19.38 | 105.13 | 43.46 | 456.70 |

3-33 续表 1

| 地　区 | 流动负债合　计 | 应付账款 | 所有者权益合计 | 实收资本 | 国家资本 |
|---|---|---|---|---|---|
| **全　国** | **13092.25** | **3289.13** | **9162.25** | **5644.37** | **2570.60** |
| 北　京 | 125.11 | 50.06 | 133.36 | 4.47 | 2.47 |
| 天　津 | 356.84 | 58.19 | 318.34 | 226.44 | 178.82 |
| 河　北 | 744.08 | 230.16 | 355.50 | 224.95 | 136.04 |
| 山　西 | 1593.51 | 451.48 | 246.20 | 328.01 | 73.98 |
| 内蒙古 | 427.74 | 113.40 | 173.96 | 214.27 | 17.57 |
| 辽　宁 | 1202.18 | 177.86 | 511.38 | 331.11 | 221.37 |
| 吉　林 | 35.48 | 7.52 | 28.95 | 18.04 | 2.20 |
| 黑龙江 | 280.91 | 64.89 | 236.29 | 113.03 | 46.74 |
| 上　海 | 175.52 | 82.83 | 366.60 | 203.30 | 1.85 |
| 江　苏 | 452.14 | 154.88 | 419.10 | 228.81 | 92.64 |
| 浙　江 | 319.45 | 165.68 | 383.10 | 505.01 | 21.15 |
| 安　徽 | 121.84 | 25.77 | 74.60 | 120.36 | 93.14 |
| 福　建 | 194.38 | 63.43 | 328.22 | 306.33 | 145.21 |
| 江　西 | 211.16 | 34.14 | 123.29 | 28.82 | 15.44 |
| 山　东 | 2565.20 | 621.68 | 1562.18 | 610.50 | 217.16 |
| 河　南 | 251.88 | 49.31 | 238.64 | 211.71 | 2.89 |
| 湖　北 | 144.64 | 35.32 | 120.24 | 79.47 | 56.83 |
| 湖　南 | 123.39 | 22.94 | 128.43 | 81.14 | 30.88 |
| 广　东 | 824.67 | 240.94 | 373.96 | 301.57 | 242.05 |
| 广　西 | 133.43 | 65.33 | 244.00 | 92.25 | 82.85 |
| 海　南 | 68.73 | 25.57 | 108.69 | 64.03 | 43.57 |
| 重　庆 | 15.26 | 7.83 | 13.70 | 6.92 | |
| 四　川 | 184.67 | 67.87 | 283.86 | 129.35 | 103.08 |
| 贵　州 | 37.32 | 8.93 | 18.24 | 13.12 | 11.09 |
| 云　南 | 135.04 | 31.35 | 59.62 | 41.03 | 16.75 |
| 西　藏 | | | | | |
| 陕　西 | 1356.02 | 223.20 | 1344.95 | 379.98 | 166.32 |
| 甘　肃 | 254.19 | 33.91 | 183.55 | 101.76 | 100.51 |
| 青　海 | 23.22 | 5.74 | 8.10 | 9.43 | |
| 宁　夏 | 400.57 | 90.48 | 238.77 | 202.24 | 68.49 |
| 新　疆 | 333.68 | 78.44 | 536.42 | 466.92 | 379.51 |

单位：亿元

| 集体资本 | 法人资本 | 个人资本 | 港澳台资本 | 外商资本 | 主营业务收入 |
|---|---|---|---|---|---|
| **58.94** | **2003.54** | **709.36** | **130.41** | **167.62** | **34532.38** |
| | 1.20 | 0.37 | 0.21 | 0.22 | 526.88 |
| 2.07 | 15.83 | 10.67 | | 15.16 | 1232.70 |
| 1.05 | 38.65 | 40.56 | 7.80 | 0.84 | 1742.31 |
| 18.53 | 124.97 | 96.36 | 13.41 | 0.76 | 912.15 |
| | 165.77 | 30.93 | | | 606.81 |
| 5.50 | 58.36 | 35.66 | 3.14 | 7.08 | 2985.38 |
| 1.96 | 11.10 | 2.71 | | 0.08 | 150.56 |
| 5.01 | 46.11 | 15.17 | | | 955.15 |
| | 145.80 | 18.83 | 35.25 | 1.59 | 1041.23 |
| 2.80 | 55.31 | 58.47 | 7.69 | 11.90 | 2113.41 |
| | 462.35 | 6.56 | 12.22 | 2.73 | 1212.18 |
| | 7.08 | 6.27 | 11.89 | 1.98 | 371.21 |
| | 83.08 | 3.04 | 0.22 | 74.78 | 845.92 |
| 0.20 | 4.25 | 5.92 | 3.00 | | 557.05 |
| 11.99 | 212.15 | 166.09 | 0.61 | 2.51 | 8495.41 |
| 0.10 | 178.16 | 27.49 | 3.04 | 0.03 | 1111.43 |
| 0.30 | 8.80 | 3.63 | | 9.91 | 870.16 |
| 0.03 | 40.66 | 6.43 | | 3.15 | 617.79 |
| 1.82 | 25.10 | 8.41 | 2.52 | 21.66 | 2175.94 |
| | 6.99 | 2.33 | 0.08 | | 613.91 |
| | 2.43 | 0.78 | 7.29 | 9.97 | 391.72 |
| | 3.90 | 3.02 | | | 68.59 |
| | 16.23 | 9.99 | | 0.04 | 795.68 |
| 0.01 | 0.39 | 1.55 | 0.01 | 0.08 | 73.63 |
| | 17.81 | 5.68 | | 0.80 | 140.48 |
| 6.52 | 143.20 | 61.48 | 0.10 | 2.37 | 1541.78 |
| | 0.26 | 0.99 | | | 677.19 |
| | 0.18 | 7.30 | 1.95 | | 14.96 |
| | 79.34 | 34.41 | 20.00 | | 515.96 |
| 1.06 | 48.06 | 38.28 | | | 1174.80 |

3-33 续表 2

| 地区 | 主营业务成本 | 销售费用 | 管理费用 | 财务费用 | 利息收入 |
|---|---|---|---|---|---|
| **全国** | **26680.70** | **376.45** | **866.06** | **390.28** | **35.30** |
| 北京 | 395.50 | 4.89 | 22.64 | 1.65 | 0.31 |
| 天津 | 957.22 | 9.41 | 37.35 | 4.43 | 0.61 |
| 河北 | 1413.14 | 19.56 | 31.95 | 19.93 | 0.60 |
| 山西 | 805.01 | 54.89 | 32.72 | 43.15 | 0.69 |
| 内蒙古 | 456.91 | 15.45 | 32.98 | 22.94 | 0.29 |
| 辽宁 | 2162.65 | 21.99 | 111.86 | 37.51 | 2.85 |
| 吉林 | 129.39 | 1.41 | 4.67 | 1.20 | 0.03 |
| 黑龙江 | 623.31 | 11.58 | 47.14 | 7.56 | 0.92 |
| 上海 | 681.24 | 10.13 | 45.97 | 0.18 | 1.09 |
| 江苏 | 1737.66 | 21.17 | 38.27 | 10.41 | 1.26 |
| 浙江 | 836.53 | 4.62 | 26.69 | 6.92 | 1.66 |
| 安徽 | 262.18 | 2.15 | 11.76 | 3.07 | 0.06 |
| 福建 | 576.03 | 9.12 | 16.34 | 20.52 | 1.73 |
| 江西 | 406.09 | 5.28 | 13.12 | 8.67 | 1.67 |
| 山东 | 7440.73 | 55.24 | 102.17 | 86.04 | 9.13 |
| 河南 | 928.82 | 17.95 | 24.29 | 13.57 | 0.39 |
| 湖北 | 689.55 | 3.79 | 14.96 | 2.45 | 2.85 |
| 湖南 | 444.25 | 4.70 | 24.14 | 4.13 | 0.22 |
| 广东 | 1485.00 | 17.91 | 48.35 | 7.18 | 2.85 |
| 广西 | 420.57 | 4.41 | 12.08 | 1.93 | 0.25 |
| 海南 | 272.63 | 1.94 | 6.84 | 2.12 | 0.03 |
| 重庆 | 60.34 | 1.66 | 1.74 | 0.54 | -0.01 |
| 四川 | 625.28 | 7.25 | 13.46 | 7.93 | 0.28 |
| 贵州 | 63.81 | 2.34 | 2.67 | 2.81 | 0.06 |
| 云南 | 132.49 | 1.55 | 5.43 | 6.24 | 0.66 |
| 西藏 | | | | | |
| 陕西 | 1128.00 | 36.82 | 36.74 | 42.00 | 0.39 |
| 甘肃 | 411.24 | 5.44 | 41.59 | 7.45 | 0.99 |
| 青海 | 12.28 | 2.77 | 1.49 | 0.95 | 0.01 |
| 宁夏 | 376.91 | 4.93 | 10.17 | 11.23 | 1.72 |
| 新疆 | 745.93 | 16.09 | 46.49 | 5.63 | 1.70 |

单位：亿元

| 利息支出 | 投资收益（损失以“-”号记） | 营业利润 | 利润总额 | 亏损企业亏损额 | 平均用工人数（万人） |
|---|---|---|---|---|---|
| **353.10** | **67.02** | **1881.39** | **1884.97** | **257.06** | **87.63** |
| 1.91 | -1.20 | 21.45 | 20.48 | 0.91 | 0.99 |
| 3.86 | 10.39 | 104.98 | 105.06 | 2.19 | 2.09 |
| 18.31 | -4.08 | 52.04 | 54.56 | 7.73 | 5.14 |
| 35.79 | 1.52 | -15.02 | -14.90 | 40.13 | 9.70 |
| 16.09 | 0.41 | 1.52 | 1.71 | 37.26 | 4.79 |
| 35.83 | 1.66 | 136.82 | 126.29 | 43.91 | 8.44 |
| 1.03 | 0.23 | 3.49 | 3.67 | 0.65 | 0.82 |
| 6.82 | 2.54 | 74.65 | 74.07 | 7.85 | 4.31 |
| 1.10 | 10.19 | 98.23 | 96.17 | 1.53 | 2.00 |
| 8.86 | 1.02 | 110.83 | 111.32 | 4.29 | 3.78 |
| 5.78 | 10.07 | 164.83 | 166.66 | 2.18 | 1.10 |
| 2.65 | -8.59 | 15.73 | 10.85 | 0.60 | 0.64 |
| 19.06 | -1.85 | 112.06 | 112.42 | 0.97 | 0.96 |
| 5.13 | 0.46 | 25.86 | 26.29 | 1.23 | 2.02 |
| 74.69 | 3.43 | 397.52 | 398.90 | 7.45 | 11.67 |
| 10.23 | 0.13 | 50.85 | 51.03 | 6.14 | 4.13 |
| 5.20 | 0.03 | 20.25 | 19.89 | 0.74 | 0.97 |
| 4.15 | 0.04 | 20.02 | 20.18 | 2.06 | 2.01 |
| 9.47 | -0.67 | 196.33 | 209.62 | 6.60 | 2.55 |
| 2.07 | 0.30 | 34.94 | 35.16 | 1.13 | 0.49 |
| 2.15 | 0.15 | 25.02 | 26.25 | 0.19 | 0.20 |
| 0.44 |  | 3.64 | 3.79 |  | 0.34 |
| 7.28 | -1.48 | 45.22 | 45.71 | 1.78 | 1.45 |
| 2.75 |  | 1.76 | 1.94 | 0.77 | 0.39 |
| 6.90 | 1.02 | -31.07 | 13.79 | 11.98 | 1.19 |
| 37.31 | 41.00 | 78.12 | 41.73 | 10.93 | 5.72 |
| 8.26 | 0.30 | -3.74 | -9.76 | 35.47 | 3.09 |
| 0.19 |  | -2.59 | -2.55 | 2.63 | 0.17 |
| 12.72 | -0.01 | 35.18 | 32.02 | 6.44 | 2.21 |
| 7.02 | 0.03 | 102.47 | 102.63 | 11.32 | 4.26 |

# 3-34 按地区分组的化学原料和

| 地　　区 | 工业销售产值(当年价格) | 出口交货值 | 资产总计 | 固定资产合　计 | 固定资产原　价 |
|---|---|---|---|---|---|
| **全　国** | **86789.56** | **4333.64** | **76073.78** | **30802.67** | **49728.96** |
| 北　京 | 294.36 | 12.02 | 442.86 | 85.82 | 237.84 |
| 天　津 | 1412.52 | 63.03 | 1454.25 | 564.28 | 884.68 |
| 河　北 | 2619.73 | 84.41 | 2072.68 | 786.26 | 1093.69 |
| 山　西 | 432.22 | 7.55 | 1161.90 | 491.27 | 650.23 |
| 内蒙古 | 1374.72 | 19.46 | 3271.97 | 1596.15 | 2059.39 |
| 辽　宁 | 1346.85 | 39.82 | 1991.17 | 745.57 | 1071.22 |
| 吉　林 | 1571.41 | 1.16 | 975.94 | 538.12 | 1495.96 |
| 黑龙江 | 533.80 | 0.55 | 437.50 | 177.58 | 300.24 |
| 上　海 | 2457.02 | 251.04 | 2782.59 | 834.33 | 1783.92 |
| 江　苏 | 17707.77 | 1315.73 | 11579.04 | 4507.59 | 8647.96 |
| 浙　江 | 5206.54 | 461.14 | 5737.99 | 1647.42 | 2569.86 |
| 安　徽 | 2371.29 | 67.62 | 1907.35 | 724.56 | 1142.42 |
| 福　建 | 1655.39 | 96.70 | 1553.21 | 387.64 | 602.93 |
| 江　西 | 2517.02 | 271.30 | 1699.66 | 873.52 | 1451.60 |
| 山　东 | 17717.46 | 504.35 | 11837.31 | 4846.19 | 8067.84 |
| 河　南 | 4261.18 | 53.12 | 3638.89 | 1808.47 | 2373.81 |
| 湖　北 | 4246.99 | 146.96 | 3037.93 | 1376.71 | 2526.23 |
| 湖　南 | 3029.60 | 217.56 | 1336.79 | 621.49 | 868.80 |
| 广　东 | 6198.59 | 402.23 | 4786.42 | 1218.94 | 2426.75 |
| 广　西 | 1205.66 | 43.13 | 766.35 | 338.71 | 489.19 |
| 海　南 | 183.41 | 20.49 | 307.30 | 85.21 | 152.75 |
| 重　庆 | 928.43 | 22.30 | 1056.53 | 537.94 | 844.74 |
| 四　川 | 2853.65 | 100.81 | 2512.12 | 996.20 | 1526.35 |
| 贵　州 | 825.64 | 46.72 | 1332.64 | 540.47 | 741.27 |
| 云　南 | 784.03 | 20.87 | 1104.81 | 387.61 | 669.26 |
| 西　藏 | 1.70 |  | 11.94 | 3.57 | 3.07 |
| 陕　西 | 1259.64 | 46.13 | 2381.59 | 1317.69 | 1766.88 |
| 甘　肃 | 276.85 | 1.39 | 347.28 | 170.03 | 194.58 |
| 青　海 | 359.93 | 0.70 | 1483.92 | 690.44 | 845.79 |
| 宁　夏 | 444.00 | 10.41 | 845.01 | 510.44 | 540.16 |
| 新　疆 | 712.17 | 4.94 | 2218.86 | 1392.45 | 1699.54 |

# 化学制品制造业主要经济指标

单位：亿元

| 累计折旧 | 流动资产合计 | 应收账款 | 存货 | 产成品 | 负债合计 |
|---|---|---|---|---|---|
| **21057.26** | **31939.51** | **6699.73** | **6356.76** | **2772.20** | **42165.23** |
| 138.56 | 287.19 | 62.68 | 53.79 | 19.69 | 242.57 |
| 343.52 | 557.82 | 168.52 | 132.60 | 57.11 | 839.40 |
| 369.43 | 901.50 | 179.44 | 167.12 | 75.89 | 1047.82 |
| 272.08 | 440.76 | 78.76 | 91.12 | 29.67 | 963.02 |
| 591.12 | 813.00 | 103.76 | 138.76 | 48.80 | 2185.45 |
| 368.08 | 984.25 | 128.02 | 138.54 | 53.97 | 1314.74 |
| 939.00 | 305.93 | 46.55 | 80.57 | 31.40 | 495.27 |
| 119.07 | 194.92 | 35.61 | 37.85 | 18.09 | 270.31 |
| 953.94 | 1533.23 | 459.10 | 289.24 | 121.36 | 1221.63 |
| 4170.13 | 5365.02 | 1543.35 | 1172.32 | 477.60 | 5586.44 |
| 1017.62 | 2916.97 | 623.23 | 555.93 | 234.33 | 2925.56 |
| 455.43 | 864.90 | 191.26 | 179.75 | 93.38 | 1069.74 |
| 234.82 | 603.27 | 157.74 | 135.36 | 45.27 | 921.67 |
| 826.28 | 581.17 | 97.94 | 100.60 | 51.64 | 830.97 |
| 3722.83 | 5224.76 | 807.58 | 1047.68 | 506.33 | 6514.23 |
| 741.39 | 1234.39 | 154.67 | 188.81 | 74.71 | 1777.68 |
| 1210.31 | 1153.21 | 181.80 | 292.58 | 133.37 | 1746.08 |
| 284.14 | 482.73 | 120.07 | 110.88 | 59.00 | 530.91 |
| 1266.06 | 2671.17 | 724.51 | 470.91 | 193.60 | 2317.30 |
| 187.87 | 336.57 | 76.60 | 93.56 | 45.94 | 415.52 |
| 68.46 | 121.29 | 10.90 | 17.92 | 8.29 | 113.56 |
| 336.75 | 321.36 | 54.89 | 78.44 | 44.32 | 723.65 |
| 658.20 | 1018.25 | 186.20 | 199.82 | 98.19 | 1320.00 |
| 212.18 | 542.44 | 78.65 | 102.91 | 45.97 | 979.89 |
| 328.10 | 533.40 | 106.57 | 121.62 | 55.76 | 965.33 |
| 0.51 | 5.80 | 0.39 | 0.64 | 0.40 | 3.11 |
| 503.80 | 655.82 | 116.45 | 93.80 | 40.16 | 1525.59 |
| 83.23 | 141.20 | 31.47 | 38.04 | 20.48 | 222.86 |
| 192.63 | 403.41 | 33.15 | 96.45 | 29.15 | 1044.63 |
| 122.39 | 254.76 | 55.67 | 49.89 | 23.08 | 569.13 |
| 339.33 | 489.03 | 84.23 | 79.27 | 35.25 | 1481.16 |

3-34 续表 1

| 地区 | 流动负债合计 | 应付账款 | 所有者权益合计 | 实收资本 | 国家资本 |
|---|---|---|---|---|---|
| **全国** | **31514.69** | **7030.19** | **33428.09** | **17813.01** | **2871.33** |
| 北京 | 225.42 | 58.49 | 200.29 | 175.83 | 79.78 |
| 天津 | 631.95 | 167.95 | 609.52 | 345.85 | 38.03 |
| 河北 | 783.08 | 181.48 | 1012.56 | 433.88 | 85.74 |
| 山西 | 802.36 | 135.44 | 198.88 | 222.13 | 94.41 |
| 内蒙古 | 1255.46 | 286.70 | 1017.29 | 854.29 | 271.25 |
| 辽宁 | 1057.76 | 110.87 | 647.50 | 425.13 | 64.21 |
| 吉林 | 417.04 | 68.66 | 477.16 | 423.61 | 2.18 |
| 黑龙江 | 192.55 | 51.48 | 167.19 | 217.42 | 38.62 |
| 上海 | 1055.27 | 369.86 | 1470.67 | 956.51 | 55.96 |
| 江苏 | 4719.35 | 1249.37 | 5987.85 | 3194.26 | 148.81 |
| 浙江 | 2483.45 | 512.35 | 2766.66 | 1388.13 | 77.94 |
| 安徽 | 836.07 | 189.83 | 824.68 | 360.36 | 72.23 |
| 福建 | 648.13 | 99.11 | 624.39 | 400.53 | 14.52 |
| 江西 | 625.08 | 122.94 | 863.71 | 372.26 | 17.28 |
| 山东 | 4804.73 | 916.96 | 5282.14 | 1670.81 | 119.15 |
| 河南 | 1298.47 | 189.42 | 1837.74 | 883.59 | 84.88 |
| 湖北 | 1201.01 | 265.32 | 1285.25 | 913.89 | 497.76 |
| 湖南 | 377.03 | 107.77 | 804.07 | 462.53 | 80.45 |
| 广东 | 1815.95 | 548.89 | 2387.74 | 1091.09 | 129.74 |
| 广西 | 312.41 | 74.00 | 349.52 | 120.94 | 13.86 |
| 海南 | 91.26 | 8.23 | 193.74 | 87.30 | 8.21 |
| 重庆 | 502.16 | 66.36 | 323.94 | 256.30 | 72.58 |
| 四川 | 971.37 | 195.77 | 1197.80 | 511.42 | 54.63 |
| 贵州 | 717.82 | 125.20 | 352.34 | 209.12 | 102.07 |
| 云南 | 886.95 | 217.46 | 139.31 | 266.60 | 139.63 |
| 西藏 | 1.55 | 0.20 | 8.13 | 2.84 | 1.84 |
| 陕西 | 845.26 | 193.05 | 815.29 | 666.51 | 276.85 |
| 甘肃 | 160.28 | 44.28 | 130.10 | 77.93 | 46.39 |
| 青海 | 577.11 | 129.38 | 439.29 | 129.87 | 46.57 |
| 宁夏 | 393.71 | 100.92 | 276.10 | 166.41 | 4.48 |
| 新疆 | 824.63 | 242.47 | 737.24 | 525.66 | 131.28 |

单位：亿元

| 集体资本 | 法人资本 | 个人资本 | 港澳台资本 | 外商资本 | 主营业务收入 |
|---|---|---|---|---|---|
| **475.51** | **6904.88** | **3744.08** | **1322.96** | **2494.25** | **87293.98** |
| 0.23 | 42.58 | 20.45 | 4.24 | 28.56 | 328.21 |
| 1.34 | 142.28 | 30.75 | 27.78 | 105.66 | 1419.26 |
| 5.68 | 150.04 | 141.41 | 16.77 | 34.23 | 2548.15 |
| 10.57 | 52.97 | 58.61 | 1.89 | 3.68 | 504.49 |
| 11.99 | 456.57 | 86.67 | 16.80 | 11.02 | 1460.88 |
| 4.47 | 206.66 | 47.41 | 59.38 | 42.99 | 1372.87 |
| 160.53 | 210.43 | 33.59 | 1.96 | 14.92 | 1526.78 |
| 12.97 | 142.40 | 19.76 | 0.89 | 2.77 | 529.57 |
| 2.46 | 258.92 | 53.22 | 46.06 | 539.90 | 2680.77 |
| 24.62 | 1104.49 | 652.65 | 485.07 | 778.61 | 17957.37 |
| 9.50 | 655.17 | 253.27 | 227.42 | 164.83 | 5450.05 |
| 6.27 | 117.81 | 107.17 | 10.17 | 46.72 | 2255.00 |
| 6.67 | 174.45 | 91.86 | 76.74 | 36.29 | 1619.60 |
| 1.48 | 106.78 | 75.50 | 89.58 | 81.65 | 2545.94 |
| 59.92 | 737.79 | 612.13 | 35.54 | 106.29 | 18036.73 |
| 16.70 | 263.14 | 501.83 | 9.90 | 7.15 | 4355.69 |
| 12.60 | 191.75 | 173.40 | 6.11 | 32.27 | 4085.00 |
| 10.64 | 265.00 | 101.03 | 2.52 | 2.89 | 2949.43 |
| 29.19 | 229.71 | 198.22 | 176.76 | 327.47 | 6059.96 |
| 0.81 | 60.77 | 36.88 | 1.90 | 6.73 | 1135.98 |
| 1.25 | 56.31 | 19.17 | 2.00 | 0.36 | 188.15 |
| 5.25 | 89.92 | 32.38 | 3.36 | 52.81 | 909.34 |
| 8.38 | 292.04 | 128.56 | 15.68 | 12.12 | 2664.29 |
| 0.54 | 43.31 | 55.17 | 0.01 | 8.03 | 1039.81 |
| 5.56 | 81.69 | 32.93 | 1.22 | 5.57 | 755.32 |
|  | 0.87 | 0.13 |  |  | 3.66 |
| 42.25 | 257.57 | 66.04 | 0.74 | 23.05 | 1200.70 |
| 4.06 | 14.79 | 12.66 |  | 0.04 | 225.60 |
| 2.22 | 46.65 | 26.28 | 0.20 | 7.94 | 307.70 |
| 1.39 | 110.53 | 48.17 | 0.85 | 0.98 | 443.46 |
| 15.97 | 341.49 | 26.80 | 1.42 | 8.70 | 734.24 |

3-34 续表 2

| 地 区 | 主营业务成本 | 销售费用 | 管理费用 | 财务费用 | 利息收入 |
|---|---|---|---|---|---|
| **全 国** | **74454.83** | **2596.26** | **3240.35** | **1175.96** | **74.38** |
| 北 京 | 248.96 | 28.93 | 36.09 | 4.88 | 0.55 |
| 天 津 | 1170.36 | 32.06 | 67.14 | 21.37 | 1.90 |
| 河 北 | 2177.42 | 64.78 | 83.29 | 25.86 | 1.28 |
| 山 西 | 466.73 | 17.97 | 31.63 | 22.80 | 4.34 |
| 内蒙古 | 1219.08 | 45.84 | 76.35 | 66.84 | 1.11 |
| 辽 宁 | 1234.15 | 38.21 | 54.15 | 46.17 | -7.87 |
| 吉 林 | 1232.96 | 32.98 | 79.84 | 13.85 | 0.22 |
| 黑龙江 | 470.52 | 8.77 | 17.14 | 6.18 | 0.13 |
| 上 海 | 2060.59 | 215.04 | 176.82 | 20.45 | 2.76 |
| 江 苏 | 15377.07 | 375.77 | 603.40 | 169.36 | 17.49 |
| 浙 江 | 4632.68 | 171.39 | 255.98 | 79.68 | 7.11 |
| 安 徽 | 1908.40 | 77.63 | 98.64 | 24.54 | 3.29 |
| 福 建 | 1405.98 | 45.21 | 63.65 | 28.30 | 1.37 |
| 江 西 | 2191.46 | 39.09 | 55.04 | 17.66 | 0.18 |
| 山 东 | 15923.99 | 295.03 | 397.46 | 197.95 | 16.07 |
| 河 南 | 3841.72 | 77.70 | 100.29 | 52.90 | 3.67 |
| 湖 北 | 3595.93 | 115.34 | 151.26 | 50.70 | 0.90 |
| 湖 南 | 2400.53 | 116.31 | 149.70 | 32.41 | 0.26 |
| 广 东 | 4752.65 | 476.97 | 304.94 | 40.68 | 4.34 |
| 广 西 | 961.96 | 28.11 | 45.90 | 9.11 | 0.78 |
| 海 南 | 172.21 | 4.38 | 4.49 | 3.79 | 0.05 |
| 重 庆 | 790.69 | 31.21 | 44.74 | 22.83 | 1.86 |
| 四 川 | 2277.01 | 80.85 | 119.24 | 36.07 | 6.52 |
| 贵 州 | 914.30 | 22.94 | 28.14 | 28.83 | 2.27 |
| 云 南 | 657.19 | 39.80 | 44.92 | 24.75 | 0.89 |
| 西 藏 | 2.27 | 0.17 | 0.53 | 0.06 | |
| 陕 西 | 982.51 | 34.23 | 56.01 | 43.22 | 1.23 |
| 甘 肃 | 202.03 | 8.72 | 15.40 | 4.01 | 0.42 |
| 青 海 | 206.12 | 27.08 | 19.29 | 25.42 | -0.26 |
| 宁 夏 | 402.05 | 8.05 | 18.42 | 17.44 | 0.11 |
| 新 疆 | 575.27 | 35.71 | 40.48 | 37.87 | 1.37 |

单位：亿元

| 利息支出 | 投资收益(损失以"-"号记) | 营业利润 | 利润总额 | 亏损企业亏损额 | 平均用工人数(万人) |
|---|---|---|---|---|---|
| **1054.09** | **166.00** | **5049.83** | **5180.30** | **966.15** | **480.59** |
| 4.82 | 1.13 | 9.42 | 10.14 | 11.94 | 3.06 |
| 18.54 | 0.41 | 122.30 | 121.34 | 9.81 | 5.67 |
| 23.29 | 0.21 | 189.46 | 183.44 | 17.38 | 17.69 |
| 23.70 | -0.24 | -37.68 | -34.00 | 42.43 | 7.97 |
| 60.95 | -2.48 | 37.87 | 31.48 | 70.69 | 9.69 |
| 36.65 | 6.31 | -7.76 | 14.81 | 40.33 | 8.54 |
| 9.61 | -0.77 | 52.22 | 50.57 | 22.39 | 7.82 |
| 5.27 | 0.13 | 20.26 | 19.71 | 13.01 | 3.43 |
| 17.17 | 18.21 | 214.19 | 223.90 | 39.87 | 11.60 |
| 153.76 | 21.69 | 1280.75 | 1303.15 | 72.08 | 71.69 |
| 78.75 | 32.64 | 336.33 | 358.23 | 34.73 | 23.89 |
| 23.72 | -0.74 | 136.52 | 147.36 | 10.63 | 13.96 |
| 22.17 | 0.38 | 66.14 | 67.75 | 27.86 | 9.87 |
| 15.06 | 2.68 | 216.80 | 215.68 | 8.31 | 18.02 |
| 161.84 | 13.62 | 1099.96 | 1116.41 | 40.95 | 68.33 |
| 44.29 | 7.79 | 281.30 | 283.29 | 23.93 | 31.28 |
| 44.10 | 0.21 | 165.08 | 175.40 | 21.49 | 21.48 |
| 21.16 | -0.25 | 157.46 | 143.22 | 32.82 | 35.56 |
| 33.52 | 22.71 | 479.37 | 490.46 | 26.25 | 34.64 |
| 8.88 | -8.23 | 71.87 | 73.63 | 12.08 | 9.34 |
| 3.57 | 2.76 | 6.26 | 6.53 | 0.34 | 0.38 |
| 20.91 | 5.71 | 20.14 | 23.31 | 33.78 | 7.29 |
| 43.07 | 36.02 | 169.84 | 169.54 | 31.18 | 20.36 |
| 30.53 | 0.65 | 42.70 | 44.04 | 14.18 | 5.34 |
| 24.47 | 2.04 | -180.75 | -180.41 | 206.70 | 7.03 |
| 0.03 | | 0.58 | 0.59 | 0.02 | 0.05 |
| 42.41 | 0.73 | 70.09 | 68.71 | 17.85 | 8.58 |
| 4.20 | 0.16 | -6.25 | -4.12 | 11.32 | 3.16 |
| 23.21 | 3.25 | 7.85 | 17.42 | 15.13 | 3.69 |
| 16.42 | 0.54 | -4.22 | -2.49 | 26.51 | 4.11 |
| 38.04 | -1.28 | 31.74 | 41.21 | 30.14 | 7.09 |

# 3-35 按地区分组的医药

| 地 区 | 工业销售产值(当年价格) | 出口交货值 | 资产总计 | 固定资产合 计 | 固定资产原 价 |
|---|---|---|---|---|---|
| **全 国** | **28417.72** | **1460.42** | **28789.11** | **7853.02** | **12046.95** |
| 北 京 | 785.08 | 13.17 | 1290.11 | 171.36 | 282.82 |
| 天 津 | 519.40 | 44.74 | 940.70 | 251.61 | 310.77 |
| 河 北 | 815.43 | 67.92 | 1052.37 | 330.36 | 451.77 |
| 山 西 | 180.70 | 14.19 | 372.34 | 121.09 | 155.19 |
| 内蒙古 | 313.62 | 6.79 | 363.22 | 185.12 | 242.15 |
| 辽 宁 | 376.68 | 16.48 | 587.03 | 129.99 | 177.09 |
| 吉 林 | 1996.11 | 17.74 | 1531.32 | 339.68 | 752.15 |
| 黑龙江 | 315.22 | 1.21 | 582.95 | 159.19 | 241.86 |
| 上 海 | 672.43 | 53.45 | 1216.88 | 196.38 | 331.85 |
| 江 苏 | 3838.94 | 217.15 | 2826.06 | 812.38 | 1421.84 |
| 浙 江 | 1297.53 | 251.07 | 1975.32 | 452.26 | 688.43 |
| 安 徽 | 835.99 | 36.31 | 719.97 | 194.04 | 273.65 |
| 福 建 | 298.11 | 23.90 | 304.32 | 69.84 | 112.28 |
| 江 西 | 1231.63 | 41.03 | 909.41 | 324.68 | 522.17 |
| 山 东 | 4673.67 | 311.41 | 3728.96 | 1321.49 | 1779.39 |
| 河 南 | 2292.39 | 22.12 | 1542.53 | 707.34 | 936.84 |
| 湖 北 | 1202.71 | 116.85 | 1235.78 | 336.90 | 505.52 |
| 湖 南 | 1103.73 | 15.28 | 564.78 | 221.50 | 297.90 |
| 广 东 | 1548.21 | 77.50 | 2561.02 | 353.50 | 630.71 |
| 广 西 | 449.01 | 19.86 | 307.66 | 97.19 | 183.22 |
| 海 南 | 148.53 | 0.33 | 240.46 | 51.02 | 70.96 |
| 重 庆 | 609.46 | 28.32 | 609.74 | 215.61 | 322.49 |
| 四 川 | 1315.73 | 17.86 | 1155.44 | 273.47 | 537.68 |
| 贵 州 | 391.29 | 0.17 | 441.09 | 76.04 | 94.36 |
| 云 南 | 300.36 | 2.81 | 575.69 | 102.72 | 131.36 |
| 西 藏 | 12.06 | 0.02 | 33.21 | 5.93 | 6.15 |
| 陕 西 | 607.19 | 14.54 | 507.31 | 141.17 | 319.75 |
| 甘 肃 | 129.94 | 1.18 | 258.73 | 52.24 | 70.20 |
| 青 海 | 63.58 | 0.18 | 86.59 | 48.25 | 55.47 |
| 宁 夏 | 54.84 | 24.92 | 123.60 | 49.29 | 70.60 |
| 新 疆 | 38.16 | 1.91 | 144.54 | 61.37 | 70.33 |

# 制造业主要经济指标

单位：亿元

| 累计折旧 | 流动资产合计 | 应收账款 | 存货 | 产成品 | 负债合计 |
|---|---|---|---|---|---|
| **5079.22** | **15119.30** | **3373.80** | **3124.82** | **1418.58** | **11604.91** |
| 111.59 | 788.13 | 205.51 | 207.13 | 79.77 | 536.02 |
| 116.30 | 514.22 | 149.93 | 131.34 | 26.74 | 370.51 |
| 156.91 | 524.14 | 96.77 | 109.54 | 48.44 | 509.89 |
| 49.27 | 154.13 | 36.40 | 35.57 | 16.26 | 188.43 |
| 74.40 | 138.67 | 27.52 | 23.11 | 11.28 | 208.04 |
| 67.75 | 340.53 | 71.27 | 101.67 | 48.99 | 303.62 |
| 448.89 | 757.49 | 176.34 | 154.16 | 71.90 | 500.28 |
| 98.51 | 310.82 | 65.65 | 60.81 | 15.31 | 229.53 |
| 143.45 | 698.17 | 163.83 | 168.38 | 87.90 | 426.23 |
| 626.58 | 1500.45 | 464.80 | 304.69 | 127.50 | 1024.38 |
| 263.39 | 1063.38 | 245.14 | 235.59 | 98.58 | 803.15 |
| 99.60 | 416.01 | 155.13 | 87.21 | 37.33 | 358.51 |
| 56.60 | 180.08 | 47.74 | 40.40 | 14.17 | 95.42 |
| 228.91 | 370.29 | 85.86 | 75.71 | 35.19 | 304.65 |
| 753.83 | 1875.98 | 336.61 | 318.55 | 162.32 | 1425.39 |
| 321.35 | 647.15 | 119.60 | 114.19 | 76.82 | 512.97 |
| 184.77 | 527.95 | 129.50 | 100.75 | 56.59 | 546.54 |
| 90.96 | 248.59 | 54.79 | 55.62 | 25.87 | 207.65 |
| 296.32 | 1638.96 | 247.73 | 283.25 | 163.82 | 1049.48 |
| 91.32 | 150.07 | 30.16 | 37.94 | 17.88 | 132.17 |
| 23.77 | 145.94 | 18.47 | 23.18 | 12.16 | 89.95 |
| 135.13 | 267.17 | 55.61 | 58.49 | 23.00 | 273.61 |
| 292.76 | 666.18 | 155.48 | 130.82 | 53.38 | 545.61 |
| 33.13 | 241.61 | 58.20 | 42.85 | 19.53 | 152.17 |
| 39.46 | 360.38 | 56.50 | 76.44 | 21.91 | 286.05 |
| 1.68 | 18.30 | 3.51 | 3.42 | 1.05 | 9.05 |
| 207.17 | 280.92 | 57.84 | 70.92 | 32.54 | 218.85 |
| 20.88 | 151.20 | 30.48 | 32.91 | 14.43 | 96.39 |
| 7.48 | 33.63 | 4.55 | 9.73 | 1.93 | 27.66 |
| 25.83 | 56.58 | 10.82 | 9.10 | 5.48 | 87.48 |
| 11.24 | 52.19 | 12.06 | 21.34 | 10.52 | 85.24 |

3-35 续表 1

| 地 区 | 流动负债合计 | 应付账款 | 所有者权益合计 | 实收资本 | 国家资本 |
|---|---|---|---|---|---|
| **全 国** | **9209.07** | **1966.05** | **17131.57** | **11274.47** | **355.74** |
| 北 京 | 457.24 | 147.97 | 754.09 | 219.60 | 12.62 |
| 天 津 | 313.23 | 89.69 | 561.85 | 220.17 | 13.42 |
| 河 北 | 419.50 | 97.48 | 542.27 | 216.43 | 22.89 |
| 山 西 | 136.37 | 19.48 | 183.91 | 63.68 | 13.83 |
| 内蒙古 | 182.21 | 25.02 | 155.17 | 83.66 | 3.70 |
| 辽 宁 | 228.60 | 54.94 | 289.36 | 95.59 | 18.63 |
| 吉 林 | 395.31 | 67.07 | 1031.04 | 217.81 | 13.82 |
| 黑龙江 | 193.05 | 49.47 | 353.41 | 6113.59 | 17.65 |
| 上 海 | 366.36 | 104.45 | 782.36 | 297.50 | 42.47 |
| 江 苏 | 829.84 | 200.18 | 1801.41 | 557.62 | 13.51 |
| 浙 江 | 673.57 | 148.82 | 1171.33 | 357.10 | 23.54 |
| 安 徽 | 294.97 | 69.08 | 356.98 | 148.13 | 12.81 |
| 福 建 | 81.80 | 19.59 | 208.80 | 69.88 | 1.90 |
| 江 西 | 227.51 | 45.40 | 599.73 | 146.37 | 2.99 |
| 山 东 | 1091.77 | 198.17 | 2300.86 | 511.56 | 10.09 |
| 河 南 | 356.92 | 64.69 | 1023.73 | 364.32 | 4.76 |
| 湖 北 | 395.66 | 76.99 | 688.11 | 190.30 | 19.57 |
| 湖 南 | 159.28 | 41.38 | 356.23 | 147.57 | 4.61 |
| 广 东 | 840.59 | 155.26 | 1499.83 | 393.89 | 29.58 |
| 广 西 | 101.53 | 21.04 | 174.95 | 58.01 | 1.01 |
| 海 南 | 79.74 | 12.79 | 150.52 | 49.12 | 1.50 |
| 重 庆 | 230.73 | 33.32 | 335.79 | 127.16 | 7.26 |
| 四 川 | 393.86 | 86.42 | 609.42 | 202.03 | 18.68 |
| 贵 州 | 115.19 | 13.97 | 286.83 | 89.49 | 0.28 |
| 云 南 | 225.13 | 53.52 | 289.64 | 86.42 | 8.28 |
| 西 藏 | 5.83 | 0.66 | 24.15 | 8.48 | 2.36 |
| 陕 西 | 172.80 | 38.35 | 283.10 | 81.61 | 4.53 |
| 甘 肃 | 66.78 | 11.21 | 162.34 | 70.25 | 23.49 |
| 青 海 | 26.32 | 0.19 | 58.93 | 13.89 | 1.03 |
| 宁 夏 | 76.02 | 11.17 | 36.12 | 19.23 | 0.11 |
| 新 疆 | 71.36 | 8.28 | 59.29 | 54.02 | 4.85 |

单位：亿元

| | | | | | 主营业务收入 |
|---|---|---|---|---|---|
| 集体资本 | 法人资本 | 个人资本 | 港澳台资本 | 外商资本 | |
| **101.11** | **2317.69** | **7601.66** | **362.52** | **534.77** | **28206.11** |
| 0.51 | 104.05 | 41.01 | 15.33 | 46.08 | 809.03 |
| 3.95 | 129.51 | 15.20 | 2.57 | 55.53 | 567.41 |
| 4.97 | 59.15 | 63.97 | 57.08 | 8.36 | 945.78 |
| 1.04 | 29.08 | 19.33 | 0.15 | 0.25 | 179.02 |
| 4.99 | 35.98 | 11.15 | 27.74 | 0.10 | 276.33 |
| 0.11 | 30.65 | 17.90 | 24.65 | 3.64 | 396.97 |
| 2.46 | 97.73 | 91.01 | 2.28 | 10.51 | 1850.92 |
| 0.60 | 53.70 | 6021.32 | 3.67 | 16.65 | 385.20 |
| 1.54 | 126.36 | 34.16 | 31.92 | 60.16 | 716.44 |
| 11.90 | 190.20 | 132.21 | 53.23 | 156.58 | 3870.28 |
| 10.08 | 141.80 | 132.13 | 11.58 | 37.97 | 1248.64 |
| 2.74 | 55.20 | 72.09 | 1.50 | 3.78 | 823.81 |
| 1.80 | 26.44 | 23.23 | 9.13 | 7.38 | 289.44 |
| 3.25 | 76.66 | 59.61 | 2.68 | 1.18 | 1254.61 |
| 7.61 | 201.25 | 192.15 | 45.52 | 54.94 | 4546.81 |
| 1.31 | 193.52 | 160.43 | 2.78 | 1.52 | 2265.50 |
| 7.31 | 88.78 | 56.63 | 12.05 | 5.97 | 1196.91 |
| 2.70 | 78.39 | 60.96 | 0.48 | 0.43 | 1077.47 |
| 8.05 | 177.33 | 99.57 | 39.00 | 40.37 | 1553.00 |
| 1.01 | 27.60 | 22.15 | 1.41 | 4.73 | 408.75 |
| 5.66 | 25.16 | 12.59 | 0.89 | 3.32 | 147.25 |
| 0.84 | 39.23 | 78.69 | 0.14 | 0.99 | 602.73 |
| 4.93 | 91.79 | 69.65 | 12.22 | 4.76 | 1300.08 |
| 0.77 | 59.24 | 28.62 | 0.40 | 0.18 | 381.89 |
| 1.77 | 43.02 | 27.53 | 2.95 | 2.88 | 291.57 |
| 0.10 | 5.40 | 0.59 | | 0.03 | 9.71 |
| 2.36 | 37.96 | 29.50 | 1.15 | 6.12 | 576.98 |
| 5.76 | 30.21 | 10.79 | | | 105.33 |
| 1.01 | 7.47 | 4.38 | | | 37.16 |
| | 9.78 | 9.35 | | | 50.29 |
| | 45.05 | 3.79 | | 0.33 | 40.80 |

3-35 续表 2

| 地　区 | 主营业务成　本 | 销售费用 | 管理费用 | 财务费用 | 利息收入 |
|---|---|---|---|---|---|
| **全　国** | **19773.72** | **3323.95** | **1775.31** | **238.51** | **27.64** |
| 北　京 | 379.49 | 206.51 | 80.64 | 12.96 | 2.87 |
| 天　津 | 343.99 | 112.89 | 47.71 | 5.84 | 1.32 |
| 河　北 | 717.35 | 89.14 | 44.08 | 7.95 | 0.50 |
| 山　西 | 112.22 | 27.17 | 18.55 | 3.96 | 0.83 |
| 内蒙古 | 217.87 | 15.77 | 13.44 | 3.63 | -0.01 |
| 辽　宁 | 210.87 | 76.43 | 36.04 | 5.65 | 0.23 |
| 吉　林 | 1262.56 | 276.81 | 120.86 | 12.15 | -0.04 |
| 黑龙江 | 247.47 | 33.75 | 41.39 | 1.93 | 0.71 |
| 上　海 | 389.64 | 148.51 | 77.48 | 4.60 | 2.43 |
| 江　苏 | 2502.18 | 650.07 | 272.80 | 13.42 | 1.36 |
| 浙　江 | 752.78 | 202.90 | 131.31 | 11.45 | 2.41 |
| 安　徽 | 670.52 | 41.06 | 39.71 | 6.13 | 0.75 |
| 福　建 | 190.89 | 34.30 | 23.84 | 1.97 | 0.43 |
| 江　西 | 971.90 | 119.21 | 47.05 | 6.40 | 0.56 |
| 山　东 | 3396.54 | 396.54 | 193.62 | 39.30 | 3.39 |
| 河　南 | 1896.60 | 73.21 | 67.17 | 23.10 | 0.27 |
| 湖　北 | 894.94 | 104.95 | 87.45 | 13.14 | 1.40 |
| 湖　南 | 834.85 | 82.52 | 65.64 | 9.31 | -0.12 |
| 广　东 | 1036.91 | 184.08 | 104.91 | 13.62 | 3.61 |
| 广　西 | 297.69 | 31.33 | 27.48 | 2.06 | 0.13 |
| 海　南 | 81.36 | 26.72 | 15.02 | 1.59 | 0.11 |
| 重　庆 | 448.72 | 52.21 | 38.11 | 6.25 | 0.40 |
| 四　川 | 952.40 | 114.83 | 79.83 | 15.34 | 2.27 |
| 贵　州 | 226.96 | 76.45 | 21.79 | 3.29 | 0.28 |
| 云　南 | 177.78 | 51.66 | 23.51 | 4.01 | 0.86 |
| 西　藏 | 3.01 | 1.75 | 1.40 | 0.04 | -0.01 |
| 陕　西 | 388.52 | 79.37 | 32.88 | 5.54 | 0.02 |
| 甘　肃 | 73.03 | 6.17 | 7.88 | 1.02 | 0.64 |
| 青　海 | 27.39 | 2.09 | 4.72 | 0.06 | |
| 宁　夏 | 37.82 | 1.19 | 4.80 | 2.11 | 0.01 |
| 新　疆 | 29.45 | 4.36 | 4.19 | 0.65 | 0.04 |

单位：亿元

| 利息支出 | 投资收益（损失以“-”号记） | 营业利润 | 利润总额 | 亏损企业亏损额 | 平均用工人数（万人） |
|---|---|---|---|---|---|
| **232.19** | **111.59** | **3021.61** | **3114.99** | **81.03** | **235.92** |
| 7.87 | 26.26 | 148.98 | 153.48 | 7.32 | 7.48 |
| 6.35 | 7.09 | 65.10 | 72.37 | 4.38 | 5.77 |
| 7.38 | -5.35 | 83.76 | 85.02 | 3.40 | 8.78 |
| 5.01 | 0.12 | 15.32 | 16.69 | 1.24 | 3.12 |
| 2.61 | 0.19 | 23.60 | 23.77 | 0.45 | 2.97 |
| 4.71 | 0.04 | 62.16 | 64.62 | 2.89 | 3.96 |
| 9.35 | 12.50 | 182.25 | 174.76 | 3.32 | 13.78 |
| 1.65 | 0.53 | 56.60 | 60.28 | 0.51 | 4.52 |
| 6.00 | 15.17 | 105.55 | 118.73 | 6.43 | 5.76 |
| 15.72 | 6.47 | 415.14 | 419.34 | 8.34 | 22.53 |
| 18.58 | 24.33 | 177.51 | 190.44 | 5.29 | 13.83 |
| 5.03 | 0.65 | 62.06 | 66.63 | 1.90 | 7.84 |
| 2.51 | 0.34 | 37.37 | 38.53 | 0.30 | 3.13 |
| 5.17 | 1.81 | 103.41 | 105.35 | 0.54 | 10.68 |
| 37.99 | 2.21 | 476.90 | 486.17 | 3.30 | 28.66 |
| 16.75 | 6.04 | 199.03 | 204.83 | 1.70 | 21.52 |
| 13.31 | 9.70 | 97.83 | 100.61 | 2.97 | 11.85 |
| 5.36 | -0.05 | 73.75 | 74.95 | 1.32 | 7.18 |
| 18.64 | 6.60 | 213.71 | 223.20 | 7.28 | 13.35 |
| 2.11 | -7.74 | 45.36 | 46.20 | 1.68 | 4.42 |
| 1.94 | 1.69 | 21.19 | 22.73 | 4.56 | 1.46 |
| 6.57 | 0.59 | 53.79 | 58.15 | 3.41 | 5.59 |
| 16.59 | -1.34 | 127.49 | 128.54 | 2.13 | 12.48 |
| 3.00 | 0.75 | 49.09 | 51.14 | 2.87 | 3.95 |
| 4.24 | 2.77 | 34.04 | 35.85 | 1.46 | 3.14 |
| 0.05 | 0.07 | 3.46 | 3.47 | 0.10 | 0.13 |
| 3.57 | -0.12 | 66.48 | 67.24 | 0.80 | 4.76 |
| 1.41 | -0.11 | 14.82 | 15.45 | 0.34 | 1.39 |
| 0.10 | 0.22 | 2.73 | 2.79 | 0.10 | 0.49 |
| 2.12 | 0.06 | 1.11 | 1.32 | 0.40 | 0.64 |
| 0.50 | 0.09 | 2.01 | 2.36 | 0.30 | 0.79 |

# 3-36 按地区分组的化学纤维

| 地区 | 工业销售产值（当年价格） | 出口交货值 | 资产总计 | 固定资产合计 | 固定资产原价 |
|---|---|---|---|---|---|
| **全国** | **7879.83** | **559.96** | **7148.68** | **2550.38** | **4507.22** |
| 北京 | 3.71 | 2.11 | 3.85 | 1.30 | 2.35 |
| 天津 | 4.84 | 0.06 | 5.72 | 1.52 | 2.12 |
| 河北 | 265.83 | 21.08 | 274.01 | 161.96 | 231.35 |
| 山西 | | | | | |
| 内蒙古 | 0.70 | | 0.37 | 0.07 | 0.14 |
| 辽宁 | 30.48 | 1.72 | 49.17 | 19.85 | 28.37 |
| 吉林 | 72.41 | 10.12 | 97.71 | 28.27 | 73.27 |
| 黑龙江 | 2.14 | | 3.32 | 1.13 | 1.66 |
| 上海 | 36.08 | 13.92 | 59.00 | 14.87 | 41.06 |
| 江苏 | 2786.86 | 234.32 | 2313.85 | 871.68 | 1675.45 |
| 浙江 | 2418.13 | 148.30 | 2252.36 | 592.96 | 1018.08 |
| 安徽 | 94.81 | 7.51 | 136.72 | 60.76 | 96.79 |
| 福建 | 1050.96 | 47.24 | 820.01 | 328.92 | 597.14 |
| 江西 | 87.83 | 1.44 | 81.65 | 34.51 | 54.87 |
| 山东 | 297.74 | 23.74 | 252.06 | 123.73 | 197.88 |
| 河南 | 109.97 | 9.76 | 115.23 | 44.36 | 79.10 |
| 湖北 | 73.58 | 3.94 | 62.81 | 16.24 | 35.81 |
| 湖南 | 32.79 | | 21.85 | 12.53 | 14.64 |
| 广东 | 129.78 | 13.87 | 160.34 | 37.84 | 110.98 |
| 广西 | 0.99 | | 0.26 | 0.15 | 0.21 |
| 海南 | | | | | |
| 重庆 | 17.46 | 0.46 | 29.89 | 16.98 | 19.26 |
| 四川 | 226.10 | 18.20 | 210.12 | 95.88 | 123.83 |
| 贵州 | 1.56 | | 0.21 | | |
| 云南 | 14.20 | | 10.72 | 1.75 | 6.88 |
| 西藏 | | | | | |
| 陕西 | 15.28 | 0.02 | 19.01 | 9.08 | 15.06 |
| 甘肃 | 0.41 | | 0.31 | 0.14 | 0.15 |
| 青海 | | | | | |
| 宁夏 | | | | | |
| 新疆 | 105.17 | 2.15 | 168.11 | 73.90 | 80.77 |

# 制造业主要经济指标

单位：亿元

| 累计折旧 | 流动资产合计 | 应收账款 | 存货 | 产成品 | 负债合计 |
|---|---|---|---|---|---|
| **2084.61** | **3336.88** | **465.12** | **771.40** | **343.70** | **4073.37** |
| 1.05 | 2.27 | 0.43 | 0.79 | 0.50 | 1.95 |
| 0.75 | 4.18 | 1.23 | 2.09 | 1.42 | 3.68 |
| 66.59 | 77.21 | 10.64 | 20.40 | 5.92 | 174.50 |
| 0.08 | 0.20 | 0.07 | 0.08 | 0.07 | 0.30 |
| 8.72 | 20.59 | 3.35 | 4.68 | 2.40 | 31.06 |
| 45.56 | 47.07 | 4.46 | 7.83 | 4.89 | 56.96 |
| 0.60 | 0.95 | 0.11 | 0.43 | 0.32 | 1.28 |
| 26.21 | 37.77 | 7.23 | 7.09 | 4.31 | 26.19 |
| 804.00 | 1116.47 | 161.26 | 270.35 | 122.82 | 1304.03 |
| 486.92 | 1106.22 | 139.05 | 215.29 | 109.41 | 1244.80 |
| 37.99 | 36.68 | 9.28 | 11.42 | 7.23 | 85.18 |
| 283.63 | 379.38 | 62.09 | 90.87 | 39.50 | 510.68 |
| 21.90 | 35.66 | 10.03 | 8.37 | 1.44 | 41.57 |
| 88.02 | 115.74 | 11.71 | 30.99 | 11.10 | 142.34 |
| 36.96 | 41.93 | 8.62 | 9.01 | 4.00 | 42.05 |
| 20.72 | 23.98 | 4.98 | 9.44 | 4.53 | 25.87 |
| 2.23 | 6.85 | 0.38 | 2.41 | 0.98 | 14.06 |
| 72.46 | 61.97 | 17.87 | 12.61 | 5.79 | 59.44 |
| 0.07 | 0.10 | 0.03 | 0.05 | 0.04 | 0.20 |
| 2.34 | 10.96 | 2.02 | 3.21 | 1.45 | 15.77 |
| 40.55 | 105.37 | 6.14 | 38.87 | 6.63 | 166.03 |
|  | 0.21 |  | 0.17 | 0.13 | 0.13 |
| 5.13 | 8.42 | 0.16 | 1.42 | 0.31 | 1.80 |
| 6.02 | 9.27 | 0.23 | 5.23 | 2.65 | 11.57 |
| 0.01 | 0.10 | 0.01 | 0.09 | 0.07 | 0.06 |
| 26.11 | 87.35 | 3.72 | 18.19 | 5.81 | 111.87 |

3-36 续表 1

| 地　区 | 流动负债合　计 | 应付账款 | 所有者权益合计 | 实收资本 | 国家资本 |
|---|---|---|---|---|---|
| **全　国** | **3405.86** | **472.93** | **3028.19** | **1520.09** | **124.11** |
| 北　京 | 1.82 | 0.14 | 1.90 | 0.98 | 0.86 |
| 天　津 | 3.68 | 1.04 | 2.04 | 0.37 | |
| 河　北 | 128.00 | 29.38 | 99.46 | 41.28 | 25.78 |
| 山　西 | | | | | |
| 内蒙古 | 0.06 | 0.04 | 0.07 | 0.02 | 0.02 |
| 辽　宁 | 26.75 | 4.41 | 18.10 | 15.22 | |
| 吉　林 | 44.61 | 6.24 | 40.75 | 12.50 | 8.09 |
| 黑龙江 | 0.79 | 0.25 | 2.04 | 0.58 | |
| 上　海 | 22.62 | 5.01 | 32.81 | 22.24 | 0.68 |
| 江　苏 | 1130.73 | 132.77 | 1009.36 | 566.41 | 24.57 |
| 浙　江 | 1066.33 | 131.22 | 983.29 | 416.40 | 6.94 |
| 安　徽 | 62.16 | 8.80 | 51.30 | 31.12 | 8.43 |
| 福　建 | 394.12 | 48.06 | 305.17 | 171.60 | 0.24 |
| 江　西 | 30.16 | 14.20 | 40.09 | 26.18 | |
| 山　东 | 122.84 | 23.77 | 109.72 | 48.68 | 0.49 |
| 河　南 | 32.86 | 7.15 | 71.36 | 17.43 | 8.77 |
| 湖　北 | 16.94 | 6.35 | 20.87 | 12.82 | 0.11 |
| 湖　南 | 6.78 | 2.04 | 7.79 | 5.71 | |
| 广　东 | 54.30 | 15.69 | 100.87 | 52.46 | 5.46 |
| 广　西 | 0.20 | 0.08 | 0.06 | 0.15 | |
| 海　南 | | | | | |
| 重　庆 | 12.08 | 2.85 | 14.12 | 6.78 | 0.57 |
| 四　川 | 134.14 | 12.24 | 44.09 | 17.31 | 2.06 |
| 贵　州 | 0.13 | 0.11 | 0.08 | 0.10 | |
| 云　南 | 1.80 | 0.94 | 8.91 | 4.20 | |
| 西　藏 | | | | | |
| 陕　西 | 7.07 | 1.88 | 7.44 | 7.34 | 1.74 |
| 甘　肃 | 0.06 | 0.03 | 0.25 | 0.06 | |
| 青　海 | | | | | |
| 宁　夏 | | | | | |
| 新　疆 | 104.83 | 18.22 | 56.24 | 42.16 | 29.31 |

单位：亿元

| 集体资本 | 法人资本 | 个人资本 | 港澳台资本 | 外商资本 | 主营业务收入 |
|---|---|---|---|---|---|
| **14.32** | **620.08** | **419.13** | **211.12** | **131.33** | **7782.48** |
|  |  | 0.12 |  |  | 3.45 |
|  | 0.25 |  |  | 0.12 | 4.13 |
| 0.02 | 1.61 | 13.87 |  |  | 247.80 |
|  |  |  |  |  | 0.71 |
|  | 2.14 | 9.64 | 2.63 | 0.81 | 30.11 |
|  | 0.71 | 3.70 |  |  | 58.08 |
|  |  | 0.58 |  |  | 2.18 |
| 1.12 | 1.61 | 1.81 | 9.63 | 7.40 | 37.59 |
| 5.86 | 301.51 | 160.33 | 43.01 | 31.12 | 2778.87 |
| 4.65 | 188.00 | 123.75 | 52.96 | 40.10 | 2376.88 |
|  | 6.39 | 13.40 | 0.25 | 2.65 | 96.49 |
| 1.07 | 42.74 | 28.11 | 85.55 | 13.88 | 1005.57 |
|  | 1.51 | 11.42 | 4.37 | 8.88 | 88.05 |
| 1.10 | 21.65 | 17.98 | 4.16 | 3.29 | 301.92 |
|  | 2.93 | 4.99 |  | 0.74 | 109.05 |
|  | 1.93 | 2.51 |  | 8.26 | 74.41 |
|  | 3.29 | 2.40 | 0.02 |  | 31.71 |
| 0.14 | 12.01 | 17.94 | 8.53 | 8.38 | 129.98 |
|  | 0.05 | 0.10 |  |  | 1.01 |
|  | 6.00 | 0.21 |  |  | 17.45 |
| 0.36 | 7.67 | 3.49 |  | 3.72 | 253.19 |
|  | 0.04 | 0.06 |  |  | 1.51 |
|  | 2.86 | 0.11 |  | 1.23 | 14.20 |
|  | 4.70 | 0.16 |  | 0.74 | 15.18 |
|  |  | 0.06 |  |  | 0.35 |
|  | 10.48 | 2.38 |  |  | 102.62 |

3-36 续表 2

| 地　区 | 主营业务成　本 | 销售费用 | 管理费用 | 财务费用 | 利息收入 |
|---|---|---|---|---|---|
| **全　国** | **6956.84** | **101.61** | **241.22** | **124.95** | **13.68** |
| 北　京 | 2.41 | 0.20 | 0.36 | 0.01 | 0.01 |
| 天　津 | 3.05 | 0.12 | 0.56 | 0.12 | |
| 河　北 | 198.75 | 9.32 | 15.58 | 6.41 | 0.13 |
| 山　西 | | | | | |
| 内 蒙 古 | 0.63 | | 0.06 | | |
| 辽　宁 | 26.15 | 0.62 | 1.62 | 0.91 | 0.02 |
| 吉　林 | 51.56 | 1.96 | 2.79 | 1.84 | -0.12 |
| 黑 龙 江 | 1.88 | 0.05 | 0.12 | 0.03 | |
| 上　海 | 28.74 | 2.87 | 2.95 | 0.28 | 0.10 |
| 江　苏 | 2500.70 | 36.86 | 81.49 | 43.65 | 2.06 |
| 浙　江 | 2185.64 | 15.18 | 47.99 | 31.36 | 7.54 |
| 安　徽 | 79.98 | 2.68 | 6.29 | 1.00 | 0.10 |
| 福　建 | 876.25 | 8.74 | 45.20 | 18.19 | 1.06 |
| 江　西 | 78.20 | 0.89 | 1.85 | 1.60 | 0.02 |
| 山　东 | 270.18 | 4.67 | 8.34 | 4.60 | 0.12 |
| 河　南 | 95.72 | 2.14 | 4.00 | 1.26 | 0.29 |
| 湖　北 | 66.59 | 1.44 | 2.50 | 0.93 | 0.03 |
| 湖　南 | 28.99 | 0.62 | 0.81 | 0.34 | 0.02 |
| 广　东 | 109.08 | 2.59 | 7.01 | 1.74 | 0.11 |
| 广　西 | 0.86 | 0.03 | 0.03 | 0.01 | |
| 海　南 | | | | | |
| 重　庆 | 14.44 | 0.51 | 0.68 | 0.14 | |
| 四　川 | 226.16 | 6.18 | 6.49 | 7.02 | 2.12 |
| 贵　州 | 1.41 | 0.02 | 0.02 | | |
| 云　南 | 9.43 | 0.04 | 0.75 | -0.06 | 0.07 |
| 西　藏 | | | | | |
| 陕　西 | 12.43 | 0.12 | 0.50 | 0.44 | -0.01 |
| 甘　肃 | 0.31 | | 0.02 | | |
| 青　海 | | | | | |
| 宁　夏 | | | | | |
| 新　疆 | 87.28 | 3.74 | 3.22 | 3.15 | 0.02 |

单位：亿元

| 利息支出 | 投资收益（损失以"－"号记） | 营业利润 | 利润总额 | 亏损企业亏损额 | 平均用工人数（万人） |
|---|---|---|---|---|---|
| **118.10** | **27.16** | **374.83** | **388.75** | **35.39** | **47.38** |
| 0.02 | | 0.43 | 0.45 | | 0.06 |
| 0.09 | | 0.55 | 0.55 | 0.24 | 0.03 |
| 5.57 | 0.02 | 13.36 | 14.01 | 0.54 | 2.48 |
| | | 0.01 | 0.01 | | 0.01 |
| 0.84 | 0.03 | 1.13 | 1.33 | | 0.55 |
| 1.90 | 0.07 | 1.27 | 1.59 | 0.08 | 0.77 |
| 0.03 | | 0.07 | 0.07 | | 0.03 |
| 0.56 | 0.85 | 3.93 | 4.17 | 0.37 | 0.33 |
| 38.51 | 6.97 | 121.18 | 124.40 | 16.69 | 17.21 |
| 36.93 | 18.74 | 115.41 | 118.65 | 8.51 | 11.33 |
| 1.16 | 0.05 | 5.55 | 5.89 | 0.08 | 1.06 |
| 14.84 | -2.73 | 49.70 | 51.15 | 4.74 | 3.95 |
| 0.89 | | 5.69 | 5.54 | | 0.47 |
| 3.97 | 0.21 | 12.68 | 12.77 | 2.11 | 1.94 |
| 1.64 | 1.10 | 6.46 | 6.45 | 0.17 | 1.71 |
| 0.62 | 0.06 | 3.02 | 3.11 | 0.03 | 0.92 |
| 0.39 | 0.05 | 0.46 | 0.50 | | 0.32 |
| 1.15 | 2.02 | 11.14 | 11.46 | 1.02 | 1.35 |
| 0.01 | | 0.07 | 0.07 | | 0.01 |
| 0.14 | | 1.64 | 1.74 | | 0.20 |
| 5.55 | -0.28 | 8.91 | 9.63 | 0.09 | 1.71 |
| | | 0.02 | 0.06 | | 0.01 |
| 0.01 | 0.04 | 3.98 | 3.98 | | 0.04 |
| 0.40 | | 1.66 | 1.67 | 0.45 | 0.07 |
| | | 0.02 | 0.02 | | 0.01 |
| 2.89 | -0.02 | 6.49 | 9.48 | 0.27 | 0.81 |

# 3-37 按地区分组的橡胶和

| 地　区 | 工业销售产值(当年价格) | 出口交货值 | 资产总计 | 固定资产合计 | 固定资产原价 |
|---|---|---|---|---|---|
| **全　国** | **32764.61** | **3743.29** | **22633.58** | **7664.85** | **13099.30** |
| 北　京 | 84.31 | 7.70 | 107.48 | 23.98 | 48.30 |
| 天　津 | 635.27 | 28.27 | 499.81 | 178.70 | 298.92 |
| 河　北 | 1331.18 | 47.50 | 862.36 | 331.38 | 473.67 |
| 山　西 | 54.30 | 4.48 | 78.44 | 33.39 | 48.03 |
| 内蒙古 | 194.92 |  | 107.69 | 50.13 | 73.71 |
| 辽　宁 | 430.67 | 48.21 | 912.61 | 265.51 | 481.95 |
| 吉　林 | 366.23 | 3.00 | 191.45 | 89.64 | 162.12 |
| 黑龙江 | 202.86 | 1.00 | 187.85 | 53.00 | 94.49 |
| 上　海 | 875.84 | 176.13 | 1089.84 | 213.69 | 466.14 |
| 江　苏 | 3159.23 | 416.37 | 2325.15 | 817.45 | 1538.42 |
| 浙　江 | 2704.05 | 524.47 | 2515.67 | 634.74 | 1107.56 |
| 安　徽 | 1674.34 | 144.43 | 1088.65 | 367.82 | 627.31 |
| 福　建 | 1623.30 | 184.38 | 976.98 | 301.87 | 528.95 |
| 江　西 | 763.04 | 36.86 | 369.07 | 127.57 | 213.95 |
| 山　东 | 6419.85 | 901.11 | 3825.95 | 1532.82 | 2232.17 |
| 河　南 | 2160.65 | 32.17 | 1295.87 | 655.93 | 815.47 |
| 湖　北 | 1272.43 | 4.41 | 656.00 | 204.03 | 456.32 |
| 湖　南 | 641.57 | 8.25 | 290.74 | 146.90 | 196.55 |
| 广　东 | 5151.60 | 1116.58 | 3298.10 | 914.81 | 1903.73 |
| 广　西 | 341.13 | 4.70 | 147.29 | 45.40 | 66.97 |
| 海　南 | 18.43 | 0.54 | 18.91 | 7.11 | 10.36 |
| 重　庆 | 566.24 | 14.92 | 347.26 | 159.00 | 280.84 |
| 四　川 | 991.20 | 8.41 | 499.75 | 167.38 | 279.21 |
| 贵　州 | 232.14 | 15.26 | 193.26 | 62.53 | 86.67 |
| 云　南 | 146.57 | 0.09 | 98.63 | 26.78 | 39.06 |
| 西　藏 | 0.63 |  | 4.57 | 0.26 | 0.30 |
| 陕　西 | 463.88 | 10.01 | 365.90 | 178.78 | 456.30 |
| 甘　肃 | 95.35 | 0.13 | 97.57 | 21.24 | 28.21 |
| 青　海 | 4.01 |  | 6.14 | 2.22 | 2.42 |
| 宁　夏 | 30.69 | 2.31 | 34.61 | 11.30 | 24.77 |
| 新　疆 | 128.68 | 1.60 | 139.99 | 39.49 | 56.42 |

# 塑料制品业主要经济指标

单位：亿元

| 累计折旧 | 流动资产合计 | 应收账款 | 存货 | 产成品 | 负债合计 |
|---|---|---|---|---|---|
| **5911.56** | **11825.35** | **3500.73** | **2551.16** | **1202.42** | **10601.71** |
| 24.49 | 72.38 | 24.81 | 16.00 | 7.47 | 55.69 |
| 130.24 | 248.12 | 85.32 | 50.84 | 24.02 | 269.30 |
| 168.64 | 400.23 | 143.96 | 84.46 | 43.04 | 327.96 |
| 15.30 | 38.89 | 15.08 | 10.26 | 5.43 | 43.90 |
| 24.01 | 46.15 | 10.94 | 8.22 | 3.88 | 35.31 |
| 224.32 | 406.62 | 78.70 | 69.90 | 34.09 | 482.73 |
| 84.05 | 82.82 | 31.02 | 17.91 | 9.98 | 84.58 |
| 45.59 | 113.15 | 24.42 | 30.85 | 6.59 | 111.26 |
| 257.18 | 680.69 | 226.84 | 123.15 | 50.05 | 485.10 |
| 728.12 | 1274.31 | 500.81 | 275.43 | 120.95 | 989.58 |
| 513.49 | 1478.91 | 460.32 | 296.58 | 136.92 | 1350.94 |
| 285.40 | 576.08 | 196.42 | 146.12 | 67.96 | 483.75 |
| 237.34 | 524.14 | 132.59 | 114.93 | 46.61 | 454.54 |
| 94.78 | 146.51 | 37.31 | 27.92 | 15.31 | 109.54 |
| 847.44 | 1889.36 | 342.68 | 395.75 | 228.75 | 1855.34 |
| 197.71 | 499.19 | 79.74 | 61.81 | 35.58 | 373.21 |
| 267.83 | 331.26 | 87.29 | 82.70 | 39.76 | 289.95 |
| 55.71 | 92.65 | 28.99 | 23.89 | 13.80 | 91.52 |
| 1029.71 | 1946.19 | 702.42 | 469.83 | 179.19 | 1695.43 |
| 24.34 | 83.00 | 25.51 | 19.04 | 10.34 | 81.71 |
| 2.96 | 7.64 | 1.71 | 2.51 | 1.09 | 6.22 |
| 126.75 | 145.10 | 51.69 | 36.59 | 19.46 | 185.86 |
| 131.38 | 259.30 | 82.25 | 57.53 | 30.53 | 233.16 |
| 30.61 | 105.21 | 26.41 | 18.86 | 11.15 | 117.38 |
| 15.03 | 53.29 | 13.61 | 15.93 | 9.85 | 58.22 |
| 0.04 | 1.82 | 0.04 | 0.15 | 0.03 | 0.56 |
| 307.57 | 157.18 | 42.88 | 43.88 | 22.09 | 182.91 |
| 7.17 | 63.82 | 19.20 | 14.85 | 8.78 | 49.79 |
| 0.44 | 3.32 | 1.02 | 1.49 | 0.95 | 4.55 |
| 14.45 | 21.28 | 5.37 | 7.23 | 4.39 | 23.65 |
| 19.49 | 76.73 | 21.38 | 26.54 | 14.40 | 68.09 |

3-37 续表 1

| 地　区 | 流动负债合　计 | 应付账款 | 所有者权益合计 | 实收资本 | 国家资本 |
|---|---|---|---|---|---|
| **全　国** | **8827.60** | **2348.92** | **11912.86** | **5933.65** | **214.21** |
| 北　京 | 51.97 | 20.43 | 50.69 | 29.24 | 1.72 |
| 天　津 | 222.09 | 59.10 | 230.41 | 141.59 | 15.74 |
| 河　北 | 263.39 | 60.13 | 531.68 | 241.47 | 6.31 |
| 山　西 | 35.88 | 12.42 | 34.53 | 21.63 | 7.36 |
| 内蒙古 | 31.29 | 5.38 | 72.33 | 25.59 | 0.84 |
| 辽　宁 | 334.33 | 63.61 | 384.96 | 251.49 | 4.21 |
| 吉　林 | 64.11 | 22.25 | 106.61 | 39.44 | 1.15 |
| 黑龙江 | 101.62 | 34.88 | 76.59 | 24.63 | 0.75 |
| 上　海 | 433.63 | 133.22 | 601.92 | 279.03 | 28.65 |
| 江　苏 | 884.51 | 250.84 | 1333.46 | 696.46 | 7.75 |
| 浙　江 | 1284.97 | 278.43 | 1142.98 | 491.36 | 9.49 |
| 安　徽 | 385.80 | 124.10 | 598.23 | 926.07 | 17.87 |
| 福　建 | 396.55 | 82.53 | 519.32 | 256.38 | 1.03 |
| 江　西 | 83.88 | 21.34 | 259.17 | 71.83 | 1.13 |
| 山　东 | 1461.84 | 275.38 | 1963.31 | 525.28 | 25.02 |
| 河　南 | 282.92 | 56.54 | 918.49 | 402.85 | 7.81 |
| 湖　北 | 211.32 | 56.38 | 364.45 | 166.30 | 2.67 |
| 湖　南 | 63.57 | 17.43 | 199.78 | 112.41 | 0.84 |
| 广　东 | 1475.46 | 563.75 | 1591.18 | 786.41 | 6.54 |
| 广　西 | 62.87 | 14.35 | 65.22 | 24.96 | 5.02 |
| 海　南 | 5.65 | 2.83 | 12.70 | 5.67 | |
| 重　庆 | 140.41 | 38.40 | 159.52 | 74.22 | 9.98 |
| 四　川 | 174.38 | 48.55 | 264.55 | 113.03 | 3.31 |
| 贵　州 | 77.97 | 18.63 | 75.88 | 27.65 | 2.80 |
| 云　南 | 51.84 | 11.55 | 40.41 | 20.35 | 0.86 |
| 西　藏 | 0.36 | 0.01 | 0.12 | | |
| 陕　西 | 114.33 | 31.40 | 182.99 | 92.25 | 33.79 |
| 甘　肃 | 43.66 | 13.96 | 47.78 | 28.70 | 0.59 |
| 青　海 | 3.65 | 0.80 | 1.59 | 1.30 | |
| 宁　夏 | 22.39 | 13.52 | 10.95 | 13.03 | 0.01 |
| 新　疆 | 60.97 | 16.77 | 71.08 | 43.03 | 10.98 |

单位：亿元

| 集体资本 | 法人资本 | 个人资本 | 港澳台资本 | 外商资本 | 主营业务收入 |
|---|---|---|---|---|---|
| **87.60** | **2342.73** | **1811.45** | **550.32** | **927.16** | **32456.55** |
| | | | | | |
| 0.37 | 8.26 | 7.55 | 1.29 | 10.05 | 103.10 |
| 0.12 | 21.21 | 42.01 | 9.32 | 53.19 | 631.96 |
| 1.00 | 95.13 | 129.66 | 1.86 | 7.40 | 1310.99 |
| 0.76 | 5.17 | 4.82 | | 3.51 | 64.06 |
| 1.74 | 11.79 | 9.98 | | 1.24 | 194.46 |
| | | | | | |
| 13.45 | 137.38 | 22.40 | 2.37 | 71.68 | 483.57 |
| 0.62 | 15.34 | 11.75 | 10.28 | 0.31 | 359.23 |
| 0.87 | 2.91 | 12.31 | 3.37 | 4.43 | 201.43 |
| | | | | | |
| 2.35 | 70.84 | 41.04 | 17.03 | 119.12 | 915.10 |
| 13.35 | 139.93 | 187.01 | 100.28 | 248.14 | 3169.42 |
| 4.87 | 146.75 | 228.65 | 42.57 | 59.04 | 2668.57 |
| 2.88 | 779.67 | 94.85 | 4.39 | 26.40 | 1630.19 |
| 5.48 | 71.76 | 73.99 | 49.04 | 55.07 | 1618.94 |
| 0.42 | 30.74 | 32.80 | 5.82 | 0.92 | 764.41 |
| 14.66 | 173.46 | 260.70 | 21.34 | 30.08 | 6296.15 |
| | | | | | |
| 3.57 | 160.93 | 225.66 | 1.41 | 3.46 | 2143.52 |
| 1.83 | 63.97 | 93.86 | 1.72 | 2.24 | 1206.64 |
| 1.82 | 49.40 | 40.82 | 1.37 | 18.17 | 645.13 |
| 9.04 | 179.01 | 139.71 | 270.32 | 181.79 | 5101.95 |
| 0.08 | 10.19 | 8.58 | 0.03 | 1.00 | 327.97 |
| 0.08 | 5.51 | 0.06 | | 0.01 | 18.43 |
| | | | | | |
| 0.98 | 19.09 | 24.59 | 1.80 | 17.77 | 554.30 |
| 0.90 | 59.31 | 45.28 | 2.58 | 1.65 | 988.12 |
| 0.04 | 8.70 | 14.86 | 0.61 | 0.65 | 205.84 |
| 2.30 | 7.68 | 8.23 | 0.28 | 1.00 | 144.46 |
| | | | | | 0.25 |
| | | | | | |
| 2.35 | 30.90 | 24.83 | 0.24 | 0.14 | 452.67 |
| 1.28 | 17.05 | 9.05 | | 0.74 | 88.11 |
| | 0.86 | 0.44 | | | 4.03 |
| 0.01 | 3.90 | 2.94 | 0.24 | 5.93 | 30.02 |
| 0.37 | 15.89 | 13.00 | 0.77 | 2.02 | 133.53 |

3-37 续表 2

| 地　区 | 主营业务成　本 | 销售费用 | 管理费用 | 财务费用 | 利息收入 |
|---|---|---|---|---|---|
| **全　国** | **27872.50** | **803.25** | **1276.91** | **282.31** | **437.92** |
| 北　京 | 89.07 | 3.88 | 8.20 | 0.82 | 0.19 |
| 天　津 | 538.72 | 11.49 | 25.75 | 9.43 | 0.40 |
| 河　北 | 1130.78 | 23.06 | 32.57 | 11.66 | 0.17 |
| 山　西 | 58.47 | 1.32 | 2.32 | 1.50 | -0.01 |
| 内蒙古 | 157.26 | 5.91 | 10.67 | 0.95 | 0.04 |
| 辽　宁 | 411.34 | 15.63 | 26.30 | 10.49 | 0.18 |
| 吉　林 | 299.85 | 8.50 | 16.01 | 3.65 | -0.01 |
| 黑龙江 | 174.06 | 4.67 | 8.71 | 1.83 | -0.15 |
| 上　海 | 725.01 | 40.72 | 81.47 | 5.49 | 423.06 |
| 江　苏 | 2674.53 | 89.02 | 155.51 | 22.61 | 1.88 |
| 浙　江 | 2263.57 | 78.66 | 142.02 | 36.27 | 3.47 |
| 安　徽 | 1394.03 | 45.33 | 68.98 | 13.31 | 0.32 |
| 福　建 | 1399.67 | 38.19 | 64.70 | 9.68 | 0.95 |
| 江　西 | 680.35 | 10.18 | 13.04 | 3.62 | 0.06 |
| 山　东 | 5547.27 | 119.39 | 131.72 | 73.64 | 1.87 |
| 河　南 | 1851.51 | 42.26 | 39.62 | 12.95 | 0.39 |
| 湖　北 | 1036.43 | 32.91 | 43.37 | 12.73 | 0.21 |
| 湖　南 | 539.64 | 18.93 | 25.50 | 4.90 | 0.05 |
| 广　东 | 4388.44 | 123.72 | 262.20 | 20.57 | 1.66 |
| 广　西 | 270.65 | 6.77 | 12.11 | 2.66 | 0.10 |
| 海　南 | 15.91 | 0.42 | 0.73 | 0.09 | |
| 重　庆 | 468.54 | 14.94 | 19.73 | 6.60 | 0.20 |
| 四　川 | 847.84 | 31.75 | 35.21 | 8.40 | 0.32 |
| 贵　州 | 179.55 | 7.71 | 9.69 | 2.61 | 0.72 |
| 云　南 | 132.01 | 2.57 | 4.24 | 1.13 | 0.16 |
| 西　藏 | 0.17 | 0.01 | 0.04 | 0.03 | |
| 陕　西 | 377.51 | 16.33 | 26.44 | 2.60 | 1.61 |
| 甘　肃 | 76.79 | 4.16 | 4.08 | 1.02 | 0.01 |
| 青　海 | 2.80 | 0.15 | 0.14 | 0.07 | |
| 宁　夏 | 27.41 | 1.20 | 1.08 | 0.17 | |
| 新　疆 | 113.32 | 3.47 | 4.75 | 0.85 | 0.04 |

单位：亿元

| 利息支出 | 投资收益（损失以“-”号记） | 营业利润 | 利润总额 | 亏损企业亏损额 | 平均用工人数（万人） |
|---|---|---|---|---|---|
| **244.71** | **-0.47** | **2054.47** | **2080.81** | **96.77** | **333.66** |
| | | | | | |
| 0.76 | 0.20 | 1.67 | 2.13 | 1.53 | 1.48 |
| 4.35 | 0.44 | 44.76 | 45.20 | 5.50 | 5.73 |
| 9.94 | -0.54 | 104.47 | 99.78 | 3.48 | 10.88 |
| 1.39 | 0.12 | 0.60 | 1.01 | 1.18 | 0.94 |
| 0.38 | 0.02 | 17.52 | 14.74 | 0.37 | 1.08 |
| | | | | | |
| 8.78 | 3.79 | 19.88 | 24.80 | 4.67 | 8.54 |
| 2.62 | 0.76 | 24.00 | 22.57 | 0.44 | 2.34 |
| 1.61 | | 12.54 | 12.75 | 1.19 | 1.71 |
| | | | | | |
| 6.44 | 4.19 | 67.62 | 71.27 | 8.33 | 10.73 |
| 19.87 | 1.71 | 215.28 | 216.63 | 17.06 | 34.75 |
| 36.46 | 9.75 | 146.11 | 151.90 | 10.60 | 33.48 |
| 11.18 | -0.46 | 100.86 | 106.86 | 3.99 | 14.85 |
| 10.24 | 1.36 | 105.33 | 109.52 | 1.19 | 16.70 |
| 2.56 | -0.46 | 53.14 | 54.28 | 0.32 | 6.02 |
| 61.48 | 0.26 | 393.61 | 396.76 | 6.27 | 37.00 |
| | | | | | |
| 9.63 | -0.07 | 184.95 | 185.02 | 2.74 | 19.45 |
| 10.25 | -0.40 | 72.87 | 74.22 | 1.04 | 10.59 |
| 3.03 | -1.25 | 40.81 | 34.62 | 0.76 | 5.51 |
| 18.93 | 0.63 | 283.00 | 286.58 | 17.35 | 84.43 |
| 2.45 | -20.55 | 13.61 | 13.89 | 2.43 | 3.59 |
| 0.04 | -0.01 | 1.20 | 1.29 | 0.04 | 0.20 |
| | | | | | |
| 4.40 | 0.05 | 39.85 | 41.21 | 0.49 | 5.48 |
| 7.47 | -0.57 | 60.81 | 58.44 | 0.98 | 8.08 |
| 3.11 | 0.48 | 5.39 | 8.80 | 0.77 | 2.05 |
| 1.10 | 0.06 | 4.12 | 4.60 | 0.95 | 2.00 |
| 0.02 | | | 0.01 | | 0.01 |
| | | | | | |
| 4.07 | 0.01 | 27.71 | 28.09 | 0.66 | 3.24 |
| 1.03 | | 1.75 | 1.99 | 0.88 | 0.87 |
| 0.06 | | 0.12 | 0.12 | 0.02 | 0.06 |
| 0.16 | | 0.46 | 0.59 | 0.74 | 0.52 |
| 0.87 | 0.03 | 10.41 | 11.12 | 0.78 | 1.39 |

# 3-38 按地区分组的非金属

| 地区 | 工业销售产值(当年价格) | 出口交货值 | 资产总计 | 固定资产合计 | 固定资产原价 |
|---|---|---|---|---|---|
| **全国** | **63057.45** | **1776.09** | **50865.83** | **20178.87** | **31964.28** |
| 北京 | 425.68 | 7.33 | 1044.37 | 89.34 | 192.50 |
| 天津 | 437.56 | 16.30 | 478.07 | 176.70 | 270.67 |
| 河北 | 2026.24 | 62.81 | 2321.40 | 1116.80 | 1630.95 |
| 山西 | 364.57 | 15.59 | 659.93 | 319.69 | 435.88 |
| 内蒙古 | 785.59 | 3.15 | 816.16 | 392.75 | 512.45 |
| 辽宁 | 701.03 | 53.64 | 1621.45 | 472.05 | 688.29 |
| 吉林 | 1692.01 | 1.79 | 1218.23 | 441.82 | 1111.34 |
| 黑龙江 | 521.37 | 1.83 | 624.62 | 204.32 | 291.86 |
| 上海 | 547.60 | 65.23 | 740.28 | 110.88 | 255.61 |
| 江苏 | 5129.70 | 200.59 | 3756.79 | 1389.87 | 2538.68 |
| 浙江 | 1851.90 | 117.60 | 2459.53 | 622.92 | 1031.14 |
| 安徽 | 2556.89 | 27.93 | 2147.26 | 837.83 | 1341.90 |
| 福建 | 3097.84 | 275.78 | 2238.44 | 671.60 | 1042.26 |
| 江西 | 2947.62 | 56.80 | 1987.60 | 1029.73 | 1459.68 |
| 山东 | 8121.10 | 169.29 | 5110.29 | 2198.06 | 3529.56 |
| 河南 | 9765.63 | 36.61 | 6152.76 | 2780.70 | 3534.63 |
| 湖北 | 3371.79 | 26.88 | 2063.72 | 873.65 | 1464.14 |
| 湖南 | 3038.82 | 115.65 | 1963.82 | 947.82 | 1369.85 |
| 广东 | 5112.67 | 446.77 | 3774.12 | 1370.61 | 2553.90 |
| 广西 | 1808.87 | 42.94 | 1070.84 | 464.35 | 711.35 |
| 海南 | 114.41 | 0.03 | 202.73 | 51.48 | 89.84 |
| 重庆 | 1241.41 | 13.67 | 1186.25 | 540.68 | 791.60 |
| 四川 | 3117.51 | 10.61 | 2252.90 | 922.10 | 1846.76 |
| 贵州 | 1238.82 | 0.20 | 1023.12 | 450.09 | 579.34 |
| 云南 | 554.73 | 0.56 | 784.67 | 355.72 | 538.65 |
| 西藏 | 41.19 |  | 67.98 | 25.80 | 37.29 |
| 陕西 | 1311.98 | 0.58 | 880.40 | 424.65 | 847.73 |
| 甘肃 | 394.93 | 4.32 | 573.34 | 231.01 | 308.98 |
| 青海 | 172.07 |  | 311.02 | 165.88 | 220.38 |
| 宁夏 | 126.43 | 1.52 | 238.03 | 89.46 | 148.84 |
| 新疆 | 439.50 | 0.10 | 1095.70 | 410.50 | 588.24 |

# 矿物制品业主要经济指标

单位：亿元

| 累计折旧 | 流动资产合计 | 应收账款 | 存货 | 产成品 | 负债合计 |
|---|---|---|---|---|---|
| **12993.20** | **23290.97** | **7016.13** | **4176.07** | **1989.32** | **25923.82** |
| 103.13 | 703.72 | 308.96 | 99.75 | 25.71 | 627.14 |
| 101.14 | 259.89 | 113.90 | 46.28 | 16.64 | 280.83 |
| 545.72 | 873.61 | 249.54 | 183.86 | 80.66 | 1307.95 |
| 149.62 | 285.86 | 104.97 | 67.95 | 30.31 | 503.87 |
| 179.75 | 353.55 | 71.67 | 67.60 | 27.00 | 554.37 |
| 311.92 | 827.07 | 235.34 | 155.73 | 82.54 | 992.49 |
| 700.74 | 685.65 | 111.71 | 132.12 | 43.98 | 714.50 |
| 98.10 | 290.36 | 84.39 | 50.88 | 18.74 | 385.37 |
| 149.79 | 545.44 | 244.40 | 89.55 | 39.18 | 432.54 |
| 1155.61 | 1946.23 | 789.49 | 298.20 | 129.73 | 2032.15 |
| 453.24 | 1443.93 | 585.31 | 204.93 | 98.28 | 1465.72 |
| 538.34 | 1012.22 | 350.09 | 174.58 | 82.19 | 1059.82 |
| 450.02 | 1166.88 | 299.60 | 251.12 | 135.24 | 1014.68 |
| 538.38 | 712.24 | 169.41 | 145.53 | 79.18 | 846.43 |
| 1468.51 | 2179.94 | 564.72 | 386.96 | 204.14 | 2397.02 |
| 931.08 | 2667.00 | 545.40 | 352.15 | 187.57 | 2110.57 |
| 642.03 | 800.50 | 231.89 | 165.15 | 87.19 | 900.29 |
| 463.88 | 579.88 | 187.12 | 134.67 | 74.21 | 760.46 |
| 1233.13 | 1913.28 | 510.47 | 451.03 | 212.94 | 2064.93 |
| 271.63 | 481.70 | 155.90 | 92.92 | 44.47 | 500.24 |
| 38.90 | 98.52 | 24.97 | 8.12 | 2.60 | 97.82 |
| 296.55 | 500.47 | 177.74 | 66.30 | 27.61 | 713.31 |
| 995.22 | 955.61 | 296.63 | 192.54 | 100.99 | 1170.64 |
| 153.22 | 399.64 | 119.61 | 52.38 | 21.61 | 628.23 |
| 176.66 | 295.95 | 72.17 | 59.66 | 25.40 | 535.58 |
| 12.26 | 34.39 | 5.98 | 4.52 | 1.01 | 29.36 |
| 442.49 | 331.69 | 118.37 | 72.68 | 34.74 | 419.82 |
| 98.13 | 259.80 | 90.91 | 53.68 | 24.89 | 305.18 |
| 59.43 | 114.21 | 36.10 | 20.56 | 5.35 | 239.23 |
| 60.45 | 121.26 | 44.03 | 24.74 | 14.12 | 130.77 |
| 174.13 | 450.46 | 115.34 | 69.91 | 31.09 | 702.53 |

3-38 续表 1

| 地区 | 流动负债合计 | 应付账款 | 所有者权益合计 | 实收资本 | 国家资本 |
|---|---|---|---|---|---|
| **全国** | **20892.12** | **5384.15** | **24749.17** | **11743.63** | **1166.12** |
| 北京 | 555.13 | 232.65 | 413.20 | 191.44 | 40.95 |
| 天津 | 239.48 | 93.86 | 192.11 | 137.80 | 17.81 |
| 河北 | 1055.91 | 221.14 | 1006.76 | 511.96 | 66.20 |
| 山西 | 385.41 | 110.53 | 154.96 | 181.41 | 33.41 |
| 内蒙古 | 457.68 | 86.36 | 261.80 | 154.85 | 20.61 |
| 辽宁 | 815.57 | 194.04 | 589.84 | 362.43 | 19.58 |
| 吉林 | 645.94 | 74.32 | 510.55 | 177.13 | 17.39 |
| 黑龙江 | 307.37 | 69.15 | 238.58 | 144.11 | 19.53 |
| 上海 | 388.09 | 176.81 | 311.36 | 194.46 | 12.19 |
| 江苏 | 1846.19 | 453.85 | 1719.27 | 888.33 | 54.61 |
| 浙江 | 1302.07 | 354.48 | 985.03 | 541.39 | 41.01 |
| 安徽 | 839.91 | 236.97 | 1072.07 | 520.27 | 101.18 |
| 福建 | 871.06 | 206.64 | 1217.73 | 508.38 | 16.46 |
| 江西 | 595.23 | 146.17 | 1136.12 | 547.99 | 45.61 |
| 山东 | 1866.86 | 431.41 | 2696.61 | 1038.59 | 81.02 |
| 河南 | 1537.19 | 320.87 | 4014.11 | 1413.89 | 84.30 |
| 湖北 | 648.41 | 197.92 | 1156.18 | 601.63 | 22.42 |
| 湖南 | 545.38 | 146.76 | 1197.48 | 580.20 | 33.81 |
| 广东 | 1726.93 | 475.18 | 1692.41 | 779.56 | 34.58 |
| 广西 | 380.68 | 126.84 | 570.19 | 220.20 | 39.61 |
| 海南 | 79.84 | 26.35 | 104.91 | 138.40 | 18.44 |
| 重庆 | 563.23 | 149.36 | 469.41 | 229.87 | 35.15 |
| 四川 | 895.24 | 231.87 | 1068.20 | 505.77 | 50.13 |
| 贵州 | 447.47 | 117.84 | 391.78 | 239.98 | 47.82 |
| 云南 | 455.94 | 105.12 | 248.12 | 185.09 | 57.51 |
| 西藏 | 22.88 | 5.64 | 37.30 | 14.36 | 8.02 |
| 陕西 | 332.33 | 91.29 | 452.81 | 242.46 | 50.55 |
| 甘肃 | 246.35 | 77.67 | 268.09 | 131.88 | 25.01 |
| 青海 | 154.44 | 40.56 | 71.79 | 33.05 | 5.85 |
| 宁夏 | 120.46 | 44.60 | 107.26 | 58.48 | 5.80 |
| 新疆 | 563.46 | 137.89 | 393.17 | 268.26 | 59.55 |

单位：亿元

| 集体资本 | 法人资本 | 个人资本 | 港澳台资本 | 外商资本 | 主营业务收入 |
|---|---|---|---|---|---|
| **279.42** | **4716.77** | **4242.97** | **608.78** | **730.22** | **62002.04** |
| 5.05 | 84.52 | 51.02 | 1.55 | 8.35 | 462.77 |
| 2.65 | 35.02 | 42.11 | 20.29 | 19.93 | 417.48 |
| 22.61 | 167.92 | 215.38 | 7.75 | 32.10 | 1986.55 |
| 3.41 | 72.55 | 64.19 | 0.49 | 7.37 | 362.75 |
| 20.54 | 71.54 | 41.26 | 0.05 | 0.84 | 808.39 |
| 14.08 | 125.95 | 143.49 | 18.49 | 40.84 | 785.86 |
| 2.52 | 79.05 | 75.24 | 1.32 | 1.69 | 1611.46 |
| 4.30 | 76.66 | 42.85 | 0.02 | 0.76 | 511.19 |
| 0.59 | 59.24 | 20.63 | 21.00 | 80.81 | 581.10 |
| 20.78 | 235.92 | 362.59 | 77.84 | 136.59 | 5097.54 |
| 6.23 | 252.26 | 175.50 | 26.62 | 39.77 | 1793.15 |
| 3.59 | 149.86 | 201.95 | 47.61 | 16.07 | 2516.81 |
| 7.46 | 166.77 | 202.56 | 58.75 | 56.12 | 3089.41 |
| 6.92 | 244.47 | 218.46 | 30.81 | 2.59 | 3019.12 |
| 34.49 | 417.48 | 416.89 | 26.14 | 62.57 | 8160.18 |
| 11.53 | 578.79 | 731.37 | 3.10 | 4.75 | 9478.62 |
| 12.16 | 339.85 | 190.24 | 3.91 | 33.04 | 3236.63 |
| 14.20 | 323.42 | 205.57 | 0.21 | 2.99 | 3026.57 |
| 11.71 | 337.43 | 168.40 | 147.60 | 79.83 | 5000.85 |
| 7.05 | 71.59 | 56.50 | 32.53 | 12.92 | 1683.21 |
| 0.40 | 11.53 | 105.19 | 2.84 |  | 122.76 |
| 12.53 | 95.74 | 59.06 | 10.79 | 16.60 | 1230.93 |
| 7.45 | 228.31 | 143.30 | 44.55 | 32.03 | 3031.24 |
| 4.07 | 98.23 | 70.64 | 6.49 | 12.73 | 1169.30 |
| 8.59 | 51.10 | 46.81 | 1.54 | 19.54 | 526.55 |
| 4.61 | 0.94 | 0.79 |  |  | 39.65 |
| 14.76 | 63.23 | 90.32 | 16.00 | 7.60 | 1254.59 |
| 3.82 | 73.78 | 28.77 | 0.50 |  | 306.89 |
|  | 14.43 | 12.77 |  |  | 118.99 |
| 0.45 | 38.35 | 13.09 |  | 0.79 | 122.43 |
| 10.87 | 150.83 | 46.00 |  | 1.00 | 449.07 |

3-38 续表 2

| 地　区 | 主营业务成　本 | 销售费用 | 管理费用 | 财务费用 | 利息收入 |
|---|---|---|---|---|---|
| **全　国** | **52773.86** | **1741.05** | **2227.76** | **701.58** | **36.79** |
| 北　京 | 396.60 | 20.07 | 36.01 | 6.08 | 1.22 |
| 天　津 | 354.58 | 11.53 | 21.10 | 3.87 | 0.27 |
| 河　北 | 1711.58 | 49.29 | 80.25 | 37.08 | 0.89 |
| 山　西 | 314.59 | 13.47 | 19.98 | 12.15 | 0.26 |
| 内蒙古 | 674.55 | 19.41 | 37.35 | 12.95 | 0.51 |
| 辽　宁 | 674.09 | 30.52 | 44.18 | 19.06 | 0.51 |
| 吉　林 | 1394.02 | 46.12 | 69.61 | 25.74 | 0.10 |
| 黑龙江 | 435.24 | 14.07 | 21.85 | 6.81 | 0.09 |
| 上　海 | 481.45 | 24.02 | 44.85 | 2.14 | 0.60 |
| 江　苏 | 4407.46 | 119.11 | 179.11 | 52.53 | 4.59 |
| 浙　江 | 1497.06 | 64.42 | 90.84 | 32.22 | 5.32 |
| 安　徽 | 2129.11 | 82.04 | 98.66 | 26.97 | 1.07 |
| 福　建 | 2620.87 | 97.32 | 121.18 | 21.41 | 2.34 |
| 江　西 | 2571.97 | 61.18 | 75.38 | 19.21 | 2.79 |
| 山　东 | 7097.03 | 171.23 | 208.27 | 78.47 | 2.39 |
| 河　南 | 8137.50 | 221.00 | 189.96 | 81.98 | 1.10 |
| 湖　北 | 2712.34 | 114.20 | 132.27 | 40.19 | 1.43 |
| 湖　南 | 2454.81 | 125.17 | 139.78 | 35.95 | 0.51 |
| 广　东 | 4286.31 | 133.80 | 203.22 | 39.43 | 1.26 |
| 广　西 | 1382.25 | 53.24 | 70.80 | 13.52 | 0.69 |
| 海　南 | 101.47 | 4.30 | 4.33 | 2.30 | -0.06 |
| 重　庆 | 1017.80 | 34.60 | 52.23 | 18.87 | 0.63 |
| 四　川 | 2590.28 | 91.47 | 106.75 | 43.05 | 1.03 |
| 贵　州 | 966.29 | 40.62 | 51.21 | 18.52 | 0.19 |
| 云　南 | 435.62 | 18.47 | 26.93 | 8.92 | 1.64 |
| 西　藏 | 25.73 | 0.95 | 2.54 | 0.25 | -0.05 |
| 陕　西 | 1071.16 | 35.39 | 45.47 | 13.08 | 0.79 |
| 甘　肃 | 255.29 | 13.44 | 18.94 | 7.29 | 0.61 |
| 青　海 | 98.75 | 8.13 | 5.45 | 5.37 | 0.01 |
| 宁　夏 | 101.78 | 8.33 | 6.08 | 2.60 | 0.13 |
| 新　疆 | 376.27 | 14.11 | 23.19 | 13.58 | 3.95 |

单位：亿元

| 利息支出 | 投资收益（损失以"-"号记） | 营业利润 | 利润总额 | 亏损企业亏损额 | 平均用工人数（万人） |
|---|---|---|---|---|---|
| **596.17** | **88.62** | **4159.31** | **4243.65** | **288.15** | **577.23** |
| 6.87 | 6.62 | 8.08 | 13.58 | 9.83 | 4.40 |
| 2.80 | 0.26 | 24.55 | 25.05 | 4.39 | 3.53 |
| 35.24 | 1.89 | 95.09 | 106.85 | 23.15 | 23.13 |
| 10.45 | 0.22 | 0.63 | 2.23 | 15.80 | 7.62 |
| 12.03 | -4.35 | 52.48 | 39.63 | 11.27 | 5.05 |
| 14.75 | 1.83 | 15.16 | 18.64 | 19.20 | 12.74 |
| 21.78 | 7.23 | 61.10 | 69.84 | 3.93 | 9.25 |
| 4.61 | 0.15 | 29.03 | 33.26 | 3.50 | 4.21 |
| 2.69 | 10.08 | 39.11 | 44.72 | 5.49 | 5.07 |
| 43.78 | -2.25 | 308.18 | 319.83 | 23.89 | 40.67 |
| 35.39 | 14.76 | 117.01 | 124.84 | 9.92 | 17.39 |
| 20.20 | 0.87 | 169.75 | 179.14 | 5.16 | 22.74 |
| 24.94 | 28.16 | 232.02 | 231.99 | 17.74 | 33.65 |
| 16.25 | 1.19 | 271.86 | 274.52 | 2.88 | 26.11 |
| 60.48 | 16.47 | 568.18 | 569.54 | 21.62 | 57.39 |
| 63.90 | 2.38 | 789.77 | 794.94 | 12.99 | 79.65 |
| 27.43 | 2.39 | 209.03 | 213.23 | 4.21 | 25.86 |
| 24.11 | -0.36 | 188.15 | 184.61 | 7.09 | 38.30 |
| 33.57 | 6.77 | 315.33 | 317.58 | 16.12 | 61.28 |
| 11.91 | -8.92 | 148.54 | 149.98 | 3.36 | 20.35 |
| 2.30 | 0.03 | 9.35 | 9.76 | 2.14 | 0.76 |
| 17.14 | -1.72 | 97.98 | 99.59 | 6.12 | 13.43 |
| 37.27 | 3.25 | 172.02 | 170.38 | 11.47 | 27.50 |
| 14.91 | 0.06 | 75.32 | 77.93 | 5.29 | 8.64 |
| 9.35 | 0.39 | 32.98 | 34.82 | 6.47 | 6.38 |
| 0.31 | 0.01 | 9.92 | 10.20 | 0.16 | 0.25 |
| 9.83 | -1.17 | 80.86 | 81.75 | 5.39 | 10.15 |
| 7.48 | 1.58 | 10.23 | 11.96 | 5.79 | 3.90 |
| 5.09 | -3.99 | -0.01 | 1.48 | 5.39 | 1.19 |
| 2.44 | 0.03 | 2.39 | 4.03 | 2.83 | 1.38 |
| 16.87 | 4.76 | 25.22 | 27.74 | 15.56 | 5.23 |

# 3-39 按地区分组的黑色金属冶炼

| 地　　区 | 工业销售产值（当年价格） | 出口交货值 | 资产总计 | 固定资产合计 | 固定资产原价 |
|---|---|---|---|---|---|
| **全　　国** | **60343.78** | **2320.08** | **63537.39** | **26111.48** | **45216.82** |
| 北　　京 | 104.23 | 6.76 | 110.65 | 44.73 | 80.81 |
| 天　　津 | 4112.48 | 100.08 | 4469.43 | 1725.67 | 2077.56 |
| 河　　北 | 10370.26 | 352.55 | 11276.87 | 5740.40 | 8334.22 |
| 山　　西 | 1672.21 | 232.89 | 2759.01 | 1233.15 | 2075.44 |
| 内 蒙 古 | 1540.51 | 33.71 | 3188.36 | 984.07 | 1655.44 |
| 辽　　宁 | 2078.87 | 282.90 | 5158.00 | 1455.00 | 3164.64 |
| 吉　　林 | 523.45 | 4.67 | 792.47 | 394.80 | 846.28 |
| 黑 龙 江 | 101.17 | 3.67 | 388.16 | 119.25 | 186.44 |
| 上　　海 | 1106.93 | 102.77 | 2513.28 | 598.56 | 2088.92 |
| 江　　苏 | 8954.96 | 504.38 | 6601.97 | 2659.62 | 5000.52 |
| 浙　　江 | 2121.55 | 82.40 | 1505.30 | 453.42 | 754.22 |
| 安　　徽 | 1861.39 | 55.08 | 1419.21 | 761.94 | 1498.59 |
| 福　　建 | 1663.22 | 31.07 | 922.35 | 386.42 | 596.88 |
| 江　　西 | 1095.10 | 32.40 | 751.49 | 332.00 | 673.37 |
| 山　　东 | 4924.61 | 179.52 | 4604.73 | 1735.00 | 3044.33 |
| 河　　南 | 3590.70 | 35.02 | 2532.69 | 1075.50 | 1631.18 |
| 湖　　北 | 1787.44 | 73.34 | 2496.78 | 1054.34 | 2197.99 |
| 湖　　南 | 1541.32 | 43.63 | 1081.98 | 556.47 | 977.19 |
| 广　　东 | 2523.77 | 103.25 | 1949.87 | 966.76 | 1569.22 |
| 广　　西 | 2625.16 | 8.59 | 1220.56 | 423.64 | 683.32 |
| 海　　南 | 10.44 |  | 9.36 | 3.76 | 4.13 |
| 重　　庆 | 582.63 | 14.38 | 661.02 | 420.78 | 618.87 |
| 四　　川 | 2202.01 | 22.79 | 2288.60 | 959.00 | 2367.61 |
| 贵　　州 | 623.77 |  | 416.81 | 146.37 | 242.44 |
| 云　　南 | 606.33 | 1.48 | 833.09 | 378.83 | 495.97 |
| 西　　藏 | 0.47 |  | 0.30 | 0.03 | 0.05 |
| 陕　　西 | 945.49 | 4.32 | 591.91 | 267.63 | 411.27 |
| 甘　　肃 | 312.87 |  | 1251.78 | 593.84 | 1017.58 |
| 青　　海 | 153.34 | 0.06 | 366.81 | 127.83 | 223.15 |
| 宁　　夏 | 253.18 | 5.36 | 435.67 | 99.45 | 111.38 |
| 新　　疆 | 353.96 | 2.99 | 938.89 | 413.23 | 587.79 |

# 和压延加工业主要经济指标

单位：亿元

| 累计折旧 | 流动资产合计 | 应收账款 | 存货 | 产成品 | 负债合计 |
|---|---|---|---|---|---|
| **20482.08** | **24691.76** | **3219.64** | **6854.13** | **2461.06** | **42176.72** |
| 36.17 | 47.60 | 16.06 | 18.36 | 5.77 | 108.00 |
| 777.56 | 1983.30 | 177.99 | 640.65 | 340.67 | 3367.04 |
| 3237.52 | 3563.96 | 327.73 | 1124.77 | 286.67 | 7080.23 |
| 921.83 | 915.28 | 97.46 | 236.46 | 94.08 | 1972.99 |
| 697.14 | 1123.53 | 328.88 | 232.16 | 94.19 | 2144.68 |
| 1571.76 | 1982.89 | 188.83 | 552.69 | 170.87 | 3468.58 |
| 454.03 | 152.85 | 16.32 | 38.01 | 14.04 | 608.13 |
| 67.26 | 150.08 | 26.15 | 70.29 | 44.28 | 358.86 |
| 1490.84 | 1117.09 | 267.46 | 218.62 | 53.50 | 1103.13 |
| 2370.10 | 2968.34 | 410.74 | 787.86 | 288.29 | 3992.68 |
| 324.66 | 862.32 | 174.13 | 258.91 | 94.26 | 850.88 |
| 775.58 | 556.07 | 59.60 | 189.13 | 68.30 | 846.78 |
| 227.12 | 413.19 | 47.66 | 141.61 | 56.23 | 565.79 |
| 345.87 | 328.41 | 35.70 | 87.34 | 27.91 | 476.91 |
| 1281.72 | 2050.19 | 176.26 | 409.44 | 166.71 | 3034.44 |
| 603.53 | 1073.74 | 125.56 | 269.28 | 111.72 | 1281.20 |
| 1154.62 | 849.89 | 111.26 | 273.98 | 111.80 | 1630.31 |
| 431.84 | 390.21 | 52.22 | 109.54 | 27.10 | 791.37 |
| 637.40 | 631.51 | 122.94 | 209.95 | 68.60 | 1282.40 |
| 248.39 | 613.01 | 62.94 | 190.01 | 54.56 | 855.07 |
| 0.48 | 2.00 | 0.19 | 1.18 | 0.42 | 7.79 |
| 198.98 | 166.72 | 26.00 | 38.77 | 13.82 | 554.87 |
| 1407.02 | 867.37 | 139.61 | 194.77 | 67.07 | 1955.52 |
| 106.65 | 185.45 | 28.15 | 36.19 | 10.64 | 302.34 |
| 173.97 | 345.78 | 47.54 | 125.75 | 37.98 | 617.99 |
| 0.02 | 0.27 | 0.02 | 0.25 | 0.20 | 0.28 |
| 185.13 | 291.49 | 53.32 | 72.90 | 40.01 | 466.84 |
| 425.60 | 346.39 | 26.36 | 119.18 | 34.10 | 942.97 |
| 106.62 | 127.14 | 17.27 | 33.65 | 11.63 | 293.13 |
| 31.52 | 273.95 | 38.58 | 85.72 | 22.66 | 349.95 |
| 191.16 | 311.71 | 16.73 | 86.73 | 42.98 | 865.58 |

3-39 续表 1

| 地　区 | 流动负债合　计 | 应付账款 | 所有者权益合计 | 实收资本 | 国家资本 |
|---|---|---|---|---|---|
| **全　国** | **34857.32** | **7732.49** | **21584.35** | **10934.85** | **2843.83** |
| 北　京 | 51.50 | 33.54 | 2.74 | 33.77 | 26.18 |
| 天　津 | 2953.48 | 520.79 | 1504.68 | 518.27 | 147.34 |
| 河　北 | 5808.93 | 1677.88 | 4198.66 | 1572.94 | 374.94 |
| 山　西 | 1513.73 | 267.13 | 786.02 | 307.18 | 88.43 |
| 内蒙古 | 1745.38 | 558.51 | 1043.64 | 673.17 | 113.11 |
| 辽　宁 | 2746.96 | 394.98 | 1661.54 | 983.78 | 410.46 |
| 吉　林 | 470.62 | 125.84 | 184.34 | 160.21 | 4.09 |
| 黑龙江 | 299.15 | 92.12 | 29.30 | 40.80 | 9.12 |
| 上　海 | 937.57 | 234.22 | 1404.67 | 508.31 | 243.16 |
| 江　苏 | 3441.50 | 760.28 | 2602.07 | 996.58 | 49.56 |
| 浙　江 | 793.15 | 143.57 | 635.15 | 405.15 | 22.25 |
| 安　徽 | 687.66 | 144.12 | 570.25 | 215.50 | 55.42 |
| 福　建 | 495.61 | 103.62 | 353.76 | 246.68 | 45.76 |
| 江　西 | 415.23 | 104.73 | 273.34 | 153.77 | 45.26 |
| 山　东 | 2557.90 | 553.47 | 1553.91 | 602.67 | 165.61 |
| 河　南 | 1057.38 | 225.51 | 1182.02 | 512.59 | 90.58 |
| 湖　北 | 1352.42 | 286.56 | 864.47 | 498.58 | 328.80 |
| 湖　南 | 707.52 | 70.45 | 290.60 | 293.55 | 88.00 |
| 广　东 | 1079.77 | 228.80 | 657.08 | 509.73 | 34.61 |
| 广　西 | 676.27 | 141.10 | 365.15 | 136.74 | 37.90 |
| 海　南 | 6.10 | 0.36 | 1.57 | 3.18 | |
| 重　庆 | 387.07 | 98.16 | 97.87 | 37.17 | 3.57 |
| 四　川 | 1341.73 | 280.07 | 328.73 | 541.66 | 158.75 |
| 贵　州 | 248.77 | 64.66 | 113.50 | 86.94 | 15.79 |
| 云　南 | 556.15 | 131.81 | 214.65 | 180.02 | 38.09 |
| 西　藏 | 0.28 | | 0.02 | 0.03 | |
| 陕　西 | 411.53 | 80.74 | 124.10 | 155.34 | 55.98 |
| 甘　肃 | 811.00 | 166.03 | 308.81 | 205.88 | 140.88 |
| 青　海 | 234.12 | 51.01 | 73.68 | 56.81 | 39.70 |
| 宁　夏 | 319.13 | 73.25 | 85.35 | 80.50 | 1.00 |
| 新　疆 | 749.71 | 119.18 | 72.67 | 217.35 | 9.50 |

单位：亿元

| 集体资本 | 法人资本 | 个人资本 | 港澳台资本 | 外商资本 | 主营业务收入 |
|---|---|---|---|---|---|
| **480.56** | **4796.90** | **2057.64** | **334.57** | **420.66** | **61986.59** |
| | | | | | |
| | 0.49 | 1.50 | | 5.61 | 110.13 |
| 1.25 | 262.07 | 91.63 | 6.29 | 9.69 | 3605.72 |
| 1.25 | 759.73 | 348.51 | 37.38 | 51.12 | 10627.62 |
| 3.61 | 104.26 | 106.37 | 4.40 | 0.10 | 1685.90 |
| 2.68 | 437.30 | 97.52 | 1.98 | 20.58 | 1578.99 |
| | | | | | |
| 202.42 | 288.61 | 66.06 | 2.30 | 13.93 | 2290.25 |
| 0.26 | 144.78 | 9.52 | | 1.55 | 515.26 |
| 0.17 | 19.54 | 11.96 | | | 100.89 |
| | | | | | |
| 0.03 | 205.49 | 21.85 | 8.16 | 29.61 | 1385.78 |
| 99.97 | 307.00 | 320.33 | 109.92 | 109.80 | 9447.20 |
| 9.97 | 197.81 | 123.51 | 25.21 | 26.39 | 2057.07 |
| 0.07 | 40.18 | 84.08 | 18.13 | 17.62 | 1908.10 |
| 6.20 | 55.74 | 52.76 | 73.00 | 13.21 | 1630.86 |
| 32.55 | 57.20 | 15.78 | 0.47 | 2.51 | 1314.33 |
| 22.65 | 265.17 | 138.51 | 1.69 | 9.04 | 5159.96 |
| | | | | | |
| 0.40 | 266.58 | 146.45 | 0.13 | 8.44 | 3640.40 |
| 0.54 | 88.91 | 41.82 | 2.09 | 36.42 | 1806.41 |
| 0.88 | 174.51 | 29.41 | 0.02 | 0.72 | 1513.99 |
| 0.27 | 355.71 | 20.31 | 40.41 | 58.42 | 2341.60 |
| 0.73 | 37.67 | 56.64 | 2.52 | 0.60 | 2513.74 |
| | 2.38 | 0.80 | | | 8.24 |
| | | | | | |
| 1.33 | 12.45 | 18.91 | | 0.91 | 559.10 |
| 7.94 | 305.42 | 66.99 | 0.33 | 2.24 | 2327.45 |
| 0.48 | 55.10 | 15.56 | | | 614.17 |
| 22.56 | 93.69 | 25.43 | 0.01 | 0.25 | 681.21 |
| | | 0.03 | | | 0.47 |
| | | | | | |
| 4.00 | 41.42 | 52.33 | 0.13 | 1.49 | 917.43 |
| 48.82 | 9.33 | 6.84 | | | 904.79 |
| 0.80 | 8.55 | 7.76 | | | 163.38 |
| 5.86 | 25.39 | 47.86 | | 0.39 | 228.24 |
| 2.84 | 174.40 | 30.61 | | | 347.92 |

3-39 续表 2

| 地 区 | 主营业务成本 | 销售费用 | 管理费用 | 财务费用 | 利息收入 |
|---|---|---|---|---|---|
| **全 国** | **56267.67** | **810.97** | **1635.47** | **996.69** | **82.38** |
| 北 京 | 104.41 | 4.11 | 3.30 | 1.50 | 0.14 |
| 天 津 | 3285.84 | 13.34 | 56.45 | 50.98 | 2.94 |
| 河 北 | 9695.03 | 66.55 | 232.55 | 143.67 | 6.36 |
| 山 西 | 1503.09 | 30.09 | 76.80 | 51.38 | -0.06 |
| 内蒙古 | 1470.72 | 29.06 | 44.40 | 39.49 | 3.48 |
| 辽 宁 | 2026.94 | 56.33 | 111.70 | 85.19 | 4.50 |
| 吉 林 | 472.64 | 8.49 | 20.11 | 11.57 | 0.73 |
| 黑龙江 | 94.99 | 3.81 | 4.26 | 6.17 | 0.45 |
| 上 海 | 1214.33 | 11.90 | 55.08 | 14.66 | 11.62 |
| 江 苏 | 8486.73 | 129.57 | 221.21 | 107.16 | 9.31 |
| 浙 江 | 1869.12 | 20.97 | 58.95 | 20.86 | 3.09 |
| 安 徽 | 1722.94 | 25.31 | 42.75 | 16.72 | 1.67 |
| 福 建 | 1490.56 | 14.55 | 26.55 | 15.82 | 0.80 |
| 江 西 | 1205.19 | 9.52 | 28.41 | 8.36 | 2.12 |
| 山 东 | 4751.13 | 57.95 | 98.32 | 92.83 | 11.45 |
| 河 南 | 3293.56 | 48.86 | 67.39 | 35.09 | 2.87 |
| 湖 北 | 1636.22 | 28.21 | 70.43 | 45.47 | 4.86 |
| 湖 南 | 1345.84 | 25.36 | 51.18 | 26.13 | 3.42 |
| 广 东 | 2136.55 | 33.07 | 46.72 | 29.52 | 1.20 |
| 广 西 | 2236.49 | 41.70 | 91.94 | 21.77 | 1.84 |
| 海 南 | 8.39 | 0.07 | 0.19 | 0.35 | |
| 重 庆 | 531.03 | 6.73 | 23.74 | 15.68 | 0.39 |
| 四 川 | 2119.78 | 76.59 | 82.94 | 56.67 | 4.73 |
| 贵 州 | 578.77 | 5.89 | 14.25 | 5.30 | 0.17 |
| 云 南 | 651.70 | 10.24 | 11.73 | 13.13 | 1.96 |
| 西 藏 | 0.45 | | | | |
| 陕 西 | 836.71 | 13.52 | 20.69 | 11.57 | 0.04 |
| 甘 肃 | 800.79 | 19.74 | 44.61 | 36.05 | 1.59 |
| 青 海 | 153.01 | 3.82 | 5.96 | 5.45 | 0.01 |
| 宁 夏 | 216.24 | 5.19 | 5.83 | 6.35 | -0.11 |
| 新 疆 | 328.46 | 10.44 | 17.04 | 21.82 | 0.83 |

单位：亿元

| 利息支出 | 投资收益（损失以"–"号记） | 营业利润 | 利润总额 | 亏损企业亏损额 | 平均用工人数（万人） |
|---|---|---|---|---|---|
| **920.28** | **-189.33** | **1795.60** | **1773.76** | **675.16** | **325.68** |
| 1.54 | 0.17 | -3.46 | -1.98 | 5.08 | 0.45 |
| 57.42 | -4.73 | 177.74 | 195.71 | 31.52 | 11.91 |
| 134.54 | -168.64 | 310.74 | 319.98 | 25.07 | 54.79 |
| 43.65 | 10.41 | 10.79 | 15.44 | 25.81 | 14.59 |
| 38.51 | 1.21 | 4.79 | 12.19 | 39.29 | 10.60 |
| 81.09 | 15.46 | 7.34 | 13.48 | 45.60 | 22.67 |
| 6.53 | 7.97 | 9.32 | 13.98 | 9.99 | 3.25 |
| 6.41 | | -8.09 | -7.78 | 8.78 | 1.70 |
| 22.24 | 21.47 | 77.80 | 82.62 | 15.85 | 3.51 |
| 98.39 | -9.15 | 487.20 | 400.13 | 16.53 | 35.61 |
| 22.42 | 1.95 | 88.34 | 90.40 | 2.98 | 11.75 |
| 16.44 | -2.99 | 69.53 | 76.36 | 3.64 | 10.00 |
| 14.51 | 0.89 | 78.73 | 67.24 | 12.46 | 8.05 |
| 7.57 | 0.40 | 59.34 | 57.78 | 0.71 | 6.28 |
| 78.46 | 3.45 | 153.16 | 162.66 | 20.92 | 24.72 |
| 29.86 | 0.95 | 180.24 | 182.70 | 15.90 | 22.11 |
| 44.35 | 2.44 | 18.23 | 37.33 | 6.53 | 12.25 |
| 23.22 | 1.86 | 50.52 | 49.17 | 14.83 | 8.98 |
| 25.11 | 1.51 | 92.41 | 96.56 | 12.82 | 10.52 |
| 19.34 | 1.34 | 115.30 | 114.01 | 3.19 | 7.93 |
| 0.34 | | -0.76 | -0.76 | 0.82 | 0.07 |
| 15.78 | 0.02 | -22.89 | -16.73 | 46.73 | 3.76 |
| 44.39 | -98.30 | -170.30 | -180.62 | 218.33 | 14.76 |
| 2.91 | -0.01 | 8.15 | 11.22 | 5.58 | 3.44 |
| 13.81 | 0.84 | -17.27 | -11.33 | 22.61 | 5.52 |
| | | 0.01 | 0.01 | | 0.01 |
| 10.42 | 0.01 | 44.05 | 13.99 | 8.85 | 4.43 |
| 29.54 | 17.42 | 14.28 | 15.87 | 5.65 | 4.69 |
| 4.33 | 2.77 | -1.07 | 0.51 | 2.05 | 1.83 |
| 4.94 | 0.40 | -5.72 | -4.27 | 7.72 | 2.23 |
| 22.24 | 1.54 | -32.83 | -32.11 | 39.32 | 3.28 |

# 3-40 按地区分组的有色金属冶炼

| 地区 | 工业销售产值（当年价格） | 出口交货值 | 资产总计 | 固定资产合计 | 固定资产原价 |
|---|---|---|---|---|---|
| **全国** | **48879.02** | **1124.06** | **40157.03** | **13412.95** | **20421.92** |
| 北京 | 70.72 | 12.21 | 98.40 | 8.54 | 18.84 |
| 天津 | 914.55 | 7.95 | 630.34 | 67.08 | 95.18 |
| 河北 | 538.57 | 12.05 | 291.89 | 106.32 | 177.97 |
| 山西 | 651.84 | 0.67 | 1035.61 | 550.10 | 798.55 |
| 内蒙古 | 1637.32 | 16.02 | 1656.84 | 738.31 | 1182.72 |
| 辽宁 | 537.18 | 20.40 | 1117.99 | 168.23 | 314.47 |
| 吉林 | 165.91 | 3.11 | 569.39 | 198.07 | 314.75 |
| 黑龙江 | 39.92 | 1.14 | 94.57 | 40.71 | 63.08 |
| 上海 | 379.62 | 47.30 | 327.20 | 55.17 | 108.55 |
| 江苏 | 4034.17 | 175.00 | 2099.00 | 528.56 | 970.92 |
| 浙江 | 2347.70 | 122.92 | 1506.26 | 278.44 | 393.76 |
| 安徽 | 2247.34 | 24.71 | 1338.23 | 311.73 | 578.47 |
| 福建 | 1512.99 | 82.46 | 1398.73 | 294.92 | 429.98 |
| 江西 | 4653.89 | 88.48 | 3036.14 | 1169.61 | 1809.30 |
| 山东 | 7102.25 | 93.81 | 4548.66 | 1947.73 | 2633.60 |
| 河南 | 5152.94 | 76.84 | 4892.53 | 1709.40 | 2511.22 |
| 湖北 | 937.51 | 12.49 | 574.15 | 170.75 | 275.58 |
| 湖南 | 2869.21 | 35.53 | 1330.01 | 486.01 | 663.67 |
| 广东 | 3385.58 | 146.87 | 1894.38 | 567.39 | 1030.47 |
| 广西 | 1406.45 | 18.93 | 1136.82 | 411.00 | 721.79 |
| 海南 | 3.64 |  | 5.64 | 2.75 | 3.69 |
| 重庆 | 802.50 | 40.26 | 587.38 | 303.82 | 443.98 |
| 四川 | 754.34 | 13.00 | 672.21 | 141.73 | 218.76 |
| 贵州 | 538.51 | 0.61 | 496.52 | 213.38 | 327.45 |
| 云南 | 1212.83 | 11.22 | 1972.16 | 538.34 | 795.59 |
| 西藏 |  |  |  |  |  |
| 陕西 | 1485.40 | 15.85 | 1183.08 | 383.27 | 542.10 |
| 甘肃 | 1548.64 | 37.60 | 2519.88 | 918.18 | 1349.95 |
| 青海 | 712.18 | 0.16 | 828.32 | 356.60 | 617.72 |
| 宁夏 | 287.48 | 4.16 | 714.81 | 113.81 | 262.83 |
| 新疆 | 947.83 | 2.31 | 1599.88 | 632.99 | 766.99 |

# 和压延加工业主要经济指标

单位：亿元

| 累计折旧 | 流动资产合计 | 应收账款 | 存货 | 产成品 | 负债合计 |
|---|---|---|---|---|---|
| **7810.82** | **18947.15** | **2944.17** | **5608.29** | **1753.38** | **25449.77** |
| 8.62 | 62.45 | 18.77 | 16.29 | 6.73 | 48.06 |
| 33.55 | 267.31 | 46.28 | 47.55 | 17.18 | 338.00 |
| 71.96 | 131.96 | 38.71 | 41.08 | 11.33 | 184.06 |
| 304.16 | 342.92 | 25.73 | 142.14 | 43.14 | 742.53 |
| 475.87 | 618.56 | 114.16 | 190.81 | 63.59 | 1073.31 |
| 113.48 | 537.58 | 70.72 | 108.51 | 31.15 | 705.09 |
| 127.73 | 300.05 | 52.06 | 54.10 | 33.01 | 450.56 |
| 12.83 | 36.48 | 6.10 | 10.59 | 3.12 | 60.03 |
| 53.64 | 219.76 | 68.32 | 57.98 | 20.15 | 200.19 |
| 453.27 | 1215.76 | 351.88 | 292.11 | 112.46 | 1189.65 |
| 162.23 | 961.03 | 202.10 | 226.35 | 74.34 | 926.51 |
| 282.51 | 697.26 | 90.95 | 211.91 | 45.98 | 939.20 |
| 141.79 | 643.20 | 77.49 | 179.89 | 65.15 | 892.02 |
| 774.29 | 1535.51 | 265.81 | 475.85 | 155.86 | 1510.17 |
| 822.98 | 2021.49 | 251.04 | 648.06 | 129.28 | 2383.90 |
| 1021.68 | 2368.68 | 330.08 | 516.58 | 106.77 | 3258.64 |
| 109.55 | 297.01 | 36.34 | 107.29 | 33.69 | 361.52 |
| 218.95 | 640.92 | 75.20 | 241.41 | 52.19 | 752.79 |
| 490.73 | 1148.63 | 237.75 | 412.14 | 242.84 | 1331.93 |
| 281.75 | 467.02 | 60.79 | 164.50 | 59.88 | 907.01 |
| 0.95 | 0.58 | 0.14 | 0.09 | 0.06 | 1.01 |
| 172.87 | 232.99 | 51.86 | 55.73 | 24.52 | 379.59 |
| 85.27 | 395.83 | 60.13 | 60.70 | 19.44 | 374.12 |
| 117.68 | 154.36 | 20.42 | 49.52 | 10.82 | 347.28 |
| 244.32 | 749.75 | 62.93 | 235.24 | 61.65 | 1313.72 |
| 192.23 | 562.51 | 65.58 | 232.34 | 70.42 | 633.33 |
| 479.70 | 1040.64 | 91.41 | 455.78 | 172.92 | 1758.37 |
| 291.75 | 273.16 | 38.88 | 76.53 | 23.44 | 659.70 |
| 96.41 | 306.19 | 27.07 | 141.57 | 22.65 | 558.21 |
| 168.08 | 717.57 | 105.45 | 155.66 | 39.63 | 1169.26 |

3-40 续表 1

| 地　区 | 流动负债合　计 | 应付账款 | 所有者权益合计 | 实收资本 | 国家资本 |
|---|---|---|---|---|---|
| **全　国** | **19481.36** | **3569.35** | **14620.37** | **7743.50** | **1644.03** |
| 北　京 | 41.58 | 14.86 | 50.25 | 16.98 | 3.00 |
| 天　津 | 180.76 | 40.14 | 291.87 | 270.02 | 3.85 |
| 河　北 | 151.89 | 22.01 | 107.45 | 98.46 | 14.05 |
| 山　西 | 528.42 | 135.84 | 293.08 | 179.93 | 33.54 |
| 内蒙古 | 756.86 | 151.34 | 570.79 | 1389.06 | 81.49 |
| 辽　宁 | 516.33 | 54.95 | 409.43 | 257.93 | 16.18 |
| 吉　林 | 395.06 | 25.80 | 118.82 | 40.66 | 2.57 |
| 黑龙江 | 41.73 | 6.51 | 34.54 | 38.45 | 34.01 |
| 上　海 | 164.62 | 53.70 | 121.84 | 67.37 | 0.82 |
| 江　苏 | 1093.90 | 179.56 | 903.36 | 435.83 | 6.91 |
| 浙　江 | 896.65 | 158.15 | 550.47 | 269.17 | 2.02 |
| 安　徽 | 721.89 | 109.81 | 401.86 | 157.88 | 46.55 |
| 福　建 | 598.88 | 122.79 | 506.63 | 189.00 | 28.40 |
| 江　西 | 1235.63 | 257.50 | 1524.49 | 419.52 | 85.49 |
| 山　东 | 1831.44 | 301.73 | 2156.08 | 518.44 | 49.79 |
| 河　南 | 2542.86 | 353.52 | 1629.15 | 676.94 | 144.81 |
| 湖　北 | 261.96 | 38.86 | 212.63 | 146.49 | 85.08 |
| 湖　南 | 503.65 | 91.55 | 574.89 | 277.89 | 47.86 |
| 广　东 | 1203.36 | 212.70 | 559.86 | 257.56 | 29.99 |
| 广　西 | 691.39 | 121.88 | 230.36 | 197.87 | 79.13 |
| 海　南 | 0.93 | 0.17 | 4.62 | 0.76 | |
| 重　庆 | 263.06 | 51.34 | 207.30 | 112.26 | 67.01 |
| 四　川 | 315.12 | 85.34 | 286.59 | 130.37 | 18.21 |
| 贵　州 | 220.46 | 32.64 | 149.29 | 98.05 | 63.56 |
| 云　南 | 1029.66 | 125.70 | 658.17 | 305.56 | 150.72 |
| 西　藏 | | | | | |
| 陕　西 | 472.33 | 91.59 | 549.19 | 300.19 | 88.48 |
| 甘　肃 | 1101.50 | 235.20 | 761.51 | 424.00 | 341.07 |
| 青　海 | 427.08 | 79.27 | 168.63 | 195.26 | 97.28 |
| 宁　夏 | 447.59 | 228.88 | 156.60 | 95.55 | 12.90 |
| 新　疆 | 844.79 | 186.05 | 430.63 | 176.03 | 9.26 |

单位：亿元

| 集体资本 | 法人资本 | 个人资本 | 港澳台资本 | 外商资本 | 主营业务收入 |
|---|---|---|---|---|---|
| **161.83** | **2560.86** | **2647.60** | **401.20** | **328.06** | **53393.18** |
| 0.02 | 10.37 | 2.67 | 0.15 | 0.77 | 76.11 |
| 0.32 | 34.96 | 219.90 | 2.53 | 8.47 | 948.95 |
| 0.10 | 23.99 | 24.55 | 0.03 | 35.73 | 529.97 |
| 1.22 | 105.31 | 18.02 | 21.22 | 0.61 | 660.39 |
| 7.71 | 185.90 | 1090.37 | 5.19 | 18.40 | 1621.70 |
| 0.08 | 47.26 | 32.96 | 150.51 | 10.95 | 562.70 |
| 3.93 | 5.86 | 13.42 |  | 14.87 | 175.21 |
|  | 1.72 | 2.21 | 0.51 |  | 38.93 |
| 0.32 | 39.51 | 7.63 | 2.83 | 16.25 | 417.10 |
| 2.59 | 105.08 | 165.80 | 39.48 | 115.97 | 4149.75 |
| 6.18 | 142.12 | 89.36 | 21.56 | 7.98 | 2324.53 |
| 0.13 | 47.27 | 63.44 | 0.37 | 0.13 | 2921.03 |
| 1.23 | 94.89 | 28.23 | 26.06 | 10.18 | 1496.53 |
| 1.40 | 190.60 | 134.15 | 1.31 | 6.56 | 6373.18 |
| 18.98 | 318.64 | 108.83 | 18.10 | 4.10 | 7061.75 |
| 21.79 | 262.08 | 190.62 | 46.50 | 11.14 | 5350.12 |
| 0.64 | 11.46 | 49.31 |  |  | 1382.22 |
| 2.43 | 146.79 | 80.05 | 0.48 | 0.29 | 2911.27 |
| 13.25 | 86.06 | 45.75 | 41.29 | 41.23 | 3263.09 |
| 3.71 | 88.53 | 15.60 | 1.89 | 9.00 | 1139.29 |
| 0.10 | 0.66 |  |  |  | 3.57 |
| 0.02 | 22.00 | 15.48 | 2.46 | 5.29 | 814.72 |
| 4.00 | 63.23 | 41.67 | 2.04 | 1.23 | 715.88 |
| 2.66 | 21.81 | 6.94 | 0.21 | 2.91 | 440.28 |
| 13.33 | 79.01 | 60.38 | 0.50 | 1.62 | 1449.52 |
| 14.39 | 94.15 | 102.01 | 0.12 | 1.03 | 1556.05 |
| 3.14 | 66.85 | 11.80 | 0.14 | 1.01 | 3143.25 |
| 0.37 | 74.91 | 14.75 | 6.15 | 1.80 | 585.94 |
|  | 74.22 | 2.30 | 6.12 |  | 290.50 |
| 37.79 | 115.61 | 9.37 | 3.44 | 0.55 | 989.65 |

3-40 续表 2

| 地　区 | 主营业务成本 | 销售费用 | 管理费用 | 财务费用 | 利息收入 |
|---|---|---|---|---|---|
| **全　国** | **48839.63** | **425.64** | **961.23** | **675.18** | **66.52** |
| 北　京 | 67.41 | 1.21 | 5.30 | 0.28 | 0.08 |
| 天　津 | 861.21 | 2.96 | 11.95 | 4.69 | 0.36 |
| 河　北 | 478.65 | 4.48 | 11.50 | 7.35 | 0.14 |
| 山　西 | 600.12 | 7.76 | 17.44 | 21.68 | 1.25 |
| 内蒙古 | 1466.19 | 13.23 | 31.01 | 26.78 | 3.26 |
| 辽　宁 | 475.98 | 5.60 | 24.30 | 15.23 | 2.47 |
| 吉　林 | 150.92 | 4.22 | 10.81 | 22.18 | 1.02 |
| 黑龙江 | 34.01 | 0.82 | 3.79 | 2.06 | 0.07 |
| 上　海 | 376.63 | 6.23 | 18.61 | 4.04 | 0.42 |
| 江　苏 | 3785.65 | 42.32 | 97.09 | 31.27 | 3.21 |
| 浙　江 | 2172.14 | 13.77 | 45.89 | 28.16 | 3.83 |
| 安　徽 | 2654.55 | 10.72 | 29.75 | 22.32 | 4.30 |
| 福　建 | 1352.52 | 12.24 | 30.04 | 13.07 | 9.28 |
| 江　西 | 5946.70 | 22.15 | 61.29 | 25.69 | 0.45 |
| 山　东 | 6456.05 | 39.88 | 62.96 | 89.59 | 8.30 |
| 河　南 | 4922.02 | 48.46 | 89.54 | 95.09 | 3.41 |
| 湖　北 | 1311.74 | 8.00 | 30.18 | 8.24 | 5.05 |
| 湖　南 | 2482.17 | 31.87 | 87.25 | 23.36 | 1.49 |
| 广　东 | 2976.89 | 31.90 | 64.77 | 22.22 | 2.26 |
| 广　西 | 1069.59 | 11.87 | 26.78 | 19.85 | 3.32 |
| 海　南 | 1.91 | | 0.47 | | |
| 重　庆 | 725.86 | 10.62 | 17.76 | 10.46 | 1.08 |
| 四　川 | 646.09 | 7.54 | 15.20 | 6.27 | 0.01 |
| 贵　州 | 383.45 | 10.55 | 14.25 | 8.92 | 0.16 |
| 云　南 | 1333.74 | 13.17 | 44.44 | 52.15 | 3.34 |
| 西　藏 | | | | | |
| 陕　西 | 1395.65 | 10.43 | 40.30 | 21.43 | 1.31 |
| 甘　肃 | 3036.18 | 17.97 | 35.87 | 43.31 | 3.60 |
| 青　海 | 566.19 | 5.27 | 8.81 | 12.51 | 0.52 |
| 宁　夏 | 281.33 | 5.39 | 7.61 | 10.25 | -0.10 |
| 新　疆 | 828.08 | 25.03 | 16.27 | 26.74 | 2.64 |

单位：亿元

| 利息支出 | 投资收益（损失以“-”号记） | 营业利润 | 利润总额 | 亏损企业亏损额 | 平均用工人数（万人） |
|---|---|---|---|---|---|
| **632.54** | **-7.34** | **2146.94** | **1991.69** | **273.10** | **195.44** |
| 0.47 | 0.24 | 2.59 | 2.81 | 0.29 | 0.52 |
| 4.12 | 0.08 | 67.75 | 68.02 | 4.02 | 2.00 |
| 5.75 | -10.48 | 17.26 | 17.62 | 4.91 | 2.88 |
| 19.67 | 1.72 | 16.63 | 18.99 | 7.44 | 5.21 |
| 23.52 | -1.28 | 64.06 | 60.53 | 25.69 | 7.28 |
| 13.86 | 1.13 | 42.13 | 43.39 | 9.13 | 4.21 |
| 23.99 | 0.35 | -14.75 | -10.45 | 21.95 | 1.09 |
| 2.10 | -0.09 | -1.96 | -1.20 | 2.05 | 0.64 |
| 3.85 | 0.04 | 12.54 | 13.35 | 2.83 | 1.88 |
| 29.94 | -2.27 | 190.39 | 182.54 | 9.09 | 16.42 |
| 27.54 | 6.33 | 74.26 | 80.99 | 5.40 | 8.58 |
| 20.69 | 1.83 | 197.43 | 35.60 | 1.30 | 5.83 |
| 24.43 | -17.73 | 71.53 | 39.14 | 10.73 | 5.21 |
| 19.79 | 6.79 | 275.83 | 275.11 | 4.57 | 12.63 |
| 69.35 | 4.06 | 409.46 | 411.15 | 6.78 | 17.99 |
| 89.15 | 2.58 | 194.38 | 197.00 | 23.64 | 22.41 |
| 10.27 | -3.94 | 10.03 | 11.33 | 1.04 | 4.40 |
| 19.99 | -1.65 | 97.38 | 90.64 | 10.32 | 12.07 |
| 19.23 | 0.87 | 127.05 | 127.31 | 9.11 | 15.03 |
| 19.43 | -3.11 | 16.02 | 22.92 | 12.13 | 4.84 |
|  |  | 1.19 | 1.63 |  | 0.05 |
| 11.00 | -5.76 | 48.98 | 52.23 | 0.32 | 4.17 |
| 6.14 | 2.34 | 39.06 | 40.10 | 5.55 | 3.81 |
| 8.67 | -1.37 | 17.14 | 17.96 | 5.12 | 2.22 |
| 52.37 | 6.24 | 4.49 | -1.45 | 32.50 | 9.24 |
| 20.53 | 1.67 | 90.71 | 95.07 | 2.71 | 6.81 |
| 40.72 | 4.03 | -16.89 | -10.27 | 46.20 | 7.69 |
| 12.16 | 0.16 | -2.92 | 2.78 | 3.13 | 3.08 |
| 6.86 | 0.21 | 0.34 | 9.00 | 1.80 | 2.94 |
| 26.93 | -0.34 | 94.84 | 97.82 | 3.35 | 4.30 |

# 3-41 按地区分组的

| 地　区 | 工业销售产值（当年价格） | 出口交货值 | 资产总计 | 固定资产合计 | 固定资产原价 |
|---|---|---|---|---|---|
| **全　国** | **39334.97** | **3630.42** | **26725.62** | **8267.85** | **14186.85** |
| 北　京 | 275.42 | 13.03 | 629.14 | 81.09 | 142.87 |
| 天　津 | 1411.68 | 68.11 | 903.45 | 264.18 | 348.89 |
| 河　北 | 3200.76 | 114.40 | 1938.98 | 967.05 | 1262.54 |
| 山　西 | 99.68 | 9.50 | 168.93 | 41.40 | 55.61 |
| 内蒙古 | 307.76 | 0.15 | 133.19 | 42.82 | 57.22 |
| 辽　宁 | 492.46 | 54.97 | 841.63 | 195.32 | 316.46 |
| 吉　林 | 426.49 | 3.92 | 209.53 | 85.97 | 261.54 |
| 黑龙江 | 153.42 | 2.97 | 106.98 | 31.12 | 57.66 |
| 上　海 | 865.71 | 207.64 | 1051.65 | 198.53 | 392.17 |
| 江　苏 | 6367.55 | 579.30 | 4290.81 | 1286.80 | 2269.79 |
| 浙　江 | 2375.03 | 629.05 | 2258.97 | 491.07 | 776.67 |
| 安　徽 | 1424.04 | 20.20 | 814.60 | 230.08 | 425.24 |
| 福　建 | 1158.37 | 188.04 | 753.01 | 171.77 | 261.44 |
| 江　西 | 833.53 | 20.32 | 385.33 | 165.74 | 223.58 |
| 山　东 | 5758.46 | 313.40 | 3150.25 | 1124.50 | 2623.18 |
| 河　南 | 2253.05 | 10.50 | 1404.92 | 630.15 | 762.17 |
| 湖　北 | 1556.08 | 22.09 | 1004.17 | 305.12 | 529.08 |
| 湖　南 | 1246.88 | 32.45 | 583.06 | 205.39 | 315.55 |
| 广　东 | 5980.48 | 1296.32 | 3495.59 | 1072.71 | 2051.98 |
| 广　西 | 428.66 | 9.53 | 225.89 | 51.05 | 76.24 |
| 海　南 | 15.20 | 0.70 | 19.19 | 3.83 | 9.48 |
| 重　庆 | 649.43 | 19.07 | 441.68 | 186.47 | 257.09 |
| 四　川 | 1134.04 | 7.45 | 751.18 | 200.23 | 311.48 |
| 贵　州 | 207.82 | 2.98 | 295.16 | 35.91 | 60.56 |
| 云　南 | 137.65 | 2.51 | 135.03 | 26.55 | 38.20 |
| 西　藏 | 0.03 |  | 0.98 | 0.02 | 0.02 |
| 陕　西 | 313.06 | 1.08 | 431.38 | 101.98 | 209.04 |
| 甘　肃 | 128.72 | 0.10 | 108.03 | 20.75 | 29.29 |
| 青　海 | 16.49 |  | 14.00 | 6.99 | 11.01 |
| 宁　夏 | 42.64 |  | 76.49 | 14.15 | 19.44 |
| 新　疆 | 74.39 | 0.64 | 102.42 | 29.11 | 31.36 |

# 金属制品业主要经济指标

单位：亿元

| 累计折旧 | 流动资产合计 | 应收账款 | 存货 | 产成品 | 负债合计 |
|---|---|---|---|---|---|
| **6415.97** | **14656.91** | **4297.75** | **3503.07** | **1450.00** | **13326.98** |
| 61.88 | 384.19 | 97.97 | 67.52 | 21.12 | 323.59 |
| 133.59 | 525.40 | 134.75 | 125.57 | 57.93 | 495.31 |
| 324.17 | 817.05 | 203.22 | 198.73 | 92.05 | 817.18 |
| 21.53 | 108.45 | 43.59 | 23.66 | 9.36 | 102.29 |
| 14.71 | 78.07 | 14.61 | 12.06 | 4.89 | 82.28 |
| 150.31 | 531.70 | 147.21 | 145.39 | 81.09 | 500.39 |
| 184.11 | 88.19 | 26.51 | 27.01 | 11.70 | 88.71 |
| 26.17 | 61.27 | 18.75 | 14.36 | 6.49 | 55.71 |
| 201.10 | 714.97 | 240.26 | 155.24 | 62.10 | 528.78 |
| 993.80 | 2379.26 | 841.24 | 533.91 | 221.28 | 2168.21 |
| 318.36 | 1437.56 | 429.79 | 326.34 | 136.54 | 1317.52 |
| 199.23 | 491.58 | 159.46 | 123.60 | 51.36 | 397.24 |
| 107.81 | 436.86 | 119.74 | 100.32 | 39.37 | 321.90 |
| 71.47 | 166.09 | 42.91 | 41.15 | 20.03 | 125.36 |
| 1620.21 | 1610.87 | 344.24 | 402.46 | 217.53 | 1493.23 |
| 171.98 | 597.18 | 116.65 | 96.95 | 47.12 | 424.30 |
| 240.83 | 572.15 | 156.07 | 164.77 | 70.93 | 561.74 |
| 110.65 | 259.20 | 81.01 | 60.09 | 25.43 | 244.86 |
| 1047.57 | 1990.13 | 685.55 | 473.79 | 154.91 | 1816.59 |
| 29.00 | 95.19 | 22.94 | 28.16 | 10.18 | 130.56 |
| 6.38 | 13.59 | 3.46 | 3.53 | 1.01 | 8.02 |
| 79.37 | 198.74 | 62.78 | 44.20 | 18.04 | 249.92 |
| 128.33 | 431.55 | 130.06 | 95.32 | 36.26 | 395.71 |
| 19.57 | 236.63 | 35.76 | 113.57 | 10.85 | 198.08 |
| 10.07 | 84.28 | 30.05 | 22.37 | 9.46 | 81.31 |
|  | 0.97 |  | 0.53 | 0.01 | 0.71 |
| 111.45 | 192.95 | 57.64 | 66.52 | 18.78 | 220.54 |
| 11.27 | 66.81 | 18.68 | 16.83 | 5.55 | 58.37 |
| 4.12 | 6.56 | 2.15 | 1.47 | 0.67 | 4.75 |
| 7.54 | 33.27 | 16.01 | 5.56 | 3.13 | 53.63 |
| 9.39 | 46.20 | 14.70 | 12.10 | 4.83 | 60.20 |

3-41 续表 1

| 地　区 | 流动负债合计 | 应付账款 | 所有者权益合计 | 实收资本 | 国家资本 |
|---|---|---|---|---|---|
| **全　国** | **11322.14** | **2832.24** | **13223.18** | **8631.93** | **476.54** |
| 北　京 | 267.84 | 77.98 | 304.04 | 144.86 | 33.29 |
| 天　津 | 443.16 | 125.24 | 403.15 | 186.18 | 16.14 |
| 河　北 | 677.15 | 157.39 | 1107.48 | 2453.54 | 112.98 |
| 山　西 | 90.85 | 25.80 | 65.79 | 40.37 | 3.44 |
| 内蒙古 | 70.09 | 8.75 | 50.50 | 19.94 | 7.29 |
| 辽　宁 | 408.10 | 87.60 | 316.61 | 174.63 | 15.26 |
| 吉　林 | 75.49 | 13.86 | 117.32 | 43.90 | 9.34 |
| 黑龙江 | 38.57 | 11.62 | 50.79 | 22.81 | 1.83 |
| 上　海 | 473.38 | 179.82 | 487.69 | 244.50 | 25.99 |
| 江　苏 | 1999.95 | 428.77 | 2118.55 | 1046.74 | 39.26 |
| 浙　江 | 1230.76 | 253.84 | 931.57 | 470.89 | 5.00 |
| 安　徽 | 319.81 | 86.55 | 408.79 | 163.84 | 11.72 |
| 福　建 | 274.10 | 81.72 | 428.75 | 183.83 | 0.26 |
| 江　西 | 99.07 | 31.06 | 256.00 | 100.69 | 2.26 |
| 山　东 | 1161.86 | 189.58 | 1649.09 | 612.81 | 10.64 |
| 河　南 | 314.52 | 73.79 | 976.50 | 768.93 | 3.36 |
| 湖　北 | 464.76 | 146.32 | 437.11 | 221.45 | 37.84 |
| 湖　南 | 165.90 | 42.96 | 338.86 | 469.41 | 13.57 |
| 广　东 | 1554.97 | 464.61 | 1646.17 | 773.25 | 23.29 |
| 广　西 | 84.35 | 20.36 | 95.28 | 49.28 | 1.40 |
| 海　南 | 7.97 | 2.37 | 11.18 | 6.97 | |
| 重　庆 | 202.99 | 46.88 | 189.51 | 64.69 | 12.81 |
| 四　川 | 331.34 | 80.89 | 348.56 | 127.44 | 16.49 |
| 贵　州 | 182.39 | 85.28 | 96.55 | 50.26 | 8.31 |
| 云　南 | 74.04 | 23.82 | 53.59 | 33.97 | 14.40 |
| 西　藏 | 0.71 | | 0.27 | 0.28 | |
| 陕　西 | 170.62 | 49.14 | 210.17 | 83.85 | 37.05 |
| 甘　肃 | 55.43 | 15.82 | 48.98 | 23.22 | 5.15 |
| 青　海 | 3.87 | 2.48 | 9.25 | 4.39 | 0.66 |
| 宁　夏 | 28.49 | 3.37 | 22.86 | 14.82 | 0.01 |
| 新　疆 | 49.61 | 14.58 | 42.21 | 30.18 | 7.49 |

单位：亿元

| 集体资本 | 法人资本 | 个人资本 | 港澳台资本 | 外商资本 | 主营业务收入 |
|---|---|---|---|---|---|
| **109.51** | **3297.89** | **3501.67** | **517.49** | **728.50** | **39917.07** |
| | | | | | |
| 0.46 | 50.65 | 46.30 | 6.27 | 7.89 | 320.81 |
| 7.87 | 64.71 | 69.02 | 5.38 | 23.06 | 1442.08 |
| 0.72 | 1124.80 | 1197.30 | 1.56 | 16.07 | 3046.76 |
| 0.56 | 18.99 | 17.19 | | 0.19 | 102.82 |
| 0.19 | 5.07 | 6.35 | 1.05 | | 311.09 |
| | | | | | |
| 7.75 | 54.01 | 36.36 | 23.26 | 37.98 | 553.41 |
| 1.64 | 11.66 | 19.60 | 0.62 | 1.04 | 414.63 |
| 1.65 | 7.91 | 10.31 | | 1.11 | 136.83 |
| | | | | | |
| 2.17 | 63.42 | 47.35 | 21.30 | 84.27 | 917.94 |
| 18.37 | 308.37 | 411.83 | 78.50 | 190.42 | 6355.02 |
| 4.58 | 171.57 | 200.50 | 54.26 | 34.99 | 2331.49 |
| 8.63 | 45.02 | 70.84 | 8.49 | 19.15 | 1380.78 |
| 1.50 | 63.67 | 44.44 | 34.15 | 39.81 | 1144.62 |
| 2.18 | 47.81 | 42.49 | 3.09 | 2.86 | 835.40 |
| 11.51 | 234.64 | 260.43 | 24.21 | 71.37 | 5696.46 |
| | | | | | |
| 3.70 | 469.02 | 277.92 | 11.37 | 3.57 | 2221.64 |
| 4.79 | 89.67 | 78.80 | 5.27 | 5.08 | 1471.79 |
| 2.89 | 72.60 | 378.96 | 0.12 | 1.26 | 2036.06 |
| 12.33 | 199.63 | 127.34 | 233.26 | 177.40 | 5920.16 |
| 0.13 | 36.39 | 9.68 | 0.68 | 1.01 | 414.93 |
| 3.55 | 2.35 | | | 1.07 | 14.82 |
| | | | | | |
| 0.30 | 27.66 | 20.10 | 0.60 | 3.21 | 652.69 |
| 3.27 | 51.25 | 48.29 | 4.05 | 4.10 | 1113.04 |
| 1.01 | 13.90 | 27.08 | | | 451.20 |
| 3.08 | 7.31 | 9.17 | | | 137.47 |
| | 0.28 | | | | 0.03 |
| | | | | | |
| 1.54 | 27.49 | 15.91 | | 1.60 | 291.26 |
| 0.56 | 7.26 | 10.26 | | | 83.55 |
| 1.31 | | 2.41 | | | 6.24 |
| | 6.98 | 7.84 | | | 38.89 |
| 1.26 | 13.82 | 7.61 | | | 73.17 |

3-41 续表 2

| 地 区 | 主营业务成 本 | 销售费用 | 管理费用 | 财务费用 | 利息收入 |
|---|---|---|---|---|---|
| **全 国** | **34709.35** | **819.90** | **1489.80** | **300.13** | **20.49** |
| 北 京 | 263.94 | 9.63 | 29.42 | 3.25 | 0.92 |
| 天 津 | 1257.31 | 15.15 | 39.71 | 6.45 | 1.77 |
| 河 北 | 2739.39 | 42.27 | 52.35 | 15.82 | 1.12 |
| 山 西 | 90.38 | 2.79 | 6.50 | 1.21 | 0.47 |
| 内蒙古 | 279.42 | 2.71 | 6.39 | 1.41 | |
| 辽 宁 | 472.72 | 14.83 | 42.89 | 10.12 | 0.25 |
| 吉 林 | 360.85 | 10.48 | 16.21 | 5.38 | 0.03 |
| 黑龙江 | 118.51 | 2.02 | 4.71 | 0.98 | 0.01 |
| 上 海 | 767.21 | 28.26 | 74.08 | 4.24 | 0.98 |
| 江 苏 | 5495.34 | 135.35 | 250.44 | 54.06 | 3.74 |
| 浙 江 | 1986.37 | 61.97 | 127.64 | 29.07 | 2.74 |
| 安 徽 | 1206.58 | 27.51 | 44.34 | 13.26 | 0.36 |
| 福 建 | 973.50 | 24.45 | 43.68 | 6.48 | 1.16 |
| 江 西 | 732.99 | 12.96 | 21.27 | 3.59 | 0.10 |
| 山 东 | 5020.86 | 93.17 | 153.97 | 50.52 | 0.63 |
| 河 南 | 1922.76 | 55.23 | 46.93 | 16.72 | 0.25 |
| 湖 北 | 1274.15 | 49.32 | 65.09 | 15.13 | 1.04 |
| 湖 南 | 1738.06 | 38.89 | 78.07 | 9.92 | 0.23 |
| 广 东 | 5174.36 | 117.42 | 248.36 | 21.34 | 3.60 |
| 广 西 | 348.42 | 8.92 | 23.62 | 3.18 | 0.04 |
| 海 南 | 12.50 | 0.55 | 0.61 | 0.27 | 0.06 |
| 重 庆 | 555.72 | 13.28 | 23.10 | 5.83 | 0.05 |
| 四 川 | 960.97 | 29.07 | 42.08 | 11.50 | 0.40 |
| 贵 州 | 409.04 | 10.32 | 15.55 | 1.62 | 0.17 |
| 云 南 | 121.50 | 2.85 | 5.79 | 1.46 | 0.04 |
| 西 藏 | 0.01 | 0.01 | 0.01 | | |
| 陕 西 | 248.07 | 6.40 | 16.94 | 3.55 | 0.22 |
| 甘 肃 | 74.64 | 1.74 | 3.69 | 1.07 | 0.04 |
| 青 海 | 5.44 | 0.24 | 0.35 | 0.09 | 0.03 |
| 宁 夏 | 34.63 | 1.13 | 2.52 | 1.42 | 0.01 |
| 新 疆 | 63.71 | 0.99 | 3.47 | 1.19 | 0.03 |

单位：亿元

| 利息支出 | 投资收益(损失以"–"号记) | 营业利润 | 利润总额 | 亏损企业亏损额 | 平均用工人数(万人) |
|---|---|---|---|---|---|
| **263.11** | **-37.07** | **2370.68** | **2392.88** | **122.93** | **364.60** |
| 4.28 | 7.10 | 21.84 | 23.43 | 4.49 | 3.25 |
| 5.09 | 1.42 | 118.54 | 119.05 | 4.99 | 9.18 |
| 14.08 | -55.46 | 143.30 | 136.35 | 8.61 | 19.14 |
| 1.56 | 0.03 | 1.67 | 1.93 | 1.21 | 2.55 |
| 1.20 | -0.45 | 18.16 | 11.00 | 0.43 | 1.49 |
| 7.34 | 0.50 | 13.30 | 22.22 | 8.14 | 8.29 |
| 3.97 | 0.64 | 19.70 | 20.07 | 1.26 | 2.37 |
| 0.88 |  | 9.43 | 8.41 | 0.25 | 1.12 |
| 5.94 | 1.03 | 46.08 | 49.34 | 12.09 | 12.74 |
| 50.68 | -10.30 | 387.08 | 390.16 | 24.47 | 50.56 |
| 32.26 | 11.56 | 122.41 | 127.42 | 7.37 | 35.91 |
| 10.91 | 4.45 | 84.98 | 84.46 | 2.10 | 11.28 |
| 5.22 | 0.37 | 91.09 | 91.90 | 1.90 | 11.67 |
| 3.00 | -0.56 | 58.87 | 58.59 | 0.47 | 5.90 |
| 38.36 | -0.82 | 335.78 | 335.41 | 6.79 | 33.41 |
| 12.41 | 0.19 | 166.78 | 167.82 | 1.20 | 21.21 |
| 11.50 | -0.50 | 59.30 | 65.82 | 5.73 | 11.64 |
| 6.31 | 0.29 | 155.40 | 154.24 | 3.50 | 10.16 |
| 20.84 | 2.22 | 335.40 | 338.33 | 15.37 | 82.26 |
| 1.93 | -1.98 | 28.00 | 29.31 | 0.36 | 3.54 |
| 0.18 |  | 1.13 | 1.19 | 0.32 | 0.16 |
| 5.54 | -0.13 | 51.95 | 53.30 | 0.56 | 7.04 |
| 9.95 | -1.83 | 62.19 | 62.52 | 3.00 | 9.40 |
| 1.13 | -0.22 | 12.12 | 12.22 | 1.89 | 2.18 |
| 1.58 | 0.07 | 5.57 | 5.80 | 0.78 | 1.47 |
|  |  |  |  |  | 0.01 |
| 3.60 | 0.93 | 14.76 | 15.97 | 1.24 | 4.26 |
| 0.89 | 2.78 | 2.12 | 2.45 | 1.27 | 1.01 |
| 0.11 |  | 0.09 | 0.13 | 0.02 | 0.13 |
| 1.23 | 0.45 | -0.89 | -0.72 | 2.21 | 0.48 |
| 1.13 | 1.14 | 4.54 | 4.75 | 0.91 | 0.82 |

# 3-42 按地区分组的通用

| 地区 | 工业销售产值(当年价格) | 出口交货值 | 资产总计 | 固定资产合计 | 固定资产原价 |
|---|---|---|---|---|---|
| **全国** | **48337.12** | **4930.98** | **43335.59** | **10922.95** | **18050.36** |
| 北京 | 473.80 | 80.12 | 1100.20 | 114.68 | 210.73 |
| 天津 | 1232.79 | 144.75 | 1043.61 | 270.00 | 420.04 |
| 河北 | 1529.95 | 61.47 | 1198.00 | 553.09 | 586.78 |
| 山西 | 142.21 | 2.57 | 212.84 | 58.71 | 64.08 |
| 内蒙古 | 267.05 | | 147.10 | 45.03 | 77.42 |
| 辽宁 | 1181.16 | 111.18 | 2269.81 | 404.11 | 669.28 |
| 吉林 | 485.48 | 0.41 | 222.29 | 80.71 | 347.61 |
| 黑龙江 | 337.05 | 21.28 | 651.81 | 112.86 | 166.82 |
| 上海 | 2452.92 | 495.25 | 3628.21 | 569.90 | 1090.71 |
| 江苏 | 9088.57 | 1178.28 | 7832.77 | 2043.64 | 3613.76 |
| 浙江 | 4226.41 | 907.21 | 4981.34 | 1027.18 | 1654.28 |
| 安徽 | 2297.91 | 143.34 | 1590.60 | 397.35 | 797.14 |
| 福建 | 1065.17 | 153.52 | 756.90 | 163.21 | 296.11 |
| 江西 | 787.68 | 46.99 | 493.23 | 172.27 | 297.63 |
| 山东 | 8281.56 | 300.98 | 5484.98 | 1991.85 | 2909.86 |
| 河南 | 3477.39 | 52.83 | 2109.69 | 814.90 | 1096.53 |
| 湖北 | 1386.33 | 70.44 | 1482.04 | 427.46 | 644.72 |
| 湖南 | 1723.11 | 39.01 | 906.47 | 273.37 | 401.71 |
| 广东 | 3787.14 | 1009.89 | 3368.30 | 561.31 | 1110.88 |
| 广西 | 351.06 | 7.47 | 331.07 | 63.91 | 123.14 |
| 海南 | 0.36 | | 0.77 | 0.10 | 0.59 |
| 重庆 | 786.78 | 52.03 | 668.39 | 208.13 | 291.81 |
| 四川 | 2114.26 | 32.34 | 1671.45 | 314.70 | 739.86 |
| 贵州 | 125.47 | 1.98 | 125.31 | 30.01 | 24.37 |
| 云南 | 53.71 | 2.10 | 84.72 | 16.25 | 21.17 |
| 西藏 | | | | | |
| 陕西 | 523.14 | 11.96 | 669.06 | 133.60 | 292.21 |
| 甘肃 | 71.93 | 3.00 | 144.59 | 26.55 | 34.87 |
| 青海 | 18.19 | | 39.89 | 14.79 | 18.42 |
| 宁夏 | 54.93 | 0.55 | 97.51 | 28.62 | 39.41 |
| 新疆 | 13.63 | | 22.61 | 4.65 | 8.43 |

# 设备制造业主要经济指标

单位：亿元

| 累计折旧 | 流动资产合计 | 应收账款 | 存货 | 产成品 | 负债合计 |
|---|---|---|---|---|---|
| **7993.30** | **25768.57** | **8341.25** | **6257.11** | **2304.12** | **22481.10** |
| | | | | | |
| 100.47 | 752.67 | 167.62 | 197.61 | 51.19 | 510.07 |
| 177.51 | 661.22 | 270.50 | 147.85 | 58.19 | 577.61 |
| 189.69 | 533.53 | 153.27 | 151.48 | 58.00 | 478.60 |
| 19.67 | 134.94 | 51.49 | 43.80 | 18.23 | 142.37 |
| 36.00 | 81.73 | 19.59 | 28.08 | 8.16 | 85.86 |
| | | | | | |
| 300.67 | 1454.90 | 453.78 | 441.72 | 151.92 | 1415.25 |
| 272.23 | 109.79 | 33.52 | 24.88 | 11.31 | 105.46 |
| 78.55 | 503.82 | 143.96 | 142.78 | 19.05 | 488.70 |
| | | | | | |
| 528.15 | 2530.47 | 733.76 | 717.35 | 185.97 | 2120.63 |
| 1613.30 | 4674.01 | 1724.02 | 1013.17 | 420.94 | 3938.23 |
| 701.44 | 3093.82 | 1016.62 | 703.80 | 275.21 | 2556.75 |
| 423.74 | 915.20 | 308.42 | 213.31 | 91.42 | 835.27 |
| 141.43 | 469.87 | 138.28 | 123.06 | 52.73 | 317.24 |
| 135.95 | 250.67 | 68.43 | 45.79 | 25.25 | 225.73 |
| 1081.32 | 2437.83 | 593.86 | 597.06 | 267.72 | 2496.32 |
| | | | | | |
| 341.82 | 1053.88 | 291.09 | 209.82 | 83.81 | 786.29 |
| 288.24 | 801.06 | 257.05 | 183.84 | 58.98 | 895.97 |
| 143.34 | 477.07 | 205.08 | 120.84 | 58.81 | 424.15 |
| 568.48 | 2328.69 | 880.33 | 505.74 | 210.42 | 1816.49 |
| 57.70 | 229.54 | 46.49 | 44.33 | 21.14 | 181.65 |
| 0.49 | 0.53 | 0.15 | 0.31 | 0.18 | 0.60 |
| | | | | | |
| 107.94 | 390.48 | 155.40 | 87.88 | 41.26 | 376.88 |
| 452.68 | 1147.57 | 406.04 | 313.00 | 62.97 | 1030.90 |
| 9.30 | 74.71 | 19.58 | 20.66 | 8.81 | 72.10 |
| 7.56 | 60.04 | 27.16 | 14.66 | 4.64 | 52.52 |
| | | | | | |
| 183.76 | 415.90 | 107.95 | 112.88 | 40.04 | 343.13 |
| 8.63 | 85.24 | 26.43 | 21.83 | 6.41 | 112.92 |
| 4.64 | 21.61 | 5.67 | 7.52 | 2.71 | 22.74 |
| 14.58 | 62.47 | 29.82 | 15.82 | 4.26 | 53.89 |
| 4.00 | 15.31 | 5.90 | 6.26 | 4.37 | 16.78 |

3-42 续表 1

| 地　区 | 流动负债合　计 | 应付账款 | 所有者权益合计 | 实收资本 | 国家资本 |
|---|---|---|---|---|---|
| **全　国** | **18964.64** | **5808.90** | **20653.91** | **8607.34** | **755.81** |
| 北　京 | 420.85 | 120.34 | 590.51 | 227.18 | 28.31 |
| 天　津 | 519.45 | 223.73 | 464.93 | 265.47 | 14.88 |
| 河　北 | 387.13 | 110.25 | 715.95 | 314.08 | 11.37 |
| 山　西 | 115.35 | 44.96 | 70.46 | 44.52 | 8.61 |
| 内蒙古 | 75.46 | 21.15 | 61.24 | 30.24 | 10.40 |
| 辽　宁 | 1029.06 | 283.40 | 770.92 | 363.85 | 54.53 |
| 吉　林 | 82.15 | 25.98 | 115.70 | 44.61 | 7.74 |
| 黑龙江 | 457.26 | 122.75 | 163.12 | 88.42 | 27.08 |
| 上　海 | 1960.46 | 588.08 | 1482.75 | 641.07 | 65.37 |
| 江　苏 | 3584.52 | 1085.41 | 3882.29 | 1670.76 | 59.08 |
| 浙　江 | 2362.46 | 683.31 | 2408.73 | 1002.99 | 9.39 |
| 安　徽 | 609.24 | 183.31 | 751.57 | 303.00 | 36.80 |
| 福　建 | 263.57 | 78.41 | 433.38 | 185.45 | 7.03 |
| 江　西 | 190.30 | 51.73 | 267.33 | 136.16 | 16.84 |
| 山　东 | 1807.42 | 485.53 | 2975.38 | 1096.14 | 86.11 |
| 河　南 | 615.54 | 145.33 | 1312.95 | 522.24 | 24.84 |
| 湖　北 | 608.54 | 125.16 | 580.06 | 238.74 | 51.42 |
| 湖　南 | 322.84 | 122.64 | 482.20 | 190.79 | 19.84 |
| 广　东 | 1626.61 | 663.50 | 1540.63 | 596.49 | 32.85 |
| 广　西 | 165.94 | 48.06 | 148.10 | 34.84 | 6.56 |
| 海　南 | 0.60 | 0.22 | 0.16 | 0.06 | |
| 重　庆 | 297.22 | 99.57 | 289.99 | 120.10 | 41.34 |
| 四　川 | 912.52 | 289.58 | 637.29 | 235.14 | 36.64 |
| 贵　州 | 46.10 | 13.03 | 51.80 | 26.67 | 5.99 |
| 云　南 | 47.08 | 21.67 | 32.20 | 15.57 | 3.56 |
| 西　藏 | | | | | |
| 陕　西 | 298.44 | 113.08 | 326.00 | 159.44 | 79.32 |
| 甘　肃 | 71.58 | 18.30 | 31.68 | 21.54 | 3.73 |
| 青　海 | 21.70 | 4.05 | 17.15 | 6.22 | 4.39 |
| 宁　夏 | 49.00 | 27.92 | 43.62 | 21.19 | 1.00 |
| 新　疆 | 16.23 | 8.42 | 5.82 | 4.39 | 0.80 |

单位：亿元

| 集体资本 | 法人资本 | 个人资本 | 港澳台资本 | 外商资本 | 主营业务收入 |
|---|---|---|---|---|---|
| **98.32** | **3128.29** | **2763.19** | **432.88** | **1423.78** | **48200.40** |
| | | | | | |
| 0.01 | 68.09 | 55.50 | 8.86 | 66.41 | 527.82 |
| 3.93 | 76.58 | 59.52 | 7.36 | 103.20 | 1234.28 |
| 1.07 | 167.97 | 115.14 | 2.08 | 16.44 | 1525.19 |
| 2.19 | 17.91 | 15.38 | 0.08 | 0.35 | 134.54 |
| 0.83 | 8.80 | 4.98 | 5.20 | 0.03 | 259.47 |
| | | | | | |
| 4.79 | 90.60 | 103.95 | 8.62 | 100.90 | 1198.89 |
| 3.07 | 17.64 | 12.40 | | 3.75 | 471.95 |
| 4.11 | 36.42 | 20.44 | | 0.37 | 330.78 |
| | | | | | |
| 3.08 | 184.41 | 107.68 | 50.61 | 229.92 | 2583.21 |
| 12.50 | 592.82 | 494.34 | 98.25 | 413.78 | 9117.19 |
| 5.95 | 353.54 | 417.58 | 102.09 | 114.44 | 4153.00 |
| 6.33 | 105.68 | 135.70 | 3.01 | 15.48 | 2260.67 |
| 1.08 | 51.85 | 66.58 | 9.11 | 49.79 | 1080.33 |
| 4.43 | 63.65 | 44.36 | 4.31 | 2.57 | 809.95 |
| 20.94 | 465.37 | 397.88 | 18.95 | 106.89 | 8353.42 |
| | | | | | |
| 4.48 | 210.91 | 276.09 | 0.46 | 5.28 | 3463.49 |
| 5.33 | 90.76 | 77.56 | 4.06 | 9.61 | 1269.58 |
| 2.79 | 107.25 | 58.10 | 0.76 | 2.05 | 1682.80 |
| 4.60 | 192.46 | 114.54 | 102.86 | 149.17 | 3744.00 |
| 0.91 | 11.45 | 5.68 | 0.14 | 6.65 | 327.89 |
| | 0.06 | | | | 0.36 |
| | | | | | |
| 0.92 | 35.65 | 28.43 | 2.58 | 11.18 | 780.52 |
| 0.80 | 103.91 | 87.91 | 0.14 | 5.12 | 2107.01 |
| 0.11 | 13.31 | 7.51 | | | 118.34 |
| 0.30 | 3.49 | 5.88 | 1.41 | 0.95 | 51.51 |
| | | | | | |
| | | | | | |
| 2.01 | 35.64 | 37.53 | 1.94 | 2.40 | 484.84 |
| 0.55 | 11.05 | 6.00 | | 0.22 | 47.57 |
| 1.24 | 0.60 | | | | 15.56 |
| | 8.76 | 4.59 | | 6.83 | 52.60 |
| | 1.66 | 1.94 | | | 13.65 |

3-42 续表 2

| 地区 | 主营业务成本 | 销售费用 | 管理费用 | 财务费用 | 利息收入 |
|---|---|---|---|---|---|
| **全国** | **40593.57** | **1398.30** | **2498.28** | **376.61** | **43.16** |
| 北京 | 409.98 | 32.95 | 48.32 | 5.71 | 3.92 |
| 天津 | 1024.31 | 36.40 | 68.17 | 3.55 | 0.03 |
| 河北 | 1321.27 | 33.73 | 49.34 | 10.85 | |
| 山西 | 112.65 | 4.16 | 9.54 | 2.10 | 0.12 |
| 内蒙古 | 232.89 | 3.14 | 7.15 | 1.09 | 0.04 |
| 辽宁 | 1011.02 | 45.79 | 90.43 | 33.09 | 2.04 |
| 吉林 | 402.11 | 12.59 | 23.81 | 4.89 | 0.20 |
| 黑龙江 | 285.02 | 8.16 | 23.65 | 1.59 | 1.69 |
| 上海 | 2055.82 | 109.97 | 242.85 | 14.46 | 9.73 |
| 江苏 | 7555.55 | 269.65 | 489.90 | 64.89 | 5.93 |
| 浙江 | 3365.03 | 138.83 | 319.31 | 42.93 | 7.44 |
| 安徽 | 1978.36 | 48.56 | 89.86 | 15.07 | 0.37 |
| 福建 | 903.40 | 31.94 | 55.22 | 8.35 | 0.88 |
| 江西 | 692.33 | 15.40 | 29.92 | 2.95 | -0.13 |
| 山东 | 7248.81 | 187.34 | 262.29 | 62.45 | 0.41 |
| 河南 | 3031.16 | 68.25 | 83.29 | 24.46 | 1.29 |
| 湖北 | 1075.92 | 39.39 | 69.40 | 21.28 | 1.10 |
| 湖南 | 1407.03 | 56.93 | 81.45 | 13.12 | 0.51 |
| 广东 | 3143.11 | 117.20 | 221.92 | 6.60 | 3.07 |
| 广西 | 268.95 | 14.81 | 22.53 | 1.44 | 0.65 |
| 海南 | 0.32 | 0.02 | 0.04 | 0.03 | |
| 重庆 | 638.30 | 24.63 | 42.44 | 6.63 | 0.79 |
| 四川 | 1773.58 | 71.12 | 114.88 | 19.66 | 2.59 |
| 贵州 | 98.25 | 4.45 | 8.97 | 1.22 | 0.07 |
| 云南 | 45.12 | 2.11 | 4.01 | 0.87 | 0.02 |
| 西藏 | | | | | |
| 陕西 | 406.94 | 15.15 | 29.36 | 4.28 | 0.13 |
| 甘肃 | 38.61 | 2.23 | 4.51 | 1.55 | 0.18 |
| 青海 | 11.90 | 0.82 | 1.88 | 0.38 | 0.06 |
| 宁夏 | 44.75 | 2.09 | 2.91 | 0.83 | 0.01 |
| 新疆 | 11.10 | 0.50 | 0.93 | 0.28 | |

单位：亿元

| 利息支出 | 投资收益（损失以“–”号记） | 营业利润 | 利润总额 | 亏损企业亏损额 | 平均用工人数（万人） |
|---|---|---|---|---|---|
| **355.59** | **102.74** | **3091.74** | **3178.66** | **246.09** | **449.34** |
| 8.70 | 33.11 | 62.04 | 67.94 | 11.81 | 5.15 |
| 4.77 | 0.52 | 96.16 | 98.92 | 9.43 | 8.97 |
| 8.71 | -1.06 | 102.85 | 102.87 | 7.09 | 14.12 |
| 1.94 | 0.03 | 7.40 | 7.97 | 1.09 | 2.14 |
| 0.94 | 0.32 | 13.01 | 6.38 | 1.77 | 1.50 |
| 27.63 | 3.17 | 14.87 | 24.87 | 32.13 | 17.61 |
| 3.17 | 0.14 | 25.93 | 26.18 | 0.42 | 2.80 |
| 2.53 | 0.12 | 8.48 | 8.89 | 6.55 | 4.04 |
| 20.12 | 12.63 | 151.19 | 159.84 | 21.58 | 21.59 |
| 67.78 | 21.81 | 698.26 | 705.87 | 35.89 | 77.64 |
| 52.20 | 17.10 | 282.12 | 299.84 | 17.82 | 60.40 |
| 12.50 | -1.56 | 103.87 | 109.76 | 11.31 | 17.77 |
| 7.26 | -1.39 | 76.66 | 79.44 | 1.34 | 10.98 |
| 3.74 | 1.69 | 61.76 | 64.17 | 2.00 | 7.12 |
| 42.60 | 6.87 | 539.64 | 547.79 | 16.55 | 55.90 |
| 19.75 | 0.18 | 238.86 | 241.74 | 7.87 | 30.66 |
| 10.26 | 0.57 | 58.49 | 64.89 | 2.77 | 12.15 |
| 9.68 | 0.78 | 105.16 | 99.06 | 2.50 | 12.44 |
| 12.78 | 2.96 | 242.49 | 257.01 | 14.36 | 48.61 |
| 2.41 | -1.31 | 18.14 | 19.03 | 0.64 | 3.28 |
| 0.02 |  | -0.03 | -0.03 | 0.03 | 0.03 |
| 6.67 | -0.01 | 61.77 | 65.19 | 4.38 | 7.96 |
| 20.40 | 1.64 | 87.38 | 76.03 | 30.57 | 15.62 |
| 1.14 | -0.11 | 4.69 | 5.54 | 0.41 | 1.52 |
| 0.58 | 0.02 | -1.16 | 1.80 | 0.49 | 0.97 |
| 4.56 | 4.51 | 28.27 | 32.27 | 3.30 | 6.09 |
| 1.63 |  | 0.58 | 0.98 | 0.55 | 1.07 |
| 0.36 | -0.01 | 0.34 | 1.41 | 0.06 | 0.41 |
| 0.49 |  | 1.73 | 2.09 | 1.31 | 0.64 |
| 0.26 |  | 0.79 | 0.90 | 0.08 | 0.17 |

# 3-43 按地区分组的专用

| 地区 | 工业销售产值(当年价格) | 出口交货值 | 资产总计 | 固定资产合计 | 固定资产原价 |
|---|---|---|---|---|---|
| **全国** | **37672.91** | **3024.39** | **36841.47** | **9292.37** | **15143.27** |
| 北京 | 499.09 | 68.83 | 1832.61 | 107.30 | 192.37 |
| 天津 | 977.13 | 61.23 | 1054.21 | 214.71 | 385.18 |
| 河北 | 1503.13 | 93.32 | 1667.74 | 685.82 | 874.12 |
| 山西 | 185.58 | 8.29 | 615.85 | 106.17 | 131.09 |
| 内蒙古 | 228.12 | 0.38 | 174.17 | 64.29 | 90.46 |
| 辽宁 | 608.47 | 81.55 | 1647.23 | 303.88 | 461.91 |
| 吉林 | 687.30 | 2.69 | 272.61 | 125.76 | 516.04 |
| 黑龙江 | 238.73 | 10.35 | 664.38 | 142.83 | 224.52 |
| 上海 | 1104.48 | 299.47 | 1735.96 | 249.77 | 432.24 |
| 江苏 | 6451.61 | 751.47 | 5363.59 | 1381.51 | 2392.33 |
| 浙江 | 1616.59 | 347.10 | 2063.87 | 419.93 | 670.45 |
| 安徽 | 1590.88 | 32.42 | 1119.41 | 306.07 | 555.03 |
| 福建 | 845.34 | 49.86 | 724.08 | 120.90 | 219.86 |
| 江西 | 554.00 | 33.58 | 320.78 | 133.00 | 221.70 |
| 山东 | 6309.68 | 264.01 | 4124.95 | 1571.00 | 2471.27 |
| 河南 | 3962.01 | 41.98 | 2694.11 | 1057.62 | 1358.45 |
| 湖北 | 1184.92 | 30.46 | 1021.88 | 263.98 | 556.80 |
| 湖南 | 2862.86 | 120.69 | 2925.52 | 574.36 | 837.01 |
| 广东 | 2768.09 | 520.59 | 2830.36 | 515.97 | 952.47 |
| 广西 | 514.67 | 29.55 | 491.82 | 80.09 | 125.59 |
| 海南 | 2.49 | 0.04 | 8.73 | 1.86 | 1.04 |
| 重庆 | 483.96 | 15.52 | 413.13 | 139.68 | 209.71 |
| 四川 | 1376.30 | 32.94 | 1226.97 | 302.78 | 543.56 |
| 贵州 | 127.22 | 5.40 | 117.61 | 28.36 | 36.06 |
| 云南 | 98.41 | 6.75 | 95.62 | 15.36 | 18.30 |
| 西藏 | 0.21 | | 0.44 | 0.07 | 0.08 |
| 陕西 | 676.07 | 114.52 | 1046.36 | 249.56 | 506.13 |
| 甘肃 | 114.87 | 1.14 | 375.95 | 90.12 | 107.51 |
| 青海 | 12.47 | | 8.00 | 2.20 | 2.34 |
| 宁夏 | 52.70 | | 81.21 | 13.00 | 17.60 |
| 新疆 | 35.53 | 0.26 | 122.32 | 24.44 | 32.04 |

# 设备制造业主要经济指标

单位：亿元

| 累计折旧 | 流动资产合计 | 应收账款 | 存货 | 产成品 | 负债合计 |
|---|---|---|---|---|---|
| **6505.13** | **21938.54** | **6997.02** | **5332.82** | **1851.98** | **19218.40** |
| 85.32 | 1165.33 | 332.25 | 178.55 | 54.21 | 957.73 |
| 167.31 | 690.35 | 224.20 | 183.21 | 55.90 | 618.91 |
| 209.43 | 853.69 | 226.65 | 190.90 | 77.74 | 594.01 |
| 57.02 | 452.07 | 188.10 | 123.87 | 37.97 | 471.54 |
| 26.93 | 94.57 | 25.52 | 19.06 | 8.29 | 76.35 |
| 177.11 | 1125.13 | 322.11 | 424.88 | 73.02 | 1171.37 |
| 400.25 | 116.23 | 36.20 | 34.00 | 16.84 | 120.64 |
| 88.07 | 424.05 | 190.34 | 81.16 | 23.63 | 389.40 |
| 191.44 | 1216.44 | 375.03 | 329.62 | 78.85 | 968.24 |
| 1034.19 | 3282.90 | 1176.97 | 733.60 | 255.27 | 2731.24 |
| 278.23 | 1339.27 | 387.09 | 310.70 | 101.77 | 1084.61 |
| 269.62 | 628.53 | 208.77 | 135.37 | 53.39 | 600.43 |
| 106.12 | 484.14 | 131.93 | 141.13 | 34.89 | 391.48 |
| 98.12 | 138.92 | 46.80 | 30.95 | 17.86 | 133.64 |
| 1154.34 | 2050.83 | 579.09 | 560.72 | 271.92 | 1930.62 |
| 402.74 | 1307.00 | 296.10 | 281.87 | 94.78 | 1079.89 |
| 308.44 | 629.36 | 185.92 | 144.93 | 60.25 | 576.12 |
| 289.07 | 1848.15 | 735.81 | 362.55 | 151.76 | 1680.46 |
| 449.11 | 1792.08 | 560.59 | 474.61 | 164.56 | 1396.99 |
| 49.18 | 299.98 | 99.44 | 61.07 | 30.15 | 258.52 |
| 0.50 | 4.06 | 1.62 | 0.51 | 0.09 | 4.57 |
| 63.29 | 201.82 | 83.78 | 48.28 | 16.84 | 219.20 |
| 264.24 | 748.48 | 216.03 | 165.34 | 55.74 | 674.38 |
| 7.94 | 64.39 | 24.26 | 16.01 | 4.99 | 76.50 |
| 8.46 | 66.82 | 22.95 | 16.43 | 7.17 | 63.43 |
| 0.01 | 0.34 | 0.06 | 0.02 | 0.01 | 0.42 |
| 281.82 | 611.89 | 222.37 | 178.66 | 83.65 | 611.76 |
| 22.87 | 197.46 | 50.79 | 82.68 | 13.75 | 247.46 |
| 0.31 | 5.59 | 2.90 | 1.02 | 0.10 | 5.12 |
| 5.82 | 57.89 | 26.80 | 12.83 | 2.42 | 38.76 |
| 7.82 | 40.80 | 16.58 | 8.29 | 4.17 | 44.62 |

3-43 续表 1

| 地区 | 流动负债合计 | 应付账款 | 所有者权益合计 | 实收资本 | 国家资本 |
|---|---|---|---|---|---|
| **全国** | **15609.27** | **4557.01** | **17488.38** | **8018.28** | **889.93** |
| 北京 | 755.99 | 240.86 | 871.62 | 323.31 | 34.86 |
| 天津 | 551.85 | 220.66 | 434.39 | 302.05 | 120.88 |
| 河北 | 538.54 | 158.37 | 1072.44 | 436.49 | 50.58 |
| 山西 | 403.33 | 137.71 | 144.31 | 86.86 | 43.87 |
| 内蒙古 | 61.85 | 13.32 | 101.89 | 29.83 | 6.51 |
| 辽宁 | 996.63 | 252.72 | 436.75 | 306.85 | 114.66 |
| 吉林 | 94.14 | 20.97 | 151.28 | 58.32 | 4.62 |
| 黑龙江 | 320.56 | 87.47 | 268.51 | 95.52 | 29.67 |
| 上海 | 849.79 | 313.70 | 767.80 | 356.98 | 40.30 |
| 江苏 | 2381.55 | 650.11 | 2623.42 | 1176.54 | 59.87 |
| 浙江 | 1022.58 | 278.07 | 973.94 | 420.86 | 12.95 |
| 安徽 | 476.78 | 134.23 | 516.27 | 723.38 | 19.62 |
| 福建 | 349.59 | 75.25 | 328.19 | 131.36 | 6.30 |
| 江西 | 100.09 | 28.35 | 183.42 | 61.47 | 5.13 |
| 山东 | 1517.24 | 408.23 | 2185.46 | 731.34 | 36.12 |
| 河南 | 793.39 | 240.17 | 1606.14 | 559.82 | 30.25 |
| 湖北 | 497.77 | 162.08 | 444.47 | 223.61 | 28.53 |
| 湖南 | 962.00 | 224.95 | 1247.56 | 302.53 | 31.56 |
| 广东 | 1193.69 | 438.90 | 1405.41 | 616.09 | 13.55 |
| 广西 | 201.86 | 51.57 | 233.30 | 74.08 | 16.27 |
| 海南 | 3.65 | 0.54 | 4.16 | 1.56 | |
| 重庆 | 170.99 | 64.98 | 192.71 | 63.26 | 13.31 |
| 四川 | 502.86 | 117.86 | 535.69 | 222.25 | 17.02 |
| 贵州 | 50.36 | 16.72 | 40.94 | 25.09 | 7.67 |
| 云南 | 58.01 | 17.66 | 32.19 | 16.40 | 3.77 |
| 西藏 | 0.42 | 0.07 | 0.02 | 0.04 | |
| 陕西 | 480.28 | 140.32 | 434.58 | 597.49 | 120.64 |
| 甘肃 | 190.13 | 31.15 | 128.49 | 34.71 | 18.20 |
| 青海 | 4.73 | 2.69 | 2.88 | 1.68 | |
| 宁夏 | 37.27 | 16.02 | 42.45 | 14.27 | 0.90 |
| 新疆 | 41.34 | 11.29 | 77.70 | 24.22 | 2.33 |

单位：亿元

| 集体资本 | 法人资本 | 个人资本 | 港澳台资本 | 外商资本 | 主营业务收入 |
|---|---|---|---|---|---|
| **123.84** | **2845.61** | **2902.76** | **373.86** | **882.29** | **37414.51** |
| 1.21 | 164.26 | 85.97 | 15.74 | 21.28 | 608.35 |
| 2.84 | 73.04 | 46.47 | 2.63 | 56.20 | 934.00 |
| 3.13 | 245.03 | 104.53 | 7.60 | 25.63 | 1478.45 |
| 4.01 | 16.12 | 20.48 | 0.10 | 2.28 | 199.05 |
| 6.47 | 6.22 | 10.18 | | 0.45 | 214.43 |
| 2.38 | 88.05 | 44.88 | 0.49 | 56.40 | 608.09 |
| 3.26 | 18.76 | 29.18 | 1.49 | 1.02 | 664.08 |
| 1.37 | 22.10 | 37.81 | 0.51 | 4.06 | 227.13 |
| 1.35 | 127.31 | 56.20 | 22.89 | 108.92 | 1147.72 |
| 13.69 | 323.80 | 392.03 | 86.02 | 301.13 | 6449.34 |
| 4.05 | 117.23 | 167.04 | 67.45 | 52.14 | 1593.31 |
| 7.60 | 69.24 | 584.52 | 4.20 | 38.20 | 1554.25 |
| 0.23 | 32.02 | 61.44 | 14.65 | 16.71 | 833.97 |
| 0.27 | 23.73 | 30.55 | 1.00 | 0.78 | 562.37 |
| 27.62 | 304.81 | 291.63 | 11.29 | 59.87 | 6334.54 |
| 4.61 | 258.56 | 252.14 | 3.35 | 10.92 | 4012.28 |
| 3.68 | 126.58 | 54.72 | 1.38 | 8.71 | 1114.69 |
| 2.48 | 128.20 | 131.75 | 1.78 | 6.77 | 2780.85 |
| 25.54 | 214.83 | 169.37 | 120.67 | 72.13 | 2717.33 |
| 0.40 | 25.89 | 22.63 | 3.68 | 5.21 | 513.72 |
| 0.70 | | 0.86 | | | 2.45 |
| 0.87 | 22.94 | 18.73 | 4.15 | 3.25 | 465.32 |
| 3.65 | 112.99 | 63.91 | 1.06 | 23.62 | 1377.38 |
| 0.13 | 7.11 | 7.99 | | 2.18 | 119.81 |
| | 6.32 | 6.14 | 0.15 | 0.01 | 101.74 |
| | | 0.04 | | | 0.21 |
| 1.15 | 282.63 | 187.22 | 1.56 | 4.29 | 567.94 |
| 0.17 | 11.65 | 4.69 | | | 135.18 |
| 0.97 | 0.17 | 0.54 | | | 2.80 |
| | 5.61 | 7.76 | | | 53.72 |
| 0.01 | 10.43 | 11.34 | 0.01 | 0.11 | 40.05 |

3-43 续表 2

| 地　区 | 主营业务成　本 | 销售费用 | 管理费用 | 财务费用 | 利息收入 |
|---|---|---|---|---|---|
| **全　国** | **31360.52** | **1177.79** | **2016.29** | **360.56** | **34.29** |
| 北　京 | 433.64 | 43.13 | 74.26 | 11.43 | 2.86 |
| 天　津 | 804.23 | 25.24 | 62.50 | 8.05 | 0.46 |
| 河　北 | 1249.81 | 36.77 | 58.80 | 11.24 | 0.60 |
| 山　西 | 175.87 | 6.39 | 20.77 | 10.52 | 0.30 |
| 内蒙古 | 171.01 | 7.26 | 13.37 | 1.48 | 0.02 |
| 辽　宁 | 526.98 | 20.72 | 52.35 | 18.67 | 2.48 |
| 吉　林 | 577.28 | 16.87 | 27.34 | 6.05 | 0.03 |
| 黑龙江 | 206.35 | 9.75 | 21.79 | 9.48 | 0.70 |
| 上　海 | 884.97 | 63.58 | 118.47 | 2.64 | 3.56 |
| 江　苏 | 5317.17 | 196.77 | 367.65 | 50.64 | 5.30 |
| 浙　江 | 1273.96 | 54.99 | 136.89 | 17.95 | 2.76 |
| 安　徽 | 1331.49 | 40.85 | 69.76 | 10.82 | 0.79 |
| 福　建 | 700.99 | 22.62 | 41.47 | 7.72 | -0.15 |
| 江　西 | 486.14 | 10.97 | 15.04 | 3.33 | 0.10 |
| 山　东 | 5507.69 | 147.98 | 193.69 | 49.02 | 2.07 |
| 河　南 | 3450.82 | 86.50 | 128.74 | 43.68 | 3.49 |
| 湖　北 | 959.74 | 34.84 | 58.69 | 11.72 | 0.40 |
| 湖　南 | 2343.32 | 118.72 | 142.86 | 42.92 | 4.26 |
| 广　东 | 2161.09 | 121.70 | 210.74 | 6.59 | -0.57 |
| 广　西 | 428.38 | 19.87 | 33.65 | 3.44 | 1.78 |
| 海　南 | 1.50 | 0.41 | 0.36 | 0.02 | |
| 重　庆 | 375.79 | 14.03 | 23.30 | 3.55 | 0.31 |
| 四　川 | 1152.35 | 40.29 | 74.15 | 13.07 | 1.56 |
| 贵　州 | 93.86 | 5.98 | 8.71 | 1.97 | 0.07 |
| 云　南 | 86.27 | 1.75 | 5.23 | 0.96 | 0.14 |
| 西　藏 | 0.21 | | 0.01 | | |
| 陕　西 | 458.14 | 23.60 | 40.24 | 8.90 | 0.92 |
| 甘　肃 | 121.23 | 2.76 | 8.26 | 4.05 | 0.15 |
| 青　海 | 2.44 | 0.02 | 0.21 | 0.06 | |
| 宁　夏 | 45.19 | 2.03 | 3.49 | 0.40 | -0.08 |
| 新　疆 | 32.60 | 1.40 | 3.48 | 0.19 | -0.02 |

单位：亿元

| 利息支出 | 投资收益（损失以"–"号记） | 营业利润 | 利润总额 | 亏损企业亏损额 | 平均用工人数（万人） |
|---|---|---|---|---|---|
| **353.94** | **92.99** | **2156.32** | **2280.04** | **421.66** | **342.44** |
| 12.12 | 35.59 | 72.61 | 81.07 | 9.93 | 6.16 |
| 5.92 | 3.80 | 29.89 | 29.59 | 24.09 | 7.44 |
| 9.24 | -0.98 | 104.28 | 107.61 | 14.58 | 14.51 |
| 10.95 | 1.40 | -16.30 | -14.79 | 21.29 | 4.22 |
| 0.45 | 0.11 | 19.63 | 13.40 | 0.65 | 1.08 |
| 17.30 | -3.18 | -29.02 | -22.83 | 39.84 | 8.64 |
| 4.06 | 0.20 | 33.47 | 33.63 | 1.13 | 3.31 |
| 8.10 | 1.09 | -52.49 | -49.59 | 61.56 | 3.59 |
| 7.83 | 7.86 | 84.66 | 94.37 | 19.03 | 10.94 |
| 51.56 | 17.14 | 475.40 | 484.83 | 77.59 | 54.44 |
| 21.02 | 6.92 | 109.92 | 119.38 | 11.01 | 22.61 |
| 10.21 | -1.81 | 81.51 | 90.17 | 5.12 | 13.04 |
| 7.37 | 0.67 | 55.95 | 56.61 | 7.61 | 8.04 |
| 2.75 | 0.01 | 42.35 | 42.80 | 0.95 | 5.51 |
| 37.93 | 3.34 | 392.10 | 400.48 | 17.34 | 41.60 |
| 38.94 | 3.92 | 230.97 | 236.63 | 24.00 | 35.09 |
| 8.55 | 0.17 | 42.53 | 45.79 | 12.05 | 11.35 |
| 48.78 | 4.87 | 57.51 | 62.28 | 31.47 | 16.37 |
| 12.14 | 11.08 | 214.63 | 243.64 | 12.75 | 42.12 |
| 5.41 | -1.40 | 20.58 | 22.09 | 3.03 | 4.09 |
| 0.02 | 0.05 | 0.21 | 0.38 |  | 0.07 |
| 3.24 | 1.13 | 45.07 | 46.41 | 2.46 | 4.54 |
| 13.34 | 1.45 | 89.39 | 93.83 | 11.25 | 11.79 |
| 1.41 | -1.44 | 5.07 | 5.60 | 0.85 | 1.04 |
| 1.09 | 0.09 | 4.49 | 4.83 | 1.76 | 1.03 |
|  |  | -0.01 | -0.01 | 0.01 |  |
| 9.29 | 0.53 | 31.01 | 38.42 | 6.94 | 6.90 |
| 4.19 | 0.01 | 6.80 | 8.06 | 1.18 | 1.88 |
| 0.08 | -0.05 | 0.14 | 0.16 | 0.03 | 0.04 |
| 0.40 | 0.22 | 1.99 | 2.49 | 0.97 | 0.61 |
| 0.24 | 0.21 | 1.97 | 2.73 | 1.21 | 0.39 |

# 3-44 按地区分组的

| 地 区 | 工业销售产值(当年价格) | 出口交货值 | 资产总计 | 固定资产合 计 | 固定资产原 价 |
|---|---|---|---|---|---|
| **全 国** | **80440.37** | **3188.99** | **68536.75** | **16277.29** | **27073.64** |
| 北 京 | 4678.46 | 56.62 | 4607.03 | 856.03 | 1302.31 |
| 天 津 | 2474.62 | 74.44 | 1632.23 | 456.01 | 858.20 |
| 河 北 | 2570.63 | 82.31 | 2249.60 | 637.36 | 911.55 |
| 山 西 | 147.32 | 4.33 | 236.44 | 69.02 | 90.56 |
| 内蒙古 | 156.74 | 5.96 | 399.99 | 106.57 | 153.02 |
| 辽 宁 | 2670.55 | 58.32 | 2899.47 | 786.95 | 1183.80 |
| 吉 林 | 5955.68 | 41.65 | 5218.36 | 1218.27 | 2242.69 |
| 黑龙江 | 236.38 | 13.51 | 296.26 | 109.42 | 206.56 |
| 上 海 | 5821.11 | 253.57 | 6666.50 | 1028.54 | 2088.48 |
| 江 苏 | 7790.50 | 452.68 | 5574.78 | 1534.94 | 2674.10 |
| 浙 江 | 4447.86 | 440.51 | 4654.81 | 966.62 | 1452.91 |
| 安 徽 | 3043.20 | 135.89 | 2619.97 | 573.70 | 1006.14 |
| 福 建 | 1171.67 | 125.89 | 894.54 | 193.52 | 369.13 |
| 江 西 | 1379.93 | 72.45 | 1182.92 | 319.13 | 507.59 |
| 山 东 | 7030.35 | 492.69 | 5224.14 | 1322.56 | 2209.18 |
| 河 南 | 3173.55 | 119.67 | 2026.40 | 677.01 | 935.15 |
| 湖 北 | 6675.43 | 60.77 | 6390.78 | 1316.64 | 2159.07 |
| 湖 南 | 1803.58 | 32.96 | 1580.67 | 458.69 | 600.46 |
| 广 东 | 6792.37 | 467.11 | 4691.78 | 1131.70 | 2097.43 |
| 广 西 | 2601.08 | 36.89 | 1688.30 | 444.44 | 623.54 |
| 海 南 | 62.55 | 2.55 | 96.16 | 17.20 | 45.90 |
| 重 庆 | 5331.08 | 76.14 | 4358.72 | 1145.64 | 1914.78 |
| 四 川 | 2751.10 | 23.87 | 1813.50 | 571.09 | 904.22 |
| 贵 州 | 248.90 | 1.20 | 178.26 | 54.31 | 67.99 |
| 云 南 | 237.07 | 33.16 | 220.46 | 21.88 | 60.05 |
| 西 藏 | | | | | |
| 陕 西 | 1148.88 | 23.86 | 1063.02 | 234.79 | 377.16 |
| 甘 肃 | 12.22 | | 34.22 | 4.48 | 6.11 |
| 青 海 | 5.70 | | 6.27 | 1.39 | 1.57 |
| 宁 夏 | 2.20 | | 1.96 | 0.40 | 0.35 |
| 新 疆 | 19.66 | | 29.19 | 18.99 | 23.65 |

# 汽车制造业主要经济指标

单位：亿元

| 累计折旧 | 流动资产合计 | 应收账款 | 存货 | 产成品 | 负债合计 |
|---|---|---|---|---|---|
| **11525.00** | **39853.53** | **11336.50** | **6297.16** | **3013.71** | **39986.24** |
| 471.46 | 2638.60 | 846.32 | 346.66 | 159.85 | 2764.01 |
| 417.54 | 1020.65 | 336.99 | 141.27 | 45.29 | 939.99 |
| 296.65 | 1298.25 | 289.72 | 187.58 | 79.74 | 1215.52 |
| 26.26 | 134.52 | 27.11 | 28.19 | 16.61 | 172.35 |
| 46.58 | 185.92 | 55.53 | 21.01 | 7.82 | 357.02 |
| 420.25 | 1583.81 | 436.28 | 296.71 | 110.01 | 1986.38 |
| 1209.53 | 3067.19 | 421.02 | 552.50 | 343.59 | 2373.43 |
| 83.25 | 155.94 | 51.56 | 24.89 | 5.17 | 258.45 |
| 1031.54 | 3577.02 | 917.43 | 432.18 | 164.12 | 3159.10 |
| 1168.13 | 3319.54 | 1226.30 | 559.68 | 253.34 | 3343.00 |
| 516.70 | 2666.17 | 1021.41 | 382.14 | 183.80 | 2907.42 |
| 450.44 | 1441.76 | 383.77 | 204.52 | 98.46 | 1715.29 |
| 172.76 | 558.91 | 208.10 | 110.05 | 50.11 | 509.29 |
| 201.09 | 688.40 | 130.74 | 108.86 | 45.44 | 719.74 |
| 992.89 | 3249.66 | 1103.00 | 508.57 | 244.19 | 3146.44 |
| 294.30 | 1038.91 | 328.04 | 142.39 | 72.09 | 967.38 |
| 947.67 | 3603.01 | 950.03 | 519.73 | 255.70 | 3438.15 |
| 175.73 | 964.15 | 337.74 | 151.82 | 62.44 | 1120.06 |
| 1011.40 | 3038.74 | 1029.52 | 477.78 | 174.43 | 2899.06 |
| 228.40 | 1072.63 | 183.81 | 228.13 | 170.18 | 1246.97 |
| 29.27 | 53.71 | 6.94 | 25.30 | 20.34 | 43.79 |
| 774.14 | 2526.73 | 445.33 | 436.01 | 224.43 | 2708.82 |
| 357.59 | 1036.04 | 385.84 | 187.14 | 100.30 | 1006.59 |
| 19.65 | 99.61 | 48.83 | 22.63 | 10.78 | 108.63 |
| 19.69 | 141.09 | 31.10 | 37.67 | 11.93 | 133.88 |
| 155.49 | 647.13 | 106.28 | 158.61 | 101.27 | 686.95 |
| 1.67 | 27.77 | 24.48 | 1.06 | 0.11 | 27.20 |
| 0.19 | 4.88 | 0.57 | 0.42 | 0.42 | 4.01 |
| 0.07 | 1.12 | 0.37 | 0.23 | 0.07 | 1.15 |
| 4.66 | 11.66 | 2.36 | 3.43 | 1.70 | 26.18 |

3-44 续表 1

| 地　区 | 流动负债合　计 | 应付账款 | 所有者权益合计 | 实收资本 | 国家资本 |
|---|---|---|---|---|---|
| **全　国** | **34490.35** | **15113.32** | **28426.10** | **11714.09** | **1633.82** |
| 北　京 | 2454.72 | 1218.06 | 1842.14 | 765.17 | 168.93 |
| 天　津 | 698.20 | 385.43 | 669.54 | 362.92 | 26.17 |
| 河　北 | 1084.96 | 538.27 | 1031.54 | 278.21 | 26.56 |
| 山　西 | 153.36 | 43.16 | 64.09 | 42.52 | 9.96 |
| 内蒙古 | 292.10 | 40.65 | 41.68 | 54.47 | 23.34 |
| 辽　宁 | 1731.83 | 666.98 | 884.89 | 367.15 | 40.47 |
| 吉　林 | 2007.41 | 1089.69 | 2843.95 | 298.34 | 77.27 |
| 黑龙江 | 235.98 | 100.58 | 37.81 | 47.05 | 15.16 |
| 上　海 | 2795.54 | 1638.88 | 3500.50 | 773.37 | 105.41 |
| 江　苏 | 2883.55 | 1271.85 | 2225.84 | 1346.11 | 110.65 |
| 浙　江 | 2531.74 | 875.72 | 1743.81 | 1822.79 | 119.15 |
| 安　徽 | 1358.50 | 498.16 | 905.94 | 361.46 | 50.17 |
| 福　建 | 433.20 | 162.25 | 384.99 | 191.35 | 11.78 |
| 江　西 | 616.37 | 239.79 | 460.37 | 156.40 | 27.05 |
| 山　东 | 2586.41 | 947.18 | 2073.66 | 823.59 | 79.63 |
| 河　南 | 795.69 | 340.64 | 1051.84 | 652.69 | 13.86 |
| 湖　北 | 3011.54 | 1334.22 | 2945.24 | 1036.14 | 446.80 |
| 湖　南 | 952.26 | 397.97 | 487.60 | 312.56 | 70.00 |
| 广　东 | 2631.29 | 1135.42 | 1755.19 | 914.48 | 67.60 |
| 广　西 | 1118.57 | 487.63 | 441.24 | 139.52 | 28.32 |
| 海　南 | 43.05 | 16.66 | 52.37 | 24.02 | |
| 重　庆 | 2400.98 | 972.66 | 1640.51 | 448.44 | 49.88 |
| 四　川 | 819.71 | 401.35 | 796.01 | 239.49 | 15.66 |
| 贵　州 | 84.58 | 37.29 | 69.58 | 33.21 | 4.25 |
| 云　南 | 102.23 | 31.86 | 86.58 | 64.82 | 21.12 |
| 西　藏 | | | | | |
| 陕　西 | 616.16 | 212.40 | 376.07 | 134.11 | 23.93 |
| 甘　肃 | 25.94 | 20.40 | 7.02 | 6.82 | |
| 青　海 | 4.01 | | 2.26 | 1.39 | |
| 宁　夏 | 1.15 | 0.12 | 0.82 | 0.60 | |
| 新　疆 | 19.32 | 8.06 | 3.02 | 14.91 | 0.71 |

单位：亿元

| | | | | | |
|---|---|---|---|---|---|
| | | | | | 主营业务收入 |
| 集体资本 | 法人资本 | 个人资本 | 港澳台资本 | 外商资本 | |
| **142.93** | **4099.80** | **1729.10** | **423.61** | **3686.73** | **81347.16** |
| | | | | | |
| 1.38 | 317.53 | 14.07 | 1.58 | 261.68 | 4802.00 |
| 1.57 | 109.26 | 27.29 | 11.12 | 187.51 | 2342.80 |
| 0.71 | 130.01 | 47.11 | 33.05 | 40.78 | 2597.23 |
| | 20.78 | 11.75 | | 0.03 | 147.08 |
| 0.10 | 26.68 | 3.68 | | 0.68 | 152.86 |
| | | | | | |
| 6.85 | 124.18 | 23.69 | 15.64 | 156.32 | 2725.16 |
| 6.62 | 121.13 | 33.55 | 4.16 | 55.60 | 6629.04 |
| 0.91 | 16.24 | 4.56 | | 10.18 | 236.57 |
| | | | | | |
| 5.90 | 360.58 | 54.82 | 15.40 | 231.26 | 7213.54 |
| 9.11 | 569.85 | 160.56 | 62.74 | 433.19 | 7470.38 |
| 0.64 | 274.93 | 187.28 | 93.65 | 1147.14 | 4420.38 |
| 13.06 | 184.15 | 77.91 | 2.53 | 33.63 | 2799.21 |
| 2.71 | 74.85 | 27.67 | 36.44 | 37.89 | 1162.78 |
| 1.33 | 81.96 | 25.16 | 1.28 | 19.61 | 1463.44 |
| 14.75 | 274.70 | 189.24 | 56.33 | 208.94 | 7078.50 |
| | | | | | |
| 4.47 | 165.92 | 445.40 | 3.49 | 19.55 | 3140.77 |
| 19.91 | 216.86 | 130.56 | 5.02 | 216.99 | 6237.58 |
| 4.21 | 137.72 | 17.98 | 8.71 | 75.48 | 1770.54 |
| 6.32 | 329.94 | 36.86 | 53.51 | 420.25 | 6709.58 |
| 4.14 | 63.40 | 23.51 | 1.60 | 18.55 | 2529.18 |
| | 20.07 | 0.37 | 2.15 | 1.43 | 60.55 |
| | | | | | |
| 7.65 | 199.85 | 112.41 | 11.73 | 66.91 | 5429.03 |
| 4.23 | 137.61 | 40.27 | 1.74 | 39.96 | 2680.58 |
| 0.11 | 16.21 | 12.94 | | 0.07 | 240.84 |
| 25.65 | 12.95 | 4.41 | 0.70 | | 229.15 |
| | | | | | |
| 0.58 | 91.24 | 14.48 | 1.03 | 2.85 | 1041.50 |
| | 5.20 | 1.37 | | 0.25 | 12.15 |
| | 1.39 | | | | 0.34 |
| | 0.59 | 0.01 | | | 2.20 |
| | 14.03 | 0.18 | | | 22.22 |

3-44 续表 2

| 地区 | 主营业务成本 | 销售费用 | 管理费用 | 财务费用 | 利息收入 |
|---|---|---|---|---|---|
| **全国** | **67756.31** | **2307.62** | **3876.55** | **355.60** | **131.01** |
| 北京 | 3977.93 | 190.44 | 177.63 | 25.16 | 8.69 |
| 天津 | 1955.65 | 30.74 | 101.43 | 14.06 | 1.91 |
| 河北 | 2140.29 | 57.53 | 117.71 | 9.74 | 0.51 |
| 山西 | 125.56 | 5.45 | 9.74 | 0.90 | 1.30 |
| 内蒙古 | 123.87 | 4.73 | 8.06 | 5.00 | 0.30 |
| 辽宁 | 2128.85 | 191.08 | 127.20 | 33.46 | 9.12 |
| 吉林 | 5356.35 | 304.91 | 302.00 | -0.44 | 18.53 |
| 黑龙江 | 202.53 | 3.16 | 12.58 | 1.91 | 0.90 |
| 上海 | 5739.46 | 113.65 | 563.80 | -10.31 | 17.23 |
| 江苏 | 6192.32 | 191.83 | 357.71 | 46.38 | 9.88 |
| 浙江 | 3583.98 | 88.13 | 267.32 | 37.10 | 6.54 |
| 安徽 | 2477.61 | 84.72 | 140.11 | 21.60 | 9.26 |
| 福建 | 968.09 | 40.88 | 52.44 | 3.83 | 0.52 |
| 江西 | 1248.46 | 54.39 | 81.32 | 4.67 | -3.29 |
| 山东 | 6266.09 | 132.92 | 183.01 | 49.47 | 10.67 |
| 河南 | 2727.27 | 78.15 | 96.28 | 17.17 | 1.46 |
| 湖北 | 5244.32 | 182.45 | 327.39 | 14.64 | 7.11 |
| 湖南 | 1463.32 | 50.08 | 95.83 | 16.46 | 1.45 |
| 广东 | 5618.58 | 114.16 | 341.85 | 15.56 | 6.07 |
| 广西 | 2160.77 | 93.79 | 102.58 | 3.24 | 7.59 |
| 海南 | 58.21 | 0.47 | 4.90 | -0.19 | 0.39 |
| 重庆 | 4348.27 | 214.30 | 266.75 | 18.04 | 9.05 |
| 四川 | 2264.29 | 42.32 | 79.57 | 19.85 | 1.78 |
| 贵州 | 215.07 | 4.29 | 9.40 | 2.13 | 0.12 |
| 云南 | 207.20 | 4.02 | 7.22 | 2.79 | 0.67 |
| 西藏 | | | | | |
| 陕西 | 929.36 | 28.77 | 39.84 | 3.02 | 3.18 |
| 甘肃 | 11.11 | 0.05 | 0.51 | 0.11 | |
| 青海 | 0.32 | | 0.04 | 0.01 | |
| 宁夏 | 2.06 | 0.02 | 0.05 | 0.04 | |
| 新疆 | 19.11 | 0.23 | 2.29 | 0.20 | 0.07 |

单位：亿元

| 利息支出 | 投资收益（损失以“-”号记） | 营业利润 | 利润总额 | 亏损企业亏损额 | 平均用工人数（万人） |
|---|---|---|---|---|---|
| **404.67** | **889.29** | **6486.55** | **6853.77** | **323.32** | **483.45** |
| 24.35 | 46.62 | 349.66 | 380.13 | 5.52 | 15.17 |
| 12.13 | 5.14 | 212.11 | 215.93 | 11.23 | 13.56 |
| 9.59 | 23.96 | 248.90 | 244.93 | 4.51 | 20.56 |
| 1.94 | 0.11 | 5.94 | 8.58 | 1.72 | 1.70 |
| 5.26 | 0.26 | 9.87 | -11.11 | 13.23 | 1.22 |
| 22.27 | 21.07 | 182.21 | 194.39 | 29.42 | 13.64 |
| 11.06 | 60.91 | 573.29 | 594.15 | 13.69 | 27.45 |
| 1.96 | 0.66 | 14.57 | 16.73 | 3.73 | 1.40 |
| 13.29 | 382.60 | 1056.05 | 1081.97 | 9.96 | 22.44 |
| 36.00 | 14.22 | 579.64 | 589.94 | 48.86 | 45.69 |
| 41.40 | 33.04 | 401.24 | 421.66 | 33.24 | 41.25 |
| 26.08 | 31.09 | 68.26 | 125.90 | 8.06 | 21.45 |
| 7.70 | 0.82 | 85.41 | 87.79 | 4.39 | 10.62 |
| 6.51 | 4.35 | 63.71 | 85.15 | 9.84 | 10.58 |
| 43.23 | 7.46 | 391.47 | 412.46 | 12.27 | 38.98 |
| 16.39 | 7.35 | 210.05 | 216.33 | 6.62 | 25.19 |
| 27.27 | 173.74 | 555.23 | 592.01 | 28.49 | 41.29 |
| 14.76 | -0.91 | 66.26 | 79.76 | 11.04 | 11.22 |
| 19.96 | 21.57 | 525.42 | 542.10 | 20.71 | 40.07 |
| 9.01 | -6.43 | 110.27 | 115.16 | 3.98 | 14.50 |
| 0.19 | 0.16 | -4.88 | -4.70 | 6.06 | 0.59 |
| 26.98 | 47.23 | 518.37 | 567.82 | 14.58 | 36.51 |
| 17.37 | 13.21 | 216.52 | 242.73 | 15.65 | 15.15 |
| 2.04 | 0.31 | 10.00 | 10.87 | 1.13 | 2.26 |
| 1.17 | 0.85 | 9.47 | 12.63 | 1.42 | 1.52 |
| 6.36 | -0.09 | 28.35 | 31.02 | 2.73 | 9.04 |
| 0.09 |  | 0.32 | 0.24 | 0.05 | 0.10 |
| 0.01 |  | -0.03 | -0.03 | 0.03 | 0.10 |
| 0.03 |  | 0.03 | 0.03 |  | 0.01 |
| 0.28 | -0.01 | -1.11 | -0.82 | 1.16 | 0.19 |

# 3-45 按地区分组的铁路、船舶、航空航天

| 地区 | 工业销售产值（当年价格） | 出口交货值 | 资产总计 | 固定资产合计 | 固定资产原价 |
|---|---|---|---|---|---|
| **全国** | **20293.17** | **3408.04** | **23662.54** | **6084.33** | **8853.95** |
| 北京 | 381.23 | 5.48 | 695.79 | 87.98 | 146.10 |
| 天津 | 1308.40 | 67.54 | 1774.26 | 898.92 | 640.53 |
| 河北 | 531.01 | 34.29 | 706.58 | 189.42 | 245.88 |
| 山西 | 90.08 | 0.07 | 203.95 | 42.86 | 67.56 |
| 内蒙古 | 25.00 | 1.75 | 42.16 | 12.26 | 12.42 |
| 辽宁 | 955.86 | 224.43 | 2138.37 | 579.62 | 595.49 |
| 吉林 | 388.99 | 16.89 | 566.62 | 95.61 | 160.37 |
| 黑龙江 | 69.36 | 7.88 | 134.82 | 39.06 | 63.07 |
| 上海 | 741.09 | 359.32 | 1589.94 | 264.98 | 471.02 |
| 江苏 | 3770.80 | 777.83 | 3431.90 | 880.69 | 1737.32 |
| 浙江 | 1406.74 | 675.13 | 1472.70 | 347.95 | 526.49 |
| 安徽 | 331.41 | 11.90 | 208.07 | 65.04 | 94.16 |
| 福建 | 369.68 | 80.08 | 348.04 | 81.75 | 118.02 |
| 江西 | 134.97 | 8.85 | 110.05 | 30.63 | 54.96 |
| 山东 | 2168.51 | 172.68 | 1900.89 | 432.89 | 760.52 |
| 河南 | 1064.08 | 11.60 | 696.42 | 315.35 | 420.77 |
| 湖北 | 752.67 | 64.84 | 867.75 | 229.01 | 286.93 |
| 湖南 | 984.07 | 54.09 | 1102.73 | 185.55 | 281.92 |
| 广东 | 1354.94 | 505.31 | 1291.76 | 260.23 | 546.25 |
| 广西 | 193.64 | 2.16 | 122.58 | 34.13 | 49.99 |
| 海南 | 0.26 |  | 8.31 | 0.75 | 1.42 |
| 重庆 | 1526.22 | 186.18 | 1516.13 | 389.52 | 703.26 |
| 四川 | 634.55 | 39.09 | 796.06 | 185.97 | 274.18 |
| 贵州 | 175.61 | 13.88 | 402.68 | 96.49 | 151.29 |
| 云南 | 64.40 | 15.17 | 81.13 | 14.60 | 15.43 |
| 西藏 |  |  |  |  |  |
| 陕西 | 848.81 | 71.62 | 1419.84 | 320.29 | 421.56 |
| 甘肃 | 15.93 |  | 30.08 | 2.00 | 3.90 |
| 青海 | 3.43 |  | 1.21 | 0.57 | 2.86 |
| 宁夏 | 0.55 |  | 0.87 | 0.02 | 0.04 |
| 新疆 | 0.90 |  | 0.87 | 0.15 | 0.24 |

# 和其他运输设备制造业主要经济指标

单位：亿元

| 累计折旧 | 流动资产合计 | | | | 负债合计 |
|---|---|---|---|---|---|
| | | 应收账款 | 存货 | 产成品 | |
| **3938.26** | **14255.97** | **3338.32** | **3984.28** | **674.65** | **14955.46** |
| 71.00 | 508.40 | 169.61 | 153.46 | 26.34 | 424.03 |
| 395.09 | 703.96 | 104.35 | 208.19 | 31.03 | 1376.52 |
| 72.46 | 437.79 | 123.46 | 154.94 | 23.75 | 437.11 |
| 24.70 | 135.00 | 72.29 | 28.29 | 4.28 | 146.34 |
| 5.93 | 28.16 | 10.45 | 7.39 | 5.31 | 15.29 |
| 234.06 | 1389.88 | 176.47 | 491.75 | 13.14 | 1457.74 |
| 66.94 | 423.63 | 150.51 | 100.49 | 5.87 | 374.28 |
| 25.99 | 82.85 | 35.92 | 22.64 | 2.92 | 77.91 |
| 204.89 | 1129.09 | 97.30 | 353.64 | 11.59 | 1281.76 |
| 878.11 | 2040.86 | 476.92 | 594.04 | 127.48 | 1904.20 |
| 201.04 | 802.58 | 188.30 | 213.12 | 29.29 | 981.06 |
| 30.29 | 113.36 | 28.46 | 23.49 | 9.37 | 124.04 |
| 38.55 | 236.00 | 37.78 | 114.31 | 36.20 | 233.90 |
| 24.91 | 58.75 | 12.66 | 14.23 | 5.77 | 53.15 |
| 295.32 | 1161.11 | 266.28 | 282.72 | 69.44 | 1240.88 |
| 110.73 | 326.56 | 70.43 | 49.82 | 20.63 | 190.30 |
| 107.05 | 517.85 | 123.33 | 187.01 | 24.00 | 625.66 |
| 102.18 | 782.83 | 243.68 | 166.28 | 52.63 | 585.27 |
| 295.56 | 879.77 | 229.60 | 259.69 | 40.19 | 825.49 |
| 19.41 | 68.96 | 21.51 | 17.87 | 7.54 | 58.90 |
| 0.68 | 6.52 | 0.16 | 1.55 | | 7.82 |
| 356.13 | 818.91 | 211.15 | 97.59 | 43.76 | 928.95 |
| 127.41 | 502.40 | 166.47 | 125.08 | 19.72 | 458.70 |
| 59.96 | 243.56 | 52.90 | 82.27 | 12.27 | 302.76 |
| 5.23 | 26.39 | 10.95 | 1.77 | 1.61 | 20.08 |
| 180.35 | 805.89 | 245.43 | 227.94 | 49.03 | 805.92 |
| 1.91 | 22.97 | 10.85 | 4.43 | 1.31 | 16.44 |
| 2.29 | 0.64 | 0.26 | 0.18 | 0.09 | 0.17 |
| 0.01 | 0.59 | 0.33 | 0.10 | 0.08 | 0.48 |
| 0.09 | 0.71 | 0.51 | 0.03 | | 0.33 |

3-45 续表 1

| 地 区 | 流动负债合计 | 应付账款 | 所有者权益合计 | 实收资本 | 国家资本 |
|---|---|---|---|---|---|
| **全 国** | **11794.63** | **3901.96** | **8680.90** | **4010.26** | **1850.42** |
| 北 京 | 383.89 | 141.23 | 271.49 | 108.70 | 40.65 |
| 天 津 | 522.88 | 152.84 | 395.53 | 210.29 | 120.92 |
| 河 北 | 390.94 | 170.67 | 269.47 | 130.14 | 66.75 |
| 山 西 | 121.71 | 56.72 | 57.61 | 35.51 | 23.14 |
| 内 蒙 古 | 14.96 | 9.99 | 26.87 | 10.20 | 2.19 |
| 辽 宁 | 1174.13 | 392.17 | 669.55 | 359.79 | 255.11 |
| 吉 林 | 351.46 | 223.73 | 192.02 | 69.55 | 56.23 |
| 黑 龙 江 | 67.53 | 30.30 | 56.91 | 33.11 | 21.80 |
| 上 海 | 955.71 | 319.27 | 312.41 | 272.53 | 164.80 |
| 江 苏 | 1621.19 | 420.93 | 1525.72 | 566.18 | 123.38 |
| 浙 江 | 797.93 | 159.46 | 490.52 | 262.64 | 16.75 |
| 安 徽 | 101.22 | 32.33 | 82.59 | 53.23 | 24.06 |
| 福 建 | 160.26 | 24.84 | 111.98 | 43.43 | 10.95 |
| 江 西 | 26.66 | 7.55 | 55.91 | 37.50 | 17.36 |
| 山 东 | 1086.92 | 431.87 | 659.64 | 347.92 | 137.71 |
| 河 南 | 148.76 | 52.93 | 505.66 | 148.87 | 21.94 |
| 湖 北 | 533.80 | 193.08 | 242.05 | 169.14 | 105.36 |
| 湖 南 | 513.11 | 243.32 | 517.46 | 189.92 | 146.56 |
| 广 东 | 683.92 | 227.94 | 465.07 | 269.34 | 120.49 |
| 广 西 | 52.49 | 19.16 | 63.83 | 17.72 | 13.05 |
| 海 南 | 7.82 | 0.02 | 0.49 | 1.74 | |
| 重 庆 | 712.06 | 148.75 | 584.91 | 182.15 | 32.96 |
| 四 川 | 416.17 | 137.41 | 337.36 | 162.13 | 75.28 |
| 贵 州 | 271.20 | 73.49 | 99.76 | 71.85 | 60.18 |
| 云 南 | 15.56 | 8.48 | 61.05 | 19.54 | 2.50 |
| 西 藏 | | | | | |
| 陕 西 | 654.36 | 220.20 | 610.27 | 227.25 | 181.44 |
| 甘 肃 | 7.35 | 2.83 | 13.09 | 8.89 | 8.11 |
| 青 海 | 0.10 | 0.05 | 1.04 | 0.20 | |
| 宁 夏 | 0.20 | 0.13 | 0.12 | 0.07 | |
| 新 疆 | 0.32 | 0.28 | 0.54 | 0.74 | 0.74 |

单位：亿元

| 集体资本 | 法人资本 | 个人资本 | 港澳台资本 | 外商资本 | 主营业务收　入 |
|---|---|---|---|---|---|
| **26.30** | **1103.53** | **678.56** | **82.98** | **281.08** | **19324.92** |
| 0.37 | 54.58 | 11.96 | 0.20 | 0.93 | 405.54 |
| | 43.02 | 18.98 | 1.15 | 13.17 | 1299.93 |
| 0.27 | 44.71 | 15.07 | 0.30 | 3.04 | 540.41 |
| 0.79 | 7.80 | 2.37 | | 1.40 | 95.02 |
| 0.29 | 1.07 | 6.65 | | | 26.09 |
| 0.72 | 64.15 | 9.56 | 1.73 | 28.54 | 917.89 |
| 3.79 | 5.90 | 2.42 | | 1.21 | 407.18 |
| 0.20 | 7.44 | 2.61 | | 1.06 | 71.44 |
| 1.39 | 85.54 | 5.61 | 3.49 | 15.07 | 711.57 |
| 3.48 | 152.71 | 157.36 | 29.57 | 99.68 | 3680.22 |
| 0.98 | 143.46 | 80.67 | 6.29 | 14.49 | 1009.43 |
| 0.06 | 13.60 | 14.28 | 0.09 | 1.15 | 319.68 |
| 0.12 | 11.11 | 12.33 | 5.10 | 3.83 | 354.48 |
| | 8.60 | 6.38 | 0.37 | 4.79 | 145.67 |
| 2.54 | 103.22 | 52.77 | 4.55 | 47.13 | 2129.34 |
| 0.16 | 27.44 | 95.48 | 0.06 | 3.79 | 1053.20 |
| 1.67 | 44.60 | 16.07 | 0.65 | 0.78 | 648.92 |
| 1.01 | 20.98 | 8.73 | 5.47 | 7.17 | 893.66 |
| 3.51 | 89.80 | 18.04 | 18.66 | 18.84 | 1244.22 |
| 0.09 | 3.71 | 0.86 | | | 195.04 |
| | | 1.69 | 0.06 | | 1.07 |
| 3.22 | 54.01 | 81.60 | 4.75 | 5.62 | 1471.59 |
| 0.83 | 46.38 | 35.17 | 0.50 | 6.05 | 632.27 |
| 0.09 | 8.78 | 1.86 | | 0.93 | 168.36 |
| | 10.89 | 6.15 | | | 41.66 |
| 0.63 | 49.84 | 13.16 | | 2.42 | 844.29 |
| 0.10 | | 0.68 | | | 14.55 |
| | 0.20 | | | | 0.75 |
| | | 0.07 | | | 0.54 |
| | | | | | 0.93 |

3-45 续表 2

| 地　区 | 主营业务成　本 | 销售费用 | 管理费用 | 财务费用 | 利息收入 |
|---|---|---|---|---|---|
| **全　国** | **16487.78** | **331.22** | **1061.29** | **130.86** | **60.62** |
| 北　京 | 325.74 | 7.28 | 36.97 | 3.24 | 0.97 |
| 天　津 | 1095.45 | 10.38 | 46.68 | 2.67 | 2.06 |
| 河　北 | 456.41 | 10.58 | 27.62 | 3.41 | 1.03 |
| 山　西 | 76.49 | 2.83 | 10.61 | 1.42 | 0.16 |
| 内蒙古 | 22.39 | 0.52 | 2.91 | -0.25 | 0.13 |
| 辽　宁 | 808.02 | 7.99 | 58.13 | 1.39 | 17.28 |
| 吉　林 | 319.97 | 10.21 | 31.00 | 0.57 | 1.02 |
| 黑龙江 | 60.96 | 1.67 | 9.20 | 0.74 | 0.03 |
| 上　海 | 617.52 | 12.52 | 66.66 | 6.16 | 8.80 |
| 江　苏 | 3129.28 | 58.39 | 153.59 | 25.34 | 5.61 |
| 浙　江 | 905.01 | 13.66 | 49.42 | 20.02 | 1.84 |
| 安　徽 | 285.06 | 4.60 | 11.95 | 1.15 | 0.37 |
| 福　建 | 307.69 | 6.48 | 14.84 | 4.87 | 0.46 |
| 江　西 | 132.47 | 0.99 | 2.90 | 0.06 | 0.42 |
| 山　东 | 1816.67 | 44.39 | 99.28 | 13.18 | 3.53 |
| 河　南 | 917.94 | 22.79 | 25.79 | 3.82 | 0.61 |
| 湖　北 | 570.09 | 9.49 | 34.62 | 8.47 | 1.48 |
| 湖　南 | 695.87 | 21.86 | 79.70 | 1.44 | 2.44 |
| 广　东 | 1080.21 | 23.71 | 73.68 | 2.80 | 3.76 |
| 广　西 | 158.97 | 2.30 | 16.13 | 0.10 | 0.36 |
| 海　南 | 0.70 | 0.01 | 0.13 | 0.31 | |
| 重　庆 | 1269.27 | 26.29 | 84.91 | 12.98 | 5.13 |
| 四　川 | 526.00 | 15.19 | 40.20 | 3.85 | 1.29 |
| 贵　州 | 135.53 | 2.98 | 20.37 | 6.09 | 0.31 |
| 云　南 | 34.64 | 0.48 | 3.78 | -0.18 | 0.22 |
| 西　藏 | | | | | |
| 陕　西 | 727.36 | 13.06 | 58.06 | 6.83 | 1.29 |
| 甘　肃 | 10.31 | 0.48 | 1.97 | 0.34 | 0.01 |
| 青　海 | 0.58 | 0.06 | 0.06 | 0.03 | |
| 宁　夏 | 0.38 | 0.02 | 0.06 | | |
| 新　疆 | 0.82 | 0.01 | 0.07 | | |

单位：亿元

| 利息支出 | 投资收益（损失以“-”号记） | 营业利润 | 利润总额 | 亏损企业亏损额 | 平均用工人数（万人） |
|---|---|---|---|---|---|
| **173.57** | **3.21** | **1109.28** | **1175.70** | **161.64** | **181.82** |
| | | | | | |
| 3.97 | 1.44 | 32.15 | 34.80 | 7.85 | 3.74 |
| 4.51 | -29.83 | 74.31 | 78.09 | 4.97 | 7.54 |
| 4.31 | 0.18 | 36.76 | 38.60 | 9.17 | 6.02 |
| 1.48 | 1.06 | 4.53 | 4.84 | 2.46 | 1.59 |
| 0.03 | 0.02 | 0.92 | 0.67 | 0.12 | 0.22 |
| | | | | | |
| 15.07 | 0.52 | 38.45 | 42.70 | 4.44 | 9.43 |
| 1.26 | 1.36 | 41.57 | 42.00 | 0.74 | 2.38 |
| 0.77 | 0.04 | -1.61 | -0.67 | 4.28 | 1.59 |
| | | | | | |
| 16.10 | 2.94 | -33.22 | -21.40 | 43.24 | 6.57 |
| 27.46 | 12.87 | 307.57 | 311.66 | 17.75 | 31.31 |
| 17.84 | 1.55 | 16.95 | 20.65 | 13.71 | 11.66 |
| 1.51 | 0.21 | 15.42 | 16.58 | 1.35 | 3.02 |
| 4.15 | | 13.30 | 14.31 | 3.15 | 3.93 |
| 0.82 | 0.01 | 8.56 | 8.60 | 0.45 | 1.46 |
| 13.17 | 0.45 | 136.18 | 140.57 | 7.84 | 11.62 |
| | | | | | |
| 3.50 | 0.83 | 80.03 | 79.71 | 0.79 | 10.56 |
| 9.86 | -1.18 | 15.20 | 18.59 | 9.14 | 7.01 |
| 4.18 | 1.24 | 83.88 | 90.28 | 0.88 | 6.72 |
| 9.38 | 0.24 | 57.15 | 62.36 | 11.54 | 13.67 |
| 0.59 | 0.13 | 15.67 | 15.38 | 0.01 | 3.03 |
| 0.31 | | -0.07 | -0.08 | 0.08 | 0.02 |
| | | | | | |
| 15.76 | 6.82 | 81.48 | 85.03 | 9.58 | 15.59 |
| 4.25 | -1.26 | 35.31 | 39.48 | 2.93 | 6.60 |
| 6.07 | 0.24 | 2.23 | 4.00 | 2.77 | 3.55 |
| | 0.30 | 3.17 | 3.32 | 0.17 | 0.20 |
| | | | | | |
| 6.85 | 3.04 | 42.12 | 44.18 | 2.21 | 12.44 |
| 0.32 | | 1.15 | 1.34 | | 0.28 |
| 0.03 | | 0.01 | 0.01 | | 0.01 |
| | | 0.06 | 0.07 | | 0.01 |
| | | 0.02 | 0.03 | | 0.02 |

# 3-46 按地区分组的电气机械

| 地　区 | 工业销售产值（当年价格） | 出口交货值 | 资产总计 | 固定资产合　计 | 固定资产原　价 |
|---|---|---|---|---|---|
| **全　国** | **74163.80** | **10092.24** | **63139.09** | **12836.58** | **23163.87** |
| 北　京 | 669.84 | 31.33 | 1183.84 | 71.85 | 136.25 |
| 天　津 | 1286.63 | 187.24 | 939.50 | 212.30 | 370.50 |
| 河　北 | 2252.86 | 56.70 | 1904.97 | 590.03 | 849.89 |
| 山　西 | 173.32 | 3.29 | 256.48 | 62.23 | 81.19 |
| 内蒙古 | 313.62 | 0.34 | 227.37 | 68.84 | 93.49 |
| 辽　宁 | 700.27 | 99.40 | 1157.87 | 205.74 | 324.05 |
| 吉　林 | 412.85 | 0.54 | 219.54 | 80.44 | 282.23 |
| 黑龙江 | 215.38 | 8.56 | 374.20 | 71.17 | 113.69 |
| 上　海 | 2039.15 | 439.24 | 2317.90 | 326.16 | 627.76 |
| 江　苏 | 17216.82 | 2311.02 | 12718.58 | 2904.53 | 5949.68 |
| 浙　江 | 6475.26 | 1456.20 | 6738.31 | 1121.29 | 1743.10 |
| 安　徽 | 5157.44 | 260.81 | 3200.69 | 670.97 | 1482.47 |
| 福　建 | 1855.60 | 392.57 | 1633.98 | 302.64 | 474.56 |
| 江　西 | 3001.63 | 276.46 | 1745.03 | 621.21 | 1090.74 |
| 山　东 | 6231.69 | 311.42 | 5854.83 | 1274.88 | 2016.23 |
| 河　南 | 3638.37 | 21.01 | 2652.74 | 762.23 | 952.29 |
| 湖　北 | 1934.82 | 94.50 | 1452.51 | 426.71 | 688.43 |
| 湖　南 | 1874.90 | 43.04 | 1320.97 | 358.11 | 442.39 |
| 广　东 | 12974.31 | 3917.94 | 11742.62 | 1671.08 | 3594.83 |
| 广　西 | 961.03 | 32.22 | 373.09 | 113.72 | 179.14 |
| 海　南 | 58.59 | 12.06 | 97.39 | 19.90 | 48.08 |
| 重　庆 | 1150.73 | 29.29 | 855.37 | 168.70 | 279.77 |
| 四　川 | 1442.46 | 44.49 | 1206.76 | 309.63 | 502.81 |
| 贵　州 | 266.76 | 4.20 | 232.84 | 40.12 | 43.82 |
| 云　南 | 123.82 | 2.12 | 161.18 | 24.11 | 35.75 |
| 西　藏 | 0.74 |  | 41.32 | 0.06 | 0.10 |
| 陕　西 | 906.88 | 37.45 | 1033.02 | 202.82 | 465.50 |
| 甘　肃 | 140.50 | 14.73 | 214.67 | 25.02 | 34.39 |
| 青　海 | 114.42 |  | 110.03 | 56.87 | 155.45 |
| 宁　夏 | 85.84 |  | 80.60 | 20.44 | 29.73 |
| 新　疆 | 487.26 | 4.07 | 1090.89 | 52.78 | 75.57 |

# 和器材制造业主要经济指标

单位：亿元

| 累计折旧 | 流动资产合计 | 应收账款 | 存货 | 产成品 | 负债合计 |
|---|---|---|---|---|---|
| **11001.94** | **40030.68** | **13864.48** | **6944.72** | **3110.04** | **35099.69** |
| 67.18 | 886.79 | 420.24 | 139.75 | 41.21 | 698.05 |
| 170.24 | 633.67 | 249.56 | 113.01 | 49.40 | 517.94 |
| 308.98 | 1043.66 | 370.76 | 202.25 | 99.33 | 977.36 |
| 25.85 | 151.84 | 77.58 | 33.05 | 17.21 | 191.64 |
| 26.29 | 133.67 | 44.51 | 35.04 | 10.42 | 137.86 |
| 144.66 | 733.79 | 288.05 | 136.36 | 58.34 | 653.34 |
| 207.19 | 101.49 | 28.65 | 20.84 | 9.36 | 97.22 |
| 46.00 | 240.68 | 73.98 | 54.75 | 13.06 | 213.28 |
| 306.92 | 1747.05 | 730.54 | 339.61 | 130.13 | 1244.21 |
| 3068.57 | 8034.16 | 3175.59 | 1185.43 | 534.47 | 6753.25 |
| 707.72 | 4339.43 | 1587.15 | 796.25 | 367.19 | 3728.18 |
| 854.28 | 2154.31 | 740.67 | 352.83 | 200.30 | 1756.08 |
| 192.96 | 1122.02 | 408.83 | 173.75 | 63.88 | 799.60 |
| 520.09 | 806.20 | 305.41 | 183.89 | 85.78 | 831.85 |
| 845.02 | 3153.40 | 728.53 | 609.95 | 340.86 | 3576.59 |
| 265.52 | 1484.94 | 482.37 | 238.49 | 106.43 | 1221.41 |
| 279.54 | 873.40 | 361.57 | 196.43 | 88.00 | 811.31 |
| 134.62 | 766.70 | 279.50 | 150.54 | 60.63 | 695.26 |
| 1970.70 | 8162.78 | 2233.99 | 1357.31 | 582.49 | 6922.63 |
| 63.57 | 207.57 | 65.10 | 48.42 | 26.66 | 195.15 |
| 28.19 | 69.16 | 33.77 | 7.75 | 1.51 | 55.88 |
| 121.50 | 583.55 | 262.30 | 101.37 | 58.94 | 517.83 |
| 211.71 | 771.23 | 271.97 | 164.58 | 58.65 | 816.61 |
| 8.51 | 174.05 | 35.34 | 22.99 | 12.76 | 166.89 |
| 13.27 | 112.64 | 34.54 | 27.78 | 12.85 | 92.43 |
| 0.05 | 4.28 | 0.15 | 4.04 | 0.03 | 1.16 |
| 271.27 | 635.88 | 242.95 | 110.92 | 50.12 | 522.67 |
| 10.15 | 144.94 | 66.85 | 28.14 | 13.23 | 155.85 |
| 100.01 | 47.30 | 12.20 | 8.25 | 1.37 | 74.43 |
| 10.66 | 52.86 | 27.59 | 9.46 | 3.46 | 43.53 |
| 20.72 | 657.23 | 224.25 | 91.48 | 11.98 | 630.17 |

3-46 续表 1

| 地区 | 流动负债合计 | 应付账款 | 所有者权益合计 | 实收资本 | 国家资本 |
|---|---|---|---|---|---|
| **全国** | **30597.51** | **10325.78** | **27694.40** | **13505.98** | **729.60** |
| 北京 | 637.99 | 269.75 | 485.32 | 289.07 | 42.05 |
| 天津 | 451.65 | 153.77 | 419.94 | 262.34 | 17.99 |
| 河北 | 830.02 | 273.19 | 872.77 | 464.36 | 18.76 |
| 山西 | 158.95 | 60.11 | 64.83 | 62.53 | 15.05 |
| 内蒙古 | 123.59 | 50.20 | 89.50 | 34.74 | 5.96 |
| 辽宁 | 559.13 | 175.78 | 459.84 | 244.40 | 11.24 |
| 吉林 | 74.27 | 17.43 | 121.32 | 54.23 | 2.72 |
| 黑龙江 | 194.91 | 57.35 | 160.92 | 60.95 | 10.73 |
| 上海 | 1173.71 | 524.86 | 1065.73 | 525.57 | 46.61 |
| 江苏 | 6039.43 | 1700.17 | 5956.76 | 2717.78 | 109.13 |
| 浙江 | 3372.19 | 1068.72 | 2997.96 | 1286.06 | 17.20 |
| 安徽 | 1552.01 | 547.57 | 1427.21 | 700.01 | 12.67 |
| 福建 | 735.83 | 248.19 | 829.02 | 402.52 | 22.35 |
| 江西 | 645.15 | 227.34 | 907.93 | 461.39 | 6.64 |
| 山东 | 2818.39 | 722.18 | 2259.56 | 718.96 | 49.52 |
| 河南 | 1028.93 | 362.00 | 1427.48 | 647.42 | 87.08 |
| 湖北 | 680.22 | 276.23 | 639.76 | 1640.92 | 38.56 |
| 湖南 | 560.69 | 193.72 | 625.35 | 308.58 | 68.75 |
| 广东 | 6247.58 | 2475.27 | 4675.34 | 1715.74 | 40.27 |
| 广西 | 146.50 | 41.09 | 177.94 | 65.00 | 1.52 |
| 海南 | 37.15 | 11.44 | 41.51 | 34.76 | 0.05 |
| 重庆 | 417.02 | 158.64 | 325.65 | 98.02 | 17.08 |
| 四川 | 695.33 | 222.42 | 387.30 | 263.98 | 20.88 |
| 贵州 | 152.11 | 27.89 | 65.86 | 35.48 | 1.09 |
| 云南 | 83.90 | 29.90 | 68.40 | 40.67 | 2.10 |
| 西藏 | 1.11 | 0.60 | 40.16 | 0.24 | |
| 陕西 | 427.66 | 176.96 | 508.83 | 187.36 | 43.33 |
| 甘肃 | 138.21 | 58.48 | 58.82 | 34.96 | 9.63 |
| 青海 | 43.75 | 18.73 | 35.59 | 18.76 | 2.73 |
| 宁夏 | 35.29 | 16.19 | 37.07 | 22.52 | |
| 新疆 | 534.83 | 159.64 | 460.72 | 106.69 | 7.90 |

单位：亿元

| 集体资本 | 法人资本 | 个人资本 | 港澳台资本 | 外商资本 | 主营业务收入 |
|---|---|---|---|---|---|
| **331.55** | **5058.32** | **5269.27** | **762.91** | **1353.28** | **73642.26** |
| | | | | | |
| 2.98 | 126.71 | 89.18 | 4.72 | 23.42 | 738.78 |
| 3.62 | 95.94 | 56.30 | 10.74 | 77.75 | 1268.76 |
| 1.52 | 202.02 | 205.84 | 2.05 | 33.91 | 2246.42 |
| 1.69 | 29.26 | 13.88 | | 2.64 | 128.01 |
| 0.96 | 19.16 | 7.21 | 0.39 | 1.05 | 301.26 |
| | | | | | |
| 20.72 | 95.01 | 68.09 | 15.70 | 33.65 | 760.46 |
| 0.62 | 14.64 | 29.25 | 1.51 | 5.49 | 410.72 |
| 2.62 | 22.99 | 15.78 | 2.42 | 6.40 | 213.84 |
| | | | | | |
| 9.91 | 203.89 | 122.59 | 21.29 | 121.28 | 2183.95 |
| 75.74 | 841.92 | 1051.52 | 196.93 | 442.54 | 17185.11 |
| 25.69 | 515.31 | 521.63 | 88.51 | 116.89 | 6377.90 |
| 18.48 | 331.74 | 286.79 | 15.27 | 35.05 | 4824.38 |
| 9.96 | 88.58 | 194.19 | 56.05 | 31.44 | 1830.46 |
| 9.56 | 261.40 | 153.37 | 17.85 | 12.56 | 3099.98 |
| 20.82 | 290.63 | 301.91 | 10.13 | 45.95 | 6321.91 |
| | | | | | |
| 20.07 | 241.07 | 281.21 | 1.87 | 16.12 | 3540.01 |
| 19.08 | 426.74 | 1103.26 | 14.87 | 38.40 | 1865.58 |
| 8.71 | 126.46 | 76.95 | 5.61 | 22.10 | 1881.69 |
| 51.26 | 696.40 | 404.03 | 289.28 | 234.51 | 12911.72 |
| 3.18 | 35.41 | 22.58 | 0.87 | 1.45 | 928.18 |
| 3.00 | 28.04 | | | 3.67 | 60.88 |
| | | | | | |
| 1.30 | 31.92 | 38.09 | 3.49 | 6.14 | 1219.89 |
| 12.29 | 120.68 | 93.20 | 2.67 | 14.25 | 1395.43 |
| 0.04 | 15.39 | 15.80 | 0.36 | 2.80 | 236.51 |
| 1.21 | 17.40 | 19.95 | | | 130.05 |
| 0.20 | 0.04 | | | | 0.34 |
| | | | | | |
| 1.29 | 90.31 | 33.65 | 0.32 | 18.46 | 813.42 |
| 3.34 | 12.47 | 9.16 | | 0.36 | 101.20 |
| 0.74 | 11.00 | 4.29 | | | 84.09 |
| 0.93 | 9.77 | 11.82 | | | 88.19 |
| 0.03 | 56.03 | 37.74 | | 4.99 | 493.14 |

3-46 续表 2

| 地区 | 主营业务成本 | 销售费用 | 管理费用 | 财务费用 | 利息收入 |
|---|---|---|---|---|---|
| **全国** | **62185.11** | **2539.90** | **3329.63** | **449.64** | **85.12** |
| 北京 | 579.69 | 58.69 | 64.39 | 5.08 | 1.39 |
| 天津 | 1143.67 | 20.35 | 45.68 | 7.14 | 0.20 |
| 河北 | 1925.63 | 44.40 | 76.78 | 22.93 | 1.04 |
| 山西 | 104.22 | 3.53 | 12.61 | 4.83 | 0.05 |
| 内蒙古 | 256.28 | 5.27 | 10.97 | 1.62 | 0.02 |
| 辽宁 | 647.58 | 24.86 | 49.59 | 11.67 | -0.18 |
| 吉林 | 357.89 | 9.92 | 16.62 | 4.27 | 0.15 |
| 黑龙江 | 185.75 | 6.89 | 13.42 | 2.10 | 0.60 |
| 上海 | 1761.76 | 90.24 | 169.05 | 9.59 | 1.89 |
| 江苏 | 14742.03 | 439.14 | 660.36 | 123.87 | 19.03 |
| 浙江 | 5285.55 | 238.62 | 403.54 | 62.82 | 11.07 |
| 安徽 | 4065.90 | 196.42 | 173.63 | 22.44 | -1.44 |
| 福建 | 1468.29 | 58.71 | 107.19 | 7.33 | 2.49 |
| 江西 | 2719.95 | 45.70 | 76.62 | 16.49 | 0.73 |
| 山东 | 5332.97 | 256.45 | 274.10 | 60.72 | 4.09 |
| 河南 | 3045.83 | 87.23 | 106.38 | 27.03 | 1.22 |
| 湖北 | 1603.40 | 54.91 | 102.36 | 13.89 | 0.23 |
| 湖南 | 1557.30 | 66.72 | 88.07 | 19.16 | 0.76 |
| 广东 | 10689.24 | 665.37 | 636.80 | -14.59 | 34.21 |
| 广西 | 787.76 | 13.74 | 26.02 | 4.76 | 0.31 |
| 海南 | 51.35 | 3.61 | 3.44 | 1.21 | -0.04 |
| 重庆 | 1033.02 | 33.34 | 45.83 | 7.92 | 1.01 |
| 四川 | 1178.42 | 40.35 | 70.85 | 15.29 | 1.59 |
| 贵州 | 197.24 | 8.77 | 10.95 | 1.86 | 0.02 |
| 云南 | 112.14 | 4.03 | 7.44 | 1.47 | 0.13 |
| 西藏 | 0.31 | 0.02 | 0.05 | | |
| 陕西 | 692.84 | 32.56 | 47.02 | 3.19 | 0.26 |
| 甘肃 | 90.81 | 3.29 | 6.10 | 1.84 | 0.06 |
| 青海 | 74.37 | 0.70 | 3.57 | 1.53 | 0.01 |
| 宁夏 | 79.37 | 2.08 | 3.02 | 1.02 | 0.01 |
| 新疆 | 414.55 | 23.96 | 17.17 | 1.16 | 4.21 |

单位：亿元

| 利息支出 | 投资收益（损失以"–"号记） | 营业利润 | 利润总额 | 亏损企业亏损额 | 平均用工人数（万人） |
|---|---|---|---|---|---|
| **541.37** | **283.23** | **5030.59** | **5150.27** | **269.18** | **621.94** |
| 5.97 | 7.01 | 34.39 | 35.59 | 31.60 | 4.69 |
| 5.68 | 0.82 | 61.92 | 62.11 | 8.51 | 5.81 |
| 21.66 | -0.12 | 164.22 | 165.30 | 4.69 | 16.70 |
| 4.61 | 0.79 | 2.71 | 3.33 | 3.27 | 1.59 |
| 1.39 | 0.15 | 22.38 | 15.74 | 1.48 | 1.25 |
| 9.93 | 3.49 | 26.14 | 29.51 | 13.04 | 8.42 |
| 3.18 | 0.51 | 21.05 | 21.49 | 0.98 | 2.07 |
| 2.03 | -0.48 | 0.03 | 0.99 | 6.88 | 2.33 |
| 11.57 | 10.07 | 159.95 | 169.06 | 14.46 | 18.54 |
| 135.36 | 35.91 | 1200.63 | 1223.68 | 41.55 | 106.04 |
| 78.27 | 29.01 | 396.06 | 421.57 | 25.19 | 78.12 |
| 25.27 | -12.87 | 321.01 | 321.07 | 4.60 | 28.18 |
| 11.38 | 2.69 | 176.88 | 180.23 | 2.20 | 20.84 |
| 14.35 | 0.73 | 226.57 | 230.02 | 1.73 | 23.83 |
| 53.36 | 40.39 | 397.28 | 408.08 | 10.01 | 36.34 |
| 19.07 | 23.88 | 265.53 | 269.53 | 8.23 | 27.68 |
| 10.45 | 0.73 | 89.63 | 96.33 | 15.98 | 15.47 |
| 17.47 | 11.10 | 101.75 | 90.61 | 1.56 | 13.77 |
| 57.96 | 134.16 | 1020.15 | 1049.70 | 30.90 | 170.63 |
| 4.39 | -28.94 | 69.82 | 70.89 | 0.46 | 4.27 |
| 1.17 | 0.56 | 2.07 | 2.38 | 0.27 | 0.50 |
| 8.14 | 1.11 | 95.97 | 96.39 | 1.13 | 7.66 |
| 14.93 | 0.02 | 61.89 | 65.40 | 25.29 | 13.04 |
| 1.54 | -0.26 | 14.15 | 14.28 | 0.26 | 1.89 |
| 1.39 | 0.22 | 3.67 | 5.19 | 2.26 | 1.45 |
|  | 0.18 | 0.14 | 0.12 |  | 0.01 |
| 3.64 | 1.86 | 34.31 | 37.74 | 7.96 | 6.67 |
| 1.91 | -0.01 | -1.51 | -0.88 | 3.00 | 1.35 |
| 1.38 | 0.13 | 3.86 | 3.64 | 1.04 | 0.47 |
| 0.94 | 0.01 | 2.62 | 3.10 | 0.24 | 0.62 |
| 12.99 | 20.40 | 55.31 | 58.11 | 0.42 | 1.73 |

# 3-47 按地区分组的计算机、通信和

| 地　区 | 工业销售产值（当年价格） | 出口交货值 | 资产总计 | 固定资产合　计 | 固定资产原　价 |
|---|---|---|---|---|---|
| **全　国** | **98457.24** | **47081.32** | **79055.49** | **16202.40** | **34025.69** |
| 北　京 | 1983.62 | 550.10 | 3931.91 | 468.14 | 1009.62 |
| 天　津 | 1907.53 | 1086.41 | 1429.71 | 201.46 | 582.06 |
| 河　北 | 521.86 | 111.01 | 489.65 | 171.84 | 275.13 |
| 山　西 | 777.22 | 605.20 | 878.77 | 121.90 | 209.36 |
| 内蒙古 | 60.78 | 8.40 | 380.18 | 103.72 | 112.55 |
| 辽　宁 | 476.22 | 202.51 | 951.67 | 214.75 | 359.87 |
| 吉　林 | 91.67 | 5.63 | 99.15 | 36.26 | 63.75 |
| 黑龙江 | 23.37 | 0.63 | 42.90 | 8.47 | 12.31 |
| 上　海 | 5077.34 | 3902.36 | 4302.06 | 801.75 | 2299.56 |
| 江　苏 | 18864.38 | 10592.93 | 12632.15 | 4222.26 | 8521.67 |
| 浙　江 | 3177.37 | 971.45 | 3757.27 | 533.22 | 938.91 |
| 安　徽 | 2322.01 | 736.26 | 2367.26 | 617.34 | 946.10 |
| 福　建 | 3404.37 | 1730.84 | 2825.41 | 545.67 | 1156.82 |
| 江　西 | 1786.57 | 288.85 | 1306.99 | 352.12 | 507.14 |
| 山　东 | 5725.62 | 1472.61 | 2815.55 | 598.85 | 4697.27 |
| 河　南 | 3898.30 | 2671.76 | 4132.30 | 506.99 | 674.71 |
| 湖　北 | 2261.27 | 608.50 | 2390.98 | 372.12 | 614.45 |
| 湖　南 | 2563.18 | 468.56 | 1058.31 | 362.95 | 522.17 |
| 广　东 | 32656.77 | 16292.03 | 25623.37 | 3562.75 | 6985.35 |
| 广　西 | 1555.80 | 331.07 | 428.31 | 98.26 | 146.08 |
| 海　南 | 6.66 |  | 18.19 | 0.46 | 1.08 |
| 重　庆 | 3995.01 | 2303.52 | 2020.17 | 674.30 | 998.48 |
| 四　川 | 3838.23 | 1703.07 | 3492.38 | 942.54 | 1261.02 |
| 贵　州 | 493.21 | 54.72 | 225.62 | 42.10 | 57.23 |
| 云　南 | 95.21 | 46.08 | 90.91 | 11.64 | 20.95 |
| 西　藏 |  |  |  |  |  |
| 陕　西 | 805.51 | 300.83 | 1212.32 | 580.76 | 975.10 |
| 甘　肃 | 80.48 | 35.48 | 143.65 | 44.39 | 70.94 |
| 青　海 | 5.33 |  | 2.37 | 1.42 | 1.08 |
| 宁　夏 |  |  |  |  |  |
| 新　疆 | 2.33 | 0.53 | 5.97 | 3.98 | 4.94 |

# 其他电子设备制造业主要经济指标

单位：亿元

| 累计折旧 | 流动资产合计 | 应收账款 | 存货 | 产成品 | 负债合计 |
|---|---|---|---|---|---|
| **18209.26** | **52615.82** | **20576.47** | **9692.88** | **3462.00** | **45503.52** |
| 538.14 | 2318.72 | 644.45 | 346.06 | 125.63 | 2074.90 |
| 371.16 | 1057.93 | 327.47 | 183.95 | 57.92 | 696.51 |
| 108.06 | 274.59 | 117.21 | 37.46 | 14.32 | 218.67 |
| 90.39 | 703.99 | 151.47 | 78.04 | 10.19 | 616.58 |
| 9.16 | 130.22 | 32.79 | 36.84 | 6.67 | 121.03 |
| 155.20 | 529.85 | 159.11 | 97.21 | 27.49 | 455.98 |
| 29.27 | 51.60 | 10.90 | 7.36 | 3.08 | 42.34 |
| 4.19 | 25.97 | 8.15 | 5.05 | 2.51 | 20.52 |
| 1493.48 | 3047.57 | 1340.65 | 478.47 | 173.76 | 2566.52 |
| 4335.91 | 7267.69 | 3146.93 | 1421.60 | 481.02 | 6230.15 |
| 440.20 | 2588.28 | 1038.88 | 467.91 | 205.68 | 1871.10 |
| 359.77 | 1496.04 | 701.52 | 171.52 | 69.61 | 1347.97 |
| 565.73 | 1878.92 | 801.43 | 337.35 | 132.58 | 1525.90 |
| 193.98 | 784.63 | 285.53 | 127.89 | 50.34 | 772.40 |
| 4133.51 | 1907.72 | 602.55 | 336.65 | 161.60 | 1535.56 |
| 183.27 | 3480.67 | 1476.32 | 368.90 | 175.05 | 3193.50 |
| 258.31 | 1637.75 | 659.91 | 398.64 | 153.27 | 1439.40 |
| 173.76 | 512.64 | 216.84 | 84.38 | 36.40 | 698.56 |
| 3521.90 | 18549.94 | 7149.05 | 3864.64 | 1304.77 | 15721.81 |
| 47.25 | 300.91 | 171.22 | 47.90 | 13.00 | 265.00 |
| 0.62 | 17.09 | 4.19 | 10.28 | 2.87 | 11.09 |
| 349.28 | 1231.83 | 598.40 | 201.75 | 78.68 | 1355.91 |
| 401.23 | 2078.37 | 711.33 | 379.45 | 131.61 | 1867.98 |
| 19.73 | 159.92 | 63.18 | 36.06 | 8.36 | 135.14 |
| 9.78 | 63.42 | 21.28 | 16.24 | 1.88 | 38.02 |
| 385.41 | 458.30 | 120.78 | 133.79 | 28.87 | 629.36 |
| 29.44 | 59.57 | 14.50 | 16.92 | 4.46 | 46.55 |
| 0.12 | 0.91 | 0.26 | 0.14 | 0.12 | 0.96 |
| 1.02 | 0.80 | 0.18 | 0.44 | 0.27 | 4.11 |

3-47 续表 1

| 地 区 | 流动负债合计 | 应付账款 | 所有者权益合计 | 实收资本 | 国家资本 |
|---|---|---|---|---|---|
| **全 国** | **39614.07** | **19328.63** | **33434.47** | **15649.27** | **1251.13** |
| 北 京 | 1792.98 | 784.71 | 1856.98 | 870.74 | 67.74 |
| 天 津 | 623.82 | 243.82 | 730.84 | 346.72 | 27.74 |
| 河 北 | 201.46 | 106.45 | 270.92 | 144.18 | 1.73 |
| 山 西 | 613.74 | 262.99 | 262.19 | 144.41 | 0.49 |
| 内 蒙 古 | 84.94 | 23.27 | 259.16 | 130.97 | |
| 辽 宁 | 326.91 | 106.49 | 494.22 | 208.28 | 25.79 |
| 吉 林 | 29.32 | 7.17 | 56.82 | 13.86 | 0.52 |
| 黑 龙 江 | 14.72 | 5.39 | 22.38 | 9.99 | 2.17 |
| 上 海 | 2224.52 | 1523.79 | 1732.38 | 1157.97 | 150.59 |
| 江 苏 | 5490.64 | 2653.78 | 6392.74 | 3476.66 | 369.69 |
| 浙 江 | 1723.20 | 777.77 | 1864.11 | 756.16 | 39.42 |
| 安 徽 | 1096.14 | 612.23 | 1014.46 | 654.37 | 53.77 |
| 福 建 | 1338.58 | 620.79 | 1298.29 | 630.30 | 99.56 |
| 江 西 | 602.08 | 291.23 | 533.96 | 249.83 | 4.40 |
| 山 东 | 1350.41 | 536.69 | 1275.34 | 422.54 | 11.37 |
| 河 南 | 3126.44 | 1581.33 | 935.91 | 412.69 | 3.22 |
| 湖 北 | 1252.46 | 502.70 | 950.80 | 447.84 | 52.30 |
| 湖 南 | 401.61 | 188.19 | 357.18 | 235.13 | 22.86 |
| 广 东 | 13942.32 | 7034.99 | 9850.04 | 3817.76 | 54.26 |
| 广 西 | 233.35 | 155.76 | 162.49 | 50.34 | 5.93 |
| 海 南 | 10.99 | 6.22 | 7.11 | 1.25 | 1.05 |
| 重 庆 | 923.82 | 622.33 | 656.76 | 379.60 | 23.72 |
| 四 川 | 1569.85 | 515.63 | 1623.59 | 558.49 | 114.09 |
| 贵 州 | 101.17 | 55.99 | 89.67 | 41.30 | 15.35 |
| 云 南 | 36.42 | 10.23 | 52.89 | 11.34 | 7.24 |
| 西 藏 | | | | | |
| 陕 西 | 457.95 | 79.36 | 582.96 | 428.54 | 87.76 |
| 甘 肃 | 40.26 | 17.51 | 97.02 | 45.49 | 8.38 |
| 青 海 | 0.47 | 0.35 | 1.41 | 0.60 | |
| 宁 夏 | | | | | |
| 新 疆 | 3.53 | 1.46 | 1.86 | 1.90 | |

单位：亿元

| 集体资本 | 法人资本 | 个人资本 | 港澳台资本 | 外商资本 | 主营业务收　入 |
|---|---|---|---|---|---|
| **154.35** | **5627.05** | **1869.96** | **2362.17** | **4377.45** | **99629.48** |
| | | | | | |
| 3.53 | 508.13 | 54.99 | 35.57 | 200.77 | 2715.14 |
| 0.15 | 43.04 | 35.17 | 37.03 | 203.60 | 1932.92 |
| 0.40 | 73.24 | 28.39 | 11.92 | 28.49 | 518.22 |
| | 33.40 | 3.27 | 46.21 | 61.04 | 775.87 |
| | 128.92 | 1.25 | 0.81 | | 43.90 |
| | | | | | |
| 3.21 | 62.59 | 7.18 | 66.60 | 42.90 | 537.64 |
| 1.18 | 6.71 | 3.40 | 1.20 | 0.86 | 92.80 |
| 0.40 | 5.24 | 2.12 | | 0.06 | 24.38 |
| | | | | | |
| 5.59 | 232.76 | 39.29 | 225.87 | 503.88 | 5420.79 |
| 22.24 | 622.73 | 316.00 | 585.92 | 1560.08 | 18881.07 |
| 10.86 | 225.11 | 263.48 | 77.13 | 140.15 | 3226.89 |
| 5.33 | 476.28 | 81.30 | 29.15 | 8.53 | 2242.64 |
| 5.46 | 179.42 | 70.49 | 52.97 | 222.40 | 3372.60 |
| 2.71 | 102.55 | 83.72 | 36.26 | 20.20 | 1797.07 |
| 4.21 | 140.47 | 104.44 | 41.94 | 120.11 | 5769.76 |
| | | | | | |
| 11.98 | 172.78 | 61.46 | 140.26 | 22.99 | 3873.05 |
| 8.19 | 288.88 | 59.26 | 23.70 | 15.50 | 2310.99 |
| 1.54 | 115.60 | 52.39 | 35.59 | 7.14 | 2001.30 |
| 49.25 | 1538.20 | 475.72 | 838.42 | 861.91 | 33121.04 |
| 0.26 | 13.35 | 14.58 | 12.60 | 3.61 | 1502.30 |
| | 0.20 | | | | 6.66 |
| | | | | | |
| 1.22 | 239.64 | 33.42 | 39.57 | 42.03 | 3971.07 |
| 9.41 | 299.65 | 55.34 | 13.66 | 66.34 | 4068.74 |
| 1.47 | 20.26 | 4.23 | | | 434.65 |
| 0.36 | 2.12 | 1.45 | 0.17 | | 107.41 |
| | | | | | |
| 3.99 | 59.98 | 15.23 | 9.58 | 244.84 | 801.68 |
| | 35.00 | 2.05 | 0.02 | 0.03 | 75.39 |
| | 0.51 | 0.09 | | | 1.12 |
| | | | | | |
| 1.40 | 0.25 | 0.25 | | | 2.41 |

3-47 续表 2

| 地　区 | 主营业务成　本 | 销售费用 | 管理费用 | 财务费用 | 利息收入 |
|---|---|---|---|---|---|
| **全　国** | **87279.81** | **2380.14** | **4932.56** | **305.23** | **179.60** |
| 北　京 | 2421.35 | 145.41 | 171.24 | 18.87 | 6.47 |
| 天　津 | 1677.08 | 44.13 | 73.03 | 3.48 | 3.90 |
| 河　北 | 455.12 | 10.51 | 20.20 | -0.32 | 0.38 |
| 山　西 | 734.79 | 1.17 | 15.87 | -1.41 | -4.47 |
| 内蒙古 | 36.04 | 1.03 | 4.80 | 2.35 | 0.95 |
| 辽　宁 | 437.12 | 14.67 | 40.47 | 2.08 | 1.34 |
| 吉　林 | 74.29 | 2.90 | 6.77 | 1.04 | -0.02 |
| 黑龙江 | 18.82 | 0.55 | 2.71 | 0.22 | 0.02 |
| 上　海 | 4992.56 | 79.02 | 222.65 | 12.90 | 13.70 |
| 江　苏 | 17042.64 | 203.87 | 647.25 | 47.70 | 21.67 |
| 浙　江 | 2583.05 | 123.87 | 261.00 | 10.75 | 8.17 |
| 安　徽 | 1969.35 | 37.49 | 91.39 | 15.55 | 2.71 |
| 福　建 | 2976.32 | 76.59 | 143.26 | 10.86 | 4.01 |
| 江　西 | 1608.21 | 15.32 | 54.52 | 8.09 | 1.05 |
| 山　东 | 5121.85 | 137.13 | 177.44 | 19.85 | 5.33 |
| 河　南 | 3617.46 | 26.18 | 69.79 | 13.95 | 13.06 |
| 湖　北 | 2060.02 | 63.16 | 125.53 | 5.76 | -2.62 |
| 湖　南 | 1701.98 | 36.05 | 82.12 | 4.95 | 0.68 |
| 广　东 | 27936.79 | 1183.89 | 2355.15 | 87.42 | 88.34 |
| 广　西 | 1308.05 | 11.56 | 22.90 | -0.33 | 0.73 |
| 海　南 | 2.69 | 2.64 | 1.42 | 0.02 | 0.03 |
| 重　庆 | 3672.02 | 48.63 | 110.67 | 12.63 | 3.23 |
| 四　川 | 3624.03 | 82.08 | 141.29 | 17.50 | 8.89 |
| 贵　州 | 373.38 | 18.88 | 22.22 | 0.80 | 0.26 |
| 云　南 | 90.54 | 1.18 | 4.35 | 0.52 | 0.16 |
| 西　藏 | | | | | |
| 陕　西 | 679.34 | 10.96 | 57.15 | 9.78 | 1.31 |
| 甘　肃 | 61.79 | 1.09 | 6.96 | 0.09 | 0.31 |
| 青　海 | 0.90 | 0.03 | 0.14 | 0.01 | |
| 宁　夏 | | | | | |
| 新　疆 | 2.23 | 0.15 | 0.27 | 0.14 | |

单位：亿元

| 利息支出 | 投资收益（损失以“-”号记） | 营业利润 | 利润总额 | 亏损企业亏损额 | 平均用工人数（万人） |
| --- | --- | --- | --- | --- | --- |
| **414.37** | **266.72** | **4497.49** | **5070.17** | **445.98** | **890.26** |
| 13.29 | 75.52 | 31.20 | 88.65 | 95.27 | 10.69 |
| 6.95 | 5.40 | 139.68 | 147.09 | 11.98 | 13.30 |
| 2.02 | 1.74 | 34.22 | 35.12 | 1.74 | 8.42 |
| 4.65 | 0.72 | 25.53 | 28.80 | 2.62 | 10.31 |
| 3.24 | 0.02 | -1.10 | -0.50 | 1.80 | 0.51 |
| 4.05 | 8.97 | 48.59 | 58.04 | 2.82 | 6.01 |
| 1.05 | 0.17 | 8.02 | 9.06 | 0.08 | 0.96 |
| 0.17 | 0.32 | 2.19 | 2.51 | 0.28 | 0.36 |
| 15.53 | 8.08 | 102.52 | 132.45 | 49.18 | 35.07 |
| 67.87 | 9.04 | 946.99 | 964.59 | 77.88 | 169.65 |
| 24.52 | 19.98 | 262.55 | 301.16 | 14.44 | 39.97 |
| 16.05 | -0.39 | 103.18 | 124.56 | 3.37 | 17.56 |
| 14.06 | 15.89 | 172.99 | 192.46 | 10.71 | 28.12 |
| 5.75 | 2.24 | 105.14 | 109.23 | 1.24 | 21.27 |
| 22.87 | 6.48 | 307.59 | 323.94 | 7.07 | 35.18 |
| 15.98 | 1.83 | 142.74 | 146.20 | 1.02 | 43.73 |
| 11.04 | -22.65 | 47.27 | 105.07 | 4.73 | 16.27 |
| 5.72 | 0.63 | 104.32 | 95.32 | 11.19 | 19.38 |
| 132.44 | 134.88 | 1388.15 | 1579.01 | 105.50 | 339.86 |
| 2.04 | -2.01 | 160.30 | 163.74 | 0.36 | 10.19 |
| 0.05 |  | 0.04 | 0.45 |  | 0.09 |
| 11.54 | -3.41 | 119.48 | 127.89 | 14.04 | 21.42 |
| 22.45 | 2.05 | 181.94 | 214.14 | 16.69 | 28.49 |
| 0.55 | -0.01 | 4.25 | 8.12 | 8.64 | 3.99 |
| 0.33 | 0.17 | 10.81 | 11.53 | 0.01 | 1.02 |
| 9.55 | 0.73 | 42.97 | 94.41 | 3.03 | 7.15 |
| 0.47 | 0.32 | 6.28 | 7.29 |  | 1.05 |
| 0.01 | 0.01 | 0.04 | 0.02 | 0.02 | 0.02 |
| 0.13 |  | -0.37 | -0.15 | 0.28 | 0.25 |

# 3-48 按地区分组的仪器仪表

| 地　区 | 工业销售产值(当年价格) | 出口交货值 | 资产总计 | 固定资产合计 | 固定资产原价 |
|---|---|---|---|---|---|
| **全　国** | **9441.41** | **1358.20** | **8832.94** | **1802.56** | **3228.88** |
| 北　京 | 253.83 | 12.65 | 551.40 | 44.17 | 72.61 |
| 天　津 | 64.13 | 11.97 | 119.60 | 15.32 | 24.59 |
| 河　北 | 108.53 | 1.64 | 124.64 | 35.07 | 48.38 |
| 山　西 | 21.96 | 0.15 | 47.09 | 5.57 | 7.20 |
| 内蒙古 | 9.53 | | 1.26 | 0.32 | 0.39 |
| 辽　宁 | 125.27 | 19.66 | 228.64 | 37.85 | 61.54 |
| 吉　林 | 52.05 | 1.48 | 35.96 | 11.00 | 17.86 |
| 黑龙江 | 25.93 | 0.61 | 47.21 | 7.82 | 13.88 |
| 上　海 | 344.63 | 109.99 | 421.06 | 41.60 | 95.58 |
| 江　苏 | 3711.33 | 407.07 | 2662.43 | 720.55 | 1420.80 |
| 浙　江 | 784.21 | 170.20 | 1128.79 | 153.70 | 249.15 |
| 安　徽 | 227.51 | 13.34 | 158.51 | 47.13 | 72.12 |
| 福　建 | 226.78 | 95.68 | 143.94 | 30.67 | 59.02 |
| 江　西 | 160.28 | 14.35 | 133.17 | 42.81 | 67.82 |
| 山　东 | 877.43 | 41.92 | 523.47 | 149.06 | 251.19 |
| 河　南 | 458.38 | 8.97 | 384.27 | 93.33 | 133.45 |
| 湖　北 | 193.08 | 4.43 | 175.68 | 50.98 | 82.19 |
| 湖　南 | 228.26 | 5.02 | 200.68 | 50.61 | 67.46 |
| 广　东 | 979.62 | 415.13 | 990.44 | 135.17 | 261.20 |
| 广　西 | 60.01 | 1.64 | 31.51 | 7.77 | 13.96 |
| 海　南 | 2.24 | | 5.92 | 0.02 | 0.05 |
| 重　庆 | 167.37 | 3.98 | 177.63 | 27.19 | 49.84 |
| 四　川 | 100.49 | 4.92 | 134.21 | 26.29 | 36.50 |
| 贵　州 | 15.61 | 0.68 | 20.99 | 2.54 | 3.95 |
| 云　南 | 49.63 | 3.94 | 80.41 | 11.10 | 23.85 |
| 西　藏 | | | | | |
| 陕　西 | 162.17 | 7.64 | 240.29 | 47.55 | 80.11 |
| 甘　肃 | 3.46 | 1.09 | 27.49 | 3.12 | 5.77 |
| 青　海 | 3.02 | 0.06 | 2.34 | 0.62 | 2.03 |
| 宁　夏 | 23.92 | 0.01 | 31.24 | 3.60 | 6.34 |
| 新　疆 | 0.75 | | 2.66 | 0.03 | 0.07 |

# 制造业主要经济指标

单位：亿元

| 累计折旧 | 流动资产合计 | 应收账款 | 存货 | 产成品 | 负债合计 |
|---|---|---|---|---|---|
| **1430.99** | **5615.91** | **1941.81** | **1160.33** | **407.58** | **3875.70** |
| 30.86 | 408.20 | 134.42 | 85.94 | 16.90 | 245.43 |
| 9.74 | 79.80 | 23.10 | 18.66 | 6.73 | 63.48 |
| 13.84 | 74.35 | 30.21 | 14.80 | 6.95 | 36.68 |
| 2.55 | 31.55 | 12.04 | 10.04 | 3.71 | 24.76 |
| 0.08 | 0.86 | 0.45 | 0.17 | 0.07 | 0.43 |
| 25.55 | 151.99 | 43.62 | 39.72 | 5.18 | 71.85 |
| 7.29 | 20.58 | 4.09 | 4.34 | 1.51 | 12.44 |
| 6.71 | 31.10 | 8.98 | 8.86 | 2.77 | 27.91 |
| 55.01 | 318.19 | 109.10 | 64.41 | 22.53 | 167.81 |
| 645.16 | 1569.18 | 518.81 | 312.71 | 102.04 | 1192.37 |
| 105.26 | 753.58 | 262.70 | 136.53 | 54.04 | 459.70 |
| 28.97 | 96.34 | 35.58 | 13.78 | 5.73 | 67.45 |
| 28.40 | 94.18 | 31.33 | 25.28 | 11.11 | 57.43 |
| 32.04 | 68.81 | 24.43 | 9.87 | 4.63 | 56.46 |
| 112.86 | 298.71 | 95.28 | 67.10 | 37.01 | 237.37 |
| 45.57 | 233.84 | 75.80 | 34.23 | 14.10 | 138.93 |
| 31.92 | 102.92 | 36.74 | 21.67 | 7.70 | 89.36 |
| 18.11 | 116.46 | 53.05 | 15.81 | 5.99 | 80.51 |
| 133.11 | 672.52 | 264.42 | 170.06 | 63.07 | 451.80 |
| 6.77 | 12.21 | 3.36 | 2.95 | 1.27 | 13.42 |
| 0.02 | 5.68 | 0.26 | 0.03 | | 1.76 |
| 24.37 | 123.27 | 46.51 | 25.73 | 12.83 | 96.07 |
| 11.00 | 90.95 | 25.80 | 29.05 | 4.12 | 68.38 |
| 1.41 | 14.37 | 6.36 | 2.28 | 0.91 | 12.88 |
| 13.78 | 60.43 | 39.58 | 9.10 | 3.16 | 59.64 |
| 33.69 | 149.50 | 43.25 | 31.26 | 11.43 | 115.13 |
| 2.62 | 11.93 | 3.47 | 1.78 | 0.77 | 7.24 |
| 1.41 | 1.60 | 0.80 | 0.37 | 0.23 | 0.27 |
| 2.85 | 21.55 | 7.63 | 3.70 | 1.00 | 16.78 |
| 0.04 | 1.27 | 0.63 | 0.10 | 0.06 | 1.93 |

3-48 续表 1

| 地 区 | 流动负债合 计 | 应付账款 | 所 有 者权益合计 | 实收资本 | 国家资本 |
|---|---|---|---|---|---|
| **全 国** | **3471.63** | **1273.31** | **4913.96** | **1673.82** | **135.36** |
| 北 京 | 225.58 | 93.76 | 305.97 | 99.77 | 11.13 |
| 天 津 | 51.84 | 20.03 | 56.19 | 20.05 | 2.83 |
| 河 北 | 34.12 | 14.47 | 87.96 | 24.36 | 1.36 |
| 山 西 | 22.65 | 11.64 | 22.33 | 6.96 | 1.03 |
| 内 蒙 古 | 0.35 | 0.08 | 0.83 | 0.69 | |
| 辽 宁 | 59.62 | 17.89 | 146.93 | 33.54 | 1.45 |
| 吉 林 | 10.57 | 1.81 | 23.36 | 7.98 | 0.70 |
| 黑 龙 江 | 26.89 | 8.06 | 19.29 | 14.31 | |
| 上 海 | 160.63 | 69.42 | 240.14 | 82.02 | 10.05 |
| 江 苏 | 1094.86 | 335.04 | 1469.28 | 437.01 | 34.37 |
| 浙 江 | 427.66 | 142.70 | 657.73 | 210.04 | 1.82 |
| 安 徽 | 52.69 | 22.91 | 89.62 | 33.22 | 1.11 |
| 福 建 | 53.50 | 21.37 | 86.51 | 45.64 | 0.17 |
| 江 西 | 41.32 | 13.02 | 75.83 | 38.30 | 0.70 |
| 山 东 | 199.58 | 72.79 | 285.60 | 115.53 | 7.29 |
| 河 南 | 114.47 | 42.55 | 244.44 | 67.65 | 3.92 |
| 湖 北 | 72.92 | 24.55 | 86.32 | 39.03 | 3.15 |
| 湖 南 | 66.96 | 28.35 | 119.67 | 29.24 | 2.04 |
| 广 东 | 413.86 | 202.42 | 536.62 | 211.93 | 0.97 |
| 广 西 | 9.47 | 2.05 | 18.09 | 7.70 | |
| 海 南 | 1.76 | 0.13 | 4.16 | 1.80 | |
| 重 庆 | 83.60 | 31.65 | 80.54 | 34.84 | 9.74 |
| 四 川 | 64.06 | 18.29 | 65.17 | 23.51 | 7.48 |
| 贵 州 | 11.61 | 3.27 | 8.11 | 3.62 | 0.81 |
| 云 南 | 51.45 | 30.32 | 20.77 | 22.95 | 13.63 |
| 西 藏 | | | | | |
| 陕 西 | 97.47 | 39.37 | 125.00 | 43.56 | 18.37 |
| 甘 肃 | 6.67 | 1.36 | 20.25 | 5.39 | |
| 青 海 | 0.25 | 0.08 | 2.07 | 0.25 | |
| 宁 夏 | 14.01 | 3.58 | 14.47 | 12.37 | 1.00 |
| 新 疆 | 1.18 | 0.38 | 0.73 | 0.52 | 0.26 |

单位：亿元

| | 集体资本 | 法人资本 | 个人资本 | 港澳台资本 | 外商资本 | 主营业务收入 |
|---|---|---|---|---|---|---|
| | **28.23** | **529.94** | **616.01** | **140.93** | **234.53** | **9536.29** |
| | | | | | | |
| | 1.12 | 35.95 | 35.63 | 4.61 | 11.32 | 304.63 |
| | 0.62 | 9.23 | 4.53 | 1.42 | 1.41 | 87.35 |
| | 0.12 | 6.94 | 13.96 | 0.03 | 1.95 | 105.87 |
| | | 4.53 | 1.09 | 0.31 | | 21.75 |
| | | 0.14 | 0.55 | | | 9.34 |
| | | | | | | |
| | 1.80 | 9.40 | 8.54 | 3.06 | 9.28 | 129.02 |
| | 0.42 | 1.33 | 5.36 | | 0.18 | 50.83 |
| | | 6.70 | 5.73 | | 1.89 | 27.32 |
| | | | | | | |
| | 0.82 | 10.71 | 17.66 | 6.45 | 36.33 | 372.14 |
| | 4.03 | 109.95 | 187.18 | 28.28 | 73.08 | 3774.83 |
| | 2.89 | 78.51 | 80.24 | 25.59 | 21.00 | 762.78 |
| | 0.13 | 6.26 | 17.67 | 0.15 | 7.90 | 225.15 |
| | 1.24 | 11.49 | 12.22 | 13.51 | 7.01 | 225.64 |
| | 0.29 | 31.79 | 5.18 | 0.35 | | 158.65 |
| | 1.42 | 27.49 | 69.96 | 1.91 | 7.25 | 856.08 |
| | | | | | | |
| | 1.31 | 23.11 | 37.29 | 1.25 | 0.77 | 460.15 |
| | 0.99 | 21.25 | 12.73 | 0.56 | 0.36 | 187.01 |
| | 1.55 | 11.10 | 11.72 | 1.48 | 1.35 | 237.17 |
| | 7.56 | 54.91 | 50.36 | 51.52 | 46.61 | 979.70 |
| | 0.30 | 2.91 | 4.50 | | | 56.88 |
| | | 1.80 | | | | 2.79 |
| | | | | | | |
| | | 16.40 | 6.96 | 0.03 | 1.71 | 163.56 |
| | 0.60 | 5.71 | 7.05 | 0.12 | 2.55 | 93.91 |
| | | 1.31 | 1.51 | | | 13.04 |
| | 0.63 | 5.54 | 1.13 | | 2.02 | 50.32 |
| | | | | | | |
| | 0.11 | 22.29 | 13.45 | 0.31 | 0.55 | 154.49 |
| | | 4.45 | 0.95 | | | 4.56 |
| | 0.25 | | | | | 0.85 |
| | | 8.75 | 2.62 | | | 19.06 |
| | 0.02 | | 0.25 | | | 1.42 |

3-48 续表 2

| 地 区 | 主营业务成本 | 销售费用 | 管理费用 | 财务费用 | 利息收入 |
|---|---|---|---|---|---|
| **全 国** | **7726.09** | **356.89** | **642.59** | **47.24** | **9.63** |
| 北 京 | 215.97 | 23.26 | 36.49 | 1.24 | 0.99 |
| 天 津 | 69.23 | 4.56 | 9.68 | 0.28 | 0.19 |
| 河 北 | 80.52 | 4.66 | 7.62 | 0.56 | -0.03 |
| 山 西 | 17.36 | 1.36 | 2.41 | 0.13 | |
| 内蒙古 | 7.06 | 0.13 | 0.26 | 0.02 | |
| 辽 宁 | 95.56 | 6.29 | 14.32 | 1.34 | 0.55 |
| 吉 林 | 43.00 | 1.22 | 2.70 | 0.36 | 0.02 |
| 黑龙江 | 21.72 | 1.40 | 3.78 | 0.45 | 0.03 |
| 上 海 | 269.93 | 21.04 | 44.93 | -0.95 | 0.86 |
| 江 苏 | 3162.73 | 105.51 | 170.44 | 20.02 | 3.43 |
| 浙 江 | 559.65 | 43.38 | 81.66 | 3.35 | 1.80 |
| 安 徽 | 181.35 | 5.88 | 15.27 | 1.27 | 0.07 |
| 福 建 | 186.36 | 6.01 | 13.50 | 0.99 | 0.03 |
| 江 西 | 133.60 | 4.03 | 5.83 | 0.50 | -0.06 |
| 山 东 | 730.08 | 26.31 | 38.62 | 6.91 | 0.39 |
| 河 南 | 385.68 | 11.27 | 22.91 | 2.06 | 0.02 |
| 湖 北 | 149.99 | 8.11 | 14.14 | 1.72 | 0.05 |
| 湖 南 | 184.31 | 14.09 | 18.02 | 2.93 | -0.16 |
| 广 东 | 785.98 | 44.52 | 87.74 | 0.06 | -0.53 |
| 广 西 | 48.25 | 1.63 | 3.36 | 0.10 | 0.03 |
| 海 南 | 0.25 | 1.26 | 0.77 | -0.03 | 0.03 |
| 重 庆 | 129.66 | 9.46 | 13.73 | 2.21 | 1.63 |
| 四 川 | 71.46 | 3.88 | 8.82 | 0.58 | 0.06 |
| 贵 州 | 10.77 | 0.48 | 1.29 | 0.19 | 0.01 |
| 云 南 | 45.67 | 0.88 | 4.21 | 0.64 | 0.13 |
| 西 藏 | | | | | |
| 陕 西 | 119.20 | 4.88 | 17.41 | -0.08 | 0.04 |
| 甘 肃 | 3.36 | 0.32 | 0.98 | 0.17 | 0.05 |
| 青 海 | 0.66 | 0.05 | 0.15 | 0.01 | |
| 宁 夏 | 15.40 | 0.96 | 1.47 | 0.15 | |
| 新 疆 | 1.34 | 0.07 | 0.08 | 0.03 | |

单位：亿元

| 利息支出 | 投资收益（损失以“–”号记） | 营业利润 | 利润总额 | 亏损企业亏损额 | 平均用工人数（万人） |
|---|---|---|---|---|---|
| **57.34** | **36.71** | **767.13** | **820.70** | **36.47** | **104.45** |
| | | | | | |
| 1.84 | 7.82 | 32.44 | 37.37 | 2.19 | 3.05 |
| 0.38 | 1.29 | 5.15 | 4.59 | 1.50 | 1.12 |
| 0.45 | 0.53 | 12.20 | 10.85 | 0.67 | 1.56 |
| 0.13 | 0.07 | 0.11 | 0.71 | 0.85 | 0.26 |
| | | 1.85 | 0.18 | 0.08 | 0.03 |
| | | | | | |
| 1.62 | 0.22 | 11.04 | 13.59 | 1.23 | 2.22 |
| 0.28 | 0.45 | 3.72 | 4.00 | | 0.35 |
| 0.34 | 0.02 | -0.14 | 0.41 | 1.59 | 0.52 |
| | | | | | |
| 0.89 | 0.93 | 40.75 | 43.08 | 2.52 | 3.93 |
| 20.90 | 8.58 | 319.05 | 329.57 | 6.11 | 22.97 |
| 7.24 | 4.12 | 74.37 | 85.04 | 1.44 | 13.02 |
| 0.98 | 0.05 | 20.91 | 21.57 | 0.25 | 1.84 |
| 1.27 | 0.22 | 18.41 | 19.10 | 0.20 | 3.60 |
| 0.45 | 0.56 | 14.34 | 15.44 | 0.68 | 1.99 |
| 5.16 | 2.50 | 50.68 | 52.84 | 6.82 | 6.26 |
| | | | | | |
| 2.22 | 1.96 | 36.66 | 39.02 | 0.32 | 6.09 |
| 1.47 | -0.66 | 12.64 | 14.55 | 1.00 | 2.60 |
| 1.80 | -0.14 | 15.61 | 16.72 | 0.19 | 2.42 |
| 3.27 | 6.02 | 63.59 | 71.69 | 5.99 | 22.75 |
| 0.09 | -0.29 | 3.04 | 3.20 | 0.03 | 0.54 |
| | 0.04 | 0.52 | 0.80 | | 0.05 |
| | | | | | |
| 3.41 | 1.22 | 9.54 | 10.34 | 0.68 | 2.34 |
| 0.60 | 0.12 | 8.45 | 9.03 | 0.03 | 1.52 |
| 0.17 | 0.01 | 0.30 | 0.49 | 0.06 | 0.22 |
| 0.98 | | -1.13 | -0.55 | 1.47 | 0.67 |
| | | | | | |
| | | | | | |
| 1.07 | 0.89 | 12.57 | 15.41 | 0.41 | 2.16 |
| 0.16 | 0.19 | -0.15 | 0.18 | 0.12 | 0.13 |
| 0.01 | | 0.01 | 0.04 | 0.03 | 0.04 |
| 0.14 | | 0.70 | 1.43 | | 0.18 |
| 0.03 | | -0.10 | | | 0.02 |

# 3-49 按地区分组的其他

| 地　区 | 工业销售产值(当年价格) | 出口交货值 | 资产总计 | 固定资产合　计 | 固定资产原　价 |
|---|---|---|---|---|---|
| **全　国** | **2832.20** | **464.93** | **2341.14** | **698.57** | **1169.31** |
| 北　京 | 66.37 | 1.14 | 139.23 | 28.91 | 52.36 |
| 天　津 | 126.02 | 12.49 | 54.32 | 17.21 | 36.71 |
| 河　北 | 74.98 | 4.03 | 43.46 | 19.83 | 27.06 |
| 山　西 | 6.61 | 1.33 | 12.15 | 2.18 | 4.18 |
| 内蒙古 | 11.74 | | 0.90 | 0.21 | 0.36 |
| 辽　宁 | 17.65 | 3.70 | 21.73 | 4.87 | 17.00 |
| 吉　林 | 46.51 | 5.58 | 9.43 | 3.51 | 35.68 |
| 黑龙江 | 21.11 | | 26.16 | 15.30 | 41.21 |
| 上　海 | 49.23 | 7.90 | 61.67 | 17.30 | 43.04 |
| 江　苏 | 325.09 | 49.95 | 157.26 | 59.75 | 103.77 |
| 浙　江 | 294.66 | 87.21 | 238.61 | 53.57 | 87.07 |
| 安　徽 | 130.73 | 4.96 | 77.53 | 24.30 | 32.20 |
| 福　建 | 277.49 | 85.58 | 189.94 | 32.79 | 53.47 |
| 江　西 | 77.53 | 16.88 | 32.82 | 10.71 | 13.55 |
| 山　东 | 146.40 | 12.54 | 69.59 | 32.66 | 42.24 |
| 河　南 | 177.68 | 7.24 | 173.58 | 87.42 | 92.24 |
| 湖　北 | 146.80 | 4.47 | 96.07 | 29.73 | 68.22 |
| 湖　南 | 189.78 | 41.78 | 48.03 | 16.45 | 21.79 |
| 广　东 | 263.84 | 106.94 | 169.85 | 36.64 | 85.49 |
| 广　西 | 30.15 | 1.23 | 12.29 | 5.67 | 10.11 |
| 海　南 | | | | | |
| 重　庆 | 58.65 | 6.57 | 113.96 | 37.14 | 51.88 |
| 四　川 | 138.15 | 2.54 | 324.51 | 97.90 | 143.86 |
| 贵　州 | 64.83 | | 74.33 | 19.02 | 28.89 |
| 云　南 | 13.80 | 0.77 | 13.71 | 5.31 | 7.11 |
| 西　藏 | | | | | |
| 陕　西 | 28.77 | 0.10 | 32.69 | 6.35 | 8.96 |
| 甘　肃 | 46.82 | | 135.74 | 32.07 | 59.32 |
| 青　海 | 0.52 | | 9.43 | 0.99 | 0.78 |
| 宁　夏 | 0.31 | | 2.16 | 0.77 | 0.77 |
| 新　疆 | | | | | |

# 制造业主要经济指标

单位：亿元

| 累计折旧 | 流动资产合计 | 应收账款 | 存货 | 产成品 | 负债合计 |
|---|---|---|---|---|---|
| **530.06** | **1332.37** | **289.85** | **379.18** | **119.08** | **1268.76** |
| | | | | | |
| 23.45 | 81.94 | 29.08 | 18.00 | 5.05 | 56.73 |
| 20.02 | 30.46 | 9.66 | 5.46 | 3.05 | 34.47 |
| 8.01 | 20.99 | 7.06 | 4.20 | 1.66 | 14.86 |
| 2.00 | 9.54 | 0.72 | 2.09 | 0.80 | 3.85 |
| 0.17 | 0.66 | 0.28 | 0.27 | 0.01 | 0.43 |
| | | | | | |
| 9.79 | 11.06 | 2.18 | 4.77 | 1.90 | 10.04 |
| 32.81 | 3.33 | 1.20 | 0.86 | 0.59 | 3.52 |
| 15.42 | 6.86 | 2.54 | 1.32 | 0.63 | 23.91 |
| | | | | | |
| 25.66 | 37.71 | 11.50 | 12.37 | 4.57 | 22.42 |
| 43.42 | 76.89 | 17.80 | 16.91 | 5.94 | 77.28 |
| 35.72 | 157.72 | 38.10 | 37.25 | 15.48 | 129.73 |
| 9.09 | 45.95 | 10.94 | 16.42 | 6.57 | 30.48 |
| 21.37 | 111.21 | 32.57 | 25.53 | 10.68 | 70.06 |
| 3.66 | 18.27 | 6.76 | 2.72 | 1.10 | 10.92 |
| 11.63 | 27.17 | 8.17 | 6.60 | 2.38 | 31.43 |
| | | | | | |
| 36.64 | 77.45 | 13.88 | 22.38 | 14.82 | 59.18 |
| 42.19 | 56.24 | 9.71 | 17.15 | 8.35 | 57.14 |
| 6.82 | 22.06 | 6.07 | 6.66 | 2.20 | 17.37 |
| 52.01 | 114.99 | 33.59 | 31.75 | 10.95 | 84.89 |
| 4.51 | 5.45 | 1.97 | 1.27 | 0.66 | 5.65 |
| | | | | | |
| 20.27 | 62.74 | 7.67 | 16.63 | 10.68 | 81.17 |
| 58.75 | 182.18 | 18.92 | 80.61 | 6.86 | 257.90 |
| 12.66 | 49.46 | 7.45 | 11.99 | 0.44 | 44.06 |
| 3.13 | 8.34 | 1.35 | 3.52 | 0.41 | 4.84 |
| | | | | | |
| 3.53 | 21.62 | 9.08 | 4.04 | 1.47 | 9.71 |
| 27.04 | 89.85 | 1.22 | 27.62 | 1.31 | 122.70 |
| 0.26 | 1.39 | 0.35 | 0.37 | 0.33 | 3.66 |
| 0.01 | 0.84 | 0.01 | 0.42 | 0.20 | 0.36 |

3-49 续表 1

| 地区 | 流动负债合计 | 应付账款 | 所有者权益合计 | 实收资本 | 国家资本 |
|---|---|---|---|---|---|
| **全国** | **985.58** | **299.77** | **1061.44** | **446.39** | **88.57** |
| 北京 | 43.79 | 17.68 | 82.50 | 38.06 | 17.32 |
| 天津 | 27.85 | 8.93 | 19.64 | 11.58 | 0.01 |
| 河北 | 12.71 | 4.42 | 28.61 | 12.10 | 1.17 |
| 山西 | 2.62 | 0.83 | 8.30 | 0.61 | 0.39 |
| 内蒙古 | 0.43 | 0.27 | 0.47 | 0.50 | |
| 辽宁 | 9.07 | 3.70 | 10.11 | 11.77 | |
| 吉林 | 1.57 | 0.58 | 4.74 | 1.80 | |
| 黑龙江 | 10.65 | 3.03 | 2.25 | 3.65 | 0.31 |
| 上海 | 20.65 | 5.82 | 36.37 | 16.19 | 0.03 |
| 江苏 | 75.36 | 14.98 | 79.73 | 29.00 | 0.10 |
| 浙江 | 122.54 | 27.50 | 108.45 | 47.54 | 1.23 |
| 安徽 | 25.07 | 7.40 | 46.57 | 14.08 | 1.49 |
| 福建 | 64.68 | 16.82 | 119.82 | 41.15 | 0.04 |
| 江西 | 7.91 | 2.77 | 21.55 | 10.15 | 0.03 |
| 山东 | 20.47 | 7.51 | 38.15 | 19.65 | 0.61 |
| 河南 | 47.50 | 9.17 | 114.39 | 32.78 | 8.84 |
| 湖北 | 44.36 | 8.40 | 38.62 | 14.38 | 5.88 |
| 湖南 | 12.34 | 3.47 | 29.95 | 13.99 | 1.53 |
| 广东 | 77.58 | 31.80 | 83.17 | 45.77 | 0.54 |
| 广西 | 3.99 | 1.02 | 6.64 | 1.18 | |
| 海南 | | | | | |
| 重庆 | 71.55 | 15.07 | 32.24 | 24.80 | 12.07 |
| 四川 | 149.72 | 45.16 | 66.60 | 21.65 | 17.75 |
| 贵州 | 34.34 | 17.62 | 30.27 | 12.13 | 7.68 |
| 云南 | 4.73 | 1.43 | 8.87 | 2.42 | 1.45 |
| 西藏 | | | | | |
| 陕西 | 7.98 | 2.26 | 22.82 | 7.56 | 0.22 |
| 甘肃 | 82.95 | 41.37 | 13.03 | 8.97 | 8.75 |
| 青海 | 2.85 | 0.75 | 5.77 | 1.14 | 1.14 |
| 宁夏 | 0.36 | | 1.80 | 1.82 | |
| 新疆 | | | | | |

单位：亿元

| 集体资本 | 法人资本 | 个人资本 | 港澳台资本 | 外商资本 | 主营业务收入 |
| --- | --- | --- | --- | --- | --- |
| **2.19** | **119.29** | **124.39** | **49.18** | **63.37** | **2792.50** |
| | | | | | |
| 0.20 | 8.88 | 11.08 | | 0.59 | 69.44 |
| | 3.08 | 2.65 | 0.01 | 5.84 | 126.39 |
| | 5.04 | 4.27 | 0.09 | 1.53 | 78.56 |
| | 0.20 | 0.02 | | | 6.13 |
| | 0.48 | 0.02 | | | 11.56 |
| | | | | | |
| 0.39 | 3.16 | 0.53 | | 7.69 | 17.50 |
| | 0.88 | 0.92 | | | 48.39 |
| | 1.50 | 1.84 | | | 18.59 |
| | | | | | |
| | 1.34 | 2.80 | 4.51 | 7.50 | 49.86 |
| 0.13 | 7.71 | 10.17 | 1.19 | 9.70 | 324.79 |
| 0.02 | 14.11 | 20.37 | 5.82 | 6.00 | 295.07 |
| | 2.64 | 9.36 | | 0.59 | 130.65 |
| 0.10 | 7.64 | 8.46 | 16.79 | 8.10 | 274.94 |
| 0.26 | 1.40 | 4.04 | 3.23 | 1.18 | 80.74 |
| 0.05 | 5.90 | 6.82 | 0.10 | 6.17 | 148.08 |
| | | | | | |
| 0.01 | 11.46 | 12.29 | 0.17 | | 169.71 |
| 0.05 | 3.80 | 4.64 | | | 145.21 |
| 0.16 | 7.12 | 5.17 | | | 178.86 |
| 0.53 | 12.39 | 9.71 | 14.42 | 8.18 | 261.32 |
| 0.06 | 0.20 | 0.36 | 0.55 | 0.02 | 30.42 |
| | | | | | |
| | | | | | |
| 0.05 | 12.03 | 0.65 | | | 56.57 |
| 0.12 | 2.00 | 1.77 | | | 135.95 |
| | 2.89 | 2.14 | | | 65.73 |
| | 0.25 | 0.72 | | | 13.39 |
| | | | | | |
| 0.05 | 1.34 | 3.37 | 2.31 | 0.28 | 26.55 |
| | 0.02 | 0.20 | | | 25.86 |
| | | | | | 1.99 |
| | 1.82 | | | | 0.26 |

3-49 续表 2

| 地　区 | 主营业务成　本 | 销售费用 | 管理费用 | 财务费用 | 利息收入 |
|---|---|---|---|---|---|
| **全　国** | **2395.38** | **66.82** | **137.20** | **17.55** | **3.25** |
| 北　京 | 51.64 | 2.37 | 8.25 | 0.39 | 0.18 |
| 天　津 | 110.35 | 1.80 | 3.56 | 0.29 | 0.16 |
| 河　北 | 69.25 | 1.41 | 1.91 | 0.33 | |
| 山　西 | 4.90 | 0.07 | 0.35 | -0.08 | 0.13 |
| 内蒙古 | 11.47 | 0.04 | 0.06 | | |
| 辽　宁 | 13.95 | 0.92 | 1.46 | 0.11 | -0.01 |
| 吉　林 | 42.12 | 1.58 | 2.23 | 0.47 | |
| 黑龙江 | 17.37 | 0.58 | 1.37 | 0.16 | |
| 上　海 | 34.66 | 3.77 | 6.67 | 0.27 | -0.03 |
| 江　苏 | 284.60 | 7.12 | 9.81 | 1.72 | 0.04 |
| 浙　江 | 253.71 | 7.05 | 15.55 | 2.62 | 0.49 |
| 安　徽 | 109.00 | 4.43 | 5.83 | 0.52 | -0.06 |
| 福　建 | 239.95 | 6.29 | 9.64 | 1.93 | 0.15 |
| 江　西 | 71.37 | 1.13 | 1.69 | 0.45 | |
| 山　东 | 130.23 | 3.78 | 3.64 | 1.37 | 0.01 |
| 河　南 | 145.63 | 3.58 | 8.82 | 1.49 | -0.03 |
| 湖　北 | 121.43 | 3.97 | 6.14 | 0.91 | 0.06 |
| 湖　南 | 153.21 | 5.73 | 7.50 | 1.63 | 0.03 |
| 广　东 | 226.26 | 6.36 | 17.17 | 0.47 | 0.06 |
| 广　西 | 24.43 | 0.75 | 1.92 | 0.14 | 0.01 |
| 海　南 | | | | | |
| 重　庆 | 50.17 | 0.57 | 6.87 | 0.73 | 0.31 |
| 四　川 | 111.69 | 1.77 | 8.44 | 1.53 | 0.71 |
| 贵　州 | 57.15 | 0.99 | 4.70 | 0.39 | 0.27 |
| 云　南 | 11.94 | 0.27 | 0.65 | 0.08 | 0.01 |
| 西　藏 | | | | | |
| 陕　西 | 22.04 | 0.44 | 0.92 | 0.16 | |
| 甘　肃 | 24.84 | 0.06 | 1.86 | -0.60 | 0.78 |
| 青　海 | 1.84 | | 0.12 | 0.09 | |
| 宁　夏 | 0.18 | 0.02 | 0.08 | | |
| 新　疆 | | | | | |

单位：亿元

| 利息支出 | 投资收益（损失以“–”号记） | 营业利润 | 利润总额 | 亏损企业亏损额 | 平均用工人数（万人） |
|---|---|---|---|---|---|
| **17.31** | **2.50** | **167.05** | **176.33** | **11.43** | **41.69** |
| | | | | | |
| 0.52 | 1.00 | 7.43 | 7.66 | 0.85 | 0.65 |
| 0.18 | -0.05 | 10.05 | 10.03 | 0.15 | 1.32 |
| 0.21 | | 5.10 | 5.09 | 0.07 | 0.91 |
| 0.05 | | 0.88 | 0.88 | | 0.17 |
| | | | | | 0.01 |
| | | | | | |
| 0.13 | | 0.91 | 0.93 | 0.15 | 0.42 |
| 0.07 | | 1.59 | 1.59 | | 0.18 |
| 0.07 | | 0.16 | 0.09 | 0.87 | 1.14 |
| | | | | | |
| 0.32 | 0.01 | 4.13 | 4.37 | 0.28 | 0.99 |
| 1.30 | -0.18 | 19.15 | 18.94 | 0.38 | 4.17 |
| 3.14 | 0.06 | 15.30 | 15.73 | 0.26 | 5.84 |
| 0.57 | 0.01 | 10.50 | 10.64 | 0.37 | 1.23 |
| 1.63 | 0.02 | 15.27 | 15.46 | 0.99 | 5.19 |
| 0.29 | 0.02 | 5.53 | 5.56 | 0.03 | 1.00 |
| 0.74 | 0.01 | 7.68 | 7.67 | 0.01 | 1.39 |
| | | | | | |
| 1.24 | | 9.30 | 9.79 | 0.01 | 3.17 |
| 0.31 | 0.01 | 11.25 | 11.72 | 0.02 | 1.52 |
| 1.38 | 0.02 | 10.61 | 10.46 | 5.13 | 1.94 |
| 0.91 | 0.21 | 10.36 | 11.02 | 0.96 | 5.70 |
| 0.13 | | 3.03 | 3.02 | 0.01 | 0.38 |
| | | | | | |
| | | | | | |
| 1.01 | 1.29 | 0.96 | 2.14 | 0.22 | 1.05 |
| 2.11 | 0.02 | 12.90 | 13.32 | | 1.57 |
| 0.56 | 0.02 | 2.19 | 2.85 | 0.47 | 0.83 |
| 0.09 | | 0.49 | 0.50 | | 0.20 |
| | | | | | |
| | | | | | |
| 0.15 | | 2.75 | 2.85 | 0.07 | 0.21 |
| 0.12 | 0.02 | -0.44 | 4.06 | 0.09 | 0.45 |
| 0.09 | 0.01 | -0.03 | -0.03 | 0.03 | 0.02 |
| | | -0.02 | -0.02 | 0.02 | 0.02 |

# 3-50 按地区分组的废弃资源

| 地区 | 工业销售产值（当年价格） | 出口交货值 | 资产总计 | 固定资产合计 | 固定资产原价 |
|---|---|---|---|---|---|
| **全国** | **4133.12** | **14.92** | **2119.25** | **659.10** | **1376.46** |
| 北京 | 5.96 | 0.02 | 22.27 | 7.98 | 10.79 |
| 天津 | 241.62 | | 178.60 | 23.48 | 22.11 |
| 河北 | 89.21 | 1.03 | 75.59 | 20.53 | 27.55 |
| 山西 | 2.51 | | 7.86 | 4.17 | 4.97 |
| 内蒙古 | 33.78 | | 9.32 | 3.91 | 87.71 |
| 辽宁 | 71.73 | 1.78 | 75.07 | 10.45 | 13.92 |
| 吉林 | 30.45 | | 22.16 | 7.71 | 8.56 |
| 黑龙江 | 9.97 | | 10.31 | 2.46 | 2.65 |
| 上海 | 30.94 | 0.01 | 37.79 | 13.76 | 15.93 |
| 江苏 | 262.95 | 0.36 | 143.88 | 67.12 | 110.75 |
| 浙江 | 253.60 | 0.36 | 194.39 | 41.23 | 52.26 |
| 安徽 | 528.00 | 2.35 | 123.72 | 38.26 | 235.27 |
| 福建 | 89.61 | 1.56 | 24.56 | 7.55 | 10.36 |
| 江西 | 175.07 | 0.20 | 95.56 | 39.71 | 57.26 |
| 山东 | 101.03 | | 68.40 | 32.12 | 38.80 |
| 河南 | 135.45 | | 86.42 | 30.28 | 32.58 |
| 湖北 | 153.89 | 3.72 | 121.13 | 36.20 | 49.62 |
| 湖南 | 144.09 | | 66.18 | 29.79 | 47.93 |
| 广东 | 1162.35 | 3.33 | 497.18 | 170.21 | 462.43 |
| 广西 | 300.88 | | 57.57 | 5.44 | 6.87 |
| 海南 | 2.64 | | 5.32 | 1.13 | 2.45 |
| 重庆 | 21.79 | | 19.41 | 6.00 | 7.68 |
| 四川 | 204.15 | 0.17 | 64.70 | 18.63 | 23.93 |
| 贵州 | 18.39 | | 6.46 | 2.38 | 2.85 |
| 云南 | 26.83 | | 30.61 | 9.92 | 10.20 |
| 西藏 | | | | | |
| 陕西 | 7.40 | 0.04 | 15.60 | 5.71 | 4.48 |
| 甘肃 | 13.05 | | 29.21 | 10.26 | 11.82 |
| 青海 | | | | | |
| 宁夏 | 11.09 | | 12.01 | 3.15 | 3.31 |
| 新疆 | 4.67 | | 17.98 | 9.56 | 11.42 |

# 综合利用业主要经济指标

单位：亿元

| 累计折旧 | 流动资产合计 | 应收账款 | 存货 | 产成品 | 负债合计 |
|---|---|---|---|---|---|
| **767.78** | **1117.51** | **263.04** | **235.68** | **114.37** | **1288.78** |
| 2.80 | 7.37 | 3.16 | 0.34 | 0.22 | 15.19 |
| 6.98 | 125.14 | 18.62 | 18.11 | 11.07 | 137.23 |
| 9.27 | 37.11 | 11.57 | 8.69 | 2.28 | 54.38 |
| 0.80 | 3.12 | 1.68 | 0.48 | 0.33 | 3.57 |
| 84.05 | 3.87 | 0.80 | 0.89 | 0.37 | 8.48 |
| 4.44 | 53.17 | 16.42 | 11.35 | 0.74 | 55.97 |
| 1.95 | 10.21 | 1.71 | 1.94 | 0.37 | 7.92 |
| 0.49 | 6.71 | 3.21 | 2.24 | 0.90 | 7.51 |
| 5.32 | 19.38 | 4.63 | 3.84 | 1.30 | 22.32 |
| 52.33 | 57.68 | 14.12 | 9.87 | 4.07 | 77.08 |
| 13.26 | 122.17 | 14.24 | 34.62 | 14.57 | 147.92 |
| 200.08 | 76.09 | 26.20 | 17.47 | 8.76 | 70.41 |
| 3.12 | 14.16 | 3.36 | 3.80 | 1.82 | 12.49 |
| 19.81 | 31.91 | 8.59 | 7.02 | 3.22 | 39.22 |
| 9.50 | 27.77 | 6.92 | 5.52 | 3.34 | 26.99 |
| 5.76 | 43.05 | 12.04 | 9.38 | 5.51 | 37.17 |
| 16.00 | 68.50 | 20.41 | 13.17 | 8.22 | 71.01 |
| 10.74 | 20.49 | 3.78 | 4.63 | 2.20 | 27.23 |
| 297.66 | 241.00 | 44.98 | 45.43 | 18.96 | 290.05 |
| 1.77 | 48.09 | 13.89 | 17.37 | 15.79 | 50.21 |
| 1.32 | 2.10 | 0.40 | 0.40 | 0.06 | 1.66 |
| 2.01 | 10.00 | 4.65 | 1.38 | 1.08 | 13.25 |
| 7.86 | 35.58 | 12.02 | 9.15 | 5.89 | 44.27 |
| 0.68 | 2.96 | 0.72 | 0.53 | 0.22 | 4.52 |
| 2.46 | 15.12 | 3.24 | 2.86 | 1.09 | 18.21 |
| 0.69 | 8.34 | 1.61 | 1.78 | 0.47 | 9.27 |
| 1.88 | 10.65 | 2.47 | 1.86 | 1.22 | 18.17 |
| 0.44 | 7.54 | 1.77 | 0.95 | 0.32 | 6.32 |
| 4.28 | 8.23 | 5.84 | 0.62 | 0.01 | 10.73 |

3-50 续表 1

| 地区 | 流动负债合计 | 应付账款 | 所有者权益合计 | 实收资本 | 国家资本 |
|---|---|---|---|---|---|
| **全国** | **1098.14** | **229.02** | **833.81** | **544.23** | **30.82** |
| 北京 | 11.46 | 1.08 | 7.09 | 5.57 | 0.50 |
| 天津 | 130.92 | 18.20 | 41.36 | 30.76 | 0.46 |
| 河北 | 47.57 | 4.52 | 21.21 | 23.09 | 0.63 |
| 山西 | 1.73 | 0.15 | 4.29 | 3.14 | |
| 内蒙古 | 5.32 | 1.23 | 0.84 | 1.79 | |
| 辽宁 | 53.79 | 18.97 | 18.70 | 6.75 | 0.76 |
| 吉林 | 3.96 | 0.63 | 14.24 | 2.71 | 0.61 |
| 黑龙江 | 7.06 | 0.99 | 2.81 | 1.64 | |
| 上海 | 15.33 | 4.70 | 16.05 | 11.50 | 1.28 |
| 江苏 | 72.60 | 9.36 | 66.80 | 45.32 | 2.92 |
| 浙江 | 130.60 | 17.54 | 44.94 | 37.80 | 0.67 |
| 安徽 | 62.07 | 25.75 | 51.85 | 29.15 | 1.00 |
| 福建 | 10.69 | 2.23 | 12.07 | 7.75 | 0.94 |
| 江西 | 26.73 | 6.86 | 56.34 | 36.08 | 3.14 |
| 山东 | 16.01 | 4.03 | 40.58 | 17.83 | 0.10 |
| 河南 | 28.62 | 7.01 | 45.86 | 20.65 | |
| 湖北 | 52.39 | 12.08 | 50.00 | 28.55 | 4.53 |
| 湖南 | 19.92 | 3.13 | 38.96 | 124.33 | 1.44 |
| 广东 | 251.52 | 57.70 | 217.52 | 63.23 | 7.64 |
| 广西 | 47.03 | 8.59 | 7.37 | 1.95 | 0.05 |
| 海南 | 1.66 | 0.30 | 3.67 | 1.97 | |
| 重庆 | 9.44 | 3.63 | 5.78 | 3.27 | |
| 四川 | 34.58 | 5.22 | 20.85 | 19.04 | 1.20 |
| 贵州 | 4.08 | 1.21 | 1.94 | 1.61 | |
| 云南 | 17.56 | 5.29 | 12.39 | 4.71 | |
| 西藏 | | | | | |
| 陕西 | 7.19 | 2.20 | 6.33 | 4.22 | 1.63 |
| 甘肃 | 12.08 | 2.49 | 11.03 | 4.43 | 1.01 |
| 青海 | | | | | |
| 宁夏 | 5.77 | 1.19 | 5.69 | 3.62 | |
| 新疆 | 10.44 | 2.77 | 7.24 | 1.79 | 0.31 |

单位：亿元

| 集体资本 | 法人资本 | 个人资本 | 港澳台资本 | 外商资本 | 主营业务收入 |
|---|---|---|---|---|---|
| **13.29** | **228.91** | **219.76** | **32.74** | **18.72** | **4070.82** |
| | 3.85 | 1.12 | | 0.09 | 6.28 |
| 0.75 | 10.07 | 15.79 | 0.45 | 3.24 | 192.56 |
| 3.91 | 8.10 | 6.82 | 2.24 | 1.39 | 89.00 |
| | 0.37 | 0.27 | 2.50 | | 2.35 |
| 0.01 | 0.54 | 1.24 | | | 31.26 |
| 0.18 | 2.94 | 2.70 | 0.16 | | 72.45 |
| 0.09 | 0.90 | 1.06 | | 0.06 | 28.41 |
| | 0.94 | 0.70 | | | 10.52 |
| 0.36 | 1.16 | 2.70 | 2.54 | 3.46 | 30.73 |
| 0.09 | 10.44 | 20.71 | 6.88 | 4.28 | 265.55 |
| | 9.31 | 18.07 | 8.28 | 1.48 | 257.88 |
| 1.90 | 6.75 | 19.40 | 0.07 | 0.03 | 500.54 |
| 0.30 | 2.06 | 3.53 | 0.92 | | 88.59 |
| 0.96 | 16.36 | 15.38 | | 0.24 | 177.72 |
| 0.10 | 3.90 | 11.11 | | 2.62 | 102.82 |
| 0.53 | 5.14 | 14.94 | 0.05 | | 138.13 |
| 0.49 | 14.72 | 7.87 | 0.95 | | 158.08 |
| 0.25 | 68.96 | 52.26 | 1.42 | | 150.52 |
| 0.11 | 41.67 | 10.05 | 2.39 | 1.36 | 1177.95 |
| | 0.86 | 1.02 | 0.02 | | 294.58 |
| | 0.76 | 1.20 | | | 2.75 |
| | 2.27 | 1.00 | | | 23.24 |
| 1.17 | 10.70 | 2.55 | 3.42 | | 193.48 |
| 0.10 | 0.48 | 0.97 | 0.05 | | 13.55 |
| 0.02 | 2.26 | 2.44 | | | 24.68 |
| 0.09 | 1.31 | 0.99 | 0.20 | | 9.94 |
| 1.42 | 0.28 | 1.52 | 0.21 | | 9.90 |
| | 1.67 | 1.95 | | | 10.72 |
| 0.47 | 0.13 | 0.41 | | 0.47 | 6.63 |

3-50 续表 2

| 地区 | 主营业务成本 | 销售费用 | 管理费用 | 财务费用 | 利息收入 |
|---|---|---|---|---|---|
| **全国** | **3680.42** | **45.23** | **83.60** | **32.17** | **1.50** |
| 北京 | 5.28 | 0.05 | 0.99 | 0.22 | 0.01 |
| 天津 | 180.60 | 0.55 | 2.27 | 2.16 | 0.07 |
| 河北 | 80.53 | 1.00 | 2.17 | 2.11 | 0.11 |
| 山西 | 1.81 | 0.04 | 0.56 | 0.11 | |
| 内蒙古 | 29.86 | 0.20 | 0.42 | 0.07 | |
| 辽宁 | 68.71 | 0.55 | 1.64 | 1.20 | 0.02 |
| 吉林 | 24.59 | 0.48 | 0.94 | 0.19 | 0.02 |
| 黑龙江 | 9.85 | 0.10 | 0.24 | 0.08 | -0.04 |
| 上海 | 24.76 | 0.59 | 2.29 | 0.48 | 0.03 |
| 江苏 | 235.54 | 4.45 | 8.73 | 2.58 | 0.07 |
| 浙江 | 237.19 | 2.80 | 5.69 | 4.91 | 0.28 |
| 安徽 | 470.60 | 4.20 | 7.12 | 1.44 | -0.01 |
| 福建 | 81.64 | 1.55 | 1.85 | 0.43 | 0.02 |
| 江西 | 160.52 | 1.78 | 2.76 | 0.80 | 0.01 |
| 山东 | 89.11 | 1.11 | 2.33 | 0.86 | 0.02 |
| 河南 | 124.00 | 1.36 | 2.26 | 0.63 | 0.08 |
| 湖北 | 150.25 | 1.64 | 4.00 | 1.37 | 0.01 |
| 湖南 | 131.49 | 2.94 | 5.64 | 0.66 | 0.03 |
| 广东 | 1029.98 | 14.80 | 21.30 | 7.06 | 0.64 |
| 广西 | 277.44 | 1.10 | 2.10 | 0.65 | |
| 海南 | 2.47 | 0.06 | 0.18 | 0.01 | |
| 重庆 | 20.26 | 0.63 | 0.74 | 0.14 | |
| 四川 | 176.84 | 0.99 | 3.33 | 1.76 | 0.01 |
| 贵州 | 12.11 | 0.50 | 0.57 | 0.07 | |
| 云南 | 21.28 | 0.33 | 1.32 | 0.41 | |
| 西藏 | | | | | |
| 陕西 | 8.19 | 0.82 | 0.68 | 0.90 | 0.08 |
| 甘肃 | 10.03 | 0.24 | 0.49 | 0.49 | |
| 青海 | | | | | |
| 宁夏 | 9.51 | 0.25 | 0.43 | 0.14 | |
| 新疆 | 5.99 | 0.13 | 0.56 | 0.24 | 0.04 |

单位：亿元

| 利息支出 | 投资收益（损失以“-”号记） | 营业利润 | 利润总额 | 亏损企业亏损额 | 平均用工人数（万人） |
|---|---|---|---|---|---|
| **21.54** | **-3.15** | **193.10** | **213.18** | **22.50** | **18.28** |
| 0.23 | | -0.32 | 0.05 | 0.18 | 0.08 |
| 1.70 | 0.24 | 7.08 | 9.18 | 0.87 | 0.55 |
| 1.70 | 1.45 | 1.68 | 2.09 | 4.34 | 0.54 |
| 0.11 | | 0.50 | 0.51 | | 0.04 |
| 0.07 | | 0.65 | 0.62 | 0.08 | 0.16 |
| 0.16 | 0.05 | 0.05 | 0.52 | 0.96 | 0.34 |
| 0.13 | 0.07 | 1.63 | 1.73 | 0.03 | 0.27 |
| 0.12 | | -0.23 | 0.55 | 0.02 | 0.09 |
| 0.28 | -0.21 | 2.01 | 2.71 | 0.78 | 0.18 |
| 1.87 | -0.01 | 12.35 | 14.06 | 2.08 | 1.49 |
| 2.54 | 0.04 | 6.75 | 7.94 | 3.50 | 1.75 |
| 1.06 | 0.41 | 12.40 | 15.66 | 0.95 | 1.27 |
| 0.38 | 0.01 | 2.59 | 2.89 | 0.22 | 0.39 |
| 0.55 | -0.26 | 10.52 | 11.61 | 0.32 | 0.85 |
| 0.35 | | 7.40 | 7.94 | 0.66 | 0.64 |
| 0.30 | 0.01 | 8.81 | 9.48 | 0.28 | 0.87 |
| 0.71 | 0.05 | 0.12 | 2.82 | 0.98 | 0.93 |
| 0.51 | -0.09 | 6.19 | 6.44 | 0.79 | 1.05 |
| 4.71 | -5.36 | 92.61 | 92.60 | 0.96 | 4.47 |
| 0.30 | 0.27 | 12.23 | 11.72 | 0.16 | 0.50 |
| 0.02 | 0.08 | 0.08 | 0.12 | | |
| 0.03 | | 1.34 | 1.36 | 0.32 | 0.23 |
| 1.51 | 0.16 | 9.04 | 9.54 | 1.06 | 0.81 |
| 0.06 | | 0.25 | 0.26 | 0.13 | 0.08 |
| 0.36 | -0.15 | 1.13 | 1.21 | 0.10 | 0.24 |
| 0.96 | | -0.78 | 0.77 | 0.13 | 0.17 |
| 0.46 | 0.08 | -1.29 | 0.11 | 0.75 | 0.16 |
| 0.11 | | 0.34 | 0.43 | | 0.06 |
| 0.27 | | -2.00 | -1.75 | 1.86 | 0.07 |

# 3-51 按地区分组的金属制品、

| 地　区 | 工业销售产值（当年价格） | 出口交货值 | 资产总计 | 固定资产合计 | 固定资产原价 |
|---|---|---|---|---|---|
| **全　国** | **1218.83** | **440.04** | **2198.00** | **522.57** | **835.56** |
| 北　京 | 81.53 | 4.66 | 336.49 | 20.15 | 78.95 |
| 天　津 | 31.41 | 8.16 | 34.36 | 5.13 | 7.03 |
| 河　北 | 16.77 | | 28.96 | 5.11 | 9.73 |
| 山　西 | 8.89 | | 10.85 | 2.50 | 5.27 |
| 内蒙古 | 1.39 | | 4.27 | 0.42 | 0.93 |
| 辽　宁 | 191.97 | 168.04 | 637.65 | 167.23 | 214.18 |
| 吉　林 | 5.14 | | 5.86 | 2.07 | 3.43 |
| 黑龙江 | 3.83 | | 9.21 | 1.36 | 3.39 |
| 上　海 | 170.65 | 43.68 | 413.67 | 96.52 | 149.67 |
| 江　苏 | 38.29 | 0.12 | 23.47 | 12.27 | 16.37 |
| 浙　江 | 91.25 | 37.57 | 127.70 | 54.09 | 76.82 |
| 安　徽 | 38.33 | 0.95 | 78.53 | 15.91 | 28.66 |
| 福　建 | 181.57 | 131.90 | 94.67 | 44.38 | 68.17 |
| 江　西 | 0.90 | | 0.83 | 0.32 | 0.41 |
| 山　东 | 44.99 | 2.34 | 22.09 | 9.87 | 18.25 |
| 河　南 | 27.94 | 0.24 | 36.22 | 5.72 | 10.50 |
| 湖　北 | 55.42 | | 31.12 | 6.17 | 20.91 |
| 湖　南 | 6.48 | 0.13 | 9.01 | 2.39 | 3.64 |
| 广　东 | 142.48 | 42.24 | 173.20 | 46.34 | 79.12 |
| 广　西 | 3.75 | | 1.34 | 0.49 | 0.73 |
| 海　南 | 3.00 | | 8.41 | 1.06 | 2.68 |
| 重　庆 | 19.15 | | 10.82 | 6.24 | 7.67 |
| 四　川 | 34.70 | | 48.72 | 11.84 | 15.76 |
| 贵　州 | 3.05 | | 3.24 | 1.65 | 2.11 |
| 云　南 | | | 0.40 | 0.01 | 0.02 |
| 西　藏 | | | | | |
| 陕　西 | 2.90 | | 6.75 | 0.87 | 1.70 |
| 甘　肃 | 10.35 | | 37.40 | 2.14 | 7.74 |
| 青　海 | 0.63 | | 0.10 | 0.07 | 1.11 |
| 宁　夏 | | | | | |
| 新　疆 | 2.06 | | 2.67 | 0.22 | 0.59 |

# 机械和设备修理业主要经济指标

单位：亿元

| 累计折旧 | 流动资产合　计 | | | | 负债合计 |
|---|---|---|---|---|---|
| | | 应收账款 | 存货 | | |
| | | | | 产成品 | |
| **353.81** | **1269.53** | **535.47** | **193.35** | **23.17** | **1456.10** |
| | | | | | |
| 55.46 | 97.67 | 26.49 | 15.23 | 0.69 | 103.12 |
| 2.48 | 27.54 | 7.35 | 10.94 | 6.81 | 20.46 |
| 4.62 | 21.70 | 4.52 | 9.37 | 0.02 | 20.87 |
| 2.87 | 7.98 | 4.49 | 1.24 | 0.46 | 8.93 |
| 0.31 | 2.98 | 1.95 | 0.49 | 0.01 | 3.04 |
| | | | | | |
| 80.24 | 447.96 | 293.60 | 31.31 | 0.17 | 640.87 |
| 1.82 | 1.89 | 1.11 | 0.32 | 0.17 | 4.09 |
| 1.90 | 6.59 | 1.94 | 0.68 | 0.43 | 6.65 |
| | | | | | |
| 49.63 | 256.50 | 42.51 | 44.47 | 3.65 | 257.84 |
| 4.10 | 9.52 | 3.88 | 2.14 | 0.49 | 11.98 |
| 27.01 | 46.37 | 13.53 | 4.19 | 0.83 | 82.26 |
| 12.82 | 58.83 | 7.79 | 16.29 | 1.76 | 25.15 |
| 26.01 | 36.15 | 8.84 | 11.03 | 0.10 | 41.68 |
| 0.14 | 0.49 | 0.29 | 0.05 | 0.02 | 0.42 |
| 9.47 | 10.86 | 2.86 | 2.14 | 0.90 | 6.47 |
| | | | | | |
| 5.75 | 24.91 | 15.84 | 3.42 | 0.39 | 26.16 |
| 14.89 | 20.66 | 6.81 | 3.75 | 0.19 | 17.75 |
| 1.25 | 6.09 | 1.80 | 1.26 | 0.19 | 5.63 |
| 37.57 | 114.49 | 58.22 | 23.98 | 5.09 | 96.66 |
| 0.25 | 0.81 | 0.53 | 0.10 | 0.02 | 0.39 |
| 1.62 | 7.28 | 0.11 | 0.55 | | 5.41 |
| | | | | | |
| 1.56 | 4.14 | 1.66 | 0.63 | 0.32 | 5.29 |
| 6.46 | 27.20 | 14.12 | 4.37 | 0.01 | 24.91 |
| 0.36 | 1.25 | 0.63 | 0.20 | 0.05 | 2.16 |
| 0.02 | 0.39 | | 0.01 | | 0.19 |
| | | | | | |
| 0.89 | 5.00 | 2.09 | 0.95 | 0.25 | 3.62 |
| 2.91 | 21.86 | 10.74 | 4.17 | 0.16 | 32.07 |
| 1.04 | 0.03 | 0.01 | | | 0.02 |
| | | | | | |
| 0.37 | 2.39 | 1.78 | 0.08 | 0.01 | 2.02 |

3-51 续表 1

| 地 区 | 流动负债合计 | 应付账款 | 所有者权益合计 | 实收资本 | 国家资本 |
|---|---|---|---|---|---|
| **全 国** | **1039.07** | **299.47** | **735.58** | **430.00** | **207.95** |
| 北 京 | 65.09 | 9.70 | 233.36 | 88.68 | 63.03 |
| 天 津 | 18.17 | 5.28 | 13.90 | 6.03 | |
| 河 北 | 18.70 | 7.78 | 8.09 | 1.71 | 0.70 |
| 山 西 | 8.87 | 4.44 | 1.92 | 3.98 | 2.22 |
| 内 蒙 古 | 3.04 | 0.84 | 1.23 | 0.57 | |
| 辽 宁 | 396.43 | 119.59 | -5.57 | 25.53 | 9.11 |
| 吉 林 | 2.94 | 1.11 | 1.77 | 1.24 | |
| 黑 龙 江 | 5.74 | 2.46 | 2.56 | 1.62 | |
| 上 海 | 216.17 | 40.47 | 154.43 | 138.30 | 72.25 |
| 江 苏 | 8.99 | 1.58 | 11.49 | 4.95 | 0.12 |
| 浙 江 | 63.01 | 11.55 | 45.45 | 28.56 | 5.27 |
| 安 徽 | 24.70 | 8.06 | 53.28 | 7.21 | 5.11 |
| 福 建 | 29.29 | 13.20 | 53.00 | 26.11 | 0.46 |
| 江 西 | 0.41 | 0.16 | 0.41 | 0.24 | |
| 山 东 | 5.56 | 1.77 | 15.62 | 9.71 | 1.22 |
| 河 南 | 25.48 | 13.76 | 10.06 | 8.93 | 5.09 |
| 湖 北 | 10.41 | 5.53 | 13.37 | 8.53 | 1.01 |
| 湖 南 | 4.02 | 2.03 | 3.38 | 1.43 | 0.50 |
| 广 东 | 73.68 | 25.86 | 74.90 | 45.61 | 25.21 |
| 广 西 | 0.30 | 0.01 | 0.95 | 0.54 | 0.50 |
| 海 南 | 5.39 | 1.21 | 3.00 | 0.55 | 0.55 |
| 重 庆 | 4.04 | 2.07 | 5.54 | 1.12 | |
| 四 川 | 20.90 | 11.75 | 22.99 | 10.20 | 10.12 |
| 贵 州 | 0.83 | 0.17 | 1.08 | 1.05 | 0.75 |
| 云 南 | 0.19 | 0.09 | 0.21 | 0.20 | |
| 西 藏 | | | | | |
| 陕 西 | 3.59 | 2.03 | 3.13 | 3.25 | 1.06 |
| 甘 肃 | 21.08 | 5.85 | 5.32 | 3.62 | 3.61 |
| 青 海 | 0.02 | | 0.07 | 0.03 | |
| 宁 夏 | | | | | |
| 新 疆 | 2.02 | 1.11 | 0.65 | 0.47 | 0.06 |

单位：亿元

| | | | | | 主营业务收入 |
|---|---|---|---|---|---|
| 集体资本 | 法人资本 | 个人资本 | 港澳台资本 | 外商资本 | |
| **3.89** | **118.05** | **31.70** | **15.94** | **52.47** | **1183.92** |
| | | | | | |
| | 16.45 | 3.40 | 0.05 | 5.75 | 91.46 |
| | 1.96 | 0.53 | 1.22 | 2.32 | 28.29 |
| 0.06 | 0.63 | 0.32 | | | 14.95 |
| 0.19 | 1.51 | 0.01 | | 0.05 | 9.50 |
| 0.02 | 0.55 | | | | 1.74 |
| | | | | | |
| 0.19 | 0.87 | 0.83 | | 14.53 | 192.97 |
| 0.54 | 0.58 | 0.12 | | | 5.11 |
| 1.32 | 0.01 | 0.28 | | | 3.77 |
| | | | | | |
| 0.05 | 56.75 | 0.78 | 1.05 | 7.42 | 170.04 |
| | 1.88 | 2.88 | | 0.08 | 36.15 |
| 0.05 | 5.92 | 9.55 | | 7.77 | 70.46 |
| | 0.64 | 1.43 | | 0.03 | 30.09 |
| | 8.62 | 2.66 | 9.79 | 4.59 | 179.72 |
| 0.04 | 0.20 | | | | 0.96 |
| 0.34 | 4.76 | 2.04 | 0.66 | 0.68 | 42.98 |
| | | | | | |
| 0.06 | 1.26 | 2.53 | | | 31.83 |
| 0.85 | 4.78 | 1.89 | | | 45.65 |
| | 0.48 | 0.45 | | | 6.22 |
| | 6.66 | 1.38 | 3.16 | 9.20 | 140.18 |
| 0.03 | 0.02 | | | | 3.84 |
| | | | | | 2.98 |
| | | | | | |
| | 0.93 | 0.19 | | | 19.16 |
| | | 0.08 | | | 35.76 |
| | 0.10 | 0.20 | | | 3.05 |
| | 0.20 | | | | 0.37 |
| | | | | | |
| | | | | | |
| | 2.04 | 0.09 | | 0.05 | 4.40 |
| 0.01 | | | | | 9.63 |
| | | 0.03 | | | 0.63 |
| | | | | | |
| 0.15 | 0.25 | 0.02 | | | 2.04 |

3-51 续表 2

| 地区 | 主营业务成本 | 销售费用 | 管理费用 | 财务费用 | 利息收入 |
|---|---|---|---|---|---|
| **全国** | **1023.32** | **17.58** | **91.23** | **29.04** | **3.87** |
| 北京 | 75.67 | 0.92 | 10.18 | 3.15 | 0.20 |
| 天津 | 21.12 | 2.56 | 2.18 | 0.33 | 0.01 |
| 河北 | 12.46 | 0.06 | 2.10 | -0.03 | -0.05 |
| 山西 | 8.32 | 0.10 | 0.76 | 0.03 | |
| 内蒙古 | 1.55 | | 0.12 | 0.04 | 0.01 |
| 辽宁 | 180.49 | 4.23 | 14.76 | 16.31 | 1.67 |
| 吉林 | 4.48 | 0.05 | 0.38 | 0.08 | |
| 黑龙江 | 3.15 | 0.03 | 0.50 | 0.02 | |
| 上海 | 142.52 | 0.48 | 15.30 | 2.14 | 0.38 |
| 江苏 | 31.07 | 0.60 | 1.15 | 0.20 | |
| 浙江 | 61.48 | 0.83 | 5.52 | 1.63 | 0.46 |
| 安徽 | 22.93 | 0.25 | 4.78 | -0.67 | 0.80 |
| 福建 | 160.56 | 1.41 | 6.23 | 0.74 | 0.29 |
| 江西 | 0.84 | | 0.09 | 0.01 | |
| 山东 | 35.57 | 0.39 | 3.15 | 0.38 | |
| 河南 | 28.67 | 0.62 | 2.45 | 0.38 | 0.01 |
| 湖北 | 39.60 | 0.62 | 2.75 | 0.82 | 0.09 |
| 湖南 | 5.07 | 0.09 | 0.58 | 0.05 | |
| 广东 | 118.95 | 2.24 | 9.56 | 2.16 | -0.10 |
| 广西 | 3.25 | 0.11 | 0.18 | | |
| 海南 | 2.50 | | 0.39 | -0.09 | 0.09 |
| 重庆 | 16.69 | 0.21 | 0.61 | 0.03 | 0.01 |
| 四川 | 28.88 | 1.33 | 5.22 | 0.81 | 0.01 |
| 贵州 | 2.84 | 0.01 | 0.13 | 0.07 | |
| 云南 | 0.33 | | 0.03 | | |
| 西藏 | | | | | |
| 陕西 | 3.50 | 0.18 | 0.63 | -0.01 | |
| 甘肃 | 8.49 | 0.21 | 1.28 | 0.43 | |
| 青海 | 0.60 | 0.01 | 0.01 | | |
| 宁夏 | | | | | |
| 新疆 | 1.74 | 0.04 | 0.22 | 0.01 | |

单位：亿元

| 利息支出 | 投资收益（损失以“–”号记） | 营业利润 | 利润总额 | 亏损企业亏损额 | 平均用工人数（万人） |
|---|---|---|---|---|---|
| **28.45** | **20.26** | **14.41** | **14.22** | **64.04** | **17.04** |
| | | | | | |
| 3.14 | 19.31 | 20.51 | 21.36 | 0.02 | 1.38 |
| 0.23 | | 1.92 | 2.63 | | 0.39 |
| 0.02 | | 0.45 | 0.50 | 0.02 | 0.79 |
| 0.03 | 0.04 | 0.25 | 0.27 | 0.03 | 0.24 |
| 0.04 | | 0.01 | 0.02 | | 0.08 |
| | | | | | |
| 14.07 | 0.02 | -41.15 | -44.48 | 46.03 | 2.05 |
| 0.08 | | 0.04 | 0.05 | 0.06 | 0.14 |
| 0.02 | | 0.13 | 0.16 | 0.03 | 0.09 |
| | | | | | |
| 2.29 | -0.02 | 2.93 | 0.38 | 10.18 | 2.55 |
| 0.19 | | 2.49 | 2.56 | 0.14 | 0.32 |
| 2.32 | 0.12 | 0.72 | 0.75 | 1.50 | 1.93 |
| 0.14 | 0.25 | 3.31 | 3.56 | | 0.34 |
| 0.89 | 0.43 | 10.32 | 10.09 | 1.77 | 0.81 |
| | | | | | 0.03 |
| 0.12 | | 3.02 | 3.21 | 0.15 | 0.42 |
| | | | | | |
| 0.38 | | -0.30 | -0.25 | 0.79 | 0.68 |
| 0.69 | 0.03 | 2.14 | 2.27 | 0.25 | 0.80 |
| 0.06 | | 0.49 | 0.53 | 0.05 | 0.23 |
| 2.37 | 0.03 | 6.60 | 7.85 | 2.05 | 2.25 |
| | | 0.33 | 0.33 | | 0.06 |
| | | 0.18 | 0.18 | | 0.09 |
| | | | | | |
| 0.02 | | 1.45 | 1.51 | 0.02 | 0.35 |
| 0.82 | 0.02 | -0.47 | 1.34 | | 0.50 |
| 0.07 | 0.02 | 0.01 | 0.01 | | 0.03 |
| | | | | | 0.01 |
| | | | | | |
| | | | | | |
| 0.01 | 0.01 | 0.05 | 0.07 | 0.15 | 0.09 |
| 0.43 | | -1.01 | -0.71 | 0.77 | 0.30 |
| | | | | | |
| | | | | | |
| 0.01 | | 0.01 | 0.03 | | 0.08 |

# 3-52 按地区分组的电力、热力、燃气

| 地 区 | 工业销售产值（当年价格） | 出口交货值 | 资产总计 | 固定资产合计 | 固定资产原价 |
|---|---|---|---|---|---|
| **全 国** | **63925.92** | **173.92** | **154493.87** | **91460.81** | **147053.09** |
| 北 京 | 4561.43 | | 19457.67 | 3444.84 | 6853.08 |
| 天 津 | 998.67 | | 2331.77 | 1397.98 | 2170.02 |
| 河 北 | 2516.30 | 3.03 | 4759.80 | 3154.05 | 5584.89 |
| 山 西 | 1619.29 | | 4068.54 | 2829.96 | 4606.25 |
| 内蒙古 | 2644.69 | 3.32 | 8333.09 | 4861.25 | 7643.56 |
| 辽 宁 | 1742.28 | 0.10 | 4379.89 | 3073.38 | 4924.07 |
| 吉 林 | 1064.45 | | 1961.87 | 1418.92 | 2541.43 |
| 黑龙江 | 1233.90 | 5.73 | 2880.01 | 1713.40 | 2911.33 |
| 上 海 | 1513.00 | | 3882.88 | 2184.87 | 4372.04 |
| 江 苏 | 5101.17 | 6.83 | 9119.15 | 5514.56 | 9939.62 |
| 浙 江 | 4985.08 | | 7521.69 | 4962.49 | 8407.62 |
| 安 徽 | 1725.16 | 5.35 | 3198.86 | 2416.80 | 3674.57 |
| 福 建 | 2490.91 | 24.40 | 4697.60 | 3009.88 | 4570.02 |
| 江 西 | 489.09 | | 1688.36 | 1156.40 | 1935.73 |
| 山 东 | 4822.01 | | 7397.70 | 4493.76 | 7611.96 |
| 河 南 | 2931.49 | | 4733.65 | 3314.40 | 5068.19 |
| 湖 北 | 1814.47 | | 5025.70 | 3430.74 | 5542.40 |
| 湖 南 | 1504.31 | 0.55 | 3483.70 | 2427.49 | 4111.93 |
| 广 东 | 7856.95 | 108.56 | 13284.73 | 7345.00 | 13407.54 |
| 广 西 | 1242.65 | 8.81 | 2839.01 | 1798.63 | 3113.00 |
| 海 南 | 261.47 | | 811.56 | 623.98 | 832.92 |
| 重 庆 | 998.55 | | 2405.53 | 1530.15 | 2349.57 |
| 四 川 | 2687.48 | 0.75 | 9566.57 | 6747.78 | 9206.86 |
| 贵 州 | 1333.42 | 0.02 | 3448.29 | 2347.10 | 3462.51 |
| 云 南 | 1418.70 | 6.49 | 7221.32 | 5251.35 | 6871.21 |
| 西 藏 | 25.15 | | 510.15 | 398.47 | 501.66 |
| 陕 西 | 1405.22 | | 3446.29 | 2247.39 | 3495.13 |
| 甘 肃 | 732.50 | | 2929.05 | 2180.58 | 3119.82 |
| 青 海 | 430.47 | | 1889.95 | 1390.50 | 1914.25 |
| 宁 夏 | 679.76 | | 2330.10 | 1541.26 | 2058.26 |
| 新 疆 | 1095.89 | | 4889.40 | 3253.47 | 4251.65 |

# 及水生产和供应业主要经济指标

单位：亿元

| 累计折旧 | 流动资产合计 | 应收账款 | 存货 | 产成品 | 负债合计 |
|---|---|---|---|---|---|
| **58660.18** | **25465.95** | **4223.71** | **1602.92** | **154.31** | **94726.42** |
| 3404.28 | 3018.51 | 376.91 | 15.28 | 2.14 | 7148.52 |
| 982.52 | 562.80 | 73.46 | 44.98 | 3.17 | 1470.01 |
| 2503.36 | 845.15 | 178.46 | 64.71 | 10.42 | 3107.43 |
| 1824.99 | 680.09 | 174.71 | 48.40 | 1.73 | 3019.24 |
| 2882.09 | 1803.40 | 306.37 | 60.19 | 6.71 | 6094.23 |
| 1999.64 | 814.82 | 142.31 | 86.41 | 1.21 | 2900.39 |
| 1201.39 | 344.35 | 57.64 | 27.70 | 1.46 | 1301.77 |
| 1278.49 | 558.75 | 124.31 | 47.56 | 11.96 | 2091.81 |
| 2185.22 | 612.20 | 50.65 | 50.78 | 2.84 | 1410.25 |
| 4457.70 | 1690.62 | 250.90 | 111.37 | 6.58 | 5506.28 |
| 3786.36 | 1236.77 | 201.63 | 132.08 | 4.51 | 4369.00 |
| 1413.74 | 446.43 | 111.71 | 35.48 | 2.92 | 1958.51 |
| 1727.63 | 801.33 | 97.65 | 97.25 | 1.61 | 2965.06 |
| 810.04 | 201.48 | 51.93 | 23.04 | 2.61 | 1131.86 |
| 3269.77 | 1447.05 | 215.89 | 107.14 | 9.08 | 4745.37 |
| 2153.53 | 944.96 | 179.33 | 84.47 | 11.73 | 3324.94 |
| 2188.26 | 506.39 | 90.87 | 30.74 | 4.67 | 2609.21 |
| 1674.03 | 431.73 | 86.47 | 32.61 | 2.25 | 2422.05 |
| 6306.50 | 2639.51 | 296.87 | 219.60 | 38.35 | 6803.15 |
| 1127.46 | 484.40 | 63.40 | 23.43 | 2.14 | 1835.09 |
| 212.21 | 95.41 | 10.47 | 13.09 | 0.47 | 614.35 |
| 872.02 | 404.24 | 44.42 | 21.72 | 1.81 | 1568.92 |
| 2567.35 | 966.92 | 128.17 | 43.03 | 7.42 | 6822.58 |
| 1224.20 | 530.77 | 84.83 | 20.92 | 3.10 | 2697.09 |
| 1737.33 | 699.70 | 88.39 | 16.82 | 0.87 | 5566.12 |
| 103.44 | 42.03 | 3.35 | 2.48 | 0.01 | 255.69 |
| 1429.83 | 620.72 | 135.40 | 80.79 | 7.24 | 2433.83 |
| 1073.97 | 464.52 | 162.21 | 17.14 | 1.07 | 2190.86 |
| 570.87 | 301.36 | 120.29 | 4.82 | 0.02 | 1318.20 |
| 630.95 | 389.71 | 127.09 | 18.24 | 3.09 | 1543.80 |
| 1060.99 | 879.85 | 187.61 | 20.63 | 1.14 | 3500.80 |

3-52 续表 1

| 地　区 | 流动负债合　计 | 应付账款 | 所有者权益合计 | 实收资本 | 国家资本 |
|---|---|---|---|---|---|
| **全　国** | **46861.11** | **10976.83** | **59672.34** | **41805.26** | **28007.59** |
| 北　京 | 3579.91 | 691.96 | 12299.29 | 8917.45 | 8562.53 |
| 天　津 | 1004.27 | 169.72 | 862.17 | 673.20 | 126.35 |
| 河　北 | 1847.96 | 592.75 | 1644.86 | 1069.06 | 597.64 |
| 山　西 | 1523.65 | 480.27 | 1049.29 | 949.70 | 576.65 |
| 内 蒙 古 | 2865.24 | 675.38 | 2238.05 | 2738.84 | 1038.63 |
| 辽　宁 | 1562.89 | 341.32 | 1474.39 | 1181.47 | 787.33 |
| 吉　林 | 686.79 | 165.89 | 660.10 | 461.10 | 348.62 |
| 黑 龙 江 | 1163.04 | 268.15 | 788.20 | 523.69 | 167.02 |
| 上　海 | 1065.13 | 147.68 | 2468.01 | 1989.62 | 1514.51 |
| 江　苏 | 3525.16 | 693.78 | 3611.33 | 2271.37 | 1291.16 |
| 浙　江 | 2218.38 | 577.53 | 3151.03 | 2525.83 | 1826.98 |
| 安　徽 | 1129.70 | 315.60 | 1253.98 | 1656.10 | 1098.87 |
| 福　建 | 1252.72 | 307.12 | 1732.55 | 1084.39 | 695.93 |
| 江　西 | 613.68 | 182.19 | 555.96 | 377.31 | 265.34 |
| 山　东 | 2875.79 | 805.68 | 2652.14 | 1419.09 | 777.93 |
| 河　南 | 2065.99 | 596.84 | 1406.48 | 898.21 | 543.76 |
| 湖　北 | 1595.37 | 287.24 | 2416.49 | 951.22 | 647.50 |
| 湖　南 | 1056.21 | 209.72 | 1052.70 | 728.35 | 514.09 |
| 广　东 | 3232.88 | 767.74 | 6457.95 | 3257.60 | 2055.60 |
| 广　西 | 810.40 | 139.75 | 1002.54 | 521.06 | 352.34 |
| 海　南 | 237.52 | 58.86 | 197.21 | 148.93 | 115.78 |
| 重　庆 | 735.58 | 173.48 | 797.56 | 499.92 | 372.23 |
| 四　川 | 2487.28 | 465.64 | 2742.13 | 1840.37 | 988.97 |
| 贵　州 | 1131.68 | 226.50 | 751.20 | 539.31 | 361.86 |
| 云　南 | 1731.83 | 213.56 | 1655.20 | 1375.39 | 539.16 |
| 西　藏 | 181.79 | 46.29 | 254.45 | 40.88 | 18.82 |
| 陕　西 | 1319.08 | 380.42 | 1012.30 | 645.03 | 411.18 |
| 甘　肃 | 805.06 | 201.94 | 738.18 | 658.55 | 418.10 |
| 青　海 | 495.34 | 120.60 | 571.75 | 374.84 | 296.43 |
| 宁　夏 | 598.84 | 173.01 | 786.29 | 471.40 | 189.53 |
| 新　疆 | 1461.97 | 500.22 | 1388.60 | 1015.97 | 506.75 |

单位：亿元

| 集体资本 | 法人资本 | 个人资本 | 港澳台资本 | 外商资本 | 主营业务收入 |
|---|---|---|---|---|---|
| **409.55** | **10655.45** | **1055.48** | **927.30** | **744.64** | **63209.98** |
| | | | | | |
| 0.06 | 242.29 | 5.85 | 67.44 | 39.28 | 4588.29 |
| 2.12 | 482.58 | 5.00 | 12.48 | 44.68 | 994.40 |
| 16.83 | 344.99 | 32.75 | 25.30 | 51.55 | 2506.78 |
| 15.87 | 324.82 | 18.79 | 7.38 | 4.74 | 1668.25 |
| 24.95 | 1390.35 | 248.07 | 15.80 | 21.03 | 2586.67 |
| | | | | | |
| 9.83 | 291.94 | 28.38 | 26.86 | 37.13 | 1757.42 |
| 1.69 | 78.52 | 16.06 | 8.98 | 7.22 | 1047.13 |
| 7.55 | 268.12 | 60.83 | 5.14 | 15.03 | 1348.45 |
| | | | | | |
| 3.78 | 441.15 | 8.20 | 7.86 | 14.11 | 1548.84 |
| 26.40 | 649.17 | 58.76 | 193.46 | 48.28 | 5086.52 |
| 8.95 | 575.12 | 26.31 | 38.31 | 50.17 | 4999.70 |
| 4.00 | 500.19 | 8.97 | 25.12 | 18.95 | 1714.66 |
| 14.21 | 253.80 | 18.74 | 85.13 | 16.58 | 2171.57 |
| 1.78 | 80.34 | 8.67 | 9.60 | 11.59 | 1070.57 |
| 35.74 | 397.81 | 90.58 | 82.90 | 34.13 | 3949.65 |
| | | | | | |
| 13.06 | 215.34 | 31.81 | 24.58 | 69.67 | 2935.92 |
| 12.67 | 153.99 | 97.47 | 11.76 | 27.82 | 1816.31 |
| 5.91 | 124.70 | 30.58 | 20.50 | 32.57 | 1574.82 |
| 39.50 | 886.52 | 36.60 | 121.40 | 117.98 | 7773.98 |
| 3.87 | 120.37 | 2.30 | 37.67 | 4.51 | 1208.66 |
| 0.03 | 18.88 | | 2.07 | 12.16 | 263.14 |
| | | | | | |
| 2.87 | 95.85 | 10.00 | 10.05 | 8.92 | 984.25 |
| 55.28 | 665.08 | 86.93 | 34.70 | 9.41 | 2587.20 |
| 8.34 | 149.65 | 5.09 | | 14.71 | 1280.95 |
| 18.73 | 753.01 | 29.81 | 24.27 | 10.41 | 1332.57 |
| | 20.78 | | 1.27 | | 40.08 |
| | | | | | |
| 10.51 | 184.52 | 26.78 | 3.74 | 8.31 | 1478.75 |
| 8.68 | 202.55 | 13.03 | 6.51 | 9.67 | 695.99 |
| 2.81 | 59.47 | 6.95 | 7.45 | 1.73 | 428.04 |
| | 261.29 | 11.56 | 9.02 | | 693.33 |
| 53.54 | 422.26 | 30.60 | 0.54 | 2.28 | 1077.07 |

3-52 续表 2

| 地 区 | 主营业务成 本 | 销售费用 | 管理费用 | 财务费用 | |
|---|---|---|---|---|---|
| | | | | | 利息收入 |
| **全 国** | **55247.75** | **403.98** | **1338.19** | **2333.68** | **100.59** |
| 北 京 | 4294.06 | 9.74 | 49.08 | 67.18 | 7.70 |
| 天 津 | 903.31 | 4.69 | 22.38 | 18.72 | 2.52 |
| 河 北 | 2198.59 | 10.22 | 46.04 | 65.98 | 2.73 |
| 山 西 | 1413.00 | 12.42 | 57.35 | 87.21 | 2.40 |
| 内蒙古 | 2214.71 | 22.34 | 51.21 | 145.46 | 8.80 |
| 辽 宁 | 1581.41 | 11.48 | 51.00 | 68.63 | 1.05 |
| 吉 林 | 957.35 | 14.76 | 28.99 | 38.76 | 1.50 |
| 黑龙江 | 1262.15 | 10.62 | 37.46 | 40.96 | 1.73 |
| 上 海 | 1415.98 | 16.66 | 20.13 | 17.24 | 3.03 |
| 江 苏 | 4419.21 | 44.40 | 77.67 | 90.09 | 9.42 |
| 浙 江 | 4419.95 | 24.41 | 113.86 | 121.73 | 5.86 |
| 安 徽 | 1515.23 | 9.20 | 28.47 | 46.23 | 2.37 |
| 福 建 | 1860.25 | 11.63 | 50.91 | 76.91 | 7.03 |
| 江 西 | 955.14 | 6.38 | 15.40 | 28.21 | 1.44 |
| 山 东 | 3448.06 | 28.21 | 84.72 | 92.12 | 2.62 |
| 河 南 | 2684.77 | 15.66 | 65.10 | 81.51 | 3.32 |
| 湖 北 | 1472.71 | 14.02 | 39.78 | 69.78 | 0.86 |
| 湖 南 | 1316.30 | 14.59 | 47.96 | 85.48 | 1.27 |
| 广 东 | 6805.06 | 29.74 | 135.66 | 190.07 | 13.17 |
| 广 西 | 1032.85 | 7.74 | 41.23 | 61.23 | 2.46 |
| 海 南 | 221.88 | 2.85 | 4.89 | 17.01 | 0.69 |
| 重 庆 | 882.32 | 8.45 | 22.28 | 36.71 | 2.07 |
| 四 川 | 1982.64 | 28.77 | 74.04 | 211.81 | 3.80 |
| 贵 州 | 1104.91 | 8.12 | 31.58 | 89.20 | 1.38 |
| 云 南 | 1090.34 | 6.92 | 35.28 | 156.00 | 3.84 |
| 西 藏 | 47.52 | 0.06 | 0.42 | 3.41 | 0.33 |
| 陕 西 | 1260.21 | 12.66 | 41.60 | 58.88 | 1.45 |
| 甘 肃 | 642.82 | 2.20 | 13.34 | 72.63 | 1.17 |
| 青 海 | 352.73 | 0.72 | 4.87 | 50.66 | 0.68 |
| 宁 夏 | 594.23 | 1.79 | 13.44 | 47.83 | 0.58 |
| 新 疆 | 898.04 | 12.54 | 32.05 | 96.03 | 3.35 |

单位：亿元

| 利息支出 | 投资收益（损失以"–"号记） | 营业利润 | 利润总额 | 亏损企业亏损额 | 平均用工人数（万人） |
|---|---|---|---|---|---|
| **2252.04** | **641.02** | **4363.58** | **4839.06** | **764.41** | **361.37** |
| 66.98 | 311.96 | 475.83 | 550.44 | 5.06 | 8.14 |
| 19.08 | 3.02 | 37.68 | 42.00 | 12.94 | 3.93 |
| 64.59 | 6.76 | 193.32 | 204.64 | 13.94 | 15.25 |
| 80.61 | 2.48 | 95.41 | 68.83 | 38.09 | 11.36 |
| 134.55 | 7.51 | 141.53 | 171.89 | 133.64 | 18.45 |
| 65.39 | 2.35 | 38.11 | 62.61 | 24.90 | 15.94 |
| 36.55 | 0.24 | 3.43 | 13.61 | 21.61 | 11.03 |
| 37.03 | 1.38 | -19.00 | 0.36 | 51.22 | 18.41 |
| 18.87 | 20.81 | 105.20 | 115.83 | 5.41 | 3.78 |
| 92.50 | 35.62 | 511.59 | 523.65 | 5.66 | 14.92 |
| 118.72 | 27.63 | 353.93 | 386.99 | 20.79 | 13.22 |
| 43.68 | 9.67 | 125.43 | 132.26 | 1.77 | 9.20 |
| 78.11 | 13.08 | 161.60 | 172.85 | 13.16 | 8.72 |
| 26.08 | 3.75 | 68.13 | 71.28 | 0.91 | 8.32 |
| 83.07 | 61.03 | 350.51 | 371.30 | 29.28 | 23.52 |
| 78.67 | 5.34 | 96.62 | 122.66 | 22.08 | 21.66 |
| 63.08 | 16.24 | 222.82 | 244.58 | 13.20 | 14.90 |
| 82.37 | 2.29 | 96.04 | 102.70 | 10.45 | 17.13 |
| 185.02 | 77.56 | 667.25 | 718.37 | 19.13 | 28.75 |
| 60.49 | 2.23 | 64.93 | 76.54 | 18.36 | 12.29 |
| 16.54 | 1.89 | 15.67 | 17.76 | 5.04 | 1.90 |
| 36.51 | 2.48 | 41.67 | 46.84 | 18.16 | 7.72 |
| 206.72 | 7.60 | 290.74 | 316.33 | 33.52 | 16.87 |
| 86.28 | 4.33 | 44.13 | 52.89 | 26.92 | 10.88 |
| 155.19 | 2.52 | 38.33 | 52.19 | 82.85 | 9.42 |
| 3.66 |  | -11.56 | -11.87 | 13.29 | 0.50 |
| 53.66 | 3.93 | 97.71 | 113.98 | 14.27 | 12.36 |
| 69.30 | 0.87 | -37.74 | -24.26 | 55.13 | 8.96 |
| 46.78 | 0.96 | 19.61 | 20.14 | 1.86 | 1.99 |
| 47.96 | 3.33 | 38.22 | 45.23 | 4.76 | 3.00 |
| 94.00 | 2.18 | 36.42 | 56.44 | 46.98 | 8.85 |

# 3-53 按地区分组的电力、

| 地区 | 工业销售产值(当年价格) | 出口交货值 | 资产总计 | 固定资产合计 | 固定资产原价 |
|---|---|---|---|---|---|
| **全国** | **55760.64** | **82.14** | **134531.39** | **83021.37** | **135044.34** |
| 北京 | 4103.96 | | 17854.58 | 2748.30 | 5874.58 |
| 天津 | 829.13 | | 1872.57 | 1178.37 | 1866.72 |
| 河北 | 2289.26 | 0.08 | 4211.85 | 2939.57 | 5298.27 |
| 山西 | 1456.03 | | 3625.96 | 2742.82 | 4393.78 |
| 内蒙古 | 2148.96 | 3.32 | 7481.13 | 4433.33 | 7133.96 |
| 辽宁 | 1616.59 | 0.10 | 3775.15 | 2791.64 | 4499.95 |
| 吉林 | 938.59 | | 1773.23 | 1330.57 | 2319.91 |
| 黑龙江 | 1157.07 | 5.73 | 2664.34 | 1661.03 | 2819.82 |
| 上海 | 1118.91 | | 2706.35 | 1869.54 | 3771.89 |
| 江苏 | 4489.06 | | 7325.42 | 4731.91 | 8848.19 |
| 浙江 | 4408.80 | | 6031.43 | 4263.41 | 7379.65 |
| 安徽 | 1530.72 | 5.35 | 2808.47 | 2228.19 | 3425.26 |
| 福建 | 2224.70 | | 4181.65 | 2731.44 | 4224.29 |
| 江西 | 311.78 | | 1329.33 | 1009.66 | 1735.58 |
| 山东 | 4391.51 | | 6419.72 | 4021.94 | 7004.18 |
| 河南 | 2585.07 | | 4054.68 | 3026.27 | 4688.85 |
| 湖北 | 1606.25 | | 4461.95 | 3207.10 | 5223.57 |
| 湖南 | 1290.44 | 0.55 | 3029.50 | 2224.97 | 3815.95 |
| 广东 | 6565.62 | 51.73 | 10894.04 | 6288.51 | 11740.65 |
| 广西 | 1159.95 | 8.81 | 2627.20 | 1684.48 | 2962.58 |
| 海南 | 226.85 | | 663.46 | 539.69 | 726.14 |
| 重庆 | 756.94 | | 1981.79 | 1369.64 | 2135.74 |
| 四川 | 2015.93 | | 8375.30 | 6368.56 | 8681.37 |
| 贵州 | 1279.69 | | 3148.08 | 2259.01 | 3364.77 |
| 云南 | 1350.11 | 6.49 | 6573.12 | 4876.01 | 6462.09 |
| 西藏 | 24.27 | | 508.02 | 396.72 | 498.64 |
| 陕西 | 1192.68 | | 3035.35 | 2089.44 | 3272.08 |
| 甘肃 | 685.45 | | 2824.36 | 2126.55 | 3036.28 |
| 青海 | 424.47 | | 1858.36 | 1377.75 | 1896.63 |
| 宁夏 | 603.70 | | 2085.81 | 1468.04 | 1976.23 |
| 新疆 | 978.16 | | 4349.21 | 3036.94 | 3966.75 |

# 热力生产和供应业主要经济指标

单位：亿元

| 累计折旧 | 流动资产合计 | 应收账款 | 存货 | 产成品 | 负债合计 |
|---|---|---|---|---|---|
| **54619.67** | **19338.62** | **3567.79** | **1296.84** | **92.41** | **83572.31** |
| | | | | | |
| 3122.12 | 2651.66 | 295.00 | 12.57 | 1.17 | 6491.22 |
| 882.34 | 415.95 | 53.92 | 42.15 | 2.91 | 1185.20 |
| 2404.20 | 650.07 | 145.59 | 42.99 | 3.71 | 2745.62 |
| 1765.41 | 566.25 | 157.59 | 45.36 | 0.90 | 2709.45 |
| 2780.33 | 1591.86 | 273.96 | 49.53 | 3.91 | 5481.84 |
| | | | | | |
| 1845.43 | 623.72 | 113.19 | 80.53 | 0.64 | 2586.28 |
| 1087.53 | 295.92 | 54.41 | 24.48 | 0.97 | 1182.85 |
| 1233.16 | 457.32 | 118.16 | 43.46 | 10.95 | 1957.24 |
| | | | | | |
| 1905.25 | 323.67 | 21.07 | 14.60 | 0.01 | 955.57 |
| 4117.92 | 951.84 | 212.40 | 82.45 | 3.72 | 4388.57 |
| 3360.91 | 830.29 | 175.10 | 120.34 | 2.06 | 3501.61 |
| 1324.54 | 316.83 | 95.88 | 26.31 | 0.87 | 1741.52 |
| 1599.50 | 668.63 | 81.75 | 89.81 | 0.29 | 2689.68 |
| 744.16 | 113.11 | 42.75 | 17.57 | 0.85 | 930.39 |
| 3082.82 | 1115.60 | 169.69 | 91.04 | 5.38 | 4198.51 |
| | | | | | |
| 2058.23 | 680.84 | 146.55 | 65.10 | 2.96 | 2964.41 |
| 2077.22 | 305.75 | 71.33 | 22.07 | 2.41 | 2271.51 |
| 1578.79 | 299.31 | 64.88 | 24.54 | 0.85 | 2123.33 |
| 5664.12 | 1989.52 | 221.14 | 190.34 | 32.08 | 5391.15 |
| 1077.32 | 431.04 | 57.05 | 20.50 | 1.46 | 1719.50 |
| 187.45 | 62.31 | 6.83 | 11.63 | 0.03 | 533.41 |
| | | | | | |
| 789.80 | 249.30 | 37.33 | 11.09 | 1.07 | 1332.21 |
| 2406.77 | 525.01 | 95.99 | 20.00 | 3.00 | 6165.06 |
| 1198.38 | 409.14 | 75.20 | 17.45 | 2.72 | 2508.69 |
| 1666.11 | 544.45 | 79.91 | 7.78 | 0.60 | 5344.06 |
| 102.17 | 41.69 | 3.35 | 2.47 | 0.01 | 255.61 |
| | | | | | |
| 1354.65 | 478.64 | 123.26 | 69.88 | 5.57 | 2201.16 |
| 1040.16 | 432.25 | 160.62 | 15.89 | 0.90 | 2137.66 |
| 564.88 | 286.37 | 119.68 | 4.65 | | 1301.90 |
| 608.68 | 316.98 | 116.53 | 12.73 | 0.02 | 1409.96 |
| 989.33 | 713.32 | 177.69 | 17.50 | 0.41 | 3167.15 |

3-53 续表 1

| 地 区 | 流动负债合 计 | 应付账款 | 所有者权益合计 | 实收资本 | 国家资本 |
|---|---|---|---|---|---|
| **全 国** | **40414.38** | **9878.57** | **50873.57** | **35954.23** | **25238.34** |
| 北 京 | 3109.21 | 571.62 | 11353.50 | 8385.77 | 8214.88 |
| 天 津 | 817.32 | 148.11 | 687.79 | 548.82 | 116.43 |
| 河 北 | 1584.12 | 502.89 | 1460.66 | 925.16 | 530.97 |
| 山 西 | 1334.55 | 451.17 | 916.51 | 868.96 | 518.52 |
| 内 蒙 古 | 2422.10 | 620.60 | 1998.47 | 2423.81 | 955.27 |
| 辽 宁 | 1354.58 | 320.46 | 1186.20 | 979.43 | 689.31 |
| 吉 林 | 641.06 | 158.86 | 590.38 | 444.52 | 341.72 |
| 黑 龙 江 | 1099.76 | 260.15 | 707.10 | 476.72 | 144.86 |
| 上 海 | 757.47 | 100.25 | 1746.19 | 1479.39 | 1400.59 |
| 江 苏 | 2888.27 | 629.01 | 2936.37 | 1923.81 | 1181.96 |
| 浙 江 | 1819.39 | 529.73 | 2528.14 | 2194.49 | 1615.27 |
| 安 徽 | 972.66 | 291.64 | 1081.89 | 791.48 | 266.03 |
| 福 建 | 1091.66 | 276.13 | 1491.98 | 922.44 | 572.67 |
| 江 西 | 479.47 | 165.20 | 398.39 | 306.29 | 235.23 |
| 山 东 | 2513.81 | 748.45 | 2221.20 | 1253.19 | 705.98 |
| 河 南 | 1856.06 | 569.31 | 1088.04 | 737.90 | 509.66 |
| 湖 北 | 1398.20 | 242.96 | 2190.44 | 864.47 | 620.91 |
| 湖 南 | 849.50 | 184.73 | 897.42 | 657.57 | 485.56 |
| 广 东 | 2677.42 | 671.57 | 5479.82 | 2833.81 | 1928.68 |
| 广 西 | 753.19 | 133.82 | 906.32 | 489.37 | 334.72 |
| 海 南 | 197.33 | 51.14 | 130.06 | 102.07 | 93.51 |
| 重 庆 | 593.76 | 136.74 | 610.53 | 416.98 | 340.05 |
| 四 川 | 2115.96 | 404.12 | 2210.24 | 1603.16 | 875.75 |
| 贵 州 | 1031.77 | 212.98 | 639.39 | 484.61 | 337.22 |
| 云 南 | 1624.26 | 198.15 | 1229.05 | 1004.25 | 493.99 |
| 西 藏 | 181.70 | 46.29 | 252.41 | 39.97 | 17.91 |
| 陕 西 | 1176.22 | 354.84 | 834.02 | 545.88 | 361.76 |
| 甘 肃 | 767.91 | 196.78 | 686.70 | 626.85 | 395.30 |
| 青 海 | 487.99 | 118.58 | 556.46 | 371.91 | 294.40 |
| 宁 夏 | 532.03 | 162.42 | 675.85 | 406.06 | 176.06 |
| 新 疆 | 1285.65 | 419.86 | 1182.05 | 845.10 | 483.18 |

单位：亿元

| | | | | | |
|---|---|---|---|---|---|
| | | | | | 主营业务收　　入 |
| 集体资本 | 法人资本 | 个人资本 | 港澳台资本 | 外商资本 | |
| **334.55** | **8632.66** | **696.74** | **617.68** | **428.99** | **55006.77** |
| 0.06 | 121.44 | 3.58 | 7.87 | 37.94 | 4112.34 |
| 1.88 | 420.47 | 4.39 | 2.63 | 3.02 | 838.35 |
| 8.72 | 310.64 | 24.53 | 22.29 | 28.01 | 2277.07 |
| 15.30 | 309.69 | 13.48 | 6.69 | 3.83 | 1511.83 |
| 10.59 | 1348.05 | 77.27 | 11.85 | 20.78 | 2084.16 |
| 9.24 | 229.02 | 26.11 | 13.22 | 12.54 | 1630.63 |
| 1.32 | 74.58 | 12.43 | 7.47 | 6.99 | 912.53 |
| 5.95 | 260.58 | 51.07 | 0.23 | 14.03 | 1265.51 |
| 2.76 | 56.41 | 8.20 | 5.47 | 5.96 | 1139.70 |
| 17.78 | 537.06 | 30.97 | 121.03 | 30.88 | 4488.40 |
| 7.35 | 483.90 | 21.47 | 28.05 | 38.46 | 4419.86 |
| 3.80 | 485.10 | 4.72 | 22.37 | 9.46 | 1528.38 |
| 13.97 | 236.21 | 14.80 | 73.60 | 11.20 | 1904.90 |
| 1.52 | 53.06 | 6.44 | 0.71 | 9.33 | 880.43 |
| 28.56 | 353.28 | 79.91 | 63.18 | 22.28 | 3503.19 |
| 9.69 | 121.22 | 22.22 | 12.81 | 62.31 | 2573.44 |
| 6.59 | 125.80 | 87.74 | 6.36 | 17.07 | 1595.15 |
| 5.51 | 98.77 | 21.20 | 19.14 | 27.40 | 1356.57 |
| 27.50 | 730.36 | 14.98 | 100.06 | 32.23 | 6507.13 |
| 3.42 | 110.72 | 1.98 | 36.64 | 1.90 | 1131.89 |
| 0.03 | 5.98 | | 1.79 | 0.75 | 224.52 |
| 2.87 | 62.24 | 3.09 | | 8.72 | 745.19 |
| 52.77 | 580.30 | 71.69 | 21.05 | 1.60 | 1927.80 |
| 5.52 | 138.07 | 4.15 | | | 1222.76 |
| 18.58 | 439.43 | 28.69 | 15.55 | 8.01 | 1268.20 |
| | 20.78 | | 1.27 | | 39.21 |
| 9.60 | 153.41 | 18.07 | 1.50 | 1.55 | 1283.39 |
| 8.68 | 200.22 | 11.36 | 1.61 | 9.67 | 654.09 |
| 2.81 | 58.77 | 6.95 | 7.25 | 1.73 | 422.58 |
| | 217.34 | 7.21 | 5.45 | | 598.85 |
| 52.20 | 289.77 | 18.04 | 0.54 | 1.37 | 958.75 |

3-53 续表 2

| 地 区 | 主营业务成本 | 销售费用 | 管理费用 | 财务费用 | 利息收入 |
|---|---|---|---|---|---|
| **全 国** | **48394.00** | **110.26** | **896.37** | **2145.55** | **79.82** |
| 北 京 | 3873.53 | 1.21 | 25.80 | 60.90 | 5.07 |
| 天 津 | 752.98 | 2.58 | 12.91 | 14.96 | 1.84 |
| 河 北 | 2012.11 | 1.59 | 28.78 | 60.28 | 1.64 |
| 山 西 | 1281.39 | 3.33 | 48.02 | 82.63 | 2.04 |
| 内蒙古 | 1747.04 | 16.73 | 35.53 | 130.75 | 8.83 |
| 辽 宁 | 1476.21 | 1.58 | 34.36 | 64.30 | 1.10 |
| 吉 林 | 842.40 | 7.74 | 21.00 | 36.67 | 1.55 |
| 黑龙江 | 1193.58 | 4.44 | 30.51 | 38.48 | 1.38 |
| 上 海 | 1047.12 | 0.01 | 5.86 | 13.83 | 2.11 |
| 江 苏 | 3959.57 | 2.09 | 42.55 | 79.73 | 6.62 |
| 浙 江 | 3903.10 | 9.01 | 85.65 | 105.53 | 3.43 |
| 安 徽 | 1364.86 | 1.09 | 17.22 | 44.27 | 2.10 |
| 福 建 | 1633.00 | 1.59 | 41.20 | 72.18 | 6.52 |
| 江 西 | 800.34 | 0.58 | 6.34 | 25.14 | 1.27 |
| 山 东 | 3070.07 | 13.22 | 55.71 | 85.77 | 2.67 |
| 河 南 | 2388.32 | 2.39 | 46.88 | 75.70 | 3.62 |
| 湖 北 | 1292.31 | 3.41 | 26.87 | 65.83 | 0.75 |
| 湖 南 | 1149.85 | 4.65 | 27.82 | 78.73 | 0.38 |
| 广 东 | 5763.33 | 3.46 | 83.26 | 141.62 | 9.47 |
| 广 西 | 976.13 | 4.82 | 35.55 | 58.32 | 2.34 |
| 海 南 | 190.46 |  | 2.30 | 15.07 | 0.29 |
| 重 庆 | 659.80 | 1.23 | 11.84 | 35.58 | 1.11 |
| 四 川 | 1478.65 | 5.74 | 37.51 | 202.87 | 3.16 |
| 贵 州 | 1062.70 | 4.56 | 25.11 | 86.86 | 1.49 |
| 云 南 | 1043.35 | 4.13 | 29.92 | 154.99 | 2.39 |
| 西 藏 | 46.95 |  | 0.20 | 3.41 | 0.32 |
| 陕 西 | 1102.25 | 4.30 | 29.37 | 54.29 | 1.26 |
| 甘 肃 | 607.64 | 0.52 | 9.48 | 71.89 | 0.73 |
| 青 海 | 349.52 | 0.46 | 3.62 | 50.61 | 0.67 |
| 宁 夏 | 512.29 | 0.73 | 10.47 | 44.47 | 0.77 |
| 新 疆 | 813.20 | 3.06 | 24.71 | 89.88 | 2.91 |

单位：亿元

| 利息支出 | 投资收益（损失以“–”号记） | 营业利润 | 利润总额 | 亏损企业亏损额 | 平均用工人数（万人） |
|---|---|---|---|---|---|
| **2066.79** | **563.22** | **3776.63** | **4126.41** | **629.04** | **288.09** |
| | | | | | |
| 60.79 | 290.37 | 433.99 | 490.59 | 4.95 | 5.75 |
| 15.06 | 2.10 | 42.60 | 41.36 | 5.65 | 2.76 |
| 58.99 | 2.50 | 173.47 | 183.42 | 7.53 | 11.68 |
| 76.15 | 1.92 | 90.40 | 61.76 | 33.60 | 8.94 |
| 120.45 | 6.83 | 143.33 | 171.66 | 113.22 | 16.00 |
| | | | | | |
| 61.79 | 2.62 | 48.18 | 61.76 | 14.68 | 11.68 |
| 34.72 | 0.02 | 1.39 | 9.97 | 20.35 | 9.29 |
| 34.55 | 1.35 | -19.65 | -3.00 | 48.79 | 16.89 |
| | | | | | |
| 15.34 | 17.43 | 90.57 | 92.01 | 0.87 | 2.11 |
| 80.28 | 27.67 | 430.12 | 435.58 | 2.89 | 10.30 |
| 101.17 | 23.83 | 343.51 | 363.62 | 6.12 | 9.68 |
| 41.67 | 8.29 | 108.23 | 113.56 | 0.81 | 7.09 |
| 74.43 | 10.77 | 140.91 | 148.44 | 11.41 | 6.99 |
| 23.13 | 0.37 | 46.61 | 47.58 | 0.57 | 6.25 |
| 77.06 | 59.39 | 323.08 | 336.68 | 24.30 | 18.87 |
| | | | | | |
| 72.92 | 2.75 | 63.07 | 86.48 | 19.03 | 16.99 |
| 60.36 | 14.08 | 205.88 | 225.98 | 9.20 | 11.82 |
| 75.54 | 2.27 | 80.02 | 83.50 | 7.59 | 13.95 |
| 141.92 | 66.77 | 553.44 | 592.79 | 13.36 | 21.52 |
| 58.08 | 1.90 | 55.44 | 63.58 | 17.82 | 11.06 |
| 14.74 | 0.03 | 15.15 | 16.75 | 0.29 | 1.48 |
| | | | | | |
| 34.73 | 0.21 | 35.39 | 38.68 | 6.62 | 5.88 |
| 197.99 | 5.09 | 195.25 | 217.29 | 29.44 | 11.76 |
| 84.01 | 3.37 | 40.77 | 48.95 | 26.51 | 9.87 |
| 151.64 | 2.52 | 29.11 | 39.20 | 80.78 | 8.50 |
| 3.66 | | -11.58 | -11.90 | 13.29 | 0.47 |
| | | | | | |
| 49.59 | 3.02 | 81.80 | 97.39 | 10.22 | 10.34 |
| 68.59 | 0.70 | -40.36 | -27.45 | 53.75 | 8.13 |
| 46.73 | 0.81 | 18.44 | 18.85 | 1.74 | 1.86 |
| 44.41 | 3.21 | 33.01 | 39.52 | 3.22 | 2.61 |
| 86.27 | 1.03 | 25.05 | 41.84 | 40.44 | 7.57 |

# 3-54 按地区分组的燃气生产

| 地区 | 工业销售产值（当年价格） | 出口交货值 | 资产总计 | 固定资产合计 | 固定资产原价 |
|---|---|---|---|---|---|
| **全国** | **6097.73** | **49.95** | **8287.77** | **3512.59** | **4657.78** |
| 北京 | 382.33 | | 550.07 | 163.51 | 240.57 |
| 天津 | 120.93 | | 171.38 | 108.66 | 135.18 |
| 河北 | 178.57 | 2.95 | 359.32 | 125.00 | 142.95 |
| 山西 | 144.89 | | 356.87 | 43.75 | 137.07 |
| 内蒙古 | 452.65 | | 595.87 | 328.66 | 368.80 |
| 辽宁 | 65.99 | | 224.23 | 111.63 | 150.62 |
| 吉林 | 85.65 | | 99.31 | 60.46 | 126.08 |
| 黑龙江 | 60.67 | | 66.84 | 30.54 | 42.95 |
| 上海 | 328.00 | | 400.48 | 104.33 | 215.35 |
| 江苏 | 449.44 | 6.83 | 591.32 | 218.56 | 304.30 |
| 浙江 | 401.30 | | 429.87 | 199.38 | 253.43 |
| 安徽 | 143.18 | | 203.88 | 102.50 | 107.07 |
| 福建 | 217.13 | 24.40 | 212.10 | 113.04 | 127.58 |
| 江西 | 111.83 | | 108.38 | 63.33 | 84.50 |
| 山东 | 290.19 | | 437.88 | 211.05 | 264.31 |
| 河南 | 263.37 | | 419.67 | 164.10 | 215.13 |
| 湖北 | 142.38 | | 215.09 | 109.87 | 131.09 |
| 湖南 | 118.74 | | 134.73 | 60.21 | 90.91 |
| 广东 | 858.75 | 15.29 | 599.76 | 315.03 | 409.86 |
| 广西 | 50.72 | | 53.95 | 27.52 | 34.07 |
| 海南 | 25.55 | | 107.53 | 56.86 | 70.34 |
| 重庆 | 206.66 | | 211.85 | 58.46 | 92.09 |
| 四川 | 546.37 | 0.49 | 430.06 | 166.06 | 221.20 |
| 贵州 | 26.35 | | 87.53 | 25.31 | 30.74 |
| 云南 | 34.81 | | 382.76 | 224.57 | 243.03 |
| 西藏 | | | | | |
| 陕西 | 181.75 | | 263.26 | 106.02 | 152.77 |
| 甘肃 | 37.61 | | 54.01 | 25.33 | 34.54 |
| 青海 | 3.65 | | 5.78 | 2.23 | 2.54 |
| 宁夏 | 67.56 | | 187.33 | 42.61 | 42.61 |
| 新疆 | 100.70 | | 326.65 | 144.00 | 186.12 |

# 和供应业主要经济指标

单位：亿元

| 累计折旧 | 流动资产合计 | 应收账款 | 存货 | 产成品 | 负债合计 |
|---|---|---|---|---|---|
| **1236.44** | **2589.09** | **340.74** | **204.40** | **51.18** | **4623.02** |
| 76.90 | 124.25 | 33.30 | 1.37 | 0.67 | 174.69 |
| 28.16 | 53.18 | 9.31 | 2.05 | 0.15 | 84.79 |
| 35.55 | 135.57 | 22.49 | 18.39 | 6.54 | 250.73 |
| 26.86 | 88.43 | 14.07 | 2.71 | 0.83 | 267.67 |
| 55.84 | 113.56 | 13.79 | 8.53 | 2.76 | 445.56 |
| 42.78 | 63.05 | 9.22 | 4.83 | 0.47 | 124.36 |
| 67.32 | 18.77 | 2.03 | 2.81 | 0.43 | 73.65 |
| 18.84 | 30.69 | 3.42 | 3.74 | 1.00 | 33.98 |
| 100.42 | 159.21 | 23.14 | 31.89 | 2.83 | 198.77 |
| 86.59 | 241.76 | 22.86 | 13.75 | 1.64 | 303.72 |
| 65.47 | 99.93 | 11.20 | 4.32 | 1.38 | 233.39 |
| 29.18 | 64.94 | 11.71 | 3.22 | 1.56 | 131.82 |
| 42.05 | 59.43 | 11.83 | 5.96 | 1.25 | 121.67 |
| 24.33 | 27.02 | 4.22 | 2.33 | 0.86 | 60.65 |
| 62.72 | 147.99 | 19.60 | 6.23 | 1.42 | 227.95 |
| 44.22 | 181.68 | 23.48 | 18.20 | 8.60 | 247.34 |
| 29.22 | 69.74 | 7.40 | 5.80 | 1.33 | 136.84 |
| 20.49 | 36.71 | 6.79 | 4.64 | 0.84 | 89.28 |
| 106.51 | 182.81 | 27.99 | 17.10 | 5.18 | 349.12 |
| 7.85 | 16.12 | 4.03 | 1.30 | 0.62 | 31.55 |
| 13.40 | 23.90 | 2.17 | 0.53 | 0.35 | 67.12 |
| 38.71 | 90.05 | 5.18 | 4.25 | 0.62 | 129.70 |
| 66.59 | 178.95 | 14.36 | 16.26 | 4.07 | 218.16 |
| 6.31 | 22.48 | 6.33 | 2.13 | 0.30 | 51.49 |
| 26.57 | 66.22 | 3.27 | 3.27 | 0.12 | 43.81 |
| 45.89 | 91.61 | 8.76 | 9.55 | 1.62 | 148.10 |
| 11.90 | 23.38 | 1.04 | 1.10 | 0.16 | 33.15 |
| 1.32 | 2.10 | 0.24 | 0.10 | 0.01 | 2.64 |
| 10.21 | 63.87 | 9.98 | 5.30 | 2.98 | 107.60 |
| 44.24 | 111.71 | 7.51 | 2.72 | 0.56 | 233.68 |

3-54 续表 1

| 地区 | 流动负债合计 | 应付账款 | 所有者权益合计 | 实收资本 | 国家资本 |
|---|---|---|---|---|---|
| **全国** | **3235.58** | **643.31** | **3658.63** | **3027.21** | **1399.79** |
| 北京 | 135.53 | 26.91 | 375.38 | 80.42 | 10.49 |
| 天津 | 53.71 | 8.17 | 86.59 | 63.93 | 4.01 |
| 河北 | 198.68 | 80.26 | 106.65 | 80.37 | 16.80 |
| 山西 | 161.64 | 19.04 | 89.20 | 60.75 | 40.43 |
| 内蒙古 | 362.69 | 42.31 | 150.31 | 265.97 | 58.97 |
| 辽宁 | 107.77 | 10.57 | 98.28 | 80.92 | 14.38 |
| 吉林 | 23.33 | 4.51 | 25.66 | 8.26 | 1.13 |
| 黑龙江 | 30.68 | 3.60 | 32.85 | 23.53 | 13.75 |
| 上海 | 143.34 | 39.66 | 201.68 | 121.42 | 103.88 |
| 江苏 | 233.72 | 26.52 | 286.85 | 117.16 | 14.19 |
| 浙江 | 110.21 | 20.67 | 196.49 | 100.29 | 53.36 |
| 安徽 | 97.95 | 18.23 | 71.33 | 823.26 | 805.70 |
| 福建 | 82.60 | 16.43 | 90.43 | 58.79 | 40.74 |
| 江西 | 50.58 | 7.57 | 47.73 | 29.10 | 13.67 |
| 山东 | 176.78 | 33.34 | 209.92 | 69.84 | 16.73 |
| 河南 | 161.64 | 20.14 | 172.34 | 55.62 | 8.99 |
| 湖北 | 114.59 | 31.01 | 78.25 | 37.86 | 5.16 |
| 湖南 | 66.50 | 8.17 | 45.24 | 18.93 | 3.49 |
| 广东 | 212.13 | 46.27 | 250.63 | 170.30 | 31.97 |
| 广西 | 26.34 | 3.87 | 22.40 | 10.64 | 3.21 |
| 海南 | 32.46 | 7.05 | 40.42 | 32.69 | 16.28 |
| 重庆 | 89.87 | 28.07 | 82.15 | 41.41 | 13.53 |
| 四川 | 136.53 | 22.50 | 211.05 | 148.12 | 53.43 |
| 贵州 | 38.38 | 4.61 | 36.04 | 18.90 | 5.02 |
| 云南 | 39.90 | 6.11 | 338.94 | 330.48 | 22.32 |
| 西藏 | | | | | |
| 陕西 | 111.74 | 22.63 | 115.16 | 50.99 | 12.89 |
| 甘肃 | 27.82 | 3.22 | 20.85 | 11.35 | 7.61 |
| 青海 | 2.29 | 0.88 | 3.14 | 0.70 | |
| 宁夏 | 59.26 | 8.51 | 79.73 | 38.87 | 0.42 |
| 新疆 | 146.93 | 72.45 | 92.97 | 76.32 | 7.25 |

单位：亿元

| 集体资本 | 法人资本 | 个人资本 | 港澳台资本 | 外商资本 | 主营业务收入 |
|---|---|---|---|---|---|
| **49.78** | **929.06** | **270.77** | **206.06** | **171.76** | **6061.34** |
| | | | | | |
| | 9.69 | 0.58 | 59.56 | 0.10 | 382.71 |
| | 28.73 | 0.61 | 0.50 | 30.08 | 102.01 |
| 8.11 | 23.91 | 7.35 | 0.97 | 23.24 | 180.89 |
| 0.39 | 13.01 | 5.31 | 0.69 | 0.92 | 137.50 |
| 14.00 | 21.37 | 167.43 | 3.95 | 0.25 | 458.49 |
| | | | | | |
| | 28.80 | 1.64 | 12.15 | 23.95 | 67.35 |
| 0.34 | 3.50 | 1.57 | 1.51 | 0.23 | 95.34 |
| 0.40 | 0.35 | 4.13 | 4.90 | | 66.84 |
| | | | | | |
| | 17.02 | | 0.07 | 0.45 | 323.95 |
| 1.60 | 28.63 | 16.31 | 48.26 | 8.16 | 436.50 |
| 0.60 | 27.17 | 2.65 | 8.72 | 7.79 | 401.57 |
| 0.10 | 10.96 | 1.33 | 2.37 | 2.79 | 133.22 |
| | 6.52 | 2.55 | 7.64 | 1.35 | 216.67 |
| 0.12 | 10.85 | 0.99 | 2.53 | 0.94 | 120.48 |
| 6.80 | 22.80 | 5.46 | 12.71 | 5.34 | 294.33 |
| | | | | | |
| 2.09 | 29.87 | 2.60 | 6.17 | 5.90 | 274.09 |
| 4.07 | 18.23 | 2.64 | 3.09 | 4.67 | 149.13 |
| | 10.60 | 1.99 | 0.15 | 2.70 | 123.34 |
| 5.03 | 93.23 | 1.43 | 10.98 | 27.65 | 835.52 |
| | 5.39 | 0.10 | 1.03 | 0.91 | 44.34 |
| | 5.00 | | | 11.42 | 28.15 |
| | | | | | |
| | 18.94 | 5.06 | 3.68 | 0.20 | 204.73 |
| 2.10 | 63.89 | 11.45 | 12.12 | 5.13 | 529.92 |
| 1.62 | 11.59 | 0.68 | | | 31.78 |
| 0.16 | 304.47 | 0.16 | 0.98 | 2.40 | 32.75 |
| | | | | | |
| | | | | | |
| 0.91 | 22.04 | 8.64 | 1.30 | 5.20 | 165.96 |
| | 2.07 | 1.67 | | | 32.98 |
| | 0.70 | | | | 2.96 |
| | 34.10 | 4.36 | | | 85.41 |
| 1.34 | 55.65 | 12.08 | | | 102.42 |

3-54 续表 2

| 地区 | 主营业务成本 | 销售费用 | 管理费用 | 财务费用 | 利息收入 |
|---|---|---|---|---|---|
| **全国** | **5244.09** | **166.57** | **209.15** | **78.16** | **8.67** |
| 北京 | 350.08 | 3.66 | 15.69 | 2.82 | 0.76 |
| 天津 | 99.70 | 0.54 | 3.49 | 1.17 | 0.21 |
| 河北 | 149.98 | 6.27 | 9.09 | 3.90 | 1.01 |
| 山西 | 114.40 | 8.21 | 5.51 | 3.90 | 0.31 |
| 内蒙古 | 435.17 | 2.81 | 9.24 | 12.06 | 0.07 |
| 辽宁 | 56.02 | 5.40 | 6.79 | 1.04 | -0.03 |
| 吉林 | 82.74 | 4.98 | 3.55 | 1.48 | 0.01 |
| 黑龙江 | 57.83 | 4.80 | 2.78 | -0.08 | 0.18 |
| 上海 | 298.14 | 9.45 | 9.17 | 0.93 | 0.72 |
| 江苏 | 353.83 | 16.17 | 16.35 | 2.43 | 2.18 |
| 浙江 | 368.08 | 5.74 | 8.88 | 3.92 | 0.33 |
| 安徽 | 109.05 | 4.59 | 5.40 | 1.19 | |
| 福建 | 188.68 | 5.44 | 3.92 | 3.13 | 0.14 |
| 江西 | 101.81 | 3.10 | 3.64 | 1.09 | 0.08 |
| 山东 | 246.47 | 10.40 | 14.16 | 3.64 | -0.27 |
| 河南 | 228.40 | 9.83 | 10.98 | 2.85 | -0.77 |
| 湖北 | 121.08 | 5.59 | 5.21 | 1.57 | 0.01 |
| 湖南 | 95.08 | 4.78 | 7.78 | 0.99 | 0.50 |
| 广东 | 749.28 | 10.00 | 15.19 | 12.01 | 0.46 |
| 广西 | 36.89 | 1.55 | 1.33 | 0.42 | |
| 海南 | 25.03 | 1.49 | 1.45 | 1.95 | 0.39 |
| 重庆 | 196.81 | 3.75 | 5.38 | 0.10 | 0.61 |
| 四川 | 414.88 | 18.61 | 21.76 | 3.89 | 0.41 |
| 贵州 | 25.36 | 1.42 | 2.06 | 1.22 | 0.04 |
| 云南 | 25.16 | 1.06 | 1.72 | -0.46 | 1.02 |
| 西藏 | | | | | |
| 陕西 | 134.64 | 7.18 | 8.92 | 2.73 | -0.12 |
| 甘肃 | 27.53 | 1.41 | 2.16 | 0.04 | 0.33 |
| 青海 | 1.94 | 0.15 | 0.34 | 0.02 | |
| 宁夏 | 75.75 | 0.53 | 1.93 | 2.62 | -0.17 |
| 新疆 | 74.31 | 7.64 | 5.27 | 5.61 | 0.24 |

单位：亿元

| 利息支出 | 投资收益（损失以“-”号记） | 营业利润 | 利润总额 | 亏损企业亏损额 | 平均用工人数（万人） |
|---|---|---|---|---|---|
| **77.22** | **56.41** | **467.08** | **504.39** | **73.39** | **28.97** |
| 1.66 | 20.68 | 34.20 | 38.81 | 0.03 | 1.20 |
| 1.47 | 0.41 | -1.98 | 2.41 | 1.46 | 0.60 |
| 4.01 | 4.13 | 19.13 | 19.20 | 3.93 | 1.69 |
| 3.82 | 0.41 | 8.50 | 9.99 | 1.43 | 1.43 |
| 11.55 | 0.68 | -1.34 | -0.86 | 17.41 | 1.02 |
| 0.86 | -0.51 | -3.18 | 1.81 | 4.91 | 1.54 |
| 1.37 | 0.21 | 2.51 | 2.96 | 0.22 | 0.68 |
| 0.12 | 0.03 | 3.03 | 4.08 | 0.65 | 0.64 |
| 0.87 | 2.46 | 9.91 | 15.52 | 3.68 | 0.69 |
| 3.88 | 5.96 | 64.13 | 64.04 | 0.41 | 1.62 |
| 3.60 | 1.13 | 18.63 | 19.52 | 1.71 | 0.82 |
| 1.04 | 0.56 | 14.35 | 14.76 | 0.50 | 0.87 |
| 2.08 | 1.88 | 19.32 | 21.56 | 0.14 | 0.57 |
| 1.02 | 1.31 | 10.96 | 11.43 | 0.15 | 0.78 |
| 3.71 | 1.15 | 26.86 | 27.86 | 1.14 | 1.89 |
| 3.42 | 1.80 | 26.33 | 26.77 | 2.03 | 1.84 |
| 1.45 | 0.63 | 16.67 | 16.61 | 0.45 | 0.96 |
| 1.19 | 0.55 | 13.63 | 14.08 | 0.11 | 0.83 |
| 10.05 | 4.51 | 58.70 | 59.45 | 4.42 | 1.70 |
| 0.42 | 0.21 | 4.71 | 7.23 | 0.19 | 0.27 |
| 1.77 | 1.86 | -1.08 | -0.78 | 4.75 | 0.15 |
| 0.67 | 2.18 | 1.89 | 2.17 | 11.33 | 1.04 |
| 3.65 | 1.79 | 76.43 | 76.61 | 1.93 | 2.85 |
| 1.38 | 0.37 | 1.80 | 1.85 | 0.04 | 0.32 |
| 0.53 |  | 7.55 | 8.89 | 0.60 | 0.33 |
| 2.52 | 0.90 | 15.68 | 15.95 | 2.60 | 1.12 |
| 0.26 | 0.16 | 4.00 | 3.98 | 0.46 | 0.43 |
| 0.01 |  | 0.73 | 0.73 |  | 0.03 |
| 2.78 | 0.12 | 4.58 | 4.68 | 0.88 | 0.20 |
| 6.03 | 0.82 | 10.41 | 13.07 | 5.85 | 0.88 |

# 3-55 按地区分组的水的生产

| 地 区 | 工业销售产值(当年价格) | 出口交货值 | 资产总计 | 固定资产合计 | 固定资产原价 |
|---|---|---|---|---|---|
| **全 国** | **2067.55** | **41.83** | **11674.71** | **4926.86** | **7350.96** |
| 北 京 | 75.14 | | 1053.02 | 533.03 | 737.93 |
| 天 津 | 48.62 | | 287.82 | 110.95 | 168.13 |
| 河 北 | 48.47 | | 188.63 | 89.48 | 143.66 |
| 山 西 | 18.36 | | 85.70 | 43.39 | 75.40 |
| 内 蒙 古 | 43.08 | | 256.09 | 99.26 | 140.80 |
| 辽 宁 | 59.70 | | 380.51 | 170.11 | 273.51 |
| 吉 林 | 40.21 | | 89.33 | 27.89 | 95.44 |
| 黑 龙 江 | 16.16 | | 148.84 | 21.84 | 48.55 |
| 上 海 | 66.09 | | 776.05 | 211.01 | 384.79 |
| 江 苏 | 162.66 | | 1202.41 | 564.10 | 787.14 |
| 浙 江 | 174.98 | | 1060.39 | 499.70 | 774.53 |
| 安 徽 | 51.26 | | 186.51 | 86.11 | 142.24 |
| 福 建 | 49.08 | | 303.85 | 165.40 | 218.15 |
| 江 西 | 65.47 | | 250.65 | 83.41 | 115.65 |
| 山 东 | 140.31 | | 540.10 | 260.77 | 343.47 |
| 河 南 | 83.05 | | 259.29 | 124.03 | 164.21 |
| 湖 北 | 65.84 | | 348.66 | 113.76 | 187.74 |
| 湖 南 | 95.13 | | 319.47 | 142.31 | 205.07 |
| 广 东 | 432.58 | 41.55 | 1790.92 | 741.45 | 1257.04 |
| 广 西 | 31.98 | | 157.85 | 86.62 | 116.35 |
| 海 南 | 9.07 | | 40.57 | 27.43 | 36.44 |
| 重 庆 | 34.96 | | 211.89 | 102.05 | 121.74 |
| 四 川 | 125.18 | 0.26 | 761.20 | 213.16 | 304.29 |
| 贵 州 | 27.39 | 0.02 | 212.68 | 62.78 | 67.00 |
| 云 南 | 33.78 | | 265.45 | 150.78 | 166.09 |
| 西 藏 | 0.88 | | 2.13 | 1.74 | 3.02 |
| 陕 西 | 30.78 | | 147.68 | 51.93 | 70.27 |
| 甘 肃 | 9.45 | | 50.68 | 28.70 | 49.00 |
| 青 海 | 2.36 | | 25.81 | 10.52 | 15.09 |
| 宁 夏 | 8.50 | | 56.95 | 30.61 | 39.43 |
| 新 疆 | 17.04 | | 213.54 | 72.53 | 98.78 |

# 和供应业主要经济指标

单位：亿元

| 累计折旧 | 流动资产合 计 | 应收账款 | 存货 | 产成品 | 负债合计 |
|---|---|---|---|---|---|
| **2804.06** | **3538.24** | **315.19** | **101.69** | **10.72** | **6531.09** |
| 205.26 | 242.61 | 48.61 | 1.35 | 0.30 | 482.61 |
| 72.03 | 93.67 | 10.24 | 0.78 | 0.10 | 200.02 |
| 63.62 | 59.51 | 10.38 | 3.33 | 0.17 | 111.08 |
| 32.72 | 25.41 | 3.05 | 0.32 | | 42.12 |
| 45.91 | 97.98 | 18.63 | 2.13 | 0.04 | 166.82 |
| 111.43 | 128.05 | 19.90 | 1.05 | 0.10 | 189.76 |
| 46.54 | 29.66 | 1.20 | 0.41 | 0.06 | 45.27 |
| 26.48 | 70.74 | 2.73 | 0.35 | 0.01 | 100.59 |
| 179.55 | 129.32 | 6.44 | 4.29 | | 255.91 |
| 253.19 | 497.02 | 15.63 | 15.17 | 1.23 | 813.99 |
| 359.97 | 306.54 | 15.32 | 7.41 | 1.07 | 634.00 |
| 60.03 | 64.66 | 4.12 | 5.95 | 0.49 | 85.17 |
| 86.09 | 73.27 | 4.08 | 1.48 | 0.06 | 153.72 |
| 41.56 | 61.35 | 4.95 | 3.14 | 0.89 | 140.81 |
| 124.23 | 183.46 | 26.60 | 9.88 | 2.27 | 318.90 |
| 51.08 | 82.43 | 9.29 | 1.16 | 0.17 | 113.19 |
| 81.81 | 130.91 | 12.14 | 2.87 | 0.93 | 200.85 |
| 74.75 | 95.72 | 14.80 | 3.43 | 0.56 | 209.43 |
| 535.87 | 467.18 | 47.74 | 12.15 | 1.10 | 1062.88 |
| 42.29 | 37.24 | 2.31 | 1.62 | 0.06 | 84.03 |
| 11.36 | 9.20 | 1.48 | 0.93 | 0.09 | 13.83 |
| 43.52 | 64.89 | 1.92 | 6.38 | 0.12 | 107.01 |
| 94.00 | 262.96 | 17.83 | 6.77 | 0.35 | 439.36 |
| 19.51 | 99.15 | 3.31 | 1.34 | 0.08 | 136.91 |
| 44.64 | 89.02 | 5.21 | 5.78 | 0.14 | 178.25 |
| 1.28 | 0.34 | | 0.01 | | 0.09 |
| 29.29 | 50.46 | 3.38 | 1.36 | 0.05 | 84.57 |
| 21.92 | 8.90 | 0.55 | 0.15 | | 20.05 |
| 4.67 | 12.89 | 0.37 | 0.07 | 0.01 | 13.66 |
| 12.06 | 8.86 | 0.59 | 0.21 | 0.08 | 26.24 |
| 27.42 | 54.81 | 2.41 | 0.42 | 0.18 | 99.96 |

3-55 续表 1

| 地 区 | 流动负债合计 | 应付账款 | 所有者权益合计 | 实收资本 | 国家资本 |
|---|---|---|---|---|---|
| **全 国** | **3211.15** | **454.95** | **5140.14** | **2823.82** | **1369.45** |
| 北 京 | 335.16 | 93.43 | 570.41 | 451.26 | 337.16 |
| 天 津 | 133.23 | 13.44 | 87.80 | 60.45 | 5.91 |
| 河 北 | 65.15 | 9.60 | 77.55 | 63.53 | 49.88 |
| 山 西 | 27.47 | 10.06 | 43.58 | 19.99 | 17.69 |
| 内蒙古 | 80.45 | 12.48 | 89.27 | 49.05 | 24.39 |
| 辽 宁 | 100.54 | 10.29 | 189.92 | 121.11 | 83.64 |
| 吉 林 | 22.40 | 2.51 | 44.06 | 8.32 | 5.77 |
| 黑龙江 | 32.60 | 4.40 | 48.25 | 23.44 | 8.41 |
| 上 海 | 164.32 | 7.77 | 520.14 | 388.82 | 10.05 |
| 江 苏 | 403.17 | 38.24 | 388.10 | 230.40 | 95.01 |
| 浙 江 | 288.77 | 27.13 | 426.40 | 231.05 | 158.35 |
| 安 徽 | 59.09 | 5.73 | 100.76 | 41.36 | 27.13 |
| 福 建 | 78.45 | 14.56 | 150.14 | 103.15 | 82.52 |
| 江 西 | 83.63 | 9.41 | 109.84 | 41.92 | 16.44 |
| 山 东 | 185.20 | 23.88 | 221.02 | 96.07 | 55.23 |
| 河 南 | 48.29 | 7.39 | 146.10 | 104.69 | 25.11 |
| 湖 北 | 82.58 | 13.27 | 147.80 | 48.89 | 21.43 |
| 湖 南 | 140.21 | 16.82 | 110.04 | 51.85 | 25.04 |
| 广 东 | 343.34 | 49.90 | 727.49 | 253.49 | 94.95 |
| 广 西 | 30.87 | 2.06 | 73.82 | 21.04 | 14.41 |
| 海 南 | 7.73 | 0.67 | 26.73 | 14.18 | 5.99 |
| 重 庆 | 51.95 | 8.67 | 104.88 | 41.53 | 18.64 |
| 四 川 | 234.79 | 39.02 | 320.83 | 89.09 | 59.79 |
| 贵 州 | 61.53 | 8.91 | 75.77 | 35.80 | 19.63 |
| 云 南 | 67.67 | 9.30 | 87.20 | 40.66 | 22.86 |
| 西 藏 | 0.09 | | 2.04 | 0.90 | 0.90 |
| 陕 西 | 31.12 | 2.94 | 63.12 | 48.16 | 36.53 |
| 甘 肃 | 9.34 | 1.94 | 30.63 | 20.35 | 15.19 |
| 青 海 | 5.06 | 1.13 | 12.15 | 2.23 | 2.03 |
| 宁 夏 | 7.55 | 2.08 | 30.71 | 26.48 | 13.06 |
| 新 疆 | 29.39 | 7.92 | 113.58 | 94.56 | 16.33 |

单位：亿元

| 集体资本 | 法人资本 | 个人资本 | 港澳台资本 | 外商资本 | 主营业务收入 |
|---|---|---|---|---|---|
| **25.23** | **1093.73** | **87.97** | **103.55** | **143.89** | **2141.88** |
| | 111.17 | 1.69 | | 1.25 | 93.24 |
| 0.24 | 33.38 | | 9.35 | 11.58 | 54.04 |
| | 10.44 | 0.87 | 2.05 | 0.30 | 48.82 |
| 0.18 | 2.12 | | | | 18.93 |
| 0.36 | 20.94 | 3.37 | | | 44.02 |
| 0.60 | 34.12 | 0.63 | 1.49 | 0.64 | 59.45 |
| 0.04 | 0.45 | 2.06 | | | 39.26 |
| 1.20 | 7.19 | 5.64 | | 1.00 | 16.11 |
| 1.02 | 367.72 | | 2.32 | 7.70 | 85.20 |
| 7.02 | 83.47 | 11.48 | 24.17 | 9.25 | 161.62 |
| 1.00 | 64.05 | 2.19 | 1.53 | 3.92 | 178.27 |
| 0.10 | 4.13 | 2.92 | 0.38 | 6.70 | 53.07 |
| 0.24 | 11.07 | 1.40 | 3.89 | 4.03 | 50.00 |
| 0.13 | 16.43 | 1.24 | 6.35 | 1.33 | 69.65 |
| 0.38 | 21.73 | 5.21 | 7.01 | 6.51 | 152.13 |
| 1.28 | 64.25 | 6.99 | 5.60 | 1.46 | 88.39 |
| 2.01 | 9.97 | 7.10 | 2.31 | 6.08 | 72.03 |
| 0.40 | 15.33 | 7.39 | 1.21 | 2.48 | 94.92 |
| 6.97 | 62.93 | 20.19 | 10.36 | 58.09 | 431.34 |
| 0.44 | 4.26 | 0.23 | | 1.71 | 32.43 |
| | 7.90 | | 0.28 | | 10.47 |
| | 14.67 | 1.85 | 6.37 | | 34.33 |
| 0.41 | 20.89 | 3.79 | 1.53 | 2.68 | 129.48 |
| 1.20 | | 0.26 | | 14.71 | 26.41 |
| | 9.11 | 0.95 | 7.74 | | 31.62 |
| | | | | | 0.88 |
| | 9.07 | 0.06 | 0.94 | 1.56 | 29.40 |
| | 0.26 | | 4.91 | | 8.92 |
| | | | 0.20 | | 2.50 |
| | 9.84 | | 3.57 | | 9.07 |
| | 76.84 | 0.48 | | 0.91 | 15.90 |

3-55 续表 2

| 地区 | 主营业务成本 | 销售费用 | 管理费用 | 财务费用 | 利息收入 |
|---|---|---|---|---|---|
| **全国** | **1609.66** | **127.16** | **232.67** | **109.97** | **12.10** |
| 北京 | 70.45 | 4.87 | 7.59 | 3.46 | 1.87 |
| 天津 | 50.63 | 1.57 | 5.97 | 2.58 | 0.47 |
| 河北 | 36.51 | 2.36 | 8.17 | 1.80 | 0.09 |
| 山西 | 17.22 | 0.87 | 3.82 | 0.67 | 0.05 |
| 内蒙古 | 32.51 | 2.80 | 6.43 | 2.65 | -0.11 |
| 辽宁 | 49.18 | 4.50 | 9.84 | 3.29 | -0.02 |
| 吉林 | 32.21 | 2.04 | 4.43 | 0.61 | -0.06 |
| 黑龙江 | 10.74 | 1.38 | 4.18 | 2.56 | 0.17 |
| 上海 | 70.73 | 7.20 | 5.10 | 2.47 | 0.20 |
| 江苏 | 105.81 | 26.14 | 18.77 | 7.93 | 0.62 |
| 浙江 | 148.78 | 9.66 | 19.33 | 12.28 | 2.10 |
| 安徽 | 41.31 | 3.51 | 5.86 | 0.77 | 0.26 |
| 福建 | 38.58 | 4.61 | 5.80 | 1.59 | 0.38 |
| 江西 | 53.00 | 2.70 | 5.42 | 1.98 | 0.09 |
| 山东 | 131.53 | 4.59 | 14.84 | 2.70 | 0.23 |
| 河南 | 68.05 | 3.43 | 7.25 | 2.96 | 0.46 |
| 湖北 | 59.33 | 5.02 | 7.70 | 2.39 | 0.10 |
| 湖南 | 71.37 | 5.15 | 12.36 | 5.76 | 0.39 |
| 广东 | 292.46 | 16.29 | 37.22 | 36.44 | 3.24 |
| 广西 | 19.84 | 1.37 | 4.35 | 2.49 | 0.11 |
| 海南 | 6.39 | 1.35 | 1.14 |  | 0.01 |
| 重庆 | 25.70 | 3.47 | 5.05 | 1.04 | 0.34 |
| 四川 | 89.12 | 4.42 | 14.77 | 5.05 | 0.23 |
| 贵州 | 16.85 | 2.14 | 4.41 | 1.12 | -0.15 |
| 云南 | 21.83 | 1.73 | 3.63 | 1.47 | 0.43 |
| 西藏 | 0.57 | 0.06 | 0.22 |  |  |
| 陕西 | 23.32 | 1.19 | 3.31 | 1.86 | 0.31 |
| 甘肃 | 7.64 | 0.26 | 1.70 | 0.70 | 0.11 |
| 青海 | 1.27 | 0.12 | 0.91 | 0.03 | 0.01 |
| 宁夏 | 6.20 | 0.54 | 1.03 | 0.74 | -0.02 |
| 新疆 | 10.53 | 1.83 | 2.07 | 0.54 | 0.19 |

单位：亿元

| 利息支出 | 投资收益（损失以“-”号记） | 营业利润 | 利润总额 | 亏损企业亏损额 | 平均用工人数（万人） |
|---|---|---|---|---|---|
| **108.03** | **21.39** | **119.87** | **208.26** | **61.98** | **44.31** |
| | | | | | |
| 4.52 | 0.91 | 7.65 | 21.03 | 0.08 | 1.19 |
| 2.54 | 0.51 | -2.94 | -1.76 | 5.83 | 0.57 |
| 1.58 | 0.13 | 0.72 | 2.02 | 2.48 | 1.88 |
| 0.64 | 0.15 | -3.49 | -2.92 | 3.06 | 0.99 |
| 2.54 | | -0.46 | 1.08 | 3.01 | 1.43 |
| | | | | | |
| 2.74 | 0.25 | -6.89 | -0.96 | 5.31 | 2.72 |
| 0.46 | | -0.48 | 0.68 | 1.04 | 1.06 |
| 2.36 | | -2.38 | -0.72 | 1.79 | 0.87 |
| | | | | | |
| 2.66 | 0.92 | 4.71 | 8.30 | 0.87 | 0.99 |
| 8.34 | 1.98 | 17.34 | 24.03 | 2.36 | 3.00 |
| 13.95 | 2.67 | -8.21 | 3.85 | 12.96 | 2.71 |
| 0.96 | 0.83 | 2.85 | 3.95 | 0.46 | 1.23 |
| 1.60 | 0.43 | 1.37 | 2.85 | 1.61 | 1.17 |
| 1.93 | 2.07 | 10.57 | 12.26 | 0.18 | 1.29 |
| 2.30 | 0.49 | 0.58 | 6.76 | 3.84 | 2.77 |
| | | | | | |
| 2.32 | 0.78 | 7.22 | 9.42 | 1.02 | 2.83 |
| 1.27 | 1.52 | 0.27 | 2.00 | 3.55 | 2.12 |
| 5.64 | -0.53 | 2.39 | 5.12 | 2.76 | 2.36 |
| 33.04 | 6.28 | 55.11 | 66.13 | 1.36 | 5.54 |
| 1.99 | 0.12 | 4.77 | 5.73 | 0.35 | 0.97 |
| 0.03 | | 1.60 | 1.79 | | 0.27 |
| | | | | | |
| 1.11 | 0.09 | 4.39 | 6.00 | 0.22 | 0.80 |
| 5.08 | 0.71 | 19.07 | 22.44 | 2.14 | 2.26 |
| 0.89 | 0.59 | 1.56 | 2.09 | 0.37 | 0.70 |
| 3.01 | | 1.67 | 4.10 | 1.47 | 0.58 |
| | | 0.03 | 0.02 | | 0.03 |
| | | | | | |
| 1.54 | 0.01 | 0.22 | 0.63 | 1.45 | 0.89 |
| 0.45 | 0.01 | -1.37 | -0.79 | 0.92 | 0.40 |
| 0.04 | 0.15 | 0.45 | 0.56 | 0.12 | 0.10 |
| 0.77 | | 0.63 | 1.03 | 0.66 | 0.19 |
| 1.69 | 0.33 | 0.95 | 1.53 | 0.70 | 0.41 |

# 3-56 主要工业产品产量(2016年)

| 地 区 | 原盐<br>(万吨) | 成品糖<br>(万吨) | 啤酒<br>(万千升 ) | 卷烟<br>(亿支) | 布<br>(亿米) |
|---|---|---|---|---|---|
| **全 国** | **6620.10** | **1443.30** | **4506.44** | **23825.76** | **906.75** |
| 北 京 | | | 135.27 | 174.61 | 0.02 |
| 天 津 | 158.39 | | 31.95 | 220.28 | 2.43 |
| 河 北 | 280.66 | 32.80 | 165.00 | 763.50 | 73.90 |
| 山 西 | | 0.27 | 33.96 | 155.50 | 0.65 |
| 内 蒙 古 | 154.89 | 72.25 | 99.83 | 329.50 | |
| 辽 宁 | 146.09 | 0.45 | 232.59 | 278.92 | 1.59 |
| 吉 林 | | | 137.08 | 545.68 | 0.30 |
| 黑 龙 江 | | 0.95 | 200.75 | 404.50 | 0.07 |
| 上 海 | | | 60.80 | 926.70 | 1.13 |
| 江 苏 | 918.97 | 0.80 | 177.72 | 1027.68 | 140.89 |
| 浙 江 | 6.63 | 0.57 | 246.58 | 915.80 | 256.93 |
| 安 徽 | 153.60 | 0.01 | 105.95 | 1003.17 | 16.54 |
| 福 建 | 15.68 | 0.56 | 160.94 | 832.16 | 87.10 |
| 江 西 | 200.91 | 0.12 | 110.94 | 646.10 | 13.64 |
| 山 东 | 1833.26 | 0.24 | 600.13 | 1327.95 | 127.53 |
| 河 南 | 287.64 | 0.01 | 396.92 | 1528.06 | 28.72 |
| 湖 北 | 406.09 | | 180.52 | 1220.96 | 82.19 |
| 湖 南 | 282.58 | 7.48 | 71.56 | 1694.62 | 4.39 |
| 广 东 | 6.44 | 119.18 | 405.92 | 1354.09 | 31.90 |
| 广 西 | | 914.68 | 182.17 | 738.67 | 0.45 |
| 海 南 | 3.04 | 13.13 | 5.36 | 119.50 | |
| 重 庆 | 217.11 | 0.77 | 76.09 | 440.40 | 5.44 |
| 四 川 | 338.55 | 1.69 | 232.11 | 668.16 | 19.97 |
| 贵 州 | | 8.28 | 100.37 | 1160.63 | 0.29 |
| 云 南 | 106.08 | 221.13 | 105.29 | 3736.89 | 0.01 |
| 西 藏 | | | 16.55 | | |
| 陕 西 | 134.69 | 0.40 | 92.79 | 861.22 | 8.84 |
| 甘 肃 | 13.85 | 3.58 | 59.10 | 479.00 | |
| 青 海 | 222.72 | | 10.68 | | |
| 宁 夏 | 72.42 | | 25.14 | 84.50 | 0.09 |
| 新 疆 | 659.80 | 43.93 | 46.39 | 187.00 | 1.76 |

3-56 续表 1

| 地　区 | 机制纸及纸板（万吨） | 硫　酸（折100%）（万吨） | 烧碱（折100%）（万吨） | 纯碱（碳酸钠）（万吨） | 乙烯（万吨） |
|---|---|---|---|---|---|
| **全　国** | **12319.22** | **9133.03** | **3201.68** | **2584.98** | **1781.14** |
| 北　京 | 6.06 | | | | 69.58 |
| 天　津 | 285.00 | 20.52 | 75.27 | 62.42 | 114.44 |
| 河　北 | 345.04 | 118.77 | 123.74 | 348.42 | |
| 山　西 | 41.67 | 53.62 | 48.10 | | |
| 内蒙古 | 12.27 | 300.40 | 297.34 | 52.03 | |
| 辽　宁 | 54.12 | 130.88 | 70.70 | 50.37 | 162.75 |
| 吉　林 | 75.15 | 33.20 | 2.21 | | 80.74 |
| 黑龙江 | 34.38 | 7.68 | 17.98 | | 110.76 |
| 上　海 | 62.08 | 17.32 | 70.80 | | 209.32 |
| 江　苏 | 1319.83 | 378.94 | 408.05 | 311.13 | 162.95 |
| 浙　江 | 1889.76 | 168.36 | 159.92 | 30.71 | 143.91 |
| 安　徽 | 343.80 | 711.75 | 75.01 | 88.69 | |
| 福　建 | 727.00 | 187.46 | 36.65 | 16.24 | 110.01 |
| 江　西 | 200.34 | 269.88 | 33.50 | | 1.31 |
| 山　东 | 2170.38 | 592.23 | 807.90 | 350.45 | 117.07 |
| 河　南 | 739.39 | 611.09 | 149.82 | 349.43 | 1.05 |
| 湖　北 | 251.13 | 934.92 | 108.94 | 164.78 | 72.89 |
| 湖　南 | 422.13 | 240.70 | 42.97 | 43.46 | |
| 广　东 | 2127.52 | 244.52 | 31.26 | 56.36 | 241.84 |
| 广　西 | 288.71 | 367.37 | 46.20 | 5.27 | |
| 海　南 | 167.06 | | | | |
| 重　庆 | 299.57 | 193.66 | 35.37 | 119.63 | |
| 四　川 | 210.58 | 639.96 | 99.07 | 120.56 | |
| 贵　州 | 27.80 | 847.80 | 0.37 | | |
| 云　南 | 78.46 | 1317.15 | 24.71 | 6.38 | |
| 西　藏 | 11.10 | | | | |
| 陕　西 | 72.15 | 145.89 | 105.06 | 27.01 | |
| 甘　肃 | 4.54 | 479.77 | 18.12 | 10.14 | 51.73 |
| 青　海 | | 22.56 | 18.47 | 367.73 | |
| 宁　夏 | 20.67 | 43.58 | 41.68 | 3.77 | |
| 新　疆 | 31.50 | 53.05 | 252.47 | | 130.80 |

3-56 续表 2

| 地区 | 农用氮、磷、钾化学肥料总计(折纯)(万吨) | 化学农药原药(折有效成分100%)(万吨) | 初级形态的塑料(塑料树脂及共聚物)(万吨) | 化学纤维(万吨) | 水泥(万吨) |
|---|---|---|---|---|---|
| **全国** | **6629.62** | **320.97** | **8307.81** | **4886.36** | **241030.98** |
| 北京 | | | 113.38 | 0.18 | 510.28 |
| 天津 | 13.43 | | 323.91 | 9.57 | 788.61 |
| 河北 | 227.41 | 6.89 | 158.68 | 61.55 | 9898.58 |
| 山西 | 431.08 | 0.06 | 67.24 | | 3851.54 |
| 内蒙古 | 253.49 | 6.41 | 494.25 | 2.50 | 6298.44 |
| 辽宁 | 58.79 | 0.95 | 352.37 | 26.99 | 4010.97 |
| 吉林 | 12.87 | 2.13 | 124.43 | 35.35 | 2765.18 |
| 黑龙江 | 61.53 | 0.10 | 197.72 | 7.66 | 3381.03 |
| 上海 | 1.75 | 0.60 | 380.73 | 43.00 | 418.42 |
| 江苏 | 193.29 | 113.62 | 1328.38 | 1446.25 | 18038.08 |
| 浙江 | 31.69 | 22.25 | 881.76 | 2072.84 | 10848.00 |
| 安徽 | 296.76 | 19.49 | 133.32 | 34.98 | 13584.12 |
| 福建 | 38.05 | | 200.82 | 681.01 | 8105.99 |
| 江西 | 24.60 | 2.15 | 22.76 | 45.82 | 9553.28 |
| 山东 | 512.52 | 77.73 | 644.27 | 70.76 | 16156.09 |
| 河南 | 482.73 | 16.03 | 219.25 | 54.51 | 15672.11 |
| 湖北 | 1007.39 | 20.61 | 225.45 | 26.70 | 11600.53 |
| 湖南 | 97.82 | 4.97 | 52.98 | 7.09 | 12239.68 |
| 广东 | 69.51 | 2.78 | 669.27 | 58.92 | 15080.60 |
| 广西 | 94.30 | 0.78 | 22.08 | 0.40 | 12034.87 |
| 海南 | 51.65 | | 20.90 | | 2227.91 |
| 重庆 | 181.96 | 1.35 | 32.08 | 7.38 | 6790.20 |
| 四川 | 474.69 | 17.81 | 232.31 | 118.06 | 14615.51 |
| 贵州 | 628.36 | 0.24 | 8.33 | | 10798.51 |
| 云南 | 278.83 | 0.01 | 22.89 | 4.74 | 11104.36 |
| 西藏 | | | | | 623.29 |
| 陕西 | 146.36 | 0.37 | 460.21 | 2.03 | 7264.04 |
| 甘肃 | 32.12 | 0.54 | 95.39 | | 4640.40 |
| 青海 | 536.87 | | 28.52 | | 1895.42 |
| 宁夏 | 55.02 | 3.10 | 209.48 | 0.64 | 1984.71 |
| 新疆 | 334.75 | | 584.63 | 67.43 | 4250.23 |

3-56 续表 3

| 地　区 | 平板玻璃（万重量箱） | 生铁（万吨） | 粗钢（万吨） | 钢材（万吨） | 金属切削机床（万台） | 大中型拖拉机（万台） |
|---|---|---|---|---|---|---|
| **全　国** | **80408.45** | **70227.33** | **80760.94** | **113460.74** | **67.28** | **61.84** |
| 北　京 | 55.60 | | | 162.80 | 1.32 | |
| 天　津 | 3094.19 | 1660.77 | 1798.93 | 8667.05 | 0.10 | 0.66 |
| 河　北 | 13693.57 | 18398.37 | 19259.97 | 26150.42 | 0.14 | 0.01 |
| 山　西 | 1648.08 | 3641.09 | 3936.13 | 4278.97 | | |
| 内蒙古 | 1001.23 | 1469.37 | 1813.24 | 2016.81 | | |
| 辽　宁 | 1403.44 | 6033.92 | 6028.96 | 5906.31 | 9.25 | |
| 吉　林 | 863.00 | 843.06 | 832.03 | 961.39 | 0.03 | 0.18 |
| 黑龙江 | 400.65 | 354.03 | 372.31 | 332.75 | 0.04 | 0.79 |
| 上　海 | | 1587.21 | 1709.14 | 2080.14 | 0.52 | |
| 江　苏 | 2535.73 | 7174.08 | 11080.49 | 13469.72 | 8.75 | 6.73 |
| 浙　江 | 5038.00 | 847.98 | 1299.59 | 3760.90 | 10.90 | 2.66 |
| 安　徽 | 3440.19 | 2401.17 | 2731.33 | 3217.75 | 8.08 | 0.23 |
| 福　建 | 5390.71 | 980.44 | 1516.80 | 2859.58 | 0.72 | |
| 江　西 | 466.31 | 2081.97 | 2241.53 | 2527.16 | 0.63 | 0.02 |
| 山　东 | 6799.57 | 6769.24 | 7167.11 | 9788.19 | 16.79 | 14.09 |
| 河　南 | 1117.30 | 2862.93 | 2794.70 | 4444.40 | 1.35 | 11.60 |
| 湖　北 | 8714.07 | 2323.30 | 2927.60 | 3512.71 | 0.49 | |
| 湖　南 | 2676.57 | 1791.36 | 1827.82 | 1998.69 | 0.40 | 1.53 |
| 广　东 | 9078.11 | 1670.20 | 2283.19 | 4113.34 | 3.18 | |
| 广　西 | 520.06 | 1216.42 | 2109.57 | 3644.70 | 0.19 | |
| 海　南 | | | 27.61 | 36.29 | | |
| 重　庆 | 1468.69 | 287.84 | 366.52 | 1234.22 | 0.66 | 14.47 |
| 四　川 | 5362.40 | 1733.20 | 2007.74 | 2837.21 | 0.54 | 0.01 |
| 贵　州 | 1403.65 | 371.36 | 515.85 | 526.18 | 0.19 | 0.09 |
| 云　南 | 393.81 | 1277.17 | 1417.33 | 1654.65 | 1.25 | 8.41 |
| 西　藏 | | | | 1.83 | | |
| 陕　西 | 2088.75 | 855.99 | 924.67 | 1233.79 | 1.47 | |
| 甘　肃 | 600.94 | 494.06 | 628.36 | 665.87 | 0.11 | |
| 青　海 | 411.88 | 96.61 | 114.87 | 125.14 | 0.02 | |
| 宁　夏 | 50.00 | 154.27 | 159.18 | 164.14 | 0.16 | 0.13 |
| 新　疆 | 691.95 | 849.92 | 868.37 | 1087.64 | | 0.23 |

3-56 续表 4

| 地 区 | 汽车（万辆） | #基本型乘用车(轿车)（万辆） | 发电机组（发电设备）（万千瓦） | 家用电冰箱（万台） | 房间空气调节器（万台） |
|---|---|---|---|---|---|
| **全 国** | **2811.91** | **1211.12** | **13119.78** | **8481.57** | **14342.37** |
| 北 京 | 237.95 | 98.23 | 509.92 | | |
| 天 津 | 52.91 | 51.79 | 494.88 | 64.29 | 175.43 |
| 河 北 | 128.64 | 3.13 | 11.40 | | 941.53 |
| 山 西 | 0.66 | | 19.70 | | |
| 内蒙古 | 2.14 | 0.94 | 96.83 | | |
| 辽 宁 | 107.88 | 67.48 | | 145.74 | 85.73 |
| 吉 林 | 253.99 | 182.95 | 0.02 | | |
| 黑龙江 | 7.58 | 3.92 | 2394.44 | | |
| 上 海 | 260.77 | 207.39 | 2561.00 | 56.38 | 349.00 |
| 江 苏 | 138.63 | 72.17 | 618.74 | 868.96 | 454.10 |
| 浙 江 | 58.06 | 52.77 | 503.11 | 797.74 | 950.88 |
| 安 徽 | 139.12 | 29.51 | | 3058.80 | 2847.86 |
| 福 建 | 21.79 | 1.59 | 20.20 | | 16.53 |
| 江 西 | 53.58 | 3.39 | 32.14 | 98.15 | 349.52 |
| 山 东 | 86.89 | 15.63 | 1224.85 | 883.42 | 731.93 |
| 河 南 | 58.47 | 8.62 | 117.31 | 186.22 | 97.26 |
| 湖 北 | 243.46 | 106.55 | 67.96 | 392.06 | 1206.38 |
| 湖 南 | 47.74 | 22.23 | 156.60 | | |
| 广 东 | 280.06 | 151.17 | 349.74 | 1553.07 | 5225.59 |
| 广 西 | 245.30 | 7.78 | 53.79 | | |
| 海 南 | 6.72 | 4.38 | | | |
| 重 庆 | 266.34 | 97.95 | 132.29 | 144.16 | 707.27 |
| 四 川 | 53.03 | | 3038.40 | 85.59 | 203.36 |
| 贵 州 | 1.64 | | | 146.99 | |
| 云 南 | 13.31 | | 59.19 | | |
| 西 藏 | | | | | |
| 陕 西 | 42.04 | 19.59 | | | |
| 甘 肃 | 1.15 | | 1.52 | | |
| 青 海 | | | | | |
| 宁 夏 | | | 62.85 | | |
| 新 疆 | 2.06 | 1.96 | 592.90 | | |

3-56 续表 5

| 地 区 | 家用洗衣机 (万台) | 移动通信手持机(手机) (万台) | 微型计算机设备 (万台) | 集成电路 (亿块) | 彩色电视机 (万台) |
|---|---|---|---|---|---|
| **全 国** | **7620.85** | **205819.34** | **29008.51** | **1317.95** | **15769.64** |
| 北 京 | | 6923.91 | 684.08 | 80.54 | 304.57 |
| 天 津 | 29.59 | 4973.46 | | 15.98 | 224.10 |
| 河 北 | 32.31 | | | 0.46 | |
| 山 西 | | 2693.44 | | | |
| 内蒙古 | | | | | 27.03 |
| 辽 宁 | | 640.51 | 0.09 | | 145.07 |
| 吉 林 | | | | | |
| 黑龙江 | | | 1.11 | 2.60 | |
| 上 海 | 163.21 | 4801.43 | 3083.95 | 227.76 | 115.41 |
| 江 苏 | 1849.64 | 5352.44 | 5285.18 | 453.96 | 1383.13 |
| 浙 江 | 1396.80 | 5099.60 | 182.82 | 74.00 | 658.22 |
| 安 徽 | 2006.42 | 141.16 | 1659.75 | 2.42 | 828.83 |
| 福 建 | | 2568.63 | 847.36 | 1.63 | 1015.57 |
| 江 西 | 60.74 | 7413.95 | | | 20.05 |
| 山 东 | 670.86 | 6082.54 | 23.72 | 0.17 | 2067.17 |
| 河 南 | 166.60 | 25235.77 | | | 13.83 |
| 湖 北 | | 6220.68 | 840.27 | 0.01 | 8.93 |
| 湖 南 | | 22.74 | 36.08 | 4.00 | 17.66 |
| 广 东 | 762.32 | 95230.18 | 3344.93 | 218.83 | 7439.77 |
| 广 西 | | 545.68 | 0.56 | | 178.21 |
| 海 南 | | | | | |
| 重 庆 | 301.52 | 25499.99 | 6764.65 | 3.35 | 17.85 |
| 四 川 | 180.84 | 4469.22 | 5936.53 | 33.23 | 1106.03 |
| 贵 州 | | 1858.53 | 317.43 | 1.07 | 191.24 |
| 云 南 | | 37.02 | | | 4.39 |
| 西 藏 | | | | | |
| 陕 西 | | 8.46 | | 1.33 | 2.58 |
| 甘 肃 | | | | 196.61 | |
| 青 海 | | | | | |
| 宁 夏 | | | | | |
| 新 疆 | | | | | |

# 四、附　录

# 主要指标解释

**工业销售产值（当年价格）** 指以货币形式表现的，工业企业在报告期内销售的本企业生产的工业产品或提供工业性劳务价值的总价值量。工业销售产值包括的内容为：

（1）销售成品价值：指企业在报告期内实际销售（包括本期生产和非本期生产）的全部成品、半成品的总价值，即按报告期产品的实际销售数量乘以不含增值税（销项税额）的产品实际销售平均单价计算。销售成品价值中包括企业生产的自制设备及提供给本企业在建工程、其他非工业部门和生活福利部门等单位使用的成品价值，但不包括用订货者来料加工，并且只收取加工费的成品（半成品）价值。

（2）对外加工费收入：指企业在报告期内完成的对外承接的工业品加工（包括用定货者来料加工的产品）的加工费收入；对外工业品修理作业可收取的加工费收入和对内非工业部门提供的加工修理、设备安装等收入。对外加工费收入按不含增值税（销项税额）的价格计算。

**出口交货值** 指工业企业交给外贸部门或自营（委托）出口（包括销往香港、澳门、台湾），以及外商来样、来料加工、来件装配和补偿贸易等生产的产品价值。

**资产总计** 指企业过去的交易或者事项形成的、由企业拥有或者控制的、预期会给企业带来经济利益的资源。资产一般按流动性（资产的变现或耗用时间长短）分为流动资产和非流动资产。其中流动资产可分为货币资金、交易性金融资产、应收票据、应收账款、预付款项、其他应收款、存货等；非流动资产可分为长期股权投资、固定资产、无形资产及其他非流动资产等。来源于会计“资产负债表”中“资产总计”项目的期末余额数。

**流动资产合计** 资产满足以下条件之一应归为流动资产：（1）预计在一个正常营业周期中变现、出售或耗用，主要包括存货、应收账款等；（2）主要为交易目的而持有；（3）预计在资产负债表日起一年内（含一年）变现；（4）自资产负债日起一年内，交换其他资产或清偿负债的能力不受限制的现金或现金等价物。包括货币资金、应收票据、应收账款、存货等项目。来源于会计“资产负债表”中“流动资产合计”项目的期末余额数。

**应收账款** 指企业因销售商品、提供劳务等经营活动，应向购货单位或接受劳务单位收取的款项，主要包括企业销售商品或提供劳务等应向有关债务人收取的价款及代购货单位垫付的包装费、运杂费等。来源于会计“资产负债表”中“应收账款”项目的期末余额数。

**存货** 指企业在日常活动中持有以备出售的产成品或商品、处在生产过程中的在产品、在生产过程或提供劳务过程中耗用的材料或物料等，通常包括原材料、在产品、半成品、产成品、商品以及周转材料等。来源于会计“资产负债表”中“存货”项目的期末余额数。

**产成品** 指企业已经完成全部生产过程并验收入库，可以按照合同规定的条件送交订货单位，或者可以作为商品对外销售的产品。来源于会计“产成品”科目的借方余额。

**固定资产合计** 指企业为生产商品、提供劳务、出租或经营管理而持有的，使用寿命超过一个会计年度的有形资产。包括使用期限超过一年的房屋、建筑物、机器、机械、运输工具以及其他与生产、经营有关的设备、器具、工具等。来源于会计“资产负债表”中“固定资产”项目的期末余额数。

**固定资产原价** 指固定资产的成本，包括企业在购置、自行建造、安装、改建、扩建、技术改造某项固定资产时所发生的全部支出总额。来源于会计“固定资产”科目的期末借方余额。

**累计折旧** 指企业在报告期末提取的历年固定资产折旧累计数。来源于会计“累计折旧”科目的期末贷方余额。

**负债合计** 指企业过去的交易或者事项形成的，预期会导致经济利益流出企业的现时义务。负债一般按偿还期长短分为流动负债和非流动负债。来源于会计“资产负债表”中“负债合计”项目的期末余额数。

**流动负债合计** 负债满足下列条件之一的应归为流动负债:（1）预计在一个正常营业周期中清偿;（2）主要为交易目的而持有;（3）自资产负债表日起一年内到期应予清偿;（4）企业无权自主地将清偿推迟至资产负债表日后一年以上。包括短期借款、应付票据、应付账款、应付职工薪酬、应交税费等项目。来源于会计“资产负债表”中“流动负债合计”项目的期末余额数。

**应付账款** 指企业因购买材料、商品和接受劳务供应等经营活动应支付的款项。来源于会计“资产负债表”中“应付账款”项目的期末余额数。

**所有者权益合计** 指企业资产扣除负债后由所有者享有的剩余权益。公司的所有者权益又称股东权益。包括实收资本、资本公积、盈余公积、未分配利润等。来源于会计“资产负债表”中“所有者权益合计”项目的期末余额数。

**实收资本** 指企业各投资者实际投入的资本（或股本）总额，包括货币、实物、无形资产等各种形式的投入。实收资本按投资主体可分为国家资本、集体资本、法人资本、个人资本、港澳台资本和外商资本。来源于会计“资产负债表”中“所有者权益”项下“实收资本”的期末余额数。

**国家资本** 指有权代表国家投资的政府部门或机构、直属事业单位对企业形成的资本金。

**集体资本** 指由本企业职工等自然人集体投资或各种机构对企业进行扶持形成的集体性质的资本金。

**法人资本** 指法人以其依法可支配的资产投入企业形成的资本金。

**个人资本** 指自然人实际投入企业的资本金。

**港澳台资本** 指我国香港、澳门和台湾地区投资者实际投入企业的资本金。

**外商资本** 指外国投资者实际投入企业的资本金。

**主营业务收入** 指企业确认的销售商品、提供劳务等主营业务的收入。来源于会计“主营业务收入”科目的期末贷方余额（结转前）。

**主营业务成本** 指企业经营主要业务所发生的成本总额。来源于会计“主营业务成本”科目的期末借方余额（结转前）。

**销售费用** 指企业在销售商品和材料、提供劳务的过程中发生的各种费用，包括保险费、包装费、展览费和广告费、商品维修费、预计产品质量保证损失、运输费、装卸费等以及为销售本企业商品而专设的销售机构（含销售网点、售后服务网点等）的职工薪酬、业务费、折旧费等经营费用。来源于会计“利润表”中“销售费用”项目的本期金额数。

**管理费用** 指企业为组织和管理企业生产经营所发生的费用，包括企业在筹建期间内发生的开办费、董事会和行政管理部门在企业经营管理中发生的，或者应当由企业统一负担的公司经费等。来源于会计“利润表”中“管理费用”项目的本期金额数。

**财务费用** 指企业为筹集生产经营所需资金等而发生的筹资费用，包括企业生产经营期间发生的利息支出（减利息收入）、汇兑损失（减汇兑收益）以及相关的手续费等。来源于会计“利润表”中“财务费用”项目的本期金额数。

**利息收入** 指非金融企业存款业务所确认的利息金额。

**利息支出** 指企业短期借款利息、长期借款利息、应付票据利息、票据贴现利息、应付债券利息、长期应付引进国外设备款利息等利息支出。

**投资收益** 指企业确认的投资收益或投资损失，反映企业以各种方式对外投资所取得的收益。来源于会计“利润表”中“投资收益”项目的本期金额数。

**营业利润** 指企业从事生产经营活动所取得的利润。执行《企业会计准则》的企业，营业利润为营业收入减去营业成本、营业税金及附加、销售费用、管理费用、财务费用、资产减值损失，再加上公允价值变动收益和投资收益；执行《小企业会计准则》的企业，营业利润为营业收入减去营业成本、营业税金及附加、销售费用、管理费用、财务费用，再加上投资收益后的金额；执行其他企业会计制度的企业，营业利润为主营业务收入减去主营业务成本、主营业务税金及附加，加上其他业务利润后，再减去销售费用、管理费用、财务费用后的金额。来源于会计“利润表”中“营业利润”项目的本期金额数。

**利润总额**　指企业在一定会计期间的经营成果，是生产经营过程中各种收入扣除各种耗费后的盈余，反映企业在报告期内实现的盈亏总额。来源于会计“利润表”中“利润总额”项目的本期金额数。执行《企业会计准则》或《小企业会计准则》的企业，利润总额为营业利润加上营业外收入，减去营业外支出后的金额；执行其他企业会计制度的企业，利润总额为营业利润加上投资收益、补贴收入、营业外收入，再减去营业外支出后的金额。

**平均用工人数**　指报告期企业平均实际拥有的、参与本企业生产经营活动的人员数。

**主营业务收入利润率**　计算公式为：主营业务收入利润率=利润总额 ÷ 主营业务收入 × 100%，单位：%。

**人均主营业务收入**　计算公式为：人均主营业务收入=主营业务收入 ÷ 平均用工人数，单位：万元/人。

**每百元资产实现的主营业务收入**　计算公式为：每百元资产实现的主营业务收入=主营业务收入 ÷ 资产总计 × 100，单位：元。

**资产负债率**　计算公式为：资产负债率=负债合计 ÷ 资产总计 × 100%，单位：%。

**产成品存货周转天数**　计算公式为：产成品存货周转天数=360 × 产成品存货 ÷ 主营业务成本，单位：天。

**应收账款平均回收期**　计算公式为：应收账款平均回收期=360 × 应收账款 ÷ 主营业务收入，单位：天。